Bittere Pillen

Kurt Langbein
Hans-Peter Martin
Hans Weiss

Bittere Pillen

Kurt Langbein
Hans-Peter Martin
Hans Weiss

Bittere Pillen

Nutzen und Risiken
der Arzneimittel

Ein kritischer Ratgeber

Überarbeitete Neuausgabe
2005–2007

Kiepenheuer & Witsch

1. Auflage 2005

77. ergänzte und korrigierte Auflage

Umschlaggestaltung: Philipp Starke, Hamburg, unter Verwendung des Originalschriftzuges von Hannes Jähn
Satz: Gisela Demmel, Feldkirchen b. München
Druck und Bindearbeiten: Clausen & Bosse, Leck
ISBN 3-462-03467-7

Medizinischer Gesamtgutachter:
Prof. Dr. med. Jörg Remien, Pharmakologe und Arzt
Universität München

Wissenschaftliche Beratung bei den Empfehlungen und beim Text:
Prof. Dr. rer. nat. Gerd Glaeske, Forschungseinheit Gesundheitspolitik und Evaluation der medizinischen Versorgung am Zentrum für Sozialpolitik, Universität Bremen
Christine Remien, Ärztin, München

Wissenschaftliche Beratung beim Text:
Dr. Reinhard Dörflinger, Praktischer Arzt, Wien
Dr. Rosemarie Klesse, Ärztin, Bremen
Dr. Ingeborg Lackinger-Karger, Frauenärztin und Ärztin für Psychotherapeutische Medizin, Düsseldorf
Dr. Susanne Matthes-Martin, Ärztin, Wien
Prof. Dr. Ingrid Mühlhauser, Internistin, Diabetologin, Endokrinologin, Professur für Gesundheit, IGTW, Universität Hamburg (Kapitel 16: Zuckerkrankheit)
Dr. Eva Weiss, Fachärztin für Psychiatrie und Neurologie und Psychotherapeutin, Wien

Weitere Mitarbeit:
Gisela Demmel, Feldkirchen b. München
Aliette Dörflinger, Wien
Lutz Dursthoff, Köln
Anna Paul, Wien
Katharina Paul, Wien
Nikolaus Wolters, Köln

Inhalt

Vorwort zur Ausgabe 2005–2007

Bittere Pillen – der Klassiker, dem Sie vertrauen können

Als das Buch Bittere Pillen 1983 zum ersten Mal erschien, gab es wütende Reaktionen von Seiten der Pharmaindustrie – weil wir fast 60 Prozent aller Medikamente als »abzuraten« oder »wenig zweckmäßig« eingestuft hatten. Der Großteil dieser Medikamente ist inzwischen vom Markt verschwunden. In dieser neuen Ausgabe von Bittere Pillen gelten nur noch 25 Prozent aller Medikamente als »abzuraten« oder »wenig zweckmäßig«.
Und zwar nicht etwa deshalb, weil wir unsere Bewertungskriterien geändert haben. Nach wie vor sind wir vollkommen unabhängig und können es uns leisten, ohne Rücksicht auf die Pharmaindustrie Empfehlungen abzugeben, die wissenschaftlich seriös sind und einzig das Wohl der Patienten im Auge haben.
In den vergangenen zwei Jahrzehnten wurde uns von manchen Ärzten und Patienten immer wieder vorgeworfen, unsere kritische Haltung sei überzogen. Ein Blick zurück auf einige Medikamentenskandale bestätigt uns jedoch und zeigt, dass das Buch Bittere Pillen ein Klassiker geworden ist, dem Patienten und auch Ärzte vorbehaltlos vertrauen können.

Rheumamittel Vioxx – wissenschaftlicher Betrug

Die frühzeitige Warnung vor fragwürdigen und gefährlichen Medikamenten gehört zu den Stärken der »Bitteren Pillen«. Das zeigte sich beispielsweise auch beim Rheumamittel *Vioxx*, einem der meist verkauften Medikamente der vergangenen Jahre. Es wurde wegen herzschädigenden Nebenwirkungen im September 2004 weltweit vom Markt genommen.
Bereits in der letzten Ausgabe der »Bitteren Pillen« – erschienen im Jahr 2002 – hatten wir *Vioxx* überwiegend negativ bewertet: »Enttäuschend. Noch wenig erprobtes, umstrittenes Mittel«, und im Vorwort eigens auf die Risiken hingewiesen: »In der medizinischen Fachliteratur häufen sich Meldungen über manipulierte Ergebnisse von Medikamentenversuchen durch Pharmakonzerne bzw. die beteiligten Wissenschaftler. Auf wundersame Art und Weise werden aus fragwürdi-

gen oder riskanten Arzneimitteln plötzlich hochwirksame und gut verträgliche. Aktuelle Beispiele dafür sind die Rheumamittel *Celebrex* und *Vioxx*.«

Cholesterinsenker Sortis – das Geschäft mit der Angst

Im November 2004 startete der Viagra-Hersteller Pfizer in Deutschland eine Anzeigenkampagne: »Ab Januar wird gespart. An der Gesundheit von Millionen Herz-Kreislauf-Patienten. Ab 1. Januar wird 1,5 Millionen Kassenpatienten der nachweislich beste Cholesterinsenker nicht mehr voll erstattet … SORTIS senkt Cholesterinwerte am stärksten, reduziert das Risiko am schnellsten und ist auch in höchster Dosierung gut verträglich.«

Die Berliner Fachzeitschrift »arznei-telegramm« weist nach, dass diese Behauptungen von Pfizer eine Irreführung darstellen. Es gibt bis jetzt überhaupt keine Untersuchung über den langfristigen Nutzen von *Sortis* bei der Prävention von Herz-Kreislauferkrankungen. Und es gibt bis jetzt keinen Nachweis, dass *Sortis* den herkömmlichen, bereits erprobten Cholesterinsenkern überlegen ist – dies gilt für fast alle Anwendungsgebiete von Cholesterinsenkern.

Das »arznei-telegramm«: stuft diese Kampagne von Pfizer deshalb als »Panikmache« und »gezielte Irreführung der Öffentlichkeit« ein.

Ein Blick auf firmeninterne Verkaufszahlen lässt vermuten, dass es dem Pharmakonzern Pfizer wohl in erster Linie um den Schutz der phantastischen Gewinne geht, die mit diesem Medikament erzielt werden. Mit 375 Millionen Euro ist *Sortis* das umsatzstärkste Medikament in Deutschland – bei Herstellungskosten, die fast bei Null liegen!

Siehe dazu die Enthüllungsreportage von Hans Weiss auf Seite 29 dieses Buches.

Depressionsmittel Seroxat – verheimlichte Nebenwirkungen

Im Herbst 2004 gelangten einige vertrauliche Dokumente des britischen Pharmakonzerns GlaxoSmithKline an die Öffentlichkeit. Daraus geht hervor, dass der Konzern jahrelang ein erhöhtes Suizidrisiko sowie den fraglichen Nutzen des Medikaments bei Kindern und Jugendlichen verheimlicht hatte. Außerdem wurde bekannt, mit welch aggressiven Methoden GlaxoSmithKline die Ärzte dazu gebracht hatte, das Medikament breitflächig zu verschreiben – auch bei Anwendungsgebieten, die mit Depressionen gar nichts zu tun haben.

In Bittere Pillen 2002–2004 hatten wir vor der routinemäßigen Verwendung von *Seroxat* gewarnt: »Therapeutisch zweckmäßig nur, wenn bewährte trizyklische Antidepressiva nicht angewendet werden können oder nicht ausreichend wirksam sind oder wenn deren Nebenwirkungen vermieden werden sollen (z. B. bei älteren Menschen).« Und hinzugefügt: »Bei einigen dieser Medikamente, etwa bei *Seroxat*, sollen Bewegungsstörungen und Impotenz häufiger vorkommen.«

Hormone in den Wechseljahren – mehr Schaden als Nutzen

Frauen in den Wechseljahren, die sich in den vergangenen Jahren an die Empfehlungen des Buches Bittere Pillen hielten, blieben von bösen Überraschungen verschont. Im Frühjahr 2002 entbrannte in der Öffentlichkeit eine heftige Auseinandersetzung über den Nutzen und die Risiken der Hormontherapie in den Wechseljahren.
Eine große amerikanische Studie war zu dem Ergebnis gekommen, dass Hormone in den Wechseljahren mehr schaden als nutzen. Bis dahin hatte es geheißen, eine Dauerbehandlung mindere nicht nur die unangenehmen Symptome während der Wechseljahre, sondern biete darüber hinaus auch einen Schutz gegen das erhöhte Risiko von Herz-Kreislauferkrankungen. Millionen von Frauen hatten deshalb Hormonpillen geschluckt.
Zahlreiche Ärzte, die ihren Patientinnen versichert hatten, bei richtiger Anwendung seien die Nebenwirkungen einer Hormontherapie unbedeutend, versuchten die neuen Forschungsergebnisse als ungültig und unseriös hinzustellen.
»Wechseljahre sind eine Krankheit und nicht natürlich. Sie sind von Menschenhand geschaffen«, schrieb beispielsweise der Berufsverband der Niedersächsischen Frauenärzte an die Mitglieder und erklärte, deshalb sei die Hormonbehandlung in den Wechseljahren »wichtig und richtig«.
In Bittere Pillen hatten wir bereits im Jahr 2001 geschrieben: »Der Nutzen der vorbeugenden Hormontherapie ist heftig umstritten. Eine neue Studie weist nach, dass durch die Einnahme von Hormonen nach den Wechseljahren das Risiko von Herz-Kreislauf-Erkrankungen nicht sinkt. In der ersten Einnahmezeit steigt das Risiko sogar. Dieselbe Studie widerlegt auch die Behauptung, dass Hormone nach den Wechseljahren vor Schlaganfällen schützen. Hormone dürfen nur nach genauer Abwägung von Nutzen und Risiken verordnet werden.«

Nutzen und Risiken von Krebsmedikamenten – Pharmafirmen verheimlichen Daten

In einer aufwändigen, akribischen Recherche haben medizinische Wissenschaftler herausgefunden, dass jede vierte medizinische Studie über die Wirksamkeit von Krebstherapien nicht veröffentlicht wird, sondern für immer in Schubladen verschlossen bleibt – weil negative Ergebnisse die Geschäfte der Pharmaindustrie stören.
Insgesamt, so schätzen Mediziner, werden Behandlungsergebnisse von 47.000 Krebspatienten von den Pharmafirmen unter Verschluss gehalten.

Werbeaussagen von Pharmafirmen – unbewiesene Behauptungen

Ein medizinisches Forschungsinstitut in Köln hat die Aussagen von Werbebroschüren pharmazeutischer Firmen überprüft. Ergebnis: Mehr als die Hälfte aller Aussagen sind nicht durch wissenschaftliche Nachweise belegt. Mit anderen Worten: Ärzte werden von den Pharmafirmen nicht objektiv über Nutzen und Risiken von Medikamenten informiert, sondern vielfach mit unseriösem Blabla eingedeckt.

Neue Arzneimittel – erhöhte Risiken

Die ersten Jahre nach der Markteinführung eines Medikaments sind für Patienten besonders riskant, denn neue Medikamente sind meistens nicht ausreichend erprobt, wenn sie von den Behörden zugelassen werden. Wer ein neues Medikament verwendet, nimmt deshalb an einem unkontrollierten Medikamentenversuch teil.
»Neu« bedeutet bei Medikamenten meist keinen Produktvorteil, sondern ein zusätzliches Risiko, das man nur nach sorgfältiger Abwägung der Vor- und Nachteile eingehen sollte.

Gute Pillen, schlechte Pillen

Bis zur Ausgabe 2002–2004 verwendeten wir folgende Zählweise: Unabhängig davon, ob ein Medikament in verschiedenen Darreichungsformen wie Zäpfchen, Tabletten, Injektion, Salben etc. vorlag, wurde es für unsere interne Statistik nur einmal gezählt.
Um den Verbrauchern einen direkten Vergleich mit anderen Medikamenten-Publikationen zu erleichtern, haben wir seit der Ausgabe 2002–2004 auf eine gängige Zählweise umgestellt: Jede Darreichungsform zählt jetzt als eigenes Medikament. Das ergibt eine Summe von

insgesamt mehr als 10.000 Medikamenten. Davon sind mehr als 2.500 neue Bewertungen.
Um einen Vergleich zwischen der Erstausgabe von Bittere Pillen im Jahr 1983 und heute zu ermöglichen, führen wir die folgende Statistik jedoch nach dem alten System fort.

Deutschland

	1983	2005–2007
Anzahl der bewerteten Medikamente	1.433	3.278
Therapeutisch zweckmäßig (einschließlich der mit Einschränkungen zweckmäßigen Medikamente)	41,2 %	70,0 %
Wenig zweckmäßig	14,2 %	14,5 %
Abzuraten	44,1 %	10,6 %
Sinnvolles Naturheilmittel		3,8 %
Sinnvolles Homöopathie-Mittel		1,2 %
Keine Empfehlung möglich	0,5 %	0 %

Ergebnis der Ausgabe 2005–2007

Seit 1983 hat sich die Qualität der Arzneimittel stetig verbessert. 1983 waren in Deutschland nur 41,2 Prozent aller Arzneimittel »therapeutisch zweckmäßig«, heute sind es bereits 70,0 Prozent. Der Anteil der als »abzuraten« bewerteten Arzneimittel ist von 44,1 auf 10,6 Prozent gefallen. Der Anteil der »wenig zweckmäßigen« Arzneimittel ist ungefähr gleich geblieben, jener der sinnvollen Naturheilmittel und Homöopathika gestiegen.

Auffallende Verbesserungen:

- Der Verbrauch an umstrittenen Hypotoniemitteln (Kapitel 12.8) Venenmitteln (Kapitel 12.9), Leberschutzpräparaten (Kapitel 13.6.), Appetitzüglern (Kapitel 13.7.) und Mitteln gegen Altersbeschwerden (Geriatrika; Kapitel 15.1.) ist in den vergangenen 20 Jahren dramatisch zurückgegangen. Der Nutzen all dieser Medikamente ist sehr umstritten.
- Unsinnige Mischungen aus synthetischen und natürlichen Wirkstoffen sind vom Markt verschwunden, beispielsweise die Schlafmittel *Moradorm* und *Vivinox Schlafdragees* (siehe Kapitel 2.1.).

- Es gibt keine dämpfenden Wirkstoffe vom Typ der Antihistaminika mehr in Hustenmitteln (siehe Kapitel 4.1.).
- Der sehr umstrittene, riskante Allergie-Wirkstoff Terfenadin (enthalten z. B. in Teldane) wird inzwischen nur noch sehr selten verwendet (siehe Kapitel 6.1.).

Auffallende Marktveränderungen:

- Der Verbrauch pflanzlicher Antidepressiva mit Johanniskraut ist seit dem Jahr 2000 von 6 Millionen Packungen auf 3,3 Millionen zurückgegangen.
- Der Verbrauch homöopathischer Mittel ist mit einigen wenigen Ausnahmen – zum Beispiel Medikamente der Marke »Biochemie Dr. Schüssler« – zurückgegangen.

Österreich

	1983	2005–2007
Anzahl der bewerteten Medikamente	732	1.340
Therapeutisch zweckmäßig (einschließlich der mit Einschränkungen zweckmäßigen Medikamente)	49,4 %	68,8 %
Wenig zweckmäßig	13,5 %	14,9 %
Abzuraten	36,9 %	13,5 %
Sinnvolles Naturheilmittel		4,2 %
Sinnvolles Homöopathie-Mittel		1,2 %

Der Arzneimittelmarkt in Österreich hat sich bei den am häufigsten verwendeten Mitteln ähnlich entwickelt wie in Deutschland: Der Anteil der »therapeutisch zweckmäßigen« Medikamente ist seit 1983 von 49,4 auf 68,8 Prozent gestiegen, der Anteil der »wenig zweckmäßigen« von 13,5 auf 14,9 Prozent. Der Anteil der Medikamente, die als »abzuraten« bewertet wurden, ist von 36,9 auf 13,5 Prozent gefallen. Der Anteil an sinnvollen Homöopathika am gesamten Arzneimittelmarkt ist sehr gering und beträgt nur 1,2 Prozent.

Zu dieser Ausgabe

Allein verantwortlicher Autor dieser Ausgabe (2004–2005) ist Hans Weiss. Er war ebenfalls alleinverantwortlicher Autor der Ausgaben 1999–2001 sowie 2002–2004.

Hans-Peter Martin war zuletzt alleinverantwortlicher Autor der Ausgabe Bittere Pillen 1996–1998. Kurt Langbein war bis 1992 Mitautor, ist seither jedoch in keiner Weise mehr an Neuausgaben der »Bitteren Pillen« beteiligt und wird nur noch aus urheberrechtlichen Gründen auf dem Buchumschlag namentlich genannt. Peter Sichrovsky war Mitautor der Erstausgabe von »Bittere Pillen« (1983).

Autorenadresse

Hans Weiss
c/o Verlag Kiepenheuer & Witsch
Rondorfer Str. 5
D-50968 Köln

Gebrauchshinweis

Wer schnell wissen möchte, wie ein bestimmtes **Medikament** von uns bewertet wurde, schlägt am Ende von »Bittere Pillen« im Register (Medikamenten- und Wirkstoffregister, Stichwortverzeichnis) den gesuchten Namen nach, findet dort die entsprechende, **fettgedruckte** Seitenzahl und landet damit in der Tabelle, in der dieses Medikament von uns bewertet wird.

Also beispielsweise ***Aspirin*** *auf Seite* ***57***.

Dieselbe Vorgangsweise ist auch sinnvoll, wenn man einen bestimmten Wirkstoff, eine Krankheit oder ein Symptom sucht. In diesem Fall ist die Seitenzahl im Register nicht fettgedruckt.
Wenn Sie im Register einen Wirkstoff nachschlagen, landen Sie damit fast immer im Textteil des Buches, aber nicht in der Tabelle. Im Textteil stehen nämlich ausführlichere Informationen zu den Wirkstoffen als im Tabellenteil. Nur in Ausnahmefällen landen Sie, wenn Sie einen Wirkstoff im Register nachschlagen, in der Tabelle – immer nur dann, wenn ein Wirkstoff nicht speziell im Textteil besprochen wird.

Eine zweite Suchmöglichkeit besteht darin, am Anfang von »Bittere Pillen« im Inhaltsverzeichnis (S. 9–13) nachzuschlagen – jedes Kapitel umfasst ein ganz bestimmtes Anwendungsgebiet. Schlagen Sie den entsprechenden Textteil auf. Er enthält einen kurzen Überblick über die Krankheit, über sinnvolle Behandlungsmethoden und die wichtigsten Arzneimittel. In der anschließenden, alphabetisch geordneten Tabelle sind die meistverwendeten Arzneimittel mit den wichtigsten Nebenwirkungen und einer Empfehlung enthalten.

Wichtig: Ein Medikament, das als *therapeutisch zweckmäßig* eingestuft wurde, sollte keinesfalls bedenkenlos eingenommen werden. Wenn ein Medikament als *abzuraten* oder *wenig zweckmäßig* bewertet wird, bedeutet das nicht unbedingt, dass Sie sofort aufhören sollen, es einzunehmen. Sprechen Sie mit einem Arzt Ihres Vertrauens darüber.

Die Medikamente in den Tabellen sind untereinander alphabetisch von A bis Z gereiht.

Aspirin forte (D)
Tabl.
Acetylsalicylsäure (ASS),
Coffein

Die linke Spalte – in diesem Beispiel **Aspirin forte** – enthält immer folgende Informationen:

Der **Name** des Medikaments – **Aspirin forte** – ist **fettgedruckt**. Daneben steht in Klammer ( ) der Hinweis, ob das Medikament in D (= Deutschland) oder in Ö (Österreich) oder in beiden Ländern erhältlich ist (D/Ö).
In der darunter liegenden Zeile befindet sich der Hinweis auf die Darreichungsform, in diesem Fall die Abkürzung »Tabl.« (= Tabletten).
Wieder eine Zeile darunter ist der Name des enthaltenen Wirkstoffes – in diesem Fall Acetylsalicylsäure (ASS). ASS ist die gebräuchliche Abkürzung für Acetylsalicylsäure.
Wieder eine Zeile darunter ist der zweite Inhaltsstoff von **Aspirin forte**, nämlich Coffein.
Und wenn das Medikament *Rezeptpflichtig* ist, steht das *kursiv gedruckt* eine Zeile darunter.
Wenn dieser Hinweis fehlt – wie im Fall von **Aspirin forte** – dann bedeutet das: Das Medikament ist rezeptfrei in der Apotheke erhältlich.

Magenbeschwerden, selten Asthmaanfälle. Blutungsneigung verstärkt. Erhöhtes Risiko von Reye-Syndrom bei Kindern und Jugendlichen

Die mittlere Spalte der Tabelle enthält die wichtigsten Nebenwirkungen. Also nicht alle, sondern nur die wichtigsten.

Abzuraten
bei Schmerzen und Entzündungen. Nicht sinnvolle Kombination eines Schmerzhemmers mit anregendem Inhaltsstoff (Coffein), der zur Analgetikaabhängigkeit beitragen kann. Vertretbar bei Migräne.

Die rechte Spalte der Tabelle enthält in der ersten Zeile unsere Empfehlung, und zwar **fettgedruckt**. In diesem Fall **Abzuraten**.

Darunter steht, in normaler Schrift, die Begründung dafür:
Nicht sinnvolle Kombination eines Schmerzhemmers mit anregendem Inhaltsstoff (Coffein).

Weitere Informationen zu den Wirkstoffen finden Sie im Textteil, der der Tabelle vorangestellt ist. In diesem Fall unter der fettgedruckten Zwischenüberschrift **Acetylsalicylsäure (ASS)** und der fettgedruckten Zwischenüberschrift **Coffein (Koffein)**. Blättern Sie einfach von der Tabelle nach vorne oder schlagen Sie im Register am Ende des Buches diese beiden Wirkstoffnamen nach – das führt Sie gezielt zu den entsprechenden Buchseiten.

Dies ist kein Buch *gegen* Medikamente. Im Gegenteil – durch die gezielte Beurteilung versteht es sich als Buch *für* den sinnvollen Gebrauch von Arzneimitteln, egal ob es sich um konventionelle oder alternative handelt. Uns ist bewusst, dass auch viele Mittel, deren Wirksamkeit zweifelhaft ist, die jedoch harmlos sind, oft schon durch den so genannten »Placebo-Effekt« wirken. Es kann also durchaus sinnvoll sein, solche Medikamente in bestimmten Fällen zu verschreiben.

Dieses Buch ersetzt nicht den Arztbesuch und auch nicht die genaue Beachtung von Anweisungen zum Gebrauch von Arzneimitteln.

Methodik

In Deutschland sind etwa 50.000 industriell hergestellte Arzneimittel im Handel, in Österreich rund 10.000.
Auf der Basis der Verkaufsstatistiken (IMS Health, Der Pharmazeutische Markt, 2003) wurden die meistverkauften Präparate in Deutschland und Österreich in dieses Buch aufgenommen und der Herkunft entsprechend mit »D« bzw. »Ö« gekennzeichnet.
In dieser Ausgabe wurden mehr als 10.000 Arzneimittel erfasst und bewertet. Damit umfassen wir in Deutschland einen Marktanteil von etwa 1,4 Milliarden verkauften Packungen der 1,6 Milliarden Packungen des Gesamtmarktes, also rund 88 Prozent.

Zuordnung von Medikamenten zu Anwendungsgebieten

Die Zuordnung der Medikamente zu den einzelnen Kapiteln bzw. Anwendungsgebieten stützt sich primär auf die Einteilung in der »Roten Liste 2004«, dem Medikamentenverzeichnis des Bundesverbandes der Pharmazeutischen Industrie. Als weitere Unterlagen wurden außerdem die »Gelbe Liste« in Form der Online-Ausgabe (http://www.gelbe-liste.de/index.htm), der »Austria Codex«, Ausgabe 2003/2004 und Medikamentenverzeichnisse von öffentlichen Apotheken verwendet.
In zahlreichen Fällen wurde ein Arzneimittel in mehreren vom Hersteller empfohlenen Anwendungsgebieten bewertet. Beispielsweise die Beta-Blocker in Kapitel 12.1. (Mittel gegen Bluthochdruck), 12.3. (Mittel gegen Angina Pectoris) und 12.6. (Mittel gegen Herzrhythmusstörungen). In der Regel haben wir uns jedoch auf Empfehlungen zu den Anwendungsgebieten beschränkt, die von den Pharmafirmen als die wichtigsten angegeben wurden.

Die Empfehlungen zu den einzelnen Medikamenten

stützen sich auf die Angaben der Gutachter und den letzten Stand der medizinisch-pharmakologischen Fachliteratur.
Wenn nicht anders angeführt, bezieht sich die Empfehlung und ihre Begründung auf das Anwendungsgebiet, das in der Kapitelüberschrift angegeben ist. Ähnlich wie bei vielen pharmakologischen Fachbüchern dieser Art (beispielsweise »AMA Drug Evaluations«) handelt es sich bei den Empfehlungen letztlich um subjektive Meinungsäußerun-

gen, die jedoch auf wissenschaftlicher Literatur und dem Sachverstand der Gutachter beruhen und wissenschaftlich begründbar sind. Die veränderte Gliederung, die neu gestaltete Zuordnung der Medikamente zu den jeweiligen Anwendungsgebieten und neue wissenschaftliche Erkenntnisse haben dazu geführt, dass sich manche Bewertungen und Empfehlungen von denen der früheren Ausgaben unterscheiden.

Therapeutisch zweckmäßig

bedeutet, dass nach den Angaben der Gutachter und der verwendeten Fachliteratur der zu erwartende Nutzen des Präparats unter bestimmten, oft im Text angegebenen Voraussetzungen in einem sinnvollen Verhältnis zu den Risiken steht, die jedes wirksame Arzneimittel hat. Die Einstufung als therapeutisch zweckmäßig sollte jedoch keinesfalls als Freibrief für die unbegrenzte Verwendung verstanden werden. Gerade bei einigen dieser Präparate gibt es einen enormen Missbrauch.

Therapeutisch zweckmäßig nur zur … (bei …, wenn …)

Für diese Empfehlung gilt sinngemäß das Gleiche wie bei *Therapeutisch zweckmäßig*. Hinzu kommen laut den Gutachtern und der Fachliteratur wichtige Hinweise für das spezielle Anwendungsgebiet dieses wirksamen Präparats.

Zweckmäßig

ist ein Präparat, das zwar nicht zur Behandlung einer Krankheit verwendet wird, jedoch trotzdem ein sinnvolles Arzneimittel ist (beispielsweise die »Pille«). Zweckmäßig bedeutet, dass nach den Angaben der Gutachter und der verwendeten Fachliteratur der zu er- wartende Nutzen des Präparats unter bestimmten, oft im Text angegebenen Voraussetzungen in einem sinnvollen Verhältnis zu den Risiken steht, die jedes wirksame Arzneimittel hat.

Nur zweckmäßig bei … (wenn …)

Diese Empfehlung wurde abgegeben, wenn nach den Ansichten der Gutachter und laut der verwendeten Fachliteratur Einschränkungen in der therapeutischen Wirksamkeit gegenüber dem in der Kapitelüberschrift angegebenen Anwendungsgebiet oder den vom Hersteller empfohlenen Anwendungen notwendig waren. Die Begründung dafür findet sich jeweils im Text unter der Empfehlung oder im Textteil des Kapitels.

Möglicherweise zweckmäßig

bedeutet, dass Hinweise auf ein positives Wirkungs-Risiko-Verhältnis dieses Präparats vorliegen, diese aber nach Meinung der Gutachter und in der verwendeten Fachliteratur noch nicht zweifelsfrei belegt sind.

Wenig zweckmäßig

Diese Empfehlung wurde abgegeben, wenn nach Angaben der Gutachter und der verwendeten Fachliteratur

- die Wirksamkeit des Medikaments nicht zweifelsfrei belegt, das Risiko jedoch relativ gering ist; und/oder
- andere, geeignetere oder weniger risikoreiche bzw. auch besser erprobte Medikamente im gleichen Anwendungsgebiet angeboten werden; und/oder
- grundsätzlich bei den betreffenden Erkrankungen Behandlungsmethoden ohne Medikamente sinnvoller wären, aber dennoch mit den Arzneimitteln gewisse Linderungen erzielt werden können.

Abzuraten

bedeutet, dass es nach Ansicht der Gutachter und laut der verwendeten Fachliteratur zweifelhaft ist, ob die mögliche Wirksamkeit und das zu erwartende Risiko beim betreffenden Präparat in einem sinnvollen Verhältnis zueinander stehen. Das kann der Fall sein, wenn z. B. das Risiko von Nebenwirkungen bei bestimmten Substanzen oder Darreichungsformen besonders groß ist.
Eine weitere Begründung ist dann gegeben, wenn z. B. die Wirksamkeit zweifelhaft, gleichzeitig jedoch das Risiko von Nebenwirkungen beträchtlich ist und andere, weniger risikoreiche Alternativen vorhanden sind.
Abzuraten ist auch von »Naturheilmitteln« oder »homöopathischen Mitteln«, wenn der Hersteller Anwendungsgebiete nennt, bei denen es nach dem heutigen Stand der Medizin unbedingt notwendig ist, ein therapeutisch wirksames und zweckmäßiges Medikament zu verwenden.
Die Empfehlung abzuraten wurde auch gewählt, wenn es sich beim betreffenden Präparat laut Gutachtern und der verwendeten Fachlitera-

tur um eine »nicht sinnvolle« oder »wenig sinnvolle« Kombination handelt. Diese Begründung kann z. B. bedeuten:

- dass eine oder mehrere Substanzen, deren Wirksamkeit zweifelhaft ist, mit zweckmäßig einzusetzenden Substanzen in einem Medikament kombiniert wurden,
- dass mehrere als Einzelsubstanzen sinnvolle Wirkstoffe in einem Arzneimittel kombiniert wurden und dadurch u. a. folgende Nachteile entstehen können: Verlust der individuellen Dosierbarkeit der einzelnen Wirkstoffe, höheres Nebenwirkungs- und Vergiftungsrisiko.

In manchen Anwendungsgebieten kann eine individuell in der Form von Einzelpräparaten dosierbare Kombination mehrerer Wirkstoffe jedoch durchaus sinnvoll sein (z. B. bei Mitteln gegen Magenübersäuerung).

Zweckmäßig wie …

und ähnliche Formulierungen stellen Sonderfälle dar, die zur besseren Verständlichkeit der Wirkung von bestimmten Präparaten gewählt wurden.

Als Naturheilmittel

werden von uns Präparate bezeichnet, wenn sie folgende Eigenschaften aufweisen:

- es dürfen nur pflanzliche Inhaltsstoffe enthalten sein,
- es sind keine nennenswerten Nebenwirkungen zu erwarten,
- die therapeutische Wirksamkeit ist zwar nicht zweifelsfrei nachgewiesen, es gibt jedoch ein relativ gesichertes Erfahrungswissen, dass die Anwendung sinnvoll sein kann, wenn der Patient dadurch eine positive Wirkung verspürt,
- es wird vom Hersteller kein Anwendungsgebiet genannt, bei dem nach dem heutigen Stand der Medizin ein therapeutisch wirksames Medikament zwingend vorgeschrieben ist.

Als homöopathisches Mittel

gilt ein Medikament, wenn es folgende Eigenschaften aufweist:

- es dürfen nur Inhaltsstoffe in homöopathischer Verdünnung enthalten sein,

– es wird vom Hersteller kein Anwendungsgebiet genannt, bei dem nach dem heutigen Stand der Medizin ein therapeutisch wirksames Medikament zwingend vorgeschrieben ist.

> *Wichtig*: Man sollte nicht nur die Empfehlung lesen, sondern auch immer den Text, der der jeweiligen Tabelle vorausgeht.

Nebenwirkungen

Die Rubrik Wichtigste Nebenwirkungen beinhaltet nicht alle, sondern nur die nach der Meinung der Gutachter und laut der verwendeten Fachliteratur bedeutsamsten Begleiterscheinungen, die bei der Verwendung des jeweiligen Mittels auftreten können. Wenn der Vermerk »nicht erfasst« oder »keine wesentlichen bekannt« erscheint, bedeutet das keineswegs, dass keine Risiken vorhanden sind. Insgesamt kann wegen der in der Medizin nur mangelhaften Erfassung von Nebenwirkungen davon ausgegangen werden, dass die Angaben unvollständig sind.

Inhaltsstoffe

Die bei den Medikamenten angegebenen Inhaltsstoffe wurden der »Roten Liste 2004« bzw. dem »Austria Codex 2003/2004« entnommen. Bei Präparaten, die in diesen Verzeichnissen nicht angeführt sind, wurden auch Angaben aus der »Gelben Liste« in Form der Online-Ausgabe (http://www.gelbe-liste.de/index.htm) sowie Herstellerangaben verwendet.

Register

Das Register umfasst das Stichwortverzeichnis sowie ein Medikamenten- und Inhaltsstoffregister. Es sind nur Inhaltsstoffe von so genannten Monopräparaten angeführt, das sind Präparate mit nur einem Wirkstoff.

Textteil

Im Textteil wird versucht, einen kurzen Überblick über die Bedeutung der einzelnen Krankheiten, ihre Ursachen, den Stellenwert der Behandlung mit Medikamenten und die Verkaufspolitik der Pharmakonzerne zu geben. Der Textteil beruht auf den Angaben der angeführten Experten und medizinisch-pharmakologischen Fachquellen.

Phantasiepreise für Medikamente

Wenn Sie davon träumen, reich zu werden, wirklich reich, und außerdem wenig Steuern zu zahlen; wenn Sie keine Skrupel haben und nicht davor zurückschrecken, den Staat und die Sozialsysteme zu betrügen; wenn es Ihnen nichts ausmacht, Ärzten das Blaue vom Himmel herunter zu versprechen und schlechten Argumenten mit Bestechung und gefälschten Untersuchungsergebnissen nachzuhelfen – dann sollten Sie eine Pharmafirma gründen. Denn damit haben Sie die besten Chancen, Ihre Träume zu verwirklichen. Eine Reportage von Hans Weiss.[1]

Flieder, Aspirin, Steuersätze

Derartige Praktiken – von der Täuschung bis zum systematischen Betrug – werden den Pharmakonzernen vorgeworfen. Und zwar nicht irgendwelchen kleinen Firmen, sondern den weltweit Größten der Branche – Pfizer, GlaxoSmithKline, Bayer und vielen anderen. Wer ihnen das vorwirft? Nicht irgendwelche missgünstigen Kapitalismuskritiker oder forsche Gegner der Schulmedizin, sondern Staatsanwälte in den USA, in Italien, in Deutschland.

Die Tricks, mit denen internationale Konzerne ihre Steuern klein schreiben, spielen sich üblicherweise im Rahmen der gesetzlichen Möglichkeiten ab. Das gilt für die Autoindustrie, die Nahrungsmittelindustrie, die Handelsriesen und selbst für den Bankenbereich, den Energiesektor und die Telekommunikation. In der Pharmabranche hingegen herrschen andere Bräuche, da wird die gesetzliche Grenze gelegentlich auch überschritten.

Unter Finanzbeamten gelten Pharmakonzerne als absolute Meister in der Disziplin, hohe Gewinne zu erwirtschaften und niedrige Steuern zu zahlen.

Wie schaffen sie das? Welche Tricks wenden sie an?

Mit Hilfe eines Finanzfahnders, einer Pharmamanagerin und einer Wirtschaftsdatenbank, die so exklusiv und teuer ist, dass selbst Finanzfahnder keinen Zugang dazu haben, gelang es uns, den Großen der Pharmabranche auf ihre Schliche zu kommen.

1 Erstmalig erschienen im Buch »Asoziale Marktwirtschaft – Insider aus Politik und Wirtschaft enthüllen, wie die Konzerne den Staat ausplündern«, von Hans Weiss und Ernst Schmiederer, Kiepenheuer & Witsch, Köln 2004

Der Reihe nach: Es begann mit einem Treffen in einem Gartenhaus Ende des Jahres 2003. Ich habe versprochen, weder den Ort noch die näheren Umstände zu beschreiben.

Ein hochrangiger Finanzfahnder hatte sich bereit erklärt, mir das Steuer-Einmaleins der Pharmakonzerne zu erklären. Er hatte eine geradezu paranoide Angst davor, mit mir gesehen zu werden, und verlangte, dass ich meinen Wagen in einer Entfernung von mehreren hundert Metern parkte und das Haus zu Fuß aufsuchte.

Der Flieder lockte, die Vögel prahlten, aber ich hatte keinen Sinn für die Schönheit der Natur, ich wollte Zahlen und Daten hören.

Es gibt, so begann er, keinen Industriebereich, der so hohe Gewinne erzielt wie die Pharmaindustrie. In Deutschland und Österreich veröffentlichen die Pharmakonzerne jedoch Bilanzen, aus denen man schließen müsste, das Geschäft mit Medikamenten sei ein Defizitgeschäft und sie seien schon längst bankrott – was natürlich ganz und gar nicht der Fall ist. Im Gegenteil. Sie machen hier ebenso fabelhafte Geschäfte wie in anderen Ländern, die als Steuerparadiese bekannt sind.

Kann man Bilanzen so einfach manipulieren? Wie funktioniert das?

Es handle sich, antwortete der Finanzfahnder, um ein ganz simples Rezept: Die Pharmakonzerne verrechnen zwischen den einzelnen Tochterfirmen Medikamentenpreise, die Außenstehende – Finanzbeamte oder Krankenkassen – auch bei intensivem Nachforschen nicht nachvollziehen können. Da habe, so fährt er resigniert fort, niemand eine Chance. Das Geheimnis der tatsächlichen Medikamentenpreise sei nur wenigen Personen innerhalb eines Konzerns bekannt. Um das zu lüften, müsste man Zugang zu den allergeheimsten Papieren in den Panzerschränken haben.

Er erklärte mir das System der wundersamen Preisgestaltung an einem anschaulichen Beispiel: Angenommen, ich will mein Auto verkaufen. Ist die Käuferin meine arme, arbeitslose Schwester, verlange ich dafür wenig Geld. Ist die Käuferin aber meine zweite Schwester, die sehr reich ist und mich auch gerne unterstützt, werde ich sehr viel Geld dafür verlangen.

Genauso funktioniert es mit den Tochterfirmen der Pharmaindustrie. Die Preise, die sie untereinander verrechnen, können innerhalb des Konzerns mehr oder weniger beliebig festgelegt werden. Wie soll man als Finanzfahnder kontrollieren, ob die Herstellung von 20 Aspirintabletten 3 Euro oder 3 Cent kostet? Das ist nicht möglich. Und je nachdem stehen dann in den Geschäftsberichten gute oder schlechte Zahlen.

In Deutschland und Österreich stehen meistens schlechte Zahlen – schlecht aus der Sicht des Finanzamtes.
Der Finanzfahnder: »In Deutschland und Österreich sind die offiziellen Steuersätze sehr hoch. Wenn die Firma in Deutschland 38 Prozent ihres Geschäftsgewinns ans Finanzamt bezahlen muss, in Österreich 34 Prozent und in Irland nur 12 Prozent – wo wird sie dann versuchen, Gewinn zu machen? Natürlich in Irland und nicht in Deutschland oder Österreich! Sonst wäre sie ja dumm. Und den Pharmakonzernen kann man vieles vorwerfen, aber ganz gewiss nicht, dass sie dumm sind. In dieser Hinsicht gehören sie zu den Klügsten.«

Amadeus

Mein nächster Schritt: Ich wollte wissen, ob das, was mir der Finanzfahnder erzählt hatte, auch tatsächlich an den Geschäftszahlen ablesbar ist, und nahm mir den weltgrößten Pharmakonzern vor. Es handelt sich um die US-Firma Pfizer, die durch das Erektionsmittel Viagra berühmt wurde.
Pfizer erzielte im Jahr 2002 einen Umsatz von 27,8 Milliarden Euro und einen Gewinn von 7,8 Milliarden Euro, also einen Gewinnanteil von 28 Prozent des Umsatzes. Davon können Autohersteller wie BMW oder VW nur träumen.
Die Frage lautete also: Sind die Gewinne und Steuerleistungen von Pfizer in Deutschland und Österreich kleiner als in anderen Ländern mit niedrigen Steuersätzen?
Ich suchte zunächst im Internet und landete zufällig einen Glückstreffer – den probeweisen, kostenlosen Zugang zu einer Datenbank, die den klangvollen Namen Amadeus trägt. Da geht es aber nicht um Musik, sondern um detaillierte Informationen über alle europäischen Firmen, große und kleine, Konzernzentralen und Tochterfirmen. Mit einem Passwort öffnet sich eine geheime Welt. Wer per Internet ein Jahr lang einen vollen Zugang zu diesen Daten haben will, muss dafür 56.000 Euro bezahlen. Dieser hohe Preis sorgt dafür, dass nur internationale Konzerne oder die Crème de la Crème der Finanzwelt diesen Service kennen und nutzen.
Amadeus ermöglichte es mir, für jedes einzelne Land in Europa und für jede einzelne Tochterfirma von Pfizer nachzusehen, wie hoch der Umsatz ist, wie hoch der Gewinn ist, wie hoch die Steuerleistung ist. Und zwar Jahr für Jahr, über viele Jahre hinweg.
Das Ergebnis ist ganz so, wie es der Finanzfahnder beschrieben hatte: Der Gewinnanteil von Pfizer beträgt beispielsweise für das Jahr 2000

in Deutschland etwa 2 Prozent des Umsatzes, in Österreich etwa 7 Prozent. Das sind lächerliche Zahlen im Vergleich zu den 33 Prozent, die Pfizer für Europa insgesamt an Gewinn ausweist!

In den Folgejahren liegen die Gewinne in Europa noch höher: bei 64 Prozent im Jahr 2001 und bei 52 Prozent im Jahr 2002. Ein Desaster sind hingegen die Gewinnzahlen für Deutschland und Österreich: Sie fallen prozentual sogar noch ab!

Als naiver Beobachter fragt man sich nun, was mit den Milliardengewinnen geschieht, die Pfizer in bestimmten Ländern erzielt. Nun, sie werden als Vermögen gehortet. Und zwar hauptsächlich in Holland (rund 27 Milliarden Euro) und in Irland (rund 8 Milliarden Euro). Beide Länder sind als Steueroasen bekannt.

Wir können uns nun gemeinsam mit Hilfe der Datenbank Amadeus ansehen, wie viel Steuern Pfizer in Irland und in Holland bezahlt. Die Zahlenangaben für diese beiden Länder sind leider ein wenig lückenhaft; vielleicht auch deshalb, weil der Konzern kein großes Interesse daran hat, dass derartige Informationen bekannt werden.

Die holländische Firma »Pfizer Global Holdings B.V.« erzielte 1999 mit einem einzigen Mitarbeiter einen Gewinn von 193 Millionen Euro und verbuchte dafür keine Steuerzahlung, sondern eine Steuereinnahme von 18 Millionen Euro. Gut für Pfizer, denn dadurch erhöht sich der Gewinn natürlich noch.

Die ähnlich klingende holländische Firma »Pfizer Holdings B.V.« erzielte im Jahr 2000 mit einem einzigen Mitarbeiter einen Gewinn von 773 Millionen Euro und zahlte dafür lediglich 2 Millionen Euro Steuern.

Die irische Firma »Pfizer Holdings Europe« erzielte 1999 mit einem einzigen Mitarbeiter einen Gewinn von 141 Millionen Euro. Steuerleistung 0. In Worten: null. Im Jahr darauf wird ein Gewinn von 107 Millionen Euro verbucht und eine Steuerleistung, die erneut null beträgt.

Wir könnten hier für viele andere europäische Länder noch Hunderte ähnlicher Belege aufzählen und sie würden alle dieselbe Tendenz zeigen:

- Pfizer erzielt hohe Gewinne und zahlt wenig bis gar keine Steuern in Ländern, in denen die offiziellen Steuersätze niedrig sind – also in Irland und Holland
- Pfizer erzielt niedrige Gewinne und zahlt deshalb in absoluten Zahlen wenig Steuern in Ländern, in denen die offiziellen Steuersätze hoch sind – also in Deutschland und Österreich.

Das große Gewinnspiel

Nicht nur Pfizer, sondern auch andere Pharmakonzerne trieben dieses System im Lauf der Zeit so auf die Spitze, dass selbst dem Dümmsten klar wurde: Mit den Bilanzen kann etwas nicht stimmen. Schließlich traf die österreichische Finanzbehörde mit den Konzernen ein Arrangement, das der Behörde half, das Gesicht zu wahren, und den Firmen erlaubte, weiterhin nur wenig Steuern zu zahlen. Lassen wir dazu den Finanzfahnder selbst zu Wort kommen:

»In der Bilanz von Pfizer Österreich sieht man etwas sehr Interessantes, nämlich den Posten ›Rückvergütung Werbeaufwand‹. Nur Eingeweihte wissen, was das bedeutet! Offiziell ist es nämlich so, dass Pharmakonzerne in Österreich nur Verluste machen und das seit Jahrzehnten. Ein normaler Unternehmer sagt in diesem Fall: Das ist ein Defizitgeschäft, das kann ich mir nicht leisten, ich mach den Laden dicht! Die Pharmafirmen machen aber nicht dicht. Warum? Weil sie solche Menschenfreunde sind? Nein, es hat andere Gründe. Die offiziellen Bilanzzahlen sind alle manipuliert.«

Jedenfalls, so erzählt der Finanzbeamte, schrieben die Pharmakonzerne in Österreich bis Mitte der neunziger Jahre nur Verluste und bezahlten natürlich auch keine Steuern.

Dann aber passierte eine Art Betriebsunfall: Eine österreichische Finanzbeamtin, zuständig für die Prüfung von Pharmafirmen, veröffentlichte Mitte der neunziger Jahre einen Artikel in der österreichischen Steuerzeitung, wo sie den Verdacht äußerte, mit den Geschäften der Pharmakonzerne könne etwas nicht stimmen. In den Bilanzen stehe nämlich immer ein Defizit. Und das bedeute: null Steuereinnahmen für den Staat. Merkwürdig, merkwürdig.

Der Artikel war sowohl für die Steuerbehörde als auch für die Konzerne unangenehm. Denn nun konnte keine Seite mehr stillschweigend über die Sache hinwegsehen.

Was tun? Die Beteiligten erfanden für die Bilanz einen neuen, trickreichen Posten, nämlich die »Rückvergütung Werbeaufwand«. Das ist eine Zahlung der Konzernzentrale an die österreichische Tochterfirma, die diese als Einnahme verbucht und damit ein positives Ergebnis erzielt. Jetzt endlich werden auch Steuern bezahlt. Nicht viel, um Gottes willen. Aber nun kann niemand mehr behaupten, es ist gar nichts.

Und so sind am Ende alle zufrieden, der Staat und die Konzerne. Wie hoch die »Rückvergütung« ist, bleibt der Zentrale überlassen. Jedenfalls ist es eine ideale Möglichkeit für die Pharmakonzerne festzulegen, wie hoch der Gewinn und damit die Steuerzahlung ausfällt.

»Aber«, wende ich ein, »das sieht doch ein Blinder, dass trotzdem etwas faul ist an der Sache. In der Bilanz von Pfizer Österreich für das Jahr 2001 steht, dass die Firma für Werbung 10,2 Millionen ausgegeben hat, aber von der Zentrale eine Rückvergütung von 23 Millionen erhalten hat. Warum kriegen die 23 Millionen, obwohl sie nur 10,2 ausgegeben haben?«
»Das ist eben die gute österreichische Lösung«, erklärt der Finanzfahnder. »Mit dieser Zahlung kann die Zentrale exakt festlegen, wie hoch der Gewinn sein wird und wie viel Steuern bezahlt werden. So etwas nennt man Gestaltungskraft.«

Ich werde Export-Import-Händler

Gestaltungskraft! Kommen wir noch einmal zurück auf die Ausgangsfrage: Wie hoch sind die tatsächlichen Kosten eines Medikaments?
Ich frage – vertraulich – eine Managerin des schweizerischen Pharmakonzerns Novartis, ob sie mir weiterhelfen kann, vielleicht sogar mit Firmenunterlagen. Sie könnte, will aber nicht. Denn damit würde sie ihren Job riskieren. Sie hat jedoch eine interessante Idee. Ich soll mich als Export-Import-Händler ausgeben und bei den Herstellern von Medikamenten-Wirkstoffen Preisangebote einholen. So erfahre ich, wie hoch die tatsächlichen Kosten sind. »Sie werden überrascht sein, wie billig Wirkstoffe sind«, prophezeit sie und nennt mir die Namen einiger Hersteller, die auch für renommierte Pharmakonzerne produzieren.
Meine Verwandlung erfordert keinen großen Aufwand. Ich behalte meinen Namen und meine Adresse und gebe mich als Export-Import-Händler aus – in der ersten E-Mail, die ich am 29. Februar 2004 an die Hefei Scenery Chemical Co. Ltd in der Volksrepublik China schicke. Zunächst will ich wissen, wie viel die Herstellung des Viagra-Wirkstoffes Sildenafil kostet.

Hier ist die Übersetzung der E-Mail:

Betreff: Sildenafil citrate bulk order

Sehr geehrte Damen und Herren,
ein Geschäftsfreund aus Großbritannien hat mich auf Ihr hervorragendes Angebot aufmerksam gemacht. Ich bin Export-Import-Händler mit Sitz in Wien (Österreich/Europa) und Rumänien (Osteuropa).

Ich würde gerne von Ihnen die pharmazeutische Substanz Sildenafil kaufen; zunächst in einer Menge von 10 Kilogramm und in Zukunft regelmäßig innerhalb der nächsten zwei Jahre in einer Menge von 100 bis 150 Kilogramm pro Jahr.
Ich würde Sildenafil von Ihnen nach Großbritannien liefern lassen und es offiziell dort importieren, um sicherzustellen, dass keinerlei Patentrechte anderer Firmen verletzt werden. Selbstverständlich werde ich Ihnen alle schriftlichen Garantien liefern, die Sie benötigen.
Würden Sie mir bitte Ihre Lieferbedingungen mitteilen (Preise, Bezahlungsmodus und so weiter) und mir Details über die Qualität Ihrer Produktion angeben?
Falls Ihr Angebot zufriedenstellend ausfällt, würde ich zunächst gerne eine kleine Testmenge von Sildenafil untersuchen lassen.
In Erwartung Ihres Angebots und mit freundlichen Grüßen,
Dr. Hans Weiss

Schon am Tag darauf schickt mir Xu Feiquan von der Hefei Scenery Chemical Co. Ltd ein interessantes Angebot:

Lieber Dr. Hans Weiss,
danke für Ihre E-Mail.
Betrifft: Garantie-Erklärung. Wir liefern Ihnen unsere Produkte als Muster, nur gedacht für Tests und Forschung.
Betrifft: Preise, Zahlungsmodus und so weiter. Unser Preis beträgt 650 Euro pro Kilogramm plus Transportkosten. Normalerweise verwenden wir einen Kurier. Für die Zahlung akzeptieren wir »t/t advance«. Wenn es sich um eine kleine Menge handelt (weniger als 1 Kilogramm), ist der Preis wahrscheinlich sehr hoch.
Betrifft: Qualitätsstandard. Bitte beachten Sie das angehängte Analyseergebnis.
Betrifft: Testmenge. Bitte teilen Sie uns mit, wie viel Sie benötigen.
Grüße,
Xu Feiquan

Jetzt weiß ich, wie viel der Viagra-Wirkstoff kostet: 650 Euro pro Kilogramm. Damit kann man 20.000 Viagra-Tabletten herstellen. Wenn man für jede Tablette den üblichen Preis von 12 Euro verlangt, ergibt das in Summe 240.000 Euro.

Wenn man sich ansieht, wie hoch der Kostenanteil des Viagra-Wirkstoffes am Verkaufspreis des Medikaments ist, dann wird klar, warum die Pharmakonzerne so hohe Gewinne machen. Bei Viagra sind es lediglich 0,26 Prozent!
Ein Vergleich mit dem Goldpreis ergibt folgendes Ergebnis: Viagra ist 20-mal teurer als Gold. Aber die Forschungskosten!, ruft im Hintergrund der vielstimmige Chor der Pharmakonzerne, die Forschungskosten sind extrem hoch und die müssen eben über die Medikamentenpreise bezahlt werden.
Dieses Argument ist oft an den Haaren herbeigezogen. Viagra ist ein gutes Gegenbeispiel, denn Viagra enthält keinen neuen Wirkstoff. Es handelt sich um ein bereits bekanntes Medikament, das ursprünglich gegen Herz-Kreislauf-Probleme entwickelt wurde. Als während der Testverfahren auffallend viele Patienten über starke Erektionen berichteten, änderten die Forscher das Untersuchungsziel. Die Nebenwirkung »Erektion« wurde zur Hauptwirkung erklärt, und nun testete Pfizer an 3.000 Patienten eben diese.
Schließlich wurde Viagra 1998 in den USA als Erektionsmittel zugelassen, und seither sprudelt für den Konzern eine unerschöpfliche Geldquelle. Bei geschätzten Forschungskosten von 30 Millionen Euro erzielte Pfizer bisher mehr als 7 Milliarden Euro Einnahmen. In den USA läuft der Patentschutz erst im Jahr 2011 ab. Bis dahin hat Pfizer ein Vermarktungs- und Preismonopol.

Was kostet Aspirin?

Da ich inzwischen als Medikamentenhändler etabliert war, weitete ich meine Geschäftstätigkeit aus und holte weitere Preisangebote ein. Zum Beispiel für den Aspirin-Wirkstoff Acetylsalicylsäure, der bereits vor mehr als 100 Jahren in Deutschland entwickelt wurde, von einer Vorgängerfirma des Pharmakonzerns Bayer. Von Forschungskosten für die Entwicklung, die über den Medikamentenpreis hereingespielt werden müssen, kann bei Aspirin heute keine Rede mehr sein.
Was kostet Aspirin und was kostet der Aspirin-Wirkstoff? Auch in diesem Fall sind chinesische Anbieter unschlagbar günstig. Ich stieß auf die Firma »Shandong Xinhua Pharm«, die auch den US-Markt beliefert.

Lieber Herr An Quing, liebe Frau Zhou Hui,
ich bin Export-Import-Händler mit Sitz in Wien (Österreich/Europa). Ich würde von Ihrer Firma gerne Acetylsalicylsäure von

der Qualität USP 24 kaufen, und zwar regelmäßig 50 Kilogramm pro Monat. Bitte teilen Sie mir Ihre Geschäftsbedingungen mit (Preis pro Kilogramm, Transportkosten, Zahlungsmodus und so weiter).
Mit freundlichen Grüßen,
Dr. Hans Weiss

Antwort von Frau Zhou Hui:

Wir möchten Sie freundlicherweise darüber informieren, dass die Mindestbestellung 2 Tonnen beträgt.
Beste Grüße,
Zhou Hui

Ich erhöhte die gewünschte Bestellmenge und erhielt kurz darauf per Fax folgendes Angebot:

»Acetyl salicylic acid BP2002/ USP27 20–60 MESH
USD1.72/KG CIF VIENNA
25 KGS carton or fibre drum
Ppt shipment
T/T in advance«.

Es war nicht schwer, diese Botschaft zu entschlüsseln. Ein Kilogramm des Aspirin-Wirkstoffes kostete 1,72 US Dollar (= 1,38 Euro). Ein lächerlicher Betrag.
Ich begann wieder zu rechnen. Aus einem Kilogramm Aspirin-Wirkstoff konnte ich 100 Packungen »Aspirin direkt Kautabletten« zum Verkaufswert von insgesamt 675 Euro herstellen. Das ergab einen Kostenanteil von 0,2 Prozent des Verkaufspreises.

Recherchen zu weiteren Medikamenten bestätigen diesen Trend. Die Kosten für die Herstellung von Medikamenten sind so niedrig, dass sie bei der Preiskalkulation bedeutungslos sind:

- *Adalat* – ein Herz-Kreislauf-Mittel von Bayer: 1,1 Prozent Kostenanteil
- *Sortis* – ein Cholesterinsenker von Pfizer, der sich zum umsatzstärksten Medikament in Deutschland entwickelte: 2,9 Prozent Kostenanteil
- *Celebrex* – ein Rheumamittel von Pfizer: 2,1 Prozent Kostenanteil

- *Taxol* – ein Krebsmittel des US-Konzerns BristolMyersS-quibb: 3 Prozent Kostenanteil
- *Diovan* – ein Hochdruckmittel des schweizerischen Konzerns Novartis: 6 Prozent Kostenanteil

Novartis – zugeknöpft wie eine Schweizer Bank

Mit dem letzten Beispiel – Diovan – sind wir bei einem interessanten Hersteller angelangt. Novartis ist der fünftgrößte Konzern der Welt, mit ähnlich hohen Gewinnraten wie Pfizer: Jahr für Jahr 20 bis 24 Prozent vom Umsatz.

Gewinnzahlen und Steuerleistungen der Tochterfirmen in Deutschland und Österreich werden geheim gehalten. Selbst die sonst so ergiebige Datenbank Amadeus enthält nur Umsatzzahlen. Auf eine Anfrage antwortete die Presseabteilung von Novartis Austria:

»Wir veröffentlichen ausschließlich unsere Umsätze.«

Schließlich erhielt ich die Zahlen aber doch noch – von der Novartis-Managerin. Sowohl bei der deutschen als auch bei der österreichischen Tochterfirma zeichnet sich derselbe Trend ab wie bei Pfizer: stark steigende Umsätze, aber auffallend niedrige Gewinn- und Steuerraten.

Dass die offiziellen Medikamentenkosten mit den tatsächlichen Kosten wenig zu tun haben, ergibt sich auch aus einem Stoß geheimer Marketingunterlagen, die ich ebenfalls der Novartis-Managerin verdanke. Ihre ursprünglich abwehrende Haltung hatte sie im Verlauf mehrerer Treffen aufgegeben und einiges aus dem Panzerschrank des Konzerns mitgebracht.

Die zur Verfügung gestellten Unterlagen belegen, dass Novartis einen großen Teil seiner Medikamente an Apotheken verschenkt. Ja, schlichtweg verschenkt! Geschätzter Wert: allein in Österreich 50 Millionen Euro pro Jahr! Und das bei einem ausgewiesenen Gewinn von nicht einmal einer Million Euro.

Tennisplatz, Fußballmatch, Mikrowelle

Eine interessante Lektüre im »Geschenkpaket« der Novartis-Managerin waren die »Richtlinien für Werbeausgaben«, die von Novartis-Ärztevertretern als Anleitung im Umgang mit Ärzten verwendet werden.

Da steht zum Beispiel:

- »*Keine Mikrowelle, Computer etc.*« – Aber jede Regel hat ihre Ausnahmen, denn gleich anschließend daran heißt es in den Richtlinien: »Ausnahmefälle über TL/ADL«

- *»Wissenschaftliches Programm – Freizeitaktivitäten als nebensächlich darstellen!«*
- *»Nicht abzugsfähige Repräsentationskosten wie z. B. Theaterkarten, Karten für Fußballmatch, Tennisplatzmiete müssen mit der Bemerkung ›Produktpräsentation‹ versehen werden«*
- *»Prinzipiell ›Fortbildung‹ oder ›Präsentation Produkt XY‹ auch bei Weihnachtsfeier, Geburtstagsfeier, Praxiseröffnung, Christbaum-Aktion«*

Was hat das mit unserem Buchthema zu tun? Sehr viel. Es geht hier letztlich um Steuern. Denn solche als »Werbeausgaben« getarnten illegalen Zuwendungen an Ärzte verringern den Gewinn und damit die Steuerleistung. Theaterkarten, Mikrowellenherde, Christbäume und andere Kleinigkeiten summieren sich zu Millionenbeträgen.
Allein der britische Pharmakonzern GlaxoSmithKline soll laut Ermittlungsergebnissen der italienischen Finanzpolizei im Zeitraum 1990 bis 2002 Computer, Kameras, Ferienaufenthalte oder einfach Bargeld im Wert von insgesamt 228 Millionen Euro an Ärzte verteilt haben. Firmenintern wurden diese Geschenke als »sonstige Verkaufsförderung« verbucht. Als Gegenleistung verschrieben die Ärzte vermehrt Medikamente des Konzerns. Im Juni 2004 wurde bekannt, dass die italienische Staatsanwaltschaft deshalb Anklagen gegen mehr als 4000 Ärzte vorbereitet.
Sind die Italiener besonders korrupt? Überhaupt nicht! Die englische Pharma-Marketing Firma »PMLive« schreibt: »Industrieexperten weisen darauf hin, dass die von italienischen Finanzprüfern aufgedeckten Praktiken der Pharmakonzerne in ganz Europa angewendet werden – von der gesamten Pharmabranche.«
Anfang des Jahres 2004 brachte der US-Generalstaatsanwalt in Washington eine Klage gegen 13 Pharmakonzerne ein, neben den drei weltgrößten Pfizer, GlaxoSmithKline und AstraZeneca auch gegen die deutschen Konzerne Bayer und Boehringer Ingelheim. Ihnen wird vorgeworfen, den Staat durch überhöhte Medikamentenpreise um »Hunderte von Millionen Dollar« geschädigt zu haben. Zusätzlich forderte die US-Steuerbehörde vom britischen Konzern GlaxoSmithKline Anfang 2004 eine Summe von umgerechnet 4,2 Milliarden Euro ein. Der Vorwurf: Umgehung von Steuerzahlungen durch falsche Preisangaben bei Medikamenten. Experten schätzen, dass die von der US-Steuerbehörde eingeforderte Summe auf 5,6 Milliarden Euro anwachsen könnte.

In Deutschland ermittelt die Staatsanwaltschaft bereits seit 1990 wegen Geschenkverteilungsaktionen von Pharmafirmen. Inzwischen sind 71 Ärzte und Dutzende Firmenmitarbeiter wegen Bestechung angeklagt.
Rufe nach schärferen gesetzlichen Bestimmungen weist die deutsche Pharmaindustrie mit dem Hinweis zurück, der Verein »Freiwillige Selbstkontrolle für die Arzneimittelindustrie e.V.« sorge dafür, dass Ärzte nicht unlauter beeinflusst werden. Regelverstöße werden mit maximal 250.000 Euro Strafe und einer Rüge geahndet.
Die Frage ist, ob sich milliardenschwere Konzerne davon beeindrucken lassen.

Internet und Medikamente

Das Internet stellt für viele Patienten in Fragen der Gesundheit eine zunehmend wichtigere Informationsquelle dar. Aus Untersuchungen weiß man, dass für Patienten die Glaubwürdigkeit der Informationsquelle eine entscheidende Rolle spielt. Universitätskliniken und bekannte Ärzte gelten als besonders vertrauenswürdig, Pharmafirmen gelten überwiegend als nicht glaubwürdig. Aus der Zahl der Käufer von Bittere Pillen (seit der Erstausgabe 1983 mehr als 2,4 Millionen) kann man schließen, dass unser Buch ebenfalls hohe Glaubwürdigkeit bei den Patienten genießt.
Eine große englische Untersuchung über den Nutzen von Gesundheitsinformationen per Internet kam im Herbst 2004 zu dem überraschenden Ergebnis, dass Patienten mit chronischen Erkrankungen, die sich überwiegend über das Internet informieren, auf lange Sicht einen schlechteren Gesundheitszustand aufweisen als Patienten, die sich in erster Linie an die Ratschläge des behandelnden Ärztes halten.
Seit der holländische Internet-Apothekenhandel »Doc Morris« (www.doc-morris.com) in Deutschland und Österreich anbietet, Medikamente im Internet zu bestellen, und Krankenkassen und Patienten mit großen Preisnachlässen lockt, läuten bei deutschen und österreichischen Apotheken die Alarmglocken. »Doc Morris« wurde mit Klagen eingedeckt. Inzwischen haben die Gerichte entschieden, dass der Internethandel erlaubt ist. In Deutschland gilt das nicht nur für rezeptfrei Medikamente, sondern unter bestimmten Bedingungen auch für rezeptpflichtige. In Österreich hingegen dürfen nur rezeptfreie Medikamente über das Internet bestellt werden und nur solche, die auf der Verpackung eine österreichische Zulassungsnummer tragen.

Bewertung von 10 LINKS zum Thema Arzneimittel

1. www.netdoktor.at und *www.netdoktor.de*

Ausführliche Informationen zum Thema Arzneimittel im deutschen Sprachraum. Sie können in einer Datenbank Ihre Medikamente von A–Z nachschlagen und erhalten Hinweise zum richtigen Gebrauch. Außerdem werden viele wichtige Themen im Zusammenhang mit Arzneimitteln besprochen: Auf Reisen, Potenzpillen, Pillen aus dem Netz usw. Ein spezieller Service ist die Suchmöglichkeit nach der nächstgelegenen Apotheke.

Gravierender Nachteil dieser Sites: Es gibt keine kritische Bewertung über Nutzen und Risiken der Medikamente wie etwa bei Bittere Pillen, sondern nur Herstellerinformationen.

2. http://www.gelbe-liste.de/index.htm

Ein Nachschlagewerk über etwa 40.000 in Deutschland verwendete Medikamente, das ständig aktualisiert wird. Auch als Buch (Gelbe Liste – Pharmindex) erhältlich. Mit Angaben zu Anwendungsgebieten, Gegenanzeigen, Nebenwirkungen, Wechselwirkungen, Preisen und Festbeträgen.
Unkritische, industrienahe Infos. Trotzdem recht brauchbar.

3. http://www.doctoronline.de/index.asp?url=risikocheck.asp

Hier können Sie checken, ob zwischen den Medikamenten, die Sie einnehmen, gefährliche Wechselwirkungen auftreten. Die Benutzung ist kostenlos, Sie müssen sich aber registrieren lassen.

4. http://www.arznei-telegramm.de/db/atstart.php3?abo=

Die mit Abstand beste deutschprachige Datenbank über Arzneimittel. Seriös, kritisch und vollkommen unabhängig von der Pharmaindustrie. Für Patienten allerdings nur bedingt geeignet, weil das Zielpublikum Ärzte, Apotheker und Pharmakologen sind. Teilweise kostenlos, der vollständige Zugang ist kostenpflichtig.

5. http://www.documed.ch/deutsch

Enthält alle Gebrauchsinformationen und medizinischen Fachinformationen über die auf dem schweizerischen Markt erhältlichen Arzneimittel. Umfassend und seriös. Einfache, schnelle Zugriffsmöglichkeit. Inhaltlich besser, genauer und umfangreicher als etwa die von netdoktor.at oder der Gelben Liste angebotenen Informationen.
Einziger Nachteil für Internet-User aus Deutschland und Österreich: Da sich der deutsche und österreichische vom schweizerischen Pharma-Markt unterscheidet, endet die Suche oft mit dem Hinweis: Kein Eintrag gefunden. Wenn man jedoch den Wirkstoff kennt, kann man diesen eintippen und dann eines der schweizerischen Medikamente anklicken, die diesen Wirkstoff enthalten. So erhält man auf einem kleinen Umweg die notwendige Information.

6. http://www.medikamente-im-test.de

Datenbank der Stiftung Warentest mit Bewertungen von häufig verwendeten rezeptpflichtigen und frei verkäuflichen Medikamenten. Überwiegend kostenpflichtig und leider umständlich im Gebrauch. Im Unterschied zu Bittere Pillen sind negative Bewertungen bei der Stiftung Warentest nur sehr vorsichtig formuliert. Statt deutlich auszudrücken, wenn ein Medikament nicht sinnvoll ist, heißt es bei der Stiftung Warentest knieweich: Wenig geeignet. Hat hier die Angst vor juristischen Auseinandersetzungen der Pharmaindustrie eine Rolle gespielt?

7. www.google.com

Wenn die Suche nach Informationen über ein Medikament erfolglos bleibt, kann man es hier probieren. Manche Treffer sind seriös, andere jedoch vollkommen obskur und für Patienten sogar gefährlich.

8. www.patienten-information.de

Behandlungs-Informationen über Medikamente, die von der ärztlichen Zentralstelle für Qualitätssicherung geprüft wurden. Auf diese Informationen können Sie sich im Großen und Ganzen verlassen. Außerdem erhalten Sie hier Zugang zu mehreren erstklassigen Datenbanken für Medikamente. Die Homepage selbst ist etwas unübersichtlich gestaltet.

9. www.giftnotruf.de/embryotox

Hier erhalten Sie Informationen über das Risiko von Arzneimitteln in der Schwangerschaft und Stillzeit. Die konkrete Beratung erfolgt allerdings nicht per E-Mail, sondern telefonisch (030-30308-111; Mo.–Fr. 9–16 Uhr).

10. http://www.globuli.de/homoeo1.

Eine Übersicht von A-Z über homöopathische Inhaltsstoffe, mit deutschen, lateinischen und abgekürzten Bezeichnungen. Leider sehr unvollständig. Wer wissen will, was in einem homöopathischen Komplexmittel enthalten ist, muss meist bei verschiedenen Internet-Sites suchen, um ein Ergebnis zu erhalten.

1. Kapitel: **Schmerzen**

Schmerzen haben vor allem eine Warn- und Schutzfunktion. So zwingen uns etwa Gelenkschmerzen dazu, das Gelenk zu schonen. Und bei einer Verbrennung oder einem Stich entfernen wir uns reflexartig aus der Gefahrensituation. Wie Schmerzen empfunden werden, ist individuell sehr verschieden. Das hat nicht nur mit der Art des Schmerzes zu tun – er kann zum Beispiel brennend, stechend, bohrend, dumpf oder schneidend sein –, sondern vor allem mit den Umständen, unter denen er wahrgenommen wird. Wer abgelenkt ist oder unter einer besonderen Belastung steht, erlebt Schmerzen sehr viel weniger intensiv als jemand, der sich gerade ausruht. Ängstliche, unter Beklemmung leidende Personen empfinden Schmerzen besonders stark.

Neuere Forschungsergebnisse belegen, dass sich Schmerzen verselbstständigen und damit zu einer eigenständigen Krankheit werden können – wenn sie längere Zeit andauern oder nicht oder falsch behandelt werden.

Heute weiß man, dass sich Schmerzen in Form von Schmerzbahnen im Rückenmark und in der Gehirnrinde einprägen und bestehen bleiben. Wenn später wieder ein ähnlicher Schmerzreiz auftritt, erinnert sich das Nervensystem und löst ähnliche Schmerzempfindungen aus wie beim ersten Mal – auch wenn der wiederholt auftretende Schmerzreiz dann wesentlich schwächer ist. Die Reizschwelle kann sogar so weit absinken, dass sich die Schmerzempfindung verselbstständigt und damit chronisch wird.

Deshalb gilt es heute als Kunstfehler, wenn Schmerzen nicht frühzeitig und sachgerecht behandelt werden. Das alte, weit verbreitete Motto: »Ein bisschen Schmerzen muss man schon aushalten«, ist falsch. Heute weiß man, dass es sinnvoll ist, auch vor einer Operation Schmerzmittel zu geben. Dies vermindert die nachher auftretenden Schmerzen. Damit lassen sich auch die gefürchteten »Phantomschmerzen« verhindern.

Weit verbreitet ist die irrige Meinung, dass Neugeborene und Säuglinge keine oder nur eine wesentlich geringere Schmerzempfindung haben. Inzwischen ist nachgewiesen, dass Säuglinge Schmerzen empfinden und auch erinnern. Deshalb sollten sie unbedingt eine Schmerztherapie erhalten. Dazu ist allerdings besondere Sachkenntnis und Sorgfalt erforderlich.

In Deutschland leiden rund fünf Millionen Menschen unter chronischen Schmerzen, in Österreich etwa eine halbe Million.
Fachleute schätzen, dass mindestens jeder Zweite nicht ausreichend mit Schmerzmitteln versorgt wird. Die Ursache dafür liegt sowohl in den bürokratischen Hemmnissen bei der Verschreibung als auch in der Furcht der niedergelassenen Ärzte vor Suchtgefahr und Atemlähmung – dies sind mögliche Nebenwirkungen opiathaltiger Schmerzmittel.
Fachleute betonen allerdings, dass diese Nebenwirkungen bei sachgerechter Behandlung kaum auftreten und das Argument der möglichen Suchtgefahr bei chronisch Schwerkranken bedeutungslos ist.
Sowohl in Deutschland als auch in Österreich besteht die paradoxe Situation, dass also einerseits viel zu wenig Schmerzmittel verwendet werden – bei Schwerkranken und chronisch Kranken –, dass aber andererseits viel zu viele und vor allem riskante Schmerzmittel geschluckt werden.
Typisches Beispiel dafür ist *Thomapyrin*, das bis zum Jahr 2000 unangefochten den ersten Platz unter den meistverkauften Arzneimitteln belegte. Seither ist es zurückgefallen, liegt aber mit 17,1 Millionen verkauften Packungen im Jahr 2003 immerhin noch auf Rang drei.
Diesen Spitzenrang erreicht *Thomapyrin* vermutlich nur deshalb, weil es »gedopt« ist. Und zwar mit einem Stoff, von dem Fachleute sagen, dass er aufgrund seiner anregenden Wirkung zu Missbrauch verführt. *Thomapyrin* enthält nicht nur die von seriösen Schmerztherapeuten abgelehnte Kombination von Acetylsalicylsäure mit Paracetamol, sondern auch Koffein. Dieser Wirkstoff kann nach längerer Verwendung genau jene Symptome verursachen, gegen die er ursprünglich eingenommen wurde: Schmerzen. Wer versucht, mit der Einnahme aufzuhören, wird durch so genannte »Entzugskopfschmerzen« dazu verführt, das Mittel weiter zu schlucken. Damit entsteht ein Teufelskreis, der außerdem noch ein weit gravierenderes Risiko birgt: Bei lang dauernder Einnahme von Paracetamol in Kombination mit anderen Schmerzmitteln (z. B. Acetylsalicylsäure wie bei *Thomapyrin*) kann es zu schwerwiegenden, nicht wiedergutzumachenden Schäden der Nieren kommen. Darauf hat sogar das Bundesgesundheitsministerium hingewiesen. Trotzdem sind Schmerzmittel wie *Thomapyrin* unverständlicherweise nach wie vor ohne Rezept erhältlich. Experten schätzen, dass in Deutschland 6.000 bis 9.000 Personen als Folge der Einnahme solcher Schmerzmittelkombinationen an Nierenversagen leiden und entweder mit Dialyse oder mit einer transplantierten Niere leben müssen.

Die Berliner »*Stiftung Warentest*« drückt sich übrigens nach wie vor um eine eindeutige Beurteilung von *Thomapyrin* herum und verpasst diesem längst überholten Medikament lediglich das Etikett »wenig geeignet«. Unsere Empfehlung lautet unmissverständlich: *Abzuraten*.

Schmerzmittelflut – nicht ungefährlich

Im Durchschnitt nimmt in Deutschland jede Person etwa 60 Mal im Jahr ein Schmerzmittel. In Österreich ist der Verbrauch etwas niedriger. Mehr als 700 verschiedene Schmerzmittel sind in Deutschland auf dem Markt, ein großer Teil davon kann ohne Rezept gekauft werden. Immer noch enthalten viele Präparate unsinnige oder gefährliche Kombinationen verschiedener Wirkstoffe. Medikamente, die anderswo längst verboten oder überhaupt nie zugelassen wurden, dürfen in Deutschland weiterhin verkauft werden und erfreuen sich großer Beliebtheit (z. B. *Novo Petrin, Optalidon N*).

Fachleute sind sich darüber einig, dass es nur einige wenige sinnvolle Wirkstoffe gegen Schmerzen gibt. Immer noch unterschätzt werden die Gefahren von Nebenwirkungen, vor allem bei längerer Einnahmedauer:

- Schmerzmittel können gerade das hervorrufen, wogegen sie eingesetzt werden. Die Wirkstoffe Ibuprofen (enthalten z. B. in *Dolormin*) und Naproxen (enthalten z. B. in *Miranax*) verursachen als Nebenwirkung selten Kopfschmerzen.
- Die meisten so genannten einfachen Schmerzmittel können bei Dauergebrauch dazu führen, dass beim Absetzen des Medikaments oder auch schon nach einem verlängerten Einnahme-Intervall – wenn Sie z. B. das Medikament am frühen Abend eingenommen haben und am Morgen spät aufwachen – Entzugskopfschmerzen auftreten. Das verführt zu einer erneuten Einnahme und bewirkt auf diese Weise Suchtverhalten. Auch andere Entzugssymptome, wie Schlafstörungen, Unruhezustände, Übelkeit, Erbrechen und Bauchkrämpfe, können auftreten.
- Bei jahrelanger Einnahme von Schmerzmitteln, welche Kombinationen verschiedener Wirkstoffe wie etwa ASS und Paracetamol enthalten (z. B. *HA-Tabletten N, Melabon K, Neuralgin, Neuranidal, ratiopyrin, Saridon, Spalt plus Coffein, Thomapyrin*), besteht die Gefahr von schweren Nierenschäden. Fachleute schätzen die so verursachte Zahl von Dialysefällen in Deutschland auf 6.000 bis 9.000.

Schmerz, lass nach

Die sinnvollste Schmerzbekämpfung besteht in der Beseitigung der Ursachen der Schmerzen. Im Arbeitsbereich sollten z. B. entsprechende Sitz- und Arbeitsmöglichkeiten geschaffen werden, die Rückenschmerzen vermeiden helfen.

Für viele mit Schmerzen einhergehende Erkrankungen gibt es gezielte therapeutische Maßnahmen, die in den entsprechenden Kapiteln behandelt werden (Migräne und Kopfschmerzen siehe Kapitel 1.3., Gelenkschmerzen siehe Kapitel 3, Angina Pectoris siehe Kapitel 12.3., Magenschmerzen siehe Kapitel 13.1.).

Schmerzen können auch mit physikalischen Therapien wie Kälte- und Hitzeanwendungen, Gymnastik, Massagen, Entspannungsübungen, Autosuggestion, Hypnose und Psychotherapie wirksam behandelt werden.

Schmerzmittel können höchstens die Schmerzempfindung unterdrücken, aber nicht die Ursache des Schmerzes beseitigen.

Schmerzmittel sollten nicht länger als eine Woche ohne ärztlichen Rat eingenommen werden. Um die Ursachen zu erkennen und entsprechend zu behandeln, ist ein Arztbesuch und eine *eingehende Untersuchung unumgänglich.*

Die Wirkungsweise der Schmerzmittel knüpft an die Vorgänge der Schmerzverarbeitung im Körper an. Entweder werden die Schmerzimpulse am Ort des Geschehens blockiert, oder es wird die Schmerzwahrnehmung und die Verarbeitung im Gehirn beeinflusst.

1.1. Schmerz- und fiebersenkende Mittel

Sie werden oft auch als »milde« oder »schwach wirksame« Schmerzmittel bezeichnet. Das heißt aber nicht, dass sie deswegen harmlos oder gar unschädlich sind. Einfache Schmerzmittel eignen sich zur Linderung von Schmerzen des Bewegungsapparates (Skelettmuskulatur, Knochen, Gelenke), der Haut und von Kopf-, Menstruations- und Zahnschmerzen. Schmerzen der Eingeweide und sehr starke Schmerzen – egal ob akut oder lang andauernd (chronisch) – hemmen sie im Regelfall nicht so gut.

Viele hundert verschiedene Präparate sind im Handel, es gibt aber nur wenige Substanzen, die schmerzhemmend wirken. Eine Fülle von Medikamenten ist identisch und trägt nur verschiedene Namen. Das gilt

auch für Kombinationspräparate – das sind Mittel, die mehrere Wirkstoffe enthalten.
Die meisten einfachen Schmerzmittel (Ausnahme: Paracetamol) wirken auch entzündungshemmend. Durch diese Wirkung werden z. B. schmerzhafte Schwellungen und Rötungen, wie sie durch Entzündungen hervorgerufen werden, vermindert (siehe auch Kapitel 3: Gelenke).

Schmerzmittel zur Fiebersenkung

Einfache Schmerzmittel wirken auch fiebersenkend. Dies beruht auf einer Beeinflussung des Temperaturzentrums im Gehirn. Der durch giftige Produkte (z. B. von Bakterien) hinaufgesetzte »Thermostat« des Temperaturzentrums wird durch diese Mittel wieder herabgesetzt. Als Folge gibt der Körper Wärme ab (Hautgefäßerweiterung, Schwitzen). Die Temperatur sinkt. Im Kapitel 4: Grippe, Erkältung werden diese Wirkungen der Schmerzmittel eingehend besprochen.

Welches Schmerzmittel?

Acetylsalicylsäure (ASS)

Die Acetylsalicylsäure, als *Aspirin* berühmt geworden, kurz ASS genannt, wird bereits seit 100 Jahren industriell hergestellt. Jährlicher Verbrauch in Deutschland: 1.100 Tonnen.
ASS ist ein wirksames und meistens gut verträgliches Arzneimittel, das Schmerzen und Entzündungen lindert und fiebersenkend wirkt. ASS ist außerdem ein bewährtes Mittel zur Vorbeugung gegen Herzinfarkt.
Medikamente, die nur ASS und sonst keine weiteren Wirkstoffe oder Zusätze enthalten, sind vorzuziehen (z. B. *Acesal, Aspirin, ASS-ratiopharm, ASS Stada, ASS von CT, Togal ASS 400*). Um eine schmerzlindernde Wirkung zu erzielen, genügen fast immer 500 bis 1.000 mg ASS, bei Bedarf alle vier bis sechs Stunden. ASS sollte nie auf leeren Magen und immer mit viel Flüssigkeit eingenommen werden.
Nebenwirkungen wie Übelkeit und Magenschmerzen können relativ häufig auftreten, vergehen jedoch wieder und bleiben folgenlos, wenn Sie das Medikament nicht mehr einnehmen. Sehr häufig können als Nebenwirkung Magenschmerzen und winzige Magen-Darmblutungen auftreten. Achten Sie auf dunklen Stuhl oder Blut in Erbrochenem.
ASS wird in niedriger Dosierung auch als »Blutverdünnungsmittel« verwendet, zur Vorbeugung gegen Herzinfarkt, Schlaganfälle und Thrombosen.

ASS sollte nicht verwendet werden

- Von Kindern und Jugendlichen mit Symptomen von Grippe oder Windpocken, weil die Gefahr besteht, dass eine sehr seltene, aber schwerwiegende Nebenwirkung auftreten kann: das Reye-Syndrom. Anzeichen dafür sind Erbrechen, Fieber, Krämpfe und Verlust des Bewusstseins.
- Von Personen, die an Asthma leiden oder allergisch auf ASS reagieren (z. B. Auftreten von Nesselsucht).
- Von Personen mit Magen-Darm-Geschwüren oder Gastritis, weil dies zu Blutungen im Magen-Darm-Bereich führen kann.
- Von Personen, die zu Blutungen neigen.
- Im ersten Drittel der Schwangerschaft sowie kurz vor der Geburt, weil die Gefahr von Schädigungen des Ungeborenen besteht. In der übrigen Zeit der Schwangerschaft sollte ASS nur nach sorgfältigem Abwägen von Nutzen und Risiken verwendet werden.

Bei Einnahme größerer Mengen von Acetylsalicylsäure (ASS) in kurzen Abständen besteht die Gefahr, dass sich zu viel davon im Körper ansammelt. Anzeichen einer Überdosierung sind Ohrensausen, Übelkeit und Erbrechen.
Bei schweren ASS-Vergiftungen treten Schweißausbrüche, Fieber und Verwirrtheitszustände auf. Bei einer sehr hohen Dosis kann ASS tödlich wirken, besonders Kinder sind gefährdet.

Welches ASS?

Es gibt für alle in den »*Bitteren Pillen*« als positiv eingestuften ASS-Präparate keine wesentlichen Unterschiede in Bezug auf Wirksamkeit und Nebenwirkungen. Allerdings wirken Brausetabletten schneller als Tabletten.

Vitamin C und ASS (z. B. Ascorbisal, Aspirin plus C, Aspro C, ASS + C-ratiopharm u. a.):

Die Beimengung von Vitamin C zum Wirkstoff ASS ist unter Fachleuten umstritten. Es ist fraglich, ob Vitamin C die Magenverträglichkeit bessert oder bei Erkältung oder grippalen Infekten therapeutisch wirksam ist. Da von den Vitamin-C-Beimengungen jedoch keine Nebenwirkungen zu erwarten sind, werden auch diese Mittel von uns als »therapeutisch zweckmäßig« eingestuft.

Paracetamol

Paracetamol wirkt ähnlich gut und schnell gegen Schmerzen wie ASS und senkt das Fieber. Nur bei entzündlichem Rheuma ist die Wirkung von ASS besser. Unsere Empfehlung: *Therapeutisch zweckmäßig. Als lang bewährtes Mittel gegen Fieber und Schmerzen zu empfehlen.*
Zur Schmerzlinderung genügen ein bis zwei Tabletten.
Für Paracetamol gilt dasselbe wie für ASS: Medikamente, die nur einen einzigen Wirkstoff enthalten, sind vorzuziehen.
In Deutschland ist Paracetamol als einziger Inhaltsstoff zum Beispiel enthalten in *Ben-u-ron, Contac, Doloreduct, Paracetamol 1A-Pharma, Paracetamol AL, Paracetamol BC, Paracetamol CT, Paracetamol Heumann, Paracetamol Hexal, Paracetamol-Lichtenstein, Paracetamol-ratiopharm, Paracetamol-Stada, Vivimed N gegen Fieber, in Österreich in Mexalen, Momentum Analgetikum, Paracetamol-Genericon, Paracetamol-Rösch.*

Vorteile von Paracetamol gegenüber ASS:

- Es ist magenverträglicher als ASS.
- Es ist auch für Säuglinge und Kinder geeignet (als Saft oder Zäpfchen).

Nebenwirkungen:

Sie treten selten auf, können aber schwerwiegend sein und sollten vor allem von Alkoholikern und Leberkranken beachtet werden:

- Bei Überdosierung Leberschäden.
- Bei Dauergebrauch Nierenschäden.
- Sehr selten können allergische Reaktionen auftreten, bis hin zum Schockzustand.

Anzeichen von Überdosierung sind Übelkeit, Erbrechen, Bauchschmerzen und Schweißausbrüche.

Vitamin B und Paracetamol:

Die Einnahme von B-Vitaminen ist nur zweckmäßig bei Vitamin-B-Mangel, der aber nur sehr selten auftritt. Deshalb lautet unsere Empfehlung bei Medikamenten, die Paracetamol und Vitamin B enthalten (z. B. *Dolonerv*): *Wenig zweckmäßig.*

Ibuprofen

Dieser erprobte Wirkstoff gegen Rheuma (enthalten z. B. in *Aktren*, *Dismenol N*, *Dolormin*, siehe auch Kapitel 3.1.) wird in schwächerer Dosierung auch gegen Fieber und Schmerzen verwendet. Manche Medikamente mit diesem Wirkstoff sind rezeptpflichtig!
Als Schmerzmittel genügen Einzeldosen von 200 mg oder Tagesdosen von 800 mg. Ibuprofen wirkt auch bei Menstruationsbeschwerden und ist normalerweise gut verträglich.

Unsere Empfehlung:

Therapeutisch zweckmäßig. Wirksam bei Schmerzen und Entzündungen. Bei empfindlichem Magen jedoch weniger geeignet.

Medikamente, die sinnvollerweise nur Ibuprofen enthalten, sind:
- In Deutschland z. B. *Aktren, Dismenol N, Dolormin, Ibudolor, Ibuhexal, Ibuprofen Heumann, IBU-ratiopharm, Nurofen, Optalidon 200, Pfeil Zahnschmerz-Tabletten, Spalt Liqua* und *Tispol.*
- In Österreich z. B. *Ibuprofen Genericon.*

Nebenwirkungen:
- Magenbeschwerden.
- In seltenen Fällen können Asthmaanfälle, Kopfschmerzen, zentralnervöse Störungen (Schwindel, Sehstörungen) und schwerwiegende allergische Hautreaktionen ausgelöst werden.

Codein

Wenn Einzelwirkstoffe wie ASS oder Paracetamol zu schwach wirken, kann die Wirkung durch die Beimengung des Opioids Codein verstärkt werden. Diese Kombinationen (z. B. *Dolviran N, Gelonida, Nedolon P, Paracetamol comp. Stada, Talvosilen*) werden von uns als therapeutisch zweckmäßig eingestuft, sind jedoch nur gegen Rezept erhältlich.
Die zusätzliche schmerzlindernde Wirkung der Kombination von Paracetamol plus Codein ist allerdings gering: Sie beträgt nur etwa fünf Prozent.

Nebenwirkungen:
- Codein wirkt euphorisierend. Wer sich einmal an die Einnahme eines solchen Schmerzmittels gewöhnt hat, bekommt leicht das Gefühl, sich ohne Schmerztabletten unwohl, nicht leistungsfähig und

deprimiert zu fühlen. Um die gleiche Wirkung zu erzielen, muss die Dosis dann fortlaufend erhöht werden. Es besteht daher das Risiko der Gewöhnung.

– Zusätzlich zu den bekannten Nebenwirkungen von ASS oder Paracetamol kann Codein Übelkeit, Benommenheit, Erbrechen und Verstopfung hervorrufen. Müdigkeit ist ausgeprägt, besonders in der Kombination mit Paracetamol.

Die als sinnvoll eingestuften Wirkstoffe eignen sich nicht für alle Personengruppen und Beschwerden gleich gut!

Für Erwachsene geeignete, rezeptfreie Schmerzmittel:

– Wirkstoff Acetylsalicylsäure (enthalten z. B. in *Acesal*, *Aspirin*, *ASS* mit angehängtem Firmennamen, *Togal 400* u. a.).
– Wirkstoff Paracetamol (enthalten z. B. in *Ben-u-ron, Contac, Doloreduct, Mexalen, Momentum Analgetikum, Paracetamol* mit angehängtem Firmennamen z. B. *Paracetamol Hexal*).
– Wirkstoff Ibuprofen (enthalten z. B. in *Aktren, Dismenol N, Dolormin, Ibudolor, Ibuhexal, Ibuprofen* als Genericum [mit angehängtem Firmennamen z. B. *Ibuprofen Stada]*, *IBU-ratiopharm, Mensoton 200, Nurofen, Optalidon 200, Pfeil Zahnschmerz-Tabletten, Spalt Liqua und Tispol*).

In Österreich sind Schmerzmittel mit dem Wirkstoff Ibuprofen generell rezeptpflichtig, in Deutschland sind manche Medikamente mit diesem Wirkstoff rezeptpflichtig, andere nicht.

Für Kinder und ältere Menschen geeignete, rezeptfreie Schmerzmittel:

– Wirkstoff Paracetamol (enthalten z. B. in *Ben-u-ron, Contac, Doloreduct, Mexalen, Momentum Analgetikum, Paracetamol* als Genericum [mit angehängtem Firmennamen, z. B. *Paracetamol-ratiopharm*]).

Vorsicht: Bei Kindern, die an Viruserkrankungen mit Fieber (z. B. »Grippe«) oder an Windpocken leiden und Acetylsalicylsäure-haltige Präparate (z. B. *Aspirin*, *ASS Stada* u. a.) erhalten, besteht ein erhöhtes Risiko, am »Reye-Syndrom« (Fieber, Krämpfe, Bewusstseinsstörungen) zu erkranken.

Für Patienten mit Magengeschwüren geeignete, rezeptfreie Schmerzmittel:

– Wirkstoff Paracetamol (enthalten z. B. in *Ben-u-ron, Contac, Doloreduct, Mexalen, Momentum Analgetikum, Paracetamol* mit angehängtem Firmennamen, z. B. *Paracetamol-ratiopharm*).

> *Vorsicht*: Die Wirkstoffe Acetylsalicylsäure (enthalten z. B. in *Aspirin, ASS* mit angehängtem Firmennamen u. a.) oder Ibuprofen (enthalten z. B. in *Aktren, Dismenol N, Dolormin, Ibudolor, Ibuhexal, Ibuprofen* als Genericum [mit angehängtem Firmennamen, z. B. *Ibuprofen Stada*], *IBU-ratiopharm, Mensoton 200, Nurofen, Optalidon 200, Pfeil Zahnschmerz-Tabletten, Spalt Liqua* und *Tispol*) sollten wegen der möglichen Nebenwirkungen nicht verwendet werden!

Für Schwangere und Stillende wird nur der Wirkstoff Paracetamol als uneingeschränkt geeignet eingestuft (enthalten z. B. in *Ben-u-ron, Contac, Mexalen, Momentum Analgetikum, Paracetamol* mit angehängtem Firmennamen, z. B. *Paracetamol-ratiopharm*). Allerdings sollte die Einnahme nur in Absprache mit dem Arzt erfolgen!

Für Säuglinge wird bei mäßigen Schmerzen nur der Wirkstoff Paracetamol als geeignet eingestuft (enthalten z. B. in *Ben-u-ron, Contac, Mexalen, Momentum Analgetikum, Paracetamol* mit angehängtem Firmennamen, z.B. *Paracetamol-ratiopharm).* Die Einnahme sollte jedoch nur in Absprache mit dem Arzt erfolgen! 10 mg pro kg Körpergewicht alle vier Stunden als Suspension oder Zäpfchen gelten als sicher.

Gegen Zahnschmerzen bei Erwachsenen oder gegen Menstruationsbeschwerden geeignete, rezeptfreie Schmerzmittel:

– Wirkstoff Ibuprofen (enthalten z. B. in *Aktren, Dismenol N, Dolormin, Ibudolor, Ibuhexal, Ibuprofen Heumann, IBU-ratiopharm, Nurofen, Optalidon 200, Pfeil Zahnschmerz-Tabletten, Spalt Liqua* und *Tispol*; in Österreich ist Ibuprofen rezeptpflichtig!).

Personen mit vorgeschädigter Leber sollten Schmerzmittel nur nach ärztlichem Rat einnehmen!

Negativ bewertete oder umstrittene Schmerzmittel

Kombinationspräparate

Schmerzmittel, die Kombinationen verschiedener Wirkstoffe enthalten, sind abzulehnen, weil sie gegenüber den Einzelwirkstoffen keinen Vorteil bieten, jedoch mit erhöhten Risiken verbunden sind. Es gibt lediglich zwei Ausnahmen: Brausetabletten, die Vitamin C und ASS enthalten, sowie Kombinationen von Codein mit ASS oder Paracetamol.
Eine Reihe von Kombinationspräparaten erhöht vor allem das Risiko schwerer Nierenschäden bis hin zum völligen Nierenversagen, z. B. Mittel wie *Thomapyrin*, die eine Kombination von ASS und Paracetamol enthalten.
Eine Kombination von Schmerzmitteln mit Vitaminen der B-Gruppe ist *nicht sinnvoll*. Diese Vitamine sind nur bei jenen seltenen Vitamin-Mangelerkrankungen wirksam, bei denen schmerzhafte Nervenentzündungen (Neuritiden) auftreten können. In diesen Fällen wirken die Vitamine aber auch ohne die Beimengung von schmerzhemmenden Wirkstoffen. Bei Nervenentzündungen, die auf andere Ursachen zurückzuführen sind, bleiben die Vitamine ohne Wirkung.

Metamizol

Kaum ein Schmerzmittel ist so umstritten wie Metamizol. Es wurde in zahlreichen Ländern verboten (in den USA 1977, danach in Irland, Norwegen, Singapur, Dänemark, Jordanien usw.) oder gar nicht erst zugelassen (u. a. in England, Kanada, Australien).
Metamizol ist in folgenden Medikamenten enthalten: *Analgin, Berlosin, Inalgon Neu, Novalgin, Novaminsulfon-ratiopharm, Novaminsulfon-Lichtenstein*.
Metamizol hat eine sehr gute schmerzlindernde und entzündungshemmende Wirkung, löst jedoch häufiger als alle anderen Schmerzmittel lebensgefährliche Immunstörungen mit schweren Blutungen, Blutbildschäden oder Schockreaktionen aus. Lange Zeit wurden diese Risiken von der Herstellerfirma Hoechst verharmlost.
In Deutschland und Österreich darf Metamizol nur noch bei starken Schmerzen nach Operationen und Verletzungen und bei Tumorschmerzen angewendet werden. *Bei anderen starken Schmerzen (z. B. Zahnschmerzen, Migräne und bei Fieber) ist die Anwendung nicht zulässig.* Einzige Ausnahme: wenn andere Schmerzmittel nachweislich nicht eingesetzt werden können, zum Beispiel wegen Unverträglichkeit.

In den achtziger Jahren wurden in Deutschland Metamizol-haltige Kombinationsschmerzmittel vom Markt genommen. In Österreich wurden lediglich die injizierbaren Kombinationsmittel, die Metamizol enthalten, verboten. Andere wie z. B. *Buscopan comp Dragees* und *Suppositorien* sind weiterhin erhältlich. Wir empfehlen, Metamizol nur in Ausnahmefällen zu verwenden, wenn andere Schmerz- bzw. Fiebermittel nicht wirksam sind.

Propyphenazon

Dieser Wirkstoff ist wegen der gefährlichen Nebenwirkungen in vielen Ländern – etwa Schweden, Großbritannien, USA – gar nicht zugelassen. In Deutschland und Österreich sind Mittel mit diesem Wirkstoff unverständlicherweise sogar rezeptfrei erhältlich und werden vor allem gegen Kopf- oder Zahnschmerzen eingenommen.
Propyphenazon kann lebensbedrohliche, allergische Schockreaktionen verursachen. Weil diesem Risiko im Vergleich zu ASS oder Paracetamol kein erhöhter Nutzen gegenübersteht, raten wir von der Verwendung solcher Mittel ab.
Propyphenazon ist z. B. enthalten in *Adolorin (Ö), Novo Petrin, Optalidon N, Saridon, Titretta Zäpfchen.*

COX-2-Hemmer (Vioxx Dolor) als Schmerzmittel

Im September 2004 wurde der Wirkstoff Rofecoxib (enthalten im Schmerzmittel *Vioxx Dolor*) und im Rheumamittel *Vioxx* wegen herzschädigender Wirkung vom US-Hersteller Merck, Sharp & Dohme weltweit vom Markt gezogen.

Coffein (Koffein)

Coffein wirkt euphorisierend. Wer sich einmal an die Einnahme eines Coffein-haltigen Schmerzmittels gewöhnt hat, bekommt leicht das Gefühl, sich ohne Schmerztabletten unwohl, nicht leistungsfähig und deprimiert zu fühlen. Es besteht das Risiko der Gewöhnung. Von Kombinationen mit Coffein raten wir daher ab: z. B. *Adolorin, Aspirin forte, Azur, Azur comp., Copyrkal, Doppel Spalt compact, Duan, Eudorlin Schmerz, HA-Tabl. N, Melabon K, Neuralgin, Neuranidal, Novo Petrin, Octadon P, Optalidon N, Prontopyrin Plus, Quadronal ASS comp., Quadronal comp. gegen Kopfschmerzen, ratiopyrin, Saridon, Spalt plus Coffein, Thomapyrin, Titralgan, Togal Kopfschmerzbrause, Vivimed mit Coffein.*

Chinin

Chinin wird aus Chinarinde hergestellt und ist somit ein Pflanzenmittel. Es wird seit Jahrzehnten zur Behandlung der Malaria verwendet, aber auch bei Fieber, Schmerzen und Erkältungskrankheiten. Chinin ist auch in so genannten »Bitter«-Getränken enthalten (z. B. *Bitter Lemon*).
Medikamente, die Chinin enthalten (z. B. *Togal* und *Togal classic*), sind unverständlicherweise rezeptfrei erhältlich. Einerseits ist die Wirksamkeit gegen Schmerzen zweifelhaft, andererseits können jedoch schwere, lebensbedrohliche Blutschäden entstehen. Solche Nebenwirkungen können auch bei häufigem Genuss von »Bitter«-Getränken entstehen.
Wegen des negativen Nutzen-Risiko-Verhältnisses raten wir von einer Verwendung Chinin-haltiger Mittel ab.

1.1. Schmerz- und fiebersenkende Mittel

Präparat	Wichtigste Nebenwirkungen	Empfehlung
Acesal (D) Tabl. Acetylsalicylsäure (ASS)	Magenbeschwerden, selten Asthmaanfälle. Blutungsneigung verstärkt. Erhöhtes Risiko von Reye-Syndrom bei Kindern und Jugendlichen	**Therapeutisch zweckmäßig** Als lang bewährtes Mittel gegen Schmerzen, Fieber und rheumatische Entzündungen zu empfehlen. Bei empfindlichem Magen jedoch weniger geeignet. Bei Kindern ist Paracetamol vorzuziehen.
Adolorin (Ö) Tabl. Propyphenazon, Paracetamol, Coffein	Bei sehr häufigem, lahrelangem Gebrauch sind Nierenschäden nicht auszuschließen. Bei Überdosierung: Leberschäden. Möglichkeit lebensbedrohlicher Schockformen. Lebensgefährliche Abnahme weißer Blutzellen ist nicht auszuschließen	**Abzuraten** Nicht sinnvolle Kombination mehrerer Schmerzhemmer (Propyphenazon, Paracetamol) mit stimulierendem Inhaltsstoff (Coffein). Gefahr schwerer Nebenwirkungen.
Aktren (D) Drag., forte Filmtabl., Spezial Kapseln Ibuprofen	Kopfschmerzen, Müdigkeit, Magen-Darm-Störungen, zentralnervöse Störungen wie Schwindel und Sehstörungen, Wassereinlagerung im Gewebe (Ödeme). Bei sehr häufigem, jahrelangem Gebrauch sind Nierenschäden möglich	**Therapeutisch zweckmäßig** Wirksam bei Schmerzen und Entzündungen. Bei empfindlichem Magen jedoch weniger geeignet.

Präparat	Wichtigste Nebenwirkungen	Empfehlung
Alka Seltzer (Ö) **Alka Seltzer classic** (D) Brausetabl. Acetylsalicylsäure (ASS), Natriumbicarbonat Zitronensäure	Magenbeschwerden. Acetylsalicylsäure kann – besonders mit Alkohol – Magenschmerzen verstärken. Blutungsneigung verstärkt. Selten Asthmaanfälle. Erhöhtes Risiko von Reye-Syndrom bei Kindern und Jugendlichen	**Therapeutisch zweckmäßig** als Schmerzmittel. Bei Katergefühl mit Magenverstimmung ist Paracetamol vorzuziehen. Ob die Kombination mit Zitronensäure und Natriumbicarbonat die Verträglichkeit verbessert, ist fraglich.
Analgin (D) Tabl., Injektionslösung Metamizol *Rezeptpflichtig*	Selten lebensgefährliche Abnahme weißer Blutzellen oder lebensbedrohliche Schockformen (u. a. mit starkem Blutdruckabfall). Hautausschläge (auch schwere Formen)	**Abzuraten** Gefahr schwerer Nebenwirkungen. Metamizol-haltige Präparate sind in vielen Ländern verboten. Vertretbar als Tabletten in Ausnahmefällen, wenn andere Schmerzmittel versagen oder nicht angewendet werden können.
APA (Ö) Tabl. Paracetamol, Dextro-Propoxyphen *Rezeptpflichtig*	Bei sehr häufigem, jahrelangem Gebrauch sind Nierenschäden nicht auszuschließen. Bei Überdosierung: Leberschäden. Verstopfung. Gefahr der Abhängigkeit	**Nur zweckmäßig, wenn** empfohlene Präparate mit nur einem Inhaltsstoff (z. B. ASS, Paracetamol) nicht wirksam sind oder nicht angewendet werden können. Kombination mit Methadon-ähnlichem Wirkstoff (Dextro-Propoxyphen).
Ascorbisal (Ö) Tabl., Brausetabl. Acetylsalicylsäure (ASS), Vitamin C	Magenbeschwerden. Selten Asthmaanfälle. Blutungsneigung verstärkt. Erhöhtes Risiko von Reye-Syndrom bei Kindern und Jugendlichen	**Therapeutisch zweckmäßig** Bei empfindlichem Magen jedoch weniger geeignet. Ob Vitamin C die Magenverträglichkeit bessert, ist fraglich. Vitamin C ist nur zweckmäßig bei Vitamin-C-Mangel, der aber sehr selten auftritt. Die therapeutische Wirksamkeit bei grippalen Infekten ist zweifelhaft.
Aspirin/ Direkt/ Effect (D/Ö) Tabl., Direkt Kautabl., Effect Granulat (D), akut-Brausetabl. (Ö) Acetylsalicylsäure (ASS) Hilfsstoffe: Vitamin C und Natriumbicarbonat (Granulat, Kautabl.)	Magenbeschwerden, selten Asthmaanfälle. Blutungsneigung verstärkt. Erhöhtes Risiko von Reye-Syndrom bei Kindern und Jugendlichen	**Therapeutisch zweckmäßig** Bei empfindlichem Magen jedoch weniger geeignet. Ob Vitamin C und Natriumbicarbonat die Magenverträglichkeit bessern, ist fraglich. Vitamin C ist nur zweckmäßig bei Vitamin-C-Mangel, der aber sehr selten auftritt. Bei Kindern ist Paracetamol vorzuziehen.

Präparat	Wichtigste Nebenwirkungen	Empfehlung
Aspirin forte (D) Tabl. Acetylsalicylsäure (ASS), Coffein	Magenbeschwerden. Selten Asthmaanfälle. Blutungsneigung verstärkt. Erhöhtes Risiko von Reye-Syndrom bei Kindern und Jugendlichen	**Abzuraten** bei Schmerzen und Entzündungen. Nicht sinnvolle Kombination eines Schmerzhemmers mit anregendem Inhaltsstoff (Coffein), der zur Analgetikaabhängigkeit beitragen kann. Vertretbar bei Migräne.
Aspirin plus C (D) **Aspirin C** (Ö) Brausetabl. Acetylsalicylsäure (ASS), Vitamin C	Magenbeschwerden. Selten Asthmaanfälle. Blutungsneigung verstärkt. Erhöhtes Risiko von Reye-Syndrom bei Kindern und Jugendlichen	**Therapeutisch zweckmäßig** Bei empfindlichem Magen jedoch weniger geeignet. Ob Vitamin C die Magenverträglichkeit bessert, ist fraglich. Vitamin C ist nur zweckmäßig bei Vitamin-C-Mangel, der aber sehr selten auftritt. Die therapeutische Wirksamkeit bei grippalen Infekten ist zweifelhaft. Bei Kindern ist Paracetamol vorzuziehen.
Aspisol (D) Trockensubstanz zur Injektions- u. Infusionsbereitung Acetylsalicylsäure (ASS) *Rezeptpflichtig*	Magenbeschwerden. Selten Asthmaanfälle. Blutungsneigung verstärkt. Erhöhtes Risiko von Reye-Syndrom bei Kindern und Jugendlichen	**Therapeutisch zweckmäßig, wenn** rasche Wirkung (Injektion!) erwünscht ist (z. B. bei Koliken) oder orale Gabe schwierig ist (z. B. nach Operationen).
Aspro C (Ö) Brausetabl., Brausegranulat, Hot-Drink Acetylsalicylsäure (ASS), Vitamin C	Magenbeschwerden. Selten Asthmaanfälle. Blutungsneigung verstärkt. Erhöhtes Risiko von Reye-Syndrom bei Kindern und Jugendlichen	**Therapeutisch zweckmäßig** Bei empfindlichem Magen jedoch weniger geeignet. Ob Vitamin C die Magenverträglichkeit bessert, ist fraglich. Vitamin C ist nur zweckmäßig bei Vitamin-C-Mangel, der aber sehr selten auftritt. Die therapeutische Wirksamkeit bei grippalen Infekten ist zweifelhaft. Bei Kindern ist Paracetamol vorzuziehen.
ASS-ratiopharm (D/Ö) Tabl. **ASS Stada** (D) Tabl. **ASS von ct** (D) Tabl., Brausetabl. Acetylsalicylsäure (ASS)	Magenbeschwerden. Selten Asthmaanfälle. Blutungsneigung verstärkt. Erhöhtes Risiko von Reye-Syndrom bei Kindern und Jugendlichen	**Therapeutisch zweckmäßig** bei Schmerzen und Fieber. Bei empfindlichem Magen jedoch weniger geeignet. Bei Kindern ist Paracetamol vorzuziehen.

Präparat	Wichtigste Nebenwirkungen	Empfehlung
ASS + C Hexal (D) **ASS + C-ratiopharm** (D) Brausetabl. Acetylsalicylsäure (ASS), Vitamin C	Magenbeschwerden. Selten Asthmaanfälle. Blutungsneigung verstärkt. Erhöhtes Risiko von Reye-Syndrom bei Kindern und Jugendlichen	**Therapeutisch zweckmäßig** Bei empfindlichem Magen jedoch weniger geeignet. Ob Vitamin C die Magenverträglichkeit bessert, ist fraglich. Vitamin C ist nur zweckmäßig bei Vitamin-C-Mangel, der aber sehr selten auftritt. Die therapeutische Wirksamkeit bei grippalen Infekten ist zweifelhaft.
Azur (D) Tabl. Paracetamol, Coffein	Bei sehr häufigem, jahrelangem Gebrauch sind Nierenschäden nicht auszuschließen. Bei Überdosierung: Leberschäden	**Abzuraten** Nicht sinnvolle Kombination eines Schmerzhemmers (Paracetamol) mit stimulierendem Inhaltsstoff (Coffein), der zur Analgetikaabhängigkeit beitragen kann.
Azur comp. (D) Tabl., Zäpfchen Paracetamol, Codein, Coffein *Rezeptpflichtig*	Bei sehr häufigem, jahrelangem Gebrauch sind Nierenschäden nicht auszuschließen. Bei Überdosierung: Leberschäden. Verstopfung. Wegen Codein besteht das Risiko der Gefahr der Abhängigkeit	**Abzuraten** Nicht sinnvolle Kombination zweier Schmerzhemmer (Paracetamol und Codein) mit stimulierendem Inhaltsstoff (Coffein), der zur Analgetikaabhängigkeit beitragen kann.
Ben-u-ron (D/Ö) Saft, Zäpfchen, nur D: Kapseln, Tabl. Paracetamol	Bei sehr häufigem, jahrelangem Gebrauch sind Nierenschäden nicht auszuschließen. Bei Überdosierung: Leberschäden	**Therapeutisch zweckmäßig** Als lang bewährtes Mittel gegen Fieber und Schmerzen zu empfehlen.
Berlosin (D) Tabl., Zäpfchen, Amp. Metamizol	Selten lebensgefährliche Abnahme weißer Blutzellen oder lebensbedrohliche Schockformen (u. a. mit starkem Blutdruckabfall). Hautausschläge (auch schwere Formen)	**Abzuraten** Gefahr schwerer Nebenwirkungen. Metamizol-haltige Präparate sind in vielen Ländern verboten. Vertretbar als Tabletten in Ausnahmefällen, wenn andere Schmerzmittel versagen oder nicht angewendet werden können.
Boxazin plus C (D) Brausetabl. Acetylsalicylsäure (ASS), Vitamin C	Magenbeschwerden. Selten Asthmaanfälle. Blutungsneigung verstärkt. Erhöhtes Risiko von Reye-Syndrom bei Kindern und Jugendlichen	**Therapeutisch zweckmäßig** Bei empfindlichem Magen jedoch weniger geeignet. Ob Vitamin C die Magenverträglichkeit bessert, ist fraglich. Vitamin C ist nur zweckmäßig bei Vitamin-C-Mangel, der aber sehr selten auftritt. Die therapeutische Wirksamkeit bei grippalen Infekten ist zweifelhaft.

Präparat	Wichtigste Nebenwirkungen	Empfehlung
Cibalgin compositum N (D) Drag., Zäpfchen Propyphenazon, Codein *Rezeptpflichtig*	Möglichkeit lebensbedrohlicher Schockformen. Lebensgefährliche Abnahme weißer Blutzellen ist nicht auszuschließen. Müdigkeit, Verstopfung. Wegen Codein besteht das Risiko der Gewöhnung	**Abzuraten** Nicht sinnvolle Kombination zweier Schmerzhemmer (Propyphenazon, Codein). Gefahr schwerer Nebenwirkungen.
Combaren (D) Filmtabl. Diclofenac, Codein *Rezeptpflichtig*	Magenbeschwerden, Müdigkeit, Verstopfung. Kann in seltenen Fällen Asthmaanfälle auslösen. Wegen Codein besteht das Risiko der Gewöhnung	**Therapeutisch zweckmäßig zur** kurzfristigen Anwendung bei stärkeren Schmerzen, wenn empfohlene Präparate mit nur einem Inhaltsstoff nicht mehr wirksam sind.
Contac (D) Erkältungstrunk (Pulver) Paracetamol	Bei sehr häufigem, jahrelangem Gebrauch sind Nierenschäden nicht auszuschließen. Bei Überdosierung: Leberschäden	**Therapeutisch zweckmäßig** Als lang bewährtes Mittel auch bei Kindern gegen Fieber und Schmerzen zu empfehlen.
Copyrkal N (D) Tabl. Paracetamol, Coffein	Bei sehr häufigem, jahrelangem Gebrauch sind Nierenschäden nicht auszuschließen. Bei Überdosierung: Leberschäden	**Abzuraten** Nicht sinnvolle Kombination eines Schmerzhemmers (Paracetamol) mit stimulierendem Inhaltsstoff (Coffein), der zur Analgetikaabhängigkeit beitragen kann.
Dismenol N (D) **Dismenol Neu** (Ö) Filmtabl. Ibuprofen	Kopfschmerzen, Müdigkeit, Magen-Darm-Störungen, zentralnervöse Störungen wie Schwindel und Sehstörungen, Wassereinlagerung im Gewebe (Ödeme). Bei sehr häufigem, jahrelangem Gebrauch sind Nierenschäden möglich	**Therapeutisch zweckmäßig** Wirksam bei Schmerzen – auch bei Regelschmerzen – und Entzündungen. Bei empfindlichem Magen jedoch weniger geeignet.
Dolomo (Ö) Tabl. Acetylsalicylsäure (ASS), Paracetamol, Coffein *Rezeptpflichtig*	Magenbeschwerden, kann in seltenen Fällen Asthmaanfälle auslösen. Bei sehr häufigem, jahrelangem Gebrauch sind Nierenschäden nicht auszuschließen. Bei Überdosierung: Leberschäden	**Abzuraten** Nicht sinnvolle Kombination von Schmerzhemmern (ASS, Paracetamol) mit stimulierendem Inhaltsstoff (Coffein), der zur Analgetikaabhängigkeit beitragen kann.

Präparat	Wichtigste Nebenwirkungen	Empfehlung
Dolomo TN (D) Tag-, Nachttabl. Tag-Tabl. (weiß): Acetylsalicylsäure (ASS), Paracetamol, Coffein Nacht-Tabl.(blau): Acetylsalicylsäure (ASS), Paracetamol, Codein *Rezeptpflichtig*	Magenbeschwerden, kann in seltenen Fällen Asthmaanfälle auslösen. Verstopfung. Bei sehr häufigem, jahrelangem Gebrauch sind Nierenschäden nicht auszuschließen. Bei Überdosierung: Leberschäden. Wegen Codein besteht das Risiko der Gewöhnung	**Abzuraten** Nicht sinnvolle Kombination mehrerer Schmerzhemmer (ASS, Paracetamol, Codein in Nachttabl.) auch mit stimulierendem Inhaltsstoff (Coffein statt Codein in Tagtabletten). Coffein kann zur Analgetikaabhängigkeit beitragen.
Dolonerv (Ö) Filmtabl. Paracetamol, Vitamine B_1, B_6, B_{12} *Rezeptpflichtig*	Bei sehr häufigem, jahrelangem Gebrauch sind Nierenschäden nicht auszuschließen. Bei Überdosierung: Leberschäden	**Wenig zweckmäßig** Wenig sinnvolle Kombination von einem Schmerzhemmer (Paracetamol) mit B-Vitaminen. B-Vitamine sind nur zweckmäßig bei Vitamin-B-Mangel, der aber sehr selten auftritt. Zur Schmerzbehandlung nicht besser wirksam als ein Medikament, das nur Paracetamol (z. B. Ben-u-ron) enthält.
Dolo Neurobion (Ö) Kaps. Diclofenac, Vitamine B_1, B_6 *Rezeptpflichtig*	Kopfschmerzen, Magen-Darm-Störungen, zentralnervöse Störungen (z. B. Schwindel, Sehstörungen), kann in seltenen Fällen Asthmaanfälle auslösen	**Wenig zweckmäßig** Wenig sinnvolle Kombination von Schmerzhemmer (Diclofenac) mit B-Vitaminen. B-Vitamine sind nur zweckmäßig bei Vitamin-B-Mangel, der aber sehr selten auftritt. Zur Schmerzbehandlung nicht besser wirksam als ein Medikament, das nur Diclofenac (z. B. Voltaren Dolo) enthält.
Dolormin (D) **Dolormin für Kinder** (D) Saft Ibuprofen	Kopfschmerzen, Müdigkeit, Magen-Darm-Störungen, zentralnervöse Störungen wie Schwindel und Sehstörungen, Wassereinlagerung im Gewebe (Ödeme). Bei sehr häufigem, jahrelangem Gebrauch sind Nierenschäden möglich	**Therapeutisch zweckmäßig** Wirksam bei Schmerzen und Entzündungen. Bei empfindlichem Magen jedoch weniger geeignet.
Dolviran N (D) Tabl. Acetylsalicylsäure (ASS), Codein *Rezeptpflichtig*	Magenbeschwerden, Verstopfung, Müdigkeit, kann in seltenen Fällen Asthmaanfälle auslösen. Wegen Codein besteht das Risiko der Gewöhnung	**Nur zweckmäßig, wenn** empfohlene Präparate mit nur einem Inhaltsstoff (z. B. ASS oder Paracetamol) nicht wirksam sind.

Präparat	Wichtigste Nebenwirkungen	Empfehlung
Doppel Spalt compact (D) Tabl. Acetylsalicylsäure (ASS), Coffein	Magenbeschwerden. Selten Asthmaanfälle. Blutungsneigung verstärkt. Erhöhtes Risiko von Reye-Syndrom bei Kindern und Jugendlichen	**Abzuraten** bei Schmerzen und Entzündungen. Nicht sinnvolle Kombination eines Schmerzhemmers mit anregendem Inhaltsstoff (Coffein), der zur Analgetikaabhängigkeit beitragen kann. Vertretbar bei Migräne.
Duan (Ö) Tabl. Acetylsalicylsäure (ASS), Paracetamol, Coffein	Magenbeschwerden, kann in seltenen Fällen Asthmaanfälle auslösen. Bei sehr häufigem, jahrelangem Gebrauch sind Nierenschäden nicht auszuschließen. Bei Überdosierung: Leberschäden	**Abzuraten** Nicht sinnvolle Kombination von Schmerzhemmern (ASS, Paracetamol) mit stimulierendem Inhaltsstoff (Coffein), der zur Analgetikaabhängigkeit beitragen kann. Vertretbar bei Migräne.
Eudorlin extra (D) Filmtabl. Ibuprofen	Kopfschmerzen, Müdigkeit, Magen-Darm-Störungen, zentralnervöse Störungen wie Schwindel und Sehstörungen, Wassereinlagerung im Gewebe (Ödeme). Bei sehr häufigem, jahrelangem Gebrauch sind Nierenschäden möglich	**Therapeutisch zweckmäßig** Wirksam bei Schmerzen und Entzündungen. Bei empfindlichem Magen jedoch weniger geeignet.
Eudorlin Schmerz (D) Tabl. Acetylsalicylsäure (ASS), Coffein	Magenbeschwerden. Selten Asthmaanfälle. Blutungsneigung verstärkt. Erhöhtes Risiko von Reye-Syndrom bei Kindern und Jugendlichen	**Abzuraten** bei Schmerzen und Entzündungen. Nicht sinnvolle Kombination eines Schmerzhemmers mit anregendem Inhaltsstoff (Coffein), der zur Analgetikaabhängigkeit beitragen kann. Vertretbar bei Migräne.
Eu Med Neu (Ö) Filmtabl. Dexibuprofen	Kopfschmerzen, Müdigkeit, Magen-Darm-Störungen, zentralnervöse Störungen wie Schwindel und Sehstörungen, Wassereinlagerung im Gewebe (Ödeme). Bei sehr häufigem, jahrelangem Gebrauch sind Nierenschäden möglich	**Therapeutisch zweckmäßig** Wirksam bei Schmerzen und Entzündungen. Bei empfindlichem Magen jedoch weniger geeignet. Enthält wirksame Komponente des normalen Ibuprofens, hat aber wahrscheinlich keine Vorteile.
Euminz (D) Lösung Pfefferminzöl	Hautreizung möglich	**Naturheilmittel** zur äußerlichen Anwendung. Therapeutische Wirksamkeit zweifelhaft. Vertretbar, wenn sich der Kopfschmerz bessert.

Präparat	Wichtigste Nebenwirkungen	Empfehlung
Fibrex (D) Tabl. Acetylsalicylsäure (ASS), Paracetamol	Magenbeschwerden. Selten Asthmaanfälle. Blutungsneigung verstärkt. Erhöhtes Risiko von Reye-Syndrom bei Kindern und Jugendlichen. Bei sehr häufigem, jahrelangem Gebrauch sind Nierenschäden nicht auszuschließen. Bei Überdosierung: Leberschäden	**Wenig zweckmäßig** Wenig sinnvolle Kombination von zwei ähnlich wirkenden Schmerzmitteln (ASS, Paracetamol).
Gelonida (D) Tabl. Paracetamol, Codein *Rezeptpflichtig*	Müdigkeit, Verstopfung. Bei sehr häufigem, jahrelangem Gebrauch sind Nierenschäden nicht auszuschließen. Bei Überdosierung: Leberschäden. Wegen Codein besteht das Risiko der Gewöhnung	**Therapeutisch zweckmäßig, wenn** empfohlene Präparate mit nur einem Inhaltsstoff (z. B. ASS oder Paracetamol) nicht mehr wirksam sind.
HA-Tabl. N (D) Acetylsalicylsäure (ASS), Paracetamol, Coffein	Magenbeschwerden. Selten Asthmaanfälle. Blutungsneigung verstärkt. Erhöhtes Risiko von Reye-Syndrom bei Kindern und Jugendlichen. Bei sehr häufigem, jahrelangem Gebrauch sind Nierenschäden nicht auszuschließen. Bei Überdosierung: Leberschäden	**Abzuraten** Nicht sinnvolle Kombination von Schmerzhemmern (ASS, Paracetamol) mit stimulierendem Inhaltsstoff (Coffein), der zur Analgetikaabhängigkeit beitragen kann. Vertretbar bei Migräne.
Ibu Benuron (D) Saft **Ibubeta** (D) Filmtabl., Retardtabl. **Ibudolor** (D) Tabletten **Ibuhexal** (D) Filmtabl., Retardtabl., Zäpfchen **Ibuflam** (D) Filmtabl. Ibuprofen	Kopfschmerzen, Müdigkeit, Magen-Darm-Störungen, zentralnervöse Störungen wie Schwindel und Sehstörungen, Wassereinlagerung im Gewebe (Ödeme). Bei sehr häufigem, jahrelangem Gebrauch sind Nierenschäden möglich	**Therapeutisch zweckmäßig** Wirksam bei Schmerzen und Entzündungen. Bei empfindlichem Magen jedoch weniger geeignet.
Ibuprofen Genericon (Ö) **Ibuprofen Heumann** (D) Filmtabl. Ibuprofen *Rezeptpflichtig*	Kopfschmerzen, Müdigkeit, Magen-Darm-Störungen, zentralnervöse Störungen wie Schwindel und Sehstörungen, Wassereinlagerung im Gewebe (Ödeme). Bei sehr häufigem, jahrelangem Gebrauch sind Nierenschäden möglich	**Therapeutisch zweckmäßig** Wirksam bei Schmerzen und Entzündungen. Bei empfindlichem Magen jedoch weniger geeignet.

Präparat	Wichtigste Nebenwirkungen	Empfehlung
Ibu-ratiopharm (D) Filmtabl. Ibuprofen	Kopfschmerzen, Müdigkeit, Magen-Darm-Störungen, zentralnervöse Störungen wie Schwindel und Sehstörungen, Wassereinlagerung im Gewebe (Ödeme). Bei sehr häufigem, jahrelangem Gebrauch sind Nierenschäden möglich	**Therapeutisch zweckmäßig** Wirksam bei Schmerzen und Entzündungen. Bei empfindlichem Magen jedoch weniger geeignet.
Inalgon Neu (Ö) Tropfen, Zäpfchen Metamizol *Rezeptpflichtig*	Selten lebensgefährliche Abnahme weißer Blutzellen oder lebensbedrohliche Schockformen (u. a. mit starkem Blutdruckabfall). Hautausschläge (auch schwere Formen)	**Abzuraten** Gefahr schwerer Nebenwirkungen. Metamizol-haltige Präparate sind in vielen Ländern verboten. Vertretbar als Tropfen in Ausnahmefällen, wenn andere Schmerzmittel versagen oder nicht angewendet werden können.
Katadolon (D) Kaps., Zäpfchen, Kinderzäpfchen Flupirtinmaleat *Rezeptpflichtig*	Übelkeit, Magenbeschwerden, Durchfall, Bauchschmerzen, Hautausschlag, Müdigkeit, Schwindel, Leberschäden, Grünfärbung des Harns	**Wenig zweckmäßig,** da noch zu wenig erprobt und wegen möglicher Nebenwirkungen. Vertretbar zur kurz dauernden Behandlung von Nerven- und Muskelschmerzen.
Melabon K (D) Tabl. Acetylsalicylsäure (ASS), Paracetamol, Coffein	Magenbeschwerden. Selten Asthmaanfälle. Blutungsneigung verstärkt. Erhöhtes Risiko von Reye-Syndrom bei Kindern und Jugendlichen. Bei sehr häufigem, jahrelangem Gebrauch sind Nierenschäden nicht auszuschließen. Bei Überdosierung: Leberschäden	**Abzuraten** Nicht sinnvolle Kombination von Schmerzhemmern (ASS, Paracetamol) mit stimulierendem Inhaltsstoff (Coffein), der zur Analgetikaabhängigkeit beitragen kann. Vertretbar bei Migräne.
Metamizol Hexal (D) Brausetabl., Filmtabl., Tropfen, Zäpfchen Metamizol *Rezeptpflichtig*	Selten lebensgefährliche Abnahme weißer Blutzellen oder lebensbedrohliche Schockformen (u. a. mit starkem Blutdruckabfall). Hautausschläge (auch schwere Formen)	**Abzuraten** Gefahr schwerer Nebenwirkungen. Metamizol-haltige Präparate sind in vielen Ländern verboten. Vertretbar als Tabletten oder Tropfen in Ausnahmefällen, wenn andere Schmerzmittel versagen oder nicht angewendet werden können.

Präparat	Wichtigste Nebenwirkungen	Empfehlung
Mexalen (Ö) Tabl., Sirup, Zäpfchen f. Säuglinge, Kleinkinder, Schulkinder und Erwachsene Paracetamol *Rezeptpflichtig* (nur Zäpfchen)	Bei sehr häufigem, jahrelangem Gebrauch sind Nierenschäden nicht auszuschließen. Bei Überdosierung: Leberschäden	**Therapeutisch zweckmäßig** Als lang bewährtes Mittel auch bei Kindern gegen Fieber und Schmerzen zu empfehlen.
Momentum Analgetikum (Ö) Kaps. Paracetamol	Bei sehr häufigem, jahrelangem Gebrauch sind Nierenschäden nicht auszuschließen. Bei Überdosierung: Leberschäden	**Therapeutisch zweckmäßig** Als lang bewährtes Mittel auch bei Kindern gegen Fieber und Schmerzen zu empfehlen.
Nedolon P (D) Tabl. Paracetamol, Codein *Rezeptpflichtig*	Müdigkeit, Verstopfung. Bei sehr häufigem, jahrelangem Gebrauch sind Nierenschäden nicht auszuschließen. Bei Überdosierung: Leberschäden. Wegen Codein besteht das Risiko der Gewöhnung	**Therapeutisch zweckmäßig, wenn** empfohlene Präparate mit nur einem Inhaltsstoff (z. B. ASS oder Paracetamol) nicht mehr wirksam sind.
Neuralgin (D) Tabl. Acetylsalicylsäure (ASS), Paracetamol, Coffein	Magenbeschwerden. Selten Asthmaanfälle. Blutungsneigung verstärkt. Erhöhtes Risiko von Reye-Syndrom bei Kindern und Jugendlichen. Bei sehr häufigem, jahrelangem Gebrauch sind Nierenschäden nicht auszuschließen. Bei Überdosierung: Leberschäden	**Abzuraten** Nicht sinnvolle Kombination von Schmerzhemmern (ASS, Paracetamol) mit stimulierendem Inhaltsstoff (Coffein), der zur Analgetikaabhängigkeit beitragen kann. Vertretbar bei Migräne.
Neuranidal (D) Tabl. Acetylsalicylsäure (ASS), Paracetamol, Coffein	Magenbeschwerden. Selten Asthmaanfälle. Blutungsneigung verstärkt. Erhöhtes Risiko von Reye-Syndrom bei Kindern und Jugendlichen. Bei sehr häufigem, jahrelangem Gebrauch sind Nierenschäden nicht auszuschließen. Bei Überdosierung: Leberschäden	**Abzuraten** Nicht sinnvolle Kombination von Schmerzhemmern (ASS, Paracetamol) mit stimulierendem Inhaltsstoff (Coffein), der zur Analgetikaabhängigkeit beitragen kann. Vertretbar bei Migräne.

Präparat	Wichtigste Nebenwirkungen	Empfehlung
Novalgin (D/Ö) Filmtabl., Tropfen, Zäpfchen, Injektionslösung, akut Brausetabl. (D) Metamizol *Rezeptpflichtig*	Selten lebensgefährliche Abnahme weißer Blutzellen oder lebensbedrohliche Schockformen (u. a. mit starkem Blutdruckabfall). Hautausschläge (auch schwere Formen)	**Abzuraten** Gefahr schwerer Nebenwirkungen. Metamizol-haltige Präparate sind in vielen Ländern verboten. Vertretbar als Tabletten oder Tropfen in Ausnahmefällen, wenn andere Schmerzmittel versagen oder nicht angewendet werden können.
Novaminsulfon-ratiopharm (D) **Novaminsulfon Lichtenstein** (D) Tabl., Zäpfchen, Injektionslsg., Tropfen Metamizol (=Novaminsulfon) *Rezeptpflichtig*	Selten lebensgefährliche Abnahme weißer Blutzellen oder lebensbedrohliche Schockformen (u. a. mit starkem Blutdruckabfall). Hautausschläge (auch schwere Formen)	**Abzuraten** Gefahr schwerer Nebenwirkungen. Metamizol-haltige Präparate sind in vielen Ländern verboten. Vertretbar als Tabletten oder Tropfen in Ausnahmefällen, wenn andere Schmerzmittel versagen oder nicht angewendet werden können.
Novo Petrin (D) Schmerztabl. Paracetamol, Propyphenazon, Coffein	Bei sehr häufigem, jahrelangem Gebrauch sind Nierenschäden nicht auszuschließen. Bei Überdosierung: Leberschäden. Möglichkeit lebensbedrohlicher Schockformen. Lebensgefährliche Abnahme weißer Blutzellen ist nicht auszuschließen.	**Abzuraten** Nicht sinnvolle Kombination mehrerer Schmerzhemmer (Propyphenazon, Paracetamol) mit stimulierendem Inhaltsstoff (Coffein), der zur Analgetikaabhängigkeit beitragen kann. Gefahr schwerer Nebenwirkungen.
Nurofen (D/Ö) Kinder-Fiebersaft Brause-Granulat (D), Drag. (Ö) Ibuprofen	Kopfschmerzen, Müdigkeit, Magen-Darm-Störungen, zentralnervöse Störungen wie Schwindel und Sehstörungen, Wassereinlagerung im Gewebe (Ödeme). Bei sehr häufigem, jahrelangem Gebrauch sind Nierenschäden möglich	**Therapeutisch zweckmäßig** Wirksam bei Schmerzen und Entzündungen. Bei empfindlichem Magen jedoch weniger geeignet.
Octadon P (D) Tabl. Paracetamol, Coffein	Bei sehr häufigem, jahrelangem Gebrauch sind Nierenschäden nicht auszuschließen. Bei Überdosierung: Leberschäden	**Abzuraten** Nicht sinnvolle Kombination eines Schmerzhemmers (Paracetamol) mit stimulierendem Inhaltsstoff (Coffein), der zur Analgetikaabhängigkeit beitragen kann.

Präparat	Wichtigste Nebenwirkungen	Empfehlung
Optalidon 200 (D) Filmtabl. Ibuprofen	Kopfschmerzen, Müdigkeit, Magen-Darm-Störungen, zentralnervöse Störungen wie Schwindel und Sehstörungen, Wassereinlagerung im Gewebe (Ödeme). Bei sehr häufigem, jahrelangem Gebrauch sind Nierenschäden möglich	**Therapeutisch zweckmäßig** Wirksam bei Schmerzen und Entzündungen. Bei empfindlichem Magen jedoch weniger geeignet.
Optalidon N (D) Drag., Zäpfchen Propyphenazon, Coffein	Möglichkeit lebensbedrohlicher Schockformen. Lebensgefährliche Abnahme weißer Blutzellen ist nicht auszuschließen	**Abzuraten** Nicht sinnvolle Kombination von Schmerzhemmer (Propyphenazon) mit stimulierendem Inhaltsstoff (Coffein), der zur Analgetikaabhängigkeit beitragen kann. Gefahr schwerer Nebenwirkungen
Paracetamol 1 A Pharma (D) Tabl., Zäpfchen, Saft **Paracetamol AL** (D) Tabl., Zäpfchen, Saft **Paracetamol BC** (D) Saft, Tabl., Zäpfchen **Paracetamol Genericon** (Ö) Tabl. **Paracetamol Heumann** (D) Tabl., Zäpfchen **Paracetamol Hexal** (D) Tabl., Zäpfchen, Saft **Paracetamol Lichtenstein** (D) Tabl., Zäpfchen, Saft **Paracetamol-ratiopharm** (D) Tabl., Zäpfchen, Lösung, Brausetabl. **Paracetamol Rösch** (Ö) Tabl., Zäpfchen **Paracetamol Stada** (D) Tabl., Zäpfchen, Saft **Paracetamol von ct** (D) Tabl., Saft, Zäpfchen Paracetamol	Bei sehr häufigem, jahrelangem Gebrauch sind Nierenschäden nicht auszuschließen. Bei Überdosierung: Leberschäden	**Therapeutisch zweckmäßig** Als lang bewährtes Mittel auch bei Kindern gegen Fieber und Schmerzen zu empfehlen.
Paracetamol comp. Stada (D) Tabl. Paracetamol, Codein *Rezeptpflichtig*	Müdigkeit, Verstopfung. Bei sehr häufigem, jahrelangem Gebrauch sind Nierenschäden nicht auszuschließen. Bei Überdosierung: Leberschäden. Wegen Codein besteht das Risiko der Gewöhnung	**Therapeutisch zweckmäßig, wenn** empfohlene Präparate mit nur einem Inhaltsstoff (z. B. ASS oder Paracetamol) nicht mehr wirksam sind.

Präparat	Wichtigste Nebenwirkungen	Empfehlung
Parkemed (Ö) Filmtabl., Kaps., Zäpfchen, Suspension Mefenaminsäure *Rezeptpflichtig*	Häufig Magenbeschwerden, Durchfall, Schwindel. Kann in seltenen Fällen Asthmaanfälle auslösen. In seltenen Fällen Störungen bei der Blutzellbildung	**Wenig zweckmäßig** Vertretbar, wenn ASS (Acetylsalicylsäure)-Präparate nicht wirksam sind, insbesonders bei rheumatischen Schmerzen. Nebenwirkungen treten relativ häufig auf.
Pfeil Zahnschmerz-Tabletten (D) Ibuprofen	Kopfschmerzen, Müdigkeit, Magen-Darm-Störungen, zentralnervöse Störungen wie Schwindel und Sehstörungen, Wassereinlagerung im Gewebe (Ödeme). Bei sehr häufigem, jahrelangem Gebrauch sind Nierenschäden möglich	**Therapeutisch zweckmäßig** Wirksam bei Schmerzen und Entzündungen, auch bei Zahnschmerzen. Bei empfindlichem Magen jedoch weniger geeignet.
Prontopyrin Plus (D) Tabl. Paracetamol, Coffein	Bei sehr häufigem, jahrelangem Gebrauch sind Nierenschäden nicht auszuschließen. Bei Überdosierung: Leberschäden	**Abzuraten** Nicht sinnvolle Kombination eines Schmerzhemmers (Paracetamol) mit stimulierendem Inhaltsstoff (Coffein), der zur Analgetikaabhängigkeit beitragen kann. Vertretbar bei Migräne.
Quadronal ASS comp. (D) Tabl. Acetylsalicylsäure (ASS), Coffein	Magenbeschwerden. Selten Asthmaanfälle. Blutungsneigung verstärkt. Erhöhtes Risiko von Reye-Syndrom bei Kindern und Jugendlichen	**Abzuraten** Nicht sinnvolle Kombination eines Schmerzhemmers (ASS) mit einem stimulierenden Inhaltsstoff (Coffein), der zur Analgetikaabhängigkeit beitragen kann. Vertretbar bei Migräne.
Quadronal comp. gegen Kopfschmerzen (D) Tabl. Paracetamol, Coffein	Bei sehr häufigem, jahrelangem Gebrauch sind Nierenschäden nicht auszuschließen. Bei Überdosierung: Leberschäden	**Abzuraten** Nicht sinnvolle Kombination eines Schmerzhemmers (Paracetamol) mit stimulierendem Inhaltsstoff (Coffein), der zur Analgetikaabhängigkeit beitragen kann. Vertretbar bei Migräne.
ratiopyrin (D) Tabl. Acetylsalicylsäure (ASS), Paracetamol, Coffein	Magenbeschwerden. Selten Asthmaanfälle. Blutungsneigung verstärkt. Erhöhtes Risiko von Reye-Syndrom bei Kindern und Jugendlichen. Bei sehr häufigem, jahrelangem Gebrauch sind Nierenschäden nicht auszuschließen. Bei Überdosierung: Leberschäden	**Abzuraten** Nicht sinnvolle Kombination zweier Schmerzhemmer (ASS und Paracetamol) mit stimulierendem Inhaltsstoff (Coffein), der zur Analgetikaabhängigkeit beitragen kann. Vertretbar bei Migräne.

Präparat	Wichtigste Nebenwirkungen	Empfehlung
Saridon (D/Ö) Tabletten Propyphenazon, Paracetamol, Coffein	Bei sehr häufigem, lahrelangem Gebrauch sind Nierenschäden nicht auszuschließen. Bei Überdosierung: Leberschäden. Möglichkeit lebensbedrohlicher Schockformen. Lebensgefährliche Abnahme weißer Blutzellen ist nicht auszuschließen	**Abzuraten** Nicht sinnvolle Kombination mehrerer Schmerzhemmer (Propyphenazon, Paracetamol) mit stimulierendem Inhaltsstoff (Coffein), der zur Analgetikaabhängigkeit beitragen kann. Gefahr schwerer Nebenwirkungen.
Spalt (D) Schmerztabl. Acetylsalicylsäure (ASS), Paracetamol	Magenbeschwerden. Selten Asthmaanfälle. Blutungsneigung verstärkt. Erhöhtes Risiko von Reye-Syndrom bei Kindern und Jugendlichen. Bei sehr häufigem, jahrelangem Gebrauch sind Nierenschäden nicht auszuschließen. Bei Überdosierung: Leberschäden	**Wenig zweckmäßig** Nicht sinnvolle Kombination von zwei ähnlich wirkenden Schmerzmitteln.
Spalt Liqua/ -Forte (D) Kapseln, Fortekaps. Ibuprofen	Kopfschmerzen, Müdigkeit, Magen-Darm-Störungen, zentralnervöse Störungen wie Schwindel und Sehstörungen, Wassereinlagerung im Gewebe (Ödeme). Bei sehr häufigem, jahrelangem Gebrauch sind Nierenschäden möglich	**Therapeutisch zweckmäßig** Wirksam bei Schmerzen und Entzündungen. Bei empfindlichem Magen jedoch weniger geeignet.
Spalt plus Coffein (D) Schmerztabl. Acetylsalicylsäure (ASS), Paracetamol, Coffein	Magenbeschwerden. Selten Asthmaanfälle. Blutungsneigung verstärkt. Erhöhtes Risiko von Reye-Syndrom bei Kindern und Jugendlichen. Bei sehr häufigem, jahrelangem Gebrauch sind Nierenschäden nicht auszuschließen. Bei Überdosierung: Leberschäden	**Abzuraten** Nicht sinnvolle Kombination mehrerer Schmerzhemmer (ASS, Paracetamol) mit stimulierendem Inhaltsstoff (Coffein), der zur Analgetikaabhängigkeit beitragen kann. Vertretbar bei Migräne.
Sympal (D) Tabl. Dexketoprofen *Rezeptpflichtig*	Magen-Darm-Störungen, Kopfschmerzen, Blutschäden, zentralnervöse Störungen (z. B. Schwindel)	**Wenig zweckmäßig** als Schmerzmittel, da weniger erprobt als Medikamente mit dem Wirkstoff Ibuprofen. Vergleichbar mit dem Antirheumatikum Ketoprofen.

Präparat	Wichtigste Nebenwirkungen	Empfehlung
Talvosilen (D) Tabl., Fortekaps., Zäpfchen, Fortezäpfchen, Saft Paracetamol, Codein *Rezeptpflichtig* *In Ö: Suchtgift*	Müdigkeit, Verstopfung. Bei sehr häufigem, jahrelangem Gebrauch sind Nierenschäden nicht auszuschließen. Bei Überdosierung: Leberschäden. Wegen Codein besteht das Risiko der Gewöhnung	**Therapeutisch zweckmäßig, wenn** empfohlene Präparate mit nur einem Inhaltsstoff (z. B. ASS oder Paracetamol) nicht mehr wirksam sind.
Temagin Paracetamol plus (D) Tabl. Paracetamol, Coffein	Bei sehr häufigem, jahrelangem Gebrauch sind Nierenschäden nicht auszuschließen. Bei Überdosierung: Leberschäden	**Abzuraten** Nicht sinnvolle Kombination eines Schmerzhemmers (Paracetamol) mit stimulierendem Inhaltsstoff (Coffein), der zur Analgetikaabhängigkeit beitragen kann.
Thomapyrin (D/Ö) Tabl. Acetylsalicylsäure (ASS), Paracetamol, Coffein	Magenbeschwerden. Selten Asthmaanfälle. Blutungsneigung verstärkt. Erhöhtes Risiko von Reye-Syndrom bei Kindern und Jugendlichen. Bei sehr häufigem, jahrelangem Gebrauch sind Nierenschäden nicht auszuschließen. Bei Überdosierung: Leberschäden	**Abzuraten** Nicht sinnvolle Kombination mehrerer Schmerzhemmer (ASS, Paracetamol) mit stimulierendem Inhaltsstoff (Coffein), der zur Analgetikaabhängigkeit beitragen kann. Vertretbar bei Migräne.
Thomapyrin C Schmerztabletten (D/Ö) Brausetabl. Acetylsalicylsäure (ASS), Paracetamol, Vitamin C	Magenbeschwerden. Selten Asthmaanfälle. Blutungsneigung verstärkt. Erhöhtes Risiko von Reye-Syndrom bei Kindern und Jugendlichen. Bei sehr häufigem, jahrelangem Gebrauch sind Nierenschäden nicht auszuschließen. Bei Überdosierung: Leberschäden	**Wenig zweckmäßig** Nicht sinnvolle Kombination von zwei ähnlich wirkenden Schmerzmitteln (ASS, Paracetamol) mit Vitamin C. Ob Vitamin C die Magenverträglichkeit bessert, ist fraglich. Vitamin C ist nur zweckmäßig bei Vitamin-C-Mangel, der aber sehr selten auftritt. Die therapeutische Wirksamkeit bei grippalen Infekten ist zweifelhaft.
Tispol (D) Filmtabletten Ibuprofen	Kopfschmerzen, Müdigkeit, Magen-Darm-Störungen, zentralnervöse Störungen wie Schwindel und Sehstörungen, Wassereinlagerung im Gewebe (Ödeme). Bei sehr häufigem, jahrelangem Gebrauch sind Nierenschäden möglich	**Therapeutisch zweckmäßig** Wirksam bei Schmerzen und Entzündungen. Bei empfindlichem Magen jedoch weniger geeignet.

Präparat	Wichtigste Nebenwirkungen	Empfehlung
Titralgan (D) Schmerztabl. Acetylsalicylsäure (ASS), Paracetamol, Coffein	Hautausschläge. Magenbeschwerden. Möglichkeit lebensbedrohlicher Schockformen. Lebensgefährliche Abnahme weißer Blutzellen ist nicht auszuschließen. Bei sehr häufigem, lahrelangem Gebrauch sind Nierenschäden nicht auszuschließen. Bei Überdosierung: Leberschäden	**Abzuraten** Nicht sinnvolle Kombination mehrerer Schmerzhemmer (ASS, Paracetamol) mit stimulierendem Inhaltsstoff (Coffein), der zur Analgetikaabhängigkeit beitragen kann. Vertretbar bei Migräne.
Titretta Schmerztabletten (D) Tabl. Paracetamol, Codein *Rezeptpflichtig*	Müdigkeit, Verstopfung. Bei sehr häufigem, jahrelangem Gebrauch sind Nierenschäden nicht auszuschließen. Bei Überdosierung: Leberschäden. Wegen Codein besteht das Risiko der Gewöhnung	**Therapeutisch zweckmäßig, wenn** empfohlene Präparate mit nur einem Inhaltsstoff (z. B. ASS, Paracetamol) nicht mehr wirksam sind.
Titretta S/ forte (D) Zäpfchen Propyphenazon, Codein *Rezeptpflichtig*	Müdigkeit, Verstopfung. Möglichkeit lebensbedrohlicher Schockformen. Lebensgefährliche Abnahme weißer Blutzellen ist nicht auszuschließen. Wegen Codein besteht das Risiko der Gewöhnung	**Abzuraten** Nicht sinnvolle Kombination zweier Schmerzhemmer (Propyphenazon, Codein). Gefahr schwerer Nebenwirkungen.
Togal classic (D) Tabl. Acetylsalicylsäure (ASS), Chinin, Lithium	Magenbeschwerden. Selten Asthmaanfälle. Blutungsneigung verstärkt. Erhöhtes Risiko von Reye-Syndrom bei Kindern und Jugendlichen. Allergische Reaktionen auf Chinin (z. B. Hautausschläge)	**Abzuraten** Nicht sinnvolle Kombination von Schmerzhemmer (ASS) mit dem Antidepressivum Lithium und Chinin, das wegen fraglicher therapeutischer Wirkung und möglicher Überempfindlichkeitsreaktion nicht verwendet werden sollte.
Togal ASS 400 (D) Tabl. **Togal mono** (Ö) Tabl. Acetylsalicylsäure (ASS)	Magenbeschwerden. Selten Asthmaanfälle. Blutungsneigung verstärkt. Erhöhtes Risiko von Reye-Syndrom bei Kindern und Jugendlichen	**Therapeutisch zweckmäßig** Als lang bewährtes Mittel gegen Schmerzen, Fieber und rheumatische Entzündungen zu empfehlen. Bei empfindlichem Magen jedoch weniger geeignet.

Präparat	Wichtigste Nebenwirkungen	Empfehlung
Togal Kopfschmerzbrause + Vitamin C (D) Brausetabl. Acetylsalicylsäure (ASS), Vitamin C, Coffein	Magenbeschwerden. Selten Asthmaanfälle. Blutungsneigung verstärkt. Erhöhtes Risiko von Reye-Syndrom bei Kindern und Jugendlichen	**Abzuraten** Nicht sinnvolle Kombination eines Schmerzhemmers (ASS) mit stimulierendem (Coffein) und Vitamin C. Ob Vitamin C die Magenverträglichkeit bessert, ist fraglich. Vitamin C ist nur zweckmäßig bei Vitamin-C-Mangel, der aber sehr selten auftritt. Die therapeutische Wirksamkeit bei grippalen Infekten ist zweifelhaft.
Trancopal Dolo (D) Kaps., Zäpfchen Flupirtinmaleat *Rezeptpflichtig*	Übelkeit, Magenbeschwerden, Durchfall, Hautausschlag, Sehstörung, Schädigung der Leberfunktion, Grünfärbung des Harns	**Wenig zweckmäßig,** da noch zu wenig erprobt und wegen möglicher Nebenwirkungen. Zur kurz dauernden Behandlung von Nerven- und Muskelschmerzen.
Urem/ forte (D) Drag. Ibuprofen	Kopfschmerzen, Müdigkeit, Magen-Darm-Störungen, zentralnervöse Störungen wie Schwindel und Sehstörungen, Wassereinlagerung im Gewebe (Ödeme). Bei sehr häufigem, jahrelangem Gebrauch sind Nierenschäden möglich	**Therapeutisch zweckmäßig** Wirksam bei Schmerzen und Entzündungen. Bei empfindlichem Magen jedoch weniger geeignet.
Vioxx Dolor (D/Ö) Tabl. Rofecoxib *Rezeptpflichtig*	Magen-Darm-Störungen, Schwindel, Infektionen der Atemwege, schwere Hautschäden, Blutschäden, Ödeme durch mangelnde Ausscheidung von Salz und Wasser, Nierenschäden, Bluthochdruck, Durchblutungsstörungen des Herzens, Schlaganfall, Lichtüberempfindlichkeit	**Abzuraten** Wegen der Gefahr schwerer Nebenwirkungen wurde das Präparat im Jahr 2004 aus dem Handel gezogen.
Vivimed mit Coffein (D) Tabl. Paracetamol, Coffein	Bei sehr häufigem, jahrelangem Gebrauch sind Nierenschäden nicht auszuschließen. Bei Überdosierung: Leberschäden	**Abzuraten** Nicht sinnvolle Kombination eines Schmerzhemmers (Paracetamol) mit anregendem Inhaltsstoff (Coffein), der zur Analgetikaabhängigkeit beitragen kann.

Präparat	Wichtigste Nebenwirkungen	Empfehlung
Vivimed N gegen Fieber (D) Tabl. Paracetamol	Bei sehr häufigem, jahrelangem Gebrauch sind Nierenschäden nicht auszuschließen. Bei Überdosierung: Leberschäden	**Therapeutisch zweckmäßig** Als lang bewährtes Mittel gegen Fieber und Schmerzen zu empfehlen.
Voltaren Dolo (D) Filmtabl. Diclofenac	Kopfschmerzen, Magen-Darm-Störungen, zentralnervöse Störungen (z. B. Schwindel, Sehstörungen). Kann in seltenen Fällen Asthmaanfälle auslösen	**Therapeutisch zweckmäßig** bei Schmerzen, wenn empfohlene Präparate mit dem Inhaltsstoff Paracetamol, ASS oder Ibuprofen nicht mehr wirksam sind.
Voltaren plus (D) Filmtabl. Diclofenac, Codein *Rezeptpflichtig*	Kopfschmerzen, Magen-Darm-Störungen, zentralnervöse Störungen (z. B. Schwindel, Sehstörungen), Müdigkeit, Verstopfung. Kann in seltenen Fällen Asthmaanfälle auslösen. Wegen Codein besteht das Risiko der Gewöhnung	**Therapeutisch zweckmäßig** zur kurzfristigen Anwendung bei stärkeren Schmerzen, wenn empfohlene Präparate mit nur einem Inhaltsstoff nicht mehr wirksam sind.

1.2. Starke Schmerzmittel

Schmerzspezialisten kritisieren seit Jahren, dass sowohl in Österreich als auch in Deutschland viel zu selten starke Schmerzmittel (auch Opiate, Opioide oder »Narcotics« genannt) verordnet werden. Die Fachpublikation »Arzneimittel-Kursbuch« schätzt, dass nur etwa jeder fünfte Krebspatient ausreichend gegen starke Schmerzen behandelt wird.

Auch bei sehr starken Schmerzen, die nicht durch bösartige Erkrankungen verursacht sind, sind Opiate sinnvoll, wenn andere Mittel nicht wirken. Solche Schmerzzustände werden z. B. durch Herzinfarkte, durch Koliken (bei Nieren-, Gallensteinen) oder durch schwere Verletzungen ausgelöst.

Bei der Anwendung von starken Schmerzmitteln nach Operationen ist Vorsicht geboten, weil Schmerzen in solchen Situationen auch einen wichtigen Hinweis auf mögliche Komplikationen geben können und deshalb erst unterdrückt werden sollten, wenn die Ursache des Schmerzes geklärt ist.

Auf alle Fälle ist bei der Einnahme von starken Schmerzmitteln eine ärztliche Betreuung notwendig.

Bei allen bisher bekannten starken Schmerzmitteln besteht zwar Gewöhnungs- und Suchtgefahr, bei richtiger Anwendung ist dieses Nebenwirkungsrisiko aber bedeutungslos und sollte auf keinen Fall dazu führen, dass Patienten eine notwendige Schmerztherapie vorenthalten wird.

Das Risiko der Entwicklung einer körperlichen und psychischen Abhängigkeit von starken Schmerzmitteln ist sehr unterschiedlich. Bei kontrollierter Verabreichung von Opiaten ist es aber sehr gering.

Der Wirkstoff Tramadol (z. B. in *Amadol, Tradolan, Trama AbZ, Tramabeta, Tramadol AL, Tramadol Lichtenstein, Tramadol-ratiopharm, Tramadol Stada, Tramadolor, Tramadura, Tramagetic, Tramagit, Tramal, Tramundal, Tramundin*) ist das schwächste Opioid, wird aber sehr häufig verschrieben. Er ist nur kurz wirksam und deshalb für schwere chronische Schmerzen unzureichend. Obwohl wegen der morphinähnlichen Wirkung eine Abhängigkeits- beziehungsweise Suchtgefahr besteht, wird Tramadol oft wie ein einfaches Schmerzmittel eingesetzt. Als Nebenwirkungen können auch Krämpfe, allergische Reaktionen bis zum Schockzustand, Übelkeit und Erbrechen auftreten. Außerdem wird die Verkehrstüchtigkeit eingeschränkt. Unsere Bewertung: wenig zweckmäßig.

Codein ist ebenfalls ein morphinähnliches Arzneimittel. Die Gefahr, davon abhängig zu werden, wird als »sehr gering« eingeschätzt. Es besteht aber eine gewisse Gewöhnungsgefahr. Das heißt: Nach einiger Zeit muss eine immer größere Wirkstoffmenge eingenommen werden, um die gleiche Wirkung zu erzielen.

Die anderen möglichen Nebenwirkungen der starken Schmerzmittel sind in ihrer Ausprägung ebenfalls jeweils unterschiedlich. Die wichtigsten sind: Übelkeit, Erbrechen, Stuhlverstopfung, Müdigkeit, Bewusstseinseinschränkungen, Euphorie, aber auch Niedergeschlagenheit (dysphorische Reaktion) und vor allem Hemmungen des Atemzentrums mit Atemdepression. Die Verkehrstüchtigkeit ist nur am Beginn der Therapie sehr stark eingeschränkt.

Entzugserscheinungen treten bei Abhängigen nach dem Absetzen der Opiate auf. Sie sind im Regelfall zwar nicht lebensbedrohlich, aber dramatisch (u. a. Schwitzen, Muskelkrämpfe, Gewichtsverlust) und auch mit anderen Medikamenten nur schwer zu unterdrücken. Die Sucht-Rückfallquote liegt bei 60 bis 95 Prozent und ist vor allem von der Qualität der sozialen Betreuung abhängig.

Zu wenig Opiate

Krebspatienten sollen laut Weltgesundheitsorganisation WHO mit Schmerzmitteln in einem Stufenplan und in festgelegten Zeitabständen behandelt werden. Anwendungen »nach Bedarf« haben den Nachteil, dass sie höhere Dosierungen erfordern und die Schmerzen nicht so gut stillen.

1. Zunächst sollte man Mittel verwenden, die nicht zu den Opioiden gezählt werden – das sind im Wesentlichen rezeptfrei erhältliche Mittel, die Acetylsalicylsäure oder Paracetamol enthalten. Sinnvoll können auch Schmerzmittel sein, die traditionellerweise bei Rheuma verwendet werden: z. B. Ibuprofen (enthalten z. B. in *Ibudolor, Ibuhexal*).
2. Wenn dies nicht ausreicht, sollte man schwach wirkende Opioide wie Codein oder retardiertes Dihydrocodein verwenden, eventuell in Kombination mit Nicht-Opioiden wie Acetylsalicylsäure oder Paracetamol (z. B. *Dolviran N, Gelonida, Nedolon P, Paracetamol comp. Stada, Talvosilen*, siehe Tabelle 1.1. Schmerz- und fiebersenkende Mittel).
3. Bei sehr schweren Schmerzzuständen erfolgt die Behandlung am besten mit Morphin (D: *Morphin Merck, Morphin-ratiopharm, MSI-Mundipharma*, Ö: *MST-Mundipharma, Mundidol retard, Sevredol, Vendal*), eventuell in Kombination mit Mitteln der Stufe 1.

1.2. Starke Schmerzmittel

Präparat	Wichtigste Nebenwirkungen	Empfehlung
Alodan (Ö) Amp. Pethidin *Rezeptpflichtig, Suchtgift*	Müdigkeit, Übelkeit, Erbrechen, Stuhlverstopfung, Atmungsstörungen, Suchtgefahr	**Therapeutisch zweckmäßig nur zur** Behandlung sehr schwerer Schmerzzustände, bei denen andere Schmerzmittel nicht mehr wirksam sind. Bei Krebsschmerzen wenig zweckmäßig.
Amadol/ Retard (D) Kaps.,Tropfen, Retardkaps. Tramadol *Rezeptpflichtig*	Sehr häufig Müdigkeit, Benommenheit, Übelkeit und Schweißausbrüche. Erbrechen, Hautausschläge, psychische Veränderungen, Krämpfe, allergische Reaktionen bis zu Schockzustand. Wegen der morphinähnlichen Wirkung Suchtgefahr	**Abzuraten** bei mittelstarken Schmerzen wegen starker Nebenwirkungen. Vertretbar bei schweren Schmerzzuständen, wenn andere starke Schmerzmittel nicht zur Verfügung stehen. Für die Behandlung von Krebsschmerzen zu kurz wirksam (Kapseln und Tropfen).

Präparat	Wichtigste Nebenwirkungen	Empfehlung
Dipidolor (D/Ö) Injektionslösung Piritramid *Rezeptpflichtig, Betäubungsmittel (D), Suchtgift (Ö)*	Müdigkeit, Übelkeit, Erbrechen, Stuhlverstopfung, Atmungsstörungen, Suchtgefahr	**Therapeutisch zweckmäßig nur zur** Behandlung sehr schwerer Schmerzzustände (vor allem Krebsschmerzen), bei denen andere Schmerzmittel nicht mehr wirksam sind.
Durogesic (D/Ö) Membranpflaster Fentanyl *Rezeptpflichtig, Betäubungsmittel (D), Suchtgift (Ö)*	Müdigkeit, Übelkeit, Erbrechen, Stuhlverstopfung, Atmungsstörungen, Suchtgefahr	**Therapeutisch zweckmäßig nur zur** Behandlung sehr schwerer Schmerzzustände (vor allem Krebsschmerzen), bei denen andere Schmerzmittel nicht mehr wirksam sind.
Heptadon (Ö) Amp. Methadon *Rezeptpflichtig, Suchtgift*	Müdigkeit, Übelkeit, Erbrechen, Stuhlverstopfung, Atmungsstörungen, Suchtgefahr	**Therapeutisch zweckmäßig nur zur** Behandlung sehr schwerer Schmerzzustände (z. B. Krebsschmerzen), bei denen andere Schmerzmittel nicht mehr wirksam sind.
Hydal/ retard (Ö) Kaps., Retardkaps. Hydromorphon *Rezeptpflichtig, Betäubungsmittel*	Müdigkeit, Übelkeit, Erbrechen, Stuhlverstopfung, Atmungsstörungen, Suchtgefahr	**Therapeutisch zweckmäßig nur zur** Behandlung sehr schwerer Schmerzzustände, bei denen andere Schmerzmittel nicht mehr wirksam sind. Entspricht Morphin.
Morphin Merck (D) Tropfen, Injektionslösung Morphin *Rezeptpflichtig, Betäubungsmittel*	Müdigkeit, Übelkeit, Erbrechen, Stuhlverstopfung, Atmungsstörungen, Suchtgefahr	**Therapeutisch zweckmäßig nur zur** Behandlung sehr schwerer Schmerzzustände, bei denen andere Schmerzmittel nicht mehr wirksam sind.
Morphin-ratiopharm (D) Retardtab., Injektionslösung Morphin *Rezeptpflichtig, Betäubungsmittel*	Müdigkeit, Übelkeit, Erbrechen, Stuhlverstopfung, Atmungsstörungen, Suchtgefahr	**Therapeutisch zweckmäßig nur zur** Behandlung sehr schwerer Schmerzzustände, bei denen andere Schmerzmittel nicht mehr wirksam sind.
MSI Mundipharma (D) Ampullen Morphin *Rezeptpflichtig, Betäubungsmittel*	Müdigkeit, Übelkeit, Erbrechen, Stuhlverstopfung, Atmungsstörungen, Suchtgefahr	**Therapeutisch zweckmäßig nur zur** Behandlung sehr schwerer Schmerzzustände, bei denen andere Schmerzmittel nicht mehr wirksam sind.

Präparat	Wichtigste Nebenwirkungen	Empfehlung
MSR Mundipharma (D) Zäpfchen **MST Mundipharma** (D) Retardtabl., Retardgranulat Morphin *Rezeptpflichtig, Betäubungsmittel*	Müdigkeit, Übelkeit, Erbrechen, Stuhlverstopfung, Atmungsstörungen, Suchtgefahr	**Therapeutisch zweckmäßig nur zur** Behandlung sehr schwerer Schmerzzustände (vor allem Krebsschmerzen), bei denen andere Schmerzmittel nicht mehr wirksam sind.
Mundidol retard (Ö) Filmtabl., Granulat Morphin *Rezeptpflichtig, Suchtgift*	Müdigkeit, Übelkeit, Erbrechen, Stuhlverstopfung, Atmungsstörungen, Suchtgefahr	**Therapeutisch zweckmäßig nur zur** Behandlung sehr schwerer Schmerzzustände (vor allem Krebsschmerzen), bei denen andere Schmerzmittel nicht mehr wirksam sind.
Oxygesic (D) Retardtabl. Oxycodon *Rezeptpflichtig Betäubungsmittel*	Müdigkeit, Übelkeit, Erbrechen, Stuhlverstopfung, Atmungsstörungen, Suchtgefahr	**Wenig zweckmäßig zur** Behandlung chronischer stärkerer Schmerzen (vor allem Krebsschmerzen), bei denen andere Schmerzmittel nicht mehr wirksam sind. Morphin-ähnlich – aber wahrscheinlich ist das Missbrauchspotenzial größer.
Palladon (D) Retardkaps. Hydromorphon *Rezeptpflichtig, Betäubungsmittel*	Müdigkeit, Übelkeit, Erbrechen, Stuhlverstopfung, Atmungsstörungen, Suchtgefahr	**Therapeutisch zweckmäßig nur zur** Behandlung sehr schwerer Schmerzzustände, bei denen andere Schmerzmittel nicht mehr wirksam sind. Entspricht Morphin.
Sevredol (D) Filmtabl. Morphin *Rezeptpflichtig, Suchtgift*	Müdigkeit, Übelkeit, Erbrechen, Stuhlverstopfung, Atmungsstörungen, Suchtgefahr	**Therapeutisch zweckmäßig nur zur** Behandlung sehr schwerer Schmerzzustände (vor allem Krebsschmerzen), bei denen andere Schmerzmittel nicht mehr wirksam sind.
Temgesic (D/Ö) Injektionslösung, Sublingualtabl., Fortesublingualtabl. (nur D) Buprenorphin *Rezeptpflichtig, Betäubungsmittel (D), Suchtgift (Ö)*	Müdigkeit, Übelkeit, Erbrechen, Stuhlverstopfung, Atmungsstörungen, Suchtgefahr	**Therapeutisch zweckmäßig nur zur** Behandlung schwerer Schmerzzustände, bei denen andere Schmerzmittel nicht mehr wirksam sind. Bei sehr starken Krebsschmerzen wegen begrenzter Wirkung nicht zweckmäßig.

Präparat	Wichtigste Nebenwirkungen	Empfehlung
Tilidalor (D) Lösung, Kaps. **Tilidin AL comp.** (D) Lösung **Tilidin comp. Stada** (D) Lösung **Tilidin-ratiopharm plus** (D) Tropfen Tilidin, Naloxon *Rezeptpflichtig*	Müdigkeit, Schwindel, Erbrechen, Suchtgefahr	**Therapeutisch zweckmäßig nur zur** Behandlung von sehr schweren Schmerzzuständen, bei denen andere Schmerzmittel nicht mehr wirksam sind. Bei sehr starken Krebsschmerzen wegen begrenzter Wirkung nicht zweckmäßig.
Tradolan/ retard (Ö) Filmtabl.,Retardfilmtabl., Tropfen, Retardkaps. Tramadol *Rezeptpflichtig*	Sehr häufig Müdigkeit, Benommenheit, Übelkeit und Schweißausbrüche. Erbrechen, Hautausschläge, psychische Veränderungen, Krämpfe, allergische Reaktionen bis zu Schockzustand. Wegen der morphinähnlichen Wirkung Suchtgefahr	**Abzuraten** bei mittelstarken Schmerzen wegen starker Nebenwirkungen. Vertretbar bei schweren Schmerzzuständen, wenn andere starke Schmerzmittel nicht zur Verfügung stehen. Für die Behandlung von Krebsschmerzen nur Retard-Formen ausreichend lange wirksam.
Trama AbZ (D) Kaps., Tropfen, Amp. **Tramabeta** (D) Kaps., Lösung, Brausetabletten, Retardtabl., Zäpfchen Tramadol *Rezeptpflichtig*	Sehr häufig Müdigkeit, Benommenheit, Übelkeit und Schweißausbrüche. Erbrechen, Hautausschläge, psychische Veränderungen, Krämpfe, allergische Reaktionen bis zu Schockzustand. Wegen der morphinähnlichen Wirkung Suchtgefahr	**Abzuraten** bei mittelstarken Schmerzen wegen starker Nebenwirkungen. Vertretbar bei schweren Schmerzzuständen, wenn andere starke Schmerzmittel nicht zur Verfügung stehen. Für die Behandlung von Krebsschmerzen nur Retard-Formen ausreichend lange wirksam.
Tramadol AL (D) Ampullen, Kaps., Tropfen, Brausetabl. **Tramadol-ratiopharm** (D) Tabl., Retardtabl., Kaps., Brausetabl., Tropfen, Zäpfchen, Amp. **Tramadol Stada** (D) Kaps., Tabl., Retardtabl., Tropfen, Saft, Zäpfchen, Amp. Tramadol *Rezeptpflichtig*	Sehr häufig Müdigkeit, Benommenheit, Übelkeit und Schweißausbrüche. Erbrechen, Hautausschläge, psychische Veränderungen, Krämpfe, allergische Reaktionen bis zu Schockzustand. Wegen der morphinähnlichen Wirkung Suchtgefahr	**Abzuraten** bei mittelstarken Schmerzen wegen starker Nebenwirkungen. Vertretbar bei schweren Schmerzzuständen, wenn andere starke Schmerzmittel nicht zur Verfügung stehen. Für die Behandlung von Krebsschmerzen nur Retard-Formen ausreichend lange wirksam.

Präparat	Wichtigste Nebenwirkungen	Empfehlung
Tramadolor (D/Ö) Kaps., Lösung, Brausetabl., Tabl., Zäpfchen, ID-Retardtabl., long Retardtabl., uno Retardtabl., Amp. **Tramadura** (D) Brausetabl., Tabl., Retardtabl., Tropfen, Amp. **Tramagetic** (D) Ampullen, Brausetabl., Kaps., Tropfen, Zäpfchen **Tramagit** (D) Tabl., Retardtabl., Tropfen, Amp. **Tramal** (D/Ö) Ampullen, Kaps., Zäpfchen, Tropfen, Retardtabl. (nur D:) Tabl. **Tramundal** (Ö) Kaps., Retardfilmtabl., Tropfen, Amp. **Tramundin** (D) Filmtabl., Retardtabl., Tropfen, Zäpfchen, Amp. Tramadol *Rezeptpflichtig*	Sehr häufig Müdigkeit, Benommenheit, Übelkeit und Schweißausbrüche. Erbrechen, Hautausschläge, psychische Veränderungen, Krämpfe, allergische Reaktionen bis zu Schockzustand. Wegen der morphinähnlichen Wirkung Suchtgefahr	**Abzuraten** bei mittelstarken Schmerzen wegen starker Nebenwirkungen. Vertretbar bei schweren Schmerzzuständen, wenn andere starke Schmerzmittel nicht zur Verfügung stehen. Für die Behandlung von Krebsschmerzen nur Retard-Formen ausreichend lange wirksam.
Transtec (D/Ö) Transdermales Pflaster Buprenorphin *Rezeptpflichtig, Betäubungsmittel (D), Suchtgift (Ö)*	Müdigkeit, Übelkeit, Erbrechen, Stuhlverstopfung, Atmungsstörungen, lokale Reizungen an der Haut, Pflasterallergie, Suchtgefahr	**Therapeutisch zweckmäßig nur zur** Behandlung schwerer Schmerzzustände, bei denen andere Schmerzmittel nicht mehr wirksam sind. Bei sehr starken Krebsschmerzen wegen begrenzter Wirkung nicht zweckmäßig.
Valoron N (D) Lösung, Retardtabl. Tilidin, Naloxon *Rezeptpflichtig*	Müdigkeit, Schwindel, Erbrechen, Suchtgefahr	**Therapeutisch zweckmäßig nur zur** Behandlung von sehr schweren Schmerzzuständen, bei denen andere Schmerzmittel nicht mehr wirksam sind. Bei sehr starken Krebsschmerzen wegen begrenzter Wirkung nicht zweckmäßig.
Vendal (Ö) Retard-Filmtabl, Ampullen, Stechampullen, Lösung Morphin *Rezeptpflichtig, Suchtgift*	Müdigkeit, Übelkeit, Erbrechen, Stuhlverstopfung, Atmungsstörungen, Suchtgefahr	**Therapeutisch zweckmäßig nur zur** Behandlung sehr schwerer Schmerzzustände (Retard-Filmtabletten vor allem für Krebsschmerzen), bei denen andere Schmerzmittel nicht mehr wirksam sind.

1.3. Kopfschmerz- und Migränemittel

Kopfschmerzen mit Tabletten zu unterdrücken und sich damit Freiheit von Schmerzen zu verschaffen, ist längst ein selbstverständlicher Teil des Lebensstils in den Industrieländern geworden – allerdings ein gefahrvoller. Ab und zu eine Schmerztablette einzunehmen, schadet sicher nicht. Gegen die häufige Verwendung von Medikamenten gegen Kopfschmerzen sprechen aber nicht nur die unter Kapitel 1.1. (Schmerz- und fiebersenkende Mittel) angeführten, möglicherweise schwerwiegenden Folgen. Dagegen spricht vor allem ein Argument, das Fachleute immer wieder vorbringen:
Oft entstehen Kopfschmerzen gerade durch lang dauernde Einnahme von Schmerzmitteln.
Schmerzspezialisten kritisieren, dass Ärzte anderer Fachrichtungen Kopfschmerzen oft jahrelang falsch behandeln. Haben sich Kopfschmerzen bereits zu einer eigenen Krankheit verselbstständigt, sollte man unbedingt herausfinden, ob es sich um Spannungskopfschmerz, um Migräne oder um eine Mischform handelt. Dies ist notwendig für eine sinnvolle Therapie. Hilfreich zur Diagnoseerstellung ist in jedem Fall ein so genanntes Schmerztagebuch, in dem alle Einzelheiten eingetragen werden: wann die Anfälle kommen, wie lange sie dauern, wie heftig die Schmerzen sind, ob gleichzeitig noch andere Beschwerden auftreten, welche Medikamente dagegen eingenommen werden, was als Ursache verdächtigt wird und anderes.
Unsere Empfehlung: Wer häufig unter Kopfschmerzen oder Migräne leidet, sollte unbedingt ein Schmerzzentrum aufsuchen, um die Ursache abzuklären und die Schmerzen wirkungsvoll zu behandeln. Adressen solcher Zentren erhält man von den Krankenkassen oder von Deutsche Schmerzliga e.V., Adenauerallee 18, 61440 Oberursel,
Tel.: 0700-375 375 375 werktags von 9.00 bis 12.00 Uhr,
Fax: 0700 -375 375 38, e-mail: info@schmerzliga.de
Internet: http://www.schmerzliga.de
In Österreich gibt es Schmerzambulanzen an den größeren Krankenhäusern in Wien, Linz und Innsbruck.

Leichte und schwere Kopfschmerzen

Die Möglichkeiten der Behandlung von Kopfschmerzen ohne Medikamente sind so vielfach wie ihre Auslöser. Bei leichten Anfällen hilft oft schon eine eigenhändige Massage im Nackenbereich, ein Massieren der Schläfen, Einreiben von Pfefferminzöl (enthalten z. B. in *Eu-*

minz) auf die schmerzenden Stellen an Stirn, Schläfen und Nacken, kaltes Wasser, frische Luft oder einfach Ruhe (insbesondere bei Kopfweh durch Übermüdung). Auch bei quälenden, starken Kopfschmerzen sollte auf Dauer nicht zu Schmerzmitteln gegriffen werden. Zu den häufigsten *Ursachen* zählen Muskelverspannungen im Hals-Nacken-Schulterbereich, die auf Haltungsschäden oder sonstige belastende Lebensgewohnheiten und Umstände (Arbeitsbedingungen, Beziehungsprobleme etc.) zurückzuführen sind, sowie Nikotin- und Alkoholmissbrauch. Egal, ob es sich um pochende, ziehende oder stechende, um Druck-, »Wochenend«- oder um Spannungskopfschmerzen handelt: In vielen Fällen ist eine gezielte Bewegungstherapie viel wirksamer als die Einnahme von Medikamenten.
Erfolge können auch durch Akupunktur, Heilanästhesie, Mikrowellen- und Ultraschallbestrahlungen erzielt werden. Bäder, Massagen und die Verwendung von Medikamenten ohne Wirkstoff (so genannte Scheinarzneimittel = Placebos) und von homöopathischen Arzneimitteln (siehe Kapitel 23) können ebenfalls helfen. Die wirksamste Behandlung bei Kopfschmerzen ist jedoch auch die schwierigste: die Änderung der Lebensumstände, die einem »Kopfzerbrechen« bereiten. Kommt es häufig zu starken Kopfschmerzen, ist auf jeden Fall eine eingehende ärztliche Untersuchung notwendig, um seltene, aber möglicherweise gefährliche Ursachen der Kopfschmerzen auszuschließen.

Migräne

ist eine besondere Art von Kopfschmerz, die stets anfallsartig und meist auf einer Kopfseite auftritt. Der Anfall kommt nicht ganz plötzlich, er kündigt sich Minuten oder auch Stunden vorher an (»Aura«). Migräneschmerzen werden manchmal von Sehstörungen (Lichtempfindlichkeit, Flimmern, Farberscheinungen, Gesichtsfeldstörungen), Sprachschwierigkeiten, Übelkeit und Erbrechen begleitet. Die Ursachen der Migräne sind unklar. Frauen, insbesondere zwischen 30 und 50, leiden viel häufiger unter Migräne als Männer.

Medikamente bei Migräne

Beim akuten Anfall

Zur Schmerzbekämpfung können bei leichteren Anfällen die Wirkstoffe Acetylsalicylsäure (z. B. *Aspirin Migräne, ASS-ratiopharm*) oder Paracetamol (z. B. *Paracetamol-ratiopharm*, in Österreich *Mexalen*) verwendet werden. Diese Mittel sollten sofort beim ersten Anzei-

chen eines Migräneanfalls eingenommen werden. Auch der Wirkstoff Ibuprofen (z. B. in *Dolormin Migräne, Ibuhexal, IBU-ratiopharm, Imbun, Spalt Liqua/-forte*) ist geeignet. Eine Tasse starken Kaffees kann einen milden Anfall abschwächen. Manche Kombinationspräparate können bei einem akuten Anfall sinnvoll sein.
Der Wirkstoff Ergotamin (enthalten z. B. in *Ergo Kranit*) wird nur noch in seltenen Ausnahmefällen zur Behandlung akuter Anfälle verwendet, wenn andere Medikamente nicht wirken.
Als Standardmedikamente zur Behandlung von Migräneanfällen gelten inzwischen die Wirkstoffe aus der Gruppe der Triptane:
Zum Beispiel Almotriptan (enthalten z. B. In *Almogran*), Frovatriptan (enthalten z. B. in *Allegro*), Naratriptan (enthalten z. B. in *Antimigrin, Naramig*), Rizatriptan (enthalten z. B. in *Maxalt*), Sumatriptan (enthalten z. B. in *Imigran*) und Zolmitriptan (enthalten z. B. in *Asco Top, Zomig*). *Imigran* wirkt auch bei schweren Migränefällen sehr schnell: bei subkutaner Injektion nach 15 Minuten, bei Tabletteneinnahme nach 30 Minuten. Bei den anderen Triptanen dauert es mindestens 1 Stunde, bis sie zu wirken beginnen.
Allerdings bleibt die gewünschte Wirkung bei einem von drei Patienten aus. Diese Medikamente sollten möglichst frühzeitig eingenommen werden – sofort nach Auftreten der Kopfschmerzen oder der Aura. Später wirken sie nicht mehr so gut.
Sehr häufig – bei etwa jedem zweiten Patienten – tritt der Migräneanfall nach 24 bis 48 Stunden erneut auf. Eine Dosissteigerung erhöht die Wirksamkeit nicht, verschlimmert jedoch die Nebenwirkungen.
Migränepatienten, welche den Wirkstoff Ergotamin (z. B. *Migrätan S*) einnehmen, dürfen wegen des erhöhten Risikos bedrohlicher Gefäßkrämpfe 24 Stunden danach keine Medikamente vom Typ der Triptane verwenden.
Die Nebenwirkungen der Triptane können beträchtlich sein: Angina-Pectoris-Beschwerden, Herzrhythmusstörungen und schwere Zwischenfälle bis zum Herzinfarkt sind möglich. Unbedingt die Gegenanzeigen/Kontraindikationen beachten!

Medikamente zur Vorbeugung von Anfällen

Wenn mehr als zwei Migräneanfälle pro Monat auftreten, gilt ein Behandlungsversuch mit Medikamenten zur Vorbeugung weiterer Anfälle als vertretbar. Vor jeder Einnahme von Medikamenten sollte aber die psycho-soziale Situation des Patienten untersucht und nach Möglichkeit verbessert werden.

Keine der bisher bekannten Vorbeugemaßnahmen mit Medikamenten ist für alle Patienten gleichermaßen wirksam und empfehlenswert. Wenn ein Mittel nicht wirkt, kann ein anderes versucht werden. Als relativ gut geeignet gelten Betablocker wie Propranolol (z. B. in *Dociton*) und Metoprolol (z. B. in *Beloc, Beloc Zok*).
Ebenfalls relativ gut geeignet ist der Wirkstoff Flunarizin (ein Mittel gegen Schwindel, enthalten z. B. in *Sibelium, Flunarizin-ratiopharm*).
Der Wirkstoff Dihydroergotamin (enthalten z. B. in *DET MS*) wurde früher relativ häufig zur Vorbeugung von Migräneanfällen verwendet, gilt inzwischen jedoch als überholt, weil er bei Daueranwendung einen dauernden Kopfschmerz verursachen kann (so genannter Entzugskopfschmerz).
Die Wirkstoffe Pizotifen (z. B. in *Sandomigran*) und Lisurid (z. B. in *Cuvalit, Dopergin*) gelten als weniger effektiv. Sie sind jedoch einen Versuch wert.
Vielen anderen Medikamenten (z. B. *Dixarit, Isoptin*) werden ebenfalls Erfolge bei der Migränevorbeugung zugeschrieben. Ihr Nutzen ist jedoch zweifelhaft. Bei *Dixarit* haben Untersuchungen ergeben, dass es nicht wirksamer ist als ein Placebo (= Scheinarzneimittel ohne Wirkstoff).
Auf alle Fälle muss die Vorbeugung der Migräne durch Medikamente laufend vom Arzt auf ihren Nutzen hin überprüft werden.
»Die Erfahrung lehrt«, schreibt das Berliner »arznei-telegramm«, »dass sich nach kurzer Zeit die vorsorgliche Medikamenteneinnahme oft erübrigt.« Studien haben gezeigt, dass sich das Befinden *jedes zweiten Migränekranken* bereits durch die Einnahme von Placebos bessern kann.

1.3. Migränemittel

Präparat	Wichtigste Nebenwirkungen	Empfehlung
Allegro (D) Filmtabl. Frovatriptan *Rezeptpflichtig*	Missempfindungen, z. B. Schmerzen, Hitze und Enge. Müdigkeit, Übelkeit, Erbrechen. Blutdrucksteigerung, bedrohliche Herzrhythmusstörungen, Gefäßkrämpfe, auch der Herzkranzgefäße, mit schweren Schäden sind möglich	**Therapeutisch zweckmäßig** Wirksames Medikament zur Unterbrechung eines schweren Migräneanfalls. Wegen der möglichen schweren Nebenwirkungen ist eine sorgfältige Abwägung von Nutzen und Risiko im Einzelfall notwendig.

Präparat	Wichtigste Nebenwirkungen	Empfehlung
Almogran (D/Ö) Filmtabl. Almotriptan *Rezeptpflichtig*	Missempfindungen, z. B. Schmerzen, Hitze und Enge. Müdigkeit, Übelkeit, Erbrechen. Blutdrucksteigerung, bedrohliche Herzrhythmusstörungen, Gefäßkrämpfe, auch der Herzkranzgefäße, mit schweren Schäden sind möglich	**Therapeutisch zweckmäßig** Wirksames Medikament zur Unterbrechung eines schweren Migräneanfalls. Wegen der möglichen schweren Nebenwirkungen ist eine sorgfältige Abwägung von Nutzen und Risiko im Einzelfall notwendig.
Antimigrin (Ö) Filmtabl. Naratriptan *Rezeptpflichtig*	Missempfindungen, z. B. Schmerzen, Hitze und Enge. Müdigkeit, Übelkeit, Erbrechen. Blutdrucksteigerung, bedrohliche Herzrhythmusstörungen, Gefäßkrämpfe, auch der Herzkranzgefäße, mit schweren Schäden sind möglich	**Therapeutisch zweckmäßig** Wirksames Medikament zur Unterbrechung eines schweren Migräneanfalls. Wegen der möglichen schweren Nebenwirkungen ist eine sorgfältige Abwägung von Nutzen und Risiko im Einzelfall notwendig. Langsamer Wirkungseintritt.
Asco Top (D) Filmtabl., Schmelztabl., Nasenspray, Lösung Zolmitriptan *Rezeptpflichtig*	Missempfindungen, z. B. Schmerzen, Hitze und Enge. Müdigkeit, Übelkeit, Erbrechen. Blutdrucksteigerung, bedrohliche Herzrhythmusstörungen, Gefäßkrämpfe, auch der Herzkranzgefäße, mit schweren Schäden sind möglich	**Therapeutisch zweckmäßig** Wirksames Medikament zur Unterbrechung eines schweren Migräneanfalls. Wegen der möglichen schweren Nebenwirkungen ist eine sorgfältige Abwägung von Nutzen und Risiko im Einzelfall notwendig.
Aspirin Migräne (D) Brausetabl. Acetylsalicylsäure (ASS)	Magenbeschwerden, kann in seltenen Fällen Asthmaanfälle auslösen. Verstärkte Blutungsneigung. Lebensbedrohliches Reye-Syndrom durch Acetylsalicylsäure (ASS) bei Kindern und Jugendlichen möglich	**Therapeutisch zweckmäßig** Lang bewährtes Mittel bei migräneartigen Kopfschmerzen, anderen Schmerzen, Fieber und rheumatischen Entzündungen. Bei empfindlichem Magen weniger geeignet.
Avamigran (Ö) Filmtabl., Zäpfchen Ergotamin, Propyphenazon, Coffein, Camylofin, Mecloxamin *Rezeptpflichtig*	Übelkeit, Erbrechen, Durchblutungsstörungen. Möglichkeit lebensbedrohlicher Schockformen. Lebensgefährliche Abnahme weißer Blutzellen ist nicht auszuschließen	**Abzuraten** Kombination von zu vielen verschiedenen Wirkstoffen mit z. T. fraglicher Wirksamkeit. Unzuverlässige Wirkung des Migränemittels Ergotamin. Coffein kann möglicherweise zu einer missbräuchlichen Daueranwendung beitragen. Gefahr schwerer Nebenwirkungen.

Präparat	Wichtigste Nebenwirkungen	Empfehlung
Beloc Duriles (Ö) Filmtabl. Metoprolol *Rezeptpflichtig*	Langsamer Puls, Verstärkung einer Herzschwäche, Impotenz; Vorsicht bei Asthma, Zuckerkrankheit und Durchblutungsstörungen der Gliedmaßen	**Möglicherweise zweckmäßig zur** Vorbeugung von Migräneanfällen (Betablocker).
DET MS (D) Retardkaps., spezial Retardkaps.,Tropflösung Dihydroergotamin *Rezeptpflichtig*	Übelkeit, Erbrechen, Durchblutungsstörungen	**Wenig zweckmäßig zur** vorbeugenden Behandlung. Therapeutische Wirksamkeit zweifelhaft.
Dolormin Migräne (D) Filmtabl., Brausetabl., Zäpfchen Ibuprofen *Rezeptpflichtig*	Kopfschmerzen, Müdigkeit, Magen-Darm-Störungen, zentralnervöse Störungen wie Schwindel und Sehstörungen, Wassereinlagerung im Gewebe (Ödeme). Bei sehr häufigem, jahrelangem Gebrauch sind Nierenschäden möglich	**Therapeutisch zweckmäßig bei** akutem Migräneanfall.
Imbun (Ö) Zäpfchen Ibuprofen *Rezeptpflichtig*	Kopfschmerzen, Müdigkeit, Magen-Darm-Störungen, zentralnervöse Störungen wie Schwindel und Sehstörungen, Wassereinlagerung im Gewebe (Ödeme). Bei sehr häufigem, jahrelangem Gebrauch sind Nierenschäden möglich	**Therapeutisch zweckmäßig bei** akutem Migräneanfall.
Imigran (D/Ö) Filmtabl., Nasenspray, Zäpfchen, Injektionslösung, Fertigspritze Sumatriptan *Rezeptpflichtig*	Missempfindungen, z. B. Schmerzen, Hitze und Enge. Müdigkeit, Übelkeit, Erbrechen. Blutdrucksteigerung, bedrohliche Herzrhythmusstörungen, Gefäßkrämpfe, auch der Herzkranzgefäße, mit schweren Schäden sind möglich	**Therapeutisch zweckmäßig** Wirksames Medikament zur Unterbrechung eines schweren Migräneanfalls. Wegen der möglichen schweren Nebenwirkungen ist eine sorgfältige Abwägung von Nutzen und Risiko im Einzelfall notwendig. Nasenspray umstritten. Schnelle Wirkung bei Injektion.

Präparat	Wichtigste Nebenwirkungen	Empfehlung
Maxalt (D/Ö) Tabl. **Maxalt lingua** (D) Schmelztabl. **Maxalt Rapitab** (Ö) Lyotabl. Rizatriptan *Rezeptpflichtig*	Missempfindungen, z. B. Schmerzen, Hitze und Enge. Müdigkeit, Übelkeit, Erbrechen. Blutdrucksteigerung, bedrohliche Herzrhythmusstörungen, Gefäßkrämpfe, auch der Herzkranzgefäße, mit schweren Schäden sind möglich	**Therapeutisch zweckmäßig** Wirksames Medikament zur Unterbrechung eines schweren Migräneanfalls. Wegen der möglichen schweren Nebenwirkungen ist eine sorgfältige Abwägung von Nutzen und Risiko im Einzelfall notwendig. Langsamer Wirkungseintritt bei Einnahme ohne Flüssigkeit (z. B. Schmelztabl.).
Migraeflux N (D) Filmtabl. *grün*: Paracetamol, Codein *orange*: Paracetamol, Dimenhydrinat *Rezeptpflichtig*	Müdigkeit, Verstopfung, Abhängigkeit durch Codein. Bei sehr häufigem, jahrelangem Gebrauch sind Nierenschäden nicht auszuschließen. Bei Überdosierung: Leberschäden	**Möglicherweise zweckmäßig** Kombination (grün) von Schmerzmittel (Paracetamol) mit Codein bzw. mit einem Mittel gegen Erbrechen (Dimenhydrinat). Erbrechen ist ein häufiges Symptom bei Migräne.
Migräne-Kranit (D) Tabl. Phenazon *Rezeptpflichtig*	Hautreaktionen wie z. B. Exantheme. Möglichkeit lebensbedrohlicher Schockformen. Lebensgefährliche Abnahme weißer Blutzellen ist nicht auszuschließen. Bei sehr häufigem, jahrelangem Gebrauch sind Nierenschäden nicht auszuschließen	**Abzuraten** Schwach wirksames, überholtes Schmerz- und Fiebermittel.
Migränerton (D) Kaps. Paracetamol, Metoclopramid	Müdigkeit, Bewegungsstörungen (Dyskinesien), Hormonstörungen. Bei sehr häufigem, jahrelangem Gebrauch sind Nierenschäden nicht auszuschließen. Bei Überdosierung: Leberschäden	**Therapeutisch zweckmäßig zur** Behandlung eines Migräneanfalls. Kombination eines Schmerzmittels (Paracetamol) mit einem Mittel gegen Erbrechen(Metoclopramid). Erbrechen ist ein häufiges Symptom bei Migräne.
Migrätan S (D) Zäpfchen Ergotamin, Propyphenazon *Rezeptpflichtig*	Übelkeit, Erbrechen, Durchblutungsstörungen. Möglichkeit lebensbedrohlicher Schockformen. Lebensgefährliche Abnahme weißer Blutzellen ist nicht auszuschließen	**Abzuraten** Kombination eines Migränemittels (Ergotamin) mit einem Schmerzmittel (Propyphenazon). Unzuverlässige Wirkung von Ergotamin. Nur kurzfristig anwenden. Gefahr schwerer Nebenwirkungen.

Präparat	Wichtigste Nebenwirkungen	Empfehlung
Mono Migränin (D) Tabl. Phenazon *Rezeptpflichtig*	Hautreaktionen wie z. B. Exantheme. Möglichkeit lebensbedrohlicher Schockformen. Lebensgefährliche Abnahme weißer Blutzellen ist nicht auszuschließen. Bei sehr häufigem, jahrelangem Gebrauch sind Nierenschäden nicht auszuschließen	**Abzuraten** Schwach wirksames, überholtes Schmerz- und Fiebermittel.
Naramig (D/Ö) Filmtabl. Naratriptan *Rezeptpflichtig*	Missempfindungen, z. B. Schmerzen, Hitze und Enge. Müdigkeit, Übelkeit, Erbrechen. Blutdrucksteigerung, bedrohliche Herzrhythmusstörungen, Gefäßkrämpfe, auch der Herzkranzgefäße, mit schweren Schäden sind möglich	**Therapeutisch zweckmäßig** Wirksames Medikament zur Unterbrechung eines schweren Migräneanfalls. Wegen der möglichen schweren Nebenwirkungen ist eine sorgfältige Abwägung von Nutzen und Risiko im Einzelfall notwendig. Langsamer Wirkungseintritt.
Sibelium (D/Ö) Kaps. (D), Tabl. (Ö) Flunarizin *Rezeptpflichtig*	Häufig Benommenheit und Müdigkeit. Depressionen. Bewegungsstörungen	**Wenig zweckmäßig** Vertretbar zur Vorbeugung von Migräneanfällen, z. B. bei Versagen der Beta-Blocker.
Spalt Liqua/ -Forte (D) Kaps. Ibuprofen	Kopfschmerzen, Müdigkeit, Magen-Darm-Störungen, zentralnervöse Störungen wie Schwindel und Sehstörungen, Wassereinlagerung im Gewebe (Ödeme). Bei sehr häufigem, jahrelangem Gebrauch sind Nierenschäden möglich	**Therapeutisch zweckmäßig bei** akutem Migräneanfall.
Tonopan (Ö) Filmtabl., Zäpfchen Dihydroergotamin, Propyphenazon, Coffein *Rezeptpflichtig*	Übelkeit, Erbrechen, Durchblutungsstörungen. Möglichkeit lebensbedrohlicher Schockformen. Lebensgefährliche Abnahme weißer Blutzellen ist nicht auszuschließen	**Abzuraten** Wenig sinnvolle Kombination von Migränemittel (Dihydroergotamin) mit Schmerzmittel (Propyphenazon) sowie anregend wirkendem Inhaltsstoff (Coffein). Unzuverlässige Wirkung von Dihydroergotamin. Coffein kann möglicherweise zu einer missbräuchlichen Daueranwendung beitragen. Gefahr schwerer Nebenwirkungen.

Präparat	Wichtigste Nebenwirkungen	Empfehlung
Zomig (Ö) Filmtabl., Rapimelt-Tabl., Nasenspray Zolmitriptan *Rezeptpflichtig*	Missempfindungen, z. B. Schmerzen, Hitze und Enge. Müdigkeit, Übelkeit, Erbrechen. Blutdrucksteigerung, bedrohliche Herzrhythmusstörungen, Gefäßkrämpfe, auch der Herzkranzgefäße, mit schweren Schäden sind möglich	**Therapeutisch zweckmäßig** Wirksames Medikament zur Unterbrechung eines schweren Migräneanfalls. Wegen der möglichen schweren Nebenwirkungen ist eine sorgfältige Abwägung von Nutzen und Risiko im Einzelfall notwendig.

1.4. Krampflösende Mittel (Spasmolytika)

Eine anhaltende Verkrampfung sowohl der willkürlichen Muskulatur (z. B. Wadenkrämpfe) als auch der unwillkürlichen Muskulatur (z. B. im Verdauungssystem) ruft starke Schmerzen hervor. In solchen Fällen kann ein krampflösendes Medikament die Schmerzen lindern.
Gegen Muskelkrämpfe, die etwa beim Fußballspielen oder in der Schwangerschaft auftreten können, gibt es besondere Mittel und Methoden (siehe dazu Kapitel 2.8.: Muskellockernde Mittel).
Bei Koliken der Gallen- und ableitenden Harnwege gelten Nitrate (z. B. *Nitrolingual*, siehe 12.3.: Mittel gegen Angina Pectoris) und der Wirkstoff Diclofenac (enthalten z. B. in *Voltaren*, siehe dazu Kapitel 3.1.: Mittel gegen Rheuma und Arthrosen) als zweckmäßig.
Gegen krampfartige Regelschmerzen am wirksamsten ist der Wirkstoff Ibuprofen (enthalten z. B. in *Ibudolor, Ibuhexal*; siehe auch Kapitel 1.1.: Schmerz- und fiebersenkende Mittel).

Kombinationspräparate

Medikamente, die mehrere Wirkstoffe enthalten, haben meist mehr Nachteile als Vorteile: Ihr größter Nachteil ist, dass die für den jeweiligen Patienten sinnvollste Menge eines Wirkstoffs nicht eingenommen werden kann, ohne gleichzeitig die Dosierung anderer Inhaltsstoffe zu verändern. Damit steigt das Risiko für Nebenwirkungen.

Buscopan (= N-Butylscopolamin)

ist in Dragee- oder Tablettenform beinahe wirkungslos, weil nur etwa fünf Prozent des Wirkstoffs vom Körper aufgenommen werden. Als Zäpfchen ist die Wirkung sogar noch geringer. Lediglich als Injektion ist Buscopan zuverlässig wirksam.

Trotzdem sind *Buscopan-Dragees* und *-Tabletten* im Handel – sogar in Kombination mit anderen Wirkstoffen, z. B. *Buscopan plus* mit dem Schmerzmittel Paracetamol.

Krampflösende Mittel gegen Bauchschmerz

Wichtig: *Jeder länger dauernde Bauchschmerz muss vom Arzt untersucht werden, da er ein Anzeichen für eine schwerwiegende organische Erkrankung sein kann. Die unkritische Einnahme von Medikamenten kann eine Diagnose erschweren.*

Fast alle Leute haben gelegentlich Bauchschmerzen. Von *funktionellem Bauchschmerz* (im Fachjargon Colon irritabile genannt) spricht man, wenn es sich um eine gutartige Störung der Darmfunktion ohne nachweisbare organische Ursache handelt. Warum es zu solchen Erscheinungen – an denen Frauen weitaus häufiger als Männer leiden – kommt, ist bisher nicht geklärt. Es wird angenommen, dass Veranlagung, Essensgewohnheiten und psychologische Momente die Hauptrolle spielen. Bei der Behandlung von funktionellen Bauchschmerzen können Placebos, also Scheinarzneimittel ohne Wirkstoff, bei über 35 Prozent der Patienten zumindest kurzfristig beschwerdelindernd wirken. Dass im Gegensatz dazu krampflösende Mittel einen »nachhaltigen klinischen Nutzen« hätten, ist »kaum zweifelsfrei belegt«, betont die Schweizer Fachzeitschrift »pharma-kritik«.
Als möglicherweise zweckmäßig gilt der Wirkstoff Mebeverin (enthalten z. B. in *Colofac, Duspatal, Mebemerck*).
Abzuraten ist von einer Verwendung des Wirkstoffs Buscopan – in Tabletten- oder Zäpfchenform ist er gegen Bauchschmerzen mehr oder weniger wirkungslos.

1.4. Krampflösende Mittel (Spasmolytika)

Präparat	Wichtigste Nebenwirkungen	Empfehlung
Buscopan/ -direkt Dragees (D/Ö) Drag. **Buscopan Zäpfchen** Zäpfchen Butylscopolamin *Rezeptpflichtig (Ö)*	Mundtrockenheit, Sehstörungen, Herzklopfen, verminderte Schweißbildung (Wärmestau möglich)	**Wenig zweckmäßig** Der Inhaltsstoff wird unzuverlässig in den Organismus aufgenommen.

Präparat	Wichtigste Nebenwirkungen	Empfehlung
Buscopan (D/Ö) Amp., Injektionsflaschen (nur D) Butylscopolamin *Rezeptpflichtig (Ö)*	Mundtrockenheit, Herzklopfen, Sehstörungen, verminderte Schweißbildung (Wärmestau möglich)	**Therapeutisch zweckmäßig bei** kolikartigen Krampfzuständen im Magen-Darm-Bereich.
Buscopan comp. (Ö) Drag., Zäpfchen Butylscopolamin, Metamizol *Rezeptpflichtig*	Mundtrockenheit, Herzklopfen, Sehstörungen, verminderte Schweißbildung (Wärmestau möglich). Seltene, dann aber lebensgefährliche Abnahme weißer Blutzellen oder lebensbedrohlicher Schockformen (unter anderem Blutdruckabfall)	**Abzuraten** Wenig sinnvolle Kombination von Schmerzmittel (Metamizol) mit krampflösendem Mittel (Butylscopolamin), das vom Körper nur unzuverlässig aufgenommen wird. In Deutschland wurde dieses Medikament vom Markt genommen. Metamizol-haltige Präparate sind in vielen Ländern verboten.
Buscopan plus (D) Filmtabl., Zäpfchen Butylscopolamin, Paracetamol	Mundtrockenheit, Sehstörungen, Herzklopfen, verminderte Schweißbildung (Wärmestau möglich). Bei sehr häufigem, jahrelangem Gebrauch sind Nierenschäden nicht auszuschließen. Bei Überdosierung: Leberschäden	**Wenig zweckmäßig** Kombination von krampflösendem Inhaltsstoff (Butylscopolamin), der vom Körper nur unzuverlässig aufgenommen wird, mit Schmerzmittel (Paracetamol).
Colofac (Ö) Drag., Retardkaps. Mebeverin *Rezeptpflichtig*	Mundtrockenheit, Sehstörungen	**Möglicherweise zweckmäßig zur** kurzfristigen Anwendung beim so genannten »Reizkolon«.
Duspatal (D) Tabl., Retardkaps., Susp. Mebeverin *Rezeptpflichtig*	Mundtrockenheit, Sehstörungen	**Möglicherweise zweckmäßig zur** kurzfristigen Anwendung beim so genannten »Reizkolon«.
ILA-Med M (D) Tropfen, forte-Tropfen, forte Tabl. Pipenzolat *Rezeptpflichtig*	Mundtrockenheit, Herzklopfen, Sehstörungen (Abnahme des Reaktionsvermögens!), verminderte Schweißbildung (Wärmestau möglich)	**Wenig zweckmäßig bei** Spasmen im Magen-Darm-Bereich.
Mebemerck (D) Filmtabl. Mebeverin *Rezeptpflichtig*	Mundtrockenheit, Sehstörungen	**Möglicherweise zweckmäßig zur** kurzfristigen Anwendung beim so genannten »Reizkolon«.

Präparat	Wichtigste Nebenwirkungen	Empfehlung
Paveriwern (D) Lösung Mohnextrakt (enthält u. a. Morphin) *Rezeptpflichtig*	Erbrechen, Verstopfung, Verstärkung der Wirkung von Beruhigungs- und Schlafmitteln	**Wenig zweckmäßig bei** Spasmen im Magen-Darm-Bereich. Enthält Morphin, das Darmspasmen auslösen kann.
Petadolex (D) Kaps. Extrakt aus Pestwurz (Rad. Petasit.)	Leberschäden	**Abzuraten** Naturheilmittel, therapeutische Wirksamkeit zweifelhaft bei den vom Hersteller angegebenen Anwendungsbereichen Migräne, Nacken- und Rückenschmerzen, Asthma.
Spascupreel (D) Tabl., Zäpfchen Kombination homöopathischer Verdünnungen	Keine zu erwarten	**Homöopathisches Mittel** Vertretbar, wenn Patient bei harmlosen Beschwerden positive Wirkung verspürt.
Spasman (D) Lösung Demelverin, Trihexyphenidyl *Rezeptpflichtig*	Mundtrockenheit, Sehstörungen	**Wenig zweckmäßig** Kombination von zwei ähnlich wirkenden krampflösenden Mitteln. Möglicherweise wirksam bei krampfartigen Darmbeschwerden. Für mehrere vom Hersteller angegebene Anwendungsbereiche (z. B. Migräne, Reizhusten, Magenschleimhautentzündung) abzuraten, da hierfür andere wirksame Arzneimittel zweckmäßiger sind.
Spasmo gallo sanol N (D) Drag. Pfefferminzöl	Magenbeschwerden	**Wenig zweckmäßig** bei Krämpfen im Oberbauch. Vertretbar, wenn Patient bei harmlosen Beschwerden positive Wirkung verspürt.
Spasmoplus (Ö) Zäpfchen Propyphenazon, Drofenin, Codein *Rezeptpflichtig, Suchtgift*	Lebensgefährliche Abnahme weißer Blutzellen ist nicht auszuschließen, Möglichkeit lebensbedrohlicher Schockformen. Müdigkeit (besonders in Zusammenhang mit Alkohol gefährlich, z. B. beim Autofahren), Benommenheit, Mundtrockenheit, Sehstörungen, Verstopfung. Wegen Codein besteht das Risiko der Gewöhnung	**Abzuraten** Wenig sinnvolle Kombination von zwei schmerzhemmenden Stoffen (Propyphenazon, Codein) und krampflösendem Inhaltsstoff (Drofenin). Gefahr schwerer Nebenwirkungen.

1.5. Mittel zur örtlichen Betäubung (Nervenblockade, Infiltration)

Aus vielen Untersuchungen weiß man, dass der Placebo-Effekt bei Injektionen besonders *wirksam* ist – egal, was gespritzt wird. Vielleicht ist das ein wesentlicher Grund dafür, dass Injektionen bei vielen Patienten sehr beliebt sind. Oft bessern sich dadurch schlagartig die Schmerzen, zumindest für einige Zeit.

Zur örtlichen Betäubung werden meist so genannte Lokalanästhetika verwendet. Sie werden entweder in das Gewebe (Infiltration) oder oberflächlich unter die Haut (Quaddeln) gespritzt.

Die Wirkstoffe Bupivacain (enthalten z. B. in *Carbostesin*), Lidocain (enthalten z. B. in *Lidoject, Xylocain, Xylocitin-Loc, Xyloneural*), Mepivacain (enthalten z. B. in *Scandicain*), Prilocain (enthalten z. B. in *Xylonest*) und Ropivacain (enthalten z. B. in *Naropin*) gelten als bewährte Standardmedikamente.

Einige dieser Mittel können in Form von Cremes oder Pflaster auf die Haut aufgetragen werden (z. B. *Emla Creme, Meaverin Gel*). Dies dient vor allem dazu, Säuglinge und Kleinkinder vor Schmerzen bei Injektionen und Punktionen zu schützen.

Die Neuraltherapie – ein alternativmedizinisches Behandlungsverfahren – behauptet, dass zwischen bestimmten Hautstellen und inneren Organen Nervenverbindungen existieren. Durch Reizung bestimmter Hautstellen könne man auch eine Heilung bestimmter Organe bewirken. Diese Theorie ähnelt anderen, weit verbreiteten Behandlungskonzepten wie der Akupunktur und der Reflexzonenmassage.

Dass Akupunktur schmerzlindernd wirkt, ist nachgewiesen. Auch manche Reflexzonenmassagen – z. B. Bindegewebsmassagen – können hilfreich sein. Das Konzept der Fußreflexzonenmassage hingegen – bestimmte Organe sollen mit bestimmten Zonen auf der Fußsohle in Verbindung stehen – gilt als zweifelhaft.

Nebenwirkungen örtlicher Betäubungsmittel

Örtliche Betäubungsmittel, die injiziert werden, können Unruhe, Erregung, Übelkeit, Erbrechen und Kreislaufstörungen verursachen. Bei Procain (enthalten z. B. in *Novanaest-purum, Procain Steigerwald*) besteht zusätzlich die Gefahr schwerer allergischer Reaktionen. Es sind mehrere Todesfälle dokumentiert.

1.5. Mittel zur örtlichen Betäubung (Nervenblockade/Infiltration)

Präparat	Wichtigste Nebenwirkungen	Empfehlung
Carbostesin (D/Ö) Injektionslösung Bupivacain *Rezeptpflichtig*	Unruhe, Erregung, Benommenheit, Übelkeit, Erbrechen, Herz-Kreislaufstörungen	**Therapeutisch zweckmäßig zur** Nervenblockade (Leitungsanästhesie).
Chloraethyl Dr. Henning (D) Spray, Sprühflasche Chlorethan	Starke Nachblutungen bei operativen Eingriffen, Gewebsschäden (Nekrosen), bei häufiger Anwendung Abhängigkeit möglich (»Schnüffeldroge«)	**Wenig zweckmäßig zur** kurzfristigen örtlichen Betäubung (»kalte Anästhesie«), da Gewebeschäden möglich.
Emla (D/Ö) Creme, Pflaster Lidocain, Prilocain *Rezeptpflichtig (Ö)*	Hautreizungen, selten allergische Reaktionen	**Therapeutisch zweckmäßig zur** örtlichen Betäubung bei kleineren Eingriffen.
Instillagel (D) Gel Lidocain, Chlorhexidin, Hydroxyethtylcellulose Konservierungsstoffe Methyl- und Propylhydroxybenzoesäure (Parastoffe)	Selten Unruhe, Erregung, Benommenheit, Übelkeit, Erbrechen, Herz-Kreislaufstörungen, allergische Reaktionen auch durch Konservierungsstoffe	**Therapeutisch zweckmäßig zur** örtlichen Betäubung und Keimverarmung an Schleimhäuten z. B. bei kleineren Eingriffen. Kombination von Mittel zur örtlichen Betäubung (Lidocain) und schwachem Desinfektionsmittel (Chlorhexidin).
Lidoject (D) Injektionslösung Lidocain Konservierungsstoff: Methylhydroxybenzoesäure (Parastoff) **Lidoject sine** (D) Injektionslösung ohne Konservierungsstoff	Unruhe, Erregung, Übelkeit, Erbrechen, Benommenheit, Herz-Kreislaufstörungen, selten allergische Reaktionen auch durch Konservierungsstoff Benzoesäureverbindungen (nur Lidoject)	**Therapeutisch zweckmäßig zur** örtlichen Betäubung. Das Mittel ohne Konservierungsstoff (sine) ist vorzuziehen.
Meaverin (D) Injektionslösung in Flaschen und Ampullen Mepivacain Nur in Flaschen: Konservierungsstoff: Methylhydroxybenzoesäure (Parastoff)	Unruhe, Erregung, Benommenheit, Übelkeit, Erbrechen, Herz-Kreislaufstörungen, Atemlähmung, selten allergische Reaktionen, auch durch Konservierungsstoff	**Therapeutisch zweckmäßig zur** örtlichen Betäubung. Das Mittel ohne Konservierungsstoff (Ampulle) ist vorzuziehen.

Präparat	Wichtigste Nebenwirkungen	Empfehlung
Meaverin Gel (D) Gel Mepivacain, Polidocanol	Hautreizungen, selten allergische Reaktionen	**Therapeutisch zweckmäßig zur** örtlichen Betäubung bei kleineren Eingriffen. Kombination von Mittel zur örtlichen Betäubung (Mepivacain) und Desinfektionsmittel (Polidocanol).
Naropin (D) Injektionslösung Ropivacain	Unruhe, Erregung, Benommenheit, Übelkeit, Erbrechen, Herz-Kreislaufstörungen, Atemlähmung, selten allergische Reaktionen	**Therapeutisch zweckmäßig zur** örtlichen Betäubung. Lange Wirkungsdauer.
Novanaest-purum (Ö) Injektionslösung Procain *Rezeptpflichtig*	Unruhe, Erregung, Benommenheit, Übelkeit, Erbrechen, Kreislaufstörungen. In seltenen Fällen: schwere allergische Erscheinungen (z. B. Schock) möglich	**Therapeutisch zweckmäßig als** örtliches Betäubungsmittel. Kurze Wirkungsdauer und größeres Allergierisiko als z. B. bei Mepivacain.
Procain Jenapharm (D) Injektionslösung Procain	Unruhe, Erregung, Benommenheit, Übelkeit, Erbrechen, Herz-Kreislaufstörungen. In seltenen Fällen: schwere allergische Erscheinungen (z. B. Schock) möglich	**Therapeutisch zweckmäßig als** örtliches Betäubungsmittel. Kurze Wirkungsdauer und größeres Allergierisiko als z. B. bei Mepivacain. Wenig zweckmäßig zur Neuraltherapie wegen des erhöhten Allergierisikos.
Scandicain (D/Ö) Injektionslösung in Flaschen und Ampullen Mepivacain Nur in Flaschen: Konservierungsstoff Methylhydroxybenzoesäure (Parastoff) *Rezeptpflichtig (Ö)*	Unruhe, Erregung, Benommenheit, Übelkeit, Erbrechen, Herz-Kreislaufstörungen, selten allergische Reaktionen auch durch Konservierungsstoff	**Therapeutisch zweckmäßig zur** örtlichen Betäubung. Das Mittel ohne Konservierungsstoff (Ampulle) ist vorzuziehen.
Xylocain (D/Ö) Salbe, Pumpspray, Gel, viscöse Lösung Lidocain *Rezeptpflichtig (Ö)*	Hautreizungen, selten allergische Reaktionen auch durch Konservierungsstoff Benzoesäureverbindungen (nur Gel und Lösung)	**Therapeutisch zweckmäßig zur** örtlichen Betäubung an Haut und Schleimhäuten.

Präparat	Wichtigste Nebenwirkungen	Empfehlung
Xylocitin-loc (D) Ampullen Lidocain	Unruhe, Erregung, Übelkeit, Erbrechen, Benommenheit, Herz-Kreislaufstörungen, selten allergische Reaktionen	**Therapeutisch zweckmäßig zur** örtlichen Betäubung.
Xylonest (D) Injektionslösung in Flaschen und Ampullen Prilocain Nur in Flaschen: Konservierungsstoff: Methylhydroxybenzoesäure (Parastoff)	Unruhe, Erregung, Benommenheit, Übelkeit, Erbrechen, Herz-Kreislaufstörungen, selten allergische Reaktionen, auch durch Konservierungsstoff	**Therapeutisch zweckmäßig zur** örtlichen Betäubung. Das Mittel ohne Konservierungsstoff (Ampulle) ist vorzuziehen.
Xylonest Adrenalin (D) Injektionslösung Prilocain, Epinephrin (=Adrenalin) Konservierungsstoff: Methylhydroxybenzoesäure (Parastoff)	Unruhe, Erregung, Benommenheit, Übelkeit, Erbrechen, Herz-Kreislaufstörungen (Blutdruck- und Pulsanstieg, Herzbeschwerden), Bewusstlosigkeit, selten allergische Reaktionen, auch durch Konservierungsstoff	**Therapeutisch zweckmäßig zur** örtlichen Betäubung, nur wenn die zusätzliche Anwendung von Adrenalin zwingend notwendig ist.
Xyloneural (Ö) **mite/ forte** (D) Amp., Injektionslösung (Durchstechflasche) Lidocain Nur in Durchstechflasche: Konservierungsstoff: Methylhydroxybenzoesäure (Parastoff)	Unruhe, Erregung, Übelkeit, Erbrechen, Benommenheit, Herz-Kreislaufstörungen, selten allergische Reaktionen auch durch Konservierungsstoff	**Therapeutisch zweckmäßig zur** örtlichen Betäubung. Das Mittel ohne Konservierungsstoff (Ampulle) ist vorzuziehen.

2. Kapitel: **Psyche, Nervensystem**

Anfang der siebziger Jahre des 20. Jahrhunderts geriet die Psychiatrie ins Visier politischer Bewegungen. Jahrzehntelang hatte sich die Gesellschaft um diese Institution kaum gekümmert. Die Anstalten waren überfüllt, es gab zu wenig Personal, und die Behandlung beschränkte sich im Wesentlichen darauf, die Patienten einzusperren und mit Gitterbetten, Zwangsjacken, verschlossenen Türen und Elektroschocks ruhig zu stellen.

Eine ambulante psychiatrische Versorgung existierte kaum, außer in Form von wenigen niedergelassenen Neurologen und Psychiatern, die meist über keine psychotherapeutische Ausbildung verfügten. Psychotherapie war in psychiatrischen Anstalten ein Fremdwort oder sogar ein Schimpfwort. Manchmal verschwanden auch Personen in psychiatrischen Institutionen, die ganz gewiss an keiner psychischen Krankheit oder Störung litten, sondern einfach missliebig oder aufmüpfig waren.

All das geriet in die Schlagzeilen. Und »die Psychiatrie« erhielt den Ruf, ein »Reich des Bösen« zu sein. Psychiater galten als gefährliche Feinde. Antipsychiatrische Gruppen und Bewegungen entstanden, und die italienische Reformbewegung »Psichiatria Democratica« wurde zum Vorbild für deutsche und österreichische Veränderungen im Bereich der psychiatrischen Versorgung.

Teilweise wurde versucht, das Kind mit dem Bade auszuschütten. Manche Kritiker forderten die totale Abschaffung aller psychiatrischen Institutionen. Die radikalsten unter ihnen vertraten sogar die Meinung, psychische Krankheit existiere nicht, alles sei nur eine Frage der Definition. Die psychisch Kranken seien die wirklich Gesunden und die so genannten Normalen seien verrückt.

Zweifellos waren das wichtige Anstöße dafür, dass tatsächlich umfassende Reformen in Gang kamen und vom Staat und von den Ländern mehr Geld zur Verfügung gestellt wurde. Große Anstalten wurden verkleinert, manche Einrichtungen geöffnet, ambulante Versorgungsinstitutionen aufgebaut, die Gesetze zur Zwangseinweisung von Patienten liberalisiert, mehr und besser ausgebildetes Personal angestellt. Vor allem änderte sich auch die Einstellung der Gesellschaft und des Personals der psychiatrischen Institutionen. Patienten waren nun nicht mehr Personen, die weggesperrt werden sollten, sondern Menschen mit psychischen Problemen, die Hilfe brauchten. Dazu waren vor allem auch psychotherapeutische Verfahren notwendig. Die Rolle der Psychotherapie und der Psychotherapeuten erfuhr in diesem Zusammenhang eine große Aufwertung und ist heute nicht mehr so verpönt. Nach wie vor ist es jedoch so, dass Patienten mit psychischen Störungen als Erstes meist eine niedergelassene Allgemeinärztin oder einen niedergelassenen Allgemeinarzt aufsuchen und rein medizinisch diagnostiziert und behandelt werden. Aus verschiedenen Untersuchungen in Deutschland weiß man, dass es oft Jahre dauert, bis solche Patienten endlich sachgerechte Hilfe erhalten. Nur zehn Prozent aller Patienten, die einer professionellen psychotherapeutischen Hilfe bedürfen, werden im Rahmen der kassenärztlichen Versorgung tatsächlich psychotherapeutisch behandelt.

Eine bedeutsame Rolle bei den Veränderungen der letzten dreißig Jahre spielte die Pharmakotherapie. In den sechziger Jahren wurden Medikamente entwickelt, die unsere Gefühlszustände beeinflussen: Sie beruhigen, machen müde und sie mildern Depressionen und andere schwere psychische Krankheiten wie etwa Schizophrenie. Durch diese Medikamente wurde es möglich, auf die üblichen Zwangsmittel der Anstalten – Gitterbetten, Zwangsjacken, verschlossene Türen, Schocktherapie – weitgehend zu verzichten.

In bestimmten Kreisen galt die Pharmakotherapie jedoch als besonders raffinierte Form der Gewalt gegen psychisch Kranke. »Chemische Keule«, »innere Zwangsjacke«, »Entlastungsmittel für das Personal« – mit solchen Bezeichnungen wurden Medikamente zur Behandlung psychischer Krankheiten denunziert. Selbstkritisch müssen wir zugeben, dass dieser Tonfall bis vor kurzem auch in den »*Bitteren Pillen*« vorherrschte. Der schlechte Ruf der Psychopharmaka gründet sich vor allem darauf, dass Befürworter der medikamentösen Therapie die Nebenwirkungen oft verharmlosten, und dass Psychopharmaka häufig falsch angewendet wurden und immer noch werden: zu hohe Dosierungen, unnötige Verschreibungen, zu lange Dauer, ausschließliche medikamentöse Behandlungen ohne Psychotherapie.

Je nach Wirkweise gibt es verschiedene Psychopharmaka. Die sinnvolle Verwendung hängt vor allem davon ab, wie sorgfältig eine Diagnose erstellt wurde.

In den letzten Jahrzehnten hat die Psychiatrie besondere Anstrengungen unternommen, um zu einem einheitlichen Klassifikationsschema von psychischen Störungen und Krankheiten zu kommen. Noch in den siebziger und achtziger Jahren haftete vielen psychiatrischen Diagno-

sen der Ruf an, ziemlich beliebig zu sein. Bei ein und demselben Patient fiel die Diagnose je nach Psychiater unterschiedlich aus. Das hat sich inzwischen geändert. Heutzutage verwendet die Psychiatrie standardisierte, genau beschriebene Diagnoseverfahren. Das im deutschen Sprachraum am weitesten verbreitete ist die »Internationale Klassifikation psychischer Störungen«, abgekürzt ICD-10. Durch die Anwendung dieses Diagnoseschlüssels ist es zumindest wahrscheinlich, dass etwa ein Psychiater in Hamburg zu einer ähnlichen Diagnose kommt wie ein Psychiater in Salzburg. Es gibt jedoch noch andere Diagnoseschemata, vor allem bei den psychotherapeutischen Schulen, die sich teilweise stark voneinander unterscheiden. Psychiatrische oder psychotherapeutische Diagnosen sind keine absolut gültigen Aussagen über eine Person. Jedes Diagnoseschema enthält immer auch Vorstellungen über soziale Regeln und Normen, die je nach Gesellschaft natürlich verschieden sein können.
Das Vorgehen bei der Diagnoseerstellung ist ähnlich wie bei einer körperlichen Krankheit: Man fragt nach wichtigen Krankheiten und Ereignissen in der Lebensgeschichte und versucht, möglichst detailliert alle auftretenden Probleme und Beschwerden zu erfassen. Die festgestellten Symptome werden zu Gruppen zusammengefasst. Daraus ergeben sich die Diagnose und ein Behandlungsplan.
Über die Häufigkeit von psychischen Störungen oder Krankheiten gibt es die unterschiedlichsten Angaben. In Deutschland benötigen jedes Jahr etwa sechs Millionen Personen psychiatrische Hilfe, also etwa jede/jeder Dreizehnte.
Bei schweren psychischen Störungen oder Krankheiten wie etwa einer Psychose ist meist die Arbeitsfähigkeit oder die Fähigkeit, den Alltag zu bewältigen und soziale Kontakte herzustellen, ganz oder weitgehend eingeschränkt. Leichtere Störungen (Neurosen, psychosomatische Störungen, Verhaltensstörungen) betreffen das Wohlbefinden und im weitesten Sinn die sozialen Fähigkeiten. Dies kann sich äußern in Angstgefühlen, Schlafstörungen, starker Nervosität, dumpfem Traurigsein und anderen Beschwerden.

Ursachen

Heute geht man davon aus, dass die meisten psychischen Störungen und Krankheiten mehrere Ursachen haben: Eine vererbte Anlage oder »Verletzlichkeit«, belastende Lebensereignisse (z. B. Kindheitstraumen, Verlust eines Partners), chronische Belastungen (z. B. Angst vor dem Verlust des Arbeitsplatzes), physikalische Einwirkungen (z. B.

Lichtentzug), organische Krankheiten, persönliche Eigenschaften und persönliche Eigenarten im Umgang mit auftretenden Problemen. Inzwischen weiß man auch, dass eine Reihe von Arzneimitteln psychische Störungen verursachen können – eine Erkenntnis, der von Medizinern oft zu wenig Beachtung geschenkt wird.

2.1. Schlafmittel

Schlaf ist ein ständig wiederkehrender Erholungsvorgang des Körpers. Er verläuft in Phasen:
a. Der »Tiefschlaf« mit verlangsamten hirnelektrischen Wellen wird auch als passiver Erholungsschlaf bezeichnet. Hier laufen in vielen Organen Regenerations- und Aufbauvorgänge ab.
b. Der »Traumschlaf« mit flachen hirnelektrischen Wellen und raschen Augenbewegungen dient vor allem der Weiterverarbeitung von tagsüber aufgenommenen Informationen.
Beim normalen Schlaf lösen sich nach dem Einschlafstadium die beiden Schlafphasen vier- bis fünfmal ab. Beide Schlafarten sind zur körperlichen und psychischen Erholung absolut notwendig.

Schlafstörungen

liegen dann vor, wenn dieser Erholungsvorgang beträchtlich gestört ist – sei es durch eine Änderung der Schlafdauer oder des Ablaufs der Schlafphasen. Mehrmaliges Aufwachen in der Nacht kann zwar sehr unangenehm sein, ist aber vor allem im zunehmenden Alter normal, also im engeren Sinn keine Störung.
Schlaflabortests haben ergeben, dass das leidvolle Empfinden, nicht schlafen zu können, nicht immer der wirklichen Schlafdauer entspricht. Menschen, die das Gefühl haben, »kein Auge« zuzutun, schliefen annähernd gleich lange wie andere, die ihren Schlaf als ausreichend empfanden. Die Störung besteht oft in der quälenden Wahrnehmung jeden Reizes beim fallweisen Aufwachen während der Nacht.
Etwa 10 Prozent der Bevölkerung leidet unter immer wieder auftretenden Schlafproblemen. Außerdem gibt es – in Deutschland; in Österreich sind uns die Zahlen nicht bekannt – etwa 25.000 Menschen, die unerwartet und plötzlich in den Schlaf fallen (Narkolepsie).

Mögliche Ursachen für Störungen:

- Psychische Probleme sind am häufigsten. Störungen der zwischenmenschlichen Beziehungen, Angst in den verschiedensten Formen (vor Verlust von Angehörigen, des Arbeitsplatzes, vor Prüfungen, aber auch vor Träumen) können zu Schlafstörungen – vor allem zu Einschlafstörungen – führen.
- Lärm, Lichteinfall, schlechte Betten, Schichtarbeit und andere Beeinträchtigungen.
- Chemikalien, mit denen man bei der Arbeit zu tun hat. Dazu zählen vor allem Lösungsmittel, Weichmacher in der Kunststoffindustrie, Schädlingsbekämpfungsmittel, Benzine, Farben, Lacke, Schwefelkohlenstoffe und Dämpfe, die beim Löten oder Schweißen entstehen.
- Körperliche Beschwerden wie Durchblutungsstörungen, Schmerzen oder Herzkrankheiten können den Schlaf stören.
- Unmäßiger Alkoholgenuss, Ecstasy, aber auch Medikamente können Schlafstörungen verursachen – vor allem Appetitzügler, Coffein, das in vielen Schmerzmitteln enthalten ist, bestimmte Antidepressiva oder Antiepileptika, herzstärkende Mittel (Digitalis), bestimmte Asthmamittel sowie *Schlaf- und Beruhigungsmittel*, wenn sie nach längerem Gebrauch abgesetzt werden.
- Beginnende Depressionen, Sodbrennen, urologische Probleme, manche Lungenerkrankungen und Schmerzen können beträchtliche Schlafstörungen verursachen.

Behandlung

Schlafstörungen sind häufig nur ein vorübergehendes Problem und sollten deshalb nicht automatisch durch Einnahme eines Medikaments behandelt werden.
Bei körperlichen Ursachen muss in erster Linie die Krankheit, die zur Schlaflosigkeit führt, behandelt werden. Bei vielen Krankheiten (z. B. Durchblutungsstörungen, Asthma) sind die meisten gängigen Schlafmittel schädlich. Depressionen können durch Schlafmittel verstärkt werden.

Folgende nichtmedikamentöse Maßnahmen können hilfreich sein:
- Ein kleiner Abendspaziergang kann einschlaffördernd wirken.
- Zubettgehen zur richtigen Zeit.
- Schlafräume gut lüften. Die Temperatur im Schlafzimmer sollte nicht zu hoch sein (14–18°C).

- Vermeiden anregender Getränke (Kaffee, Cola etc.). Ein Glas Bier oder Wein kann hilfreich sein, zu viel davon kann jedoch dazu führen, dass man in der zweiten Nachthälfte wieder aufwacht und wach liegt.
- Vermeiden von Tagesschläfchen.
- Vermeiden von Schlaf vor dem Fernseher.
- Aktivitäten im Bett sollte man auf Sex und Schlafen einschränken.
- Vermeidung von aufregender Lektüre und Sport zu spät am Abend.

Medikamente gegen Schlafstörungen

Bevor ein Schlafmittel verordnet wird, sollte der Arzt abklären, was die Ursache der Schlafstörung ist.
Vorsicht: *Die Einnahme von Schlafmitteln bei schweren Depressionen oder Suchtkrankheiten kann gefährlich sein!*
Schlafmittel sollten nur in Krisensituationen und nur kurz verwendet werden.
Die Gründe dafür liegen auf der Hand. Am Anfang wirken die meisten, aber schon nach kurzer Zeit (drei bis vierzehn Tage) verringert sich die Wirkung – der Körper hat sich an die Mittel gewöhnt und benötigt unter Umständen immer größere Mengen. Es gibt allerdings zahlreiche Patienten, die seit Jahren sehr niedrige Dosen eines Benzodiazepins einnehmen und damit gut schlafen.

Schlafmittel bei Kindern?

Schlafstörungen bei Kindern bis zum siebten Lebensjahr stören mehr die Eltern als das Kind. Das Schlafbedürfnis im Säuglings- und Kinderalter ist recht unterschiedlich. Kinder, die weniger schlafen, leiden nicht unbedingt an Schlafmangel. Das »British Medical Journal« schreibt, dass jedes fünfte Kind im Alter bis zu zwei Jahren nachts oder »zu früh« aufwacht. Bei den Fünfjährigen ist es immer noch jedes zehnte. Ursache dieser Unregelmäßigkeiten ist oft zu viel Schlaf am Tage. Stärkere Schlafstörungen werden häufig durch Angst und Suche nach Geborgenheit verursacht oder sind eine Reaktion auf familiäre Probleme.
Die Deutsche Arzneimittelkommission stellt fest, dass vorübergehende »Ein- und Durchschlafstörungen bei Kindern in der Regel nicht mit Psychopharmaka zu behandeln sind, weil sie fast immer durch eine Korrektur häuslicher oder familiärer Umstände behoben werden können«.

Schlafstörungen durch Schlafmittel

Die meisten Schlafmittel (vor allem die kürzer wirkenden »Einschlafmittel«) können schon nach kurzer Einnahme eine krasse Verschlechterung des Schlafes verursachen, wenn man aufhört, sie einzunehmen.
Die Folge: Man nimmt wieder Schlafmittel, diesmal in höheren Dosierungen. Größere Mengen solcher Mittel verändern jedoch den Schlaf in Richtung »Narkose«.

Sucht durch Schlafmittel

Bei den meisten synthetisch hergestellten Schlafmitteln (z. B. Benzodiazepinen, Chloralhydrat) besteht die Gefahr, dass man süchtig wird. Hört man nach längerer täglicher Verwendung mit der Einnahme solcher Mittel plötzlich auf, können sogar lebensbedrohliche Entzugserscheinungen auftreten. »Leichte« Entzugserscheinungen sind: schwerere Schlafstörungen als vor Beginn der Behandlung, Schwindel, Kopfschmerzen, Zittern, Durchfall, Erbrechen, Magenkrämpfe, Gewichtsverlust, Angst und Alpträume.
Die Entzugserscheinungen sind manchmal stärker als bei Opiumsüchtigen und können nur vermieden werden, wenn man ganz langsam (z. B. zehn Prozent pro Woche) die Dosis des Mittels reduziert.

Verwirrung, Benommenheit durch Schlafmittel

Bei vielen Schlafmitteln (vor allem bei den länger wirkenden »Durchschlafmitteln«) wird die wirksame Substanz im Körper nur sehr langsam abgebaut. Sie wirken daher nicht nur in der Nacht, sondern auch am folgenden Tag (»Hangover-Effekt«). Wohlbefinden, Leistungsfähigkeit und vor allem die Verkehrstüchtigkeit werden beeinträchtigt. Dies gilt besonders für ältere Menschen.
Alle lang wirkenden Mittel reichern sich im Körper an, wenn sie über einen längeren Zeitraum eingenommen werden. Amerikanische Studien haben gezeigt, dass einzelne Präparate nach einer einwöchigen Einnahme noch 50 bis 100 Stunden nach der Beendigung der Behandlung im Körper aktiv waren.
Vor allem bei älteren Leuten wurde beobachtet, dass nach dem Schlucken von Schlafpulvern am nächsten Tag beim Aufstehen der Blutdruck gesenkt war, die Leute verwirrt und manchmal sogar unfähig waren, Stuhl und Harn zu kontrollieren. Ein englischer Arzt hat 100 alte Menschen untersucht, die in der Nacht gestürzt waren und Kno-

chenbrüche erlitten hatten; 93 Prozent von ihnen hatten vorher Schlafmittel geschluckt.

Welches Mittel?

Rein pflanzliche Präparate sind ungefährliche, lang bewährte Naturheilmittel, deren Wirksamkeit allerdings streng wissenschaftlich nicht bewiesen ist. Ihre Verwendung ist dennoch sinnvoll, wenn sie als wirksam empfunden werden und dadurch der Gebrauch anderer, weit schädlicherer Schlafmittel verhindert werden kann.

Tees oder Teemischungen aus Heilkräutern sind z. B. eine sinnvolle Form der Anwendung. Man kann die Kräuter in der Apotheke kaufen und die »Arznei« selbst zubereiten. Bei Schlafstörungen werden vor allem Baldrian, Hopfen, Melisse und Passionsblume verwendet. Als Faustregel gilt: Mischungen sollten nicht mehr als vier verschiedene Sorten enthalten. Industriell hergestellte »Naturheilmittel« enthalten oft mehr Bestandteile.

In den vergangenen zehn Jahren ist der Umsatz industriell hergestellter Präparate auf pflanzlicher Basis stark gestiegen. Fast jedes zweite Schlafmittel ist bereits ein pflanzliches (z. B. *Baldrian-Dispert, Baldriantinktur Hetterich, Baldriparan N, Euvegal, H&S Johanniskrauttee sowie Nerven- und Schlaftee, Hyperesa, Kytta Sedativ, Moradorm S, Psychotonin sed., Sedacur forte, Sedariston, Sidroga-Tees, Thüringer Baldriantinktur, Valdispert, Vivinox Day).*

Ob Baldrian eine schlafanstoßende Wirkung hat, ist nach wie vor umstritten (z. B. *Baldrian-Dispert, Baldriantinktur Hetterich, Baldriparan N, Valdispert* und andere). Wenn trotzdem eine Wirkung verspürt wird, ist dies auf den Placebo-Effekt zurückzuführen – also auf die Erwartung, dass das Mittel wirkt.

Benzodiazepine

Benzodiazepine (z. B. *Dalmadorm, Fluninoc 1, Flunitrazepam neuraxpharm, Flunitrazepam-ratiopharm, Halcion, Imeson, Lendormin, Lormetazepam AL, Lormetazepam-ratiopharm, Mogadan, Mogadon, Nitrazepam AL, Nitrazepam-neuraxpharm, Noctamid, Planum, Radedorm, Remestan, Rohypnol 1, Somnubene, Staurodorm Neu, Temazep, Temesta*) beeinträchtigen den Schlafablauf kaum, hemmen jedoch die Traum-Phasen (REM-Phasen). Sie wirken alle sehr ähnlich, sind jedoch sehr verschieden in Be-

zug auf die Schnelligkeit, mit der sie zu wirken beginnen, und in Bezug auf die Dauer der Wirkung.
Manche von ihnen sind ungeeignet als Schlafmittel, weil sie sehr lange wirken und nach dem Aufwachen die Konzentrations- und Reaktionsfähigkeit beeinträchtigen (sog. Hangover-Effekt). Dies kann zu Unfällen, Verkehrsunfällen und Stürzen führen. Wegen der langen Wirkdauer sind folgende Benzodiazepine *wenig zweckmäßig* als Schlafmittel und wegen Hangover-Effekten mit Sturzgefahr bei älteren Menschen *abzuraten*:
- Flunitrazepam (enthalten z. B. in *Fluninoc 1, Flunitrazepam neuraxpharm, Flunitrazepam-ratiopharm, Rohypnol 1, Somnubene*).
- Flurazepam (enthalten z. B. in *Dalmadorm, Staurodorm Neu*).
- Nitrazepam (enthalten z. B. in *Mogadan, Nitrazepam-neuraxpharm, Radedorm*).

Einige Benzodiazepine hingegen haben zwar einen sehr schnellen Wirkungseintritt, wirken jedoch nur für kurze Zeit. Dies kann zu frühzeitigem nächtlichem Aufwachen und zu Alpträumen sowie zu Ängstlichkeit und Unruhezuständen am darauf folgenden Tag führen. Außerdem können Gedächtnislücken entstehen (sog. anterograde Amnesie). Diese kurz wirkenden Benzodiazepine (Brotizolam, enthalten z. B. in *Lendormin* oder Triazolam, enthalten z. B. in *Halcion*) sind deshalb *nur in ganz bestimmten Fällen zweckmäßig*, wenn ein schneller Wirkungseintritt und eine kurz dauernde Wirkung erwünscht ist.

Zweckmäßig gegen Schlafstörungen sind folgende Benzodiazepine mit mittellanger Wirkdauer:
- Lormetazepam (enthalten z. B. in *Lormetazepam AL, Lormetazepam-ratiopharm, Noctamid*).
- Temazepam (enthalten z. B. in *Planum, Remestan, Temazep*).

Alle Benzodiazepine können leicht zu Abhängigkeit und Sucht führen. Laut dem britischen Komitee zur Arzneimittelüberwachung sind sie für *Kinder nicht geeignet. Generell ist die Verwendung von Benzodiazepinen nur für kurze Zeit vertretbar (8–14 Tage)*. (Weitere Nebenwirkungen siehe Kapitel 2.2.).

Chloralhydrat (Chloraldurat)

ist besonders geeignet bei leichter Schlaflosigkeit, weil es keine Störungen der Schlafphasen verursacht. Ein Nachteil sind die möglichen

Nebenwirkungen auf Herz, Leber und Nieren. Es kann genauso wie die anderen Substanzen abhängig machen, führt aber weniger zur Benommenheit am nächsten Tag und reichert sich auch nicht bei älteren Leuten im Körper an.

Diphenhydramin

(enthalten z. B. in *Betadorm D, Dolestan., Dormutil N, Halbmond, Noctor, Sedopretten, Vivinox Sleep)* ist ein Antihistaminikum (siehe auch Kapitel 6.1.), das den Traumschlaf hemmt. Die schlafanstoßende Wirkung ist etwas schwächer als die von Benzodiazepinen und tritt erst nach ungefähr einer Stunde ein. Diphenhydramin beeinträchtigt das Reaktionsvermögen am folgenden Tag, hat jedoch den Vorteil, dass es praktisch keine Abhängigkeit verursacht. Nachteile sind die manchmal unzuverlässige Wirkung und die relativ häufigen unangenehmen Nebenwirkungen (z. B. Mundtrockenheit).

Doxylamin

(enthalten z. B. in *Hoggar N, Schlaftabs ratio*) ist ebenfalls ein Antihistaminikum, das den Traumschlaf hemmt. Die schlafanstoßende Wirkung ist etwas schwächer als die von Benzodiazepinen. Doxylamin beeinträchtigt das Reaktionsvermögen am folgenden Tag, hat jedoch den Vorteil, dass es nur selten Abhängigkeit verursacht. Nachteile sind die manchmal unzuverlässige Wirkung und die relativ häufigen unangenehmen Nebenwirkungen (z. B. Mundtrockenheit).

Zaleplon, Zolpidem, Zopiclon

(enthalten z. B. in *Bikalm, Ivadol, Optidorm, Somnal, Somnusan, Sonata, Stilnox, Ximovan, Zoldem, Zolpidem AL, Zolpidem-ratiopharm, Zolpidem Stada, Zolp-Lich*). Diese Mittel wirken nicht besser als Benzodiazepine, haben aber möglicherweise ein etwas geringeres Abhängigkeitspotenzial. Typische Nebenwirkungen dieser neuen Mittel sind Alpträume, Benommenheit, Beeinträchtigung des Reaktionsvermögens, Schwindel, Magenbeschwerden und Mundtrockenheit. Ein großer Nachteil dieser Mittel ist die sehr kurze Wirkdauer (ein bis fünf Stunden). Deshalb besteht das Risiko, dass man in der Nacht wieder aufwacht. Wegen des erhöhten Risikos von Nebenwirkungen sollte man in derselben Nacht jedoch keine zweite Tablette einnehmen.

2.1. Schlafmittel

Präparat	Wichtigste Nebenwirkungen	Empfehlung
Baldrian-Dispert (D/Ö) Drag., stark-Drag. Baldrianextrakt	Bei normaler Dosierung keine zu erwarten	**Naturheilmittel** Zweckmäßig als pflanzliches Beruhigungsmittel, wenn eine positive Wirkung verspürt wird.
Baldrian-Dispert Nacht (D) Tabl. Baldrianextrakt, Hopfenextrakt	Bei normaler Dosierung keine zu erwarten	**Naturheilmittel** Zweckmäßig als pflanzliches Beruhigungsmittel, wenn eine positive Wirkung verspürt wird.
Baldriantinktur Hetterich (D) Tinktur Baldrian	Bei normaler Dosierung keine zu erwarten	**Naturheilmittel** Zweckmäßig als pflanzliches Beruhigungsmittel, wenn eine positive Wirkung verspürt wird.
Baldriparan N (D) **Baldriparan** (Ö) Beruhigungsdrag. Baldrianextrakt, Melissenextrakt Hopfenextrakt	Bei normaler Dosierung keine zu erwarten	**Naturheilmittel** Zweckmäßig als pflanzliches Beruhigungsmittel, wenn eine positive Wirkung verspürt wird.
Baldriparan stark (D) für die Nacht, Dragees Baldrianextrakt	Bei normaler Dosierung keine zu erwarten	**Naturheilmittel** Zweckmäßig als pflanzliches Beruhigungsmittel, wenn eine positive Wirkung verspürt wird.
Betadorm D (D) Tabl. Diphenhydramin	Benommenheit am Tag, Hemmung des Traumschlafes, Mundtrockenheit, Magen-Darm-Störungen, Herzrhythmusstörungen	**Therapeutisch zweckmäßig nur bei** kurzzeitiger Einnahme (einige Tage bis zu drei Wochen). Antihistaminikum.
Bikalm (D) Filmtabl. Zolpidem *Rezeptpflichtig*	Alpträume, Benommenheit, Depression, Einschränkung des Reaktionsvermögens, Schwindel, Doppeltsehen, Magenschmerzen, Erbrechen, Mundtrockenheit. Die vorliegenden Erfahrungen zeigen ein geringeres Risiko von körperlicher Abhängigkeit und Entzugserscheinung nach Absetzen des Mittels (z. B. Schlaflosigkeit) als nach Benzodiazepinen	**Therapeutisch zweckmäßig** als Alternative zu kurz wirksamen Benzodiazepinen bei kurzzeitiger Einnahme (einige Tage bis zu zwei Wochen).

Präparat	Wichtigste Nebenwirkungen	Empfehlung
Chloraldurat (D) Kaps., Kaps. blau, Kaps. rot Chloralhydrat *Rezeptpflichtig*	Abhängigkeit. Bei schweren Herz-, Leber- und Nierenerkrankungen nicht einnehmen	**Therapeutisch zweckmäßig nur bei** kurzzeitiger Einnahme (einige Tage bis zu drei Wochen). Lang bewährt. Nebenwirkungen gut bekannt.
Dalmadorm (D) Filmtabl. Flurazepam *Rezeptpflichtig*	Benommenheit am Tag, bei längerer Einnahme Entzugssymptome (z. B. Schlafstörungen, Angst) und Abhängigkeit. Bei älteren Menschen häufig Erregung statt Beruhigung (»paradoxe Reaktion«)	**Wenig zweckmäßig** als Schlafmittel. Wegen sehr langer Wirkdauer Sturzgefahr, deshalb bei älteren Menschen abzuraten. Suchtgefahr!
Distraneurin (D/Ö) Mixtur, Kaps. Clomethiazol *Rezeptpflichtig*	Besonders große Gefahr der Abhängigkeit	**Abzuraten** als Schlafmittel wegen der großen Suchtgefahr. Nur zweckmäßig in bestimmten Stadien des Alkoholdeliriums, aber nur unter strenger klinischer Kontrolle.
Dolestan (D) Fortetabl., Tabl. Diphenhydramin	Benommenheit am Tag, Hemmung des Traumschlafes, Mundtrockenheit, Magen-Darm-Störungen, Beschleunigung des Pulses möglich	**Therapeutisch zweckmäßig nur bei** kurzzeitiger Einnahme (einige Tage bis zu drei Wochen). Antihistaminikum.
Dormutil N (D) Tabl. Diphenhydramin	Benommenheit am Tag, Hemmung des Traumschlafes, Mundtrockenheit, Magen-Darm-Störungen, Beschleunigung des Pulses möglich	**Therapeutisch zweckmäßig nur bei** kurzzeitiger Einnahme (einige Tage bis zu drei Wochen). Antihistaminikum.
Dysto-Loges (D) Tabl., Tropfen Homöopathische Verdünnungen aus Passionsblume, Melisse, Reserpin, Kaffee, Tabak u. a.	Bei normaler Dosierung keine zu erwarten	**Homöopathisches Mittel** in eher unübersichtlicher Kombination verschiedener Inhaltsstoffe. Eine mögliche Wirksamkeit kann nur individuell beurteilt werden.
Euvegal (D) Tabl., Tropfen Extrakte aus Baldrianwurzel und Melissenblättern	Bei normaler Dosierung keine zu erwarten. Tropfen enthalten Alkohol	**Naturheilmittel** Zweckmäßig als pflanzliches Beruhigungsmittel, wenn eine positive Wirkung verspürt wird.

Präparat	Wichtigste Nebenwirkungen	Empfehlung
Euvegal Balance (D) Filmtabl. Baldrianextrakt	Bei normaler Dosierung keine zu erwarten	**Naturheilmittel** Zweckmäßig als pflanzliches Beruhigungsmittel, wenn eine positive Wirkung verspürt wird.
Fluninoc 1 (D) Tabl. Flunitrazepam *Rezeptpflichtig*	Schlaflosigkeit nach Absetzen des Mittels, Abhängigkeit. Bei älteren Menschen häufig Erregung statt Beruhigung (»paradoxe Reaktion«)	**Wenig zweckmäßig** als Schlafmittel. Wegen sehr langer Wirkdauer Sturzgefahr, deshalb bei älteren Menschen abzuraten. Suchtgefahr!
Flunitrazepam neuraxpharm 1 (D) Tabl. **Flunitrazepam-ratiopharm 1** (D) Tabl. Flunitrazepam *Rezeptpflichtig*	Schlaflosigkeit nach Absetzen des Mittels, Abhängigkeit. Bei älteren Menschen häufig Erregung statt Beruhigung (»paradoxe Reaktion«)	**Wenig zweckmäßig** als Schlafmittel. Wegen sehr langer Wirkdauer Sturzgefahr, deshalb bei älteren Menschen abzuraten. Suchtgefahr!
Gittalun (D) Brausetabl. Doxylamin	Benommenheit am Tag, Hemmung des Traumschlafes, Mundtrockenheit, Magen-Darm-Störungen, Beschleunigung des Pulses möglich	**Therapeutisch zweckmäßig nur bei** kurzzeitiger Einnahme (einige Tage bis zu drei Wochen). Antihistaminikum.
Halbmond (D) Tabl. Diphenhydramin	Benommenheit am Tag, Hemmungen des Traumschlafes, Mundtrockenheit, Magen-Darm-Störungen, Beschleunigung des Pulses möglich	**Therapeutisch zweckmäßig nur bei** kurzzeitiger Einnahme (einige Tage bis zu drei Wochen). Antihistaminikum.
Halcion (D/Ö) Tabl., Mitetabl. (nur D) Triazolam *Rezeptpflichtig*	Schlaflosigkeit nach Absetzen des Mittels, Abhängigkeit. Bei älteren Menschen häufig Erregung statt Beruhigung (»paradoxe Reaktion«)	**Therapeutisch zweckmäßig nur, wenn** ein Schlafmittel notwendig ist, das sehr schnell und nur für kurze Zeit wirken soll. Suchtgefahr!
Hoggar N (D) Tabl. Doxylamin	Benommenheit am Tag, Hemmung des Traumschlafes, Mundtrockenheit, Magen-Darm-Störungen, Beschleunigung des Pulses möglich	**Therapeutisch zweckmäßig nur bei** kurzzeitiger Einnahme (einige Tage bis zu drei Wochen). Antihistaminikum.

Präparat	Wichtigste Nebenwirkungen	Empfehlung
H&S Johanniskrauttee (D) Tee-Filterbeutel Johanniskraut	Hautreaktionen bei starker Sonnenbestrahlung möglich. Achtung: Gefährliche Wechselwirkungen mit anderen Medikamenten möglich	**Naturheilmittel** Zweckmäßig bei leichten depressiven Verstimmungen, wenn eine positive Wirkung verspürt wird.
H&S Nerven- und Schlaftee (D) Tee Baldrianwurzeln, Hopfenblüten, Melissenblätter, Rosmarinblätter	Keine wesentlichen zu erwarten	**Naturheilmittel** Zweckmäßig bei Schlafstörungen oder Einschlafschwierigkeiten, wenn eine positive Wirkung verspürt wird.
Hyperesa (D) Kaps. Extrakte aus Baldrianwurzel und Johanniskraut	Hautreaktionen bei starker Sonnenbestrahlung möglich. Achtung: Gefährliche Wechselwirkungen mit anderen Medikamenten möglich (Johanniskraut)	**Wenig zweckmäßig** Baldrian und Johanniskraut besitzen unterschiedliche Wirkcharakteristika.
Imeson (D) Tabl. Nitrazepam Rezeptpflichtig	Schlaflosigkeit nach Absetzen des Mittels, Abhängigkeit. Bei älteren Menschen häufig Erregung statt Beruhigung (»paradoxe Reaktion«)	**Wenig zweckmäßig** als Schlafmittel. Wegen sehr langer Wirkdauer Sturzgefahr, deshalb bei älteren Menschen abzuraten. Suchtgefahr!
Ivadal (Ö) Filmtabl. Zolpidem *Rezeptpflichtig*	Alpträume, Benommenheit, Depression, Einschränkung des Reaktionsvermögens, Schwindel, Doppeltsehen, Magenschmerzen, Erbrechen, Mundtrockenheit. Die vorliegenden Erfahrungen zeigen ein geringeres Risiko von körperlicher Abhängigkeit und Entzugserscheinung nach Absetzen des Mittels (z. B. Schlaflosigkeit) als nach Benzodiazepinen	**Therapeutisch zweckmäßig** als Alternative zu kurz wirksamen Benzodiazepinen bei kurzzeitiger Einnahme (einige Tage bis zu zwei Wochen).
Kytta Sedativ (D) f-Tropfen, f-Drag. Extrakte aus Baldrianwurzel, Hopfen, Passionsblume	Bei normaler Dosierung keine zu erwarten. Die Tropfen enthalten Alkohol!	**Naturheilmittel** Zweckmäßig als pflanzliches Beruhigungsmittel, wenn eine positive Wirkung verspürt wird.

Präparat	Wichtigste Nebenwirkungen	Empfehlung
Lendormin (D) **Lendorm** (Ö) Tabl. Brotizolam *Rezeptpflichtig*	Schlaflosigkeit nach Absetzen des Mittels. Abhängigkeit. Bei älteren Menschen häufig Erregung statt Beruhigung (»paradoxe Reaktion«)	**Therapeutisch zweckmäßig nur, wenn** ein Schlafmittel notwendig ist, das sehr schnell und nur für kurze Zeit wirken soll. Suchtgefahr!
Lormetazepam AL (D) **Lormetazepam ratiopharm** (D) Tabl. Lormetazepam *Rezeptpflichtig*	Schlaflosigkeit nach Absetzen des Mittels, Abhängigkeit. Bei älteren Menschen häufig Erregung statt Beruhigung (»paradoxe Reaktion«)	**Therapeutisch zweckmäßig nur bei** kurzzeitiger Einnahme (einige Tage bis zu zwei Wochen). Suchtgefahr!
Luvased (D) Drag. Extrakte aus Baldrianwurzel und Hopfen	Keine wesentlichen zu erwarten	**Naturheilmittel** Zweckmäßig als pflanzliches Beruhigungsmittel, wenn eine positive Wirkung verspürt wird.
Mogadan (D) Tabl., **Mogadon** (Ö) Tabl. Nitrazepam *Rezeptpflichtig*	Schlaflosigkeit nach Absetzen des Mittels, Abhängigkeit. Bei älteren Menschen häufig Erregung statt Beruhigung (»paradoxe Reaktion«)	**Wenig zweckmäßig als** Schlafmittel. Wegen sehr langer Wirkdauer Sturzgefahr, deshalb bei älteren Menschen abzuraten. Suchtgefahr!
Moradorm (D) Tabl. Diphenhydramin	Benommenheit am Tag, Hemmung des Traumschlafes, Mundtrockenheit, Magen-Darm-Störungen, Beschleunigung des Pulses möglich	**Therapeutisch zweckmäßig nur bei** kurzzeitiger Einnahme (einige Tage bis zu drei Wochen). Antihistaminikum.
Moradorm S (D) Filmtabl. Extrakte aus Baldrianwurzel, Passionsblumenkraut und Hopfenzapfen	Bei normaler Dosierung keine zu erwarten	**Naturheilmittel** Zweckmäßig als pflanzliches Beruhigungsmittel, wenn eine positive Wirkung verspürt wird.
Nitrazepam-neuraxpharm (D) **Nitrazepam AL** (D) Tabl Nitrazepam *Rezeptpflichtig*	Schlaflosigkeit nach Absetzen des Mittels, Abhängigkeit. Bei älteren Menschen häufig Erregung statt Beruhigung (»paradoxe Reaktion«)	**Wenig zweckmäßig als** Schlafmittel. Wegen sehr langer Wirkdauer Sturzgefahr, deshalb bei älteren Menschen abzuraten. Suchtgefahr!

Präparat	Wichtigste Nebenwirkungen	Empfehlung
Noctamid (D/Ö) Tabl. Lormetazepam *Rezeptpflichtig*	Schlaflosigkeit nach Absetzen des Mittels, Abhängigkeit. Bei älteren Menschen häufig Erregung statt Beruhigung (»paradoxe Reaktion«)	**Therapeutisch zweckmäßig nur bei** kurzzeitiger Einnahme (einige Tage bis zu zwei Wochen). Suchtgefahr!
Noctor (Ö) Tabl. Diphenhydramin *Rezeptpflichtig*	Benommenheit am Tag, Hemmung des Traumschlafes, Mundtrockenheit, Magen-Darm-Störungen, Beschleunigung des Pulses möglich	**Therapeutisch zweckmäßig nur bei** kurzzeitiger Einnahme (einige Tage bis zu drei Wochen). Antihistaminikum.
Optidorm (D) Filmtabl. Zopiclon *Rezeptpflichtig*	Alpträume, Benommenheit, Depression, Einschränkung des Reaktionsvermögens, Schwindel, Doppeltsehen, Magenschmerzen, Erbrechen, Mundtrockenheit. Die vorliegenden Erfahrungen zeigen ein geringeres Risiko von körperlicher Abhängigkeit und Entzugserscheinung nach Absetzen des Mittels (z. B. Schlaflosigkeit) als nach Benzodiazepinen	**Therapeutisch zweckmäßig** als Alternative zu kurz wirksamen Benzodiazepinen bei kurzzeitiger Einnahme (einige Tage bis zu zwei Wochen).
Planum (D) Kaps., Mitekaps. Temazepam *Rezeptpflichtig*	Schlaflosigkeit nach Absetzen des Mittels, Abhängigkeit. Bei älteren Menschen häufig Erregung statt Beruhigung (»paradoxe Reaktion«)	**Therapeutisch zweckmäßig nur bei** kurzzeitiger Einnahme (einige Tage bis zu zwei Wochen). Suchtgefahr!
Psychotonin sed. (D) Kaps., Tinktur Extrakte aus Johanniskraut und Baldrianwurzel	Hautreaktionen bei starker Sonnenbestrahlung möglich. Achtung: Bei Johanniskraut gefährliche Wechselwirkungen mit anderen Medikamenten möglich	**Wenig zweckmäßig** Baldrian und Johanniskraut besitzen unterschiedliche Wirkcharakteristika.
Radedorm (D) Tabl. Nitrazepam *Rezeptpflichtig*	Schlaflosigkeit nach Absetzen des Mittels, Abhängigkeit. Bei älteren Menschen häufig Erregung statt Beruhigung (»paradoxe Reaktion«)	**Wenig zweckmäßig als** Schlafmittel. Wegen sehr langer Wirkdauer Sturzgefahr, deshalb bei älteren Menschen abzuraten. Suchtgefahr!
Remestan (D) Kaps., Mitekaps. Temazepam *Rezeptpflichtig*	Schlaflosigkeit nach Absetzen des Mittels, Abhängigkeit. Bei älteren Menschen häufig Erregung statt Beruhigung (»paradoxe Reaktion«)	**Therapeutisch zweckmäßig nur bei** kurzzeitiger Einnahme (einige Tage bis zu zwei Wochen). Suchtgefahr!

Präparat	Wichtigste Nebenwirkungen	Empfehlung
Rohypnol 1 (D/Ö) Filmtabl., Amp. Flunitrazepam *Rezeptpflichtig* *Nur Ampullen* *Betäubungsmittel*	Schlaflosigkeit nach Absetzen des Mittels, Abhängigkeit. Bei älteren Menschen häufig Erregung statt Beruhigung (»paradoxe Reaktion«)	**Wenig zweckmäßig als** Schlafmittel. Wegen sehr langer Wirkdauer Sturzgefahr, deshalb bei älteren Menschen abzuraten. Suchtgefahr!
Schlaftabs ratio (D) Tabl. Doxylamin	Benommenheit am Tag, Hemmungen des Traumschlafes, Mundtrockenheit, Magen-Darm-Störungen, Beschleunigung des Pulses möglich	**Therapeutisch zweckmäßig nur bei** kurzzeitiger Einnahme (einige Tage bis zu drei Wochen). Antihistaminikum.
Sedacur forte (D) Drag. Extrakte aus Baldrianwurzel, Melissenblättern, Hopfenzapfen	Keine wesentlichen zu erwarten	**Naturheilmittel** Zweckmäßig als pflanzliches Beruhigungsmittel, wenn eine positive Wirkung verspürt wird.
Sedariston (D) Konz.-Kaps. Johanniskrautextrakt, Baldrianextrakt	Hautreaktionen bei starkem Sonnenlicht. Achtung: Bei Johanniskraut gefährliche Wechselwirkungen mit anderen Medikamenten möglich	**Wenig zweckmäßig** Baldrian und Johanniskraut besitzen unterschiedliche Wirkcharakteristika.
Sedariston Tropfen (D) Tropfen Extrakte aus Johanniskraut, Baldrianwurzel und Melisse	Hautreaktionen bei starkem Sonnenlicht. Achtung: Bei Johanniskraut gefährliche Wechselwirkungen mit anderen Medikamenten möglich	**Wenig zweckmäßig** Baldrian und Johanniskraut besitzen unterschiedliche Wirkcharakteristika.
Sedonium (D) Drag. Extrakt aus Baldrianwurzel	Keine wesentlichen zu erwarten	**Naturheilmittel** Zweckmäßig als pflanzliches Beruhigungsmittel, wenn eine positive Wirkung verspürt wird.
Sedopretten (D) Tabl. Diphenhydramin	Benommenheit am Tag, Hemmung des Traumschlafes, Mundtrockenheit, Magen-Darm-Störungen, Beschleunigung des Pulses möglich	**Therapeutisch zweckmäßig nur bei** kurzzeitiger Einnahme (einige Tage bis zu drei Wochen).

Präparat	Wichtigste Nebenwirkungen	Empfehlung
Sidroga Johanniskrauttee (D) Tee Johanniskraut	Hautreaktionen bei starker Sonnenbestrahlung möglich. Achtung: Gefährliche Wechselwirkungen mit anderen Medikamenten möglich	**Naturheilmittel** Zweckmäßig bei leichten depressiven Verstimmungen, wenn eine positive Wirkung verspürt wird.
Sidroga Schlaf- und Nerventee Neu (D/Ö) Tee Baldrianwurzel, Passionsblume, Melissenblätter, Fischweide, Krause Minze	Keine wesentlichen zu erwarten	**Naturheilmittel** Zweckmäßig bei Schlafstörungen oder Einschlafschwierigkeiten, wenn eine positive Wirkung verspürt wird.
Somnal (Ö) Filmtabl. Zopiclon *Rezeptpflichtig*	Alpträume, Benommenheit, Depression, Einschränkung des Reaktionsvermögens, Schwindel, Doppeltsehen, Magenschmerzen, Erbrechen, Mundtrockenheit. Die vorliegenden Erfahrungen zeigen ein geringeres Risiko von körperlicher Abhängigkeit und Entzugserscheinung nach Absetzen des Mittels (z. B. Schlaflosigkeit) als nach Benzodiazepinen	**Therapeutisch zweckmäßig** als Alternative zu kurz wirksamen Benzodiazepinen bei kurzzeitiger Einnahme (einige Tage bis zu zwei Wochen).
Somnosan (D) Filmtabl. Zopiclon *Rezeptpflichtig*	Alpträume, Benommenheit, Depression, Einschränkung des Reaktionsvermögens, Schwindel, Doppeltsehen, Magenschmerzen, Erbrechen, Mundtrockenheit. Die vorliegenden Erfahrungen zeigen ein geringeres Risiko von körperlicher Abhängigkeit und Entzugserscheinung nach Absetzen des Mittels (z. B. Schlaflosigkeit) als nach Benzodiazepinen	**Therapeutisch zweckmäßig** als Alternative zu kurz wirksamen Benzodiazepinen bei kurzzeitiger Einnahme (einige Tage bis zu zwei Wochen).
Somnubene (Ö) Filmtabl. Flunitrazepam *Rezeptpflichtig*	Schlaflosigkeit nach Absetzen des Mittels, Abhängigkeit. Bei älteren Menschen häufig Erregung statt Beruhigung (»paradoxe Reaktion«)	**Wenig zweckmäßig als** Schlafmittel. Wegen sehr langer Wirkdauer Sturzgefahr, deshalb bei älteren Menschen abzuraten. Suchtgefahr!

Präparat	Wichtigste Nebenwirkungen	Empfehlung
Sonata (D/Ö) Hartkapseln Zaleplon *Rezeptpflichtig*	Alpträume, Benommenheit, Depression, Einschränkung des Reaktionsvermögens, Schwindel, Doppeltsehen, Magenschmerzen, Erbrechen, Mundtrockenheit. Die vorliegenden Erfahrungen zeigen ein geringeres Risiko von körperlicher Abhängigkeit und Entzugserscheinung nach Absetzen des Mittels (z. B. Schlaflosigkeit) als nach Benzodiazepinen	**Möglicherweise zweckmäßig zur** kurzzeitigen Einnahme (einige Tage bis zu zwei Wochen), als Alternative zu kurz wirkenden Benzodiazepinen (z. B. *Halcion*). Wahrscheinlich geringeres Sucht- und Missbrauchspotenzial. Allerdings ist noch eine längere Anwendungserfahrung erforderlich.
Staurodorm Neu (D) Tabl. Flurazepam *Rezeptpflichtig*	Benommenheit am Tag, bei längerer Einnahme Entzugssymptome (z. B. Schlafstörungen, Angst) und Abhängigkeit. Bei älteren Menschen häufig Erregung statt Beruhigung (»paradoxe Reaktion«)	**Wenig zweckmäßig als** Schlafmittel. Wegen sehr langer Wirkdauer Sturzgefahr, deshalb bei älteren Menschen abzuraten. Suchtgefahr!
Stilnox (D) Filmtabl. Zolpidem *Rezeptpflichtig*	Alpträume, Benommenheit, Depression, Einschränkung des Reaktionsvermögens, Schwindel, Doppeltsehen, Magenschmerzen, Erbrechen, Mundtrockenheit. Die vorliegenden Erfahrungen zeigen ein geringeres Risiko von körperlicher Abhängigkeit und Entzugserscheinung nach Absetzen des Mittels (z. B. Schlaflosigkeit) als nach Benzodiazepinen	**Therapeutisch zweckmäßig** als Alternative zu kurz wirksamen Benzodiazepinen bei kurzzeitiger Einnahme (einige Tage bis zu zwei Wochen).
Temazep (D) Kaps., Temazepam *Rezeptpflichtig*	Schlaflosigkeit nach Absetzen des Mittels, Abhängigkeit. Bei älteren Menschen häufig Erregung statt Beruhigung (»paradoxe Reaktion«)	**Therapeutisch zweckmäßig** nur bei kurzzeitiger Einnahme (einige Tage bis zu zwei Wochen). Suchtgefahr!
Temesta (Ö) Tabl., Ampullen Lorezepam *Rezeptpflichtig*	Schlaflosigkeit nach Absetzen des Mittels, Abhängigkeit. Bei älteren Menschen häufig Erregung statt Beruhigung (»paradoxe Reaktion«)	**Therapeutisch zweckmäßig** nur bei kurzzeitiger Einnahme (einige Tage bis zu zwei Wochen). Suchtgefahr!

Präparat	Wichtigste Nebenwirkungen	Empfehlung
Thüringer Baldriantinktur (D) Lösung Baldrianextrakt	Keine wesentlichen zu erwarten. Enthält Alkohol!	**Naturheilmittel** Zweckmäßig als pflanzliches Beruhigungsmittel, wenn eine positive Wirkung verspürt wird.
Valdispert (D) Drag. Baldrianextrakt	Keine wesentlichen zu erwarten	**Naturheilmittel** Zweckmäßig als pflanzliches Beruhigungsmittel, wenn eine positive Wirkung verspürt wird.
Valeriana comp. Hevert novum (D) Drag. Diphenhydramin, Baldrianextrakt	Benommenheit am Tag, Hemmung des Traumschlafes, Mundtrockenheit, Magen-Darm-Störungen, Beschleunigung des Pulses möglich	**Abzuraten** Wenig sinnvolle Kombination von Antihistaminikum (Diphenhydramin) mit Baldrianextrakt.
Vivinox (D) Tabl. Diphenhydramin	Schlaflosigkeit nach Absetzen des Mittels, Abhängigkeit. Bei älteren Menschen häufig Erregung statt Beruhigung (»paradoxe Reaktion«)	**Wenig zweckmäßig als** Schlafmittel. Wegen sehr langer Wirkdauer Sturzgefahr, deshalb bei älteren Menschen abzuraten. Suchtgefahr!
Vivinox Day (D) Drag. Extrakte aus Baldrianwurzel, Hopfenzapfen, Passionsblume	Keine wesentlichen zu erwarten	**Naturheilmittel** Zweckmäßig als pflanzliches Beruhigungsmittel, wenn eine positive Wirkung verspürt wird.
Ximovan (D) Filmtabl. Zopiclon *Rezeptpflichtig*	Alpträume, Benommenheit, Depression, Einschränkung des Reaktionsvermögens, Schwindel, Doppeltsehen, Magenschmerzen, Erbrechen, Mundtrockenheit. Die vorliegenden Erfahrungen zeigen ein geringeres Risiko von körperlicher Abhängigkeit und Entzugserscheinung nach Absetzen des Mittels (z. B. Schlaflosigkeit) als nach Benzodiazepinen	**Therapeutisch zweckmäßig** als Alternative zu kurz wirksamen Benzodiazepinen bei kurzzeitiger Einnahme (einige Tage bis zu zwei Wochen).
Zincum valerianicum Hevert (D) hömopathische Baldriantinktur	Keine wesentlichen zu erwarten, enthält geringe Mengen an Alkohol pro Dosierung	**Homöopathisches Mittel** Zweckmäßig, wenn eine positive Wirkung verspürt wird.

Präparat	Wichtigste Nebenwirkungen	Empfehlung
Zoldem (Ö) **Zolpidem AL** (D) **Zolpidem Ratiopharm** (D) **Zolpidem Stada** (D) **Zolp-Lich** (D) Filmtabl. Zolpidem *Rezeptpflichtig*	Alpträume, Benommenheit, Depression, Einschränkung des Reaktionsvermögens, Schwindel, Doppeltsehen, Magenschmerzen, Erbrechen, Mundtrockenheit. Die vorliegenden Erfahrungen zeigen ein geringeres Risiko von körperlicher Abhängigkeit und Entzugserscheinung nach Absetzen des Mittels (z. B. Schlaflosigkeit) als nach Benzodiazepinen	**Therapeutisch zweckmäßig** als Alternative zu kurz wirksamen Benzodiazepinen bei kurzzeitiger Einnahme (einige Tage bis zu zwei Wochen).
Zop (D) **Zopiclon-ratiopharm** (D) **Zopiclon Stada** (D) **Zopiclon von ct** (D) **Zopi-Puren** (D) Filmtabl. Zopiclon *Rezeptpflichtig*	Alpträume, Benommenheit, Depression, Einschränkung des Reaktionsvermögens, Schwindel, Doppeltsehen, Magenschmerzen, Erbrechen, Mundtrockenheit. Die vorliegenden Erfahrungen zeigen ein geringeres Risiko von körperlicher Abhängigkeit und Entzugserscheinung nach Absetzen des Mittels (z. B. Schlaflosigkeit) als nach Benzodiazepinen	**Therapeutisch zweckmäßig** als Alternative zu kurz wirksamen Benzodiazepinen bei kurzzeitiger Einnahme (einige Tage bis zu zwei Wochen).

2.2. Beruhigungsmittel (Tranquilizer und andere Mittel)

Nervosität, Angespanntheit und Angstzustände sind alltägliche Bestandteile des Lebens. Das Empfinden von Angst ist oft ein natürlicher und wichtiger Schutzmechanismus. Angespanntheit kann die Leistungsfähigkeit erhöhen.

Am Arbeitsplatz und im privaten Alltag entstehen jedoch oft Stresssituationen, mit denen man nicht so leicht fertig wird. Mögliches Resultat: Angst und deren Folgen (Durchfall, Schmerzen, Herzklopfen, Ticks), die nicht mehr als »normal« empfunden werden und das eigene Wohlbefinden oder das anderer beeinträchtigen. Angstzustände sind oft von Beschwerden begleitet, die durch körperliche Reaktionen (z. B. Schwitzen) entstehen. Umgekehrt können körperliche Erkrankungen (vor allem Herzkrankheiten) zu einer »Begleitangst« führen.

Beruhigung ohne Medikamente

»Beruhigen« können auch nichtmedikamentöse Maßnahmen, z. B. Entspannungsübungen und psychologische Beratung.

Beruhigung durch Medikamente

In den letzten 30 Jahren ist neben die Droge Alkohol – dem wohl ältesten Beruhigungsmittel der Welt – die Therapie mit Tranquilizern getreten. Das Ansteigen von körperlichen und psychischen Stresserscheinungen oder die mangelnde Bereitschaft, mit ihnen fertig zu werden, eröffnete für die Pharmaindustrie einen großen Markt. »Aufwind für die Psyche«, »Lösung für Scheinprobleme«, »Nimmt die Angst, aber nicht die Gefühle« – mit diesen flotten Sprüchen wurden die Tranquilizer beworben. Mitte der achtziger Jahre wurden in Deutschland bereits 40 Millionen Packungen solcher Mittel verkauft. Als jedoch zunehmend bekannt wurde, dass Tranquilizer süchtig machen können, setzte eine Gegenbewegung ein. Die Verkaufszahlen sanken auf 17 Millionen Packungen im Jahr 2000, sind jetzt aber wieder gestiegen, auf rund 20 Millionen verkaufte Packungen im Jahr 2003.

Benzodiazepin-Tranquilizer

Die angstdämpfende Wirkung von Benzodiazepin-Tranquilizern (z. B. *Adumbran*, *Anxiolit*, *Bromazanil*, *Brozazep* 6 von ct, *Bromazepam »Genericon«, Demetrin, Diazepam Desitin, Diazepam-ratiopharm, Diazepam Stada, Durazanil 6, Faustan, Frisium, Gewacalm, Gityl, Lexotanil 6, Lorazepam-neuraxpharm, Lorazepam-ratiopharm, Merlit, Noctazepam, Normoc, Oxa von ct, Oxazepam AL, Oxazepam-ratiopharm, Oxazepam Stada, Praxiten, Psychopax, Rusedal, Tafil, Tavor, Temesta, Tranxilium/-N, Valium, Xanor)* ist durch viele Studien belegt. Die Ursachen der Angst werden jedoch nicht beseitigt – im Gegenteil: Beruhigungsmittel wirken bewusstseins- oder gefühlsmindernd und können so die notwendige aktive Auseinandersetzung mit den Stressfaktoren sogar verhindern. Alle Mittel wirken qualitativ gleich:

– angstlösend,
– dämpfend, bewusstseinstrübend, ermüdend,
– muskelentspannend,
– und krampflösend.

Eine Trennung dieser Wirkungen ist bisher nicht gelungen. Sie können deshalb angesichts mangelnder Alternativen nur als vorübergehende Hilfe zur Überbrückung von Extremsituationen dienen, z. B. den Übergang zu anderen Behandlungsformen (Psychotherapie) erleichtern.

Sucht . . .

Benzodiazepin-Tranquilizer machen sich oft selbst unentbehrlich. Schon nach der Einnahme über einige Wochen können beim Absetzen der Medikamente genau die Symptome verstärkt hervorgerufen werden, gegen die sie wirken: Angstzustände, Schweißausbrüche, Schlafstörungen. Der Weg zum Arzt und die Bitte um ein weiteres Rezept ist nur allzu oft die Folge dieser Erscheinungen. Damit ist der gefährliche Weg zu einer dauernden Einnahme dieser Mittel und damit zur Tranquilizersucht begonnen. Aufgrund wiederholter Berichte in Fachzeitschriften und Massenmedien über die Sucht erzeugende Wirkung von Tranquilizern ist die Häufigkeit der Verordnungen stark zurückgegangen, in den letzten Jahren jedoch wieder angestiegen. Nach dem Absetzen dieser Mittel entstehen Entzugserscheinungen, die von Unwohlsein, Schlaflosigkeit, Verwirrung, Gewichtsverlust, depressiven Verstimmungen, Kopfschmerzen, Muskelkrämpfen bis zu Wahnvorstellungen und sogar epileptischen Krampfanfällen reichen können. Nach längerer Einnahme sollte daher das Absetzen dieser Mittel allmählich erfolgen. Einige Mittel (z. B. *Tavor*) stehen im Verdacht, ein besonders großes Risiko von Abhängigkeit zu haben.

. . . und Wirkungsverlust

Die lange Einnahme von Beruhigungsmitteln führt zu einer Abschwächung der Wirkung – nach vier Monaten lässt sich keine angstlösende Wirkung mehr nachweisen.
Aus beiden Gründen ist nur die kurzzeitige Einnahme dieser Mittel vertretbar.

Nebenwirkungen

Nebenwirkungen sind nicht sehr häufig, bei Menschen über 60 Jahren treten sie jedoch viermal so oft auf wie bei den übrigen. Zum Beispiel Verwirrung, starke Bewusstseinsdämpfung, unkoordinierte Bewegungen, Muskelerschlaffung und Kopfschmerzen sowie Artikulationsstörungen (besonders bei älteren Menschen). Bei lang wirksamen Tranquilizern kommt es bei älteren Patienten vermutlich aufgrund der dämpfenden Wirkung bei Stürzen häufiger zu Schenkelhalsbrüchen.

Achtung: Weil Menschen über 65 auf Benzodiazepine stärker ansprechen, sollte bei ihnen die Dosis generell auf ein Drittel oder Viertel herabgesetzt werden.
Heftige Angstzustände, Wutausbrüche, Schlafstörungen und Wahnideen sind seltene »paradoxe Reaktionen« auf die Einnahme der Benzodiazepin-Tranquilizer. Bei Benzodiazepinen, deren Wirkung schnell eintritt (z. B. *Halcion*), wurden auch Bewusstseinsausfälle beobachtet, die jedoch die Handlungsfähigkeit nicht reduzierten. In diesem Zustand können für Patienten gefährliche Situationen entstehen – z. B. unkontrollierte emotionale Reaktionen oder unbeabsichtigte Gewalttaten.
All diese Nebenwirkungen können auch noch auftreten, wenn man längst mit dem Schlucken der Mittel aufgehört hat – weil die Wirkstoffe im Körper nur langsam abgebaut werden. Beruhigungsmittel beeinträchtigen die Reaktionsfähigkeit. Für Autofahrer ist das besonders gefährlich: Es kommt zu einer fünffachen Erhöhung des Unfallrisikos. Auch Arbeiten, die erhöhte Konzentration erfordern, werden beeinflusst. Besonders riskant ist die Kombination von Benzodiazepinen mit Alkohol.

Schwangerschaft

Bei der Einnahme im ersten Drittel der Schwangerschaft sind Missbildungen des Embryos nicht auszuschließen. Frauen, die während der Schwangerschaft regelmäßig Beruhigungsmittel schlucken, riskieren auch, dass ihre Säuglinge ebenfalls »beruhigt« oder sogar süchtig werden. Diese sind nach der Geburt häufig gedämpft, trinkfaul und haben eine niedrige Körpertemperatur. Gelegentliche, einzelne Einnahmen von Benzodiazepinen während der Schwangerschaft sind wahrscheinlich unproblematisch.

Welches Mittel?

Für die Auswahl ist vor allem die Wirkungsdauer wichtig. Als Beruhigungsmittel sind mittellang und lang wirkende Benzodiazepine geeignet:
a) Mittellang wirkende Benzodiazepine sind: Oxazepam (enthalten z. B. in *Adumbran, Anxiolit, Noctazepam, Oxa von ct, Oxazepam AL, Oxazepam-ratiopharm, Oxazepam Stada, Praxiten)*, Lorazepam (enthalten z. B. in *Lorazepam-neuraxpharm, Lorazepam-ratiopharm, Tavor, Temesta)*, Bromazepam (enthalten z. B. in *Bromazanil, Bromazep 6 von ct, Bromazepam »Generi-*

con«, Durazanil 6, Gityl, Lexotanil 6, Normoc) und Alprazolam (enthalten z. B. in *Tafil, Xanor*).

b) Lang wirkende Benzodiazepine sind: Chlordiazepoxid (enthalten z. B. in *Radepur*), Clorazepat (enthalten z. B. in *Tranxilium*), Clobazam (enthalten z. B. in *Frisium*), Diazepam (enthalten z. B. in *Diazepam Desitin, Diazepam-ratiopharm, Diazepam Stada, Faustan, Gewacalm, Psychopax, Tranquase, Valium), Nordazepam* (enthalten z. B. in *Tranxilium N*), Prazepam (*Demetrin*).

Bei Benzodiazepinen mit langer Wirkungsdauer besteht eine geringere Gefahr von Entzugssymptomen nach dem Absetzen des Mittels.

Neuroleptika und Antidepressiva

Die Arzneimittelkommission der Deutschen Ärzteschaft rät davon ab, bei Angst- und Spannungszuständen Neuroleptika (siehe Kapitel 2.5.: Mittel gegen Psychosen [Neuroleptika]) oder Antidepressiva (siehe Kapitel 2.4.: Mittel gegen Depressionen) zu verwenden. Entgegen dieser Empfehlung werden manche Neuroleptika von den Herstellern auch als Beruhigungsmittel empfohlen, und sie werden von machen Ärzten hauptsächlich als solche verschrieben (z. B. *Dominal)*. Es kann nicht ausgeschlossen werden, dass diese Mittel bleibende Schädigungen im Gehirn mit Störungen der Muskelbewegungen (Dyskinesien) wie Grimassieren, Kauen, rhythmische Bewegungen, Wippen und Unfähigkeit zu sitzen (Akathisie) verursachen.
Antidepressiva können bei Panikattacken und bei Schlafstörungen und Angstzuständen in Verbindung mit Depressionen sinnvoll sein.

Meprobamat

(enthalten z. B. in *Microbamat*, *Miltaun*) ist weniger spezifisch und unverlässlicher angstlösend wirksam als die Benzodiazepine. Es kann relativ rasch zu Abhängigkeit und Sucht führen. Während des Entzugs sind schon Todesfälle aufgetreten. Neben den für alle Beruhigungsmittel üblichen Nebenwirkungen (Müdigkeit, fallweise auch »paradoxe Erregung«) können auch Hauterkrankungen auftreten. Außerdem werden Blutschäden mit diesem Mittel in Zusammenhang gebracht. Wegen dieser Nachteile wird von der Verwendung *abgeraten*.

Naturheilmittel

Als »Hausmittel« zur Beruhigung gelten Pflanzen oder Pflanzenextrakte wie Baldrian, Hopfen, Melisse, Passionsblume, Wurzelstock

und andere. Solche Extrakte finden sich auch in industriell erzeugten Arzneimitteln, z. B. Baldrian-Extrakt in *Baldrian-Dispert*, *Baldrian Drei Herzblätter*. Manche Mittel enthalten auch Kombinationen mehrerer Pflanzen oder Pflanzenextrakte (z. B. *Baldriparan N stark*, *Passedan-Tropfen*).
Die Wirksamkeit dieser Mittel ist streng wissenschaftlich nicht bewiesen. Wenn man allerdings eine positive Wirkung verspürt, haben sie gewisse Vorteile: Sie können nicht süchtig machen und haben auch keine schwerwiegenden Nebenwirkungen. Ihre Verwendung bei psychisch bedingten Störungen kann daher sinnvoll sein. Positiv bewertet wurden reine Baldrian-Präparate aus offizinellem (d. h. im Deutschen Arzneimittelbuch-registriertem) Baldrian und Kombinationen von Baldrian mit Hopfen. Komplexe Mischungen von Baldrian mit anderen pflanzlichen Extrakten wurden als wenig zweckmäßig eingestuft. Bei komplexen Mischungen ist keine zusätzliche Wirkung zu erwarten, die Möglichkeit von Nebenwirkungen ist aber schwerer auszuschließen. Bei zahlreichen Pflanzenpräparaten sind bereits Nebenwirkungen beschrieben. (Siehe dazu auch Kapitel 22: Naturheilmittel.)

Johanniskraut (lateinischer Name *Hypericum perforatum*)

Dem Johanniskraut (enthalten z. B. in *Jarsin*, *Kira*; aber auch in Kombinationsmitteln wie *Sedariston*) wird eine sehr milde antidepressive Wirkung zugeschrieben. Es erlebte in den vergangenen Jahren in Deutschland einen Höhenflug als Arzneimittel. Die Verwendung ist nur bei leichten depressiven Verstimmungen sinnvoll (siehe auch Kapitel 2.4.: Mittel gegen Depressionen). Zu Nebenwirkungen und gefährlichen Wechselwirkungen von Johanniskraut siehe Kapitel 2.4.: Mittel gegen Depressionen.

2.2. Beruhigungsmittel (Tranquilizer und andere Mittel)

Präparat	Wichtigste Nebenwirkungen	Empfehlung
Adumbran (D/Ö) Tabl., Fortetabl. Oxazepam *Rezeptpflichtig*	Müdigkeit, Beeinträchtigung der Konzentration und Koordination (Vorsicht beim Autofahren, besonders mit Alkohol), bei längerer Einnahme Abhängigkeit und Entzugssymptome (z. B. Schlaflosigkeit, Angst)	**Therapeutisch zweckmäßig nur bei** kurzzeitiger Einnahme (einige Tage bis zu drei Wochen). Lang bewährter Inhaltsstoff mit mittlerer Wirkungsdauer. Suchtgefahr!

Präparat	Wichtigste Nebenwirkungen	Empfehlung
Anxiolit (Ö) Drag., Forte-Tabl., Retardkaps. Oxazepam *Rezeptpflichtig*	Müdigkeit, Beeinträchtigung der Konzentration und Koordination (Vorsicht beim Autofahren, besonders mit Alkohol), bei längerer Einnahme Abhängigkeit und Entzugssymptome (z. B. Schlaflosigkeit, Angst)	**Therapeutisch zweckmäßig nur bei** kurzzeitiger Einnahme (einige Tage bis zu drei Wochen). Lang bewährter Inhaltsstoff mit mittlerer Wirkungsdauer. Suchtgefahr!
Anxiolit plus (Ö) Drag. Oxazepam, Benactyzin *Rezeptpflichtig*	Mundtrockenheit. Müdigkeit, Beeinträchtigung der Konzentration und Koordination (Vorsicht beim Autofahren, besonders mit Alkohol), bei längerer Einnahme Abhängigkeit und Entzugssymptome (z. B. Schlaflosigkeit, Angst)	**Abzuraten** Wenig sinnvolle Kombination eines Beruhigungsmittels (Oxazepam) mit einem krampflösenden Mittel (Benactyzin). Suchtgefahr!
Atarax (D/Ö) Filmtabl., nur D: Liquidum Hydroxyzin *Rezeptpflichtig*	Müdigkeit, Beeinträchtigung der Konzentration und Koordination (Vorsicht beim Autofahren, besonders mit Alkohol)	**Wenig zweckmäßig** Nur zur kurzzeitigen Einnahme vertretbar. Antihistaminikum (Mittel gegen Allergien) mit beruhigender Wirkung, nicht spezifisch angstlösend wirksam.
Baldrian-Dispert (D/Ö) Drag., Forte Drag. (Ö) **Baldrian-Dispert Tag zur Beruhigung** (D) Baldrianwurzelextrakt	Bei normaler Dosierung keine zu erwarten	**Naturheilmittel** Zweckmäßig, wenn Patient positive Wirkung verspürt.
Baldrian Drei Herzblätter (Ö) Drag., Forte Drag. Pflanzenextrakt (Baldrian)	Bei normaler Dosierung keine zu erwarten	**Naturheilmittel** Zweckmäßig, wenn Patient positive Wirkung verspürt.
Baldriparan (Ö) **Baldriparan N Stark zur Beruhigung** (D) Drag. Baldrianwurzelextrakt, Hopfenextrakt, Melissenblätterextrakt	Keine bekannt, aber bei komplexen Mischungen nicht auszuschließen	**Wenig zweckmäßig** Kombination von Baldrianextrakt mit anderen Pflanzenextrakten. Reine Baldrianextrakte sind vorzuziehen.

Präparat	Wichtigste Nebenwirkungen	Empfehlung
Baldriparan Stark für die Nacht (D) Drag. Baldrianwurzelextrakt	Keine wesentlichen bekannt	**Naturheilmittel** Hochdosiertes Präparat. Zweckmäßig als Schlafmittel, wenn Patient positive Wirkung verspürt.
Bromazanil (D) Tabl. Bromazepam *Rezeptpflichtig*	Müdigkeit, Beeinträchtigung der Konzentration und Koordination (Vorsicht beim Autofahren, besonders mit Alkohol), bei längerer Einnahme Abhängigkeit und Entzugssymptome (z. B. Schlaflosigkeit, Angst)	**Therapeutisch zweckmäßig nur bei** kurzzeitiger Einnahme (einige Tage bis zu drei Wochen). Mittlere Wirkungsdauer. Suchtgefahr!
Bromazep 6 von ct (D) Tabletten **Bromazepam Genericon** (Ö) Filmtabl. Bromazepam *Rezeptpflichtig*	Müdigkeit, Beeinträchtigung der Konzentration und Koordination (Vorsicht beim Autofahren, besonders mit Alkohol), bei längerer Einnahme Abhängigkeit und Entzugssymptome (z. B. Schlaflosigkeit, Angst)	**Therapeutisch zweckmäßig nur bei** kurzzeitiger Einnahme (einige Tage bis zu drei Wochen). Mittlere Wirkungsdauer. Suchtgefahr!
Demetrin (D/Ö) Tabl. Prazepam *Rezeptpflichtig*	Müdigkeit, Beeinträchtigung der Konzentration und Koordination (Vorsicht beim Autofahren, besonders mit Alkohol), bei längerer Einnahme Abhängigkeit und Entzugssymptome (z. B. Schlaflosigkeit, Angst)	**Therapeutisch zweckmäßig nur bei** kurzzeitiger Einnahme (einige Tage bis zu drei Wochen). Lange Wirkungsdauer (mehr als 24 h). Suchtgefahr!
Diazepam Desitin rectal tube (D) Lösung Diazepam *Rezeptpflichtig*	Müdigkeit, Beeinträchtigung der Konzentration und Koordination (Vorsicht beim Autofahren, besonders mit Alkohol). Bei längerer Anwendung Abhängigkeit und Entzugssymptome (z. B. Schlaflosigkeit, Angst) möglich	**Therapeutisch zweckmäßig nur zur** akuten Anwendung, z.B. bei Fieberkrämpfen, Epilepsie und Erregungszuständen, wenn eine rektale Anwendung notwendig ist.
Diazepam-ratiopharm (D) Tabl., Tropfen, Zäpfchen, Injektionslösung **Diazepam Stada** (D) Tabletten Diazepam *Rezeptpflichtig*	Müdigkeit, Beeinträchtigung der Konzentration und Koordination (Vorsicht beim Autofahren, besonders mit Alkohol), bei längerer Einnahme Abhängigkeit und Entzugssymptome (z. B. Schlaflosigkeit, Angst). Lokale Gefäß- und Muskelschäden bei Injektionen	**Therapeutisch zweckmäßig nur bei** kurzzeitiger Einnahme (einige Tage bis zu drei Wochen). Lang bewährter Inhaltsstoff mit langer Wirkungsdauer (mehr als 24 h). Suchtgefahr! Injektionen nur zur Soforttherapie geeignet.

Präparat	Wichtigste Nebenwirkungen	Empfehlung
Durazanil 6 (D) Tabl. Bromazepam *Rezeptpflichtig*	Müdigkeit, Beeinträchtigung der Konzentration und Koordination (Vorsicht beim Autofahren, besonders mit Alkohol), bei längerer Einnahme Abhängigkeit und Entzugssymptome (z. B. Schlaflosigkeit, Angst)	**Therapeutisch zweckmäßig nur bei** kurzzeitiger Einnahme (einige Tage bis zu drei Wochen). Mittlere Wirkungsdauer. Suchtgefahr!
Faustan (D) Tabl., Injektionslösung, Zäpfchen Diazepam *Rezeptpflichtig*	Müdigkeit, Beeinträchtigung der Konzentration und Koordination (Vorsicht beim Autofahren, besonders mit Alkohol), bei längerer Einnahme Abhängigkeit und Entzugssymptome (z. B. Schlaflosigkeit, Angst). Lokale Gefäß- und Muskelschäden bei Injektionen	**Therapeutisch zweckmäßig nur bei** kurzzeitiger Einnahme (einige Tage bis zu drei Wochen). Lang bewährter Inhaltsstoff mit langer Wirkungsdauer (mehr als 24 h). Suchtgefahr! Injektionen nur zur Soforttherapie geeignet.
Frisium (D/Ö) Tabl. Clobazam *Rezeptpflichtig*	Müdigkeit, Beeinträchtigung der Konzentration und Koordination (Vorsicht beim Autofahren, besonders mit Alkohol), bei längerer Einnahme Abhängigkeit und Entzugssymptome (z. B. Schlaflosigkeit, Angst)	**Therapeutisch zweckmäßig nur bei** kurzzeitiger Einnahme (einige Tage bis zu drei Wochen). Lange Wirkungsdauer (mehr als 24 h). Suchtgefahr!
Gewacalm (Ö) Tabl., Amp. Diazepam *Rezeptpflichtig*	Müdigkeit, Beeinträchtigung der Konzentration und Koordination (Vorsicht beim Autofahren, besonders mit Alkohol), bei längerer Einnahme Abhängigkeit und Entzugssymptome (z. B. Schlaflosigkeit, Angst). Lokale Gefäß- und Muskelschäden bei Injektionen	**Therapeutisch zweckmäßig nur bei** kurzzeitiger Einnahme (einige Tage bis zu drei Wochen). Lang bewährter Inhaltsstoff mit langer Wirkungsdauer (mehr als 24 h). Suchtgefahr! Injektionen nur zur Soforttherapie geeignet.
Gityl (D) Tabl. Bromazepam *Rezeptpflichtig*	Müdigkeit, Beeinträchtigung der Konzentration und Koordination (Vorsicht beim Autofahren, besonders mit Alkohol), bei längerer Einnahme Abhängigkeit und Entzugssymptome (z. B. Schlaflosigkeit, Angst)	**Therapeutisch zweckmäßig nur bei** kurzzeitiger Einnahme (einige Tage bis zu drei Wochen). Mittlere Wirkungsdauer. Suchtgefahr!

Präparat	Wichtigste Nebenwirkungen	Empfehlung
Insidon (D/Ö) Drag, Filmtabl. (D), Tropfen (D) Opipramol *Rezeptpflichtig*	Mundtrockenheit, Herzklopfen, Sehstörungen, Augenschäden, Verstopfung, Störungen beim Harnlassen. Sorgfältige Kontrolle bei Patienten mit Grünem Star und Prostatavergrößerung nötig	**Wenig zweckmäßig als** Beruhigungsmittel z. B. bei den vom Hersteller angegebenen Anwendungsgebieten wie Konzentrationsstörungen. Schwach wirksames Mittel gegen Depressionen und Angstzustände mit beruhigenden Eigenschaften.
Jarsin (D/Ö) Drag., Filmtabl. (Ö) Johanniskraut-Extrakt	Hautreaktionen bei starker Sonnenbestrahlung möglich. Achtung: Gefährliche Wechselwirkungen mit anderen Medikamenten möglich	**Naturheilmittel** Nur zweckmäßig gegen leichte depressive Verstimmungen. Wenig zweckmäßig bei Angst und nervöser Unruhe (weitere vom Hersteller empfohlene Anwendungsgebiete).
Kira (D) Drag. Johanniskraut-Extrakt	Hautreaktionen bei starker Sonnenbestrahlung möglich. Achtung: Gefährliche Wechselwirkungen mit anderen Medikamenten möglich	**Naturheilmittel** Nur zweckmäßig als pflanzliches Mittel gegen leichte depressive Verstimmungen. Wenig zweckmäßig bei Angst und nervöser Unruhe (weitere vom Hersteller empfohlene Anwendungsgebiete).
Lexotanil 6 (D/Ö) Tabl. Bromazepam *Rezeptpflichtig*	Müdigkeit, Beeinträchtigung der Konzentration und Koordination (Vorsicht beim Autofahren, besonders mit Alkohol), bei längerer Einnahme Abhängigkeit und Entzugssymptome (z. B. Schlaflosigkeit, Angst)	**Therapeutisch zweckmäßig nur bei** kurzzeitiger Einnahme (einige Tage bis zu drei Wochen). Mittlere Wirkungsdauer. Suchtgefahr!
Lorazepam-neuraxpharm (D) Tabl. **Lorazepam-ratiopharm** (D) Tabl. Lorazepam *Rezeptpflichtig*	Müdigkeit, Beeinträchtigung der Konzentration und Koordination (Vorsicht beim Autofahren, besonders mit Alkohol), bei längerer Einnahme Abhängigkeit und Entzugssymptome (z. B. Schlaflosigkeit, Angst). Bei diesem Inhaltsstoff möglicherweise größeres Abhängigkeitsrisiko	**Therapeutisch zweckmäßig nur bei** kurzzeitiger Einnahme (einige Tage bis zu drei Wochen). Mittlere Wirkungsdauer. Suchtgefahr!

Präparat	Wichtigste Nebenwirkungen	Empfehlung
Microbamat (Ö) Tabl. Meprobamat *Rezeptpflichtig*	Abhängigkeit, Müdigkeit, Beeinträchtigung der Konzentration und Koordination (Vorsicht beim Autofahren, besonders mit Alkohol), Hautausschläge. Selten: Störungen der Blutbildung. Schwere Entzugssymptome (Krämpfe) möglich	**Abzuraten** Weniger spezifisch und unzuverlässiger wirksam als Benzodiazepine, wirkt eher barbituratähnlich. Starke Suchtgefahr!
Miltaun (Ö) Amp., Tabl. Meprobamat *Rezeptpflichtig*	Abhängigkeit, Müdigkeit, Beeinträchtigung der Konzentration und Koordination (Vorsicht beim Autofahren, besonders mit Alkohol), Hautausschläge. Selten: Störungen der Blutbildung. Schwere Entzugssymptome (Krämpfe) möglich	**Abzuraten** Weniger spezifisch und unzuverlässiger wirksam als Benzodiazepine, wirkt eher barbituratähnlich. Starke Suchtgefahr!
Normoc (D) Tabl. Bromazepam *Rezeptpflichtig*	Müdigkeit, Beeinträchtigung der Konzentration und Koordination (Vorsicht beim Autofahren, besonders mit Alkohol), bei längerer Einnahme Abhängigkeit und Entzugssymptome (z. B. Schlaflosigkeit, Angst)	**Therapeutisch zweckmäßig nur bei** kurzzeitiger Einnahme (einige Tage bis zu drei Wochen). Mittlere Wirkungsdauer. Suchtgefahr!
Oxa von ct (D) Tabl. Oxazepam *Rezeptpflichtig*	Müdigkeit, Beeinträchtigung der Konzentration und Koordination (Vorsicht beim Autofahren, besonders mit Alkohol), bei längerer Einnahme Abhängigkeit und Entzugssymptome (z. B. Schlaflosigkeit, Angst)	**Therapeutisch zweckmäßig nur** bei kurzzeitiger Einnahme (einige Tage bis zu drei Wochen). Lang bewährter Inhaltsstoff mit mittlerer Wirkungsdauer. Suchtgefahr!
Oxazepam AL (D) Tabl. **Oxazepam Hexal** (D) Tabl. **Oxazepam-ratiopharm** (D) Tabl. **Oxazepam retard-ratiopharm** (D) Retardtabl. **Oxazepam Sandoz** (D) Tabl. **Oxazepam Stada** (D) Tabl. Oxazepam *Rezeptpflichtig*	Müdigkeit, Beeinträchtigung der Konzentration und Koordination (Vorsicht beim Autofahren, besonders mit Alkohol), bei längerer Einnahme Abhängigkeit und Entzugssymptome (z. B. Schlaflosigkeit, Angst)	**Therapeutisch zweckmäßig nur bei** kurzzeitiger Einnahme (einige Tage bis zu drei Wochen). Lang bewährter Inhaltsstoff mit mittlerer Wirkungsdauer. Suchtgefahr!

Präparat	Wichtigste Nebenwirkungen	Empfehlung
Passedan Tropfen (Ö) Tropfen Pflanzenextrakte u. a. Baldrian	Keine wesentlichen bekannt, aber bei komplexen Mischungen nicht auszuschließen	**Wenig zweckmäßig** Komplexe Mischung von mehreren Pflanzenextrakten. Reine Baldrianextrakte als Naturheilmittel sind vorzuziehen.
Praxiten (D/Ö) Tabl., Fortetabl. Oxazepam *Rezeptpflichtig*	Müdigkeit, Beeinträchtigung der Konzentration und Koordination (Vorsicht beim Autofahren, besonders mit Alkohol), bei längerer Einnahme Abhängigkeit und Entzugssymptome (z. B. Schlaflosigkeit, Angst)	**Therapeutisch zweckmäßig nur bei** kurzzeitiger Einnahme (einige Tage bis zu drei Wochen). Lang bewährter Inhaltsstoff mit mittlerer Wirkungsdauer. Suchtgefahr!
Psychopax (Ö) Tropfen Diazepam *Rezeptpflichtig*	Müdigkeit, Beeinträchtigung der Konzentration und Koordination (Vorsicht beim Autofahren, besonders mit Alkohol), bei längerer Einnahme Abhängigkeit und Entzugssymptome (z. B. Schlaflosigkeit, Angst)	**Therapeutisch zweckmäßig nur bei** kurzzeitiger Einnahme (einige Tage bis zu drei Wochen). Lang bewährter Inhaltsstoff mit langer Wirkungsdauer (mehr als 24 h). Suchtgefahr!
Radepur (D) Filmtabl. Chlordiazepoxid *Rezeptpflichtig*	Müdigkeit, Beeinträchtigung der Konzentration und Koordination (Vorsicht beim Autofahren, besonders mit Alkohol), bei längerer Einnahme Abhängigkeit und Entzugssymptome (z. B. Schlaflosigkeit, Angst)	**Therapeutisch zweckmäßig nur bei** kurzzeitiger Einnahme (einige Tage bis zu drei Wochen). Lange Wirkungsdauer (mehr als 24 h). Suchtgefahr!
Rudotel (D) Tabl. Medazepam *Rezeptpflichtig*	Müdigkeit, Beeinträchtigung der Konzentration und Koordination (Vorsicht beim Autofahren, besonders mit Alkohol), bei längerer Einnahme Abhängigkeit und Entzugssymptome (z. B. Schlaflosigkeit, Angst)	**Therapeutisch zweckmäßig nur bei** kurzzeitiger Einnahme (einige Tage bis zu drei Wochen). Lange Wirkungsdauer (mehrere Tage). Suchtgefahr!
Sedariston Konzentrat (D) Kaps. Extrakte aus Baldrianwurzel und Johanniskraut	Hautreaktionen bei starker Sonnenbestrahlung möglich. Achtung: Gefährliche Wechselwirkungen mit anderen Medikamenten möglich	**Wenig zweckmäßig** Kombination von beruhigend und antidepressiv wirkenden Pflanzenextrakten. Reine Baldrian- oder Johanniskrautextrakte sind vorzuziehen.

Präparat	Wichtigste Nebenwirkungen	Empfehlung
Sigacalm (D) Tabl., Fortetabl. Oxazepam *Rezeptpflichtig*	Müdigkeit, Beeinträchtigung der Konzentration und Koordination (Vorsicht beim Autofahren, besonders mit Alkohol), bei längerer Einnahme Abhängigkeit und Entzugssymptome (z. B. Schlaflosigkeit, Angst)	**Therapeutisch zweckmäßig nur bei** kurzzeitiger Einnahme (einige Tage bis zu drei Wochen). Lang bewährter Inhaltsstoff mit mittlerer Wirkungsdauer. Suchtgefahr!
Tafil (D) Tabl. Alprazolam *Rezeptpflichtig*	Müdigkeit, Beeinträchtigung der Konzentration und Koordination (Vorsicht beim Autofahren, besonders mit Alkohol), bei längerer Einnahme Abhängigkeit und Entzugssymptome (z. B. Schlaflosigkeit, Angst)	**Therapeutisch zweckmäßig nur bei** kurzzeitiger Einnahme (einige Tage bis zu drei Wochen). Mittlere Wirkungsdauer. Suchtgefahr!
Tavor (D) Tabl., Tabs, Expidet Lorazepam *Rezeptpflichtig*	Müdigkeit, Beeinträchtigung der Konzentration und Koordination (Vorsicht beim Autofahren, besonders mit Alkohol), bei längerer Einnahme Abhängigkeit und Entzugssymptome (z. B. Schlaflosigkeit, Angst). Bei diesem Inhaltsstoff möglicherweise größeres Abhängigkeitsrisiko	**Therapeutisch zweckmäßig nur bei** kurzzeitiger Einnahme (einige Tage bis zu drei Wochen). Mittlere Wirkungsdauer. Starke Suchtgefahr!
Temesta (Ö) Tabl. Lorazepam *Rezeptpflichtig*	Müdigkeit, Beeinträchtigung der Konzentration und Koordination (Vorsicht beim Autofahren, besonders mit Alkohol), bei längerer Einnahme Abhängigkeit und Entzugssymptome (z. B. Schlaflosigkeit, Angst). Bei diesem Inhaltsstoff möglicherweise größeres Abhängigkeitsrisiko	**Therapeutisch zweckmäßig nur bei** kurzzeitiger Einnahme (einige Tage bis zu drei Wochen). Mittlere Wirkungsdauer. Starke Suchtgefahr!
Tranxilium (D/Ö) Kaps., Filmtabl., Tabs, Durchstechflasche (Trockensubstanz und Lösungsmittel) Chlorazepat *Rezeptpflichtig*	Müdigkeit, Beeinträchtigung der Konzentration und Koordination (Vorsicht beim Autofahren, besonders mit Alkohol), bei längerer Einnahme Abhängigkeit und Entzugssymptome (z. B. Schlaflosigkeit, Angst). Lokale Gefäß- und Muskelschäden bei Injektionen	**Therapeutisch zweckmäßig nur bei** kurzzeitiger Einnahme (einige Tage bis zu drei Wochen). Lange Wirkungsdauer (mehr als 24 h). Suchtgefahr! Injektionen nur zur Soforttherapie geeignet.

Präparat	Wichtigste Nebenwirkungen	Empfehlung
Tranxilium N (D) Tropfen Nordazepam *Rezeptpflichtig*	Müdigkeit, Beeinträchtigung der Konzentration und Koordination (Vorsicht beim Autofahren, besonders mit Alkohol), bei längerer Einnahme Abhängigkeit und Entzugssymptome (z. B. Schlaflosigkeit, Angst)	**Therapeutisch zweckmäßig nur bei** kurzzeitiger Einnahme (einige Tage bis zu drei Wochen). Lange Wirkungsdauer (mehr als 24 h). Suchtgefahr!
Valium (D/Ö) Tabl. Diazepam *Rezeptpflichtig*	Müdigkeit, Beeinträchtigung der Konzentration und Koordination (Vorsicht beim Autofahren, besonders mit Alkohol), bei längerer Einnahme Abhängigkeit und Entzugssymptome (z. B. Schlaflosigkeit, Angst)	**Therapeutisch zweckmäßig nur bei** kurzzeitiger Einnahme (einige Tage bis zu drei Wochen). Lang bewährter Inhaltsstoff mit langer Wirkungsdauer (mehr als 24 h). Suchtgefahr!
Valocordin Diazepam (D) Tropfen Diazepam *Rezeptpflichtig*	Müdigkeit, Beeinträchtigung der Konzentration und Koordination (Vorsicht beim Autofahren, besonders mit Alkohol), bei längerer Einnahme Abhängigkeit und Entzugssymptome (z. B. Schlaflosigkeit, Angst)	**Therapeutisch zweckmäßig nur** bei kurzzeitiger Einnahme (einige Tage bis zu drei Wochen). Lang bewährter Inhaltsstoff mit langer Wirkungsdauer (mehr als 24 h). Suchtgefahr!
Xanor (Ö) Tabl. Alprazolam *Rezeptpflichtig*	Müdigkeit, Beeinträchtigung der Konzentration und Koordination (Vorsicht beim Autofahren, besonders mit Alkohol), bei längerer Einnahme Abhängigkeit und Entzugssymptome (z. B. Schlaflosigkeit, Angst)	**Therapeutisch zweckmäßig nur bei** kurzzeitiger Einnahme (einige Tage bis zu drei Wochen). Mittlere Wirkungsdauer. Suchtgefahr!

2.3. Sonstige Psychopharmaka

Neben den rezeptpflichtigen Mitteln gibt es auch viele frei verkäufliche Psychopharmaka. Bei manchen handelt es sich allerdings eher um Schnäpse als um Arzneimittel. *Klosterfrau Melissengeist*, das gegen Spannungs- und Erregungszustände angeboten wird, enthält beispielsweise 79 Prozent Alkohol und gilt als Einstiegsdroge für chronischen Alkoholismus. Es gibt Berichte von Alkoholschädigungen des Embryos, die dadurch entstanden sind, dass schwangere Frauen dieses Mittel gutgläubig wegen »chronischer Beschwerden« eingenommen hatten.

Mittel gegen »schlimme Kinder«

Die Verschreibung des Mittels Methylphenidat (enthalten z. B. in *Concerta, Equasym, Medikinet, Ritalin*) ist in den letzten Jahren drastisch angestiegen: Von 680.000 Packungen im Jahr 1997 auf 1,1 Millionen im Jahr 2000 und schließlich auf 1,18 Millionen im Jahr 2003. Jedenfalls lassen diese Zahlen darauf schließen, dass Ritalin viel zu häufig zur Behandlung von überaktiven Kindern eingesetzt wird. Nicht jeder »Zappelphilipp« muss behandelt werden. Eine Verwendung ist nur nach einer gründlichen körperlichen, neurologischen und psychologischen Untersuchung sinnvoll – in Zusammenarbeit mit Eltern und Schule. Kinder unter sechs Jahren dürfen damit nicht behandelt werden. Bis jetzt fehlen Langzeiterfahrungen über Nutzen und Schädlichkeit für das kindliche Gehirn.
Zur Unterstützung von psychotherapeutischen Behandlungen bei »Bettnässen« wird das Arzneimittel »*Minirin*« angepriesen. Minirin ist »therapeutisch zweckmäßig« bei hormonell bedingten Störungen des Wasserhaushalts. Wir raten ab von einer Verwendung bei kindlichem Bettnässen.

»Anregende Mittel«

Für Piracetam (z. B. in *Nootrop, Nootropil, Normabrain, Piracebral, Piracetam-ratiopharm, Piracetam von vt*) gibt es Studien, die eine Wirksamkeit bei chronischen Mangeldurchblutungen im Gehirn belegen. Allerdings wurden diese Untersuchungen mit weit höheren Dosierungen durchgeführt, als sie üblicherweise in der Praxis angewendet werden. Nach Ansicht einer Kommission beim Bundesgesundheitsamt gibt es zumindest einige wenige Hinweise auf eine positive Wirkung bei Hirnleistungsstörungen im Alter. Die Nebenwirkungen dieses Wirkstoffes sind jedoch beträchtlich, deshalb ist der therapeutische Nutzen sehr fragwürdig. Unsere Empfehlung: Wenig zweckmäßig. Siehe auch Kapitel 15.1.: Mittel gegen das Altern.

2.3. Sonstige Psychopharmaka

Präparat	Wichtigste Nebenwirkungen	Empfehlung
Aricept (D/Ö) Filmtabl. Donepezil *Rezeptpflichtig*	Appetitlosigkeit, Durchfall, Erbrechen, Übelkeit, Magen-Darm-Beschwerden, schwere Leberschäden, Muskelkrämpfe, Kopfschmerzen, evtl. Müdigkeit. Es können sich Bläschen auf der Haut bilden. Schwindel, Halluzinationen und verlangsamter Herzschlag sind denkbar	**Möglicherweise zweckmäßig** In einer großen industrieunabhängigen Untersuchung konnte keine überzeugende positive Wirkung auf die Lebensqualität nachgewiesen werden. In klinischen Studien zeigte sich, dass mit diesem Medikament die Alzheimer-Demenz höchstens kurzfristig (6–12 Monate) und geringfügig aufgehalten werden kann. Ein Langzeitnutzen ist bisher nicht ausreichend belegt.
Axura (D/Ö) Filmtabl., Tropfen Memantin *Rezeptpflichtig*	Verwirrtheit, Blasenentzündung, Halluzinationen, Schwindel, Muskelverspannungen	**Möglicherweise zweckmäßig** In einer großen industrieunabhängigen Untersuchung konnte keine überzeugende positive Wirkung auf die Lebensqualität nachgewiesen werden. In klinischen Studien zeigte sich, dass mit diesem Medikament die Alzheimer-Demenz höchstens kurzfristig (6–12 Monate) und geringfügig aufgehalten werden kann. Ein Langzeitnutzen ist bisher nicht ausreichend belegt.
Coffeinum N (D) **Coffeinum purum** (D) Tabl. Coffein	Herzklopfen, Unruhe, Schlaflosigkeit	**Zweckmäßig wie** Kaffee, Tee oder Cola-Getränke.
Concerta (D/Ö) Retardtabl. Methylphenidat *Rezeptpflichtig*, *Betäubungsmittel*	Nervosität, Schweißausbrüche, Hochdruckkrisen, Schwindel, Appetitverlust u. ä., bei Erwachsenen Sucht und Abhängigkeit (bei Kindern sind diesbezügliche Berichte bislang nicht zweifelsfrei bekannt geworden). Bei Kindern Wachstumsverzögerung und verminderte Gewichtszunahme möglich	**Möglicherweise zweckmäßig** Die zeitlich begrenzte Anwendung (z. B. 3 Monate) bei kindlichen Verhaltensstörungen ist umstritten und ist nur nach genauer Diagnose durch ausgewiesene Experten vertretbar. Eine gleichzeitige psychotherapeutische Begleitung ist in solchen Fällen unverzichtbar. Das Medikament muss nur einmal am Tag eingenommen werden, da es länger wirkt als nicht retardierte Mittel, wie z.B. Ritalin.

Präparat	Wichtigste Nebenwirkungen	Empfehlung
Ebixa (D/Ö) Filmtabl., Tropfen Memantin *Rezeptpflichtig*	Verwirrtheit, Blasenentzündung, Halluzinationen, Schwindel, Muskelverspannungen	**Möglicherweise zweckmäßig** In einer großen industrieunabhängigen Untersuchung konnte keine überzeugende positive Wirkung auf die Lebensqualität nachgewiesen werden. In klinischen Studien zeigte sich, dass mit diesem Medikament die Alzheimer-Demenz höchstens kurzfristig (6–12 Monate) und geringfügig aufgehalten werden kann. Ein Langzeitnutzen ist bisher nicht ausreichend belegt.
Equasym (D) Tabl. Methylphenidat *Rezeptpflichtig*, *Betäubungsmittel*	Nervosität, Schweißausbrüche, Hochdruckkrisen, Schwindel, Appetitverlust u. ä., bei Erwachsenen Sucht und Abhängigkeit (bei Kindern sind diesbezügliche Berichte bislang nicht zweifelsfrei bekannt geworden). Bei Kindern Wachstumsverzögerung und verminderte Gewichtszunahme möglich	**Möglicherweise zweckmäßig** Die zeitlich begrenzte Anwendung (z. B. 3 Monate) bei kindlichen Verhaltensstörungen ist umstritten und ist nur nach genauer Diagnose durch ausgewiesene Experten vertretbar. Eine gleichzeitige psychotherapeutische Begleitung ist in solchen Fällen unverzichtbar.
Exelon (D/Ö) Hartkaps., Tropfen Rivastigmin *Rezeptpflichtig*	Appetitlosigkeit, Durchfall, Erbrechen, Übelkeit, Magen-Darm-Beschwerden, Schwitzen Kopfschmerzen, evtl. Müdigkeit. Es können sich Bläschen auf der Haut bilden. Schwindel, Halluzinationen und verlangsamter Herzschlag sind denkbar, evtl. Angina Pectoris-Anfälle	**Möglicherweise zweckmäßig** In einer großen industrieunabhängigen Untersuchung konnte keine überzeugende positive Wirkung auf die Lebensqualität nachgewiesen werden. In klinischen Studien zeigte sich, dass mit diesem Medikament die Alzheimer-Demenz höchstens kurzfristig (6–12 Monate) und geringfügig aufgehalten werden kann. Ein Langzeitnutzen ist bisher nicht ausreichend belegt.
Klosterfrau Melissengeist (D/Ö) Flüssigkeit Pflanzenextrakte, Alkohol (79 Prozent)	Enthält viel Alkohol: Gefahr von Abhängigkeit und Sucht	**Abzuraten** Therapeutische Wirksamkeit bei »Unruhe, Erregungszuständen, Herzbeschwerden, innerer Unruhe« etc. zweifelhaft. Alkohol ist kein sinnvolles Arzneimittel.

Präparat	Wichtigste Nebenwirkungen	Empfehlung
Medikinet (D) Tabl. Methylphenidat *Rezeptpflichtig, Betäubungsmittel*	Nervosität, Schweißausbrüche, Hochdruckkrisen, Schwindel, Appetitverlust u. ä., bei Erwachsenen Sucht und Abhängigkeit (bei Kindern sind diesbezügliche Berichte bislang nicht zweifelsfrei bekannt geworden). Bei Kindern Wachstumsverzögerung und verminderte Gewichtszunahme möglich	**Möglicherweise zweckmäßig** Die zeitlich begrenzte Anwendung (z. B. 3 Monate) bei kindlichen Verhaltensstörungen ist umstritten und ist nur nach genauer Diagnose durch ausgewiesene Experten vertretbar. Eine gleichzeitige psychotherapeutische Begleitung ist in solchen Fällen unverzichtbar.
Nootrop (D) **Nootropil** (Ö) Liquidum, Filmtabl., Injektion, Infusion, Lösung, Granulat Piracetam *Rezeptpflichtig*	Ängstlichkeit, Schlaflosigkeit, Nervosität, verstärktes Schwitzen, verstärkte Depression, Magenschmerzen, Übelkeit	**Wenig zweckmäßig zur** Behandlung von Hirnleistungsstörungen im Alter. Die therapeutische Wirksamkeit bei den anderen vom Hersteller angegebenen Anwendungsgebieten (z. B. »Lese-, Rechtschreibstörungen bei Kindern« in D) ist ebenfalls zweifelhaft.
Normabrain (D) Filmtabl., Granulat, Amp., Infusionslösung, Liquidum, Tropfen Piracetam *Rezeptpflichtig*	Ängstlichkeit, Schlaflosigkeit, Nervosität, verstärktes Schwitzen, verstärkte Depression, Magenschmerzen, Übelkeit	**Wenig zweckmäßig zur** Behandlung von Hirnleistungsstörungen im Alter. Die therapeutische Wirksamkeit bei den anderen vom Hersteller angegebenen Anwendungsgebieten (z. B. »Lese-, Rechtschreibstörungen bei Kindern« in D) ist ebenfalls zweifelhaft.
Piracebral (D) Filmtabl., Lösung Piracetam *Rezeptpflichtig*	Ängstlichkeit, Schlaflosigkeit, Nervosität, verstärktes Schwitzen, verstärkte Depression, Magenschmerzen, Übelkeit	**Wenig zweckmäßig zur** Behandlung von Hirnleistungsstörungen im Alter.
Piracetam-ratiopharm (D) Kaps., Filmtabl., Liquidum, Amp. **Piracetam neuraxpharm** (D) Filmtabl., Granulat, Liquidum, Amp. **Piracetam von ct** (D) Filmtabl. Piracetam *Rezeptpflichtig*	Ängstlichkeit, Schlaflosigkeit, Nervosität, verstärktes Schwitzen, verstärkte Depression, Magenschmerzen, Übelkeit	**Wenig zweckmäßig zur** Behandlung von Hirnleistungsstörungen im Alter.

Präparat	Wichtigste Nebenwirkungen	Empfehlung
Reminyl (D/Ö) Filmtabl., Lösung Galantamin *Rezeptpflichtig*	Appetitlosigkeit, u. U. mit Gewichtsabnahme, Durchfall, Erbrechen, Übelkeit, Magen-Darm-Beschwerden, Kopfschmerzen, evtl. Müdigkeit. Es können sich Bläschen auf der Haut bilden. Schwindel, Halluzinationen und verlangsamter Herzschlag sind möglich	**Möglicherweise zweckmäßig** In einer großen industrieunabhängigen Untersuchung konnte keine überzeugende positive Wirkung auf die Lebensqualität nachgewiesen werden. In klinischen Studien zeigte sich, dass mit diesem Medikament die Alzheimer-Demenz höchstens kurzfristig (6–12 Monate) und geringfügig aufgehalten werden kann. Ein Langzeitnutzen ist bisher nicht ausreichend belegt.
Restex (D) Retardkaps., Tabl. Levodopa, Benserazid *Rezeptpflichtig*	Magen-Darm-Störungen, Kreislaufstörungen, Bewegungsstörungen, Depressionen	**Therapeutisch zweckmäßig** beim Restless-Legs-Syndrom (unruhige Beine) und die damit auftretenden Schlafstörungen.
Ritalin (D/Ö) Tabl. Methylphenidat *Rezeptpflichtig*, *Betäubungsmittel*	Nervosität, Schweißausbrüche, Hochdruckkrisen, Schwindel, Appetitverlust u. ä., bei Erwachsenen Sucht und Abhängigkeit (bei Kindern sind diesbezügliche Berichte bislang nicht zweifelsfrei bekannt geworden). Bei Kindern Wachstumsverzögerung und verminderte Gewichtszunahme möglich	**Möglicherweise zweckmäßig zur** Behandlung der Narkolepsie. Die zeitlich begrenzte Anwendung (z. B. 3 Monate) bei kindlichen Verhaltensstörungen ist umstritten und ist nur nach genauer Diagnose durch ausgewiesene Experten vertretbar. Eine gleichzeitige psychotherapeutische Begleitung ist in solchen Fällen unverzichtbar.

2.4. Mittel gegen Depressionen

In den vergangenen Jahren wurden die Kriterien darüber, was eine Depression ist, welche Arten von Depressionen es gibt und wie diese am besten zu behandeln sind, international vereinheitlicht.
Eines der gängigsten Klassifikationsschemata ist das ICD-10, in dem detailliert beschrieben ist, welche Symptome vorhanden sein müssen, um zu der Diagnose »Depression« zu kommen. Zum Beispiel »gedrückte Stimmung«, »Interessen- und Freudlosigkeit«, »Antriebsstörung«, »verminderte Konzentration«, »vermindertes Selbstwertgefühl«, »Schuldgefühle«, »Selbstschädigungen«, »Schlafstörungen«, »Appetitminderung« und eine Reihe von weiteren Auffälligkeiten.
Je nachdem, welche und wie viele dieser Symptome vorhanden sind, wie ausgeprägt sie sind und wie lange sie bereits andauern, kann fest-

gestellt werden, um welche Art der Depression es sich handelt. Mit den neuen Schemata zur Diagnoseerstellung wurden auch manche Fachbegriffe neu festgelegt. Was früher als »endogene Depression« bezeichnet wurde, heißt nun *»depressive Episode«*. Das ist eine schwere Depression, deren Ursache nicht genau bekannt ist.

Weitere Formen der Depression sind:
- Bipolare *affektive Störung*. Früher wurde jemand mit dieser Krankheit als manisch-depressiv bezeichnet: Phasen einer depressiven Episode wechseln sich ab mit manischen Phasen.
- *Dysthymie* ist eine »neurotische« oder »anhaltend milde« Depression.
- *Depressive Anpassungsstörungen* treten als Reaktion auf belastende Lebensereignisse auf (z. B. Tod eines Partners).
- *Demenz mit depressiven Zügen* ist eine Alterserscheinung.

Man schätzt, dass etwa drei Millionen Deutsche so stark an irgendeiner Form von Depression leiden, dass sie behandlungsbedürftig sind. Depressionen sind oft sehr schwere Erkrankungen – im Durchschnitt unternimmt eine von zehn betroffenen Personen einen Suizidversuch. Ursache von Depressionen sind meist mehrere Faktoren: Vererbte Anlagen, Persönlichkeitsfaktoren (z. B. Angstneigung, erlernte Hilflosigkeit), belastende Lebensereignisse (Kindheitstraumata, Verlust eines Partners etc.), psychosoziale Belastung, Lichtentzug. Bei einer bestehenden Depression sollte der Arzt immer auch nachforschen, ob vielleicht eine schwere körperliche Krankheit oder vielleicht ein Medikament (z. B. das Hochdruckmittel *Reserpin*) den Anstoß zu einer Depression gegeben hat. Die weit verbreitete Meinung, Depressionen hätten nur etwas mit der Psyche zu tun, ist falsch. Bei vielen depressiven Erkrankungen treten nachweisbare biochemische Veränderungen im zentralen Nervensystem auf.
Häufig verstecken sich depressive Erkrankungen hinter körperlichen Symptomen. Aus verschiedenen Untersuchungen weiß man, dass dies gerade von niedergelassenen Allgemeinärzten oft übersehen wird und depressive Patienten deshalb oft falsch behandelt werden.

Behandlung

Ein Großteil der leichteren und der als »reaktive Depression« eingestuften Verstimmungen kann durch Gespräche, durch eine Änderung der Lebensumstände und durch geeignete psychosoziale Betreuung

behandelt werden. Oft gehen leichte Depressionen nach einiger Zeit »von selbst« vorüber (Spontanheilung) – mit oder ohne Therapie.
Lichttherapie kann als begleitende Maßnahme hilfreich sein, besonders bei Depressionen, die immer im Herbst oder Winter auftreten und offenbar durch Lichtmangel verursacht sind.
In der Anfangsphase einer Behandlung mit Medikamenten scheint außerdem Schlafentzug, etwa zweimal in der Woche, eine unterstützende Wirkung zu haben.
Bei leichten depressiven Verstimmungen sind möglicherweise Johanniskraut-Präparate hilfreich. Der Nutzen dieser seit kurzem sehr häufig verwendeten Mittel ist allerdings noch nicht ausreichend belegt. In den USA kann Johanniskraut deshalb nur als Nahrungsergänzungsmittel verwendet werden, nicht jedoch als Arzneimittel.

Unbedingt mit Medikamenten sollten Depressionen dann behandelt werden – und zwar unabhängig von einer begleitenden Psychotherapie, die sicher sinnvoll ist –, wenn folgende Symptome vorhanden sind:
- regelmäßiges nächtliches Aufwachen zwischen zwei und vier Uhr mit grübelndem Wachliegen
- Verlust des Antriebs
- anhaltende innere Unruhe
- Verlust des Selbstwertgefühls bzw. verringerte Emotionen

Werden Depressionen allein psychotherapeutisch – ohne Medikamente – behandelt, steigt das Suizidrisiko. Medikamente sollten, wenn möglich, nur gemeinsam mit psychotherapeutischen Behandlungsmethoden verwendet werden.

Antidepressiva

Antidepressiva sind bei zwei von drei Patienten wirksam, unabhängig davon, welcher Wirkstoff verwendet wird. Warum Medikamente bei einem Drittel aller Patienten versagen, weiß man nicht. Falls nach etwa zwei Wochen keine antidepressive Wirkung auftritt, sollte die behandelnde Ärztin bzw. der behandelnde Arzt überprüfen, ob das Medikament wie vorgeschrieben eingenommen wurde, ob die Dosierung vielleicht zu niedrig war, ob ein Medikament mit einer anderen Wirkungsweise besser ist usw.

Die derzeit am häufigsten verwendeten Wirkstoffgruppen gegen schwere Depressionen sind:
- Trizyklische Antidepressiva – das sind seit langem bewährte Medikamente bei schweren Depressionen.

- Selektive Serotonin-Wiederaufnahmehemmer (SSRI) – diese Mittel werden seit einigen Jahren sehr häufig verwendet.
- Selektive Noradrenalin-Wiederaufnahmehemmer (auch tetrazyklische Antidepressiva genannt).
- MAO-Hemmer.
- Lithium.

Jede dieser Wirkstoffgruppen hat unterschiedliche Vor- und Nachteile. Die antidepressive Wirkung setzt bei allen Präparaten jedoch erst etwa zwei Wochen nach Beginn der Behandlung ein.
Achtung: Wer an einer schweren Depression leidet, sollte die Medikamente nicht absetzen, sobald die Symptome verschwunden sind. Mehrere Untersuchungen haben gezeigt, dass es sinnvoll ist, Antidepressiva weitere vier bis sechs Monate einzunehmen, weil sonst die Gefahr groß ist, dass erneut eine schwere depressive Episode auftritt.

Trizyklische Antidepressiva

Zu den trizyklischen Antidepressiva zählen Wirkstoffe wie Amitriptylin und Amitriptylinoxid (enthalten z. B. in *Amineurin, Amioxid-neuraxpharm, Amitriptylin beta, Amitriptylin-neuraxpharm, Amitriptyli von ct, Equilibrin, Novoprotect, Saroten*), Clomipramin (enthalten z. B. in *Anafranil, Clomipramin-neuraxpharm*), Doxepin (enthalten z. B. in *Aponal, Doneurin, Doxepin dura, Doxepin-ratiopharm, Sinquan, Sinequan*), Imipramin (enthalten z. B. in *Imipramin-neuraxpharm*), Nortriptylin (enthalten z. B. in *Nortrilen*), Opipramol (enthalten z. B. in *Insidon, Opipramol-neuraxpharm*) und Trimipramin (enthalten z. B. in *Stangyl, Trimipramin-neuraxpharm*).
Die einzelnen Präparate haben verschiedene Wirkungsschwerpunkte: Manche wirken zunächst aktivierend und erst nach ein bis drei Wochen stimmungsaufhellend (z. B. *Anafranil, Clomipramin-neuraxpharm, Imipramin-neuraxpharm).* Sie sollten nur bei gehemmt-apathischen Zuständen eingesetzt werden. Weil sie zunächst nur die Apathie beseitigen, die Depression jedoch erst nach ein bis drei Wochen reduziert wird, muss die Zeit bis dahin unbedingt durch geeignete Betreuung überbrückt werden. Der unüberlegte Einsatz solcher Mittel kann gerade in den ersten Wochen das Selbstmordrisiko beträchtlich erhöhen.
Andere Präparate wirken zunächst eher dämpfend und angstlösend (z. B. *Amioxid-neuraxpharm, Amitriptylin beta, Amitriptylin-*

neuraxpharm, Amitriptylin von ct, Aponal, Doneurin, Doxepin dura, Doxepin-ratiopharm, Equilibrin, Ludiomil, Novoprotect, Saroten, Sinquan, Sinequan, Stangyl), später (nach Wochen) genauso stimmungsaufhellend. Sie werden eher bei ängstlichen und unruhigen Patienten eingesetzt, stören aber den Traumschlaf.
Der Ablauf der Erkrankung wird durch solche Mittel »nicht verkürzt, sondern nur symptomatisch verbessert«. In jedem Fall ist ein vorsichtiger Beginn der Behandlung nötig – eine »einschleichende Dosierung«. Die Dosierung, die man einigermaßen verträgt und die gleichzeitig wirksam ist, ist individuell sehr verschieden.
Bei Kindern und Jugendlichen helfen trizyklische Antidepressiva nicht besser als Placebos (= Scheinmedikamente ohne Wirkstoff). Man vermutet, dass die biochemischen Übertragungssysteme, die auf die tetrazyklische Antidepressiva einwirken, bis zum frühen Erwachsenenalter noch nicht ausgereift sind. Erhöhtes Selbstmordrisiko bei Kindern!

Nebenwirkungen

Trizyklische Antidepressiva können starke Auswirkungen auf das gesamte Nervensystem haben. Zittern, Muskelzucken, Mundtrockenheit und starkes Durstgefühl sind Überdosierungserscheinungen bei fast allen Mitteln. Sie können zu Augenschäden, Schwierigkeiten beim Harnlassen, zu niedriger Blutdruck und Herzschäden (z. B. Herzrhythmusstörungen) führen, die vor allem bei Menschen mit Herzkrankheiten gefährlich sein können. Heißhunger kann ebenso auftreten wie Verwirrung und – bei Vergiftung – sogar Koma. Psychopharmaka, vor allem Antidepressiva, sind – neben Alkohol und nach Beruhigungs- oder Schlafmitteln (bei Entzug) – eine der häufigsten Ursachen für das plötzliche Auftreten von epileptischen Anfällen.
Das trizyklische Antidepressivum Opipramol (enthalten z. B. in *Insidon*) gilt als ein Mittel ohne ausreichend belegte antidepressive Wirkung. Manche Fachleute stufen es deshalb als »entbehrlich« ein.

Serotonin-Wiederaufnahmehemmer (SSRI)

Eine relativ neue Gruppe von Antidepressiva soll die rasche Wiederaufnahme der Überträgersubstanz Serotonin verhindern und damit Depressionen abwehren. Eines dieser Mittel, in den USA unter dem Namen *Prozac* vermarktet, hat vor allem in den Medien Furore gemacht: *Prozac* wurde als Glückspille gepriesen, als Geschenk des Himmels.

In Deutschland bzw. Österreich sind neben *Fluctin*, so der Handelsname von *Prozac* in Europa, weitere Mittel dieser Wirkstoffgruppe auf dem Markt, wie z. B. *Cipralex, Cipramil, Citalopram Hexal, Citalopram-ratiopharm, Citalopram Stada, Citalopram Azu, Edronax, Efectin, Floxyfral, Fluoxetin-ratiopharm, Gladem, Paroxat, Paroxetin Beta, Paroxetin-ratiopharm, Seroxat, Trevilor, Zoloft*. Ihre Wirksamkeit wird mit der von trizyklischen Antidepressiva verglichen, ihre Verträglichkeit wird allgemein günstiger beurteilt. Gegenüber manchen trizyklischen Antidepressiva haben sie den Nachteil, dass sie nicht dämpfend (sedierend) wirken. Serotonin-Aufnahmehemmer (SSRI) verursachen als Nebenwirkung häufig Kopfschmerzen, Schlafstörungen, Ängstlichkeit, Unruhe, Übelkeit und Durchfall, in seltenen Fällen außerdem Immunerkrankungen mit Fieber, Hauterkrankungen und anderen Beschwerden.
Bei einigen dieser Medikamente (etwa beim Wirkstoff Paroxetin in *Seroxat*) sollen Bewegungsstörungen und Impotenz häufiger vorkommen. Erhöhtes Suizidrisiko. Nicht geeignet für Kinder und Jugendliche. Siehe auch Vorwort. Achtung: Patienten, die *Seroxat* einnehmen, sollten auf keinen Fall Alkohol trinken, weil diese Kombination Aggressivität, Eigengefährdung und psychotische Reaktionen zur Folge haben kann. Auch beim Medikament *Fluctine* hat die Herstellerfirma verhindert, dass erhöhte Risiken zur Selbstmordgefährdung bekannt werden.

Unsere Empfehlung lautet: *SSRI-Antidepressiva sind bewährte Standardmedikamente bei leichten und mittelschweren Depressionen. Bei schweren Depressionen werden üblicherweise zunächst stärker wirkende Medikamente wie etwa Amitryptilin (enthalten z.B. in Amineurin) verwendet. Erst dann, wenn sich – nach ein bis zwei Jahren – der Zustand stabilisiert hat, kann man versuchen, auf eines der nebenwirkungsärmeren SSRI-Mittel umzusteigen.*

Tetrazyklische Antidepressiva

Das tetrazyklische Antidepressivum Mianserin (enthalten z. B. in *Tolvon*) hat eine geringere antidepressive Wirkung als andere, bewährte Standardmedikamente, jedoch ein höheres Risiko an schweren Blutbildschäden, Leberreaktionen und anderen Nebenwirkungen. Laut der Fachpublikation »Arzneimittel-Kursbuch« handelt es sich

um ein umstrittenes Therapieprinzip. Unsere Empfehlung lautet daher: Wenig zweckmäßig.
Ein chemischer Abkömmling des in *Tolvon* enthaltenen Wirkstoffes Mianserin ist Mirtazapin (enthalten z. B. in *Remergil*, *Remeron*). Das »Arzneimittel-Kursbuch« sieht bei Mirtazapin ein ähnliches Risiko von schweren Blutbildschäden wie für Mianserin.
Der Wirkstoff Maprotilin (enthalten z. B. in *Ludiomil*) scheint ein erhöhtes Nebenwirkungsrisiko von epileptischen Krämpfen mit sich zu bringen. Unsere Empfehlung: Wenig zweckmäßig.

MAO-Hemmstoffe

Der Wirkstoff Moclobemid (enthalten z. B. in *Aurorix*) wird bei gehemmten Depressionen verwendet, wenn andere Mittel nicht helfen oder nicht angewendet werden können. Als Nebenwirkung treten häufig Schlafstörungen auf. Durch bestimmte Nahrungsmittel – z. B. Käse, Bier, Rotwein – können bei *Aurorix* unter Umständen Blutdruckkrisen entstehen. Moclobemid darf keinesfalls mit Antidepressiva des Typs Serotonin-Aufnahmehemmer (SSRI) kombiniert werden.

Lithium

Lithium (z. B. in *Hypnorex retard, Quilonum retard*) ist ein wirksames Mittel zur Behandlung von manischen Zuständen und zur Vorbeugung von »depressiven Episoden«. Die Akutbehandlung von Depressionen sollte jedoch nicht mit Lithium erfolgen.
Die *Nebenwirkungen* dieses Wirkstoffs können gravierend sein, weil nur ein enger Spielraum zwischen therapeutisch wirksamer und giftiger Dosis besteht:
Bei 10 bis 25 Prozent der Behandelten entwickelt sich ein Fingerzittern. Magen-Darm-Beschwerden sind häufig, gehen jedoch nach einiger Zeit zurück. Muskelschwäche, Schläfrigkeit und Müdigkeit stören vor allem den Anfang der Behandlung. Als Spätwirkung kommt es häufig zu einer Gewichtssteigerung um bis zu zehn Kilogramm. Nach langem Gebrauch können auch Nierenstörungen auftreten.
Vor allem bei älteren Menschen kommt es immer wieder zu Vergiftungen, verursacht durch Flüssigkeitsverlust des Körpers aufgrund von Schwitzen, Durchfall, Erbrechen sowie durch Wechselwirkung mit anderen Medikamenten. Anzeichen dafür sind: verwaschene Sprache, dünner Stuhl, Erbrechen, auffallendes Fingerzittern, Muskelschwäche vor allem im Bereich des Unterkiefers, Verwirrtheit. Bei solchen Vergiftungen sollte die Behandlung mit Lithium unterbrochen werden.

Wenn Lithium zu schnell abgesetzt wird, kommt es sehr häufig wieder zu einer Depression.
Wichtig: Wer mit Lithium behandelt wird, sollte viel trinken – täglich 8 bis 12 Gläser Flüssigkeit!
Wegen der gravierenden Nebenwirkungen und vor allem der Spätschäden sollte die Behandlung mit Lithium auf Menschen mit schweren manisch-depressiven Erkrankungen beschränkt bleiben, sofern eine sachkundige Überwachung der Behandlung gewährleistet ist. Notwendig sind regelmäßige Kontrolle von EKG, EEG sowie der Lithium-Spiegel im Blut.

Johanniskraut

Der Verbrauch von Medikamenten, die Johanniskraut enthalten (z. B. *Esbericum, Felis, Hyperforat, Jarsin, Johanniskraut-ratiopharm, Kira, Laif, Neurapos balance, Neuroplant 300, Psychotonin, Texx*), ist in den letzten Jahren drastisch zurückgegangen, von 6 Millionen Packungen im Jahr 2000 auf 3,3 im Jahr 2003. Johanniskraut ist ein Naturheilmittel bei leichten vorübergehenden depressiven Störungen, nicht aber bei ernsthaften Depressionen. Die Wirksamkeit ist der von niedrig dosierten chemischen Antidepressiva vergleichbar.
Johanniskraut-Präparate sind relativ gut verträglich. Als Nebenwirkungen können Müdigkeit, allergische Reaktionen und Magen-Darm-Beschwerden auftreten.
Johanniskraut beeinflusst die Wirkung zahlreicher anderer Medikamente. Unter Umständen können lebensgefährliche Wechselwirkungen auftreten, z. B. mit Asthmamitteln und manchen Mitteln, die die Blutgerinnung beinflussen. Patienten mit vorausgegangenen Organtransplantationen, die *Ciclosporin* einnehmen, und HIV-Infizierte dürfen auf keinen Fall Johanniskraut-Präparate einnehmen.
Johanniskraut kann auch die Wirkung der Antibabypille beeinträchtigen und damit trotz Antibabypille zu einer Schwangerschaft führen!

Antidepressiva gegen Bettnässen bei Kindern?

Allein vom trizyclischen Antidepressivum Imipramin (enthalten z. B. in *Imipramin-neuraxpharm*) werden jährlich Zehntausende Packungen gegen Bettnässen verschrieben. Fast alle seriösen Fachleute sind sich einig, dass Bettnässen vor dem fünften Lebensjahr normal, danach hauptsächlich Resultat emotionaler Störungen ist: Schulprobleme, Streit im Elternhaus, neue Geschwister etc. Dennoch wur-

de dieses Symptom zur Krankheit mit dem Namen »Enuresis« gemacht. Das »British Medical Journal« – alles andere als eine medizinische Außenseiterzeitschrift – meint dazu: »Der medizinische Begriff hat Bettnässen in den Status einer Krankheit erhoben, die Medikamente zur Behandlung erfordern, obwohl in Wirklichkeit in den meisten Fällen die Kinder normal sind.«
Klinische Versuche haben ergeben, dass Tofranil und ähnliche Präparate nur in 30 Prozent der Fälle Bettnässen beseitigen und dass viele der behandelten Kinder schon drei Monate danach wieder ins Bett machen. Nebenwirkungen dieses stark wirkenden Psychopharmakons sind relativ häufig. Vor allem bei Kindern, die jünger als acht Jahre sind, wird vom »British Medical Journal« die Wirksamkeit dieses Medikaments bestritten und darauf hingewiesen, dass »diese Mittel heute die häufigste Ursache von Vergiftungen bei Kindern unter fünf Jahren sind« und dass hier Ärzte »möglicherweise eine tödliche Verschreibung gegen eine Störung, die üblicherweise von selbst vorübergeht, tätigen«.
Trizyklische Antidepressiva wie *Imipramin-neuraxpharm* helfen bei depressiven Kindern und Jugendlichen nicht besser als Scheinmedikamente (= Placebos). Es ist deshalb verantwortungslos, Kindern und Jugendlichen so ein Medikament zu verschreiben.

2.4. Mittel gegen Depressionen

Präparat	Wichtigste Nebenwirkungen	Empfehlung
Amineurin (D) Filmtabl., Retardkaps., Retardtabl. Amitriptylin *Rezeptpflichtig*	Mundtrockenheit, Herzklopfen, Sehstörungen, Augenschäden, Verstopfung, Störungen beim Harnlassen. Sorgfältige Kontrolle von Patienten mit Grünem Star oder Prostatavergrößerung ist nötig	**Therapeutisch zweckmäßig** Lang bewährter Inhaltsstoff, dessen Wirkungsprofil und Risiken gut dokumentiert sind. Wirkt vorwiegend dämpfend-stimmungsaufhellend.
Amioxid neuraxpharm (D) Tabl. Amitriptylinoxid *Rezeptpflichtig*	Mundtrockenheit, Herzklopfen, Sehstörungen, Augenschäden, Verstopfung, Störungen beim Harnlassen. Sorgfältige Kontrolle bei Patienten mit Grünem Star und Prostatavergrößerung ist nötig	**Therapeutisch zweckmäßig** Bisher noch weniger erprobt als z. B. Amitriptylin; wirkt wie Amitriptylin vorwiegend dämpfend-stimmungsaufhellend.

Präparat	Wichtigste Nebenwirkungen	Empfehlung
Amitriptylin beta (D) Filmtabl. **Amitriptylin neuraxpharm** (D) Drag. Filmtabl., Retardtabl., Lösung **Amitriptylin von ct** (D) Tabl. Amitriptylin *Rezeptpflichtig*	Mundtrockenheit, Herzklopfen, Sehstörungen, Augenschäden, Verstopfung, Störungen beim Harnlassen. Sorgfältige Kontrolle von Patienten mit Grünem Star oder Prostatavergrößerung ist nötig	**Therapeutisch zweckmäßig** Lang bewährter Inhaltsstoff, dessen Wirkungsprofil und Risiken gut dokumentiert sind. Wirkt vorwiegend dämpfend-stimmungsaufhellend.
Anafranil (D/Ö) Amp., Drag., Retardtabl. Clomipramin *Rezeptpflichtig*	Mundtrockenheit, Herzklopfen, Sehstörungen, Augenschäden, Verstopfung, Störungen beim Harnlassen. Sorgfältige Kontrolle von Patienten mit Grünem Star oder Prostatavergrößerung ist nötig	**Therapeutisch zweckmäßig nur bei** gehemmt-apathischen Depressionszuständen. Wirkt überwiegend aktivierend-stimmungsaufhellend.
Aponal (D) Drag., Filmtabl., Amp., Tropfen Doxepin *Rezeptpflichtig*	Mundtrockenheit, Herzklopfen, Sehstörungen, Augenschäden, Verstopfung, Störungen beim Harnlassen. Sorgfältige Kontrolle von Patienten mit Grünem Star oder Prostatavergrößerung ist nötig	**Therapeutisch zweckmäßig** Wirkt überwiegend dämpfend-stimmungsaufhellend.
Aurorix (D/Ö) Filmtabl. Moclobemid *Rezeptpflichtig*	Einschränkung des Reaktionsvermögens, Blutdruckabfall, Asthmatische Beschwerden, Husten, Magen-Darm-Störungen, Mundtrockenheit, Gelenkschwellungen, Hautausschläge. Der Inhaltsstoff gehört zur Gruppe der MAO-Hemmstoffe, daher sollte man auf die Einnahme größerer Mengen tyraminreicher Nahrung (z. B. alter, sehr reifer Käse) verzichten	**Zweckmäßig, wenn** bewährte Antidepressiva wie Amitriptylin oder Imipramin (z. B. *Tofranil* oder *Anafranil*) nicht angewendet werden können, nicht ausreichend wirken oder nicht vertragen werden. Darf keinesfalls mit Antidepressiva des Typs Serotonin-Aufnahmehemmer (SSRI) kombiniert werden.
Cipralex (D/Ö) Filmtabl. Escitalopram *Rezeptpflichtig*	Gelegentliche Übelkeit, Schläfrigkeit, Mundtrockenheit, Schwitzen, Ejakulationsstörungen, Durchfall, Zittern	**Therapeutisch zweckmäßig nur,** wenn bewährte trizyklische Antidepressiva nicht angewendet werden können oder nicht ausreichend wirksam sind oder wenn deren Nebenwirkungen vermieden werden sollen (z. B. bei älteren Menschen). SSRI. Wirkt wie Citalopram (*Cipramil*).

Präparat	Wichtigste Nebenwirkungen	Empfehlung
Cipramil (D) Filmtabl. Citalopram *Rezeptpflichtig*	Gelegentliche Übelkeit, Schläfrigkeit, Mundtrockenheit, Schwitzen, Ejakulationsstörungen, Durchfall, Zittern	**Therapeutisch zweckmäßig nur,** wenn bewährte trizyklische Antidepressiva nicht angewendet werden können oder nicht ausreichend wirksam sind oder wenn deren Nebenwirkungen vermieden werden sollen (z. B. bei älteren Menschen).
Citalopram Hexal (D) **Citalopram-ratiopharm** (D) **Citalopram Stada** (D) **Citalopram AZU** (D) Filmtabl. Citalopram *Rezeptpflichtig*	Gelegentliche Übelkeit, Schläfrigkeit, Mundtrockenheit, Schwitzen, Ejakulationsstörungen, Durchfall, Zittern	**Therapeutisch zweckmäßig nur,** wenn bewährte trizyklische Antidepressiva nicht angewendet werden können oder nicht ausreichend wirksam sind oder wenn deren Nebenwirkungen vermieden werden sollen (z. B. bei älteren Menschen).
Clomipramin-neuraxpharm (D/Ö) Filmtabletten Clomipramin *Rezeptpflichtig*	Mundtrockenheit, Herzklopfen, Sehstörungen, Augenschäden, Verstopfung, Störungen beim Harnlassen. Sorgfältige Kontrolle von Patienten mit Grünem Star oder Prostatavergrößerung ist nötig	**Therapeutisch zweckmäßig nur bei** gehemmt-apathischen Depressionszuständen. Wirkt überwiegend aktivierend-stimmungsaufhellend.
Deanxit (Ö) Drag., Fortedrag. Flupentixol, Melitracen *Rezeptpflichtig*	Flupentixol: Gefahr der Spätdyskinesien (Bewegungsstörungen, Wippen, unwillkürliche Grimassen). Melitracen: Mundtrockenheit, Verstopfung, Herzklopfen, Sehstörungen, Augenschäden, Störungen beim Harnlassen	**Abzuraten** Nicht sinnvolle Kombination mit Neuroleptikum (Flupentixol). Antidepressivum (Melitracen) nicht individuell dosierbar. Das gilt auch dann, wenn zusätzliche Einnahme von Neuroleptika nötig wäre.
Doneurin (D) Kaps., Filmtabl. **Doxepin dura** (D) Kaps. Filmtabl. **Doxepin neuraxpharm** (D) Filmtabl., Lösung **Doxepin-ratiopharm** (D) Kaps., Filmtabl. Doxepin *Rezeptpflichtig*	Mundtrockenheit, Herzklopfen, Sehstörungen, Augenschäden, Verstopfung, Störungen beim Harnlassen. Sorgfältige Kontrolle von Patienten mit Grünem Star oder Prostatavergrößerung ist nötig	**Therapeutisch zweckmäßig** Wirkt überwiegend dämpfend-stimmungsaufhellend.

Präparat	Wichtigste Nebenwirkungen	Empfehlung
Edromax (D/Ö) Tabl. Reboxatin *Rezeptpflichtig*	Mundtrockenheit, Schwitzen, Verstopfung, Schlafstörungen, Schwindel, evtl. auch Herzklopfen, Störungen beim Harnlassen. Bei Männern evtl. Erektions- und Ejakulationsstörungen sowie Hodenschmerzen. Krampfanfälle und Herzrasen können vorkommen.	**Therapeutisch zweckmäßig,** wenn bewährte Mittel nicht verwendet werden können. Reboxatin ist ein relativ neues Mittel, Langzeiterfahrungen über Nutzen und Risiken liegen noch nicht ausreichend vor. Wirkt antidepressiv und macht nicht müde.
Efectin (Ö) Tabl. Venlafaxin *Rezeptpflichtig*	Übelkeit, verringerter Appetit, Erhöhung des Blutdrucks, Wasseransammlungen (Ödeme) und Hautreaktionen (Allergien)	**Therapeutisch zweckmäßig nur,** wenn bewährte trizyklische Antidepressiva nicht angewendet werden können oder nicht wirksam sind. SSRI.
Equilibrin (D) Tabl. Amitriptylinoxid *Rezeptpflichtig*	Mundtrockenheit, Herzklopfen, Sehstörungen, Augenschäden, Verstopfung, Störungen beim Harnlassen. Sorgfältige Kontrolle bei Patienten mit Grünem Star und Prostatavergrößerung ist nötig	**Therapeutisch zweckmäßig** Wirkt wie Amitriptylin – vorwiegend dämpfend-stimmungsaufhellend.
Esbericum (D/Ö) Kaps., nur D: forte-Drag. Johanniskrautextrakt	Hautprobleme bei starker Sonnenbestrahlung möglich. Achtung: Gefährliche Wechselwirkungen mit anderen Medikamenten möglich	**Naturheilmittel** bei leichten, depressiven Verstimmungen. Nicht geeignet zur Behandlung von schweren Depressionen.
Felis (D/Ö) Kapseln, nur D: Filmtabl., Tropfen Johanniskrautextrakt	Hauterscheinungen bei starker Sonnenbestrahlung möglich. Achtung: Gefährliche Wechselwirkungen mit anderen Medikamenten möglich	**Naturheilmittel** bei leichten, depressiven Verstimmungen. Nicht geeignet zur Behandlung von schweren Depressionen.
Floxyfral (Ö) Filmtabl. Fluvoxamin *Rezeptpflichtig*	Übelkeit, Erbrechen, Schwindel, Benommenheit, Gereiztheit, Kopfschmerzen, Zittern, Schlafstörungen, Verwirrtheit, Unruhe, Angst- und Erregungszustände	**Therapeutisch zweckmäßig nur,** wenn bewährte trizyklische Antidepressiva nicht angewendet werden können oder nicht ausreichend wirksam sind oder wenn deren Nebenwirkungen vermieden werden sollen (z. B. bei älteren Menschen). SSRI.

Präparat	Wichtigste Nebenwirkungen	Empfehlung
Fluctin (D) **Fluctine** (Ö) Kaps., Lösung, nur D: Tabl., nur Ö: lösl. Tabletten. **Fluoxetin-ratiopharm** (D) Tabl., Kaps., Lösung Fluoxetin *Rezeptpflichtig*	Allergische Reaktionen (u. a. Ödem), Alpträume, Angst- und Erregungszustände (daher gefährlich für suizidgefährdete Patienten), Schwindel, Sehstörungen, Störungen des Geschmackssinns, Gewichtsabnahme, Hautausschlag, Bauchschmerzen, Mundtrockenheit, Verstopfung, Übelkeit etc. Verdacht auf Missbrauchspotenzial als Schlankheitsmittel oder als »happy pill«	**Therapeutisch zweckmäßig nur,** wenn bewährte trizyklische Antidepressiva nicht angewendet werden können oder nicht ausreichend wirksam sind oder wenn deren Nebenwirkungen vermieden werden sollen (z. B. bei älteren Menschen). SSRI.
Gladem (D/Ö) Filmtabl., Lösung Sertralin *Rezeptpflichtig*	Übelkeit, Durchfall, Kopfschmerzen, Zittern, Schlaflosigkeit, Unruhe, Verwirrtheit, sexuelle Funktionsstörungen (z. B. Störungen bei der Ejakulation)	**Therapeutisch zweckmäßig nur,** wenn bewährte trizyklische Antidepressiva nicht angewendet werden können oder nicht ausreichend wirksam sind oder wenn deren Nebenwirkungen vermieden werden sollen (z. B. bei älteren Menschen). SSRI.
Hyperforat (D) Drag., Amp., Tropfen, Filmtabl. Johanniskrautextrakt	Hauterscheinungen bei starker Sonnenbestrahlung möglich. Achtung: Gefährliche Wechselwirkungen mit anderen Medikamenten möglich	**Wenig zweckmäßig** als pflanzliches Mittel gegen depressive Verstimmung. Der Extraktgehalt in Dragees und Ampullen ist zu gering, um in normalen Dosierungen eine entsprechende Wirkung zu erreichen.
Hypnorex (D) Retardtabl. Lithiumcarbonat *Rezeptpflichtig*	Magen-Darm-Störungen, vermehrter Durst und vermehrtes Wasserlassen, manchmal erhebliche Gewichtszunahme, Kropfbildung (Struma) kann auftreten. Müdigkeit, Schläfrigkeit, feinschlagiger Tremor (Zittern). Libido und Potenz können beeinträchtigt werden	**Therapeutisch zweckmäßig zur** Vorbeugung schwerwiegender Formen von manisch-depressiven Erkrankungen. Wirkungseintritt allerdings oft erst nach 3–6 Monaten. Eine genaue Dosierung unter Kontrolle der Blutspiegel ist erforderlich.
Imipramin-neuraxpharm (D) Filmtabletten Imipramin *Rezeptpflichtig*	Mundtrockenheit, Herzklopfen, Sehstörungen, Augenschäden, Verstopfung, Störungen beim Harnlassen. Sorgfältige Kontrolle von Patienten mit Grünem Star oder Prostatavergrößerung ist nötig	**Therapeutisch zweckmäßig nur bei** gehemmt-apathischen Depressionszuständen. Lang bewährter Inhaltsstoff, dessen Wirkungsprofil und Risiken gut dokumentiert sind. Wirkt vorwiegend aktivierend.

Präparat	Wichtigste Nebenwirkungen	Empfehlung
Insidon (D/Ö) Drag. nur D: Tropfen, Filmtabl. Opipramol *Rezeptpflichtig*	Mundtrockenheit, Herzklopfen, Sehstörungen, Augenschäden, Verstopfung, Störungen beim Harnlassen. Sorgfältige Kontrolle bei Patienten mit Grünem Star und Prostatavergrößerung nötig	**Möglicherweise zweckmäßig als** Mittel gegen Depressionen, allerdings nicht als Basis-Antidepressivum (wie z. B. Saroten) geeignet. Die beruhigenden Eigenschaften stehen bei diesem Wirkstoff im Vordergrund. Allerdings ist von dieser Anwendung wegen möglicher Nebenwirkungen abzuraten. Hier sind Benzodiazepine vorzuziehen.
Jarsin (D/Ö) Drag., Filmtabletten Johanniskrautextrakt	Hautprobleme bei starker Sonnenbestrahlung möglich. Achtung: Gefährliche Wechselwirkungen mit anderen Medikamenten möglich	**Naturheilmittel** bei leichten, depressiven Störungen. Nicht geeignet zur Behandlung von schweren Depressionen.
Johanniskraut-ratiopharm (D/Ö) Hartkaps. nur D: Tropfen Johanniskrautextrakt	Hautprobleme bei starker Sonnenbestrahlung möglich. Achtung: Gefährliche Wechselwirkungen mit anderen Medikamenten möglich	**Naturheilmittel** bei leichten, depressiven Störungen. Nicht geeignet zur Behandlung von schweren Depressionen.
Kira (D) Drag. Johanniskrautextrakt	Hautprobleme bei starker Sonnenbestrahlung möglich. Achtung: Gefährliche Wechselwirkungen mit anderen Medikamenten möglich	**Naturheilmittel** bei leichten, depressiven Verstimmungen. Nicht geeignet zur Behandlung von schweren Depressionen.
Laif (D) Tabletten Johanniskrautextrakt	Hautprobleme bei starker Sonnenbestrahlung möglich. Achtung: Gefährliche Wechselwirkungen mit anderen Medikamenten möglich	**Naturheilmittel** bei leichten, depressiven Verstimmungen. Nicht geeignet zur Behandlung von schweren Depressionen.
Limbitrol (Ö) Kaps. Amitriptylin, Chlordiazepoxid *Rezeptpflichtig*	Mundtrockenheit, Herzklopfen, Sehstörungen, Augenschäden, Verstopfung, Störungen beim Harnlassen. Chlordiazepoxid: Abhängigkeitsgefahr	**Abzuraten** Nicht sinnvolle Kombination. Keine individuelle Dosierung des Antidepressivums (Amitriptylin) möglich. Der Tranquilizer-Inhaltsstoff Chlordiazepoxid sollte nur kurzzeitig verwendet werden. Es ist zu vermuten, dass Limbitrol als Beruhigungsmittel eingesetzt wird. Das ist wegen der Nebenwirkungen des Antidepressivums bedenklich. Suchtgefahr!

Präparat	Wichtigste Nebenwirkungen	Empfehlung
Ludiomil (D/Ö) Filmtabl., Injektionslösung Maprotilin *Rezeptpflichtig*	Hautprobleme, Mundtrockenheit, Herzklopfen, Sehstörungen, Augenschäden, Verstopfung, Störungen beim Harnlassen. Sorgfältige Kontrolle von Patienten mit Grünem Star oder Prostatavergrößerung ist nötig	**Wenig zweckmäßig** Größeres Risiko von Nebenwirkungen als z. B. Saroten, das ähnlich wirkt. Wirkt vorwiegend dämpfend-stimmungsaufhellend.
Mareen (D) Tabl., Filmtabl. Doxepin *Rezeptpflichtig*	Mundtrockenheit, Herzklopfen, Sehstörungen, Augenschäden, Verstopfung, Störungen beim Harnlassen. Sorgfältige Kontrolle von Patienten mit Grünem Star oder Prostatavergrößerung ist nötig	**Therapeutisch zweckmäßig** Wirkt überwiegend dämpfend-stimmungsaufhellend
Neuropas balance (D) Filmtabl. Extrakte aus Johanniskraut, Baldrian, Passionsblume	Hautprobleme bei starker Sonnenbestrahlung möglich. Achtung: Gefährliche Wechselwirkungen mit anderen Medikamenten möglich	**Wenig zweckmäßig** Nicht sinnvolle Kombination verschiedener Pflanzenextrakte mit unterschiedlichen Wirkstoffen. Als pflanzliches Antidpressivum ist Johanniskrautextrakt und als Beruhigungsmittel Baldrianextrakt alleine vorzuziehen.
Neuroplant 300 (D) Filmtabl. Johanniskrautextrakt	Hautprobleme bei starker Sonnenbestrahlung möglich. Achtung: Gefährliche Wechselwirkungen mit anderen Medikamenten möglich	**Naturheilmittel** bei leichten, depressiven Verstimmungen. Nicht geeignet zur Behandlung von echten Depressionen.
Nortrilen (D) in D: Dragees in Ö: Filmtabl. Nortriptylin *Rezeptpflichtig*	Mundtrockenheit, Herzklopfen, Sehstörungen, Augenschäden, Verstopfung, Störungen beim Harnlassen. Sorgfältige Kontrolle von Patienten mit Grünem Star oder Prostatavergrößerung ist nötig	**Therapeutisch zweckmäßig** Lang bewährter Inhaltsstoff, dessen Wirkungsprofil und Risiken gut dokumentiert sind. Wirkt vorwiegend antriebssteigernd-stimmungsaufhellend.
Novoprotect (D) Filmtabl., Retardkaps. Amitriptylin *Rezeptpflichtig*	Mundtrockenheit, Herzklopfen, Sehstörungen, Augenschäden, Verstopfung, Störungen beim Harnlassen. Sorgfältige Kontrolle von Patienten mit Grünem Star oder Prostatavergrößerung ist nötig	**Therapeutisch zweckmäßig** Lang bewährter Inhaltsstoff, dessen Wirkungsprofil und Risiken gut dokumentiert sind. Wirkt vorwiegend dämpfend-stimmungsaufhellend.

Präparat	Wichtigste Nebenwirkungen	Empfehlung
Opipramol (D) Filmtabl. Opipramol *Rezeptpflichtig*	Mundtrockenheit, Herzklopfen, Sehstörungen, Augenschäden, Verstopfung, Störungen beim Harnlassen. Sorgfältige Kontrolle bei Patienten mit Grünem Star und Prostatavergrößerung nötig	**Möglicherweise zweckmäßig als** Mittel gegen Depressionen, allerdings nicht als Basis-Antidepressivum (wie z. B. Saroten) geeignet. Die beruhigenden Eigenschaften stehen bei diesem Wirkstoff im Vordergrund. Allerdings ist von dieser Anwendung wegen möglicher Nebenwirkungen abzuraten. Hier sind Benzodiazepine vorzuziehen.
Paroxat (D/Ö) **Paroxetin Ratiopharm** (D/Ö) **Paroxetin Beta** (D/Ö) Filmtabl. Paroxetin *Rezeptpflichtig*	Übelkeit, Schläfrigkeit, Schwitzen, Kopfschmerzen, Zittern, Schwächezustände, Schlafstörungen, Mundtrockenheit, Ejakulationsstörungen, Durchfall, Schwindel, Unruhe, erhöhtes Suizidrisiko	**Therapeutisch zweckmäßig nur,** wenn bewährte trizyklische Antidepressiva nicht angewendet werden können oder nicht ausreichend wirksam sind oder wenn deren Nebenwirkungen vermieden werden sollen (z. B. bei älteren Menschen). SSRI.
Quilonum (D) Tabl. Lithiumacetat **Quilonum** (D) Retardtabl. **Quilonorm** (D/Ö) Retardtabl. Lithiumcarbonat *Rezeptpflichtig*	Magen-Darm-Störungen, vermehrter Durst und vermehrtes Wasserlassen, manchmal erhebliche Gewichtszunahme, Kropfbildung (Struma) kann auftreten. Müdigkeit, Schläfrigkeit, feinschlagiger Tremor (Zittern). Libido und Potenz können beeinträchtigt werden	**Therapeutisch zweckmäßig zur** Vorbeugung schwerwiegender Formen von manisch-depressiven Erkrankungen. Wirkungseintritt allerdings oft erst nach 3–6 Monaten. Eine genaue Dosierung unter Kontrolle des Blutspiegels ist erforderlich. Dem Lithiumcarbonat wird vielfach der Vorzug gegeben.
Remergil (D) Schmelztabl., Amp., Lösung **Remeron** (Ö) Schmelztabl., Lösung Mirtazapin *Rezeptpflichtig*	Müdigkeit, Mundtrockenheit, Appetitsteigerung, Gewichtszunahme, niedriger Blutdruck, Ödeme, Zittern, Blutbildschäden, Leberfunktionsstörungen	**Wenig zweckmäßig** als Mittel gegen Depressionen, weil der Wirkstoff Mirtazapin beträchtliche Nebenwirkungen verursachen kann.
Saroten (D/Ö) Filmtabl., nur in Ö: Retardkaps., nur in D: Drag., Retard-Tabs, Injektionslösung Amitriptylin *Rezeptpflichtig*	Mundtrockenheit, Herzklopfen, Sehstörungen, Augenschäden, Verstopfung, Störungen beim Harnlassen. Sorgfältige Kontrolle von Patienten mit Grünem Star oder Prostatavergrößerung ist nötig	**Therapeutisch zweckmäßig** Lang bewährter Inhaltsstoff, dessen Wirkungsprofil und Risiken gut dokumentiert sind. Wirkt vorwiegend dämpfend-stimmungsaufhellend.

Präparat	Wichtigste Nebenwirkungen	Empfehlung
Seroxat (D/Ö) Filmtabl., Suspension Paroxetin *Rezeptpflichtig*	Übelkeit, Schläfrigkeit, Schwitzen, Kopfschmerzen, Zittern, Schwächezustände, Schlafstörungen, Mundtrockenheit, Ejakulationsstörungen, Durchfall, Schwindel, Unruhe, erhöhtes Suizidrisiko	**Therapeutisch zweckmäßig nur,** wenn bewährte trizyklische Antidepressiva nicht angewendet werden können oder nicht ausreichend wirksam sind oder wenn deren Nebenwirkungen vermieden werden sollen (z. B. bei älteren Menschen). SSRI.
Sinequan (Ö) Kaps. Doxepin *Rezeptpflichtig*	Mundtrockenheit, Herzklopfen, Sehstörungen, Augenschäden, Verstopfung, Störungen beim Harnlassen. Sorgfältige Kontrolle von Patienten mit Grünem Star oder Prostatavergrößerung ist nötig	**Therapeutisch zweckmäßig** Wirkt überwiegend dämpfend-stimmungsaufhellend.
Stangyl (D) Tabl., Tropfen, Amp. Trimipramin *Rezeptpflichtig*	Mundtrockenheit, Herzklopfen, Sehstörungen, Augenschäden, Verstopfung, Störungen beim Harnlassen. Sorgfältige Kontrolle von Patienten mit Grünem Star oder Prostatavergrößerung ist nötig	**Therapeutisch zweckmäßig** Mittel gegen Depressionen mit vorwiegend beruhigend-angstlösendem Wirkprofil. Ähnlich dem länger erprobten Amitriptylin. Bei Patienten mit schwerer Leber- oder Nierenschwäche und in der Schwangerschaft sollte das Mittel nicht angewendet werden.
Texx (D) Filmtabl. Johanniskrautextrakt	Hautprobleme bei starker Sonnenbestrahlung möglich. Achtung: Gefährliche Wechselwirkungen mit anderen Medikamenten möglich	**Naturheilmittel** bei leichten, depressiven Verstimmungen. Nicht geeignet zur Behandlung von schweren Depressionen.
Thombran (D) Mitekaps., Tabs-Filmtabl., Kapseln Trazodon *Rezeptpflichtig*	Störwirkungen auf das Herz, auch schmerzhafter Priapismus (Dauererektion) und leberschädigende Eigenschaften wurden berichtet. Daneben Mundtrockenheit, Schlafstörungen, Sehstörungen, Blutdruckerhöhung, Ödeme, Gleichgewichtsstörungen, Verstopfung, Muskelschmerzen	**Wenig zweckmäßig als** Antidepressivum. Die antidepressiven Eigenschaften sind eher umstritten, stark dämpfende Eigenschaften stehen im Vordergrund. Klassische Antidepressiva (z. B. Saroten) sind vorzuziehen.

Präparat	Wichtigste Nebenwirkungen	Empfehlung
Tolvon (Ö) Filmtabl. Mianserin *Rezeptpflichtig*	Mundtrockenheit, Herzklopfen, Sehstörungen, Augenschäden, Verstopfung, Störungen beim Harnlassen, Blutschäden, Knochenmarksschäden. Sorgfältige Kontrolle von Patienten mit Grünem Star oder Prostatavergrößerung ist nötig	**Wenig zweckmäßig** Therapeutisch wirksam, aber weniger erprobt als das im Wirkungsprofil ähnliche Saroten. Wegen der möglichen Blutbildschäden soll in den ersten Behandlungsmonaten wöchentlich das Blutbild kontrolliert werden.
Trevilor (D) Tabl., Retardkapseln Venlafaxin *Rezeptpflichtig*	Übelkeit, verringerter Appetit, Erhöhung des Blutdrucks, Wasseransammlungen (Ödeme) und Hautreaktionen (Allergien)	**Therapeutisch zweckmäßig nur,** wenn bewährte trizyklische Antidepressiva nicht angewendet werden können oder nicht wirksam sind. SSRI.
Trimipramin-neuraxpharm (D) Tabletten, Lösung Trimipramin *Rezeptpflichtig*	Mundtrockenheit, Herzklopfen, Sehstörungen, Augenschäden, Verstopfung, Störungen beim Harnlassen. Sorgfältige Kontrolle von Patienten mit Grünem Star oder Prostatavergrößerung ist nötig	**Therapeutisch zweckmäßig** Mittel gegen Depressionen mit vorwiegend beruhigend-angstlösendem Wirkprofil. Ähnlich dem länger erprobten Amitriptylin. Bei Patienten mit schwerer Leber- oder Nierenschwäche und in der Schwangerschaft sollte das Mittel nicht angewendet werden.
Zoloft (D) Filmtabl., Lösung Sertralin *Rezeptpflichtig*	Übelkeit, Durchfall, Kopfschmerzen, Zittern, Schlaflosigkeit, Unruhe, Verwirrtheit, sexuelle Funktionsstörungen (z. B. Störungen bei der Ejakulation)	**Therapeutisch zweckmäßig nur,** wenn bewährte trizyklische Antidepressiva nicht angewendet werden können oder nicht ausreichend wirksam sind oder wenn deren Nebenwirkungen vermieden werden sollen (z. B. bei älteren Menschen). SSRI.

2.5. Mittel gegen Psychosen (Neuroleptika)

Von einer Psychose kann man in der Regel dann sprechen, wenn die alltäglichen Umweltbeziehungen (Arbeit, Kontakte) nicht mehr möglich sind. Das kann sich in Wahnvorstellungen, Verlust des Zeit- und Ortsbewusstseins, Halluzinationen (z. B. Hören von Stimmen), Übererregung oder Apathie und Verlust zielgerichteten Denkens äußern. Vielfältige Mischformen sind eher die Regel, »klassische Krankheitsbilder« sind selten.

Mit dem Begriff »Psychose« ist meist die Schizophrenie gemeint, es gibt allerdings eine Reihe weiterer Psychoseformen. Umgangssprachlich wird Schizophrenie mit »gespaltener Persönlichkeit« gleichgesetzt. Etwa ein Prozent der Bevölkerung erleidet im Laufe des Lebens eine schizophrene Episode.
Über die Ursachen dieser Erkrankung weiß man nach wie vor nicht allzu viel. Eine wichtige Rolle scheinen Erbfaktoren zu spielen, vielleicht auch hirnorganische Prozesse, bei denen Stoffwechselstörungen oder Enzymdefekte beteiligt sind. Möglicherweise werden innerhalb einer Familie bestimmte »schizophrene« Verhaltensmuster weitergegeben. Bekannt ist, dass Alkohol, Drogen und auch gewisse Medikamente schizophrene Schübe auslösen können. Chronischer Schlafentzug kann nach wenigen Nächten psychotische Störungen und Wahrnehmungsveränderungen verursachen.

Behandlung

Bis vor nicht allzu langer Zeit galten Psychosen als etwas Schicksalhaftes, mehr oder weniger Unbeeinflussbares. Das hat sich geändert. Mit einer Kombination aus medikamentöser und psychotherapeutischer Behandlung sowie unterstützenden sozialen Einrichtungen wie Wohngemeinschaften, Tageskliniken, Sozial- und Krisenzentren können heute viele Patienten wieder ein weitgehend normales Leben führen.
Mit Hilfe von Medikamenten, die als Neuroleptika bezeichnet werden, können akute psychotische Schübe beendet, aber auch Rückfälle verhindert werden. Neuroleptika drängen den Wahn zurück und bringen krankhafte Ideen und Verfolgungsgefühle zum Verschwinden. Neuroleptika werden nicht nur zur Behandlung von Psychosen, sondern auch bei so genannten hirnorganischen Syndromen verwendet. Die nützliche Wirkung von Neuroleptika ist allerdings mit zahlreichen, teilweise unangenehmen Nebenwirkungen verbunden:
- Abstumpfung gegen äußere Reize, Verlangsamung der Reaktionen
- Verminderung des Antriebs
- Mundtrockenheit und Hemmung der intellektuellen Leistungsfähigkeit
- Bewegungsstörungen (steifer Gang, Zittern, Bewegungsdrand oder Bewegungsarmut, Muskelverkrampfungen im Kiefer-, Hals- und Zungenbereich, Blickkrämpfe, Schiefhals)
- Alle Neuroleptika, auch schwach wirksame und niedrig dosierte, können schon nach relativ kurzem Gebrauch häufig Bewegungsstö-

rungen verursachen – z. B. zwanghaftes Grimassieren oder Schmatzen, das zum Dauerproblem werden kann. Diese Medikamente sind deshalb nicht geeignet zur Behandlung von leichten Erkrankungen.

Weitere *Nebenwirkungen* können sein: Übelkeit, Sehstörungen, Blutunterdruck, Libido- und Potenzverlust, Gewichtszunahme, Parkinson'sche Symptome (siehe Kapitel 2.7.: Mittel gegen die Parkinson'sche Krankheit) und viele andere.
Alle Neuroleptika wirken prinzipiell gleich. Ausnahmen sind so genannte atypische Neuroleptika wie *Clozapin-neuraxpharm, Leponex, Risperdal, Risperdal Consta, Zyprexa* und andere: Die oft quälenden Bewegungsstörungen treten hier nur sehr selten auf. Bei *Clozapin-neuraxpharm* und *Leponex* besteht allerdings die Gefahr von schweren Blutbildschäden – bei etwa 1 bis 2 Prozent aller Patienten. Deshalb muss vor allem in den ersten 18 Behandlungswochen das Blutbild wöchentlich auf mögliche Schäden untersucht werden.
Bei den Neuroleptika unterscheidet man zwischen »stärkeren« und »schwächeren« Mitteln (siehe Tabelle). Bei den »schwächeren« überwiegt eher die dämpfende Wirkung, bei den »stärkeren« die Wirkung gegen Psychosen.
Wohl aufgrund der unangenehmen Nebenwirkungen nehmen viele Patienten Neuroleptika nicht nach Vorschrift oder auch gar nicht ein. Dies ist die häufigste Ursache für Rückfälle. In Deutschland erleidet jeder zweite Schizophrene innerhalb eines Jahres einen Erkrankungsrückfall.

Neuroleptika als Beruhigungsmittel?

Wenn Neuroleptika niedrig dosiert werden, überwiegen Dämpfung, Müdigkeit, Beeinträchtigung des unwillkürlichen Nervensystems. Sie vermindern allerdings auch die Kontaktfähigkeit.
Viele dieser Mittel werden von den Herstellern in geringeren Dosierungen gegen »psychosomatische Beschwerden« (*Imap 1,5*), »Einschlaf- und Durchschlafstörungen« (*Dominal* Tropfen) angepriesen. Weil nicht ausgeschlossen werden kann, dass auch bei niedriger Dosierung als Spätfolgen unheilbare Dyskinesien (Zittern, Unruhe, Wippen, Grimassieren) auftreten können, ist die Verwendung von Neuroleptika bei solchen Anwendungsgebieten abzulehnen.

2.5. Mittel gegen Psychosen (Neuroleptika)

Präparat	Wichtigste Nebenwirkungen	Empfehlung
Atosil (D) Filmtabl., Tropfen, Amp. Promethazin *Rezeptpflichtig*	Benommenheit, Sehstörungen, Bewegungsstörungen (Unruhe, Zittern, Wippen), Hemmung der intellektuellen Leistungsfähigkeit, Gewichtszunahme, Depressionen, Beeinträchtigung von Libido und Potenz. Selten Störungen der Blutbildung	**Therapeutisch zweckmäßig** bei Unruhezuständen oder als Zusatztherapie bei der neuroleptischen Behandlung von Psychosen.
Buronil (Ö) Drag., Amp., Sirup Melperon *Rezeptpflichtig*	Benommenheit, Krämpfe, Zittern, Unruhe, Hemmung der intellektuellen Leistungsfähigkeit, Beeinträchtigung von Libido und Potenz, unheilbare Bewegungsstörungen (Spätdyskinesien) und Blutschäden möglich, Angst, Depressionen, Leberschäden	**Therapeutisch zweckmäßig** Schwächer wirkendes Mittel. Risiken bei Psychosen vertretbar, bei allen anderen vom Hersteller empfohlenen Anwendungsgebieten (z. B. senile Unruhezustände) nur in begründeten Ausnahmefällen vertretbar. Möglicherweise geringere Häufigkeit von belastenden Bewegungsstörungen.
Chlorprotixen-neuraxpharm (D) Filmtabl. Chlorprothixen *Rezeptpflichtig*	Benommenheit, Krämpfe, Zittern, Unruhe, Hemmung der intellektuellen Leistungsfähigkeit, Beeinträchtigung von Libido und Potenz, unheilbare Bewegungsstörungen (Spätdyskinesien) und Blutschäden möglich, Depressionen, Leberschäden	**Therapeutisch zweckmäßig** Schwächer wirkendes Mittel. Risiken bei Psychosen vertretbar, bei allen anderen vom Hersteller empfohlenen Anwendungsgebieten (z. B. Dermatosen) nur in begründeten Ausnahmefällen vertretbar.
Ciatyl Z (D) Tropfen, Filmtabl., Acuphase-Injektionslösung Zuclopenthixolacetat *Rezeptpflichtig*	Benommenheit, Krämpfe, Zittern, Unruhe, Hemmung der intellektuellen Leistungsfähigkeit, Beeinträchtigung von Libido und Potenz, unheilbare Bewegungsstörungen (Spätdyskinesien) und Blutschäden möglich, Depressionen, Leberschäden	**Therapeutisch zweckmäßig** Schwächer wirkendes Präparat. Risiken bei Psychosen vertretbar, bei allen anderen vom Hersteller empfohlenen Anwendungsgebieten nur in begründeten Ausnahmefällen vertretbar.
Ciatyl Z (D) Depot Amp. Zuclopenthixoldecanoat *Rezeptpflichtig*	Benommenheit, Krämpfe, Zittern, Unruhe, Hemmung der intellektuellen Leistungsfähigkeit, Beeinträchtigung von Libido und Potenz, unheilbare Bewegungsstörungen (Spätdyskinesien) und Blutschäden möglich, Depressionen, Leberschäden	**Therapeutisch zweckmäßig** Schwächer wirkendes Depotneuroleptikum.

Präparat	Wichtigste Nebenwirkungen	Empfehlung
Cisordinol/ depot (Ö) Filmtabl., Tropfen, Amp., Zuclopenthixol *Rezeptpflichtig*	Benommenheit, Krämpfe, Zittern, Unruhe, Hemmung der intellektuellen Leistungsfähigkeit, Beeinträchtigung von Libido und Potenz, unheilbare Bewegungsstörungen (Spätdyskinesien) und Blutschäden möglich, Depressionen, Leberschäden	**Therapeutisch zweckmäßig** Schwächer wirkendes Präparat. Risiken bei Psychosen vertretbar, bei allen anderen vom Hersteller empfohlenen Anwendungsgebieten nur in begründeten Ausnahmefällen vertretbar.
Clozapin-neuraxpharm (D) Tabl. **Clozapin Hexal** (D) Tabl. Clozapin *Rezeptpflichtig*	Vor allem Blutbildschäden: Daher ist zu Beginn der Therapie über 18 Wochen mindestens wöchentlich eine Blutbildkontrolle erforderlich (Agranulocytose- und Leukopeniegefahr). Daneben Fieber, Schwindel, Appetitlosigkeit. Zusammen mit Benzodiazepinen (Tranquilizer) wurde Atemstillstand beschrieben	**Therapeutisch zweckmäßig** vor allem für Patienten, die auf andere Neuroleptika nicht oder nicht ausreichend angesprochen haben oder auf diese mit erheblichen extrapyramidalen Nebenwirkungen reagieren. Vorteil ist die geringe Häufigkeit extrapyramidaler Störwirkungen, wie sie bei allen anderen wirksamen Neuroleptika vorkommen. Das Mittel ist nur nach besonderen Informationsmaßnahmen verordnungsfähig, Lieferung wird im Einzelfall beantragt.
Dapotum (D/Ö) Tabl., **Dapotum D** (D/Ö) Injektionslösung **Dapotum acutum** (D/Ö) Injektionslösung Fluphenazin Benzylalkohol *Rezeptpflichtig*	Benommenheit, Krämpfe, Zittern, Unruhe, Hemmung der intellektuellen Leistungsfähigkeit, Beeinträchtigung von Libido und Potenz, unheilbare Bewegungsstörungen (Spätdyskinesien) und Blutschäden möglich, Depressionen, Störungen der Schweißdrüsen, Leberschäden	**Therapeutisch zweckmäßig** Stark wirkendes Mittel. Risiken bei Psychosen vertretbar, bei allen anderen vom Hersteller empfohlenen Anwendungsgebieten nur in begründeten Ausnahmefällen vertretbar.
Dipiperon (D) Tabl., Saft Pipamperon *Rezeptpflichtig*	Benommenheit, Krämpfe, Zittern, Unruhe, Hemmung der intellektuellen Leistungsfähigkeit, Beeinträchtigung von Libido und Potenz, unheilbare Bewegungsstörungen (Spätdyskinesien) und Blutschäden möglich, Leberschäden	**Therapeutisch zweckmäßig** Stark wirkendes Mittel. Risiken bei Psychosen vertretbar, bei allen anderen vom Hersteller empfohlenen Anwendungsgebieten (z. B. Verhaltensstörungen, Schlafstörungen, Aggressivität) nur in begründeten Ausnahmefällen vertretbar.

Präparat	Wichtigste Nebenwirkungen	Empfehlung
Dogmatil (D/Ö) in Ö: Tabl., Kaps. in D: Kaps., Saft, Forte-Tabl., Injektionslösung Sulpirid *Rezeptpflichtig*	Einschränkung des Reaktionsvermögens, Zittern, Unruhe, Krämpfe, Impotenz, Regelstörungen, Störungen der Milchdrüsen, Brustbildung beim Mann. Auch: Erregungszustände, Leberschäden	**Wenig zweckmäßig** Schwächer wirkendes Mittel. Therapeutisch wirksam. Die vielfachen Nebenwirkungen treten aber insgesamt häufiger auf als bei anderen Mitteln. Als Beruhigungsmittel nicht vertretbar.
Dominal (D/Ö) Forteamp., Fortefilmtabl. nur in D: Fortedrag., Tropfen Prothipendyl *Rezeptpflichtig*	Benommenheit, Krämpfe, Zittern, Unruhe, Hemmung der intellektuellen Leistungsfähigkeit, Beeinträchtigung von Libido und Potenz, unheilbare Bewegungsstörungen (Spätdyskinesien) und Blutschäden möglich, Leberschäden	**Therapeutisch zweckmäßig** Schwächer wirkendes Mittel. Risiken bei Psychosen vertretbar, bei allen anderen vom Hersteller empfohlenen Anwendungsgebieten (z. B. Unruhe, Erregung, Einschlafstörungen) nur in begründeten Ausnahmefällen vertretbar.
Eunerpan (D) Filmtabl., Lösung, Amp. Melperon *Rezeptpflichtig*	Benommenheit, Krämpfe, Zittern, Unruhe, Hemmung der intellektuellen Leistungsfähigkeit, Beeinträchtigung von Libido und Potenz, unheilbare Bewegungsstörungen (Spätdyskinesien) und Blutschäden möglich, Leberschäden	**Therapeutisch zweckmäßig** Risiken bei Psychosen vertretbar, bei allen anderen vom Hersteller empfohlenen Anwendungsgebieten (z. B. Verwirrtheit und Schlafstörungen im Alter) nur in begründeten Ausnahmefällen vertretbar.
Fluanxol/ depot (D/Ö) Drag., Depotinjektionslösung, nur D: Tropfen Flupentixol *Rezeptpflichtig*	Benommenheit, Krämpfe, Zittern, Unruhe, Hemmung der intellektuellen Leistungsfähigkeit, Beeinträchtigung von Libido und Potenz, unheilbare Bewegungsstörungen (Spätdyskinesien) und Blutschäden möglich, Leberschäden	**Therapeutisch zweckmäßig** Sehr stark wirkendes Mittel. Risiken bei Psychosen vertretbar, bei allen anderen vom Hersteller empfohlenen Anwendungsbieten (z. B. Antriebslosigkeit) nur in begründeten Ausnahmefällen vertretbar.
Fluspi (D) Injektionssuspension, Stechamp. Fluspirilen *Rezeptpflichtig*	Benommenheit, Krämpfe, Zittern, Unruhe, Hemmung der intellektuellen Leistungsfähigkeit, Beeinträchtigung von Libido und Potenz, unheilbare Bewegungsstörungen (Spätdyskinesien) und Blutschäden möglich, Depressionen, Angst, Leberschäden	**Therapeutisch zweckmäßig** Mittelstarkes Mittel. Risiken bei Psychosen vertretbar, bei allen anderen vom Hersteller empfohlenen Anwendungsgebieten (z. B. Angst, Spannungszustände) nur in begründeten Ausnahmefällen vertretbar.

Präparat	Wichtigste Nebenwirkungen	Empfehlung
Haldol (D/Ö) Tabl., Tropfen, Injektionslösung, zus. nur in D: Fortelösung **Haldol Decanoat** (D/Ö) Injektionslösung Haloperidol *Rezeptpflichtig*	Benommenheit, Krämpfe, Zittern, Unruhe, Hemmung der intellektuellen Leistungsfähigkeit, Beeinträchtigung von Libido und Potenz, unheilbare Bewegungsstörungen (Spätdyskinesien) und Blutschäden möglich, Leberschäden	**Therapeutisch zweckmäßig** Stark wirkendes Mittel. Risiken bei Psychosen vertretbar, bei allen anderen vom Hersteller empfohlenen Anwendungsgebieten (z. B. Angst, Unruhe, Stottern) nur in begründeten Ausnahmefällen vertretbar.
Haloperidol-neuraxpharm (D) **Haloperidol-ratiopharm** (D) Lösung, Tabl., Injektionslösung Haloperidol *Rezeptpflichtig*	Benommenheit, Krämpfe, Zittern, Unruhe, Hemmung der intellektuellen Leistungsfähigkeit, Beeinträchtigung von Libido und Potenz, unheilbare Bewegungsstörungen (Spätdyskinesien) und Blutschäden möglich, Leberschäden	**Therapeutisch zweckmäßig** Stark wirkendes Mittel. Risiken bei Psychosen, Schizophrenien, Manien u. ä. vertretbar, bei allen anderen Anwendungsgebieten nur in begründeten Ausnahmefällen vertretbar.
Imap 1,5 (D) Injektionssuspension Fluspirilen *Rezeptpflichtig*	Auch bei dem niedrig dosierten Imap sind die typischen Nebenwirkungen nicht auszuschließen: Benommenheit, Krämpfe, Zittern, Unruhe, Hemmung der intellektuellen Leistungsfähigkeit, Beeinträchtigung von Libido und Potenz, unheilbare Bewegungsstörungen (Spätdyskinesien) und Blutschäden möglich, Depressionen, Angst, Leberschäden	**Wenig zweckmäßig** Bei dem angegebenen Anwendungsgebiet »Angst- und Spannungszustände« sind – kurzfristig – Benzodiazepine vorzuziehen.
Imap (D) Injektionssuspension Fluspirilen *Rezeptpflichtig*	Benommenheit, Krämpfe, Zittern, Unruhe, Hemmung der intellektuellen Leistungsfähigkeit, Beeinträchtigung von Libido und Potenz, unheilbare Bewegungsstörungen (Spätdyskinesien) und Blutschäden möglich, Depressionen, Angst, Leberschäden	**Therapeutisch zweckmäßig** Mittelstarkes Mittel. Risiken bei Psychosen vertretbar, bei allen anderen vom Hersteller empfohlenen Anwendungsgebieten (z. B. Angst, Spannungszustände) nur in begründeten Ausnahmefällen vertretbar.

Präparat	Wichtigste Nebenwirkungen	Empfehlung
Leponex (D/Ö) Tabl. Clozapin *Rezeptpflichtig*	Vor allem Blutbildschäden: Daher ist zu Beginn der Therapie über 18 Wochen mindestens wöchentlich eine Blutbildkontrolle erforderlich (Agranulocytose- und Leukopeniegefahr). Daneben Fieber, Schwindel, Appetitlosigkeit. Zusammen mit Benzodiazepinen (Tranquilizer) wurde Atemstillstand beschrieben	**Therapeutisch zweckmäßig** vor allem für Patienten, die auf andere Neuroleptika nicht oder nicht ausreichend angesprochen haben oder auf diese mit erheblichen extrapyramidalen Nebenwirkungen reagieren. Vorteil ist die geringe Häufigkeit extrapyramidaler Störwirkungen, wie sie bei allen anderen wirksamen Neuroleptika vorkommen. Das Mittel ist nur nach besonderen Informationsmaßnahmen verordnungsfähig, Lieferung wird im Einzelfall beantragt.
Levomepromazin neuraxpharm (D) Tabl., Lösung, Injektionslösung Levomepromazin *Rezeptpflichtig*	Benommenheit, Krämpfe, Zittern, Unruhe, Hemmung der intellektuellen Leistungsfähigkeit, Müdigkeit, Beeinträchtigung von Libido und Potenz, unheilbare Bewegungsstörungen (Spätdyskinesien) und Blutschäden möglich, Leberschäden	**Therapeutisch zweckmäßig** Schwächer wirkendes Mittel. Risiken bei Psychosen vertretbar, bei allen anderen vom Hersteller empfohlenen Anwendungsgebieten nur in begründeten Ausnahmefällen vertretbar.
Lyogen (D) Tabl., Lösung, Retarddrag., Injektionslösung, Depot-Injektionslösung Fluphenazin *Rezeptpflichtig*	Benommenheit, Krämpfe, Zittern, Unruhe, Hemmung der intellektuellen Leistungsfähigkeit, Beeinträchtigung von Libido und Potenz, unheilbare Bewegungsstörungen (Spätdyskinesien) und Blutschäden möglich, Depressionen, Störungen der Schweißdrüsen, Leberschäden	**Therapeutisch zweckmäßig** Stark wirkendes Mittel. Risiken bei Psychosen vertretbar, bei allen anderen vom Hersteller empfohlenen Anwendungsgebieten nur in begründeten Ausnahmefällen vertretbar.
Melleril (D/Ö) in D: Drag., Retardtabl., Tropflösung in Ö: Filmtabl., Retardtabl. Thioridazin *Rezeptpflichtig*	Benommenheit, Krämpfe, Zittern, Unruhe, Hemmung der intellektuellen Leistungsfähigkeit, Beeinträchtigung von Libido und Potenz, unheilbare Bewegungsstörungen (Spätdyskinesien) und Blutschäden möglich, Leberschäden	**Nur zweckmäßig, wenn** andere Mittel gegen Psychose nicht ausreichend wirken. Schwächer wirkendes Mittel. Bei »Angstzuständen« (= Herstellerempfehlung) nur in begründeten Ausnahmefällen vertretbar.

Präparat	Wichtigste Nebenwirkungen	Empfehlung
Melneurin (D) **Melperon AL** (D) **Melperon beta** (D) **Melperon-neuraxpharm** (D) **Melperon-ratiopharm** (D) **Melperon Stada** (D) **Melperon von ct** (D) Filmtabl., Lösung Melperon *Rezeptpflichtig*	Benommenheit, Krämpfe, Zittern, Unruhe, Hemmung der intellektuellen Leistungsfähigkeit, Beeinträchtigung von Libido und Potenz, unheilbare Bewegungsstörungen (Spätdyskinesien) und Blutschäden möglich, Angst, Depressionen, Leberschäden	**Therapeutisch zweckmäßig** Schwächer wirkendes Mittel. Risiken bei Psychosen vertretbar, bei allen anderen vom Hersteller empfohlenen Anwendungsgebieten nur in begründeten Ausnahmefällen vertretbar. Möglicherweise geringere Häufigkeit von belastenden Bewegungsstörungen.
Neurocil (D) Filmtabl., Tropfen, Injektionslösung Levomepromazin *Rezeptpflichtig*	Benommenheit, Krämpfe, Zittern, Unruhe, Hemmung der intellektuellen Leistungsfähigkeit, Müdigkeit, Beeinträchtigung von Libido und Potenz, unheilbare Bewegungsstörungen (Spätdyskinesien) und Blutschäden möglich, Leberschäden	**Therapeutisch zweckmäßig** Schwächer wirkendes Mittel. Risiken bei Psychosen vertretbar, bei allen anderen vom Hersteller empfohlenen Anwendungsgebieten nur in begründeten Ausnahmefällen vertretbar.
Nipolept (D/Ö) Drag. Zotepin *Rezeptpflichtig*	Benommenheit, Krämpfe, Zittern, Unruhe, Erregungszustände, Hornhauttrübung und Grauer Star bei Langzeitanwendung, asthmatische Beschwerden, Ödeme in seltenen Fällen	**Möglicherweise zweckmäßig als** schwach wirksames Neuroleptikum. Vorteile dieses neueren Mittels gegenüber lange bewährten Mitteln, wie z. B. selteneres Auftreten von Bewegungsstörungen (extrapyramidale Nebenwirkungen), sind noch nicht ausreichend belegt.
Nozinan (Ö) Tabl., Filmtabl., Tropfen, Amp. Levomepromazin Amp. u. a. zusätzlich Natriumsulfit *Rezeptpflichtig*	Benommenheit, Krämpfe, Zittern, Unruhe, Hemmung der intellektuellen Leistungsfähigkeit, Müdigkeit, Beeinträchtigung von Libido und Potenz, unheilbare Bewegungsstörungen (Spätdyskinesien), Blutschäden möglich, Leberschäden. Das Natriumsulfit in den Ampullen kann Überempfindlichkeitsreaktionen (Brechreiz, Durchfall, Asthmaanfall) bis hin zum Schock auslösen	**Therapeutisch zweckmäßig** Schwächer wirkendes Mittel. Risiken bei Psychosen vertretbar, bei allen anderen vom Hersteller empfohlenen Anwendungsgebieten (z. B. psychomotorische Erregung) nur in begründeten Ausnahmefällen vertretbar.

Präparat	Wichtigste Nebenwirkungen	Empfehlung
Perazin neuraxpharm (D) Filmtabl. Perazin *Rezeptpflichtig*	Benommenheit, Krämpfe, Zittern, Unruhe, Hemmung der intellektuellen Leistungsfähigkeit, Beeinträchtigung von Libido und Potenz, unheilbare Bewegungsstörungen (Spätdyskinesien) und Blutschäden möglich, Depressionen, Leberschäden	**Therapeutisch zweckmäßig** Mittelstarkes Präparat. Risiken bei Psychosen vertretbar, bei allen anderen vom Hersteller empfohlenen Anwendungsgebieten (z. B. Angst, Einschlafstörungen) nur in begründeten Ausnahmefällen vertretbar.
Pipamperon neuraxpharm (D) Tabl., Lösung Pipamperon *Rezeptpflichtig*	Benommenheit, Krämpfe, Zittern, Unruhe, Hemmung der intellektuellen Leistungsfähigkeit, Beeinträchtigung von Libido und Potenz, unheilbare Bewegungsstörungen (Spätdyskinesien) und Blutschäden möglich, Leberschäden	**Therapeutisch zweckmäßig** Stark wirkendes Mittel. Risiken bei Psychosen vertretbar, bei allen anderen vom Hersteller empfohlenen Anwendungsgebieten (z. B. Verhaltensstörungen, Schlafstörungen, Aggressivität) nur in begründeten Ausnahmefällen vertretbar.
Promethazin neuraxpharm (D) Drag., Lösung, Injektionslösung Promethazin *Rezeptpflichtig*	Benommenheit, Sehstörungen, Bewegungsstörungen (Unruhe, Zittern, Wippen), Hemmung der intellektuellen Leistungsfähigkeit, Gewichtszunahme, Depressionen, Beeinträchtigung von Libido und Potenz. Selten Störungen der Blutbildung	**Therapeutisch zweckmäßig** bei Unruhezuständen oder als Zusatztherapie bei der neuroleptischen Behandlung von Psychosen.
Proneurin (D) Drag. Promethazin *Rezeptpflichtig*	Benommenheit, Sehstörungen, Bewegungsstörungen (Unruhe, Zittern, Wippen), Hemmung der intellektuellen Leistungsfähigkeit, Gewichtszunahme, Depressionen, Beeinträchtigung von Libido und Potenz. Selten Störungen der Blutbildung	**Therapeutisch zweckmäßig** bei Unruhezuständen oder als Zusatztherapie bei der neuroleptischen Behandlung von Psychosen.
Prothazin (D) Drag., Amp., Liquidum Promethazin *Rezeptpflichtig*	Benommenheit, Sehstörungen, Bewegungsstörungen (Unruhe, Zittern, Wippen), Hemmung der intellektuellen Leistungsfähigkeit, Gewichtszunahme, Depressionen, Beeinträchtung von Libido und Potenz. Selten Störungen der Blutbildung	**Therapeutisch zweckmäßig** bei Unruhezuständen oder als Zusatztherapie bei der neuroleptischen Behandlung von Psychosen.

Präparat	Wichtigste Nebenwirkungen	Empfehlung
Risperdal (D/Ö) Filmtabl., Lösung, Quicklet-Tabl. Risperidon *Rezeptpflichtig*	Häufig Schlaflosigkeit, Angstzustände, Kopfschmerzen. Selten Schläfrigkeit, Magen-Darm-Störungen, Schnupfen, Hautausschlag. Gelegentlich Bewegungsstörungen. Über das Risiko von Spätdyskinesien liegen noch keine Erfahrungen vor	**Therapeutisch zweckmäßig** Relativ neues Neuroleptikum. Klinisch relevante Vorteile z. B. gegenüber Haloperidol (z. B. weniger Dyskinesien) lassen sich allenfalls bei niedrigen Dosierungen von Risperidon zeigen.
Risperdal Consta (D/Ö) Depotinjektion Risperidon *Rezeptpflichtig*	Häufig Schlaflosigkeit, Angstzustände, Kopfschmerzen. Selten Schläfrigkeit, Magen-Darm-Störungen, Schnupfen, Hautausschlag. Gelegentlich Bewegungsstörungen. Über das Risiko von Spätdyskinesien liegen noch keine Erfahrungen vor	**Therapeutisch zweckmäßig** Relativ neues Neuroleptikum. Klinisch relevante Vorteile z. B. gegenüber Haloperidol (z. B. weniger Dyskinesien) lassen sich allenfalls bei niedrigen Dosierungen von Risperidon zeigen.
Seroquel (D/Ö) Filmtabl. Quetiapin *Rezeptpflichtig*	Müdigkeit, Blutdruckabfall, Gewichtszunahme, Schwindel, Blutbildstörungen (Verminderung der weißen Blutkörperchen) können vorkommen, in seltenen Fällen auch eine lebensbedrohliche Allergie (Hautausschlag, Herzrasen, Atemnot). Bei einzelnen Männern evtl. Dauererektionen	**Therapeutisch zweckmäßig nur** wenn andere lang bewährte Neuroleptika nicht eingesetzt werden können oder nicht vertragen werden. Relativ neues Mittel, weniger erprobt. Stark wirkendes Mittel.
Sirophenin (D) Filmtabl., Tropfen, Injektionslösung Promazin *Rezeptpflichtig*	Benommenheit, Krämpfe, Zittern, Unruhe, Hemmung der intellektuellen Leistungsfähigkeit, Müdigkeit, Beeinträchtigung von Libido und Potenz, unheilbare Bewegungsstörungen (Spätdyskinesien) und Blutschäden möglich, Leberschäden	**Therapeutisch zweckmäßig** Schwächer wirkendes Mittel. Risiken bei Psychosen vertretbar, bei allen anderen vom Hersteller empfohlenen Anwendungsgebieten nur in begründeten Ausnahmefällen vertretbar.
Solian (D/Ö) Tabl. nur D: Filmtabl. Amisulprid *Rezeptpflichtig*	Zittern, Unruhe, Magen-Darm-Beschwerden, Impotenz, Regelstörungen, Störungen der Milchdrüsen, Brustbildung beim Mann, Kreislaufstörungen, Temperaturanstieg	**Möglicherweise zweckmäßig** Relativ neues, stark wirkendes Mittel zur Behandlung von Psychosen, verwandt mit dem schon lange erprobten Sulpirid (z. B. Dogmatil, Meresa). Wirksamkeit vergleichbar mit Haldol. Allerdings liegen noch keine ausreichenden Langzeiterfahrungen vor.

Präparat	Wichtigste Nebenwirkungen	Empfehlung
Sulp (D) Kaps., Tabl. **Sulpirid neuraxpharma** (D) Tabl. **Sulpirid ratiopharm** (D) Tabl., Fortetabl. **Sulpirid von ct** (D) Tabl. Sulpirid *Rezeptpflichtig*	Einschränkung des Reaktionsvermögens, Zittern, Unruhe, Krämpfe, Impotenz, Regelstörungen, Störungen der Milchdrüsen, Brustbildung beim Mann. Auch Erregungszustände, Leberschäden	**Wenig zweckmäßig** Schwächer wirkendes Mittel. Therapeutisch wirksam. Die vielfachen Nebenwirkungen treten aber insgesamt häufiger auf als bei anderen Mitteln. Als Beruhigungsmittel nicht vertretbar.
Taxilan (D) Drag., Tabl., Tropflösung, Injektionslösung Perazin *Rezeptpflichtig*	Benommenheit, Krämpfe, Zittern, Unruhe, Hemmung der intellektuellen Leistungsfähigkeit, Beeinträchtigung von Libido und Potenz, unheilbare Bewegungsstörungen (Spätdyskinesien) und Blutschäden möglich, Depressionen, Leberschäden	**Therapeutisch zweckmäßig** Mittelstarkes Präparat. Risiken bei Psychosen vertretbar, bei allen anderen vom Hersteller empfohlenen Anwendungsgebieten (z. B. Angst, Einschlafstörungen) nur in begründeten Ausnahmefällen vertretbar.
Thioridazin-neuraxpharm (D) Filmtabl. Thioridazin *Rezeptpflichtig*	Benommenheit, Krämpfe, Zittern, Unruhe, Hemmung der intellektuellen Leistungsfähigkeit, Beeinträchtigung von Libido und Potenz, unheilbare Bewegungsstörungen (Spätdyskinesien) und Blutschäden möglich, Leberschäden	**Nur zweckmäßig, wenn** andere Mittel gegen Psychosen nicht ausreichend wirken. Schwächer wirkendes Mittel. Bei »Angstzuständen« (= Herstellerempfehlung) nur in begründeten Ausnahmefällen vertretbar.
Tiapridex (D) Tabl., Injektionslösung Tiaprid *Rezeptpflichtig*	Regelstörungen und Schläfrigkeit sowie Blutdrucksenkung	**Nur zweckmäßig, wenn** bewährte Mittel zur Behandlung von medikamentös verursachten parkinsonähnlichen Störungen nicht mehr ausreichend wirken (z. B. *Akineton*).
Truxal (D/Ö) Drag., Injektionslösung, Suspension zus. in D: Saft Chlorprothixen *Rezeptpflichtig*	Benommenheit, Krämpfe, Zittern, Unruhe, Hemmung der intellektuellen Leistungsfähigkeit, Beeinträchtigung von Libido und Potenz, unheilbare Bewegungsstörungen (Spätdyskinesien) und Blutschäden möglich, Depressionen, Leberschäden	**Therapeutisch zweckmäßig** Schwächer wirkendes Mittel. Risiken bei Psychosen vertretbar, bei allen anderen vom Hersteller empfohlenen Anwendungsgebieten (z. B. Dermatosen) nur in begründeten Ausnahmefällen vertretbar.

Präparat	Wichtigste Nebenwirkungen	Empfehlung
Zyprexa (D/Ö) **Zyprexa KHP** (D) Filmtabl. Olanzapin *Rezeptpflichtig*	Häufig Schläfrigkeit, Gewichtszunahme, gelegentlich Schwindel, Ödeme, niedriger Blutdruck, Leberfunktionsstörungen, Verstopfung und Mundtrockenheit. Das Risiko von Spätdyskinesien nimmt mit einer Langzeitbehandlung zu	**Therapeutisch zweckmäßig als** Mittel zur Behandlung von schizophrenen Psychosen, in der Wirkung dem *Leponex* vergleichbar, aber kürzer im Handel. Relativ wenig Bewegungsstörungen.

2.6. Mittel gegen Epilepsie

In Deutschland leben etwa 800.000 Menschen mit Epilepsie. Jährlich werden etwa 40.000 Neuerkrankungen registriert. Epilepsien sind der Ausdruck von chronischen Funktionsstörungen des Gehirns. Sie äußern sich in Anfällen. Das Erscheinungsbild epileptischer Anfälle ist sehr verschieden. Am bekanntesten ist der »große« epileptische Anfall mit plötzlich einsetzender Bewusstlosigkeit, Sturz, Versteifung und Zuckungen der Körpermuskulatur, Blaufärbung der Lippen, Schaumbildung vor dem Mund und gelegentlich auch Einnässen (»Grand mal«).

Häufiger sind »kleine« epileptische Anfälle, die nicht selten fehlgedeutet werden. Sind nur bestimmte Körperteile von den Anfällen betroffen, spricht man von »fokalen Anfällen«. Kurze Bewusstseinspausen nennt man »Absencen«. Anfallsweise Bewusstseinstrübungen, verbunden mit automatischen Bewegungen oder sinnlosen Handlungen, heißen »psychomotorische Anfälle«. Daneben existieren noch zahlreiche Typen kleiner Anfälle, besonders im Kindesalter.

Wenn epileptische Anfälle nur im Zusammenhang mit äußeren Ursachen auftreten – z. B. bei Fieber, in der Schwangerschaft, bei niedrigem Blutzuckerspiegel, nach Alkoholentzug oder nach manchen Medikamenten –, spricht man nicht von Epilepsie, sondern von akuten epileptischen Reaktionen oder Gelegenheitskrämpfen.

Die häufigsten Ursachen einer Epilepsie sind:

- Störungen der Hirnentwicklung durch Schwangerschafts- oder Geburtskomplikationen
- Hirnentzündungen
- Hirnverletzungen

- Hirntumoren und Hirngefäßkrankheiten
- Stoffwechselkrankheiten des Gehirns

Epilepsien sind entgegen einem weit verbreiteten Vorurteil keine Erbkrankheiten. Bisweilen besteht jedoch eine erhöhte familiäre Veranlagung zu Anfällen.

Behandlung

Die Beseitigung der Ursachen einer Epilepsie (z. B. durch Entfernung eines Hirntumors) gelingt nur ausnahmsweise.
In der Regel muss man versuchen, mit anfallhemmenden Medikamenten die Krampfbereitschaft der Nervenzellen herabzusetzen und so das Hauptsymptom der Epilepsie – die Anfälle – zu verhindern. Dies gelingt heute bei etwa 50 bis 60 Prozent aller Erkrankten zur Gänze, eine Besserung ist bei weiteren 20 bis 30 Prozent erreichbar.
Wegen der möglichen Nebenwirkungen sind jedoch eine vorsichtige Einstellung auf die richtige Dosierung und die laufende Kontrolle von Harn und Blutbild, neurologisch-psychiatrische Untersuchungen, EEG-Kontrollen und Leberfunktionsproben nötig. Alle, die mit anfallshemmenden Mitteln behandelt werden, sollten einen Anfallskalender führen.
Achtung: Aus verschiedenen Untersuchungen weiß man, dass im Durchschnitt etwa drei von vier durchgeführten Blutspiegeluntersuchungen zur Kontrolle der Plasmakonzentrationen von Antiepileptika zum falschen Zeitpunkt durchgeführt werden und damit nutzlos sind!
Bei Verwendung der Wirkstoffe Carbamazepin und Valproinsäure sollte der Blutspiegel erst drei Tage nach Beginn der Therapie, bei Phenobarbital erst nach 20 Tagen geprüft werden.
Wer Antiepileptika nimmt, sollte Alkohol strikt vermeiden und kein anderes Medikament ohne vorherige Befragung eines sachkundigen Arztes einnehmen. Die Behandlung epileptischer Anfälle sollte von einem spezialisierten Arzt durchgeführt werden.
Die Arzneimittelkommission der Deutschen Ärzteschaft empfiehlt ausdrücklich, möglichst nur ein Medikament zu verwenden, da die gleichzeitige Einnahme von verschiedenen Inhaltsstoffen zu unerwarteten Änderungen der Konzentration der Wirkstoffe im Blut führen kann.
In seltenen Fällen kann bei ungenügender Wirksamkeit die Kombination mit einem zweiten Medikament versucht werden. Die beiden wichtigsten und bewährtesten Medikamente gegen Anfälle sind Valproinsäure und Carbamazepin.

Valproinsäure

Valproinsäure (*Convulex*, *Dekapine*, *Ergenyl*, *Orfiril*) wird, von wenigen Ausnahmen abgesehen, bei Erwachsenen als Mittel der ersten Wahl empfohlen. Es gibt jedoch nach Ansicht zahlreicher Fachleute eine wichtige Einschränkung: Bei diesem Mittel sind besonders bei Kindern und Jugendlichen schwere Schädigungen von Leber und Bauchspeicheldrüse mit mehreren Todesfällen beobachtet worden. Deshalb sollten laut Arzneimittelkommission der Deutschen Ärzteschaft vor allem mehrfach behinderte Kinder und Jugendliche zunächst mit Ethosuximid (z. B. in *Suxinutin*, *Petnidan*) behandelt werden, wenn die Nebenwirkungen dieses Mittels das zulassen (Benommenheit, Übelkeit, Appetitmangel, allergische Reaktionen, Veränderungen des Blutbildes und Psychosen). Da diese Mittel kaum verkauft werden, erscheinen sie nicht in unseren Empfehlungstabellen.
Medikamente, die Valproinsäure enthalten, wirken weniger dämpfend als andere Antiepileptika.
Als Nebenwirkungen können jedoch Zittrigkeit, Magen-Darm-Beschwerden und Gewichtszunahme auftreten. Außerdem kann es zu vorübergehendem Haarausfall kommen.

Carbamazepin

Bei so genannten partiellen Anfällen und bei bestimmten Epilepsieformen bei Kindern gelten Carbamazepin (z. B. in *Carbabeta*, *Carbamazepin AL*, *Carbamazepin-neuraxpharm*, *Carbamazepin-ratiopharm*, *Carba von ct*, *Carbium*, *Finlepsin*, *Neurotop*, *Tegretal*, *Tegretol*, *Timonil*) und Oxcarbamazepin (enthalten z. B. in *Timox*, *Trileptal*) als Mittel der ersten Wahl. Die Behandlung mit diesem Medikament muss »einschleichend«, d. h. mit einer niedrigen Dosis, die langsam erhöht wird, begonnen werden. Bei zu hoher Dosis kann es zu Benommenheit, Schläfrigkeit, Gangunsicherheit und Sehstörungen kommen. Als Nebenwirkungen treten häufiger Hautausschläge und Magen-Darm-Störungen auf.

Phenobarbital und Primidon

Phenobarbital (enthalten z. B. in *Luminal*, *Luminaletten*) und Primidon (enthalten z. B. in *Liskantin*, *Mylepsinum*, *Mysoline*) sind Wirkstoffe, die einander sehr ähnlich sind. Primidon wird im Körper zu Phenobarbital umgewandelt. Beide Wirkstoffe können bei allen wichtigen Epilepsieformen mit Ausnahme der Absencen verwendet werden, gelten jedoch als Reservemittel, wenn Carbamazepin oder Valproinsäure versagen. Neurologische Nebenwirkungen und Störungen des Magen-Darm-Bereichs treten vergleichsweise selten auf. Diese Mittel haben eine sehr dämpfende Wirkung und schränken das Reaktionsvermögen ein. Es können allergische Reaktionen, Bindegewebserkrankungen und in seltenen Fällen schwere Leberschäden auftreten.

Phenytoin

Der Wirkstoff Phenytoin (enthalten z. B. in *Phenhydan*, *Zentropil*) gilt als sinnvolles Mittel zur Unterdrückung so genannter fokaler Anfälle und von Grand-mal-Krämpfen. Viele und teilweise sehr störende Nebenwirkungen schränken die Verwendung dieses Mittels ein: häufig Akne und Zahnfleischwucherungen. Bei Dauerbehandlung Immunerkrankungen, Blutschäden, Leberschäden und anderes.

Neuere Antiepileptika

Vigabatrin (z. B. in *Sabril*), Gabapentin (z. B. *Gabapentin Hexal*, *Gabapentin-ratiopharm*, *Neurontin*), Topiramat (z. B. *Topamax*) und Lamotrigin (z. B. in *Lamictal*) sind neu zugelassene Wirkstoffe, die in seltenen Fällen bei erfolgloser Behandlung mit einem Medikament zusätzlich verwendet werden. Die Arzneimittelkommission der deutschen Ärzteschaft stellt fest: Eine Erstbehandlung mit solchen Mitteln »kann nicht empfohlen werden, da Vergleiche untereinander oder mit Standardmedikamenten fehlen«.
Vigabatrin scheint bei besonderen Anfallsformen (so genannten »fokalen« Anfällen) und bestimmten Anfallserkrankungen bei Kindern gut wirksam zu sein. Schwere Nebenwirkungen sind bisher nicht bekannt.
Lamotrigin kann ebenfalls als Zusatzmedikament die Anfallshäufigkeit senken. Es beeinflusst jedoch stark die Wirksamkeit und die Nebenwirkungen anderer Antiepileptika.

Status epilepticus

Zur Behandlung des Status epilepticus wird zunächst Clonazepam (enthalten z. B. in *Rivotril*) oder Diazepam (enthalten z. B. in *Diazepam Desitin*, *Diazepam-ratiopharm*, *Valium*) verwendet und im Anschluss daran Phenytoin.

Überdosierungen

Folgende Erscheinungen sind Anzeichen für eine *Überdosierung* und sollten zu einer Überprüfung der Dosierung führen: Starke Schläfrigkeit, Erregbarkeit, Schwindel, Zittern. Bei Carbamazepin (z. B. in *Carbabeta*, *Carbamazepin AL*, *Carbamazepin-neuraxpharm*, *Carbamazepin-ratiopharm*, *Carba von ct*, *Carbium*, *Finlepsin*, *Neurotop*, *Tegretal*, *Tegretol*, *Timonil*) und Oxcarbamazepin (enthalten z.B. in *Timox*, *Trileptal*) können auch Übelkeit und das Sehen von Doppelbildern auftreten, bei Phenytoin (enthalten z. B. in *Phenhydan*, *Zentropil*) auch Sprachstörungen. Bei Primidon (z. B. in *Mylepsinum* und *Mysoline*) sind zusätzlich noch Schlaflosigkeit und Verlangsamung von Bewegungsabläufen Anzeichen für zu hohe Dosierungen.

Epilepsie und Schwangerschaft

Wenn Epileptikerinnen sich entscheiden, ein Kind zu bekommen, müssen sie sich im Klaren darüber sein, dass die Medikamente regelmäßig eingenommen und alle Faktoren, die Anfälle begünstigen, ausgeschaltet werden müssen. Anfälle sind für den Embryo meist schädlicher als Anti-Epileptika. Komplikationen während der Schwangerschaft und Geburt sind *nicht häufiger* als bei nichtepileptischen Frauen. Fehlbildungen hingegen dürften etwas häufiger auftreten (siehe auch Kapitel 21: Medikamente während der Schwangerschaft und Stillzeit).

2.6. Mittel gegen Epilepsie

Präparat	Wichtigste Nebenwirkungen	Empfehlung
Carbabeta (D) **Carbamazepin AL** (D) **Carbamazepin neuraxpharm** (D) **Carbamazepin-ratiopharm** (D) **Carbamazepin von ct** (D) **Carbium** (D) Tabl., Retardtabl. Carbamazepin *Rezeptpflichtig*	Müdigkeit mit Einschränkung der Reaktionsfähigkeit, häufig Magen-Darm-Störungen und Hautausschläge. Bei höheren Dosierungen: Seh- und Koordinationsstörungen, Schwindel, Unruhe, Verwirrtheit. Blutschäden, Osteoporose	**Therapeutisch zweckmäßig bei** großen Anfällen und fokalen Krämpfen.

Präparat	Wichtigste Nebenwirkungen	Empfehlung
Convulex (D/Ö) Kaps., Tropflösung, Retardtabl. nur Ö: Sirup für Kinder Valproinsäure *Rezeptpflichtig*	Leichte Müdigkeit mit Einschränkung des Reaktionsvermögens. Appetitverminderung, aber auch starke Appetitsteigerung. Haarausfall. Blutgerinnungsstörungen. Nervöse Erregung, Leberschäden, Aggressivität und Überaktivität besonders bei Kindern	**Therapeutisch zweckmäßig bei** Epilepsien im Erwachsenenalter. Wirksam auch bei kleinen Anfällen, z. B. Absencen. Bei Kindern und Jugendlichen jedoch Risiko schwerer Leberschäden.
Depakine (Ö) Amp., Tropfen, Retardtabl. Valproinsäure *Rezeptpflichtig*	Leichte Müdigkeit mit Einschränkung des Reaktionsvermögens. Appetitverminderung, aber auch starke Appetitsteigerung. Haarausfall. Blutgerinnungsstörungen. Nervöse Erregung, Leberschäden, Aggressivität und Überaktivität besonders bei Kindern	**Therapeutisch zweckmäßig bei** Epilepsien im Erwachsenenalter. Wirksam auch bei kleinen Anfällen, z. B. Absencen. Bei Kindern und Jugendlichen jedoch Risiko schwerer Leberschäden.
Diazepam-Desitin (D) Rektaltube, Lösung Diazepam *Rezeptpflichtig*	Müdigkeit, Beeinträchtigung der Konzentration (Vorsicht beim Autofahren). Nach längerer Anwendung können beim Absetzen Entzugssymptome auftreten	**Therapeutisch zweckmäßig nur bei** zeitlich begrenzter Anwendung. Lang bewährter Inhaltsstoff.
Diazepam-ratiopharm (D) Amp. Diazepam *Rezeptpflichtig*	Müdigkeit, Beeinträchtigung der Konzentration (Vorsicht beim Autofahren). Nach längerer Anwendung können beim Absetzen Entzugssymptome auftreten	**Therapeutisch zweckmäßig nur bei** zeitlich begrenzter Anwendung. Lang bewährter Inhaltsstoff.
Ergenyl (D) Filmtabl., Retardtabl., Lösung, Injektionslösung Valproinsäure *Rezeptpflichtig*	Leichte Müdigkeit mit Einschränkung des Reaktionsvermögens. Appetitverminderung, aber auch starke Appetitsteigerung. Haarausfall. Blutgerinnungsstörungen. Nervöse Erregung, Leberschäden, Aggressivität und Überaktivität besonders bei Kindern	**Therapeutisch zweckmäßig bei** Epilepsien im Erwachsenenalter. Wirksam auch bei kleinen Anfällen, z. B. Absencen. Bei Kindern und Jugendlichen jedoch Risiko schwerer Leberschäden.

Präparat	Wichtigste Nebenwirkungen	Empfehlung
Finlepsin (D) Tabl., Retardtabl. Carbamazepin *Rezeptpflichtig*	Müdigkeit mit Einschränkung der Reaktionsfähigkeit, häufig Magen-Darm-Störungen und Hautausschläge. Bei höheren Dosierungen: Seh- und Koordinationsstörungen, Schwindel, Unruhe, Verwirrtheit. Blutschäden, Osteoporose	**Therapeutisch zweckmäßig bei** großen Anfällen und fokalen Krämpfen.
Gabapentin Hexal (D) **Gabapentin ratiopharm** (D) Hartkaps. Gabapentin *Rezeptpflichtig*	Schwächegefühl, Seh-, Sprech- und Koordinationsstörungen, trockener Mund, Durchfall, Gelenk- und Muskelschmerzen, Stimmungsschwankungen, Schwellungen (Ödeme) können auftreten; Halluzinationen in seltenen Fällen; starke Schmerzen im Oberbauch (Pankreatitis) kommen vereinzelt vor; Blutbildstörungen	**Therapeutisch zweckmäßig bei** fokalen Krämpfen, die nicht sehr aktiv sind. Auch in Kombination mit anderen Antiepileptika zu verwenden.
Keppra (D/Ö) Filmtabl. Levetiracetam *Rezeptpflichtig*	Schwäche, Müdigkeit, Benommenheit, Magen-Darm-Beschwerden, Durchfall, Übelkeit, Nervosität, Bläschen auf der Haut deuten auf allergische Reaktionen hin, Schlaflosigkeit, Aggressionen, Wutanfälle, Halluzinationen sowie psychotische Störungen sind möglich, ebenso Gewichtsabnahme und Doppeltsehen	**Therapeutisch zweckmäßig nur bei** generalisierten und fokalen Formen der Epilepsie, nur in Kombination mit anderen Epilepsiemitteln. Noch relativ wenig erprobtes Mittel, über unerwünschte Wirkungen und den Nutzen einer Langzeiteinnahme lassen sich noch keine sicheren Aussagen machen.
Lamictal (D/Ö) D: Tabletten Ö: lösliche Tabl. Lamotrigin *Rezeptpflichtig*	Müdigkeit mit Einschränkung des Reaktionsvermögens, Sehstörungen, Magen-Darm-Störungen, Hauterscheinungen (Rötung, Juckreiz, Exantheme), auch schwere allergische Reaktionen möglich	**Möglicherweise zweckmäßig als** Zusatzmedikation, um die unter einer antiepileptischen Standardtherapie noch vorkommende Anfallshäufigkeit zu senken (bei partiellen oder sekundär generalisierten Anfällen), sonst Mittel zweiter Wahl.

Präparat	Wichtigste Nebenwirkungen	Empfehlung
Liskantin (D) Tabl., Saft Primidon *Rezeptpflichtig*	Starke Dämpfung mit Einschränkung des Reaktionsvermögens, Schläfrigkeit, bei Kindern und älteren Menschen auch Unruhe und Reizbarkeit. Bei Überdosierung verschwommenes Sehen. Bei Kindern Wesensveränderungen. Hautausschläge, Appetithemmung, Osteoporose	**Therapeutisch zweckmäßig bei** großen Anfällen und fokalen Krämpfen. Wegen starker Dämpfung Mittel zweiter Wahl.
Luminal (D) Tabl., Injektionslösung **Luminaletten** (D) Tabl. Phenobarbital *Rezeptpflichtig*	Starke Dämpfung mit Einschränkung des Reaktionsvermögens, bei Kindern und älteren Menschen auch Unruhe, Reizbarkeit. Hemmung des Traumschlafes, Appetithemmung, Exantheme, Osteoporose	**Therapeutisch zweckmäßig bei** großen Anfällen und fokalen Krämpfen, jedoch wegen starker Dämpfung Mittel zweiter Wahl. Bei bestimmten kleinen Anfällen Mittel erster Wahl.
Mylepsinum (D) Tabl. Primidon *Rezeptpflichtig*	Starke Dämpfung mit Einschränkung des Reaktionsvermögens, Schläfrigkeit, bei Kindern und älteren Menschen auch Unruhe und Reizbarkeit. Bei Überdosierung verschwommenes Sehen. Bei Kindern Wesensveränderungen. Hautausschläge, Appetithemmung, Osteoporose	**Therapeutisch zweckmäßig bei** großen Anfällen und fokalen Krämpfen. Wegen starker Dämpfung Mittel zweiter Wahl.
Mysoline (Ö) Tabl. Primidon *Rezeptpflichtig*	Starke Dämpfung mit Einschränkung des Reaktionsvermögens, Schläfrigkeit, bei Kindern und älteren Menschen auch Unruhe und Reizbarkeit. Bei Überdosierung verschwommenes Sehen. Bei Kindern Wesensveränderungen. Hautausschläge, Appetithemmung, Osteoporose	**Therapeutisch zweckmäßig bei** großen Anfällen und fokalen Krämpfen. Wegen starker Dämpfung Mittel zweiter Wahl.

Präparat	Wichtigste Nebenwirkungen	Empfehlung
Neurontin (D/Ö) Kaps., Filmtabl. Gabapentin *Rezeptpflichtig*	Schwächegefühl, Seh-, Sprech- und Koordinationsstörungen, trockener Mund, Durchfall, Gelenk- und Muskelschmerzen, Stimmungsschwankungen, Schwellungen (Ödeme) können auftreten; Halluzinationen in seltenen Fällen; starke Schmerzen im Oberbauch (Pankreatitis) kommen vereinzelt vor; Blutbildstörungen	**Therapeutisch zweckmäßig bei** fokalen Krämpfen, die nicht sehr aktiv sind. Auch in Kombination mit anderen Antiepileptika zu verwenden.
Neurotop (Ö) Tabl., Retardtabl. Carbamazepin *Rezeptpflichtig*	Müdigkeit mit Einschränkung der Reaktionsfähigkeit, häufig Magen-Darm-Störungen und Hautausschläge. Bei höheren Dosierungen: Seh- und Koordinationsstörungen, Schwindel, Unruhe, Verwirrtheit. Blutschäden, Osteoporose	**Therapeutisch zweckmäßig bei** großen Anfällen und fokalen Krämpfen.
Orfiril (D) Drag., Retardminitabl., Retardkaps., Saft, Amp. Valproinsäure *Rezeptpflichtig*	Leichte Müdigkeit mit Einschränkung des Reaktionsvermögens. Appetitverminderung, aber auch starke Appetitsteigerung. Haarausfall. Blutgerinnungsstörungen. Nervöse Erregung, Leberschäden, Aggressivität und Überaktivität besonders bei Kindern	**Therapeutisch zweckmäßig bei** Epilepsien im Erwachsenenalter. Wirksam auch bei kleinen Anfällen, z. B. Absencen. Bei Kindern und Jugendlichen jedoch Risiko schwerer Leberschäden.
Ospolot (D/Ö) Filmtabl. Sultiam *Rezeptpflichtig*	Müdigkeit, Benommenheit, Depression, Einschränkung des Reaktionsvermögens, Kopfschmerzen, Gewichtsabnahme, Schwindel, Blutbildschäden, Blähungen, Durchfall, Appetitlosigkeit, allergische Hautausschläge	**Abzuraten** Der therapeutische Nutzen zur Vorbeugung oder zur Behandlung von Anfällen ist nicht ausreichend belegt. Bessere Alternativen (z. B. Valproinsäure) sind vorzuziehen.

Präparat	Wichtigste Nebenwirkungen	Empfehlung
Phenhydan (D/Ö) Tabl., Injektionslösung, nur D: Infusionskonzentrat Phenytoin *Rezeptpflichtig*	Bei normaler Dosierung: geringe Dämpfung, schwere allergische Reaktionen. Bei höherer Dosierung: häufig Zahnfleischwucherungen (auch bei Kindern), Bewegungsstörungen, verstärkte Körperbehaarung, Knochenmarkschäden, Leberschäden, Osteoporose, Herz-Kreislaufstörungen	**Therapeutisch zweckmäßig bei** großen Anfällen und fokalen Krämpfen. Mittel der Reserve.
Rivotril (D/Ö) Tabl., nur D: Amp., Tropfen Clonazepam *Rezeptpflichtig*	Müdigkeit mit Einschränkung der Reaktionsfähigkeit, Schläfrigkeit, Persönlichkeitsveränderungen, Koordinationsschwierigkeiten, Zittern, Schwindel, Atemdepression, Verhaltensstörungen	**Therapeutisch zweckmäßig bei** großen Anfällen, fokalen Krämpfen. Häufig nur kurzfristig wirksam.
Tegretal (D) Tabl., Retardtabl., Suspension Carbamazepin **Tegretol** (Ö) Tabl., Retardtabl., Suspension, Carbamazepin *Rezeptpflichtig*	Müdigkeit mit Einschränkung der Reaktionsfähigkeit, häufig Magen-Darm-Störungen und Hautausschläge. Bei höheren Dosierungen: Seh- und Koordinationsstörungen, Schwindel, Unruhe, Verwirrtheit, Blutschäden, Osteoporose	**Therapeutisch zweckmäßig bei** großen Anfällen und fokalen Krämpfen.
Timonil (D) Tabl., Retardtabl., Saft Carbamazepin *Rezeptpflichtig*	Müdigkeit mit Einschränkung der Reaktionsfähigkeit, häufig Magen-Darm-Störungen und Hautausschläge. Bei höheren Dosierungen: Seh- und Koordinationsstörungen, Schwindel, Unruhe, Verwirrtheit. Blutschäden, Osteoporose	**Therapeutisch zweckmäßig bei** großen Anfällen und fokalen Krämpfen.
Timox (D) Filmtabl., Suspension Oxcarbazepin *Rezeptpflichtig*	Kann den Salz-Wasser-Haushalt stören, Übelkeit, Erbrechen, verschwommenes Sehen, Krampfanfälle, Verwirrtheit und Bewusstseinstrübung sind möglich, ebenso Herzrhythmusstörungen (sehr selten); Leberschäden und Blutbildstörungen können auftreten	**Therapeutisch zweckmäßig bei** großen Anfällen und fokalen Krämpfen.

Präparat	Wichtigste Nebenwirkungen	Empfehlung
Topamax (D/Ö) Filmtabl., Kaps. Topiramat *Rezeptpflichtig*	Übelkeit, Müdigkeit, Schwindel, verlangsamte Reaktionsfähigkeit, Appetitlosigkeit, Kopfschmerzen, Nervosität, Gedächtnisstörungen, Kribbel- und Taubheitsgefühl im Körper, Sehstörungen, Blutbildstörungen, Schmerzen beim Wasserlassen	**Therapeutisch zweckmäßig bei** großen Anfällen und fokalen Krämpfen. Das Mittel ist allerdings noch weniger erprobt als die »klassischen« Epilepsiemittel, so dass der Langzeitnutzen noch nicht endgültig beurteilt werden kann.
Trileptal (D/Ö) Filmtabl., Suspension Oxcarbazepin *Rezeptpflichtig*	Kann den Salz-Wasser-Haushalt stören, Übelkeit, Erbrechen, verschwommenes Sehen, Krampfanfälle, Verwirrtheit und Bewusstseinstrübung sind möglich, ebenso Herzrhythmusstörungen (sehr selten); Leberschäden und Blutbildstörungen können auftreten	**Therapeutisch zweckmäßig bei** großen Anfällen und fokalen Krämpfen.
Valium Roche (D/Ö) Injektionslösung Diazepam *Rezeptpflichtig*	Müdigkeit, Beeinträchtigung der Konzentration (Vorsicht beim Autofahren). Nach längerer Anwendung können beim Absetzen Entzugssymptome auftreten (Folgen von Abhängigkeit)	**Therapeutisch zweckmäßig** Lang bewährter Inhaltsstoff.
Zentropil (D) Tabl. Phenytoin *Rezeptpflichtig*	Bei normaler Dosierung: geringe Dämpfung, schwere allergische Reaktionen. Bei höherer Dosierung: häufig Zahnfleischwucherungen (auch bei Kindern), Bewegungsstörungen, verstärkte Körperbehaarung, Knochenmarkschäden, Leberschäden, Osteoporose, Herz-Kreislaufstörungen	**Therapeutisch zweckmäßig bei** großen Anfällen und fokalen Krämpfen. Mittel der Reserve.

2.7. Mittel gegen die Parkinson'sche Krankheit

Cassius Clay alias Muhammad Ali erklärte wiederholt und lautstark: Ich bin der Größte! Das war in den sechziger Jahren, als er tatsächlich der größte Boxer war. Manche sagen sogar, er war der größte Boxer aller Zeiten. Heute ist seine Miene starr, und sein Körper zittert und

zuckt so stark, dass es niemandem verborgen bleibt – er hat Parkinson.
Als Parkinson'sche Krankheit wird die Erkrankung von Teilen des Nervensystems bezeichnet, welche die Koordination der Skelettmuskulatur steuern. Dabei gehen Nervenzellen zugrunde, die den wichtigen Überträgerstoff Dopamin erzeugen. Die Bewegungen werden durch diese Erkrankung gehemmt. Das kann bis zur Muskelstarre führen. Insgesamt ist die Geschicklichkeit verringert. Meist treten auch Zittern und Muskelzuckungen auf. Menschen, die an der Parkinson'schen Krankheit leiden, machen meist einen ängstlichen, unsicheren und passiven Eindruck – obwohl sie das nicht sind und bei entsprechender Unterstützung ein selbstständiges Leben führen können. Die Erkrankung beginnt meist sehr unauffällig zwischen dem 50. und 65. Lebensjahr mit verlangsamten Bewegungen, depressiven Stimmungen und einem leichten Zittern in Armen und Beinen, das im Ruhezustand auftritt. Parkinson tritt nach Schätzungen bei einem von tausend Menschen (aller Altersgruppen) auf. Die Diagnose ist am Beginn sehr schwierig zu stellen. In Deutschland leiden etwa 250.000 Männer und Frauen an Parkinson.

Ursachen

- Ein großer Teil der Erkrankungen dürfte durch Schädigung bestimmter Hirnzellen verursacht werden. Der Grund der Schädigung ist nicht bekannt.
- Medikamente, vor allem Neuroleptika (siehe Kapitel 2.5.: Mittel gegen Psychosen), aber auch bestimmte Blutdruckmittel (z. B. der Wirkstoff Reserpin) sowie das Magen-Darmmittel Metoclopramid (enthalten z. B. in *Paspertin*) können Parkinson-ähnliche Symptome auslösen.
- Vergiftungen mit Kohlenmonoxyd oder Mangan, Gehirnentzündungen oder -verletzungen können ebenfalls Parkinson-Symptome auslösen.

Behandlung

Vor jeder Behandlung mit Medikamenten »sollten eine internistische Allgemeinbehandlung sowie eine angemessene Krankengymnastik und psychosoziale Maßnahmen stehen«, empfiehlt die Arzneimittelkommission der Deutschen Ärzteschaft. Medikamente können die Symptome für längere oder kürzere Zeit reduzieren, das Fortschrei-

ten der Krankheit insgesamt jedoch nicht stoppen, und sie können keinesfalls eine Krankengymnastik ersetzen.
Die Basis jeder Behandlung bilden meist Medikamente mit dem Wirkstoff Levodopa, der normalerweise mit anderen Wirkstoffen kombiniert wird. Weil die Wirkung dieser Medikamente nach etwa fünf Jahren nachlässt, muss man dann auf andere umsteigen.

Levodopa

Levodopa ist eine Vorstufe des Überträgerstoffes Dopamin und wird vom Gehirn in das fehlende Dopamin umgewandelt. Eine Heilung oder völlige Beschwerdefreiheit ist damit aber nicht möglich. Levodopa wird normalerweise in Kombination mit anderen Wirkstoffen verwendet, um die auftretenden Störwirkungen zu verringern (z. B. *Dopadura C, Isicom, Levobeta C, Levocomp, Levodop-neuraxpharm, Levodopa-ratiopharm comp, Levodopa comp C Stada, Levodopa comp B Stada, Madopar, Nacom, PK Levo, Sinemet*).
Wenn nach etwa fünf Jahren die Wirkung von Levodopa nachlässt, kommt es meist auch zu Wirkungsschwankungen im Lauf des Tages. Es kann sogar zu einer Verstärkung der ursprünglichen Beschwerden kommen.
Die Nebenwirkungen von Levodopa sind unangenehm: Übelkeit, Erbrechen und Appetitlosigkeit treten bei fast der Hälfte der Behandelten auf, Blutdruckschwankungen, Schlaflosigkeit, Unruhe, Verwirrtheit und Depressionen seltener. Bei unregelmäßigem Herzschlag, nach einem Herzinfarkt oder nach Psychosen ist die Einnahme dieser Medikamente riskant. Bewegungsunruhe, Zittern und Wippen sind meist Anzeichen einer Überdosierung, die nach dem Herabsetzen der Dosis verschwinden.

Amantadin

Amantadin (enthalten z. B. in *Aman, Amantadin AL, Amantadin-neuraxpharm, Amantadin-ratiopharm, PK Merz*) wirkt etwas schwächer als Levodopa, ist jedoch besser verträglich und hat einen schnelleren Wirkungseintritt. Es wird hauptsächlich dann verwendet, wenn sich als augenfälligste Beschwerde Bewegungsarmut (Akinese) zeigt.
Amantadin hat folgende Nebenwirkungen, die meist nur zu Beginn der Behandlung auftreten: Mundtrockenheit, Sehstörungen, Schwierigkeiten beim Wasserlassen, Magen-Darm-Störungen, Nervosität mit

Schlaflosigkeit, Kopfschmerzen, Schwindel, psychische Veränderungen, wie Verwirrtheit und Depressionen, Blutdruckabfall, Benommenheit, eingeschränktes Reaktionsvermögen.

Cabergolin

Cabergolin (enthalten in *Cabaserin*), Dihydroergocryptin (enthalten in *Almirid*), Lisurid (enthalten in *Dopergin*), Pergolid (enthalten in *Parkotil, Permax*), Pramipexol (enthalten in *Sifrol*) und Ropinirol (enthalten in *Requip*) werden verwendet, wenn die Wirkung von Levodopa nachlässt oder schwankt. Als Nebenwirkungen können Bewegungsstörungen, Schwindel, psychische Veränderungen, Schläfrigkeit, Blutdruckabfall, Magen-Darm-Störungen und eine Reihe von weiteren Beschwerden auftreten.

Entacapon

Entacapon (enthalten z. B. in *Comtan, Comtess*). Dieses Mittel zählt zur Gruppe der so genannten COMT-Hemmer. COMT ist die Abkürzung für ein Enzym, das den Wirkstoff Levodopa abbaut. Entacapon verlängert die Wirkung von Levodopa und wird in späteren Krankheitsphasen verwendet. Laut Arzneimittelkommission der deutschen Ärzteschaft sind Nutzen und Risiken dieses Mittels bis jetzt nicht sicher beurteilbar.

Sonstige Mittel

Akineton, Artane, Biperiden neuraxpharm, Parkopan, Sormodren, Tremarit: Diese Mittel sind besonders gut bei medikamentös verursachtem Parkinsonismus wirksam. Sie blockieren Nervenbahnen (mit dem Überträgerstoff Acetylcholin), die für unwillkürliche Bewegungen verantwortlich sind, und beeinflussen hauptsächlich die Muskelspannung und den Speichelfluss. Bewegungsstörungen bei der parkinsonschen Krankheit sind mit diesen Medikamenten oft nicht ausreichend zu beeinflussen.
Nebenwirkungen sind hauptsächlich Kopfschmerzen, Schwindel, Gleichgewichtsstörungen, Benommenheit, Mundtrockenheit, Verstopfung, Sehstörungen. Seltener treten Störungen beim Harnlassen, Schluckbeschwerden, Störungen der Bewegungskoordination, Doppeltsehen und Herzjagen auf. Bei älteren Patienten zeigen sich gelegentlich psychotische Zustände.

2.7. Mittel gegen die Parkinson'sche Krankheit

Präparat	Wichtigste Nebenwirkungen	Empfehlung
Akineton (D/Ö) Tabl., Injektionslösung, Retardtabl.(D), Retarddrag. (Ö) Biperiden *Rezeptpflichtig*	Mundtrockenheit, Müdigkeit, Sehstörungen, Herzklopfen, Verstopfung. Schwierigkeiten beim Wasserlassen (besonders bei älteren Männern)	**Therapeutisch zweckmäßig** Lang bewährtes Präparat. Auch bei medikamentös verursachten Parkinson-ähnlichen Störungen wirksam.
Almirid (D/Ö) Tabl. Dihydroergocryptin *Rezeptpflichtig*	Übelkeit, Bauchschmerzen, niedriger Blutdruck. Halluzinationen, Verwirrtheit. Bei gleichzeitiger Behandlung mit dem Wirkstoff Levodopa können die Nebenwirkungen verstärkt sein	**Therapeutisch zweckmäßig** Auch als Zusatztherapie bei der Behandlung mit Levodopa und einem Decarboxylasehemmer (z. B. in *Madopar*) geeignet. Weniger erprobt als der ähnliche Wirkstoff Bromocriptin.
Aman (D) Filmtabl., Tabl. Amantadin *Rezeptpflichtig*	Mundtrockenheit, Sehstörungen, Herzinsuffizienz, psychische Veränderungen (z. B. Verwirrtheitszustände, Depressionen). Schwierigkeiten beim Wasserlassen (besonders bei älteren Männern)	**Therapeutisch zweckmäßig** Auch bei medikamentös verursachten Parkinson-ähnlichen Störungen wirksam.
Amantadin AL (D) **Amantadin beta** (D) **Amantadin-HCl Sandoz** (D) **Amantadin-Sulfat Sandoz** (D) **Amantadin neuraxpharm** (D) **Amantadin-ratiopharm** (D) **Amantadin von ct** (D) Tabl., Filmtabl. Amantadin *Rezeptpflichtig*	Mundtrockenheit, Sehstörungen, Herzinsuffizienz, psychische Veränderungen (z. B. Verwirrtheitszustände, Depressionen). Schwierigkeiten beim Wasserlassen (besonders bei älteren Männern)	**Therapeutisch zweckmäßig** Auch bei medikamentös verursachten Parkinson-ähnlichen Störungen wirksam.
Artane (D/Ö) Tabl. Trihexyphenidyl *Rezeptpflichtig*	Mundtrockenheit, Müdigkeit, Sehstörungen, Herzklopfen, Verstopfung. Schwierigkeiten beim Wasserlassen (besonders bei älteren Männern)	**Therapeutisch zweckmäßig** Auch bei medikamentös verursachten Parkinson-ähnlichen Störungen wirksam.

Präparat	Wichtigste Nebenwirkungen	Empfehlung
Biperiden neuraxpharm (D) Tabl., Injektionslösung Biperiden *Rezeptpflichtig*	Mundtrockenheit, Müdigkeit, Sehstörungen, Herzklopfen, Verstopfung. Schwierigkeiten beim Wasserlassen (besonders bei älteren Männern)	**Therapeutisch zweckmäßig** Lang bewährtes Präparat (auch bei medikamentös verursachten Parkinson-ähnlichen Störungen wirksam).
Bromocriptin beta (D) Hartkaps. **Bromocriptin-ratiopharm** (D/Ö) Kaps. Bromocriptin *Rezeptpflichtig*	Übelkeit, Bauchschmerzen, niedriger Blutdruck, Durchblutungsstörungen, Herzrhythmusstörungen (Synkopen), Halluzinationen, Verwirrtheit. Bei gleichzeitiger Behandlung mit dem Wirkstoff Levodopa können die Nebenwirkungen verstärkt sein	**Therapeutisch zweckmäßig** als Zusatztherapie bei der Behandlung mit Levodopa und einem Decarboxylasehemmer (z. B. in *Madopar*). Bewährter Dopaminagonist, aber zu kurz wirksam.
Cabaseril (D/Ö) Tabl. Cabergolin *Rezeptpflichtig*	Übelkeit, Bauchschmerzen, niedriger Blutdruck. Plötzliche Schlafattacken möglich, Halluzinationen, Verwirrtheit. Bei gleichzeitiger Behandlung mit dem Wirkstoff Levodopa können die Nebenwirkungen verstärkt sein	**Therapeutisch zweckmäßig** Auch als Zusatztherapie bei der Behandlung mit Levodopa und einem Decarboxylasehemmer (z. B. in *Madopar*) geeignet. Lange Wirkungsdauer (ca. 24 h) ist vorteilhaft.
Comtan (Ö) Filmtabl. Entacapon *Rezeptpflichtig*	Bewegungsstörungen, Übelkeit, Magen-Darm-Störungen, Bauchschmerzen, ungefährliche Rotfärbung des Urins	**Möglicherweise zweckmäßig** Nur zur Zusatzbehandlung bei unzureichender Wirksamkeit der Behandlung mit Levodopa und einem Decarboxylasehemmer (z. B. in *Madopar*). Relativ wenig erprobt.
Comtess (D) Filmtabl. Entacapon *Rezeptpflichtig*	Bewegungsstörungen, Übelkeit, Magen-Darm-Störungen, Bauchschmerzen, ungefährliche Rotfärbung des Urins	**Möglicherweise zweckmäßig** Nur zur Zusatzbehandlung bei unzureichender Wirksamkeit der Behandlung mit Levodopa und einem Decarboxylasehemmer (z. B. in *Madopar*). Relativ wenig erprobt.
Dopergin (D/Ö) Tabl. Lisurid *Rezeptpflichtig*	Übelkeit, Bauchschmerzen, niedriger Blutdruck. Plötzliche Schlafattacken möglich, Halluzinationen, Verwirrtheit. Bei gleichzeitiger Behandlung mit dem Wirkstoff Levodopa können die Nebenwirkungen verstärkt sein	**Therapeutisch zweckmäßig** Auch als Zusatztherapie bei der Behandlung mit Levodopa und einem Decarboxylasehemmer (z. B. in *Madopar*) geeignet. Kurze Wirkungsdauer. Anwendung auch bei hormonellen Störungen und zum Abstillen.

Präparat	Wichtigste Nebenwirkungen	Empfehlung
Dopadura C (D) Tabl. Levodopa, Carbidopa *Rezeptpflichtig*	Magen-Darm-Störungen, Kreislaufstörungen, Bewegungsstörungen, Depressionen	**Therapeutisch zweckmäßig** Sinnvolle Kombination von Levodopa mit dem Wirkstoff Carbidopa, der den Abbau von Levodopa hemmt und die unerwünschten Wirkungen verringern kann.
Isicom (D) Tabl. Levodopa, Carbidopa *Rezeptpflichtig*	Magen-Darm-Störungen, Kreislaufstörungen, Bewegungsstörungen, Depressionen	**Therapeutisch zweckmäßig** Sinnvolle Kombination von Levodopa mit dem Wirkstoff Carbidopa, der den Abbau von Levodopa hemmt und die unerwünschten Wirkungen verringern kann.
Levobeta C (D) Tabl., Retardtabl. **Levocarb-Teva** (D) Tabl. **Levocomp** (D) Tabl., Retardtabl. **Levodop-neuraxpharm** (D) Tabl. **Levodopa comp. C Stada** (D) Tabl. **Levodopa-ratiopharm comp.** (D) Tabl. Levodopa, Carbidopa *Rezeptpflichtig*	Magen-Darm-Störungen, Kreislaufstörungen, Bewegungsstörungen, Depressionen	**Therapeutisch zweckmäßig** Sinnvolle Kombination von Levodopa mit dem Wirkstoff Carbidopa, der den Abbau von Levodopa hemmt und die unerwünschten Wirkungen verringern kann.
Levodopa comp. B Stada (D) Hartkaps., Levodopa, Benserazid *Rezeptpflichtig*	Magen-Darm-Störungen, Kreislaufstörungen, Bewegungsstörungen, Depressionen	**Therapeutisch zweckmäßig** Sinnvolle Kombination von Levodopa mit dem Wirkstoff Carbidopa, der den Abbau von Levodopa hemmt und die unerwünschten Wirkungen verringern kann.
Madopar (D/Ö) Kaps., lösl. Tabl., T-Tabl. (D), LT Tabl. (D), Depot Retardkaps. (D) Levodopa, Benserazid *Rezeptpflichtig*	Magen-Darm-Störungen, Kreislaufstörungen, Bewegungsstörungen, Depressionen	**Therapeutisch zweckmäßig** Sinnvolle Kombination von Levodopa mit dem Wirkstoff Benserazid, der den Abbau von Levodopa hemmt und unerwünschte Wirkungen vermindern kann.
Nacom (D) Tabl., Retardtabl. Levodopa, Carbidopa *Rezeptpflichtig*	Magen-Darm-Störungen, Kreislaufstörungen, Bewegungsstörungen, Depressionen	**Therapeutisch zweckmäßig** Sinnvolle Kombination von Levodopa mit dem Wirkstoff Carbidopa, der den Abbau von Levodopa hemmt und die unerwünschten Wirkungen verringern kann.

Präparat	Wichtigste Nebenwirkungen	Empfehlung
Parkopan (D) Tabl. Trihexyphenidyl *Rezeptpflichtig*	Mundtrockenheit, Müdigkeit, Sehstörungen, Herzklopfen, Verstopfung. Schwierigkeiten beim Wasserlassen (besonders bei älteren Männern)	**Therapeutisch zweckmäßig** Auch bei medikamentös verursachten Parkinson-ähnlichen Störungen wirksam.
Parkotil (D) Tabl. Pergolid *Rezeptpflichtig*	Übelkeit, Bauchschmerzen, niedriger Blutdruck. Plötzliche Schlafattacken möglich, Halluzinationen, Verwirrtheit. Bei gleichzeitiger Behandlung mit dem Wirkstoff Levodopa können die Nebenwirkungen verstärkt sein	**Therapeutisch zweckmäßig** Auch als Zusatztherapie bei der Behandlung mit Levodopa und einem Decarboxylasehemmer (z. B. in *Madopar*) geeignet. Kurze Wirkungsdauer.
Permax (Ö) Tabl. Pergolid *Rezeptpflichtig*	Übelkeit, Bauchschmerzen, niedriger Blutdruck. Plötzliche Schlafattacken möglich, Halluzinationen, Verwirrtheit. Bei gleichzeitiger Behandlung mit dem Wirkstoff Levodopa können die Nebenwirkungen verstärkt sein	**Therapeutisch zweckmäßig** Auch als Zusatztherapie bei der Behandlung mit Levodopa und einem Decarboxylasehemmer (z. B. in *Madopar*) geeignet. Kurze Wirkungsdauer.
PK Levo (D) Tabl. Levodopa, Benserazid *Rezeptpflichtig*	Magen-Darm-Störungen, Kreislaufstörungen, Bewegungsstörungen, Depressionen	**Therapeutisch zweckmäßig** Sinnvolle Kombination von Levodopa mit dem Wirkstoff Benserazid, der den Abbau von Levodopa hemmt und unerwünschte Wirkungen vermindern kann.
PK Merz (D/Ö) Filmtabl., Brausetabl., Infusionslösung Amantadin *Rezeptpflichtig*	Mundtrockenheit, Sehstörungen, Herzinsuffizienz, psychische Veränderungen (z. B. Verwirrtheitszustände, Depressionen). Schwierigkeiten beim Wasserlassen (besonders bei älteren Männern)	**Therapeutisch zweckmäßig** Auch bei medikamentös verursachten Parkinson-ähnlichen Störungen wirksam.
Requip (D/Ö) Tabl. (D), Filmtabl. (Ö) Ropinirol *Rezeptpflichtig*	Übelkeit, Bauchschmerzen, niedriger Blutdruck. Plötzliche Schlafattacken möglich, Halluzinationen, Verwirrtheit. Bei gleichzeitiger Behandlung mit dem Wirkstoff Levodopa können die Nebenwirkungen verstärkt sein	**Therapeutisch zweckmäßig** Auch als Zusatztherapie bei der Behandlung mit Levodopa und einem Decarboxylasehemmer (z. B. in *Madopar*) geeignet. Weniger erprobt als ähnliche Wirkstoffe wie z.B. Bromocriptin und Cabergolin.

Präparat	Wichtigste Nebenwirkungen	Empfehlung
Sifrol (D/Ö) Tabl. Pramipexol *Rezeptpflichtig*	Übelkeit, Bauchschmerzen, niedriger Blutdruck. Plötzliche Schlafattacken möglich, Halluzinationen, Verwirrtheit. Bei gleichzeitiger Behandlung mit dem Wirkstoff Levodopa können die Nebenwirkungen verstärkt sein	**Therapeutisch zweckmäßig** Auch als Zusatztherapie bei der Behandlung mit Levodopa und einem Decarboxylasehemmer (z. B. in *Madopar*) geeignet. Weniger erprobt als ähnliche Wirkstoffe wie z. B. Bromocriptin und Cabergolin.
Sinemet (Ö) Tabl., Retardtabl. Levodopa, Carbidopa *Rezeptpflichtig*	Magen-Darm-Störungen, Kreislaufstörungen, Bewegungsstörungen, Depressionen	**Therapeutisch zweckmäßig** Sinnvolle Kombination von Levodopa mit dem Wirkstoff Carbidopa, der den Abbau von Levodopa hemmt und die unerwünschten Wirkungen verringern kann.
Sormodren (D/Ö) Tabl., Bornaprin *Rezeptpflichtig*	Mundtrockenheit, Müdigkeit, Sehstörungen, Herzklopfen, Verstopfung. Schwierigkeiten beim Wasserlassen (besonders bei älteren Männern)	**Therapeutisch zweckmäßig** Auch bei medikamentös verursachten Parkinson-ähnlichen Störungen wirksam.
Tremarit (D) Tabl., Manteltabl. Metixen	Mundtrockenheit, Müdigkeit, Sehstörungen, Herzklopfen, Verstopfung. Schwierigkeiten beim Wasserlassen (besonders bei älteren Männern)	**Therapeutisch zweckmäßig** Auch bei medikamentös verursachten Parkinson-ähnlichen Störungen wirksam.

2.8. Muskellockernde Mittel

Es gibt zwei Muskelarten. Die *glatten* Muskeln bewegen die Därme, die Gallen-, Luft- und Harnwege und die Blutgefäße. Zur Lösung von Krämpfen dieser Muskeln werden vor allem krampflösende Mittel (siehe Kapitel 1.4.) verwendet. Zu den *quergestreiften* Muskeln gehören Skelett- und Herzmuskulatur. Die Skelettmuskeln steuern den gesamten Bewegungsablauf des Menschen. Für jede Bewegung ist die gut abgestimmte Aktion verschiedener Muskeln notwendig. Signale des Nervensystems ermöglichen die Koordination der Muskeln.

Spastische Störungen

Bei Spastikern ist die Koordination der Bewegungsabläufe der Skelettmuskeln gestört. Die einzelnen Bewegungen wirken unbeholfen,

immer wieder kommen unwillkürliche, rasche Bewegungen und auch Krämpfe vor. Spastische Störungen werden meist durch Schädigungen des Rückenmarks oder des Gehirns hervorgerufen, deren Ursachen vielfältig sind: Schlaganfälle, Vergiftungen durch Chemikalien, Schädigungen bei Geburt und Unfällen sind die häufigsten. Auch Gehirnhautentzündungen und Multiple Sklerose können zu spastischen Erkrankungen führen.
Bei Störungen, die von Gehirnschäden hervorgerufen werden (zerebrale Störungen, hauptsächlich durch Multiple Sklerose), sind unkontrollierte, heftige Bewegungen seltener. Die Muskeln sind stärker gelähmt, die Arme und Beine zittern eher. Störungen, die bei Schäden des Rückenmarks entstehen (spinale Störungen), sind öfter von unkontrollierten, heftigen Bewegungen und Krämpfen begleitet.

Behandlung

Spastische Störungen der Skelettmuskulatur können mit den Wirkstoffen Baclofen (enthalten z. B. in *Baclofen-ratiopharm*, *Lioresal*), Diazepam (enthalten z. B. in *Diazepam-ratiopharm*), Tetrazepam (enthalten z. B. in *Musaril*, *Myolastan*, *Myospasmal*, *Tethexal*, *Tetra Saar*, *Tetramdura*, *Tetrazep von ct*, *Tetrazepam-ratiopharm*) und Tizanidin (enthalten z. B. in *Sirdalud*) wirksam behandelt werden.

Baclofen

(enthalten z. B. in *Baclofen-ratiopharm*, *Lioresal*) ist das am stärksten wirkende Mittel bei Muskelspasmen. Es ist deshalb eine genaue Dosierung notwendig, die individuell ermittelt werden muss. Mit einer niedrigen Dosis beginnen und nur langsam erhöhen.
Die Störwirkungen schränken die Anwendungsmöglichkeiten ein. Typische Nebenwirkungen sind Müdigkeit, Schwindel, Benommenheit. Es können außerdem Magen-Darm-Störungen, Blutdruckabfall, Muskelschmerzen und psychische Störungen auftreten. Bei plötzlichem Absetzen können Halluzinationen und Krämpfe auftreten.
Die Wirksamkeit von Baclofen bei Muskelkrämpfen als Folge eines Schlaganfalls oder Parkinson ist nicht ausreichend belegt.

Benzodiazepine

Benzodiazepine (Diazepam, enthalten z. B. in *Diazepam-ratiopharm* und Tetrazepam, enthalten z. B. in *Musaril, Myolastan, Myospasmal, Rilex, Tethexal, Tetramdura, Tetra Saar, Tetrazep 1A Pharma,*

Tetrazep AbZ, Tetrazep AL, Tetrazep von ct, Tetrazepam-ratiopharm, Tetrazepam Stada) werden in erster Linie als Schlafmittel und als Beruhigungsmittel verwendet (siehe dazu Kapitel 2.1. und 2.2.). Sie haben darüber hinaus auch eine spezifische muskelentspannende Wirkung. Ihre Verwendung ist deshalb auch zweckmäßig bei Muskelspasmen – allerdings nur in Verbindung mit physiotherapeutischen Maßnahmen.
Typische Nebenwirkungen sind Benommenheit und Müdigkeit. Bei längerer Einnahme besteht die Gefahr, dass man von diesen Mitteln abhängig wird.

Lokale Muskelverspannungen und Muskelkrämpfe

Von einem Muskelkrampf kann man sprechen, wenn sich Muskelpartien unwillkürlich längere Zeit zusammenziehen. Muskelkrämpfe sind schmerzhaft, gehen jedoch meist von selbst wieder vorüber, wenn man sich ausruht. Sie können auch durch Massage, Gymnastik und andere physiko-therapeutische Maßnahmen wirksam bekämpft werden. Krämpfe sind meist Signale des Körpers, die eine Überlastung (auch durch falsche Haltung, zu langes Stehen) anzeigen. Bei solchen Störungen sind Medikamente nicht sinnvoll.

Muskelkrämpfe können verschiedene Ursachen haben:
- Leistungskrampf (SportlerInnen, FließbandarbeiterInnen)
- Ruhekrampf: nächtliche Krämpfe, Schwangerschaftskrämpfe
- Krämpfe bei Erkrankungen wie Salzverlust durch schwere Durchfälle, Gefäßverschlüsse, Vergiftungen
- Krämpfe durch Medikamente: harntreibende Mittel, Morphin, Neuroleptika etc.

Wenn die Ursachen nicht ausgeschaltet werden können, können folgende Hausmittel oft lindernd wirken: Massagen, Einreibungen, Wärmeflaschen oder Eisbeutel und Bandagen.
Zur Schmerzlinderung sind Wirkstoffe wie Acetylsalicylsäure (z. B. *Aspirin, ASS-ratiopharm etc.*) oder Paracetamol (z. B. *Paracetamol-ratiopharm* etc.) sinnvoll (siehe Kapitel 1.1.: Einfache Schmerzmittel).
Wenn Schmerzmittel nicht ausreichen, um die Beschwerden zu lindern, helfen muskelentspannende Mittel wie Diazepam (enthalten z. B. in *Diazepam-ratiopharm*) und Tetrazepam (enthalten z. B. in *Musaril, Myolastan, Myospasmal, Rilex, Tethexal, Tetramdura,*

Tetra Saar, Tetrazep 1A Pharma, Tetrazep AbZ, Tetrazep AL, Tetrazep von ct, Tetrazepam-ratiopharm, Tetrazepam Stada).
Häufig werden gegen Muskelkrämpfe auch Mittel zum Einreiben empfohlen (siehe dazu Kapitel 3.3.: Einreibemittel bei Muskel- und Gelenkschmerzen).
Die Verwendung von Kombinationspräparaten wie *Limptar* ist nicht sinnvoll.

Nächtliche Wadenkrämpfe

Viele Erwachsene leiden unter nächtlichen Wadenkrämpfen, die sehr schmerzhaft sein können. Sie können nach besonders starken Muskelbeanspruchungen, Salzverlust, Dialyse, als Nebenwirkung verschiedener Medikamente (z. B. Neuroleptika, siehe Kapitel 2.5; Diuretika, siehe Kapitel 12.2. und 12.1.), aber auch ohne ersichtliche Ursache auftreten.
Am wirksamsten werden akute Wadenkrämpfe durch Rückwärtsbeugung des Fußes behandelt – in der Fachsprache nennt man dies aktive Dorsalbeugung.
Zur Vorbeugung sind folgende Maßnahmen sinnvoll: Beine warm halten und »Spitzfußstellung« vermeiden. Dies geschieht am einfachsten dadurch, indem »Rückenschläfer« die Fußsohlen gegen ein Widerlager, z. B. eine Wand, stellen. »Bauchschläfer« hingegen sollten die Füße über das Bettende hinausragen lassen.
Medikamente haben bei nächtlichen Wadenkrämpfen einen großen Placebo-Effekt. Das heißt: Welches Medikament auch immer genommen wird – meist wirkt es. Beliebt sind Magnesiumpräparate (z. B. *Magnesium Diasporal*), wirksam bei Magnesiummagel, der z. B. durch Salzverlust als Nebenwirkung von Medimamenten entstehen kann.

2.8. Muskellockernde Mittel

Präparat	Wichtigste Nebenwirkungen	Empfehlung
Baclofen-ratiopharm (D) Tabl. Baclofen *Rezeptpflichtig*	Einschränkung des Reaktionsvermögens, Dampfung, Übelkeit, Erbrechen, Schwindel, Kopfschmerzen. Selten auch depressive Verstimmung und Mundtrockenheit	**Therapeutisch zweckmäßig** Mittel erster Wahl bci Spastikern (vor allem bei multipler Sklerose).

Präparat	Wichtigste Nebenwirkungen	Empfehlung
DoloVisano M (D) Drag. Mephenesin *Rezeptpflichtig*	Benommenheit, Einschränkung des Reaktionsvermögens, Müdigkeit, Erbrechen, Übelkeit, Blutdruckabfall, Muskelschwäche. Bei hoher Dosierung Farbveränderung der Haare	**Wenig zweckmäßig** Benzodiazepin-Derivate (z. B. Diazepam) sind wegen größerer Sicherheit vorzuziehen. Allenfalls versuchsweise anwendbar, wenn eine Abhängigkeitsproblematik besteht.
Lioresal (D/Ö) Tabl., Intrathecal-Injektion, Infusion Baclofen *Rezeptpflichtig*	Einschränkung des Reaktionsvermögens, Dämpfung, Übelkeit, Erbrechen, Schwindel, Kopfschmerzen. Selten auch depressive Verstimmung und Mundtrockenheit	**Therapeutisch zweckmäßig** Mittel erster Wahl bei Spastikern (vor allem bei multipler Sklerose).
Musaril (D) Filmtabl. Tetrazepam *Rezeptpflichtig*	Müdigkeit, Beeinträchtigung der Reaktionsfähigkeit (besonders mit Alkohol), Benommenheit, bei längerer Einnahme Abhängigkeit	**Therapeutisch zweckmäßig** Die muskellockernde Wirksamkeit von Benzodiazepin-Derivaten gilt als therapeutisch gesichert. Die Anwendungsdauer sollte jedoch auf kurze Zeit beschränkt bleiben. Suchtgefahr!
Mydocalm (D/Ö) Filmtabl. Tolperison *Rezeptpflichtig*	Allergische Reaktionen, Müdigkeit, Schläfrigkeit, Schwindel, Blutdruckabfall, Magen-Darm-Störungen, Mundtrockenheit, allergische Hautausschläge	**Abzuraten** Nach unserer Auffassung ist ein Nutzen bei Muskelverspannung nicht belegt. Wir halten dieses Medikament für überholt.
Myolastan (Ö) Filmtabl. Tetrazepam *Rezeptpflichtig*	Müdigkeit, Beeinträchtigung der Reaktionsfähigkeit (besonders mit Alkohol), Benommenheit, bei längerer Einnahme Abhängigkeit	**Therapeutisch zweckmäßig** Die muskellockernde Wirksamkeit von Benzodiazepin-Derivaten gilt als therapeutisch gesichert. Die Anwendungsdauer sollte jedoch auf kurze Zeit beschränkt bleiben. Suchtgefahr!
Myoson (D) Tabl., Injektionslösung Pridinolmesilat *Rezeptpflichtig*	Trockener Mund, Störungen beim Wasserlassen, Schluckstörungen, Sprechstörungen	**Abzuraten** Zweifelhafte Wirksamkeit dieses früher bei Parkinson angewendeten Mittels. Medikamente wie *Musaril* sind vorzuziehen.

Präparat	Wichtigste Nebenwirkungen	Empfehlung
Myospasmal (D) Tabl. Tetrazepam *Rezeptpflichtig*	Müdigkeit, Beeinträchtigung der Reaktionsfähigkeit (besonders mit Alkohol), Benommenheit, bei längerer Einnahme Abhängigkeit	**Therapeutisch zweckmäßig** Die muskellockernde Wirksamkeit von Benzodiazepin-Derivaten gilt als therapeutisch gesichert. Die Anwendungsdauer sollte jedoch auf kurze Zeit beschränkt bleiben. Suchtgefahr!
Ortoton (D) Tabl., Injektionslösung Methocarbamol *Rezeptpflichtig*	Benommenheit, Einschränkung der Reaktionsfähigkeit, Koordinationsstörungen, Kopfschmerzen, Blutdruckabfall, Doppeltsehen, Farbveränderung des Urins (braun, schwarz oder grün), Magenschmerzen	**Abzuraten** Die Wirksamkeit erscheint nicht hinreichend belegt, der Nutzen bleibt zweifelhaft. Mittel wie Tetrazepam sind vorzuziehen.
Rilex (D) Tabl., Tetrazepam *Rezeptpflichtig*	Müdigkeit, Beeinträchtigung der Reaktionsfähigkeit (besonders mit Alkohol), Benommenheit, bei längerer Einnahme Abhängigkeit	**Therapeutisch zweckmäßig** Die muskellockernde Wirksamkeit von Benzodiazepin-Derivaten gilt als therapeutisch gesichert. Die Anwendungsdauer sollte jedoch auf kurze Zeit beschränkt bleiben. Suchtgefahr!
Sirdalud (D/Ö) Tabl., nur Ö: MR-Kaps. Tizanidin *Rezeptpflichtig*	Müdigkeit, Blutdruckabfall, Mundtrockenheit, Muskelschwäche, Übelkeit, Sehstörungen, Schlafstörungen, Verwirrtheit	**Therapeutisch zweckmäßig** Alternative zu *Lioresal* für Patienten mit zentral und peripher bedingter Muskelverspannung. Auch eine Alternative, wenn wegen Abhängigkeitsproblemen der Wirkstoff Diazepam oder vergleichbare Wirkstoffe nicht eingesetzt werden können.
Tethexal (D) Filmtabl. **Tetra Saar** (D) Tabl. **Tetrazep von ct** (D) Tabl. **Tetrazep 1A Pharma** (D) Tabl. **Tetrazep AbZ** (D) Filmtabl. **Tetrazepam-ratiopharm** (D) Filmtabl. **Tetrazepam AL** (D) Tabl. **Tetrazepam Stada** (D) Filmtabl. Tetrazepam *Rezeptpflichtig*	Müdigkeit, Beeinträchtigung der Reaktionsfähigkeit (besonders mit Alkohol), Benommenheit, bei längerer Einnahme Abhängigkeit	**Therapeutisch zweckmäßig** Die muskellockernde Wirksamkeit von Benzodiazepin-Derivaten gilt als therapeutisch gesichert. Die Anwendungsdauer sollte jedoch auf kurze Zeit beschränkt bleiben. Suchtgefahr!

3. Kapitel: **Gelenke**

Rheuma ist eine der »häufigsten und teuersten Volkskrankheiten«. In Westdeutschland wird jedes Jahr schätzungsweise fünf Millionen Mal die Diagnose Arthrose, drei Millionen Mal die Diagnose Weichteilrheuma und etwa 300.000-mal die Diagnose chronische Polyarthritis gestellt. Zur Behandlung von Rheuma werden in Deutschland von niedergelassenen Ärzten jedes Jahr etwa 70 Millionen Rezepte ausgestellt.

Als Rheuma werden mehr als 100 verschiedene Krankheiten bezeichnet, die miteinander oft gar nichts zu tun haben. Weitläufig versteht man darunter »alle Erkrankungen des Bewegungsapparates« – also des lockeren oder festen Bindegewebes, der Bänder, Sehnen, Muskeln, Knochen und der von ihnen gebildeten Organsysteme (z. B. Gelenke und Wirbelsäule).

Die wichtigsten rheumatischen Erkrankungen sind:

– *Weichteilrheumatismus*
– *Verschleißerkrankungen (degenerative Gelenkserkrankungen)*
– *entzündliches Rheuma der Gelenke (z. B. chronische Polyarthritis)*
– *Gicht*

Weichteilrheumatismus

Schmerzen in der Muskulatur und Muskelverspannungen werden von den meisten Menschen als Rheuma bezeichnet. Eine häufige Ursache für solche Beschwerden sind einseitige körperliche Belastungen und monotone Körperhaltungen, z. B. Bildschirmarbeit. Seelische Belastungen können ebenfalls zu Muskelverspannungen führen.

Behandlung

Durch verbesserte Körperhaltung, Entspannung, Ruhe, Wärme und Massagen gehen die Beschwerden meist zurück. Unter Umständen kann eine psychotherapeutische Behandlung notwendig sein. Schmerzlindernde Medikamente sollte man nur kurzfristig einnehmen. Als angenehm werden von den meisten Patienten Rheumamittel zum Einreiben empfunden. Ihre Wirkung beruht weniger auf den Inhaltsstoffen, sondern vor allem auf dem Massageeffekt.

Die Verwendung von Magnesium-Präparaten (siehe Kapitel 14.6.: Mineralstoffpräparate) kann – zur Unterstützung physikalischer Maßnahmen – wegen der geringfügig muskelentspannenden Wirkung sinnvoll sein.

Verschleißerkrankungen (Arthrosen und Bandscheibenschäden)

Viele Rheuma-Patienten, die den Arzt aufsuchen, leiden an Arthrosen und nicht an entzündlichem Rheumatismus. Die Gelenke sind oft steif, aber nicht immer – wie beim entzündlichen Rheumatismus – warm und gerötet. Die Häufigkeit dieser Erkrankungen nimmt mit steigendem Alter zu. Statistiken aus verschiedenen Ländern zeigen, dass fast alle Menschen über 50 Jahre Wirbelsäulenschäden haben und fast die Hälfte an einer Arthrose leidet.
Schwere körperliche Arbeit fördert den Verschleiß der Gelenke, Bauern und Bäuerinnen sind besonders betroffen. Diabetes kann dazu beitragen, dass sich Arthrosen verschlimmern. Psychosoziale Umstände spielen bei der Entstehung der Arthrose keine Rolle, können aber die Beschwerden verstärken.

Behandlung

Der Gelenkverschleiß hat nichts mit entzündlichem Rheuma zu tun. Bei starken Schmerzen können Schmerzmittel sinnvoll sein. Die Einnahme von Rheumamitteln ist nur dann zweckmäßig, wenn die Arthrose auch mit entzündlichen Prozessen der Weichteile oder der Gelenke verbunden ist.
Die meisten Patienten verwenden zur Linderung von Beschwerden Rheumamittel zum Einreiben (siehe Tabelle 3.3.: Einreibemittel bei Muskel- und Gelenksschmerzen). Die wohltuende Wirkung ist durch den wärmenden (z. B. Nikotinsäureester) oder kühlenden Effekt mancher Inhaltsstoffe (z. B. Menthol, alkoholische Lösungen), auf Geruchsaromen und nicht zuletzt auf den Massageeffekt zurückzuführen. Bei etwa jedem zweiten Patienten mit Gelenkbeschwerden ist der Placebo-Effekt wirksam. Das heißt: Egal, was für ein Mittel geschluckt oder geschmiert wird – es hilft, unabhängig davon, welcher Wirkstoff oder ob überhaupt ein Wirkstoff enthalten ist.
Die Wirksamkeit von so genannten Knorpelschutzmitteln (z. B. *AHP 200, Dona 200-S*) ist umstritten.
Wichtiger als Medikamente sind bei Arthrosen physikalische Therapien (heiße oder kalte Packungen, Elektrotherapie, Massagen, Gymnastik), ein ausgewogenes Maß an Ruhe und Bewegung und gutes Schuhwerk bei Hüft- und Kniegelenksarthrosen.

Gelenke sollen entlastet und Fehlbelastungen vermieden werden. Ein einfaches Hilfsmittel wie etwa ein Gehstock entlastet das Hüftgelenk um bis zu 60 Prozent. Übergewichtige sollten abnehmen, um ihre Gelenke zu entlasten.
Injektionen in ein arthrotisches Gelenk bringen in den meisten Fällen eine deutliche Schmerzlinderung – schon durch das Einbringen von einfachen Kochsalzlösungen. Man schätzt, dass bei etwa 30 bis 60 Prozent aller Arthrose-Patienten der Placebo-Effekt wirksam wird. Das heißt: Egal, was der Arzt spritzt, allein schon die Erwartung, dass es hilft, bringt eine entsprechende Schmerzlinderung. Einige Untersuchungen haben das überraschende Ergebnis gebracht, dass Injektionen mit einfachen Kochsalzlösungen sogar besser wirken als solche mit Kortison oder lokalen Betäubungsmitteln.
Bei allen Injektionen in ein Gelenk besteht das Risiko von entzündlichen Reaktionen – im Durchschnitt verursacht etwa jede 10.000ste Injektion eine schwerwiegende bakterielle Infektion, die das Gelenk zerstören kann.
Wenn die Gelenkfunktion zu stark eingeschränkt ist und Schmerzen nur noch schwer kontrollierbar sind, sollte das Gelenk operativ ausgetauscht werden. Der Erfolg hält normalerweise über einen langen Zeitraum an. Arthrotische Gelenke sollten jedoch möglichst spät ausgetauscht werden.

Entzündlicher Rheumatismus

Zu den entzündlichen rheumatischen Erkrankungen zählen die chronische Polyarthritis (in der Fachsprache heißt sie: primär chronische Polyarthritis = pcP = rheumatoide Arthritis), Morbus Bechterew, Bindegewebserkrankungen (z. B. Lupus erythematodes), Arthritis bei Schuppenflechte und Arthritis nach Allgemeinerkrankungen. Allen diesen Erkrankungen ist gemeinsam, dass der betroffene Körperteil schmerzt, überwärmt, gerötet und geschwollen ist. Aus unbekannter Ursache entsteht eine Entzündung der Innenauskleidung der Gelenke (Synovitis), die auch auf Schleimbeutel und Sehnen übergreifen kann und in der Folge Knorpel und Gelenke zerstört.
Die häufigste entzündliche Rheumaerkrankung ist die chronische Polyarthritis (rheumatoide Arthritis). Ein erstes Anzeichen dafür ist oft die Steifheit am Morgen. Auf Röntgenaufnahmen lässt sich häufig erkennen, dass Gelenkknorpel und die anliegenden Knochen »angefressen« sind. Die Ursache dieser zumeist sehr schmerzhaften Erkran-

kung ist ungeklärt. Gesichert ist nur, dass es sich um eine Fehlsteuerung des Immunsystems handelt. Rheumatische Entzündungen können in jedem Alter auftreten, beginnen jedoch am häufigsten bei den Dreißig- bis Vierzigjährigen. Die Krankheit beginnt meist schleichend und trifft etwa ein Prozent der Bevölkerung. An chronischer Polyarthritis leiden Frauen dreimal häufiger als Männer. Auch Kinder können an chronischer Polyarthritis erkranken.

Behandlung

Wichtig ist vor allem eine genaue Untersuchung und Diagnosestellung. Wer den Verdacht hat, an entzündlichem Rheuma zu leiden, sollte sich, wenn möglich, von einem internistisch ausgebildeten Rheumatologen oder in einem Rheuma-Zentrum untersuchen lassen.
Entzündliche rheumatische Erkrankungen sind – mit Ausnahme der Arthritis, die durch eine Allgemeininfektion verursacht ist – nicht heilbar. Eine sachgerechte Behandlung kann jedoch das Fortschreiten der Erkrankung hemmen, Gelenkschäden verhindern oder verzögern, die Gelenkfunktionen erhalten und die Beschwerden wirkungsvoll lindern. Gelenkschäden schreiten besonders im ersten Jahr der Erkrankung voran. Durch Schmerzen und Schwellungen wird die Beweglichkeit eingeschränkt. In der Folge treten charakteristische Deformierungen mit Sehnenverkürzungen und versteiften Gelenken auf. Die Behandlung umfasst Medikamente, ergotherapeutische Maßnahmen, Bewegung und Gymnastik, Wärme- und Kälteanwendungen, psychologische Beratung und Therapie und manchmal Operationen.
Bei den Medikamenten unterscheidet man NSAR (Nichtsteroidale Antirheumatika), Glukokortikoide (auch als Steroide oder Kortisone oder Kortikosteroid bezeichnet; siehe Kapitel 7.1.: Mittel zur Entzündungshemmung) und so genannte Basistherapeutika. Glukokortikoide und die Basistherapeutika beeinflussen das Immunsystem. Obwohl sie beträchtliche Nebenwirkungen haben, ist ihr dauerhafter (Basistherapeutika) oder zeitweiliger (Glukokortikoide) Einsatz bei schweren Krankheitsverläufen notwendig.
Fasten kann in manchen Fällen eine dramatische Verbesserung bewirken – allerdings tritt nach Beendigung die Entzündung regelmäßig und rasch wieder auf.
Eine spezifische Rheumadiät gibt es – entgegen vieler Behauptungen – leider nicht. Empfehlenswert ist es jedoch, öfters einen fettreichen

Fisch auf den Speiseplan zu setzen. In mehreren Untersuchungen hat sich ein gewisser Nutzen von mehrfach ungesättigten Omega-3-Fettsäuren gezeigt, die besonders in Fischöl enthalten sind.

Naturheilmethoden

Weil Ärzte sich oft zu wenig Zeit für Gespräche nehmen oder weil Rheumatiker manchmal falsch behandelt werden oder weil Rheuma meist eine chronische Erkrankung mit fortschreitenden Beschwerden ist – es kann viele Gründe geben, warum sich Patienten Behandlungsmethoden zuwenden, die sich gerne als »sanft«, »natürlich«, »ganzheitlich« oder »alternativ« bezeichnen.
Bei genauer Überprüfung erweisen sich die angepriesenen Heilerfolge oft als unbewiesene Behauptungen. Manche Wirkungen lassen sich allein damit erklären, dass Krankheiten auch von selbst verschwinden können, egal ob mit oder ohne Behandlung, oder dass schon allein der Glaube an eine besondere Methode oder ein besonderes Medikament heilsam ist. Diesen seit langem bekannten Effekt bezeichnet die Medizin als Placebo-Wirkung.
Gerade im Bereich der alternativen Behandlungsmethoden und Naturheilverfahren tummeln sich viele Scharlatane und Wunderheiler.

Alternative Behandlungs-Verfahren, für die es keinen seriösen Nachweis gibt, dass sie bei Rheuma wirksamer sind als Placebos (= Scheinarzneimittel ohne Wirkstoff):

- Bioresonanztherapie
- Elektroakupunktur
- Magnetfeldtherapie
- Sauerstoff-Mehrschritt-Therapie nach Ardenne
- Eigenblutbehandlung
- Symbioselenkung
- »ausleitende« Verfahren wie Aderlass, Schröpfen, Canthariden-Pflaster, Baunscheid-Verfahren
- Kupferarmreifen
- magnetische Schuhabsätze

Homöopathie gegen Rheuma?

Anfang der neunziger Jahre wurde ein neues homöopathisches Mittel – *Rheumaselect* – mit der Aussage angepriesen, dass zum ersten Mal die Wirksamkeit eines homöopathischen Mittels in einer seriösen Un-

tersuchung belegt wurde. Und weiter: »Beweglichkeit erhalten – homöopathisch«.
Leider ist diese Aussage falsch. Denn wer die Studie genau liest, muss feststellen, dass sich durch die Einnahme des homöopathischen Mittels *Rheumaselect* weder die Morgensteifigkeit verbessert hat noch die Müdigkeit geringer geworden ist. Auch die alltäglichen Behinderungen durch die Krankheit wurden nicht verbessert. Zieht man die methodischen Mängel der Studie in Betracht – wichtige Angaben fehlen oder sind widersprüchlich –, bleibt als Ergebnis lediglich, dass bei Einnahme dieses homöopathischen Mittels möglicherweise geringere Mengen an Schmerzmitteln oder NSAR geschluckt werden müssen.
Unsere Schlussfolgerung: Die Werbung für dieses homöopathische Mittel ist eine Irreführung, denn die Beweglichkeit verändert sich durch die Einnahme nicht. Dieses Mittel hat sich wohl auch deshalb nicht durchgesetzt und wird heutzutage nur noch selten verwendet: 11.000 Packungen im Jahr 2003. Deshalb führen wir es in der Tabelle auch nicht mehr an.
Homöopathie als Behandlungsmethode ist jedoch nicht generell abzulehnen (siehe auch Kapitel 23.: Homöopathie). Bei rheumatischen Erkrankungen, die durch psychische und soziale Faktoren mitverursacht sein können – Muskelverspannungen, Weichteilrheumatismus, Kreuzschmerzen –, können homöopathische Mittel unter Umständen sinnvoll sein.
Allerdings besteht die Gefahr, dass bei ausschließlich homöopathisch orientierten Medizinern oder Heilpraktikern notwendige Untersuchungen – z. B. eine genaue Überprüfung des körperlichen Zustandes oder Blutbildes – versäumt werden. Das ist jedoch unbedingt notwendig, wenn man herausfinden will, um welche Art von Rheuma es sich handelt oder ob die Beschwerden andere Ursachen haben.

Hilfe für den Alltag

bietet vor allem die Deutsche Rheuma-Liga, in der über 120.000 Mitglieder im ganzen Bundesgebiet organisiert sind. Bei der Zentralstelle in Bonn (Deutsche Rheuma-Liga, Maximilianstr. 14, 53111 Bonn, Tel. 0228/76 60 60; e-mail: bv@rheuma-liga.de; Internet: www.rheuma-liga.de) kann man die Adresse der nächstgelegenen Arbeitsgruppe erfragen.

3.1. Mittel gegen Rheuma und Arthritis

Auch wenn Rheumamedikamente generell als »Antirheumatika« bezeichnet werden, vermag bislang kein einziges dieser Arzneimittel die Ursachen dieser Krankheit zu bekämpfen. Trotzdem sind sie bei schweren rheumatischen Erkrankungen unverzichtbar: Sie wirken schmerzlindernd, entzündungshemmend und helfen, die Beweglichkeit und Funktion der Gelenke zu erhalten. Alle wirksamen Medikamente haben jedoch auch Nebenwirkungen. Am häufigsten treten Magen-Darm-Beschwerden auf. Bei länger dauernder Einnahme von Medikamenten kann es notwendig sein, in regelmäßigen Abständen Laboruntersuchungen durchzuführen.
Zur reinen Schmerzlinderung sind einfache Schmerzmittel geeignet, die Acetylsalicylsäure oder Paracetamol (siehe Kapitel 1.1.) enthalten. Sinnvoll sind aber auch Naturheilmethoden, die einen nachweisbaren Nutzen haben und in der Medizin bereits seit langem angewendet werden: Es handelt sich um Wärme- und Kälteanwendungen.

Nichtsteroidale Antirheumatika (NSAR)

Diese Bezeichnung tragen alle Rheumamedikamente, die gegen Schmerz und Entzündung wirken, in denen aber kein Kortison (= Steroid) enthalten ist. Nichtsteroidale Antirheumatika unterscheiden sich in Bezug auf Verträglichkeit, Wirksamkeit und Dauer der Wirkung. Es gibt keine Regel, nach der voraussagbar ist, welches Medikament das »richtige« ist. Das kann nur der behandelnde Arzt gemeinsam mit dem Patienten herausfinden.
Mittel mit besonders lange wirkenden Inhaltsstoffen wie Piroxicam (enthalten z. B. in *Felden*) oder Phenylbutazon (enthalten z. B. in *Ambene*) bergen vor allem für ältere Patienten und solche mit verminderter Leber- oder Nierenfunktion ein erhöhtes Risiko – trotzdem werden sie laut Statistiken vorwiegend älteren Menschen verschrieben.
Vor allem in den achtziger Jahren hatte die Pharmaindustrie ständig neue Rheumamittel auf den Markt gebracht – viele davon wurden nach kurzer Zeit wegen lebensbedrohlicher Nebenwirkungen verboten. Rheumamedikamente, die als »neu«, als »besonders wirksam« oder als »besonders nebenwirkungsarm« angepriesen werden, bieten meist keinen Vorteil gegenüber den seit Jahren bewährten Wirkstoffen Indometacin, Ibuprofen, Diclofenac, Acemetacin und Naproxen.

Das aktuellste Beispiel für unseriöse Vermarktungsmethoden war das Rheumamittel *Vioxx* – siehe weiter hinten im Text.
Nichtsteroidale Antirheumatika werden normalerweise geschluckt, in Form von Kapseln oder Tabletten. Es gibt nur wenige Gründe, diese Mittel in Spritzenform zu verwenden. Das erhöht lediglich das Risiko von Nebenwirkungen.
Alle NSAR können bei hoher Dosis und lang dauernder Anwendung zu einer Schädigung der Magenschleimhaut bis hin zu Magengeschwüren und Magenblutungen führen. Bei manchen Menschen können NSAR Asthmaanfälle auslösen.

Acetylsalicylsäure

(enthalten z. B. in *Aspirin, ASS-ratiopharm*). Um nicht nur schmerzlindernd, sondern auch entzündungshemmend zu wirken, muss Acetylsalicylsäure relativ hoch dosiert werden. Diese hohe Dosierung verursacht jedoch häufig Magenbeschwerden. Das ist der Grund, warum Acetylsalicylsäure heutzutage bei entzündlichen rheumatischen Beschwerden nicht mehr so häufig verwendet wird wie früher. Eine hohe Dosierung kann außerdem Erbrechen, Ohrensausen und Benommenheit verursachen.

Indometacin

(enthalten z. B. in *Indocid, Indomet-ratiopharm, Indometacin AL, Indometacin Sandoz*) ist ein seit vielen Jahren bewährter Wirkstoff und eignet sich gut für leichte und mittelschwere Gelenkschmerzen. Retard-Formen von Indometacin (z. B. *Indomet-ratiopharm Retardkapseln*), die verzögert vom Körper aufgenommen werden, sind auch gegen starke Schmerzen und Entzündungszustände wirksam.
Indometacin verursacht besonders häufig Nebenwirkungen im Magen-Darm-Bereich (Verstopfung, Durchfall, Blutungen, Magenschmerzen, Geschwüre) sowie Kopfschmerzen, Schwindel, Sehstörungen und Beeinträchtigung des Reaktions- und Konzentrationsvermögens.
Die verschiedenen Indometacin-Medikamente unterscheiden sich nicht in ihrer Wirksamkeit. Für alle gilt dieselbe Empfehlung wie für *Indocid*: therapeutisch zweckmäßig. Das Berliner Fachblatt »arznei-telegramm« rät allerdings seit Ende 1994, Indometacin-haltige Arzneimittel wegen ihrer Nebenwirkungen nur noch in Ausnahmefällen einzusetzen.

Acemetacin

(enthalten z. B. in *Rantudil*) wird im Körper größtenteils zu Indometacin abgebaut und hat deshalb ähnliche Eigenschaften.

Ibuprofen

(enthalten z. B. in *Anco, Brufen, Dolgit, Dolo-Puren, ibu ABZ, Ibubeta, Ibu KADE, Ibu 1A Pharma, Ibuflam, Ibuhexal, Ibu-Phlogont, Ibuprof von ct, Ibuprofen Aliud, Ibuprofen Heumann, Ibuprofen Klinge, Ibu-ratiopharm, Ibuprofen Stada, Ibutad, Ibutop, Imbun, Urem*) wirkt nicht so stark entzündungshemmend wie Indometacin, aber relativ stark schmerzlindernd und verursacht weniger Nebenwirkungen. Diese betreffen vor allem den Magen-Darm-Bereich (Blutungen, Verstopfung, Durchfall, Magenschmerzen, Geschwüre). Ibuprofen macht müde, und gelegentlich treten auch Kopfschmerzen und Schwindel auf.
Die verschiedenen Ibuprofen-Medikamente unterscheiden sich nicht in ihrer Wirksamkeit. Für alle gilt dieselbe Empfehlung wie für *Anco*: therapeutisch zweckmäßig.

Naproxen

(enthalten z. B. in *Proxen*) ist ein relativ stark wirkendes Antirheumatikum, das sehr lange im Körper verbleibt. Es verursacht ähnliche Nebenwirkungen wie Ibuprofen: häufig Störungen im Magen-Darm-Bereich (Blutungen, Verstopfung, Durchfall, Magenschmerzen, Geschwüre), aber auch Kopfschmerzen und Schwindel. Durch seine lange Wirksamkeit kann die Einnahme am Abend bei morgendlicher Bewegungseinschränkung sinnvoll sein. Ketoprofen (enthalten z. B. in *Gabrilen*) hat ähnliche Eigenschaften wie Naproxen.
In einer neuen Studie ist der Verdacht aufgetaucht, Naproxen erhöhe geringfügig das Risiko für Schlaganfälle und Herzschädigung. *Unsere Empfehlung:* therapeutisch zweckmäßig.

Diclofenac

(enthalten z. B. in *Allvoran, Diclac, Diclo AbZ, Diclo Dispers, Diclo 1 AP, Diclofenac Heumann, Diclofenac-ratiopharm, Diclofenac Stada, Diclofenbeta, Diclo KD, Diclo von ct, Diclo-Puren, Diclophlogont, Monoflam, Rewodina, Voltaren*) ist das am häufigsten verschriebene nichtsteroidale Antirheumatikum. Im Vergleich zu Indometacin hat es den Vorteil, dass es das Reaktions- und Konzentra-

tionsvermögen nicht beeinträchtigt. Bei etwa jedem dritten Patienten verursacht das Medikament als Nebenwirkung Magen-Darm-Beschwerden (Blutungen, Verstopfung, Durchfall, Magenschmerzen, Geschwüre). Seltener treten Kopfschmerzen und Schwindel, aber auch Blutbildungsstörungen auf.
Die verschiedenen Diclofenac-Medikamente unterscheiden sich nicht in ihrer Wirksamkeit. Für alle gilt dieselbe Empfehlung wie für *Allvoran*: therapeutisch zweckmäßig. Aceclofenac (enthalten z. B. in *Beofenac*) hat ähnliche Eigenschaften wie Diclofenac – ohne besondere Vorteile gegenüber diesem Standardmedikament.

Piroxicam

(enthalten z. B. in *Felden, Flexase, Pirorheum, Piroxicam Stada, Piroxicam-ratiopharm, Pirox von ct*). Dieser Wirkstoff gehört zu den am häufigsten verschriebenen Rheumamitteln. Er hat eine besonders lange Wirkungsdauer, das heißt, er verbleibt sehr lange im Körper. Deshalb ist die Gefahr groß, dass sich das Medikament im Körper anreichert und Vergiftungserscheinungen auftreten können. Lornoxicam (enthalten z. B. in *Telos*) und Meloxicam (enthalten z.B. in *Mobec*) wirken ähnlich wie Piroxicam, Lornoxicam hat jedoch eine kürzere Wirkungsdauer.
Häufige Nebenwirkungen sind Magen-Darm-Störungen (Übelkeit, Magenschmerzen, Magendrücken, Durchfall, Verstopfung, Blähungen, Magenblutungen und Geschwüre), Kopfschmerzen, Schwindel, Benommenheit, Müdigkeit, Schweißausbrüche. Seltene, aber schwerwiegende Nebenwirkungen sind Blutbildveränderungen und Schockzustände. Alte Menschen sind besonders gefährdet.
Piroxicam gehört zu den schlechter verträglichen und nur in Ausnahmefällen sinnvollen NSAR.

Cox-2-Hemmer

wie Celecoxib (enthalten z. B. in *Celebrex*), Rofecoxib (enthalten z. B. in *Vioxx*), Etoricoxib (*Arcoxia*), Valdecoxib (*Bextra*) und Parecoxib (*Dynostat*). Mit großem Werbetrara wurden in den letzten zwei Jahren neue Rheumamedikamente vom Typ der Cox-2-Hemmer eingeführt. Sowohl bei *Celebrex* als auch bei *Vioxx* behaupteten die Hersteller, dass diese Mittel besser wirken als Standardmedikamente vom Typ der NSAR und dass sie außerdem besser verträglich seien.
Nach und nach stellt sich heraus, dass diese Behauptungen nicht stimmen. In den USA wurde der Hersteller von *Celebrex* beispielsweise

von der Gesundheitsbehörde mehrfach abgemahnt, weil Ärzten gegenüber unbelegte Vorteile gegenüber Standardmedikamenten behauptet und bedrohliche Nebenwirkungen wie Magen-Darm-Schäden und Wechselwirkungen mit anderen Medikamenten verschwiegen wurden.
Vioxx wurde im Herbst 2004 wegen herzschädigender Nebenwirkungen weltweit vom Markt genommen. Bei *Celebrex* zeigte sich im Dezember 2004 in einer US-Studie ebenfalls ein erhöhtes Risiko von herzschädigenden Nebenwirkungen. Die Herstellerfirma Pfizer weigerte sich jedoch, das Medikament vom Markt zu nehmen.
Seriöse Mediziner weisen schon seit Jahren darauf hin, das wahrscheinlich alle Cox-2-Hemmer ein erhöhtes Risiko von Herz-Kreislauf-Schäden haben.

Phenylbutazon

(enthalten z. B. in *Ambene*). Dieser Wirkstoff wird wegen möglicher schwerer Nebenwirkungen (Blut-, Leber- und Nierenschäden) nur noch in Ausnahmefällen bei akuten Bechterew-Schüben verwendet. Phenylbutazon verbleibt sehr lange im Körper. Häufig treten Nebenwirkungen wie Kopfschmerzen, Erbrechen, Übelkeit, Magen-Darm-Blutungen und Magenschmerzen auf.

Kombinationspräparate

werden inzwischen nur noch selten verwendet. Meist handelt es sich um Kombinationen von nichtsteroidalen Antirheumatika mit Vitaminen (z. B. *Neurofenac*). Es gibt bis jetzt keinen überzeugenden Nachweis, dass die Zugabe von Vitaminen die Wirksamkeit verbessert.

Kortisone (Glukokortikoide, Steroide; siehe Kapitel 7.1.)

Bei Arthrosen und bei Weichteilrheuma gibt es keinen Grund, Kortisone zu verwenden. Bei entzündlichem Rheuma der Gelenke können Kortison-Medikamente jedoch sinnvoll sein, um die fehlgesteuerte und überschießende Immunreaktion des Körpers bei einem Schub des entzündlichen Rheumas zu hemmen. Diese werden normalerweise frühmorgens zwischen sechs und acht Uhr mit einem Getränk und einem Stück Brot eingenommen.
Die Wirkung dieser Medikamente setzt schnell ein. Eine lang dauernde »vorbeugende« Einnahme kann jedoch gefährlich sein (siehe Kapitel 7.1.). Bei längerer Anwendung kann die Infektionsabwehr des Kör-

pers vermindert werden, es können Knochenerweichungen, Augen- und Muskelschäden, Magen-Darm-Geschwüre, Hautschäden, Erhöhung des Blutzuckers und des Blutdrucks auftreten.
Während der Kortison-Behandlung sollte man NSAR-Medikamente unter Umständen zeitlich versetzt einnehmen.

Langzeitbehandlung der chronischen Polyarthritis mit »Basistherapeutika«

Diese Medikamente lindern Schmerzen und Entzündungserscheinungen von chronischer Polyarthritis nicht sofort und direkt, sondern langfristig. Meist werden neben diesen Basistherapeutika noch andere Rheumamittel verwendet. Bei manchen Mitteln kann es Monate dauern, bis sich eine Wirkung zeigt.
In den letzten Jahren hat sich das Behandlungskozept der chronischen Polyarthritis geändert. Bis vor kurzem ging man nach dem so genannten Pyramidenschema vor, bei dem stark wirksame Mittel erst nach Versagen von schwächeren vorgesehen waren. Heute verwendet man sofort stark wirksame. Bei schwerer Arthritis gilt Methotrexat (*Lantarel, Metex*) als zweckmäßigstes Mittel. Die Wirkung zeigt sich nach vier bis sechs Wochen.
Eine Reihe neuer Wirkstoffe wie Adalimumap (enthalten in *Humira*), Etanercept (enthalten in *Enbrel*), Infliximab (enthalten in *Remicade*) oder Anakinra (enthalten in *Kineret*) sollten laut Empfehlung der Fachzeitschrift »arznei-telegramm« nur dann verwendet werden, wenn Methotrexat nicht ausreichend wirkt. Es gibt bis jetzt keine Langzeiterfahrungen, und es können bedrohliche Nebenwirkungen wie schwerwiegende Infektionen, Blutschäden oder Autoimmunerkrankungen auftreten.
Bei leichteren Formen von Arthritis gelten Sulfasalazin (*Azulfidine RA*) oder Chloroquin (*Resochin*) am geeignetsten.
Orale (= über den Mund eingenommene) Goldpräparate (z. B. *Ridaura*) werden von manchen Fachleuten als überholt beziehungsweise entbehrlich bezeichnet – wegen der schwachen Wirksamkeit und der möglichen Nebenwirkungen. Sie sollten jedenfalls nur in Ausnahmefällen verwendet werden, wenn andere Mittel nicht wirken oder nicht angewendet werden können.
Ein großer Nachteil aller Basistherapeutika sind die oft schwerwiegenden Nebenwirkungen. Deshalb muss für jeden Einzelfall sorgfältig entschieden werden, ob der Nutzen größer als das Risiko ist. Wegen der unsicheren Wirkung und wegen der Nebenwirkungen brechen

etwa zwei Drittel aller Patienten die Behandlung mit solchen Medikamenten ab. Anzeichen für eine Wirksamkeit sind, dass sich Schwellungen und Schmerzen verringern und die Entzündungszeichen im Blut zurückgehen.

Kräuterschnäpse

In Maßen genossen, schaden Kräuterschnäpse sicher nicht, eine heilende Wirkung ist allerdings nicht zu erwarten. Dasselbe gilt für das Medikament *Phytodolor*, das im Grunde genommen nichts anderes als ein Kräuterschnaps ist. Der Hersteller bewirbt *Phytodolor* gegen *»akute und subakute rheumatische Erkrankungen«*.

Teufelskralle

Ihr wird eine Kortison-ähnliche, entzündungshemmende Wirkung zugeschrieben. Teufelskralle ist z. B. enthalten in *Jucurba, Rheuma-Sern, Rivoltan, Sogoon, Teltonal, Teufelskralle dura, Teufelskralle-ratiopharm, Teufelskralle Stada, Teufelskralle von ct*. Die therapeutische Wirksamkeit ist zweifelhaft. Die Hersteller von *Rheuma-Sern, Rivoltan, Sogoon* und *Teufelskralle-ratiopharm* verschweigen in ihren Fachinformationen, dass Teufelskralle Nebenwirkungen verursachen kann, zum Beispiel Durchfall, Übelkeit, Erbrechen, Schwindel, Kopfschmerzen und Überempfindlichkeitsreaktionen bis hin zum Schockzustand.

Magnesium

Dieser Mineralstoff (enthalten z. B. in *Magnesium Disporal, Magnesium Sandoz, Magnesium Verla, Magnetrans forte*) gehört zu den am häufigsten verschriebenen Mitteln gegen Weichteilrheumatismus, aber auch gegen viele andere Beschwerden wie Bluthochdruck, Wadenkrämpfe, Angina Pectoris und anderes (siehe Kapitel 14.6.: Mineralstoffpräparate). Die geringfügig muskelentspannende Wirkung von Magnesium kann als Unterstützung physikalischer Maßnahmen zur Muskellockerung bei Weichteilrheumatismus möglicherweise sinnvoll sein.

Knorpelschutzmittel (Chondroprotektiva)

Die Pharmawerbung suggeriert, dass solche Mittel (z. B. *AHP 200, Dona 200-S*) den Abbau von Knorpelgewebe in den Gelenken aufhalten oder sogar rückgängig machen kann. In den USA oder Schweden sind solche Mittel wegen zweifelhafter Wirksamkeit gar nicht zugelassen.

Heilpflanzen

Viele Menschen lehnen die Schulmedizin und das Schlucken von »Chemie« in Form von Pillen ab und bevorzugen »natürliche« Mittel wie Tees, Pflanzenextrakte und dergleichen. Häufig wird dabei jedoch übersehen, dass manche »natürlichen« Mittel ebenfalls gravierende Nebenwirkungen haben können.
Tees, Säfte, Bäder oder Tinkturen, die bei rheumatischen Erkrankungen empfohlen werden – Weidenrinde, Heublumen, Löwenzahn, Brennnessel, Senfsamen, Birkenblätter, Sandsegge –, haben zwar keine nachgewiesene Wirksamkeit, werden jedoch als wohltuend empfunden. Man sollte sich keine übertriebenen Hoffnungen machen, dass sich Rheuma aufgrund der Verwendung solcher Mittel bessert. Nebenwirkungen sind bei üblichem Gebrauch nicht zu erwarten.

Homöopathische Mittel

(*Steirocall N, Traumeel S, Zeel, Zeel comp., Zeel comp N, Zeel P*). Es ist zweifelhaft, ob homöopathische Mittel bei entzündlichem Rheuma von Gelenken wirksam sind. Bei rheumatischen Erkrankungen, die durch psychische und soziale Faktoren mitverursacht sind, ist die Verwendung von Homöopathika jedoch vertretbar – vorausgesetzt, dass die Anwendung therapeutisch zweckmäßiger Mittel dadurch nicht unterlassen wird.

Unkonventionelle Medikamente und »Wundermittel«

Gerade bei chronischen rheumatischen Erkrankungen wird die Hoffnung von Patienten ausgenützt. Immer wieder werden neue, wundersame Mittel angepriesen, neben den oben näher beschriebenen Mitteln z. B. Vitamin B, Thymus (z. B. *Neychondrin, Thym-Uvocal*), Zink, Histidin, Japanpflaster, Murmeltierfett, grünlippige Neuseelandmuschel und andere.
Bei keinem dieser Mittel gibt es einen seriösen Nachweis, dass es gegen Rheuma wirksam ist.

3.1. Mittel gegen Rheuma und Arthrosen

Präparat	Wichtigste Nebenwirkungen	Empfehlung
AHP 200 (D) Filmtabl. Oxaceprol *Rezeptpflichtig*	Magenbeschwerden	**Wenig zweckmäßig** Die Wirksamkeit bei Verschleißerscheinungen der Gelenke ist nicht ausreichend nachgewiesen.
Aleve (D/Ö) Filmtabl. Naproxen *Rezeptpflichtig*	Kopfschmerzen, Magen-Darm-Störungen, zentralnervöse Störungen (z. B. Schwindel, Sehstörungen)	**Therapeutisch zweckmäßig** Bewährtes Mittel.
Allvoran (D) Tabl. **Allvoran Retard/ -uno** (D) Retardtabl. **Allvoran S** (D) Zäpfchen **Allvoran SF** (D) Amp. Diclofenac *Rezeptpflichtig*	Kopfschmerzen, Magen-Darm-Störungen, zentralnervöse Störungen (z. B. Schwindel, Sehstörungen). Bei Injektion lebensbedrohlicher Schock und örtliche Gewebeschädigung möglich	**Therapeutisch zweckmäßig** Zäpfchen und Ampullen nur zweckmäßig, wenn das Medikament nicht in Tablettenform eingenommen werden kann.
Ambene (Ö) Fertigspritzen, Doppelampullen Lösung A: Phenylbutazon, Carbamoylphenoxyessigsäure, Dexamethason, Lidocain Lösung B: Vitamin B_{12}, Lidocain *Rezeptpflichtig*	Magenschleimhautreizungen, verminderte Infektionsabwehr. Bei längerer Anwendung: Blut-, Leber- und Nierenschäden, Knochenerweichung, mangelnde Ausscheidung von Salz und Wasser, Störungen im Magen-Darm-Trakt: Blutungen, Geschwüre. Augen- und Muskelschäden. Absterben von Fett- und Muskelgewebe an der Injektionsstelle	**Abzuraten** Wenig sinnvolle Kombination von einem Vitamin mit zwei stark wirksamen Entzündungshemmern (Phenylbutazon, Dexamethason). Dieses Mittel wurde in Deutschland bereits 1985 wegen unvertretbarer Risiken aus dem Handel gezogen.
Ambene (D) Filmtabl., Amp., Fertigspritzen, Zäpfchen Phenylbutazon Ampullen: zusätzlich Lidocain *Rezeptpflichtig*	Magenschleimhautreizungen. Bei längerer Anwendung: Blut-, Leber- und Nierenschäden, mangelnde Ausscheidung von Salz und Wasser, Störungen im Magen-Darm-Trakt: Blutungen, Geschwüre. Bei Injektionen: Absterben von Fett- und Muskelgewebe an der Injektionsstelle	**Abzuraten** Vertretbar nur in begründeten Ausnahmefällen zur Behandlung akuter Schübe der Bechterew'schen Erkrankung. Die Injektion des Entzündungshemmers (Phenylbutazon) ist gefährlicher als die Einnahme von Tabletten. Eine zuverlässige Behandlung mit Zäpfchen ist nicht möglich.

Präparat	Wichtigste Nebenwirkungen	Empfehlung
Ambene N (Ö) Tabl., Zäpfchen Tabl.: Phenylbutazon, Vitamin B_1, Vitamin B_{12}, Aluminiumglycinat Zäpfchen: Phenylbutazon, Vitamin B_{12} *Rezeptpflichtig*	Magenschleimhautreizungen. Bei längerer Anwendung: Blut-, Leber- und Nierenschäden, mangelnde Ausscheidung von Salz und Wasser aus dem Körper, Störungen im Magen-Darm-Trakt: Blutungen, Geschwüre	**Abzuraten** Vertretbar nur in begründeten Ausnahmefällen zur Behandlung akuter Schübe der Bechterew'schen Erkrankung. Die Beimengung von Vitaminen und säurebindendem Magenmittel (Aluminiumglycinat) zu dem stark wirkenden Entzündungshemmer (Phenylbutazon) ist überflüssig. Eine zuverlässige Behandlung mit Zäpfchen ist nicht möglich.
Anco (D) Drag., Filmtabl., Forte-Filmtabl., Retardtabl., Brausegranulat Ibuprofen *Rezeptpflichtig*	Kopfschmerzen, Müdigkeit, Magen-Darm-Störungen, zentralnervöse Störungen wie Schwindel und Sehstörungen, Wassereinlagerung im Gewebe (Ödeme). Bei sehr häufigem, jahrelangem Gebrauch sind Nierenschäden möglich	**Therapeutisch zweckmäßig** Schmerz- und entzündunghemmendes Mittel.
Arcoxia (D/Ö) Filmtabl. Etoricoxib *Rezeptpflichtig*	Magen-Darm-Störungen, Müdigkeit, grippeartige Symptome, Schwindel, Kopfschmerzen, Husten, Atemnot, Hautschäden, Ödeme durch mangelnde Ausscheidung von Salz und Wasser, Bluthochdruck, Durchblutungsstörungen des Herzens und Schlaganfall möglich	**Abzuraten** Unzureichend erprobtes Medikament mit erhöhtem Risikopotenzial. Das ähnlich wirkende Rofecoxib (in *Vioxx*) wurde 2004 aus dem Handel gezogen.
Arthotec/ akut/ forte (D/Ö) Manteltabl. Diclofenac, Misoprostol *Rezeptpflichtig*	Kopfschmerzen, Magen-Darm-Störungen (z. B. Bauchschmerzen, Durchfall), zentralnervöse Störungen (z. B. Schwindel, Sehstörungen), Schlafstörungen	**Abzuraten** Wenig sinnvolle Kombination von Rheumamittel (Diclofenac) und zweifelhaftem Magenmittel (Misoprostol).
Arthrex (D) Tabl., Retardtabl., Zäpfchen, Amp. Diclofenac *Rezeptpflichtig*	Kopfschmerzen, Magen-Darm-Störungen, zentralnervöse Störungen (z. B. Schwindel, Sehstörungen). Bei Injektion lebensbedrohlicher Schock und örtliche Gewebeschädigung möglich	**Therapeutisch zweckmäßig** Zäpfchen und Ampullen nur zweckmäßig, wenn das Medikament nicht in Tabletten- oder Retardtablettenform eingenommen werden kann.

Präparat	Wichtigste Nebenwirkungen	Empfehlung
Avallone (Ö) Filmtabl. Ibuprofen *Rezeptpflichtig*	Kopfschmerzen, Müdigkeit, Magen-Darm-Störungen, zentralnervöse Störungen wie Schwindel und Sehstörungen, Wassereinlagerung im Gewebe (Ödeme). Bei sehr häufigem, jahrelangem Gebrauch sind Nierenschäden möglich	**Therapeutisch zweckmäßig** Schmerz- und entzündungshemmendes Mittel.
Azulfidine RA (D) Filmtabl. Sulfasalazin *Rezeptpflichtig*	Magen-Darm-Störungen, Blutschäden, allergische Erscheinungen (Hautjucken, Ausschlag)	**Therapeutisch zweckmäßig** als »Basistherapeutikum« bei chronischer Polyarthritis.
Beofenac (D) Filmtabl. Aceclofenac *Rezeptpflichtig*	Kopfschmerzen, Magen-Darm-Störungen, Hauterscheinungen (z. B. Jucken, Entzündungen), zentralnervöse Störungen (z. B. Schwindel, Seh- und Schlafstörungen)	**Therapeutisch zweckmäßig** Schmerz- und entzündungshemmendes Mittel. Weniger bewährt als die Standardmittel mit den Wirkstoffen Diclofenac oder Ibuprofen.
Bextra (D/Ö) Filmtabl. Valdecoxib *Rezeptpflichtig*	Magen-Darm-Störungen, Schwindel, Infektionen der Atemwege, schwere Hautschäden, Blutschäden, Ödeme durch mangelnde Ausscheidung von Salz und Wasser, Bluthochdruck, Durchblutungsstörungen des Herzens, Schlaganfall, Lichtüberempfindlichkeit	**Abzuraten** Vertretbar nur in Ausnahmefällen, wenn Standardmittel mit den Wirkstoffen Diclofenac, Naproxen oder Ibuprofen nicht vertragen werden. Erhöhtes Risiko von Kreislaufschäden bei länger dauernder Anwendung. Das ähnlich wirkende Rofecoxib (in *Vioxx*) wurde 2004 aus dem Handel genommen.
Brufen (D/Ö) Filmtabl. Ibuprofen *Rezeptpflichtig*	Kopfschmerzen, Müdigkeit, Magen-Darm-Störungen, zentralnervöse Störungen wie Schwindel und Sehstörungen, Wassereinlagerung im Gewebe (Ödeme). Bei sehr häufigem, jahrelangem Gebrauch sind Nierenschäden möglich	**Therapeutisch zweckmäßig** Schmerz- und entzündungshemmendes Mittel.

Präparat	Wichtigste Nebenwirkungen	Empfehlung
Celebrex (D/Ö) Hartkaps. Celecoxib *Rezeptpflichtig*	Magen-Darm-Störungen, Schwindel, Infektionen der Atemwege, schwere Hautschäden, Blutschäden, Ödeme durch mangelnde Ausscheidung von Salz und Wasser, Bluthochdruck, Durchblutungsstörungen des Herzens, Schlaganfall, Lichtüberempfindlichkeit	**Abzuraten** Vertretbar nur, wenn Standardmittel mit den Wirkstoffen Diclofenac, Naproxen oder Ibuprofen nicht vertragen werden. Eine bessere Langzeitverträglichkeit des Cox-2-Hemmers gegenüber Standardmitteln ist unzureichend gesichert, eine neue Studie hat ein erhöhtes Risiko von schweren Durchblutungsstörungen aufgezeigt. Das ähnlich wirkende Rofecoxib (in *Vioxx*) wurde 2004 aus dem Handel gezogen.
Deltaran (D) Filmtabl. Dexibuprofen *Rezeptpflichtig*	Kopfschmerzen, Müdigkeit, Magen-Darm-Störungen, zentralnervöse Störungen wie Schwindel und Sehstörungen, Wassereinlagerung im Gewebe (Ödeme). Bei sehr häufigem, jahrelangem Gebrauch sind Nierenschäden möglich	**Therapeutisch zweckmäßig** Schmerz- und entzündungshemmendes Mittel. Keine gesicherten Vorteile gegenüber Ibuprofen.
Deflamat (Ö) Kaps., Retardkaps., Amp., Zäpfchen Diclofenac *Rezeptpflichtig*	Kopfschmerzen, Magen-Darm-Störungen, zentralnervöse Störungen (z. B. Schwindel, Sehstörungen). Bei Injektion lebensbedrohlicher Schock und örtliche Gewebeschädigung möglich	**Therapeutisch zweckmäßig** Zäpfchen und Ampullen nur zweckmäßig, wenn das Medikament nicht in Tablettenform eingesetzt werden kann.
Diclac (D/Ö) Tabl., Retardtabl., Zäpfchen, Amp., Filmtabl. (Ö) **Diclac rapid** (Ö) lösbare Tabl. **Diclac ID** (D) Retardtabl. **Diclac Dispers/ Dispers akut** (D) Tabl. Diclofenac *Rezeptpflichtig*	Kopfschmerzen, Magen-Darm-Störungen, zentralnervöse Störungen (z. B. Schwindel, Sehstörungen). Bei Injektion lebensbedrohlicher Schock und örtliche Gewebeschädigung möglich	**Therapeutisch zweckmäßig** Zäpfchen und Ampullen nur zweckmäßig, wenn das Medikament nicht in Tablettenform eingesetzt werden kann.

Präparat	Wichtigste Nebenwirkungen	Empfehlung
Diclo AbZ (D) Tabl., Amp. Diclofenac *Rezeptpflichtig* Hilfsstoff Lidocain (nur Ampullen)	Kopfschmerzen, Magen-Darm-Störungen, zentralnervöse Störungen (z. B. Schwindel, Sehstörungen). Bei Injektion lebensbedrohlicher Schock und örtliche Gewebeschädigung möglich.Vorsicht! Ampullen enthalten lokales Betäubungsmittel Lidocain	**Therapeutisch zweckmäßig** Ampullen nur zweckmäßig, wenn das Medikament nicht in Tablettenform eingesetzt werden kann.
Diclobene (Ö) Filmtabl., Retardkaps., Amp., Zäpfchen Diclofenac *Rezeptpflichtig*	Kopfschmerzen, Magen-Darm-Störungen, zentralnervöse Störungen (z. B. Schwindel, Sehstörungen). Bei Injektion lebensbedrohlicher Schock und örtliche Gewebeschädigung möglich	**Therapeutisch zweckmäßig** Zäpfchen und Ampullen nur zweckmäßig, wenn das Medikament nicht in Tablettenform eingesetzt werden kann.
Diclo dispers (D) Tabl. Diclofenac *Rezeptpflichtig*	Kopfschmerzen, Magen-Darm-Störungen, zentralnervöse Störungen (z. B. Schwindel, Sehstörungen)	**Therapeutisch zweckmäßig** Bewährtes Mittel.
Diclo-Divido/ -long (D) Retardkaps. Diclofenac *Rezeptpflichtig*	Kopfschmerzen, Magen-Darm-Störungen, zentralnervöse Störungen (z. B. Schwindel, Sehstörungen)	**Therapeutisch zweckmäßig** Bewährtes Mittel.
Diclo 1 A Pharma (D) Tabl., Retardtabl. Diclofenac *Rezeptpflichtig*	Kopfschmerzen, Magen-Darm-Störungen, zentralnervöse Störungen (z. B. Schwindel, Sehstörungen)	**Therapeutisch zweckmäßig** Bewährtes Mittel.
Diclofenac AL (D) Tabl., Retardtabl., Zäpfchen, Ampullen **Diclofenac Basics** (D) Tabl., Zäpfchen **Diclofenac Genericon** (Ö) Tabl., Retardfilmtabl., Amp. **Diclofenac PB** (D) Tabl., Retardtabl., Zäpfchen **Diclofenac S.Med** (Ö) Tabl., Retardtabl., Amp. Diclofenac *Rezeptpflichtig*	Kopfschmerzen, Magen-Darm-Störungen, zentralnervöse Störungen (z. B. Schwindel, Sehstörungen). Bei Injektion lebensbedrohlicher Schock und örtliche Gewebeschädigung möglich	**Therapeutisch zweckmäßig** Zäpfchen und Ampullen nur zweckmäßig, wenn das Medikament nicht in Tablettenform eingesetzt werden kann.

Präparat	Wichtigste Nebenwirkungen	Empfehlung
Diclofenac Heumann/ -Supp (D) Tabl., Zäpfchen **Diclofenac retard Heumann** (D) Retardtabl. **Diclofenac Heumann SF** (D) Amp. Diclofenac *Rezeptpflichtig*	Kopfschmerzen, Magen-Darm-Störungen, zentralnervöse Störungen (z. B. Schwindel, Sehstörungen). Bei Injektion lebensbedrohlicher Schock und örtliche Gewebeschädigung möglich	**Therapeutisch zweckmäßig** Zäpfchen und Ampullen nur zweckmäßig, wenn das Medikament nicht in Tablettenform eingesetzt werden kann.
Diclofenac-ratiopharm Tabletten/ -SL/ -Zäpfchen (D) Tabl., Retardkaps., Supp. **Diclofenac retard-ratiopharm** (D) Retardkaps. **Diclofenac-ratiopharm uno** (D) Retardtabl. **Diclofenac-ratiopharm SF** (D) Ampullen Diclofenac Hilfsstoff: Lidocain (nur in SF Amp.) *Rezeptpflichtig*	Kopfschmerzen, Magen-Darm-Störungen, zentralnervöse Störungen (z. B. Schwindel, Sehstörungen). Bei Injektion lebensbedrohlicher Schock und örtliche Gewebeschädigung möglich. Vorsicht! Ampullen enthalten lokales Betäubungsmittel Lidocain	**Therapeutisch zweckmäßig** Zäpfchen und Ampullen nur zweckmäßig, wenn das Medikament nicht in Tablettenform eingesetzt werden kann.
Diclofenac Sandoz (D) Tabl., Retardtabl., Amp., Zäpfchen **Diclofenac SF-Rotexmedica** (D) Amp. **Diclofenac Stada** (D) Tabl., Retardtabl., Amp., Zäpfchen Diclofenac *Rezeptpflichtig*	Kopfschmerzen, Magen-Darm-Störungen, zentralnervöse Störungen (z. B. Schwindel, Sehstörungen). Bei Injektion lebensbedrohlicher Schock und örtliche Gewebeschädigung möglich	**Therapeutisch zweckmäßig** Zäpfchen und Ampullen nur zweckmäßig, wenn das Medikament nicht in Tablettenform eingesetzt werden kann.
Diclofenbeta (D) Tabl., Zäpfchen **Diclofenbeta retard** (D) Retardtabl. Diclofenac *Rezeptpflichtig*	Kopfschmerzen, Magen-Darm-Störungen, zentralnervöse Störungen (z. B. Schwindel, Sehstörungen)	**Therapeutisch zweckmäßig** Zäpfchen nur zweckmäßig, wenn das Medikament nicht in Tablettenform eingesetzt werden kann.

Präparat	Wichtigste Nebenwirkungen	Empfehlung
Diclo KD/ akut/ retard (D) Kaps, Tabl., Retardtabl., Zäpfchen Diclofenac *Rezeptpflichtig*	Kopfschmerzen, Magen-Darm-Störungen, zentralnervöse Störungen (z. B. Schwindel, Sehstörungen)	**Therapeutisch zweckmäßig** Zäpfchen nur zweckmäßig, wenn das Medikament nicht in Tablettenform eingesetzt werden kann.
Diclophlogont/ retard/ SL (D) Tabl., Retardtabl., Retardkaps., Zäpfchen, Ampullen Diclofenac *Rezeptpflichtig*	Kopfschmerzen, Magen-Darm-Störungen, zentralnervöse Störungen (z. B. Schwindel, Sehstörungen). Bei Injektion lebensbedrohlicher Schock und örtliche Gewebeschädigung möglich	**Therapeutisch zweckmäßig** Zäpfchen und Ampullen nur zweckmäßig, wenn das Medikament nicht in Tablettenform eingesetzt werden kann.
Diclo-Puren (D) Kaps., Retardkaps., Zäpfchen, Ampullen Diclofenac *Rezeptpflichtig*	Kopfschmerzen, Magen-Darm-Störungen, zentralnervöse Störungen (z. B. Schwindel, Sehstörungen). Bei Injektion lebensbedrohlicher Schock und örtliche Gewebeschädigung möglich	**Therapeutisch zweckmäßig** Zäpfchen und Ampullen nur zweckmäßig, wenn das Medikament nicht in Tablettenform eingesetzt werden kann.
Diclo von ct/ retard (D) Tabl., Retardtabl., Zäpfchen, Amp. Diclofenac *Rezeptpflichtig*	Kopfschmerzen, Magen-Darm-Störungen, zentralnervöse Störungen (z. B. Schwindel, Sehstörungen). Bei Injektion lebensbedrohlicher Schock und örtliche Gewebeschädigung möglich. Vorsicht! Ampullen enthalten lokales Betäubungsmittel Lidocain	**Therapeutisch zweckmäßig** Zäpfchen nur zweckmäßig, wenn das Medikament nicht in Tablettenform eingesetzt werden kann.
Dolgit (D) Drag., Filmtabl. Ibuprofen *Rezeptpflichtig*	Kopfschmerzen, Müdigkeit, Magen-Darm-Störungen, zentralnervöse Störungen wie Schwindel und Sehstörungen, Wassereinlagerung im Gewebe (Ödeme). Bei sehr häufigem, jahrelangem Gebrauch sind Nierenschäden möglich	**Therapeutisch zweckmäßig** Schmerz- und entzündungshemmendes Mittel.
Dolo Puren T/ forte/ Granulat (D) Filmtabl., Granulat Ibuprofen *Rezeptpflichtig (nur Mittel mit 600 mg)*	Kopfschmerzen, Müdigkeit, Magen-Darm-Störungen, zentralnervöse Störungen wie Schwindel und Sehstörungen, Wassereinlagerung im Gewebe (Ödeme). Bei sehr häufigem, jahrelangem Gebrauch sind Nierenschäden möglich	**Therapeutisch zweckmäßig** Schmerz- und entzündungshemmendes Mittel.

Präparat	Wichtigste Nebenwirkungen	Empfehlung
Dona 200 S (D) Drag. Glucosaminsulfat	Keine bekannt	**Wenig zweckmäßig** Wirksamkeit von D-Glucosaminsulfat zweifelhaft.
Enbrel (D) Pulver und Lösungsmittel zur Herstellung der Injektionslösung Etanercept	Schmerzen und Blutungen an der Injektionsstelle, häufig Infektionen – auch lebensbedrohliche bakterielle und virale Infektionen (besonders der Luftwege), Durchblutungsstörungen, Herzschwäche, schwere allergische Reaktionen	**Möglicherweise zweckmäßig** Vetretbar wegen schwerer Nebenwirkungen nur, wenn andere Antirheumatika bei rheumatoider Arthritis (chronischer Polyarthritis) bzw. Bechterew'scher Erkrankung nicht ausreichend wirken. Noch unzureichend erprobt.
Felden (D/Ö) Kaps., Tabs, Ampullen, Quick-Solve-Lyotabl. (Ö), Zäpfchen (D) Piroxicam *Rezeptpflichtig*	Mangelnde Ausscheidung von Salz und Wasser aus dem Körper, schwere allergische Erscheinungen. Im höheren Lebensalter Gefahr tödlicher Magen-Darm-Schäden	**Wenig zweckmäßig** Sehr lange Wirkungsdauer. Vertretbar nur in begründeten Ausnahmefällen.
Gabrilen/ retard/ i.m. (D) Kaps., Ampullen **Gabrilen GS gegen Schmerzen** (D) Tabl. Ketoprofen *Rezeptpflichtig*	Kopfschmerzen, Blutschäden, zentralnervöse Störungen (z. B. Schwindel, Sehstörungen), Magen-Darm-Störungen	**Therapeutisch zweckmäßig** Ampullen nur zweckmäßig, wenn das Medikament nicht eingenommen werden kann.
Ibu 1 A Pharma (D) Filmtabl. Ibuprofen *Rezeptpflichtig*	Kopfschmerzen, Müdigkeit, Magen-Darm-Störungen, zentralnervöse Störungen wie Schwindel und Sehstörungen, Wassereinlagerung im Gewebe (Ödeme). Bei sehr häufigem, jahrelangem Gebrauch sind Nierenschäden möglich	**Therapeutisch zweckmäßig** Schmerz- und entzündungshemmendes Mittel.
Ibu AbZ (D) Filmtabl. Ibuprofen *Rezeptpflichtig*	Kopfschmerzen, Müdigkeit, Magen-Darm-Störungen, zentralnervöse Störungen wie Schwindel und Sehstörungen, Wassereinlagerung im Gewebe (Ödeme). Bei sehr häufigem, jahrelangem Gebrauch sind Nierenschäden möglich	**Therapeutisch zweckmäßig** Schmerz- und entzündungshemmendes Mittel.

Präparat	Wichtigste Nebenwirkungen	Empfehlung
ibubeta/ retard (D) Filmtabl., Retardtabl. Ibuprofen *Rezeptpflichtig*	Kopfschmerzen, Müdigkeit, Magen-Darm-Störungen, zentralnervöse Störungen wie Schwindel und Sehstörungen, Wassereinlagerung im Gewebe (Ödeme). Bei sehr häufigem, jahrelangem Gebrauch sind Nierenschäden möglich	**Therapeutisch zweckmäßig** Schmerz- und entzündungshemmendes Mittel.
Ibu KD/ retard (D) Filmtabl., Retardtabl. Ibuprofen *Rezeptpflichtig*	Kopfschmerzen, Müdigkeit, Magen-Darm-Störungen, zentralnervöse Störungen wie Schwindel und Sehstörungen, Wassereinlagerung im Gewebe (Ödeme). Bei sehr häufigem, jahrelangem Gebrauch sind Nierenschäden möglich	**Therapeutisch zweckmäßig** Schmerz- und entzündungshemmendes Mittel.
Ibuflam (D) Filmtabl. Ibuprofen *Rezeptpflichtig*	Kopfschmerzen, Müdigkeit, Magen-Darm-Störungen, zentralnervöse Störungen wie Schwindel und Sehstörungen, Wassereinlagerung im Gewebe (Ödeme). Bei sehr häufigem, jahrelangem Gebrauch sind Nierenschäden möglich	**Therapeutisch zweckmäßig** Schmerz- und entzündungshemmendes Mittel.
Ibuhexal (D) Filmtabl., Retardtabl., Zäpfchen Ibuprofen *Rezeptpflichtig*	Kopfschmerzen, Müdigkeit, Magen-Darm-Störungen, zentralnervöse Störungen wie Schwindel und Sehstörungen, Wassereinlagerung im Gewebe (Ödeme). Bei sehr häufigem, jahrelangem Gebrauch sind Nierenschäden möglich	**Therapeutisch zweckmäßig** Schmerz- und entzündungshemmendes Mittel.
Ibuprof von ct (D) Filmtabl., Amp. **Ibuprof ret. von ct** (D) Retardkaps., Retardtabl. **Ibuprof Supp. von ct** (D) Zäpfchen Ibuprofen *Rezeptpflichtig*	Kopfschmerzen, Müdigkeit, Magen-Darm-Störungen, zentralnervöse Störungen wie Schwindel und Sehstörungen, Wassereinlagerung im Gewebe (Ödeme). Bei sehr häufigem, jahrelangem Gebrauch sind Nierenschäden möglich	**Therapeutisch zweckmäßig** Zäpfchen und Ampullen nur zweckmäßig, wenn das Medikament nicht in Tabletten- oder Kapselform eingenommen werden kann.

Präparat	Wichtigste Nebenwirkungen	Empfehlung
Ibuprofen AL/ retard (D) Filmtabl., Retardtabl., Zäpfchen **Ibuprofen Genericon** (Ö) Filmtabl. **Ibuprofen Klinge** (D) Filmtabl., Retardtabl. **Ibuprofen Sandoz** (D) Filmtabl., Retardtabl. **Ibuprofen Stada** (D) Filmtabl., Retardtabl., SL Retardkaps., Zäpfchen Ibuprofen *Rezeptpflichtig*	Kopfschmerzen, Müdigkeit, Magen-Darm-Störungen, zentralnervöse Störungen wie Schwindel und Sehstörungen, Wassereinlagerung im Gewebe (Ödeme). Bei sehr häufigem, jahrelangem Gebrauch sind Nierenschäden möglich	**Therapeutisch zweckmäßig** Schmerz- und entzündungshemmendes Mittel. Zäpfchen nur zweckmäßig, wenn das Medikament nicht in Tablettenform eingenommen werden kann.
Ibu-ratiopharm (D) Filmtabl. Ibuprofen *Rezeptpflichtig*	Kopfschmerzen, Müdigkeit, Magen-Darm-Störungen, zentralnervöse Störungen wie Schwindel und Sehstörungen, Wassereinlagerung im Gewebe (Ödeme). Bei sehr häufigem, jahrelangem Gebrauch sind Nierenschäden möglich	**Therapeutisch zweckmäßig** Schmerz- und entzündungshemmendes Mittel.
Ibutad/ akut/ Retard/ S (D) Filmtabl., Retardtabl, Tabl., Zäpfchen Ibuprofen *Rezeptpflichtig*	Kopfschmerzen, Müdigkeit, Magen-Darm-Störungen, zentralnervöse Störungen wie Schwindel und Sehstörungen, Wassereinlagerung im Gewebe (Ödeme). Bei sehr häufigem, jahrelangem Gebrauch sind Nierenschäden möglich	**Therapeutisch zweckmäßig** Zäpfchen nur zweckmäßig, wenn das Medikament nicht in Tablettenform eingenommen werden kann.
ibutop Rückenschmerztabletten (D) Filmtabl. Ibuprofen	Kopfschmerzen, Müdigkeit, Magen-Darm-Störungen, zentralnervöse Störungen wie Schwindel und Sehstörungen, Wassereinlagerung im Gewebe (Ödeme). Bei sehr häufigem, jahrelangem Gebrauch sind Nierenschäden möglich	**Therapeutisch zweckmäßig** Schmerz- und entzündungshemmendes Mittel.

Präparat	Wichtigste Nebenwirkungen	Empfehlung
Imbun (D/Ö) Zäpfchen, Brausetabl. (D), Filmtabl. (D), Retardtabl. (D) Ibuprofen *Rezeptpflichtig*	Kopfschmerzen, Müdigkeit, Magen-Darm-Störungen, zentralnervöse Störungen wie Schwindel und Sehstörungen, Wassereinlagerung im Gewebe (Ödeme). Bei sehr häufigem, jahrelangem Gebrauch sind Nierenschäden möglich	**Therapeutisch zweckmäßig** Zäpfchen nur zweckmäßig, wenn das Medikament nicht in Tablettenform eingenommen werden kann.
Indocid (Ö) Kaps., Retardkaps., Zäpfchen Indometacin *Rezeptpflichtig*	Häufig Kopfschmerzen; Magen-Darm-Störungen, zentralnervöse Störungen (z. B. Schwindel, Sehstörungen)	**Therapeutisch zweckmäßig** Lang bewährt. Zäpfchen nur zweckmäßig, wenn das Medikament nicht in anderer Form angewendet werden kann.
Indomet-ratiopharm (D) Zäpfchen, Kaps., Retardkaps. Indometacin *Rezeptpflichtig*	Häufig Kopfschmerzen; Magen-Darm-Störungen, zentralnervöse Störungen (z. B. Schwindel, Sehstörungen)	**Therapeutisch zweckmäßig** Lang bewährt. Zäpfchen nur zweckmäßig, wenn das Medikament nicht als Kapsel eingenommen werden kann.
Indometacin AL (D) Brausetabl., Tabl. **Indometacin-BC** (D) Zäpfchen **Indometacin Sandoz** (D) Tabl., Zäpfchen Indometacin *Rezeptpflichtig*	Häufig Kopfschmerzen; Magen-Darm-Störungen, zentralnervöse Störungen (z. B. Schwindel, Sehstörungen)	**Therapeutisch zweckmäßig** Lang bewährt. Zäpfchen nur zweckmäßig, wenn das Medikament nicht in anderer Form eingenommen werden kann.
Jucurba forte (D) Kapseln, Filmtabl. Extrakt aus Teufelskrallenwurzel	Magen-Darm-Beschwerden. Vorsicht bei Magen-Darm-Geschwüren und Gallensteinleiden	**Wenig zweckmäßig** Pflanzliches Mittel. Therapeutische Wirksamkeit bei vom Hersteller angegebenen Anwendungsbereichen wie »Verschleißerscheinungen des Bewegungsapparates« zweifelhaft.
Lantarel (D) Tabl., Injektionslösung Methotrexat *Rezeptpflichtig*	Hautreaktionen, Magen-Darm-Störungen, verminderte Infektionsabwehr, Blutschäden. In seltenen Fällen schwere Lungenschäden möglich. Störungen der Fruchtbarkeit möglich	**Therapeutisch zweckmäßig** als Basistherapeutikum bei chronischer Polyarthritis.

Präparat	Wichtigste Nebenwirkungen	Empfehlung
Magluphen (Ö) Filmtabl., Retardtabl., Zäpfchen, Ampullen Diclofenac *Rezeptpflichtig*	Kopfschmerzen, Magen-Darm-Störungen, zentralnervöse Störungen (z. B. Schwindel, Sehstörungen). Bei Injektion lebensbedrohlicher Schock und örtliche Gewebeschädigung möglich	**Therapeutisch zweckmäßig** Zäpfchen und Ampullen nur zweckmäßig, wenn das Medikament nicht in Tablettenform eingenommen werden kann.
Metex (D) Tabl., Injektionslösung Methotrexat *Rezeptpflichtig*	Hautreaktionen, Magen-Darm-Störungen, verminderte Infektionsabwehr, Blutschäden. In seltenen Fällen schwere Lungenschäden möglich. Störungen der Fruchtbarkeit möglich	**Therapeutisch zweckmäßig** als Basistherapeutikum bei chronischer Polyarthritis.
Miranax (D) Filmtabl. Naproxen *Rezeptpflichtig*	Kopfschmerzen, Magen-Darm-Störungen, zentralnervöse Störungen (z. B. Schwindel, Sehstörungen)	**Therapeutisch zweckmäßig** Bewährtes Mittel.
Mobec (D) Tabl., Zäpfchen, Injektionslösung Meloxicam *Rezeptpflichtig*	Magen-Darm-Störungen, Haut- und Schleimhautentzündungen, Lichtschäden, Asthma, Blutschäden, Ödeme durch mangelnde Ausscheidung von Salz und Wasser	**Wenig zweckmäßig** Vertretbar in begründeten Ausnahmefällen. Lange Wirkungsdauer.
Monoflam (D) Tabl., Retardkaps., Zäpfchen Diclofenac *Rezeptpflichtig*	Kopfschmerzen, Magen-Darm-Störungen, zentralnervöse Störungen (z. B. Schwindel, Sehstörungen)	**Therapeutisch zweckmäßig** Zäpfchen nur zweckmäßig, wenn das Medikament nicht eingenommen werden kann.
Movalis (Ö) Tabl., Zäpfchen, Injektionslösung Meloxicam *Rezeptpflichtig*	Magen-Darm-Störungen, Haut- und Schleimhautentzündungen, Lichtschäden, Asthma, Blutschäden, Ödeme durch mangelnde Ausscheidung von Salz und Wasser	**Wenig zweckmäßig** Vertretbar in begründeten Ausnahmefällen. Lange Wirkungsdauer.
Neurofenac (Ö) Kaps. Diclofenac, Vitamine B_1, B_6, B_{12} *Rezeptpflichtig*	Kopfschmerzen, Magen-Darm-Störungen, zentralnervöse Störungen (z. B. Schwindel, Sehstörungen)	**Wenig zweckmäßig** Wenig sinnvolle Kombination eines schmerz- und entzündungshemmenden Mittels mit B-Vitaminen. Die therapeutische Wirksamkeit von B-Vitaminen bei Gelenkerkrankungen ist umstritten.

Präparat	Wichtigste Nebenwirkungen	Empfehlung
Phytodolor (D/Ö) Tinktur Alkoholische Pflanzenauszüge (Zitterpappelrinde und -blätter, Goldrutenkraut, Eschenrinde)	Bei Überdosierung Magen-Darm-Störungen. Enthält Alkohol	**Wenig zweckmäßig** Pflanzliches Mittel. Therapeutische Wirksamkeit zweifelhaft.
Pirorheum (D/Ö) Tabl., Brausetabl., Zäpfchen, Ampullen Piroxicam *Rezeptpflichtig*	Ödeme durch mangelnde Ausscheidung von Salz und Wasser, schwere allergische Erscheinungen. Im höheren Lebensalter Gefahr lebensbedrohlicher Magen-Darm-Schäden	**Wenig zweckmäßig** Sehr lange Wirkungsdauer. Vertretbar nur in begründeten Ausnahmefällen. Zäpfchen und Ampullen nur zweckmäßig, wenn das Medikament eingenommen werden kann.
Piroxicam-ratiopharm (D) **Piroxicam Stada** (D) Tabs, Zäpfchen, Ampullen, Brausetabl., Kaps. Piroxicam *Rezeptpflichtig*	Ödeme durch mangelnde Ausscheidung von Salz und Wasser, schwere allergische Erscheinungen. Im höheren Lebensalter Gefahr lebensbedrohlicher Magen-Darm-Schäden	**Wenig zweckmäßig** Sehr lange Wirkungsdauer. Vertretbar nur in begründeten Ausnahmefällen. Zäpfchen und Ampullen nur zweckmäßig, wenn das Medikament nicht eingenommen werden kann.
Pirox von ct (D) Tabl., Brausetabl., Zäpfchen, Ampullen Piroxicam *Rezeptpflichtig*	Ödeme durch mangelnde Ausscheidung von Salz und Wasser, schwere allergische Erscheinungen. Im höheren Lebensalter Gefahr lebensbedrohlicher Magen-Darm-Schäden	**Wenig zweckmäßig** Sehr lange Wirkungsdauer. Vertretbar nur in begründeten Ausnahmefällen. Zäpfchen und Ampullen nur zweckmäßig, wenn das Medikament nicht eingenommen werden kann
Profenid (Ö) Zäpfchen, Kaps., Retardkaps., Ampullen Ketoprofen *Rezeptpflichtig*	Kopfschmerzen, Blutschäden, zentralnervöse Störungen (z. B. Schwindel, Sehstörungen), Magen-Darm-Störungen	**Therapeutisch zweckmäßig** Zäpfchen und Ampullen nur zweckmäßig, wenn das Medikament nicht als Kapsel eingenommen werden kann.
Proxen (D/Ö) Filmtabl., Saft, Zäpfchen Naproxen *Rezeptpflichtig*	Kopfschmerzen, Magen-Darm-Störungen, zentralnervöse Störungen (z. B. Schwindel, Sehstörungen)	**Therapeutisch zweckmäßig** Bewährtes Mittel. Zäpfchen nur zweckmäßig, wenn das Medikament nicht eingenommen werden kann.
Quensyl (D) Drag. Hydroxychloroquin *Rezeptpflichtig*	Licht-Überempfindlichkeit, Magen-Darm-Störungen, Sehstörungen, Nervenschäden	**Therapeutisch zweckmäßig zur** »Basistherapie« der chronischen Polyarthritis und des Lupus erythematodes.

Präparat	Wichtigste Nebenwirkungen	Empfehlung
Rantudil (D) Kaps., Retardkaps., Fortekaps. Acemetacin *Rezeptpflichtig*	Kopfschmerzen, Magen-Darm-Störungen, zentralnervöse Störungen (z. B. Schwindel, Sehstörungen)	**Therapeutisch zweckmäßig** Bewährtes entzündungshemmendes Mittel.
Resochin/ junior (D/Ö) Filmtabl., Amp. (D) Chloroquin *Rezeptpflichtig*	Licht-Überempfindlichkeit, Magen-Darm-Störungen, Sehstörungen, Nervenschäden	**Therapeutisch zweckmäßig zur** »Basistherapie« der chronischen Polyarthritis und des Lupus erythematodes. *Resochin* ist auch ein Mittel zur Vorbeugung und Therapie der Malaria.
Rewodina/ dual/ retard/ uno/ Supp/ (D) Tabl., Kaps., Retardtabl., Zäpfchen Diclofenac *Rezeptpflichtig*	Kopfschmerzen, Magen-Darm-Störungen, zentralnervöse Störungen (z. B. Schwindel, Sehstörungen). Bei Injektion lebensbedrohlicher Schock und örtliche Gewebeschädigung möglich	**Therapeutisch zweckmäßig** Zäpfchen und Ampullen nur zweckmäßig, wenn das Medikament nicht eingenommen werden kann.
Rheuma-Hek (D) Kaps. Extrakt aus Brennnesselblättern	Keine wesentlichen zu erwarten	**Naturheilmittel** mit pflanzlichen Inhaltsstoffen. Therapeutische Wirksamkeit zweifelhaft. Vertretbar wegen geringer Schädlichkeit.
Rheumon i.m. (D/Ö) Ampullen (D), Depotamp. (Ö) Etofenamat *Rezeptpflichtig*	Kopfschmerzen, Magen-Darm-Störungen, zentralnervöse Störungen (z. B. Schwindel, Sehstörungen), Ödeme. Gefahr des Absterbens von Fett- und Muskelgewebe an der Injektionsstelle	**Nur zweckmäßig,** wenn entzündungshemmende Mittel nicht eingenommen werden können. Die Injektion bringt keine Vorteile, aber ein erhöhtes Risiko an Nebenwirkungen.
Rheutrop (Ö) Kaps., Retardkaps. Acemetacin *Rezeptpflichtig*	Kopfschmerzen, Magen-Darm-Störungen, zentralnervöse Störungen (z. B. Schwindel, Sehstörungen)	**Therapeutisch zweckmäßig** Bewährtes entzündungshemmendes Mittel.
Ridaura (D/Ö) Filmtabl. Auranofin *Rezeptpflichtig*	Zahlreiche und zum Teil schwere Nebenwirkungen betreffen vor allem das Blut, die Niere, die Augen und den Magen-Darm-Bereich. Regelmäßige Kontrolluntersuchungen sind notwendig	**Wenig zweckmäßig** als »Basistherapeutikum«. Goldhaltiges Präparat zur Behandlung der schweren chronischen Gelenkentzündungen (PCP). Weniger wirksam als intramuskulär angewendete goldhaltige Präparate.

Präparat	Wichtigste Nebenwirkungen	Empfehlung
Rivoltan (D) Filmtabl. Teufelskrallen- wurzelextrakt	Magen-Darm-Beschwerden. Vorsicht bei Magen-Darm-Geschwüren und Gallensteinleiden	**Wenig zweckmäßig** Pflanzliches Mittel. Therapeutische Wirksamkeit bei vom Hersteller angegebenen Anwendungsbereichen wie »Verschleißerscheinungen des Bewegungsapparates« zweifelhaft.
Sogoon (D) Filmtabl. Teufelskrallen- wurzelextrakt	Magen-Darm-Beschwerden. Vorsicht bei Magen-Darm-Geschwüren und Gallensteinleiden	**Wenig zweckmäßig** Pflanzliches Mittel. Therapeutische Wirksamkeit bei vom Hersteller angegebenen Anwendungsbereichen wie »Verschleißerscheinungen des Bewegungsapparates« zweifelhaft.
Steirocall N (D) Tropfen Verschiedene homöopathische Verdünnungen (D6 bis D12) aus anorganischen Salzen und Pflanzen	Keine wesentlichen zu erwarten. Vorsicht: enthält Alkohol	**Homöopathisches Mittel** Anwendung der Tropfen vertretbar, wenn die Einnahme als wirksam empfunden und eine notwendige Anwendung therapeutisch zweckmäßiger Mittel nicht unterlassen wird.
Telos (D) Filmtabl., Zäpfchen Lornoxicam *Rezeptpflichtig*	Magen-Darm-Störungen, Ödeme durch mangelnde Ausscheidung von Salz und Wasser, Nierenschäden, Kopfschmerzen, allergische Erscheinungen	**Möglicherweise zweckmäßig** zur Kurzzeitbehandlung entzündlicher Gelenkerkrankungen. Noch wenig erprobt.
Teltonal (D) Filmtabl., Brausetabl. Teufelskrallen- wurzelextrakt	Magen-Darm-Beschwerden. Vorsicht bei Magen-Darm-Geschwüren und Gallensteinleiden	**Wenig zweckmäßig** Pflanzliches Mittel. Therapeutische Wirksamkeit bei vom Hersteller angegebenen Anwendungsbereichen wie »Verschleißerscheinungen des Bewegungsapparates« zweifelhaft.
Teufelskralle dura (D) **Teufelskralle Stada** (D) **Teufelskralle- ratiopharm** (D) **Teufelskralle von ct** (D) Filmtabl. Teufelskrallen- wurzelextrakt	Magen-Darm-Beschwerden. Vorsicht bei Magen-Darm-Geschwüren und Gallensteinleiden	**Wenig zweckmäßig** Pflanzliches Mittel. Therapeutische Wirksamkeit bei vom Hersteller angegebenen Anwendungsbereichen wie »Verschleißerscheinungen des Bewegungsapparates« zweifelhaft.

Präparat	Wichtigste Nebenwirkungen	Empfehlung
Traumeel S (D/Ö) Injektionslösung, Tabl., Tropfen Verschiedene homöopathische Zubereitungen aus Pflanzen und z. B. Quecksilber	Tropfen enthalten Alkohol! Bei Injektionen sind allergische Reaktionen nicht auszuschließen	**Homöopathisches Mittel** Anwendung der Tabletten und Tropfen vertretbar, wenn die Einnahme als wirksam empfunden und eine notwendige Anwendung therapeutisch zweckmäßiger Mittel nicht unterlassen wird. Von Injektionen ist wegen möglicher allergischer Nebenwirkungen abzuraten.
Vioxx (D/Ö) Tabl., Suspension Rofecoxib *Rezeptpflichtig*	Magen-Darm-Störungen, Schwindel, Infektionen der Atemwege, schwere Hautschäden, Blutschäden, Ödeme durch mangelnde Ausscheidung von Salz und Wasser, Nierenschäden, Bluthochdruck, Durchblutungsstörungen des Herzens, Schlaganfall, Lichtüberempfindlichkeit	**Abzuraten** Wegen der Gefahr schwerer Nebenwirkungen wurde das Präparat im Jahr 2004 aus dem Handel gezogen.
Voltaren/ retard/ Injekt (D/Ö) Drag., Retarddrag., Zäpfchen, Amp., Filmtabl. (Ö), rapid-Drag. (Ö) **Voltaren Dispers** (D/Ö) Tabl. **Voltaren Resinat** (D/Ö) Kaps. Diclofenac *Rezeptpflichtig*	Kopfschmerzen, Magen-Darm-Störungen, zentralnervöse Störungen (z. B. Schwindel, Sehstörungen). Bei Injektionen lebensbedrohlicher Schock und örtliche Gewebeschädigung möglich	**Therapeutisch zweckmäßig** Zäpfchen und Ampullen nur zweckmäßig, wenn das Medikament nicht eingenommen werden kann.
Xefo (Ö) Filmtabl., Trockensubstanz Lornoxicam *Rezeptpflichtig*	Magen-Darm-Störungen, Ödeme durch mangelnde Ausscheidung von Salz und Wasser, Nierenschäden, Kopfschmerzen, allergische Erscheinungen	**Möglicherweise zweckmäßig** zur Kurzzeitbehandlung entzündlicher Gelenkerkrankungen. Noch wenig erprobt.
Zeel (D) Tabl. **Zeel P** (D) Amp. **Zeel comp N** (D) Amp. Verschiedene homöopathische Zubereitungen u. a. in Zeel und Zeel P auch aus Plazenta und Embryonen von Schweinen	Bei Injektion sind allergische Reaktionen nicht auszuschließen	**Homöopathisches Mittel** Anwendung als Kapseln vertretbar, wenn die Einnahme als wirksam empfunden und eine notwendige Anwendung therapeutisch zweckmäßiger Mittel nicht unterlassen wird. Von Injektionen ist wegen schwerer Nebenwirkungen abzuraten.

3.2. Gichtmittel

Gicht ist eine Stoffwechselkrankheit. Sie wird durch eine zu große Menge von Harnsäure (Hyperurikämie) im Körper verursacht, wobei erbliche Anlagen, Ernährung und Umweltfaktoren eine große Rolle spielen. In Zeiten der Not ist die Gicht sehr selten. Mit steigendem Wohlstand nimmt die Häufigkeit an Erkrankungen zu. Männer sind 10- bis 20-mal häufiger davon betroffen als Frauen. Der erste Gichtanfall tritt meist im Alter um die 40 auf. Die Gicht befällt den Menschen meist in Schüben, Gelenkschmerzen treten fünf bis zehn Tage lang auf. Es kann zu Gichtknoten, Geschwüren, der »Gichtniere«, Nierensteinen und vor allem zu entzündlichen Gelenkerkrankungen kommen.

Erhöhte Harnsäure (Hyperurikämie)

Nicht jeder erhöhte Harnsäurewert bedeutet Gicht. Gelenkbeschwerden, die mit erhöhten Harnsäurewerten einhergehen, müssen nicht mit der Harnsäure in Zusammenhang stehen, sondern können z. B. Hinweise auf Verschleißerscheinungen an den Gelenken sein. Durch Senkung des Harnsäurespiegels auf Normalwerte wird diese Art von Gelenkbeschwerden nicht gebessert. Wenn keine Gicht-Symptome auftreten, bedarf es bis zu einem Harnsäurewert von 9 mg /100 ml keiner Behandlung mit Medikamenten, die Einhaltung von Diätvorschriften genügt. Erreicht oder übersteigt der Harnsäurespiegel jedoch Werte von 9 mg/100 ml, sollten Medikamente mit dem Wirkstoff Allopurinol (z. B. in *Allobeta*, *Allo von ct* und andere) verwendet werden, auch wenn keine Symptome bestehen.

Behandlung des Gichtanfalls

Anfälle können durch Nierenkrankheiten, starken Alkoholgenuss, durch die Einnahme von Medikamenten, durch Überernährung mit purinhaltigen Nahrungsmitteln (z. B. Fleisch, insbesondere Hirn und Bries) und durch Fastenkuren ausgelöst werden.
Zur Behandlung des akuten Gichtanfalls werden die Wirkstoffe Colchicin (z. B. in *Colchicum-Dispert*), Indometacin oder Diclofenac (siehe Kapitel 3.1.) eingesetzt. Colchicin wird in der Medizin bereits seit dem 5. Jahrhundert gegen Gichtanfälle verwendet – es handelt sich um einen Extrakt aus der Herbstzeitlose und ist damit ein klassi-

sches Naturheilmittel. Wegen seiner toxischen Effekte wurde es in der Vergangenheit häufig von Giftmischern verwendet.
Hilfreich bei Gichtanfällen sind auch kalte Umschläge, oder wenn man den betroffenen Fuß 20 bis 30 Minuten in ein kaltes Tauchbad stellt.

Dauerbehandlung der Gicht

Wer an Gicht leidet, sollte viel trinken, aber möglichst keinen Alkohol. Übergewichtige sollten abnehmen – das senkt in den meisten Fällen den Harnsäurespiegel auf Normalwerte. In der Zeit der Gewichtsabnahme kann er jedoch ansteigen. Fastenkuren sollte man deshalb vermeiden.
Gichtgefährdete Patienten sollten sich purinarm ernähren. Das heißt: Vermeiden von Innereien, Fleischextrakten, Kalbfleisch, Speck, Truthahn, Gans, Lachs, Schellfisch, Kabeljau, Makrelen, Forellen, Sardellen, Sardinen, Hering, Muscheln und Hefe.

Medikamente

Bei nur leicht oder einmalig erhöhten Harnsäurewerten besteht kein Grund, Gichtmedikamente einzunehmen. Erst wenn Diätmaßnahmen nicht wirksam sind oder jemand keine Diät halten möchte und die Harnsäurewerte 9 mg/100 ml übersteigen, sollten Medikamente eingenommen werden.
Gichtmittel hemmen entweder die Bildung der Harnsäure (wie der Wirkstoff Allopurinol) oder steigern ihre Ausscheidung – wie der Wirkstoff Benzbromaron.
Zur Dauerbehandlung der Gicht wird zunächst der Wirkstoff Allopurinol oder als Alternative Benzbromaron verwendet.

Allopurinol

(enthalten z. B. in *Allobeta, Allo AbZ, Allo von ct, Allopurinol 1A Pharma, Allopurinol AL, Allopurinol Genericon, Allopurinol Heumann, Allopurinal Hexal, Allopurinol-ratiopharm, Allopurinol Sandoz, Allopurinol Siegfried, Allopurinol Stada, Gichtex, Remid, Uripurinol, Urosin, Zyloric*) gilt als Standardmedikament zur Behandlung der Gicht. Als Nebenwirkung treten in etwa zehn Prozent aller Fälle Hautausschläge, allergische Hautreaktionen und Juckreiz auf.
In seltenen Fällen kann es durch Allopurinol zu Knochenmarksschädigungen, Gefäßentzündungen, Leber- und Nierenschäden, Magen-

Darm-Beschwerden, zu Xanthinsteinen und zu Hautverhornungen (Ichthyosen) kommen.
Ärzte und Patienten sollten daher bei der Verwendung von Allopurinol besonders in den ersten sechs Wochen sehr wachsam sein. Bei ersten Hinweisen auf Überempfindlichkeitsreaktionen muss die Allopurinol-Behandlung sofort abgebrochen werden.

Benzbromaron

(enthalten z. B. in *Benzbromaron-ratiopharm*). Benzbromaron-haltige Präparate sind mit Ausnahme eines österreichischen Medikaments nicht in der Tabelle enthalten, weil sie wegen des Risikos von schweren Leberschäden relativ selten verwendet werden. Nach der Einnahme von Benzbromaron-haltigen Präparaten kommt es zu einer vermehrten Ausscheidung von Harnsäure aus der Niere. Dadurch entsteht die Gefahr, dass Harnsäure in den Nierenkanälchen »ausfällt« und sie verstopft.
»Benzbromaron-Präparate« müssen zuerst niedrig und dann langsam steigend (einschleichend) dosiert werden. Gleichzeitig muss auf eine ausreichende Zufuhr von Flüssigkeit geachtet werden, damit die Niere gut »durchspült« wird. Mögliche Nebenwirkungen von Benzbromaron sind Überempfindlichkeitsreaktionen (allergische Erscheinungen), Magen-Darm-Störungen (z. B. Durchfall) und in seltenen Fällen Nierenkoliken und lebensbedrohliche Leberschäden.

3.2. Gichtmittel

Präparat	Wichtigste Nebenwirkungen	Empfehlung
Allobeta (D) Tabl. Allopurinol *Rezeptpflichtig*	Relativ häufig: Hauterscheinungen, wie z. B. Ausschläge und Juckreiz, Magen-Darm-Störungen (z. B. Durchfall, Übelkeit)	**Therapeutisch zweckmäßig** zur Verminderung der Harnsäurebildung. Lang bewährt.
Allo AbZ (D) **Allo von ct** (D) Tabletten Allopurinol *Rezeptpflichtig*	Relativ häufig: Hauterscheinungen, wie z. B. Ausschläge und Juckreiz, Magen-Darm-Störungen (z. B. Durchfall, Übelkeit)	**Therapeutisch zweckmäßig** zur Verminderung der Harnsäurebildung. Lang bewährt.

Präparat	Wichtigste Nebenwirkungen	Empfehlung
Allopurinol 1 A Pharma (D) **Allopurinol AL** (D) **Allopurinol Genericon** (Ö) **Allopurinol Heumann** (D) **Allopurinol Hexal** (D) **Allopurinol-ratiopharm** (D) **Allopurinol Sandoz** (D) **Allopurinol Siegfried** (D) **Allopurinol Stada** (D) Tabletten Allopurinol *Rezeptpflichtig*	Relativ häufig: Hauterscheinungen, wie z. B. Ausschläge und Juckreiz, Magen-Darm-Störungen (z. B. Durchfall, Übelkeit)	**Therapeutisch zweckmäßig** zur Verminderung der Harnsäurebildung. Lang bewährt.
Benzbromaron AL (D) Drag. **Benzbromaron-ratiopharm** (D) Tabl. Benzbromaron *Rezeptpflichtig*	Durchfall, lebensbedrohliche Leberschäden. Vorsicht bei Nierensteinen	**Abzuraten** Vertretbar zur Erhöhung der Harnsäureausscheidung nur, wenn Allopurinol nicht angewendet werden kann.
Colchicin »Agepha« (Ö) Tabl. Colchicin *Rezeptpflichtig*	Magen-Darm-Störungen (z. B. Durchfall, Übelkeit, Erbrechen)	**Therapeutisch zweckmäßig** zur kurzfristigen Behandlung akuter Gichtanfälle.
Colchicum-Dispert (D) Drag. Extrakt aus Herbstzeitlosensamen (standartisiert auf Colchicin) *Rezeptpflichtig*	Magen-Darm-Störungen (z. B. Durchfall, Übelkeit, Erbrechen)	**Therapeutisch zweckmäßig** zur kurzfristigen Behandlung akuter Gichtanfälle.
Colchysat Bürger (D) Lösung Preßsaft aus Herbstzeitlosenblüten (standartisiert auf Colchicin) *Rezeptpflichtig*	Magen-Darm-Störungen (z. B. Durchfall, Übelkeit, Erbrechen) Lösung enthält Alkohol	**Therapeutisch zweckmäßig** zur kurzfristigen Behandlung akuter Gichtanfälle.
Diclofenac-ratiopharm (D) Retardtabl., Tabl., Retardkaps., Zäpfchen, Ampullen Diclofenac *Rezeptpflichtig*	Kopfschmerzen, Magen-Darm-Störungen, zentralnervöse Störungen (z. B. Schwindel, Sehstörungen). Bei Injektion lebensbedrohlicher Schock und örtliche Gewebeschädigung möglich	**Therapeutisch zweckmäßig** zur Behandlung des akuten Gichtanfalls. Zäpfchen und Ampullen nur zweckmäßig, wenn das Medikament nicht in Tablettenform eingesetzt werden kann.

Präparat	Wichtigste Nebenwirkungen	Empfehlung
Gichtex (Ö) Tabl., Retardkaps. Allopurinol *Rezeptpflichtig*	Relativ häufig: Hauterscheinungen, wie z. B. Ausschläge und Juckreiz, Magen-Darm-Störungen (z. B. Durchfall, Übelkeit)	**Therapeutisch zweckmäßig** zur Verminderung der Harnsäurebildung. Lang bewährt.
Gichtex plus (Ö) Tabl., Retardkaps. Allopurinol, Benzbromaron *Rezeptpflichtig*	Relativ häufig: Hauterscheinungen, wie z. B. Ausschläge und Juckreiz, Magen-Darm-Störungen (z. B. Durchfall, Übelkeit). Lebensbedrohliche Leberschäden. Vorsicht bei Nierensteinen	**Abzuraten** Wenig sinnvolle Kombination von Mittel zur Verminderung der Bildung von Harnsäure mit einem Mittel zur Erhöhung der Ausscheidung – wegen erhöhter Risiken.
Remid (D) Drag. Allopurinol *Rezeptpflichtig*	Relativ häufig: Hauterscheinungen, wie z. B. Ausschläge und Juckreiz, Magen-Darm-Störungen (z. B. Durchfall, Übelkeit)	**Therapeutisch zweckmäßig** zur Verminderung der Harnsäurebildung. Lang bewährt.
Urosin (D/Ö) Tabl. Allopurinol *Rezeptpflichtig*	Relativ häufig: Hauterscheinungen, wie z. B. Ausschläge und Juckreiz, Magen-Darm-Störungen (z. B. Durchfall, Übelkeit)	**Therapeutisch zweckmäßig** zur Verminderung der Harnsäurebildung. Lang bewährt.
Zyloric (D/Ö) Tabl. Allopurinol *Rezeptpflichtig*	Relativ häufig: Hauterscheinungen, wie z. B. Ausschläge und Juckreiz, Magen-Darm-Störungen (z. B. Durchfall, Übelkeit)	**Therapeutisch zweckmäßig** zur Verminderung der Harnsäurebildung. Lang bewährt.

3.3. Einreibemittel bei Muskel- und Gelenkschmerzen

Glaubt man den Pharmafirmen, so sollen Rheuma-Einreibungen gegen Muskel- und Gelenkschmerzen, Ischias, Durchblutungsstörungen in den Gliedmaßen, Kälteschäden und Sportverletzungen wirken.
Der Verbrauch ist in Deutschland in den vergangenen Jahren massiv zurückgegangen: Von 56 Millionen verkauften Packungen im Jahr 1991 auf etwa 46 Millionen im Jahr 1997, auf 41 Millionen im Jahr 2000 und schließlich auf 36 Millionen im Jahr 2003. Die Ursache liegt vermutlich in den geänderten gesetzlichen Rahmenbedingungen wie etwa der Festbetragsregelung.
Rheuma-Einreibungen sind deshalb so beliebt, weil sie relativ nebenwirkungsarm sind und trotzdem eine Linderung der Beschwerden be-

wirken. Außerdem riechen sie meistens angenehm. Der so genannte Placebo-Effekt ist gerade bei Rheumabeschwerden sehr wirksam: Egal, welche Behandlung oder welches Medikament angewendet wird – bei jedem zweiten Patienten zeigt sich ein positiver Effekt. Schon allein die Erwartung auf einen Erfolg hat in diesem Fall die stärkste Heilkraft.

Die meisten Rheumamittel zum Einreiben enthalten neben anderen Wirkstoffen gefäßerweiternde Substanzen wie Nikotinsäure- oder Salicylsäureester und Nonivamid. Häufig verwendete Mittel dieser Art sind z. B. *ABC Lokale Schmerz-Therapie Wärmesalbe N, Algesal, Caye Balsam, Dolo Arthrosenex N, Finalgon, Hot Thermo, Kytta Balsam F, Mobilat akut HES Gel, Phardol mono, Phardol Wärme-Balsam, Phlogont Thermal, Rheumasalbe Lichtenstein, Rheumasalbe von ct, Thermo Rheumon, Togal Mobil, Vipratox, Zuk Schmerz*. Wegen des geringen Risikos ist die Verwendung solcher Einreibemittel vertretbar. Ihre Wirkung beruht vorwiegend auf einer lokalen Gefäßerweiterung, die zu einem Wärmegefühl am Ort der Anwendung führt. Denselben Effekt kann man auch durch physikalische Wärmeanwendung (z. B. heiße Packungen) erzielen.

Auch der gegenteilige Effekt vieler Rheuma-Einreibungen – hautkühlend – ist sehr beliebt und wirkt schmerzlindernd. Es handelt sich dabei meistens um Gele oder alkoholische Lösungen (z. B. *Franzbranntwein*).

Bei Rheumamitteln zum Einschmieren, die den Scharfstoff des Spanischen oder Cayenne-Pfeffers enthalten – Capsaicin (z. B. *ABC Pflaster, Caye Balsam*) –, haben Untersuchungen einen schmerzlindernden Effekt gezeigt, der größer ist als der von Placebos (= Mittel, die keinerlei Wirkstoff enthalten).

Die in manchen Mitteln enthaltenen nichtsteroidalen Antirheumatika (z. B. in *Arthrex Cellugel, Diclac, Diclobene, Diclofenac Heumann, Diclofenac-ratiopharm, Diclophlogont, Diclo Puren, Diclo Schmerz Gel, Dolgit, Effekton, Elmetacin, Felden-top, Ibutop, Indo Top-ratiopharm, Profenid, Rheumon, Voltaren Emulgel, Voltaren Schmerzgel*) gehen teilweise durch die Haut ins Blut und können bei großflächigem Auftragen und längerer Anwendungsdauer ähnliche Nebenwirkungen verursachen wie die Mittel zum Schlucken (siehe Kapitel 3.1.). Die Wirksamkeit ist allerdings unsicher, und die Ergebnisse verschiedener Studien dazu sind widersprüchlich.

Einreibemittel für Hobby- und Leistungssportler?

Von Einreibemitteln für Hobby- oder Leistungssportler ist bestenfalls eine subjektive Erleichterung der Beschwerden, jedoch kein therapeutischer Effekt zu erwarten.

Wenn bei schweren Sportverletzungen eine Beschleunigung des Heilungsverlaufs erreicht werden muss, kann eine kurzfristige Verwendung von entzündungshemmend wirkenden Inhaltsstoffen (Acetylsalicylsäure, aber auch andere Antirheumatika) durchaus sinnvoll sein. Sie sollten aber nur in Tablettenform (oral) eingenommen und nicht injiziert (parenteral) werden.

Die Besserung von Blutergüssen kann durch die Verwendung von Arzneimitteln nicht beschleunigt werden.

Bei Sportverletzungen (Verstauchungen) ist eine sofortige Kältebehandlung sinnvoll, um die Ausbildung der Schwellung zu vermindern. Außerdem sollten die betroffenen Gliedmaßen hoch gelagert werden. Zur Schmerzlinderung kann die Verwendung von einfachen, Acetylsalicylsäure-haltigen Schmerzmitteln (siehe Kapitel 1.1.) angebracht sein. Sie wirken außerdem entzündungshemmend.

3.3. Einreibemittel bei Muskel- und Gelenkschmerzen

Präparat	Wichtigste Nebenwirkungen	Empfehlung
ABC Lokale Schmerz-Therapie Wärmesalbe N (D) Salbe Hydroxyethylsalicylat, Benzylnicotinat	Selten allergische Hauterscheinungen, wie z. B. Juckreiz, anhaltende Rötung, Ausschlag	**Wenig zweckmäßig** Wenig sinnvolle Kombination. Enthält Wirkstoffe, welche die Hautdurchblutung fördern und dadurch ein Wärmegefühl erzeugen (Benzylnikotinat) und schwach entzündungshemmend wirken (Hydroxyethylsalicylat). Zur subjektiven Linderung der Beschwerden vertretbar.
ABC Pflaster (Ö) Pflaster Cayenne-Pfeffer-Extrakt (Capsaicin), Cayenne-Pfeffer	Hautentzündungen (Quaddeln, Bläschen)	**Nur zweckmäßig zur** Erzeugung eines Wärmegefühls in gesunder Haut. Enthält Wirkstoffe mit schmerzhemmender und hautreizender Wirkung.

Präparat	Wichtigste Nebenwirkungen	Empfehlung
Algesal (Ö) Creme Diethylaminsalicylat	Selten allergische Hauterscheinungen, wie z. B. Juckreiz, anhaltende Rötung, Ausschlag	**Wenig zweckmäßig** Örtlich schwach entzündungshemmend wirkendes Mittel (Salicylsäurederivat). Zur subjektiven Linderung der Beschwerden vertretbar.
Allgäuer Latschenkiefer Franzbranntwein stark (D) Lösung Latschenkieferöl, Arnika, Kampfer, Menthol, Alkohol	Hautreizungen, Kontaktekzem. Bei Säuglingen und Kleinkindern nicht im Kopfbereich anwenden (Atemstörungen möglich)	**Wenig zweckmäßig** Pflanzliches Mittel. Therapeutische Wirksamkeit zweifelhaft. Arnika ist ein starkes Allergen.
Ambene Salbe N (D) Salbe Hydroxyethylsalicylat, Benzylnikotinat	Selten allergische Hauterscheinungen, wie z. B. Juckreiz, anhaltende Rötung, Ausschlag	**Wenig zweckmäßig** Wenig sinnvolle Kombination. Enthält Wirkstoffe, welche die Hautdurchblutung fördern und dadurch ein Wärmegefühl erzeugen (Benzylnikotinat) und schwach entzündungshemmend wirken (Hydroxyethylsalicylat). Zur subjektiven Linderung der Beschwerden vertretbar.
Arlberger Arnika-Gelee (Ö) Gel Arnikaextrakt	Hautreizungen, häufig allergische Hauterscheinungen (Rötung, Bläschen)	**Wenig zweckmäßig** Pflanzliches Mittel. Therapeutische Wirksamkeit zweifelhaft. Arnika ist ein starkes Allergen. Gel kühlt.
Arnika Schmerzfluid (D) Lösung Arnikatinktur u. a.	Hautreizungen, häufig allergische Hauterscheinungen (Rötung, Bläschen)	**Wenig zweckmäßig** Pflanzliches Mittel. Therapeutische Wirksamkeit zweifelhaft. Arnika ist ein starkes Allergen.
Arthrex Cellugel (D) Gel Diclofenac	Hautreizungen. Bei großflächiger Anwendung sind unerwünschte Wirkungen, wie z. B. Magenbeschwerden, nicht auszuschließen	**Möglicherweise zweckmäßig** Schmerz- und entzündungshemmendes Mittel. Die therapeutische Wirksamkeit bei Erkrankungen des Binde- und Stützgewebes ist gering. Gel kühlt.
Camphoderm N (D) Emulsion Kampfer	Hautreizungen, allergische Hauterscheinungen (Rötung, Bläschen)	**Wenig zweckmäßig** Pflanzliches Mittel. Therapeutische Wirksamkeit zweifelhaft.

Präparat	Wichtigste Nebenwirkungen	Empfehlung
Caye Balsam (D) Salbe Benzylnikotinat, Hydroxyethylsalicylat, Carbamoylphenoxyessigsäure, Capsaicin, Cumarin	Selten allergische Hauterscheinungen, wie z. B. Juckreiz, anhaltende Rötung, Ausschlag	**Wenig zweckmäßig** Wenig sinnvolle Kombination. Enthält gefäßerweiternden Wirkstoff (Benzylnikotinat) und schmerz- und entzündungshemmende Wirkstoffe (Capsaicin, Salicylsäurederivat). Zur subjektiven Linderung der Beschwerden vertretbar.
Deflamat (Ö) Gel Diclofenac	Hautreizungen. Bei großflächiger Anwendung sind unerwünschte Wirkungen, wie z. B. Magenbeschwerden, nicht auszuschließen	**Möglicherweise zweckmäßig** Schmerz- und entzündungshemmendes Mittel. Die therapeutische Wirksamkeit bei Erkrankungen des Binde- und Stützgewebes ist gering. Gel kühlt.
Diclac akut Gel (D) **Diclobene Gel** (Ö) **Diclofenac-Heumann Gel** (D) **Diclo-Gel Sandoz** **Diclofenac-ratiopharm Gel** (D) **Diclo Genericon Gel** (Ö) **Diclophlogont Gel** (D) **Diclo-Puren Gel** (D) Diclofenac *Rezeptpflichtig* **Diclo Schmerz Gel** (D) Diclofenac *Rezeptpflichtig*	Hautreizungen. Bei großflächiger Anwendung sind unerwünschte Wirkungen, wie z. B. Magenbeschwerden, nicht auszuschließen	**Möglicherweise zweckmäßig** Schmerz- und entzündungshemmendes Mittel. Die therapeutische Wirksamkeit bei Erkrankungen des Binde- und Stützgewebes ist gering. Gel kühlt.
Diphlogen (Ö) Paste Aluminiumsilikat, -sulfat, ätherische Öle, Glycerin u. a.	Keine wesentlichen zu erwarten	**Nur zweckmäßig zur** Erzeugung eines Wärmegefühls in gesunder Haut. Zur subjektiven Linderung der Beschwerden vertretbar.
doc Salbe (D) Salbe Arnikatinktur	Hautreizungen, häufig allergische Hauterscheinungen (Rötung, Bläschen)	**Wenig zweckmäßig** Pflanzliches Mittel. Therapeutische Wirksamkeit zweifelhaft. Starkes Allergen.
Dolgit Creme (D/Ö) Creme **Dolgit Microgel** (D/Ö) Gel Ibuprofen *Rezeptpflichtig (Ö)*	Hautreizungen. Bei großflächiger Anwendung sind unerwünschte Wirkungen, wie z. B. Magenbeschwerden, nicht auszuschließen	**Möglicherweise zweckmäßig** Schmerz- und entzündungshemmendes Mittel. Die therapeutische Wirksamkeit bei Erkrankungen des Binde- und Stützgewebes ist gering. Gel kühlt.

Präparat	Wichtigste Nebenwirkungen	Empfehlung
Dolo Arthrosenex N (D) Salbe, Gel Hydroxyethylsalicylat	Hautentzündungen. Selten allergische Hauterscheinungen, wie z. B. Juckreiz, anhaltende Rötung, Ausschlag	**Nur zweckmäßig zur** Erzeugung eines Wärmegefühls in der Haut. Enthält einen Inhaltsstoff mit schwacher entzündungshemmender und hautdurchblutungsfördernder Wirkung. Gel kühlt.
Dolobene (D) **Dolobene Gel** (Ö) **Dolobene-Roll-on-Gel** (Ö) Gel Heparin, Dimethylsulfoxid (DMSO), Dexpanthenol Hilfsstoffe: ätherische Öle	Hautreizungen, Überempfindlichkeitserscheinungen (z. B. Atemnot und Schwellungen im Gesicht), Magen-Darm-Störungen (z. B. Durchfall, Übelkeit)	**Abzuraten** Nicht sinnvolle Kombination. Enthält blutgerinnungshemmenden Wirkstoff (Heparin, bei Anwendung auf der Haut unwirksam), einen problematischen, entzündungshemmenden Inhaltsstoff (DMSO) sowie ein Hautpflegemittel (Dexpanthenol).
Dolobene pur (D) Gel Dimethylsulfoxid (DMSO)	Hautreizungen, Überempfindlichkeitserscheinungen (z. B. Atemnot und Schwellungen im Gesicht), Magen-Darm-Störungen (z. B. Durchfall, Übelkeit)	**Abzuraten** Enthält einen problematischen, entzündungshemmenden Inhaltsstoff (DMSO), der auch Wärmegefühl und Hautreizung auslöst.
Elmetacin (D) Lösung Indometacin	Hautreizungen. Bei großflächiger Anwendung sind unerwünschte Wirkungen, wie z. B. Kopfschmerzen, Magenbeschwerden, nicht auszuschließen	**Möglicherweise zweckmäßig** Schmerz- und entzündungshemmendes Mittel. Die therapeutische Wirksamkeit bei Erkrankungen des Binde- und Stützgewebes ist gering.
Enelbin Paste N (D) Paste Aluminium-Silikate, Zinkoxid, Salicylsäure	Hautreizungen. Selten allergische Hauterscheinungen, wie z. B. Juckreiz, anhaltende Rötung, Ausschlag	**Wenig zweckmäßig** Wenig sinnvolle Kombination. Enthält eine Zinkpaste mit hautaufweichendem Mittel (Salicylsäure). Zur subjektiven Linderung der Beschwerden vertretbar.
Felden-top (D/Ö) Gel Piroxicam *Rezeptpflichtig (Ö)*	Hautreizungen und Allergien. Bei großflächiger Anwendung sind unerwünschte Wirkungen, wie z. B. Magen-Darm-Beschwerden, nicht auszuschließen	**Möglicherweise zweckmäßig** Sehr lange wirksames schmerz- und entzündungshemmendes Mittel. Die therapeutische Wirksamkeit bei Erkrankungen des Binde- und Stützgewebes ist gering. Gel kühlt.

Präparat	Wichtigste Nebenwirkungen	Empfehlung
Finalgon/ extra stark (D/Ö) Salbe, Creme (D) Nonivamid, Nicoboxil	Hautreizungen	**Nur zweckmäßig zur** Erzeugung eines Wärmegefühls in der gesunden Haut. Kombination von Stoffen, die Hautgefäße erweitern und hautreizend wirken. Zur subjektiven Linderung der Beschwerden vertretbar.
Forapin E (D/Ö) Salbe, Liniment Bienengift, Benzylnicotinat Bornylsalicylat, Liniment: Methylnikotinat statt Benzylnicotinat	Selten allergische Hauterscheinungen, wie z. B. Juckreiz, anhaltende Rötung, Ausschlag	**Wenig zweckmäßig** Wenig sinnvolle Kombination. Enthält Bienengift und gefäßerweiternde Inhaltsstoffe, die ein Wärmegefühl auslösen. Therapeutische Wirksamkeit zweifelhaft. Zur subjektiven Linderung der Beschwerden vertretbar.
Gabrilen (D) Gel Ketoprofen	Hautreizungen. Bei großflächiger Anwendung sind unerwünschte Wirkungen, wie z. B. Magenbeschwerden, nicht auszuschließen	**Möglicherweise zweckmäßig** Schmerz- und entzündungshemmendes Mittel. Die therapeutische Wirksamkeit bei Erkrankungen des Binde- und Stützgewebes ist gering.
Hansaplast Lokale Schmerz-Therapie ABC Wärme-Pflaster Cayenne-Pfeffer Pflaster Cayenne-Pfeffer-Extrakt (Capsaicin)	Hautentzündungen (Quaddeln, Bläschen)	**Nur zweckmäßig zur** Erzeugung eines Wärmegefühls in gesunder Haut. Enthält Wirkstoffe mit schmerzhemmender und hautreizender Wirkung.
Hansaplast Lokale Schmerz-Therapie ABC Wärme-Pflaster Sensitive (D) Pflaster Nonivamid (Capsaicinoid)	Hautentzündungen (Quaddeln, Bläschen)	**Nur zweckmäßig zur** Erzeugung eines Wärmegefühls in gesunder Haut. Enthält Wirkstoff mit schmerzhemmender und hautreizender Wirkung.
hot Thermo (D) Salbe Hydroxyethylsalicylat, Benzylnikotinat	Selten allergische Hauterscheinungen, wie z. B. Juckreiz, anhaltende Rötung, Ausschlag	**Wenig zweckmäßig** Wenig sinnvolle Kombination. Enthält Inhaltsstoffe, welche die Hautdurchblutung fördern und dadurch ein örtliches Wärmegefühl auslösen (Benzylnikotinat) und schwach entzündungshemmend wirken (Hydroxyethylsalicylat). Therapeutische Wirksamkeit zweifelhaft. Zur subjektiven Linderung der Beschwerden vertretbar.

Präparat	Wichtigste Nebenwirkungen	Empfehlung
Ibutop Creme/ Gel (D/Ö) Creme, Gel Ibuprofen	Hautreizungen. Bei großflächiger Anwendung sind unerwünschte Wirkungen, wie z. B. Magenbeschwerden, nicht auszuschließen	**Möglicherweise zweckmäßig** Schmerz- und entzündungshemmendes Mittel. Die therapeutische Wirksamkeit bei Erkrankungen des Binde- und Stützgewebes ist gering. Gel kühlt.
Ichtolan spezial (D) Salbe Ichtyol (= Ammonium-bituminosulfonat)	Hautreizungen. Selten allergische Hauterscheinungen (z. B. Juckreiz, Hautrötung, Bläschen)	**Wenig zweckmäßig** bei Gelenkerkrankungen. Vertretbar als mildes Desinfektions- und Hautreizmittel.
Indo Top-ratiopharm (D) Spraylösung Indometacin	Hautreizungen. Bei großflächiger Anwendung sind unerwünschte Wirkungen, wie z. B. Magenbeschwerden, nicht auszuschließen	**Möglicherweise zweckmäßig** Schmerz- und entzündungshemmendes Mittel. Die therapeutische Wirksamkeit bei Erkrankungen des Binde- und Stützgewebes ist gering.
Jucurba Capsicum Schmerz Emulsion (D) Creme, Gel Extrakt aus Cayennepfeffer	Hautentzündungen (Quaddeln, Bläschen)	**Wenig zweckmäßig** bei den vom Hersteller angegebenen Anwendungsgebieten wie Nerven- und Muskelschmerzen. Vertretbar zur Erzeugung eines Wärmegefühls in gesunder Haut.
Klosterfrau Franzbranntwein (D) Lösung, Gel Kampfer, Menthol, ätherische Öle, Alkohol	Hautreizungen, Kontaktekzem. Bei Säuglingen und Kleinkindern nicht im Kopfbereich anwenden (Atemstörungen möglich)	**Wenig zweckmäßig** Pflanzliches Mittel. Therapeutische Wirksamkeit zweifelhaft.
Klosterfrau Franzbranntwein Latschenkiefer (D) Lösung Kampfer, Latschenkieferöl, ätherische Öle, Alkohol	Reizerscheinungen, Kontaktekzem. Bei Säuglingen und Kleinkindern nicht im Kopfbereich anwenden (Atemstörungen möglich)	**Wenig zweckmäßig** Pflanzliches Mittel. Therapeutische Wirksamkeit zweifelhaft.

Präparat	Wichtigste Nebenwirkungen	Empfehlung
Kytta Balsam F (D) Salbe Symphytum (Beinwellwurzel), Erdnussöl, Eukalyptusöl, Lavendelöl, Fichtennadelöl, Bergamotteöl, Methylnikotinat	Allergische Hauterscheinungen, wie z. B. Juckreiz, anhaltende Rötung, Ausschlag, Lichtüberempfindlichkeit der Haut (durch Bergamotteöl)	**Wenig zweckmäßig** Wenig sinnvolle Kombination. Enthält einen gefäßerweiternd wirksamen Inhaltsstoff (Methylnikotinat), der ein örtliches Wärmegefühl auslöst, sowie einen pflanzlichen Inhaltsstoff. Therapeutische Wirksamkeit zweifelhaft. Zur subjektiven Linderung der Beschwerden vertretbar.
Kytta-Salbe f (D) Salbe Auszug aus Symphytum (Beinwellwurzel), Erdnussöl, Lavendelöl, Fichtennadelöl, Bergamotteöl	Allergische Hauterscheinungen, wie z. B. Juckreiz, anhaltende Rötung, Ausschlag, Lichtüberempfindlichkeit der Haut (durch Bergamotteöl)	**Wenig zweckmäßig** Pflanzliches Mittel. Therapeutische Wirksamkeit zweifelhaft.
Latesyl (Ö) Creme Diethylaminsalicylat, Myrtecain *Rezeptpflichtig*	Selten allergische Hauterscheinungen, wie z. B. Juckreiz, anhaltende Rötung, Ausschlag	**Abzuraten** Nicht sinnvolle Kombination. Enthält einen örtlich wirksamen entzündungshemmenden Wirkstoff (Salicylsäurederivat) und ein örtlich wirksames Betäubungsmittel (Myrtecain), gegen das eine Allergisierung möglich ist. Therapeutische Wirksamkeit zweifelhaft.
Lindofluid N (D) Lösung, Sprühlösung Bornylacetat, Arnikatinktur, Melissentinktur, Alpha-Pinen, Isopropylalkohol	Hautreizungen, häufig allergische Hauterscheinungen (Rötung, Bläschen)	**Wenig zweckmäßig** Nicht sinnvolle Kombination von Hautreizstoffen (z. B. Arnika, starkes Allergen) mit Desinfektionsmitteln. Therapeutische Wirksamkeit zweifelhaft.
Mobilat (Ö) Salbe, Gel Nebennierenrindenextrakt (Ketosteroide), Heparinoid, Salicylsäure *Rezeptpflichtig (Ö)*	Hautreizungen	**Abzuraten** Nicht sinnvolle Kombination von undefinierten Nebennierenrindenhormonen mit einem hautaufweichend wirkenden Mittel (Salicylsäure) und einem blutgerinnungshemmenden Stoff (Heparinoid, bei Anwendung auf der Haut unwirksam).

Präparat	Wichtigste Nebenwirkungen	Empfehlung
Mobilat akut HES (D) Gel Hydroxyethylsalicylat	Hautentzündungen. Selten allergische Hauterscheinungen, wie z. B. Juckreiz, anhaltende Rötung, Ausschlag	**Nur zweckmäßig zur** Erzeugung eines Wärmegefühls in der Haut. Enthält einen Inhaltsstoff mit schwacher entzündungshemmender und hautdurchblutungsfördernder Wirkung. Gel kühlt.
Mobilat aktiv Salbe (D) Salbe Heparinoid, Salicylsäure *Rezeptpflichtig (Ö)*	Hautreizungen	**Wenig zweckmäßig** Wenig sinnvolle Kombination von einem hautaufweichend wirkenden Mittel (Salicylsäure) und einem die Blutgerinnung hemmenden Stoff (Heparinoid, bei Anwendung auf der Haut unwirksam).
Mobilat akut Indo (D) Spray Indometacin	Hautreizungen. Bei großflächiger Anwendung sind unerwünschte Wirkungen wie z. B. Kopfschmerzen und Magenbeschwerden nicht auszuschließen	**Möglicherweise zweckmäßig** Schmerz- und entzündungshemmendes Mittel. Die therapeutische Wirksamkeit bei Erkrankungen des Binde- und Stützgewebes ist gering.
Mobilat akut Piroxicam (D) Creme Piroxicam	Hautreizungen. Bei großflächiger Anwendung sind unerwünschte Wirkungen wie z. B. Kopfschmerzen und Magenbeschwerden nicht auszuschließen	**Möglicherweise zweckmäßig** Schmerz- und entzündungshemmendes Mittel. Die therapeutische Wirksamkeit bei Erkrankungen des Binde- und Stützgewebes ist gering.
Pasta Cool (Ö) Paste Heparin, Salicylsäure, ätherische Öle, kieselsaure Tonerde	Haut- und Schleimhautreizungen möglich	**Wenig zweckmäßig** Nicht sinnvolle Kombination von hautaufweichend wirkendem Mittel (Salicylsäure) mit ätherischen Ölen und Heparin (Gerinnungshemmer, bei Anwendung auf der Haut unwirksam) in Pastenform. Therapeutische Wirksamkeit zweifelhaft. Zur subjektiven Linderung der Beschwerden vertretbar.
Phardol mono (D) Gel Hydroxyethylsalicylat	Hautentzündungen. Selten allergische Hauterscheinungen, wie z. B. Juckreiz, anhaltende Rötung, Ausschlag	**Nur zweckmäßig zur** Erzeugung eines Wärmegefühls in der Haut. Enthält einen Inhaltsstoff mit schwach entzündungshemmender und hautdurchblutungsfördernder Wirkung.

Präparat	Wichtigste Nebenwirkungen	Empfehlung
Phardol Wärmebalsam (D) Salbe Hydroxyethylsalicylat, Benzylnikotinat	Reizerscheinungen. Selten allergische Hauterscheinungen, wie z. B. Juckreiz, anhaltende Rötung, Ausschlag	**Wenig zweckmäßig** Wenig sinnvolle Kombination. Enthält Inhaltsstoffe, welche die Hautdurchblutung fördern und dadurch ein örtliches Wärmegefühl auslösen (Benzylnikotinat) und schwach entzündungshemmend wirken (Hydroxyethylsalicylat). Therapeutische Wirksamkeit zweifelhaft. Zur subjektiven Linderung der Beschwerden vertretbar.
Phardol Schmerz-Gel (D) Gel Ketoprofen	Hautreizungen. Bei großflächiger Anwendung sind unerwünschte Wirkungen, wie z. B. Magenbeschwerden, nicht auszuschließen	**Möglicherweise zweckmäßig** Schmerz- und entzündungshemmendes Mittel. Die therapeutische Wirksamkeit bei Erkrankungen des Binde- und Stützgewebes ist gering. Gel kühlt.
Phlogont-Thermal (D) Salbe, Gel Hydroxyethylsalicylat, Benzylnikotinat	Selten allergische Hauterscheinungen, wie z. B. Juckreiz, anhaltende Rötung, Ausschlag	**Wenig zweckmäßig** Wenig sinnvolle Kombination. Enthält Inhaltsstoffe, welche die Hautdurchblutung fördern und dadurch ein örtliches Wärmegefühl auslösen (Benzylnikotinat) und schwach entzündungshemmend wirken (Hydroxyethylsalicylat). Therapeutische Wirksamkeit zweifelhaft. Zur subjektiven Linderung der Beschwerden vertretbar.
Profenid (Ö) Gel Ketoprofen *Rezeptpflichtig*	Hautreizungen. Bei großflächiger Anwendung sind unerwünschte Wirkungen, wie z. B. Magenbeschwerden, nicht auszuschließen	**Möglicherweise zweckmäßig** Schmerz- und entzündungshemmendes Mittel. Die therapeutische Wirksamkeit bei Erkrankungen des Binde- und Stützgewebes ist gering.
Rheubalmin Bad Med (D) Badezusatz Kampfer, Isobornylacetat, Methylsalicylat	Haut- und Schleimhautreizungen möglich	**Wenig zweckmäßig** Wenig sinnvolle Kombination von hautreizenden pflanzlichen Inhaltsstoffen. Therapeutische Wirksamkeit zweifelhaft. Zur subjektiven Linderung der Beschwerden vertretbar.

Präparat	Wichtigste Nebenwirkungen	Empfehlung
Rheubalmin Indo (D) Spray Indometacin	Hautreizungen. Bei großflächiger Anwendung sind unerwünschte Wirkungen wie z. B. Kopfschmerzen und Magenbeschwerden nicht auszuschließen	**Möglicherweise zweckmäßig** Schmerz- und entzündungshemmendes Mittel. Die therapeutische Wirksamkeit bei Erkrankungen des Binde- und Stützgewebes ist gering.
Rheumasalbe Lichtenstein N (D) Salbe Benzylnikotinat, Hydroxyethylsalicylat	Reizerscheinungen, Kontaktekzem mit Juckreiz, anhaltender Rötung und Ausschlag	**Wenig zweckmäßig** Wenig sinnvolle Kombination. Enthält Inhaltsstoffe, welche die Hautdurchblutung fördern und dadurch ein örtliches Wärmegefühl auslösen (Benzylnikotinat) und schwach entzündungshemmend wirken (Hydroxyethylsalicylat). Therapeutische Wirksamkeit zweifelhaft. Zur subjektiven Linderung der Beschwerden vertretbar.
Rheuma-Salbe Stada (D) Salbe Benzylnikotinat, Hydroxyethylsalicylat	Reizerscheinungen, Kontaktekzem mit Juckreiz, anhaltender Rötung und Ausschlag	**Wenig zweckmäßig** Wenig sinnvolle Kombination. Enthält Inhaltsstoffe, welche die Hautdurchblutung fördern und dadurch ein örtliches Wärmegefühl auslösen (Benzylnikotinat) und schwach entzündungshemmend wirken (Hydroxyethylsalicylat). Therapeutische Wirksamkeit zweifelhaft. Zur subjektiven Linderung der Beschwerden vertretbar.
Rheuma-Salbe von ct (D) Salbe Benzylnikotinat, Nonivamid, Eucalyptusöl	Reizerscheinungen, Kontaktekzem mit Juckreiz, anhaltender Rötung und Ausschlag	**Wenig zweckmäßig** Wenig sinnvolle Kombination. Enthält einen Inhaltsstoff, der die Hautdurchblutung fördert und dadurch ein örtliches Wärmegefühl auslöst (Benzylnikotinat), ein schmerzhemmendes und hautreizendes Mittel (Nonivamid) und ein ätherisches Öl. Therapeutische Wirksamkeit zweifelhaft. Zur subjektiven Linderung der Beschwerden vertretbar.

Präparat	Wichtigste Nebenwirkungen	Empfehlung
Rheumon (D/Ö) Creme, Lotio-Emulsion (D), Gel (Ö) Etofenamat *Rezeptpflichtig*	Hautreizungen. Bei großflächiger Anwendung sind auch ernste unerwünschte Wirkungen, wie z. B. Magenbeschwerden, Blutschäden, nicht auszuschließen	**Möglicherweise zweckmäßig** Schmerz- und entzündungshemmendes Mittel. Die therapeutische Wirksamkeit bei Erkrankungen des Binde- und Stützgewebes ist gering. Gel kühlt.
Spalt Schmerz-Gel (D) Gel Felbinac	Hautreizungen. Bei großflächiger Anwendung sind unerwünschte Wirkungen, wie z. B. Magenbeschwerden, nicht auszuschließen. Vorsicht bei Asthma	**Möglicherweise zweckmäßig** Schmerz- und entzündungshemmendes Mittel. Weniger erprobt als z. B. Mittel mit Diclofenac. Die therapeutische Wirksamkeit bei Erkrankungen des Binde- und Stützgewebes ist gering. Gel kühlt.
Thermo-Rheumon (D/Ö) Creme Etofenamat, Benzylnikotinat *Rezeptpflichtig (Ö)*	Selten allergische Hauterscheinungen, wie z. B. Juckreiz, anhaltende Rötung, Ausschlag. Hautreizungen. Bei großflächiger Anwendung sind auch ernste unerwünschte Wirkungen, wie z. B. Magenbeschwerden, Blutschäden, nicht auszuschließen	**Abzuraten** Nicht sinnvolle Kombination von hautreizend und durchblutungsfördernd wirkendem Mittel (Benzylnikotinat) mit Antirheumatikum (Etofenamat). Therapeutische Wirksamkeit zweifelhaft.
Tiger Balsam rot (Ö) Salbe Kampfer, Menthol und andere ätherische Öle, Hautparaffin, Vaseline	Reizerscheinungen, Kontaktekzem. Bei Säuglingen und Kleinkindern nicht im Kopfbereich anwenden (Atemstörungen möglich)	**Wenig zweckmäßig** Pflanzliches Mittel. Therapeutische Wirksamkeit zweifelhaft.
Tiger Balsam weiß (D) Salbe Kampfer, Menthol, Kajeputöl	Reizerscheinungen, Kontaktekzem. Bei Säuglingen und Kleinkindern nicht im Kopfbereich anwenden (Atemstörungen möglich)	**Wenig zweckmäßig** Pflanzliches Mittel. Therapeutische Wirksamkeit zweifelhaft.
Togal Mobil-Gel (D) Gel Benzylnikotinat, Hydroxyethylsalicylat, Fichtennadelparfümöl	Reizerscheinungen, Kontaktekzem mit Juckreiz, anhaltender Rötung und Ausschlag	**Wenig zweckmäßig** Wenig sinnvolle Kombination. Enthält Inhaltsstoffe, welche die Hautdurchblutung fördern und dadurch ein örtliches Wärmegefühl auslösen (Benzylnikotinat) und schwach entzündungshemmend wirken (Hydroxyethylsalicylat). Therapeutische Wirksamkeit zweifelhaft. Zur subjektiven Linderung der Beschwerden vertretbar. Gel kühlt.

Präparat	Wichtigste Nebenwirkungen	Empfehlung
Traumeel S (D) Salbe Homöopathische Zubereitungen	Allergische Hauterscheinungen möglich	**Homöopathisches Mittel** Zur subjektiven Linderung der Beschwerden vertretbar.
Traumon (D/Ö) Gel, Spray Etofenamat	Hautreizungen. Bei großflächiger Anwendung sind auch ernste unerwünschte Wirkungen, wie z. B. Magenbeschwerden, Blutschäden, nicht auszuschließen	**Möglicherweise zweckmäßig** Schmerz- und entzündungshemmendes Mittel. Die therapeutische Wirksamkeit bei Erkrankungen des Binde- und Stützgewebes ist gering.
Vipratox (D) Liniment Toxin der Vipera ammodytes, Methylsalicylat, Kampfer	Reizerscheinungen, Kontaktekzem mit Juckreiz, anhaltender Rötung und Ausschlag. Bei Säuglingen und Kleinkindern nicht im Kopfbereich anwenden (Atemstörungen möglich)	**Wenig zweckmäßig** Wenig sinnvolle Kombination von Schlangentoxin mit hautreizenden Inhaltsstoffen. Therapeutische Wirksamkeit bei Gelenkerkrankungen zweifelhaft.
Voltaren Emulgel (D/Ö) Gel Diclofenac *Rezeptpflichtig*	Hautreizungen. Bei großflächiger Anwendung sind unerwünschte Wirkungen, wie z. B. Magenbeschwerden, nicht auszuschließen	**Möglicherweise zweckmäßig** Schmerz- und entzündungshemmendes Mittel. Die therapeutische Wirksamkeit bei Erkrankungen des Binde- und Stützgewebes ist gering.
zuk Schmerzgel (D) Gel **zuk Schmerzsalbe** (D) Creme Hydroxyethylsalicylat	Selten allergische Hauterscheinungen, wie z. B. Juckreiz, anhaltende Rötung, Ausschlag	**Nur zweckmäßig zur** Erzeugung eines Wärmegefühls in der Haut. Enthält einen Inhaltsstoff mit schwacher entzündungshemmender und hautdurchblutungsfördernder Wirkung. Gel kühlt.
Zuk Thermosalbe (D) Gel Benzylnikotinat, Hydroxyethylsalicylat	Reizerscheinungen, Kontaktekzem mit Juckreiz, anhaltender Rötung und Ausschlag	**Wenig zweckmäßig** Wenig sinnvolle Kombination. Enthält Inhaltsstoffe, welche die Hautdurchblutung fördern und dadurch ein örtliches Wärmegefühl auslösen (Benzylnikotinat) und schwach entzündungshemmend wirken (Hydroxyethylsalicylat). Therapeutische Wirksamkeit zweifelhaft. Zur subjektiven Linderung der Beschwerden vertretbar. Gel kühlt.

4. Kapitel: **Grippe, Erkältung**

Schnupfen, Hals- und Rachenschmerzen, Husten, Gliederschmerzen und Fieber – eine Mischung dieser Beschwerden wird meist als »Grippe«, »Erkältung« oder »Verkühlung« bezeichnet.

Ursache

Die »echte« Grippe (Influenza) verursacht Beschwerden wie Fieber und Kopfschmerzen, Halskratzen, Schnupfen, Husten und Heiserkeit und unterscheidet sich vom harmloseren »grippalen Infekt« durch den Schweregrad. Typisch für die »echte« Grippe ist der plötzliche Beginn mit Fieber über 39 oder 40°C, begleitet vom Gefühl einer schweren Erkrankung mit Kopfschmerzen, Muskelschmerzen und Kältegefühl. Die »echte« Grippe kann mehrere Wochen lang Beschwerden verursachen.
Der »grippale Infekt« hingegen ist meist eine simple Atemwegserkrankung und verursacht drei bis vierzehn Tage lang Beschwerden – egal ob mit Medikamenten behandelt wird oder nicht.
Der Begriff »Erkältungskrankheiten« ist dadurch entstanden, dass man früher eine Abkühlung als Krankheitsursache angesehen hat. Es handelt sich bei diesen Erkrankungen jedoch um Infektionen der oberen Luftwege (Nasenschleimhäute, Nasennebenhöhlen, Rachen, Kehlkopf und auch der Bronchien). Sie treten zwar gehäuft in der kalten Jahreszeit auf, werden aber nicht begünstigt durch die Abkühlung von Haut und Schleimhäuten. 90 Prozent der Krankheitserreger sind Viren, von denen mittlerweile 300 verschiedene Arten bekannt sind. Die millionenfache sofortige Verordnung von Antibiotika wird dadurch in ein fragwürdiges Licht gerückt. Denn Antibiotika sind vollkommen wirkungslos gegen Viren. Es gibt inzwischen zahlreiche Studien, die zu dem Ergebnis kommen, wonach bei normaler Erkältung eine Behandlung mit Antibiotika keine Vorteile bringt. Placebos (= Scheinarzneimittel ohne Wirkstoff) bewirken in mehr als zwei Drittel aller Fälle eine wesentliche Besserung.
Es hängt von verschiedenen Faktoren wie Luftverunreinigungen, Medikamente, Ernährung, seelische Belastungen ab, wer zu welchem Zeitpunkt von einer solchen Virusinfektion befallen wird.

Vorbeugung fast unmöglich

Die Übertragung der Infektionen erfolgt meistens direkt, z. B. durch Händeschütteln, seltener durch direktes Anniesen bei Schnupfen oder Oberflächen wie z. B. Türgriffe.
Die Möglichkeiten der Vorbeugung gegen eine Infektion mit den Viren der echten Grippe sind die Impfung bzw. die Einnahme des Wirkstoffs Amantadin (enthalten z. B. in *Amantadin-ratiopharm, PK-Merz*), der allerdings nur gegen Viren vom Typ A schützt, die Inhalation von Zanamivir (*Relenza*) gegen Typ A und B sowie die Einahme von Oseltamivir (*Tamiflu*). In jedem Fall ist es jedoch notwendig, jene Virusarten zu kennen, die für eine Infektion in Frage kommen. Weil sich die Virusarten ständig ändern, ist eine Vorausplanung bei der Herstellung des Grippe-Impfstoffs notwendig. Denn die Impfung wirkt nur gegen bereits bekannte Viren (siehe dazu Kapitel 10.4.: Impfstoffe und Immunglobuline).
Gegen Infektionen mit Viren, die nur grippale Infekte bzw. Erkältungskrankheiten auslösen, gibt es keine Vorbeugung. Auch wenn viele Menschen daran glauben: »Abhärtung« gegen Kälte hilft genauso wenig wie die Einnahme von Vitaminen oder pflanzlichen Mitteln, die z. B. Extrakte aus Sonnenhut (Echinacea) enthalten. Es gibt bis jetzt keinen seriösen Nachweis, dass solche Mittel wirksamer sind als Placebos.

Behandlung

Zur Behandlung der echten Grippe (Influenza) wird der Wirkstoff Oseltamivir (*Tamiflu*) angeboten. Es gibt bis jetzt aber keinen überzeugenden Nachweis der Wirksamkeit. Dieses Medikament sollte deshalb höchstens im Notfall von stark gefährdeten Patienten verwendet werden.
Zur Behandlung grippaler Infekte gibt es keine speziell wirksamen Mittel. Man kann nur die Beschwerden lindern und abwarten, bis sie von selbst vorübergehen – was in der Regel nach drei bis vierzehn Tagen geschieht. Medikamente gegen diverse Beschwerden werden in ihrer Mehrzahl von Experten als »teure Bonbons«, »unwirksam«, »fragwürdig« oder sogar »schädigend« eingestuft. Dennoch bringen sie den Pharmafirmen gewaltige Umsätze. Im Jahr 2003 wurden rund 250 Millionen Packungen Arzneimittel gegen Husten, Halsweh, Schnupfen, Erkältung und Grippe in deutschen Apotheken verkauft. Allerdings ist die Zahl der verkauften Packungen in den vergangenen Jahren et-

was zurückgegangen. 1997 wurden noch 280 Millionen Packungen verkauft.

Erkältungen bei Kindern

Die Infektion durch ein bestimmtes Virus und die folgende Abwehrreaktion des Körpers führt dazu, dass man nicht erneut durch dasselbe Virus angesteckt werden kann – man wird immun. Das erklärt auch, warum bei Kindern Erkältungskrankheiten generell häufiger vorkommen – sie entwickeln erst nach und nach eine Immunabwehr gegen die etwa 300 verschiedenen Erkältungsviren. Gesunde Kleinkinder zwischen dem 1. und 5. Lebensjahr machen im Jahr durchschnittlich vier bis acht Virusinfektionen mit Husten oder Schnupfen durch. Kinder mit neun Jahren erkranken nur halb so oft wie Sechsjährige.
Gegen Erkältungsviren gibt es kein Heilmittel, sondern lediglich Möglichkeiten, die Beschwerden zu lindern. Diese klingen üblicherweise nach vier bis sieben Tagen wieder ab.
Zur Behandlung von Husten oder Schnupfen eignen sich bewährte Hausmittel wie Tee mit Honig oder mit Zitrone oder warme Brühe. Feuchte Luft und viel trinken hilft, verfestigten Schleim zu lösen. Gegen verstopfte Nasen bei Säuglingen helfen Nasentropfen mit physiologischer Kochsalzlösung. Das Berliner »arznei-telegramm« warnt: »Grippemittel« sind bei Kindern nicht nur überflüssig, sondern auch potenziell schädlich. Erst wenn nichtmedikamentöse Maßnahmen ohne Erfolg bleiben oder in der Vorgeschichte Fieberkrämpfe auftraten, empfiehlt sich die Fiebersenkung mit Paracetamol (enthalten z. B. in *Apacet, Ben-u-ron, Mexalen*).
Die Wirksamkeit von homöopathischen »Grippe«-Mitteln wie *Gripp Heel D, Meditonsin H, Nisylen* ist fragwürdig. Eine Verwendung ist aber nicht nachteilig, da keine Nebenwirkungen zu erwarten sind.

Komplikationen

Eine Entzündung der Schleimhäute durch eine Virusinfektion kann auch die Nasennebenhöhlen betreffen und sich als Nasennebenhöhlenentzündung (Sinusitis) bemerkbar machen. Bei Verlegung der Verbindungsgänge zwischen Nebenhöhlen und Nase kommt es zu einem Sekretstau in den Nebenhöhlen. Unter diesen Bedingungen kann ein vermehrtes Bakterienwachstum stattfinden und zusätzlich eine bakterielle Entzündung (Sinusitis) entstehen. Wandern krankmachende Keime von der Nase durch die Tube (Eustachische Röhre) in das Mit-

telohr, kommt es zur Mittelohrentzündung (Otitis media). Bei Verschluss der Tuben ist der Druckausgleich zwischen Ohr und Außenwelt nicht mehr möglich und es kann bei Druckänderungen – z. B. beim Fliegen – zu starken Ohrenschmerzen kommen.
Die Entzündung der Nebenhöhlen (Sinusitis) und des Mittelohrs (Otitis media) sowie der Mandeln (Tonsillitis) und der Bronchien (Bronchitis) sind die häufigsten Komplikationen. Dabei verstärken sich die Beschwerden (Ohren-, Kopf-, Halsschmerzen, Husten), das Fieber steigt, und die Beschwerden klingen nicht in der üblichen Zeit ab. Jede zweite Sinusitis heilt von alleine, ohne jede zusätzliche Behandlung.
Es ist aber sehr wichtig, schon bei Verdacht auf die Entstehung einer Sinusitis die Verbindungsgänge zwischen Nase und Nebenhöhlen durch rechtzeitige Anwendung von abschwellenden Nasentropfen offen zu halten, damit das Sekret aus den Nebenhöhlen in die Nase abfließen kann und die Entwicklung einer Sinusitis verhindert wird.
Bei eitriger Entzündung und schwerem Verlauf ist es sinnvoll, mit Antibiotika zu behandeln, z. B. Amoxicillin (enthalten z. B. in *Amoxicillin AL*), oder Co-trimoxazol (enthalten z. B. in *Eusaprim*) oder Erythromycin (enthalten z. B. in *Erythricin*).

4.1. Grippemittel

Unter »Grippe« wird allgemein die fiebrige Erkrankung der Atemwege (Hals, Nase, Rachen) verstanden. Besser spricht man von einem »grippalen Infekt«. Von »Erkältungen« unterscheidet sich die »Grippe« höchstens durch die Intensität der Beschwerden: Sie ist normalerweise von Fieber, trockenem Husten und Muskelschmerzen sowie generellem Unwohlsein begleitet. Meist wird sie durch Virusinfektionen verursacht, die vor allem im Herbst, Winter und Frühjahr auftreten. Häufig werden diese Krankheiten »banale Infekte« genannt. »Banal«, weil die Erkrankungen harmlos verlaufen, lediglich das Allgemeinbefinden beeinträchtigen und nach einigen Tagen fast immer von selbst abklingen.
Lediglich einige Virusstämme können zu behandlungsbedürftigen Erkrankungen führen. Ältere Leute und durch andere Krankheiten geschwächte Menschen sollten wegen der Möglichkeit der Komplikationen bei einer heftigeren »Grippe« sicherheitshalber einen Arzt aufsuchen.

Behandlung

Die ursächliche Behandlung solcher Virusinfektionen durch Medikamente ist derzeit nicht möglich. Ist eine zusätzliche Bakterieninfektion als Ursache der Beschwerden eindeutig erkannt worden (was sehr selten ist), können Antibiotika eingesetzt werden (siehe dazu Kapitel 10). Alle Medikamente, die als »Grippe- oder Erkältungsmittel« angeboten werden, wirken nicht gegen Grippe, sie können nur Beschwerden lindern.
Weil bei einer »Grippe« oder »Erkältung« unterschiedliche Beschwerden auftreten – Fieber, Kopfschmerzen, Muskelschmerzen, Husten, Halsschmerzen, Schnupfen –, bietet die Pharmaindustrie fast ausschließlich Medikamente an, die mehrere Wirkstoffe enthalten. Damit – so die Vorstellung – sollen alle Beschwerden möglichst gleichzeitig behandelt werden. Diese Vorstellung gilt heute jedoch als überholt, weil es kaum möglich ist, in einer festgelegten Mixtur richtig zu dosieren, und außerdem die vielfältigen Wechselwirkungen zwischen den einzelnen Wirkstoffen nur schwer abzuschätzen sind.

Deshalb lautet heute die Grundregel zur Behandlung der Grippe:
Am sinnvollsten ist es, zunächst bewährte Hausmittel anzuwenden: Bettruhe, heiße Fußbäder in der Frühphase der Grippe, Anfeuchten der Atemluft, viel trinken (zwei bis drei Liter pro Tag), kalte Brust- und Wadenwickel bei Fieber, Rauchen einstellen.
Wenn Medikamente verwendet werden, sollte man in der Apotheke nicht einfach nach »einem Grippemittel«, sondern gezielt nach Medikamenten zur Behandlung bestimmter Beschwerden nachfragen. Das heißt: gegen Schnupfen Nasentropfen oder Nasensprays, gegen Husten Hustenmittel, gegen Fieber und Schmerzen schmerz- und fiebersenkende Mittel (siehe auch Kapitel 1.1.: Schmerz- und fiebersenkende Mittel).
Nach Möglichkeit sollte man Medikamente verwenden, die nur einen Wirkstoff enthalten (siehe auch Kapitel 4.2. bis 4.5.). Nur damit ist eine sinnvolle Behandlung möglich. In der Zeitschrift der Arzneimittelkommission der Deutschen Ärzteschaft heißt es: »Präparate mit mehreren Substanzen sollten keinen Platz mehr in der Therapie banaler Infekte haben.« Die Praxis schaut anders aus. Alle meistgekauften *Grippemittel* sind fixe Mischungen von bis zu acht verschiedenen Substanzen, hätten also nach Ansicht der Arzneimittelkommission *»keinen Platz mehr in der Therapie«*.

Homöopathie

In Deutschland wurden in den vergangenen Jahren zunehmend häufiger homöopathische Mittel wie *Ferrum phosphoricum comp., Gripp Heel, Influido, Meditonsin H, Metavirulent, Nisylen, Toxi loges* verwendet. Es gibt zwar keinen sicheren Nachweis, dass Grippe oder Erkältung dadurch schneller vergeht – aber wenn Sie sich durch die Verwendung solcher Mittel besser fühlen, ist dagegen nichts einzuwenden. Im Gegensatz zu vielen anderen Grippemitteln mit zweifelhafter Wirkung sind hier keine besonderen Nebenwirkungen zu erwarten.

Fieber kann gesund sein

Fieber ist ein natürlicher Abwehrmechanismus des Körpers zur Beseitigung von Krankheitserregern und sollte deshalb nicht automatisch und unter allen Umständen gesenkt werden. Es ist bis 41°C für Erwachsene zwar unangenehm, aber laut Deutscher Arzneimittelkommission ungefährlich, wenn der Körper nicht durch eine andere Krankheit (z. B. Herz-Kreislauf, Stoffwechsel) geschwächt ist. Sind die Beschwerden zu groß, können kalte Wadenwickel oder ähnliche Hausmittel sehr oft helfen. Wenn es notwendig ist, kann das Fieber mit dem Wirkstoff Paracetamol (z. B. in *Ben-u-ron, Mexalen, Paracetamol-ratiopharm*) gesenkt werden (siehe Kapitel 1.1.).

Fiebersenkung bei Kindern

Bei Kleinkindern sollte das Fieber ab einer Temperatur von 39°C reduziert werden. Das Auftreten von Fieberkrämpfen kann durch eine Fiebersenkung aber nicht sicher vermieden werden. Kalte Wadenwickel sind ein schonendes und gut wirkendes fiebersenkendes Mittel, jedoch wirkungslos, wenn Füße und Unterschenkel trotz erhöhter Körpertemperatur kalt sind. Wenn das Kind an Schüttelfrost leidet, sind Paracetamol-Fieberzäpfchen sinnvoll (z. B. *Ben-u-ron, Mexalen, Paracetamol-ratiopharm*). Schmerzmittel, die Acetylsalicylsäure (ASS) enthalten (z. B. *Aspirin*), dürfen bei Kindern und Jugendlichen mit Virusinfektionen – bei »Erkältung« und »Grippe« handelt es sich fast immer um Virusinfektionen – bis zu einem Alter von 19 Jahren wegen der seltenen, aber lebensbedrohlichen Gefahr des Reye-Syndroms nicht verwendet werden (siehe Reye-Syndrom, Kapitel 1.1.).

Problematische Kombinationsmittel

Generell sind Medikamente mit nur einem Wirkstoff den so genannten Kombinationsmitteln vorzuziehen. Viele der in Kombinationsmitteln enthaltenen Wirkstoffe sind wegen des fragwürdigen Nutzens und der möglichen Nebenwirkungen bedenklich.
Manche Inhaltsstoffe (z. B. Antihistaminika und Hustendämpfer) wirken auch beruhigend und schlaffördernd. Das ist gefährlich für Menschen, die am Straßenverkehr teilnehmen oder an komplizierten Maschinen arbeiten.

Vitamin C

Viele der meistverkauften »*Grippemittel*« enthalten Vitamin C, dessen Nutzen umstritten ist (siehe Kapitel 14.4.). Es kann ohnehin in ausreichenden Mengen über die Nahrung aufgenommen werden – die Verabreichung als Medikament ist unnötig.

Antihistaminika

sind in den meisten Mitteln enthalten, z. B. im österreichischen Marktrenner *Influbene*, den vor allem praktische Ärzte gerne verschreiben. Solche Antihistaminika dämpfen generell, verhindern aber keine besonderen Grippebeschwerden. Bei einer Studie an Kindern ergaben sich bei einer Behandlung mit Antihistaminika keine Vorteile im Vergleich zu Scheinarzneimitteln (Placebos). Wohl aber stehen sieben Prozent aller erfassten Vergiftungen im Zusammenhang mit Antihistaminika.

Ephedrin

das z. B. in *Wick Medinait Erkältungssaft* für die Nacht enthalten ist, kann die Herzfrequenz, die bei Fieber ohnehin erhöht ist, noch weiter steigern. Das kann sogar zu Herzrhythmusstörungen führen.

Coffein

(z. B. in *Grippostad C*) ist in seiner Wirkung gleichfalls umstritten. Es kann auf der einen Seite Müdigkeit und Mattigkeit beseitigen, andererseits jedoch zu störenden Spannungen und Mangel an Konzentrationsfähigkeit führen. Schlussfolgerung der Deutschen Arzneimittelkommission: »Coffein und Antihistaminika bringen eher Nachteile als Vorteile in die Therapie.«

Phenylpropanolamin

(= DL-Norephedrin; enthalten z. B. in *Wick DayMed Erkältungskapseln*) wird vorwiegend als Appetitzügler verwendet und verursacht als Nebenwirkung häufig einen Anstieg der Herzfrequenz und des Blutdrucks. Außerdem besteht die Gefahr der Entwicklung einer Abhängigkeit. In den USA wurde der Wirkstoff Ende des Jahres 2000 verboten. Unsere Empfehlung: Abzuraten.

Dextromethorphan

(enthalten z. B. in häufig verwendeten Mitteln wie *Wick DayMed Erkältungskapseln für den Tag, Wick Medinait Erkältungs-Saft für die Nacht*) soll trockenen Reizhusten dämpfen und verursacht als Nebenwirkung relativ häufig neuropsychiatrische Störungen wie Panikattacken, Halluzinationen, Bewusstseinsminderung. Bedenklich sind vor allem auch die vielfältigen Wechselwirkungen mit anderen Wirkstoffen, die zu hochgradiger Erregung und hohem Fieber führen können. Unsere Empfehlung: Abzuraten.

4.1. Grippemittel

Präparat	Wichtigste Nebenwirkungen	Empfehlung
Ascorbisal (Ö) Brausetabl. Acetylsalicylsäure (ASS), Vitamin C	Magenbeschwerden. In seltenen Fällen Asthmaanfälle. Risiko des lebensbedrohlichen Reye-Sydroms durch Acetylsalicylsäure (ASS) bei Kindern und Jugendlichen	**Therapeutisch zweckmäßig als** Mittel (ASS) gegen Schmerzen und Fieber. Ob Vitamin C die Magenverträglichkeit bessert, ist fraglich. Vitamin C ist nur bei Vitaminmangel zweckmäßig. Bei Grippe und grippalen Infekten ist die therapeutische Wirksamkeit zweifelhaft.
Contramutan D/ -N/ Tropfen (D) Drag., Saft, Tropfen Pflanzliche Inhaltsstoffe u. a. Echinaceae (Sonnenhut) als Urtinktur und Aconitum, Belladonna, und Eupatorium als Urtinktur oder homöopathische Verdünnung	Durch Echinacea sind Überempflindlichkeitsreaktionen (z. B. Fieber, Hautausschlag, Juckreiz) möglich. Auch schwere allgemeine allergische Reaktionen sind möglich. Tropfen enthalten Alkohol	**Homöopathisches Mittel** Therapeutische Wirksamkeit zweifelhaft. Von der Anwendung ist abzuraten.

Präparat	Wichtigste Nebenwirkungen	Empfehlung
Doregrippin (D) Tabl. Paracetamol, Phenylephrin	Blutdruckanstieg. Bei Überdosierung: Leberschäden	**Wenig zweckmäßig** Wenig sinnvolle Kombination von Schmerz- und Fiebermittel (Paracetamol) und gefäßverengendem Mittel (Phenylephrin).
Echinacin Capsetten/ Tabletten/ Liquidum/ Saft Madaus (D/Ö) Tabl., Lutschpastillen, Saft, Liquidum, Tropfen (Ö) Presssaft aus Purpursonnenhutkraut (Echinaceae purp.)	Fieber. Hautausschlag, Juckreiz. Schwere allgemeine allergische Reaktionen möglich. Liquidum und Tropfen enthalten Alkohol	**Abzuraten** wegen der möglichen schweren Nebenwirkungen. Naturheilmittel mit pflanzlichen Inhaltsstoffen. Therapeutische Wirksamkeit bei wiederholten Atemwegsinfekten sowie bei Harnwegsinfektionen zweifelhaft.
Echinacea-ratiopharm Liquid (D) **Echinacea-ratiopharm Liquid alkoholfrei** (D) Liquid, Tropfen (Ö) Presssaft aus Purpursonnenhutkraut (Echinaceae purp.)	Fieber. Hautausschlag, Juckreiz. Schwere allgemeine allergische Reaktionen möglich. Liquid und Tropfen enthalten Alkohol	**Abzuraten** wegen der möglichen schweren Nebenwirkungen. Naturheilmittel mit pflanzlichen Inhaltsstoffen. Therapeutische Wirksamkeit bei wiederholten Atemwegsinfekten sowie Harnwegsinfektionen zweifelhaft.
Echinacea-ratiopharm Tabletten (D/Ö) Tabl. Extrakt aus Sonnenhutwurzel (Echinacea pallida)	Fieber. Hautausschlag, Juckreiz. Schwere allgemeine allergische Reaktionen möglich	**Abzuraten** wegen der möglichen schweren Nebenwirkungen. Naturheilmittel mit pflanzlichen Inhaltsstoffen. Therapeutische Wirksamkeit bei »grippeartigen Infekten« (Herstellerangabe) zweifelhaft.
Echinacea Stada/ Classic/ Junior/ Lutschtabletten (D) Lösung, Lutschtabl. Presssaft aus Purpursonnenhutkraut (Echinaceae purp.)	Fieber. Hautausschlag, Juckreiz. Schwere allgemeine allergische Reaktionen möglich. Classic Lösung enthält Alkohol	**Abzuraten** wegen der möglichen schweren Nebenwirkungen. Naturheilmittel mit pflanzlichen Inhaltsstoffen. Therapeutische Wirksamkeit bei wiederholten Atemwegsinfekten sowie bei Harnwegsinfektionen zweifelhaft.
Esberitox N (D/Ö) Tabl., Tropfen Extrakt aus Herb. Thujae, Rad. Baptisiae, Rad. Echinaceae (Sonnenhutwurzel)	Fieber. Hautausschlag, Juckreiz. Schwere allgemeine allergische Reaktionen möglich. Tropfen enthalten Alkohol	**Abzuraten** Therapeutische Wirksamkeit bei akuten und chronischen Atemwegsinfekten zweifelhaft.

Präparat	Wichtigste Nebenwirkungen	Empfehlung
Ferrum phosphoricum comp. (D) Streukügelchen Inhaltsstoff Eisenphosphat (D6) und pflanzl. Stoffe in geringgradigen homöopathischen Verdünnungen (D1) oder Urtinktur (Eucalyptus)	Keine wesentlichen bekannt	**Homöopathisches Mittel** Therapeutische Wirksamkeit zweifelhaft. Zur subjektiven Linderung von Beschwerden vertretbar.
Gripp Heel (D/Ö) Tabl., Injektionslösung Homöopathische Verdünnungen (D2 bis D12) von Aconitum, Bryonia, Lachesis, Eupatorium und Phosphor	Keine wesentlichen bekannt. Bei Injektionen sind allergische Reaktionen nicht auszuschließen	**Homöopathisches Mittel** Therapeutische Wirksamkeit zweifelhaft. Zur subjektiven Linderung von Beschwerden vertretbar. Von der Injektion des Mittels ist abzuraten.
Grippocaps sine (D) Kapseln Paracetamol, Ascorbinsäure, Ethenzamid, Diphenylpyralin	Müdigkeit. Bei Überdosierung: Leberschäden	**Abzuraten** Nicht sinnvolle Kombination von Schmerzmitteln (Paracetamol, Ethenzamid), Antihistaminikum (Diphenylpyralin) und Vitamin C.
Grippostad C (D) Kaps. Paracetamol, Chlorphenamin, Vitamin C, Coffein	Müdigkeit, bei Überdosierung: Leberschäden. Mundtrockenheit, Schwierigkeiten beim Wasserlassen, Erhöhung des Augeninnendrucks, Haut- und Blutschäden möglich	**Abzuraten** Wenig sinnvolle Kombination von Schmerz- und Fiebermittel (Paracetamol) mit beruhigend wirkendem Antihistaminikum (Chlorphenamin) sowie Coffein und Vitamin C.
Influbene (Ö) Filmtabl. Paracetamol, Etilefrin, Butetamat, Chlorphenamin *Rezeptpflichtig*	Müdigkeit, Herzklopfen, Blutdruckerhöhung, Mundtrockenheit, Schwierigkeiten beim Wasserlassen, Erhöhung des Augeninnendrucks, Haut und Blutschäden möglich	**Abzuraten** Wenig sinnvolle Kombination von Schmerzmittel (Paracetamol) mit beruhigend wirkendem Antihistaminikum (Chlorphenamin) und blutdrucksteigerndem Mittel (Etilefrin).
Infludo (D) Tropfen Inhaltsstoffe in homöopathischen Verdünnungen z. B. Eucalyptus D2	Unruhe, Schlaflosigkeit, Kopfschmerzen möglich. Enthält Alkohol	**Homöopathisches Mittel** Therapeutische Wirksamkeit zweifelhaft. Zur subjektiven Linderung von Beschwerden vertretbar.

Präparat	Wichtigste Nebenwirkungen	Empfehlung
Meditonsin (D/Ö) Tropfen Aconitinum D5, Atropinum sulfuricum D5, Mercurius cyanatus D8 (Quecksilber)	Keine wesentlichen bekannt. Lösung enthält Alkohol	**Homöopathisches Mittel** Therapeutische Wirksamkeit zweifelhaft. Zur subjektiven Linderung von Beschwerden vertretbar.
Metavirulent (D) Tropfen, Injektionslösung Inhaltsstoffe in homöopathischen Verdünnungen wie z. B. Aconitum D4	Keine wesentlichen bekannt. Bei Injektionen sind allergische Reaktionen nicht auszuschließen. Tropfen enthalten Alkohol	**Homöopathisches Mittel** Therapeutische Wirksamkeit zweifelhaft. Zur subjektiven Linderung von Beschwerden vertretbar. Von der Injektion bei »grippalen Infekten« (Herstellerangabe) ist abzuraten.
Nisylen (D/Ö) Lösung, Tabl. Homöopathische Verdünnungen wie z. B. Eupatorium D1, Aconitum D3, Ipecacuanha D3 Hilfsstoff bei Tabl.: Lactose (Milchzucker)	Bauchschmerzen und Durchfall (nur bei sog. Lactoseintoleranz). Lösung enthält Alkohol	**Homöopathisches Mittel** Therapeutische Wirksamkeit zweifelhaft. Zur subjektiven Linderung von Beschwerden vertretbar.
Paedisup S/ K (D) Säuglingszäpfchen, Kinderzäpfchen Paracetamol, Doxylamin	Krämpfe, Halluzinationen und Herzklopfen möglich	**Abzuraten** Wenig sinnvolle Kombination von Schmerz und Fiebermittel (Paracetamol) mit beruhigend wirkendem Antihistaminikum (Doxylamin).
ratioGrippal + C (D) Brausetabl. Acetylsalicylsäure (ASS), Paracetamol, Vitamin C	Magenbeschwerden, kann in seltenen Fällen Asthmaanfälle auslösen. Möglichkeit des erhöhten Risikos von Reye-Syndrom durch Acetylsalicylsäure (ASS) bei Kindern und Jugendlichen. Bei sehr häufigem, jahrelangem Gebrauch sind Nierenschäden nicht auszuschließen. Bei Überdosierung: Leberschäden	**Wenig zweckmäßig** Wenig sinnvolle Kombination von zwei ähnlich wirkenden Schmerz- und Fiebermitteln (ASS, Paracetamol) mit Vitamin C.

Präparat	Wichtigste Nebenwirkungen	Empfehlung
Tempil N (D) Kaps. Diphenylpyralin, Metamfepramon, Acetylsalicylsäure (ASS) *Rezeptpflichtig*	Müdigkeit, Magenbeschwerden, Erregungszustände. In seltenen Fällen Asthmaanfälle. Risiko des lebensbedrohlichen Reye-Sydroms durch Acetylsalicylsäure (ASS) bei Kindern und Jugendlichen	**Abzuraten** Nicht sinnvolle Kombination von Schmerzmittel (Acetylsalicylsäure) mit beruhigend wirkendem Antihistaminikum (Diphenylpyralin) und Anregungsmittel (Metamfepramon).
Tonsilgon (D) Drag., Tropfen Eibischwurzel, Kamillenblüten, Schachtelhalmkraut, Walnussblätter, Schafgarbenkraut, Eichenrinde, Löwenkraut	Selten allergische Hautreaktionen. Tropfen enthalten Alkohol	**Naturheilmittel** mit pflanzlichen Inhaltsstoffen. Vertretbar bei chronischen Atemwegsinfekten, wenn die Einnahme als wirksam empfunden wird und eine notwendige Anwendung therapeutisch zweckmäßiger Mittel zur Behandlung von Infektionen nicht unterlassen wird.
Toxi-Loges (D) Tropfen Sonnenhutkraut (Echinacea)-Urtinktur, Eupatorium-Urtinktur, Baptisia-Urtinktur, China-Urtinktur, Bryonia D4, Aconitum D4, Ipecacuanha D4	Fieber. Schwere allgemeine allergische Reaktionen möglich. Tropfen enthalten Alkohol	**Abzuraten** wegen der möglichen Nebenwirkungen. Homöopathisches Mittel. Therapeutische Wirksamkeit bei fieberhaften Erkältungskrankheiten zweifelhaft.
Toxi-Loges N (D) Tab. u. a. Eupatorium-Urtinktur, Baptisia-Urtinktur	Allergische Reaktionen möglich	**Homöopathisches Mittel** Therapeutische Wirksamkeit bei fieberhaften Erkältungskrankheiten zweifelhaft.
Trimedil (Ö) Drag. Dimetindenmaleat, Paracetamol, Phenylephrin, Oxerutin, Vitamin C	Müdigkeit, Blutdrucksteigerung. Bei Überdosierung: Leberschäden	**Abzuraten** Nicht sinnvolle Kombination von Schmerzmittel (Paracetamol) mit beruhigend wirkendem Antihistaminikum (Dimetindenmaleat), blutdrucksteigerndem Mittel (Phenylephrin) und Vitamin C.
Umckaloabo (D) Tropfen Auszug aus Pelargonienwurzeln	Allergische Erscheinungen. Störwirkungen in der Schwangerschaft nicht auszuschließen. Tropfen enthalten Alkohol	**Wenig zweckmäßig** Naturheilmittel mit sehr schwach antiinfektiös wirkenden pflanzlichen Inhaltsstoffen. Vertretbar nur bei leichten Atemwegsinfekten, wenn eine notwendige Anwendung therapeutisch zweckmäßiger Mittel zur Behandlung von Infektionen nicht unterlassen wird.

Präparat	Wichtigste Nebenwirkungen	Empfehlung
Wick DayMed Erkältungskapseln für den Tag (D) Kaps. Paracetamol, Dextromethorphan, Phenylpropanolamin	Verwirrtheit, Bewusstseinsstörungen, Abhängigkeit, Müdigkeit. Bei Überdosierung Leberschäden	**Abzuraten** Nicht sinnvolle Kombination von Schmerz- und Fiebermittel (Paracetamol) mit einem gefäßverengenden Inhaltsstoff (Phenylpropanolamin) und problematischem Hustenmittel (Dextromethorphan).
Wick DayMed Erkältungs-Getränk für den Tag (D) Pulver Paracetamol, Guaifenesin, Phenylephrin, Vitamin C	Bei Überdosierung Leberschäden sowie Müdigkeit, Blutdrucksteigerung, Übelkeit und Erbrechen möglich	**Abzuraten** Nicht sinnvolle Kombination von Schmerz- und Fiebermittel (Paracetamol) mit zweifelhaft wirksamem, schleimlösenden Mittel (Guaifenesin), blutdrucksteigerndem Mittel (Phenylephrin) und Vitamin C.
Wick Medinait Erkältungs-Saft für die Nacht (D) Saft Paracetamol, Doxylamin, Ephedrin, Dextromethorphan	Herzklopfen, zentrale Erregung, Verwirrtheit, Bewusstseinsstörungen, Abhängigkeit, Müdigkeit. Saft enthält Alkohol	**Abzuraten** Nicht sinnvolle Kombination, z. B. von Schmerz- (Paracetamol), Beruhigungs- (Doxylamin) und Anregungsmittel (Ephedrin) sowie problematischem Hustenmittel (Dextromethorphan).

4.2. Hustenmittel

Husten ist ein wichtiger Schutzmechanismus zur Entfernung von Schleim und Staub aus den Luftwegen, kann aber auch die Folge schwerer Erkrankungen sein (siehe Kapitel 5). Meistens hat er folgende Ursachen:

Reizung: Eine der häufigsten Reizquellen ist Zigarettenrauch oder auch die Nebenwirkung von Medikamenten (z. B. ACE-Hemmer). Auch Staub, Luftverschmutzung und reizende Gase in der Umwelt und am Arbeitsplatz verursachen Husten. Wird die Reizursache beseitigt, verschwindet in der Regel auch der Husten nach kurzer Zeit.

Allergie: Husten kann die Folge von Überempfindlichkeit gegen bestimmte Stoffe sein. Nächtliches Husten kann z. B. durch den Inhalt von Kopfkissen und Matratzen oder durch Hausstaubmilben verursacht werden.
Virusinfektionen: Der bei einer Erkältung vermehrt produzierte Schleim wird durch den Husten aus der Lunge befördert. Dieser Husten im Rahmen einer »Grippe« geht im Allgemeinen innerhalb von fünf bis sieben Tagen von selbst vorbei. Bei länger andauerndem Husten ist es sinnvoll, einen Arzt aufzusuchen.
Nützlicher Husten ist die Reaktion auf zu viel Staub, Schleim oder andere Schadstoffe in den Atemwegen.
Trockener Husten entsteht durch die Reizung der Bronchien – es wird aber kein Schleim abgehustet (»Reizhusten«, »unproduktiver Husten«).
Nervöser Husten ist psychisch bedingt und kann z. B. durch das Erlernen von Atemübungen beseitigt werden.

Behandlung

Meist braucht einfacher Husten nicht mit Medikamenten behandelt zu werden. Die wirkungsvollsten Maßnahmen sind:
- das Rauchen einstellen,
- dafür sorgen, dass die Luftfeuchtigkeit zu Hause und am Arbeitsplatz ausreicht. Trockene Luft mit einem Feuchtigkeitsgehalt unter 40 Prozent verschlimmert den Husten,
- eventuell mit Hausmitteln (z. B. Ei mit Honig, Zuckerwasser) die Reizung der Schleimhäute lindern,
- viel trinken. *Ausreichende Flüssigkeitszufuhr* – unter Umständen mit Salz – *ist das beste Mittel gegen Husten.*

Medikamente

Obwohl – vielleicht auch weil – der therapeutische Nutzen eher fragwürdig ist, zählen Hustenmittel zu den meistverkauften Medikamenten: Im Durchschnitt schluckt jede Person in Deutschland oder Österreich etwa zwei Packungen Hustenmittel pro Jahr.
Es gibt im Prinzip zwei Methoden, mit Arzneimitteln den Husten zu beeinflussen. Man kann versuchen, die Schleimlösung und das Aushusten des Schleims zu fördern (Expektoration), oder man kann den Hustenreflex generell dämpfen.

Hustendämpfer – Vorsicht bei Anwendung

Die Unterdrückung des Hustenreflexes kann zwar Beschwerden lindern, wird aber die Krankheit möglicherweise verschlimmern (siehe auch Kapitel 5). *Die Reinigung der Bronchien durch Husten soll in der Regel nicht gedämpft werden.* Hustendämpfer sollten lediglich bei trockenem Reizhusten, schweren Schlafstörungen, schwerem Husten durch Lungenkrebs und bei Keuchhusten, wenn Krämpfe zum Erbrechen führen, eingesetzt werden.

Codein

ist ein sinnvolles Mittel bei schwerem, unproduktivem Reizhusten. Es hemmt das Hustenzentrum im Zentralnervensystem und wirkt zuverlässig. Viele Hustenmittel enthalten neben Codein jedoch noch andere, zum Teil nicht sinnvolle Beimengungen. Für den Fall, dass eine Dämpfung des Hustens wirklich nötig ist, sind z. B. *Paracodin* oder *Codeinum phosph. Compretten* zu empfehlen.
Nebenwirkungen: In der üblichen Dosis von 30 mg senkt Codein die Atemfrequenz, weil das Atemzentrum gehemmt wird. Auch Übelkeit, Schwindel, Benommenheit und Appetitlosigkeit können auftreten. Unruhe, Schwindel, niedriger Blutdruck und Verstopfung treten meist erst nach höheren Dosierungen auf. Codein ist ein Opiat – eine länger dauernde Einnahme kann zur *Abhängigkeit* führen. In der Drogenszene werden vor allem *Codeinum phosph. Compretten* missbräuchlich verwendet.

Vergiftungsgefahr bei Kindern

Bei Kindern können schon 2–4 mg Codein pro Kilo Körpergewicht zu schweren Vergiftungen führen. Codeinhaltige Mittel sollten daher bei Kindern unter fünf Jahren – wenn überhaupt – nur sehr vorsichtig eingesetzt werden. Jahr für Jahr erleiden in der Bundesrepublik rund 1000 Kinder Codeinvergiftungen.

Pentoxyverin

ist ein hustendämpfender Wirkstoff (z. B. in *Sedotussin Expectorans*), der bei Säuglingen selbst nach vorschriftsmäßiger Anwendung bedrohliche Atemdepressionen verursachen kann. Kinderärzte raten deshalb von der Anwendung solcher Mittel bei Kindern unter drei Jahren ab.

Ephedrin

ist in Österreich ein häufiger Bestandteil von Hustensäften und -pastillen (z. B. *Pilka Fortetropfen*). Es erweitert die Bronchien und wirkt dadurch ebenfalls hustendämpfend – allerdings erst in einer Dosierung von 30 mg, die in etlichen Präparaten gar nicht erreicht wird. *Nebenwirkungen* können Herzklopfen, Muskelzittern, Unruhe und Schlafstörungen sein.

Dextromethorphan

(enthalten z. B. in *Neo Tussan Hustensaft, Tuss Hustenstiller, Wick Formel 44 plus Husten-Pastillen S, Wick Formel 44 plus Hustenstiller*) soll trockenen Reizhusten dämpfen und verursacht als Nebenwirkung relativ häufig neuropsychiatrische Störungen wie Panikattacken, Halluzinationen, Bewusstseinsminderung. Bedenklich sind vor allem auch die vielfältigen Wechselwirkungen mit anderen Wirkstoffen, die zu hochgradiger Erregung und hohem Fieber führen können. Unsere Empfehlung: Wenig zweckmäßig.

Schleimlösende und das Aushusten fördernde Mittel

Die Wirksamkeit solcher Medikamente (in der Fachsprache *Expektorantien* genannt) wird vor allem in der englischsprachigen Fachliteratur vielfach angezweifelt.
Deutschsprachige Mediziner bewerten solche Mittel generell günstiger. In einem sind sich jedoch alle einig:
Die wichtigste Maßnahme ist eine ausreichende Flüssigkeitszufuhr (ca. drei Liter pro Tag). Dies reicht normalerweise zur Erleichterung des Abhustens von Schleim (Behandlung des Hustens) aus. Einzige Ausnahme ist der trockene Reizhusten.
Medikamente dienen lediglich als begleitende therapeutische Maßnahme.
Die meisten Mittel enthalten Mischungen mit fragwürdiger Wirksamkeit und einem unangemessen hohen Nebenwirkungsrisiko. Strikt abzuraten ist zum Beispiel von der Verwendung fester Kombinationen von Expektorantien mit Antibiotika (z. B. *Doxam, Doximucol, Sigamuc*). Antibiotika müssen individuell dosiert werden.
Dasselbe gilt für Schrotschuss-Mischungen der Hustensäfte. Die Begründung liegt auf der Hand: Es werden ständig Stoffe mitgeschluckt, die unter Umständen überhaupt oder in der vorgegebenen Menge unnötig oder sogar schädlich sind, oder die sich in der Wirkung widersprechen.

Bromhexin

(z. B. in *Bisolvon, Bromhexin BC*) bzw. das Abbauprodukt von Bromhexin, der Wirkstoff Ambroxol (z. B. *Ambroxol AL, Ambroxol-ratiopharm, Mucosolvan*), werden am häufigsten verwendet. Bei beiden ist die Wirksamkeit umstritten. Der deutsche »Arzneimittelbrief« berichtet von einer Studie, bei der Bromhexin selbst in Injektionsform unwirksam war, und fragt: »Wann wird dieses Produkt aus dem Handel gezogen?« In Schweden wurden diese Mittel aus dem Arzneischrank vieler Krankenhäuser verbannt. Begründung: »Wir kommen auch gut ohne dieses Präparat aus.«

Acetylcystein

(z. B. in *ACC, Acemuc, Aeromuc, Azubronchin, Bromuc, Cimexyl, Fluimucil, NAC 1A Pharma, NAC AbZ, NAC AL, NAC-ratiopharm, NAC Stada/ -akut, NAC von ct*) ist ein Wirkstoff, dessen Nutzen umstritten ist. Die Berliner Fachzeitschrift »arznei-telegramm« schreibt: »Positive Bewertungen in Übersichtsarbeiten beruhen auf unveröffentlichten Daten der Hersteller und entziehen sich der Bewertung wegen fehlender Nachvollziehbarkeit.« Bei Anwendung eines Inhalationssprays kann dieser Wirkstoff selbst zu Hustenanfällen führen.

Guaifenesin

soll das Abhusten erleichtern, ist im Nutzen jedoch sehr umstritten (enthalten z. B. in *Cito-Guakalin, Resyl, Resyl mit Codein*). Guaifenesin wird eine Reihe von teilweise schwerwiegenden Nebenwirkungen angelastet: Unverträglichkeitsreaktionen, die bis zum Schockzustand führen können, Magen-Darm-Störungen und anderes. Unsere Empfehlung: Wenig zweckmäßig.

Naturheilmittel

Ätherische Öle (Menthol, Eucalyptus, Pfefferminz, Myrte, Thymian, Anis, Kampfer) und Pflanzenextrakte (Efeublätter, Primel, Isländisch-Moos, Quendel, Spitzwegerich, Süßholz) sind in einer Vielzahl von Hustentees, Pastillen, Lutschbonbons, Säften, Tropfen und Kapseln enthalten (z. B. *Bronchicum Pastillen, Bronchicum Thymian, Bronchipret, Bronchobest, Bronchoforton, Broncho-Sern, Bronchostad, Gelomyrtol, Hedelix, H&S Tees, Ipalat, Isla Mint, Isla Moos, Melrosum Hustensirup, Pilka, Prospan, Rheila Konsul, Scottopect, Sidroga Hustentee, Sinuc, Sinupret, Soldan Salmiak*

Pastillen, Soledum, Thymipin N, Tussamag, Tussamag N). Sie sind als Hausmittel sehr beliebt, weil sie kaum Nebenwirkungen haben und ihr Geruch und/oder Geschmack als angenehm empfunden wird. Gegen ihre Verwendung ist mit wenigen Ausnahmen nichts einzuwenden – allerdings sollte man sich keine übertriebenen Hoffnungen über die Wirksamkeit machen.
Für *homöopathische Mittel* in hohen Verdünnungen (z. B. *Monapax*) gilt dasselbe wie für Naturheilmittel: Gegen eine Verwendung ist nichts einzuwenden, wenn eine notwendige Anwendung therapeutisch wirksamer Mittel nicht unterlassen wird.

4.2. Hustenmittel

Präparat	Wichtigste Nebenwirkungen	Empfehlung
ACC (D) Pulver (mit hohem Zuckergehalt) **ACC akut/ -junior** (D) Brausetabl. **ACC Hexal Granulat** (Ö) Granulat (mit hohem Zuckergehalt) **ACC Hexal** (Ö) lösbare Tabl. **ACC long** (D) Brausetabl. **ACC Saft** (D) Saft **ACC tabs** (D) lösl. Tabl. **ACC injekt** (D) Amp. Acetylcystein *Rezeptpflichtig*	Übelkeit, Erbrechen, Durchfall. Allergische Hautreaktionen, Bronchospasmen, Sekretstau	**Möglicherweise zweckmäßig** als schleimverflüssigendes Mittel, auch zur vorbeugenden Behandlung bei chronischen Atemwegserkrankungen. Kombination mit Hustenblockern (z. B. Codein) vermeiden.
Acemuc (D) Brausetabl., Granulat im Beutel (mit hohem Zuckergehalt) **Acemuc Saft** (D) Granulat **Acemuc dispers** (D) Tabl. **Acemuc akut** (D) Brausetabl Acetylcystein *Rezeptpflichtig*	Übelkeit, Erbrechen, Durchfall. Allergische Hautreaktionen, Bronchospasmen, Sekretstau	**Möglicherweise zweckmäßig** als schleimverflüssigendes Mittel, auch zur vorbeugenden Behandlung bei chronischen Atemwegserkrankungen. Kombination mit Hustenblockern (z. B. Codein) vermeiden.

Präparat	Wichtigste Nebenwirkungen	Empfehlung
Aeromuc (Ö) lösl. Tabl., Granulat (Zucker) Acetylcystein	Übelkeit, Erbrechen, Durchfall. Allergische Hautreaktionen, Bronchospasmen, Sekretstau	**Möglicherweise zweckmäßig** als schleimverflüssigendes Mittel, auch zur vorbeugenden Behandlung bei chronischen Atemwegserkrankungen. Kombination mit Hustenblockern (z. B. Codein) vermeiden.
Ambrobeta (D) Brausetabl., Saft **Ambrobeta retard** (D) Retardkaps. Ambroxol	Magenbeschwerden mit Übelkeit und Erbrechen, Durchfall, Kopfschmerzen, allergische Reaktionen	**Möglicherweise zweckmäßig** Der therapeutische Nutzen ist zweifelhaft. In hohen Dosen wirkt der Inhaltsstoff Ambroxol aber schleimverflüssigend und erleichtert das Abhusten. Kombination mit Hustenblockern (z. B. Codein) vermeiden.
Ambrodoxy (D) Kaps. Doxycyclin, Ambroxol *Rezeptpflichtig*	Magen-Darm-Störungen, Erbrechen, Durchfall, Leberschädigung, Lichtüberempfindlichkeit, Zahn- und Knochenschäden bei Kindern	**Abzuraten** Nicht sinnvolle Kombination eines wirksamen Antibiotikums (Doxycyclin) mit einem Sekretolytikum. Antibiotika müssen individuell dosiert und deshalb als Einzelstoffe (Monopräparate) gegeben werden.
Ambrohexal (D) Tabl., Lösung, Saft **Ambrohexal retard** (D) Retardkaps. **Ambrohexal injekt** (D) Amp. Ambroxol	Magenbeschwerden mit Übelkeit und Erbrechen, Durchfall, Kopfschmerzen, allergische Reaktionen. Bei Inhalation: Hustenreiz	**Möglicherweise zweckmäßig** Der therapeutische Nutzen ist zweifelhaft. In hohen Dosen wirkt der Inhaltsstoff Ambroxol aber schleimverflüssigend und erleichtert das Abhusten. Kombination mit Hustenblockern (z. B. Codein) vermeiden.
Ambrolös (D/Ö) Brausetabl. Ambroxol	Magenbeschwerden mit Übelkeit und Erbrechen, Durchfall, Kopfschmerzen, allergische Reaktionen	**Möglicherweise zweckmäßig** Der therapeutische Nutzen ist zweifelhaft. In hohen Dosen wirkt der Inhaltsstoff Ambroxol aber schleimverflüssigend und erleichtert das Abhusten. Kombination mit Hustenblockern (z. B. Codein) vermeiden.

Präparat	Wichtigste Nebenwirkungen	Empfehlung
Ambroxol AL (D) Tabl., Retardkaps., Saft, Tropfen **Ambroxol Genericon** (Ö) Tabl., lösliche Tabl., Retardkaps., Brausetabl., Lösung, Saft **Ambroxol-ratiopharm** (D) Amp. **Ambroxol-ratiopharm Hustenlöser** (D) Tabl., Retardkaps., **Ambroxol-ratiopharm Hustensaft** (D) Lösung **Ambroxol-ratiopharm Hustentropfen** (D) Lösung **Ambroxol Sandoz** (D) Tabl., Retardkaps., Lösung zum Einnehmen, Tropfen **Ambroxol von ct** (D) Brausetabl., Retardkaps., Saft, Tropfen, Amp. Ambroxol	Magenbeschwerden mit Übelkeit und Erbrechen, Durchfall, Kopfschmerzen, allergische Reaktionen	**Möglicherweise zweckmäßig** Der therapeutische Nutzen ist zweifelhaft. In hohen Dosen wirkt der Inhaltsstoff Ambroxol aber schleimverflüssigend und erleichtert das Abhusten. Kombination mit Hustenblockern (z. B. Codein) vermeiden.
Ambroxol AL comp. (D) Retardkaps. **Ambroxol comp.-ratiopharm** (D) Retardkaps Doxycyclin, Ambroxol *Rezeptpflichtig*	Magen-Darm-Störungen, Erbrechen, Durchfall, Leberschädigung, Lichtüberempfindlichkeit, Zahn- und Knochenschäden bei Kindern	**Abzuraten** Nicht sinnvolle Kombination eines wirksamen Antibiotikums (Doxycyclin) mit einem Sekretolytikum. Antibiotika müssen individuell dosiert und deshalb als Einzelstoffe (Monopräparate) gegeben werden.
Aspecton Eucaps (D) Kaps. Eukalyptusöl	Übelkeit, Erbrechen, Durchfall, Hustenreiz	**Naturheilmittel** mit pflanzlichem Inhaltsstoff. Therapeutische Wirksamkeit zweifelhaft. Vertretbar zur subjektiven Linderung der Beschwerden.
Aspecton Hustensaft (D) Saft Thymianfluidextrakt	Bei Überdosierung: Magenschleimhautreizung möglich	**Naturheilmittel** mit pflanzlichen Inhaltsstoffen. Therapeutische Wirksamkeit zweifelhaft. Vertretbar zur subjektiven Linderung der Beschwerden.
Aspecton N (D) Hustentropfen Thymianfluidextrakt, Gypsophila-Saponin	Bei Überdosierung: Magenschleimhautreizung möglich	**Naturheilmittel** mit pflanzlichen Inhaltsstoffen. Therapeutische Wirksamkeit zweifelhaft. Vertretbar zur subjektiven Linderung der Beschwerden.

Präparat	Wichtigste Nebenwirkungen	Empfehlung
Bisolvon (Ö) Tabl., Saft, Lösung Bromhexin	Magenstörungen. Saft enthält Alkohol	**Möglicherweise zweckmäßig** Der therapeutische Nutzen von Bromhexin ist zweifelhaft. In hohen Dosen wirkt es schleimverflüssigend und erleichtert das Abhusten. Kombination mit Hustenblockern (z. B. Codein) vermeiden.
Bromhexin BC (D) Lösung, Tropfen, Tabl. **Bromhexin Berlin-Chemie** (D) Drag. **Bromhexin Krewel Meuselbach** (D) Hustensaft, Tabl., Tropfen 8/12 mg/ml Bromhexin	Magenstörungen. Tropfen 8 mg/ml enthalten Alkohol	**Möglicherweise zweckmäßig** Der therapeutische Nutzen von Bromhexin ist zweifelhaft. In hohen Dosen wirkt es schleimverflüssigend und erleichtert das Abhusten. Kombination mit Hustenblockern (z. B. Codein) vermeiden.
Bromuc/ akut (D) Brausetabl. **Bromuc Lutschecken** (D) Lutschtabl. Acetylcystein *Rezeptpflichtig* (nur Bromuc Brausetabl.)	Übelkeit, Erbrechen, Durchfall, allergische Hautreaktionen, Sekretstau	**Möglicherweise zweckmäßig** als schleimverflüssigendes Mittel, auch zur vorbeugenden Behandlung bei chronischen Atemwegserkrankungen. Kombination mit Hustenblockern (z. B. Codein) vermeiden.
Bronchicum Mono Codein Tropfen (D) Tropfen Codein Hilfsstoff u. a. Eukalyptusöl *Rezeptpflichtig*	Müdigkeit, Verstopfung, Abhängigkeit möglich. Enthält Alkohol	**Therapeutisch zweckmäßig bei** starkem, unproduktivem Reizhusten. Die Beimengung der als Hilfsstoffe ausgewiesenen ätherischen Öle (Eukalyptusöl, Pfefferminzöl) ist problematisch.
Bronchicum Pastillen (D) Pastillen Thymianextrakt	Keine wesentlichen zu erwarten	**Zweckmäßig wie andere Bonbons auch** Durch kurzfristige Anregung des Speichelflusses wirksam.
Bronchicum Tropfen (D) Lösung Thymianfluidextrakt, Primelwurzeltinktur, Hilfsstoff u. a. Eucalyptusöl, Menthol	Bei Überdosierung: Magenschleimhautreizung möglich. Selten allergische Hauterkrankungen (Rötung und Juckreiz), auch lebensbedrohliches Quincke-Ödem bei Primelallergie möglich. Enthält Alkohol	**Naturheilmittel** mit pflanzlichen Inhaltsstoffen. Therapeutische Wirksamkeit zweifelhaft. Subjektive Linderung der Beschwerden möglich. Abzuraten wegen sehr seltener, aber schwerer allergischer Nebenwirkungen.

Präparat	Wichtigste Nebenwirkungen	Empfehlung
Bronchipret Saft (D) Saft Thymianextrakt, Efeublätterextrakt **Bronchipret Tropfen** (D/Ö) Tropfen Thymianextrakt, Efeublättertinktur	Bei Überdosierung: Magenschleimhautreizung möglich. Selten allergische Hauterkrankungen (Rötung und Juckreiz). Tropfen und Saft enthalten Alkohol	**Naturheilmittel** mit pflanzlichen Inhaltsstoffen. Therapeutische Wirksamkeit zweifelhaft. Subjektive Linderung der Beschwerden möglich.
Bronchipret TP Filmtabletten (D) Filmtabl. Thymiankrautextrakt, Primelwurzelextrakt	Bei Überdosierung: Magenschleimhautreizung möglich. Selten allergische Erkrankungen (Hautausschläge, Atemnot), auch lebensbedrohliches Quincke-Ödem bei Primelallergie möglich	**Naturheilmittel** mit pflanzlichen Inhaltsstoffen. Therapeutische Wirksamkeit zweifelhaft. Subjektive Linderung der Beschwerden möglich.
Bronchipret Thymian Pastillen (D) Pastillen Thymiankrautextrakt	Bei Überdosierung: Magenschleimhautreizung möglich	**Naturheilmittel** mit pflanzlichen Inhaltsstoffen. Therapeutische Wirksamkeit zweifelhaft. Vertretbar zur subjektiven Linderung der Beschwerden.
Bronchostad Hustenlöser (D) Tropfen, Sirup Efeublätterextrakt (im Sirup Hilfsstoffe Fenchelöl und Süßholzextrakt)	Bei Überdosierung: Magen-Darm-Störungen (Übelkeit, Erbrechen und Durchfall)	**Naturheilmittel** mit pflanzlichen Inhaltsstoffen. Therapeutische Wirksamkeit zweifelhaft. Vertretbar zur subjektiven Linderung der Beschwerden.
Capval (D) Saft, Drag., Tropfen Noscapin *Rezeptpflichtig*	Müdigkeit, Magen-Darm-Störungen. Tropfen enthalten Alkohol	**Wenig zweckmäßig** Relativ schwach wirksam. Bei starkem, unproduktivem Reizhusten ist Codein vorzuziehen.
Codeintropfen von ct (D) Tropfen Codein *Rezeptpflichtig*	Müdigkeit, Verstopfung, Abhängigkeit möglich	**Therapeutisch zweckmäßig** bei schwerem, unproduktivem Reizhusten.
Codeinum phosphoricum/ -forte Compretten (D) Tabl. Codein *Rezeptpflichtig*	Müdigkeit, Verstopfung, Abhängigkeit möglich	**Therapeutisch zweckmäßig** bei schwerem, unproduktivem Reizhusten.

Präparat	Wichtigste Nebenwirkungen	Empfehlung
Codeinum phosphoricum-Berlin-Chemie (D) Tabl. Codein *Rezeptpflichtig*	Müdigkeit, Verstopfung, Abhängigkeit möglich	**Therapeutisch zweckmäßig** bei schwerem, unproduktivem Reizhusten.
Codicaps mono (D) Kaps. **Codicaps N Kindersaft** (D) Saft Codein *Rezeptpflichtig*	Müdigkeit, Verstopfung, Abhängigkeit möglich	**Therapeutisch zweckmäßig** bei starkem, unproduktivem Reizhusten.
Codicompren retard (D) Retardtabl. Codein *Rezeptpflichtig*	Müdigkeit, Verstopfung, Abhängigkeit möglich	**Therapeutisch zweckmäßig** bei starkem, unproduktivem Reizhusten.
Codipront mono (D) Retardtropfen Codein *Rezeptpflichtig*	Müdigkeit, Verstopfung, Abhängigkeit möglich. Tropfen enthalten Alkohol	**Therapeutisch zweckmäßig** bei schwerem, unproduktivem Reizhusten.
Codipront retard (Ö) Kaps., Saft Codein, Phenyltoloxamin *Rezeptpflichtig*	Müdigkeit, Verstopfung, Schleimeindickung, Abhängigkeit möglich	**Abzuraten** Nicht sinnvolle Kombination von Hustenblocker (Codein) mit beruhigend wirkendem Antihistaminikum (Phenyltoloxamin).
Doxam (D) Retardkaps. Doxycyclin, Ambroxol *Rezeptpflichtig*	Magen-Darm-Störungen, Erbrechen, Durchfall, Leberschädigung, Lichtüberempfindlichkeit, Zahn- und Knochenschäden bei Kindern	**Abzuraten** Nicht sinnvolle Kombination eines wirksamen Antibiotikums (Doxycyclin) mit einem Sekretolytikum. Antibiotika müssen individuell dosiert und deshalb als Einzelstoffe (Monopräparate) gegeben werden.
Doxi comp von ct (D) Retardkaps. Doxycyclin, Ambroxol *Rezeptpflichtig*	Magen-Darm-Störungen, Erbrechen, Durchfall, Leberschädigung, Lichtüberempfindlichkeit, Zahn- und Knochenschäden bei Kindern	**Abzuraten** Nicht sinnvolle Kombination eines wirksamen Antibiotikums (Doxycyclin) mit einem Sekretolytikum (Ambroxol). Antibiotika müssen individuell dosiert und deshalb als Einzelstoffe (Monopräparate) gegeben werden.

Präparat	Wichtigste Nebenwirkungen	Empfehlung
Doximucol (D) Retardkaps. Doxycyclin, Ambroxol *Rezeptpflichtig*	Magen-Darm-Störungen, Erbrechen, Durchfall, Leberschädigung, Lichtüberempfindlichkeit, Zahn- und Knochenschäden bei Kindern	**Abzuraten** Nicht sinnvolle Kombination eines wirksamen Antibiotikums (Doxycyclin) mit einem Sekretolytikum (Ambroxol). Antibiotika müssen individuell dosiert und deshalb als Einzelstoffe (Monopräparate) gegeben werden.
Emser Salz (D/Ö) **Emser Pastillen mit Mentholfrische** (D/Ö) **Emser Pastillen ohne Menthol** (D/Ö) **Emser Pastillen zuckerfrei** (D) Lutschtabl. Emser Salz	Keine wesentlichen bekannt	**Zweckmäßig** Durch kurzfristige Anregung des Speichelflusses wirksam.
Exeu (D) Kaps. Eucalyptusöl	Magen-Darm-Störungen (Übelkeit, Erbrechen und Durchfall)	**Naturheilmittel** mit pflanzlichen Inhaltsstoffen. Therapeutische Wirksamkeit zweifelhaft. Vertretbar zur subjektiven Linderung der Beschwerden.
Fagusan N (D) Lösung Guaifenesin	Bei Überdosierung: Müdigkeit, Übelkeit, Erbrechen möglich. Lösung enthält Alkohol	**Wenig zweckmäßig** Zweifelhaft wirksames schleimlösendes Mittel (Guaifenesin).
Fluimucil (D) Injektionslösung **Fluimucil Brausetabletten/ long** (D) Brausetabl. **Fluimucil Kapseln** (D) Kaps. **Fluimucil Tabs** (D/Ö) Trinktabletten Acetylcystein *Rezeptpflichtig*	Übelkeit, Erbrechen, Durchfall. Allergische Hautreaktionen. Sekretstau	**Möglicherweise zweckmäßig** als schleimverflüssigendes Mittel, auch zur vorbeugenden Behandlung bei chronischen Atemwegserkrankungen. Kombination mit Hustenblockern (z. B. Codein) vermeiden.
Fluimucil Hustenlöser akut (D) Brausetabletten **Fluimucil Kindersaft** (D) Saft **Fluimucil N** (D) Granulat Acetylcystein	Übelkeit, Erbrechen, Durchfall. Allergische Hautreaktionen. Sekretstau	**Möglicherweise zweckmäßig** als schleimverflüssigendes Mittel. Kombination mit Hustenblockern (z. B. Codein) vermeiden. Nicht rezeptpflichtige Präparate!

Präparat	Wichtigste Nebenwirkungen	Empfehlung
Frenopect (D) Tabl., Saft, Tropfen **Frenopect retard** (D) Retardkaps. **Frenopect inhalat** (D) Lösung **Frenopect inject** (D) Amp. Ambroxol *Rezeptpflichtig (nur Amp.)*	Magenbeschwerden mit Übelkeit und Erbrechen, Durchfall, Kopfschmerzen. Bei Inhalation: Hustenreiz	**Möglicherweise zweckmäßig** Der therapeutische Nutzen von Ambroxol ist zweifelhaft. In hohen Dosen wirkt es schleimverflüssigend und erleichtert das Abhusten. Kombination mit Hustenblockern (z. B. Codein) vermeiden.
Gelomyrtol (D/Ö) Kaps., Fortekaps. (D) Myrtol	Magen-Darm-Störungen	**Wenig zweckmäßig** als schleimlösendes Mittel. Therapeutische Wirksamkeit nicht ausreichend gesichert. Vertretbar, wenn die desodorierende Wirkung der ätherischen Öle als angenehm empfunden wird. Zweckmäßig zur unterstützenden Behandlung von Bronchitiden und Nebenhöhlenentzündungen.
Hedelix (D) Tropfen **Hedelix Hustensaft** (D) Sirup **Hedelix Husten-Brausetabletten** (D) **Hedelix s.a.** (D) Tropfen ohne Alkohol Efeublätterextrakt	Bei Überdosierung: Magen-Darm-Störungen (Übelkeit, Erbrechen und Durchfall). Tropfen enthalten Alkohol	**Naturheilmittel** mit pflanzlichen Inhaltsstoffen. Therapeutische Wirksamkeit zweifelhaft. Vertretbar zur subjektiven Linderung der Beschwerden.
H+S Erkältungstee (D) Tee Thymian, Lindenblüten, Holunderblüten, Süßholzwurzel, Anis	Keine wesentlichen zu erwarten	**Zweckmäßig wie andere Tees auch** Die Zufuhr größerer Mengen von Flüssigkeit ist zur Schleimverflüssigung sinnvoll.
H+S Brust- und Hustentee (D) Tee Thymian, Lindenblüten, Anis, Eibischwurzel, Lungenkraut, Malvenblüten und -blätter	Keine wesentlichen zu erwarten	**Zweckmäßig wie andere Tees auch** Die Zufuhr größerer Mengen von Flüssigkeit ist zur Schleimverflüssigung sinnvoll.
H+S Erkältungstee (D) Tee Lindenblüten	Keine wesentlichen zu erwarten	**Zweckmäßig wie andere Tees auch** Die Zufuhr größerer Mengen von Flüssigkeit ist zur Schleimverflüssigung sinnvoll.

Präparat	Wichtigste Nebenwirkungen	Empfehlung
Heumann Bronchialtee Solubifix (D/Ö) Trockenextrakt Pflanzenextrakte aus Wurzeln von Eibisch, Süßholz, Anisöl, Thymianöl	Selten allergische Erkrankungen (Hautausschläge, Atemnot), auch lebensbedrohliches Quincke-Ödem bei Primelallergie möglich	**Zweckmäßig wie andere Tees auch** Die Zufuhr größerer Mengen von Flüssigkeit ist zur Schleimverflüssigung sinnvoll.
Ipalat Halspastillen (D/Ö) Pastillen Pastillen zuckerfrei (D) Primelwurzelextrakt Hilfsstoffe: u. a. Anisöl, Menthol, Fenchelöl	Magenbeschwerden iund Übelkeit möglich. Selten allergische Erkrankungen (Hautausschläge, Atemnot), auch lebensbedrohliches Quincke-Ödem bei Primelallergie möglich	**Zweckmäßig wie andere Bonbons auch** Durch kurzfristige Anregung des Speichelflusses wirksam.
Isla Mint (D) Pastillen **Isla Moos** (D) Pastillen Isländisch-Moos-Extrakt	Keine wesentlichen bekannt	**Zweckmäßig wie andere Bonbons auch** Durch kurzfristige Anregung des Speichelflusses wirksam.
Melrosum Hustensirup (D) Sirup Thymianfluidextrakt	Bei Überdosierung: Magenschleimhautreizung möglich	**Naturheilmittel** mit pflanzlichen Inhaltsstoffen. Therapeutische Wirksamkeit zweifelhaft. Vertretbar zur subjektiven Linderung der Beschwerden.
Monapax (D) Tropfen, Saft Verschiedene pflanzliche und anorganische Stoffe in homöopathischen Zubereitungen, z. T. als Urtinktur bzw. in geringen Verdünnungen (D1, D4)	Keine nennenswerten zu erwarten. Vorsicht bei Schilddrüsenüberfunktion	**Homöopathisches Mittel** Zur subjektiven Linderung der Beschwerden vertretbar, wenn eine notwendige Anwendung therapeutisch wirksamer Mittel nicht unterlassen wird.
Mucobene (Ö) lösliches Pulver mit hohem Zuckergehalt (Saccharose) Acetylcystein *Rezeptpflichtig*	Übelkeit, Erbrechen, Durchfall, allergische Hautreaktionen, Sekretstau	**Möglicherweise zweckmäßig** als schleimverflüssigendes Mittel, auch zur vorbeugenden Behandlung bei chronischen Atemwegserkrankungen. Kombination mit Hustenblockern (z. B. Codein) vermeiden.
Mucophlogat (D) Retardkaps., Tabl., Tropfen, Saft Ambroxol	Magenbeschwerden mit Übelkeit und Erbrechen, Durchfall, Kopfschmerzen	**Möglicherweise zweckmäßig** Der therapeutische Nutzen von Ambroxol ist zweifelhaft. In hohen Dosen wirkt es schleimverflüssigend und erleichtert das Abhusten. Kombination mit Hustenblockern (z. B. Codein) vermeiden.

Präparat	Wichtigste Nebenwirkungen	Empfehlung
Mucosolvan (D) Brausetabl., Tabl., Filmtabl., Retardkapseln, Hustensaft, Kindersaft, Tropfen, Injektionslösung, Inhalationslösung Ambroxol *Rezeptpflichtig* *(nur Injektionslösung)*	Magenbeschwerden mit Übelkeit und Erbrechen, Durchfall, Kopfschmerzen. Bei Inhalation: Hustenreiz	**Möglicherweise zweckmäßig** Der therapeutische Nutzen von Ambroxol ist zweifelhaft. In hohen Dosen wirkt es schleimverflüssigend und erleichtert das Abhusten. Kombination mit Hustenblockern (z. B. Codein) vermeiden.
Mucosolvan (Ö) Tabl., lösl. Granulat, retard-Kapseln, Saft, Lösung zum Einnehmen und Inhalieren, Amp. Ambroxol *Rezeptpflichtig*	Magenbeschwerden mit Übelkeit und Erbrechen, Durchfall, Kopfschmerzen. Bei Inhalation: Hustenreiz	**Möglicherweise zweckmäßig** Der therapeutische Nutzen von Ambroxol ist zweifelhaft. In hohen Dosen wirkt es schleimverflüssigend und erleichtert das Abhusten. Kombination mit Hustenblockern (z. B. Codein) vermeiden.
NAC 1 A Pharma (D) Brausetabl. **NAC AbZ** (D) Brausetabl. **NAC AL** (D) Brausetabl., Granulat **NAC-ratiopharm** (D) Sachet, Trinktabl., Brausetabl., TS Trockensaft, Injektionslösung **NAC Sandoz** (D) Brausetabl. **NAC-Stada** (D) Brausetabl., Granulat, Tabs **NAC von ct** (D) Brausetabl., long Brausetabl., Granulat Acetylcystein *Rezeptpflichtig*	Übelkeit, Erbrechen, Durchfall, allergische Hautreaktionen, Sekretstau	**Möglicherweise zweckmäßig** als schleimverflüssigendes Mittel, auch zur vorbeugenden Behandlung bei chronischen Atemwegserkrankungen. Kombination mit Hustenblockern (z. B. Codein) vermeiden.
NAC akut 1 A Pharma (D) Brausetabl. **NAC-ratiopharm akut** (D) Trinktabl., Brausetabl. **NAC Sandoz Hustenlöser** (D) Brausetabl. **NAC-Stada akut** (D) Brausetabl. Acetylcystein *Nicht rezeptpflichtige* *Präparate*	Übelkeit, Erbrechen, Durchfall, allergische Hautreaktionen, Sekretstau	**Möglicherweise zweckmäßig** als schleimverflüssigendes Mittel. Kombination mit Hustenblockern (z. B. Codein) vermeiden.

Präparat	Wichtigste Nebenwirkungen	Empfehlung
Neo Tussan Hustensaft (D) Suspension Dextromethorphan	Verwirrtheit, Bewusstseinsstörungen, Abhängigkeit, Müdigkeit	**Wenig zweckmäßig** Problematisches Hustenmittel mit dem Inhaltsstoff Dextromethorphan.
Optipect Kodein forte (D) Tropfen Codein Hilfsstoffe: u. a. Eukalyptusöl, Pfefferminzöl *Rezeptpflichtig*	Müdigkeit, Verstopfung, Abhängigkeit möglich. Tropfen enthalten Alkohol	**Therapeutisch zweckmäßig** bei starkem, unproduktivem Reizhusten. Die Beimengung der als Hilfsstoffe ausgewiesenen ätherischen Öle (Eukalyptusöl, Pfefferminzöl) ist problematisch.
Optipect N (D) Tropfen Kampfer, Menthol, Pfefferminzöl, Hilfsstoffe: u. a. Ammoniumchlorid, Saponin, Eukalyptusöl	Selten allergische Erscheinungen. Bei Überdosierung: Magen-Darm-Störungen (Übelkeit, Erbrechen und Durchfall). Tropfen enthalten Alkohol	**Naturheilmittel** mit pflanzlichen Inhaltsstoffen. Therapeutische Wirksamkeit zweifelhaft. Zur subjektiven Linderung der Beschwerden vertretbar.
Paracodin (D/Ö) Tabl. **Paracodin N-Sirup** (D/Ö) Sirup **Paracodin N-Tropfen** (D/Ö) Lösung Dihydrocodein *Rezeptpflichtig*	Müdigkeit, Verstopfung, Abhängigkeit möglich	**Therapeutisch zweckmäßig** bei schwerem, unproduktivem Reizhusten.
Phytobronchin Filmtabletten (D) Filmtabl. **Phytobronchin Tinktur** (D) Tinktur **Phytobronchin Lutschtabletten** (D) Lutschtabl. **Phytobronchin Saft S** (D) Lösung Primelwurzelextrakt Thymiankrautextrakt	Bei Überdosierung: Magen-Darm-Störungen (Übelkeit, Erbrechen und Durchfall). Selten allergische Erkrankungen (Hautausschläge, Atemnot), auch lebensbedrohliches Quincke-Ödem bei Primelallergie möglich	**Naturheilmittel** mit pflanzlichen Inhaltsstoffen. Therapeutische Wirksamkeit zweifelhaft. Vertretbar zur subjektiven Linderung der Beschwerden.
Phytohustil (D/Ö) Sirup Eibischwurzel Hilfsstoff: 4-Methylhydroxybenzoat (Parastoff)	Schleimhautreizungen. Allergische Reaktionen, auch auf Parastoffe	**Naturheilmittel** mit pflanzlichen Inhaltsstoffen. Therapeutische Wirksamkeit zweifelhaft. Vertretbar wegen geringer Risiken zur subjektiven Linderung der Beschwerden.

Präparat	Wichtigste Nebenwirkungen	Empfehlung
Pilka (D/Ö) Tropfen Sonnentauextrakt, Thymian, Vitamin C	Bei Überdosierung: Magenschleimhautreizungen möglich. Selten allergische Erscheinungen. Enthält Alkohol	**Wenig zweckmäßig** Pflanzliches Mittel kombiniert mit Vitamin C. Enthält ätherische Öle. Zweifelhafte Wirksamkeit als Hustenmittel.
Pilka (Ö) Fortetropfen Ephedrin, Sonnentauextrakt, Thymian, Vitamin C *Rezeptpflichtig*	Zentrale Erregung. Selten allergische Erscheinungen. Enthält Alkohol	**Abzuraten** Wenig sinnvolle Kombination von pflanzlichen Stoffen mit bronchienerweiterndem, aber zentralerregenden Inhaltsstoff (Ephedrin) und Vit.C. Enthält ätherische Öle.
Prospan (D/Ö) Tropfen, Brausetabl., Saft, Zäpfchen (nur D), Tabl. (nur D) Efeublättertrockenextrakt	Bei Überdosierung: Magen-Darm-Störungen (Übelkeit, Erbrechen und Durchfall). Zäpfchen: örtliche Reizungen möglich. Tropfen enthalten Alkohol	**Naturheilmittel** mit pflanzlichen Inhaltsstoffen. Therapeutische Wirksamkeit zweifelhaft. Vertretbar wegen geringer Risiken zur subjektiven Linderung der Beschwerden.
Pulmovent (Ö) Granulat mit hohem Zuckergehalt (Saccharose) Acetylcystein *Rezeptpflichtig*	Übelkeit, Erbrechen, Durchfall. Allergische Hautreaktionen, Bronchospasmen, Sekretstau	**Möglicherweise zweckmäßig** als schleimverflüssigendes Mittel, auch zur vorbeugenden Behandlung bei chronischen Atemwegserkrankungen. Kombination mit Hustenblockern (z. B. Codein) vermeiden.
Remedacen (D) Kaps. Dihydrocodein *Rezeptpflichtig*	Müdigkeit, Verstopfung, Abhängigkeit möglich	**Therapeutisch zweckmäßig bei** schwerem, unproduktivem Reizhusten.
Resyl (Ö) Saft, Tropfen Guaifenesin	Muskelschwäche, langsamer Puls. Bei Überdosierung: Müdigkeit, Übelkeit, Erbrechen möglich. Tropfen enthalten Alkohol	**Wenig zweckmäßig** Zweifelhaft wirksames schleimlösendes Mittel (Guaifenesin).
Resyl mit Codein (Ö) Tropfen Guaifenesin, Codein *Rezeptpflichtig*	Muskelschwäche, langsamer Puls. Müdigkeit, Verstopfung. Abhängigkeit möglich. Bei Überdosierung: Übelkeit, Erbrechen möglich. Tropfen enthalten Alkohol	**Abzuraten** Zweifelhafter therapeutischer Nutzen der Kombination eines Hustenblockers (Codein) mit einem zweifelhaft wirksamen schleimlösenden Mittel (Guaifenesin).

Präparat	Wichtigste Nebenwirkungen	Empfehlung
Rheila Konsul Original Salmiak Pastillen (D) Pastillen Süßholz, Ammoniumchlorid	Bei Überdosierung Magen-Darm-Störungen möglich. Bei häufiger Anwendung Erhöhung des Blutdrucks und des Kaliums im Blut möglich	**Zweckmäßig wie andere Bonbons auch** Durch kurzfristige Anregung des Speichelflusses wirksam.
Scottopect (Ö) Hustensaft Thymian, Quendel, Spitzwegerich	Keine wesentlichen bekannt. Enthält Alkohol	**Naturheilmittel** mit pflanzlichen Inhaltsstoffen. Zweifelhafte therapeutische Wirksamkeit. Vertretbar wegen geringer Risiken zur subjektiven Linderung der Beschwerden.
Sedotussin (D/Ö) Tropfen, Zäpfchen, Tabl. (D), Saft (D), Sirup (Ö) Pentoxyverin	Müdigkeit. Selten allergische Reaktionen. Saft: bei Überdosierung Erbrechen, Übelkeit, Durchfall	**Wenig zweckmäßig** Relativ schwach wirksam. Bei starkem, unproduktivem Reizhusten ist Codein vorzuziehen.
Sidroga Fencheltee (D) Tee Fenchel	Keine wesentlichen zu erwarten	**Zweckmäßig wie andere Tees auch** Die Zufuhr größerer Mengen von Flüssigkeit ist zur Schleimverflüssigung sinnvoll.
Sidroga Husten-Bronchial-Tee (D) Teemischung Süßholz, Fenchel, Isländisch Moos, Spitzwegerichblatt, Thymianblatt, Malvenblätter	Keine wesentlichen zu erwarten	**Zweckmäßig wie andere Tees auch** Die Zufuhr größerer Mengen von Flüssigkeit ist zur Schleimverflüssigung sinnvoll.
Sigamuc (D) Retardkaps. Ambroxol, Doxycyclin *Rezeptpflichtig*	Magenbeschwerden mit Übelkeit und Erbrechen, Durchfall, Leberschäden; bei Sonneneinwirkung Hautschäden, Zahn- und Knochenschäden bei Kindern	**Abzuraten** Die fixe Kombination von antibakteriell wirkendem Inhaltsstoff (Doxycyclin) mit einem schleimverflüssigenden Mittel ist strikt abzulehnen. Antibiotika müssen individuell dosiert und deshalb als Einzelstoffe (Monopräparate) gegeben werden.
Silomat (D/Ö) Saft, Tropfen; Drag. (nur D), Amp. (nur D) Clobutinol	Benommenheit, Schlaflosigkeit, Übelkeit	**Wenig zweckmäßig** Relativ schwach wirksam. Bei starkem, unproduktivem Reizhusten ist Codein vorzuziehen.

Präparat	Wichtigste Nebenwirkungen	Empfehlung
Sinuc (D) akut Brausetabl., Drag., Saft, Tropfen Efeublättertrockenextrakt	Bei Überdosierung: Magen-Darm-Störungen (Übelkeit, Erbrechen und Durchfall)	**Naturheilmittel** mit pflanzlichen Inhaltsstoffen. Therapeutische Wirksamkeit zweifelhaft. Vertretbar wegen geringer Risiken zur subjektiven Linderung der Beschwerden.
Sinuforton Saft (D) Saft Primelwurzelextrakt, Thymianextrakt Hilfsstoffe: u. a. Bergamottöl	Bei Überdosierung Magen-Darm-Beschwerden. Selten allergische Erkrankungen (Hautausschläge, Atemnot), auch lebensbedrohliches Quincke-Ödem bei Primelallergie möglich	**Naturheilmittel** mit pflanzlichen Inhaltsstoffen. Zweifelhafte therapeutische Wirksamkeit. Vertretbar zur unterstützenden Behandlung von entzündlichen Erkrankungen der Atemwege, aber nicht bei Schwangeren und Stillenden.
Soldan Salmiak Pastillen (D) Pastillen Süßholz, Ammoniumchlorid	Bei Überdosierung Magen-Darm-Störungen möglich. Bei häufiger Anwendung Erhöhung des Blutdrucks und des Kaliums im Blut möglich	**Zweckmäßig wie andere Bonbons auch** Durch kurzfristige Anregung des Speichelflusses wirksam.
Soledum (D) Hustensaft, Tropfen Thymianextrakt	Bei Überdosierung: Magenschleimhautreizung möglich. Enthält Alkohol	**Naturheilmittel** mit pflanzlichen Inhaltsstoffen. Zweifelhafte therapeutische Wirksamkeit. Vertretbar wegen geringer Risiken zur subjektiven Linderung der Beschwerden.
Soledum (D) Kapseln **Soledum Balsam** (D) Lösung zum Einreiben oder zur Inhalation Cineol	Allergische Reaktionen möglich. Bei Überdosierung: Magen-Darm-Störungen (Übelkeit, Erbrechen)	**Naturheilmittel** mit pflanzlichen Inhaltsstoffen. Zweifelhafte therapeutische Wirksamkeit. Vertretbar zur unterstützenden Behandlung von entzündlichen Erkrankungen der Atemwege.
Spasmo-Mucosolvan (D) Saft, Tropfen, Tabl. Clenbuterol, Ambroxol *Rezeptpflichtig*	Pulsfrequenzanstieg, Muskelzittern, Magenbeschwerden mit Übelkeit und Erbrechen, Durchfall, Kopfschmerzen. Bei längerfristiger Anwendung anabole Wirkung (Clenbuterol)	**Abzuraten** Nicht sinnvolle Kombination von Asthmamittel (Clenbuterol) und schleimverflüssigendem Mittel (Ambroxol).

Präparat	Wichtigste Nebenwirkungen	Empfehlung
Tetesept Badekonzentrat Erkältungs Bad N (D/Ö) Badezusatz Eukalyptusöl, Terpentinöl, Thymianöl, Kiefernnadelöl, Kampfer	Keine wesentlichen zu erwarten	**Zweckmäßig** als Badezusatz.
Tetra Gelomyrtol (D) Kaps. Myrtol, Oxytetracylin *Rezeptpflichtig*	Magenbeschwerden mit Übelkeit und Erbrechen, Durchfall, Leberschäden; bei Sonneneinwirkung Hautschäden, Zahn- und Knochenschäden bei Kindern	**Abzuraten** Die Kombination von Antibiotikum (Oxytetracylin) und anderen Wirkstoffen (hier Myrtol) ist strikt abzulehnen. Antibiotika müssen individuell dosiert und deshalb als Einzelstoffe (Monopräparate) gegeben werden.
Thymipin N (D) Hustensaft, Zäpfchen, Tropfen Thymianfluidextrakt	Keine wesentlichen zu erwarten. Tropfen enthalten Alkohol	**Naturheilmittel** mit pflanzlichen Inhaltsstoffen. Zweifelhafte therapeutische Wirksamkeit. Vertretbar wegen geringer Risiken zur subjektiven Linderung der Beschwerden.
Tryasol Codein (D) Tabl., forte Lösung, mite Lösung Codein *Rezeptpflichtig*	Müdigkeit, Verstopfung, Abhängigkeit möglich. Forte Lösung enthält Alkohol	**Therapeutisch zweckmäßig** bei schwerem, unproduktivem Reizhusten.
Tussamag (Ö) Hustensaft Thymianextrakt, Kastanienextrakt	Bei Überdosierung: Magenschleimhautreizungen möglich	**Naturheilmittel** mit pflanzlichen Inhaltsstoffen. Zweifelhafte therapeutische Wirksamkeit. Vertretbar wegen geringer Risiken zur subjektiven Linderung der Beschwerden.
Tussamag N (D) Hustensaft, Hustensaft zuckerfrei, Hustentropfen Thymianfluidextrakt	Bei Überdosierung: Magenschleimhautreizung möglich. Tropfen und Saft enthalten Alkohol	**Naturheilmittel** mit pflanzlichen Inhaltsstoffen. Zweifelhafte therapeutische Wirksamkeit. Vertretbar wegen geringer Risiken zur subjektiven Linderung der Beschwerden.
Tussed Hustenstiller (D) Drag., Saft, Tropfen Clobutinol	Benommenheit, Schlaflosigkeit, Übelkeit. Tropfen enthalten Alkohol	**Wenig zweckmäßig** Relativ schwach wirksam. Bei starkem, unproduktivem Reizhusten ist Codein vorzuziehen.

Präparat	Wichtigste Nebenwirkungen	Empfehlung
Tussoret Saft (D) Saft **Tussoret Tag-/Nacht-Kapseln** (D) Kaps. Codein *Rezeptpflichtig*	Müdigkeit, Verstopfung, Abhängigkeit möglich	**Therapeutisch zweckmäßig** bei schwerem, unproduktivem Reizhusten.
Wick Formel 44 Hustenlöser (D/Ö) Sirup Guaifenesin	Muskelschwäche, langsamer Puls. Bei Überdosierung: Müdigkeit, Übelkeit, Erbrechen möglich. Tropfen enthalten Alkohol	**Wenig zweckmäßig** Zweifelhaft wirksames schleimlösendes Mittel (Guaifenesin).
Wick Formel 44 plus Husten-Pastillen S (D/Ö) Pastillen **Wick Formel 44 plus Hustenstiller** (D/Ö) Sirup Dextromethorphan	Verwirrtheit, Bewusstseinsstörungen, Abhängigkeit, Müdigkeit. Sirup enthält Alkohol	**Wenig zweckmäßig** Hustenmittel mit dem problematischen Inhaltsstoff Dextromethorphan.

4.3. Schnupfenmittel

Die Schwellung oder Reizung der Nasenschleimhaut, die einem Schnupfen zugrunde liegt, ist meist die Folge von Virusinfektionen (»Verkühlung«) oder von Überempfindlichkeitsreaktionen (Allergien). Solche Allergien können unter anderem durch Blütenstaub provoziert werden. Dieser »Heuschnupfen« tritt jeweils zu bestimmten Jahreszeiten auf. Allergischer Schnupfen kann auch von einigen Schimmelarten und manchen Milben, die im Wohnungsstaub, in Naturprodukten (z. B. Wolle) sowie auf Hautschuppen gut gedeihen, hervorgerufen werden. Auch die verschiedensten Stoffe, mit denen man am Arbeitsplatz in Berührung kommt, wie z. B. Gummi, Enzyme, Samen, Korn, Hühnerfedern, Mehl, sind manchmal die Ursache für allergischen Schnupfen.
Eine geschwollene Nasenschleimhaut, die zur verstopften Nase führt, ist außerdem nicht selten die Folge von Medikamentenkonsum. Vor allem *Schnupfenmittel*, aber auch blutdrucksenkende Arzneien, können Schnupfen provozieren.
Die Bereitschaft für einen Schnupfen kann vom allgemeinen Körperzustand, von psychologischen Faktoren, aber auch vom Klima und von Umweltfaktoren abhängen.

Heuschnupfen

Das Entfernen staubiger Fußmatten oder von synthetischem Bettzeug kann manchmal Wunder wirken. Es ist aber nicht immer möglich, den Kontakt mit Stoffen zu verhindern, gegen die man allergisch ist. Wenn *eindeutig* feststeht, wogegen man allergisch ist, ist bei Allergien gegen Pollen eine *Desensibilisierung* durch Injektionen möglich. Man wird dabei allmählich immer größeren Mengen des Stoffes ausgesetzt, gegen den man allergisch ist, und gewöhnt sich daran. Wegen der langwierigen Behandlung, die noch dazu nicht immer erfolgreich ist, und wegen der häufig auftretenden schweren Überempfindlichkeitsreaktionen auf eine solche Kur ist die *Desensibilisierung* nur bei einem schweren Heuschnupfen sinnvoll, dessen Ursachen genau bekannt sind.

Zur Linderung der allergischen Schleimhautschwellung kommen Mittel in Betracht, die in die Reaktionskette eingreifen, die zum Schnupfen führt: Cromoglicinsäure, Antihistaminika und Kortisone (Glukokortikoide). Diese Medikamente werden ausführlich auch im Kapitel 5: Bronchitis, Asthma behandelt.

Cromoglicinsäure (z. B. in *Cromohexal, Cromo-ratiopharm, Lomusol, Vividrin*) verhindert die Freisetzung von schleimhautschwellenden Stoffen aus den Mastzellen. Nasensprays mit dieser Substanz sind vorbeugend wirksam.

Die Verwendung von Antihistaminika in Form von Nasensprays (z. B. *Allergodil, Livocab, Livostin*) ist nur zweckmäßig zur Behandlung der Symptome von Heuschnupfen, aber nicht zur Vorbeugung. Als Nebenwirkungen können Kopfschmerzen, Müdigkeit und allergische Reaktionen (!) auftreten. Unter Umständen sind auch Antihistaminika zum Schlucken – als Tabletten, Tropfen, Sirup – zweckmäßig (siehe Kapitel 6: Allergien).

Kortisone (Glukokortikoide) in Form von Inhalationssprays sind zweckmäßig zur Behandlung der Symptome von Heuschnupfen, aber nicht zur Vorbeugung.

Infektiöser Schnupfen

Virusinfektionen sind die häufigste Schnupfenursache. Das Vermeiden solcher Erkrankungen durch besondere Vorsicht ist vergebliche Liebesmüh. Hat man einmal einen Schnupfen, kann man den zeitlichen Verlauf mit Medikamenten so gut wie nicht verändern. In der Regel klingt ein solcher Schnupfen nach einigen Tagen von selbst ab.

Der Nutzen von Vitamin C zur Vorbeugung oder Behandlung ist mehr als zweifelhaft, seriöse Studien bezeichnen die Vitamin-C-Behandlung immer wieder als bedeutungslos.
Bakterielle Naseninfektionen können in der Regel am grüngelben Schleim erkannt werden. Klare, wässrige Flüssigkeit oder – im späteren Stadium eines Schnupfens – dickerer, weißlicher Schleim sind eher Kennzeichen einer Virusinfektion.
Die Verwendung von bakterienhemmenden Substanzen wie Quecksilber- oder Silberverbindungen und Cetylpyridiniumchlorid ist nicht sinnvoll, da die Wirkung dieser Stoffe unzuverlässig ist und zu allergischen Reaktionen (z. B. Schwellungen, Ausschläge) führen kann. Eine mögliche Änderung der normalen Bakterienflora in der Nase durch solche Stoffe ist nicht sinnvoll. Daher wird von solchen Kombinationen abgeraten.
Antihistaminika, sei es in Form von Nasentropfen oder Tabletten, haben bei der Behandlung eines infektiösen Schnupfens nichts verloren.

Medikamente gegen Schnupfen?

Eine verstopfte Nase ist lästig. Säuglinge können dann schlecht trinken, Kleinkinder leicht eine Mittelohrentzündung bekommen. Wirkungsvoll und risikolos sind folgende, bewährte Maßnahmen:
- Säuglingen und Kleinkindern träufelt man »physiologische Kochsalzlösung« in die Nase. Diese Kochsalzlösung ist in jeder Apotheke erhältlich.
- Oder man gibt einen Esslöffel Kochsalz in einen Topf mit heißem Wasser und atmet einige Minuten lang über dem Wasserdampf ein.

Warnhinweis: Gefäßverengend wirkende Nasentropfen, -gele und -sprays (z. B. *Coldan, Ellatun N, Ellatun 1/2, Gelonasal, Imidin N, Nasan, Nasengel, -tropfen, -spray AL* oder *-ratiopharm, Nasic, Nasivin, Olynth, Otriven, Otrivin, Rhinex, Rhinospray bei Schnupfen, Schnupfen endrine, Snup, Stas, Xylo von ct*) sollte man bei Säuglingen und Kleinkindern nur mit größter Zurückhaltung verwenden. Auch bei vorschriftsmäßigem Gebrauch kann es zu erhöhter Herzfrequenz, leichter Blutdruckerhöhung, Schlaflosigkeit, Unruhe und vor allem bei Säuglingen und Kleinstkindern zu Halluzinationen und Krämpfen kommen. Es gibt sogar Berichte über Todesfälle durch Atem- und Herzstillstand. Auf diese Nebenwirkungen werden Eltern und Ärzte unverantwortlicherweise weder in allen Beipackzetteln noch umfassend in der »Roten Liste«, dem Medikamentenver-

zeichnis des Bundesverbandes der Pharmazeutischen Industrie (BPI), hingewiesen.
Gefahrloser ist die Verwendung von schleimhautabschwellenden Mitteln erst ab einem Alter von etwa fünf bis sechs Jahren. Schleimhautabschwellende Tropfen, Gele oder Sprays können den Schnupfen aber nicht heilen – sie können nur die Beschwerden mindern und dafür sorgen, dass man wieder frei durch die Nase atmen kann.
Hausmittel wie das Einträufeln physiologischer Kochsalzlösung, Dampfinhalationen, warme Duschen oder Dampfbäder sind in jedem Fall sinnvoll – auch für Jugendliche und Erwachsene.
Schnupfen-Pillen (z. B. *Rhinopront*) sind meist fragwürdige Mischungen aus Antihistaminika, gefäßverengenden oder sogar gefäßerweiternden Substanzen. Von diesen Mitteln wird aus folgenden Gründen *abgeraten*:
Sie enthalten z. T. Antihistaminika, die bei Erkältungsschnupfen ohne Wert sind, aber müde machen. Bei gefäßverengenden Wirkstoffen ist anzunehmen, dass sie nicht nur die Gefäße der Nase verengen, sondern zu einer unerwünschten allgemeinen Blutdrucksteigerung führen. Die Verwendung von gefäßerweiternden Substanzen hingegen kann das Symptom Schnupfen unter Umständen sogar verschlimmern.

Schnupfen durch Schnupfenmittel

Werden schleimhautabschwellende Nasentropfen, -gele oder -sprays (z. B. *Coldan, Ellatun N, Ellatun 1/2, Gelonasal, Imidin N, Nasan, Nasengel, -tropfen, -spray AL oder -ratiopharm, Nasic, Nasivin, Olynth, Otriven, Otrivin, Rhinex, Rhinospray bei Schnupfen, Schnupfen endrine, Snup, Stas, Xylo von ct*) länger als etwa eine Woche verwendet, können sie nach Absetzen der Einnahme die Schwellung der Schleimhäute deutlich verstärken – es entsteht medikamentöser Schnupfen. Nimmt man dann wieder Nasentropfen – in höherer Dosierung –, weil der Schnupfen nicht aufgehört hat, beginnt ein Teufelskreis, der zu chronischem Medikamentenschnupfen und schweren Schädigungen der Nasenschleimhaut führen kann. Deshalb sollten Schnupfenmittel nicht länger als maximal eine Woche mit einer darauf folgenden Pause von 10 Tagen eingenommen werden. Hat man einmal Nasentropfen zu lange verwendet, ist es sehr schwer, von ihnen loszukommen. Sobald man mit dem Einträufeln aufhört, schwellen die Schleimhäute stark an. Es gibt zwei Möglichkeiten der »Entwöhnung«:

- Man setzt die Behandlung in nur einem Nasenloch so lange fort, bis die Schwellung im anderen abgeklungen ist.
- Man behandelt die Schleimhäute einige Zeit statt mit den bisherigen Tropfen mit einprozentiger Salzlösung.

4.3. Schnupfenmittel

Präparat	Wichtigste Nebenwirkungen	Empfehlung
Allergodil Nasenspray (D/Ö) Lösung Azelastin *Rezeptpflichtig*	Reizung der Nasenschleimhaut, Niesreiz, Müdigkeit, Abgeschlagenheit, Geschmacksstörungen	**Nur zweckmäßig bei** allergischem Schnupfen. Keine spezifische Wirkung des Antihistaminikums (Azelastin) auf Schnupfen bei Erkältungskrankheit zu erwarten.
Aspirin complex Granulat (D/Ö) Granulat Acetylsalicylsäure (ASS), Pseudoephedrin *Rezeptpflichtig (Ö)*	Magenbeschwerden, Blutdruckerhöhung. In seltenen Fällen Asthmaanfälle. Risiko des lebensbedrohlichen Reye-Sydroms durch ASS bei Kindern und Jugendlichen	**Abzuraten** Nicht sinnvolle Kombination von Schmerzmittel ASS mit einem gefäßverengenden Inhaltsstoff (Pseudoephedrin).
Beclorhinol aquosum (D) Dosierpumpspray Beclometason *Rezeptpflichtig*	Reizung der Nasenschleimhaut, verminderte Infektabwehr, bei längerem Gebrauch Schleimhautschäden	**Therapeutisch zweckmäßig zur** örtlichen Behandlung schwerer allergischer Symptome an der Nasenschleimhaut (z. B. bei Heuschnupfen). Stark wirksamer, vorwiegend lokal wirkender kortisonähnlicher Wirkstoff (Beclometason).
Coldan (Ö) Nasentropfen Naphazolin Hilfsstoff: Hydroxybenzoesäuremethylester (Parastoff) *Rezeptpflichtig*	Nach Abklingen der Wirkung oft stärkere Schleimhautschwellung, bei längerem Gebrauch medikamentöser Schnupfen. Bei Säuglingen Gefahr von Atemdämpfung und Bewusstlosigkeit, aber auch von Erregungszuständen	**Therapeutisch zweckmäßig nur bei** kurz dauernder Anwendung (höchstens eine Woche).
Coldastop (D) **Coldistop** (Ö) Nasenöl Vitamin A, E, Hilfsstoffe: u. a. pflanzliche Öle	Bei längerem Gebrauch Gefahr von Vitamin-A-Überdosierung. Durch pflanzliche Öle Lungenschäden möglich	**Abzuraten** Therapeutische Wirksamkeit von enthaltenen Vitaminen bei Schnupfen zweifelhaft. Ölige Nasentropfen sollten nicht mehr angewendet werden.

Präparat	Wichtigste Nebenwirkungen	Empfehlung
Cromohexal (D) Nasenspray Cromoglicinsäure	Niesreiz, Kopfschmerzen	**Therapeutisch zweckmäßig zur** Vorbeugung von Heuschnupfen.
Cromo-ratiopharm (D) Nasenspray Cromoglicinsäure	Niesreiz, Kopfschmerzen	**Therapeutisch zweckmäßig zur** Vorbeugung von Heuschnupfen.
Dexa Rhinospray Mono (D) Pumpspray Dexamethason *Rezeptpflichtig*	Reizung der Nasenschleimhaut, verminderte Infektabwehr, bei längerem Gebrauch Schleimhautschäden	**Therapeutisch zweckmäßig zur** örtlichen Behandlung schwerer allergischer Symptome an der Nasenschleimhaut (z. B. bei Heuschnupfen). Stark wirksamer kortisonähnlicher Wirkstoff (Dexamethason).
Ellatun N (D) **Ellatun 1/2** (D) Nasentropfen, Nasenspray Tramazolin	Nach Abklingen der Wirkung oft stärkere Schleimhautschwellung, bei längerem Gebrauch medikamentöser Schnupfen. Bei Säuglingen Gefahr von Atemdämpfung und Bewusstlosigkeit, aber auch von Erregungszuständen	**Therapeutisch zweckmäßig nur bei** kurz dauernder Anwendung (höchstens eine Woche).
Emser (D) Nasenspray, Nasentropfen Emser Salz	Selten Brennen der Nasenschleimhaut	**Therapeutisch zweckmäßig** zur Verhinderung der Austrocknung der Nasenschleimhaut.
Emser Nasensalbe (D/Ö) Emser Salz Hilfsstoffe: ätherische Öle wie Kampfer, Terpentinöl	Selten Brennen der Nasenschleimhaut, selten Allergien. Bei Säuglingen und Kleinkindern besondere Gefahr von Atmungsstörungen	**Therapeutisch zweckmäßig** zur Verhinderung der Austrocknung der Nasenschleimhaut. Der Zusatz von ätherischen Ölen wie Menthol ist fragwürdig und für Kinder gefährlich.
Euphorbium comp.-Nasentropfen SN (D) Dosierspray Homöopathische Verdünnungen wie z. B. Euphorbium D4 und Mercurius (Quecksilber) bijodatus D8 in isotoner Kochsalzlösung	Keine wesentlichen zu erwarten	**Homöopathisches Mittel** Zur Verhinderung der Austrocknung der Nasenschleimhaut durch isotone Kochsalzlösung geeignet. Wegen geringer Risiken vertretbar.

Präparat	Wichtigste Nebenwirkungen	Empfehlung
Euphorbium compositum-Heel-Nasenspray (D) Dosierspray Homöopathische Verdünnungen wie z. B. Euphorbium D4 und Mercurius (Quecksilber) bijodatus D8 in isotoner Kochsalzlösung Konservierungsstoff: Benzalkonium	Allergische Reaktionen durch Konservierungsstoff Benzalkonium möglich	**Homöopathisches Mittel** Wenig zweckmäßig zur Verhinderung der Austrocknung der Nasenschleimhaut durch isotonische Kochsalzlösung. Von homöopathischen Mitteln mit Konservierungsstoffen wie Benzalkonium ist abzuraten.
Flixonase aquosum (Ö) Nasenspray Fluticason *Rezeptpflichtig*	Brennen in der Nase durch Reizung der Nasenschleimhaut, verminderte Infektabwehr, bei längerem Gebrauch Schleimhautschäden	**Therapeutisch zweckmäßig zur** kurzfristigen örtlichen Behandlung schwerer allergischer Symptome an der Nasenschleimhaut (z. B. bei Heuschnupfen). Enthält stark wirksamen kortisonähnlichen Wirkstoff (Fluticason).
Flutide Nasal (D) Suspension Fluticason *Rezeptpflichtig*	Brennen in der Nase durch Reizung der Nasenschleimhaut, verminderte Infektabwehr, bei längerem Gebrauch Schleimhautschäden	**Therapeutisch zweckmäßig zur** kurzfristigen örtlichen Behandlung schwerer allergischer Symptome an der Nasenschleimhaut (z. B. bei Heuschnupfen). Enthält stark wirksamen kortisonähnlichen Wirkstoff (Fluticason).
Gelonasal (D) Tropfen, Spray, Gel Xylometazolin	Nach Abklingen der Wirkung oft stärkere Schleimhautschwellung, bei längerem Gebrauch medikamentöser Schnupfen, bei Säuglingen Gefahr von Atemdämpfung und Bewusstlosigkeit, aber auch von Erregungszuständen	**Therapeutisch zweckmäßig nur bei** kurz dauernder Anwendung (höchstens eine Woche)
Gelositin Nasenpflege (D/Ö) Pumpspray Cetiol CC (Kosmetiköl), Sesamöl, Orangenöl, Citronenöl und undefinierte Auszüge	Allergische Reaktionen. Durch pflanzliche Öle sind Lungenschäden möglich	**Abzuraten** Inhaltstoffe unzureichend deklariert. Die Anwendung von Ölen in der Nase ist besonders mit Sprays fragwürdig. Zur Befeuchtung der Nasenschleimhaut sind isotone Salzlösungen vorzuziehen.

Präparat	Wichtigste Nebenwirkungen	Empfehlung
Heuschnupfenmittel DHU (D/Ö) Tropfen, Tabl. Luffa operculata D4 Galphimia glauca D3 Cardiospermum D3	Keine wesentlichen zu erwarten. Tropfen enthalten Alkohol	**Homöopathisches Mittel** Wirksamkeit zweifelhaft. Wenn die Anwendung als wirksam empfunden wird, ist sie wegen geringer Risiken vertretbar.
Imidin N (D) Nasentropfen, Nasenspray Xylometazolin	Nach Abklingen der Wirkung oft stärkere Schleimhautschwellung, bei längerem Gebrauch medikamentöser Schnupfen, bei Säuglingen Gefahr von Atemdämpfung und Bewusstlosigkeit, aber auch von Erregungszuständen	**Therapeutisch zweckmäßig nur bei** kurz dauernder Anwendung (höchstens eine Woche).
Kamillosan Ocean (D) Nasenspray isotonisiertes Meerwasser, Kamillenblütenextrakt	Selten Brennen der Nasenschleimhaut	**Therapeutisch zweckmäßig** zur Verhinderung der Austrocknung der Nasenschleimhaut.
Klosterfrau Homöo Allergin flüssig (D/Ö) Lösung. Adhatoda vasica D2	Keine wesentlichen zu erwarten. Lösung enthält Alkohol	**Homöopathisches Mittel** Wirksamkeit zweifelhaft. Wenn die Anwendung als wirksam empfunden wird, ist sie wegen geringer Risiken vertretbar.
Livocab (D) Nasenspray Levocabastin	Brennen in der Nase	**Möglicherweise zweckmäßig zur** örtlichen Behandlung des Heuschnupfens. Stark wirksames Antihistaminikum.
Livostin (Ö) Nasenspray Levocabastin *Rezeptpflichtig*	Brennen in der Nase	**Möglicherweise zweckmäßig zur** örtlichen Behandlung des Heuschnupfens. Stark wirksames Antihistaminikum.
Lomusol (Ö) Nasenspray Cromoglicinsäure *Rezeptpflichtig*	Niesreiz, Kopfschmerzen	**Therapeutisch zweckmäßig zur** Vorbeugung von Heuschnupfen.
mar plus Nasenspray (D) Meerwasser, Dexpanthenol	Keine wesentlichen zu erwarten	**Therapeutisch zweckmäßig zur** Anfeuchtung der Nasenschleimhäute.

Präparat	Wichtigste Nebenwirkungen	Empfehlung
Nasacort (D/Ö) Nasenspray Triamcinolon *Rezeptpflichtig*	Brennen in der Nase durch Reizung der Nasenschleimhaut, verminderte Infektabwehr, bei längerem Gebrauch Schleimhautschäden	**Therapeutisch zweckmäßig zur** kurzfristigen örtlichen Behandlung schwerer allergischer Symptome an der Nasenschleimhaut (z. B. bei Heuschnupfen). Enthält stark wirksamen kortisonähnlichen Wirkstoff.
Nasan für Kinder (D) Nasentropfen **Nasan für Erwachsene** (D) Nasentropfen **Nasan Gel** (D) Nasengel Xylometazolin	Nach Abklingen der Wirkung oft stärkere Schleimhautschwellung, bei längerem Gebrauch medikamentöser Schnupfen, bei Säuglingen Gefahr von Atemdämpfung und Bewusstlosigkeit, aber auch von Erregungszuständen	**Therapeutisch zweckmäßig nur bei** kurz dauernder Anwendung (höchstens eine Woche).
Nasengel AL (D) Gel **Nasenspray AL** (D) Spray **Nasentropfen AL** (D) Tropfen Xylometazolin	Nach Abklingen der Wirkung oft stärkere Schleimhautschwellung, bei längerem Gebrauch medikamentöser Schnupfen, bei Säuglingen Gefahr von Atemdämpfung und Bewusstlosigkeit, aber auch von Erregungszuständen	**Therapeutisch zweckmäßig nur bei** kurz dauernder Anwendung (höchstens eine Woche).
NasenGel-ratiopharm (D) Gel **NasenSpray-K/ -E ratiopharm konservierungsmittelfrei** (D) Spray ohne Konservierungsstoffe **NasenTropfen-K/ -E ratiopharm** (D) Tropfen Xylometazolin	Nach Abklingen der Wirkung oft stärkere Schleimhautschwellung, bei längerem Gebrauch medikamentöser Schnupfen, bei Säuglingen Gefahr von Atemdämpfung und Bewusstlosigkeit, aber auch von Erregungszuständen	**Therapeutisch zweckmäßig nur bei** kurz dauernder Anwendung (höchstens eine Woche). Das Mittel ohne Konservierungsstoffe (Spray) ist vorzuziehen.
Nasic (D) **Nasic für Kinder** (D) Nasenspray Oxymetazolin, Dexpanthenol	Nach Abklingen der Wirkung oft stärkere Schleimhautschwellung, bei längerem Gebrauch medikamentöser Schnupfen, bei Säuglingen Gefahr von Atemdämpfung und Bewusstlosigkeit, aber auch von Erregungszuständen	**Therapeutisch zweckmäßig nur bei** kurz dauernder Anwendung (höchstens eine Woche). Fragliche Wirksamkeit des Zusatzstoffes Dexpanthenol.

Präparat	Wichtigste Nebenwirkungen	Empfehlung
Nasicur (D) Nasenspray Dexpanthenol Konservierungsstoff: Benzalkonium	Allergische Reaktionen möglich	**Therapeutisch zweckmäßig zur** Anfeuchtung der Nasenschleimhäute. Mittel ohne Konservierungsstoffe sind vorzuziehen.
Nasivin gegen Schnupfen Nasentropfen/ für Kleinkinder (Ö) Lösung **Nasivin Nasentropfen/ Dosierspray/ Spray für Erwachsene und Schulkinder** (D/Ö) Lösung **Nasivin sanft Dosiertropfer für Babys** (D) Lösung ohne Konservierungsstoff **Nasivin sanft Dosierspray für Kleinkinder** (D/Ö) Lösung ohne Konservierungsstoff **Nasivin sanft Spray für Erwachsene und Schulkinder** (D) Lösung ohne Konservierungsstoff Oxymetazolin	Nach Abklingen der Wirkung oft stärkere Schleimhautschwellung, bei längerem Gebrauch medikamentöser Schnupfen. Bei Säuglingen Gefahr von Atemdämpfung und Bewusstlosigkeit, aber auch von Erregungszuständen	**Therapeutisch zweckmäßig nur bei** kurz dauernder Anwendung (höchstens eine Woche). Die Mittel ohne Konservierungsstoff sind vorzuziehen.
Nasonex (D/Ö) Nasenspray, Suspension Mometason *Rezeptpflichtig*	Brennen in der Nase durch Reizung der Nasenschleimhaut, verminderte Infektabwehr, bei längerem Gebrauch Schleimhautschäden	**Therapeutisch zweckmäßig zur** kurzfristigen örtlichen Behandlung schwerer allergischer Symptome an der Nasenschleimhaut (z. B. bei Heuschnupfen). Enthält stark wirksamen kortisonähnlichen Wirkstoff (Mometason).
Nisita Dosierspray/ Nasensalbe (D) Kochsalz, Natriumhydrogencarbonat	Keine wesentlichen zu erwarten	**Therapeutisch zweckmäßig zur** Anfeuchtung der Nasenschleimhäute.
Olynth salin Dosierspray/ Tropfen (D) Isotonische Kochsalzlösung Tropfen enthalten Konservierungsstoff Benzalkonium	Nur Tropfen: Allergische Reaktionen möglich	**Therapeutisch zweckmäßig zur** Anfeuchtung der Nasenschleimhäute. Das Mittel ohne Konservierungsstoff (Dosierspray) ist vorzuziehen.

Präparat	Wichtigste Nebenwirkungen	Empfehlung
Olynth Schnupfen Gel f. Kdr. (D) Gel **Olynth Schnupfen Lösung-Dosierspray** (D) Spray **Olynth Schnupfen Dosierspray** (D) Lösung ohne Konservierungsstoff **Olynth Schnupfen Lösung** (D) Lösung Xylometazolin	Nach Abklingen der Wirkung oft stärkere Schleimhautschwellung, bei längerem Gebrauch medikamentöser Schnupfen. Bei Säuglingen Gefahr von Atemdämpfung und Bewusstlosigkeit, aber auch von Erregungszuständen	**Therapeutisch zweckmäßig nur bei** kurz dauernder Anwendung (höchstens eine Woche). Das Mittel ohne Konservierungsstoff Benzalkonium (Dosierspray) ist vorzuziehen.
Otriven Baby Phenylephrin Dosiertropfer ohne Konservierungsstoffe (D) Lösung Phenylephrin	Nach Abklingen der Wirkung oft stärkere Schleimhautschwellung, bei längerem Gebrauch medikamentöser Schnupfen. Gefahr von Blutdruckerhöhung, Herzklopfen, Unruhe	**Therapeutisch zweckmäßig nur bei** kurz dauernder Anwendung (höchstens eine Woche).
Otriven gegen Schnupfen (D) Nasentropfen/ Dosierspray ohne Konservierungsstoffe/ Nasengel/ Nasenspray/ Einzeldosispipetten **Otriven gegen Schnupfen Dosierspray Mentholfrisch** (D) (enthält zusätzlich Menthol, Cineol) Xylometazolin	Nach Abklingen der Wirkung oft stärkere Schleimhautschwellung, bei längerem Gebrauch medikamentöser Schnupfen, bei Säuglingen Gefahr von Atemdämpfung und Bewusstlosigkeit, aber auch von Erregungszuständen	**Therapeutisch zweckmäßig nur bei** kurz dauernder Anwendung (höchstens eine Woche). Die Mittel ohne Konservierungsstoff Benzalkonium (Dosierspray, Einzeldosispipetten) sind vorzuziehen. Der Zusatz von ätherischen Ölen wie Menthol ist fragwürdig und für Kinder gefährlich.
Otrivin (Ö) Nasengel/ Nebulisator/ Nasentropfen/ Nasenspray ohne Konservierungsmittel/ Nasenspray **Otrivin Menthol Nasenspray** (Ö) (enthält zusätzlich Menthol, Eucalyptol) Xylometazolin	Nach Abklingen der Wirkung oft stärkere Schleimhautschwellung, bei längerem Gebrauch medikamentöser Schnupfen, bei Säuglingen Gefahr von Atemdämpfung und Bewusstlosigkeit, aber auch von Erregungszuständen	**Therapeutisch zweckmäßig nur bei** kurz dauernder Anwendung (höchstens eine Woche). Das Mittel ohne Konservierungsstoff Benzalkonium (Nasenspray ohne Konservierungsstoffe) ist vorzuziehen. Der Zusatz von ätherischen Ölen wie Menthol ist fragwürdig und für Kinder gefährlich.

Präparat	Wichtigste Nebenwirkungen	Empfehlung
Pulmicort Topinasal (D) Pumpspray Budesonid *Rezeptpflichtig*	Niesreiz, Schleimhautschäden möglich, Verminderung der lokalen Infektionsabwehr	**Therapeutisch zweckmäßig nur bei** allergischem Schnupfen. Kortisonähnlicher Wirkstoff (Budenosid) mit vorwiegend lokaler Wirkung.
Reactine duo (D/Ö) Retardtabl. Cetirizin, Pseudoephedrin	Müdigkeit, Unruhe, Angst, schneller Herzschlag, Blutdrucksteigerung, Harnverhalt	**Abzuraten** Nicht sinnvolle Kombination von Antihistaminikum (Cetirizin) mit allgemein gefäßverengend und blutdrucksteigernd wirkendem Inhaltsstoff (Pseudoephedrin).
Rhinex Nasentropfen Xylometazolin (D) Lösung Xylometazolin	Nach Abklingen der Wirkung oft stärkere Schleimhautschwellung, bei längerem Gebrauch medikamentöser Schnupfen, bei Säuglingen Gefahr von Atemdämpfung und Bewusstlosigkeit, aber auch von Erregungszuständen	**Therapeutisch zweckmäßig nur bei** kurz dauernder Anwendung (höchstens eine Woche).
Rhinex Nasenspray mit Tetryzolin (D) Lösung Tetryzolin	Nach Abklingen der Wirkung oft stärkere Schleimhautschwellung, bei längerem Gebrauch medikamentöser Schnupfen, bei Säuglingen Gefahr von Atemdämpfung und Bewusstlosigkeit, aber auch von Erregungszuständen	**Therapeutisch zweckmäßig nur bei** kurz dauernder Anwendung (höchstens eine Woche).
Rhinisan (D) Nasenspray Triamcinolon *Rezeptpflichtig*	Niesreiz, Schleimhautschäden möglich, Verminderung der lokalen Infektionsabwehr	**Therapeutisch zweckmäßig nur bei** allergischem Schnupfen. Kortisonähnlicher Wirkstoff.
Rhinocort (Ö) Nasal-Pumpspray Budesonid *Rezeptpflichtig*	Niesreiz, Schleimhautschäden möglich, Verminderung der lokalen Infektionsabwehr	**Therapeutisch zweckmäßig nur bei** allergischem Schnupfen. Kortisonähnlicher Wirkstoff (Budenosid) mit vorwiegend lokaler Wirkung.
Rhinomer (D) Nasenspray Meerwasser	Keine wesentlichen zu erwarten	**Therapeutisch zweckmäßig zur** Anfeuchtung der Nasenschleimhäute.

Präparat	Wichtigste Nebenwirkungen	Empfehlung
Rhinopront Kombi (D/Ö) Tabl. Tripolidin, Pseudoephedrin *Rezeptpflichtig (Ö)*	Müdigkeit, Unruhe, Angst, schneller Herzschlag, Blutdrucksteigerung, Harnverhalt	**Abzuraten** Nicht sinnvolle Kombination. Enthält ein müdemachendes Antihistaminikum (Tripolidin) und ein allgemein gefäßverengend und blutdrucksteigernd wirkendes Mittel (Pseudoephedrin).
Rhinospray Atlantik Lösung (D) Nasenspray Meerwasser	Keine wesentlichen zu erwarten	**Therapeutisch zweckmäßig zur** Anfeuchtung der Nasenschleimhäute.
Rhinospray bei Schnupfen (D) Nasenspray Tramazolin	Nach Abklingen der Wirkung oft stärkere Schleimhautschwellung, bei längerem Gebrauch medikamentöser Schnupfen, bei Säuglingen Gefahr von Atemdämpfung und Bewusstlosigkeit, aber auch von Erregungszuständen	**Therapeutisch zweckmäßig nur bei** kurz dauernder Anwendung (höchstens eine Woche).
Rhinospray plus bei Schnupfen (D) Spray **Rhinospray plus ätherische Öle** (Ö) Nasenspray **Rhinospray sensitiv bei Schnupfen** (D) Spray (ohne Konservierungsstoff Benzalkonium) Tramazolin Hilfsstoffe: ätherische Öle (u. a. Menthol, Kampfer)	Nach Abklingen der Wirkung oft stärkere Schleimhautschwellung, bei längerem Gebrauch medikamentöser Schnupfen, bei Säuglingen Gefahr von Atemdämpfung und Bewusstlosigkeit, aber auch von Erregungszuständen	**Therapeutisch zweckmäßig nur bei** kurz dauernder Anwendung (höchstens eine Woche). Die Beimengung von ätherischen Ölen ist fragwürdig und für Kinder gefährlich. Das Mittel »sensitiv« ohne Konservierungsstoff Benzalkonium ist vorzuziehen.
Schnupfen endrine (D) Tropfen, Spray Xylometazolin Hilfsstoffe: ätherische Öle Menthol, Eucalyptusöl (nicht in Tropfen 0,05%)	Nach Abklingen der Wirkung oft stärkere Schleimhautschwellung, bei längerem Gebrauch medikamentöser Schnupfen, bei Säuglingen Gefahr von Atemdämpfung und Bewusstlosigkeit, aber auch von Erregungszuständen	**Therapeutisch zweckmäßig nur bei** kurz dauernder Anwendung (höchstens eine Woche). Die Beimengung von ätherischen Ölen ist fragwürdig und für Kinder gefährlich.

Präparat	Wichtigste Nebenwirkungen	Empfehlung
Sinfrontal (D) Tabl. Homöopathische Verdünnungen von Cinnabaris D4, Eisensalz D3, Quecksilbersalz D6 Lactose	Vermehrter Speichelfluss möglich, allergische Reaktionen möglich, Nierenschäden möglich. Bauchschmerzen und Durchfall (nur bei sog. Lactoseintoleranz)	**Homöopathisches Mittel** Wirksamkeit zweifelhaft. Nicht bei Schwangeren, Stillenden, Kindern und Säuglingen anwenden.
Sinuforton Kapseln (D) Kaps. Anisöl, Thymiankrautextrakt, Primelwurzelextrakt	Bei Überdosierung Magen-Darm-Beschwerden. Selten allergische Erkrankungen (Hautausschläge, Atemnot), auch lebensbedrohliches Quincke-Ödem bei Primelallergie möglich	**Naturheilmittel** mit pflanzlichen Inhaltsstoffen. Zweifelhafte therapeutische Wirksamkeit. Vertretbar bei entzündlichen Erkrankungen der oberen Atemwege, aber nicht bei Schwangeren und Stillenden.
Sinupret Dragees Bionorica (D) Drag. **Sinupret forte Dragees Bionorica** (D) Drag. **Sinupret Tropfen Bionorica** (D/Ö) Tropfen Dragees: gepulverte Enzianwurzel, Gartensauerampfer, Schlüsselblumenblüten (Primelgewächs), Holunderblüten, Eisenkraut Tropfen: entsprechende Extrakte	Bei Überdosierung Magen-Darm-Beschwerden. Allergische Reaktionen möglich, auch lebensbedrohliches Quincke-Ödem bei Primelallergie. Tropfen enthalten Alkohol	**Naturheilmittel** mit pflanzlichen Inhaltsstoffen. Zweifelhafte therapeutische Wirksamkeit. Vertretbar zur unterstützenden Behandlung von entzündlichen Erkrankungen der Atemwege.
Sinuselect (D) Tropfen Homöopathische Verdünnungen von Cinnabaris D8, Carbo vegetabilis D8, Silicea D8, Quecksilbersalz D8, Kaliumsalz D4, Kalziumsalz D4, Hydrastis D4, Thuja D8	Keine wesentlichen bekannt. Tropfen enthalten Alkohol	**Homöopathisches Mittel** Wirksamkeit zweifelhaft. Wenn die Anwendung als wirksam empfunden wird, ist sie wegen geringer Risiken vertretbar.

Präparat	Wichtigste Nebenwirkungen	Empfehlung
Sinusitis Hevert N (D) Tabl. Verschiedene homöopathische Verdünnungen u. a. Atropin D4, Echinacea D2, Quecksilbersalz D9	Keine wesentlichen bekannt	**Homöopathisches Mittel** Wirksamkeit zweifelhaft. Wenn die Anwendung als wirksam empfunden wird, ist sie wegen geringer Risiken vertretbar.
Snup akut Nasenspray (D) Lösung (ohne Konservierungsstoff) Xylometazolin	Nach Abklingen der Wirkung oft stärkere Schleimhautschwellung, bei längerem Gebrauch medikamentöser Schnupfen, bei Säuglingen Gefahr von Atemdämpfung und Bewusstlosigkeit, aber auch von Erregungszuständen	**Therapeutisch zweckmäßig nur bei** kurz dauernder Anwendung (höchstens eine Woche).
Stas Nasentropfen K/ E (D) Lösung **Stas Nasenspray E** (D) Lösung **Stas Nasenspray E im Feindosierer** (D) Lösung Xylometazolin	Nach Abklingen der Wirkung oft stärkere Schleimhautschwellung, bei längerem Gebrauch medikamentöser Schnupfen, bei Säuglingen Gefahr von Atemdämpfung und Bewusstlosigkeit, aber auch von Erregungszuständen	**Therapeutisch zweckmäßig nur bei** kurz dauernder Anwendung (höchstens eine Woche).
Syntaris (D) Sprühlösung Flunisolid *Rezeptpflichtig*	Niesreiz, Schleimhautschäden möglich, Verminderung der lokalen Infektionsabwehr	**Therapeutisch zweckmäßig nur bei** allergischem Schnupfen (kortisonähnlicher Wirkstoff).
Tetrisal Dosierspray/ Nasentropfen (D) Isotonische Kochsalzlösung Dosierspray ohne Konservierungsstoff	Nur Tropfen: Allergische Reaktionen möglich	**Therapeutisch zweckmäßig zur** Anfeuchtung der Nasenschleimhäute. Das Mittel ohne Konservierungsstoff (Dosierspray) ist vorzuziehen.
Tilarin (Ö) Nasenspray Nedocromil *Rezeptpflichtig*	Niesreiz, Kopfschmerzen	**Therapeutisch zweckmäßig zur** Vorbeugung von Heuschnupfen.

Präparat	Wichtigste Nebenwirkungen	Empfehlung
Vibrocil (Ö) Nasen-Gel, Nasenspray, Nasentropfen Dimetinden, Phenylephrin *Rezeptpflichtig*	Nach Abklingen der Wirkung oft stärkere Schleimhautschwellung, bei längerem Gebrauch medikamentöser Schnupfen. Bei Überdosierung Blutdruckanstieg, Herzklopfen, Möglichkeit allergischer Reaktionen (Schwellung, Ausschläge)	**Therapeutisch zweckmäßig nur zur** kurzfristigen Anwendung bei allergischem Schnupfen, höchstens eine Woche. Kombination von gefäßverengendem Inhaltsstoff (Phenylephrin) mit Antihistaminikum (Dimetinden). Abzuraten bei Erkältungsschnupfen.
Vividrin akut Azelastin Nasenspray gegen Heuschnupfen (D/Ö) Nasenspray Azelastin *Rezeptpflichtig (Ö)*	Reizung der Nasenschleimhaut, Niesreiz, Müdigkeit, Abgeschlagenheit, Geschmacksstörungen	**Nur zweckmäßig bei** allergischem Schnupfen. Keine spezifische Wirkung des Antihistaminikums (Azelastin) auf Schnupfen bei Erkältungskrankheit zu erwarten.
Vividrin Nasenspray gegen Heuschnupfen (D/Ö) Nasenspray Cromoglicin *Rezeptpflichtig (Ö)*	Niesreiz, Kopfschmerzen	**Therapeutisch zweckmäßig zur** Vorbeugung von Heuschnupfen.
Wick Sinex (D/Ö) Lösung, Schnupfenspray Oxymetazolin Hilfsstoffe: Menthol, Kampfer in D zusätzlich: Cineol	Nach Abklingen der Wirkung oft stärkere Schleimhautschwellung, bei längerem Gebrauch medikamentöser Schnupfen, bei Säuglingen Gefahr von Atemdämpfung und Bewusstlosigkeit, aber auch von Erregungszuständen	**Therapeutisch zweckmäßig nur bei** kurz dauernder Anwendung (höchstens eine Woche). Die Beimengung von ätherischen Ölen ist fragwürdig und für Kinder gefährlich.
Xylo E von ct Nasengel (D) Nasengel **Xylo K von ct Nasentropfen** (D) Nasentropfen **Xylo von ct Nasenspray** (D) Spray Xylometazolin	Nach Abklingen der Wirkung oft stärkere Schleimhautschwellung, bei längerem Gebrauch medikamentöser Schnupfen, bei Säuglingen Gefahr von Atemdämpfung und Bewusstlosigkeit, aber auch von Erregungszuständen	**Therapeutisch zweckmäßig nur bei** kurz dauernder Anwendung (höchstens eine Woche).

4.4. Einreibe- und Inhalationsmittel

Fast alle Einreibe- und Inhalationsmittel enthalten eine Mischung aus Kampfer, Menthol und ätherischen Ölen. Sie sind wegen des guten Dufts sehr beliebt und werden vor allem auch bei Kindern gegen Erkältungskrankheiten verwendet.
Über den Nutzen gibt es in der seriösen medizinischen Literatur keine gesicherten Aussagen.

Wasserdampf und feuchte Luft sind nützlich

Das Inhalieren von Wasserdampf kann zur Linderung von Erkältungsbeschwerden sehr hilfreich sein. Besonders wichtig ist ausreichende Luftfeuchtigkeit: 40–50 Prozent sind notwendig, 60–80 Prozent sind bei Menschen mit Atemwegserkrankungen günstiger. Die Bildung von Kondenswasser setzt jedoch der Luftbefeuchtung Grenzen.
Heiminhalatoren und Ultraschallvernebler, die immer häufiger verwendet werden, können selbst zu Trägern von Bakterienkulturen werden. Man sollte deshalb beim etwaigen Kauf eines solchen Gerätes darauf achten, ob der Hersteller ausreichend über Reinigung und Desinfektion des Inhalators informiert.

Inhalationsmittel – Nutzen fragwürdig, Vorsicht bei Kindern

Der Nutzen einer Beimengung von Inhalationszusätzen zum Wasserdampf ist nicht bewiesen. In einigen Fällen können solche Zusätze – sie bestehen meist aus einer Mischung aus Kampfer, Menthol und ätherischen Ölen – sogar die Atemwege irritieren. Beim Einsatz in kleinen, geschlossenen Räumen können darüber hinaus gesundheitsschädigende Konzentrationen der Dämpfe der verschiedenen Stoffe auftreten.
Kampfer und Menthol können auch über die Schleimhäute (z. B. der Nase) in den Körper gelangen. Besonders bei Kleinkindern können schon geringe Mengen bei dieser Anwendungsweise zum sofortigen Kollaps führen. Auch Atmungsstörungen, Krämpfe und Bewusstlosigkeit wurden beobachtet. Wir raten deshalb ab von der Beimengung ätherischer Öle zu Dampfinhalationen bei Kleinkindern.

Einreibemittel – Nutzen fragwürdig, Hautreaktionen sind häufig

Einreibemittel sind wohl wegen des »guten Geruchs« so beliebt. Vor allem Kinder werden gerne damit behandelt. Ein Nutzen bei Erkältungskrankheiten ist jedoch nicht belegt. Die italienischen Arzneibe-

hörden stuften schon 1984 alle kampferhaltigen Mittel für Kinder unter zweieinhalb Jahren als »ungeeignet« ein.
Das Einatmen von konzentrierten Dämpfen ätherischer Öle – nicht nur *Kampfer* oder *Menthol*, sondern auch *Eukalyptus- und Fichtennadelöl* – kann bei kleinen Kindern zu Atemstörungen führen. Wenn sie schwer nach Luft ringen, ist dies unter Umständen nicht auf die Krankheit, sondern auf die Nebenwirkungen ätherischer Öle zurückzuführen. Eine weitere häufige Nebenwirkung ist das Auftreten von juckenden, pustelförmigen Hautausschlägen an der Einreibestelle.
Werbeaussagen wie »Wick Vapo Rup ist besonders zur Behandlung von erkälteten Säuglingen und Kindern geeignet und kann … ohne Einschränkungen empfohlen werden« erscheinen uns als bedenklich.
Wegen der möglichen Nebenwirkungen raten wir von einer Verwendung von Einreibemitteln bei Kleinkindern und Säuglingen generell ab. Auch bei größeren Kindern sollten sie, wenn überhaupt, nur mit Vorsicht verwendet werden.

4.4. Einreibe- und Inhalationsmittel

Präparat	Wichtigste Nebenwirkungen	Empfehlung
Babix-Inhalat-N (D) Tropfen **Babix** (Ö) Inhalationslösung in D: Eukalyptusöl, Fichtennadelöl in Ö: Cajeputöl, Latschenkiefer	Bei Säuglingen und Kleinkindern Gefahr von Atmungsstörungen, Krämpfen und Bewusstlosigkeit	**Naturheilmittel** Therapeutische Wirksamkeit zweifelhaft. Vertretbar wegen geringer Risiken zur subjektiven Linderung der Beschwerden. Geringere Gefahr der Nebenwirkungen als bei Kampfer- und Menthol-haltigen Mitteln.
Baby Luuf (Ö) Balsam Kampfer, Eukalyptusöl, Terpentinöl, Majoranöl	Bei Säuglingen und Kleinkindern besondere Gefahr von Atmungsstörungen, Krämpfen und Bewusstlosigkeit durch Kampfer	**Naturheilmittel** Therapeutische Wirksamkeit zweifelhaft. Bei Säuglingen und Kleinkindern abzuraten.
Bronchoforton Kinderbalsam (D) Eukalyptusöl, Kiefernnadelöl	Bei Säuglingen und Kleinkindern Gefahr von Atmungsstörungen, Krämpfen und Bewusstlosigkeit	**Naturheilmittel** Therapeutische Wirksamkeit zweifelhaft. Vertretbar wegen geringer Risiken zur subjektiven Linderung der Beschwerden. Geringere Gefahr der Nebenwirkungen als bei Kampfer- und Menthol-haltigen Mitteln.

Präparat	Wichtigste Nebenwirkungen	Empfehlung
Bronchoforton Salbe (D) Eukalyptusöl, Fichtennadelöl, Pfefferminzöl	Bei Säuglingen und Kleinkindern Gefahr von Atmungsstörungen, Krämpfen und Bewusstlosigkeit	**Naturheilmittel** Therapeutische Wirksamkeit zweifelhaft. Vertretbar wegen geringer Risiken zur subjektiven Linderung der Beschwerden. Geringere Gefahr der Nebenwirkungen als bei Kampfer- und Menthol-haltigen Mitteln.
Emser Inhalationslösung (D) Amp. Emser Salz	Keine wesentlichen zu erwarten	**Zweckmäßig zur** Anfeuchtung der Luftwege durch Inhalation.
Eucabal-Balsam S (D) Emulsion Eukalyptusöl, Kiefernnadelöl	Bei Säuglingen und Kleinkindern Gefahr von Atmungsstörungen, Krämpfen und Bewusstlosigkeit	**Naturheilmittel** Therapeutische Wirksamkeit zweifelhaft. Vertretbar wegen geringer Risiken zur subjektiven Linderung der Beschwerden. Geringere Gefahr der Nebenwirkungen als bei Kampfer- und Menthol-haltigen Mitteln.
Kneipp Erkältungsbad spezial (D) Badezusatz Kampfer, Eukalyptusöl	Bei Säuglingen und Kleinkindern besondere Gefahr von Atmungsstörungen, Krämpfen und Bewusstlosigkeit durch Kampfer	**Naturheilmittel** Therapeutische Wirksamkeit zweifelhaft. Vertretbar wegen geringer Risiken zur subjektiven Linderung der Beschwerden bei Schulkindern und Erwachsenen. Bei Säuglingen und Kleinkindern abzuraten.
Pe Ce (Ö) Salbe Kampfer, Eukalyptusöl, andere ätherische Öle	Bei Säuglingen und Kleinkindern besondere Gefahr von Atmungsstörungen, Krämpfen und Bewusstlosigkeit durch Kampfer	**Naturheilmittel** Therapeutische Wirksamkeit zweifelhaft. Vertretbar wegen geringer Risiken zur subjektiven Linderung der Beschwerden bei Schulkindern und Erwachsenen. Bei Säuglingen und Kleinkindern abzuraten.
Pharmacos medizinisches Erkältungsbad (D) Badezusatz Kampfer, Eukalyptusöl, Fichtennadelöl	Bei Säuglingen und Kleinkindern besondere Gefahr von Atmungsstörungen, Krämpfen und Bewusstlosigkeit durch Kampfer	**Naturheilmittel** Therapeutische Wirksamkeit zweifelhaft. Vertretbar wegen geringer Risiken zur subjektiven Linderung der Beschwerden bei Schulkindern und Erwachsenen. Bei Säuglingen und Kleinkindern abzuraten.

Präparat	Wichtigste Nebenwirkungen	Empfehlung
Piniment Salbe/ -Kinderbalsam (Ö) Emulsion, Balsam Menthol, Kampfer, Eukalyptusöl, andere ätherische Öle Kinderbalsam: ohne Menthol	Bei Säuglingen und Kleinkindern besondere Gefahr von Atmungsstörungen, Krämpfen und Bewusstlosigkeit durch Kampfer und Menthol	**Naturheilmittel** Therapeutische Wirksamkeit zweifelhaft. Vertretbar wegen geringer Risiken zur subjektiven Linderung der Beschwerden bei Schulkindern und Erwachsenen. Bei Säuglingen und Kleinkindern abzuraten.
Pinimenthol (D) Erkältungssalbe, Liquidum Levomenthol, Eukalyptusöl, Kiefernnadelöl	Bei Säuglingen und Kleinkindern besondere Gefahr von Atmungsstörungen, Krämpfen und Bewusstlosigkeit durch Menthol	**Naturheilmittel** Therapeutische Wirksamkeit zweifelhaft. Vertretbar wegen geringer Risiken zur subjektiven Linderung der Beschwerden bei Schulkindern und Erwachsenen. Bei Säuglingen und Kleinkindern abzuraten.
Pinimenthol Erkältungsbad (D) Menthol, Kampfer, Eukalyptusöl,	Bei Säuglingen und Kleinkindern besondere Gefahr von Atmungsstörungen, Krämpfen und Bewusstlosigkeit durch Kampfer	**Naturheilmittel** Therapeutische Wirksamkeit zweifelhaft. Vertretbar wegen geringer Risiken zur subjektiven Linderung der Beschwerden bei Schulkindern und Erwachsenen. Bei Säuglingen und Kleinkindern abzuraten.
Pinimenthol S mild (D) Balsam Eukalyptusöl, Kiefernnadelöl	Bei Säuglingen und Kleinkindern Gefahr von Atmungsstörungen, Krämpfen und Bewusstlosigkeit	**Naturheilmittel** Therapeutische Wirksamkeit zweifelhaft. Vertretbar wegen geringer Risiken zur subjektiven Linderung der Beschwerden. Geringere Gefahr der Nebenwirkungen als bei Kampfer- und Menthol-haltigen Mitteln.
Pulmotin Salbe (D) Salbe Kampfer, Eukalyptusöl, Thymol und andere ätherische Öle	Bei Säuglingen und Kleinkindern besondere Gefahr von Atmungsstörungen, Krämpfen und Bewusstlosigkeit durch Kampfer	**Naturheilmittel** Therapeutische Wirksamkeit zweifelhaft. Vertretbar wegen geringer Risiken zur subjektiven Linderung der Beschwerden bei Schulkindern und Erwachsenen. Bei Säuglingen und Kleinkindern abzuraten.

Präparat	Wichtigste Nebenwirkungen	Empfehlung
Sanopinwern Inhalat (D) Flüssigkeit Eukalyptusöl, Kiefernnadelöl	Bei Säuglingen und Kleinkindern Gefahr von Atmungsstörungen, Krämpfen und Bewusstlosigkeit	**Naturheilmittel** Therapeutische Wirksamkeit zweifelhaft. Vertretbar wegen geringer Risiken zur subjektiven Linderung der Beschwerden. Geringere Gefahr der Nebenwirkungen als bei Kampfer- und Menthol-haltigen Mitteln.
Scottopect (Ö) Gelee Menthol, Kampfer, Eukalyptusöl, andere ätherische Öle	Bei Säuglingen und Kleinkindern besondere Gefahr von Atmungsstörungen, Krämpfen und Bewusstlosigkeit durch Menthol und Kampfer	**Naturheilmittel** Therapeutische Wirksamkeit zweifelhaft. Vertretbar wegen geringer Risiken zur subjektiven Linderung der Beschwerden bei Schulkindern und Erwachsenen. Bei Säuglingen und Kleinkindern abzuraten.
Soledum Balsam (D) Lösung zum Einreiben oder zur Inhalation Cineol	Bei Säuglingen und Kleinkindern Gefahr von Atmungsstörungen, Krämpfen und Bewusstlosigkeit	**Naturheilmittel** Therapeutische Wirksamkeit zweifelhaft. Vertretbar wegen geringer Risiken zur subjektiven Linderung der Beschwerden. Geringere Gefahr der Nebenwirkungen als bei Kampfer- und Menthol-haltigen Mitteln.
Transpulmin Baby (D) Lösung **Transpulmin Kinderbalsam S** (D) Creme Eukalyptusöl, Kiefernnadelöl	Bei Säuglingen und Kleinkindern Gefahr von Atmungsstörungen, Krämpfen und Bewusstlosigkeit	**Naturheilmittel** Therapeutische Wirksamkeit zweifelhaft. Vertretbar wegen geringer Risiken zur subjektiven Linderung der Beschwerden. Geringere Gefahr der Nebenwirkungen als bei Kampfer- und Menthol-haltigen Mitteln.
Transpulmin Balsam (D) Creme Menthol, Cineol, Kampfer	Bei Säuglingen und Kleinkindern besondere Gefahr von Atmungsstörungen, Krämpfen und Bewusstlosigkeit durch Menthol und Kampfer	**Naturheilmittel** Therapeutische Wirksamkeit zweifelhaft. Vertretbar wegen geringer Risiken zur subjektiven Linderung der Beschwerden bei Schulkindern und Erwachsenen. Bei Säuglingen und Kleinkindern abzuraten.

Präparat	Wichtigste Nebenwirkungen	Empfehlung
Wick (D/Ö) Inhalierstift N Menthol, Kampfer Hilfsstoffe: Methylsalicylat, Fichtennadelöl	Bei Säuglingen und Kleinkindern besondere Gefahr von Atmungsstörungen, Krämpfen und Bewusstlosigkeit durch Menthol und Kampfer	**Naturheilmittel** Therapeutische Wirksamkeit zweifelhaft. Vertretbar wegen geringer Risiken zur subjektiven Linderung der Beschwerden bei Schulkindern und Erwachsenen. Bei Säuglingen und Kleinkindern abzuraten.
Wick VapoOel (D/Ö) Tropfen Cineol, Pinen, Limonen	Bei Säuglingen und Kleinkindern Gefahr von Atmungsstörungen, Krämpfen und Bewusstlosigkeit	**Naturheilmittel** Therapeutische Wirksamkeit zweifelhaft. Vertretbar wegen geringer Risiken zur subjektiven Linderung der Beschwerden. Geringere Gefahr der Nebenwirkungen als bei Kampfer- und Menthol-haltigen Mitteln.
Wick VapoRup Erkältungssalbe (D/Ö) Creme, Salbe Menthol, Kampfer, Terpentinöl, Eukalyptusöl	Bei Säuglingen und Kleinkindern besondere Gefahr von Atmungsstörungen, Krämpfen und Bewusstlosigkeit durch Menthol und Kampfer	**Naturheilmittel** Therapeutische Wirksamkeit zweifelhaft. Vertretbar wegen geringer Risiken zur subjektiven Linderung der Beschwerden bei Schulkindern und Erwachsenen. Bei Säuglingen und Kleinkindern abzuraten.

4.5. Mittel gegen Halsschmerzen und Beschwerden in Mund und Rachen

Bei Kleinkindern unter drei Jahren und Erwachsenen sind Halsschmerzen meistens durch Viren, seltener durch Bakterien verursacht. Bei Kindern ab dem Vorschulalter sehr viel häufiger durch Bakterien.

Die Entzündung selbst findet nicht an der Schleimhautoberfläche statt, sondern vor allem in tieferen Gewebeschichten. Die so beliebten Lutschtabletten gegen Halsschmerzen bleiben nutzlos, weil sie die im Gewebe liegenden Erreger – Viren oder Bakterien – gar nicht erreichen.

Ist eine bakterielle Infektion des Rachens oder der Mandeln (Angina, Scharlach) Ursache für die Halsschmerzen, so muss ein Antibiotikum, in der Regel Penicillin, geschluckt werden.

Dies ist unbedingt notwendig, um rheumatisches Fieber mit möglichen Herzklappenschäden zu verhindern.
Die Beschwerden selbst geben keinen Hinweis, ob es sich um eine durch Viren oder durch Bakterien verursachte Entzündung handelt. Dies kann nur durch entsprechende Tests festgestellt werden. Wichtig bei der Einnahme von Antibiotika – meist handelt es sich um Penicillin, manchmal auch Erythromycin oder andere – ist, dass es zehn Tage lang eingenommen werden muss, auch wenn die Beschwerden sich schon vorher bessern. Es besteht sonst die Gefahr einer Wiedererkrankung, die sehr viel schwieriger zu behandeln ist.
Bei *Rachenentzündungen* (Pharyingitis), *Kehlkopfentzündungen* (Laryngitis) und *Stimmbandentzündungen* können nur Wasserdampf-Inhalationen und Stimmschonung helfen. Der Nutzen einer Beimengung von Medikamenten zum Dampf ist nicht bewiesen, und mit Gurgelmitteln wird die Rachenhinterwand nicht erreicht.

Mundspül- und Gurgelmittel: Salbeitee genauso wirksam

Das Berater-Komitee der US-Gesundheitsbehörde (FDA) stuft lediglich den in Apotheken erhältlichen Wirkstoff Wasserstoffperoxyd als »unbedenklich und wirksam zur Heilung von Mundleiden« ein. Kein anderer Bestandteil von Gurgelmitteln wird als wirksam bezeichnet. Die Fachzeitschrift »tägliche Praxis« weist darauf hin, dass Gurgeln mit Salbeitee »genauso wirksam« ist wie die Verwendung jeglicher Gurgel-»Medikamente«.
Der Wirkstoff Cetylpyridiniumchlorid (enthalten z. B. in *Dobendan, Dolo-Dobendan, Frubienzym, Wick Sulagil*) gilt als fragwürdig. *Nebenwirkungen:* Allergische Reaktionen, Verzögerung der Wundheilung. Unsere Bewertung: Wenig zweckmäßig.
Ebenfalls fragwürdig ist die Verwendung des Wirkstoffes Chlorhexidin (enthalten z. B. in *Chlorhexamed, Corsodyl, Frubilurgyl, Hexoraletten, Lemocin CX Gurgellösung).*
Die Hersteller-Firma Blendax warb für ihr Medikament *Chlorhexamed* damit, dass der enthaltene Wirkstoff bis zu 24 Stunden nachweisbar sei und eine breite Wirkung gegen Bakterien und Pilze habe.
Dazu der Freiburger Universitätsprofessor Daschner: »Chlorhexidin ist ein Haut- und Schleimhautdesinfektionsmittel und sollte bei Entzündungen der Rachenschleimhaut und der Mandeln *nicht* angewendet werden.« Die Substanz sei zwar 24 Stunden nachweisbar, nach einigen Stunden jedoch in so geringen Konzentrationen, dass sie gegen Bakterien und Pilze »nicht mehr wirkt«.

Die *Nebenwirkungen* von Chlorhexidin sind beträchtlich: Neben Verfärbungen der Mundschleimhaut und der Zähne können Geschmacksveränderungen, Schleimhautverätzungen und Allergien auftreten.

Sprays, Lutschtabletten und -bonbons – überflüssig ...

Die Pharmafirmen haben schon lange entdeckt, dass Patienten gerne Bonbons lutschen oder Sprays anwenden, wenn es im Hals brennt oder wenn man Probleme beim Schlucken hat.
In Sprays, Lutschtabletten und -bonbons sind meistens Antibiotika, Antiseptika und/oder örtliche Betäubungsmittel enthalten (z. B. in *Dobendan, Dolo-Dobendan, Dorithricin/-limone, frubienzym, Hexoraletten, Lemocin, Neo-Angin, Neo-Angin N).*
Solche Mittel sind laut der Fachzeitschrift »arznei-telegramm« ohne Nutzen, weil sie nicht in tiefere Gewebeschichten der Gaumenmandeln vordringen und keinen Schutz bieten vor den Folgen einer Bakterieninfektion (rheumatisches Fieber mit möglichen Herzklappenschäden).
Bereits 1993 hat das ehemalige Bundesgesundheitsamt ein vernichtendes Urteil über das Antibiotikum *Fusafungin* abgegeben (enthalten z. B. in dem sehr häufig verwendeten Atemwegs-Spray *Locabiosol*): »...gibt es derzeit keine rationalen Argumente für den Einsatz von *Fusafungin*.«
In der mikrobiologischen Testung haben sich die meisten Lutschtabletten gegen Racheninfektionen als »teure Bonbons« erwiesen. Die norwegische Gesundheitsbehörde hat in ihrem Land die Zulassung sämtlicher Halsschmerz-Lutschtabletten aufgehoben, die Antibiotika, Betäubungsmittel oder desinfizierende Mittel enthalten. Ihre Wirksamkeit sei nicht bewiesen.
Reine Bonbons oder Salz-Pastillen (z. B. *Emser Salz echt*, siehe Kapitel 4.2.) wirken durch die Anregung des Speichelflusses kurzfristig lindernd.

... und möglicherweise gefährlich

Es besteht die Gefahr, dass Antibiotika in solchen Bonbons einer Vermehrung von gegen Behandlungen unempfindlichen (resistenten) Keimen Vorschub leisten.
Wenn es wirklich nötig ist, müssen bei bakteriellen Infektionen von Mund und Rachen (z. B. bei Mandelentzündung – Angina tonsillaris) Antibiotika in Tablettenform eingenommen werden.

Der Nutzen von örtlichen Betäubungsmitteln wie Lidocain (z. B. in *Dentinox N Zahnungshilfe, Dorithricin/-Limone, Dynexan A, Kamistad, Lemocin, Parodontal, Wick Sulagil*), Benzocain (z. B. in *Dolo-Dobendan, Hexoraletten*) oder Tetracain (z. B. in *Herviros*) ist sehr umstritten. Lidocain wird verdächtigt, potenziell Krebs erregend zu sein, und Benzocain ist bekannt für seine ausgeprägt allergenen Eigenschaften.

Homöopathika

Für homöopathische Mittel wie *Meditonsin, Osanit Zahnkügelchen, Tonsillitis PMD, Tonsilgon N* gibt es keinen überzeugenden Nachweis, dass sie wirksam sind. Sie dienen wahrscheinlich eher der psychischen Beruhigung als der Linderung von Beschwerden. Weil keine Nebenwirkungen zu erwarten sind, kann ihre Verwendung sinnvoll sein.

4.5. Mund- und Rachentherapeutika (Halstabletten, Lutschtabletten, Gurgelmittel)

Präparat	Wichtigste Nebenwirkungen	Empfehlung
Betaisodona Mund-Antiseptikum (D/Ö) Lösung Povidon-Jod	Sehr selten allergische Erscheinungen (Juckreiz, Ausschläge). Störungen der Schilddrüsenfunktion möglich	**Nur zweckmäßig zur** präoperativen Anwendung. Vermindert die Keimzahl im Mund- und Rachenraum. Der therapeutische Nutzen dieses Effekts bei länger dauernder Anwendung ist zweifelhaft.
Chlorhexamed-Fluid (D/Ö) Lösung **Chlorhexamed Forte** (D/Ö) Lösung **Chlorhexamed Gel** (D) Gel Chlorhexidin	Bei Überdosierung: Übelkeit, Erbrechen. Selten allergische Erscheinungen (Juckreiz, Ausschläge) im Bereich des Anwendungsgebietes. Verfärbung der Mundschleimhaut und Zähne	**Wenig zweckmäßig** Vermindert die Keimzahl im Mund- und Rachenraum. Der therapeutische Nutzen dieses Effekts ist zweifelhaft.
Corsodyl (D) Gel, Lösung Chlorhexidin	Bei Überdosierung: Übelkeit, Erbrechen. Selten allergische Erscheinungen (Juckreiz, Ausschläge) im Bereich des Anwendungsgebietes. Verfärbung der Mundschleimhaut und Zähne	**Wenig zweckmäßig** Vermindert die Keimzahl im Mund- und Rachenraum. Der therapeutische Nutzen dieses Effekts ist zweifelhaft.

Präparat	Wichtigste Nebenwirkungen	Empfehlung
Dentinox N Zahnungshilfe (D/Ö) Flüssigkeit, Gel Kamillentinktur, Lidocain, Polidocanol	Sehr selten allergische Erscheinungen (Juckreiz, Ausschläge) im Bereich des Anwendungsgebietes	**Abzuraten** Die Anwendung eines örtlichen Betäubungsmittels (Lidocain) bei einem natürlichen Vorgang wie der Zahnung ist strikt abzulehnen.
Dobendan (D/Ö) Lutschpastillen **Dobendan X** (D) Lutschtabl. (ohne Zucker) **Dobendan zuckerfrei** (Ö) Lutschtabl. Cetylpyridinium	Selten allergische Erscheinungen (Juckreiz, Ausschläge) im Bereich des Anwendungsgebietes	**Wenig zweckmäßig** Vermindert die Keimzahl im Mund- und Rachenraum. Der therapeutische Nutzen dieses Effekts ist zweifelhaft.
Dolo-Dobendan (D) Lutschpastillen, Lösung Cetylpyridinium, Benzocain	Allergische Erscheinungen (Juckreiz, Ausschläge) im Bereich des Anwendungsgebietes (Paragruppenallergie auf Benzocain)	**Abzuraten** Wenig sinnvolle Kombination von Desinfektionsmittel (Cetylpyridinium) und lokal wirkendem Betäubungsmittel (Benzocain). Vermindert die Keimzahl im Mund und Rachenraum. Der therapeutische Nutzen dieses Effekts ist zweifelhaft.
Dontisolon D (D) Mundheilpaste, Zylinderamp. Prednisolon *Rezeptpflichtig*	Verminderung der Infektionsabwehr, bei häufiger Anwendung Schleimhautschäden	**Abzuraten** zur örtlichen Behandlung von Schleimhautschäden wegen möglicher Verminderung der Infektionsabwehr. Enthält stark entzündungshemmenden Inhaltsstoff mit kortisonähnlicher Wirkung (Prednisolon).
Doreperol N (D) Lösung, Rachen-Spray Hexetidin	Selten allergische Erscheinungen (Juckreiz, Ausschläge) im Bereich des Anwendungsgebietes	**Wenig zweckmäßig** Vermindert die Keimzahl im Mund- und Rachenraum. Der therapeutische Nutzen dieses Effekts ist zweifelhaft.
Dorithricin (D/Ö) Lutschtabl. Tyrothricin, Benzalkonium, Benzocain	Allergische Erscheinungen (Juckreiz, Ausschläge) im Bereich des Anwendungsgebietes (Paragruppenallergie auf Benzocain)	**Abzuraten** Wenig sinnvolle Kombination von Lokalantibiotikum (Tyrothricin), Desinfektionsmittel (Benzalkonium) und lokal wirkendem Betäubungsmittel (Benzocain). Vermindert die Keimzahl im Mund- und Rachenraum. Der therapeutische Nutzen dieses Effekts ist zweifelhaft.

Präparat	Wichtigste Nebenwirkungen	Empfehlung
Dorithricin Limone Halstabletten (D) Lutschtabl. Tyrothricin, Lidocain	Allergische Erscheinungen (Juckreiz, Ausschläge) im Bereich des Anwendungsgebietes	**Wenig zweckmäßig** Kombination von Lokalantibiotikum (Tyrothricin) und lokal wirkendem Betäubungsmittel (Lidocain). Vermindert die Keimzahl im Mund- und Rachenraum. Der therapeutische Nutzen dieses Effekts ist zweifelhaft. Vertretbar zur Schmerzlinderung bei lokal schmerzhaften Schleimhautschäden.
Dynexan (Ö) Salbe Tetracain, Aluminiumformiat, Extrakte aus Kamille, Arnika, Salbei *Rezeptpflichtig*	Selten allergische Erscheinungen (Juckreiz, Ausschläge) im Bereich des Anwendungsgebietes	**Wenig zweckmäßig** Wenig sinnvolle Kombination von örtlich wirkendem Betäubungsmittel (Tetracain), Adstringens und pflanzlichen Stoffen. Vertretbar zur Schmerzlinderung bei lokal schmerzhaften Schleimhautschäden.
Dynexan A (D) Gel Lidocain Hilfsstoffe: Benzalkonium und Alkohol	Selten allergische Erscheinungen (Juckreiz, Ausschläge) im Bereich des Anwendungsgebietes. Enthält Alkohol	**Wenig zweckmäßig** Wenig sinnvolle Kombination von örtlich wirksamem Betäubungsmittel (Lidocain) und Desinfektionsmittel (Benzalkonium). Vertretbar zur Schmerzlinderung bei lokal schmerzhaften Schleimhautschäden.
Emser Salz (D/Ö) **Emser Pastillen mit Mentholfrische** (D/Ö) **Emser Pastillen ohne Menthol** (D/Ö) **Emser Pastillen zuckerfrei** (D) Lutschtabl. Emser Salz	Keine wesentlichen bekannt	**Zweckmäßig** Durch kurzfristige Anregung des Speichelflusses wirksam.
Frubienzym (D) Halsschmerztabl. Lysozym, Cetylpyridinium	Selten allergische Erscheinungen (Juckreiz, Ausschläge) im Bereich des Anwendungsgebietes	**Wenig zweckmäßig** Wenig sinnvolle Kombination von schleimspaltendem und antibiotisch wirksamem Enzym (Lysozym) mit Desinfektionsmittel (Cetylpyridinium). Vermindert die Keimzahl im Mund- und Rachenraum. Der therapeutische Nutzen dieses Effekts ist zweifelhaft.

Präparat	Wichtigste Nebenwirkungen	Empfehlung
Frubilurgyl (D) Gurgellösung, Rachenspray Chlorhexidin	Selten allergische Erscheinungen (Juckreiz, Ausschläge) im Bereich des Anwendungsgebietes. Verfärbung der Mundschleimhaut und Zähne	**Wenig zweckmäßig** Vermindert die Keimzahl im Mund- und Rachenraum. Der therapeutische Nutzen dieses Effekts ist zweifelhaft.
frubizin akut (D) Lutschtabl. Ambroxol	Taubheitsgefühl, Geschmacksstörungen, Übelkeit, Erbrechen. Selten allergische Erscheinungen	**Wenig zweckmäig bei** akuten Halsschmerzen. Inhaltsstoff Ambroxol wirkt schwach örtlich betäubend auf die Mundschleimhaut sowie schleimverflüssigend (sekretolytisch) im Bereich der Atemwege. Wirksamkeit zweifelhaft.
Gurgellösung-ratiopharm (Ö) Gurgellösung Dequalinium	Selten allergische Erscheinungen (Juckreiz, Ausschläge) im Bereich des Anwendungsgebietes	**Wenig zweckmäßig** Vermindert die Keimzahl im Mund- und Rachenraum. Der therapeutische Nutzen dieses Effekts ist zweifelhaft.
Herviros (Ö) Lösung Tetracain, Aminoquinurid *Rezeptpflichtig*	Selten allergische Erscheinungen (Juckreiz, Ausschläge) im Bereich des Anwendungsgebietes	**Wenig zweckmäßig** Wenig sinnvolle Kombination von örtlich wirkendem Betäubungsmittel (Tetracain) und Desinfektionsmittel (Aminoquinurid). Vertretbar zur Schmerzlinderung bei lokal schmerzhaften Schleimhautschäden.
Hexoral (D/Ö) Lösung, Spray (D) Hexetidin	Selten allergische Erscheinungen (Juckreiz, Ausschläge) im Bereich des Anwendungsgebietes	**Wenig zweckmäßig** Vermindert die Keimzahl im Mund- und Rachenraum. Der therapeutische Nutzen dieses Effekts ist zweifelhaft.
Hexoraletten N (D) Pastillen Chlorhexidin, Benzocain	Allergische Erscheinungen (Juckreiz, Ausschläge) im Bereich des Anwendungsgebietes (Paragruppenallergie auf Benzocain). Verfärbung der Mundschleimhaut und Zähne	**Abzuraten** Wenig sinnvolle Kombination von Desinfektionsmittel (Chlorhexidin) und örtlich wirkendem Betäubungsmittel (Benzocain). Vermindert die Keimzahl im Mund- und Rachenraum. Der therapeutische Nutzen dieses Effekts ist zweifelhaft.

Präparat	Wichtigste Nebenwirkungen	Empfehlung
Kamillosan Mundspray (D/Ö) Lösung Kamillenblütenextrakt, Pfefferminzöl, Anisöl	Selten allergische Erscheinungen (Juckreiz, Ausschläge) im Bereich des Anwendungsgebietes. Lösung enthält Alkohol	**Naturheilmittel** Therapeutische Wirksamkeit zweifelhaft. Vertretbar wegen geringer Risiken zur subjektiven Linderung der Beschwerden.
Kamistad (D) Gel Lidocain, Thymol, Kamillenblütenextrakt, Hilfsstoff: Benzalkonium	Selten allergische Erscheinungen (Juckreiz, Ausschläge) im Bereich des Anwendungsgebietes	**Wenig zweckmäßig** Wenig sinnvolle Kombination von örtlich wirkendem Betäubungsmittel (Lidocain) mit Desinfektionsmittel (Benzalkonium) und ätherischen Ölen. Vertretbar zur Schmerzlinderung bei lokal schmerzhaften Schleimhautschäden.
Laryngsan (D) Tropfen Kampfer, Pfefferminzöl, Coffein, Ammoniaklösung	Selten allergische Erscheinungen (Juckreiz, Ausschläge) im Bereich des Anwendungsgebietes. Tropfen enthalten Alkohol	**Abzuraten** Wenig sinnvolle Kombination von anregend wirkendem Coffein und ätherischen Ölen.
Lemocin (D/Ö) Lutschtabl. Tyrothricin, Cetrimoniumbromid, Lidocain	Selten allergische Erscheinungen (Juckreiz, Ausschläge) im Bereich des Anwendungsgebietes	**Abzuraten** Wenig sinnvolle Kombination von Lokalantibiotikum (Tyrothricin), Desinfektionsmittel (Cetrimoniumbromid) und lokal wirkendem Betäubungsmittel (Lidocain). Vermindert die Keimzahl im Mund- und Rachenraum. Der therapeutische Nutzen dieses Effekts ist zweifelhaft.
Lemocin CX Gurgellösung (D) Gurgellösung Chlorhexidin	Selten allergische Erscheinungen (Juckreiz, Ausschläge) im Bereich des Anwendungsgebietes. Lösung enthält Alkohol. Verfärbung der Mundschleimhaut und Zähne	**Wenig zweckmäßig** Vermindert die Keimzahl im Mund- und Rachenraum. Der therapeutische Nutzen dieses Effekts ist zweifelhaft.
Locabiosol (D/Ö) Dosierspray Fusafungin *Rezeptpflichtig (Ö)*	Allergische Erscheinungen (Juckreiz, Ausschläge) im Bereich des Anwendungsgebietes und allgemeine allergische Reaktionen möglich	**Abzuraten** Lokalantibiotikum. Vermindert die Keimzahl im Mund- und Rachenraum. Der therapeutische Nutzen dieses Effekts bei Entzündungen im Bereich der oberen Luftwege ist zweifelhaft.

Präparat	Wichtigste Nebenwirkungen	Empfehlung
Mallebrin Konzentrat zum Gurgeln (D) Gurgellösung Aluminiumchlorat	Keine wesentlichen zu erwarten	**Nur zweckmäßig zur** Wundbehandlung und Stillung kleiner Blutungen im Mund- und Rachenbereich. Adstringierend (zusammenziehend) wirksam.
Mallebrin Lutschtabletten (D) Lutschtabl. Hexaharnstoff-aluminiumchlorat	Keine wesentlichen zu erwarten	**Nur zweckmäßig zur** Wundbehandlung und Stillung kleiner Blutungen im Mund- und Rachenbereich. Adstringierend (zusammenziehend) wirksam.
Meditonsin (D/Ö) Tropfen Aconitinum D5, Atropinum sulfuricum D5, Mercurius cyanatus D8 (Quecksilber)	Keine wesentlichen bekannt. Lösung enthält Alkohol	**Homöopathisches Mittel** Therapeutische Wirksamkeit zweifelhaft. Zur subjektiven Linderung von Beschwerden vertretbar.
Mucoangin gegen Halsschmerzen (D) Lutschtabl. Ambroxol	Taubheitsgefühl, Geschmacksstörungen, Übelkeit, Erbrechen. Selten allergische Erscheinungen	**Wenig zweckmäßig bei** akuten Halsschmerzen. Inhaltsstoff Ambroxol wirkt schwach örtlich betäubend auf die Mundschleimhaut sowie schleimverflüssigend (sekretolytisch) im Bereich der Atemwege. Wirksamkeit zweifelhaft.
Mundisal (D/Ö) Gel Cholinsalicylat Hilfsstoff: Cetalkonium *Rezeptpflichtig (Ö)*	Selten allergische Erscheinungen (Juckreiz, Ausschläge) im Bereich des Anwendungsgebietes. Gel enthält Alkohol	**Wenig zweckmäßig** Wenig sinnvolle Kombination von Desinfektionsmitteln (Cetalkonium, Alkohol) mit entzündungshemmend bzw. hauterweichend wirkendem Stoff (Salicylsäuresalz). Vertretbar zur kurzfristigen Behandlung kleinflächiger Schleimhautentzündungen.
Neo-Angin N (D) Halstabl. **Neo-Angin N zuckerfrei** (D) Lutschtabl. **Neo-Angin** (Ö) Pastillen, zuckerfreie Pastillen Dichlorbenzylalkohol, Pentyl-m-cresol, Menthol, in Ö zusätzlich: andere ätherische Öle	Selten allergische Erscheinungen (Juckreiz, Ausschläge) im Bereich des Anwendungsgebietes	**Wenig zweckmäßig** Nicht sinnvolle Kombination von Desinfektionsmitteln (Dichlorbenzylalkohol, Cresol bzw. Hexetidin) mit ätherischen Ölen. Vermindert die Keimzahl im Mund- und Rachenraum. Der therapeutische Nutzen dieses Effekts ist zweifelhaft.

Präparat	Wichtigste Nebenwirkungen	Empfehlung
Osanit Zahnkügelchen (D) Globuli zuckerfrei Homöopathische Verdünnungen	Keine wesentlichen zu erwarten	**Homöopathisches Mittel** Der natürliche Vorgang der Zahnung bedarf keiner Therapie.
Parodontal (D) Mundsalbe Lidocain, Salbeifluidextrakt, Kamillenfluidextrakt	Selten allergische Erscheinungen (Juckreiz, Ausschläge) im Bereich des Anwendungsgebietes	**Wenig zweckmäßig** Wenig sinnvolle Kombination von örtlich wirkendem Betäubungsmittel (Lidocain) mit ätherischen Ölen. Vertretbar zur Schmerzlinderung bei lokal schmerzhaften Schleimhautschäden.
Parontal F 5 med (D) Lösung Phenylsalicylat, Thymol, Minzöl, Eugenol, Nelkenöl, Salbeiöl	Selten allergische Erscheinungen (Juckreiz, Ausschläge) im Bereich des Anwendungsgebietes. Lösung enthält Alkohol	**Wenig zweckmäßig** Wenig sinnvolle Kombination von Entzündungshemmer (Phenylsalicylat) mit ätherischen Ölen. Vertretbar zur kurzfristigen Behandlung kleinflächiger Schleimhautentzündungen.
Pyralvex (D/Ö) Lösung Rhabarberwurzelextrakt (Extr. Rhei), Salicylsäure	Bei lokaler Anwendung selten allergische Erscheinungen (z. B. Juckreiz, Ausschläge) im Bereich des Anwendungsgebietes. Enthält Alkohol (Ethanol)	**Wenig zweckmäßig** Wenig sinnvolle Kombination von Wundheilmittel (Rhabarberwurzelextrakt), hauterweichendem bzw. entzündungshemmend wirkendem Mittel (Salicylsäure) und Desinfektionsmittel (Alkohol). Therapeutische Wirksamkeit als Gurgelmittel zweifelhaft. Bei direkter Anwendung der unverdünnten Lösung auf kleine Schleimhautflächen vertretbar.
Recessan (D) Salbe Polidocanol Hilfsstoffe: u. a. Anisöl, Fenchelöl, Menthol und Benzalkoniumchlorid	Selten allergische Erscheinungen (Juckreiz, Ausschläge) im Bereich des Anwendungsgebietes	**Wenig zweckmäßig** Wenig sinnvolle Kombination von örtlich wirkendem Betäubungsmittel (Polidocanol) mit Desinfektionsmittel (Benzalkonium) und ätherischen Ölen. Vertretbar zur Schmerzlinderung bei lokal schmerzhaften Schleimhautschäden.
Salviathymol N (D) Flüssigkeit Ätherische Öle wie z. B. Menthol, Thymol, Salbeiöl, Eukalyptusöl	Selten Allergien gegen Pflanzenbestandteile. Tropfen enthalten Alkohol	**Zweckmäßig wie andere Mundwasser auch** Die Wirksamkeit der pflanzlichen Inhaltsstoffe ist nicht ausreichend belegt.

Präparat	Wichtigste Nebenwirkungen	Empfehlung
Sidroga Kamillenblütentee (D/Ö) Tee Kamille	Keine wesentlichen zu erwarten	**Zweckmäßig wie andere Tees auch** Die Zufuhr größerer Mengen von Flüssigkeit ist zur Schleimverflüssigung sinnvoll.
Sidroga Salbeitee (D/Ö) Tee Salbei	Keine wesentlichen zu erwarten	**Zweckmäßig wie andere Tees auch** Die Zufuhr größerer Mengen von Flüssigkeit ist zur Schleimverflüssigung sinnvoll.
Solcoseryl Dental Adhäsivpaste (D/Ö) Paste Polidocanol, Hämodialysat aus Kälberblut	Selten allergische Erscheinungen (Juckreiz, Ausschläge) im Bereich des Anwendungsgebietes	**Wenig zweckmäßig** Wenig sinnvolle Kombination von Lokalanästhetikum (Polidocanol) mit Dialysat aus Kälberblut. Vertretbar zur Schmerzlinderung bei lokal schmerzhaften Schleimhautschäden.
Stozzon Chlorophyll-Dragees gegen Mundgeruch (D) Drag. Chlorophyll-Kupferkomplex Hilfsstoffe u. a. Pfefferminzöl, Rizinusöl	Keine wesentlichen bekannt	**Wenig zweckmäßig** Gegen Mund- und Körpergeruch sind andere Maßnahmen besser geeignet.
Tantum Verde (D/Ö) Lösung, Pastillen (Ö), Mundspray (Ö) Benzydamin *Rezeptpflichtig* (D) Lösung und Spray enthalten Parastoff (Methylhydroxybenzoat)	Zentrale Nebenwirkungen, wie z. B. Halluzinationen und Schlafstörungen, möglich, Lichtüberempfindlichkeit. Selten allergische Erscheinungen (Juckreiz, Ausschläge) im Bereich des Anwendungsgebietes z. B. durch den Parastoff	**Abzuraten** Auch bei direkter Anwendung der unverdünnten Lösung oder von Lutschtabletten auf entzündete Schleimhautflächen können schwere Nebenwirkungen auftreten.
Tonsillitis PMD (D) Tropfen, Tabl. Homöopathische Verdünnungen von Phytolacca, Guaiacum, Capsicum Hilfsstoff bei Tabl.: Lactose (Milchzucker)	Bauchschmerzen und Durchfall (nur bei sog. Lactoseintoleranz). Tropfen enthalten Alkohol	**Homöopathisches Mittel** Wirksamkeit zweifelhaft. Wenn die Anwendung als wirksam empfunden wird, ist sie wegen geringer Risiken vertretbar.

Präparat	Wichtigste Nebenwirkungen	Empfehlung
Tonsillol (Ö) Gurgellösung Dequalinium	Selten allergische Erscheinungen (Juckreiz, Ausschläge) im Bereich des Anwendungsgebietes	**Wenig zweckmäßig** Vermindert die Keimzahl im Mund- und Rachenraum. Der therapeutische Nutzen dieses Effekts ist zweifelhaft.
Tonsiotren H (D) Tabl. Homöopathische Verdünnungen von Atropin, Hepar, Kalium bichromat, Silicea, Quecksilbersalz (Hilfsstoff Lactose)	Vermehrter Speichelfluss, Hautreaktionen. Bauchschmerzen und Durchfall (nur bei sog. Lactoseintoleranz)	**Homöopathisches Mittel** Wirksamkeit zweifelhaft. Wenn die Anwendung als wirksam empfunden wird, ist sie wegen geringer Risiken vertretbar (aber nicht bei Kleinkindern und Säuglingen).
Tonsipret (D) Tropfen, Tabl. Homöopathische Verdünnungen von Capsicum, Phytolacca, Guaiacum, Hilfsstoff bei Tabl.: Lactose (Milchzucker)	Bauchschmerzen und Durchfall (nur bei sog. Lactoseintoleranz). Tropfen enthalten Alkohol	**Homöopathisches Mittel** Wirksamkeit zweifelhaft. Wenn die Anwendung als wirksam empfunden wird, ist sie wegen geringer Risiken vertretbar.
Wick Sulagil (D) Halsspray Cetylpyridinium, Dequalinium, Lidocain	Selten allergische Erscheinungen (Juckreiz, Ausschläge) im Bereich des Anwendungsgebietes. Spray enthält Alkohol	**Abzuraten** Wenig sinnvolle Kombination von Desinfektionsmitteln (Cetylpyridinium, Dequalinium) und örtlich wirkendem Betäubungsmittel (Lidocain). Vermindert die Keimzahl im Mund- und Rachenraum. Der therapeutische Nutzen dieses Effekts ist zweifelhaft.
Zymafluor (D/Ö) Lutschtabletten, Tabl. Natriumfluorid	Selten Allergien. Zahnschäden bei Überdosierung von Fluor möglich	**Therapeutisch zweckmäßig zur** Vorbeugung gegen Karies. Der Wirkstoff Natriumfluorid sollte aber nur bei nachgewiesenem Fluormangel angewendet werden.

5. Kapitel: **Chronische Bronchitis, Asthma**

Chronische Bronchitis und Asthma sind Erkrankungen der Atemwege, die sich zum Teil schwer voneinander unterscheiden lassen. Dazu gehören eine gesteigerte Reizbarkeit und vermehrte Schleimproduktion der Bronchien. Durch krampfartig (spastisch) verengte Atemwege, ein Anschwellen der Bronchialschleimhaut und Verlegung der Bronchien (Obstruktion) durch Schleim kommte es zu Atemnot und Husten.
Asthma tritt anfallartig auf, eine chronische Bronchitis führt zu Dauerbeschwerden. Diese Atemwegserkrankungen fallen unter den medizinischen Sammelbegriff der »chronisch-obstruktiven Lungenerkrankungen«. Männer sind wesentlich häufiger davon betroffen als Frauen – dies ist möglicherweise eine Folge des häufigeren, längeren und ausgeprägteren Rauchens bei Männern. Eine chronische Bronchitis kann auch ohne spastische (asthmatische) Beschwerden ablaufen (z. B. Emphysembronchitis).
Bei akuter Bronchitis können ebenfalls krampfartige (spastische) Beschwerden auftreten.

Ursachen

- Als bedeutsamste Ursache der chronischen Bronchitis gilt Zigarettenrauch (siehe dazu auch Kapitel 20. Suchtmittel). Mehrere Untersuchungen in Großbritannien haben gezeigt, dass es auch einen engen Zusammenhang zwischen der Luftverschmutzung und Erkrankungen der Atemwege gibt. In Gegenden mit höherem Schwefeldioxidgehalt, mehr Rauch und mehr Abgasen in der Luft gibt es deutlich mehr Bronchitiskranke. Dasselbe gilt für das Aufwachsen in schlechten Wohnverhältnissen. Negative Auswirkungen kann auch das Klima haben – häufige Nebelbildung ist ungünstig. Der Zusammenhang mit schädlichen Arbeitsstoffen scheint ebenfalls gesichert zu sein. Bestimmte Berufsgruppen (z. B. Bergbau, Metallgießerei) leiden häufiger an Bronchitis als andere.
- Bei der Entstehung von Asthma spielen vor allem Erbfaktoren, Infektionen und chronische Entzündungen der Atemwege eine Rolle. Nur in etwa 20 Prozent aller Fälle ist Asthma durch Allergene verursacht. Die bedeutsamsten sind: Staubmilben, Katzen, Hunde, Kü-

chenschaben, Schimmelpilze, Pollen, aber auch Schmerzmittel wie Acetylsalicylsäure (enthalten z. B. *in Aspirin*, siehe Kapitel 1.1.), Antirheumatika (siehe Kapitel 3.1.) und Beta-Blocker (siehe Kapitel 12.1.). Auslöser von Asthmaanfällen können neben Infektionen der Atemwege auch Gerüche, Veränderung des Luftdrucks oder der Temperatur, emotionale Erregung und körperliche Belastung sein. Außerdem der gelbe Farbstoff Tartrazin, der vielen Nahrungsmitteln und auch Medikamenten beigemengt ist, und der Konservierungsstoff Sulfit, der unter anderem in Salaten, Rotwein und Bier enthalten sein kann. Für die weit verbreitete Meinung, dass vor allem Nahrungsmittel – Milch, Zucker, Getreide, Nüsse – Asthma verursachen, fehlen seriöse Belege.

– Chronische Bronchitis und Asthma können auch Symptome anderer Erkrankungen sein (z. B. Lungenkrebs).

Selbsthilfe

Die wichtigste Maßnahme besteht darin, alle Einflüsse zu meiden, die die Erkrankung verursacht haben. In den meisten Fällen bedeutet das: aufhören zu rauchen.

Wenn die Krankheit durch bestimmte Schadstoffe am Arbeitsplatz verursacht ist (Staub, Dämpfe, Gase), sollte man einen Arbeitsplatzwechsel anstreben.

Bei allergischem Asthma sollte man versuchen, alle Stoffe zu vermeiden oder auszuschalten, die dafür verantwortlich sind (Hausstaubmilben, Pollen, Medikamente). Eine Voraussetzung dafür ist allerdings, dass man weiß, gegen welche Stoffe man allergisch ist. Sowohl bei Asthma als auch bei chronischer Bronchitis sind atemgymnastische Übungen oder autogenes Training sinnvoll, weil sie Erleichterung beim Atmen bringen und Stress mildern können. Psychologische Entspannungsmethoden werden leider immer noch viel zu wenig bei Asthma und chronischer Bronchitis angewendet.

Wichtig ist die ausreichende Befeuchtung der Raumluft. Bei zähem Schleim in den Bronchien sollte man darauf achten, immer genügend Flüssigkeit zu sich zu nehmen.

Vor allem bei Asthma empfiehlt Professor R. Wettengel, Vorsitzender der Deutschen Atemwegsliga, die »ärztlich kontrollierte Selbstbehandlung«. Dazu sollte man ein Peak-Flow-Meter (Gerät zur Prüfung der Lungenfunktion) verwenden und ein Asthma-Tagebuch führen.

Alternative Behandlungsformen

Gerade bei Asthma sind Placebo-Medikamente (Scheinmedikamente ohne Wirkstoff) oder Placebo-Therapien (Scheintherapien ohne beabsichtigten Wirkmechanismus) sehr wirkungsvoll und können die Krankheit zumindest vorübergehend bessern.
Alle neuen Therapien oder Medikamente sollten deshalb vor der Verwendung geprüft werden, ob sie wirkungsvoller sind als Placebos.
Bei fast allen alternativen Heilmethoden mangelt es an solchen Überprüfungen.
Eine Ausnahme bildet die Akupunktur, deren schmerzlindernde Wirkung auch im Vergleich zu Placebos nachgewiesen ist. Untersucht wurde auch die Wirkung bei Asthma: Eine Gruppe von Asthmatikern wurde an jenen Meridianpunkten akupunktiert, von denen behauptet wird, dass sie Asthma beeinflussen. Zur Kontrolle wurde eine zweite Gruppe an den falschen Meridianpunkten akupunktiert. Das bedeutet: Bei dieser Kontrollgruppe wurde lediglich eine Scheinbehandlung (= Placebobehandlung) durchgeführt. Das leider enttäuschende Ergebnis: Bei beiden Gruppen zeigte sich eine gewisse positive Wirkung. Jedoch schnitt die erste Gruppe, in der Akupunktur nach allen Regeln der Kunst angewendet wurde, nicht besser ab als die Placebo-Gruppe, bei der die Akupunkturnadeln an den falschen Punkten gesetzt wurden.

Behandlung

In den letzten Jahren haben sich die Grundsätze der Behandlung von spastischer Bronchitis und Asthma geändert. An erster Stelle steht heutzutage nicht mehr die Therapie der Bronchokonstriktion (= Verengung der großen und kleinen Luftwege), sondern die Behandlung der entzündeten Bronchialschleimhaut.
Da es sich um chronische Erkrankungen handelt, sind regelmäßige Kontrollen und Behandlung über Jahre, manchmal lebenslang, notwendig. In vielen Fällen kann eine solche Erkrankung nicht geheilt, wohl aber ihr Fortschreiten verhindert werden.

Behandlung der spastischen Bronchitis

Die Entzündung der Bronchien wird am wirksamsten mit Glukokortikoiden wie Beclometason (enthalten z. B. in *Becotide, Junik* u. a.) oder Budesonid (enthalten z. B. in *Budesonid-ratiopharm, Budiair* u. a.) bekämpft.

Die Behandlung der Bronchokonstriktion wird mit dem Wirkstoff Theophyllin (enthalten z. B. in *Bronchoretard* u. a.) durchgeführt und/oder bei akuten Anfällen mit so genannten Beta-Sympathomimetika. Ein sinnvoller Wirkstoff ist außerdem Ipratropiumbromid, der jedoch nicht sofort beschwerdelindernd, sondern hauptsächlich vorbeugend wirkt.

Bei bakteriellen Infektionen der Bronchien ist die Einnahme von Antibiotika (Wirkstoffe *Amoxicillin*, *Erythromycin* u. a.) notwendig.

Bei quälendem Reizhusten sind unter Umständen Medikamente sinnvoll, die den Hustenreiz dämpfen (siehe dazu Kapitel 4.2.: Hustenmittel). Wenn Schleim ausgehustet wird, sind Hustendämpfer jedoch nicht sinnvoll.

Behandlung von Asthma

Die »Deutsche Atemwegsliga für Pneumologie« schlägt für die Behandlung ein Stufenschema vor: Je nach Schweregrad der Beschwerden werden unterschiedliche Medikamente und unterschiedliche Dosierungen verwendet und schrittweise gesteigert.

Stufe 1: Bei leichtem Asthma Inhalation von kurz wirkenden Beta-Sympathomimetika (wie Terbutalin oder Salbutamol) nur bei Bedarf oder vorbeugend vor Belastungen. Zur Vorbeugung bei allergischem Asthma eignet sich auch die Inhalation von Cromoglicin. Dieser Wirkstoff ist jedoch nicht geeignet zur Behandlung akuter Anfälle.

Wenn Beta-Sympathomimetika öfter als zweimal pro Woche benötigt werden, geht man zu Stufe 2 über. Zunehmend häufiger empfehlen Spezialisten auch schon bei mildem Asthma die Verwendung von Glukokortikoiden wie Budenosid (enthalten z. B. in *Budesonid-ratiopharm*, *Budiair* u. a.).

Stufe 2: Inhalation von Glukokortikoiden und nach Bedarf von kurz wirkenden Beta-Sympathomimetika wie Terbutalin oder Salbutamol.

Stufe 3: Inhalation von Glukokortikoiden und nach Bedarf von Beta-Sympathomimetika (unter Umständen auch lang wirkende wie Formoterol, enthalten z. B. in *Foradil*, oder Salmeterol, enthalten z. B. in *Serevent*), ergänzt durch die Einnahme des Wirkstoffs Theophyllin. Wenn die Wirkung nicht ausreicht, ist eventuell die zusätzliche Inhalation von Ipratropiumbromid (enthalten z. B. in *Atrovent*) sinnvoll. Lang wirkende Beta-Sympathomimetika wie Formoterol oder Salmeterol dürfen auf keinen Fall im akuten Asthma-Anfall benützt werden, weil es viel zu lange dauert, bis die Wirkung eintritt. Beta-Sympathomimetika zum Schlucken kommen nur für Patienten in Frage, die die

Technik des Inhalierens nicht lernen oder ablehnen. Nebenwirkungen sind bei geschluckten Mitteln häufiger und schwerer als bei Inhalationen.
Stufe 4: Bei schwerem Asthma müssen unter Umständen neben den Medikamenten der Stufe 3 Glukokortikoide eingenommen werden (siehe Kapitel 7.1.: Kortisone (Glukokortikoide) und Immunsuppressiva).
Wichtig: Wenn die Atemsituation stabil bleibt, sollte versucht werden, die Stufenleiter der Behandlung wieder hinabzusteigen, also Anzahl und Dosis der Medikamente wieder zu verringern.

Behandlung von Asthma bei Kindern

Für Kinder gelten andere Behandlungsregeln als für Erwachsene. In jedem Fall sollte ein Spezialist zugezogen werden. Die Basis der Therapie bilden Cromoglyzin und Glukokortikoide zum Inhalieren. Daneben werden aber auch Beta-Sympathomimetika und Theophyllin verwendet.
In der Fachwelt gab es lange Zeit heftige Diskussionen über die Nebenwirkungen von Glukokortikoiden bei Kindern. Wegen der möglichen Gefahr des Knochen- und Längenwachstums war diese Therapie früher sehr umstritten. Heutzutage wird das Risiko bei sachgerechter Verwendung der neueren Glukokortikoide mit geringer Wirkung auf den gesamten Körper (z. B. der Wirkstoff Beclomethason, enthalten z. B. in *AreoBec*) als vertretbar eingeschätzt.

Medikamente

Glukokortikoide (Kortisone)

Die vorbeugende Anwendung von Inhalationen mit Glukokortikoiden (z. B. *Atmadisc, Becotide, Budecort, Budenosid-ratiopharm, Budes, Budiair, Flixotide, Flutide, Junik, Miflonide, Novopulmon, Pulmicort, Pulmilide, Ventolair*) ist nach neuesten Erkenntnissen für Erwachsene uneingeschränkt sinnvoll. Bei Kindern sollte jedoch bis zum Abschluss des Längenwachstums eine Dosisbegrenzung eingehalten werden, und zwar besonders dann, wenn Kortison nicht nur inhaliert, sondern auch gespritzt bzw. geschluckt wird. Als Nebenwirkung von Kortison-Inhalationen können Pilzerkrankungen der Mundhöhle und in seltenen Fällen Heiserkeit auftreten. Pilzerkrankungen lassen sich durch Mundspülen nach dem Inhalieren wesentlich einschränken bzw. vermeiden.

Wenn jemand mehr als einmal pro Woche ein Beta-Sympathomimetikum benötigt, um einen akuten Asthmaanfall zu behandeln, dann sollte eine Basisbehandlung mit einem Kortison-Präparat zur Inhalation erfolgen. Diese Therapie soll verhindern, dass die Krankheit sich durch entzündliche Veränderungen in den Bronchien verschlechtert und dann immer öfter Beta-Sympathomimetika gebraucht werden. Die Verwendung von Kortison-Präparaten zum Schlucken ist nur dann sinnvoll, wenn alle übrigen Arzneimittel nicht ausreichend wirksam sind. Zu den Nebenwirkungen dieser Kortison-Präparate siehe Kapitel 7.1.

Beta-Sympathomimetika (ß-Sympathominetika)

Zur Linderung von akuten Asthmabeschwerden eignen sich am besten Sympathomimetika wie der Wirkstoff Salbutamol (enthalten z. B. in *Apsomol, Broncho Spray, Sabulhexal, Salbulair, Salbutamol-ratiopharm, Salbutamol Stada, Sultanol, Ventide*) oder Terbutalin (enthalten z. B. in *Aerodur Turbohaler, Bricanyl*).
Fenoterol (enthalten z. B. in *Berodual, Berotec, Ditec*) hat möglicherweise ein höheres Nebenwirkungsrisiko als Salbutamol und Terbutalin. Eine entsprechende Untersuchung, in der dies festgestellt wurde, ist jedoch umstritten.
Neben diesen kurz wirksamen gibt es auch Präparate mit längerer Wirkungsdauer wie Salmeterol (z. B. in *Aeromax, Atmadisc, Serevent, Viani*) und Formoterol (z. B. in *Foradil, Oxis*). Diese sollten aber nur verwendet werden (z. B. auch bei nächtlichem Asthma), wenn die lang bewährten kurz wirksamen Präparate (siehe oben) nicht mehr ausreichen. Sie sind nicht zur Behandlung akuter Beschwerden geeignet, weil ihre Wirkung erst spät eintritt.
Wegen der oft beeindruckenden Sofortwirkung (Besserung der Atemnot) besteht bei den bewährten Beta-Sympathomimetika wie Salbutamol eine große Gefahr: Patient und Arzt können den Schweregrad der Krankheit unterschätzen, Asthmakranke können aber auch in die Versuchung kommen, das Inhalationsspray zu oft zu verwenden. Alle Beta-Sympathomimetika können schädigende Wirkungen auf die Herzfunktion haben. Wenn diese Präparate öfter als einmal pro Woche notwendig werden, um einen Anfall zu bessern, dann ist eine Therapie mit Kortison notwendig. Die Beta-Sympathomimetika sollen dann nur bei Bedarf zusätzlich eingesetzt werden.
Achtung: Es ist unbedingt notwendig, sich die Anwendung von Dosier-Aerosolen genau erklären zu lassen – ein Viertel bis die Hälfte der Anwender von Dosier-Aerosolen wendet sie nicht richtig an.

Ipratropiumbromid

Dieser Wirkstoff (enthalten z. B. in *Atrovent, Berodual, Spiriva*) wird vor allem bei chronisch-obstruktiver Bronchitis verwendet – hauptsächlich zur Vorbeugung, weniger zur Beschwerdelinderung. Die Wirkung tritt erst nach 30 bis 60 Minuten ein. Bei Asthmatikern wird Ipratropiumbromid als Zusatzmedikation verwendet, wenn Beta-Sympathomimetika nicht ausreichen. Es hat relativ wenig Nebenwirkungen (gelegentlich Mundtrockenheit und Schleimeindickung). Ähnlich wirkt das relativ neue Mittel Tiotropium (enthalten z. B. in *Spiriva*).

Theophyllin

Theophyllin ist enthalten z. B. in *Aerobin, Aerodyne, Afonilum, Bronchoretard, Euphyllin, Euphylong, Solosin, Theo von ct, Theophyllin AL retard, Theophyllin retard-ratiopharm, Theophyllin Stada retard, Theospirex, Tromphyllin retard, Unilair, Uniphyllin* und gilt als Standardmedikament bei spastischer Bronchitis und bei schwereren Formen von Asthma.
Ein Problem bei der Verwendung von Theophyllin ist die richtige Dosierung. Ist die Dosis zu hoch, können beträchtliche Nebenwirkungen auftreten – im Extremfall lebensbedrohliche Herzrhythmusstörungen. Vor allem nach zu rascher Injektion in die Venen sind zahlreiche Todesfälle durch Herzstillstand beschrieben worden.
Theophyllin hat – unabhängig von der Art, wie es eingenommen wird – relativ viele Nebenwirkungen, die zum Teil schon bei Dosierungen, die die Bronchien noch gar nicht erweitern, auftreten. In einer Studie mit 2.800 Patienten wurden bei jedem zehnten Patienten Nebenwirkungen festgestellt: meist Magenstörungen, Erbrechen, aber auch heftiger Atem, Unruhe, Schlafstörungen, Krämpfe und Herzrhythmusstörungen.
Es gibt große Unterschiede der persönlichen Verträglichkeit. Deshalb wird von Fachleuten empfohlen, die *Konzentration dieser Substanz im Blut zu kontrollieren.*

Vorsicht bei zusätzlichen Erkrankungen und Rauchen

Rauchen führt zu einer schnelleren Ausscheidung von Theophyllin aus dem Körper und damit zu einer geringeren Wirkung. Krankheiten wie Leberzirrhose, Stauungsinsuffizienz des Herzens und schwere obstruktive Lungenerkrankungen können dazu führen, dass Theophyllin langsamer ausgeschieden wird und daher die Konzentration im Blut vergleichsweise hoch ist.

Vorsicht bei der Verwendung von Theophyllin und anderen Medikamenten

Wer gleichzeitig Theophyllin und andere Medikamente oder Suchtgifte verwendet, sollte sich genau über die Wechselwirkungen informieren: Manche verstärken die Wirkung (z. B. Cimetidin, enthalten in *Tagamet*; Betablocker; bestimmte Antibiotika; die »Pille«; bestimmte Impfstoffe), andere wieder verringern sie (z. B. das Rauchen). Gefährlich kann vor allem die Wirkungsverstärkung sein. Dies ist einer der häufigsten Gründe für die Einweisung von Patienten ins Krankenhaus.

Leukotrienantagonisten

Diese relativ neuen Wirkstoffe wie zum Beispiel Montelukast (enthalten in *Singulair*) werden zur Vorbeugung von Asthmaanfällen angewendet. Ihre therapeutische Wirksamkeit ist noch nicht ausreichend belegt. Häufige Nebenwirkungen sind Durst, Husten, Bauchschmerzen und grippeartige Beschwerden wie Fieber und Kopfschmerzen.

Antiallergische Mittel

Als antiallergisches Mittel zur Vorbeugung von Asthmaanfällen werden hauptsächlich die Wirkstoffe Cromoglicin (enthalten z. B. in *Cromohexal, DNCG Stada, Intal*) und Nedocromil (enthalten z. B. in *Tilade*) verwendet.

Ketotifen (enthalten z. B. in *Zaditen*) hat ähnliche Eigenschaften wie Cromoglicin, ist in der Wirkung jedoch schwächer und unsicherer, außerdem hat es dämpfende Eigenschaften.

Kombinationspräparate

Die Kombination von Beta-Sympathomimetika mit Ipratropiumbromid (z. B. *Berodual*) kann sinnvoll sein.

Die Kombination von Cromoglicin und Beta-Sympathomimetikum (z. B. *Aarane, Allergospasmin, Ditec*) wird von der *Deutschen Atemwegsliga* als sinnvoll eingestuft, besonders bei jüngeren Patienten und bei allergischen Asthmatikern.

Hustenmittel zur Förderung des Auswurfs

Der zähe Bronchialschleim ist meist nur schwer auszuhusten. Die ausreichende Zufuhr von Flüssigkeit (drei Liter am Tag) ist die Voraussetzung für jede Besserung. Die Zweckmäßigkeit der Anwendung von hustenfördernden Mitteln (Expektorantien, siehe Kapitel 4.2.) bei Bronchitis und Asthma ist umstritten. Acetylcystein (z. B. in *ACC, Fluimucil*) kann bei Inhalation zu einer Bronchienverengung führen und sollte daher bei Bronchialasthma nicht verwendet werden.

Antibiotika

Bei chronischer Bronchitis kann es notwendig sein, mit Antibiotika bakterielle Infektionen auszuschalten. Meistens verwendet man Amoxicillin oder Erythromycin (siehe dazu auch Kapitel 10.1.2.: Breitspektrum-Penicilline und Kapitel 10.1.6.: Makrolide).

5.1. Mittel gegen Asthma und spastische Bronchitis

Präparat	Wichtigste Nebenwirkungen	Empfehlung
Aarane (D) Dosier-Aerosol zur Inhalation Cromoglicinsäure, Reproterol *Rezeptpflichtig*	Herzklopfen, Unruhe, Fingerzittern	**Therapeutisch zweckmäßig** Kombination eines vorbeugend wirksamen Inhaltsstoffs (Cromoglicinsäure) mit einem direkt bronchialerweiternd wirkenden Stoff (Reproterol).
Aerobin (D) Injektionslösung Theophyllin *Rezeptpflichtig*	Magen-Darm-Störungen, Schlafstörungen, Kreislaufstörungen	**Therapeutisch zweckmäßig zur** Behandlung des schweren akuten Asthmaanfalls. Lange bewährter Wirkstoff mit bronchienerweiternder Wirkung.
Aerobin mite/ normo/ forte (D) Retardkaps. Theophyllin *Rezeptpflichtig*	Magen-Darm-Störungen, Schlafstörungen	**Therapeutisch zweckmäßig** Lange bewährter Wirkstoff mit bronchienerweiternder Wirkung.
Aerodur Turbohaler (D) Pulver zur Inhalation Terbutalin *Rezeptpflichtig*	Herzklopfen, Herzschmerzen, Unruhe, Muskelzittern	**Therapeutisch zweckmäßig** Relativ gezielt bronchienerweiternd wirkendes Mittel (ß-Sympathomimetikum).

Präparat	Wichtigste Nebenwirkungen	Empfehlung
Aerodyne (Ö) Injektionslösung Theophyllin *Rezeptpflichtig*	Magen-Darm-Störungen, Schlafstörungen, Kreislaufstörungen	**Therapeutisch zweckmäßig zur** Behandlung des schweren akuten Asthmaanfalls. Lange bewährter Wirkstoff mit bronchienerweiternder Wirkung.
Aerodyne (Ö) Retardkaps. Theophyllin *Rezeptpflichtig*	Magen-Darm-Störungen, Schlafstörungen	**Therapeutisch zweckmäßig** Lange bewährter Wirkstoff mit bronchienerweiternder Wirkung.
Aeromax Diskus (D) Pulver zur Inhalation **Aeromax Dosier-Aerosol** (D) Dosier-Aerosol Salmeterol *Rezeptpflichtig*	Häufig Kopfschmerzen, Herzklopfen, Herzschmerzen, Unruhe, Muskelzittern	**Nur zweckmäßig zur** Vorbeugung von Asthmaanfällen, besonders für die Nacht. Sehr langsamer Wirkungseintritt. Vorsicht! **Nicht** geeignet zur Behandlung des akuten Asthmaanfalls.
Afonilum retard/ retard mite/ retard forte (D) Retardkapseln **Afonilum-Tropfen** (D) Tropfen **Afonilum Bio-R** (D) Retardkaps. (Tag und Nachtkaps.) Theophyllin *Rezeptpflichtig*	Magen-Darm-Störungen, Schlafstörungen	**Therapeutisch zweckmäßig** Lange bewährter Wirkstoff mit bronchienerweiternder Wirkung.
Afonilum novo (D) Injektionslösung Theophyllin *Rezeptpflichtig*	Magen-Darm-Störungen, Schlafstörungen, Kreislaufstörungen	**Therapeutisch zweckmäßig zur** Behandlung des schweren akuten Asthmaanfalls. Lange bewährter Wirkstoff mit bronchienerweiternder Wirkung.
Allergospasmin (D) Dosier-Aerosol Cromoglicinsäure, Reproterol *Rezeptpflichtig*	Herzklopfen, Unruhe, Fingerzittern	**Therapeutisch zweckmäßig** Kombination eines vorbeugend wirksamen Inhaltsstoffs (Cromoglicinsäure) mit einem direkt bronchialerweiternd wirkenden Stoff (Reproterol).

Präparat	Wichtigste Nebenwirkungen	Empfehlung
Apsomol Fertiginhalat (D) Lösung **Apsomol Inhalationslösung** (D) **Apsomol N** (D) Aerosol Salbutamol Konservierungsstoff: Benzalkonium (nur Lösung) *Rezeptpflichtig*	Herzklopfen, Herzschmerzen, Unruhe, Muskelzittern	**Therapeutisch zweckmäßig** Relativ gezielt bronchienerweiternd wirkendes Mittel (ß-Sympathomimetikum). Mittel ohne Konservierungsstoff Benzalkonium (Fertiginhalat, Aerosol) sind vorzuziehen.
Atmadisc Diskus (D) **Atmadisc mite Diskus** (D) **Atmadisc forte Diskus** (D) Pulver zum Inhalieren **Atmadisc Dosieraerosol** (D) **Atmadisc Dosieraerosol mite** (D) **Atmadisc Dosieraerosol forte** (D) Dosieraerosol Salmeterol, Fluticason *Rezeptpflichtig*	Häufig Kopfschmerzen, Herzklopfen, Herzschmerzen, Unruhe, Muskelzittern. Verminderung der Abwehr gegen Infektionen, besonders gegen Pilze (z. B. Candida). Bei Langzeitanwendung starke hormonelle Störungen möglich	**Wenig zweckmäßig** Kombination von bronchienerweiternd wirkendem Mittel (ß-Sympathomimetikum Salmeterol) mit umstrittenem kortisonähnlichem Wirkstoff (Fluticason). Vertretbar zur Vorbeugung von Asthmaanfällen, besonders für die Nacht. Sehr langsamer Wirkungseintritt. Vorsicht! **Nicht** geeignet zur Behandlung des akuten Asthmaanfalls.
Atrovent Fertiginhalat (D) Lösung in Einzeldosen **Atrovent Dosier-Aerosol** (D/Ö) Dosieraerosol **Atrovent Inhaletten** (D/Ö) Kaps. **Atrovent LS** (D) Lösung Ipratropium Konservierungsstoff: Benzalkonium (nur in LS Lösung) *Rezeptpflichtig*	Schleimeindickung, Mundtrockenheit, Husten, Verstopfung, Schwierigkeiten beim Wasserlassen, schneller Herzschlag	**Therapeutisch zweckmäßig bei** leichten Formen der obstruktiven Lungenerkrankungen. Mittel ohne Konservierungsstoff Benzalkonium (z. B. Fertiginhalat) sind vorzuziehen.
Bambec (D/Ö) Tabl. Bambuterol *Rezeptpflichtig*	Herzklopfen, Herzschmerzen, Unruhe, Muskelzittern	**Nur zweckmäßig in** Ausnahmefällen, wenn eine Behandlung durch Inhalation nicht möglich oder ausreichend ist. Bei Einnahme des Mittels ist die bronchienerweiternde Wirkung weniger zuverlässig, die Nebenwirkungen können stärker sein.

Präparat	Wichtigste Nebenwirkungen	Empfehlung
Becotide (Ö) Kaps. und Rotadisks, Pulver zur Trockeninhalation Beclometason *Rezeptpflichtig*	Verminderung der Abwehr gegen Infektionen, besonders gegen Pilze (z. B. Candida). Nur bei Langzeitanwendung hormonelle Störungen möglich	**Therapeutisch zweckmäßig zur** örtlichen Anwendung bei Asthma. Bewährter kortisonähnlicher Wirkstoff.
Berodual Inhaletten (D/Ö) Kaps. **Berodual LS** (D) Inhalationslösung **Berodual N Dosier-Aerosol** (D/Ö) Dosieraerosol Konservierungsstoff: Benzalkonium (nur Lösung) Ipratropium, Fenoterol *Rezeptpflichtig*	Muskelzittern, Unruhe, Herzklopfen, Herzschmerzen, Schleimeindickung möglich, Verstopfung, Mundtrockenheit, Husten, Verstopfung, Schwierigkeiten beim Wasserlassen	**Therapeutisch zweckmäßig** Kombination von zwei Inhaltsstoffen mit bronchienerweiternder Wirkung, die sich aufgrund ihres unterschiedlichen Angriffspunktes sinnvoll ergänzen können.
Berotec Inhaletten (D/Ö) Kaps. **Berotec N Dosier-Aerosol** (D/Ö) Dosieraerosol Fenoterol *Rezeptpflichtig*	Herzklopfen, Herzschmerzen, Unruhe, Muskelzittern	**Therapeutisch zweckmäßig** Relativ gezielt bronchienerweiternd wirkendes Mittel (ß-Sympathomimetikum).
Bricanyl (D/Ö) Injektionslösung **Bricanyl Lösung** (D/Ö) Lösung zur Inhalation **Bricanyl Dosieraerosol** (Ö) Dosier-Aerosol **Bricanyl Turbohaler** (Ö) Pulverinhalator Terbutalin Konservierungsstoff: Chlorobutanol (nur Lösung zur Inhalation) *Rezeptflichtig*	Herzklopfen, Herzschmerzen, Unruhe, Muskelzittern	**Therapeutisch zweckmäßig** Mittel mit bronchienerweiternder Wirkung (ß-Sympathomimetikum). Mittel ohne Konservierungsstoffe sind vorzuziehen.

Präparat	Wichtigste Nebenwirkungen	Empfehlung
Bricanyl (D) Tabl. **Bricanyl-Duriles** (D/Ö) Retardtabl. **Bricanyl Elixier** (D) Lösung Terbutalin *Rezeptpflichtig*	Herzklopfen, Herzschmerzen, Unruhe, Muskelzittern	**Wenig zweckmäßig** Mittel mit bronchienerweiternder Wirkung (ß-Sympathomimetikum). Vertretbar in Ausnahmefällen, wenn eine Behandlung durch Inhalation nicht möglich oder ausreichend ist. Bei Einnahme des Mittels ist die bronchienerweiternde Wirkung weniger zuverlässig, die Nebenwirkungen können stärker sein.
Bronchoretard junior/ mite/ forte (D) Retardkaps. **Bronchoretard Tag/ Nacht** (D) Retardkaps. Theophyllin *Rezeptpflichtig*	Magen-Darm-Störungen, Schlafstörungen	**Therapeutisch zweckmäßig** Lange bewährter Wirkstoff mit bronchienerweiternder Wirkung.
Bronchospray Autohaler (D) Dosier-Aerosol **Bronchospray novo** (D) Dosier-Aerosol Salbutamol *Rezeptpflichtig*	Herzklopfen, Herzschmerzen, Unruhe, Muskelzittern	**Therapeutisch zweckmäßig** Relativ gezielt bronchienerweiternd wirkendes Mittel (ß-Sympathomimetikum).
Budecort (D) Pulver zur Inhalation Budesonid *Rezeptpflichtig*	Verminderung der Abwehr gegen Infektionen, besonders gegen Pilze (z. B. Candida). Nur bei Langzeitanwendung hormonelle Störungen möglich	**Therapeutisch zweckmäßig zur** örtlichen Anwendung bei Asthma. Bewährter kortisonähnlicher Wirkstoff.
Budesonid-ratiopharm Jethaler (D) Pulver zur Inhalation **Budesonid von ct Inhaler** (D) Pulver zur Inhalation **Budesonid von ct Dosieraerosol** (D) Dosieraerosol Budesonid *Rezeptpflichtig*	Verminderung der Abwehr gegen Infektionen, besonders gegen Pilze (z. B. Candida). Nur bei Langzeitanwendung hormonelle Störungen möglich	**Therapeutisch zweckmäßig zur** örtlichen Anwendung bei Asthma. Bewährter kortisonähnlicher Wirkstoff.
Budes (D) Dosieraerosol Budesonid *Rezeptpflichtig*	Verminderung der Abwehr gegen Infektionen, besonders gegen Pilze (z. B. Candida). Nur bei Langzeitanwendung hormonelle Störungen möglich	**Therapeutisch zweckmäßig zur** örtlichen Anwendung bei Asthma. Bewährter kortisonähnlicher Wirkstoff.

Präparat	Wichtigste Nebenwirkungen	Empfehlung
Budiair (D) Aerosol (Druckbehältnis) Budesonid *Rezeptpflichtig*	Verminderung der Abwehr gegen Infektionen, besonders gegen Pilze (z. B. Candida). Nur bei Langzeitanwendung hormonelle Störungen möglich	**Therapeutisch zweckmäßig zur** örtlichen Anwendung bei Asthma. Bewährter kortisonähnlicher Wirkstoff.
Cromohexal (D) Dosieraerosol, Inhalationslösung Cromoglicinsäure	Reizungen von Rachen und Bronchien, sehr selten Bronchospasmen	**Therapeutisch zweckmäßig zur** vorbeugenden Anwendung bei Asthma.
Ditec (D/Ö) Dosieraerosol Cromoglicinsäure, Fenoterol *Rezeptpflichtig*	Herzklopfen, Unruhe, Fingerzittern	**Therapeutisch zweckmäßig** Kombination eines vorbeugend wirksamen Inhaltsstoffs (Cromoglicinsäure) mit einem direkt bronchialerweiternd wirkendem Stoff (Fenoterol).
DNCG Stada (D) Dosieraerosol, **DNCG Stada Inhalat** (D) Lösung Cromoglicinsäure	Reizungen von Rachen und Bronchien, sehr selten Bronchospasmen	**Therapeutisch zweckmäßig zur** vorbeugenden Anwendung bei Asthma.
Euphyllin (Ö) Retard-Filmtabl., Injektionslösung Theophyllin *Rezeptpflichtig*	Magen-Darm-Störungen, Schlafstörungen, Kreislaufstörungen bei Injektionen	**Therapeutisch zweckmäßig** Lange bewährter Wirkstoff mit bronchienerweiternder Wirkung. Injektionen nur zur Behandlung des schweren akuten Asthmaanfalls.
Euphylong (D) Retardkaps. Theophyllin *Rezeptpflichtig*	Magen-Darm-Störungen, Schlafstörungen	**Therapeutisch zweckmäßig** Lange bewährter Wirkstoff mit bronchienerweiternder Wirkung.
Euphylong (D) Injektionslösung Theophyllin *Rezeptpflichtig*	Magen-Darm-Störungen, Schlafstörungen, Kreislaufstörungen	**Therapeutisch zweckmäßig zur** Behandlung des schweren akuten Asthmaanfalls. Lange bewährter Wirkstoff mit bronchienerweiternder Wirkung.

Präparat	Wichtigste Nebenwirkungen	Empfehlung
Flixotide junior/ standard/ forte (Ö) Dosieraerosol **Flixotide Diskus junior/ standard/ forte** (Ö) Pulver zur Inhalation Fluticason *Rezeptpflichtig*	Verminderung der Abwehr gegen Infektionen, besonders gegen Pilze (z. B. Candida). Bei Langzeitanwendung stärkere hormonelle Störungen möglich	**Wenig zweckmäßig zur** örtlichen Anwendung bei Asthma. Umstrittener kortisonähnlicher Wirkstoff (Fluticason). Vertretbar zur Vorbeugung von Asthmaanfällen, wenn andere kortisonähnliche Stoffe nicht ausreichend wirken.
Flutide Diskus/ Junior Diskus/ mite Diskus/ forte Diskus (D) Pulver zum Inhalieren **Flutide Junior Rotadisk** (D) Pulver zum Inhalieren **Flutide/ mite/ forte Dosier-Aerosol** (D) Dosier-Aerosol Fluticason *Rezeptpflichtig*	Verminderung der Abwehr gegen Infektionen, besonders gegen Pilze (z. B. Candida). Bei Langzeitanwendung stärkere hormonelle Störungen möglich	**Wenig zweckmäßig zur** örtlichen Anwendung bei Asthma. Umstrittener kortisonähnlicher Wirkstoff (Fluticason). Vertretbar zur Vorbeugung von Asthmaanfällen, wenn andere kortisonähnliche Stoffe nicht ausreichend wirken.
Foradil (D/Ö) Dosieraerosol, Kaps. zur Inhalation Formoterol *Rezeptpflichtig*	Häufig Kopfschmerzen, Herzklopfen, Herzschmerzen, Unruhe, Muskelzittern, Kaliummangel im Blut	**Nur zweckmäßig zur** Vorbeugung von Asthmaanfällen, besonders für die Nacht. Langsamer Wirkungseintritt. Vorsicht! **Nicht** geeignet zur Behandlung des akuten Asthmaanfalls.
Intal (D/Ö) Aerosol, Pulver in Kaps. zur Inhalation, Inhalationslösung Amp. Cromoglicinsäure *Rezeptpflichtig (Ö)*	Reizungen von Rachen und Bronchien, sehr selten Bronchospasmen	**Therapeutisch zweckmäßig zur** vorbeugenden Anwendung bei Asthma.
Junik (D) Dosieraerosol **Junik Autohaler** (D) Dosieraerosol **Junik junior Autohaler** (D) Dosieraerosol Beclometason *Rezeptpflichtig*	Verminderung der Abwehr gegen Infektionen, besonders gegen Pilze (z. B. Candida). Nur bei Langzeitanwendung hormonelle Störungen möglich	**Therapeutisch zweckmäßig zur** örtlichen Anwendung bei Asthma. Bewährter kortisonähnlicher Wirkstoff.
Miflonide (D/Ö) Kapseln zur Pulverinhalation Budesonid *Rezeptpflichtig*	Verminderung der Abwehr gegen Infektionen, besonders gegen Pilze (z. B. Candida). Nur bei Langzeitanwendung hormonelle Störungen möglich	**Therapeutisch zweckmäßig zur** örtlichen Anwendung bei Asthma. Bewährter kortisonähnlicher Wirkstoff.

Präparat	Wichtigste Nebenwirkungen	Empfehlung
Novopulmon Novolizer (D/Ö) Patronen zur Pulverinhalation Budesonid *Rezeptpflichtig*	Verminderung der Abwehr gegen Infektionen, besonders gegen Pilze (z. B. Candida). Nur bei Langzeitanwendung hormonelle Störungen möglich	**Therapeutisch zweckmäßig zur** örtlichen Anwendung bei Asthma. Bewährter kortisonähnlicher Wirkstoff.
Oxis Turbohaler (D/Ö) Pulverinhalator Formoterol *Rezeptpflichtig*	Häufig Kopfschmerzen, Herzklopfen, Herzschmerzen, Unruhe, Muskelzittern, Kaliummangel im Blut	**Nur zweckmäßig zur** Vorbeugung von Asthmaanfällen, besonders für die Nacht. Langsamer Wirkungseintritt. Vorsicht! **Nicht** geeignet zur Behandlung des akuten Asthmaanfalls.
Pulmicort (D/Ö) Suspension zur Inhalation, Turbohaler Dosier-Pulverinhalator, Dosieraerosol (Ö) Budesonid *Rezeptpflichtig*	Verminderung der Abwehr gegen Infektionen, besonders gegen Pilze (z. B. Candida). Nur bei Langzeitanwendung hormonelle Störungen möglich	**Therapeutisch zweckmäßig zur** örtlichen Anwendung bei Asthma. Bewährter kortisonähnlicher Wirkstoff.
Pulmilide (Ö) Dosier-Aerosol Flunisolid *Rezeptpflichtig*	Verminderung der Abwehr gegen Infektionen, besonders gegen Pilze (z. B. Candida). Nur bei Langzeitanwendung hormonelle Störungen möglich	**Therapeutisch zweckmäßig zur** örtlichen Anwendung bei Asthma. Kortisonähnlicher Wirkstoff.
Salbuhexal Easyhaler (D) Pulver zur Inhalation **Salbuhexal Fertiginhalat** (D) Amp. **Salbuhexal Inhalationslösung** (D) Lösung **Salbuhexal N** (D) Dosieraerosol Salbutamol Konservierungsstoff: Benzalkonium (nur Inhalationslösung) *Rezeptpflichtig*	Herzklopfen, Herzschmerzen, Unruhe, Muskelzittern	**Therapeutisch zweckmäßig** Relativ gezielt bronchienerweiternd wirkendes Mittel (ß-Sympathomimetikum). Die Mittel ohne Konservierungsstoff sind vorzuziehen.

Präparat	Wichtigste Nebenwirkungen	Empfehlung
Salbulair (D) Tabl. Salbutamol *Rezeptpflichtig*	Herzklopfen, Herzschmerzen, Unruhe, Muskelzittern	**Wenig zweckmäßig** Mittel mit bronchienerweiternder Wirkung (ß-Sympathomimetikum). Vertretbar in Ausnahmefällen, wenn eine Behandlung durch Inhalation nicht möglich oder ausreichend ist. Bei Einnahme des Mittels ist die bronchienerweiternde Wirkung weniger zuverlässig, die Nebenwirkungen können stärker sein.
Salbulair N Autohaler/ Dosieraerosol (D) Dosieraerosol Salbutamol *Rezeptpflichtig*	Herzklopfen, Herzschmerzen, Unruhe, Muskelzittern	**Therapeutisch zweckmäßig** Relativ gezielt bronchienerweiternd wirkendes Mittel (ß-Sympathomimetikum).
Salbutamol AL Dosieraerosol/ Inhalat (D) Dosier-Aerosol, Inhalationslösung **Salbutamol Stada Fertiginhalat/ Inhalat/ N Dosieraerosol** (D) Amp., Inhalationslösung, Dosieraerosol **Salbutamol-ratiopharm N Dosieraerosol** (D) Dosier-Aerosol **Salbutamol-ratiopharm Fertiginhalat/ Inhalationslösung** (D) Amp., Inhalationslösung Salbutamol Konservierungsstoff: Benzalkonium (alle Inhalationslösungen) *Rezeptpflichtig*	Herzklopfen, Herzschmerzen, Unruhe, Muskelzittern	**Therapeutisch zweckmäßig** Relativ gezielt bronchienerweiternd wirkendes Mittel (ß-Sympathomimetikum). Mittel ohne Konservierungsstoffe sind vorzuziehen.
Serevent (D/Ö) Dosieraerosol, Pulver zur Inhalation Salmeterol *Rezeptpflichtig*	Häufig Kopfschmerzen, Herzklopfen, Herzschmerzen, Unruhe, Muskelzittern	**Nur zweckmäßig zur** Vorbeugung von Asthmaanfällen, besonders für die Nacht. Sehr langsamer Wirkungseintritt. Vorsicht! **Nicht** geeignet zur Behandlung des akuten Asthmaanfalls.

Präparat	Wichtigste Nebenwirkungen	Empfehlung
Singulair/ mini/ junior (D/Ö) Filmtabl., Kautabl. Montelukast *Rezeptpflichtig*	Häufig Durst, Husten, Bauchschmerzen, Grippesymptome (z. B. Fieber, Kopfschmerzen)	**Möglicherweise zweckmäßig zur** Vorbeugung von Asthmaanfällen, wenn Standardmittel nicht ausreichend wirken. Therapeutische Wirksamkeit nur unzureichend gesichert. Vorsicht! **Nicht** geeignet zur Behandlung des akuten Asthmaanfalls.
Solosin retard mite/ -retard (D) Filmtabl. **Solosin Tropfen** (D) Tropfen Theophyllin Konservierungsstoff: Parastoffe Benzoesäureverbindungen (nur in Tropfen) *Rezeptpflichtig*	Magen-Darm-Störungen, Schlafstörungen	**Therapeutisch zweckmäßig** Lange bewährter Wirkstoff mit bronchienerweiternder Wirkung.
Solosin Kurzzeitinfusion/ Infusionslösungskonzentrat/ Injektionslösung (D) Flaschen, Amp. Theophyllin *Rezeptpflichtig*	Magen-Darm-Störungen, Schlafstörungen, Kreislaufstörungen	**Therapeutisch zweckmäßig zur** Behandlung des schweren akuten Asthmaanfalls. Lange bewährter Wirkstoff mit bronchienerweiternder Wirkung.
Spiriva (D) Kapsel mit Inhalationspulver Tiotropium *Rezeptpflichtig*	Schleimeindickung, Mundtrockenheit, Husten, Verstopfung, Schwierigkeiten beim Wasserlassen, schneller Herzschlag, Entzündungen der oberen Luftwege	**Möglicherweise zweckmäßig bei** leichten Formen der obstruktiven Lungenerkrankungen. Noch relativ wenig erprobt
Spiropent (D/Ö) Tabl., Mite-Tabl. (nur D), Saft (nur D), Tropfen (nur D) Clenbuterol *Rezeptpflichtig*	Unruhe, Herzklopfen, Herzschmerzen, Muskelzittern, Magen-Darm-Störungen	**Nur zweckmäßig in** Ausnahmefällen, wenn eine Behandlung durch Inhalation nicht möglich ist. Die Wirkung der Tabletten ist weniger zuverlässig, die Nebenwirkungen können stärker sein.

Präparat	Wichtigste Nebenwirkungen	Empfehlung
Sultanol/ -forte Fertiginhalat (D/Ö) Amp. **Sultanol Inhalationslösung** (D/Ö) Inhalationslöung **Sultanol Dosier-Aerosol** (D/Ö) Dosieraerosol **Sultanol Rotadisk** (D/Ö) Pulver zum Inhalieren **Sultanol Diskus** (Ö) Pulver zum Inhalieren **Sultanol Kapseln** (Ö) Pulver zum Inhalieren Salbutamol Konservierungsstoff: Benzalkonium (nur Inhalationslösung) *Rezeptpflichtig*	Herzklopfen, Herzschmerzen, Unruhe, Muskelzittern	**Therapeutisch zweckmäßig** Relativ gezielt bronchienerweiternd wirkendes Mittel (ß-Sympathomimetikum). Mittel ohne Konservierungsstoffe sind vorzuziehen.
Sultanol Saft (Ö) **Sultanol Tabletten** (Ö) Salbutamol *Rezeptpflichtig*	Unruhe, Herzklopfen, Herzschmerzen, Muskelzittern, Magen-Darm-Störungen	**Nur zweckmäßig in** Ausnahmefällen, wenn eine Behandlung durch Inhalation nicht möglich ist. Die Wirkung der Tabletten ist weniger zuverlässig, die Nebenwirkungen können stärker sein.
Symbicort Turbohaler (D/Ö) Pulver zur Inhalation Formoterol, Budesonid *Rezeptpflichtig*	Häufig Kopfschmerzen, Herzklopfen, Herzschmerzen, Unruhe, Muskelzittern. Verminderung der Abwehr gegen Infektionen, besonders gegen Pilze (z. B. Candida). Bei Langzeitanwendung hormonelle Störungen möglich	**Nur zweckmäßig zur** Vorbeugung von Asthmaanfällen, besonders für die Nacht, wenn kortisonähnliche Stoffe nicht ausreichend wirken. Kombination von bronchienerweiternd wirkendem Mittel (ß-Sympathomimetikum Formoterol) mit bewährtem kortisonähnlichem Wirkstoff (Budesonid). Sehr langsamer Wirkungseintritt. Vorsicht! **Nicht** geeignet zur Behandlung des akuten Asthmaanfalls.
Theo von ct (D) Retard-Kaps. Theophyllin *Rezeptpflichtig*	Magen-Darm-Störungen, Schlafstörungen	**Therapeutisch zweckmäßig** Lange bewährter Wirkstoff mit bronchienerweiternder Wirkung.

Präparat	Wichtigste Nebenwirkungen	Empfehlung
Theophyllin AL retard (D) Retard-Kaps. **Theophyllin retard-ratiopharm** (D) Retard-Kaps. **Theophyllin Sandoz Retardkapseln** (D) Retard-Kaps. **Theophyllin Stada retard** (D) Retard-Kaps. Theophyllin *Rezeptpflichtig*	Magen-Darm-Störungen, Schlafstörungen	**Therapeutisch zweckmäßig** Lange bewährter Wirkstoff mit bronchienerweiternder Wirkung.
Theospirex (Ö) Retard-Filmtabl. Theophyllin *Rezeptpflichtig*	Magen-Darm-Störungen, Schlafstörungen	**Therapeutisch zweckmäßig** Lange bewährter Wirkstoff mit bronchienerweiternder Wirkung.
Theospirex (Ö) Ampullen Theophyllin *Rezeptpflichtig*	Magen-Darm-Störungen, Schlafstörungen, Kreislaufstörungen	**Therapeutisch zweckmäßig zur** Behandlung des schweren akuten Asthmaanfalls. Lange bewährter Wirkstoff mit bronchienerweiternder Wirkung.
Tilade (D/Ö) Dosieraerosol, Inhalationslösung Nedocromil *Rezeptpflichtig*	Reizungen von Rachen und Bronchien, sehr selten Bronchospasmen	**Therapeutisch zweckmäßig zur** vorbeugenden Anwendung bei Asthma.
Tromphyllin retard (D) Retard-Filmtabl. Theophyllin *Rezeptpflichtig*	Magen-Darm-Störungen, Schlafstörungen	**Therapeutisch zweckmäßig** Lange bewährter Wirkstoff mit bronchienerweiternder Wirkung.
Unifyl (Ö) Retard-Tabl., Retardtabl. für Kinder Theophyllin *Rezeptpflichtig*	Magen-Darm-Störungen, Schlafstörungen	**Therapeutisch zweckmäßig** Lange bewährter Wirkstoff mit bronchienerweiternder Wirkung.
Unilair (D) Retard-Kaps. Theophyllin *Rezeptpflichtig*	Magen-Darm-Störungen, Schlafstörungen	**Therapeutisch zweckmäßig** Lange bewährter Wirkstoff mit bronchienerweiternder Wirkung.

Präparat	Wichtigste Nebenwirkungen	Empfehlung
Uniphyllin/ minor (D) Retard-Tabl. Theophyllin *Rezeptpflichtig*	Magen-Darm-Störungen, Schlafstörungen	**Therapeutisch zweckmäßig** Lange bewährter Wirkstoff mit bronchienerweiternder Wirkung.
Ventide (Ö) Dosier-Aerosol, Kaps. zur Trockeninhalation Beclometason, Salbutamol *Rezeptpflichtig*	Muskelzittern, Unruhe, Herzklopfen, Herzschmerzen, Verminderung der Abwehr gegen Infektionen, besonders gegen Pilze (z. B. Candida). Nur bei Langzeitanwendung hormonelle Störungen möglich	**Möglicherweise zweckmäßig** Kombination von Inhaltsstoff mit akuter bronchienerweiternder Wirkung (Salbutamol) und kortisonähnlichem Wirkstoff.
Ventolair Autohaler/ mite Autohaler (D) Atemzugausgelöstes Dosieraerosol **Ventolair Dosieraerosol/ mite Dosieraerosol** (D) Dosieraerosol Beclometason *Rezeptpflichtig*	Verminderung der Abwehr gegen Infektionen, besonders gegen Pilze (z. B. Candida). Nur bei Langzeitanwendung hormonelle Störungen möglich	**Therapeutisch zweckmäßig zur** örtlichen Anwendung bei Asthma. Bewährter kortisonähnlicher Wirkstoff.
Viani/ mite/ forte Diskus (D) Pulver zur Inhalation **Viani/ mite/ forte Dosieraerosol** (D) Dosieraerosol Fluticason, Salmeterol *Rezeptpflichtig*	Häufig Kopfschmerzen, Herzklopfen, Herzschmerzen, Unruhe, Muskelzittern. Verminderung der Abwehr gegen Infektionen, besonders gegen Pilze (z. B. Candida). Bei Langzeitanwendung stärkere hormonelle Störungen möglich	**Wenig zweckmäßig** Kombination von bronchienerweiternd wirkendem Mittel (ß-Sympathomimetikum Salmeterol) mit umstrittenem kortisonähnlichem Wirkstoff (Fluticason). Vertretbar zur Vorbeugung von Asthmaanfällen, besonders für die Nacht, wenn andere kortisonähnliche Stoffe nicht ausreichend wirken. Sehr langsamer Wirkungseintritt. Vorsicht! **Nicht** geeignet zur Behandlung des akuten Asthmaanfalls.
Zaditen (D/Ö) Kaps., Sirup, Filmtabl. (Ö) Ketofifen *Rezeptpflichtig*	Müdigkeit, Mundtrockenheit	**Wenig zweckmäßig zur** vorbeugenden Behandlung von obstruktiven Lungenerkrankungen (z. B. Asthma), nur schwach wirksam.

6. Kapitel: **Allergien**

Eine Allergie ist eine Überempfindlichkeit. Für ihre Entstehung sind so genannte »Antigene« verantwortlich – Stoffe, die im Immunsystem des Körpers eine Abwehrreaktion hervorrufen. Bei dieser Abwehrreaktion kommt es zur Bildung von Antikörpern, die gegen das Antigen gerichtet sind. Es folgt eine Antigen-Antikörper-Reaktion. Sie führt unter anderem zur Freisetzung von »Mediatoren«. Das sind Überträgerstoffe, wie z. B. Histamin.

Allergien haben in den vergangenen Jahren deutlich zugenommen. Auslöser, so genannte Allergene, können sein:
- Belastende Stoffe im Haushalt und in Kosmetika (an erster Stelle aller Innenraumallergene: die Hausstaubmilbe)
- Tierische Bestandteile (an zweiter Stelle aller Innenraumallergene: Tierhaare)
- Pflanzliche Stoffe (z. B. Pollen. Seit kurzem steht auch die beliebte Zimmerpflanze Ficus benjamina unter Anklage: Sie hat sich auf den dritten Platz der Hitliste aller Innenraumallergene vorgeschoben)
- Lebensmittel (Getreide, Milchprodukte usw.)
- Metalle (z. B. Schmuckstücke, die Nickel enthalten)
- Arzneimittel (fast alle Medikamente können allergische Reaktionen verursachen. Dies gilt nicht nur für synthetisch hergestellte, sondern auch für pflanzliche Mittel, denen fälschlicherweise oft der Ruf anhaftet, sanft und nebenwirkungsfrei zu sein)
- Kontakt mit Chemikalien am Arbeitsplatz
- Generell: die zunehmende Zahl an chemischen Stoffen, mit denen wir in Kontakt kommen.

Allergien können in vielen verschiedenen Formen auftreten – vor allem als Heuschnupfen (allergische Rhinitis), Asthma, Augenbindehautentzündung (Konjunktivitis), Nesselsucht (Urtikaria), Juckreiz (Pruritus), Ekzeme und als Nahrungsmittelallergie.
Die Allergie kann durch Einatmen, Einnehmen oder direkten Hautkontakt mit dem Allergen ausgelöst werden. *Je länger und je häufiger man mit einem Allergie-Auslöser in Kontakt kommt, desto wahrscheinlicher werden Allergien.* Wer schon lange ein bestimmtes Medikament eingenommen hat und damit keine Probleme hatte, sollte bei einer auftretenden Allergie dieses Mittel keineswegs als Ursache ausschließen.

Die häufigsten Nebenwirkungen von Arzneimitteln sind allergische Reaktionen. Sie machen schätzungsweise 30 bis 40 Prozent aller unerwünschten Arzneimittelwirkungen aus. Dieser Sachverhalt wird in jedem pharmakologischen Lehrbuch erwähnt, ist aber offenbar vielen Ärzten noch immer nicht bewusst. Häufig wird die Ursache der Allergie (z. B. ein bestimmtes Medikament) nicht erkannt und einfach mit einem anderen Medikament (z. B. Hautsalbe gegen Juckreiz) »verdeckt«. Dabei wäre das Absetzen oder der Wechsel des Medikaments, das die Allergie ausgelöst hat, die einzige richtige Maßnahme.
Allergien können bei fast allen Medikamenten auftreten. Sie sind nicht von der Dosierung abhängig und lassen sich bereits durch kleinste Wirkstoffmengen auslösen. Auch Hilfsstoffe bei der Zubereitung von Arzneimitteln, wie z. B. Konservierungsmittel, Farbstoffe, Salbengrundlagen, Lösungsmittel oder Grundmassen, können häufig Ursache einer Allergie sein.
Arzneimittel-Allergien führen zumeist zu Hauterscheinungen. Allergische Asthmaanfälle und sogar lebensbedrohende Schockformen (anaphylaktischer Schock) können aber ebenso durch Medikamente verursacht werden. Häufige Auslöser dieser Allergien sind Penicilline, NSAR (siehe Kapitel 3.1.: Mittel gegen Rheuma und Arthrosen) und verschiedene Hormone. Doch auch *Medikamente, die gegen Allergien angepriesen werden, können selbst Allergien hervorrufen.* Das gilt vor allem für Antihistaminika, die auf die Haut aufgetragen werden (siehe Kapitel 8: Haut), und in geringerem Maße für Glukokortikoide (siehe Kapitel 7: Entzündungen, und Kapitel 5: Bronchitis, Asthma).

Tests

Erfahrene Allergiespezialisten, so genannte Allergologen, beginnen zunächst in einem ausführlichen Gespräch mit dem Betroffenen, nach den Ursachen der Allergie zu forschen. Dabei muss teilweise mit detektivischem Spürsinn vorgegangen werden, um festzustellen, welche Auslöser für die Allergie in Frage kommen und wo sie in der Umgebung des Erkrankten vorhanden sein könnten.
Dann wird an der Haut oder an der von der Allergie betroffenen Körperstelle getestet, ob der verdächtigte Stoff tatsächlich die Ursache der Allergie ist. Bei Verdacht auf eine Nahrungsmittelallergie streicht man zunächst alle verdächtigten Nahrungsmittel vom Speiseplan, um

sie dann Produkt für Produkt wieder einzuführen. Daraus kann man dann entsprechende Schlüsse ziehen.
Vorsicht: Die Behandlung von Allergien scheint ein Tummelplatz unseriöser alternativmedizinischer Heiler zu sein. Zu warnen ist vor allem vor manchen diagnostischen Verfahren, deren Verlässlichkeit nie seriös überprüft wurde – etwa Bioresonanzgeräte (nicht zu verwechseln mit der Entspannungsmethode Biofeedback) und Elektroakupunktur. Der verantwortliche Autor dieser Ausgabe, Hans Weiss, hat in einer Reportage für die Zeitschrift Stern (Heft Nr. 49/91, *Wunderheiler und Krankbeter*) am eigenen Leib erfahren, wie beliebig und unzuverlässig die Ergebnisse solcher Methoden sind (siehe auch Kapitel 22.: Naturheilkunde und Alternativmedizin).

Behandlung

Die wichtigste Maßnahme besteht darin, den Stoff zu vermeiden, der die Allergie verursacht.
Bei Farb- und Konservierungsstoffen in Lebensmitteln und Kosmetika und Hautpflegemitteln ist das nur dann möglich, wenn alle Inhalts- und Zusatzstoffe deklariert sind. Das ist häufig nicht der Fall.
Eine geliebte Katze oder einen geliebten Hund wegzugeben, bringen die meisten Menschen aber wohl kaum übers Herz.
Und den Beruf zu wechseln, kommt meist nicht in Frage, außer man nimmt in Kauf, dann arbeitslos zu sein.
Hausstaub zu vermeiden – das ist einfach unmöglich. Man kann ihn aber verringern, auch wenn das mit einigem Aufwand verbunden ist: Hausstaubmilben mögen keine synthetischen Materialien. Man sollte also natürliche Materialien so weit wie möglich durch synthetische ersetzen (z. B. Kunststoffmatratzen anstelle solcher aus Rosshaar oder Federkern). Teppichböden gegen glatte, wischbare austauschen und anderes mehr.
Bei Pollenallergie wird man den Aufenthalt im Freien möglichst vermeiden. Vielleicht kann man es auch so einrichten, dass der Urlaub in der Zeit des stärksten Pollenfluges genommen wird. Meeresluft oder die Luft oberhalb von 2000 Metern Meereshöhe sind fast pollenfrei.

Desensibilisierung

Wenn es keine Möglichkeit gibt, den Stoff zu vermeiden, der die Allergie verursacht, kann man es mit einer Desensibilisierung versuchen. Dabei wird der allergieauslösende Stoff (in der Fachsprache Antigen genannt) in extremer Verdünnung unter die Haut gespritzt oder geschluckt, jedes Mal ein bisschen mehr. So wird versucht, den Körper gegen das Antigen unempfindlich zu machen. Diese Behandlungsmethode ist – wenn es tatsächlich gelingt, das Allergen zweifelsfrei festzustellen – in vielen Fällen wirksam, es kann dabei aber zu schweren Zwischenfällen kommen. Deshalb darf sie nur angewendet werden, wenn im Notfall entsprechende Behandlungsmöglichkeiten zur Verfügung stehen.

6.1. Mittel gegen Allergien

Zur Behandlung von Allergien werden hauptsächlich *Antihistaminika* und *Glukokortikoide* (siehe 7.1.: Kortisone (Glukokortikoide) und Immunsuppressiva, und Kapitel 5.1.: Mittel gegen Asthma und spastische Bronchitis) verwendet. Sie beeinflussen jedoch nur die Symptome und behandeln nicht die Ursache der Allergie. Um einem allergischen Asthma vorzubeugen, werden besondere Medikamente eingesetzt (z. B. *Intal, Tilade* – siehe Kapitel 5: Bronchitis, Asthma). Arzneimittel mit dem Wirkstoff Cromoglicinsäure werden auch bei Heuschnupfen (siehe dazu Kapitel 4.3.: Schnupfenmittel) und bei einer allergischen Bindehautentzündung des Auges örtlich angewendet.

Antihistaminika

(siehe die nachfolgende Empfehlungstabelle) vermindern die Wirkung des Histamins, eines Überträgerstoffs, der bei einer allergischen Reaktion freigesetzt wird. Histamin ist aber für die Ausprägung von allergischen Krankheitserscheinungen keineswegs allein verantwortlich. Darum ist der Nutzen der Antihistaminika als »Antiallergika« oft gering.

Antihistaminika haben ein breites Wirkungsspektrum und werden deshalb auch gegen andere Beschwerden verwendet, z. B. bei Reisekrankheiten, Übelkeit, Erbrechen, Juckreiz, Heuschnupfen, Nesselsucht. Manche Antihistaminika haben außerdem eine beruhigende Wirkung.

Neben den Antihistaminika, deren Einsatz gegen eine Vielzahl von Allergien propagiert wird und die in der nachfolgenden Tabelle zu finden sind, werden manche auch nur für spezielle Anwendungsgebiete empfohlen. Siehe dazu Kapitel 2.1.: Schlafmittel; Kapitel 4: Grippe, Erkäl-

tung; Kapitel 5: Bronchitis, Asthma; Kapitel 8: Haut; Kapitel 13.4.: Mittel gegen Übelkeit, Erbrechen, Reisekrankheiten.
Insgesamt schreiben die Hersteller den Antihistaminika viel mehr positive Wirkungen zu, als tatsächlich nachweisbar sind. Der »Arzneimittelbrief« kritisiert daher »die reichliche, allzu reichliche Zahl von Antihistaminika, die in der Bundesrepublik Deutschland auf dem Markt ist und die Zahl in anderen europäischen Länden übertrifft«.
Wegen der möglichen *Ermüdungserscheinungen* sollten Patienten, die Antihistaminika gegen Allergien einnehmen, zuerst beobachten, wie sie auf diese Medikamente reagieren, bevor sie sich hinters Steuer setzen, Maschinen bedienen oder Arbeiten verrichten, die besondere Aufmerksamkeit erfordern.
Bei Kindern kann es häufig zu paradoxen Reaktionen kommen. Statt müde zu werden, reagieren sie dann nervös und leiden unter Schlaflosigkeit.
Die Wirkstoffe Cetirizin (enthalten z. B. in *Cetalerg, Cetirizin AZU, Cetirizin Beta, Cetirizin Genericon, Cetirizin Hexal, Cetirizin Sandoz, Cetirizin Stada, Cetirizin-ratiopharm, Reactine, Zyrtec*), Clemastin (enthalten z. B. in *Tavegil*), Dimetinden (enthalten z. B. in *Fenistil*), Loratadin (enthalten z. B. in *Clarityn, Lisino*), Mizolastin (*Zolim*) und Pheniramin (enthalten z. B. in *Avil*) haben ein teilweise unterschiedliches Wirkungsspektrum, werden wegen der schwachen Wirkung jedoch alle – außer Injektionen – *als möglicherweise zweckmäßig* eingestuft.

Lebensgefährliche Antihistaminika?

Terfenadin (enthalten z. B. in *Teldane 60, Terfenadin-ratiopharm*) wurde Anfang 1998 in den USA vom Markt genommen, weil die Verwendung dieses Mittels häufig zu schweren Herzproblemen und in manchen Fällen sogar zu Todesfällen führte. Bei der Einnahme von Terfenadin sind so viele Vorsichtsmaßregeln zu beachten, dass ein sicherer Gebrauch kaum möglich ist. Unter anderem kann schon das Trinken von Grapefruitsaft die Gefahr von Vergiftungen durch Terfenadin stark erhöhen. In Deutschland ist dieses Mittel nach wie vor erhältlich: Rund 50.000 verkaufte Packungen pro Jahr. Weil Terfenadin inzwischen nicht mehr zu den häufig verwendeten Mitteln zählt, wird es von uns in den Tabellen nicht mehr bewertet. Terfenadin wurde inzwischen nicht nur in den USA, sondern auch in Frankreich, Luxemburg, Italien, Belgien und anderen Ländern vom Markt verbannt.

Fexofenadin (*Telfast*) hat große Ähnlichkeit mit Terfenadin und wird deshalb von uns als »abzuraten« eingestuft.

Glukokortikoide
werden aufgrund ihrer entzündungshemmenden Wirkung für sehr verschiedene Krankheiten verwendet, unter anderem auch zur Behandlung allergischer Erscheinungen (siehe dazu Kapitel 7: Entzündungen, und Kapitel 8: Haut).

6.1. Mittel gegen Allergien (Antihistaminika und Mittel zur Desensibilisierung, siehe auch Kapitel 7.1. Kortisone)

Präparat	Wichtigste Nebenwirkungen	Empfehlung
Aerius (D/Ö) Tabl., lösl. Tabl., Sirup Desloratadin *Rezeptpflichtig*	Mundtrockenheit, Appetitzunahme, Kopfschmerzen möglich, Haarausfall, bei Überdosierung Herzrhythmusstörungen möglich	**Möglicherweise zweckmäßig bei** Heuschnupfen und Hautjucken. Schwache und unzuverlässige Wirkung auf andere allergische Erscheinungen. Antihistaminikum ohne wesentliche beruhigende Wirkung und ohne Vorteile gegenüber dem rezeptfreien Loratidin.
ALK-depot SQ (D) Suspension zur Injektion SQ-Allergene aus Pollen, Milben, Tierhaaren, Schimmelpilzen, Insektengiften u. a. *Rezeptpflichtig*	Selten Müdigkeit, Reaktionen an der Injektionsstelle (z.B. Granulome). Schwere allergische Reaktionen bis zum Schock möglich. Vorsicht! Keine Betablocker oder ACE-Hemmer gleichzeitig einnehmen	**Therapeutisch zweckmäßig zur** Desensibilisierung bei Allergien.
Allergovit (D) Depot-Suspension zur Injektion Einzelallergene verschiedener Pollen *Rezeptpflichtig*	Selten Müdigkeit, Reaktionen an der Injektionsstelle (z.B. Granulome). Schwere allergische Reaktionen bis zum Schock möglich. Vorsicht! Keine Betablocker oder ACE-Hemmer gleichzeitig einnehmen	**Therapeutisch zweckmäßig zur** Desensibilisierung bei Pollenallergien.
Cetallerg (D) Filmtabl. Cetirizin	Selten Müdigkeit, Mundtrockenheit, Schwindel, Kopfschmerzen	**Therapeutisch zweckmäßig bei** Heuschnupfen und Hautjucken. Schwache und unzuverlässige Wirkung auf andere allergische Erscheinungen. Antihistaminikum ohne wesentliche beruhigende Wirkung.

Präparat	Wichtigste Nebenwirkungen	Empfehlung
Cetirizin - 1 A Pharma (D) Filmtabl. **Cetirizin AL** (D) Filmtabl., Sirup **Cetirizin beta** (D) Filmtabl., Tropfen **Cetirizin Genericon** (Ö) Filmtabl., Sirup **Cetirizin Hexal** (D) Filmtabl., Tropfen **Cetirizin-ratiopharm** (D/Ö) Filmtabl., Saft **Cetirizin Sandoz** (D) Filmtabl., Sirup **Cetirizin Stada** (D) Filmtabl., Saft Cetirizin *Rezeptpflichtig (nur Ö)*	Selten Müdigkeit, Mundtrockenheit, Schwindel, Kopfschmerzen	**Therapeutisch zweckmäßig bei** Heuschnupfen und Hautjucken. Schwache und unzuverlässige Wirkung auf andere allergische Erscheinungen. Antihistaminikum ohne wesentliche beruhigende Wirkung.
Clarityn (Ö) Tabl., lösl. Tabl., Sirup Loratadin *Rezeptpflichtig*	Mundtrockenheit, Appetitzunahme, Kopfschmerzen möglich, Haarausfall, bei Überdosierung Herzrhythmusstörungen möglich	**Therapeutisch zweckmäßig bei** Heuschnupfen und Hautjucken. Schwache und unzuverlässige Wirkung auf andere allergische Erscheinungen. Antihistaminikum ohne wesentliche beruhigende Wirkung.
Dibondrin-Dragees (Ö) Drag. **Dibondrin-liquid** (Ö) Lösung Diphenhydramin *Rezeptpflichtig*	Müdigkeit, Mundtrockenheit, Übelkeit, Schwindel, Kopfschmerzen, Schwierigkeiten beim Wasserlassen. Bei Kindern durch Überdosierung Erregungszustände und Krämpfe möglich	**Therapeutisch zweckmäßig** zur Akutbehandlung leichter bis mittelschwerer allergischer Symptome (z. B. Juckreiz, Schleimhautschwellungen). Beruhigend und schlaffördernd wirksam.
Ebastel (D) Tabl. Ebastin *Rezeptpflichtig*	Kopfschmerzen, gelegentlich Müdigkeit, Mundtrockenheit, lebensbedrohliche Herzrhythmusstörungen sind nicht auszuschließen	**Abzuraten** wegen bislang ungeklärter Risiken. Seltene, aber schwere Nebenwirkungen sind nicht auszuschließen. Antihistaminikum ohne wesentliche beruhigende Wirkung.
Fenistil (D/Ö) Ampullen Dimetinden *Rezeptpflichtig (Ö)*	Müdigkeit, Mundtrockenheit, Übelkeit, Schwindel, Kopfschmerzen	**Therapeutisch zweckmäßig** zur Akutbehandlung leichter bis mittelschwerer allergischer Symptome (z. B. Juckreiz, Schleimhautschwellungen).

Präparat	Wichtigste Nebenwirkungen	Empfehlung
Fenistil (D/Ö) Dragees, Tropfen, Sirup (D) **Fenistil-24-Stunden** (D/Ö) Retardkaps. Dimetinden *Rezeptpflichtig (Ö)*	Müdigkeit, Mundtrockenheit. Sirup und Tropfen enthalten Alkohol	**Möglicherweise zweckmäßig** Beruhigend wirkendes Antihistaminikum mit schwacher und unzuverlässiger Wirkung auf allergische Erscheinungen (z. B. Heuschnupfen und Juckreiz).
Lisino (D) Tabl., Saft, S-Tabl., Brausetabl. Loratadin	Mundtrockenheit, Appetitzunahme, Kopfschmerzen möglich, Haarausfall, bei Überdosierung Herzrhythmusstörungen möglich	**Therapeutisch zweckmäßig bei** Heuschnupfen und Hautjucken. Schwache und unzuverlässige Wirkung auf andere allergische Erscheinungen. Antihistaminikum ohne wesentliche beruhigende Wirkung.
Lorano/ -akut (D) Tabl. Loratadin	Mundtrockenheit, Appetitzunahme, Kopfschmerzen möglich, Haarausfall, bei Überdosierung Herzrhythmusstörungen möglich	**Therapeutisch zweckmäßig bei** Heuschnupfen und Hautjucken. Schwache und unzuverlässige Wirkung auf andere allergische Erscheinungen. Antihistaminikum ohne wesentliche beruhigende Wirkung.
Loratidin-ratiopharm (D) Tabl. **Loratidin Sandoz** (D) Tabl. **Loratidin Stada allerg** (D/Ö) Tabl., Sirup (Ö) **Loratidin von ct** (D) Tabl. Loratadin *Rezeptpflichtig (Ö)*	Mundtrockenheit, Appetitzunahme, Kopfschmerzen möglich, Haarausfall, bei Überdosierung Herzrhythmusstörungen möglich	**Therapeutisch zweckmäßig bei** Heuschnupfen und Hautjucken. Schwache und unzuverlässige Wirkung auf andere allergische Erscheinungen. Antihistaminikum ohne wesentliche beruhigende Wirkung.
Reactine (D) Filmtabl. Cetirizin	Selten Müdigkeit, Mundtrockenheit, Schwindel, Kopfschmerzen	**Therapeutisch zweckmäßig bei** Heuschnupfen und Hautjucken. Schwache und unzuverlässige Wirkung auf andere allergische Erscheinungen. Antihistaminikum ohne wesentliche beruhigende Wirkung.
Tavegil (D) Ampullen Clemastin	Müdigkeit, Mundtrockenheit	**Therapeutisch zweckmäßig zur** Akutbehandlung leichter bis mittelschwerer allergischer Symptome (z. B. Juckreiz, Schleimhautschwellungen).

Präparat	Wichtigste Nebenwirkungen	Empfehlung
Tavegil (D) Sirup, Tabl. Clemastin	Müdigkeit, Mundtrockenheit	**Möglicherweise zweckmäßig** Schwache und unzuverlässige Wirkung auf allergische Erscheinungen (wie z. B. Heuschnupfen und Juckreiz). Wirkt beruhigend.
Telfast/ akut (D/Ö) Filmtabl. Fexofenadin *Rezeptpflichtig*	Kopfschmerzen, Müdigkeit, Magen-Darm-Störungen. Allergische Reaktionen und Quincke-Ödem möglich, lebensbedrohliche Herzrhythmusstörungen sind nicht auszuschließen	**Abzuraten** Antihistaminikum ohne wesentliche beruhigende Wirkung. Seltene, aber schwere Nebenwirkungen möglich. Risiken noch unzureichend abzuschätzen. Andere Mittel mit Cetirizin oder Loratidin sind vorzuziehen.
Xusal (D) Filmtabl. Levocetirizin *Rezeptpflichtig*	Häufig Kopfschmerzen, Müdigkeit, Mundtrockenheit, Bauchschmerzen möglich	**Möglicherweise zweckmäßig bei** Heuschnupfen und Hautjucken. Schwache und unzuverlässige Wirkung auf andere allergische Erscheinungen. Antihistaminikum ohne wesentliche beruhigende Wirkung. Mittel mit dem bewährten und rezeptfreien Cetirizin sind vorzuziehen.
Zaditen (D/Ö) Kaps., Sirup Filmtabl. (Ö) Ketotifen *Rezeptpflichtig*	Starke Müdigkeit, Mundtrockenheit, Schwindel. Sirup enthält Alkohol	**Wenig zweckmäßig zur** vorbeugenden Behandlung von allergischer Bronchitis, allergischen Hauterkrankungen und bei Heuschnupfen.
Zolim (D) Filmtabl., Mizolastin *Rezeptpflichtig*	Selten Müdigkeit, Mundtrockenheit, Magen-Darm-Störungen, Kopfschmerzen, Schwindel, Blutschäden. Verschlimmerung von Asthma möglich!	**Möglicherweise zweckmäßig bei** Heuschnupfen und Hautjucken. Schwache und unzuverlässige Wirkung auf andere allergische Erscheinungen. Antihistaminikum ohne wesentliche beruhigende Wirkung.
Zyrtec (D/Ö) Filmtabl., **Zyrtec P** (D) Filmtabl., Tropfen **Zyrtec Saft** (D) Saft **Zyrtec Tropfen** (D/Ö) Tropfen **Zyrtec Zaptabs** (D) Schmelztabl. Cetirizin *Rezeptpflichtig (Ö)*	Selten Müdigkeit, Mundtrockenheit, Schwindel, Kopfschmerzen	**Therapeutisch zweckmäßig bei** Heuschnupfen und Hautjucken. Schwache und unzuverlässige Wirkung auf andere allergische Erscheinungen. Antihistaminikum ohne wesentliche beruhigende Wirkung.

7. Kapitel: **Entzündungen und Immunreaktionen**

Viele Krankheiten gehen mit Entzündungen einher. Sie werden durch die verschiedensten Einflüsse verursacht – zum Beispiel durch Bakterien, Viren, Chemikalien, Strahlen, Wärme, Kälte oder Reibung. Entzündungen sind oft nützliche Reaktionen des Organismus auf eine Schädigung. Die Unterdrückung von Entzündungen muss daher nicht immer das Hauptziel einer Behandlung sein.
Was bei den einzelnen entzündlichen Krankheiten zu beachten ist und wie die Entzündungen bekämpft werden können, wird in den jeweiligen Buchkapiteln besprochen. Hier beschäftigen wir uns mit der Gruppe der am stärksten entzündungshemmenden Arzneimittel, über welche die Medizin derzeit verfügt: Kortisone (in der Fachsprache Glukokortikoide oder Kortikoide oder Kortikosteroide oder Steroide genannt).

7.1. Kortisone (Glukokortikoide) und Immunsuppressiva

Kortison ist die umgangssprachliche Bezeichnung für eine Reihe verschiedener Hormone, die vom Körper in der Nebenniere produziert werden und den Salzhaushalt des Körpers sowie den Kohlenhydrat- und Eiweißstoffwechsel beeinflussen.
Nachdem es dem amerikanischen Chemiker E.C. Kendall 1938 gelungen war, Hydrokortison – das körpereigene, natürliche Kortison – künstlich herzustellen, glaubte die Medizin, ein Wundermittel zur Behandlung verschiedenster Krankheiten gefunden zu haben.
Die erste Euphorie über dramatische Behandlungserfolge führte zu einer massenhaften, unkritischen Verwendung. Nach und nach stellte sich aber heraus, dass Kortisone bei Langzeitverwendung eine Reihe schwerwiegender Nebenwirkungen haben können. Ernüchterung machte sich breit, und als Reaktion darauf wurden Kortisone oft verteufelt.
Inzwischen weiß man über Wirkungen und Gefahren von Kortisontherapien besser Bescheid. Bei sachgerechter Anwendung ist die Furcht vor Nebenwirkungen unbegründet. Kortisone können lebensrettend sein.

Anwendungsgebiete von Glukokortikoiden

Glukokortikoide und ihre Abkömmlinge können die Abwehrmechanismen beeinflussen und so allergische Erkrankungen, Entzündungen, Wucherungen (Proliferationen) und entzündliche Ausschwitzungen (Exsudationen) sehr stark hemmen, aber nur sehr selten eine Krankheit heilen.

Glukokortikoide werden vor allem bei folgenden Erkrankungen verwendet:
- Rheuma (siehe auch Kapitel 3.1.: Mittel gegen Rheuma und Arthrosen)
- Asthma (siehe auch Kapitel 5.1.: Mittel gegen Asthma und spastische Bronchitis)
- allergischen Erkrankungen wie Nesselsucht und Heufieber
- anaphylaktischen Schockzuständen
- bestimmten Hautekzemen
- Organtransplantationen
- drohender Frühgeburt, um Neugeborene vor Atemnot zu schützen
- bestimmten Autoimmunkrankheiten des Darms (Morbus Crohn, Colitis ulzera)
- Augenkrankheiten, Krebskrankheiten und einer Reihe weiterer Erkrankungen.

Die Einnahme von Glukokortikoiden kann die Krankheit nicht heilen, sondern nur die Auswirkungen der Krankheit bekämpfen oder lindern. Glukokortikoide sind stark wirksame Medikamente mit zahlreichen Nebenwirkungen und müssen dementsprechend überlegt eingesetzt werden. Die verordnete Menge muss in jedem Einzelfall dem jeweiligen Patienten und auch verschiedenen Situationen angepasst werden. Akute schwere Erkrankungen erfordern hohe Dosierungen. Wichtig: Bei lang dauernden (chronischen) Krankheiten sollten immer möglichst geringe Mengen verwendet werden! Sobald eine ausreichende Wirkung eintritt, sollte versucht werden, die Dosis herabzusetzen. Und zwar bis zur so genannten »Erhaltungsdosis«. Das ist die Menge, die noch eine sinnvolle Wirkung des Medikaments gewährleistet.

Die verschiedenen Glukokortikoide sind bei entsprechender Dosierung gleichwertig. So genannte fluorierte Glukokortikoide (z. B. der Wirkstoff Betamethason, enthalten in *Betnesol, Celestamine N, Celestan Biphase, Diprophos, Solu Celestan* und der Wirkstoff Dexamethason, enthalten in *Dexa-Allvoran*, *Dexabene*, *Dexa von ct*,

Dexaflam, *Dexahexal*, *Dexamethason Nycomed*, *Dexa-ratiopharm*, *Fortecortin*, *Fortecortin injekt*, *Lipotalon*, *Supertendin* sollten jedoch nicht für die Langzeittherapie verwendet werden. In diesem Kapitel werden nur Glukokortikoide zum Schlucken und zum Injizieren besprochen und tabellarisch aufgeführt.

Äußerlich angewendete Glukokortikoide

Solche Mittel werden bei verschiedenen Hauterkrankungen und bei Augenkrankheiten verwendet und werden im Kapitel 8.1. Mittel gegen entzündliche und/oder allergische Hauterkrankungen sowie Kapitel 9.1. Augenmittel beschrieben und bewertet. Zum Aufschmieren auf die Haut verwendete Glukokortikoide können dieselben Nebenwirkungen haben wie geschluckte. Das Risiko ist allerdings geringer, steigt jedoch mit der Dauer der Anwendung, der Wirkungsstärke des Präparates und der Größe der Hautfläche, auf die es aufgetragen wird.

Glukokortikoide zum Inhalieren

Diese Mittel werden bei Asthma verwendet und deshalb im Kapitel 5. Bronchitis und Asthma beschrieben und bewertet. Inhalierte Glukokortikoide haben weniger Auswirkungen auf den Körper als geschluckte.

Besondere Problembereiche

Glukokortikoide zum Schlucken oder Spritzen sollten nicht verwendet werden von Patienten, die an folgenden Erkrankungen leiden:
- Glaukom (Grüner Star)
- Lymphreaktion nach Tuberkuloseimpfung
- schwerer Osteoporose
- systemischen Pilzerkrankungen
- Windpocken (Feuchtblattern)
- Zwölffingerdarmgeschwür

Nicht verwenden sollte man Glukokortikoide außerdem acht Wochen vor einer Impfung und zwei Wochen danach.
Die Einnahme in der Schwangerschaft und während der Stillzeit gilt als vertretbar – allerdings sollte die ärztliche Kontrolle besonders sorgfältig sein.

Gefahren

Bei kurzfristiger Anwendung sind Glukokortikoide auch in hoher Dosierung relativ harmlos, wenn man von der Schwächung der Abwehr

gegen Infektionen absicht. Glukokortikoide sollten, wenn möglich, durch den Mund (als Tabletten) eingenommen werden. In Notfällen – z. B. bei schweren allergischen Reaktionen – sind intravenöse Injektionen notwendig.
Gefahren lauern bei längerfristiger Einnahme von Glukokortikoiden in hoher Dosierung. Mögliche Nebenwirkungen können sein: Vollmondgesicht, Stammfettsucht, Muskelschwäche, Bluthochdruck, Knochenerweichung (Osteoporose), Zuckerkrankheit (Diabetes mellitus), Schwächung der Immunabwehr, Blutfettspiegelanstieg, Sexualstörungen, Hautstreifen, punktförmige Hautblutungen (Petechien), Akne, Ödembildung, Kaliumverlust, Kalziumausscheidung, ungenügende oder fehlende Stressreaktion, Leistungsverminderung der Nebennierenrinde (gefährlich beim plötzlichen Absetzen der Behandlung).
Durch die Einnahme von Glukokortikoiden erhöht sich das Infektionsrisiko – Infektionen können sich leichter ausbreiten. Es kann außerdem zu Wundheilungsstörungen, Wachstumshemmungen und Magengeschwüren mit Blutungs- und Durchbruchgefahr kommen. Neueren Untersuchungen zufolge bekommen durchschnittlich zwei von hundert langfristigen Glukokortikoid-Verwendern ein Magengeschwür. Dauert die Behandlung aber kürzer als 30 Tage, ist die Gefahr geringer.
In seltenen Fällen können auch schwere psychische Störungen (bis zu Psychosen) und Medikamentenabhängigkeit auftreten, Knochen können absterben (aseptische Knochennekrose), das Risiko der erhöhten Blutgerinnung (Thrombosen) steigt, und die Entstehung des Grünen Stars (Glaukom) und des Grauen Stars (Katarakt) kann begünstigt werden. Bei einer Behandlung mit Glukokortikoiden sollte deshalb in regelmäßigen Abständen eine Kontrolle durch den Augenarzt erfolgen.

Bei Langzeittherapie beachten:

Bei einer lang dauernden Behandlung mit Glukokortikoiden sollte der verschreibende Arzt/die verschreibende Ärztin etwa alle drei Monate Körpergewicht, Blutdruck, Harn und Blutzucker überprüfen – diese Untersuchungen sollten besonders auch vor einer lang dauernden Kortisonbehandlung durchgeführt werden, um Veränderungen durch die Therapie feststellen zu können.
Magenbeschwerden, Rückenschmerzen oder Muskelschwäche können erste Anzeichen von gefährlichen Nebenwirkungen sein.

Glukokortikoide nach längerer Anwendung nicht plötzlich absetzen:

Durch die Glukokortikoid-Therapie verringert die Nebenniere ihre Tätigkeit und produziert weniger körpereigenes Kortison. Wenn dann die Glukokortikoid-Therapie plötzlich beendet wird, ist der Körper Stresssituationen hilflos ausgeliefert. Es kann Wochen oder Monate dauern, bis die Nebenniere wieder die volle Leistung erbringt. Deshalb sollte eine Glukokortikoid-Behandlung immer ausschleichend beendet werden.

Andere Immunsuppressiva

Zur Verhinderung von Abstoßungsreaktionen bei Organtransplantationen werden nicht nur Glukokortikoide, sondern auch einige andere Wirkstoffe verwendet, u. a. Azathioprin (enthalten z. B. in *Azathioprin-ratiopharm*, *Imurek*) und Ciclosporin A (enthalten z. B. in *Sandimmun*). Beide unterdrücken die Aktivität bestimmter Abwehrzellen des Körpers – der T-Lymphozyten, die sich vorwiegend in den peripheren Lymphgeweben aufhalten. Weil das eingepflanzte Organ für die körpereigenen Zellen ein Fremdkörper ist, wird es von den T-Lymphozyten angegriffen. Diese an sich gesunde, in diesem Fall jedoch lebensgefährliche Reaktion wird mit Hilfe von Immunsuppressiva unterdrückt. Weil das ein schwerwiegender Eingriff in das Immunsystem ist, sind gravierende Nebenwirkungen nicht zu vermeiden. Bei *Imurek* können vor allem Übelkeit, Erbrechen, Schleimhautschäden, Knochenmarkshemmung und Leberschäden auftreten, bei *Sandimmun* Nierenschäden, vermehrter Haarwuchs am ganzen Körper, Bluthochdruck, Leberschäden und zerebrale Krampfanfälle.

7.1. Kortisone (Glukokortikoide) und Immunsuppressiva

Präparat	Wichtigste Nebenwirkungen	Empfehlung
Aprednislon (Ö) Tabl. Prednisolon *Rezeptpflichtig*	Verminderte Infektionsabwehr. Bei Langzeitanwendung Knochenerweichung, Augenschäden (Grüner, Grauer Star), Muskelschäden, Magen-Darm-Geschwüre	**Therapeutisch zweckmäßig** z. B. zur Behandlung schwerer rheumatischer, allergischer und asthmatischer Erkrankungen.

Präparat	Wichtigste Nebenwirkungen	Empfehlung
Azathiopron-ratiopharm (D/Ö) Filmtabl. Azathioprin *Rezeptpflichtig*	Magen-Darm-Störungen, Verminderung des Appetits, Knochenmarkschäden, Leberschäden. Verstärkte Wirkung bei Anwendung des Gichtmittels Allopurinol	**Therapeutisch zweckmäßig zur** Hemmung unerwünschter immunologischer Reaktionen (z. B. bei Autoimmunerkrankungen und Organtransplantation).
Betnesol (Ö) Brausetabl. Betamethason *Rezeptpflichtig*	Verminderte Infektionsabwehr. Bei Langzeitanwendung Knochenerweichung, Augenschäden (Grüner, Grauer Star), Muskelschäden, Magen-Darm-Geschwüre	**Therapeutisch zweckmäßig** z. B. zur Behandlung schwerer rheumatischer, allergischer und asthmatischer Erkrankungen.
Celestamin (Ö) Tabl. **Celestamine N** (D) Tabl., Liquidum Betamethason *Rezeptpflichtig*	Verminderte Infektionsabwehr. Bei Langzeitanwendung Knochenerweichung, Augenschäden (Grüner, Grauer Star), Muskelschäden, Magen-Darm-Geschwüre	**Therapeutisch zweckmäßig** z. B. zur Behandlung schwerer rheumatischer, allergischer und asthmatischer Erkrankungen.
Celestan Biphase (Ö) Kristallsuspension Amp. (im., id., iart., infiltr.) Betamethason *Rezeptpflichtig*	Verminderte Infektionsabwehr. Bei Langzeitanwendung Knochenerweichung, Augenschäden (Grüner, Grauer Star), Muskelschäden, Magen-Darm-Geschwüre. Schäden an der Injektionsstelle in der Muskulatur	**Therapeutisch zweckmäßig** z. B. zur Behandlung schwerer rheumatischer, allergischer und asthmatischer Erkrankungen. Von einer Injektion in Gelenke ist wegen der Nebenwirkungen der Kristallsuspension abzuraten.
Cellcept (D/Ö) Kaps., Tabl., Pulver zur Herstellung einer Suspension, Pulver zur Herstellung einer Injektionslösung Mycophenolatmofetil *Rezeptpflichtig*	Häufig Magen-Darm-Störungen, Knochenmarkschäden, Atemwegsinfektionen, Hautreaktionen wie z.B. Akne, Kopfschmerzen, Leberschäden. Sehr selten lebensbedrohliche Entzündungen an Herz und Hirnhaut	**Therapeutisch zweckmäßig nur zur** Hemmung unerwünschter immunologischer Reaktionen bei Organtransplantation in Kombination mit anderen Mitteln (Ciclosporin, Kortisone).
Decortin (D) Tabl. Prednison *Rezeptpflichtig*	Verminderte Infektionsabwehr. Bei Langzeitanwendung Knochenerweichung, Augenschäden (Grüner, Grauer Star), Muskelschäden, Magen-Darm-Geschwüre	**Therapeutisch zweckmäßig** z. B. zur Behandlung schwerer rheumatischer, allergischer und asthmatischer Erkrankungen.

Präparat	Wichtigste Nebenwirkungen	Empfehlung
Decortin H (D) Tabl. Prednisolon *Rezeptpflichtig*	Verminderte Infektionsabwehr. Bei Langzeitanwendung Knochenerweichung, Augenschäden (Grüner, Grauer Star), Muskelschäden, Magen-Darm-Geschwüre	**Therapeutisch zweckmäßig** z. B. zur Behandlung schwerer rheumatischer, allergischer und asthmatischer Erkrankungen.
Delphicort (D/Ö) Kristallsuspension (im., iart., infiltr.) Triamcinolon *Rezeptpflichtig*	Verminderte Infektionsabwehr. Bei Langzeitanwendung Knochenerweichung, Augenschäden (Grüner, Grauer Star), Muskelschäden, Magen-Darm-Geschwüre. Schäden an der Injektionsstelle, Gelenkschäden und -infektionen möglich	**Therapeutisch zweckmäßig** z. B. zur allgemeinen und lokalen Behandlung schwerer rheumatischer, allergischer und asthmatischer Erkrankungen. Von einer Injektion in Gelenke ist wegen der Nebenwirkungen der Kristallsuspension abzuraten.
Dexa-Allvoran (D) Injektionslösung (iv., iart., infiltr.) Dexamethason Lösungsvermittler: Propylenglykol *Rezeptpflichtig*	Verminderte Infektionsabwehr möglich. Bei Langzeitanwendung Knochenerweichung, Augenschäden (Grüner, Grauer Star), Muskelschäden, Magen-Darm-Geschwüre. Schäden an der Injektionsstelle (auch Venenentzündung durch Propylenglykol), Gelenkschäden und -infektionen möglich	**Therapeutisch zweckmäßig zur** allgemeinen und lokalen Behandlung schwerer rheumatischer, allergischer und asthmatischer Erkrankungen.
Dexabene (D) Injektionslösung (iv., im., iart., infiltr.) Dexamethason Lösungsvermittler: Propylenglykol *Rezeptpflichtig*	Verminderte Infektionsabwehr. Bei Langzeitanwendung Knochenerweichung, Augenschäden (Grüner, Grauer Star), Muskelschäden, Magen-Darm-Geschwüre. Schäden an der Injektionsstelle (auch Venenentzündung durch Propylenglykol), Gelenkschäden und -infektionen möglich	**Therapeutisch zweckmäßig zur** allgemeinen und lokalen Behandlung schwerer rheumatischer, allergischer und asthmatischer Erkrankungen.
Dexaflam injekt (D) Injektionslösung (iv., im.) Dexamethason *Rezeptpflichtig*	Verminderte Infektionsabwehr. Bei Langzeitanwendung Knochenerweichung, Augenschäden (Grüner, Grauer Star), Muskelschäden, Magen-Darm-Geschwüre. Schäden an der Injektionsstelle in der Muskulatur	**Therapeutisch zweckmäßig zur** allgemeinen Behandlung schwerer rheumatischer, allergischer und asthmatischer Erkrankungen. Vorteilhaft, weil es kein Propylenglykol enthält.

Präparat	Wichtigste Nebenwirkungen	Empfehlung
Dexahexal (D) Injektionslösung (iv., im.) Dexamethason Lösungsvermittler: Propylenglykol *Rezeptpflichtig*	Verminderte Infektionsabwehr. Bei Langzeitanwendung Knochenerweichung, Augenschäden (Grüner, Grauer Star), Muskelschäden, Magen-Darm-Geschwüre. Schäden an der Injektionsstelle in der Muskulatur	**Therapeutisch zweckmäßig zur** allgemeinen Behandlung schwerer rheumatischer, allergischer und asthmatischer Erkrankungen.
Dexamethason Nycomed (Ö) Tabl. Dexamethason *Rezeptpflichtig*	Verminderte Infektionsabwehr. Bei Langzeitanwendung Knochenerweichung, Augenschäden (Grüner, Grauer Star), Muskelschäden, Magen-Darm-Geschwüre	**Therapeutisch zweckmäßig** z. B. zur Behandlung schwerer rheumatischer, allergischer und asthmatischer Erkrankungen.
Dexamethason Nycomed (Ö) Injektionslösung (iv., im. u. a.) Dexamethason Lösungsvermittler: Propylenglykol *Rezeptpflichtig*	Verminderte Infektionsabwehr. Bei Langzeitanwendung Knochenerweichung, Augenschäden (Grüner, Grauer Star), Muskelschäden, Magen-Darm-Geschwüre. Schäden an der Injektionsstelle (auch Venenentzündung durch Propylenglykol), Gelenkschäden und -infektionen möglich	**Therapeutisch zweckmäßig zur** allgemeinen und lokalen Behandlung schwerer rheumatischer, allergischer und asthmatischer Erkrankungen.
Dexa-ratiopharm (D) Injektionslösung **Dexa von ct** (D) Injektionslösung (iv., im., iart., infiltr.) Dexamethason Lösungsvermittler: Propylenglykol *Rezeptpflichtig*	Verminderte Infektionsabwehr. Bei Langzeitanwendung Knochenerweichung, Augenschäden (Grüner, Grauer Star), Muskelschäden, Magen-Darm-Geschwüre. Schäden an der Injektionsstelle (auch Venenentzündung durch Propylenglykol), Gelenkschäden und -infektionen möglich	**Therapeutisch zweckmäßig zur** allgemeinen und lokalen Behandlung schwerer rheumatischer, allergischer und asthmatischer Erkrankungen.
Diprophos (Ö) Suspension zur Injektion (im., iart., infiltr.) Betamethason Lösungsvermittler: Propylenglykol *Rezeptpflichtig*	Verminderte Infektionsabwehr möglich. Bei Langzeitanwendung Knochenerweichung, Augenschäden (Grüner, Grauer Star), Muskelschäden, Magen-Darm-Geschwüre. Schäden an der Injektionsstelle (auch Venenentzündung durch Propylenglykol), Gelenkschäden und -infektionen möglich	**Therapeutisch zweckmäßig zur** allgemeinen und lokalen Behandlung schwerer rheumatischer, allergischer und asthmatischer Erkrankungen.

Präparat	Wichtigste Nebenwirkungen	Empfehlung
Fortecortin (D/Ö) Tabl. Dexamethason *Rezeptpflichtig*	Verminderte Infektionsabwehr. Bei Langzeitanwendung Knochenerweichung, Augenschäden (Grüner, Grauer Star), Muskelschäden, Magen-Darm-Geschwüre	**Therapeutisch zweckmäßig** z. B. zur Behandlung schwerer rheumatischer, allergischer und asthmatischer Erkrankungen.
Fortecortin Injekt (D/Ö) Injektionslösung, Amp., Fertigspritzen (iv., im., iart., infiltr.) Dexamethason *Rezeptpflichtig*	Verminderte Infektionsabwehr. Bei Langzeitanwendung Knochenerweichung, Augenschäden (Grüner, Grauer Star), Muskelschäden, Magen-Darm-Geschwüre. Schäden an der Injektionsstelle, Gelenkschäden und -infektionen möglich	**Therapeutisch zweckmäßig zur** allgemeinen und lokalen Behandlung schwerer rheumatischer, allergischer und asthmatischer Erkrankungen. Vorteilhaft, weil es kein Propylenglykol enthält.
Hydrocortison Hoechst (D) Tabl. **Hydrocortison Jenapharm** (D) Tabl. Hydrocortison *Rezeptpflichtig*	Bei Überdosierung verminderte Infektionsabwehr, Muskelschwäche, Knochenerweichung, Magen-Darm-Geschwüre möglich	**Therapeutisch zweckmäßig** zur Substitutionsbehandlung bei Ausfall der körpereigenen Kortisonbildung (z. B. M. Addison).
Imurek (D/Ö) Filmtabl., Durchstechflaschen Azathioprin *Rezeptpflichtig*	Magen-Darm-Störungen, Verminderung des Appetits, Knochenmarkschäden, Leberschäden. Verstärkte Wirkung bei Anwendung des Gichtmittels Allopurinol	**Therapeutisch zweckmäßig zur** Hemmung unerwünschter immunologischer Reaktionen (z. B. bei Autoimmunerkrankungen und Organtransplantation).
Lipotalon (D) Injektionslösung (iart., infiltr.) Dexamethason *Rezeptpflichtig*	Verminderte Infektionsabwehr möglich (z. B. bei Virusinfektionen). Bei Langzeitanwendung Knochenerweichung, Augenschäden (Grüner, Grauer Star), Muskelschäden, Magen-Darm-Geschwüre. Schäden an der Injektionsstelle (Gelenkzerstörung, Infektion)	**Therapeutisch zweckmäßig** z. B. zur Behandlung schwerer entzündlicher Gelenkerkrankungen. Vorteilhaft, weil es kein Propylenglykol enthält.
Predni-Hexal (D) Tabl. Prednisolon *Rezeptpflichtig*	Verminderte Infektionsabwehr. Bei Langzeitanwendung Knochenerweichung, Augenschäden (Grüner, Grauer Star), Muskelschäden, Magen-Darm-Geschwüre	**Therapeutisch zweckmäßig** z. B. zur Behandlung schwerer rheumatischer, allergischer und asthmatischer Erkrankungen.

Präparat	Wichtigste Nebenwirkungen	Empfehlung
Predni-H Tablinen (D) Tabl. Prednisolon *Rezeptpflichtig*	Verminderte Infektionsabwehr. Bei Langzeitanwendung Knochenerweichung, Augenschäden (Grüner, Grauer Star), Muskelschäden, Magen-Darm-Geschwüre	**Therapeutisch zweckmäßig** z. B. zur Behandlung schwerer rheumatischer, allergischer und asthmatischer Erkrankungen.
Predni-H Injekt (D) Kristallsuspension (iart., infiltr.) Prednisolon *Rezeptpflichtig*	Verminderte Infektionsabwehr möglich (z. B. bei Virusinfektionen). Bei Langzeitanwendung Knochenerweichung, Augenschäden (Grüner, Grauer Star), Muskelschäden, Magen-Darm-Geschwüre. Schäden an der Injektionsstelle (Gelenkzerstörung, Infektion)	**Therapeutisch zweckmäßig** z. B. zur Behandlung schwerer entzündlicher Gelenkerkrankungen. Von einer Injektion in Gelenke ist wegen der Nebenwirkungen der Kristallsuspension abzuraten.
Prednisolon Agepha (Ö) **Prednisolon Jenapharm** (D) **Prednisolon Nycomed** (Ö) **Prednisolon-ratiopharm** (D) Tabletten Prednisolon *Rezeptpflichtig*	Verminderte Infektionsabwehr. Bei Langzeitanwendung Knochenerweichung, Augenschäden (Grüner, Grauer Star), Muskelschäden, Magen-Darm-Geschwüre	**Therapeutisch zweckmäßig** z. B. zur Behandlung schwerer rheumatischer, allergischer und asthmatischer Erkrankungen.
Prednisolut (D) Substanz und Lösungsmittel (iv., im., iart.) Prednisolon *Rezeptpflichtig*	Verminderte Infektionsabwehr. Bei Langzeitanwendung Knochenerweichung, Augenschäden (Grüner, Grauer Star), Muskelschäden, Magen-Darm-Geschwüre. Schäden an der Injektionsstelle, Gelenkschäden und -infektionen möglich	**Therapeutisch zweckmäßig** zur allgemeinen und lokalen Behandlung schwerer rheumatischer, allergischer und asthmatischer Erkrankungen. Vorteilhaft, weil es kein Propylenglykol enthält.
Prednison Galen (D) Tabl. Prednison *Rezeptpflichtig*	Verminderte Infektionsabwehr. Bei Langzeitanwendung Knochenerweichung, Augenschäden (Grüner, Grauer Star), Muskelschäden, Magen-Darm-Geschwüre	**Therapeutisch zweckmäßig** z. B. zur Behandlung schwerer rheumatischer, allergischer und asthmatischer Erkrankungen.
Prograf (D/Ö) Kaps., Infusionslösungskonzentrat Tacrolimus *Rezeptpflichtig*	Häufig Magen-Darm-Störungen, Knochenmarkschäden, Infektionen, Herzschädigung, Diabetes mellitis, Hautreaktionen wie z. B. Abszesse, Kopfschmerzen, Leberschäden, Nierenschäden	**Therapeutisch zweckmäßig nur zur** Hemmung unerwünschter immunologischer Reaktionen bei Organtransplantation in Kombination mit anderen Mitteln (Kortisone, Azathioprin).

Präparat	Wichtigste Nebenwirkungen	Empfehlung
Rectodelt (D) Zäpfchen Prednison *Rezeptpflichtig*	Verminderte Infektionsabwehr. Bei Langzeitanwendung Knochenerweichung, Augenschäden (Grüner, Grauer Star), Muskelschäden, Magen-Darm-Geschwüre	**Nur zweckmäßig** z. B. zur Behandlung schwerer rheumatischer, allergischer und asthmatischer Erkrankungen, wenn eine Anwendung in Tablettenform nicht möglich ist.
Sandimmun (D) **Sandimmun Neoral** (Ö) Kaps., Infusionslösungskonzentrat, Lösung zum Einnehmen Ciclosporin *Rezeptpflichtig*	Erhöhte Infektanfälligkeit, Nierenschäden, Magen-Darm-Störungen, Bluthochdruck, Leberfunktionsstörungen, Müdigkeit, Muskelzittern (Tremor), stark vermehrte Behaarung, Ödeme	**Therapeutisch zweckmäßig zur** Vorbeugung und Behandlung der Organabstoßung nach Organ- und Hauttransplantationen. Möglicherweise zweckmäßig bei bestimmten schweren Augenentzündungen, schwerster Psoriasis und schwerster rheumatoider Arthritis.
Solu Celestan (Ö) Injektionslösung (iv., im., iart., infiltr.) Betamethason Lösungsvermittler: Propylenglykol *Rezeptpflichtig*	Verminderte Infektionsabwehr. Bei Langzeitanwendung Knochenerweichung, Augenschäden (Grüner, Grauer Star), Muskelschäden, Magen-Darm-Geschwüre. Schäden an der Injektionsstelle, Gelenkschäden und -infektionen möglich	**Therapeutisch zweckmäßig zur** allgemeinen und lokalen Behandlung schwerer rheumatischer, allergischer und asthmatischer Erkrankungen sowie bei akut lebensbedrohlichen Zuständen aufgrund von Allergien oder Asthma.
Solu Dacortin (Ö) Trockenstechamp., Trockenamp. mit Lösungsmittel zur Injektion (iv., im., iart. u. a.) Prednisolon *Rezeptpflichtig*	Verminderte Infektionsabwehr. Bei Langzeitanwendung Knochenerweichung, Augenschäden (Grüner, Grauer Star), Muskelschäden, Magen-Darm-Geschwüre. Schäden an der Injektionsstelle, Gelenkschäden und -infektionen möglich	**Therapeutisch zweckmäßig zur** allgemeinen und lokalen Behandlung schwerer rheumatischer, allergischer und asthmatischer Erkrankungen sowie bei akut lebensbedrohlichen Zuständen aufgrund von Allergien und Asthma. Vorteilhaft, weil es kein Propylenglykol enthält.
Solu Decortin H 10/ 25/ 50/ 100 (D) Trockensubst. und Lösungsmittel (iv., im, iart) Prednisolon *Rezeptpflichtig*	Verminderte Infektionsabwehr. Bei Langzeitanwendung Knochenerweichung, Augenschäden (Grüner, Grauer Star), Muskelschäden, Magen-Darm-Geschwüre. Schäden an der Injektionsstelle, Gelenkschäden und -infektionen möglich	**Therapeutisch zweckmäßig zur** allgemeinen und lokalen Behandlung schwerer rheumatischer, allergischer und asthmatischer Erkrankungen. Vorteilhaft, weil es kein Propylenglykol enthält.

Präparat	Wichtigste Nebenwirkungen	Empfehlung
Solu Decortin H 250/ 500/ 1000 (D) Trockensubst. (iv.) und Lösungsmittel Prednisolon *Rezeptpflichtig*	Verminderte Infektionsabwehr	**Therapeutisch zweckmäßig zur** Behandlung akut lebensbedrohlicher allergischer und asthmatischer Zustände. Vorteilhaft, weil es kein Propylenglykol enthält.
Solu Medrol (Ö) Trockensubstanz (iv., im.) Methylprednisolon *Rezeptpflichtig*	Verminderte Infektionsabwehr. Schäden an der Injektionsstelle	**Therapeutisch zweckmäßig zur** Behandlung akut lebensbedrohlicher allergischer und asthmatischer Zustände. Vorteilhaft, weil es kein Propylenglykol enthält.
Supertendin 2000-N (D) Kristallsuspension (iart., infiltr.) Dexamethason, Lidocain *Rezeptpflichtig*	Verminderte Infektionsabwehr. Bei Langzeitanwendung Knochenerweichung, Augenschäden (Grüner, Grauer Star), Muskelschäden, Magen-Darm-Geschwüre. Schäden an der Injektionsstelle	**Therapeutisch zweckmäßig** z. B. zur allgemeinen und lokalen Behandlung schwerer rheumatischer Erkrankungen. Von einer Injektion in Gelenke ist wegen der Nebenwirkungen der Kristallsuspension abzuraten. Enthält ein Lokalanästhetikum (Lidocain).
Triam Lichtenstein (D) Kristallsuspension (im., iart., infiltr.) Triamcinolon *Rezeptpflichtig*	Verminderte Infektionsabwehr. Bei Langzeitanwendung Knochenerweichung, Augenschäden (Grüner, Grauer Star), Muskelschäden, Magen-Darm-Geschwüre. Schäden an der Injektionsstelle, Gelenkschäden und -infektionen möglich	**Therapeutisch zweckmäßig** z. B. zur allgemeinen und lokalen Behandlung schwerer rheumatischer, allergischer und asthmatischer Erkrankungen. Von einer Injektion in Gelenke ist wegen der Nebenwirkungen der Kristallsuspension abzuraten.
Triamhexal (D) Kristallsuspension (im., iart., infiltr.) Triamcinolon *Rezeptpflichtig*	Verminderte Infektionsabwehr. Bei Langzeitanwendung Knochenerweichung, Augenschäden (Grüner, Grauer Star), Muskelschäden, Magen-Darm-Geschwüre. Schäden an der Injektionsstelle, Gelenkschäden und -infektionen möglich	**Therapeutisch zweckmäßig** z. B. zur allgemeinen und lokalen Behandlung schwerer rheumatischer, allergischer und asthmatischer Erkrankungen. Von einer Injektion in Gelenke ist wegen der Nebenwirkungen der Kristallsuspension abzuraten.
Triam Injekt (D) Kristallsuspension (im., iart., infiltr.) Triamcinolon *Rezeptpflichtig*	Verminderte Infektionsabwehr. Bei Langzeitanwendung Knochenerweichung, Augenschäden (Grüner, Grauer Star), Muskelschäden, Magen-Darm-Geschwüre. Schäden an der Injektionsstelle, Gelenkschäden und -infektionen möglich	**Therapeutisch zweckmäßig** z. B. zur allgemeinen und lokalen Behandlung schwerer rheumatischer, allergischer und asthmatischer Erkrankungen. Von einer Injektion in Gelenke ist wegen der Nebenwirkungen der Kristallsuspension abzuraten.

Präparat	Wichtigste Nebenwirkungen	Empfehlung
Urbason (D/Ö) Tabl. Methylprednisolon *Rezeptpflichtig*	Verminderte Infektionsabwehr. Bei Langzeitanwendung Knochenerweichung, Augenschäden (Grüner, Grauer Star), Muskelschäden, Magen-Darm-Geschwüre	**Therapeutisch zweckmäßig** z. B. zur Behandlung schwerer rheumatischer, allergischer und asthmatischer Erkrankungen.
Urbason Solubile (D/Ö) Trockensubstanz (im., iv.) Methylprednisolon *Rezeptpflichtig*	Verminderte Infektionsabwehr. Schäden an der Injektionsstelle	**Therapeutisch zweckmäßig** z. B. zur Behandlung akut lebensbedrohlicher allergischer und asthmatischer Zustände. Vorteilhaft, weil es kein Propylenglykol enthält.
Volon (Ö) Tabl. Triamcinolon *Rezeptpflichtig*	Verminderte Infektionsabwehr. Bei Langzeitanwendung Knochenerweichung, Augenschäden (Grüner, Grauer Star), Muskelschäden, Magen-Darm-Geschwüre	**Therapeutisch zweckmäßig** z. B. zur Behandlung schwerer rheumatischer, allergischer und asthmatischer Erkrankungen.
Volon A (D/Ö) Amp., Injektionsflasche, Spritzamp. Kristallsuspension (im., iart., infiltrat.) Triamcinolon *Rezeptpflichtig*	Verminderte Infektionsabwehr. Bei Langzeitanwendung Knochenerweichung, Augenschäden (Grüner, Grauer Star), Muskelschäden, Magen-Darm-Geschwüre. Schäden an der Injektionsstelle	**Therapeutisch zweckmäßig zur** allgemeinen Behandlung schwerer rheumatischer, allergischer und asthmatischer Erkrankungen. Von einer Injektion in Gelenke ist wegen der Nebenwirkungen der Kristallsuspension abzuraten.

7.2. Immunmodulatoren (Hepatitis, Multiple Sklerose)

Interferone sind Eiweiße, die in das Immunsystem eingreifen. Sie werden vom Körper als Reaktion auf körperfremde Organismen (z. B. Viren) hergestellt. Sie hemmen das Wachstum von Viren, aktivieren verschiedene Verteidigungszellen des Körpers und beschleunigen damit die Zerstörung und den Abtransport körperfremder Zellen. Interferon beta-1a hat einen nachgewiesenen Nutzen bei multipler Sklerose, Interferon alfa-2a bzw. 2b bei bestimmten Krebserkrankungen und Hepatitis B und C.
Die Nebenwirkungen dieser Medikamente können beträchtlich sein, deshalb ist unbedingt eine gute Zusammenarbeit mit dem behandelnden Arzt/der behandelnden Ärztin notwendig.

Der Wirkstoff Glatiramer (in *Copaxone*) ist bei multipler Sklerose nur dann sinnvoll, wenn Interferone nicht angewendet werden können. Auch bei diesem Wirkstoff können beträchtliche Nebenwirkungen auftreten.

7.2. Immunmodulatoren (Hepatitis, Multiple Sklerose)

Präparat	Wichtigste Nebenwirkungen	Empfehlung
Avonex (D/Ö) Injektionslösung Interferon beta-1a *Rezeptpflichtig*	Sehr häufig grippeähnliche Symptome wie Fieber, Schüttelfrost, Müdigkeit, Muskelschmerzen. Kopfschmerzen, Magen-Darm-Beschwerden, Depressionen, Leberschäden, Herzschäden, Veränderungen des Blutbilds	**Therapeutisch zweckmäßig** bei multipler Sklerose. Langzeitwirkung bei Anwendung von mehr als einem Jahr noch unzureichend beurteilbar.
Betaferon (D/Ö) Trockensubstanz und Lösungsmittel. Interferon beta-1b *Rezeptpflichtig*	Sehr häufig grippeähnliche Symptome wie Fieber, Schüttelfrost, Müdigkeit, Muskelschmerzen. Kopfschmerzen, Magen-Darm-Beschwerden, Depressionen, Leberschäden, Herzschäden, Veränderungen des Blutbilds	**Therapeutisch zweckmäßig** bei multipler Sklerose. Langzeitwirkung bei Anwendung von mehr als einem Jahr noch unzureichend beurteilbar.
Copaxone (D/Ö) Pulver und Lösungsmittel Glatiramer *Rezeptpflichtig*	Sehr häufig grippeähnliche Symptome auch mit Atembeschwerden, Bronchitis, Husten, Infektionen, psychische Veränderung z.B. Depressionen, Magen-Darm-Beschwerden, Gelenkbeschwerden, Veränderungen des Blutbilds	**Möglicherweise zweckmäßig** zur Verminderung der Häufigkeit von Schüben der multiplen Sklerose. Zweckmäßig nur bei weniger ausgeprägten Behinderungen, wenn Interferone nicht angewendet werden können. Langzeitverträglichkeit noch unzureichend bekannt.
Intron A (D/Ö) Injektionslösung Interferon alfa-2 b *Rezeptpflichtig*	Fieber, Schüttelfrost, Müdigkeit, Muskelschmerzen. Magen-Darm-Störungen (z. B. Übelkeit, Erbrechen, Blutungen und Wiederauftreten von Geschwüren). Störungen der Hirnfunktion (z. B. Verwirrtheit, Depressionen, Schlafstörungen, Anfälle). Schilddrüsenfunktionsstörungen, Herz-Kreislauf-Störungen (z. B. Herzrhythmusstörungen)	**Therapeutisch zweckmäßig bei** chronischer Leberentzündung (Hepatitis B und C). Therapeutisch zweckmäßig auch bei bestimmten Krebserkrankungen in Kombination mit anderen Wirkstoffen in erprobten Therapieschemata.

Präparat	Wichtigste Nebenwirkungen	Empfehlung
PegIntron (D) Pulver und Lösungsmitel für eine Injektionslösung Peginterferon alfa-2 b *Rezeptpflichtig*	Fieber, Schüttelfrost, Müdigkeit, Muskelschmerzen. Magen-Darm-Störungen (z. B. Übelkeit, Erbrechen, Blutungen und Wiederauftreten von Geschwüren). Störungen der Hirnfunktion (z. B. Verwirrtheit, Depressionen, Schlafstörungen, Anfälle). Schilddrüsenfunktionsstörungen, Herz-Kreislauf-Störungen (z. B. Herzrhythmusstörungen)	**Therapeutisch zweckmäßig bei** chronischer Leberentzündung (Virushepatitis Typ C), vorteilhaft in Kombination mit einem Virusmittel (Ribavirin).
Rebif (D/Ö) Injektionslösung Interferon beta-1a *Rezeptpflichtig*	Sehr häufig grippeähnliche Symptome wie Fieber, Schüttelfrost, Müdigkeit, Muskelschmerzen. Kopfschmerzen, Magen-Darm-Beschweden, Depressionen, Leberschäden, Herzschäden, Veränderungen des Blutbilds	**Therapeutisch zweckmäßig bei** multipler Sklerose. Langzeitwirkung bei Anwendung von mehr als einem Jahr noch unzureichend beurteilbar.
Roferon A (D/Ö) Injektionslösung Interferon alfa-2 a *Rezeptpflichtig*	Fieber, Schüttelfrost, Müdigkeit, Muskelschmerzen. Magen-Darm-Störungen (z. B. Übelkeit, Erbrechen, Blutungen und Wiederauftreten von Geschwüren). Störungen der Hirnfunktion (z. B. Verwirrtheit, Depressionen, Schlafstörungen, Anfälle). Schilddrüsenfunktionsstörungen, Herz-Kreislauf-Störungen (z. B. Herzrhythmusstörungen)	**Therapeutisch zweckmäßig bei** chronischer Leberentzündung (Hepatitis B und C). Therapeutisch zweckmäßig auch bei bestimmten Krebserkrankungen in Kombination mit anderen Wirkstoffen in erprobten Therapieschemata.

8. Kapitel: **Haut**

Die den Körper umhüllende Haut ist das größte Organ des Menschen. Als jener Teil des Körpers, der sowohl mit dem Körpergeschehen als auch mit der Umwelt in Berührung steht, ist ihr Zustand oft Spiegelbild von Veränderungen in beiden Bereichen. Sowohl innere Erkrankungen als auch äußere schädliche Einflüsse können sich an der Haut zeigen. Der Zweig der Medizin, der sich mit der Haut beschäftigt – die Dermatologie –, unterscheidet in ihren diagnostischen und therapeutischen Maßnahmen zwei Hautschichten:

- die außen liegende, eigentliche Haut (Cutis).
- und das darunter liegende Unterhautfettgewebe (Subcutis).

Haare und Nägel gelten als Anhangsgebilde der Haut, ihre Erkrankungen fallen ebenfalls in den Bereich der Dermatologie.

Die Funktionen der Haut:

- Sie ist Schutzorgan gegen Einflüsse von außen und Wasserverlust von innen. Die durch Talgabsonderung gebildete Fettschicht unterstützt diese Funktion.
- Sie regelt den Wärmehaushalt des Körpers durch Wärmeabgabe und Wasserverdunstung.
- Durch ihre Schweißdrüsen werden Endprodukte des Stoffwechsels – wie z. B. Harnstoff – abgegeben.
- Sie ist Atmungsorgan (1–2 Prozent des gesamten Gasaustausches)
- und Sinnesorgan.

Hautpflege

Eine gepflegte Haut sorgt für Wohlbefinden und kann Hautkrankheiten verhindern. Für die Pflege muss der Hauttyp berücksichtigt werden: fettig, normal, trocken. Zu beachten ist jedoch, dass die Haut im Winter trockener ist als im Sommer und dass Hormonspiegelschwankungen und der allgemeine Gesundheitszustand ebenfalls Auswirkungen auf die Haut haben. Manche Menschen weisen sogar im Gesicht unterschiedliche Hauttypen auf.
Hautpräparate zur Pflege und zur Behandlung sind als Cremes, Salben, Lotionen und Lösungen erhältlich:
Cremes sind stabile Mischungen von Wasser und Fett (Emulsionen). Es gibt zwei Arten: Wasser-in-Öl-Emulsionen sind sehr fetthaltig und

lassen sich nur schwer auf die Haut verteilen. Öl-in-Wasser-Emulsionen sind weniger fetthaltig, lassen sich leichter verteilen und ziehen schnell in die Haut ein. Cremes sind sehr anfällig für den Befall von Mikroorganismen und müssen deshalb durch Konservierungsstoffe stabilisiert werden.
Salben sind fettig und enthalten nur wenig oder gar kein Wasser. Sie bleiben als fettige Schicht auf der Haut.
Lotionen bestehen aus Öl, Wasser und Pulver, lassen sich leicht auftragen, haben eine kühlende Wirkung und trocknen entzündete und nässende Hautstellen aus. Lotionen müssen vor Gebrauch geschüttelt werden.
Lösungen bestehen aus Feststoffen, die in Wasser oder Alkohol aufgelöst sind, und wirken wie Lotionen austrocknend. Sie können unter Umständen Juckreiz verursachen.

Erkrankungen der Haut

Jede siebte beim niedergelassenen Arzt gestellte Diagnose ist eine Hauterkrankung – das bedeutet, dass deutsche Ärzte im Jahr rund 80 Millionen Mal wegen Hauterkrankungen aufgesucht werden. Eine Gesundheitsstudie in Wien hat gezeigt, dass fast ein Drittel der Bevölkerung an Hauterkrankungen leidet.
Meist führt der unmittelbare Kontakt mit Chemikalien zur Erkrankung. 90 Prozent der beruflich bedingten Hautschäden betreffen daher die Hände. Doch auch im Alltag sind wir ständig mit Materialien konfrontiert, die Hautreaktionen zur Folge haben können. Wasch- und Putzmittel, Klebemittel, Gewürze, Kosmetika, Toilettenartikel, Farbstoffe, Konservierungsmittel, Filmentwickler, Düngemittel etc. – all diese Errungenschaften der modernen Chemie können vor allem in ihrer Fülle Ursachen für Hautschäden sein.
Auch Medikamente können als Nebenwirkung Hautreaktionen verursachen, z. B. Penicillin. Oft können gerade die für die Hautbehandlung angebotenen Produkte Auslöser von Hautschäden sein: etwa das in vielen Hautsalben enthaltene Antibiotikum Neomycin, Antipilzmittel wie Dichlorphen und Hydroxychinolin, die als Konservierungsmittel in Deodorants zu finden sind, Korayagummi als Bestandteil von Verbandsmaterialien, Lanolin als Salbengrundlage, Parabene als Konservierungsstoff in Cremes und Salben.
Es gibt zwei Formen der körperlichen Reaktion auf den Kontakt mit Giftstoffen:

- die allergische Reaktion des Körpers. Sie tritt meist nach einem längeren Kontakt mit der betreffenden Substanz auf. Hat die Reaktion einmal stattgefunden, reagiert die Haut bei jedem neuerlichen Kontakt mit diesem Stoff.
- die sofortige Reaktion auf Giftstoffe.

Während im ersten Fall eine entsprechende Disposition vorhanden sein muss, die von Mensch zu Mensch verschieden ist, tritt bei bestimmten Substanzen eine sofortige Hautreaktion bei allen auf. Die individuelle Empfindlichkeit bei allergischen Hauterscheinungen ist im wesentlichen Resultat von Lebensgewohnheiten, Anfälligkeit, Medikamentenkonsum, Umwelteinflüssen und anderen Faktoren des Alltags.

Behandlung

Vorbeugung und Beseitigung der Ursachen wäre eigentlich das Wichtigste. Eine genaue Diagnose ist auch deshalb unbedingt Voraussetzung für jede Behandlung.
Offenbar halten sich viele Ärzte nicht an diese Grundregel. Trotz der Warnung fast aller Fachleute vor dem hohen Risiko, dass der unüberlegte Einsatz z. B. von Glukokortikoid-Salben selbst Hautschäden verursachen kann, lassen die Umsatzzahlen den Schluss zu, dass allzu viele Patienten mit diesen »Wunderdrogen« einfach abgefertigt werden. Häufig werden diese Mittel bei Krankheiten verwendet – z. B. Hautinfektionen –, bei denen sie sogar kontraindiziert sind, also ausdrücklich bei dieser Erkrankung nicht angewendet werden dürften.

Grundsätzlich gilt für die Behandlung der Haut folgende Hautarzt-Regel:

- feucht (z. B. Cremes mit einem hohen Wasseranteil) auf feuchte Schädigungen,
- trocken (z. B. Puder) auf trockene Schädigungen.

8.1. Mittel gegen entzündliche und/oder allergische Hauterkrankungen

Das wohl häufigste Symptom aller Hautkrankheiten – über 80 Prozent aller Ekzempatienten klagen darüber – ist der

Juckreiz (Pruritus)

Juckreiz wird in den meisten Fällen durch die zugrunde liegende Hauterkrankung (z. B. Psoriasis, Neurodermitis, Krätze etc.) oder eine Erkrankung innerer Organe hervorgerufen. Auch Medikamente können als unerwünschte Wirkung Juckreiz verursachen.

Allgemeiner Juckreiz ohne Hautveränderungen

ist häufig ein Hinweis auf eine Erkrankung der inneren Organe (z. B. Leber, Niere, Schilddrüse, Zuckerkrankheit, Blut, Lymphdrüsen).
Wenn *ältere Menschen* über *Juckreiz* klagen, ohne dass eine Hautveränderung sichtbar ist, handelt es sich in der Regel um den so genannten »Alterspruritus« (Altersjuckreiz). Zwar bleibt natürlich immer ein kleiner Verdacht auf das Vorliegen einer »systemischen Erkrankung« (= Erkrankung, die den ganzen Körper betrifft, nicht nur die Haut), meist ist es jedoch einfach die in dieser Altersgruppe anzutreffende Austrocknung der Haut, die zum Juckreiz geführt hat. Kurioserweise wird an eine derartig banal erscheinende Ursache – die häufigste Ursache für Juckreiz überhaupt – sehr selten gedacht. Dementsprechend werden dann unsinnigerweise Medikamente verordnet, wo eine einfache *Hautpflege* Abhilfe schaffen würde.

Behandlung

Grundsätzlich ist bei der Behandlung des Juckreizes die vorbeugende Pflege von größter Bedeutung. Dies gilt sowohl für die ausgetrocknete Haut alter Menschen als auch für die zwischendurch erscheinungsfreie Haut der Neurodermatitis. So genannte Basis-cremes, Bäder mit Ölzusätzen, die Begrenzung der Badezeit, optimale Wassertemperaturen (etwa 35°C), Vermeidung von zu häufigen Seifenwaschungen etc. können den Einsatz von Medikamenten ersparen.
Eine Behandlung des Juckreizes sollte erst nach bzw. mit einer entsprechenden Ursachensuche einsetzen, da ja häufig durch die spezifische Behandlung (des Ekzems oder der Krätze oder der Nesselsucht etc.) der Juckreiz verschwindet.

Mit diesem Vorbehalt sind folgende Maßnahmen möglich:

1. Innere Behandlung

Die meisten innerlich (als Tabletten, Dragees etc.) einzunehmenden Präparate enthalten so genannte *Antihistaminika* (siehe Kapitel 6). Das sind Wirkstoffe, die gezielt gegen das Histamin gerichtet sind. His-

tamin ist ein Überträgerstoff im Körper des Menschen, der zur Steuerung bestimmter Körperfunktionen wichtig ist (z. B. zur Anregung der Magensaftproduktion etc.). Histamin kann auch bei allergischen Hautreaktionen eine Rolle spielen, ist jedoch keineswegs die alleinige Ursache. Deshalb ist der Nutzen von Antihistaminika oft gering.
Wichtig ist der Zeitpunkt der Einnahme: Wenn überhaupt ein überzeugender Effekt erreicht werden soll, dann muss das Medikament vor der zu erwartenden Juckattacke eingenommen werden. Dies ist durchaus möglich, wenn man z. B. weiß, dass diese häufig spätabends oder nachts auftritt.
Alle Antihistaminika haben eine – mehr oder weniger ausgeprägte – Nebenwirkung: Sie machen müde. Je höher die Dosis, umso schläfriger wird man.
Glukokortikoide zum Einnehmen (als Tabletten, Dragees etc.) haben in der Behandlung des Juckreizes nichts zu suchen (Ausnahme: schwere Fälle von Urtikaria = Nesselsucht, die von Atemnot und Schluckbeschwerden begleitet sind).

2. Äußerliche Behandlung

Ein wichtiges Prinzip der äußeren Behandlung beruht schlicht auf einem »Verdrängungsmechanismus«: Eine unangenehme Empfindung wird durch eine angenehme (oder weniger unangenehme) ersetzt. Schon das Kratzen verschafft ja eine gewisse Erleichterung, auch wenn damit ein lokaler Schmerz an die Stelle des Juckreizes tritt.
Ähnlich verhält es sich mit den äußerlich angewandten Substanzen. Sie rufen die Empfindung »Kälte« (Wasser in Lotions, Gelen, Cremes) oder »Wärme« (schwache Reizstoffe, Phenol, Resorcin, Harnstoff) hervor.
Lokalanästhetika (z. B. enthalten in *Anaesthesin*) verhindern, dass die Hautnerven den Juckreiz zum Zentralnervensystem weiterleiten. Sie müssen in einer Mindestkonzentration vorliegen, um wirksam zu sein (Benzocain z. B. in mindestens 10-prozentiger Konzentration).
Antihistaminika in äußerlich anzuwendenden Präparaten (siehe Tabelle 8.1.) sind von zweifelhaftem Wert, da in der Regel ja erst nach Eintritt der Symptome behandelt und offenbar auch die nötige Konzentration des Wirkstoffes in der Haut nicht erreicht wird. Von solchen Präparaten ist deshalb *abzuraten.*
Glukokortikoide zum Auftragen auf die Haut (siehe Tabelle 8.1.) sind sinnvoll, wenn alle anderen Maßnahmen unwirksam sind. Inzwischen gibt es schwach wirkende Hydrokortison-Mittel, die rezeptfrei

erhältlich sind. Allerdings sollte man sich dessen bewusst sein, dass Kortison keine Heilung bewirkt, sondern nur die Beschwerden unterdrückt.
Zu beachten: Die Verwendung von Glukokortikoiden sollte auf maximal vier Wochen begrenzt werden, und die Hautfläche zum Auftragen sollte nicht mehr als ein Zehntel der Gesamtfläche des Körpers ausmachen. Bei Akne, Kupferfinnen, Nesselsucht sowie Hauterkrankungen, die durch Bakterien oder Pilze verursacht sind, dürfen keine Kortisonsalben oder -cremes verwendet werden.

Entzündliche Hauterkrankungen (Kontaktdermatitis, Ekzem)

Kontaktdermatitis, auch Ekzem genannt, ist die am häufigsten vorkommende Hautschädigung. Das hat dazu geführt, beinahe jede Hautveränderung der Einfachheit halber gleich »Ekzem« zu nennen, um damit dem Bedürfnis nach »klarer« Diagnose nachzukommen.
Im Allgemeinen versteht man darunter eine entzündliche, nicht-infektiöse Reaktion der Haut auf meist von außen (= exogen) einwirkende Reizstoffe. *Ekzeme sind nicht ansteckend.*
Fachleute unterscheiden zwischen allergischen und nicht-allergischen (= toxischen) Formen.
Bei lang dauernder Einwirkung der direkt schädigenden oder allergisierenden Substanz kann sich das Ekzem auf den ganzen Körper ausbreiten.
Auf einer bereits durch ein Ekzem geschädigten Haut können sich zusätzlich bakterielle oder Pilzinfektionen ausbreiten.

Selbsthilfe

Bei einem plötzlich auftretenden Kontaktekzem sollte man die Hautstelle mehrere Minuten lang mit Wasser abspülen. Anschließend mit einem sterilen Verband abdecken. Weder Puder noch Butter noch Öl oder irgendein anderes »Hausmittel« auftragen.
Gegen den Juckreiz hilft eine simple Kältebehandlung: Geben Sie Eiswürfel in eine Plastiktüte und legen Sie diese auf die mit einem Stoffstück (z. B. Handtuch) abgedeckte, juckende Stelle. Führen Sie diese »Behandlung« mehrmals täglich durch.
Gegen nässende Ekzeme wird von amerikanischen Ärzten folgende Methode empfohlen: Tauchen Sie ein Stück Stoff in kalte Milch und legen Sie es für etwa drei Minuten auf die betreffende Stelle. Anschließend zwei bis drei Male wiederholen. Spülen Sie die Haut nach der

»Behandlung« mit kaltem Wasser, weil die Milchreste sonst zu riechen beginnen.
Bei Handekzemen zum Waschen eine milde Seife oder Reinigungsmilch verwenden. Nach dem Waschen die Hände immer gut abtrocknen und mit unparfümierter Creme mehrmals am Tag einschmieren.
Bei allen Reinigungsarbeiten Baumwollhandschuhe und darüber gezogene PVC-Handschuhe tragen.

Behandlung

Kontaktdermatitis kann anderen Hauterkrankungen (z. B. Pilzerkrankungen) ähneln. Vor jeder Behandlung muss darum eine sorgfältige Diagnose stehen. Solange die auslösende Ursache nicht ausgeschaltet ist, kann die Behandlung unwirksam sein oder die Erkrankung wieder auftreten. Das Auffinden des verursachenden Stoffes kann schwierig sein. Dazu ist eine genaue Befragung über Beruf, Hobbys, Tätigkeiten im Haushalt, Urlaubsgewohnheiten, Kleidung, verwendete Arzneimittel und Kosmetika notwendig. Spezielle Pflastertests, mit denen nach dem Verursacher des Ekzems gesucht wird, führt man erst nach der akuten Krankheitsphase durch (siehe Kapitel 6.1.: Mittel gegen Allergien).
Die wichtigste Maßnahme besteht in der Vermeidung des Kontakts mit allergisierenden oder giftigen Stoffen. Bei *Handekzemen* sind z. B. Handschuhe sinnvoll. Dabei sollte man beachten, dass Schutzhandschuhe teilweise beträchtlich durchlässig sind für Stoffe wie Methanol, Azeton, Chloroform, Benzol, Phenol, Anilin, Tetrahydrofuran und sogar Wasser.
Eine spezifische Therapie kann durch weitere allgemeine Maßnahmen unterstützt werden. Hierzu gehört ein behutsames Waschen und Baden; Seifen sind eher zu meiden, zur Hautreinigung sind Syndets (synthetische Detergentien) zu bevorzugen (z. B. *Satina, Seba Med* usw.).

Medikamente

Falsch ist es, in jedem Fall »einfach« eine Kortison-haltige Salbe oder Creme zu verwenden. Zwar bessert sich dadurch das Ekzem nach kurzer Zeit, die Nebenwirkungen werden allerdings nicht auf sich warten lassen.
In der akuten Phase hingegen (d. h., wenn die Haut stark gerötet ist und nässt) sind Kortison-haltige Salben durchaus sinnvoll – für höchstens vier Wochen. Ist dann keine Besserung eingetreten, ist es zweifel-

haft, ob die Diagnose überhaupt stimmt. Nicht alles, was gerötet ist und nässt, ist ein Ekzem. Wenn es aber etwas anderes ist, z. B. eine Hautinfektion mit Bakterien oder Pilzen, dann *muss* es auch *anders* behandelt werden.
Hilfreich in der akuten Phase sind außerdem feuchte Umschläge (Wasser, Gerbstoffe) oder Lotio alba aquosa (wird in der Apotheke zubereitet).
In der zweiten Phase, gekennzeichnet durch einen relativen Rückgang der Symptome, sind *fettarme* Zubereitungen, also »Cremes« (unter Umständen Glukokortikoid-haltige), zweckmäßig.
Im weiteren Verlauf, bei zunehmender Austrocknung und Schuppenbildung, geht man über zu *fettreicheren* Zubereitungen, also z. B. *Salben*.

Endogenes Ekzem (Neurodermitis, Dermitis atopica)

Neurodermitis ist eine chronische, stark juckende Entzündung der Haut mit unterschiedlichem Verlauf und unterschiedlichen Krankheitszeichen:

- Bei Säuglingen zeigen sich ab etwa dem dritten Lebensmonat Rötungen, Bläschen und Schuppungen an Wangen, Gesicht und Kopfhaut (Milchschorf).
- Bei Kindern und Jugendlichen handelt es sich meist um symmetrische Hauterscheinungen an Gesicht, Nacken, Ellenbogen und Kniekehlen mit trockener, geröteter, verdickter, schuppender, zerkratzter Haut, verbunden mit starkem Juckreiz.

Von Neurodermitis sind etwa 15 Prozent aller Säuglinge und Kinder betroffen.

Ursachen

Endogen bedeutet »von innen kommend« – also nicht von außen verursacht. Und tatsächlich ist über die Ursache dieses Ekzems bis heute wenig bekannt. Es besteht eine große Chance, dass es sich nach Abschluß der Pubertät »auswächst« – dies ist bei vier von fünf Jugendlichen der Fall.
Die Krankheit tritt besonders in emotional belastenden Situationen in wiederkehrenden Schüben auf. Manchmal kann das Verhalten der Eltern dazu führen, dass die Neurodermitis »unbewusst« aufrechterhalten wird: Die intensive Zuwendung während eines Krankheitschubes kann vom Kind als »Belohnung« empfunden werden, die das Leid

durch die Krankheit übertönt. Das bedeutet allerdings nicht, dass man das Kind nicht liebevoll umsorgen sollte, aber man sollte das Geschehen aufmerksam betrachten.
Starke Temperaturschwankungen, Woll- oder Seidenbekleidung, bestimmte Öle und Fette sowie allergisierende Chemikalien können Erkrankungsschübe auslösen. Baden in Süßwasser kann die Beschwerden verschlimmern.
Neuere Untersuchungen scheinen zu belegen, dass gelegentlich eine Unverträglichkeit gegen gewisse Nahrungsmittel – Milchprodukte, Eiklar, Zitrusfrüchte – die Ursache für Krankheitsschübe ist. In fast allen medizinischen Lehrbüchern wird jedoch bestritten, dass es einen Zusammenhang zwischen Nahrungsmitteln und Neurodermitis gibt.

Behandlung

Da Neurodermitis meist eine länger dauernde Erkrankung ist, haben sich an vielen Orten Selbsthilfegruppen gebildet. Wer sich einer Gruppe anschließen möchte, kann sich beim Bundesverband Neurodermitiskranker informieren: Oberstraße 171, 56154 Boppard, Telefon: 06742/8713-0. Internet: http://www. neurodermitis.net/
Problematisch sind manche obskuren Behandlungsempfehlungen, die in solchen Gruppen häufig kursieren. Gerade bei Neurodermitis kann jede neue Behandlung – egal, ob es sich um Entspannung, Gymnastik, Diät, Suggestion mittels Kristallsteinen oder Homöopathie handelt – zu einer bemerkenswerten Besserung der Beschwerden führen. Dies ist in erster Linie wohl auf den Placebo-Effekt zurückzuführen, der bei Neurodermitis sehr wirkungsvoll ist.

Folgende Maßnahmen werden allerdings von fast allen Therapierichtungen als sinnvoll beschrieben:

- Eine möglichst stabile emotionale Situation schaffen und eventuell eine Entspannungsmethode erlernen (z. B. autogenes Training).
- Extrem feuchtes oder extrem trockenes Klima meiden.
- Bei trockener Raumluft Befeuchter verwenden.
- Kleidungsstücke aus Wolle oder rauen Kunstofffasern meiden. Günstig ist Baumwolle.
- Für die Hautreinigung möglichst nur Wasser und so selten wie möglich Reinigungsmittel verwenden. Keine Schaumbäder verwenden.
- Nach der Reinigung die Haut mit Pflegelotionen, -cremes oder -salben fetten.

- Für die Reinigung von Kleidungsstücken keine Klar- oder Weichspüler verwenden.
- Nahrungsmittel vermeiden, die verdächtigt werden, Krankheitsschübe zu verursachen. Man sollte dabei jedoch nicht übertreiben, denn eine rigorose Diät kann für Kinder sehr belastend sein.
- Mehrwöchiger Aufenthalt in einem günstigen Klima (z. B. an der Nordsee oder im Gebirge). Manche Kassen bezahlen solche Kuren.

Bei stark entzündeter Haut gelten ähnliche Behandlungsgrundsätze wie bei entzündlichen Hauterkrankungen (siehe *Kontaktdermatitis*, *Ekzem*). In diesem Fall sind Kortisonsalben oder -cremes sinnvoll. Allerdings sollte man nicht monatelang ununterbrochen damit behandeln, weil bei lang dauernder Anwendung vielfältige Nebenwirkungen auftreten können.
Gegen starken Juckreiz in der Nacht hilft das Schlucken von Antihistaminika (siehe Kapitel 6.1.: Mittel gegen Allergien).

Psoriasis (Schuppenflechte)

Etwa 2 Prozent der Bevölkerung sind davon befallen. Es handelt sich um ein entzündliches, schuppendes Hautleiden, das familiär gehäuft auftritt. Die Wahrscheinlichkeit, an Psoriasis zu erkranken, beträgt bei Kindern, bei denen ein Elternteil Psoriasis-krank ist, etwa 25 Prozent. Die Wahrscheinlichkeit steigt auf 60 bis 70 Prozent, wenn beide Elternteile erkrankt waren.

Wichtig: *Psoriasis hat nichts, aber auch gar nichts mit Infektionskrankheiten zu tun!*

Da diese Krankheit also nicht ansteckend ist, sind diesbezügliche Vorsichtsmaßregeln im Beruf (Lebensmittelbranche z. B.) oder in der Freizeit (Schwimmbad) unangebracht. Die zuweilen selbst auferlegte, aber auch durch Ignoranz erzwungene Abkapselung und Zurückgezogenheit ist eine Art von Freiheitsbeschränkung, die unserer aufgeklärten Gesellschaft unwürdig ist.
Selbst wenn mit hoher Wahrscheinlichkeit eine erbliche Belastung vorliegt, kann es sein, dass die Erkrankung nie oder vielleicht nur einmal im Leben ausbricht. Sie kann sich aber auch häufiger manifestieren, ja sogar chronisch werden. Über diese erblich übertragene Störung, die zu dem veränderten, aktiveren Verhalten des Hautorgans führt, ist letztlich nichts bekannt, und sie kann deshalb auch nicht ursächlich behandelt werden. Deshalb fragt man sich, ob und welche

Verursacher die Krankheit ausbrechen lassen und ob man diese Faktoren vielleicht beeinflussen kann.

Auslösefaktoren können sein:

Infektionskrankheiten, auch so banal erscheinende wie Angina (Halsentzündung), Grippe, Bronchitis u. a.; aber auch Medikamente zum Schlucken, wie z. B. Lithium-Salze zur Depressionsbehandlung (siehe Kapitel 2.4.), Antimalariamittel (siehe Kapitel 10.5.) und Betablocker (siehe Tabelle 12.1.), die als Herz- und Hochdruckmittel breite Anwendung finden.
Emotionale Belastungen können ebenfalls Psoriasis-Schübe auslösen. Abgesehen vom Alkohol, dem eine verschlimmernde Wirkung nachgesagt wird, ist kein spezifischer Ernährungsfaktor bekannt, so dass eine Psoriasisdiät nicht sinnvoll ist. Wenn erhöhte Harnsäurewerte im Blut bestimmt wurden, so liegt das an den im akuten Psoriasisschub erhöhten Umsatz der Hautzellen. Es ist also in der Regel nicht als ein Symptom der Gicht zu deuten. Und deshalb sollte dieses Laborsymptom auch *nicht* mit harnsäuresenkenden Medikamenten (z. B. *Allopurinol*) behandelt werden. Eine wichtige Rolle als Auslöser spielen *äußere Faktoren* und hier wahrscheinlich vor allem die physikalisch-mechanischen. Dass z. B. die Psoriasisherde häufig an Ellenbogen und Knien aufschießen, dürfte auf die dort erhöhte mechanische Belastung der Haut zurückzuführen sein. Weitere Provokationsfaktoren sind Zustände, die die Haut reizen, wie z. B. Verletzungen, Operationsnarben, Verbrennungen.

Behandlung

Schuppenflechte kann einen ein Leben lang »begleiten«. Es ist eine chronische, zwar nicht »heilbare«, jedoch zufrieden stellend behandelbare Hauterkrankung. Spontane Besserungen ohne jede Behandlung kommen vor. Das sollte man im Auge behalten, wenn wieder einmal von einer neuen, spektakulären Behandlungsmethode die Rede ist. Bei etwa zwei Drittel aller Betroffenen gibt es auch immer wieder längere Phasen, in denen sich die Krankheit kaum bemerkbar macht. Bei etwa jedem fünften Betroffenen sind mit den Hautveränderungen auch Gelenkbeschwerden verbunden.
Die Behandlung kann äußerlich, innerlich oder kombiniert erfolgen, wobei der äußerlichen Behandlung trotz des Aufwands zunächst der Vorzug gegeben werden sollte.

Seit langem bekannt ist der günstige Einfluss von Sonnenlicht auf Psoriasis. Wer an dieser Hautkrankheit leidet, sollte deshalb seine Ferien wenn möglich in sonnigem Klima verbringen. Vorsicht vor Sonnenbrand – dieser verschlimmert die Krankheit!

Wer an Schuppenflechte leidet, sollte seine Haut durch folgende Maßnahmen pflegen:
- Regelmäßige Bäder, denen ein Glas Milch mit zwei Teelöffeln Olivenöl beigesetzt wurde
- und/oder regelmäßiges Einreiben mit fetthaltigen Körperlotionen oder einem Körperöl.

Das Erlernen eines Entspannungsverfahrens (z. B. autogenes Training) kann zu einer entspannteren Lebensweise führen und damit die Zahl der Schübe verringern.
Selbsthilfegruppen, die es in zahlreichen Orten gibt, bieten gegenseitige Unterstützung und Erfahrungsaustausch. Bei der Zentralstelle, dem Deutschen Psoriasis-Bund, Seewartenstr. 10, 20459 Hamburg, Telefon: 040/22 33 99-0 (http://www.psoriasis-bund.de), kann man die nächstgelegene Selbsthilfegruppe erfragen (in Österreich: PSO Austria, Jägerstraße 3/2, A-1200 Wien, Telefon: 01-332 40 03).

Mittel zur Behandlung der schuppenden Kopfhaut

Solche Mittel werden nicht nur bei Psoriasis, sondern auch bei Seborrhoe verwendet und deshalb in Tabelle 8.2. Mittel gegen Kopfschuppen, Seborrhoe und Haarausfall besprochen:

Alpicort, Alpicort-F, Berniter, Betnesol V, De-squaman, Dermovate crinale, Ellsurex, Karison crinale, Lygal N.

Dithranol

Ein seit langem bewährtes Mittel ist der Wirkstoff Dithranol, der in einer Reihe von Präparaten zusammen mit Salicylsäure bzw. Harnstoff enthalten ist (z. B. *Psoradexan)*. Der Nachteil ist die mit diesem Wirkstoff erzeugte Verfärbung der Haut und Haare.
Bei *Kurzzeitbehandlung* mit Dithranol, die auch leicht zu Hause durchgeführt werden kann, sind diese unerwünschten Wirkungen geringer. Man sollte sich allerdings genau an das vom Arzt angegebene Behandlungsschema halten und Dithranol nur auf die betroffenen Hautstellen auftragen, da es die gesunde Haut schädigen kann. Bei stark entzündlichen Psoriasis-Formen darf Dithranol allerdings nicht verwendet werden.

Calcipotriol

Der Wirkstoff Calcipotriol (enthalten z. B. in *Psorcutan, Daivobet*) hat eine ähnlich gute Wirksamkeit wie Kortison zum Auftragen auf die Haut. Achtung: Die Wirkung von Calcipotriol wird durch vorherige oder gleichzeitige Verwendung von Mitteln, die Salicylsäure enthalten, aufgehoben (z. B. *Betadermic, Soderm Plus).*

Kortisone (Glukokortikoide, siehe Tabelle 8.1.)

sind in der Psoriasistherapie im Allgemeinen *zu meiden*, aber manchmal kurzfristig notwendig. Nach Absetzen der Präparate kommt es in der Regel zu einem Rückfall, manchmal schlimmer als zuvor. Kortisonähnliche Wirkstoffe eignen sich nur für akute, entzündliche Schübe, besonders im Bereich der Kopfhaare.

Teerpräparate (z. B. Ichtholan, Leukichtan)

haben eine antipsoriatische Wirkung, sie werden jedoch häufig in Kombination mit dem Wirkstoff Dithranol oder/und mit UV-Licht-Bestrahlung eingesetzt. Die Behandlung mit Teer ist problematisch, da sowohl die Verfärbung als auch der unangenehme Geruch unter ambulanten Bedingungen auf die Umgebung sehr abstoßend wirken kann. Teerpräparate steigern die Lichtempfindlichkeit – es besteht Sonnenbrandgefahr!

Lichttherapie

Eine relativ harmlose Behandlungsmethode ist schließlich die *Lichttherapie* mit der Bezeichnung »UV-B«. Mit der Lichttherapie lassen sich auch gute vorbeugende Effekte erzielen. Da die wirksamsten Wellenlängen krebsfördernd wirken können, empfehlen Experten, nicht vor dem vierzigsten Lebensjahr mit der Phototherapie zu beginnen. Wenn sie zu Hause mit eigenen Lampen durchgeführt wird, sollte man sich immer mit einem Hautarzt wegen der möglichen chronischen Lichtschäden absprechen.

Schwere Erkrankungsformen von Psoriasis

Besonders schwere Fälle von Psoriasis-Erkrankungen sollten von Spezialisten behandelt werden, weil es notwendig sein kann, Medikamente mit einem hohen Potential an Nebenwirkungsrisiken zu verwenden – unter Umständen in Verbindung mit UV-Strahlen (Photochemotherapie).

Kortison

Kortisone (in der Fachsprache Glukokortikoide oder Kortikoide oder Kortikosteroide oder Steroide genannt) sind Hormone, die normalerweise in der Nebennierenrinde des Menschen produziert, längst aber auch künstlich hergestellt werden können. Ihre zuverlässige entzündungshemmende und antiallergische Wirkung hat ihnen den Ruf eines Allheilmittels verschafft.
Die massenhafte und häufig unkritische, falsche Anwendung hat jedoch auch die dunkle Seite dieser Medikamente gezeigt: Bei langfristiger Verwendung können sehr unterschiedliche, teilweise dramatische Nebenwirkungen auftreten.
Bei sachgerechter Verwendung ist die Angst vor einer Kortisonbehandlung jedoch unbegründet.
Achtung: Kortisone können Entzündungen und Allergien zwar wirkungsvoll unterdrücken, aber nicht heilen (siehe Kapitel 7). Das kann dazu führen, dass mit Kortison auch frühzeitig Hautentzündungen gehemmt werden, die auf schwere Erkrankungen hinweisen, wie z. B. Syphilis, Tuberkulose oder bösartige Hauttumore. Wird die Haut aber erst einmal behandelt, ist es auch für erfahrene Hautärzte schwer, die Ursache der Hautentzündung zu erkennen.
Kortisone (Glukokortikoide) sollten deshalb *erst nach einer eindeutigen Diagnosestellung* verwendet werden.

Kortisone (Glukokortikoide) zum Auftragen auf die Haut sollten nicht verwendet werden bei:

- Infektionen der Haut durch Bakterien oder Viren
- Pilzerkrankungen
- Krätze
- Akne
- Kupferfinnen (Rosazea)
- Nesselsucht (Urtikaria)

Größte Vorsicht ist geboten bei der Anwendung von Kortisonen (Glukokortikoiden) bei Säuglingen, Kindern, im Gesicht (Schmetterlingsflechte), im Genitalbereich, am Unterschenkel und bei Brustwarzenveränderungen.
Riskant ist das Auftragen von Arzneien mit Kortison im Augenbereich, weil dadurch die Entstehung des Grünen und Grauen Stars (Glaukom und Katarakt) gefördert werden kann (siehe dazu Kapitel 9: Augen, Ohren).

Die Verwendung von Kortison während der Schwangerschaft und Stillzeit ist vertretbar, wenn die Präparate sachgerecht angewendet werden.

Welches Präparat?

Es gibt unterschiedlich starke Kortison-haltige (Glukokortikoid-haltige) Wirkstoffe. Je stärker die jeweilige Wirkung, desto größer ist das Risiko unerwünschter Nebenwirkungen.

In der medizinischen Fachliteratur werden Kortisone in vier Gruppen eingeteilt (Wirkungsstärke von oben nach unten abnehmend):
- Zu den stärksten Präparaten zählen *Clobegalen, Dermovate, Dermoxin, Karison.*
- Starke Mittel sind z. B. *Betagalen, Betnovate, Jellin, Soderm, Synalar N.*
- Mittelstarke Mittel sind z. B. *Betnovate* in schwächerer Dosierung.
- Schwach wirkende Mittel sind alle Hydrokortisonpräparate (z. B. *Alfason, Ebenol, Fenistil Hydrocortison*).

Zubereitungen mit 0,25 Prozent Hydrokortison sind in Deutschland seit 1996 rezeptfrei erhältlich.
Die Wirkstärke der meisten Kortisonpräparate hängt allerdings von der Zubereitung ab. Es ist deshalb möglich, ein starkes Präparat wie *Betnesol* so weit zu verdünnen, dass es nur noch eine schwache Wirkung hat.
Hydrokortisone können allerdings nicht zu stark wirksamen Mitteln aufbereitet werden, und Mittel wie etwa *Dermoxin* zählen auch in verdünnter Form immer zu den stärksten kortisonähnlichen Wirkstoffen (Glukokortikoiden).

Grundsätzlich gilt:

Es ist immer nur die schwächste Zubereitung anzuwenden, die wirkt. Das stärkere Präparat ist erst dann zu verordnen, wenn mit allen anderen nicht der gewünschte Erfolg erzielt werden kann. Nach möglichst kurzer Zeit (48 Stunden) sollte aber immer wieder auf schwächere Medikamente umgestiegen werden.
Da kortisonähnliche Wirkstoffe sehr schnell wirken, ist wöchentlich zu kontrollieren, ob ihre weitere Anwendung noch erforderlich ist.

Nebenwirkungen von Kortison auf der Haut

Es besteht das Risiko, dass eine »Steroidabhängigkeit« der Haut entsteht – sobald das Präparat abgesetzt wird, kommt es dann wieder zu Entzündungen. Darum darf eine längerfristige Behandlung auch nicht plötzlich beendet werden. Man muss sie »ausschleichen« lassen.
All diese Vorsichtsmaßnahmen und Anwendungseinschränkungen sind unbedingt zu beachten, da auch bei kortisonähnlichen Wirkstoffen, die auf die Haut aufgetragen werden, zahlreiche Nebenwirkungen beobachtet worden sind. Es kann zu einer nicht mehr heilbaren »Hautalterung« (Atrophie) kommen – am empfindlichsten ist das Gesicht, dann der Hals und der Handrücken. Auch Jugendliche können schon so eine »Greisenhaut« bekommen. Ebenfalls *häufig* sind Hautstreifen (Striae), Infektionsverschlimmerungen und andere bleibende Hautschäden (Teleangiektasien). Weitere Nebenwirkungen können sein: so genannte Steroid-Akne – fleckförmige bis flächenhafte Hautblutungen und Hautgeschwüre jeweils dort, wo der kortisonähnliche Wirkstoff aufgetragen wurde.
Kortisonähnliche Wirkstoffe können also bei nicht sachgerechter Verwendung das zur Folge haben, wogegen sie eingesetzt werden: Hauterkrankungen. Wenn kortisonähnliche Wirkstoffe auf große Hautflächen aufgetragen werden, kann es zusätzlich zu Nebenwirkungen kommen, die sonst nur auftreten, wenn diese stark wirksamen Entzündungshemmer in Tabletten-, Zäpfchen- oder Spritzenform verwendet werden. Siehe dazu Kapitel 7: Entzündungen und Immunreaktionen.
Vorsicht: In letzter Zeit gibt es Berichte in Fachzeitschriften, dass es bei Verwendung von Kortisonen auf der Haut zu Überempfindlichkeitsreaktionen (Kontaktallergien) kommen kann. An diese Möglichkeit sollte man vor allem dann denken, wenn eine Hautkrankheit trotz Verwendung von Kortison nicht heilt oder sich sogar verschlechtert. Auch die Hilfsstoffe in Kortison-Salben und -Cremes (Farbstoffe, Konservierungsmittel) können Kontaktallergien verursachen.

Salben, Cremes, Lotionen?

Salben mit kortisonähnlichen Wirkstoffen sind bei trockenen, schuppigen Erkrankungen geeigneter als Cremes. Sie bleiben länger auf der Haut, wirken aber optisch schlechter.
Bei nässenden Zuständen sind Cremes und Lotionen vorzuziehen.

Kortisonähnliche Wirkstoffe – in Kombination mit Antibiotika oder Pilzmitteln

Es sei zweifelhaft, ob die Kombination von kortisonähnlichen Wirkstoffen mit anderen Substanzen (z. B. Antibiotika oder Pilzmitteln) vorteilhaft sei, meint die englische Ärztevereinigung. Die Arzneimittelkommission der Deutschen Ärzteschaft empfiehlt statt der Verwendung von Kombinationspräparaten eine gezielte Behandlung z. B. mit Antiseptika oder Pilzmitteln. Und die Fachzeitschrift »arznei-telegramm« warnt davor, dass die Beimischung von Kortison zu Pilzmitteln die lokale Abwehrreaktion der Haut hemmen kann. Als »bedenklich« wird vor allem die Kombination von Kortison mit allergisierenden Antibiotika wie Neomycin (z. B. *Jellin-Neomycin, Jellin Polyvalent, Synalar N, Volon A Salbe antibiotikahaltig*) oder Gentamicin (z. B. *Diprogenta, Sulmycin mit Celestan-V*) eingestuft.

Antihistaminika auf der Haut

Antihistaminika zum Auftragen auf die Haut (z. B. *Dermodrin, Fenistil, Histaxin, Soventol, Systral, Tavegil*) sollten nicht verwendet werden, weil sie Überempfindlichkeitsreaktionen verursachen können und außerdem – wenn überhaupt – nur eine sehr geringe Wirksamkeit aufweisen.

Teer- und Schieferölpräparate

Seitdem in der Medizin kortisonähnliche Wirkstoffe (Glukokortikoide) zur Verfügung stehen, werden Teerpräparate nicht mehr so häufig eingesetzt. Bei stärkeren Ekzemen sind sie jedoch nach wie vor allen anderen Wirkstoffen vorzuziehen (Empfehlung der Arzneimittelkommission der Deutschen Ärzteschaft). Teer- und Schieferölpräparate lindern den Juckreiz und werden auch bei der Behandlung der Schuppenflechte (Psoriasis) mit UV-Strahlen zur Vorbehandlung der Haut verwendet. Zweckmäßig sind Schieferölpräparate (z. B. *Ichtholan, Leukichtan*). Von Holzkohlenteeren ist wegen zu geringer Wirkung und gelegentlich auftretenden allergischen Hauterscheinungen abzuraten.
Nebenwirkungen: Teere und Schieferöle haben einen ausgeprägten Geruch. Sie können in seltenen Fällen Hautallergien hervorrufen, die Heilung von Wunden verzögern und bei Lichteinwirkung Hautreizungen (Photosensibilität) verursachen. Ein mögliches Krebsrisiko bei Teerpräparaten ist in der Fachliteratur umstritten.

8.1. Mittel gegen entzündliche und allergische Hauterkrankungen

Präparat	Wichtigste Nebenwirkungen	Empfehlung
Advantan (D/Ö) Creme, Salbe, Fettsalbe, Emulsion, Lösung Methylprednisolon *Rezeptpflichtig*	Verminderte Infektionsabwehr, verzögerte Wundheilung, Hautreizungen. Bei länger dauernder Anwendung mäßiges Risiko für bleibende Hautschäden	**Therapeutisch zweckmäßig** Mittelstark wirksamer, kortisonähnlicher Wirkstoff.
Alfason (D) Creme, mini Creme, Crelo, Salbe, Cresa Hydrocortison *Rezeptpflichtig*	Verminderte Infektionsabwehr, verzögerte Wundheilung, Hautreizungen. Bei länger dauernder Anwendung relativ geringes Risiko für bleibende Hautschäden	**Therapeutisch zweckmäßig** Schwach wirksamer, kortisonähnlicher Wirkstoff.
Amciderm (D) Lotion, Creme, Salbe, Fettsalbe Amcinonid *Rezeptpflichtig*	Verminderte Infektionsabwehr, verzögerte Wundheilung. Bei länger dauernder Anwendung: bleibende Hautschäden (z. B. Hautverdünnung, Ausweitung von Blutgefäßen); bei Kindern: Hormonstörungen	**Therapeutisch zweckmäßig nur** zur kurzfristigen Anwendung (weniger als drei Wochen). Bei längerem Gebrauch sind Nutzen und Risiken besonders abzuwägen. Kortisonähnlicher Wirkstoff.
Anaesthesulf-Lotio (D) Lotion Polidocanol, Zinkoxid, Hilfsstoffe: unter anderem Talkum, Titandioxid	Allergische Erscheinungen (z. B. Juckreiz, Rötung, Bläschen an der Haut)	**Therapeutisch zweckmäßig,** z. B. bei stark juckenden Windpocken. Kombination von schwach lokalanästhetisch wirkendem Emulgator (Polidocanol) mit verschiedenen adsorbierend wirkenden Stoffen.
Baycuten HC (D) Creme Clotrimazol, Hydrocortison *Rezeptpflichtig*	Verminderte Infektionsabwehr, verzögerte Wundheilung. Auch bei länger dauernder Anwendung relativ geringes Risiko für bleibende Hautschäden	**Nur zweckmäßig in** begründeten Ausnahmefällen, z. B. bei ekzematösen Hautentzündungen, wenn sie durch Clotrimazol-empfindliche Pilze infiziert sind. Kombination eines Kortisons (Hydrocortison) mit Pilzmittel (Clotrimazol).
Betacreme KSK (D) Creme **Betasalbe KSK** (D) Salbe Betamethason *Rezeptpflichtig*	Verminderte Infektionsabwehr, verzögerte Wundheilung. Bei länger dauernder Anwendung: bleibende Hautschäden (z. B. Hautverdünnung, Ausweitung von Blutgefäßen); bei Kindern: Hormonstörungen	**Therapeutisch zweckmäßig nur** zur kurzfristigen Anwendung (weniger als drei Wochen). Kortisonähnlicher Wirkstoff. Bei längerem Gebrauch sind Nutzen und Risiken besonders abzuwägen.

Präparat	Wichtigste Nebenwirkungen	Empfehlung
Betadermic (D) Salbe Betamethason, Salicylsäure *Rezeptpflichtig*	Verminderte Infektionsabwehr, verzögerte Wundheilung. Bei länger dauernder Anwendung: bleibende Hautschäden (z. B. Hautverdünnung, Ausweitung von Blutgefäßen); bei Kindern: Hormonstörungen	**Nur zweckmäßig in** begründeten Ausnahmefällen, z. B. bei stark schuppenden Hauterkrankungen. Kombination eines kortisonähnlichen Wirkstoffs (Betamethason) mit einem hautaufweichenden Mittel (Salicylsäure).
Betagalen (D) Creme, Lotion, Salbe, Lösung Betamethason *Rezeptpflichtig*	Verminderte Infektionsabwehr, verzögerte Wundheilung. Bei länger dauernder Anwendung: bleibende Hautschäden (z. B. Hautverdünnung, Ausweitung von Blutgefäßen); bei Kindern: Hormonstörungen	**Therapeutisch zweckmäßig nur** zur kurzfristigen Anwendung (weniger als drei Wochen). Kortisonähnlicher Wirkstoff. Bei längerem Gebrauch sind Nutzen und Risiken besonders abzuwägen.
Betnovate (Ö) Creme, Salbe, Lotion Betamethason *Rezeptpflichtig*	Verminderte Infektionsabwehr, verzögerte Wundheilung. Bei länger dauernder Anwendung: bleibende Hautschäden (z. B. Hautverdünnung, Ausweitung von Blutgefäßen); bei Kindern: Hormonstörungen	**Therapeutisch zweckmäßig nur** zur kurzfristigen Anwendung (weniger als drei Wochen). Kortisonähnlicher Wirkstoff. Bei längerem Gebrauch sind Nutzen und Risiken besonders abzuwägen.
Betnovate C (Ö) Creme, Salbe Betamethason, Clioquinol *Rezeptpflichtig*	Verminderte Infektionsabwehr, verzögerte Wundheilung. Bei länger dauernder Anwendung: bleibende Hautschäden (z. B. Hautverdünnung, Ausweitung von Blutgefäßen); bei Kindern: Hormonstörungen	**Nur zweckmäßig in** begründeten Ausnahmefällen, z. B. bei ekzematösen Hautentzündungen, wenn sie durch Clioquinol-empfindliche Erreger infiziert sind. Kombination von kortisonähnlichem Wirkstoff (Betamethason) mit Pilzmitteln.
Betnovate N (Ö) Creme, Salbe Betamethason, Neomycin *Rezeptpflichtig*	Verminderte Infektionsabwehr, verzögerte Wundheilung. Bei länger dauernder Anwendung: bleibende Hautschäden (z. B. Hautverdünnung, Ausweitung von Blutgefäßen); bei Kindern: Hormonstörungen. Allergisierung gegen Neomycin	**Abzuraten** Wenig sinnvolle Kombination von einem kortisonähnlichen Wirkstoff (Betamethason) mit einem Antibiotikum (Neomycin). Die Anwendung von Neomycin auf der Haut ist nicht vertretbar.
Bufexamac-ratiopharm (D) Creme, F-Salbe Bufexamac	Allergische Erscheinungen (z. B. Juckreiz, Rötung, Bläschen an der Haut)	**Möglicherweise zweckmäßig bei** leichten entzündlichen Hauterkrankungen. Kein Kortison.

Präparat	Wichtigste Nebenwirkungen	Empfehlung
Clobegalen Salbe (D) Salbe Clobetasol *Rezeptpflichtig*	Verminderte Infektionsabwehr, verzögerte Wundheilung. Bei länger dauernder Anwendung: bleibende Hautschäden (z. B. Hautverdünnung, Ausweitung von Blutgefäßen); bei Kindern: Hormonstörungen	**Therapeutisch zweckmäßig nur,** wenn andere Glukokortikoide versagen. Kortisonähnlicher Wirkstoff. Stark wirkendes Medikament.
Daivobet (D) Salbe, Creme, Lösung Calcipotriol, Betamethason *Rezeptpflichtig*	Hautreizungen. Bei Überdosierung Erhöhung des Blutcalciums.Verminderte Infektionsabwehr, verzögerte Wundheilung. Bei länger dauernder Anwendung: bleibende Hautschäden (z. B. Hautverdünnung, Ausweitung von Blutgefäßen); bei Kindern: Hormonstörungen	**Therapeutisch zweckmäßig zur** kurzfristigen (maximal acht Wochen) Behandlung der Psoriasis. Enthält Vitamin-D-ähnlichen (Calcipotriol) und kortisonähnlichen Wirkstoff (Betamethason).
Decoderm (D) Creme, Salbe, Paste **Decoderm - Creme** (Ö) Creme Flupredniden *Rezeptpflichtig*	Verminderte Infektionsabwehr, verzögerte Wundheilung. Bei länger dauernder Anwendung: bleibende Hautschäden (z. B. Hautverdünnung, Ausweitung von Blutgefäßen); bei Kindern: Hormonstörungen	**Therapeutisch zweckmäßig nur** zur kurzfristigen Anwendung (weniger als drei Wochen). Kortisonähnlicher Wirkstoff (Flupredniden). Bei längerem Gebrauch sind Nutzen und Risiken besonders abzuwägen.
Decoderm comp (D) Creme, Salbe **Decoderm compositum** (Ö) Creme Flupredniden, Gentamicin *Rezeptpflichtig*	Verminderte Infektionsabwehr, verzögerte Wundheilung. Bei länger dauernder Anwendung: bleibende Hautschäden (z. B. Hautverdünnung, Ausweitung von Blutgefäßen); bei Kindern: Hormonstörungen	**Nur zweckmäßig in** begründeten Ausnahmefällen, z. B. bei ekzematösen Hautentzündungen, wenn sie durch Gentamicin-empfindliche Pilze infiziert sind. Kombination eines kortison-ähnlichen Wirkstoffs (Flupredniden) mit Antibiotikum (Gentamicin).
Decoderm tri (D) Creme Flupredniden, Miconazol *Rezeptpflichtig*	Verminderte Infektionsabwehr, verzögerte Wundheilung. Bei länger dauernder Anwendung: bleibende Hautschäden (z. B. Hautverdünnung, Ausweitung von Blutgefäßen); bei Kindern: Hormonstörungen	**Nur zweckmäßig in** begründeten Ausnahmefällen, z. B. bei ekzematösen Hautentzündungen, wenn sie durch Miconazol-empfindliche Pilze infiziert sind. Kombination eines kortisonähnlichen Wirkstoffs (Flupredniden) mit Pilzmittel (Miconazol).

Präparat	Wichtigste Nebenwirkungen	Empfehlung
Decoderm trivalent (Ö) Creme Flupredniden, Gentamicin, Cloxiquin *Rezeptpflichtig*	Verminderte Infektionsabwehr, verzögerte Wundheilung. Bei länger dauernder Anwendung: bleibende Hautschäden (z. B. Hautverdünnung, Ausweitung von Blutgefäßen); bei Kindern: Hormonstörungen	**Abzuraten** Wenig sinnvolle Kombination von kortisonähnlichem Wirkstoff (Flupredniden), Antibiotikum (Gentamicin) und Pilzmittel (Cloxiquin).
Delagil (D) Creme, Pulver Synthetischer Gerbstoff	Reizerscheinungen möglich	**Wenig zweckmäßig bei** den vom Hersteller angegebenen Anwendungsgebieten (z. B. entzündliche und juckende Hauterkrankungen). Enthält einen Stoff mit adstringierender Wirkung (Gerbstoff).
Dermatop (D) Salbe, Creme, Fettsalbe, Lösung Prednicarbat *Rezeptpflichtig*	Verminderte Infektionsabwehr, verzögerte Wundheilung. Bei länger dauernder Anwendung: relativ geringes Risiko für bleibende Hautschäden (z. B. Hautverdünnung, Ausweitung von Blutgefäßen)	**Therapeutisch zweckmäßig nur** zur kurzfristigen Anwendung (weniger als drei Wochen). Kortisonähnlicher Wirkstoff. Bei längerem Gebrauch sind Nutzen und Risiken besonders abzuwägen.
Dermodrin (Ö) Puder, Salbe Diphenhydramin	Selten allergische Hauterscheinungen (z. B. Hautjucken, Hautrötung, Bläschen). Bei Anwendung auf größeren entzündeten Hautflächen: Müdigkeit; bei Kindern auch Verwirrtheitszustände möglich	**Abzuraten** Wirksamkeit des Inhaltsstoffs (Antihistaminikum) bei Anwendung auf der Haut zweifelhaft.
Dermovate (Ö) Creme, Salbe Clobetasol *Rezeptpflichtig*	Verminderte Infektionsabwehr, verzögerte Wundheilung. Bei länger dauernder Anwendung: bleibende Hautschäden (z. B. Hautverdünnung, Ausweitung von Blutgefäßen); bei Kindern: Hormonstörungen	**Therapeutisch zweckmäßig nur,** wenn andere Glukokortikoide versagen. Kortisonähnlicher Wirkstoff. Stark wirkendes Medikament.
Dermoxin (D) Creme, Salbe Clobetasol *Rezeptpflichtig*	Verminderte Infektionsabwehr, verzögerte Wundheilung. Bei länger dauernder Anwendung: bleibende Hautschäden (z. B. Hautverdünnung, Ausweitung von Blutgefäßen); bei Kindern: Hormonstörungen	**Therapeutisch zweckmäßig nur,** wenn andere Glukokortikoide versagen. Kortisonähnlicher Wirkstoff. Stark wirkendes Medikament.

Präparat	Wichtigste Nebenwirkungen	Empfehlung
Dexa Loscon mono (D) Lösung Dexamethason *Rezeptpflichtig*	Verminderte Infektionsabwehr, verzögerte Wundheilung. Bei länger dauernder Anwendung: bleibende Hautschäden (z. B. Hautverdünnung, Ausweitung von Blutgefäßen); bei Kindern: Hormonstörungen	**Therapeutisch zweckmäßig nur** zur kurzfristigen Anwendung (weniger als drei Wochen)auf der Kopfhaut. Kortisonähnlicher Wirkstoff. Bei längerem Gebrauch sind Nutzen und Risiken besonders abzuwägen.
Diproderm (Ö) Creme, Lösung, Salbe Betamethason *Rezeptpflichtig*	Verminderte Infektionsabwehr, verzögerte Wundheilung. Bei länger dauernder Anwendung: bleibende Hautschäden (z. B. Hautverdünnung, Ausweitung von Blutgefäßen); bei Kindern: Hormonstörungen	**Therapeutisch zweckmäßig nur** zur kurzfristigen Anwendung (weniger als drei Wochen). Kortisonähnlicher Wirkstoff. Bei längerem Gebrauch sind Nutzen und Risiken besonders abzuwägen.
Diprogenta (D/Ö) Creme, Salbe Betamethason, Gentamicin *Rezeptpflichtig*	Verminderte Infektionsabwehr, verzögerte Wundheilung. Bei länger dauernder Anwendung bleibende Hautschäden (z. B. Hautverdünnung, Ausweitung von Blutgefäßen); Allergisierung gegen das Antibiotikum Gentamicin möglich. Bei Kindern: Hormonstörungen	**Abzuraten** Vertretbar nur in begründeten Ausnahmefällen, z. B. bei ekzematösen Hautentzündungen, wenn sie durch Gentamicin-empfindliche Erreger infiziert sind und andere antibakterielle Mittel nicht angewendet werden können. Kombination eines kortisonähnlichen Wirkstoffs (Betamethason) mit Antibiotikum (Gentamicin).
Diprosis (D) Gel, Salbe Betamethason *Rezeptpflichtig*	Verminderte Infektionsabwehr, verzögerte Wundheilung. Bei länger dauernder Anwendung: bleibende Hautschäden (z. B. Hautverdünnung, Ausweitung von Blutgefäßen); bei Kindern: Hormonstörungen	**Therapeutisch zweckmäßig nur** zur kurzfristigen Anwendung (weniger als drei Wochen). Kortisonähnlicher Wirkstoff. Bei längerem Gebrauch sind Nutzen und Risiken besonders abzuwägen.
Diprosone (D) Creme, Lösung, Salbe Betamethason *Rezeptpflichtig*	Verminderte Infektionsabwehr, verzögerte Wundheilung. Bei länger dauernder Anwendung: bleibende Hautschäden (z. B. Hautverdünnung, Ausweitung von Blutgefäßen); bei Kindern: Hormonstörungen	**Therapeutisch zweckmäßig nur** zur kurzfristigen Anwendung (weniger als drei Wochen). Kortisonähnlicher Wirkstoff. Bei längerem Gebrauch sind Nutzen und Risiken besonders abzuwägen.
Duradermal (D) Creme, Fett-Salbe, Salbe, Lotion Bufexamac	Allergische Erscheinungen (z. B. Juckreiz, Rötung, Bläschen an der Haut)	**Möglicherweise zweckmäßig** bei leichten entzündlichen Hauterkrankungen. Kein Kortison.

Präparat	Wichtigste Nebenwirkungen	Empfehlung
Ebenol (D) Salbe Hydrocortison	Verminderte Infektionsabwehr, verzögerte Wundheilung, Hautreizungen. Bei länger dauernder Anwendung relativ geringes Risiko für bleibende Hautschäden	**Therapeutisch zweckmäßig** Schwach wirksamer, kortisonähnlicher Wirkstoff.
Ecural (D) Fettcreme, Salbe, Lösung Mometason *Rezeptpflichtig*	Verminderte Infektionsabwehr, verzögerte Wundheilung. Bei länger dauernder Anwendung: bleibende Hautschäden (z. B. Hautverdünnung, Ausweitung von Blutgefäßen); bei Kindern: Hormonstörungen	**Therapeutisch zweckmäßig nur** zur kurzfristigen Anwendung (weniger als drei Wochen). Kortisonähnlicher Wirkstoff. Bei längerem Gebrauch sind Nutzen und Risiken besonders abzuwägen.
Elidel (D/Ö) Creme, Pimecrolimus *Rezeptpflichtig*	Häufg Hautreaktionen (z. B. Brennen, Reizungen, Juckreiz). Verminderte lokale und allgemeine Infektionsabwehr (u. a. Hautentzündung, Atemwegsinfektionen). Kopfschmerzen, Magen-Darm-Beschwerden. Verdacht auf erhöhtes Krebsrisiko	**Abzuraten** besonders von der Anwendung bei Kindern wegen des ungeklärten Sicherheitsrisikos. Vertretbar zur kurzfristigen Anwendung bei topischem Ekzem bei Erwachsenen, wenn kortisonähnliche Wirkstoffe nicht angewendet werden können. Bei längerem Gebrauch sind Nutzen und Risiken sehr sorgfältig abzuwägen.
Elocon (Ö) Creme, Salbe, Lösung Mometason *Rezeptpflichtig*	Verminderte Infektionsabwehr, verzögerte Wundheilung. Bei länger dauernder Anwendung: bleibende Hautschäden (z. B. Hautverdünnung, Ausweitung von Blutgefäßen); bei Kindern: Hormonstörungen	**Therapeutisch zweckmäßig nur** zur kurzfristigen Anwendung (weniger als drei Wochen). Kortisonähnlicher Wirkstoff. Bei längerem Gebrauch sind Nutzen und Risiken besonders abzuwägen.
Epipevisone (D) Creme Econazol, Triamcinolon *Rezeptpflichtig*	Verminderte Infektionsabwehr, verzögerte Wundheilung. Bei länger dauernder Anwendung: bleibende Hautschäden (z. B. Hautverdünnung, Ausweitung von Blutgefäßen); bei Kindern: Hormonstörungen	**Nur zweckmäßig in** begründeten Ausnahmefällen, z. B. ekzematösen Hautentzündungen, wenn sie durch Econazol-empfindliche Pilze infiziert sind. Kombination von kortisonähnlichem Wirkstoff (Triamcinolon) mit Pilzmittel.
Fenistil (D/Ö) Gel **Fenistil Kühl Roll-on Gel**(D/Ö) Gel **Fenistil Lotion** (Ö) Gel Dimetinden Hilfsstoff: Benzalkonium (nur in Roll-on Gel)	Selten allergische Hauterscheinungen (z. B. Hautjucken, Hautrötung, Bläschen). Bei Anwendung auf größeren entzündeten Hautflächen: Müdigkeit; bei Kindern auch Verwirrtheitszustände möglich	**Abzuraten** Wirksamkeit des Inhaltsstoffs (Antihistaminikum) bei Anwendung auf der Haut zweifelhaft. Gel kühlt.

Präparat	Wichtigste Nebenwirkungen	Empfehlung
Fenistil Hydrocortison (D) Salbe Hydrocortison	Verminderte Infektionsabwehr, verzögerte Wundheilung, Hautreizungen. Bei länger dauernder Anwendung relativ geringes Risiko für bleibende Hautschäden	**Therapeutisch zweckmäßig** Schwach wirksamer, kortisonähnlicher Wirkstoff.
Fucicort Creme (D) Creme Betamethason, Fusidinsäure *Rezeptpflichtig*	Verminderte Infektionsabwehr, verzögerte Wundheilung, Hautreizungen. Bei länger dauernder Anwendung relativ geringes Risiko für bleibende Hautschäden	**Nur zweckmäßig in** begründeten Ausnahmefällen, z. B. ekzematösen Hautentzündungen, wenn sie durch Fusidinsäure-empfindliche Keime infiziert sind. Kombination von kortisonähnlichem Wirkstoff (Betamethason) mit Antibiotikum.
Fucidine plus (D) Salbe Hydrocortison, Fusidinsäure *Rezeptpflichtig*	Verminderte Infektionsabwehr, verzögerte Wundheilung, Hautreizungen. Bei länger dauernder Anwendung relativ geringes Risiko für bleibende Hautschäden	**Nur zweckmäßig in** begründeten Ausnahmefällen, z. B. ekzematösen Hautentzündungen, wenn sie durch Fusidinsäure-empfindliche Keime infiziert sind. Kombination von kortisonähnlichem Wirkstoff (Hydrocortison) mit Antibiotikum.
Fumaderm/ initial (D) Tabl. Verschiedene Fumarate *Rezeptpflichtig*	Häufig Magen-Darm-Beschwerden, Leber-, Nieren- und Blutschäden, Kopfschmerzen, Müdigkeit	**Wenig zweckmäßig** Vertretbar zur Behandlung von bestimmten schweren Formen der Psoriasis (Schuppenflechte), wenn alle anderen Behandlungen versagen. Noch immer unzureichend erprobt.
Halicar (D/Ö) Creme, Salbe Homöopathische Zubereitung (Cardiospermum Urtinktur)	Allergische Reaktionen	**Homöopathisches Mittel** Therapeutische Wirksamkeit bei Entzündungen der Haut zweifelhaft. Das Einreiben körperfremder Substanzen auf geschädigte Haut ist wegen möglicher Allergisierung zu unterlassen.
Histaxin (Ö) Creme, Gel Diphenhydramin	Selten allergische Hauterscheinungen (z. B. Hautjucken, Hautrötung, Bläschen). Bei Anwendung auf größeren entzündeten Hautflächen: Müdigkeit; bei Kindern auch Verwirrtheitszustände möglich	**Abzuraten** Wirksamkeit des Inhaltsstoffs (Antihistaminikum) bei Anwendung auf der Haut zweifelhaft. Gel kühlt.

Präparat	Wichtigste Nebenwirkungen	Empfehlung
Hydrocutan (D) Creme, Salbe Hydrocortisonacetat *Rezeptpflichtig*	Verminderte Infektionsabwehr, verzögerte Wundheilung. Bei länger dauernder Anwendung Hautschäden möglich	**Therapeutisch zweckmäßig** Stärker als Hydrocortison wirksamer, kortisonähnlicher Wirkstoff.
Hydrocutan Salbe mild (D) Hydrocortison *Rezeptpflichtig* *(nur 100 g Packung)*	Verminderte Infektionsabwehr, verzögerte Wundheilung. Auch bei länger dauernder Anwendung relativ geringes Risiko für bleibende Hautschäden	**Therapeutisch zweckmäßig** Schwach wirksamer, kortisonähnlicher Wirkstoff.
Hydroderm Aesca (Ö) Creme, Lösung, Salbe Hydrocortison *Rezeptpflichtig*	Verminderte Infektionsabwehr, verzögerte Wundheilung. Auch bei länger dauernder Anwendung relativ geringes Risiko für bleibende Hautschäden	**Therapeutisch zweckmäßig** Schwach wirksamer, kortisonähnlicher Wirkstoff.
Hydrogalen (D) Creme, Salbe, Lösung, Lotion Hydrocortison *Rezeptpflichtig*	Verminderte Infektionsabwehr, verzögerte Wundheilung. Auch bei länger dauernder Anwendung relativ geringes Risiko für bleibende Hautschäden	**Therapeutisch zweckmäßig** Schwach wirksamer, kortisonähnlicher Wirkstoff.
Hydro-Wolff (D) Creme, Lotio Hydrocortison *Rezeptpflichtig*	Verminderte Infektionsabwehr, verzögerte Wundheilung. Auch bei länger dauernder Anwendung relativ geringes Risiko für bleibende Hautschäden	**Therapeutisch zweckmäßig** Schwach wirksamer, kortisonähnlicher Wirkstoff.
Ichtholan (D/Ö) Salbe **Ichtholan T** (D) Gel Ichthyol (Schieferöl)	Selten allergische Hauterscheinungen (z. B. Juckreiz, Hautrötung, Bläschen). Hautreizungen, insbesondere bei den höher konzentrierten Zubereitungen	**Nur zweckmäßig als** mildes Desinfektions- und Hautreizmittel.
Inotyol (Ö) Salbe, Puder Ichthyol (Schieferöl), Hamamelisextrakt, Zinkoxid, Salbe zusätzlich: Titanoxid	Selten allergische Hauterscheinungen (z. B. Juckreiz, Hautrötung, Bläschen)	**Wenig zweckmäßig** Wenig sinnvolle Kombination eines milden Desinfektions- und Hautreizmittels (Ichthyol) mit adstringierendem Mittel (Hamamelis) und Metalloxiden.

Präparat	Wichtigste Nebenwirkungen	Empfehlung
Jellin (D) Creme, Salbe Fluocinolon *Rezeptpflichtig*	Verminderte Infektionsabwehr, verzögerte Wundheilung. Bei länger dauernder Anwendung: bleibende Hautschäden (z. B. Hautverdünnung, Ausweitung von Blutgefäßen); bei Kindern: Hormonstörungen	**Therapeutisch zweckmäßig nur** zur kurzfristigen Anwendung (weniger als drei Wochen). Kortisonähnlicher Wirkstoff. Bei längerem Gebrauch sind Nutzen und Risiken besonders abzuwägen.
Jellin-Neomycin (D) Creme, Salbe Fluocinolon, Neomycin *Rezeptpflichtig*	Verminderte Infektionsabwehr, verzögerte Wundheilung. Bei länger dauernder Anwendung: bleibende Hautschäden (z. B. Hautverdünnung, Ausweitung von Blutgefäßen); bei Kindern: Hormonstörungen. Allergisierung gegen Neomycin	**Abzuraten** Wenig sinnvolle Kombination eines kortisonähnlichen Wirkstoffs (Fluocinolon) mit einem Antibiotikum (Neomycin). Die Anwendung von Neomycin auf der Haut ist nicht vertretbar.
Jellin Polyvalent (D) Salbe Fluocinolon, Nystatin, Neomycin *Rezeptpflichtig*	Verminderte Infektionsabwehr, verzögerte Wundheilung. Bei länger dauernder Anwendung: bleibende Hautschäden (z. B. Hautverdünnung, Ausweitung von Blutgefäßen); bei Kindern: Hormonstörungen. Allergisierung gegen Neomycin	**Abzuraten** Wenig sinnvolle Kombination eines kortisonähnlichen Wirkstoffs (Fluocinolon) mit einem Antibiotikum (Neomycin) und Pilzmittel (Nystatin). Die Anwendung von Neomycin auf der Haut ist nicht vertretbar.
Kaban (D) Creme, Salbe Clocortolon *Rezeptpflichtig*	Verminderte Infektionsabwehr, verzögerte Wundheilung. Bei länger dauernder Anwendung: bleibende Hautschäden (z. B. Hautverdünnung, Ausweitung von Blutgefäßen); bei Kindern: Hormonstörungen	**Therapeutisch zweckmäßig nur** zur kurzfristigen Anwendung (weniger als drei Wochen). Kortisonähnlicher Wirkstoff. Bei längerem Gebrauch sind Nutzen und Risiken besonders abzuwägen.
Kabanimat (D) Creme, Salbe Clocortolon *Rezeptpflichtig*	Verminderte Infektionsabwehr, verzögerte Wundheilung. Bei länger dauernder Anwendung: bleibende Hautschäden (z. B. Hautverdünnung, Ausweitung von Blutgefäßen); bei Kindern: Hormonstörungen	**Therapeutisch zweckmäßig nur** zur kurzfristigen Anwendung (weniger als drei Wochen). Kortisonähnlicher Wirkstoff. Bei längerem Gebrauch sind Nutzen und Risiken besonders abzuwägen.
Kamillosan (D/Ö) Salbe, Creme, Lösung, Wund- und Heilbad, nur Ö: Tropfen Kamillenextrakt	Keine wesentlichen zu erwarten	**Naturheilmittel** Vertretbar bei leichten Entzündungen der Haut und Schleimhaut.

Präparat	Wichtigste Nebenwirkungen	Empfehlung
Karison (D) Creme, Salbe, Fettsalbe, Crinale Lösung Clobetasol *Rezeptpflichtig*	Verminderte Infektionsabwehr, verzögerte Wundheilung. Bei länger dauernder Anwendung: bleibende Hautschäden (z. B. Hautverdünnung, Ausweitung von Blutgefäßen); bei Kindern: Hormonstörungen	**Therapeutisch zweckmäßig nur,** wenn andere Glukokortikoide versagen. Kortisonähnlicher Wirkstoff. Stark wirkendes Medikament.
Kortikoid-ratiopharm (D) Creme, F-Salbe Triamcinolon *Rezeptpflichtig*	Verminderte Infektionsabwehr, verzögerte Wundheilung. Bei länger dauernder Anwendung: bleibende Hautschäden (z. B. Hautverdünnung, Ausweitung von Blutgefäßen); bei Kindern: Hormonstörungen	**Therapeutisch zweckmäßig nur** zur kurzfristigen Anwendung (weniger als drei Wochen). Kortisonähnlicher Wirkstoff. Bei längerem Gebrauch sind Nutzen und Risiken besonders abzuwägen.
Kühlprednon (Ö) Salbe Prednisolon, Sorbinsäure *Rezeptpflichtig*	Verminderte Infektionsabwehr, verzögerte Wundheilung. Bei länger dauernder Anwendung: bleibende Hautschäden (z. B. Hautverdünnung, Ausweitung von Blutgefäßen); bei Kindern: Hormonstörungen	**Wenig zweckmäßig** Wenig sinnvolle Kombination eines kortisonähnlichen Wirkstoffs (Prednisolon) mit schwachem Desinfektionsmittel (Sorbinsäure). Die therapeutische Wirksamkeit von Sorbinsäure ist zweifelhaft.
Leioderm P (D) Creme Prednisolon, Chinolinolsulfat (Chinosol) *Rezeptpflichtig*	Verminderte Infektionsabwehr, verzögerte Wundheilung. Bei länger dauernder Anwendung: bleibende Hautschäden (z. B. Hautverdünnung, Ausweitung von Blutgefäßen); bei Kindern: Hormonstörungen	**Nur zweckmäßig in** begründeten Ausnahmefällen, z. B. bei ekzematösen Hautentzündungen, wenn sie durch Chinosol-empfindliche Erreger infiziert sind. Kombination eines kortisonähnlichen Wirkstoffs (Prednisolon) mit antibiotisch wirkendem Mittel (Chinosol).
Leukichtan (Ö) Salbe Ichthyol (Schieferöl), Lebertran	Selten allergische Hauterscheinungen (z. B. Juckreiz, Hautrötung, Bläschen)	**Abzuraten** bei den vom Hersteller angegebenen Anwendungsgebieten (z. B. Frost-, Brandschäden, Wunden, Geschwüre). Nur vertretbar als mildes Desinfektions- und Hautreizmittel.

Präparat	Wichtigste Nebenwirkungen	Empfehlung
Linola-H N (D) Creme **Linola-H-Fett N** (D) Fettcreme Prednisolon *Rezeptpflichtig*	Verminderte Infektionsabwehr, verzögerte Wundheilung. Bei länger dauernder Anwendung: bleibende Hautschäden (z. B. Hautverdünnung, Ausweitung von Blutgefäßen); bei Kindern: Hormonstörungen	**Therapeutisch zweckmäßig nur** zur kurzfristigen Anwendung (weniger als drei Wochen). Kortisonähnlicher Wirkstoff. Bei längerem Gebrauch sind Nutzen und Risiken besonders abzuwägen.
Lotricomb (D) Salbe, Creme Betamethason, Clotrimazol *Rezeptpflichtig*	Verminderte Infektionsabwehr, verzögerte Wundheilung. Bei länger dauernder Anwendung: bleibende Hautschäden (z. B. Hautverdünnung, Ausweitung von Blutgefäßen); bei Kindern: Hormonstörungen	**Nur zweckmäßig in** begründeten Ausnahmefällen, z. B. bei ekzematösen Hautentzündungen, wenn sie durch Clotrimazol-empfindliche Pilze infiziert sind. Kombination eines kortisonähnlichen Wirkstoffs (Betamethason) mit Pilzmittel (Clotrimazol).
Malipuran (D) Creme Bufexamac	Allergische Erscheinungen (z. B. Juckreiz, Rötung, Bläschen an der Haut)	**Möglicherweise zweckmäßig bei** leichten entzündlichen Haut-erkrankungen. Kein Kortison.
Nystaderm comp. (D) Paste Nystatin, Hydrocortisonacetat *Rezeptpflichtig*	Verminderte Infektionsabwehr, verzögerte Wundheilung. Bei länger dauernder Anwendung: bleibende Hautschäden (z. B. Hautverdünnung, Ausweitung von Blutgefäßen); bei Kindern: Hormonstörungen	**Nur zweckmäßig in** begründeten Ausnahmefällen, z. B. bei ekzematösen Hautentzündungen, wenn sie durch Nystatin-empfindliche Keime (z. B. Soor) infiziert sind. Kombination eines kortisonähnlichen Wirkstoffs (Hydrocortison) mit Pilzmittel (Nystatin).
Nystalocal (D) Salbe Dexamethason, Nystatin, Chlorhexidin *Rezeptpflichtig*	Verminderte Infektionsabwehr, verzögerte Wundheilung. Bei länger dauernder Anwendung: bleibende Hautschäden (z. B. Hautverdünnung, Ausweitung von Blutgefäßen); bei Kindern: Hormonstörungen	**Nur zweckmäßig in** begründeten Ausnahmefällen, z. B. bei ekzematösen Hautentzündungen, wenn sie durch Nystatin-empfindliche Keime (z. B. Soor) infiziert sind. Kombination eines kortisonähnlichen Wirkstoffs (Dexamethason) mit Pilzmittel (Nystatin) und Desinfektionsmittel (Chlorhexidin).
Pandel (D) Creme, Salbe, Cresa Hydrocortison *Rezeptpflichtig*	Verminderte Infektionsabwehr, verzögerte Wundheilung. Bei länger dauernder Anwendung relativ geringes Risiko für bleibende Hautschäden	**Therapeutisch zweckmäßig** Schwach wirksamer, kortisonähnlicher Wirkstoff.

Präparat	Wichtigste Nebenwirkungen	Empfehlung
Parfenac (D/Ö) Creme, Salbe, Fettsalbe, nur D: Milch Bufexamac *Rezeptpflichtig (Ö)*	Allergische Erscheinungen (z. B. Juckreiz, Rötung, Bläschen an der Haut)	**Möglicherweise zweckmäßig bei** leichten, entzündlichen Hauterkrankungen.
Pelsana Med-Salbe (Ö) Salbe **Pelsana Med-Badeemulsion** (Ö) Sonnenblumenöl, Dexpanthenol (Salbe), Acid. Undecylen (Badeemulsion)	Keine wesentlichen zu erwarten	**Therapeutisch zweckmäßig als** Hautpflegemittel bei Ekzemen.
Pevisone (Ö) Salbe, Creme Triamcinolon, Econazol *Rezeptpflichtig*	Verminderte Infektionsabwehr, verzögerte Wundheilung. Bei länger dauernder Anwendung: bleibende Hautschäden (z. B. Hautverdünnung, Ausweitung von Blutgefäßen); bei Kindern: Hormonstörungen	**Nur zweckmäßig in** begründeten Ausnahmefällen, z. B. bei ekzematösen Hautentzündungen, wenn sie durch Triamzinolon-empfindliche Pilze infiziert sind. Kombination eines kortisonähnlichen Wirkstoffs (Triamcinolon) mit Pilzmittel (Econazol).
Prednisolon LAW (D) Creme, Salbe Prednisolon *Rezeptpflichtig*	Verminderte Infektionsabwehr, verzögerte Wundheilung. Bei länger dauernder Anwendung: bleibende Hautschäden (z. B. Hautverdünnung, Ausweitung von Blutgefäßen); bei Kindern: Hormonstörungen	**Therapeutisch zweckmäßig nur zur** kurzfristigen Anwendung (weniger als drei Wochen). Kortisonähnlicher Wirkstoff. Bei längerem Gebrauch sind Nutzen und Risiken besonders abzuwägen.
Protopic (D/Ö) Salbe, Tacrolimus *Rezeptpflichtig*	Häufg Hautreaktionen (z. B. Brennen, Reizungen, Juckreiz). Verminderte lokale und allgemeine Infektionsabwehr (u. a. Hautentzündung, Atemwegsinfektionen). Herz-Kreislauf-Störungen, Kopfschmerzen, Magen-Darm-Beschwerden. Verdacht auf erhöhtes Krebsrisiko	**Abzuraten** besonders von der Anwendung bei Kindern wegen des ungeklärten Sicherheitsrisikos. Vertretbar zur kurzfristigen Anwendung bei topischem Ekzem bei Erwachsenen, wenn kortisonähnliche Wirkstoffe nicht angewendet werden können. Bei längerem Gebrauch sind Nutzen und Risiken sehr sorgfältig abzuwägen.

Präparat	Wichtigste Nebenwirkungen	Empfehlung
Psorcutan (D/Ö) Salbe, Creme, Lösung Calcipotriol *Rezeptpflichtig*	Hautreizungen. Bei Überdosierung Erhöhung des Blutcalciums	**Therapeutisch zweckmäßig zur** kurzfristigen (maximal acht Wochen) Behandlung der Psoriasis. Enthält Vitamin-D-ähnlichen Wirkstoff.
Psorcutan Beta (D/Ö) Salbe Calcipotriol, Betamethason *Rezeptpflichtig*	Hautreizungen. Bei Überdosierung Erhöhung des Blutcalciums. Bei länger dauernder Anwendung: bleibende Hautschäden (z. B. Hautverdünnung, Ausweitung von Blutgefäßen); bei Kindern: Hormonstörungen	**Therapeutisch zweckmäßig zur** kurzfristigen (maximal acht Wochen) Behandlung der Psoriasis. Enthält Vitamin-D-ähnlichen (Calcipotriol) und kortisonähnlichen Wirkstoff (Betamethason).
Soderm (D) Creme, Lotio, Salbe Betamethason *Rezeptpflichtig*	Verminderte Infektionsabwehr, verzögerte Wundheilung. Bei länger dauernder Anwendung: bleibende Hautschäden (z. B. Hautverdünnung, Ausweitung von Blutgefäßen); bei Kindern: Hormonstörungen	**Therapeutisch zweckmäßig nur zur** kurzfristigen Anwendung (weniger als drei Wochen). Kortisonähnlicher Wirkstoff. Bei längerem Gebrauch sind Nutzen und Risiken besonders abzuwägen.
Soderm plus (D) Salbe Betamethason, Salicylsäure *Rezeptpflichtig*	Verminderte Infektionsabwehr, verzögerte Wundheilung. Bei länger dauernder Anwendung: bleibende Hautschäden (z. B. Hautverdünnung, Ausweitung von Blutgefäßen); bei Kindern: Hormonstörungen	**Nur zweckmäßig in** begründeten Ausnahmefällen, z. B. bei stark schuppenden Hauterkrankungen. Kombination eines kortisonähnlichen Wirkstoffs (Betamethason) mit einem hautaufweichenden Mittel (Salicylsäure).
Soventol (D) Gel **Soventol Gelee** (Ö) Gel Bamipin	Selten allergische Hauterscheinungen (z. B. Hautjucken, Hautrötung, Bläschen). Bei Anwendung auf größeren entzündeten Hautflächen: Müdigkeit; bei Kindern auch Verwirrtheitszustände möglich	**Abzuraten** Wirksamkeit des Inhaltsstoffs (Antihistaminikum) bei Anwendung auf der Haut zweifelhaft. Gel kühlt.
Soventol HC (D) Creme Hydrocortison *Rezeptpflichtig*	Verminderte Infektionsabwehr, verzögerte Wundheilung. Bei länger dauernder Anwendung relativ geringes Risiko für bleibende Hautschäden	**Therapeutisch zweckmäßig** Schwach wirksamer, kortisonähnlicher Wirkstoff.

Präparat	Wichtigste Nebenwirkungen	Empfehlung
Sulmycin mit Celestan-V (D) Salbe, Creme Gentamicin, Betamethasonvalerat *Rezeptpflichtig*	Verminderte Infektionsabwehr, verzögerte Wundheilung. Bei länger dauernder Anwendung: bleibende Hautschäden (z. B. Hautverdünnung, Ausweitung von Blutgefäßen); bei Kindern: Hormonstörungen; Allergisierung gegen das Antibiotikum Gentamicin möglich	**Abzuraten** Vertretbar nur in begründeten Ausnahmefällen, z. B. bei ekzematösen Hautentzündungen, wenn sie durch Gentamicin-empfindliche Erreger infiziert sind. Kombination eines kortisonähnlichen Wirkstoffs (Betamethason) mit einem Antibiotikum (Gentamicin).
Synalar (Ö) Creme, Salbe Fluocinolon *Rezeptpflichtig*	Verminderte Infektionsabwehr, verzögerte Wundheilung. Bei länger dauernder Anwendung: bleibende Hautschäden (z. B. Hautverdünnung, Ausweitung von Blutgefäßen); bei Kindern: Hormonstörungen	**Therapeutisch zweckmäßig nur** zur kurzfristigen Anwendung (weniger als drei Wochen). Kortisonähnlicher Wirkstoff. Bei längerem Gebrauch sind Nutzen und Risiken besonders abzuwägen.
Synalar N (Ö) Creme, Salbe Fluocinolon, Neomycin *Rezeptpflichtig*	Verminderte Infektionsabwehr, verzögerte Wundheilung. Bei länger dauernder Anwendung: bleibende Hautschäden (z. B. Hautverdünnung, Ausweitung von Blutgefäßen); bei Kindern: Hormonstörungen. Allergisierung gegen Neomycin	**Abzuraten** Nicht sinnvolle Kombination eines kortisonähnlichen Wirkstoffs (Fluocinolon) mit einem Antibiotikum (Neomycin), das zur Anwendung auf der Haut nicht mehr verwendet werden sollte.
Systral (D) Gel, Creme Chlorphenoxamin	Selten allergische Hauterscheinungen (z. B. Hautjucken, Hautrötung, Bläschen). Bei Anwendung auf größeren entzündeten Hautflächen: Müdigkeit; bei Kindern auch Verwirrtheitszustände möglich	**Abzuraten** Wirksamkeit des Inhaltsstoffs (Antihistaminikum) bei Anwendung auf der Haut zweifelhaft. Gel kühlt.
Systral Hydrocort (D) Lotion Hydrocortison *Rezeptpflichtig*	Verminderte Infektionsabwehr, verzögerte Wundheilung. Bei länger dauernder Anwendung relativ geringes Risiko für bleibende Hautschäden	**Therapeutisch zweckmäßig** Schwach wirksamer, kortisonähnlicher Wirkstoff.
Tannolact (D) Creme, Fettcreme, Puder, Gel, Lotio, Badezusatz Synthetischer Gerbstoff	Reizerscheinungen möglich	**Wenig zweckmäßig bei** den vom Hersteller angegebenen Anwendungsgebieten (z. B. entzündliche und juckende Hauterkrankungen). Enthält einen Stoff mit adstringierender Wirkung (Gerbstoff).

Präparat	Wichtigste Nebenwirkungen	Empfehlung
Tannosynt (D/Ö) Creme, Lotio (nur Ö), Badekonzentrat (nur Ö) Synthetischer Gerbstoff	Reizerscheinungen möglich	**Wenig zweckmäßig bei** den vom Hersteller angegebenen Anwendungsgebieten (z. B. entzündliche und juckende Hauterkrankungen). Enthält einen Stoff mit adstringierender Wirkung (Gerbstoff).
Tavegil (D) Gel Clemastin	Selten allergische Hauterscheinungen (z. B. Hautjucken, Hautrötung, Bläschen). Bei Anwendung auf größeren entzündeten Hautflächen: Müdigkeit; bei Kindern auch Verwirrtheitszustände möglich	**Abzuraten** Wirksamkeit des Inhaltsstoffs (Antihistaminikum) bei Anwendung auf der Haut zweifelhaft. Gel kühlt.
Topisolon (D/Ö) Salbe, Lotion, Fettsalbe, Lösung Desoximetason *Rezeptpflichtig*	Verminderte Infektionsabwehr, verzögerte Wundheilung. Bei länger dauernder Anwendung: bleibende Hautschäden (z. B. Hautverdünnung, Ausweitung von Blutgefäßen); bei Kindern: Hormonstörungen	**Therapeutisch zweckmäßig nur** zur kurzfristigen Anwendung (weniger als drei Wochen). Kortisonähnlicher Wirkstoff. Bei längerem Gebrauch sind Nutzen und Risiken besonders abzuwägen.
Topsym (D/Ö) Creme, Salbe, F-Salbe, Lösung (D) Fluocinonid *Rezeptpflichtig*	Verminderte Infektionsabwehr, verzögerte Wundheilung. Bei länger dauernder Anwendung: bleibende Hautschäden (z. B. Hautverdünnung, Ausweitung von Blutgefäßen); bei Kindern: Hormonstörungen	**Therapeutisch zweckmäßig nur** zur kurzfristigen Anwendung (weniger als drei Wochen). Kortisonähnlicher Wirkstoff. Bei längerem Gebrauch sind Nutzen und Risiken besonders abzuwägen.
Topsym polyvalent (D/Ö) Salbe, Creme (Ö) Fluocinonid, Neomycin *Rezeptpflichtig*	Verminderte Infektionsabwehr, verzögerte Wundheilung. Bei länger dauernder Anwendung: bleibende Hautschäden (z. B. Hautverdünnung, Ausweitung von Blutgefäßen); bei Kindern: Hormonstörungen. Allergisierung gegen Neomycin	**Abzuraten** Wenig sinnvolle Kombination eines kortisonähnlichen Wirkstoffs (Fluocinolon) mit einem Antibiotikum (Neomycin). Die Anwendung von Neomycin auf der Haut ist nicht vertretbar.
Triam (D) Creme, Salbe Triamcinolon *Rezeptpflichtig*	Verminderte Infektionsabwehr, verzögerte Wundheilung. Bei länger dauernder Anwendung: bleibende Hautschäden (z. B. Hautverdünnung, Ausweitung von Blutgefäßen); bei Kindern: Hormonstörungen	**Therapeutisch zweckmäßig nur** zur kurzfristigen Anwendung (weniger als drei Wochen). Kortisonähnlicher Wirkstoff. Bei längerem Gebrauch sind Nutzen und Risiken besonders abzuwägen.

Präparat	Wichtigste Nebenwirkungen	Empfehlung
Triam-Wolff (D) Creme Triamcinolon *Rezeptpflichtig*	Verminderte Infektionsabwehr, verzögerte Wundheilung. Bei länger dauernder Anwendung: bleibende Hautschäden (z. B. Hautverdünnung, Ausweitung von Blutgefäßen); bei Kindern: Hormonstörungen	**Therapeutisch zweckmäßig nur** zur kurzfristigen Anwendung (weniger als drei Wochen). Kortisonähnlicher Wirkstoff. Bei längerem Gebrauch sind Nutzen und Risiken besonders abzuwägen.
Triamgalen (D) Creme, Salbe, Lotion, Lösung Triamcinolon *Rezeptpflichtig*	Verminderte Infektionsabwehr, verzögerte Wundheilung. Bei länger dauernder Anwendung: bleibende Hautschäden (z. B. Hautverdünnung, Ausweitung von Blutgefäßen); bei Kindern: Hormonstörungen	**Therapeutisch zweckmäßig nur** zur kurzfristigen Anwendung (weniger als drei Wochen). Kortisonähnlicher Wirkstoff. Bei längerem Gebrauch sind Nutzen und Risiken besonders abzuwägen.
Ultralan (D/Ö) Creme, Salbe, Fettsalbe, Milch Fluocortolon *Rezeptpflichtig*	Verminderte Infektionsabwehr, verzögerte Wundheilung. Bei länger dauernder Anwendung: bleibende Hautschäden (z. B. Hautverdünnung, Ausweitung von Blutgefäßen); bei Kindern: Hormonstörungen	**Therapeutisch zweckmäßig nur** zur kurzfristigen Anwendung (weniger als drei Wochen). Kortisonähnlicher Wirkstoff. Bei längerem Gebrauch sind Nutzen und Risiken besonders abzuwägen.
Vobaderm (D) Creme Flupredniden, Miconazol *Rezeptpflichtig*	Verminderte Infektionsabwehr, verzögerte Wundheilung. Bei länger dauernder Anwendung: bleibende Hautschäden (z. B. Hautverdünnung, Ausweitung von Blutgefäßen); bei Kindern: Hormonstörungen	**Nur zweckmäßig in** begründeten Ausnahmefällen, z. B. bei ekzematösen Hautentzündungen, wenn sie durch Miconazol-empfindliche Pilze infiziert sind. Kombination eines kortisonähnlichen Wirkstoffs (Flupredniden) mit Pilzmittel (Miconazol).
Volon A (D/Ö) Creme, Haftsalbe, Salbe antibiotikafrei, Schüttelmix Triamcinolon, Zinkoxid (nur Schüttelmix) *Rezeptpflichtig*	Verminderte Infektionsabwehr, verzögerte Wundheilung. Bei länger dauernder Anwendung: bleibende Hautschäden (z. B. Hautverdünnung, Ausweitung von Blutgefäßen); bei Kindern: Hormonstörungen	**Therapeutisch zweckmäßig nur** zur kurzfristigen Anwendung (weniger als drei Wochen). Kortisonähnlicher Wirkstoff. Bei längerem Gebrauch sind Nutzen und Risiken besonders abzuwägen.

Präparat	Wichtigste Nebenwirkungen	Empfehlung
Volon A Salbe antibiotikahaltig (Ö) Salbe Triamcinolon, Neomycin, Gramicidin *Rezeptpflichtig*	Verminderte Infektionsabwehr, verzögerte Wundheilung. Bei länger dauernder Anwendung: bleibende Hautschäden (z. B. Hautverdünnung, Ausweitung von Blutgefäßen); bei Kindern: Hormonstörungen. Allergisierung gegen Neomycin	**Abzuraten** Wenig sinnvolle Kombination eines kortisonähnlichen Wirkstoffs (Triamcinolon) mit zwei Antibiotika (Neomycin, Gramicidin). Die Anwendung von Neomycin auf der Haut ist nicht mehr vertretbar.
Volon A Tinktur N (D/Ö) Tinktur Triamcinolon, Salicylsäure *Rezeptpflichtig*	Verminderte Infektionsabwehr, verzögerte Wundheilung, Hautreizungen. Bei länger dauernder Anwendung: bleibende Hautschäden (z. B. Hautverdünnung, Ausweitung von Blutgefäßen); bei Kindern: Hormonstörungen	**Nur zweckmäßig in** begründeten Ausnahmefällen, z. B. bei stark schuppenden Hauterkrankungen. Kombination eines kortisonähnlichen Wirkstoffs (Triamcinolon) mit einem hautaufweichenden Stoff (Salicylsäure).
Windol (D) Creme, Salbe, Fettsalbe, Milch Bufexamac	Allergische Erscheinungen (z. B. Juckreiz, Rötung, Bläschen an der Haut)	**Möglicherweise zweckmäßig bei** leichten, entzündlichen Hauterkrankungen. Enthält enzündungshemmenden Wirkstoff.
Xylocain (Ö) Salbe Lidocain *Rezeptpflichtig*	Allergische Erscheinungen (z. B. Juckreiz, Rötung, Bläschen an der Haut)	**Abzuraten** bei den vom Hersteller angegebenen Anwendungsgebieten (z. B. Juckreiz). Enthält Lokalanästhetikum (Lidocain).

8.2. Mittel gegen Kopfschuppen, Seborrhoe oder Haarausfall

Kopfschuppen

Schuppenbildung ist keine Krankheit, sondern ein normaler körperlicher Vorgang wie Haar- oder Nagelwuchs. Schuppen wirken trotzdem oft störend und sind manchmal von frühen Stadien der Hautkrankheiten Seborrhoe und Psoriasis nur schwer zu unterscheiden. Schuppenbildung tritt meist in der Pubertät auf, erreicht den Höhepunkt im frühen Erwachsenenalter und bildet sich dann langsam wieder zurück. Die Ursache von Schuppenbildung ist bis jetzt nicht genau bekannt.

Behandlung

Es gibt zwar keine Heilung, jedoch eine Behandlung, die die Schuppenbildung eindämmt. Sinnvoll sind folgende Maßnahmen:

- Regelmäßig Antischuppen-Shampoos verwenden, die man in Drogerien oder Supermärkten kaufen kann. Welches Shampoo wirksam ist, muss individuell ausprobiert werden. Tägliches Haarewaschen schadet normalerweise nicht. Zu viel Shampoo und heißes Haaretrocknen können jedoch die Kopfhaut reizen und die Schuppenbildung anregen.
- In schweren Fällen von Kopfschuppen kann eventuell auch ein Selensulfid-haltiges Shampoo (z. B. *Selsun*) verwendet werden. Eine Verringerung der Schuppenbildung sollte sich innerhalb weniger Wochen zeigen. Als Nebenwirkung kann das Haar schneller fettig werden und sich – wenn das Mittel nach dem Shampoonieren schlecht ausgespült wird – gelblich färben.

Seborrhoe

Als Seborrhoe bezeichnet man die krankhaft gesteigerte und veränderte Absonderung der Talgdrüsen. Man unterscheidet zwei Formen:

- die übermäßig fettige Haut
- und kleieförmige, fettige Schuppungen, meist am Kopf. Betroffen sind Augenbrauen, Augenlider, Nase, Gesichts- und Halsfalten. Vor allem bei Männern im Alter um die vierzig breitet sich das Ekzem manchmal auf Brust und Rücken aus. In Deutschland sind etwa 350.000 Menschen von dieser Erkrankung betroffen.

Die Ursache von Seborrhoe ist unbekannt. Seit langem wird ein Pilz mit dem Namen Pityrosporum ovale verdächtigt, an der Erkrankung beteiligt zu sein. Seborrhoische Ekzeme treten vor allem bei Stresssituationen, niedrigen Temperaturen oder geringer Luftfeuchtigkeit in zentralgeheizten Räumen auf.

Behandlung

Über die Behandlung gibt es in der Fachliteratur unterschiedliche Empfehlungen. Sinnvoll scheinen folgende Maßnahmen:

- Zur Behandlung der behaarten Kopfhaut werden Zink-pyrithionehaltige Produkte (z. B. *De-squaman N*), selensulfidhaltige Shampoos (enthalten in *Selsun*) und eine Reihe von anderen Mitteln verwendet:

Alpicort, Betnesol V crinale, Betnovate crinale, Dermovate crinale, De-squaman N, Ellsurex, Karison crinale, Lygal N.

- Die von Seborrhoe betroffenen Hautstellen sollten zweimal täglich mit einem Pilzmittel behandelt werden. Clotrimazol (enthalten z. B. in *Canesten*) scheint ebenso gut zu wirken wie Ketoconazol (enthalten z. B. in *Terzolin*; siehe Kapitel 8.6.: Pilzmittel). Unter Umständen sind höhere Konzentrationen als die zur Behandlung von Hautpilz üblichen 1 Prozent notwendig (Rezeptur durch den Hautarzt).
- Bei stark entzündeten Stellen ist die Behandlung mit einer kortisonhaltigen Creme oder Salbe notwendig. Unter Umständen wird der Hautarzt eine spezielle Rezeptur verschreiben, die Kortison, Pilzmittel und eventuell auch Salicylsäure enthält.

Vorsicht: *Mittel mit kortisonähnlichen Wirkstoffen sollten wegen der möglichen Nebenwirkungen nur für begrenzte Zeit (maximal 4 bis 5 Wochen) angewendet werden.*

Haarausfall

Bei Frauen verdünnt sich das Haar nach den Wechseljahren.
Bei Männern ist Haarausfall und Entstehung einer Glatze meistens ein natürlicher Alterungsvorgang, dessen Ausprägung von Erbfaktoren abhängt – mütterlichen und väterlichen.
Diese natürlichen Veränderungen des Haarwuchses kommen durch die unterschiedlichen Anteile von Östrogenen und männlichen Geschlechtshormonen zustande.

Haarausfall kann auch durch andere Faktoren verursacht sein:

- Ein sehr fest gebundener Pferdeschwanz kann so fest an den Haarwurzeln ziehen, dass Haare ausfallen.
- Akute schwere Erkrankungen, Operationen, Stress, Eisenmangelanämien oder das Aufhören mit der »Pillen«-Einnahme können ebenfalls vorübergehend Haarverlust verursachen.
- Medikamente gegen Krebs, gegen Arthritis, gegen hohe Cholesterin-Werte, Vitamin A und Betablocker können ebenfalls die Ursache sein.

Haarverlust ist zwar harmlos und tut nicht weh, wirkt sich aber deutlich auf das Selbstwertgefühl aus.

Behandlung

Die Wirksamkeit von *Priorin* gegen Haarausfall ist umstritten. Die Verwendung von Minoxidil-Lösung (*Regaine*), zweimal täglich in die Kopfhaut eingerieben, führt nur in seltenen Fällen zu einem befriedigenden Ergebnis. Das Mittel bewirkt bestenfalls eine Verlangsamung des Haarausfalls am Hinterkopf, hat jedoch keine Auswirkungen auf den Haarausfall an den so genannten Geheimratsecken. Eine Wirkung ist außerdem nur nachgewiesen bei dunkelhaarigen Männern im Alter zwischen 18 und 49 Jahren. Nach Beendigung der Therapie beginnen die Haare jedoch wieder auszufallen.

Aus den Untersuchungen mit Minoxidil weiß man, dass auch Placebos, also Arzneimittel ohne Wirkstoff, in etwa 40 Prozent aller Fälle ein Nachwachsen der Haare bewirken.

Bei Minoxidil (*Regaine*) können folgende Nebenwirkungen auftreten: Lokale Hautreizungen und verstärkter Haarwuchs im Gesicht, an Armen, Beinen und Brust. Wenn man mit der Therapie aufhört, kann sich unter Umständen das Haar stärker lichten als vorher. In seltenen Ausnahmefällen kann die Behandlung sogar Auswirkungen auf die Herztätigkeit haben (Zunahme des Herzschlagvolumens).

Auch der Wirkstoff Finasterid (enthalten z. B. in *Propecia*) hat keine überwältigende Wirkung bei Haarausfall. Die Zahl der Haare nimmt lediglich um etwa 10 Prozent zu.

Gravierend sind jedoch die Nebenwirkungen dieses Mittels: Es können Impotenz und Vergrößerungen der männlichen Brustdrüsen auftreten. Eine besonders heimtückische Nebenwirkung kann Kinder im Mutterleib schädigen: Die Samenflüssigkeit von Männern, die Finasterid verwenden, kann beim Fötus eine Fehlbildung des Penis verursachen.

Unsere Empfehlung: Hände weg von diesem Mittel. Abzuraten.

8.2. Mittel gegen Kopfschuppen, Seborrhoe oder Haarausfall

Präparat	Wichtigste Nebenwirkungen	Empfehlung
Advantan (D/Ö) Lösung Methylprednisolon *Rezeptpflichtig*	Verminderte Infektionsabwehr, verzögerte Wundheilung, Hautreizungen. Bei länger dauernder Anwendung mäßiges Risiko für bleibende Hautschäden	**Therapeutisch zweckmäßig** Mittelstark wirksamer, kortisonähnlicher Wirkstoff gegen Kopfhautekzeme.
Alfason Crinale (D) Lösung Hydrocortison *Rezeptpflichtig*	Verminderte Infektionsabwehr, verzögerte Wundheilung, Hautreizungen. Bei länger dauernder Anwendung relativ geringes Risiko für bleibende Hautschäden	**Therapeutisch zweckmäßig** Schwach wirksamer, kortisonähnlicher Wirkstoff gegen Kopfhautekzem.
Alpicort (D) Lösung Prednisolon, Salicylsäure *Rezeptpflichtig*	Verminderte Infektionsabwehr, verzögerte Wundheilung, Hautreizungen. Bei länger dauernder Anwendung: bleibende Hautschäden (z. B. Hautverdünnung, Ausweitung von Blutgefäßen); bei Kindern: Hormonstörungen	**Nur zweckmäßig in** begründeten Ausnahmefällen, z. B. bei stark schuppender Hauterkrankung. Kombination eines kortisonähnlichen Wirkstoffs (Prednisolon) mit einem hautaufweichenden und schuppenlösenden Mittel (Salicylsäure).
Alpicort-F (D) Lösung Estradiol, Prednisolon, Salicylsäure *Rezeptpflichtig*	Verminderte Infektionsabwehr, verzögerte Wundheilung, Hautreizungen. Bei länger dauernder Anwendung: bleibende Hautschäden (z. B. Hautverdünnung, Ausweitung von Blutgefäßen); bei Kindern: Hormonstörungen	**Abzuraten** Wenig sinnvolle Kombination von Glukokortikoid (Prednisolon) mit weiblichem Geschlechtshormon (Estradiol) und hautaufweichendem und schuppenlösenden Mittel (Salicylsäure).
Berniter Kopfhaut-Gel (D) Gel Steinkohlenteer *Rezeptpflichtig*	Selten allergische Hauterscheinungen (z. B. Juckreiz, Hautrötung, Bläschen), Hautreizungen, Lichtüberempfindlichkeit, möglicherweise Hautkrebs	**Wenig zweckmäßig** Vertretbar nur bei Psoriasis (Schuppenflechte).
Betagalen (D) Lösung Betamethason *Rezeptpflichtig*	Verminderte Infektionsabwehr, verzögerte Wundheilung. Bei länger dauernder Anwendung: bleibende Hautschäden (z. B. Hautverdünnung, Ausweitung von Blutgefäßen); bei Kindern: Hormonstörungen	**Therapeutisch zweckmäßig nur** zur kurzfristigen Anwendung (weniger als drei Wochen) bei Kopfhautekzem. Kortisonähnlicher Wirkstoff.

Präparat	Wichtigste Nebenwirkungen	Empfehlung
Betnesol V (D) Crinale-, Crinalite-Lösung Betamethason *Rezeptpflichtig*	Verminderte Infektionsabwehr, verzögerte Wundheilung. Bei länger dauernder Anwendung: bleibende Hautschäden (z. B. Hautverdünnung, Ausweitung von Blutgefäßen); bei Kindern: Hormonstörungen	**Therapeutisch zweckmäßig nur** zur kurzfristigen Anwendung (weniger als drei Wochen) bei Kopfhautekzem. Kortisonähnlicher Wirkstoff.
Betnovate (Ö) Crinale-Lösung Betamethason *Rezeptpflichtig*	Verminderte Infektionsabwehr, verzögerte Wundheilung. Bei länger dauernder Anwendung: bleibende Hautschäden (z. B. Hautverdünnung, Ausweitung von Blutgefäßen); bei Kindern: Hormonstörungen	**Therapeutisch zweckmäßig nur** zur kurzfristigen Anwendung (weniger als drei Wochen) bei Kopfhautekzem. Kortisonähnlicher Wirkstoff.
Crino Kaban N (D) Tinktur Clocortolon, Salicylsäure *Rezeptpflichtig*	Verminderte Infektionsabwehr, verzögerte Wundheilung, Hautreizungen. Bei länger dauernder Anwendung: bleibende Hautschäden (z. B. Hautverdünnung, Ausweitung von Blutgefäßen); bei Kindern: Hormonstörungen	**Therapeutisch zweckmäßig nur** zur kurzfristigen Anwendung (weniger als drei Wochen) bei Kopfhautekzem. Kombination eines kortisonähnlichen Wirkstoffs (Clocortolon) mit einem hautaufweichenden und schuppenlösenden Mittel (Salicylsäure).
Crinohermal fem (D) Lösung Estradiol, Flupredniden *Rezeptpflichtig*	Verminderte Infektionsabwehr, verzögerte Wundheilung, Hautreizungen. Bei länger dauernder Anwendung: bleibende Hautschäden (z. B. Hautverdünnung, Ausweitung von Blutgefäßen); bei Kindern: Hormonstörungen	**Abzuraten** Wenig sinnvolle Kombination von Glukokortikoid (Prednisolon) mit weiblichem Geschlechtshormon (Estradiol).
Curatoderm Emulsion (D) Tacalcitol *Rezeptpflichtig*	Hautreizungen. Bei Überdosierung Erhöhung des Blutcalciums	**Therapeutisch zweckmäßig zur** kurzfristigen (maximal acht Wochen) Behandlung der Psoriasis. Enthält Vitamin-D-ähnlichen Wirkstoff (Tacalcitol).
Daivonex (D) Lösung Calcipotriol *Rezeptpflichtig*	Hautreizungen. Bei Überdosierung Erhöhung des Blutcalciums	**Therapeutisch zweckmäßig zur** kurzfristigen (maximal acht Wochen) Behandlung der Psoriasis. Enthält Vitamin-D-ähnlichen Wirkstoff (Calcipotriol).

Präparat	Wichtigste Nebenwirkungen	Empfehlung
Dermovate (Ö) Crinale-Lösung Clobetasol *Rezeptpflichtig*	Verminderte Infektionsabwehr, verzögerte Wundheilung. Bei länger dauernder Anwendung: bleibende Hautschäden (z. B. Hautverdünnung, Ausweitung von Blutgefäßen); bei Kindern: Hormonstörungen	**Therapeutisch zweckmäßig nur** zur kurzfristigen Anwendung (weniger als drei Wochen) bei Kopfhautekzem. Stark wirkendes Medikament.
De-squaman N (D) Creme Pyrithion-Zink	Rötung, Brennen. Augenreizungen möglich	**Zweckmäßig** zur Behandlung von Kopfschuppen.
Diprosalic (D/Ö) Lösung Betamethason, Salicylsäure *Rezeptpflichtig*	Verminderte Infektionsabwehr, verzögerte Wundheilung. Bei länger dauernder Anwendung: bleibende Hautschäden (z. B. Hautverdünnung, Ausweitung von Blutgefäßen); bei Kindern: Hormonstörungen	**Therapeutisch zweckmäßig nur** zur kurzfristigen Anwendung (weniger als drei Wochen) bei Kopfhautekzem. Kombination eines kortisonähnlichen Wirkstoffs (Betamethason) mit einem hautaufweichenden und schuppenlösenden Mittel (Salicylsäure).
Diprosone (D) Lösung Betamethason *Rezeptpflichtig*	Verminderte Infektionsabwehr, verzögerte Wundheilung. Bei länger dauernder Anwendung: bleibende Hautschäden (z. B. Hautverdünnung, Ausweitung von Blutgefäßen); bei Kindern: Hormonstörungen	**Therapeutisch zweckmäßig nur** zur kurzfristigen Anwendung (weniger als drei Wochen) bei Kopfhautekzem. Kortisonähnlicher Wirkstoff.
Ell-Cranell alpha (D) Lösung Alfatradiol	Hautreizungen, Hormonstörungen möglich	**Abzuraten** bei Haarausfall. Therapeutische Wirksamkeit zweifelhaft. Enthält weibliches Sexualhormon (Alpha-Estradiol=Alfatradiol).
Ell-Cranell dexa (D) Lösung Dexamethason, Alfatradiol *Rezeptpflichtig*	Verminderte Infektionsabwehr, verzögerte Wundheilung, Hautreizungen. Bei länger dauernder Anwendung: bleibende Hautschäden (z. B. Hautverdünnung, Ausweitung von Blutgefäßen); bei Kindern: Hormonstörungen	**Abzuraten** bei Haarausfall. Wenig sinnvolle Kombination eines kortisonähnlichen Wirkstoffs (Dexamethason) mit Sexualhormon (Alpha-Estradiol=Alfatradiol).

Präparat	Wichtigste Nebenwirkungen	Empfehlung
Ellsurex (D) Paste Selensulfid, kolloider Schwefel, Allantoin	Haarausfall	**Therapeutisch zweckmäßig bei** Kleienflechte (Pityriasis versicolor). Bei trockenen Schuppen möglicherweise wirksam. Die Kombination mit Allantoin ist überflüssig, aber harmlos.
Karison (D) Crinale-Lösung Clobetasol *Rezeptpflichtig*	Verminderte Infektionsabwehr, verzögerte Wundheilung. Bei länger dauernder Anwendung: bleibende Hautschäden (z. B. Hautverdünnung, Ausweitung von Blutgefäßen); bei Kindern: Hormonstörungen	**Therapeutisch zweckmäßig nur** zur kurzfristigen Anwendung (weniger als drei Wochen) bei Kopfhautekzem. Stark wirkendes Medikament.
Lygal Kopfsalbe N (D) Salbe Salicylsäure	Vorsicht bei Nierenschäden	**Therapeutisch zweckmäßig bei** Kopfschuppen und Schuppenflechte des Kopfes. Enthält einen hautaufweichenden und schuppenlösenden Wirkstoff (Salicylsäure).
Lygal Kopftinktur N (D) Tinktur Prednisolon *Rezeptpflichtig*	Verminderte Infektionsabwehr, verzögerte Wundheilung. Bei länger dauernder Anwendung: bleibende Hautschäden (z. B. Hautverdünnung, Ausweitung von Blutgefäßen); bei Kindern: Hormonstörungen	**Therapeutisch zweckmäßig nur** zur kurzfristigen Anwendung (weniger als drei Wochen) bei Kopfhautekzem. Kortisonähnlicher Wirkstoff (Prednisolon).
Pantostin (D) Lösung Alfatradiol	Hautreizungen, Hormonstörungen möglich	**Abzuraten** bei Haarausfall. Therapeutische Wirksamkeit zweifelhaft. Enthält weibliches Sexualhormon (Alpha-Estradiol=Alfatradiol).
Pantovigar N (D) Kaps., Tabl. Calciumpantothenat, Cystin, Keratin, Thiamin, Medizinalhefe	Selten Allergien	**Wenig zweckmäßig** Mittel zum Einnehmen. Therapeutische Wirksamkeit zweifelhaft. Vertretbar wegen geringer Schädlichkeit.

Präparat	Wichtigste Nebenwirkungen	Empfehlung
Propecia (D/Ö) Filmtabl. Finasterid *Rezeptpflichtig*	Libidoverlust, Impotenz, Ejakulationsstörungen, Schwellung der Brustdrüsen beim Mann, allergische Reaktionen an der Haut (Juckreiz, Schwellungen)	**Abzuraten** Wirksamkeit bei Haarausfall gering. Langzeitverträglichkeit noch unzureichend belegt. Der Wirkstoff Finasterid vermindert Wirkungen des männlichen Geschlechtshormons und wird auch bei Prostatavergrößerung eingesetzt.
Psorcutan (D) Lösung Calcipotriol *Rezeptpflichtig*	Hautreizungen. Bei Überdosierung Erhöhung des Blutcalciums	**Therapeutisch zweckmäßig zur** kurzfristigen (maximal acht Wochen) Behandlung der Psoriasis. Enthält Vitamin-D-ähnlichen Wirkstoff (Calcipotriol).
Regaine (Ö) Lösung, Gel Minoxidil	Lokale Reizungen und allergische Erscheinungen an der Kopfhaut, Kopfschmerzen, Blutdruckabfall, Schwindel	**Wenig zweckmäßig** zur Anregung des Haarwachstums. Erfolg nicht anhaltend. Enthält blutdrucksenkend wirkende Substanz (Minoxidil).
Selsun (D/Ö) Suspension, Shampoo (Ö) Selensulfid	Verstärkte Fettproduktion, Lichtüberempfindlichkeit, Haarausfall	**Nur zweckmäßig zur** Behandlung der Kleienflechte. Bei trockenen Schuppen möglicherweise wirksam.
Volon A Tinktur (D/Ö) Lösung Triamcinolon, Salicylsäure *Rezeptpflichtig*	Verminderte Infektionsabwehr, verzögerte Wundheilung. Bei länger dauernder Anwendung: bleibende Hautschäden (z. B. Hautverdünnung, Ausweitung von Blutgefäßen)	**Therapeutisch zweckmäßig nur** zur kurzfristigen Anwendung (weniger als drei Wochen) bei Kopfhautekzem. Kombination eines kortisonähnlichen Wirkstoffs (Betamethason) mit einem hautaufweichenden und schuppenlösenden Mittel (Salicylsäure).

8.3. Mittel gegen Hühneraugen und Warzen

Hühneraugen

Die häufigste Ursache von Hühneraugen (= verdichtete Hornhaut) sind enge und/oder hochhackige Schuhe. Hühneraugen treten meist an der Stelle des größten Drucks auf, an der kleinen Zehe.

Behandlung

Der Erfolg einer Behandlung hängt von der Ausschaltung der Ursache ab, d. h. Vermeidung von Reibung und Druck an der betroffenen Stelle. Bequeme Schuhe sind die wirksamste Maßnahme zur Verhinderung von Hühneraugen.
Bereits bestehende Hühneraugen behandelt man am besten durch ein Salicylsäure-haltiges Pflaster (z. B. *Guttaplast*). Falls dies nichts nützt, können Hühneraugen auch chirurgisch entfernt werden.

Warzen

Warzen sind Hautinfektionen, die durch Viren verursacht sind. Zur Entstehung sind drei Bedingungen notwendig:
- ein Warzenvirus (humanes Papillomvirus),
- dieses Virus muss die Möglichkeit haben, durch eine geschädigte Stelle in die Haut einzudringen,
- ungenügende Abwehrkräfte des Körpers, um das Virus zu zerstören.

Warzen treten am häufigsten bei Kindern und Jugendlichen auf, und zwar an Fingern, Händen, Gesicht und Fußsohlen. Etwa 10 Prozent aller Jugendlichen unter 16 Jahren haben eine oder mehrere Warzen.
Warzen werden normalerweise durch direkten Hautkontakt übertragen, aber auch in Sporthallen und Schwimmbädern. Die durchschnittliche Inkubationszeit (= Zeit zwischen Ansteckung und Sichtbarwerden der Warze) beträgt 3 bis 4 Monate.
Etwa ein Drittel aller Warzen verschwindet innerhalb von 6 Monaten von selbst wieder, der Rest bis auf wenige Ausnahmen innerhalb von 2 Jahren.
Fachleute unterscheiden die verschiedenen Arten von Warzen z. B. nach der befallenen Körperstelle (Handwarzen, Sohlenwarzen etc.).

Selbsthilfe

Seit alters her werden gegen Warzen Volksmittel wie Besprechen oder diverse Kräutertinkturen verwendet. Da die meisten Warzen die Eigenschaft haben, von selbst wieder zu verschwinden, wird dieses Verschwinden dann fälschlicherweise dem angewendeten Volksmittel zugeschrieben.

Medikamentöse Behandlung

- Bei Feig- oder Feuchtwarzen im Anal- oder Genitalbereich wird meist eine Podophyllinlösung oder eine Lösung in Benzoetinktur auf die Warze aufgetupft. Während der Schwangerschaft darf Podophyllin nicht verwendet werden. Die Heilungschancen dieser Methode betragen etwa 30 bis 50 Prozent.
- Sohlen- oder Dornwarzen und so genannte gewöhnliche Warzen werden meist mit Salicylsäure – in Form von Lösungen oder Pflastern – behandelt (*Clabin N, Clabin plus, Collomack, Duofilm, Guttaplast, Verrucid, Verrumal*).
- Flache Warzen an Gesicht und Handrücken werden häufig durch tägliches Auftragen von Isotretinoin oder Tretinoin auf die Warze behandelt. Dieser Wirkstoff (enthalten z. B. in *Isotrex Gel*) wird auch zur Behandlung der Akne verwendet und bewirkt in vielen Fällen eine Schälung und damit Ablösung der Warze (siehe auch Kapitel 8.4.: Aknemittel). Sollte von Kindern und Frauen im gebärfähigen Alter nicht verwendet werden.
- In hartnäckigen Fällen kann das Zytostatikum Bleomycin in die Warze injiziert werden. Nach drei bis vier Wochen löst sich das trockene Warzengewebe ab. Diese Methode hilft fast immer. Sie darf jedoch während der Schwangerschaft nicht angewendet werden.

Operative Methoden

Falls die Behandlung mit Warzenpflastern, Tinkturen und Salben nicht hilft, kann die Warze mit Hilfe folgender Methoden operativ entfernt werden:

- Vereisung der Warze mit flüssigem Stickstoff (– 196°C): Eine örtliche Betäubung ist nicht notwendig. Nach einigen Stunden entsteht eine Blase, die abgetragen werden muss. Dieser Vorgang ist schmerzhaft. Bei gewöhnlichen Warzen sind zur Behandlung meist mehrere Sitzungen notwendig.
- Elektrische Verschorfung: Nach örtlicher Betäubung wird das Warzengewebe durch Hochfrequenzstrom verkohlt und mit einem scharfen Löffel entfernt. Der Nachteil dieser Methode ist, dass sich

häufig schmerzhafte Narben bilden und es in etwa 30 Prozent aller Fälle erneut zu Warzenbildungen kommt.
– Nach örtlicher Betäubung können die Warzen mit einem Kohlendioxid-Laser verdampft werden. Die Wunde blutet nicht und ist fast schmerzlos.

8.3. Mittel gegen Hühneraugen und Warzen

Präparat	Wichtigste Nebenwirkungen	Empfehlung
Clabin N (D) **Clabin plus** (D) Lösung Salicylsäure, Milchsäure	Hautreizungen, selten allergische Erscheinungen an der Haut (z. B. Jucken, Rötung, Bläschen)	**Therapeutisch zweckmäßig zur** Erweichung von Hühneraugen und Warzen.
Collomack (D) Lösung Salicylsäure, Milchsäure, Polidocanol	Hautreizungen, selten allergische Erscheinungen an der Haut (z. B. Jucken, Rötung, Bläschen)	**Therapeutisch zweckmäßig zur** Erweichung von Hühneraugen und Warzen.
Duofilm (D/Ö) Lösung Salicylsäure, Milchsäure	Hautreizungen, selten allergische Erscheinungen an der Haut (z. B. Jucken, Rötung, Bläschen)	**Therapeutisch zweckmäßig zur** Erweichung von Hühneraugen und Warzen.
Gehwohl Pflaster-N (D) Pflaster Salicylsäure, Milchsäure	Hautreizungen, selten allergische Erscheinungen an der Haut (z. B. Jucken, Rötung, Bläschen)	**Therapeutisch zweckmäßig zur** Erweichung von Hühneraugen und Warzen.
Guttaplast (D) Pflaster Salicylsäure	Hautreizungen, selten allergische Erscheinungen an der Haut (z. B. Jucken, Rötung, Bläschen)	**Therapeutisch zweckmäßig zur** Erweichung von Hühneraugen und Warzen.

Präparat	Wichtigste Nebenwirkungen	Empfehlung
Hansaplast Hornhaut-Pflaster (D) **Hansaplast Hühneraugen-Pflaster** (D) Pflaster Salicylsäure	Hautreizungen, selten allergische Erscheinungen an der Haut (z. B. Jucken, Rötung, Bläschen)	**Therapeutisch zweckmäßig zur** Erweichung von Hühneraugen und Warzen.
Verrucid (D) Lösung Salicylsäure, Docusat-Natrium, Essigsäure, Rizinusöl	Hautreizungen, selten allergische Erscheinungen an der Haut (z. B. Jucken, Rötung, Bläschen)	**Therapeutisch zweckmäßig zur** Behandlung von Warzen und Hühneraugen. Kombination von hautaufweichendem Wirkstoff (Salicylsäure), u. a. mit Desinfektionsmittel.
Verrumal (D/Ö) Lösung Fluorouracil, Salicylsäure, Dimethylsulfoxid *Rezeptpflichtig*	Hautreizungen, selten allergische Erscheinungen an der Haut (z. B. Jucken, Rötung, Bläschen). Bei Überdosierung: Lichtüberempfindlichkeit, Übelkeit, Kopfschmerzen möglich, bei Langzeitanwendung sind Hautschäden zu befürchten	**Nur zweckmäßig zur** kurzfristigen Behandlung von Warzen. Einstoffpräparate mit dem Wirkstoff Salicylsäure sind vorzuziehen. Die Wirksamkeit des Virusmittels (Fluorouracil) ist umstritten.
Warzin (Ö) Warzenmittel Milchsäure, Collodium, Rizinusöl	Hautreizungen	**Nur zweckmäßig zur** Behandlung von Warzen. Schwach wirksames, hautaufweichendes Mittel.

8.4. Aknemittel

Akne selbst ist eher harmlos, wirkt sich jedoch auf das Selbstwertgefühl der Betroffenen aus und kann so zum großen Problem werden. Viele Jugendliche zwischen dem 12. und 20. Lebensjahr sind betroffen. Bei Mädchen und Frauen ist die Akne in der zweiten Zyklushälfte meist stärker ausgeprägt. Im Sommer bessern sich die Beschwerden oft, weil die UV-Strahlen bakterientötende Wirkung haben.

Ursachen

Akne hat nichts zu tun mit mangelnder Hygiene oder einer bestimmten Frisur. Sie ist eine Folge der körperlichen Veränderungen während und nach der Pubertät. In dieser Zeit muss sich im Körper ein

Gleichgewicht zwischen weiblichen und männlichen Hormonen einspielen. Das männliche Hormon Testosteron bewirkt eine vermehrte Talgdrüsenproduktion – die gesteigerte Hornproduktion am Talgdrüsenausgang behindert den Abfluss des Talgs. Die Folge: Der Talgbeutel vergrößert sich, bis irgendwann der Talg unter dem verstärkten Druck nach außen tritt.
Mit bloßem Auge sieht man dann weißliche, stecknadelkopfgroße Gebilde in der Haut. Dieses Talg-Horn-Gemisch im »Beutel« kann sich infizieren. Durch die Aktivität der Bakterien werden freie Fettsäuren gebildet, die in der Lage sind, Entzündungen hervorzurufen. Die Entzündungen verändern das Bild. Es erscheinen die unter dem Namen »Pickel« bekannten Papeln und Pusteln.
Durch zu häufiges, unsachgemäßes Manipulieren, z. B. mit der Absicht, die entzündeten Knoten ausdrücken zu wollen, werden die entzündungsaktiven freien Fettsäuren in die umgebende gesunde Haut gedrückt. So verschlimmert sich die Akne.

Mallorca-Akne – durch Sonnenschutzmittel und Kosmetika verursacht

Fettstoffe, Lichtschutzfaktoren und Emulgatoren von Sonnenschutzmitteln und Kosmetika können in Verbindung mit Sonneneinwirkung Akne verursachen. Es liegt auf der Hand, dass hier unter Umständen ein Teufelskreis entstehen kann: Durch die vermehrte Anwendung von Kosmetika kann sich die Akne verschlimmern.

Akne – durch Öl, Teer oder Pech verursacht

Es gibt außerdem die *Öl-, Teer- und Pechakne*, die überwiegend durch längeren direkten Kontakt mit technischen Ölen, Teer und Pech in bestimmten Industrie- und Berufszweigen entsteht und häufig an sonst aknefreien Hautbezirken beobachtet wird (z. B. an den Oberschenkeln durch öldurchtränkte Hosen).

Akne – durch Medikamente verursacht

Schließlich kann Akne (besser gesagt: akneähnliche Hautveränderungen) auch durch Medikamente hervorgerufen werden. Typisch für medikamentös bedingte Akne sind plötzlicher Beginn, ausgedehnter Befall ungewohnter Stellen (auch am Rumpf und an Armen und Beinen) sowie das Vorkommen auch außerhalb der Pubertät. Zu den Verursachern zählen Jod- und Bromverbindungen (Jod- und Bromakne).

Es handelt sich meist um Schlaf- bzw. Beruhigungsmittel. Andere Medikamente aus dem Kreis der Psychopharmaka können ebenfalls Akne auslösen, so z. B. Barbiturate, Lithium-Verbindungen und Antiepileptika (siehe Kapitel 2.1., 2.4., 2.6.).
Selbst bei Verwendung von Vitamin B_6, B_{12} und D_2 kann Akne auftreten. An erster Stelle der medikamentösen Akneauslöser steht allerdings die Gruppe der kortisonähnlichen Wirkstoffe (Glukokortikoide, siehe Tabellen 7.1. und 8.1.). Bei entsprechend veranlagten Menschen können sie sowohl nach innerlicher wie nach äußerlicher Verwendung »akneartige« Hautveränderungen hervorrufen.

Behandlung

Fast jede Akne heilt irgendwann im Erwachsenenalter. Das ist allerdings ein schwacher bzw. gar kein Trost für die betroffenen Jugendlichen. Der »Hass auf das eigene Spiegelbild« kann jeden Morgen aufs neue Bitterkeit, Verzweiflung und Depressionen auslösen. Dabei kann man durchaus etwas gegen Akne tun – auch in schweren Fällen mit gutem Erfolg. Es kann oft Wochen oder sogar Monate dauern, bis eine Behandlung zu wirken beginnt und sich ein Erfolg zeigt.
Zur Rolle von Diät: Ein Zusammenhang zwischen Nahrung und Akneverschlimmerung ist nach heutigem Kenntnisstand nicht nachgewiesen. Eine Selbstkasteiung ist daher unnötig.
Hautreinigung: Die problematischen Hautstellen morgens und abends mit einer milden Reinigungsmilch waschen. Vorsicht: Make-up kann zu verstärkter Bildung von Mitessern (*Komedonen*) führen.
Sinnvoll und die Behandlung unterstützend ist das vorsichtige Entleeren der Mitesser (so genannte Akne-Toilette). Dies sollte entweder durch eine Kosmetikerin geschehen oder man sollte sich die fachgerechte Vorgangsweise genau zeigen lassen.

Leichte bis mittelschwere Akne

Bei leichter bis mittelschwerer Akne genügt normalerweise eine örtliche Behandlung – des ganzen Gesichts, nicht nur der direkt von Akne betroffenen Teile. Am Beginn einer Behandlung kann sich die Akne kurzfristig verschlimmern (die Akne »blüht auf«).

Zur äußerlichen Behandlung von Akne werden vor allem drei verschiedene Wirkstoffe verwendet:

1. Wenn das Problem hauptsächlich die Mitesser (*Komedonen*) sind, ist Tretinoin (enthalten z. B. in *Retin-A*) oder Isotretinoin (enthalten

z. B. in *Isotrex Gel*) am wirksamsten, weil es die Bildung neuer Mitesser verhindert. Es kann allerdings bis zu zwei Monate dauern, bevor man einen Erfolg sieht.
Tretinoin bzw. Isotretinoin reizen die Haut sehr stark und sollten deshalb am Beginn der Behandlung und, sobald sich eine Wirkung zeigt, nur alle zwei Tage angewendet werden, sonst jeden Tag ein bis zweimal. Der Erfolg tritt schneller ein, wenn die Mitesser (Komedonen) vorsichtig entleert werden.
Warnung: Schwangere dürfen diese Mittel – auch wenn sie nur auf die Haut aufgetragen werden – wegen der Gefahr der Schädigung des Ungeborenen nicht verwenden! Generell sollten Frauen im gebärfähigen Alter diese Mittel nicht verwenden.
Isotretinoin oder Tretinoin sollte nicht verwendet werden gegen »Lichtalterung« der Haut – die Wirksamkeit für diesen Zweck ist zweifelhaft, außerdem sind die Nebenwirkungen bei Langzeitanwendung bis jetzt nicht eindeutig geklärt (möglicherweise Krebs erregend). Der beste Schutz gegen vorzeitige Alterung der Haut ist das Vermeiden praller Mittagssonne und die Anwendung von Lichtschutzmitteln mit hohem Filter.
2. Benzoylperoxid (enthalten z. B. in *Aknefug-oxid, Benzaknen, Cordes BPO, PanOxyl, Sanoxit*) erweicht die verhornte Haut, verringert die Talgproduktion und wirkt antibakteriell. Die Bildung neuer Mitesser wird durch Benzoylperoxid nicht so gut gehemmt wie durch Tretinoin oder Isotretinoin. Es ist deshalb vor allem bei entzündlicher Akne zweckmäßig.
Benzoylperoxid kann die Haut reizen (Brennen, Rötung, Schuppenbildung) und bleicht Haare und Kleidung. Manchmal verursacht es auch Kontaktekzeme. Um die Wirkung zu verbessern, können Benzoylperoxid und Tretinoin bzw. Isotretinoin abwechselnd verwendet werden, z. B. Benzoylperoxid am Morgen und das andere Mittel am Abend.
3. Azelainsäure (enthalten in *Skinoren*) ist ebenso wirksam wie Benzoylperoxid oder Tretinoin. Die Hautreizung soll jedoch etwas geringer sein als bei diesen Mitteln.

Antibiotika zum Auftragen auf die Haut

Wenn Benzoylperoxid wegen der Hautreizung nicht vertragen wird, können Antibiotika zum Auftragen auf die Haut verwendet werden. Sie wirken bei Pusteln etwa gleich gut wie Benzoylperoxid, bei Mitessern jedoch schlechter.

Wegen der Gefahr der Entwicklung resistenter Keime sollten solche Mittel nicht länger als acht bis zwölf Wochen verwendet werden. Üblicherweise werden folgende antibiotische Wirkstoffe verwendet: Clindamycin (enthalten in *Basocin*), Erythromycin (enthalten in *Akne Cordes, Aknefug EL, Aknemycin, Eryaknen, Inderm, Zineryt*) und Tetrazyklin (enthalten in *Imex*).
Es dauert etwa vier bis sechs Wochen, bis sich eine Besserung zeigt.

Schwefelhaltige Aknemittel

Die Verwendung von Schwefelpräparaten (z. B. *Aknichthol*) gilt inzwischen als überholt, weil es wirksamere Mittel gibt. Der Nutzen von Schwefel bei Akne ist nicht belegt. Gefahr schwerer Nebenwirkungen.

Hexachlorophen

Aknemittel, die Hexachlorophen enthalten (z. B. *Aknefug, Aknefug simplex*), gelten so wie Schwefelpräparate als überholt. Hexachlorophen dringt leicht durch die Haut und hat neurotoxische Eigenschaften. Schwangere sollten dieses Mittel wegen der möglichen Gefahr der Schädigung des Ungeborenen nicht verwenden.

Salicylsäure

(enthalten z. B. in *Aknefug-Liquid, Aknichthol, Aknichthol N*) wirkt hautaufweichend und hat keinen nachgewiesenen Nutzen bei Akne.

Schwere Akne

Bei entzündlichen Akneerkrankungen, wenn die äußerliche Behandlung nicht ausreicht, ist das Schlucken des Antibiotikums Doxycyclin in einer niedrigen Dosierung von 50 Milligramm pro Tag wirksam (*Doxyderma 50*). Ob die Behandlung wirksam ist, kann man erst nach etwa drei Monaten beurteilen. Die Behandlung dauert drei bis sechs Monate. Eine Aknetherapie, bei der Medikamente geschluckt werden, sollte immer begleitet sein von einer äußeren Behandlung: Emulsionen oder Lotionen, die vom Arzt verschrieben oder empfohlen werden.
Wegen der Gefahr, dass sich resistente Keime entwickeln und das Antibiotikum unwirksam wird, sollte man nicht gleichzeitig verschiedene Antibiotika äußerlich und innerlich anwenden. Als Nebenwirkung der innerlichen Antibiotikatherapie können Pilzerkrankungen der Schei-

de und eine zusätzliche Infektion der entzündeten Talgdrüsen mit hartnäckigeren Keimen auftreten.
Neuere Berichte in Fachpublikationen warnen vor der Verwendung von Minocyclin, das als Antibiotikum gegen Akne sehr häufig empfohlen wird (enthalten in *Minakne, Minocin, Minocyclin-ratiopharm, Minocyclin von ct, Minocyclin beta, Minocyclin Hexal, Minocyclin Stada, Skid*; siehe die folgende Tabelle). Bei Minocyclin besteht ein erhöhtes Risiko an immunallergischen Nebenwirkungen und in der Folge lebensgefährlichen Leberschäden.
Schwangere dürfen wegen der Gefahr für Säuglinge (Gelbwerden der Zähne des Kindes) weder Doxycyclin noch Minocyclin einnehmen. Eine Ausweichmöglichkeit für Schwangere ist der Wirkstoff Erythromycin (enthalten z. B. in *Erythrocin*, siehe Tabelle 10.1.6).
Frauen mit schwerer Akne, die mit der »Pille« verhüten, können sich ein Präparat verschreiben lassen, dessen Gestagenanteil den männlichen Hormonen entgegenwirkt und so ebenfalls die Akne wirksam bekämpft, z. B. *Diane mite* oder *Gestamestrol N*.

Vorsicht: Manche »Pillen« enthalten Hormone, die die Akne verschlimmern können, z. B. *Microgynon*.

Isotretinoin

Bei sehr schweren Fällen von Akne oder wenn alle anderen Behandlungsmöglichkeiten versagen, ist das innerlich anzuwendende Mittel Isotretinoin (enthalten z. B. in *Aknenormin, Isotret Hexal, Roaccutan*) sehr wirksam. Die Behandlung dauert etwa drei bis vier Monate, wobei die Akne bei fast allen Patienten vollständig verschwindet. Dieser Erfolg dauert auch danach bei etwa 60 Prozent aller Patienten an. *Roaccutan* ist allerdings ein gefährliches Medikament und kann schwer wiegende Nebenwirkungen verursachen: Am häufigsten sind Lippenentzündungen, trockene Lippen und Schleimhäute sowie Bindehautentzündung und bei etwa 15 Prozent aller Patienten Muskelbeschwerden. Außerdem können Leberfunktionsstörungen, Fettstoffwechselstörungen und Störungen des Zentralnervensystems auftreten. *Roaccutan* darf nicht zusammen mit Tetrazyklin-Antibiotika (z. B. *Doxycyclin* oder *Minocyclin*) verwendet werden, da beide den Hirndruck steigern können.
Wir halten die Verwendung von *Roaccutan* nur unter genauer Abwägung von Nutzen und Risiken für vertretbar. Wegen der schädigenden Wirkung auf den Embryo ist es strikt verboten, das Präparat während

der Schwangerschaft zu verwenden. Wenn Frauen im gebärfähigen Alter dieses Mittel verwenden, dann ist unbedingt eine wirksame, vorbeugende Schwangerschaftsverhütung notwendig. Der Empfängnisschutz muss auch noch einen Monat nach Beendigung der Therapie fortgesetzt werden.
Manche Mediziner sind der Meinung, *Roaccutan* sollte generell von Frauen im gebärfähigen Alter nicht verwendet werden.

8.4. Aknemittel

Präparat	Wichtigste Nebenwirkungen	Empfehlung
Akne Cordes (Ö) Lösung, Gel Erythromycin *Rezeptpflichtig*	Hautreizungen, selten allergische Hauterscheinungen (z. B. Juckreiz, Rötung, Bläschen). Entwicklung Erythromycin-resistenter Bakterien	**Nur zweckmäßig zur** kurzzeitigen Anwendung (acht bis zwölf Wochen), wenn Benzoylperoxid-haltige Mittel nicht ausreichend wirken. Enthält das lokal und auch innerlich wirksame Antibiotikum Erythromycin.
Aknefug Doxy (D) Tabl. Doxycyclin *Rezeptpflichtig*	Magen-Darm-Störungen, Erbrechen, Durchfall, Leberschädigung, Lichtüberempfindlichkeit. Darf nicht in der Schwangerschaft angewendet werden	**Therapeutisch zweckmäßig nur** bei schwerer Akne, wenn die äußerlich anzuwendenden Mittel nicht ausreichend wirken und lokale Infektionen mit Doxycyclin-empfindlichen Krankheitserregern eine Bedeutung haben. Lange bewährtes Antibiotikum zum Einnehmen.
Aknefug EL (D) Lösung zur äußerlichen Anwendung Erythromycin *Rezeptpflichtig*	Hautreizungen, selten allergische Hauterscheinungen (z. B. Juckreiz, Rötung, Bläschen). Entwicklung Erythromycin-resistenter Bakterien	**Nur zweckmäßig zur** kurzzeitigen Anwendung (acht bis zwölf Wochen), wenn Benzoylperoxid-haltige Mittel nicht ausreichend wirken. Enthält das lokal und auch innerlich wirksame Antibiotikum Erythromycin.
Aknefug iso (D) Weichkapseln Isotretinoin *Rezeptpflichtig*	Schwere Störungen an Augen, Haut und inneren Organen. Große Gefahr von Missbildungen	**Abzuraten** Wegen der schweren Nebenwirkungen ist die Einnahme der Substanz Isotretinoin nur vertretbar, wenn alle anderen Behandlungsmöglichkeiten versagt haben. Sollte wegen Missbildungsgefahr von Frauen im gebährfähigen Alter nicht angewendet werden.

Präparat	Wichtigste Nebenwirkungen	Empfehlung
Aknefug Liquid (D) Lösung zur externen Anwendung Salicylsäure Hilfsstoff: Propanol	Hautreizungen. Vorsicht bei Nierenschäden	**Therapeutisch zweckmäßig** als mildes Hautschälmittel.
Aknefug-oxid mild (D) Gel Benzoylperoxid	Relativ häufig allergische Hauterscheinungen (z. B. Juckreiz, Rötung, Bläschen)	**Therapeutisch zweckmäßig**
Aknemycin (D) Emulsion **Aknemycin comp** (Ö) Salbe Erythromycin, Ammonium-bituminosulfonat *Rezeptpflichtig*	Hautreizungen, selten allergische Hauterscheinungen (z. B. Juckreiz, Rötung, Bläschen). Entwicklung Erythromycin-resistenter Bakterien	**Wenig zweckmäßig** Wenig sinnvolle Kombination von lokal und auch innerlich wirksamem Antibiotikum (Erythromycin) mit Schieferöl (Ammonium-bituminosulfonat).
Aknemycin Lösung (D) Lösung **Aknemycin Salbe** (D) Salbe Erythromycin *Rezeptpflichtig*	Hautreizungen, selten allergische Hauterscheinungen (z. B. Juckreiz, Rötung, Bläschen). Entwicklung Erythromycin-resistenter Bakterien	**Nur zweckmäßig zur** kurzzeitigen Anwendung (acht bis zwölf Wochen), wenn Benzoylperoxid-haltige Mittel nicht ausreichend wirken. Enthält das lokal und auch innerlich wirksame Antibiotikum Erythromycin.
Aknemycin Plus (D) Lösung Tretinoin, Erythromycin *Rezeptpflichtig*	Starke Hautreizungen, Pigmentstörungen. Lichtüberempfindlichkeit. Missbildungen möglich. Selten allergische Hauterscheinungen (z. B. Juckreiz, Rötung, Bläschen). Entwicklung Erythromycin-resistenter Bakterien	**Nur zweckmäßig bei** Akne zur Schälbehandlung, wenn Mittel mit nur einem Wirkstoff nicht ausreichen. Bei Frauen nur vertretbar, wenn eine Schwangerschaft ausgeschlossen werden kann. Kombination von Retinoid (Tretionin) und Antibiotikum (Erythromycin).
Aknenormin (D) Weichkapseln Isotretinoin *Rezeptpflichtig*	Schwere Störungen an Augen, Haut und inneren Organen. Große Gefahr von Missbildungen	**Abzuraten** Wegen der schweren Nebenwirkungen ist die Einnahme der Substanz Isotretinoin nur vertretbar, wenn alle anderen Behandlungsmöglichkeiten versagt haben. Sollte wegen Missbildungsgefahr von Frauen im gebährfähigen Alter nicht angewendet werden.

Präparat	Wichtigste Nebenwirkungen	Empfehlung
Aknichthol (Ö) Lotion Ichthyol, Salicylsäure, Schwefel	Selten allergische Hauterscheinungen (z. B. Juckreiz, Rötung, Bläschen). Akne durch Schwefel möglich	**Abzuraten** Wenig sinnvolle Kombination von Hautreizstoffen (Schieferöl=Ichthyol, Salicylsäure) und Schwefel.
Aknichthol Creme (D) Natriumbituminosulfonat (Ichthyol)	Selten allergische Hauterscheinungen (z. B. Juckreiz, Rötung, Bläschen)	**Nur zweckmäßig bei** leichter Akne. Enthält Hautreizstoff (Schieferöl=Ichthyol).
Aknichthol N (D) Lotion, soft Lotion Ichthyol Hilfsstoff: Salicylsäure	Selten allergische Hauterscheinungen (z. B. Juckreiz, Rötung, Bläschen)	**Wenig zweckmäßig** Wenig sinnvolle Kombination von Hautreizstoffen (Schieferöl=Ichthyol, Salicylsäure).
Basocin (D) Gel, Lösung Clindamycin *Rezeptpflichtig*	Hautreizungen, selten allergische Hauterscheinungen (z. B. Juckreiz, Rötung, Bläschen). Entwicklung Clindamycin- und Erythromycin-resistenter Bakterien	**Nur zweckmäßig zur** kurzzeitigen Anwendung (acht bis zwölf Wochen), wenn Benzoylperoxid-haltige Mittel nicht ausreichend wirken. Enthält das lokal und auch innerlich wirksame Antibiotikum Clindamycin.
Benzaknen (D/Ö) Gel, Suspension Benzoylperoxid *Rezeptpflichtig (Ö)*	Relativ häufig allergische Hauterscheinungen (z. B. Juckreiz, Rötung, Bläschen)	**Therapeutisch zweckmäßig**
Cordes BPO (D) Gel Benzoylperoxid	Relativ häufig allergische Hauterscheinungen (z. B. Juckreiz, Rötung, Bläschen)	**Therapeutisch zweckmäßig**
Diane (D/Ö) Drag., Mite Drag. (Ö) Ethinylestradiol, Cyproteronacetat *Rezeptpflichtig*	Schwere Leberschäden, Müdigkeit, Depressionen, Übelkeit, Kopfschmerzen, Bluthochdruck, stark erhöhtes Thromboserisiko (Blutgerinnsel)	**Wenig zweckmäßig wegen** schwerer Nebenwirkungen. Bei sehr schwerer Akne der Frau ist z. B. *Gestamestrol N* vorzuziehen. Hormonhaltiges Kombinationspräparat, das auch empfängnisverhütend wirksam ist.
Differin Gel (D/Ö) Gel, Creme Adapalen *Rezeptpflichtig*	Starke Hautreizungen, Pigmentstörungen. Missbildungen möglich	**Möglicherweise zweckmäßig bei** Akne. Bei Frauen ist die Anwendung nur vertretbar, wenn eine Schwangerschaft ausgeschlossen werden kann. Noch relativ wenig erprobt.

Präparat	Wichtigste Nebenwirkungen	Empfehlung
Doxyderma (D) Tabl. **Doxyderm** (Ö) Filmtabl. Doxycyclin *Rezeptpflichtig*	Magen-Darm-Störungen, Erbrechen, Durchfall, Leberschädigung, Lichtüberempfindlichkeit. Darf nicht in der Schwangerschaft angewendet werden	**Therapeutisch zweckmäßig nur** bei schwerer Akne, wenn die äußerlich anzuwendenden Mittel nicht ausreichend wirken und lokale Infektionen mit Doxycyclin-empfindlichen Krankheitserregern eine Bedeutung haben. Lange bewährtes Antibiotikum zum Einnehmen.
Eryaknen (D/Ö) Gel Erythromycin *Rezeptpflichtig*	Hautreizungen, selten allergische Hauterscheinungen (z. B. Juckreiz, Rötung, Bläschen). Entwicklung Erythromycin-resistenter Bakterien	**Nur zweckmäßig zur** kurzzeitigen Anwendung (acht bis zwölf Wochen), wenn Benzoylperoxid-haltige Mittel nicht ausreichend wirken. Enthält das lokal und auch innerlich wirksame Antibiotikum Erythromycin.
Gestamestrol N (D) Drag. Chlormadinonacetat, Mestranol *Rezeptpflichtig*	Erhöhtes Thromboserisiko (Blutgerinnsel), Leberschäden, Bluthochdruck, Depressionen	**Nur zweckmäßig bei** sehr schwerer Akne der Frau. Hormonhaltiges Kombinationspräparat, das auch empfängnisverhütend wirksam ist.
Ichtraletten (D) Drag. Natriumbituminosulfonat (Ichthyol)	Magen-Darm-Beschwerden	**Abzuraten** Therapeutische Wirksamkeit ist bei Einnahme des Hautreizstoffes Natriumbituminosulfonat(Schieferöl=Ichthyol) zweifelhaft.
Inderm (D) Lösung, Gel Erythromycin *Rezeptpflichtig*	Hautreizungen, selten allergische Hauterscheinungen (z. B. Juckreiz, Rötung, Bläschen). Entwicklung Erythromycin-resistenter Bakterien	**Nur zweckmäßig zur** kurzzeitigen Anwendung (acht bis zwölf Wochen), wenn Benzoylperoxid-haltige Mittel nicht ausreichend wirken. Enthält das lokal und auch innerlich wirksame Antibiotikum Erythromycin.
Isotret Hexal (D) Kaps. Isotretinoin *Rezeptpflichtig*	Schwere Störungen an Augen, Haut und inneren Organen. Große Gefahr von Missbildungen	**Abzuraten** Wegen der schweren Nebenwirkungen ist die Einnahme der Substanz Isotretinoin nur vertretbar, wenn alle anderen Behandlungsmöglichkeiten versagt haben. Sollte wegen Missbildungsgefahr von Frauen im gebährfähigen Alter nicht angewendet werden.

Präparat	Wichtigste Nebenwirkungen	Empfehlung
Isotretinoin-Isis (D) Weichkaps. Isotretinoin *Rezeptpflichtig*	Schwere Störungen an Augen, Haut und inneren Organen. Große Gefahr von Missbildungen	**Abzuraten** Wegen der schweren Nebenwirkungen ist die Einnahme der Substanz Isotretinoin nur vertretbar, wenn alle anderen Behandlungsmöglichkeiten versagt haben. Sollte wegen Missbildungsgefahr von Frauen im gebährfähigen Alter nicht angewendet werden.
Isotrex Gel (D/Ö) Gel **Isotrex Creme** (D/Ö) Creme Isotretinoin *Rezeptpflichtig*	Starke Hautreizungen, Pigmentstörungen. Lichtüberempfindlichkeit. Missbildungen möglich	**Therapeutisch zweckmäßig bei** Akne zur Schälbehandlung. Bei Frauen ist die Anwendung nur vertretbar, wenn eine Schwangerschaft ausgeschlossen werden kann.
Isotrexin Gel (D) Gel Isotretinoin, Erythromycin *Rezeptpflichtig*	Starke Hautreizungen, Pigmentstörungen. Lichtüberempfindlichkeit. Missbildungen möglich. Selten allergische Hauterscheinungen (z. B. Juckreiz, Rötung, Bläschen). Entwicklung Erythromycin-resistenter Bakterien	**Nur zweckmäßig bei** Akne zur Schälbehandlung wenn Mittel mit nur einem Wirkstoff nicht ausreichen. Bei Frauen nur vertretbar, wenn eine Schwangerschaft ausgeschlossen werden kann. Kombination von Retinoid (Isotretionin) und Antibiotikum (Erythromycin).
Minakne (Ö) Filmtabl. Minocyclin *Rezeptpflichtig*	Magen-Darm-Störungen, Erbrechen, Durchfall, Leberschädigung, Lichtüberempfindlichkeit	**Wenig zweckmäßig** Enthält das Antibiotikum Minocyclin. Präparate mit dem bewährten Doxycyclin sind vorzuziehen.
Minocin (Ö) Filmtabl. Minocyclin *Rezeptpflichtig*	Magen-Darm-Störungen, Erbrechen, Durchfall, Leberschädigung, Lichtüberempfindlichkeit	**Wenig zweckmäßig** Enthält das Antibiotikum Minocyclin. Präparate mit dem bewährten Doxycyclin sind vorzuziehen.
Minocyclin 50 von ct (D) Kaps. **Minocyclin beta 50** (D) Filmtabl. **Minocyclin Hexal 50 mg** (D) Filmtabl. **Minocyclin-ratiopharm** (D) Kaps. **Minocyclin Stada 50 mg** (D) Kaps. Minocyclin *Rezeptpflichtig*	Magen-Darm-Störungen, Erbrechen, Durchfall, Leberschädigung, Lichtüberempfindlichkeit	**Wenig zweckmäßig** Enthält das Antibiotikum Minocyclin. Präparate mit dem bewährten Doxycyclin sind vorzuziehen.

Präparat	Wichtigste Nebenwirkungen	Empfehlung
PanOxyl (D/Ö) Aknegel, Mild Creme, Mild Lotion, Emulsion (D) Benzoylperoxid *Rezeptpflichtig (Ö)*	Relativ häufig allergische Hauterscheinungen (z. B. Juckreiz, Rötung, Bläschen)	**Therapeutisch zweckmäßig**
Retin-A (Ö) Creme Tretinoin *Rezeptpflichtig*	Starke Hautreizungen, Pigmentstörungen. Lichtüberempfindlichkeit. Missbildungen möglich	**Therapeutisch zweckmäßig bei** Akne zur Schälbehandlung. Bei Frauen ist die Anwendung nur vertretbar, wenn eine Schwangerschaft ausgeschlossen werden kann.
Roaccutan (D) Kaps. Isotretinoin *Rezeptpflichtig*	Schwere Störungen an Augen, Haut und inneren Organen. Große Gefahr von Missbildungen	**Abzuraten** Wegen der schweren Nebenwirkungen ist die Einnahme der Substanz Isotretinoin nur vertretbar, wenn alle anderen Behandlungsmöglichkeiten versagt haben. Sollte wegen Missbildungsgefahr von Frauen im gebährfähigen Alter nicht angewendet werden.
Sanoxit (D) Gel, Suspension Benzoylperoxid	Relativ häufig allergische Hauterscheinungen (z. B. Juckreiz, Rötung, Bläschen)	**Therapeutisch zweckmäßig**
Skid (D) Filmtabl. Minocyclin *Rezeptpflichtig*	Magen-Darm-Störungen, Erbrechen, Durchfall, Leberschädigung, Lichtüberempfindlichkeit	**Wenig zweckmäßig** Enthält das Antibiotikum Minocyclin. Präparate mit dem bewährten Doxycyclin sind vorzuziehen.
Skinoren (D/Ö) Creme, Gel Azelainsäure *Rezeptpflichtig*	Lokale Hautreizungen, Hautschäden durch Lichteinwirkung möglich	**Therapeutisch zweckmäßig** Mittel wirkt ähnlich wie Benzoylperoxid (z. B. in *PanOxyl*).
Zineryt (D) Pulver mit Lösungsmittel Erythromycin *Rezeptpflichtig*	Hautreizungen, selten allergische Hauterscheinungen (z. B. Juckreiz, Rötung, Bläschen). Entwicklung Erythromycin-resistenter Bakterien	**Nur zweckmäßig zur** kurzzeitigen Anwendung (acht bis zwölf Wochen), wenn Benzoylperoxid-haltige Mittel nicht ausreichend wirken. Enthält das lokal und auch innerlich wirksame Antibiotikum Erythromycin.

8.5. Mittel zur Wundbehandlung und gegen Hautinfektionen

Wundbehandlung

Kleinere Hautverletzungen (Schnitte, Abschürfungen, Verbrennungen, Kratz- und Bisswunden etc.) werden oft selbst behandelt, ohne einen Arzt in Anspruch zu nehmen. Grundsätzlich sollte man folgende Regeln beachten:

- Das betroffene Gewebe ist normalerweise selbst imstande, mit der lokalen Infektion fertig zu werden. Die Zerstörung der Bakterien in der Wunde gehört nicht zu den wichtigsten Maßnahmen einer Wundbehandlung.
- Bei kleinen oder oberflächlichen Wunden genügt die Abdeckung mit sterilem Wundverband (Pflaster oder Verband) oder eine Behandlung mit Jod-Lösung (z. B. *Betaisodona*) plus Wundverband.
- Verschmutzte und krustenhaltige Wunden werden am besten durch feuchte Umschläge mit Ringer-Lösung (= isotonische Kochsalzlösung, in jeder Apotheke erhältlich) von einer halben Stunde Dauer gereinigt – ohne örtlich wirkendes Antiseptikum.
- Eiter und zugrunde gegangenes Gewebe müssen entfernt werden.
- Bei größeren Wunden ist eine chirurgische Versorgung (Reinigung, Nähen) die wichtigste Maßnahme.
- Der Nutzen einer Wundbehandlung mit Antiseptika oder Antibiotika ist im Vergleich zur normalen Wundreinigung (feuchte Umschläge, chirurgische Reinigung) laut der Fachzeitschrift »arznei-telegramm« nicht nachgewiesen. Die Wundheilung wird durch Verwendung von Antibiotika, antiseptischen Pudern und Salben nicht unterstützt. Im Gegenteil: Manche der angebotenen Mittel hemmen (!) die Wundheilung – z. B. Mittel, die Chlorhexidin enthalten (*Chlorhexidinpuder*).
- Ruhigstellung des Wundbereichs beschleunigt die Heilung, ebenso Wärme und Feuchtigkeit.
- Die Wundheilung wird verzögert durch Fremdkörper in der Wunde, aber auch durch Mangelernährungen sowie durch Allgemeinerkrankungen wie etwa Krebs, Diabetes, Blutarmut, venöse Stauungen und Minderdurchblutung.
- Auch bei kleinen Wunden besteht die Gefahr von Tetanus (Wundstarrkrampf). Zur Wundbehandlung gehört deshalb der Tetanusschutz (siehe Kapitel 10.4.1.: Impfstoffe und Immunglobuline).

Wundsein bei Säuglingen, Windelausschlag

Windelausschläge entstehen meist dadurch, dass die Windeln zu selten gewechselt werden. Dadurch bleibt die Haut längere Zeit mit Stuhl oder Urin in Kontakt und entzündet sich – sie wird gerötet, nässt und schuppt. Oft kommt noch eine Pilzinfektion hinzu.
Es gibt bis jetzt keinen Nachweis, dass bestimmte Nahrungsmittel oder Diäten häufiger Windelausschläge verursachen.
Die wichtigsten Maßnahmen bestehen im Trockenhalten der Haut und in einer guten Hautpflege. Trockenfönen der Haut hat sich als sehr wirksam erwiesen. Nach dem Trocknen Zinkpaste dünn auf die Haut auftragen (enthalten z. B. in *Zinksalbe von ct, Zinksalbe Liechtenstein*, erhältlich in Apotheken, oder in *Penaten* und anderen Kinderhaut-Pflegemitteln).
Windeln möglichst oft wechseln und das Baby hin und wieder stundenweise ohne Windeln mit nackter Haut frei liegen lassen.
Eine Pilzinfektion wird am besten mit einer Paste behandelt, die *Nystatin* enthält (z. B. in *Candio-Hermal, Mykoderm, Mykundex, Nystaderm, Nystatin Lederle*; manche dieser Mittel enthalten zusätzlich Zinkpaste; siehe auch Kapitel 8.6.: Pilzmittel).
Antibiotika-haltige Salben sollte man nur in begründeten Ausnahmefällen verwenden.

Wundreinigungsmittel

Bei kleineren Wunden wird das betroffene Gewebe normalerweise selbst mit der Infektion fertig – bei nicht verschmutzten Wunden ist es nicht sinnvoll, automatisch ein Antiseptikum oder Antibiotikum zu verwenden.
Antiseptika (Desinfektionsmittel) haben gegenüber Antibiotika den Vorteil, dass sie weniger häufig Allergien verursachen. Die Wundheilung selbst wird durch solche Mittel jedoch nicht unterstützt.
Die wichtigsten Substanzen zur Wunddesinfektion sind: Alkohol, Polyvidon-Jod und Chlorhexidin. Wasserstoffperoxid, Kaliumpermanganat, Silbernitrat und Farbstofflösungen sind ebenfalls Mittel zur Wunddesinfektion, scheinen jedoch in der nachfolgenden Tabelle nicht auf.

Alkohol

Alkohol (z. B. *Alkohol 70 % Hetterich, Isopropylalkohol 70%*) wirkt vor allem gegen Bakterien und hat eine schnelle desinfizierende Wirkung. Alkohol ist deshalb besonders für die Desinfektion der Hände geeignet. Zur Not, wenn kein anderes Antiseptikum verfügbar ist, kann man Alkohol auch zur Desinfektion von infizierten Wunden verwenden. Als Nebenwirkung können Hautreizungen entstehen.

Polyvidon-Jod

(z. B. enthalten in *Betaisodona, Braunovidon, Freka-cid, Mercuchrom Jod, Polysept, PVP-Jod-ratiopharm*) gilt als wirksames Mittel zur lokalen Desinfektion. Blut und Eiter vermindern die Wirksamkeit von Polyvidon-Jod. Als *Nebenwirkung* können allergische Kontaktekzeme auftreten. Außerdem besteht das Risiko, dass bei wiederholter Anwendung Jod vom Körper aufgenommen wird und damit Störungen der Schilddrüsenfunktion ausgelöst werden. Während der Schwangerschaft und Stillzeit sollte man Polyvidon-Jod-haltige Mittel vermeiden.

Chlorhexidin

(enthalten z. B. in *Chlorhexidinpuder, Hansamed Spray*) hemmt in hohen Konzentrationen die Wundheilung und wird deshalb als »wenig zweckmäßig« eingestuft.

Ethacridin

(enthalten z. B. in *Rivanol*) gilt inzwischen als obsolet und sollte nicht mehr verwendet werden.

Wundheilmittel

Kamille

(enthalten z. B. in *Kamillan supran, Kamillin, Kamillosan*) ist eines der populärsten Hausmittel. Trotzdem ist der Nutzen zweifelhaft. Als Nebenwirkung können Ekzeme auftreten (Kontaktdermatitis).

Dexpanthenol

(enthalten z. B. in *Bepanthen, Panthenol von ct, Panthenol Lichtenstein, Panthenol-ratiopharm Wundbalsam, Panthogenat*). Populäres Hausmittel – trotzdem ist der Nutzen als Wundheilmittel zweifelhaft. Außer einzelnen Erfahrungsberichten gibt es keine seriösen Untersuchungen über die Wirksamkeit. Als Nebenwirkung können Ekzeme auftreten (Kontaktdermatitis).

Echinacea

(enthalten in *Echinacin Salbe*) ist ein Mittel der Naturmedizin. Es gibt keinen seriösen Beleg über den Nutzen bei Wunden. Als Nebenwirkung können Ekzeme auftreten (Kontaktdermatitis).

Hamamelis

(enthalten in *Hametum, Hamasana, Mirfulan*) ist ein Mittel der Naturmedizin. Es gibt keinen seriösen Beleg über den Nutzen bei Wunden. Als Nebenwirkung können Ekzeme auftreten (Kontaktdermatitis).

Ringelblume

(z. B. *Theiss Ringelblumen*) ist ein beliebtes Mittel der Naturmedizin. Ringelblume enthält ätherische Öle, Carotinoide (Provitamin A) und andere Stoffe, denen eine entzündungshemmende und wundheilungsfördernde Wirkung zugeschrieben wird. Es gibt keinen seriösen Beleg über den Nutzen bei Wunden. Als Nebenwirkung können in sehr seltenen Fällen Ekzeme auftreten (Kontaktdermatitis).

Homöopathische Mittel

(z. B. *Calendumed*) sind oft gar nicht so harmlos, wie man bei homöopathischen Mitteln vermuten würde. Calendumed Salbe enthält beispielsweise neben Ringelblume in homöopathischer Verdünnung Wollwachsalkohol – ein Stoff, der sehr häufig allergische Kontaktekzeme verursacht. Es gibt für *Calendumed* keinen seriösen Beleg über den Nutzen bei Wunden.

Das Enzympräparat Fibrolan

wird aus der Bauchspeicheldrüse und aus dem Plasma von Rindern hergestellt und soll Wunden schneller heilen. Nach Ansicht der Fachzeitschrift »arznei-telegramm« gibt es keinen seriösen Beleg dafür.

Antibiotika-haltige Hautmittel

Die Fachzeitschrift »arznei-telegramm« sagt es klar und deutlich: Antibiotika-haltige Hautmittel »eignen sich nicht für Wunden und Ulzera (Geschwüren), obwohl viele Präparate hierfür angeboten werden«. Es gibt keinen seriösen Beleg für eine Überlegenheit gegenüber der sachgerechten Wundreinigung – mit und ohne Antiseptika. Die gängigsten Krankheitskeime bei Wundinfektionen sind gegenüber den meisten lokal anzuwendenden Antibiotika resistent – das heißt un-

empfindlich. Falls die Wundinfektion allgemeine Symptome verursacht (z. B. Fieber), sollten unverzüglich Antibiotika zum Schlucken verwendet werden.
Antibiotika auf der Haut bergen das Risiko, häufig Allergien zu verursachen und zur schnellen Resistenzentwicklung von Keimen beizutragen.
Als »abzuraten« werden von uns folgende Wirkstoffe eingestuft: Sulfadiazin (enthalten z. B. in *Flammazine*), Neomycin (enthalten z. B. in *Baneocin, Nebacetin*), Framycetin (enthalten z. B. in *Leukase, Leukase N*), Gentamicin (enthalten z. B. in *Gentamycin, Refobacin, Sulmycin*), Tetracyclin (enthalten z. B. in *Aureomycin*) und Chloramphenicol (enthalten z. B. in *Ichthoseptal*).

Fusidinsäure (enthalten z. B. in *Fucidine*) und *Tyrothricin* (enthalten z. B. in *Tyrosur*) sind nur zweckmäßig als letzte Möglichkeit, wenn andere Mittel versagen oder aus anderen Gründen nicht angewendet werden können. *Die Anwendung von Tyrosur ist nicht sinnvoll bei Wundinfektionen, Abszessen, kleinflächigen Verbrennungen und Verbrühungen sowie Unterschenkelgeschwüren.* Die sehr häufige Verwendung – rund 1,3 Millionen verkaufte Packungen pro Jahr in Deutschland – lässt vermuten, dass *Tyrosur* häufig unsachgemäß eingesetzt wird.

Virusmittel auf der Haut

Viruserkrankungen auf der Haut sind beispielsweise Warzen (siehe Kapitel 8.3.) oder »Fieberbläschen« (= Herpesvirus Typ I) auf den Lippen.
Herpes gehört zu den am weitesten verbreiteten Krankheiten der Welt. Etwa 90 Prozent aller Mitteleuropäer tragen dieses Virus in sich. Die erste Herpesinfektion passiert meist im Kleinkindalter, ohne dass irgendwelche Krankheitszeichen zu sehen sind – das Virus nistet sich im Körper ein und schlummert. Durch Hormonveränderungen im Körper, durch Fieber, durch psychische Belastungen, Ekelgefühle, intensive Sonneneinwirkung etc. kann es geweckt werden und dann zu den bekannten Herpes-Anzeichen führen. Die Mehrzahl aller Herpes-Träger merkt jedoch nie etwas davon. Etwa 20 bis 30 Prozent aller Menschen leiden jedoch unter immer wiederkehrenden Fieberbläschen.
Oft ist der Herpes-Ausbruch begleitet von Fieber, schmerzender Mundschleimhaut und erheblichem Krankheitsgefühl. Am ansteckendsten ist die Phase, wenn die Bläschen prall gefüllt sind.

Herpes heilt meist narbenlos innerhalb von ein bis zwei Wochen von selbst ab.

Behandlung

Zur Behandlung von Warzen siehe Kapitel 8.3.

Aciclovir (enthalten in *Acic, Aciclobeta, Aciclostad, Aciclovir AL, Aciclovir 1A Pharma, Aciclovir Heumann, Aciclovir-ratiopharm, Zovirax*) ist das am häufigsten verwendete Mittel gegen »Fieberbläschen« auf den Lippen. Eine Überlegenheit gegenüber Wirkstoff-freien Cremen oder Gelen, die lediglich austrocknend wirken, ist nicht nachweisbar. Außerdem fehlen sichere Belege dafür, dass Aciclovir vor der Übertragung des Virus auf andere Personen schützt. Als Nebenwirkung von Aciclovir können gelegentlich Hautrötungen, Hautabschuppungen und allergische Reaktionen auftreten.

Die spezifische Wirksamkeit von Melissenblätterextrakt (enthalten z. B. in *Lomaherpan*) gegen »Fieberbläschen« ist ebenfalls zweifelhaft. Dieses Mittel wirkt durch die enthaltenen Zusatzstoffe abdeckend und austrocknend – sinnvolle Eigenschaften während der akuten Phase.

Zinksulfat (z. B. *Virudermin*) wirkt ebenfalls nicht spezifisch gegen die Viren, sondern deckt die Bläschen ab und beschleunigt damit die Austrocknung.

8.5. Mittel zur Wundbehandlung und gegen Hautinfektionen

Präparat	Wichtigste Nebenwirkungen	Empfehlung
Acic Creme (D) Creme **Acic-Fieberblasencreme** (Ö) Creme Aciclovir *Rezeptpflichtig (ab 5 g Creme)*	Hautrötung, Hautschuppen, Hautbrennen	**Möglicherweise zweckmäßig zur** Behandlung von Herpes-Infektionen der Haut.
Aciclobeta Creme (D/Ö) Creme **Aciclobeta Lippenherpes** (D) Creme Aciclovir *Rezeptpflichtig (ab 5 g Creme)*	Hautrötung, Hautschuppen, Hautbrennen	**Möglicherweise zweckmäßig zur** Behandlung von Herpes-Infektionen der Haut.

Präparat	Wichtigste Nebenwirkungen	Empfehlung
Aciclostad (D/Ö) Creme **Aciclostad Cremespender** (D) Creme **Aciclostad gegen Lippenherpes** (D) Creme Aciclovir *Rezeptpflichtig (ab 5 g Creme)*	Hautrötung, Hautschuppen, Hautbrennen	**Möglicherweise zweckmäßig zur** Behandlung von Herpes-Infektionen der Haut.
Aciclovir-1 A Pharma (D) **Aciclovir AL** (D) **Aciclovir Genericon** (D) **Aciclovir Heumann** (D) **Aciclovir-ratiopharm** (D) Creme Aciclovir *Rezeptpflichtig (ab 5 g Creme)*	Hautrötung, Hautschuppen, Hautbrennen	**Möglicherweise zweckmäßig zur** Behandlung von Herpes-Infektionen der Haut.
Alkohol 70% Hetterich (D) Lösung Äthanol	Hautreizung, Hautaustrocknung und Entfettung	**Nur zweckmäßig zur** Desinfektion der Haut.
Bactroban (Ö) Salbe, Creme Mupirocin *Rezeptpflichtig*	Häufig Hautreizungen (z. B. Brennen). Sehr selten allergische Hauterscheinungen (z. B. Jucken, Rötung, Bläschen)	**Therapeutisch zweckmäßig nur** bei Mupirocin-empfindlichen Krankheitserregern, wenn Desinfektionsmittel nicht angewendet werden können.
Baneocin (Ö) Puder, Salbe Bacitracin, Neomycin *Rezeptpflichtig*	Relativ häufig allergische Hauterscheinungen (z. B. Jucken, Rötung, Bläschen). Bei großflächiger und lang dauernder Anwendung Nieren- und Gehörschäden möglich (z. B. Taubheit)	**Abzuraten** Wenig sinnvolle Kombination von zwei Antibiotika. Die Anwendung von Neomycin auf der Haut ist wegen der möglichen schweren Nebenwirkungen nicht mehr vertretbar.
Bepanthen Roche (D) Lösung, Wund- und Heilsalbe, Creme (Ö) Dexpanthenol	Keine wesentlichen bekannt	**Wenig zweckmäßig** Therapeutische Wirksamkeit zur Wundbehandlung zweifelhaft. Wegen geringer Schädlichkeit als Hautpflegemittel vertretbar.
Bepanthen Antiseptische Wundcreme (D) Creme **Bepanthen plus Roche** (Ö) Creme Chlorhexidin, Dexpanthenol	Lichtüberempfindlichkeit. Selten Allergien. Nicht in der Schwangerschaft anwenden	**Wenig zweckmäßig zur** Hautdesinfektion. Enthält schwach wirksames Desinfektionsmittel (Chlorhexidin) und Hautpflegemittel (Dexpanthenol).

Präparat	Wichtigste Nebenwirkungen	Empfehlung
Betaisodona (D/Ö) Lösung, Salbe, Wundgaze, Creme (Ö) Povidon-Jod *Creme und Wundgaze in Ö: Rezeptpflichtig*	Sehr selten allergische Erscheinungen (z. B. Jucken), Störungen der Schilddrüsenfunktion möglich	**Therapeutisch zweckmäßig nur** zur Desinfektion der Haut, Schleimhaut und Wunden. Wegen der Gefahr eines Sekretstaus sollten Salben nicht auf offene Wunden aufgetragen werden.
Brand- und Wundgel – Medice N (D) Gel Benzethonium, Polidocanol, Harnstoff	Hautreizungen. Selten allergische Hauterscheinungen (z. B. Jucken, Rötung, Bläschen)	**Abzuraten** bei den vom Hersteller angegebenen Anwendungsgebieten (z. B. Verbrennungen, Verätzungen, Sonnenbrand) wegen zweifelhafter therapeutischer Wirksamkeit und Nebenwirkungen von Benzethonium.
Braunovidon (D) Salbe, Salbengaze Povidon-Jod	Sehr selten allergische Erscheinungen (z. B. Jucken), Störungen der Schilddrüsenfunktion möglich	**Therapeutisch zweckmäßig nur** zur Desinfektion der Haut, Schleimhaut und Wunden. Wegen der Gefahr eines Sekretstaus sollten Salben nicht auf offene Wunden aufgetragen werden.
Calendumed (D/Ö) Salbe, Gel; Creme (nur D) Ringelblumenurtinktur	Hautreizungen. Selten allergische Hauterkrankungen	**Abzuraten** bei den vom Hersteller angegebenen Anwendungsgebieten, wie z. B. Hauteiterungen und Verbrennungen. Homöopathisches Mittel. Therapeutische Wirksamkeit zweifelhaft.
Chinosol (D) Tabl. zum Auflösen Chinolinolsulfat, Kaliumsulfat	Hautreizungen. Selten Allergien. Nicht in der Schwangerschaft anwenden	**Wenig zweckmäßig zur** Hautdesinfektion.
Chlorhexidinpuder (D) Pulver Chlorhexidin	Lichtüberempfindlichkeit. Selten Allergien. Nicht in der Schwangerschaft anwenden	**Wenig zweckmäßig zur** Hautdesinfektion.

Präparat	Wichtigste Nebenwirkungen	Empfehlung
Combudoron (D) Gel, Flüssigkeit Ethanol, Arnica montana, Pl. Tota rec., Herba urtica urens	Allergische Erscheinungen (z. B. Juckreiz, Rötung, Bläschen an der Haut)	**Wenig zweckmäßig** Pflanzliches Mittel. Therapeutische Wirksamkeit zweifelhaft bei den vom Hersteller angegebenen Anwendungsgebieten (z. B. Verbrennungen, Sonnenbrand, Insektenstiche). Schwaches Desinfektionsmittel (enthält Alkohol). Gel kühlt.
Contractubex (D/Ö) Gel, Salbe Extr. Cepae, Heparin, Allantoin	Selten Hautreizungen	**Wenig zweckmäßig** Zweifelhafte therapeutische Wirksamkeit bei den vom Hersteller angegebenen Anwendungsgebieten (Behandlung bestimmter Narben und Kontrakturen). Anwendung vertretbar bei leichten Störungen der Narbenbildung.
Cutasept F/ -G (D) farblose Lösung F, gefärbte Lösung G Propanol, Benzalkonium	Hautreizung, Hautaustrocknung und Entfettung. Selten Allergien	**Nur zweckmäßig zur** Desinfektion der Haut.
Delagil (D) Creme, Pulver Synthetischer Gerbstoff	Reizerscheinungen möglich	**Wenig zweckmäßig bei** den vom Hersteller angegebenen Anwendungsgebieten (z. B. Hautinfektionen, Wundbehandlung). Enthält einen Stoff mit adstringierender Wirkung (Gerbstoff).
Desitin (D/Ö) Salbe, Salbenspray, Fettpuder (Ö) Lebertran, Zinkoxid	Selten allergische Hauterscheinungen (z. B. Juckreiz, Rötung, Bläschen)	**Wenig zweckmäßig zur** Wundbehandlung. Wegen geringer Schädlichkeit zur Pflege oder zur Behandlung von Wundsein vertretbar.
Flammazine (D/Ö) Creme Sulfadiazin-Silber *Rezeptpflichtig*	Relativ häufig allergische Hauterscheinungen (z. B. Jucken, Rötung, Bläschen)	**Abzuraten** Sulfonamide zum Auftragen auf der Haut sind nicht sinnvoll.
Freka-cid (D) Salbe, Puderspray Povidon-Jod	Sehr selten allergische Erscheinungen (z. B. Jucken), Störungen der Schilddrüsenfunktion möglich	**Therapeutisch zweckmäßig nur** zur Desinfektion der Haut, Schleimhaut und Wunden. Wegen der Gefahr eines Sekretstaus sollten Salben nicht auf offene Wunden aufgetragen werden.

Präparat	Wichtigste Nebenwirkungen	Empfehlung
Fucidin (Ö) Salbe Fusidinsäure *Rezeptpflichtig*	Hautrötung	**Therapeutisch zweckmäßig nur** bei Infektionen mit Fusidinsäure-empfindlichen Krankheitserregern, wenn Desinfektionsmittel nicht angewendet werden können.
Fucidine (D) Salbe, Creme, Gaze Fusidinsäure *Rezeptpflichtig*	Hautrötung	**Therapeutisch zweckmäßig nur** bei Infektionen mit Fusidinsäure-empfindlichen Krankheitserregern, wenn Desinfektionsmittel nicht angewendet werden können.
Furacin - Sol (D) Salbe Nitrofural *Rezeptpflichtig*	Hautreizung (Jucken, Rötung, Bläschen), Verdacht auf Schädigung der Spermien, Tumorverdacht bei lang dauernder Anwendung	**Abzuraten** Vertretbar nur bei Infektionen mit Nitrofural-empfindlichen Krankheitserregern, wenn andere Desinfektionsmittel nicht angewendet werden können.
Gentamycin (D) Creme, Salbe Gentamicin *Rezeptpflichtig*	Allergische Hauterscheinungen (z. B. Jucken, Rötung, Bläschen)	**Abzuraten** Antibiotika wie Gentamicin sollten wegen der Gefahr von Resistenzentwicklung und Allergisierung nicht auf die Haut aufgetragen werden. Desinfektionsmittel sind vorzuziehen.
Hamasana (D/Ö) Salbe Hamamelis-Destillate	Keine wesentlichen zu erwarten	**Nur zweckmäßig als** Hautpflegemittel. Pflanzliches Mittel. Wegen der Gefahr eines Sekretstaus sollten Salben nicht auf offene Wunden aufgetragen werden.
Hametum Extrakt (D/Ö) Flüssigkeit Hamamelis-Destillate	Keine wesentlichen zu erwarten	**Nur zweckmäßig zur** Desinfektion der Haut (enthält Alkohol).
Hametum Creme (D) Creme **Hametum Wund- und Heilsalbe**(D/Ö) Salbe Hamamelis-Destillate	Keine wesentlichen zu erwarten	**Nur zweckmäßig als** Hautpflegemittel. Pflanzliches Mittel. Wegen der Gefahr eines Sekretstaus sollten Salben nicht auf offene Wunden aufgetragen werden.
Hansamed Spray (D) Lösung Clorhexidin	Allergisches Kontaktekzem möglich	**Nur zweckmäßig zur** Desinfektion der Haut.

Präparat	Wichtigste Nebenwirkungen	Empfehlung
Ichthoseptal (D) Creme, Lösung Chloramphenicol, Ichthyol *Rezeptpflichtig*	Schwere allergische Hauterscheinungen, Blutschäden möglich	**Abzuraten** Wenig sinnvolle Kombination von Antibiotikum (Chloramphenicol) mit Schieferöl (Ichthyol). Die Anwendung von Chloramphenicol auf der Haut ist nicht vertretbar.
Ilon (D/Ö) Abszess-Salbe Lärchenterpentin, Terpentinöl	Hautreizungen, selten allergische Hauterscheinungen (z. B. Jucken, Rötung, Bläschen)	**Nur zweckmäßig** zur Beschleunigung der »Reifung« von Abszessen der Haut (z. B. Furunkel). Kombination von Hautreizmittel und Desinfektionsmittel.
InfectoPyoderm (D) Salbe Mupirocin *Rezeptpflichtig*	Häufig Hautreizungen (z. B. Brennen). Sehr selten allergische Hauterscheinungen (z. B. Jucken, Rötung, Bläschen)	**Therapeutisch zweckmäßig nur** bei Infektionen mit Mupirocin-empfindlichen Krankheitserregern, wenn Desinfektionsmittel nicht angewendet werden können.
Iruxol N (D) Salbe **Iruxolum mono-Salbe** (Ö) Salbe Clostridiopeptidase	Hautreizungen (z. B. Juckreiz, Rötung)	**Nur zweckmäßig** zur kurzfristigen Anwendung zur Wundreinigung bei alten, verkrusteten Geschwüren.
Isopropylalkohol 70% (D) Lösung Isopropanol	Hautreizung, Hautaustrocknung und Entfettung	**Nur zweckmäßig zur** Desinfektion der Haut.
Kamillan supra (D) Lösung Kamillenextrakte	Keine nennenswerten zu erwarten	**Wenig zweckmäßig** zur Behandlung bakterieller Hauterkrankungen. Pflanzliches Mittel. Als Badezusatz vertretbar.
Kamillin-Extern-Robugen (D) Lösung Alkoholischer (Propanol) Kamillenauszug	Keine nennenswerten zu erwarten	**Wenig zweckmäßig** zur Behandlung bakterieller Hauterkrankungen. Pflanzliches Mittel. Als Zusatz zu Spülungen und Bädern vertretbar.
Kamillin Konzentrat Robugen (D) Lösung Alkoholischer (Ethanol) Kamillenauszug	Keine nennenswerten zu erwarten	**Wenig zweckmäßig** bei den vom Hersteller angegebenen Gebieten zur innerlichen Anwendung (z. B. Entzündungen im Gastrointestinaltrakt). Wenig zweckmäßig zur Behandlung bakterieller Hauterkrankungen. Pflanzliches Mittel. Als Zusatz zu Spülungen und Bädern vertretbar.

Präparat	Wichtigste Nebenwirkungen	Empfehlung
Kamillosan (D/Ö) Konzentrat Alkoholischer (Ethanol) Kamillenauszug	Keine nennenswerten zu erwarten	**Wenig zweckmäßig** bei den vom Hersteller angegebnen Gebieten zur innerlichen Anwendung (z. B. Spasmen und Entzündungen des Magen-Darm-Kanals). Wenig zweckmäßig zur Behandlung bakterieller Hauterkrankungen. Pflanzliches Mittel. Als Zusatz zu Spülungen und Bädern vertretbar.
Kamillosan Creme (D) **/ Salbe** (D/Ö) Alkoholischer (Ethanol) Kamillenauszug Konservierungsstoff: Parabene (nur Creme)	Keine nennenswerten zu erwarten. Allergische Reaktionen bei Creme	**Wenig zweckmäßig zur** Behandlung bakterieller Hauterkrankungen. Pflanzliches Mittel. Als Hautpflegemittel vertretbar.
Kamillosan Wund- und Heilbad (D/Ö) Lösung Alkoholischer (Ethanol) Kamillenauszug	Keine nennenswerten zu erwarten	**Wenig zweckmäßig** zur Behandlung bakterieller Hauterkrankungen. Pflanzliches Mittel. Als Zusatz zu Spülungen und Bädern vertretbar.
Kodan (D) Tinktur Propanol, Biphenylol	Hautreizung, Hautaustrocknung und Entfettung	**Nur zweckmäßig zur** Desinfektion der Haut. Kombination von Desinfektionsmitteln.
Kodan forte (Ö) Tinktur farblos/ gefärbt Isopropanol, Propanol, Biphenylol, Wasserstoffperoxid	Hautreizung, Hautaustrocknung und Entfettung	**Nur zweckmäßig zur** Desinfektion der Haut. Kombination von Desinfektionsmitteln.
Leukase (Ö) Kegel Framycetin, Trypsin, Lidocain *Rezeptpflichtig*	Relativ häufig allergische Hauterscheinungen (z. B. Jucken, Rötung, Bläschen). Bei großflächiger und lang dauernder Anwendung Nieren- und Gehörschäden (z. B. Taubheit) möglich, Allergisierung gegen Framycetin	**Abzuraten** Wenig sinnvolle Kombination von Ferment (Trypsin) und örtlich wirkendem Betäubungsmittel (Lidocain) und Antibiotikum (Framycetin). Framycetin besteht hauptsächlich aus Neomycin B, dessen Anwendung auf der Haut nicht vertretbar ist.

Präparat	Wichtigste Nebenwirkungen	Empfehlung
Leukase (Ö) Puder, Salbe Framycetin, Trypsin *Rezeptpflichtig*	Relativ häufig allergische Hauterscheinungen (z. B. Jucken, Rötung, Bläschen). Bei großflächiger und lang dauernder Anwendung Nieren- und Gehörschäden (z. B. Taubheit) möglich, Allergisierung gegen Framycetin	**Abzuraten** Wenig sinnvolle Kombination von Ferment (Trypsin) und Antibiotikum (Framycetin). Framycetin besteht hauptsächlich aus Neomycin B, dessen Anwendung auf der Haut nicht mehr vertretbar ist.
Leukase N (D) Salbe, Puder, Kegel Framycetin, Kegel: zusätzlich Lidocain *Rezeptpflichtig*	Relativ häufig allergische Hauterscheinungen (z. B. Jucken, Rötung, Bläschen). Bei großflächiger und lang dauernder Anwendung Nieren- und Gehörschäden (z. B. Taubheit) möglich, Allergisierung gegen Framycetin	**Abzuraten** Framycetin besteht hauptsächlich aus Neomycin B, dessen Anwendung auf der Haut nicht vertretbar ist.
Lipactin (D/Ö) Gel Zinksulfat, Heparin Hilfsstoff: Phenoxyethanol (Konservierungsmittel)	Brennen, allergische Raktionen	**Nur zweckmäßig** bei Herpes-Infektionen. Therapeutische Wirkung von Heparin zweifelhaft.
Linola-sept (D/Ö) Creme Clioquinol	Hautreizung, bei längerer Anwendung Störungen der Schilddrüsenfunktion möglich	**Nur zweckmäßig zur** Desinfektion der Haut.
Lomaherpan (D/Ö) Creme Trockenextrakt aus Melissenblättern	Keine nennenswerten zu erwarten	**Naturheilmittel** Pflanzliches Mittel zur Behandlung von Infektionen mit Herpes-simplex-Viren. Therapeutische Wirksamkeit fraglich. Vertretbar wegen geringer Schädlichkeit.
Mercurochrom-Jod (D) Salbe, Lösung Povidon-Jod	Sehr selten allergische Erscheinungen (z. B. Jucken), Störungen der Schilddrüsenfunktion möglich	**Therapeutisch zweckmäßig nur** zur Desinfektion der Haut, Schleimhaut und Wunden. Wegen der Gefahr eines Sekretstaus sollten Salben nicht auf offene Wunden aufgetragen werden.

Präparat	Wichtigste Nebenwirkungen	Empfehlung
Mirfulan (D/Ö) Salbe **Mirfulan Spray N** (D/Ö) Spray Lebertran, Zinkoxid Hilfsstoffe: Harnstoff, Hamamelisextrakt u. a. (nur Salbe)	Hautreizungen (z. B. Jucken) möglich	**Zweckmäßig** als Hautpflegemittel.
Mitosyl N (D) Salbe Zinkoxid Hilfsstoffe: Lebertran, Geraniumöl u. a.	Keine wesentlichen zu erwarten	**Zweckmäßig** als Hautpflegemittel z. B. bei juckenden Hauterkrankungen und Ekzemen. Zinksalbe.
Nebacetin (D/Ö) Puder, Salbe, Puder-Spray (D), Lösung (D), Trockensubstanz (D) Neomycin, Bacitracin *Rezeptpflichtig*	Relativ häufig allergische Hauterscheinungen (z. B. Jucken, Rötung, Bläschen). Bei großflächiger und lang dauernder Anwendung Nieren- und Gehörschäden (z. B. Taubheit) möglich	**Abzuraten** Wenig sinnvolle Kombination von zwei Antibiotika. Die Anwendung von Neomycin auf der Haut ist wegen der möglichen schweren Nebenwirkungen nicht mehr vertretbar.
Octenisept (D/Ö) Lösung **Octenisept Wunddesinfektion** (D/Ö) Lösung Octenidin, Phenoxyethanol	Hautreizung, Hautaustrocknung und Entfettung	**Nur zweckmäßig zur** Desinfektion der Haut. Kombination von Desinfektionsmitteln.
Pantederm N (D) Salbe Zinkoxid	Keine wesentlichen zu erwarten	**Zweckmäßig** als Hautpflegemittel z. B. bei juckenden Hauterkrankungen und Ekzemen. Zinksalbe.
Panthenol-ratiopharm (D) Wundbalsam **Panthenol-Salbe Lichtenstein** (D) Salbe **Panthenol-Sandoz** (D) Creme **Panthenol Spray** (D) Schaum **Panthenol von ct** (D) Creme Dexpanthenol	Keine wesentlichen zu erwarten	**Nur zweckmäßig** als Hautpflegemittel.
Panthogenat (D) Salbe Dexpanthenol	Keine wesentlichen zu erwarten	**Nur zweckmäßig** als Hautpflegemittel.

Präparat	Wichtigste Nebenwirkungen	Empfehlung
Polysept (D) Salbe, Lösung Povidon-Jod	Sehr selten allergische Erscheinungen (z. B. Jucken), Störungen der Schilddrüsenfunktion möglich	**Therapeutisch zweckmäßig nur** zur Desinfektion der Haut, Schleimhaut und Wunden. Wegen der Gefahr eines Sekretstaus sollten Salben nicht auf offene Wunden aufgetragen werden.
PVP-Jod-ratiopharm (D/Ö) Salbe Povidon-Jod	Sehr selten allergische Erscheinungen (z. B. Jucken), Störungen der Schilddrüsenfunktion möglich	**Therapeutisch zweckmäßig nur** zur Desinfektion der Haut, Schleimhaut und Wunden. Wegen der Gefahr eines Sekretstaus sollten Salben nicht auf offene Wunden aufgetragen werden.
Pyolysin (D) Salbe Salicylsäure, Pyolysin, Zinkoxid	Allergische Erscheinungen (z. B. Juckreiz, Rötung, Bläschen an der Haut). Hautreizungen	**Abzuraten** bei den vom Hersteller angegebenen Anwendungsgebieten (z. B. infizierte Wunden, Unterschenkelgeschwüre). Zinksalbe mit hautaufweichendem Stoff (Salicylsäure) und Bakterienbestandteilen (Pyolysin). Wegen der Gefahr eines Sekretstaus sollten Salben nicht auf offene Wunden aufgetragen werden.
Refobacin (D/Ö) Creme Gentamicin *Rezeptpflichtig*	Allergische Hauterscheinungen (z. B. Jucken, Rötung, Bläschen)	**Abzuraten** Antibiotika wie Gentamicin sollten wegen der Gefahr von Resistenzentwicklung und Allergisierung nicht auf die Haut aufgetragen werden. Desinfektionsmittel sind vorzuziehen.
Retterspitz Äußerlich (D) Flüssigkeit Ol. Rosmarini, Ol. Citri, Alumen, Acidum tartaricum, Thymol, Bergamottöl, Aurantii flores	Allergische Erscheinungen (z. B. Juckreiz, Rötung, Bläschen an der Haut). Lichtüberempfindlichkeit	**Wenig zweckmäßig** bei den vom Hersteller angegebenen Anwendungsgebieten (z. B. bakterielle Entzündungen). Schwaches Desinfektionsmittel.
Retterspitz Heilsalbe ST (D) Salbe Zinkoxid	Keine wesentlichen zu erwarten	**Zweckmäßig** als Hautpflegemittel z. B. bei juckenden Hauterkrankungen und Ekzemen. Zinksalbe.

Präparat	Wichtigste Nebenwirkungen	Empfehlung
Rivanol (D) Tabl. zum Auflösen, Lösung, Salbe Ethacridinlactat	Hautschäden bei Lichteinwirkung möglich, selten allergische Hauterscheinungen (z. B. Jucken, Rötung, Bläschen). Nicht in der Schwangerschaft anwenden	**Abzuraten** Die Anwendung dieses Desinfektionsmittels gilt als überholt.
Sofra-Tüll Sine (D) Gittertüll Wirkstofffreie Salbengrundlage Vaseline, Lanolin *Rezeptpflichtig*	Keine wesentlichen zu erwarten	**Zweckmäßig** zum Abdecken von Wunden.
Sterillium (D/Ö) Lösung **Sterillium pure** (D) Lösung **Sterillium Desinfektionstuch** (D) Propanol, Mecetroniumetilsulfat	Hautreizung, Hautaustrocknung und Entfettung	**Zweckmäßig zur** Desinfektion der Haut. Kombination von Desinfektionsmitteln.
Sulmycin (D) Creme, Salbe Gentamicin *Rezeptpflichtig*	Allergische Hauterscheinungen (z. B. Jucken, Rötung, Bläschen)	**Abzuraten** Antibiotika wie Gentamicin sollten wegen der Gefahr von Resistenzentwicklung und Allergisierung nicht auf die Haut aufgetragen werden. Desinfektionsmittel sind vorzuziehen.
Tannosynt Creme gegen Entzündung und Juckreiz (D) Creme **Tannosynt flüssig** (D/Ö) Badezusatz **Tannosynt Lotio** (D/Ö) Schüttelmixtur Synthetische Gerbstoffe Konservierungsstoff: Parabene (nur Lotio)	Reizerscheinungen möglich. Allergische Reaktionen bei Lotio	**Wenig zweckmäßig** bei den vom Hersteller angegebenen Anwendungsgebieten (z. B. entzündliche und juckende Hauterkrankungen). Enthält einen Stoff mit adstringierender Wirkung (Gerbstoff).

Präparat	Wichtigste Nebenwirkungen	Empfehlung
Tyrosur (D) Gel, Puder Tyrothricin, Cetylpyridinium	Allergische Hauterscheinungen (z. B. Jucken, Rötung, Bläschen) möglich	**Nur zweckmäßig bei** Tyrothricin/Cetylpyridinium-empfindlichen Erregern, wenn Desinfektionsmittel oder Lokalantibiotika als Einstoffpräparate nicht angewendet werden können. Die Anwendung von Lokalantibiotika ist bei Wundinfektionen, Abszessen, kleinflächigen Verbrühungen und Verbrennungen sowie Unterschenkelgeschwüren nicht sinnvoll.
Virudermin (D) Gel Zinksulfat	Keine wesentlichen zu erwarten	**Zweckmäßig** bei Herpes-Infektionen.
Zinkoxidemulsion LAW (D) Emulsion **Zinkoxidsalbe LAW** (D) Salbe Zinkoxid	Keine wesentlichen zu erwarten	**Zweckmäßig** bei juckenden Hauterkrankungen und Ekzemen.
Zinksalbe Lichtenstein (D) Salbe Zinkoxid	Keine wesentlichen zu erwarten	**Zweckmäßig** bei juckenden Hauterkrankungen und Ekzemen
Zinksalbe von ct (D) Salbe Zinkoxid, Lebertran, Glycerol	Keine wesentlichen zu erwarten	**Zweckmäßig** bei juckenden Hauterkrankungen und Ekzemen.
Zovirax (D/Ö) Creme Aciclovir *Rezeptpflichtig*	Hautrötung, Hautschuppen, Hautbrennen	**Möglicherweise zweckmäßig** zur Behandlung von Herpes-Infektionen der Haut.
Zovirax Lippenherpescreme (D) Creme, Cremespender Aciclovir	Hautrötung, Hautschuppen, Hautbrennen	**Möglicherweise zweckmäßig** zur Behandlung von Herpes-Infektionen der Haut.

8.6. Pilzmittel

Pilzinfektionen können am gesamten Körper auftreten. Fachleute haben beobachtet, dass in den letzten Jahren Pilzkrankheiten in den Industrieländern häufiger auftreten. Einige Ursachen dieser »Pilzvermehrung« sind:
- Viele Medikamente schwächen die körperlichen Abwehrkräfte gegen Pilzerkrankungen – z. B. Breitspektrum-Antibiotika, Krebsmittel und bestimmte Entzündungshemmer (Glukokortikoide).
- Geänderte Essgewohnheiten: Der vermehrte Verzehr von Süßigkeiten und Kohlehydraten verringert den Schutz vor einer Pilzansteckung.
- Haustiere sind oft von Pilzen befallen, ohne dass man es ihnen ansieht. Der Mensch kann davon jedoch angesteckt werden.

Pilzinfektionen können überall am Körper auftreten. Am häufigsten sind folgende Stellen betroffen:
Fußpilz wird vor allem durch schlechtes Schuhwerk in Zusammenhang mit Schwitzen und Wärme begünstigt. Die Behandlung mit einem Pilzmittel dauert zwei bis vier Wochen, manchmal sogar länger, und sollte auf alle Fälle ein bis zwei Wochen nach Verschwinden der Symptome fortgesetzt werden.
Nagelpilze treten vermehrt in höherem Alter auf – bedingt durch krankhafte Nagelveränderungen können sich Pilze leichter festsetzen und ausbreiten. Diese Erkrankung ist schwer zu behandeln, dauert meist mehrere Monate und ist oft nicht erfolgreich, weil die Behandlung nicht konsequent genug durchgeführt wird.
Windeldermatitis (Windelsoor) entwickelt sich meist durch zu lange Einwirkung von Urin und Stuhl auf die Haut und ist die häufigste Pilzerkrankung im Säuglingsalter (siehe Kapitel 8.5.: Mittel zur Wundbehandlung und gegen Hautinfektionen).
Pilzinfektionen im Genitalbereich werden meist durch Geschlechtsverkehr übertragen (siehe dazu Kapitel 18.7.: Mittel gegen Entzündungen und Infektionen der Sexualorgane).
In den letzten Jahre ist die »*Darmsanierung*« in Mode gekommen. Die Angst vor einer Selbstvergiftung durch rückresorbierte »Darmgifte« trägt im deutschen Sprachraum geradezu neurotische Züge. Angeblich sollen »Darmgifte« die Ursache vieler chronischer Gelenk-, Gewebe- und Gefäßentzündungen sein. Manche Naturheiler stellen auch gerne die Diagnose einer »Darmmykose« (Pilzbefalls des Darms)

– mit entsprechenden Behandlungsvorschlägen. Pilze im Stuhl sind jedoch nichts Krankhaftes. Die Fachpublikation »Arzneimittel-Kursbuch« weist darauf hin, dass sich bei 50 bis 75 Prozent der Bevölkerung Pilze im Stuhl befinden, ohne dass dies irgendeinen Krankheitswert hat. Nur wenn sich mehr als 1000 Hefen pro Gramm im Stuhl befinden, ist eine Behandlung möglicherweise sinnvoll.
Bei normalem Pilzbefund gibt es keinen vernünftigen Grund, sich einer *Darmreinigung* oder *Darmsanierung* zu unterziehen.

Achtung: *In Deutschland ist der Zusatz des Antipilzmittels Natamycin zur Behandlung von Hartkäse und Schnittkäse mit geschlossener Rinde oder Haut erlaubt. Natamycin ist auch ein – inzwischen allerdings nur noch selten verwendetes – Arzneimittel (enthalten z. B. in Pimafucin). Wer knapp entrindeten Käse isst, schluckt möglicherweise ein Antipilzmittel!*

Die Behandlung

von Pilzerkrankungen (Mykosen) ist aus mehreren Gründen schwierig:
- Sie sind ohne Laboruntersuchung oft nicht von bakteriellen Infektionen zu unterscheiden.
- Gleiche Pilze können verschiedene Krankheiten hervorrufen.
- Verschiedene Pilze können gleiche Krankheitserscheinungen verursachen.

Häufig werden Pilzerkrankungen ohne Aufsuchen eines Arztes selbst behandelt, da es inzwischen eine Reihe von rezeptfrei erhältlichen Mitteln gegen Pilze gibt. Im Zweifelsfall oder wenn sich kein Erfolg durch die Selbstbehandlung zeigt, sollte man besser einen Arzt aufsuchen.
Ob eine Krankheit durch einen Pilz verursacht ist, kann durch mikroskopische Untersuchungen festgestellt werden. Die genaue Art des Pilzes kann allerdings nur durch länger dauernde Laboruntersuchungen, die bis zu vier Wochen dauern können, ermittelt werden. Fachleute unterscheiden drei Pilzarten: Dermatophyten, Hefen (z. B. *Candida*) und Schimmelpilze.
Korrekterweise müsste der Arzt vor Behandlungsbeginn feststellen, um welche Pilze es sich handelt. Denn die vorhandenen Pilzmittel (Antimykotika) sind nicht gegen alle Pilzarten gleich gut wirksam. Viele Pilzmittel haben jedoch ein breites Wirkungsspektrum, so dass sie auch ohne genauere Bestimmung der Pilzart wirken können.

Bei Pilzmitteln zum Auftragen auf der Haut (Salben etc.) ist diese Vorgangsweise unter Umständen gerechtfertigt. Bei Pilzmitteln zum Einnehmen sollte jedoch unbedingt eine genaue Bestimmung der Pilzart vorgenommen werden, weil bei manchen schwerwiegende Nebenwirkungen auftreten können – vor allem Leber- oder Nierenschäden.

Wichtig: *Alle Pilzmittel, egal ob Salben, Nagellacke oder Tabletten, sollten unbedingt so lange verwendet bzw. eingenommen werden, wie es der Arzt vorschreibt, also unter Umständen mehrere Monate lang. Auch wenn die Krankheitszeichen auf der Haut nicht mehr sichtbar sind, können immer noch Pilze vorhanden sein. Bei einem vorzeitigen Abbruch der Behandlung besteht die Gefahr, dass die Pilzerkrankung wieder von neuem beginnt.*

8.6. Pilzmittel

Präparat	Wichtigste Nebenwirkungen	Empfehlung
Antifungol (D) Lösung, Pumpspray, Creme **Antifungol Heilpaste** (D) Paste Clotrimazol Hilfsstoffe: Propylenglycol (nur Lösung, Pumspray), Zinkoxid (nur Paste)	Hautbrennen, selten allergische Hautreizungen (Hautabschälung, auch Blasenbildung). Lösung und Pumpspray nicht auf Schleimhäuten und in der Augengegend verwenden	**Therapeutisch zweckmäßig bei** verschiedenen Pilzinfektionen der Haut mit Dermatophyten, Hefen (z. B. Candida) und Schimmelpilzen sowie bei speziellen bakteriellen Infektionen.
Batrafen (D) Lösung, Creme, Puder, Gel Ciclopirox *Rezeptpflichtig*	Selten Hautbrennen, Juckreiz. Nicht versehentlich in die Augen bringen	**Therapeutisch zweckmäßig bei** verschiedenen Pilzinfektionen der Haut. Breites Wirkspektrum wie bei dem Wirkstoff Clotrimazol.
Batrafen (Ö) Antimykotischer Nagellack Ciclopirox	Bei Kontakt mit der Haut Rötungen und Schuppung	**Therapeutisch zweckmäßig zur** Behandlung von Nagelpilz (3–4 Monate Anwendung), auf gründlich gereinigte Nägel auftragen.
Candio-Hermal (D) Drag. Nystatin	Gelegentlich Übelkeit, Erbrechen, Durchfälle	**Therapeutisch zweckmäßig nur** bei Soorinfektionen (Candida) des Magen-Darm-Trakts.

Präparat	Wichtigste Nebenwirkungen	Empfehlung
Candio-Hermal (D/Ö) Soft-Paste, in D zusätzlich: Creme, Salbe, Fertigsuspension, Mundgel Nystatin *Rezeptpflichtig (Ö)*	Selten allergische Hauterscheinungen (z. B. Hautjucken, Hautrötung, Bläschenbildung)	**Therapeutisch zweckmäßig nur** bei ganz bestimmten Pilzinfektionen (z. B. Candida = Soor) der Haut und Mundschleimhaut.
Canesten (D/Ö) Creme, Lösung, Spray, Puder Clotrimazol Hilfsstoff: Propylenglycol (nur Lösung)	Hautbrennen, selten allergische Hautreizungen (Hautabschälung, auch Blasenbildung). Lösung nicht auf Schleimhäuten und in der Augengegend verwenden	**Therapeutisch zweckmäßig bei** verschiedenen Pilzinfektionen der Haut mit Dermatophyten, Hefen (z. B. Candida) und Schimmelpilzen sowie bei speziellen bakteriellen Infektionen.
Canesten extra Bifonazol (D) Creme, Gel Bifonazol	Selten allergische Hauterscheinungen (z. B. Hautjucken, Hautrötung, Bläschenbildung). Nicht versehentlich in die Augen bringen	**Therapeutisch zweckmäßig bei** verschiedenen Pilzinfektionen der Haut mit Dermatophyten, Hefen (z. B. Candida) und Schimmelpilzen sowie bei speziellen bakteriellen Infektionen.
Canifug (D) Tropflösung, Creme Clotrimazol Hilfsstoff: Propylenglycol (nur Tropfösung)	Hautbrennen, selten allergische Hautreizungen (Hautabschälung, auch Blasenbildung). Tropflösung nicht auf Schleimhäuten und in der Augengegend verwenden	**Therapeutisch zweckmäßig bei** verschiedenen Pilzinfektionen der Haut mit Dermatophyten, Hefen (z. B. Candida) und Schimmelpilzen sowie bei speziellen bakteriellen Infektionen.
Cloderm (D) Lösung, Creme, Puder, Pumpspray **Clotrimazol AL** (D) Creme, Spray **Clotrimazol von ct** (D) Creme, Spray **Clotrimazol Genericon** (Ö) Creme, Salbe Clotrimazol Hilfsstoff: Propylenglycol (nur Lösung, Pumpspray, Spray)	Hautbrennen, selten allergische Hautreizungen (Hautabschälung, auch Blasenbildung). Lösung und Sprays nicht auf Schleimhäuten und in der Augengegend verwenden	**Therapeutisch zweckmäßig bei** verschiedenen Pilzinfektionen der Haut mit Dermatophyten, Hefen (z. B. Candida) und Schimmelpilzen sowie bei speziellen bakteriellen Infektionen.
Cutistad (D) Creme, Lösung, Puder, Spray Clotrimazol	Hautbrennen, selten allergische Hautreizungen (Hautabschälung, auch Blasenbildung)	**Therapeutisch zweckmäßig bei** verschiedenen Pilzinfektionen der Haut mit Dermatophyten, Hefen (z. B. Candida) und Schimmelpilzen sowie bei speziellen bakteriellen Infektionen.

Präparat	Wichtigste Nebenwirkungen	Empfehlung
Daktarin (Ö) Creme, dermat. Lösung, orales Gel Miconazol *Rezeptpflichtig (nur Gel)*	Selten Reizungen von Haut und Schleimhäuten, allergische Reaktionen	**Wenig zweckmäßig zur** Behandlung lokaler Pilzinfektionen. Der Wirkstoff Miconazol sollte zur Vermeidung von Resistenzentwicklungen der innerlichen (systemischen) Anwendung vorbehalten bleiben. Breites Wirkspektrum wie bei dem Wirkstoff Clotrimazol. Therapeutische Wirksamkeit bei Nagelpilzen zweifelhaft.
Epi-Pevaryl (D) Creme, Lotion, Spraylösung, P.v. Lösung, Puder Econazol	Häufig Hautrötungen, Hautreizungen, Hautbrennen	**Therapeutisch zweckmäßig bei** verschiedenen Pilzinfektionen der Haut. Breites Wirkspektrum wie bei dem Wirkstoff Clotrimazol, aber weniger erprobt.
Exoderil (D/Ö) Creme, Gel, Lösung Naftifin *Creme in Ö: Rezeptpflichtig*	Häufig Brennen und Reizzustände der behandelten Hautpartien. Vereinzelt allergische Kontaktekzeme	**Therapeutisch zweckmäßig, wenn** Mittel mit dem Wirkstoff Clotrimazol (z. B. in Canesten) wegen Unverträglichkeit nicht angewendet werden können. Wirksam gegen Hefepilze, Dermatophyten und Schimmelpilze. Geringerer Erprobungsgrad als z. B. Clotrimazol.
Fluconazol ratiopharm (D/Ö) Kaps. **Fluconazol Stada** (D) Kaps. Fluconazol *Rezeptpflichtig*	Häufig Übelkeit, Kopfschmerzen, Schmerzen im Bauchraum, Erbrechen und Durchfall, Hautausschläge (bei Bläschenbildung oder ähnlichen Erscheinungen das Mittel sofort absetzen). Häufig Leberschäden	**Therapeutisch zweckmäßig bei** Pilzinfektionen der Haut, wenn die lokale Behandlung nicht ausreichend wirkt. Breites Wirkspektrum gegen Dermatophyten, Hefepilze und andere.
Fungiderm (Ö) Creme, Lösung zur äußerlichen Anwendung Bifonazol	Selten allergische Hauterscheinungen (z. B. Hautjucken, Hautrötung, Bläschenbildung). Nicht versehentlich in die Augen bringen	**Therapeutisch zweckmäßig bei** verschiedenen Pilzinfektionen der Haut mit Dermatophyten, Hefen (z. B. Candida) und Schimmelpilzen sowie bei speziellen bakteriellen Infektionen.
Fungizid-ratiopharm (D) Pumpspray, Creme Clotrimazol	Hautabschälung, auch Blasenbildung, allergische Hautreizungen, Hautbrennen	**Therapeutisch zweckmäßig bei** verschiedenen Pilzinfektionen der Haut mit Dermatophyten, Hefen (z. B. Candida) und Schimmelpilzen sowie bei speziellen bakteriellen Infektionen.

Präparat	Wichtigste Nebenwirkungen	Empfehlung
Gilt (D) Lösung, Pumpspray, Creme Clotrimazol	Hautabschälung, auch Blasenbildung, allergische Hautreizungen, Hautbrennen	**Therapeutisch zweckmäßig bei** verschiedenen Pilzinfektionen der Haut mit Dermatophyten, Hefen (z. B. Candida) und Schimmelpilzen sowie bei speziellen bakteriellen Infektionen.
Infectosoor (D) Zinksalbe Miconazol, Zinkoxid	Selten Reizungen der Haut, allergische Reaktionen	**Wenig zweckmäßig** zur Behandlung lokaler Pilzinfektionen. Der Wirkstoff Miconazol sollte zur Vermeidung von Resistenzentwicklungen der innerlichen (systemischen) Anwendung vorbehalten bleiben. Breites Wirkspektrum wie bei dem Wirkstoff Clotrimazol.
Itracol (D) Kapseln Itraconazol *Rezeptpflichtig*	Kopfschmerzen, Magen-Darm- und Oberbauchbeschwerden, Verdauungsstörungen und Übelkeit, Leberreaktionen. Nicht bei Patienten mit Lebererkrankungen einsetzen	**Therapeutisch zweckmäßig zur** innerlichen Behandlung von verschiedenen Haut- und Nagelpilzen, Pilzerkrankungen der Scheide oder durch Pilze verursachte Hornhautentzündung des Auges, wenn äußerliche Behandlung erfolglos bleiben.
Lamisil (D/Ö) Dermgel, Spray, Creme Terbinafin *Rezeptpflichtig (Ö)*	Selten allergische Hauterscheinungen (z. B. Hautjucken, Hautrötung, Bläschenbildung). Nicht im Augen- und Mundbereich anwenden	**Therapeutisch zweckmäßig zur** Behandlung verschiedener Pilzinfektionen der Haut durch Dermatophyten, Hefen (z. B. Candida) und Schimmelpilzen. Mittel mit dem Wirkstoff Clotrimazol sind vorzuziehen.
Lamisil (D/Ö) Tabl. Terbinafin *Rezeptpflichtig*	Kopfschmerzen, Magenschmerzen, Magen-Darm-Beschwerden, selten Störungen des Geschmackssinns. In einzelnen Fällen schwere Hautausschläge. Nicht in der Schwangerschaft oder Stillzeit verwenden	**Therapeutisch zweckmäßig zur** Behandlung von Dermatophyten-Infektionen von Nägeln, wenn eine äußerliche Behandlung (z. B. mit Clotrimazol-haltigen Mitteln wie Canesten) nicht ausreicht. Bei innerlicher Anwendung sind Wirkstoffe mit Itraconazol (z. B. in *Sempera*) vorzuziehen.
Lederlind (D) Heilpaste Nystatin	Selten allergische Hauterscheinungen (z. B. Hautjucken, Hautrötung, Bläschenbildung)	**Therapeutisch zweckmäßig nur** bei ganz bestimmten Pilzinfektionen (z. B. Candida = Soor) der Haut und Mundschleimhaut.

Präparat	Wichtigste Nebenwirkungen	Empfehlung
Loceryl (D) Creme **Loceryl** (D/Ö) Nagellack Amorolfin	Selten Hautreizungen, allergische Erscheinungen (z. B. Hautjucken, Hautbrennen)	**Therapeutisch zweckmäßig bei** bestimmten Pilzinfektionen (Dermatophyten, Hefen). Der Nagellack ist eine spezielle Zubereitung und Mittel der Wahl für die lokale Behandlung von Nagelpilz (3–4 Monate dauernde Anwendung).
Micotar (D) Creme, dermat. Lösung, Mundgel, Paste Miconazol *Rezeptpflichtig*	Selten Reizungen von Haut und Schleimhäuten, allergische Reaktionen	**Wenig zweckmäßig zur** Behandlung lokaler Pilzinfektionen. Der Wirkstoff Miconazol sollte zur Vermeidung von Resistenzentwicklungen der allgemeinen (systemischen) Anwendung vorbehalten bleiben. Breites Wirkspektrum wie bei dem Wirkstoff Clotrimazol.
Multilind (D) Paste Nystatin, Zinkoxid	Selten allergische Hauterscheinungen (z. B. Hautjucken, Hautrötung, Bläschenbildung)	**Therapeutisch zweckmäßig nur** bei ganz bestimmten Pilzinfektionen (z. B. Candida = Soor) der Haut und Mundschleimhaut.
Myko Cordes (D/Ö) Creme, Lösung, Paste Clotrimazol *in Ö: Rezeptpflichtig*	Hautbrennen, Hautblasen, Hautablösungen, allergische Reaktionen	**Therapeutisch zweckmäßig bei** verschiedenen Pilzinfektionen der Haut mit Dermatophyten, Hefen (z. B. Candida) und Schimmelpilzen sowie bei speziellen bakteriellen Infektionen.
Mycospor (D) Creme, Lösung Bifonazol	Selten allergische Hauterscheinungen (z. B. Hautjucken, Hautrötung, Bläschenbildung). Nicht versehentlich in die Augen bringen	**Therapeutisch zweckmäßig bei** verschiedenen Pilzinfektionen der Haut mit Dermatophyten, Hefen (z. B. Candida) und Schimmelpilzen sowie bei speziellen bakteriellen Infektionen.
Mycospor Nagelset (D) Salbe Bifonazol, Harnstoff	Selten allergische Hauterscheinungen (z. B. Hautjucken, Hautrötung, Bläschenbildung). Nicht versehentlich in die Augen bringen	**Therapeutisch zweckmäßig zur** Behandlung von Nagelpilz (3–4 Monate dauernde Anwendung). Auf gründlich gereinigte Nägel auftragen.

Präparat	Wichtigste Nebenwirkungen	Empfehlung
Mycostatin (Ö) Salbe, Paste, Drag., orale Suspension Nystatin Paste zusätzlich: Zinkoxid Suspension zusätzlich: Benzoesäure *Rezeptpflichtig*	Selten allergische Hauterscheinungen (z. B. Hautjucken, Hautrötung, Bläschenbildung). Gelegentlich Übelkeit, Erbrechen, Durchfälle (nur Dragees)	**Therapeutisch zweckmäßig nur** bei ganz bestimmten Pilzinfektionen (z. B. Candida = Soor) der Haut und Mundschleimhaut. Dragees: zweckmäßig nur bei Soorinfektionen (Candida) des Magen-Darm-Trakts.
Mykoderm (D) Salbe Nystatin	Selten allergische Hauterscheinungen (z. B. Hautjucken, Hautrötung, Bläschenbildung)	**Therapeutisch zweckmäßig nur** bei ganz bestimmten Pilzinfektionen (z. B. Candida = Soor) der Haut und Mundschleimhaut.
Mykoderm Miconazolcreme (D) Creme Miconazol	Selten Reizungen von Haut und Schleimhäuten, allergische Reaktionen	**Wenig zweckmäßig zur** Behandlung lokaler Pilzinfektionen. Der Wirkstoff Miconazol sollte zur Vermeidung von Resistenzentwicklungen der innerlichen (systemischen) Anwendung vorbehalten bleiben. Breites Wirkspektrum wie bei dem Wirkstoff Clotrimazol.
Mykoderm Mundgel (D) Gel Miconazol *Rezeptpflichtig*	Selten Reizungen von Schleimhäuten, allergische Reaktionen	**Wenig zweckmäßig zur** Behandlung von Hefepilzinfektionen im Mund. Der Wirkstoff Miconazol sollte zur Vermeidung von Resistenzentwicklungen der allgemeinen (systemischen) Anwendung vorbehalten bleiben. Breites Wirkspektrum wie bei dem Wirkstoff Clotrimazol.
Mykohaug C (D) Creme Clotrimazol	Hautbrennen, Hautblasen, Hautablösungen, allergische Reaktionen. Nicht in der Augengegend verwenden	**Therapeutisch zweckmäßig bei** verschiedenen Pilzinfektionen der Haut mit Dermatophyten, Hefen (z. B. Candida) und Schimmelpilzen sowie bei speziellen bakteriellen Infektionen.
Mykosert (D) Creme Sertaconazol	Hautabschälung, auch Blasenbildung, allergische Hautreizungen, Hautbrennen	**Therapeutisch zweckmäßig bei** verschiedenen Pilzinfektionen, breites Spektrum (Dermatophyten, Hefen und Schimmelpilze).
Mykundex (D) Suspension, Drag. Nystatin	Gelegentlich Übelkeit, Erbrechen, Durchfälle	**Therapeutisch zweckmäßig nur** bei Soorinfektionen (Candida) des Magen-Darm-Trakts.

Präparat	Wichtigste Nebenwirkungen	Empfehlung
Mykundex (D) Heilsalbe, Mono Salbe Nystatin Heilsalbe: enthält zusätzlich Zinkoxid	Selten allergische Hauterscheinungen (z. B. Hautjucken, Hautrötung, Bläschenbildung)	**Therapeutisch zweckmäßig nur** bei ganz bestimmten Pilzinfektionen (z. B. Candida = Soor) der Haut und Mundschleimhaut.
Nizoral (D/Ö) Creme, Shampoo (Ö) Ketoconazol	Hautreizungen, Hautbrennen, Hautrötungen und andere allergische Reaktionen. Beim Auftragen auf die Kopfhaut Farbänderungen der Kopfhaare und selten Haarausfall möglich	**Therapeutisch zweckmäßig bei** verschiedenen Pilzinfektionen der Haut. Breites Wirkspektrum wie bei dem Wirkstoff Clotrimazol, aber weniger erprobt.
Nystaderm (D) Filmtabl., Suspension, Mundgel Nystatin	Selten allergische Hauterscheinungen (z. B. Hautjucken, Hautrötung, Bläschenbildung). Gelegentlich Übelkeit, Erbrechen, Durchfall (Suspension, Tabl.)	**Therapeutisch zweckmäßig nur** bei Soorinfektionen (Candida) des Magen-Darm-Trakts und des Mundes (Mundgel).
Nystaderm (D/Ö) Creme, Paste Nystatin	Selten allergische Hauterscheinungen (z. B. Hautjucken, Hautrötung, Bläschenbildung)	**Therapeutisch zweckmäßig nur** bei ganz bestimmten Pilzinfektionen (z. B. Candida = Soor) der Haut.
Nystatin Lederle (D) Paste, Salbe, steriles Pulver, Filmtablette Nystatin	Selten allergische Hauterscheinungen (z. B. Hautjucken, Hautrötung, Bläschenbildung)	**Therapeutisch zweckmäßig nur** bei ganz bestimmten Pilzinfektionen (z. B. Candida = Soor) der Haut und Mundschleimhaut.
Nystatin Stada (D) Dragees Nystatin	Gelegentlich Übelkeit, Erbrechen, Durchfall	**Therapeutisch zweckmäßig nur** bei Soorinfektionen (Candida) des Magen-Darm-Trakts.
Pevaryl (Ö) Creme, Puder, Spraylösung, Hautmilch, Shampoo, Lösung, Paste Econazol *Rezeptpflichtig* (nur Hautmilch, Shampoo, Lösung, Paste)	Hautreizungen, Hautbrennen, Hautrötung	**Therapeutisch zweckmäßig zur** Behandlung von Pilzerkrankungen auf Haut und Nägeln, verursacht durch Dermatophyten, Hefen und Schimmelpilze (z. B. Candida = Soor).

Präparat	Wichtigste Nebenwirkungen	Empfehlung
Sempera/ 7 (D) Kaps., Liquidum, Infusionslösung Itraconazol *Rezeptpflichtig*	Kopfschmerzen, Magen-Darm- und Oberbauchbeschwerden, Verdauungsstörungen und Übelkeit, Leberreaktionen. Nicht bei Patienten mit Lebererkrankungen einsetzen	**Therapeutisch zweckmäßig zur** innerlichen Behandlung von verschiedenen Haut- und Nagelpilzen, Pilzerkrankungen der Scheide oder einer durch Pilze verursachten Hornhautentzündung des Auges, wenn äußerliche Behandlungen erfolglos bleiben.
Sporanox (Ö) Kaps., Derm-Kaps., orale Lösung Itraconazol *Rezeptpflichtig*	Kopfschmerzen, Magen-Darm- und Oberbauchbeschwerden, Verdauungsstörungen und Übelkeit, Leberreaktionen. Nicht bei Patienten mit Lebererkrankungen einsetzen	**Therapeutisch zweckmäßig zur** innerlichen Behandlung von verschiedenen Haut- und Nagelpilzen, Pilzerkrankungen der Scheide oder einer durch Pilze verursachten Hornhautentzündung des Auges, wenn äußerliche Behandlungen erfolglos bleiben.
Terzolin (D) Lösung, Creme Ketoconazol	Hautreizungen, Hautbrennen, Hautrötungen und andere allergische Reaktionen. Beim Auftragen auf die Kopfhaut Farbänderungen der Kopfhaare und selten Haarausfall möglich	**Therapeutisch zweckmäßig bei** verschiedenen Pilzinfektionen der Haut. Breites Wirkspektrum wie bei dem Wirkstoff Clotrimazol, aber weniger erprobt.

8.7. Mittel gegen Läuse und Krätzmilben

Krätzmilben und Läuse sind kleine Insekten, die in bzw. auf der Haut leben können. Ekzemartige Hauterscheinungen, Juckreiz, Knötchen und Pusteln sind oft Hinweise für den Befall durch diese Tiere.

Läuse

Kopfläuse sind 2,5 bis 3 mm groß und »bewohnen« fast ausschließlich die Kopfhaut. Die Weibchen kleben ihre Eier (Nissen) dicht in der Nähe der Kopfhaut so fest ans Haar, dass sie durch einfaches Haarewaschen nicht entfernt werden können. Bei starker Verlausung werden Nissen auch am Bart, in Augenbrauen, Achselhaaren, an Kopftüchern, Schals usw. angeklebt.
Läuse stechen mehrmals am Tag mit ihrem Stechsaugrüssel in die Haut, um so an ihr »Nahrungsmittel« zu gelangen – menschliches Blut. Die Stiche verursachen Juckreiz und ekzemartige Hauterscheinun-

gen, vorwiegend hinter und über den Ohren sowie am Hinterkopf und im Nacken. Im weiteren Verlauf können bakterielle Infektionen hinzukommen.

Kopfläuse können nicht springen oder fliegen, aber sehr schnell rennen. Die Übertragung von Kopfläusen kann durch gegenseitigen Kontakt von Kopfhaaren, durch einen ausgeliehenen Kamm, durch Hüte und Kopfbänder, aber auch durch Kontakt mit einem von Nissen belegten abgefallenen Haar zustande kommen. Personen mit guter persönlicher Hygiene können ebenfalls von Kopfläusen befallen werden.

Die *Kleiderlaus* siedelt sich eher am Rumpf und an den Gliedmaßen an und ruft Juckreiz, Papeln, Quaddeln und Hauteiterungen hervor.

Die *Filzläuse* sitzen in Scham- und Achselhaaren, bei Kindern auch in Augenbrauen und Wimpern. Ihre Bisse erzeugen blaue Flecken.

Behandlung von Läusen

Eine chemiefreie und hundertprozentig wirksame Behandlung gegen Kopfläuse ist der radikale Kurzhaarschnitt. Für alle Personen, für die das nicht in Frage kommt – wohl die meisten –, gibt es chemische Läusemittel.

Eine ungefährliche, aber auch unsichere Möglichkeit ist das mehrfache Spülen der Haare mit lauwarmem Essigwasser (drei Löffel Essig auf einen Liter Wasser) und anschließendes Auskämmen der feuchten Haare mit einem Nissenkamm. Manche Nissen haften jedoch so fest, dass sie nicht ausgekämmt werden können. Die betreffenden Haare müssen nahe der Wurzel abgeschnitten werden.

Als wirksam und mit relativ wenigen Risiken behaftet gilt die Kombination von natürlichen *Pyrethrinen* und *Piperonylbutoxid* (enthalten in *Goldgeist forte*). Piperonylbutoxid ist kein direkter Wirkstoff gegen Läuse, sondern erhöht nur die Wirksamkeit von Pyrethrin.

Der Vorteil von Pyrethrinen: Sie gelangen nur in geringem Ausmaß über die Haut in den Körper. Die Anwendung ist auch bei Kindern relativ sicher. Der Nachteil: Am Ort der Anwendung können Gefühle von Taubheit und Kribbeln (so genannte Parästhesien) sowie Kontaktekzeme auftreten.

Vorsicht: Das Mittel sollte nicht ins Auge oder in den Mund gelangen.

Die Fachzeitschrift »arznei-telegramm« rät ab von der Verwendung von Sprays (z. B. *Jacutin N*; der Wirkstoff in diesem Mittel ist das synthetische Pyrethroid Allethrin in Kombination mit Piperonylbutoxid),

weil Pyrethroide vermutlich am ehesten über die Lunge in den Körper gelangen und bei Sprays dieses Risiko am größten ist.
Wenn diese Kombination nicht vertragen wird, kann als Alternative *Lindan* (enthalten z. B. in *Jacutin, Quellada H*) verwendet werden. *Lindan* ist wesentlich giftiger und damit auch mit einem größeren Risiko an Nebenwirkungen behaftet. Deshalb sollte es nach Meinung der Fachpublikation »Arzneimittel-Kursbuch« bei Kindern nicht verwendet werden.

Vorbeugung gegen Neuansteckung

Wenn sieben bis neun Tage nach der Behandlung noch Läuse oder Larven zu finden sind, muss die Anwendung wiederholt werden. Familienmitglieder und enge Kontaktpersonen müssen ebenfalls behandelt werden.
Außer der Behandlung der Kopfhaare ist eine gründliche Reinigung der Kämme und der Haar- und Kleiderbürsten notwendig – zehn Minuten in 60°C heißes Wasser legen tötet mit Sicherheit alle Läuse und Nissen.
Kleidung und Bettwäsche müssen bei 60°C gewaschen werden. Hitzeempfindliche Textilien werden vier Wochen lang in einen Plastiksack fest verschlossen – damit werden alle Läuse und noch schlüpfende Larven ausgehungert. Textile Kopfstützen und Spielsachen sollten ebenfalls behandelt werden.
Ein Tag im Tiefkühlschrank – bei minus 10 bis minus 15°C – tötet die Läuse ebenfalls.
Bei *Kleiderläusen* und *Filzläusen* sollten wegen der Gefahr der Übertragung außer Kontaktpersonen auch Kleidung und Bett mit entsprechenden Mitteln (Insektiziden) »behandelt« werden.

Krätze (Skabies)

Verschiedene Milbenarten rufen krankhafte Veränderungen an der Haut hervor. Die wichtigste Art ist die Skabies. Sie gräbt kleine Gänge in die Hornschicht der Haut und verursacht nach zwei bis sechs Wochen Beschwerden. Starker, meist nächtlicher Juckreiz und kleine Knötchen und Pusteln an den Fingerseitenflächen, der Beugeseite der Handgelenke, Fußknöcheln und in der Genitalregion sind Anzeichen dafür, dass sich Skabies eingenistet haben. Tierische Milben (von Hunden, Katzen, Tauben, Hühnern, Wellensittichen) befallen ebenfalls Menschen, graben jedoch keine Gänge. Krätze wird nur

durch direkten Hautkontakt übertragen und tritt vor allem in Gemeinschaftseinrichtungen (Altenheimen, Pflegeheimen) auf.
Sorgfältige Körperpflege verhindert eine Infektion nicht. Sie führt allerdings dazu, dass man die Gänge nur sehr schwer erkennen kann. Fälschlicherweise wird der heftige Juckreiz, der nur zu leichten Hautveränderungen führt, von niedergelassenen Ärzten oft als »Allergie« oder »Ekzem« gedeutet und mit kortisonähnlichen Wirkstoffen behandelt. Dadurch geht die Entzündung zwar zurück, durch die Verringerung der Abwehrkräfte des Körpers kann es jedoch zu einer massiven Vermehrung der Milben kommen.
Um zu erkennen, dass es sich um Krätze handelt, ist meist fachärztliche Erfahrung notwendig.

Behandlung von Krätze

Krätzmilben werden mit Lindan (enthalten z. B. in *Jacutin, Quellada H*) behandelt. Als Alternative kann Crotamiton (enthalten z. B. in *Euraxil*) verwendet werden.
Für eine erfolgreiche Therapie ist es notwendig, die gesamte Körperoberfläche zu behandeln – mit Ausnahme von Gesicht und Haarboden. Wichtig ist auch die Behandlung unter den Fingernägeln. Der Juckreiz kann nach der Behandlung noch eine Zeitlang andauern.
Kontaktpersonen, Kleidung und Bett sollten ebenfalls »behandelt« werden.

8.7. Mittel gegen Läuse und Krätzmilben

Präparat	Wichtigste Nebenwirkungen	Empfehlung
Aesculo Gel L (D) Gel Kokosöl und Derivate	Allergische Erscheinungen (z. B. Juckreiz)	**Wenig zweckmäßig** gegen Kopfläuse. Wirksamkeit nicht ausreichend belegt. Bei Kopfläusen ist *Goldgeist* vorzuziehen.
Goldgeist forte (D) Flüssigkeit Pyrethrumextrakt, Piperonylbutoxid, Chlorocresol, Diethylenglycol, Hexane, Isopropylalkohol	Allergische Erscheinungen (z. B. Juckreiz), Augenreizungen	**Therapeutisch zweckmäßig** gegen Kopf-, Filz- und Kleiderläuse.

Präparat	Wichtigste Nebenwirkungen	Empfehlung
Infectopedicul (D) Lösung Permethrin	Augenreizungen, Juckreiz, Taubheitsgefühle in der Haut, Nervenschäden	**Abzuraten** wegen der Möglichkeit schwerer Nebenwirkungen durch den Wirkstoff Permethrin (Pyrethroid).
Jacutin (D/Ö) Emulsion, Gel (D) Lindan *Rezeptpflichtig*	Bei Überdosierung zentralnervöse Symptome bis Krämpfe und Bewusstlosigkeit. Reizt die Augen	**Therapeutisch zweckmäßig nur** gegen Filzläuse und Krätzmilben. Bei Kopfläusen ist *Goldgeist* vorzuziehen.
Jacutin N (D) Spray Alletrin, Piperonylbutoxid	Augenreizungen, Juckreiz, Taubheitsgefühle in der Haut	**Abzuraten** Die Anwendung von Sprays erhöht bei Pyrethroiden wie etwa Alletrin die Gefahr von Nebenwirkungen.
Quellada H (D) Shampoo Lindan *Rezeptpflichtig*	Bei Überdosierung zentralnervöse Symptome bis Krämpfe und Bewusstlosigkeit. Reizt die Augen	**Therapeutisch zweckmäßig nur** gegen Filzläuse und Kopfläuse. Bei Kopfläusen ist *Goldgeist* vorzuziehen.

8.8. Sonstige Hautmittel

Dazu gehören Arzneien mit den unterschiedlichsten Inhaltsstoffen und Anwendungsgebieten. Die Wirksamkeit von Hautmitteln hängt oft nicht nur vom Wirkstoff, sondern auch vom Wirkstoffträger ab. Bedeutsam ist außerdem, um welche Zubereitungsform (Salbe, Creme, Emulsion usw.) es sich handelt. Viele Hautmittel enthalten überhaupt keine spezifischen Wirkstoffe (z. B. *Asche Basissalbe und -creme, Dermatop Basis, Linola, Linola Fett, Neribas*), sind aber trotzdem wichtige Medikamente zur Behandlung mancher Hautkrankheiten.

Diethyltoluamid

(enthalten z. B. in *Autan*) ist weltweit das am häufigsten verwendete Mittel zur Insektenabwehr. Es darf bei Säuglingen nicht angewendet werden. Bei Kindern nicht großflächig und nicht wiederholt auftragen.

Vorsicht: Wer ein Sonnenschutzmittel verwendet und danach Autan aufträgt, muss damit rechnen, dass der Lichtschutz um ein Drittel vermindert wird.

Betacarotin

(enthalten z. B. in *Carotaben*) wird bei bestimmten Hautkrankheiten und auch zur Hautbräunung verwendet. Die Herstellerfirma von *Carotaben* macht seriöserweise darauf aufmerksam, dass die erzielte Hautfärbung nicht vor Sonnenbrand schützt und dass unter Umständen ein Lichtschutzpräparat verwendet werden soll. Die Herstellerfirma von *Carotin* hingegen empfiehlt (!) das Mittel zum »Schutz vor Sonnenbrand«.

8.8. Sonstige Hautmittel

Präparat	Wichtigste Nebenwirkungen	Empfehlung
Alfason Basis med Fettcreme (D) Wirkstofffreies Hautmittel Konservierungsmittel: Benzylalkohol	Keine wesentlichen zu erwarten	**Zweckmäßig** Hautpflegemittel mit relativ hohem Fettgehalt.
Asche Basis (D) Salbe, Creme, Lotion Wirkstofffreies Hautmittel	Keine wesentlichen zu erwarten	**Zweckmäßig** Hautpflegemittel mit mittlerem (Salbe) und relativ niedrigem (Creme, Lotion) Fettgehalt.
Balneum Hermal (D/Ö) Flüssiger Badezusatz Sojabohnenöl	Keine wesentlichen zu erwarten	**Zweckmäßig zur** Hautpflege z. B. bei Neurodermitis (= endogenes Ekzem). Rückfettendes Ölbad.
Balneum Hermal plus (D/Ö) Flüssiger Badezusatz Sojabohnenöl, Polidocanol	Selten allergische Hauterscheinungen (z. B. Hautjucken)	**Zweckmäßig zur** Hautpflege z. B. bei Neurodermitis (= endogenes Ekzem). Rückfettendes Ölbad.
Basodexan Fettcreme (D) **Basodexan Salbe** (D) **Basodexan Softcreme** (D) Harnstoff Konservierungsmittel: Benzylalkohol (nur Softcreme)	Hautreizungen	**Therapeutisch zweckmäßig bei** trockenen und schuppenden Hautkrankheiten.

Präparat	Wichtigste Nebenwirkungen	Empfehlung
Carotaben (D/Ö) Kaps. Betacarotin	Gelbfärbung der Haut. Vorsicht bei Nierenstörungen. Bei Überdosierung Leberschäden möglich	**Möglicherweise zweckmäßig bei** Pigmentstörungen der Haut. Schützt nicht vor Sonnenbrand. Vitamin-A-ähnliche Substanz.
Decoderm Basiscreme (D) Creme Wirkstofffreies Hautmittel Konservierungsmittel: Sorbinsäure	Keine wesentlichen zu erwarten	**Zweckmäßig** Hautpflegemittel mit relativ hohem Wassergehalt.
Elacutan (D) Salbe, Creme Harnstoff	Hautreizungen	**Therapeutisch zweckmäßig bei** trockenen und schuppenden Hautkrankheiten.
Eucerin Omega Fettsäuren Ölbad (D) Flüssiger Badezusatz Sojabohnenöl	Selten allergische Hauterscheinungen (z. B. Hautjucken)	**Zweckmäßig zur** Hautpflege bei Neurodermitis (= endogenes Ekzem). Rückfettendes Ölbad.
Eucerin Salbe Urea (D) Salbe Harnstoff	Hautreizungen	**Therapeutisch zweckmäßig bei** trockenen und schuppenden Hautkrankheiten.
Euceta mit Kamille (Ö) Gel Essigsaure Tonerde, Kamillenextrakt	Keine wesentlichen zu erwarten	**Zweckmäßig wie** andere Umschläge auch. Zur Kühlung, z. B. bei Sonnenbrand, vertretbar.
Jellin Basis (D) Creme, Salbe Wirkstofffreies Hautmittel Konservierungsmittel: Benzoesäureverbindung	Keine wesentlichen zu erwarten	**Zweckmäßig** Hautpflegemittel mit mittlerem (Salbe) und relativ niedrigem (Creme) Fettgehalt.
Linola Creme Ö/W (D) Creme (Öl in Wasser Emulsion) Linolsäure, Octadecadiensäure	Keine wesentlichen zu erwarten	**Zweckmäßig** Hautpflegemittel mit relativ großem Wasseranteil. Wirkstofffreie Salbengrundlage.

Präparat	Wichtigste Nebenwirkungen	Empfehlung
Linola-Fett (D) Creme (Wasser in Öl Emulsion) **Linola-Fett-Emulsion** (Ö) Creme (Wasser in Öl Emulsion) Ungesättigte Fettsäuren	Keine wesentlichen zu erwarten	**Zweckmäßig als** fettreiches Hautpflegemittel.
Linola Gamma (D) Creme Nachtkerzensamenöl (Gamolensäure) Konservierungsmittel: Phenoxyethanol, Benzoesäureverbindung	Hautreizungen. Selten allergische Hauterscheinungen (z. B. Hautjucken)	**Therapeutisch zweckmäßig nur** zur lokalen Anwendung bei trockener Haut.
Linola Urea (D) Creme Harnstoff Konservierungsmittel: Phenoxyethanol	Hautreizungen	**Therapeutisch zweckmäßig bei** trockenen und schuppenden Hautkrankheiten.
Metrogel (D) Gel Metronidazol	Hautreizungen (Brennen, Rötung, Juckreiz)	**Zweckmäßig** bei Rosacea (Röschenflechte).
Neribas (D) Creme, Salbe, Fettsalbe Wirkstofffreies Hautmittel	Keine wesentlichen zu erwarten	**Zweckmäßig** Hautpflegemittel mit hohem (Fettsalbe), mittlerem (Salbe) und relativ niedrigem Fettgehalt (Creme).
Nubral 4 (D) Creme Harnstoff Konservierungsmittel: Trometamol, Benzoesäureverbindung	Hautreizungen	**Therapeutisch zweckmäßig bei** trockenen und schuppenden Hautkrankheiten.
Nubral (D) Salbe, Creme Harnstoff Konservierungsmittel: Benzoesäureverbindung	Hautreizungen	**Therapeutisch zweckmäßig bei** trockenen und schuppenden Hautkrankheiten.

Präparat	Wichtigste Nebenwirkungen	Empfehlung
Optiderm (D/Ö) Creme **Optiderm Lotio** (D/Ö) Lotion **Optiderm F** (D/Ö) Creme Harnstoff, Polidocanol Konservierungsmittel: Trometamol, Benzylalkohol Optiderm F ohne Konservierungsstoffe	Hautreizungen	**Therapeutisch zweckmäßig bei** trockenen und schuppenden Hautkrankheiten. *Optiderm F* ist vorzuziehen, weil es keine Konservierungsstoffe enthält.
Pelsana (Ö) Puder Zinc. undecylenic	Keine wesentlichen zu erwarten	**Zweckmäßig** wie andere Puder auch.
Pelsana Med-Bade-emulsion/ -Salbe (Ö) Sonnenblumenöl u. a. Konservierungsmittel: Benzoesäureverbindungen u. a.	Keine wesentlichen zu erwarten	**Nur zweckmäßig** als Hautpflegemittel. Förderung der Wundheilung zweifelhaft (Salbe).
Remederm Widmer (D) Creme Harnstoff, Vitamin A und E, Dexpanthenol, Fettsäuren, Paraffin, Milchsäure	Hautreizungen	**Therapeutisch zweckmäßig bei** trockenen und schuppenden Hautkrankheiten.

9. Kapitel: **Augen, Ohren**

9.1. Augenmittel

Beim Auge unterscheidet man zwischen Augenlidern, äußerem Auge und innerem Auge.
Die *Augenlider* sind bewegliche Gewebeteile, die das Auge schützen und Tränen auf der Oberfläche der Augen verteilen.
Das *äußere Auge* besteht aus den Tränendrüsen und den ableitenden Tränenwegen. Beim normalen Auge werden ständig Tränen produziert und wieder entfernt. Die Tränen halten die Hornhaut und die Bindehaut des Auges nass, schützen das Auge, schwemmen Fremdkörper aus und verhindern das Wachstum von Krankheitskeimen.
Das *innere Auge* (Augapfel) besteht aus drei Räumen: der vorderen Augenkammer, der hinteren Augenkammer und dem Glaskörperraum.

Bindehautentzündung (Konjunktivitis)

Bindehautentzündungen werden durch Bakterien, Chlamydien, Viren oder Pilze verursacht. Sie können allerdings auch durch physikalische, chemische oder mechanische Reize und allergische Reaktionen ausgelöst werden. Die Arzneimittelkommission der Deutschen Ärzteschaft empfiehlt, vor Beginn der Behandlung die Ursache der Entzündungen mit Laboruntersuchungen festzustellen.
Symptome der durch Bakterien verursachten Bindehautentzündung sind meistens verklebte, geschwollene Lider beim Aufwachen am Morgen. Die Entzündungen der Bindehaut betreffen immer beide Augen.

Behandlung der bakteriellen Bindehautentzündung

Ohne Behandlung dauert die bakterielle Entzündung normalerweise 10 bis14 Tage, mit Behandlung etwas kürzer. Zusätzlich zu Antibiotika-haltigen Augenmitteln (z. B. *Ciloxan, Ecolizin, Floxal, Fucithalmic, Gentamycin POS, Gentamytrex, Kanamycin-POS, Kanamytrex, Kan-Ophtal, Oftaquix, Oxytetracyclin Jenapharm, Polyspectran, Refobacin*) werden unter Umständen auch Mittel gegen Augenreizungen angewendet.
Mit bestimmten Antibiotika (Tetrazyklinen, Makroliden und Gyrasehemmern) lassen sich durch Chlamydien verursachte Augenentzün-

dungen (z. B. die »Schwimmbadkonjunktivitis«) äußerlich und innerlich behandeln. Solche Infektionen können auch sehr schwer verlaufen und sind in Afrika und Indien sehr häufig.

Behandlung der durch Viren ausgelösten Bindehautentzündung

Infektionen mit so genannten Adenoviren können sehr unangenehm sein und sich sehr schnell verbreiten. Es droht im Gegensatz zur Herpesviren-Infektion aber keine Erblindung. In einigen Fällen bleiben über Monate oder Jahre Trübungen der Hornhaut bestehen.
Eine antivirale Therapie gibt es bis jetzt nicht. Hygiene ist das oberste Gebot, um eine Ausbreitung zu verhindern.

Behandlung der durch Herpes-Viren verursachten Hornhautentzündung

Wenn sicher ist, dass die Entzündung durch Herpes- oder Zosterviren verursacht ist, sollte mit Aciclovir (enthalten z. B. in *Acic Ophtal, Virupos, Zovirax*) behandelt werden. Die Beschwerden bessern sich innerhalb von vier Tagen.
Achtung: Bei Herpesvirusinfektionen dürfen keine Glukokortikoidhaltigen Salben oder Tropfen verwendet werden, weil sie die Ausbreitung der Infektion beschleunigen können. Bei anderen Viren ist die Verwendung von Glukokortikoiden in Ausnahmefällen vertretbar.

Behandlung von Augenreizungen

Je nachdem, ob eine Augenreizung durch Viren, Bakterien, Allergien oder durch chemische oder physikalische Reize (z. B. Operationen, Fremdstoffe im Auge etc.) verursacht sind, werden zusätzlich zu den Wirkstoffen, die gezielt gegen die Ursache gerichtet sind – Antibiotika, Virostatika, Antiallergika –, verschiedene andere Augenmittel verwendet:
- Naphazolin (enthalten z. B. *in Coldan, Coldistan, Ophtaguttal Agepha, Proculin*),
- Tramazolin (enthalten z. B. in *Biciron*),
- Tetryzolin (enthalten z. B. in *Berberil N, Berberil EDO, Ophtalmin N, Ophtalmin sine, Yxin*),
- Phenylephrin (enthalten z. B. in *Visadron*).

Weiters die entzündungshemmenden Wirkstoffe Diclofenac (enthalten z. B. in *Voltaren Ophta*), Flurbiprofen (enthalten z. B. in *Ocuf-*

lur), Indometacin (enthalten z. B. in *Indoptol*) sowie das Antiseptikum Bibrocathol (enthalten z. B. in *Noviform, Posiformin*).
Zu den am häufigsten verwendeten Mittel zählen außerdem Glukokortikoid-Präparate.

Kortisonähnliche Wirkstoffe (Glukokortikoide)

Glukokortikoide in Augenmitteln (z. B. *Dexa-sine* und andere) sind zwar sehr wirksame Substanzen gegen Entzündungen, haben jedoch beträchtliche Risiken.
Vor der Verwendung von Glukokortikoiden am Auge sollte der Arzt unbedingt abklären, ob eine Infektion durch Bakterien, Viren oder Pilze besteht. Glukokortikoide sollten bei Glaukom, bei Verletzungen der Hornhaut und bei Infektionen durch Bakterien, Viren oder Pilze nicht angewendet werden.
Wenn ein Glukokortikoid verordnet wird, sollte der Arzt den Patienten im Abstand weniger Tage zur Kontrolle bestellen. Dies ist notwendig, weil als Nebenwirkung der Augeninnendruck stark ansteigen kann – sogar bis zum Glaukomanfall.
Zwar normalisiert sich der Augeninnendruck wieder nach Absetzen des Medikaments, trotzdem kann eine Schädigung des Sehvermögens zurückbleiben.
Bei kurzfristiger Verwendung von Glukokortikoiden ist die Gefahr eines erhöhten Augeninnendrucks gering, bei längerer Verwendung ist das Risiko jedoch sehr hoch.

Vorbeugung gegen allergische Bindehautentzündung

Als Mittel zur Vorbeugung gegen allergische Bindehautentzündung hat sich Cromoglicinsäure bewährt (enthalten z. B. in *Crom-Ophtal/-sine, Cromoglin, Cromohexal, Cromo-ratiopharm, Lomusol, Vividrin*).

Grüner Star (Glaukom)

Die Krankheit Grüner Star (Glaukom) ist die häufigste Erblindungsursache in Europa. Etwa ein Prozent aller Personen über 40 leidet an einem Glaukom, einer krankhaften Erhöhung des Augeninnendrucks. Am Beginn der Erkrankung merkt man meist nichts davon. Wenn Symptome wie Sehstörungen oder Schmerzen auftreten, ist der Sehnerv im Allgemeinen schon geschädigt. Verhindern lässt sich das am besten durch systematische Früherkennungsmaßnahmen. Bei Alterssichtigkeit, die sich in der Regel mit 40 bis 45 Jahren bemerkbar macht, wird der Augenarzt normalerweise auch den Augeninnendruck messen und kann damit ein vorhandenes Glaukom feststellen.

Behandlung

Die Behandlung des Glaukoms besteht darin, die Produktion oder den Abfluss von Augenkammerwasser zu verändern. Dadurch wird der Druck im Auge gesenkt. Die Dosierung muss individuell festgelegt werden – ähnlich wie beim Insulinbedarf des Diabetikers. Die Arzneimittelkommission der Deutschen Ärzteschaft empfiehlt, als zusätzliche Maßnahme auch das Rauchen einzustellen, weil dadurch der Sehnerv wieder besser durchblutet wird. Gegen den Genuss von Kaffee, Tee oder Alkohol ist – in Maßen – jedoch nichts einzuwenden.
Chirurgische Maßnahmen zur Behandlung des Glaukoms sind inzwischen relativ sicher und in etwa 90 Prozent aller Fälle erfolgreich. Der Eingriff, der in zwei ambulanten Sitzungen durchgeführt werden kann, ist schmerzlos, dauert nur kurze Zeit und beeinträchtigt das Sehvermögen nicht. Neuerdings werden dazu auch Laserstrahlen verwendet.

Medikamente

Die Behandlung beginnt üblicherweise mit einer Pupillenverengung durch Pilocarpin (enthalten z. B. in *Pilocarpin, Pilocarpin-Ankerpharm, Pilocarpol, Pilomann / -EDO)* oder mit dem Betablocker Timolol (enthalten z. B. in *Arutimol, Chibro Timoptol, Nyogel, Timocomod, Timolol CV, Timolol Novartis, Timomann, Tim-Ophtal/ -sine, Timoptic*). Timolol wirkt im Gegensatz zu Pilocarpin nicht pupillenverengend.
Pilocarpin hat eine relativ kurze Wirkungsdauer. Wie häufig es eingeträufelt werden muss, ist individuell sehr verschieden (bis zu viermal täglich). Pilocarpin ist möglicherweise besser wirksam als Timolol, hat jedoch den Nachteil, dass es von jüngeren Menschen und Kurzsichtigen schlechter vertragen wird und dass die Pupillenverengung beim Lenken von Fahrzeugen unangenehm ist. Pilocarpin kann bei Patienten mit Weitsichtigkeit das Nahsehen verbessern.
Timolol ist ein Betablocker und hat eine andere Wirkung als Pilocarpin, ist jedoch angenehmer in der Anwendung, weil die Wirkung länger anhält und dieses Medikament nur zweimal täglich eingeträufelt werden muss.

Viele Patienten brauchen für die längerfristige Behandlung eine Kombination von Pilocarpin und Timolol oder ähnlichen Wirkstoffen (z. B. *Normoglaucon*).

Außer den beiden Standard-Mitteln Pilocarpin und Timolol gibt es eine Reihe von weiteren Wirkstoffen zur Behandlung des Glaukoms, die ähnlich wirken und ebenfalls sinnvoll sind, z. B. die Betablocker Betaxolol (enthalten z. B. in *Betoptic S*), Carteolol (enthalten z. B. in *Arteoptic/-sine*), Levobunolol (enthalten z. B. in *Vistagan*), Metipranolol (enthalten in *Betamann, Betamann EDO sine*) und der Wirkstoff Clonidin (enthalten z. B. in *Isoglaucon, Clonid-Ophtal/-sine*).

Prostadglandine wie Latanoprost (in *Xalatan*) und Carboanhydrasehemmer wie Dorzolamid (in *Truspot*) senken den Augeninnendruck ähnlich stark wie Betablocker. Wegen ihrer Nebenwirkungen sollten sie aber nur angewendet werden, wenn die bewährten Standardmittel versagen.

Achtung: Es gibt eine ganze Reihe von Arzneimitteln, die als Nebenwirkung den Augeninnendruck erhöhen. Das bedeutet, dass man – wenn man unter einem Glaukom leidet und Glaukommittel nimmt – Medikamente mit solchen Nebenwirkungen nicht verwenden sollte.

Nebenwirkungen

Nebenwirkungen sind bei allen Glaukommitteln wesentlich häufiger, als bis vor kurzem angenommen wurde. Manchmal sind sie so stark, dass dadurch die Aktivitäten des täglichen Lebens stark eingeschränkt werden. Die in Augenmitteln enthaltenen Konservierungsmittel können ebenfalls relativ häufig Nebenwirkungen verursachen – besonders allergische Erscheinungen.

Nebenwirkungen bei Betablockern:

Diese Wirkstoffe können Asthmaanfälle und Herzversagen auslösen und Durchblutungsstörungen der Gliedmaßen verschlimmern. Eine mögliche Nebenwirkung ist Impotenz. Außerdem kann der Herzschlag verlangsamt werden, und es können zentralnervöse Störungen (z. B. Halluzinationen) auftreten. *Metipranolol* (enthalten z. B. in *Betamann*) kann in hohen Dosierungen (z. B. 0,6-prozentige Konzentration anstatt 0,1-prozentige) Augenentzündungen verursachen. In Großbritannien wurden diese hohen Konzentrationen deshalb verboten, in Deutschland werden sie jedoch weiterhin angewendet.

Nebenwirkungen bei Pilocarpin: Häufig treten lokale Reizungen und krampfartige Verengungen der Pupillen auf – dies kann besonders beim Autolenken sehr unangenehm sein.

Nebenwirkungen bei Clonidin: Besonders bei höheren Konzentrationen können Blutdrucksenkungen auftreten sowie Benommenheit und Gedämpftheit.

Nebenwirkungen bei Latanoprost: Angina, Verfärbung der Iris.

Nebenwirkungen bei Dorzolamid: Häufig Allergien.

Grauer Star (Katarakt)

Bei dieser Krankheit, die nicht eine Folge natürlicher Alterungsprozesse ist, trübt sich die Augenlinse – sie wird grau.

Behandlung

Der ehemalige Präsident des Deutschen Bundesgesundheitsamtes, Professor Karl Überla, weist darauf hin, dass bei keinem einzigen Mittel, das von Firmen gegen den Grauen Star empfohlen wird, die Wirksamkeit nachgewiesen werden konnte. Deshalb lautet unsere Empfehlung zu allen diesen Mitteln (*Antikataraktikum N, Conjunctisan A, LentoNit, Vitreolent plus*): »Wenig zweckmäßig oder Abzuraten«.
Auch Brillen, Diät oder körperliche Übungen sind – wenn sich der Graue Star einmal gebildet hat – nutzlos.
Die einzig sinnvolle Maßnahme ist der chirurgische Austausch der Linsen, eine Operation, die in den meisten Fällen erfolgreich ist und relativ wenige Komplikationen mit sich bringt.

Mittel zur Pupillenerweiterung (Mydriatika)

Diese Mittel (z. B. *Mydriaticum Agepha, Mydriaticum Stulln*) werden zu diagnostischen Zwecken benützt. Das bedeutet: Die Pupille wird erweitert, damit der Arzt besser ins Augeninnere sehen kann.

Sonstige Augenmittel

Bei kleineren Augenverletzungen werden häufig Augenmittel verwendet, die Dexpanthenol enthalten (z. B. *Bepanthen, Corneregel/-EDO*). Dieser Inhaltsstoff hat keine spezifische Wirkung, ist jedoch als Mittel zur »Augenpflege« vertretbar. Dexpanthenol-Präparate werden auch gegen »trockene Augen« verwendet.

Wichtige Hinweise bei allen Augenmitteln

Wegen der Gefahr der Verunreinigung sollte man eine Berührung der Austrittsöffnung der Behälter von Augenmitteln unbedingt vermeiden. Alle Augenpräparate sollten nach Ansicht der Amerikanischen Apothekervereinigung ein Ablaufdatum haben und nicht länger als drei Monate aufbewahrt werden oder in Gebrauch sein.

Augentropfen oder -salben können schwere systemische (= im ganzen Körper wirksame) Nebenerscheinungen auslösen, denn nur etwa 3 bis 6 Prozent eines auf das Auge aufgebrachten gelösten Arzneimittels gelangen in das Auge. Der überwiegende Teil gelangt über Bindehaut und Schleimhaut der abführenden Tränenwege in den Blutkreislauf. Phenylephrin-haltige Augenmittel (z. B. *Visadron*) sollten deshalb in der Schwangerschaft nicht verwendet werden.

9.1.1. Augenmittel

Präparat	Wichtigste Nebenwirkungen	Empfehlung
Acic Ophtal (D) Augensalbe Aciclovir *Rezeptpflichtig*	Selten leichtes Augenbrennen	**Therapeutisch zweckmäßig bei** Infektionen des Auges mit Herpes-simplex-Viren.
Allergodil (D/Ö) Augentropfen Azelastin Konservierungsstoff: Benzalkonium *Rezeptpflichtig*	Schleimhautreizungen, Müdigkeit, Geschmacksstörungen, selten allergische Reaktionen z. B. durch Konservierungsstoff	**Wenig zweckmäßig** Enthält Antihistaminikum (Azelastin) – zweifelhafte vorbeugende und therapeutische Wirksamkeit bei allergischen Entzündungen am Auge.
Allergopos N (D) Augentropfen Antazolin, Tetryzolin Konservierungsstoffe: Borsäure und Chlorhexidin	Selten allergische Erscheinungen am Auge (z. B. Juckreiz, Rötung). Bei Nachlassen der Wirkung Bindehautschwellung möglich	**Abzuraten** bei Bindehautentzündungen. Wenig sinnvolle Kombination von gefäßverengendem Wirkstoff (Tetryzolin) mit einem Antihistaminikum (Antazolin – zweifelhafte Wirksamkeit am Auge).

Präparat	Wichtigste Nebenwirkungen	Empfehlung
Alomide (D) Augentropfen Lodoxamid Konservierungsstoff: Benzalkonium **Alomide SE** (D) Augentropfen in Einmaldosen (ohne Konservierungsstoff) Lodoxamid	Häufig Augenbrennen, Sehstörungen, Augenentzündungen. Selten allergische Erscheinungen am Auge, Kopfschmerzen, Müdigkeit	**Möglicherweise zweckmäßig zur** Behandlung allergischer Erkrankungen des Auges, wenn ähnliche, aber besser verträgliche Wirkstoffe (wie z. B. Cromoglicinsäure) nicht wirksam sind. Das Mittel ohne Konservierungsstoff ist vorzuziehen.
Alphagan (D/Ö) Augentropfen Brimonidin Konservierungsstoff: Benzalkonium *Rezeptpflichtig*	Müdigkeit, Mundtrockenheit, Blutdrucksenkung. Häufig allergische Erscheinungen am Auge (z. B. Juckreiz, Rötung), auch durch den Konservierungsstoff	**Möglicherweise zweckmäßig zur** Senkung des Augeninnendrucks (Glaukom = Grüner Star). Vertretbar, wenn bewährte Mittel mit Betablockern nicht ausreichend wirken oder nicht angewendet werden können. Wirkt ähnlich wie Clonidin.
Antikataraktikum N (D) Augentropfen Inosinmonophosphat Konservierungsstoff: Chlorhexidin	Selten allergische Erscheinungen am Auge (z. B. Juckreiz, Rötung) durch Konservierungsstoff	**Wenig zweckmäßig** Therapeutische Wirksamkeit von Inosin bei Linsentrübung und Störung der Scharfeinstellung der Augen zweifelhaft.
Aquapred-N (D) Augentropfen Chloramphenicol, Prednisolon Konservierungsstoffe: Benzalkonium und EDTA *Rezeptpflichtig*	Verminderte Abwehrkraft, insbesondere gegen Viren und Pilze, Epithelschäden am Auge, Glaukom (Erhöhung des Augeninnendrucks), Verminderung des Sehvermögens. Chloramphenicol: lebensgefährliche Blutschäden möglich	**Nur zweckmäßig zur** kurzfristigen Anwendung bei Chloramphenicol-empfindlichen Erregern, wenn die Anwendung des Präparats unter Beobachtung eines erfahrenen Arztes erfolgt. Kombination von kortisonähnlichem Wirkstoff (Prednisolon) mit Antibiotikum (Chloramphenicol).
Arutimol Augentropfen (D) Timolol Konservierungsstoff: Benzalkonium **Arutimol uno Augentropfen** (D) (ohne Konservierungsstoffe) Timolol *Rezeptpflichtig*	Brennen der Augen, Kopfschmerzen, Verlangsamung des Pulses, Asthmaanfälle möglich. Selten allergische Erscheinungen am Auge (z. B. Juckreiz, Rötung) durch Konservierungsstoff	**Therapeutisch zweckmäßig zur** Behandlung des erhöhten Augeninnendrucks (Glaukom = Grüner Star). Betablocker. Das Mittel ohne Konservierungsstoff ist vorzuziehen.

Präparat	Wichtigste Nebenwirkungen	Empfehlung
Augentropfen Stulln (Ö) Digitalisextrakt, Aesculin Konservierungsstoffe: Benzalkonium und Borsäure *Rezeptpflichtig*	Selten allergische Erscheinungen am Auge (z. B. Juckreiz, Rötung)	**Abzuraten** Wenig sinnvolle Kombination von Herzmittel (Digitalisextrakt), das am Auge nicht verwendet werden sollte, mit Desinfektionsmitteln.
Azopt Augentropfensuspension (D/Ö) Brinzolamid Konservierungsstoff: Benzalkonium *Rezeptpflichtig*	Häufig Brennen und Stechen und allergische Erscheinungen am Auge (z. B. Juckreiz, Rötung). Geschmacksstörungen, Bindehautentzündung	**Therapeutisch zweckmäßig zur** Behandlung des erhöhten Augeninnendrucks (Glaukom = Grüner Star), wenn Standardmittel wie Betablocker oder Pilocarpin nicht ausreichend wirken. Carboanhydrasehemmer (Brinzolamid).
Bepanthen (D) Augen- und Nasensalbe Dexpanthenol	Keine wesentlichen bekannt	**Nur zweckmäßig zum** Schutz und zur Pflege von Augen und Nase sowie zur Linderung bei Nasenentzündungen. Dexpanthenol hat keine spezifische Wirkung.
Berberil N Augentropfen (D) Tetryzolin Konservierungsstoff: Benzalkonium **Berberil-EDO** (D) Augentropfen (ohne Konservierungsstoffe) Tetryzolin	Selten allergische Erscheinungen am Auge (z. B. Juckreiz, Rötung). Bei Nachlassen der Wirkung Bindehautschwellung möglich	**Therapeutisch zweckmäßig bei** Reizzuständen des Auges (Hyperämie). Enthält gefäßverengenden Wirkstoff (Tetryzolin). Das Mittel ohne Konservierungsstoff ist vorzuziehen.
Betagentam Augensalbe (D) Betamethason Konservierungsstoff: Chlorobutanol, Benzylalkohol **Betagentam Augentropfen** (D) Betamethason Konservierungsstoff: Benzalkonium *Rezeptpflichtig*	Verminderte Abwehrkraft, insbesondere gegen Viren und Pilze, Epithelschäden am Auge, Glaukom (Erhöhung des Augeninnendrucks). Selten allergische Erscheinungen am Auge (z. B. Juckreiz, Rötung) durch Konservierungsstoff	**Nur zweckmäßig, wenn** die Anwendung des Präparats unter genauer Beobachtung eines erfahrenen Arztes erfolgt. Enthält einen kortisonähnlichen Wirkstoff (Betamethason).

Präparat	Wichtigste Nebenwirkungen	Empfehlung
Betamann (D) Augentropfen Metipranolol Konservierungsstoff: Benzalkonium **Betamann EDO** (D) Augentropfen (ohne Konservierungsstoffe) Metipranolol *Rezeptpflichtig*	Brennen der Augen, Kopfschmerzen, Verlangsamung des Pulses, Asthmaanfälle möglich. Selten allergische Erscheinungen am Auge (z. B. Juckreiz, Rötung) durch Konservierungsstoff	**Therapeutisch zweckmäßig bei** erhöhtem Augeninnendruck (Glaukom = Grüner Star). Betablocker. Das Mittel ohne Konservierungsstoff ist vorzuziehen. Von der Anwendung des höherkonzentrierten Mittels (0,6 %) ist wegen der Gefahr einer Augenentzündung abzuraten.
Betnesol (Ö) Augen-, Ohren- und Nasentropfen Betamethason Konservierungsstoff: Benzalkonium *Rezeptpflichtig*	Verminderte Abwehrkraft, insbesondere gegen Viren und Pilze, Epithelschäden am Auge, Glaukom (Erhöhung des Augeninnendrucks). Selten allergische Erscheinungen am Auge (z. B. Juckreiz, Rötung) durch Konservierungsstoff	**Nur zweckmäßig, wenn** die Anwendung des Präparats unter genauer Beobachtung eines erfahrenen Arztes erfolgt. Enthält einen kortisonähnlichen Wirkstoff (Betamethason).
Betnesol N (Ö) Augen-, Ohren- und Nasentropfen Betamethason, Neomycin Konservierungsstoff: Benzalkonium **Betnesol N** (Ö) Augensalbe Betamethason, Neomycin *Rezeptpflichtig*	Verminderte Abwehrkraft, insbesondere gegen Viren und Pilze, Epithelschäden am Auge, Glaukom (Erhöhung des Augeninnendrucks). Relativ große Gefahr der Allergisierung gegen den Wirkstoff Neomycin	**Abzuraten** Kombination von kortisonähnlichem Wirkstoff (Betamethason) mit unzweckmäßigem Antibiotikum (Neomycin).
Betoptic S (Ö) Augentropfen Betaxolol Konservierungsstoff: Benzalkonium *Rezeptpflichtig*	Brennen der Augen, Kopfschmerzen, Verlangsamung des Pulses, Asthmaanfälle möglich. Selten allergische Erscheinungen am Auge (z. B. Juckreiz, Rötung) durch Konservierungsstoff	**Therapeutisch zweckmäßig bei** erhöhtem Augeninnendruck (Glaukom = Grüner Star). Betablocker.
Biciron Augentropfen (D) Tramazolin Konservierungsstoff: Benzalkonium	Erhöhung des Augeninnendrucks (Glaukom). Selten allergische Erscheinungen am Auge (z. B. Juckreiz, Rötung) durch Konservierungsstoff. Bei Nachlassen der Wirkung Bindehautschwellung möglich	**Therapeutisch zweckmäßig bei** Reizzuständen des Auges (Hyperämie). Enthält gefäßverengenden Wirkstoff (Tramazolin).

Präparat	Wichtigste Nebenwirkungen	Empfehlung
Chibro Timoptol (D) Augentropfen Timolol Konservierungsstoff: Benzalkonium *Rezeptpflichtig*	Brennen der Augen, Kopfschmerzen, Verlangsamung des Pulses, Asthmaanfälle möglich. Allergische Erscheinungen am Auge möglich	**Therapeutisch zweckmäßig zur** Behandlung des erhöhten Augeninnendrucks (Glaukom = Grüner Star). Betablocker.
Ciloxan (D/Ö) Augentropfen Ciprofloxacin Konservierungsstoff: Benzalkonium *Rezeptpflichtig*	Allergische Erscheinung am Auge (z. B. Juckreiz, Rötungen), Augenreizungen, Übelkeit, Geschmacksstörungen	**Therapeutisch zweckmäßig nur** bei Infektionen mit Ciprofloxacin-empfindlichen Problemkeimen.
Clonid-Ophtal (D) Augentropfen Clonidin Konservierungsstoff: Benzalkonium **Clonid-Ophtal sine** (D) Augentropfen in Eindosisbehälter (ohne Konservierungsstoffe) Clonidin *Rezeptpflichtig*	Müdigkeit, Mundtrockenheit, Blutdrucksenkung. Selten allergische Erscheinungen am Auge (z. B. Juckreiz, Rötung), auch durch Konservierungsstoff	**Möglicherweise zweckmäßig zur** Senkung des Augeninnendrucks (Glaukom = Grüner Star). Der Wirkstoff Clonidin aktiviert Alpharezeptoren. Das Mittel ohne Konservierungsstoff ist vorzuziehen.
Coldan (Ö) Augentropfen Naphazolin Konservierungsstoff: Hydroxybenzoesäure *Rezeptpflichtig*	Selten allergische Erscheinungen am Auge (z. B. Juckreiz, Rötung) durch Konservierungsstoff. Bei Nachlassen der Wirkung Bindehautschwellung möglich	**Wenig zweckmäßig bei** Reizzuständen des Auges (Hyperämie). Enthält gefäßverengenden Wirkstoff (Naphazolin).
Coldistan (Ö) Augentropfen Diphenhydramin, Naphazolin Konservierungsstoff: Hydroxybenzoesäure *Rezeptpflichtig*	Schleimhautreizungen, bei Nachlassen der Wirkung Bindehautschwellung möglich	**Abzuraten** Wenig sinnvolle Kombination von gefäßverengendem Mittel (Naphazolin) und Antihistaminikum (Diphenhydramin – zweifelhafte Wirksamkeit am Auge).

Präparat	Wichtigste Nebenwirkungen	Empfehlung
Conjunctisan A (D) Augentropfen Homöopathische Verdünnungen von Lysaten tierischer Organe (Rind), Deslanosid und Aesculin Konservierungsstoff: Natriumdodecylsulfat (Waschmittel)	Selten allergische Erscheinungen am Auge (z. B. Juckreiz, Rötung). Übertragung von Erregern (z. B. Rinderwahnsinn) ist nicht auszuschließen	**Homöopathisches Mittel** Abzuraten bei den vom Hersteller angegebenen Anwendungsgebieten (z. B. Altersstar). Zweifelhafte therapeutische Wirksamkeit.
Corneregel (D/Ö) Augengel Dexpanthenol Konservierungsstoff: Cetrimid **Corneregel Fluid** (D) Augentropfen Dexpanthenol Konservierungsstoff: Cetrimid **Corneregel EDO** (D) Augentropfen (ohne Konservierungsstoff) Dexpanthenol *Rezeptpflichtig (Ö)*	Selten allergische Erscheinungen am Auge (z. B. Juckreiz, Rötung) durch Konservierungsstoff	**Möglicherweise zweckmäßig bei** Augenreizungen. Dexpanthenol hat keine spezifische Wirkung.
Cortison Kemicetin (Ö) Tropfen Chloramphenicol, Hydrocortison *Rezeptpflichtig*	Verminderte Abwehrkraft, insbesondere gegen Viren und Pilze, Epithelschäden am Auge, Glaukom (Erhöhung des Augeninnendrucks). Lebensgefährliche Blutschäden möglich	**Nur zweckmäßig zur** kurzfristigen Anwendung bei Chloramphenicol-empfindlichen Erregern, wenn andere Antibiotika nicht verwendet werden können und die Anwendung des Präparats unter Beobachtung eines erfahrenen Arztes erfolgt. Kombination von kortisonähnlichem Wirkstoff (Hydrocortison) mit Antibiotikum (Chloramphenicol).
Cosopt (D/Ö) Augentropfen Timolol, Dorzolamid Konservierungsstoff: Benzalkonium *Rezeptpflichtig*	Brennen und Stechen der Augen, Kopfschmerzen, Verlangsamung des Pulses, Asthmaanfälle möglich. Häufig allergische Erscheinungen am Auge (z. B. Juckreiz, Rötung). Geschmacksstörungen, Bindehautentzündung	**Therapeutisch zweckmäßig zur** Behandlung des erhöhten Augeninnendrucks (Glaukom = Grüner Star), wenn Mittel mit nur einem Wirkstoff nicht ausreichend wirken. Kombination von Betablocker (Timolol) mit Carboanhydrasehemmer (Dorzolamid).

Präparat	Wichtigste Nebenwirkungen	Empfehlung
Cromoglin Augentropfen (Ö) Cromoglicinsäure Konservierungsstoff: Benzalkonium *Rezeptpflichtig*	Selten Augenreizungen. Selten allergische Erscheinungen am Auge (z. B. Juckreiz, Rötung) durch Konservierungsstoff	**Therapeutisch zweckmäßig zur** Vorbeugung allergischer Erkrankungen des Auges.
Cromohexal Augentropfen (D) Cromoglicinsäure Konservierungsstoff: Benzalkonium **Cromohexal Augentropfen UD** (D) Ein-Dosisbehälter (ohne Konservierungsstoffe) Cromoglicinsäure	Selten Augenreizungen. Selten allergische Erscheinungen am Auge (z. B. Juckreiz, Rötung) durch Konservierungsstoff	**Therapeutisch zweckmäßig zur** Vorbeugung allergischer Erkrankungen des Auges.
Crom-Ophtal (D) Augentropfen Cromoglicinsäure Konservierungsstoff: Benzalkonium **Crom-Ophtal Augentropfen sine** (D) Eindosisbehälter (ohne Konservierungsstoffe) Cromoglicinsäure **Crom-Ophtal Kombipackung** (D) Augen- und Nasenspray Cromoglicinsäure Konservierungsstoff: Benzalkonium	Selten Augenreizungen. Selten allergische Erscheinungen am Auge (z. B. Juckreiz, Rötung) durch Konservierungsstoff	**Therapeutisch zweckmäßig zur** Vorbeugung allergischer Erkrankungen des Auges. Mittel ohne Konservierungsstoff sind vorzuziehen.
Cromo-ratiopharm Augentropfen (D) Cromoglicinsäure Konservierungsstoff: Benzalkonium **Cromo-ratiopharm Augentropfen Einzeldosis** (D) (ohne Konservierungsstoffe) Cromoglicinsäure **Cromo-ratiopharm Kombipackung** (D) Augen- und Nasentropfen Cromoglicinsäure Konservierungsstoff: Benzalkonium	Selten Augenreizungen. Selten allergische Erscheinungen am Auge (z. B. Juckreiz, Rötung) durch Konservierungsstoff	**Therapeutisch zweckmäßig zur** Vorbeugung allergischer Erkrankungen des Auges. Mittel ohne Konservierungsstoff sind vorzuziehen.

Präparat	Wichtigste Nebenwirkungen	Empfehlung
Dacrin (Ö) Augentropfen Hydrastinin Konservierungsstoff: Chlorhexidin *Rezeptpflichtig*	Bei Nachlassen der Wirkung Bindehautschwellung möglich. Selten allergische Erscheinungen am Auge (z. B. Juckreiz, Rötung) durch Konservierungsstoff	**Therapeutisch zweckmäßig** bei Reizzuständen des Auges (Hyperämie). Enthält gefäßverengenden Wirkstoff (Hydrastinin). Mittel ohne Konservierungsstoffe sind vorzuziehen.
Dexagel (D) Visköse Augentropfen Dexamethason Konservierungsstoff: Thiomersal *Rezeptpflichtig*	Verminderte Abwehrkraft, insbesondere gegen Viren und Pilze, Epithelschäden am Auge, Glaukom (Erhöhung des Augeninnendrucks). Allergie gegen Quecksilberverbindung (Thiomersal) möglich	**Nur zweckmäßig, wenn** die Anwendung des Präparats unter genauer Beobachtung eines erfahrenen Arztes erfolgt. Kortisonähnlicher Wirkstoff (Dexamethason).
Dexa-Gentamicin (D) Augensalbe Dexamethason, Gentamicin **Dexa-Gentamicin** (D) Augentropfen Dexamethason, Gentamicin Konservierungsstoff: Benzalkonium **Dexa-Gentamicin** (D) Kombipackung Augentropfen, -salbe Dexamethason, Gentamicin Konservierungsstoff: Benzalkonium (nur Tropfen) *Rezeptpflichtig*	Verminderte Abwehrkraft, insbesondere gegen Viren und Pilze, Epithelschäden am Auge, Glaukom (Erhöhung des Augeninnendrucks). Gefahr der Allergisierung gegen Gentamycin und Konservierungsstoff	**Nur zweckmäßig zur** kurzfristigen Anwendung bei Gentamicin-empfindlichen Erregern, wenn die Anwendung des Präparats unter Beobachtung eines erfahrenen Arztes erfolgt. Kombination von kortisonähnlichem Wirkstoff (Dexamethason) mit Antibiotikum (Gentamicin).
Dexagenta-POS (Ö) Augentropfen Dexamethason, Gentamicin Konservierungsstoff: Benzalkonium **Dexagenta-POS** (Ö) Augensalbe Dexamethason, Gentamicin *Rezeptpflichtig*	Verminderte Abwehrkraft, insbesondere gegen Viren und Pilze, Epithelschäden am Auge, Glaukom (Erhöhung des Augeninnendrucks). Gefahr der Allergisierung gegen Gentamicin und Konservierungsstoff	**Nur zweckmäßig zur** kurzfristigen Anwendung bei Gentamycin-empfindlichen Erregern, wenn die Anwendung des Präparats unter Beobachtung eines erfahrenen Arztes erfolgt. Kombination von kortisonähnlichem Wirkstoff (Dexamethason) mit Antibiotikum (Gentamicin).

Präparat	Wichtigste Nebenwirkungen	Empfehlung
Dexamytrex-Augensalbe (D) Dexamethason, Gentamicin Konservierungsstoff: Chlorobutanol **Dexamytrex-Augentropfen** (D) Dexamethason, Gentamicin Konservierungsstoff: Cetrimid **Dexamytrex-Augensalbe/Augentropfen** (D) Dexamethason, Gentamicin Konservierungsstoff: Chlorobutanol/Cetrimid *Rezeptpflichtig*	Verminderte Abwehrkraft, insbesondere gegen Viren und Pilze, Epithelschäden am Auge, Glaukom (Erhöhung des Augeninnendrucks). Gefahr der Allergisierung gegen Gentamicin und Konservierungsstoffe	**Nur zweckmäßig zur** kurzfristigen Anwendung bei Gentamycin-empfindlichen Erregern, wenn die Anwendung des Präparats unter Beobachtung eines erfahrenen Arztes erfolgt. Kombination von kortisonähnlichem Wirkstoff (Dexamethason) mit Antibiotikum (Gentamicin).
Dexa Polyspectran (D) Augentropfen Dexamethason, Polymyxin-B, Neomycin *Rezeptpflichtig*	Verminderte Abwehrkraft, insbesondere gegen Viren und Pilze, Epithelschäden am Auge, Glaukom (Erhöhung des Augeninnendrucks). Relativ große Gefahr der Allergisierung durch Neomycin	**Abzuraten** Nicht sinnvolle Kombination von entzündungshemmendem kortisonähnlichen Wirkstoff (Dexamethason) mit mehreren antibiotisch wirksamen Stoffen (Polymyxin-B, Neomycin).
Dexapos (D) Augentropfen Dexamethason Konservierungsstoff: Thiomersal *Rezeptpflichtig*	Verminderte Abwehrkraft, insbesondere gegen Viren und Pilze, Epithelschäden am Auge, Glaukom (Erhöhung des Augeninnendrucks). Allergie gegen Quecksilberverbindung (Thiomersal) möglich	**Nur zweckmäßig, wenn** die Anwendung des Präparats unter genauer Beobachtung eines erfahrenen Arztes erfolgt. Kortisonähnlicher Wirkstoff (Dexamethason).
Dexa-sine (D) Augentropfen Dexamethason Konservierungsstoff: Benzalkonium **Dexa-sine SE** (D) Augentropfen in Einmaldosen (ohne Konservierungsstoff) Dexamethason *Rezeptpflichtig*	Verminderte Abwehrkraft, insbesondere gegen Viren und Pilze, Epithelschäden am Auge, Glaukom (Erhöhung des Augeninnendrucks). Selten allergische Erscheinungen am Auge (z. B. Juckreiz, Rötung) durch Konservierungsstoff	**Nur zweckmäßig, wenn** die Anwendung des Präparats unter genauer Beobachtung eines erfahrenen Arztes erfolgt. Enthält einen kortisonähnlichen Wirkstoff (Dexamethason). Das Mittel ohne Konservierungsstoff ist vorzuziehen.

Präparat	Wichtigste Nebenwirkungen	Empfehlung
Ecolicin Augensalbe (D) Erythromycin, Colistin **Ecolicin Augentropfen** (D) Erythromycin, Colistin Konservierungsssstoff: Benzalkonium *Rezeptpflichtig*	Allergisierung gegen Erythromycin und Colistin	**Abzuraten** Nicht sinnvolle Kombination von Antibiotika. Präparate mit einem einzigen Wirkstoff sind vorzuziehen.
Euphrasia D3 Augentropfen (D) Euphrasia off. D2, Rosenöl D7 Konservierungsssstoff: Borsäure *Rezeptpflichtig*	Selten allergische Erscheinungen am Auge (z. B. Juckreiz, Rötungen)	**Homöopathisches Mittel** Vertretbar, wenn die Anwendung als wirksam empfunden und eine notwendige Anwendung therapeutisch zweckmäßiger Mittel nicht unterlassen wird.
Ficortril Augensalbe (D) Hydrocortison **Ficortril Augentropfen** (D) Hydrocortison Konservierungsssstoff: Benzalkonium *Rezeptpflichtig*	Verminderte Abwehrkraft, insbesondere gegen Viren und Pilze, Epithelschäden am Auge, Glaukom (Erhöhung des Augeninnendrucks)	**Therapeutisch zweckmäßig** Relativ schwacher, kortisonähnlicher Wirkstoff (Hydrocortison) mit geringer Gefahr von unerwünschten Wirkungen.
Floxal Augensalbe (D/Ö) Ofloxacin **Floxal Augentropfen** (D/Ö) Ofloxacin Konservierungsssstoff: Benzalkonium **Floxal EDO** (D/Ö) Augentropfen (ohne Konservierungsstoffe) Ofloxacin **Floxal Augensalbe/ Augentropfen** (D/Ö) Kombipackung Ofloxacin Konservierungsssstoff: Benzalkonium *Rezeptpflichtig*	Allergische Erscheinungen am Auge (z. B. Juckreiz, Rötungen), Augenreizungen	**Therapeutisch zweckmäßig nur** bei Infektionen mit empfindlichen Problemkeimen. Das Mittel ohne Konservierungsstoff ist vorzuziehen. Enthält als Wirkstoff das Antibiotikum Ofloxacin (Gyrasehemmer).

Präparat	Wichtigste Nebenwirkungen	Empfehlung
Fucithalmic visköse Augentropfen (D/Ö) Augentropfen (D), Augengel (Ö) Fusidinsäure Konservierungsstoff: Benzalkonium *Rezeptpflichtig*	Augenreizungen. Selten allergische Erscheinungen am Auge (z. B. Juckreiz, Rötungen) durch Konservierungsstoff	**Therapeutisch zweckmäßig nur** bei Infektionen mit Fusidinsäure-empfindlichen Keimen.
Gentamicin-POS (D) Augensalbe Gentamicin **Gentamicin-POS** (D) Augentropfen Gentamicin Konservierungsstoff: Benzalkonium **Gentamicin-POS** (D) Augensalbe/Augentropfen Gentamicin Konservierungsstoff: Benzalkonium (in Tropfen) *Rezeptpflichtig*	Allergische Erscheinungen am Auge (z. B. Juckreiz, Rötungen)	**Therapeutisch zweckmäßig** bei Infektionen mit empfindlichen Problemkeimen. Enthält als Wirkstoff das Antibiotikum Gentamicin (Aminoglykosid).
Gentamytrex-Augensalbe (D) Augensalbe Gentamicin Konservierungsstoff: Chlorobutanol **Gentamytrex in der Ophtiole** (D) Augentropfen Gentamicin Konservierungsstoff: Benzalkonium **Gentamytrex in der Ophtiole** (D) Augensalbe/Augentropfen Kombipackung Gentamicin Konservierungsstoff: Chlorobutanol/ Benzalkonium *Rezeptpflichtig*	Allergische Erscheinungen am Auge (z. B. Juckreiz, Rötungen)	**Therapeutisch zweckmäßig** bei Infektionen mit empfindlichen Problemkeimen. Enthält als Wirkstoff das Antibiotikum Gentamicin (Aminoglykosid).

Präparat	Wichtigste Nebenwirkungen	Empfehlung
Heparin-POS (D) Augensalbe Heparin **Heparin-POS** (D) Augentropfen Heparin Konservierungsstoff: Thiomersal **Heparin-POS** (D) Augensalbe/Augentropfen Kombipackung Heparin Konservierungsstoff: Thiomersal (Augentropfen)	Tropfen: Allergie gegen Quecksilberverbindung (Thiomersal) möglich. Salbe: keine wesentlichen zu erwarten	**Wenig zweckmäßig bei** Verbrennungen und Verätzungen. Therapeutische Wirksamkeit von Heparin zweifelhaft.
Hydoftal (Ö) Augentropfen Hydrokortison, Neomycin Konservierungsstoff: Benzalkonium **Hydoftal** (Ö) Augensalbe Hydrokortison, Neomycin *Rezeptpflichtig*	Verminderte Abwehrkraft, insbesondere gegen Viren und Pilze, Epithelschäden am Auge, Glaukom (Erhöhung des Augeninnendrucks). Verminderung des Sehvermögens. Relativ große Gefahr der Allergisierung durch Neomycin	**Abzuraten** Kombination von kortisonähnlichem Wirkstoff (Hydrokortison) mit unzweckmäßigem Antibiotikum (Neomycin).
Hydoftal sine neomycino (Ö) Augentropfen Hydrokortison Konservierungsstoff: Benzalkonium *Rezeptpflichtig*	Verminderte Abwehrkraft, insbesondere gegen Viren und Pilze, Epithelschäden am Auge, Glaukom (Erhöhung des Augeninnendrucks)	**Therapeutisch zweckmäßig** Relativ schwacher, kortisonähnlicher Wirkstoff (Hydrokortison) mit geringerer Gefahr von unerwünschten Wirkungen.
Hydrocortison-POS (D) Augensalbe Hydrokortison *Rezeptpflichtig*	Verminderte Abwehrkraft, insbesondere gegen Viren und Pilze, Epithelschäden am Auge, Glaukom (Erhöhung des Augeninnendrucks)	**Therapeutisch zweckmäßig** Relativ schwacher, kortisonähnlicher Wirkstoff (Hydrokortison) mit geringerer Gefahr von unerwünschten Wirkungen.
Indoptol (Ö) Augentropfen Indometacin Konservierungsstoff: Benzalkonium *Rezeptpflichtig*	Kopf- und Augenschmerzen, Sehstörungen. Selten allergische Erscheinungen am Auge (z. B. Juckreiz, Rötung) durch Konservierungsstoffe	**Therapeutisch zweckmäßig nur** zur kurzzeitigen Anwendung bei Katarakt-Operationen (Grauer Star). Enthält stark entzündungshemmend wirkenden Inhaltstoff (Indometacin).

Präparat	Wichtigste Nebenwirkungen	Empfehlung
Inflanefran (D) Augentropfen, Forte-Augentropfen Prednisolon Konservierungsstoffe: Benzalkonium, Borsäure *Rezeptpflichtig*	Verminderte Abwehrkraft, insbesondere gegen Viren und Pilze, Epithelschäden am Auge, Glaukom (Erhöhung des Augeninnendrucks). Selten allergische Erscheinungen am Auge (z. B. Juckreiz, Rötung) durch Konservierungsstoffe	**Nur zweckmäßig, wenn** die Anwendung des Präparats unter genauer Beobachtung eines erfahrenen Arztes erfolgt. Enthält kortisonähnlichen Wirkstoff (Prednisolon).
Isoglaucon (D/Ö) Augentropfen Clonidin Konservierungsstoff: Benzalkonium *Rezeptpflichtig*	Müdigkeit, Mundtrockenheit, Blutdrucksenkung. Selten allergische Erscheinungen am Auge (z. B. Juckreiz, Rötung) durch Konservierungsstoff	**Möglicherweise zweckmäßig zur** Senkung des Augeninnendrucks (Glaukom = Grüner Star). Der Wirkstoff Clonidin aktiviert Alpharezeptoren. Wirkstoffgleiche Mittel ohne Konservierungsstoffe sind vorzuziehen.
Isopto-Max (D) Augensalbe Dexamethason, Neomycin, Polymyxin-B **Isopto-Max** (D) Augentropfensuspension Dexamethason, Neomycin, Polymyxin-B Konservierungsstoff: Benzalkonium **Isopto-Max** (D) Augensalbe/Augentropfensuspension, Kombipackung Dexamethason, Neomycin, Polymyxin-B Konservierungsstoff: Benzalkonium (Suspension) *Rezeptpflichtig*	Verminderte Abwehrkraft, insbesondere gegen Viren und Pilze, Epithelschäden am Auge, Glaukom (Erhöhung des Augeninnendrucks). Verminderung des Sehvermögens. Relativ große Gefahr der Allergisierung durch Neomycin	**Abzuraten** Kombination von kortisonähnlichem Wirkstoff (Dexamethason) mit unzweckmäßigem Antibiotikum (Neomycin).
Kanamycin-POS (D) Augensalbe Kanamycin **Kanamycin-POS** (D) Augentropfen Kanamycin Konservierungsstoff: Borsäure *Rezeptpflichtig*	Allergische Erscheinungen am Auge (z. B. Juckreiz, Rötungen)	**Therapeutisch zweckmäßig** bei Infektionen mit empfindlichen Problemkeimen. Enthält als Wirkstoff das Antibiotikum Kanamycin (Aminoglykosid).

Präparat	Wichtigste Nebenwirkungen	Empfehlung
Kanamytrex (D) Augensalbe Kanamycin **Kanamytrex** (D) Augentropfen Kanamycin Konservierungsstoff: Borsäure **Kanamytrex** (D) Augensalbe/Augentropfen Kombipackung Kanamycin Konservierungsstoff: Borsäure (nur Tropfen) *Rezeptpflichtig*	Allergische Erscheinungen am Auge (z. B. Juckreiz, Rötungen)	**Therapeutisch zweckmäßig** bei Infektionen mit empfindlichen Problemkeimen. Enthält als Wirkstoff das Antibiotikum Kanamycin (Aminoglykosid).
Kan-Ophtal (D) Augensalbe Kanamycin **Kan-Ophtal** (D) Augentropfen Kanamycin Konservierungsstoffe: Cetrimid, Borsäure *Rezeptpflichtig*	Allergische Erscheinungen am Auge (z. B. Juckreiz, Rötungen)	**Therapeutisch zweckmäßig** bei Infektionen mit empfindlichen Problemkeimen. Enthält als Wirkstoff das Antibiotikum Kanamycin (Aminoglykosid).
Kemicetin (Ö) Augensalbe Chloramphenicol *Rezeptpflichtig*	Lebensgefährliche Blutschäden möglich, allergische Erscheinungen am Auge (z. B. Juckreiz, Rötungen)	**Nur zweckmäßig zur** kurzfristigen Anwendung bei Infektionen mit Chloramphenicol-empfindlichen Erregern, wenn andere Antibiotika nicht verwendet werden können.
Livocab-Augentropfen (D) Levocabastin Konservierungsstoff: Benzalkonium **Livocab-Kombi** (D) Augentropfen und Nasenspray Levocabastin Konservierungsstoff: Benzalkonium	Reizerscheinungen am Auge, Erhöhung des Augeninnendrucks möglich. Müdigkeit, Kopfschmerzen. Selten allergische Erscheinungen am Auge (z. B. Juckreiz, Rötung) durch Konservierungsstoff	**Möglicherweise zweckmäßig** bei allergischen Augenreizungen. Antihistaminikum.

Präparat	Wichtigste Nebenwirkungen	Empfehlung
Livostin (Ö) Augentropfen Levocabastin Konservierungsstoff: Benzalkonium	Reizerscheinungen am Auge, Erhöhung des Augeninnendrucks möglich. Müdigkeit, Kopfschmerzen. Selten allergische Erscheinungen am Auge (z. B. Juckreiz, Rötung) durch Konservierungsstoff	**Möglicherweise zweckmäßig** bei allergischen Augenreizungen. Antihistaminikum.
Lomusol (Ö) Augentropfen Cromoglicinsäure Konservierungsstoff: Benzalkonium *Rezeptpflichtig*	Selten Augenreizungen. Selten allergische Erscheinungen am Auge (z. B. Juckreiz, Rötung) durch Konservierungsstoff	**Therapeutisch zweckmäßig zur** Vorbeugung allergischer Erkrankungen des Auges.
Lumigan (D/Ö) Augentropfen Bimatoprost Konservierungsstoff: Benzalkonium *Rezeptpflichtig*	Häufig verstärkte Durchblutung der Bindehaut (rote Augen), Reizerscheinungen am Auge (Brennen, Rötung, Jucken), auch durch allergische Reaktionen. Verfärbung von Iris, Lidern und Wimpern. Kopfschmerzen, Bluthochdruck	**Therapeutisch zweckmäßig zur** Behandlung des erhöhten Augeninnendrucks (Glaukom = Grüner Star), nur wenn Standardmittel wie z. B. Betablocker oder Pilocarpin nicht ausreichend wirken. Prostaglandin, ähnlich wie Latanoprost. Noch relativ wenig erprobt.
Mydriaticum Agepha (Ö) Augentropfen Tropicamid Konservierungsstoff: Phenylmercurinitrat *Rezeptpflichtig*	Sehstörungen. Allergisierung gegen Quecksilberverbindung möglich	**Zweckmäßig zur** kurzfristigen Pupillenerweiterung (z. B. für die Diagnoseerstellung).
Mydriaticum Stulln (D) Augentropfen Tropicamid Konservierungsstoff: Phenylmercurinitrat *Rezeptpflichtig*	Sehstörungen. Allergisierung gegen Quecksilberverbindung möglich	**Zweckmäßig zur** kurzfristigen Pupillenerweiterung (z. B. für die Diagnoseerstellung).
Noviform (D) Augensalbe Bibrocathol	Selten allergische Erscheinungen	**Therapeutisch zweckmäßig bei** Bindehautentzündung.
Nyogel (D) Augengel Timolol Konservierungsstoff: Benzalkonium *Rezeptpflichtig*	Brennen der Augen, Kopfschmerzen, Verlangsamung des Pulses, Asthmaanfälle möglich. Allergische Erscheinungen am Auge möglich	**Therapeutisch zweckmäßig zur** Behandlung des erhöhten Augeninnendrucks (Glaukom = Grüner Star). Betablocker.

Präparat	Wichtigste Nebenwirkungen	Empfehlung
Oculotect sine (D) Augentropfen Retinolpalmitat (Vit. A) Hilfsstoff: Hypromellose Konservierungsstoff: Borsäure	Selten allergische Erscheinungen am Auge (z. B. Juckreiz, Rötung)	**Möglicherweise zweckmäßig bei** Augenreizungen. Vitamin A hat keine spezifische Wirkung. Wenig zweckmäßig als Tränenersatzmittel. Die Beimengung von Vitamin A ist dann überflüssig.
Oftaquix (D/Ö) Augentropfen Levofloxacin Konservierungsstoff: Benzalkonium *Rezeptpflichtig*	Allergische Erscheinung am Auge (z. B. Juckreiz, Rötungen), Augenreizungen, Übelkeit, Geschmacksstörungen	**Therapeutisch zweckmäßig nur** bei Infektionen mit Levofloxacin-empfindlichen Problemkeimen. Wirkt wie das bewährte Antibiotikum Ciprofloxacin (Gyrasehemmer).
Oleovit (Ö) Augensalbe Vitamin A, Panthenol, Konservierungsstoff: Benzalkonium *Rezeptpflichtig*	Selten allergische Erscheinungen am Auge (z. B. Juckreiz, Rötung) durch Konservierungsstoff	**Möglicherweise zweckmäßig bei** Augenreizungen. Vitamin A und Panthenol haben keine spezifischen Wirkungen.
Ophtaguttal Agepha (Ö) Augentropfen Zinksulfat, Naphazolin Konservierungsstoff: Benzalkonium und Borsäure	Selten allergische Erscheinungen am Auge (z. B. Juckreiz, Rötung) durch Konservierungsstoffe. Bei Nachlassen der Wirkung Bindehautschwellung	**Möglicherweise zweckmäßig bei** Reizzuständen des Auges (Hyperämie). Kombination von gefäßverengendem Wirkstoff (Naphazolin) und Adsorbens.
Ophtalmin-N Augentropfen (D) Tetryzolin Konservierungsstoff: Benzalkonium **Ophtalmin-N sine** (D) Augentropfen (ohne Konservierungsstoffe) Tetryzolin	Selten allergische Erscheinungen am Auge (z. B. Juckreiz, Rötung). Bei Nachlassen der Wirkung Bindehautschwellung möglich	**Therapeutisch zweckmäßig bei** Reizzuständen des Auges (Hyperämie). Enthält gefäßverengenden Wirkstoff (Tetryzolin). Das Mittel ohne Konservierungsstoff ist vorzuziehen.
Oxytetracylin Jenapharm (D) Augensalbe Oxytetracyclin *Rezeptpflichtig*	Allergische Erscheinungen am Auge (z. B. Juckreiz, Rötung)	**Therapeutisch zweckmäßig nur** bei Infektionen mit Chlamydien. Enthält als Wirkstoff das Antibiotikum Oxytetracyclin (Tetracyclin).

Präparat	Wichtigste Nebenwirkungen	Empfehlung
Oxytetracyclin-Prednisolon-Augensalbe Jenapharm (D) Augensalbe Prednisolon, Oxytetracyclin *Rezeptpflichtig*	Verminderte Abwehrkraft, insbesondere gegen Viren und Pilze, Epithelschäden am Auge, Glaukom (Erhöhung des Augeninnendrucks)	**Abzuraten** Kombination von kortisonähnlichem Wirkstoff (Prednisolon) mit einem Antibiotikum (Oxytetracyclin). Vertretbar nur in Ausnahmefällen bei Infektionen mit empfindlichen Chlamydien, wenn die Anwendung des Präparats unter genauer Beobachtung eines erfahrenen Arztes erfolgt.
Pilocarpin Agepha (Ö) Augensalbe Pilocarpin *Rezeptpflichtig*	Lokale Reizung, krampfartige Verengung der Pupillen	**Therapeutisch zweckmäßig zur** Behandlung des erhöhten Augeninnendrucks (Glaukom = Grüner Star).
Polyspectran Augentropfen (D) Polymyxin-B, Neomycin, Gramicidin **Polyspectran Augensalbe** (D) Polymyxin-B, Neomycin, Bacitracin *Rezeptpflichtig*	Relativ häufig allergische Erscheinungen am Auge (z. B. Juckreiz, Rötung)	**Abzuraten** Vertretbar nur in Ausnahmefällen bis der Krankheitserreger identifiziert ist. Antibiotika-Kombination mit unzweckmäßigem Neomycin.
Posiformin (D) Augensalbe Bibrocathol	Selten allergische Erscheinungen	**Therapeutisch zweckmäßig bei** Bindehautentzündung.
Predni-Ophtal Gel (D) Augengel Prednisolon Konservierungsstoff: Cetrimid *Rezeptpflichtig*	Verminderte Abwehrkraft, insbesondere gegen Viren und Pilze, Epithelschäden am Auge, Glaukom (Erhöhung des Augeninnendrucks)	**Nur zweckmäßig, wenn** die Anwendung des Präparates unter genauer Beobachtung eines erfahrenen Arztes erfolgt. Enthält kortisonähnlichen Wirkstoff (Prednisolon).
Prednisolon-Augensalbe Jenapharm (D) Augensalbe Prednisolon *Rezeptpflichtig*	Verminderte Abwehrkraft, insbesondere gegen Viren und Pilze, Epithelschäden am Auge, Glaukom (Erhöhung des Augeninnendrucks)	**Nur zweckmäßig, wenn** die Anwendung des Präparates unter genauer Beobachtung eines erfahrenen Arztes erfolgt. Enthält kortisonähnlichen Wirkstoff (Prednisolon).

Präparat	Wichtigste Nebenwirkungen	Empfehlung
Proculin (D) Augentropfen Naphazolin Konservierungsstoffe: Benzalkonium und Borsäure	Selten allergische Erscheinungen am Auge (z. B. Juckreiz, Rötung) durch Konservierungsstoffe. Bei Nachlassen der Wirkung Bindehautschwellung möglich	**Therapeutisch zweckmäßig bei** Reizzuständen des Auges (Hyperämie). Enthält gefäßverengenden Wirkstoff (Naphazolin).
Refobacin Augensalbe (D/Ö) Gentamicin **Refobacin Augentropfen** (D/Ö) Gentamicin Konservierungsstoff: Benzalkonium *Rezeptpflichtig*	Allergische Erscheinungen am Auge (z. B. Juckreiz, Rötungen)	**Therapeutisch zweckmäßig** bei Infektionen mit empfindlichen Problemkeimen. Enthält als Wirkstoff das Antibiotikum Gentamicin (Aminoglykosid).
Regepithel (D) Salbe Vitamin A, B_1, Calcium-Pantothenat	Keine wesentlichen zu erwarten	**Wenig zweckmäßig bei** den vom Hersteller angegebenen Anwendungsgebieten (Hornhautschäden).
Solan M (D) Augentropfen Vitamin A Konservierungsstoffe: Chlorobutanol und Borsäure	Selten allergische Erscheinungen (z. B. Juckreiz, Rötung) durch Konservierungsstoffe	**Möglicherweise zweckmäßig bei** Augenreizungen. Vitamin A hat keine spezifische Wirkung.
Sophtal-POS N (D) Augentropfen, Augenbad Salicylsäure Konservierungsstoffe: Chlorhexidin und Borsäure	Augenreizungen möglich. Selten allergische Erscheinungen (z. B. Juckreiz, Rötung) durch Konservierungsstoffe	**Möglicherweise zweckmäßig** bei den vom Hersteller angegebenen Anwendungsgebieten (z. B. Lidrandentzündung).
Spersadexolin (D) Augentropfen Dexamethason, Chloramphenicol, Tetryzolin Konservierungsstoffe: Thiomersal und Borsäure *Rezeptpflichtig*	Verminderte Abwehrkraft, insbesondere gegen Viren und Pilze, Epithelschäden am Auge, Glaukom (Erhöhung des Augeninnendrucks). Lebensgefährliche Blutschäden möglich. Möglichkeit der Allergisierung gegen Quecksilberverbindung (Thiomersal). Bei Nachlassen der Wirkung Bindehautschwellung möglich	**Abzuraten** Wenig sinnvolle Kombination von entzündungshemmendem kortisonähnlichen Mittel (Dexamethason), gefäßverengendem Inhaltsstoff (Tetryzolin) und Antibiotikum (Chloramphenicol). Chloramphenicol-haltige Mittel sollten nur kurzfristig verwendet werden und nur, wenn andere Antibiotika nicht verwendet werden können.

Präparat	Wichtigste Nebenwirkungen	Empfehlung
Terracortril N Betamethason + Gentamicin (D) Augensalbe Betamethason, Gentamicin Konservierungsstoffe: Chlorobutanol, Benzylalkohol **Terracortril N Betamethason + Gentamicin Augentropfen** (D) Betamethason, Gentamicin Konservierungsstoff: Benzalkonium *Rezeptpflichtig*	Verminderte Abwehrkraft, insbesondere gegen Viren und Pilze, Epithelschäden am Auge, Glaukom (Erhöhung des Augeninnendrucks). Gefahr der Allergisierung gegen Gentamycin und Konservierungsstoffe	**Nur zweckmäßig zur** kurzfristigen Anwendung bei Gentamicin-empfindlichen Erregern, wenn die Anwendung des Präparats unter Beobachtung eines erfahrenen Arztes erfolgt. Kombination von kortisonähnlichem Wirkstoff (Dexamethason) mit Antibiotikum (Gentamicin).
Terramycin N Gentamicinsulfat Augensalbe (D) Gentamicin **Terramycin N Gentamicinsulfat Augentropfen** (D) Gentamicin Konservierungsstoff: Benzalkonium *Rezeptpflichtig*	Allergische Erscheinungen am Auge (z. B. Juckreiz, Rötungen)	**Therapeutisch zweckmäßig** bei Infektionen mit empfindlichen Problemkeimen. Enthält als Wirkstoff das Antibiotikum Gentamicin (Aminoglykosid).
Timo-Comod (D) Augentropfen (ohne Konservierungsstoffe) Timolol **TimoEDO** (D) Augentropfen (ohne Konservierungsstoffe) Timolol *Rezeptpflichtig*	Brennen der Augen, Kopfschmerzen, Verlangsamung des Pulses, Asthmaanfälle möglich	**Therapeutisch zweckmäßig zur** Behandlung des erhöhten Augeninnendrucks (Glaukom = Grüner Star).
Timolol CV Augentropfen (D) Timolol Konservierungsstoff: Benzalkonium **Timolol Novartis** (Ö) Augentropfen Timolol Konservierungsstoff: Benzalkonium *Rezeptpflichtig*	Brennen der Augen, Kopfschmerzen, Verlangsamung des Pulses, Asthmaanfälle möglich. Selten allergische Erscheinungen (z. B. Juckreiz, Rötung) durch Konservierungsstoff	**Therapeutisch zweckmäßig zur** Behandlung des erhöhten Augeninnendrucks (Glaukom = Grüner Star). Wirkstoffgleiche Mittel ohne Konservierungsstoffe sind vorzuziehen.

Präparat	Wichtigste Nebenwirkungen	Empfehlung
Timomann (D) Augentropfen Timolol Konservierungsstoff: Benzalkonium *Rezeptpflichtig*	Brennen der Augen, Kopfschmerzen, Verlangsamung des Pulses, Asthmaanfälle möglich. Selten allergische Erscheinungen (z. B. Juckreiz, Rötung) durch Konservierungsstoff	**Therapeutisch zweckmäßig zur** Behandlung des erhöhten Augeninnendrucks (Glaukom = Grüner Star). Wirkstoffgleiche Mittel ohne Konservierungsstoffe sind vorzuziehen.
Tim-Ophtal (D/Ö) Augentropfen Konservierungsstoff: Benzalkonium **Tim-Ophtal sine** (D) Augentropfen (ohne Konservierungsstoffe) Timolol *Rezeptpflichtig*	Brennen der Augen, Kopfschmerzen, Verlangsamung des Pulses, Asthmaanfälle möglich. Selten allergische Erscheinungen (z. B. Juckreiz, Rötung) durch Konservierungsstoff	**Therapeutisch zweckmäßig zur** Behandlung des erhöhten Augeninnendrucks (Glaukom = Grüner Star). Das Mittel ohne Konservierungsstoff ist vorzuziehen.
Timoptic (Ö) Augentropfen Timolol Konservierungsstoff: Benzalkonium *Rezeptpflichtig*	Brennen der Augen, Kopfschmerzen, Verlangsamung des Pulses, Asthmaanfälle möglich. Selten allergische Erscheinungen (z. B. Juckreiz, Rötung) durch Konservierungsstoff	**Therapeutisch zweckmäßig zur** Behandlung des erhöhten Augeninnendrucks (Glaukom = Grüner Star). Wirkstoffgleiche Mittel ohne Konservierungsstoffe sind vorzuziehen.
Totocortin (D) Augentropfen Dexamethason Konservierungsstoff: Cetrimid *Rezeptpflichtig*	Verminderte Abwehrkraft, insbesondere gegen Viren und Pilze, Epithelschäden am Auge, Glaukom (Erhöhung des Augeninnendrucks). Selten allergische Erscheinungen (z. B. Juckreiz, Rötung) durch Konservierungsstoffe	**Nur zweckmäßig, wenn** die Anwendung des Präparats unter genauer Beobachtung eines erfahrenen Arztes erfolgt. Kortisonähnlicher Wirkstoff (Dexamethason).
Travatan (D/Ö) Augentropfen Travoprost Konservierungsstoff: Benzalkonium *Rezeptpflichtig*	Häufig verstärkte Durchblutung der Bindehaut (rote Augen), Reizerscheinungen am Auge (Brennen, Rötung, Jucken), auch durch allergische Reaktionen. Verfärbung von Iris, Lidern und Wimpern. Kopfschmerzen, Bluthochdruck, Herzschmerzen	**Therapeutisch zweckmäßig zur** Behandlung des erhöhten Augeninnendrucks (Glaukom = Grüner Star), nur wenn Standardmittel wie z. B. Betablocker oder Pilocarpin nicht ausreichend wirken. *Travatan* wirkt ähnlich wie *Xalatan*, ist aber weniger erprobt.
Trusopt (D/Ö) Augentropfen Dorzolamid Konservierungsstoff: Benzalkoniumm *Rezeptpflichtig*	Häufig Brennen und Stechen und allergische Erscheinungen am Auge (z. B. Juckreiz, Rötung). Geschmacksstörungen, Bindehautentzündung	**Therapeutisch zweckmäßig zur** Behandlung des erhöhten Augeninnendrucks (Glaukom = Grüner Star), wenn Standardmittel wie Betablocker oder Pilocarpin nicht ausreichend wirken. Carboanhydrasehemmer.

Präparat	Wichtigste Nebenwirkungen	Empfehlung
Ultracortenol (D/Ö) Augensalbe Prednisolon **Ultracortenol** (D/Ö) Augentropfen Prednisolon Konservierungsstoffe: Benzalkonium und Borsäure *Rezeptpflichtig*	Verminderte Abwehrkraft, insbesondere gegen Viren und Pilze, Epithelschäden am Auge, Glaukom (Erhöhung des Augeninnendrucks). Selten allergische Erscheinungen (z. B. Juckreiz, Rötung) durch Konservierungsstoffe	**Nur zweckmäßig, wenn** die Anwendung des Präparats unter genauer Beobachtung eines erfahrenen Arztes erfolgt. Kortisonähnlicher Wirkstoff (Prednisolon).
Virupos (D/Ö) Augensalbe Aciclovir *Rezeptpflichtig*	Selten leichtes Augenbrennen	**Therapeutisch zweckmäßig bei** Infektionen des Auges mit Herpes-simplex-Viren.
Visadron (D/Ö) Augentropfen Phenylephrin Konservierungsstoffe: Benzalkonium und Borsäure	Selten allergische Erscheinungen (z. B. Juckreiz, Rötung) durch Konservierungsstoffe. Bei Nachlassen der Wirkung Bindehautschwellung möglich	**Therapeutisch zweckmäßig bei** Reizzuständen des Auges (Hyperämie). Enthält ein gefäßverengendes Mittel (Phenylephrin).
Vistagan Liquifilm (D/Ö) Augentropfen Levobunolol Konservierungsstoff: Benzalkonium **Vistagan Liquifilm O.K.** (D/Ö) Augentropfen (ohne Konservierungsstoffe) Levobunolol *Rezeptpflichtig*	Brennen der Augen, Kopfschmerzen, Verlangsamung des Pulses, Asthmaanfälle möglich. Selten allergische Erscheinungen (z. B. Juckreiz, Rötung) durch Konservierungsstoff	**Therapeutisch zweckmäßig zur** Behandlung des erhöhten Augeninnendrucks (Glaukom = Grüner Star). Betablocker. Das Mittel ohne Konservierungsstoff ist vorzuziehen.
Vitafluid (D) Augentropfen Retinolpalmitat (Vit. A) **Vitagel** (D) Augengel Retinolpalmitat (Vit. A)	Keine wesentlichen zu erwarten	**Möglicherweise zweckmäßig bei** Augenreizungen. Vitamin A hat keine spezifische Wirkung.
Vitamin A-POS (D) Augensalbe Retinolpalmitat (Vit. A)	Keine wesentlichen zu erwarten	**Möglicherweise zweckmäßig bei** Augenreizungen. Vitamin A hat keine spezifische Wirkung.

Präparat	Wichtigste Nebenwirkungen	Empfehlung
Vitreolent plus (D) Augentropfen Cytochrom C, Adenosin, Nicotinamid, Hydroxypropylmethylcellulose, konserviert mit Benzalkonium	Selten allergische Erscheinungen am Auge (z. B. Juckreiz, Rötung) durch Konservierungsstoff	**Abzuraten** Nicht sinnvolle Kombination. Wird vom Hersteller gegen Grauen Star (Katarakt) empfohlen. Es gibt kein wirksames Arzneimittel gegen Grauen Star.
Vividrin akut Azelastin antiallergische Augentropfen (D/Ö) Azelastin Konservierungsstoff: Benzalkonium	Schleimhautreizungen, Müdigkeit, Geschmacksstörungen, selten allergische Reaktionen z. B. durch Konservierungsstoff	**Wenig zweckmäßig** Enthält Antihistaminikum (Azelastin) – zweifelhafte vorbeugende und therapeutische Wirksamkeit bei allergischen Entzündungen am Auge.
Vividrin antiallergische Augentropfen (D/Ö) Cromoglicinsäure Konservierungsstoff: Benzalkonium **Vividrin iso EDO antiallergische Augentropfen** (D) (ohne Konservierungsmittel) Cromoglicinsäure	Selten allergische Erscheinungen am Auge (z. B. Juckreiz, Rötung) durch Konservierungsstoff	**Therapeutisch zweckmäßig zur** Vorbeugung allergischer Erkrankungen des Auges. Das Mittel ohne Konservierungsstoff ist vorzuziehen.
Voltaren ophtha (D/Ö) Augentropfen Diclofenac Konservierungsstoff: Benzalkonium **Voltaren ophtha sine** (D/Ö) Augentropfen Diclofenac Konservierungsstoffe: Borsäure, Trometamol *Rezeptpflichtig*	Augenreizungen möglich. Selten allergische Erscheinungen am Auge (z. B. Juckreiz, Rötung) durch Konservierungsstoff	**Therapeutisch zweckmäßig zur** Behandlung von Entzündungen bei Augenoperationen.
Xalacom (D/Ö) Augentropfen Latanaprost, Timolol Konservierungsstoff: Benzalkonium *Rezeptpflichtig*	Reizerscheinungen am Auge (Brennen, Rötung), auch allergische Reaktionen (Juckreiz, Rötung). Verfärbung von Iris, Lidern und Wimpern. Herz-, Gelenk- und Muskelschmerzen. Verlangsamung des Pulses, Asthmaanfälle möglich	**Therapeutisch zweckmäßig zur** Behandlung des erhöhten Augeninnendrucks (Glaukom = Grüner Star), wenn das Standardmittel Timolol alleine nicht ausreichend wirkt. Kombination von Betablocker (Timolol) und Prostaglandin (Latanoprost).

Präparat	Wichtigste Nebenwirkungen	Empfehlung
Xalatan (D/Ö) Augentropfen Latanaprost Konservierungsstoff: Benzalkonium *Rezeptpflichtig*	Reizerscheinungen am Auge (Brennen, Rötung), auch allergische Reaktionen (Juckreiz, Rötung). Verfärbung von Iris, Lidern und Wimpern. Herz-, Gelenk- und Muskelschmerzen	**Therapeutisch zweckmäßig zur** Behandlung des erhöhten Augeninnendrucks (Glaukom = Grüner Star), nur wenn Standardmittel wie z. B. Betablocker oder Pilocarpin nicht ausreichend wirken. Prostaglandin.
Yxin (D) Augentropfen Tetryzolin Konservierungsstoffe: Benzalkonium und Borsäure	Selten allergische Erscheinungen am Auge (z. B. Juckreiz, Rötung) durch Konservierungsstoffe. Bei Nachlassen der Wirkung Bindehautschwellung möglich	**Therapeutisch zweckmäßig bei** Reizzuständen des Auges (Hyperämie). Enthält gefäßverengendes Mittel (Tetryzolin).
Zaditen ophta Augentropfen (D) Ketotifen Konservierungsstoff: Benzalkonium **Zaditen ophta sine Augentropfen** (D) (ohne Konservierungsmittel) Ketotifen *Rezeptpflichtig*	Reizerscheinungen am Auge, Erhöhung des Augeninnendrucks möglich. Müdigkeit, Kopfschmerzen. Selten allergische Erscheinungen am Auge (z. B. Juckreiz, Rötung) durch Konservierungsstoff	**Möglicherweise zweckmäßig** bei allergischen Augenreizungen. Antihistaminikum. Das Mittel ohne Konservierungsstoff ist vorzuziehen.
Zovirax (D/Ö) Augensalbe Aciclovir *Rezeptpflichtig*	Selten leichtes Augenbrennen	**Therapeutisch zweckmäßig bei** Infektionen des Auges mit Herpes-simplex-Viren.

9.1.2. Tränenersatzmittel (Filmbildner)

Klimaanlagen und auch Kontaktlinsen können trockene, schmerzhafte Augen verursachen. Trockene Augen sind außerdem eine häufige Alterserscheinung. Zur Linderung von Beschwerden werden Tränenersatzmittel verwendet, die alle gleichermaßen als zweckmäßig eingestuft werden (außer sie enthalten unnötige Beimengungen wie etwa Vitamin A):
Carbomer (enthalten z. B. in *Aqua Tears, Liposic, Thilo-Tears, Vidisic, Visc Ophtal/ -sine*), Hyaluronsäure (enthalten z. B. in *Hyla Comod*), Hydroxyethylcellulose (enthalten z. B. in *Lacrigel*), Hypromellose (enthalten z. B. in *Artelac/ -EDO, Berberil Dry Eye/ -EDO,*

Oculotect Augentropfen, Sic-Ophtal N), Povidon (enthalten z. B. in *Arufil, Lacophtal, Oculotect fluid, Protagent, Vidisept*), Polyvinylalkohol (enthalten z. B. in *Lacrimal, Liquifilm*). Kombinationen dieser Inhaltsstoffe (z. B. in *Dispatenol, Lacrisic OK, Siccaprotect*) sind ebenfalls zweckmäßig.

Von diesen Tränenersatzmitteln sind jene vorzuziehen, die keine Konservierungsmittel enthalten: *Artelac EDO, Arufil uno, Berberil EDO, Lacophtal sine, Lacrigel sine, Lacrimal OK, Lacrisic SE, Liposic EDO, Oculect sine, Oculotect fluid sine, Protagent SE, Sic Ophtal sine, Thilo-Tears SE, Vidisept EDO, Visc Ophtal sine*.

9.1.2. Tränenersatzmittel

Präparat	Wichtigste Nebenwirkungen	Empfehlung
AquaTears – Augengel (Ö) Gel zum Eintropfen Carbomer Konservierungsstoff: Benzalkonium	Selten allergische Erscheinungen am Auge (z. B. Juckreiz, Rötung) durch Konservierungsstoff	**Therapeutisch zweckmäßig als** Tränenersatzmittel.
Artelac (D/Ö) Augentropfen Hypromellose Konservierungsstoff: Cetrimid **Artelac EDO** (D/Ö) Augentropfen (ohne Konservierungsstoffe) Hypromellose	Selten allergische Erscheinungen am Auge (z. B. Juckreiz, Rötung) durch Konservierungsstoff	**Therapeutisch zweckmäßig als** Tränenersatzmittel. Das Mittel ohne Konservierungsstoff ist vorzuziehen.
Arufil (D) Augentropfen Povidon Konservierungsstoff: Benzalkonium **Arufil uno** (D) Augentropfen (ohne Konservierungsstoff) Povidon	Selten allergische Erscheinungen am Auge (z. B. Juckreiz, Rötung) durch Konservierungsstoff	**Therapeutisch zweckmäßig als** Tränenersatzmittel. Das Mittel ohne Konservierungsstoff ist vorzuziehen.

Präparat	Wichtigste Nebenwirkungen	Empfehlung
Berberil Dry Eye Augentropfen (D) Hypromellose Konservierungsstoff: Cetrimid **Berberil-EDO Augentropfen** (D) (ohne Konservierungsstoffe) Hypromellose	Selten allergische Erscheinungen am Auge (z. B. Juckreiz, Rötung) durch Konservierungsstoff	**Therapeutisch zweckmäßig als** Tränenersatzmittel. Das Mittel ohne Konservierungsstoff ist vorzuziehen.
Hylo-Comod (D) Augentropfen (ohne Konservierungsstoffe) Hyaluronsäure	Keine wesentlichen zu erwarten	**Therapeutisch zweckmäßig als** Tränenersatzmittel.
Lacophtal (D) Augentropfen Povidon Konservierungsstoff: Cetrimid **Lacophtal sine** (D) Augentropfen Povidon Konservierungsstoff: Borsäure	Selten allergische Erscheinungen am Auge (z. B. Juckreiz, Rötung) durch Konservierungsstoffe	**Therapeutisch zweckmäßig als** Tränenersatzmittel.
Lacrigel (D) Augentropfen Hydroxyethylzellulose (Hyetellose) Konservierungsstoff: Benzalkonium **Lacrigel sine** (D) Augentropfen (ohne Konservierungsstoffe) Hydroxyethylzellulose (Hyetellose)	Selten allergische Erscheinungen am Auge (z. B. Juckreiz, Rötung) durch Konservierungsstoff	**Therapeutisch zweckmäßig als** Tränenersatzmittel. Das Mittel ohne Konservierungsstoff ist vorzuziehen.
Lacrimal O.K. (D) Augentropfen Povidon, Polyvinylalkohol	Keine wesentlichen zu erwarten	**Therapeutisch zweckmäßig als** Tränenersatzmittel.

Präparat	Wichtigste Nebenwirkungen	Empfehlung
Lacrisic Augentropfen (D) Hypromellose, Povidon, Glycerol Konservierungsstoff: Benzalkonium **Lacrisic SE Augentropfen** (D) (ohne Konservierungsstoffe) Hypromellose, Povidon, Glycerol	Selten allergische Erscheinungen am Auge (z. B. Juckreiz, Rötung) durch Konservierungsstoff	**Therapeutisch zweckmäßig als** Tränenersatzmittel. Mittel ohne Konservierungsstoff sind vorzuziehen.
Liposic (D) Augengel Carbomer Konservierungsstoff: Cetrimid **Liposic EDO** (D) Augengel (ohne Konservierungsstoffe) Carbomer	Selten allergische Erscheinungen am Auge (z. B. Juckreiz, Rötung) durch Konservierungsstoff	**Therapeutisch zweckmäßig als** Tränenersatzmittel. Mittel ohne Konservierungsstoff sind vorzuziehen.
Liquifilm N (D) Augentropfen Polyvinylalkohol Konservierungsstoff: Benzalkonium	Selten allergische Erscheinungen am Auge (z. B. Juckreiz, Rötung) durch Konservierungsstoff	**Therapeutisch zweckmäßig als** Tränenersatzmittel.
Oculotect sine (D) Augentropfen Vitamin A Hilfsstoff: Hypromellose Konservierungsstoff: Borsäure	Selten allergische Erscheinungen am Auge (z. B. Juckreiz, Rötung)	**Wenig zweckmäßig als** Tränenersatzmittel. Die Beimengung von Vitamin A ist überflüssig.
Oculotect fluid (D/Ö) Augentropfen Povidon Konservierungsstoffe: Benzalkonium und Borsäure **Oculotect fluid sine** (D) Augentropfen in Einmalpipetten Povidon Konservierungsstoff: Borsäure	Selten allergische Erscheinungen am Auge (z. B. Juckreiz, Rötung) durch Konservierungsmittel	**Therapeutisch zweckmäßig als** Tränenersatzmittel. Mittel ohne Konservierungsstoffe sind vorzuziehen.

Präparat	Wichtigste Nebenwirkungen	Empfehlung
Protagent (D/Ö) Augentropfen Povidon Konservierungsstoffe: Benzalkonium und Borsäure **Protagent SE** (D/Ö) Augentropfen in Einmaldosen Povidon Konservierungsstoff: Borsäure	Selten allergische Erscheinungen am Auge (z. B. Juckreiz, Rötung) durch Konservierungsstoff	**Therapeutisch zweckmäßig als** Tränenersatzmittel. Mittel ohne Konservierungsstoffe sind vorzuziehen.
Siccaprotect (D/Ö) Augentropfen Polyvinylalkohol, Dexpanthenol Konservierungsstoff: Benzalkonium	Selten allergische Erscheinungen am Auge (z. B. Juckreiz, Rötung) durch Konservierungsstoff	**Therapeutisch zweckmäßig als** Tränenersatzmittel. Wirksamkeit von Dexpanthenol ist zweifelhaft. Mittel ohne Konservierungsstoffe sind vorzuziehen.
Sic-Ophtal N (D) Augentropfen Hypromellose Konservierungsstoff: Cetrimid **Sic-Ophtal sine** (D) Augentropfen in Einmalpipetten (ohne Konservierungsstoffe) Hypromellose	Selten allergische Erscheinungen am Auge (z. B. Juckreiz, Rötung) durch Konservierungsstoff	**Therapeutisch zweckmäßig als** Tränenersatzmittel. Das Mittel ohne Konservierungsstoff ist vorzuziehen.
Thilo-Tears Gel (D) Carbomer Konservierungsstoff: Benzalkonium **Thilo-Tears SE** (D) Gel in Einmaldosen (ohne Konservierungsstoffe) Carbomer	Selten allergische Erscheinungen am Auge (z. B. Juckreiz, Rötung) durch Konservierungsstoff	**Therapeutisch zweckmäßig als** Tränenersatzmittel. Das Mittel ohne Konservierungsstoff ist vorzuziehen.
Vidisept (D) Augentropfen Povidon Konservierungsstoff: Cetrimid **Vidisept EDO** (D) Augentropfen Povidon Konservierungsstoff: Borsäure	Selten allergische Erscheinungen am Auge (z. B. Juckreiz, Rötung) durch Konservierungsstoff	**Therapeutisch zweckmäßig als** Tränenersatzmittel. Mittel ohne Konservierungsstoffe sind vorzuziehen.

Präparat	Wichtigste Nebenwirkungen	Empfehlung
Vidisic (D/Ö) Augengel Carbomer Konservierungsstoff: Cetrimid	Selten allergische Erscheinungen am Auge (z. B. Juckreiz, Rötung) durch Konservierungsstoff	**Therapeutisch zweckmäßig als** Tränenersatzmittel. Mittel ohne Konservierungsstoffe sind vorzuziehen.
Visc-Ophtal (D) Augengel Carbomer Konservierungsstoff: Cetrimid **Visc-Ophtal sine** (D) Augengel (ohne Konservierungsstoffe) Carbomer	Selten allergische Erscheinungen am Auge (z. B. Juckreiz, Rötung) durch Konservierungsstoff	**Therapeutisch zweckmäßig als** Tränenersatzmittel. Das Mittel ohne Konservierungsstoff ist vorzuziehen.

9.2. Ohrenmittel

Anzeichen für Ohrenleiden sind Schmerzen, teilweiser Hörverlust, eitriger Ausfluss, Fieber etc. Als Folge zunehmender und andauernder Lärmbelastung in Beruf und Freizeit nehmen bleibende Hörschäden erheblich zu.
Bei den Ohrenerkrankungen unterscheidet man zwischen Erkrankungen der äußeren Ohren, Mittelohrentzündungen und Erkrankungen des Innenohrs.

Erkrankungen des äußeren Ohres (Otitis Externa)

Zum äußeren Ohr gehören Ohrmuschel und Gehörgang.
Eine häufige Ursache von äußeren Gehörgangsentzündungen ist die Verwendung von Wattestäbchen zur Ohrreinigung, weil damit der schützende Fettfilm beseitigt wird.

Die *Behandlung* von Hautentzündungen des äußeren Ohres umfasst:
- Reinigung der Haut
- Verringerung von Schwellungen
- Behandlung der Infektion
- Verhinderung weiterer Infektionen (Verhinderung des Kratzens oder Reibens am Ohr).

Medikamente bei Erkrankungen des äußeren Gehörganges sind hauptsächlich Substanzen zur Behandlung von Hautentzündungen (lokal

anwendbare Antibiotika und Glukokortikoide). Antibiotika-haltige Tropfen sollten nur als Einzelsubstanzen und nicht länger als maximal eine Woche angewendet werden. Bei langer Anwendung besteht die Gefahr von Pilzinfektionen. Manche Antibiotika können allergische Hautreaktionen auslösen (z. B. Mittel, die Neomycin enthalten).
Nur in Ausnahmefällen können Kombinationen von Antibiotika mit Glukokortikoiden sinnvoll sein (z. B. *Betnesol N, Otosporin*).

Wichtig: »Eine Behandlung der Otitis externa mit Ohrentropfen ist in der Regel nicht angezeigt!«, warnt das »Deutsche Ärzteblatt«.

Mittelohrentzündungen (Otitis Media)

Die Mittelohrentzündung ist eine der häufigsten Infektionen bei Kindern. In einer großen Studie wurde festgestellt, dass etwa zwei Drittel aller Dreijährigen diese Krankheit mindestens einmal gehabt hatten. Häufig treten Mittelohrentzündungen zusammen mit Nasen- und Rachenerkrankungen auf. Ursachen der Mittelohrentzündung sind Infektionen mit Bakterien und Viren.
Achtung: Passivrauchen begünstigt bei Kleinkindern Infektionen der oberen Atemwege und damit das Risiko von akuten Mittelohrentzündungen.
Kinder mit körperlicher Behinderung (gespaltenem Gaumen oder Lippe), geistiger Behinderung oder Kinder aus unteren sozialen Schichten laufen nach Ansicht einer amerikanischen Fachzeitschrift große Gefahr, dass bei ihnen Mittelohrentzündungen nicht diagnostiziert und behandelt werden. Das kann schwerwiegende Folgen auf den Erwerb sprachlicher und schulischer Fähigkeiten haben und zu scheuem, zurückgezogenem Verhalten führen.

Die Therapie der verschiedenen Formen von Mittelohrentzündungen umfasst:
- Behandlung der Infektion
- Belüftung des Mittelohrs
- Wiederherstellung der normalen Funktion der Ohrtrompete.

Akute Mittelohrentzündung

Die häufigsten Symptome dieser Erkrankung sind scharfe, stechende Schmerzen, verursacht durch Druckänderung im Mittelohr bei Verschluss der Ohrtuben (= Ohrtrompeten), sowie Verlust des Hörvermögens, Fieber und Unwohlsein.

Behandlung

Die routinemäßige Verordnung von oralen (durch den Mund eingenommenen) Antibiotika ist umstritten. In Holland wird beispielsweise nur jedes dritte Kind mit Antibiotika behandelt, ohne dass sich deshalb auffällige Nachteile ergeben. Empfehlenswert ist die Einnahme von Antibiotika jedoch bei Kindern unter zwei Jahren – wegen erhöhter Gefährdung durch Schwerhörigkeit – und bei eitrigem Trommelfell.

Allein die Einnahme von Schmerzmitteln wie Paracetamol (enthalten z. B. in *Ben-u-ron*) und abschwellenden Nasentropfen (z. B. *Nasivin*) – ohne Antibiotikatherapie – führt in 90 Prozent aller Fälle innerhalb von drei Tagen zu einem Abklingen der Ohrenschmerzen und zu einer Heilung. Die abschwellenden Nasentropfen bewirken, dass die »Tube« (Verbindungsgang zwischen Mittelohr und Nase) wieder durchgängig und das Mittelohr »belüftet« wird.

Die Beinträchtigung des Hörvermögens kann allerdings mehrere Wochen andauern – egal ob mit oder ohne Antibiotika behandelt wird.

Fachleute empfehlen als beste antibiotische Substanz Breitspektrumpenicilline (siehe Kapitel 10.1.: Mittel gegen bakterielle Infektionen).

Das Berliner »Arzneimittel-Kursbuch« bewertet Ohrentropfen mit Antibiotika (z. B. *Panotile Cipro*, *Polyspectran HC*), kortisonähnlichen Wirkstoffen (z. B. *Otobacid N, Otosporin, Polyspectran HC*) oder Schmerzmitteln (z. B. *Otalgan*) als nutzlos. Und das »Deutsche Ärzteblatt« warnt: »Eine Behandlung der akuten Mittelohrentzündung mit handelsüblichen Ohrentropfen ist nicht angezeigt!«

Chronische Mittelohrentzündung

Diese Erkrankung tritt am häufigsten bei Kleinkindern auf und wird verursacht durch:

- falsche Behandlung einer akuten Mittelohrentzündung,
- immer wiederkehrende Infektion der oberen Atemwege, durch Bakterien oder Viren verursacht, in Zusammenhang mit einer nicht funktionierenden Ohrtrompete (= Verbindung zwischen Ohr und Nase).

Mit zunehmendem Alter steigt die Chance, dass chronische Mittelohrentzündungen bei Kindern von selbst heilen – ab dem 6. Lebensjahr praktisch immer.

Es gibt derzeit keine anerkannte Standardbehandlung bei chronischer Mittelohrentzündung. Meist wird zunächst ein Breitspektrum-

penicillin oder eine Trimethoprim-Sulfonamid-Kombination (siehe Tabelle 10.1.4) zum Schlucken verordnet.
Chronische Mittelohrentzündungen, bei denen Medikamente keine Wirkung zeigen, sollten unter Umständen operativ behandelt werden.

Sonstige Ohrenmittel

Die amerikanische Apothekervereinigung rät ab von der Anwendung mechanischer Reinigungsmittel (z. B. *Wattestäbchen*), weil dadurch die normale Reinigungstätigkeit des Ohres beeinträchtigt wird und häufig Gehörgangsentzündungen entstehen.
Örtlich wirkende Schmerzmittel (enthalten z. B. in *Otalgan*, *Otobacid N*) werden von der amerikanischen Gesundheitsbehörde FDA weder als wirksam noch als sicher bezeichnet. Sie können allergische Reaktionen auslösen und sollten in Ohrentropfen nicht verwendet werden.
Wenn Schmerzmittel notwendig sind, dann sollten Tabletten oder Zäpfchen genommen werden (siehe Kapitel 1.1.: Schmerz- und fiebersenkende Mittel).

Mittel bei Ohrschmalzpfropfen

Zum Aufweichen von verhärteten Ohrschmalzpfropfen sind Mittel wie *Cerumenex* oder *Otowaxol* sinnvoll. Denselben Zweck erfüllt auch ins Ohr eingeträufeltes Olivenöl.

Homöopathische Mittel

Im deutschsprachigen Raum greifen Patienten zunehmend häufiger zu homöopathischen Mitteln gegen Ohrbeschwerden – zum Beispiel zu *Otovowen*, das gegen verschiedenste Erkrankungen empfohlen wird: Mittelohrentzündung, Mittelohreiterung, Ohrensausen etc.
Es gibt bis jetzt keinen überzeugenden Nachweis für eine therapeutische Wirksamkeit von *Otovowen*. Viele Ohrenerkrankungen heilen ohnedies spontan – egal, ob ein Antibiotikum oder ein homöopathisches Medikament verwendet wird. Der Vorteil von homöopathischen Medikamenten besteht darin, dass keine Nebenwirkungen zu erwarten sind.
Auf keinen Fall sollte man bei Säuglingen und Kindern mit Ohrenerkrankungen allein auf die Wirkung homöopathischer Mittel vertrauen, ohne dass ein Arzt vorher die Ursache der Erkrankung genau abgeklärt hat.

9.2. Ohrenmittel (mit Antibiotika und/oder Glukokortikoiden)

Präparat	Wichtigste Nebenwirkungen	Empfehlung
Betnesol (Ö) A-O-N-Tropfen Betamethason Konservierungsstoff: Benzalkonium *Rezeptpflichtig*	Erhöhte Infektionsgefahr, insbesondere für Pilze und Bakterien. Allergisierung gegen Konservierungsstoff möglich	**Therapeutisch zweckmäßig zur** kurzfristigen Behandlung von Ekzemen des äußeren Gehörganges. Enthält kortisonähnlichen Wirkstoff (Betamethason).
Betnesol N (Ö) A-O-N-Tropfen Betamethason, Neomycin Konservierungsstoff: Benzalkonium *Rezeptpflichtig*	Erhöhte Infektionsgefahr, insbesondere für Pilze und Bakterien. Relativ großes Risko der Allergisierung auf Neomycin. Hör- und Gleichgewichtsstörungen möglich	**Abzuraten** Vertretbar nur in begründeten Ausnahmefällen bei bakteriellen Entzündungen des äußeren Gehörganges mit starken Schwellungen. Kombination eines kortisonähnlichen Wirkstoffs (Betamethason) mit einem bedenklichen Antibiotikum (Neomycin).
Cerumenex N (D) Tropfen Ölsäure-Polypeptid-Kondensat, Propylenglycol	Keine wesentlichen zu erwarten	**Nur zweckmäßig zur** Aufweichung von verhärteten Pfropfen aus Ohrenschmalz.
Otalgan (D) Ohrentropfen Phenazon, Procain, Glycerol	Relativ häufig allergische Erscheinungen (z. B. Juckreiz)	**Abzuraten** bei akuter Mittelohrentzündung. Wenig sinnvolle Kombination von örtlich angewendetem Schmerzmittel (Phenazon) mit einem örtlich wirkenden Betäubungsmittel (Procain).
Otalgan (Ö) Ohrentropfen Phenazon, Lidocain, Glycerin *Rezeptpflichtig*	Allergische Erscheinungen (z. B. Juckreiz)	**Abzuraten** bei akuter Mittelohrentzündung. Wenig sinnvolle Kombination von örtlich angewendetem Schmerzmittel (Phenazon) mit einem örtlich wirkenden Betäubungsmittel (Lidocain).
Otobacid N (D) Ohrentropfen Dexamethason, Cinchocain, Butandiol *Rezeptpflichtig*	Erhöhte Infektionsgefahr, insbesondere für Pilze und Bakterien. Allergisierung gegen Lokalanästhetikum möglich	**Abzuraten** bei Gehörgangekzem und akuter Mittelohrentzündung. Nicht sinnvolle Kombination von kortisonähnlichem Wirkstoff (Dexamethason) mit örtlich wirksamem Betäubungsmittel (Cinchocain).

Präparat	Wichtigste Nebenwirkungen	Empfehlung
Otosporin (Ö) Suspension Polymyxin-B, Neomycin, Hydrokortison *Rezeptpflichtig*	Erhöhte Infektionsgefahr, insbesondere für Pilze. Relativ großes Risiko der Allergisierung auf Neomycin. Hör- und Gleichgewichtsstörungen möglich	**Abzuraten** Vertretbar nur in begründeten Ausnahmefällen bei bakteriellen Entzündungen des äußeren Gehörganges mit starken Schwellungen, bis der Erreger identifiziert ist. Kombination von kortisonähnlichem Wirkstoff (Hydrokortison) mit bedenklichen Antibiotika.
Otovowen (D) Tropfen Urtinkur aus Kamille und Purpursonnenhut (Echinacea), homöopathische Verdünnungen	Allergische Hautreaktionen. Vorsicht bei Schilddrüsenerkrankungen und Jodüberempfindlichkeit	**Homöopathisches Mittel** Abzuraten bei den vom Hersteller angegebenen Anwendungsgebieten wie z. B. Mittelohrentzündung. Seltene, aber schwere Nebenwirkungen möglich. Therapeutische Wirksamkeit zweifelhaft.
Otowaxol (D) Lösung Docusat, Alkohol, Glycerol	Keine wesentlichen zu erwarten	**Nur zweckmäßig zur** Aufweichung von verhärteten Pfropfen aus Ohrenschmalz.
Panotile Cipro (D) Ohrentropfen Ciprofloxacin *Rezeptpflichtig*	Kopfschmerzen, Schwindel, allergische Reaktionen mit Juckreiz und Brennen.	**Abzuraten** bei den vom Hersteller angegebenen Anwendungsgebieten wie z. B. Mittelohrentzündung. Vertretbar nur in begründeten Ausnahmefällen bei bakteriellen Entzündungen des äußeren Gehörganges. Enthält wirksames Antibiotikum (Ciprofloxacin).
Polyspectran HC (D) Salbe Polymyxin-B, Bacitracin, Hydrokortison *Rezeptpflichtig*	Erhöhte Infektionsgefahr, insbesondere für Pilze. Hör- und Gleichgewichtsstörungen möglich	**Abzuraten** Vertretbar nur in begründeten Ausnahmefällen bei bakteriellen Entzündungen des äußeren Gehörganges mit starken Schwellungen, bis der Erreger identifiziert ist. Kombination von kortisonähnlichem Wirkstoff (Hydrokortison) mit Antibiotika.

10. Kapitel: **Infektionen**

Das Ansehen der Schulmedizin beruht sicherlich zu einem großen Teil auf der Entwicklung und Verwendung wirksamer Mittel gegen Infektionen mit Bakterien (Antibiotika und Chemotherapeutika) und Arzneimitteln zur Verhinderung von Virusinfektionen (Impfungen).
Häufige infektionsbedingte Todesursachen in Deutschland sind Lungenentzündung (geschätzt 4.000 bis 8.000 Tote pro Jahr), echte Grippe, Hepatitis B und C (zusammen etwa 3.800 Tote pro Jahr), Tuberkulose (etwa 1.000 Tote pro Jahr) und AIDS (etwa 600 Tote pro Jahr).
Gemessen an der Zahl der Packungen gehören Mittel gegen Infektionen nicht mehr zu den am häufigsten verschriebenen Medikamenten – in Deutschland waren es im Jahr 2000 im niedergelassenen Bereich etwa 67 Millionen, in Österreich etwa 5 Millionen.

Ursache von Infektionen

Infektionen können von folgenden Mikroorganismen ausgelöst werden:
- Viren (eine typische Viruserkrankung ist die Grippe)
- Bakterien
- Pilze (typische Erkrankung: Fußpilz, Soor)
- Protozoen (typische Protozoen-Erkrankungen sind Malaria und Trichomonaden)
- Würmer (hauptsächlich Eingeweidewürmer)
- Prionen

Viele dieser Mikroorganismen befinden sich ständig im Körper und auf der Haut, ohne eine Infektion auszulösen.
Der Körper des Menschen verfügt über zwei besondere Mechanismen, um mit krankheitsverursachenden Erregern fertig zu werden:
1. *Unspezifische Abwehr:* Dazu gehören verschiedene Milch- und Fettsäuren in Schweiß und Talg; Tränen, Speichel und Urin, die bakterientötende Bestandteile enthalten; die Haut selbst, die fremden Organismen den Zutritt zum Körper verwehrt; und verschiedene Abwehrzellen im Körper (Granulozyten, Makrophagen und andere). Die unspezifische Abwehr richtet sich allgemein gegen Fremdstoffe und wird sehr schnell wirksam. Fieber oder Entzündung von Gewebe sind z. B. solche Abwehrmechanismen. Bei der unspezifischen Abwehr treten in vermehrtem Maße weiße Blutkörperchen aus der Blutbahn aus und fressen die eindringenden Erreger auf. In größerem Ausmaß werden diese Reaktionen als Eiter sichtbar.

2. *Spezifische Abwehr:* Sie setzt langsamer ein als die unspezifische Abwehr. Der Körper beginnt Stoffe zu entwickeln, die ganz gezielt gegen Eindringlinge wirken. Wenn der Körper einmal gelernt hat, sich gegen eine bestimmte Art von Krankheitserregern zu wehren, reagiert er beim nächsten Mal wesentlich schneller. Diese spezifische Infektionsabwehr stellt oft einen lebenslangen Schutz dar (Immunität).

Von den spezifischen und unspezifischen Abwehrkräften des Körpers hängt es ab, ob die eindringenden Erreger überhaupt die Möglichkeit haben, eine Krankheit zu verursachen. Ist die Abwehrlage eines Menschen – z. B. aufgrund von schlechter Ernährung, schlechtem allgemeinen Gesundheitszustand, Einnahme bestimmter Medikamente wie Glukokortikoiden (siehe Kapitel 7) – geschwächt, dann ist der Körper relativ ungeschützt gegen Krankheitserreger.

Die medikamentöse Therapie gegen Bakterien ist am weitesten entwickelt. Gegen Viren gibt es bis jetzt nur wenige wirksame Substanzen, aussichtsreicher als eine chemische Therapie ist der vorbeugende Schutz (Impfungen).

Eine Therapie mit chemischen Substanzen (Antibiotika etc.) kann die körpereigene Abwehr nicht ersetzen, sondern nur unterstützen. Die chemischen Substanzen können die eindringenden Krankheitserreger im Wachstum hemmen oder abtöten, die Beseitigung der toten Bakterien muss der Körper durchführen.

Welche Medikamente gegen Infektionen?

Eine medikamentöse Behandlung ist nur dann zielführend, wenn die Substanz auch imstande ist, den Krankheitserreger wirksam zu bekämpfen. Mittel gegen Bakterien sind z. B. unwirksam gegen Viren. Deshalb ist es notwendig, vor Beginn einer Therapie gegen Infektionen möglichst genau die Art des Erregers festzustellen. Das kann entweder durch Laboruntersuchung (von Blut, Urin etc.) geschehen oder anhand von Erfahrungswerten vermutet werden. In den Lehrbüchern wird empfohlen, auf alle Fälle – auch wenn mit der Therapie sofort begonnen werden muss – vor Beginn einer Behandlung Material für Laborproben zur Feststellung des Erregers zu entnehmen. In der Praxis ist das oft nicht durchführbar.

Ein großes Problem bei der medikamentösen Behandlung von Infektionen besteht darin, dass es nicht nur verschiedene Erregergattungen (Pilze, Bakterien etc.) gibt, sondern innerhalb jeder Gattung wieder unzählige Arten. Kein Medikament ist jedoch gegen alle Erregerarten wirksam. Ein Antibiotikum, das gegen relativ viele verschiedene

Bakterienarten wirkt, bezeichnet man als Breitspektrum-Antibiotikum.
Der Vorteil von Breitspektrum-Medikamenten besteht darin, dass der Arzt auch ohne Laboruntersuchung eine gewisse Sicherheit haben kann, den spezifischen Krankheitserreger erfolgreich zu bekämpfen. Vergleichbar ist diese Art des Vorgehens etwa mit einem Jäger, der versucht, einen Vogel abzuschießen. Mit Schrot (Breitspektrum) hat er eine größere Chance als mit einer einzelnen Kugel. Der Nachteil: Schrotschüsse treffen nicht nur das gewünschte Ziel, sondern auch die Umgebung.
Die Auswahl eines Medikaments hängt allerdings nicht nur vom Wirkungsspektrum, sondern auch von einer Reihe weiterer Faktoren ab: von den Nebenwirkungen, wie schnell die Substanz vom Körper ausgeschieden wird, ob die Substanz in genügender Menge an den Ort der Infektion gelangt etc.

Antibiotika – Beruhigungsmittel des Arztes?

Relativ übereinstimmend wird in der medizinischen Fachliteratur die Meinung vertreten, dass Antibiotika viel zu häufig verschrieben werden. »In der kinderärztlichen Praxis erhalten z. B. mehr als die Hälfte der Patienten mit Atemwegsinfektionen (Erkältungskrankheiten, siehe Kapitel 4: Grippe, Erkältung) Antibiotika, obwohl bekannt ist, dass etwa 90 Prozent aller akuten Atemwegsinfektionen durch Viren hervorgerufen werden.« Antibiotika sind jedoch gegen Viren unwirksam. Einer der bekanntesten Antibiotika-Fachleute, Professor F. Daschner von der Universität Freiburg, benennt folgende Ursache für diese falschen Verschreibungen:

- »Mit Ausnahme der Spezialisten (ist) heute kein Arzt mehr in der Lage, die Fülle antibiotisch wirksamer Substanzen zu überblicken oder gar deren zum Teil nur geringe Unterschiede zu beurteilen.«
- Hinzu kommt, »dass uns eine generalstabsmäßig geplante Werbung geradezu erdrückt und nicht immer die Information bietet, die nötig wäre, Antibiotika richtig … einzusetzen«.

An den Statistiken über den Verbrauch von Antibiotika zeigt sich, dass niedergelassene Ärzte in den letzten Jahren zunehmend häufiger stärker wirkende Antibiotika verschreiben. Zum Beispiel ist innerhalb der letzten Jahre die Zahl der jährlich verwendeten Cephalosporine (siehe Tabelle 10.1.3.), Makrolide (siehe Tabelle 10.1.6.) und Gyrasehemmer (siehe Tabelle 10.1.7.) stark angestiegen.

Folgen der unnötigen Antibiotika-Verschreibungen

Nebenwirkungen: Mittel gegen Infektionen sind zwar sehr wirksam, jedoch nicht ungefährlich. Sie können schwerwiegende unerwünschte Wirkungen verursachen.
Etwa jeder zwölfte mit Antibiotika behandelte Patient ist davon betroffen. Am häufigsten zeigen sich Nebenwirkungen auf der Haut (allergische Reaktionen) und im Magen-Darm-Bereich (Durchfall etc.). Manche Antibiotika können jedoch auch Leber, Blut, Nieren und Gehör schädigen.
Resistenz: Krankheitserreger verfügen über erstaunliche Fähigkeiten: Sie sind imstande zu lernen und Abwehrmaßnahmen gegen Antibiotika zu entwickeln. Dadurch können sie »unverwundbar« werden. Wenn Krankheitserreger einmal »im Kampf gegen ein Antibiotikum« diese Fähigkeit erworben haben, dann kann sie durch Zellteilung weitervererbt und sogar durch Kontakt auf andere Erreger übertragen werden.
In diesem Fall kann es passieren, dass ein bislang wirksames Antibiotikum gegen bestimmte Erreger plötzlich nicht mehr wirkt. Die Gefahr der Entwicklung solcher Resistenzen erhöht sich, je häufiger Antibiotika verwendet werden. Als Brutstätten von Antibiotika-Resistenzen gelten sowohl Krankenhäuser, vor allem Intensivstationen – weil hier besonders viele Antibiotika verwendet werden –, als auch die Tiermast mithilfe von Antibiotika.
Wegen der Gefahr der Entwicklung resistenter Keime und ihrer Übertragung auf den Menschen wurde beispielsweise im April 1997 das in der Tiermast verwendete Antibiotikum *Avoparcin* verboten.
Ein besonderes Problem stellen die so genannten »multiresistenten Keime« dar – das sind Bakterienstämme, die gleichzeitig gegen mehrere verschiedene Antibiotika unverwundbar geworden sind. Schuld für die Zunahme solcher multiresistenter Keime sind das generell steigende Lebensalter von Patienten, die Unterdrückung der Immunabwehr bei Transplantationspatienten und die intensive Therapie bei Frühgeborenen und Verbrennungsopfern.
In einem in der Fachzeitschrift »Infektionsepidemiologische Forschung« veröffentlichten Aufruf kritisierten einige der angesehensten deutschen Ärzte die hohe Zahl von Krankenhauspatienten, die durch den Aufenthalt an einer Infektion erkranken und in der Folge sogar daran sterben.

10.1. Mittel gegen bakterielle Infektionen (Antibiotika)

Jeder Mensch erkrankt im Laufe seines Lebens an Infektionen, die durch Bakterien verursacht werden. Bakterien kommen überall auf der Erde in unzähligen Arten vor. Nicht alle verursachen jedoch Krankheiten.
Krankheitsverursachende Bakterien können durch die körpereigene Abwehr (siehe die Einleitung zu diesem Kapitel) und/oder unterstützend durch Antibiotika bekämpft werden. In der Medizin werden Dutzende von unterschiedlich wirkenden antibiotischen Substanzen verwendet – häufig jedoch ohne ausreichende medizinische Begründung. Die Folge dieser unsachgemäßen Verschreibungen sind:
– unnötige Belastungen des Patienten durch Nebenwirkungen,
– unnötige Kosten der Sozialversicherungen,
– und langfristig das Unwirksamwerden von Antibiotika gegenüber krankheitsverursachenden Keimen (Resistenzentwicklung).

Antibiotika bei Fieber?

Fieber ist ein Krankheitssymptom, das verschiedene Ursachen haben kann (z. B. Virusinfektion, Bakterieninfektion, Nebenwirkung von Medikamenten). Nur dann, wenn eine Infektion durch Bakterien verursacht ist, ist eine Antibiotika-Therapie sinnvoll. Akute Erkrankungen der Atemwege (Schnupfen, Kehlkopfentzündung, Bronchitis etc.) werden fast immer durch Viren ausgelöst. Antibiotika sind in solchen Fällen wertlos.

Die wichtigsten antibakteriell wirkenden Substanzen

Die in der Medizin verwendeten antibakteriellen Substanzen unterscheiden sich – zum Teil beträchtlich – nach Art der Wirkung, Nebenwirkungen, Dauer der Wirkung im Körper etc. Je nachdem, ob ein Antibiotikum gegen wenige oder viele verschiedene Bakterien wirksam ist, spricht man von einem Schmal- oder Breitspektrum-Antibiotikum.

Die wichtigsten antibakteriellen Substanzen sind:
– Penicilline mit schmalem Wirkungsspektrum (Penicillin G und V)
– Penicilline mit breitem Wirkungsspektrum (Ampicillin u. a.)
– Cephalosporine
– Trimethoprim und Sulfonamid-Kombinationen
– Tetrazykline
– Makrolide

- Aminoglykoside
- Gyrasehemmer

Unbedingt beachten:

- Dosierungsvorschriften sollen genau eingehalten werden.
- Antibiotika auf alle Fälle so lange einnehmen, wie vom Arzt verschrieben. Keinesfalls Therapie absetzen, weil die Krankheitssymptome verschwinden.
- Nicht vollständig aufgebrauchte Packungen nicht an andere weitergeben oder selbst in einem »ähnlichen« Krankheitsfall wieder verwenden.

Welches Antibiotikum?

Um zu entscheiden, welches Antibiotikum für eine Therapie am sinnvollsten ist, muss der Arzt – zumindest annähernd, am besten jedoch durch Laborbefunde – die für die Infektion verantwortlichen Krankheitserreger bestimmen. Erst dann kann – unter Abwägung der Wirkungen und Nebenwirkungen – entschieden werden, welches das geeignete Medikament ist. Die Empfehlungen dafür unterscheiden sich in der Literatur zum Teil beträchtlich. Je nach Erfahrung und medizinischer Schule werden Ärzte deshalb unter Umständen zu verschiedenen Entscheidungen kommen.

10.1.1. Penicilline mit schmalem Wirkungsspektrum

Penicilline hemmen das Wachstum der Bakterienzellwand. Penicillin, das in Form von Tabletten eingenommen werden kann, hat die Bezeichnung V (= Phenoxymethylpenicillin), Penicillin, das injiziert wird, die Bezeichnung G (= Benzylpenicillin). Weitere Penicilline sind Propicillin und Flucloxacillin. Penicilline sind aufgrund ihrer Wirkungsweise relativ gut verträglich für den Körper. Deshalb können sie auch Säuglingen und Schwangeren verabreicht werden. Die Anwendung von Penicillinen ist nur dann gefährlich, wenn jemand eine spezifische Abwehrreaktion (Penicillinallergie) entwickelt hat.

Wichtigste Nebenwirkungen

Überempfindlichkeit (Hautausschlag, Hautjucken). In seltenen Fällen kann es zu bedrohlichen Reaktionen mit Blutdruckabfall, Atemstörungen und Kollaps kommen. Daher sollten Patienten mit bekannter Penicillinallergie solche Mittel nicht verwenden.

10.1.1. Penicilline mit schmalem Wirkungsspektrum

Präparat	Wichtigste Nebenwirkungen	Empfehlung
Arcasin (D) Filmtabl., Saft, Trockensaft Phenoxymethylpenicillin (Penicillin V) *Rezeptpflichtig*	Überempfindlichkeit (Allergien, z. B. Hautausschläge)	**Therapeutisch zweckmäßig bei** Infektionen mit Penicillin-empfindlichen Krankheitserregern, wie z. B. bei Angina, Scharlach, Lungenentzündung, Zahninfektionen, Lues und Gonorrhoe. Standardpenicillin zum Einnehmen.
Baycillin Mega (D) Filmtabl. Propicillin *Rezeptpflichtig*	Überempfindlichkeit (Allergien, z. B. Hautausschläge)	**Therapeutisch zweckmäßig bei** Infektionen mit Penicillin-empfindlichen Krankheitserregern, wie z. B. bei Angina, Scharlach, Lungenentzündung, Zahninfektionen, Lues und Gonorrhoe.
Floxapen (Ö) Kaps., Trockenstechampullen Flucloxacillin *Rezeptpflichtig*	Überempfindlichkeit (Allergien, z. B. Hautausschläge), Leberschäden	**Therapeutisch zweckmäßig nur** bei leichten Infektionen mit Flucloxacillin-empfindlichen penicillinasebildenden Staphylokokken. Spezialpenicillin.
InfectoBicillin Saft (D) Saft Phenoxymethylpenicillin (Penicillin V) *Rezeptpflichtig*	Überempfindlichkeit (Allergien, z. B. Hautausschläge)	**Therapeutisch zweckmäßig bei** Infektionen mit Penicillin-empfindlichen Krankheitserregern, wie z. B. bei Angina, Scharlach, Lungenentzündung, Zahninfektionen, Lues und Gonorrhoe. Standardpenicillin zum Einnehmen.
Infectocillin Tabletten (D) Tabl., Mega Tabl. **Infectocillin Saft** (D) Saft Phenoxymethylpenicillin (Penicillin V) *Rezeptpflichtig*	Überempfindlichkeit (Allergien, z. B. Hautausschläge)	**Therapeutisch zweckmäßig bei** Infektionen mit Penicillin-empfindlichen Krankheitserregern, wie z. B. bei Angina, Scharlach, Lungenentzündung, Zahninfektionen, Lues und Gonorrhoe. Standardpenicillin zum Einnehmen.

Präparat	Wichtigste Nebenwirkungen	Empfehlung
Isocillin/ Mega (D) Filmtabl. **Isocillin Saft** (D) Saft Phenoxymethylpenicillin (Penicillin V) *Rezeptpflichtig*	Überempfindlichkeit (Allergien, z. B. Hautausschläge)	**Therapeutisch zweckmäßig bei** Infektionen mit Penicillin-empfindlichen Krankheitserregern, wie z. B. bei Angina, Scharlach, Lungenentzündung, Zahninfektionen, Lues und Gonorrhoe. Standardpenicillin zum Einnehmen.
Megacillin oral/ Mega/ Trockensaft (D/Ö) Filmtabl., Saft **Megacillin oral Tabs Mega** (Ö) Trinktabletten Phenoxymethylpenicillin (Penicillin V) *Rezeptpflichtig*	Überempfindlichkeit (Allergien, z. B. Hautausschläge)	**Therapeutisch zweckmäßig bei** Infektionen mit Penicillin-empfindlichen Krankheitserregern, wie z. B. bei Angina, Scharlach, Lungenentzündung, Zahninfektionen, Lues und Gonorrhoe. Standardpenicillin zum Einnehmen.
Ospen (Ö) Filmtabl., Saft Phenoxymethylpenicillin (Penicillin V) *Rezeptpflichtig*	Überempfindlichkeit (Allergien, z. B. Hautausschläge)	**Therapeutisch zweckmäßig bei** Infektionen mit Penicillin-empfindlichen Krankheitserregern, wie z. B. bei Angina, Scharlach, Lungenentzündung, Zahninfektionen, Lues und Gonorrhoe. Standardpenicillin zum Einnehmen.
Penbene (Ö) Filmtabl., Trockensaft Phenoxymethylpenicillin (Penicillin V) *Rezeptpflichtig*	Überempfindlichkeit (Allergien, z. B. Hautausschläge)	**Therapeutisch zweckmäßig bei** Infektionen mit Penicillin-empfindlichen Krankheitserregern, wie z. B. bei Angina, Scharlach, Lungenentzündung, Zahninfektionen, Lues und Gonorrhoe. Standardpenicillin zum Einnehmen.
Penbeta Mega/ TS (D) Filmtabl., Trockensaft Phenoxymethylpenicillin (Penicillin V) *Rezeptpflichtig*	Überempfindlichkeit (Allergien, z. B. Hautausschläge)	**Therapeutisch zweckmäßig bei** Infektionen mit Penicillin-empfindlichen Krankheitserregern, wie z. B. bei Angina, Scharlach, Lungenentzündung, Zahninfektionen, Lues und Gonorrhoe. Standardpenicillin zum Einnehmen.

Präparat	Wichtigste Nebenwirkungen	Empfehlung
Penhexal Mega/ Mega tabs/ Saft (D) Filmtabl., Trinktabl., Saft Phenoxymethylpenicillin (Penicillin V) *Rezeptpflichtig*	Überempfindlichkeit (Allergien, z. B. Hautausschläge)	**Therapeutisch zweckmäßig bei** Infektionen mit Penicillin-empfindlichen Krankheitserregern, wie z. B. bei Angina, Scharlach, Lungenentzündung, Zahninfektionen, Lues und Gonorrhoe.
Penicillin Sandoz (D) Filmtabl., Pulver **Penicillin V AL** (D) Tabl., Trockensubstanz **Penicillin V Mega Heumann/ Mega TS Heumann** (D) Filmtabl, Trockensaft **Penicillin V-ratiopharm** (D) Filmtabl., TS Saft **Penicillin V Stada/ Mega** (D) Filmtabl., Tabl., Trockensaft Phenoxymethylpenicillin (Penicillin V) *Rezeptpflichtig*	Überempfindlichkeit (Allergien, z. B. Hautausschläge)	**Therapeutisch zweckmäßig bei** Infektionen mit Penicillin-empfindlichen Krankheitserregern, wie z. B. bei Angina, Scharlach, Lungenentzündung, Zahninfektionen, Lues und Gonorrhoe. Standardpenicillin zum Einnehmen.
Staphylex (D) Kapseln, Trockensaft **Staphylex Injektion/ Infusion** (D) Trockensubstanz Flucloxacillin *Rezeptpflichtig*	Überempfindlichkeit (Allergien, z. B. Hautausschläge), Leberschäden	**Therapeutisch zweckmäßig nur bei** leichten Infektionen mit Flucloxacillin-empfindlichen penicillinasebildenden Staphylokokken. Spezialpenicillin.

10.1.2. Breitspektrum-Penicilline (Amoxicillin)

Breitspektrum-Penicilline haben große Ähnlichkeit mit den Schmalspektrum-Penicillinen. Sie sind jedoch gegen ein wesentlich breiteres Spektrum verschiedener Bakterien (sowohl grampositive als auch gramnegative) wirksam.

Wichtigste Nebenwirkungen

Sie werden vom Körper ähnlich gut vertragen wie die Schmalspektrum-Penicilline, verursachen jedoch häufiger Hautausschläge.

10.1.2. Breitspektrum-Penicilline

Präparat	Wichtigste Nebenwirkungen	Empfehlung
Amoclav (D) Filmtabl., Trockensaft Amoxicillin, Clavulansäure *Rezeptpflichtig*	Überempfindlichkeit (Allergien, z. B. Hautausschläge), Magen-Darm-Störungen, Leberschäden, auch lebensbedrohliche Formen möglich	**Therapeutisch zweckmäßig nur** in begründeten Ausnahmefällen. Erweitertes antibakterielles Spektrum von Amoxicillin durch Kombination mit einem Hemmstoff bakterieller Enzyme, die Amoxicillin zerstören.
Amoxi (D) Tablinen, Brausetabl., Trockensaft **Amoxi 1 A Pharma** (D) Filmtabl., Trockensubstanz **Amoxi beta** (D) Tabs, Tabl., Trockensaft, Brausetabl. **Amoxi von ct** (D) Filmtabl., Trockensubstanz, Brausetabl. **Amoxi Wolff** (D) Filmtabl., Brausetabl., Saft **Amoxi-Sandoz** (D) Filmtabl., Brausetabl. Amoxicillin *Rezeptpflichtig*	Überempfindlichkeit (Allergien, z. B. Hautausschläge), Magen-Darm-Störungen	**Therapeutisch zweckmäßig bei** Infektionen mit Amoxicillin-empfindlichen Krankheitserregern, wie z. B. bei Entzündungen von Bronchien, Nasennebenhöhlen und Harnwegen. Bewährtes Mittel zum Einnehmen.
AmoxiClavulan 1 A Pharma (Ö) Filmtabl., Trockensaft **Amoxi-Clavulan Stada** (D) Filmtabl.,Trockensaft Amoxicillin, Clavulansäure *Rezeptpflichtig*	Überempfindlichkeit (Allergien, z. B. Hautausschläge), Magen-Darm-Störungen, Leberschäden, auch lebensbedrohliche Formen möglich	**Therapeutisch zweckmäßig nur** in begründeten Ausnahmefällen. Erweitertes antibakterielles Spektrum von Amoxicillin durch Kombination mit einem Hemmstoff bakterieller Enzyme, die Amoxicillin zerstören.
Amoxicillin AL (D) Filmtabl., Brausetabl., Trockensubstanz **Amoxicillin Heumann** (D) Filmtabl., Brausetabl., Trockensubstanz **Amoxicillin-ratiopharm** (D/Ö) Filmtabl., Trockensaft, Brausetabl. (D) **Amoxicillin Stada** (D) Filmtabl., Brausetabl., Suspension Amoxicillin *Rezeptpflichtig*	Überempfindlichkeit (Allergien, z. B. Hautausschläge), Magen-Darm-Störungen	**Therapeutisch zweckmäßig bei** Infektionen mit Amoxicillin-empfindlichen Krankheitserregern, wie z. B. bei Entzündungen von Bronchien, Nasennebenhöhlen und Harnwegen. Bewährtes Mittel zum Einnehmen.

Präparat	Wichtigste Nebenwirkungen	Empfehlung
Amoxicillin comp.-ratiopharm (D) Filmtabl., Suspension Amoxicillin, Clavulansäure *Rezeptpflichtig*	Überempfindlichkeit (Allergien, z. B. Hautausschläge), Magen-Darm-Störungen, Leberschäden, auch lebensbedrohliche Formen möglich	**Therapeutisch zweckmäßig nur** in begründeten Ausnahmefällen. Erweitertes antibakterielles Spektrum von Amoxicillin durch Kombination mit einem Hemmstoff bakterieller Enzyme, die Amoxicillin zerstören.
Amoxihexal/ HP (D/Ö) Trinktabl., Filmtabl., Brausetabl., Saft, Forte Saft, Ö: Trockensaft, Tabl., Trinktabl. Amoxicillin *Rezeptpflichtig*	Überempfindlichkeit (Allergien, z. B. Hautausschläge), Magen-Darm-Störungen	**Therapeutisch zweckmäßig bei** Infektionen mit Amoxicillin-empfindlichen Krankheitserregern, wie z. B. bei Entzündungen von Bronchien, Nasennebenhöhlen und Harnwegen. Bewährtes Mittel zum Einnehmen.
Amoxypen (D) Tabl., Saft, Tabs Amoxicillin *Rezeptpflichtig*	Überempfindlichkeit (Allergien, z. B. Hautausschläge), Magen-Darm-Störungen	**Therapeutisch zweckmäßig bei** Infektionen mit Amoxicillin-empfindlichen Krankheitserregern, wie z. B. bei Entzündungen von Bronchien, Nasennebenhöhlen und Harnwegen. Bewährtes Mittel zum Einnehmen.
Augmentan (D) Filmtabl., Trinktabletten, Tropfen, Trockensaft, Forte Trockensaft, Kindersaft, Injektionslösung Amoxicillin, Clavulansäure *Rezeptpflichtig*	Überempfindlichkeit (Allergien, z. B. Hautausschläge), Magen-Darm-Störungen, Leberschäden, auch lebensbedrohliche Formen möglich	**Therapeutisch zweckmäßig nur** in begründeten Ausnahmefällen. Erweitertes antibakterielles Spektrum von Amoxicillin durch Kombination mit einem Hemmstoff bakterieller Enzyme, die Amoxicillin zerstören.
Augmentin (Ö) Filmtabl., lösliche Tabl., Trockensaft, Duo-Trockensaft, Injektionslösung Amoxicillin, Clavulansäure *Rezeptpflichtig*	Überempfindlichkeit (Allergien, z. B. Hautausschläge), Magen-Darm-Störungen, Leberschäden, auch lebensbedrohliche Formen möglich	**Therapeutisch zweckmäßig nur** in begründeten Ausnahmefällen. Erweitertes antibakterielles Spektrum von Amoxicillin durch Kombination mit einem Hemmstoff bakterieller Enzyme, die Amoxicillin zerstören.
Clamoxyl (Ö) Kaps., Kautabl., Trockensaft Amoxicillin *Rezeptpflichtig*	Überempfindlichkeit (Allergien, z. B. Hautausschläge), Magen-Darm-Störungen	**Therapeutisch zweckmäßig bei** Infektionen mit Amoxicillin-empfindlichen Krankheitserregern, wie z. B. bei Entzündungen von Bronchien, Nasennebenhöhlen und Harnwegen. Bewährtes Mittel zum Einnehmen.

Präparat	Wichtigste Nebenwirkungen	Empfehlung
Infectomox (D) Tabl., Tabs, Saft Amoxicillin *Rezeptpflichtig*	Überempfindlichkeit (Allergien, z. B. Hautausschläge), Magen-Darm-Störungen	**Therapeutisch zweckmäßig bei** Infektionen mit Amoxicillin-empfindlichen Krankheitserregern, wie z. B. bei Entzündungen von Bronchien, Nasennebenhöhlen und Harnwegen. Bewährtes Mittel zum Einnehmen.
Ospamox (D/Ö) Filmtabl., Granulat Amoxicillin *Rezeptpflichtig*	Überempfindlichkeit (Allergien, z. B. Hautausschläge), Magen-Darm-Störungen	**Therapeutisch zweckmäßig bei** Infektionen mit Amoxicillin-empfindlichen Krankheitserregern, wie z. B. bei Entzündungen von Bronchien, Nasennebenhöhlen und Harnwegen. Bewährtes Mittel zum Einnehmen.
Unacid PD (Ö) Filmtabl., Trockensubstanz Sultamicillin (= Amoxicillin + Sulbactam) *Rezeptpflichtig*	Überempfindlichkeit (Allergien, z. B. Hautausschläge), Magen-Darm-Störungen, Leberschäden, Müdigkeit, Kopfschmerzen	**Therapeutisch zweckmäßig** Erweitertes antibakterielles Spektrum von Amoxicillin durch Kombination mit Sulbactam, einem Hemmstoff bakterieller Enzyme, die Amoxicillin zerstören.

10.1.3. Cephalosporine

Cephalosporine sind den Penicillinen chemisch ähnlich. Ein Großteil dieser Mittel ist ebenfalls relativ gut verträglich. Cephalosporine haben ein breites Wirkungsspektrum und sollten nur dann verwendet werden, wenn Penicilline unzureichend wirken oder wenn eine Penicillinallergie besteht. Im Kampf um Marktanteile wurden in den vergangenen Jahren neue Cephalosporine aggressiv als Mittel für banale Infektionen im Hals-Nasen-Ohren-Bereich beworben, obwohl diese Infektionen zumeist mit einfachen Penicillinen behandelbar wären.

Wichtigste Nebenwirkungen

Allergische Reaktionen sind selten, Cephalosporine können jedoch Durchfall und in seltenen Fällen auch lebensbedrohliche Dickdarmentzündungen verursachen.

10.1.3. Cephalosporine

Präparat	Wichtigste Nebenwirkungen	Empfehlung
Biocef (Ö) Filmtabl., Granulat Cefpodoxim-Proxetil *Rezeptpflichtig*	Überempfindlichkeit (Allergien, z. B. Hautausschläge), Magen-Darm-Störungen, Pilzinfektion der Scheide. Blutschäden. Pseudomembranöse, lebensbedrohliche Dickdarmentzündung möglich	**Nur zweckmäßig zur** oralen Behandlung (Einnahme durch den Mund) bei problematischen Infektionen besonders der Atem- und Harnwege,wenn andere Antibiotika wie z. B. Amoxicillin oder Makrolide nicht geeignet sind.
Cec (D) Filmtabl., Brausetabl., Trockensaft, forte Trockensaft **Cec Hexal** (Ö) Filmtabl., Trockensaft Cefaclor *Rezeptpflichtig*	Überempfindlichkeit (Allergien, z. B. Hautausschläge), Übelkeit, Durchfall, Blutschäden, Pilzinfektion der Scheide. Pseudomembranöse, lebensbedrohliche Dickdarmentzündung möglich	**Nur zweckmäßig zur** oralen Behandlung (Einnahme durch den Mund) bei Infektionen besonders der Atem- und Harnwege, wenn andere Antibiotika wie z. B. Amoxicillin oder Makrolide nicht geeignet sind.
Ceclor (Ö) Granulat, Kaps., Sirup, Duofilmtabl. Cefaclor *Rezeptpflichtig*	Überempfindlichkeit (Allergien, z. B. Hautausschläge), Magen-Darm-Störungen, Pilzinfektion der Scheide, Blutschäden. Pseudomembranöse, lebensbedrohliche Dickdarmentzündung möglich	**Nur zweckmäßig zur** oralen Behandlung (Einnahme durch den Mund) bei Infektionen besonders der Atem- und Harnwege, wenn andere Antibiotika wie z. B. Amoxicillin oder Makrolide nicht geeignet sind.
Cefaclor Stada (D) Kaps., Suspension **Cefaclor-ratiopharm** (D) Kaps., Mite-Kaps., Brausetabl., Trockensaft, Forte-Trockensaft, Saft, Forte-Saft Cefaclor *Rezeptpflichtig*	Überempfindlichkeit (Allergien, z. B. Hautausschläge), Magen-Darm-Störungen, Pilzinfektion der Scheide, Blutschäden. Pseudomembranöse, lebensbedrohliche Dickdarmentzündung möglich	**Nur zweckmäßig zur** oralen Behandlung (Einnahme durch den Mund) bei problematischen Infektionen besonders der Atem- und Harnwege, wenn andere Antibiotika wie z. B. Amoxicillin oder Makrolide nicht geeignet sind.
Cefixdura (D) Filmtabl. **Cephoral** (D) Filmtabl., Trockensaft, Suspension Cefixim *Rezeptpflichtig*	Überempfindlichkeit (Allergien, z. B. Hautausschläge), Magen-Darm-Störungen, Pilzinfektion der Scheide. Blutschäden. Pseudomembranöse, lebensbedrohliche Dickdarmentzündung möglich. Blutungsneigung	**Nur zweckmäßig zur** oralen Behandlung (Einnahme durch den Mund) bei problematischen Infektionen besonders der Atem- und Harnwege, wenn andere Antibiotika wie z. B. Amoxicillin oder Makrolide nicht geeignet sind.

Präparat	Wichtigste Nebenwirkungen	Empfehlung
Cefu Hexal (D) Filmtabl. Filmtabl., Trockensaft **Cefuroxim-ratiopharm** (D) Filmtabletten, Suspension Cefuroxim-Axetil *Rezeptpflichtig*	Überempfindlichkeit (Allergien, z. B. Hautausschläge), Magen-Darm-Störungen, Pilzinfektion der Scheide. Blutschäden. Pseudomembranöse, lebensbedrohliche Dickdarmentzündung möglich	**Nur zweckmäßig zur** oralen Behandlung (Einnahme durch den Mund) bei problematischen Infektionen besonders der Atem- und Harnwege, wenn andere Antibiotika wie z. B. Amoxicillin oder Makrolide versagen. Erweitertes Spektrum, aber relativ schlechte Resorption.
Cephalobene (Ö) **Cephalexin-ratiopharm** (D) Filmtabletten, Trockensaft Cefalexin *Rezeptpflichtig*	Überempfindlichkeit (Allergien, z. B. Hautausschläge), Magen-Darm-Störungen, Pilzinfektion der Scheide, Blutschäden. Pseudomembranöse, lebensbedrohliche Dickdarmentzündung möglich	**Wenig zweckmäßig zur** oralen Behandlung (Einnahme durch den Mund) bei Problemkeimen. Bei wichtigen Keimen nur relativ schwach wirksam. Wird durch bakterielle Enzyme (ß-Lactamasen) zerstört.
Claforan (D/Ö) Injektionslösung Cefotaxim *Rezeptpflichtig*	Überempfindlichkeit (Allergien, z. B. Hautausschläge), Magen-Darm-Störungen, Pilzinfektion der Scheide, Blutschäden. Pseudomembranöse, lebensbedrohliche Dickdarmentzündung möglich	**Therapeutisch zweckmäßig zur** Infusionsbehandlung von Infektionen mit problematischen Krankheitserregern (Problemkeimen). Bewährtes Mittel.
Duracef (Ö) Kaps., Tabl., Trockensaft Cefadroxil *Rezeptpflichtig*	Überempfindlichkeit (Allergien, z. B. Hautausschläge), Magen-Darm-Störungen, Pilzinfektion der Scheide, Blutschäden. Pseudomembranöse, lebensbedrohliche Dickdarmentzündung möglich	**Wenig zweckmäßig zur** oralen Behandlung (Einnahme durch den Mund) bei Problemkeimen. Nicht stabil gegen bakterielle Enzyme, die Cefadroxil zerstören können.
Elobact (D) Filmtabl., Trockensaft, Granulat Cefuroxim-Axetil *Rezeptpflichtig*	Überempfindlichkeit (Allergien, z. B. Hautausschläge), Magen-Darm-Störungen, Pilzinfektion der Scheide, Blutschäden. Pseudomembranöse, lebensbedrohliche Dickdarmentzündung möglich	**Nur zweckmäßig zur** oralen Behandlung (Einnahme durch den Mund) bei problematischen Infektionen besonders der Atem- und Harnwege, wenn andere Antibiotika wie z. B. Amoxicillin oder Makrolide versagen. Erweitertes Spektrum, aber relativ schlechte Resorption.

Präparat	Wichtigste Nebenwirkungen	Empfehlung
Grüncef (D) Tabl., lösliche Tabl., Trockensaft Cefadroxil *Rezeptpflichtig*	Überempfindlichkeit (Allergien, z. B. Hautausschläge), Magen-Darm-Störungen, Pilzinfektion der Scheide. Blutschäden. Pseudomembranöse, lebensbedrohliche Dickdarmentzündung möglich	**Wenig zweckmäßig zur** oralen Behandlung (Einnahme durch den Mund) bei Problemkeimen. Nicht stabil gegen bakterielle Enzyme, die Cefadroxil zerstören können.
Infectocef (D) Kaps., Saft Cefaclor *Rezeptpflichtig*	Überempfindlichkeit (Allergien, z. B. Hautausschläge), Magen-Darm-Störungen, Pilzinfektion der Scheide, Blutschäden. Pseudomembranöse, lebensbedrohliche Dickdarmentzündung möglich	**Nur zweckmäßig zur** oralen Behandlung (Einnahme durch den Mund) bei Infektionen besonders der Atem- und Harnwege, wenn andere Antibiotika wie z. B. Amoxicillin oder Makrolide nicht geeignet sind.
Keflex (Ö) Filmtabl. Cefalexin *Rezeptpflichtig*	Überempfindlichkeit (Allergien, z. B. Hautausschläge), Magen-Darm-Störungen, Pilzinfektion der Scheide, Blutschäden. Pseudomembranöse, lebensbedrohliche Dickdarmentzündung möglich	**Wenig zweckmäßig zur** oralen Behandlung (Einnahme durch den Mund) bei Problemkeimen. Nicht stabil gegen bakterielle Enzyme, die Cefalexin zerstören können.
Kefzol (Ö) Injektionslösung Cefazolin *Rezeptpflichtig*	Überempfindlichkeit (Allergien, z. B. Hautausschläge), Magen-Darm-Störungen, Pilzinfektion der Scheide, Blutschäden. Pseudomembranöse, lebensbedrohliche Dickdarmentzündung möglich	**Therapeutisch zweckmäßig zur** Infusionsbehandlung von Infektionen mit problematischen Krankheitserregern, besonders von Staphylokokken. Bewährtes Mittel.
Keimax (D) Kaps., Trockensaft, mini Pulver Ceftibuten *Rezeptpflichtig*	Überempfindlichkeit (Allergien, z. B. Hautausschläge), Magen-Darm-Störungen, Pilzinfektion der Scheide, Blutschäden. Pseudomembranöse, lebensbedrohliche Dickdarmentzündung möglich	**Möglicherweise zweckmäßig bei** Infektionen der Harnwege mit Ceftibuten-empfindlichen Problemkeimen. Neueres Oral-Cephalosporin mit guter Resorption.
Maxipime (D/Ö) Trockensubstanz zur Injektion Cefepim *Rezeptpflichtig*	Überempfindlichkeit (Allergien, z. B. Hautausschläge), Magen-Darm-Störungen, Pilzinfektion der Scheide, Blutschäden. Pseudomembranöse, lebensbedrohliche Dickdarmentzündung möglich	**Therapeutisch zweckmäßig zur** Infusionsbehandlung von Infektionen mit problematischen Krankheitserregern (Problemkeimen). Neues Mittel, noch relativ wenig erprobt.

Präparat	Wichtigste Nebenwirkungen	Empfehlung
Orelox (D) Filmtabl., junior Granulat Cefpodoxim-Proxetil *Rezeptpflichtig*	Überempfindlichkeit (Allergien, z. B. Hautausschläge), Magen-Darm-Störungen, Pilzinfektion der Scheide. Blutschäden. Pseudomembranöse, lebensbedrohliche Dickdarmentzündung möglich	**Nur zweckmäßig zur** oralen Behandlung (Einnahme durch den Mund) bei problematischen Infektionen besonders der Atem- und Harnwege, wenn andere Antibiotika wie z. B. Amoxicillin oder Makrolide nicht geeignet sind.
Ospexin (Ö) Filmtabl., Granulat Cefalexin *Rezeptpflichtig*	Überempfindlichkeit (Allergien, z. B. Hautausschläge), Magen-Darm-Störungen, Pilzinfektion der Scheide, Blutschäden. Pseudomembranöse, lebensbedrohliche Dickdarmentzündung möglich	**Wenig zweckmäßig zur** oralen Behandlung (Einnahme durch den Mund) bei Problemkeimen. Nicht stabil gegen bakterielle Enzyme, die Cefalexin zerstören können.
Podomexef (D) Filmtabl., Saft Cefpodoxim-Proxetil *Rezeptpflichtig*	Überempfindlichkeit (Allergien, z. B. Hautausschläge), Magen-Darm-Störungen, Pilzinfektion der Scheide. Blutschäden. Pseudomembranöse, lebensbedrohliche Dickdarmentzündung möglich	**Nur zweckmäßig zur** oralen Behandlung (Einnahme durch den Mund) bei problematischen Infektionen besonders der Atem- und Harnwege, wenn andere Antibiotika wie z. B. Amoxicillin oder Makrolide nicht geeignet sind.
Spizef (D/Ö) Trockensubstanz zur Injektion und Infusion Cefotiam *Rezeptpflichtig*	Überempfindlichkeit (Allergien, z. B. Hautausschläge), Magen-Darm-Störungen, Pilzinfektion der Scheide, Blutschäden. Pseudomembranöse, lebensbedrohliche Dickdarmentzündung möglich	**Therapeutisch zweckmäßig zur** Infusionsbehandlung von Infektionen mit problematischen Krankheitserregern (Problemkeimen). Bewährtes Mittel mit breitem Wirkungsspektrum.
Suprax (D) Filmtabl., Saft Cefixim *Rezeptpflichtig*	Überempfindlichkeit (Allergien, z. B. Hautausschläge), Magen-Darm-Störungen, Pilzinfektion der Scheide. Blutschäden. Pseudomembranöse, lebensbedrohliche Dickdarmentzündung möglich	**Nur zweckmäßig zur** oralen Behandlung (Einnahme durch den Mund) bei problematischen Infektionen besonders der Atem- und Harnwege, wenn andere Antibiotika wie z. B. Amoxicillin oder Makrolide nicht geeignet sind.
Tricef (Ö) Filmtabl., Trockensaft Cefixim *Rezeptpflichtig*	Überempfindlichkeit (Allergien, z. B. Hautausschläge), Magen-Darm-Störungen, Pilzinfektion der Scheide. Blutschäden. Pseudomembranöse, lebensbedrohliche Dickdarmentzündung möglich	**Nur zweckmäßig zur** oralen Behandlung (Einnahme durch den Mund) bei problematischen Infektionen besonders der Atem- und Harnwege, wenn andere Antibiotika wie z. B. Amoxicillin oder Makrolide nicht geeignet sind.

Präparat	Wichtigste Nebenwirkungen	Empfehlung
Zinnat (D/Ö) Filmtabl., Trockensaft, Granulat (Ö) Cefuroxim-Axetil *Rezeptpflichtig*	Überempfindlichkeit (Allergien, z. B. Hautausschläge), Magen-Darm-Störungen, Pilzinfektion der Scheide, Blutschäden. Pseudomembranöse, lebensbedrohliche Dickdarmentzündung möglich	**Nur zweckmäßig zur** oralen Behandlung (Einnahme durch den Mund) bei problematischen Infektionen besonders der Atem- und Harnwege, wenn andere Antibiotika wie z. B. Amoxicillin oder Makrolide versagen. Erweitertes Spektrum, aber relativ schlechte Resorption.

10.1.4. Trimethoprim-Sulfonamid-Kombinationen

Die gemeinsame Anwendung von Trimethoprim und Sulfonamid ist eine der wenigen festen Arzneimittelkombinationen, die bei Fachleuten unumstritten ist. Beide Substanzen stören den Stoffwechsel der Bakterien. Die Kombination hat ein breites Wirkungsspektrum.

Wichtigste Nebenwirkungen

Allergische Reaktionen (Hautausschlag, Jucken), Magen-Darm-Störungen, Blutbildschäden. Bei längerer Verwendung dieser Medikamente (über 14 Tage) sind regelmäßige Kontrollen des Blutbildes notwendig.

Warnhinweis: Stillende Mütter und Säuglinge bis zum dritten Lebensmonat sollten diese Medikamente nicht einnehmen.

10.1.4. Trimethoprim-Sulfonamid-Kombinationen

Präparat	Wichtigste Nebenwirkungen	Empfehlung
Bactoreduct (D) Sirup, Tabl., Fortetabl. Trimethoprim, Sulfamethoxazol *Rezeptpflichtig*	Magen-Darm-Störungen, allergische Erscheinungen (z. B. Hauterscheinungen, Fieber), Blutschäden	**Therapeutisch zweckmäßig bei** Infektionen mit Sulfonamid-empfindlichen Krankheitserregern, insbesondere bei Harnwegsinfektionen. Sinnvolle Kombination.
Berlocombin (D) Tabl., Suspension Trimethoprim, Sulfamerazin *Rezeptpflichtig*	Magen-Darm-Störungen, allergische Erscheinungen (z. B. Hauterscheinungen, Fieber), Blutschäden, Nervenschäden, Unfruchtbarkeit bei Männern	**Abzuraten** Bei Infektionen mit Sulfonamid-empfindlichen Krankheitserregern ist die Standardtherapie mit Trimethoprim plus Sulfamethoxazol vorzuziehen.

Präparat	Wichtigste Nebenwirkungen	Empfehlung
Cotrim 960-1 A Pharma (D) Tabl. **Cotrim forte von ct** (D) Tabl. **Cotrimhexal forte** (D) Tabl. **Cotrim K-/ -E-ratiopharm** (D) Saft **Cotrim-Sandoz** (D) Tabl., Suspension **Cotrimstada/ forte** (D) Tabl., Lösung **Cotrim-ratiopharm/ -forte** (D) Tabl. Trimethoprim, Sulfamethoxazol *Rezeptpflichtig*	Magen-Darm-Störungen, allergische Erscheinungen (z. B. Hauterscheinungen, Fieber), Blutschäden	**Therapeutisch zweckmäßig bei** Infektionen mit Sulfonamid-empfindlichen Krankheitserregern, insbesondere bei Harnwegsinfektionen. Sinnvolle Kombination.
Cotrimoxazol AL (D) Tabl., Fortetabl. **Cotrimoxazol Genericon** (Ö) Tabl. Trimethoprim, Sulfamethoxazol *Rezeptpflichtig*	Magen-Darm-Störungen, allergische Erscheinungen (z. B. Hauterscheinungen, Fieber), Blutschäden	**Therapeutisch zweckmäßig bei** Infektionen mit Sulfonamid-empfindlichen Krankheitserregern, insbesondere bei Harnwegsinfektionen. Sinnvolle Kombination.
Eusaprim (D/Ö) Konzentrat zur Infusion **Eusaprim E/ forte/ K** (D/Ö) Suspension, Tabletten Trimethoprim, Sulfamethoxazol *Rezeptpflichtig*	Magen-Darm-Störungen, allergische Erscheinungen (z. B. Hauterscheinungen, Fieber), Blutschäden	**Therapeutisch zweckmäßig bei** Infektionen mit Sulfonamid-empfindlichen Krankheitserregern, insbesondere bei Harnwegsinfektionen. Sinnvolle Kombination.
Kepinol (D) Tabl., Fortetabl., Suspension Trimethoprim, Sulfamethoxazol *Rezeptpflichtig*	Magen-Darm-Störungen, allergische Erscheinungen (z. B. Hauterscheinungen, Fieber), Blutschäden	**Therapeutisch zweckmäßig bei** Infektionen mit Sulfonamid-empfindlichen Krankheitserregern, insbesondere bei Harnwegsinfektionen. Sinnvolle Kombination.

Präparat	Wichtigste Nebenwirkungen	Empfehlung
Lidaprim (Ö) Tabl., Forte Filmtabl., Tabl. für Kinder, orale Suspension, Infusionsfl. Trimethoprim, Sulfametrol *Rezeptpflichtig*	Magen-Darm-Störungen, allergische Erscheinungen (z. B. Hauterscheinungen, Fieber), Blutschäden	**Therapeutisch zweckmäßig bei** Infektionen mit Sulfonamid-empfindlichen Krankheitserregern, insbesondere bei Harnwegsinfektionen. Sinnvolle Kombination.
Oecotrim (Ö) Fortetabl. Trimethoprim, Sulfamethoxazol *Rezeptpflichtig*	Magen-Darm-Störungen, allergische Erscheinungen (z. B. Hauterscheinungen, Fieber), Blutschäden	**Therapeutisch zweckmäßig bei** Infektionen mit Sulfonamid-empfindlichen Krankheitserregern, insbesondere bei Harnwegsinfektionen. Sinnvolle Kombination.
TMS/ forte (D) Tabl. Trimethoprim, Sulfamethoxazol *Rezeptpflichtig*	Magen-Darm-Störungen, allergische Erscheinungen (z. B. Hauterscheinungen, Fieber), Blutschäden	**Therapeutisch zweckmäßig bei** Infektionen mit Sulfonamid-empfindlichen Krankheitserregern, insbesondere bei Harnwegsinfektionen. Sinnvolle Kombination.

10.1.5. Tetrazykline

Tetrazykline, wie etwa der Wirkstoff Doxycyclin, besitzen ein breites Wirkungsspektrum und gehören zu den gut verträglichen Antibiotika. Wegen der häufigen Verwendung von Tetrazyklinen sind zahlreiche Bakterienstämme gegen dieses Antibiotikum resistent geworden.

Wichtigste Nebenwirkungen: Übelkeit, Erbrechen, Durchfall.

Warnhinweis: Tetrazykline können in der Wachstumsphase von Kindern dauerhafte Zahnschäden (Verfärbung der Zähne, erhöhte Kariesanfälligkeit) verursachen. Schwangere ab dem zweiten Drittel der Schwangerschaft und Kinder bis zum vollendeten neunten Lebensjahr sollten deshalb auf keinen Fall Tetrazykline verwenden.

Warnhinweis: Tabletten sollten mit viel Flüssigkeit eingenommen werden, weil sonst schwere Speiseröhrenschäden auftreten können.

10.1.5. Tetrazykline

Präparat	Wichtigste Nebenwirkungen	Empfehlung
Doxy AbZ (D) Tabl. **Doxy 1 A Pharma** (D) Tabl. **Doxy M-ratiopharm** (D) Tabl. **Doxy von ct** (D) Kaps., Tabl. **Doxy-Wolff** (D) Filmtabl., lösliche Tabl. Doxycyclin *Rezeptpflichtig*	Magen-Darm-Störungen, Erbrechen, Durchfall, Leberschädigung, Lichtüberempfindlichkeit, Zahn- und Knochenschäden bei Kindern	**Therapeutisch zweckmäßig bei** Infektionen mit Doxycyclin-empfindlichen Krankheitserregern, wie z. B. bei Entzündung von Lunge, Bronchien und Galle, unspezifischer Entzündung der Harnröhre und seltenen Erkrankungen wie Cholera, Pest und Brucellosen. Lange bewährtes Tetracyclin-Derivat.
Doxybene (Ö) Kaps., lösliche Tabl. Doxycyclin *Rezeptpflichtig*	Magen-Darm-Störungen, Erbrechen, Durchfall, Leberschädigung, Lichtüberempfindlichkeit, Zahn- und Knochenschäden bei Kindern	**Therapeutisch zweckmäßig bei** Infektionen mit Doxycyclin-empfindlichen Krankheitserregern, wie z. B. bei Entzündung von Lunge, Bronchien und Galle, unspezifischer Entzündung der Harnröhre und seltenen Erkrankungen wie Cholera, Pest und Brucellosen. Lange bewährtes Tetracyclin-Derivat.
Doxycyclin AL (D/Ö) Kaps., Tabl. **Doxycyclin Genericon** (Ö) Tabl., lösl. Tabl. **Doxycyclin Heumann** (D) Tabl. **Doxycyclin ratiopharm** (D) Kaps., Amp. **Doxycyclin Sandoz** (D) Tabl. **Doxycyclin Tabs Sandoz** (D) Tabl. **Doxycyclin Stada** (D) Tabl., Filmtabl. Doxycyclin *Rezeptpflichtig*	Magen-Darm-Störungen, Erbrechen, Durchfall, Leberschädigung, Lichtüberempfindlichkeit, Zahn- und Knochenschäden bei Kindern	**Therapeutisch zweckmäßig bei** Infektionen mit Doxycyclin-empfindlichen Krankheitserregern, wie z. B. bei Entzündung von Lunge, Bronchien und Galle, unspezifischer Entzündung der Harnröhre und seltenen Erkrankungen wie Cholera, Pest und Brucellosen. Lange bewährtes Tetracyclin-Derivat.

Präparat	Wichtigste Nebenwirkungen	Empfehlung
Doxydyn (Ö) Filmtabl. Doxycyclin *Rezeptpflichtig*	Magen-Darm-Störungen, Erbrechen, Durchfall, Leberschädigung, Lichtüberempfindlichkeit, Zahn- und Knochenschäden bei Kindern	**Therapeutisch zweckmäßig bei** Infektionen mit Doxycyclin-empfindlichen Krankheitserregern, wie z. B. bei Entzündung von Lunge, Bronchien und Galle, unspezifischer Entzündung der Harnröhre und seltenen Erkrankungen wie Cholera, Pest und Brucellosen. Lange bewährtes Tetracyclin-Derivat.
Doxyhexal (D/Ö) Tabl., lösl. Tabl. (Ö), Kaps., Amp. Doxycyclin *Rezeptpflichtig*	Magen-Darm-Störungen, Erbrechen, Durchfall, Leberschädigung, Lichtüberempfindlichkeit, Zahn- und Knochenschäden bei Kindern	**Therapeutisch zweckmäßig bei** Infektionen mit Doxycyclin-empfindlichen Krankheitserregern, wie z. B. bei Entzündung von Lunge, Bronchien und Galle, unspezifischer Entzündung der Harnröhre und seltenen Erkrankungen wie Cholera, Pest und Brucellosen. Lange bewährtes Tetracyclin-Derivat.
Doxymono (D) Tabl. Doxycyclin *Rezeptpflichtig*	Magen-Darm-Störungen, Erbrechen, Durchfall, Leberschädigung, Lichtüberempfindlichkeit, Zahn- und Knochenschäden bei Kindern	**Therapeutisch zweckmäßig bei** Infektionen mit Doxycyclin-empfindlichen Krankheitserregern, wie z. B. bei Entzündung von Lunge, Bronchien und Galle, unspezifischer Entzündung der Harnröhre und seltenen Erkrankungen wie Cholera, Pest und Brucellosen. Lange bewährtes Tetracyclin-Derivat.
Supracyclin (D/Ö) Tabl., lösliche Tabl. (Ö) Doxycyclin *Rezeptpflichtig*	Magen-Darm-Störungen, Erbrechen, Durchfall, Leberschädigung, Lichtüberempfindlichkeit, Zahn- und Knochenschäden bei Kindern	**Therapeutisch zweckmäßig bei** Infektionen mit Doxycyclin-empfindlichen Krankheitserregern, wie z. B. bei Entzündung von Lunge, Bronchien und Galle, unspezifischer Entzündung der Harnröhre und seltenen Erkrankungen wie Cholera, Pest und Brucellosen. Lange bewährtes Tetracyclin-Derivat.

10.1.6. Makrolide

Makrolide haben ein relativ schmales Wirkungsspektrum und wirken vor allem gegen grampositive Keime. Sie werden vor allem bei bakteriellen Infektionen der Lunge (zum Beispiel atypische Lungenentzündung, die häufig bei Kindern auftritt), bei Keuchhusten und bei der Legionärskrankheit verwendet und sind, ähnlich wie die Penicilline und Cephalosporine, gut verträglich. Makrolide werden hauptsächlich dann verwendet, wenn Penicilline oder Cephalosporine wegen Allergien oder Resistenz (Unwirksamkeit) nicht eingesetzt werden können.

Wichtigste Nebenwirkungen: allergische Erscheinungen und Übelkeit, Erbrechen und Durchfall. Bei vorgeschädigtem Herzen können Makrolide lebensbedrohliche Herzrhythmusstörungen verursachen.

10.1.6. Makrolide und ähnliche Wirkstoffe

Präparat	Wichtigste Nebenwirkungen	Empfehlung
Clindahexal (D) Kaps., Amp. Clindamycin *Rezeptpflichtig*	Übelkeit, Erbrechen, blutigschleimige Durchfälle, gefährliche Dickdarmentzündung, Hautausschläge	**Therapeutisch zweckmäßig bei** problematischen Infektionen (Problemkeimen), wenn andere Antibiotika versagen. Wirkstoff mit Makrolid-ähnlicher Wirkung.
Clindamycin-ratiopharm (D) Kaps., Tabl. Injektionslösung Clindamycin *Rezeptpflichtig*	Übelkeit, Erbrechen, blutigschleimige Durchfälle, gefährliche Dickdarmentzündung, Hautausschläge	**Therapeutisch zweckmäßig bei** problematischen Infektionen (Problemkeimen), wenn andere Antibiotika versagen. Wirkstoff mit Makrolid-ähnlicher Wirkung.
Clinda-saar (D) Filmtab., Amp., Injektionslösung Clindamycin *Rezeptpflichtig*	Übelkeit, Erbrechen, blutigschleimige Durchfälle, gefährliche Dickdarmentzündung, Hautausschläge	**Therapeutisch zweckmäßig bei** problematischen Infektionen (Problemkeimen), wenn andere Antibiotika versagen. Wirkstoff mit Makrolid-ähnlicher Wirkung.
Clindastad (D) Kapseln Clindamycin *Rezeptpflichtig*	Übelkeit, Erbrechen, blutigschleimige Durchfälle, gefährliche Dickdarmentzündung, Hautausschläge	**Therapeutisch zweckmäßig bei** problematischen Infektionen (Problemkeimen), wenn andere Antibiotika versagen. Wirkstoff mit Makrolid ähnlicher Wirkung.

Präparat	Wichtigste Nebenwirkungen	Empfehlung
Clin Sanorania (D) Kaps. Clindamycin *Rezeptpflichtig*	Übelkeit, Erbrechen, blutig-schleimige Durchfälle, gefährliche Dickdarmentzündung, Hautausschläge	**Therapeutisch zweckmäßig bei** problematischen Infektionen (Problemkeimen), wenn andere Antibiotika versagen. Wirkstoff mit Makrolid-ähnlicher Wirkung.
Dalacin C (Ö) Granulat, Kaps., Amp. Clindamycin *Rezeptpflichtig*	Übelkeit, Erbrechen, blutig-schleimige Durchfälle, gefährliche Dickdarmentzündung, Hautausschläge	**Therapeutisch zweckmäßig bei** problematischen Infektionen (Problemkeimen), wenn andere Antibiotika versagen. Wirkstoff mit Makrolid-ähnlicher Wirkung.
Eryhexal (D) Filmtabl., Granulat, **Eryhexal Saft/ -forte Saft** (D/Ö) Trockensaft Erythromycin *Rezeptpflichtig*	Magen-Darm-Störungen, Leberschäden, selten allergische Erscheinungen (z. B. Hautausschläge)	**Therapeutisch zweckmäßig, wenn** wegen einer Penicillinallergie oder -resistenz Penicilline nicht angewendet werden können. Zweckmäßig bei bestimmten Formen der Lungenentzündung, z. B. bei sog. atypischer Pneumonie und Legionärskrankheit. Zweckmäßig bei Kindern mit bakteriellen Infektionen der Atmungsorgane.
Erythromycin Genericon (Ö) Pulver für orale Suspension **Erythromycin-ratiopharm** (D) Filmtabl., Granulat, Trockensaft, Forte-Trockensaft **Erythromycin Stada** (D) Filmtabl., Trockensaft, Granulat Erythromycin *Rezeptpflichtig*	Magen-Darm-Störungen, Leberschäden, selten allergische Erscheinungen (z. B. Hautausschläge)	**Therapeutisch zweckmäßig, wenn** wegen einer Penicillinallergie oder -resistenz Penicilline nicht angewendet werden können. Zweckmäßig bei bestimmten Formen der Lungenentzündung, z. B. bei sog. atypischer Pneumonie und Legionärskrankheit. Zweckmäßig bei Kindern mit bakteriellen Infektionen der Atmungsorgane.
Infectomycin (D) Saft Erythromycin *Rezeptpflichtig*	Magen-Darm-Störungen, Leberschäden, selten allergische Erscheinungen (z. B. Hautausschläge)	**Therapeutisch zweckmäßig, wenn** wegen einer Penicillinallergie oder -resistenz Penicilline nicht angewendet werden können. Zweckmäßig bei bestimmten Formen der Lungenentzündung, z. B. bei sog. atypischer Pneumonie und Legionärskrankheit. Zweckmäßig bei Kindern mit bakteriellen Infektionen der Atmungsorgane.

Präparat	Wichtigste Nebenwirkungen	Empfehlung
Ketek (D/Ö) Filmtabl. Telitromycin *Rezeptpflichtig*	Magen-Darm-Störungen, Leberschäden, selten allergische Erscheinungen (z. B. Hautausschläge), lebensbedrohliche Rhythmusstörungen bei vorgeschädigtem Herzen möglich	**Möglicherweise zweckmäßig nur wenn** wegen einer Penicillinallergie oder -resistenz Penicilline nicht angewendet werden können, z. B. bei bakteriellen Infektionen der Atmungsorgane. Neueres Antibiotikum, noch unzureichend erprobt.
Klacid/ forte (D/Ö) Filmtabl., Pulver, Granulat (Ö) **Klacid Trink** (D) Granulat **Klacid Saft/ forte** (D) Granulat Clarithromycin *Rezeptpflichtig*	Magen-Darm-Störungen, Leberschäden, selten allergische Erscheinungen (z. B. Hautausschläge). Häufig Kopfschmerzen. Reversible Zahnverfärbungen	**Therapeutisch zweckmäßig, wenn** wegen einer Penicillinallergie oder -resistenz Penicilline nicht angewendet werden können. Zweckmäßig zur antibiotischen Kombinationsbehandlung bei Magenulkus.
Monomycin (D) Saft, Säuglingssaft Erythromycin *Rezeptpflichtig*	Magen-Darm-Störungen, Leberschäden, selten allergische Erscheinungen (z. B. Hautausschläge)	**Therapeutisch zweckmäßig, wenn** wegen einer Penicillinallergie oder -resistenz Penicilline nicht angewendet werden können. Zweckmäßig bei bestimmten Formen der Lungenentzündung, z. B. bei sog. atypischer Pneumonie und Legionärskrankheit. Zweckmäßig bei Kindern mit bakteriellen Infektionen der Atmungsorgane.
Roxi 1 A Pharma (D) Filmtabl. **Roxibeta** (D) Filmtabl. **Roxidura** (D) Filmtabl. **Roxihexal** (D) Filmtabl. **Roxigrün** (D) Filmtabl. Roxithromycin *Rezeptpflichtig*	Magen-Darm-Störungen, Leberschäden, selten allergische Erscheinungen (z. B. Hautausschläge), selten Kopfschmerzen	**Therapeutisch zweckmäßig, wenn** wegen einer Penicillinallergie oder -resistenz Penicilline nicht angewendet werden können. Zweckmäßig bei bestimmten Formen der Lungenentzündung, z. B. bei sog. atypischer Pneumonie und Legionärskrankheit.
Roxithromycin-ratiopharm (D) **Roxithromycin Sandoz** (D) Filmtabl. Roxithromycin *Rezeptpflichtig*	Magen-Darm-Störungen, Leberschäden, selten allergische Erscheinungen (z. B. Hautausschläge), selten Kopfschmerzen	**Therapeutisch zweckmäßig, wenn** wegen einer Penicillinallergie oder -resistenz Penicilline nicht angewendet werden können. Zweckmäßig bei bestimmten Formen der Lungenentzündung, z. B. bei sog. atypischer Pneumonie und Legionärskrankheit.

Präparat	Wichtigste Nebenwirkungen	Empfehlung
Rulid (D) **Rulide** (Ö) Filmtabl., lösliche Tabletten (Ö) Roxithromycin *Rezeptpflichtig*	Magen-Darm-Störungen, Leberschäden, selten allergische Erscheinungen (z. B. Hautausschläge), selten Kopfschmerzen	**Therapeutisch zweckmäßig, wenn** wegen einer Penicillinallergie oder -resistenz Penicilline nicht angewendet werden können. Zweckmäßig bei bestimmten Formen der Lungenentzündung, z. B. bei sog. atypischer Pneumonie und Legionärskrankheit.
Sobelin (D) Kaps., Granulat, Amp. Clindamycin *Rezeptpflichtig*	Übelkeit, Erbrechen, blutig-schleimige Durchfälle, gefährliche Dickdarmentzündung, Hautausschläge	**Therapeutisch zweckmäßig bei** problematischen Infektionen (Problemkeimen), wenn andere Antibiotika versagen. Wirkstoff mit Makrolid-ähnlicher Wirkung.
Zithromax (D/Ö) Kaps., Trockensaft, Filmtabl., lösl.Pulver (Ö) Azithromycin *Rezeptpflichtig*	Magen-Darm-Störungen, Leberschäden (auch lebensbedrohliche Formen), schwere Hautausschläge möglich, psychische Veränderungen	**Therapeutisch zweckmäßig, wenn** wegen einer Penicillinallergie oder -resistenz Penicilline nicht angewendet werden können. Zweckmäßig bei bestimmten Formen der Lungenentzündung, z. B. bei sog. atypischer Pneumonie und Legionärskrankheit.

10.1.7. Gyrasehemmer (Fluorchinolone)

Das Wirksamkeitsspektrum der Gyrasehemmer ist breit und entspricht etwa dem der neuen Cephalosporine oder der Aminoglykoside. Gyrasehemmer werden vorwiegend bei Harnwegsinfekten verschrieben.

Wichtigste Nebenwirkungen: Häufig treten Magen-Darm-Beschwerden (Übelkeit, Erbrechen, Durchfall) und Überempfindlichkeitserscheinungen auf. Außerdem zeigen sich relativ oft neurologische und psychiatrische Veränderungen (Unruhe, Benommenheit, Verwirrtheit, Schlafstörungen, Halluzinationen, Krampfanfälle).

In seltenen Fällen kann es zu schwerwiegenden Nebenwirkungen kommen: Sehnenrisse (bei Auftreten von Sehnenschmerzen sollte die Therapie sofort abgebrochen werden), schwerer, anhaltender Durchfall, Leberschäden, schwere Überempfindlichkeitsreaktionen (Hautausschläge, Anschwellen des Gesichts).

10.1.7. Gyrasehemmer

Präparat	Wichtigste Nebenwirkungen	Empfehlung
Avalox (D) **Avelox** (Ö) Filmtabl., Infusionslösung Moxifloxacin *Rezeptpflichtig*	Relativ häufig: Magen-Darm-Störungen, zentralnervöse Störungen (z. B. psychotische Erregungszustände, Schwindel, Kopfschmerzen, Verwirrtheitszustände, Krampfanfälle). Leberschäden. Allergische Hautreaktionen (Rötung, Juckreiz), Knorpel- und Sehnenschäden	**Therapeutisch zweckmäßig bei** Infektionen mit Moxafloxacin-empfindlichen Problemkeimen. Nur vertretbar, wenn andere, besser verträgliche Antibiotika (z. B. Penicilline) nicht angewendet werden können. Darf bei Kindern und Jugendlichen nicht angewendet werden.
Ciprobay (D) Filmtabl., Uro-Filmtabl., Saft Infusionslösung Ciprofloxacin *Rezeptpflichtig*	Relativ häufig: Magen-Darm-Störungen, zentralnervöse Störungen (z. B. psychotische Erregungszustände, Schwindel, Kopfschmerzen, Verwirrtheitszustände, Krampfanfälle). Leberschäden. Allergische Hautreaktionen (Rötung, Juckreiz), Knorpel- und Sehnenschäden	**Therapeutisch zweckmäßig bei** Infektionen mit Ciprofloxacin-empfindlichen Problemkeimen. Nur vertretbar, wenn andere, besser verträgliche Antibiotika (z. B. Penicilline) nicht angewendet werden können. Darf bei Kindern und Jugendlichen nicht angewendet werden. Lang bewährtes Mittel.
Ciprobeta/ Uro (D) Filmtabl. **Ciproxin** (Ö) Filmtabl., Infusionslösung Ciprofloxacin *Rezeptpflichtig*	Relativ häufig: Magen-Darm-Störungen, zentralnervöse Störungen (z. B. psychotische Erregungszustände, Schwindel, Kopfschmerzen, Verwirrtheitszustände, Krampfanfälle). Leberschäden, allergische Hautreaktionen (Rötung, Juckreiz), Knorpel- und Sehnenschäden	**Therapeutisch zweckmäßig bei** Infektionen mit Ciprofloxacin-empfindlichen Problemkeimen. Nur vertretbar, wenn andere, besser verträgliche Antibiotika (z. B. Penicilline) nicht angewendet werden können. Darf bei Kindern und Jugendlichen nicht angewendet werden. Lang bewährtes Mittel.
Ciprofloxacin Arcana (Ö) Filmtabl. **Ciprofloxacin Genericon** (Ö) Filmtabl. **Ciprofloxacin-ratiopharm** (D/Ö) Filmtabl. **Ciprofloxacin Sandoz** (D) Filmtabl. **Ciprofloxacin Stada** (D) Filmtabl. Ciprofloxacin *Rezeptpflichtig*	Relativ häufig: Magen-Darm-Störungen, zentralnervöse Störungen (z. B. psychotische Erregungszustände, Schwindel, Kopfschmerzen, Verwirrtheitszustände, Krampfanfälle). Leberschäden, allergische Hautreaktionen (Rötung, Juckreiz), Knorpel- und Sehnenschäden	**Therapeutisch zweckmäßig bei** Infektionen mit Ciprofloxacin-empfindlichen Problemkeimen. Nur vertretbar, wenn andere, besser verträgliche Antibiotika (z. B. Penicilline) nicht angewendet werden können. Darf bei Kindern und Jugendlichen nicht angewendet werden. Lang bewährtes Mittel.

Präparat	Wichtigste Nebenwirkungen	Empfehlung
Ciprohexal (D) Filmtabl. Ciprofloxacin *Rezeptpflichtig*	Relativ häufig: Magen-Darm-Störungen, zentralnervöse Störungen (z. B. psychotische Erregungszustände, Schwindel, Kopfschmerzen, Verwirrtheitszustände, Krampfanfälle). Leberschäden. Allergische Hautreaktionen (Rötung, Juckreiz), Knorpel- und Sehnenschäden	**Therapeutisch zweckmäßig bei** Infektionen mit Ciprofloxacin-empfindlichen Problemkeimen. Nur vertretbar, wenn andere, besser verträgliche Antibiotika (z. B. Penicilline) nicht angewendet werden können. Darf bei Kindern und Jugendlichen nicht angewendet werden. Lang bewährtes Mittel.
Enoxor (D) Filmtabl. Enoxacin *Rezeptpflichtig*	Häufig zentralnervöse Störungen (z. B. Schwindel, Kopfschmerzen, Verwirrtheitszustände, Krampfanfälle), Magen-Darm-Störungen, Lichtüberempfindlichkeit. Allergische Hautreaktionen (Rötung, Juckreiz), Knorpel- und Sehnenschäden	**Abzuraten** Wegen besserer Wirksamkeit und geringerer Nebenwirkungen sind Standardmittel wie z. B. Ciprofloxacin vorzuziehen. Darf bei Kindern und Jugendlichen nicht angewendet werden.
Firin (D) Filmtabl. Norfloxacin *Rezeptpflichtig*	Relativ häufig: Magen-Darm-Störungen, zentralnervöse Störungen (z. B. Schwindel, Kopfschmerzen, Verwirrtheitszustände, Krampfanfälle). Allergische Hautreaktionen (Rötung, Juckreiz), Knorpel- und Sehnenschäden	**Therapeutisch zweckmäßig nur** bei Infektionen der Harnwege mit Norfloxacin-empfindlichen Problemkeimen, wenn andere, besser verträgliche Antibiotika (z. B. Penicilline) nicht angewendet werden können. Darf bei Kindern und Jugendlichen nicht angewendet werden.
Keciflox (D) Filmtabl. Ciprofloxacin *Rezeptpflichtig*	Relativ häufig: Magen-Darm-Störungen, zentralnervöse Störungen (z. B. psychotische Erregungszustände, Schwindel, Kopfschmerzen, Verwirrtheitszustände, Krampfanfälle). Leberschäden. Allergische Hautreaktionen (Rötung, Juckreiz), Knorpel- und Sehnenschäden	**Therapeutisch zweckmäßig bei** Infektionen mit Ciprofloxacin-empfindlichen Problemkeimen. Nur vertretbar, wenn andere, besser verträgliche Antibiotika (z. B. Penicilline) nicht angewendet werden können. Darf bei Kindern und Jugendlichen nicht angewendet werden. Lang bewährtes Mittel.
Norfloxacin-ratiopharm (D/Ö) Filmtabl. **Norfloxacin Stada** (D) Filmtabl. Norfloxacin *Rezeptpflichtig*	Relativ häufig: Magen-Darm-Störungen, zentralnervöse Störungen (z. B. Schwindel, Kopfschmerzen, Verwirrtheitszustände, Krampfanfälle). Allergische Hautreaktionen (Rötung, Juckreiz), Knorpel- und Sehnenschäden	**Therapeutisch zweckmäßig nur** bei Infektionen der Harnwege mit Norfloxacin-empfindlichen Problemkeimen, wenn andere, besser verträgliche Antibiotika (z. B. Penicilline) nicht angewendet werden können. Darf bei Kindern und Jugendlichen nicht angewendet werden.

Präparat	Wichtigste Nebenwirkungen	Empfehlung
Ofloxacin-ratiopharm (D) Filmtabl. **Oflohexal** (D) Filmtabl. Ofloxacin *Rezeptpflichtig*	Relativ häufig: Magen-Darm-Störungen, zentralnervöse Störungen (z. B. psychotische Erregungszustände, Schwindel, Kopfschmerzen, Verwirrtheitszustände, Krampfanfälle). Leberschäden, allergische Hautreaktionen (Rötung, Juckreiz), Knorpel- und Sehnenschäden	**Therapeutisch zweckmäßig nur bei** Infektionen mit Ofloxacin-empfindlichen Problemkeimen. Nur vertretbar, wenn andere, besser verträgliche Antibiotika (z. B. Penicilline) nicht angewendet werden können. Darf bei Kindern und Jugendlichen nicht angewendet werden.
Tarivid (D/Ö) Filmtabl., Uro-Filmtabl. (D), Infusionslösung Ofloxacin *Rezeptpflichtig*	Relativ häufig: Magen-Darm-Störungen, zentralnervöse Störungen (z. B. psychotische Erregungszustände, Schwindel, Kopfschmerzen, Verwirrtheitszustände, Krampfanfälle). Leberschäden, allergische Hautreaktionen (Rötung, Juckreiz), Knorpel- und Sehnenschäden	**Therapeutisch zweckmäßig nur bei** Infektionen mit Ofloxacin-empfindlichen Problemkeimen. Nur vertretbar, wenn andere, besser verträgliche Antibiotika (z. B. Penicilline) nicht angewendet werden können. Darf bei Kindern und Jugendlichen nicht angewendet werden.
Tavanic (D/Ö) Filmtabl., Infusionslösung Levofloxacin *Rezeptpflichtig*	Relativ häufig: Magen-Darm-Störungen, zentralnervöse Störungen (z. B. psychotische Erregungszustände, Schwindel, Kopfschmerzen, Verwirrtheitszustände, Krampfanfälle). Leberschäden, allergische Hautreaktionen (Rötung, Juckreiz), Knorpel- und Sehnenschäden	**Therapeutisch zweckmäßig nur bei** Infektionen mit Levofloxacin-empfindlichen Problemkeimen. Nur vertretbar, wenn andere, besser verträgliche Antibiotika (z. B. Penicilline) nicht angewendet werden können. Darf bei Kindern und Jugendlichen nicht angewendet werden.
Urobacid (Ö) Filmtabl. Norfloxacin *Rezeptpflichtig*	Relativ häufig: Magen-Darm-Störungen, zentralnervöse Störungen (z. B. Schwindel, Kopfschmerzen, Verwirrtheitszustände, Krampfanfälle). Allergische Hautreaktionen (Rötung, Juckreiz), Knorpel- und Sehnenschäden	**Therapeutisch zweckmäßig nur bei** Infektionen der Harnwege mit Norfloxacin-empfindlichen Problemkeimen, wenn andere, besser verträgliche Antibiotika (z. B. Penicilline) nicht angewendet werden können. Darf bei Kindern und Jugendlichen nicht angewendet werden.

10.1.8. Aminoglykoside und Metronidazol

Aminoglykoside haben ein sehr breites Wirkungsspektrum und werden vor allem bei schweren, lebensbedrohlichen Infektionen verwendet.

Wichtigste Nebenwirkungen: Schwere Hör- und Nierenschäden. Die Gefahr dieser Nebenwirkungen kann durch genaue Überwachung des Blutspiegels verringert werden. Eine Therapie mit diesen Medikamenten sollte deshalb nur im Krankenhaus erfolgen, warnt der englische Antibiotika-Fachmann J. A. Gray.

Wichtigste Nebenwirkungen: Magen-Darm-Störungen, Übelkeit, Erbrechen, Appetitverlust. Selten Blutschäden, psychische Störungen, Überempfindlichkeitsreaktionen, Pilzinfektionen.

Metronidazol hat ein spezielles Wirkungsspektrum. Es wird vorwiegend bei Trichomonaden-Infektionen und in Kombination mit anderen Antibiotika zur Behandlung von Magengeschwüren verwendet.

10.1.8. Aminoglykoside und Metronidazol

Präparat	Wichtigste Nebenwirkungen	Empfehlung
Anaerobex (Ö) Infusionsfl., Zäpfchen, Filmtabl. Metronidazol *Rezeptpflichtig*	Magen-Darm-Störungen, Übelkeit, Erbrechen, Appetitverlust. Selten: Blutschäden, psychische Störungen, Überempfindlichkeitsreaktionen (z. B. Hautausschläge). Vorsicht: Keinen Alkohol einnehmen, da es zu Unverträglichkeitserscheinungen (Kopfschmerzen, Hitzegefühl) kommen kann	**Therapeutisch zweckmäßig bei** Metronidazol-empfindlichen Krankheitserregern (z. B. anaerobe Bakterien und Trichomonaden). Zur Kombinationsbehandlung bei Magenulkus geeignet.
Clont (D) Filmtabl. Metronidazol *Rezeptpflichtig*	Magen-Darm-Störungen, Übelkeit, Erbrechen, Appetitverlust. Selten: Blutschäden, psychische Störungen, Überempfindlichkeitsreaktionen (z. B. Hautausschläge). Vorsicht: Keinen Alkohol einnehmen, da es zu Unverträglichkeitserscheinungen (Kopfschmerzen, Hitzegefühl) kommen kann	**Therapeutisch zweckmäßig bei** Metronidazol-empfindlichen Krankheitserregern (z. B. anaerobe Bakterien und Trichomonaden). Zur Kombinationsbehandlung bei Magenulkus geeignet.

Präparat	Wichtigste Nebenwirkungen	Empfehlung
Gernebcin (D) Injektionslösung Tobramycin *Rezeptpflichtig*	Schwere Nieren- und Gehörschäden	**Therapeutisch zweckmäßig zur** Infusionsbehandlung von Tobramycin-empfindlichen Problemkeimen.
Metronidazol AL (D) Tabl. **Metronidazol Arcana** (Ö) Tabl., Kaps. **Metronidazol-ratiopharm** (D) Tabl., Infusionslösung **Metronidazol Sandoz** (D) Tabl. Metronidazol *Rezeptpflichtig*	Magen-Darm-Störungen, Übelkeit, Erbrechen, Appetitverlust. Selten: Blutschäden, psychische Störungen, Überempfindlichkeitsreaktionen (z. B. Hautausschläge). Vorsicht: Keinen Alkohol einnehmen, da es zu Unverträglichkeitserscheinungen (Kopfschmerzen, Hitzegefühl) kommen kann	**Therapeutisch zweckmäßig bei** Metronidazol-empfindlichen Krankheitserregern (z. B. anaerobe Bakterien und Trichomonaden). Zur Kombinationsbehandlung bei Magenulkus geeignet.
Refobacin (D/Ö) Amp. Gentamicin *Rezeptpflichtig*	Schwere Nieren- und Gehörschäden	**Therapeutisch zweckmäßig zur** Infusionsbehandlung von Gentamicin-empfindlichen Problemkeimen.
Tobrasix (Ö) Amp. Tobramycin *Rezeptpflichtig*	Schwere Nieren- und Gehörschäden	**Therapeutisch zweckmäßig zur** Infusionsbehandlung von Tobramycin-empfindlichen Problemkeimen.

10.2. Tuberkulosemittel

Um die Jahrhundertwende gehörte die Tuberkulose zu den häufigsten Todesursachen in Europa. Seit den fünfziger Jahren sinkt die Zahl der Erkrankungen ständig – vor allem wegen verbesserter hygienischer und sozialpolitischer Maßnahmen. 1999 erkrankten in Deutschland etwa 10.000 Menschen an Tuberkulose; etwa 1.000 starben daran.
An Tuberkulose leiden vor allem Menschen aus sozialen Randgruppen – Asylbewerber, Kriegsflüchtlinge, Obdachlose, Alkohol- und Drogenabhängige, Strafgefangene und HIV-Infizierte. Rund zehn Prozent aller neuen Tuberkulose-Erkrankungen werden wochenlang nicht als solche erkannt, sondern fälschlicherweise meist als Lungenentzündung diagnostiziert.

Ursache der Erkrankung

Tuberkulose wird verursacht durch Tuberkelbakterien. Wenn die körpereigenen Abwehrkräfte intakt sind, dann führt eine Infektion mit diesen Bakterien nicht zu einer Erkrankung. Wenn eine Erkrankung unbehandelt bleibt, können andere Personen angesteckt werden. Eine unbehandelte Tuberkulose kann tödlich enden.

Behandlung

Die einzig wirksame Behandlung dieser gefährlichen Erkrankung besteht in der Einnahme von Medikamenten. Ursprünglich war es üblich, Tuberkulose-Patienten in einem Krankenhaus zu isolieren. Heutzutage erfolgt die Behandlung jedoch häufig oder zumindest zeitweise ambulant. Eine Voraussetzung dafür ist jedoch, dass Patienten die notwendigen Medikamente verlässlich einnehmen, weil sonst die Gefahr besteht, dass die Tuberkelbakterien Resistenzen entwickeln und die Medikamente unwirksam werden.
Zur Vorbeugung einer Resistenzentwicklung erfolgt die Behandlung immer mit mehreren Medikamenten. Früher waren es zwei oder drei, inzwischen sind es wegen der steigenden Zahl resistenter Erreger am Beginn der Behandlung meist vier. Während der ersten beiden Monate werden meist folgende Medikamente verwendet: *Isoniazid*, *Rifampicin*, *Pyrazinamid* und entweder *Streptomycin* oder *Ethambutol*.
Nach zwei Monaten wird umgestellt auf eine Kombination von Isoniazid mit Rifampicin – diese Medikamente müssen weitere vier Monate eingenommen werden.
Kombinationsmittel, die bereits feste Kombinationen von Wirkstoffen enthalten (z. B. *Rifoldin INH*), sind nicht sinnvoll, weil jeder Wirkstoff individuell dosiert werden muss.

Wichtig: *Der Erfolg einer Behandlung hängt von der genauen Einnahme der vorgeschriebenen Medikamente ab. Man sollte keineswegs eigenmächtig mit der Einnahme von Medikamenten aufhören, wenn man sich besser fühlt und keine Krankheitsanzeichen mehr verspürt. Das Nichteinhalten der verordneten Therapie gilt als Hauptursache dafür, dass eine Behandlung nicht wirkt.*

Als Alternative zur Behandlung, bei der der Patient täglich Medikamente schluckt, gilt die »Therapie mit Unterbrechungen«. Bei dieser Therapie werden die Medikamente dreimal pro Woche gespritzt.

Medikamente

Die Auswahl der Medikamente hängt von der Empfindlichkeit der Tuberkelbakterien ab. Dies muss unter Umständen durch Laboruntersuchungen geklärt werden. Die Behandlung mehrfach resistenter Tuberkulose sollte nur von erfahrenen Lungenfachärzten durchgeführt werden.
Bei allen Medikamenten können – meistens im Zeitraum zwischen der dritten und achten Woche nach Beginn der Behandlung – Überempfindlichkeitsreaktionen auftreten. Die wichtigsten Symptome dafür sind Fieber, erhöhter Pulsschlag, Appetitlosigkeit und Unwohlsein. Alle Tuberkulose-Medikamente können auch »Vergiftungserscheinungen« verursachen.

Isoniazid

(enthalten z. B. in *INH »Agepha«, INH »Lannacher«, INH »Waldheim«, Isozid, Isozid-compositum N*). Als Nebenwirkungen treten vorwiegend zentralnervöse Störungen wie Schwindel, Kopfschmerzen und Benommenheit auf. Mögliche Nebenwirkungen sind außerdem: Nervenentzündung (periphere Neuritis), Magen-Darm-Störungen, allergische Erscheinungen, Blutschäden. In seltenen Fällen können Leberschäden und akute Psychosen auftreten.
Zur Verhinderung von Nervenentzündungen sollten Vitamin-B_6-Präparate (siehe Tabelle 14.3.) eingenommen werden. In manchen Isoniazid-Präparaten ist dieses Vitamin bereits als fixer Bestandteil enthalten.

Rifampicin

(enthalten z. B. in *Eremfat, Rifa, Rifampicin Hefa, Rifoldin*). Mögliche Nebenwirkungen sind Magen-Darm-Störungen, Schwindel, Kopfschmerzen, rötliche Verfärbung von Urin, Schweiß, Speichel, Tränen und schwere Leberschäden. Rifampicin beschleunigt den Abbau von Hormonen und macht deshalb die Empfängnisverhütung durch die Pille unsicher.

Ethambutol

(enthalten z. B. in *EMB-Fatol, Etibi, Myambutol*). Als einzig bedeutsame Nebenwirkung können Sehstörungen bei Überdosierung auftreten. Bei den derzeit üblichen Dosierungen ist diese Gefahr allerdings sehr gering. Bei Auftreten von Sehstörungen sollten keine weiteren Tabletten eingenommen und sofort ein Arzt aufgesucht werden.

Pyrazinamid
(enthalten z. B. in *Pyrafat*). Diese Substanz spielt bei Kurzzeittherapien in der Anfangsphase der Behandlung eine wichtige Rolle. Das Risiko einer Leberschädigung ist wesentlich geringer, als bisher angenommen wurde. Gelbfärbung der Augen oder der Haut können ein Hinweis auf Leberschädigung sein.

Streptomycin
(enthalten z. B. in *Streptomycin Hefa, Strepto-Fatol*). Diese Substanz kann nur i.m. (intramuskulär = in den Muskel gespritzt) gegeben werden. Die wichtigsten Nebenwirkungen sind: Schädigung des Hörvermögens und Nierenschäden.

10.2. Tuberkulosemittel

Präparat	Wichtigste Nebenwirkungen	Empfehlung
EMB-Fatol (D) Filmtabl., Injektionslösung Ethambutol *Rezeptpflichtig*	Selten Sehstörungen, Verstopfung, sehr selten Gicht	**Therapeutisch zweckmäßig nur** in Kombination mit anderen Tuberkulose-Mitteln.
Eremfat (D/Ö) Filmtabl., Sirup, Trockensubstanz Rifampicin *Rezeptpflichtig*	Leberschäden (auch schwere Formen möglich), Magen-Darm-Störungen, Schwindel, Kopfschmerzen, Empfängnisverhütung durch die Pille unsicher	**Therapeutisch zweckmäßig nur** in Kombination mit anderen Tuberkulose-Mitteln.
Etibi (Ö) Amp., Tabl. Ethambutol *Rezeptpflichtig*	Selten Sehstörungen (Arzt aufsuchen), Verstopfung, sehr selten Gicht	**Therapeutisch zweckmäßig nur** in Kombination mit anderen Tuberkulose-Mitteln.
INH Agepha (Ö) Tabl., **INH Lannacher** (Ö) Amp. **INH Waldheim** (Ö) Tabl. Isoniazid *Rezeptpflichtig*	Schwindel, Kopfschmerzen, Magen-Darm-Störungen, Leberschäden (vereinzelt schwere Formen möglich), Blutschäden, Nervenschäden	**Therapeutisch zweckmäßig** Lang bewährtes Mittel.

Präparat	Wichtigste Nebenwirkungen	Empfehlung
Isozid (D) Tabl., Trockensubstanz Isoniazid *Rezeptpflichtig*	Schwindel, Kopfschmerzen, Magen-Darm-Störungen, Leberschäden (vereinzelt schwere Formen möglich), Blutschäden, Nervenschäden	**Therapeutisch zweckmäßig** Lang bewährtes Mittel.
Isozid-compositum N (D) Tabl., Filmtabl. Isoniazid, Vitamin B_6 *Rezeptpflichtig*	Schwindel, Kopfschmerzen, Magen-Darm-Störungen, Leberschäden (vereinzelt schwere Formen möglich), Blutschäden, Nervenschäden	**Therapeutisch zweckmäßig** Sinnvolle Kombination von Isoniazid mit Vitamin B_6.
Myambutol (D/Ö) Filmtabl., Injektionslösung Ethambutol *Rezeptpflichtig*	Selten Sehstörungen, Verstopfung, sehr selten Gicht	**Therapeutisch zweckmäßig nur** in Kombination mit anderen Tuberkulose-Mitteln.
Pyrafat (D/Ö) Tabl., Filmtabl. Pyrazinamid *Rezeptpflichtig*	Leberschäden, Fieber, Appetitlosigkeit, Übelkeit, Lichtüberempfindlichkeit der Haut	**Nur zweckmäßig bei** Beginn der Kombinationsbehandlung mit anderen Tuberkulose-Mitteln. Maximal zwei Monate verwenden.
Rifa (D) Trockensubstanz, Drag. Rifampicin *Rezeptpflichtig*	Leberschäden (auch schwere Formen möglich), Magen-Darm-Störungen, Schwindel, Kopfschmerzen, Empfängnisverhütung durch die Pille unsicher	**Therapeutisch zweckmäßig** Lang bewährtes Mittel.
Rifampicin Hefa (D) Drag., Kaps., Amp. Rifampicin *Rezeptpflichtig*	Leberschäden (auch schwere Formen möglich), Magen-Darm-Störungen, Schwindel, Kopfschmerzen, Empfängnisverhütung durch die Pille unsicher	**Therapeutisch zweckmäßig** Lang bewährtes Mittel.
Rifoldin (Ö) Kaps., Drag., Sirup, Trockensubstanz Rifampicin *Rezeptpflichtig*	Leberschäden (auch schwere Formen möglich), Magen-Darm-Störungen, Schwindel, Kopfschmerzen, Empfängnisverhütung durch die Pille unsicher	**Therapeutisch zweckmäßig** Lang bewährtes Mittel.
Rifoldin INH (Ö) Drag. Rifampicin, Isoniazid *Rezeptpflichtig*	Schwindel, Kopfschmerzen, Magen-Darm-Störungen, Leberschäden (vereinzelt schwere Formen möglich), Blutschäden, Nervenschäden, Empfängnisverhütung durch die Pille unsicher	**Abzuraten** Fixe Kombinationen von Mitteln gegen Tuberkulose (Rifampicin, Isoniazid) sind nicht sinnvoll. Eine individuelle Dosierung der Einzelwirkstoffe ist notwendig, hier jedoch nicht möglich.

10.3. Virusmittel

Viren werden üblicherweise danach unterteilt, ob sie Ribonucleinsäure (RNA) oder Desoxyribonucleinsäure (DNA) enthalten.
RNA-Viren können folgende typische Krankheiten verursachen: Durchfall, Erkältung, Kinderlähmung, Grippe, Röteln, Gelbfieber, Mumps, Masern, Tollwut etc.
DNA-Viren sind Verursacher folgender Krankheiten: Warzen, akute Atemwegserkrankungen, Lippenherpes, Geschlechtsherpes, Windpocken, Blattern, Gürtelrose etc.
Die meisten Viruserkrankungen sind akute Prozesse. Chronische Verläufe sind selten (z. B. Warzen). Akute Erkrankungen klingen normalerweise dann wieder ab, wenn der Körper genügend Abwehrmechanismen entwickelt hat. Bei einigen Viruserkrankungen wird durch eine einmalige Infektion ein lebenslanger Schutz geschaffen.
Einige Viren haben die Fähigkeit, sich über einen längeren Zeitraum in Körperzellen aufzuhalten, ohne aktiv zu werden und Krankheitssymptome zu verursachen. Diese latente Infektion kann plötzlich als Krankheit wieder ausbrechen.
Eine Reihe von Viruserkrankungen wird ausführlich in anderen Kapiteln behandelt (z. B. Kapitel 4: Grippe, Erkältung; Kapitel 8.5.: Mittel zur Wundbehandlung und gegen Hautinfektionen; Kapitel 10.4.: Impfstoffe und Mittel zur Stärkung der Immunabwehr).

Behandlung

Viren besitzen – im Gegensatz zu den Bakterien – keinen eigenen Stoffwechsel und können sich deshalb nur in Verbindung mit anderen lebenden Zellen (pflanzliche, tierische, menschliche) vermehren. Wegen dieser engen Verbindung ist es schwierig, das Virus gezielt abzutöten. Eine Therapie, die Viren schädigt, schädigt gleichzeitig meist auch die Körperzellen.
Mittel gegen Viren verhindern lediglich eine weitere Ausbreitung der Erkrankung. Die derzeit vorhandenen Medikamente wirken nur während des Wachstumsprozesses der Viren, nicht jedoch auf inaktive Viren. Die Viren selbst müssen von der körpereigenen Abwehr bekämpft werden.
Im Vergleich zu den Fortschritten bei der Behandlung von bakteriellen Infektionen befindet sich die spezifische Behandlung von viralen Infektionen noch in den Kinderschuhen.

Da bei Viruserkrankungen die Therapiemöglichkeiten mit Medikamenten nach wie vor sehr begrenzt sind, besteht die Behandlung meistens aus Bettruhe und der Einnahme von schmerzstillenden und entzündungshemmenden Mitteln.
Gegen die so genannten Erkältungskrankheiten, die meist durch Viren verursacht sind (nicht durch Kälte oder Nässe, wie fälscherlicherweise geglaubt wird), gibt es bislang keine wirksamen Medikamente. In einem angesehenen amerikanischen Lehrbuch heißt es: »Gerade deshalb, weil es keine wirksamen Medikamente zur Behandlung der durch Viren verursachten Erkrankungen der oberen Atemwege gibt, hat sich ein sehr profitabler Markt auf diesem Gebiet entwickelt.« Es ist auch unwahrscheinlich, dass in den nächsten Jahren ein wirksames Medikament gefunden wird. Die wirksamste Bekämpfung einiger Viruserkrankungen besteht in einer aktiven Impfung (siehe dazu Kapitel 10.4.: Impfstoffe).

Herpes

Siehe Kapitel 8.5.: Virusmittel auf der Haut.

Herpes zoster (Gürtelrose)

Gürtelrose wird durch dasselbe Virus verursacht, das auch Windpocken auslöst – Varicella-Zoster. Gürtelrose kann an allen Teilen des Körpers auftreten und macht sich durch brennende Schmerzen, Rötung und Bläschen bemerkbar. Die Bläschen erscheinen entlang der Nerven, verkrusten und hinterlassen nach zwei bis drei Wochen kleine Narben. Die brennenden Schmerzen können monatelang andauern.
Zur Behandlung werden antivirale Mittel wie Aciclovir (enthalten z. B. in *Acic, Aciclovir 1AP, Aciclovir AL, Aciclovir Genericon, Aciclovir Heumann, Aciclovir von ct, Aciclostad, Aciclovir-ratiopharm, Virzin, Zovirax*) oder Valaciclovir (enthalten z. B. in *Valtrex/S*) verwendet. Diese Medikamente mindern den Schmerz während der akuten Phase, haben jedoch keinen Einfluss auf die nachfolgenden Neuralgien. Wenn das Auge von Gürtelrose betroffen ist, vermindern diese Medikamente die Komplikationen, die zu Blindheit führen können.
Zur unterstützenden Behandlung bei Gürtelrose wird vom Hersteller das Arzneimittel *Wobe Mugos* angepriesen. Laut Fachzeitschrift »arznei-telegramm« gibt es jedoch keinen nachvollziehbaren seriösen Beleg für eine Wirksamkeit. Von der Verwendung dieses Mittels raten wir daher ab.

AIDS

AIDS wird durch das so genannte HI-Virus (Humanes Immunschwäche-Virus) hervorgerufen, das 1984 entdeckt wurde. Als Folge der Infektion kommt es nach Jahren zu einer langsamen Verminderung einer bestimmten Art der weißen Blutkörperchen, der sog. CD4-positiven Zellen. Diese Zellen bilden einen Teil der »Wachmannschaft« des Körpers, zuständig für den Schutz gegen Krebszellen und Krankheitskeime. Durch die Ansteckung mit dem HI-Virus kann sich der Körper gegen krank machende Einflüsse nicht mehr schützen.

In Deutschland haben sich seit den 80er Jahren bis Ende 2003 etwa 60.000 Menschen mit HIV infiziert. Davon sind nach Schätzungen etwa 21.000 an AIDS gestorben und über 26.000 an AIDS erkrankt. Derzeit leben nach Schätzungen des Robert-Koch-Instituts in Deutschland etwa 40.000 HIV-Infizierte.

Jedes Jahr infizieren sich in Deutschland etwa 2.000 Personen neu mit HIV. Diese Zahl bleibt in den letzten Jahren relativ konstant. Nach wie vor erfolgt die überwiegende Zahl der Neuinfektionen über homosexuelle Kontakte bei Männern. Der Anteil der infizierten Frauen – durch Drogenkontakte, durch Geschlechtsverkehr – beträgt etwa 20 Prozent (= 400 Frauen).

In Österreich infizieren sich jedes Jahr insgesamt rund 400 Personen mit HIV. Diese Infektionsrate ist in den letzten Jahren relativ konstant geblieben.

Das Risiko, durch heterosexuellen Geschlechtsverkehr mit HIV infiziert zu werden, ist sowohl in Deutschland als auch in Österreich sehr gering. Einen zuverlässigen Schutz bietet jedoch nur die Verwendung von Kondomen.

Das Auftreten und der Verlauf von AIDS kann durch die Einnahme von Medikamenten zwar nicht aufgehalten, aber verzögert und gemildert werden. Meist handelt es sich um eine Kombination von zwei oder drei verschiedenen Wirkstoffen. Häufig verwendete Mittel sind: *Epivir, Famvir, Kaletra, Rebetol, Retrovir, Sustiva, Trizivir, Valtrex/ S, Videx, Viramune, Zerit.* Auf jeden Fall ist eine individuell abgestimmte Therapie notwendig, da alle Medikamente beträchtliche Nebenwirkungen und damit eine Einschränkung der Lebensqualität verursachen können.

10.3. Virusmittel

Präparat	Wichtigste Nebenwirkungen	Empfehlung
Acic/ PI (D) Tabl., Trockensubstanz zur Infusion Aciclovir *Rezeptpflichtig*	Hautausschläge, Nierenfunktionsstörungen, Venenreizungen bei Injektionen	**Therapeutisch zweckmäßig bei** schweren Infektionen mit Herpes simplex und Varizellen-Viren (z. B. Herpes genitalis, Gürtelrose) und zur Vorbeugung von Herpes-simplex-Infektionen. Injektionen auch bei Gehirnentzündung.
Aciclostad (D/Ö) Tabl. Aciclovir *Rezeptpflichtig*	Hautausschläge, Nierenfunktionsstörungen	**Therapeutisch zweckmäßig bei** schweren Infektionen mit Herpes simplex und Varizellen-Viren (z. B. Herpes genitalis, Gürtelrose) und zur Vorbeugung von Herpes-simplex-Infektionen.
Aciclovir 1 A Pharma (D) Tabl. **Aciclovir AL** (D) Tabl. **Aciclovir Genericon** (Ö) Tabl. **Aciclovir Heumann** (D) Tabl. **Aciclovir von ct** (D) Tabl. Aciclovir *Rezeptpflichtig*	Hautausschläge, Nierenfunktionsstörungen	**Therapeutisch zweckmäßig bei** schweren Infektionen mit Herpes simplex und Varizellen-Viren (z. B. Herpes genitalis, Gürtelrose) und zur Vorbeugung von Herpes-simplex-Infektionen.
Aciclovir-ratiopharm (D) Filmtabl., Amp. Aciclovir *Rezeptpflichtig*	Hautausschläge, Nierenfunktionsstörungen, Venenreizungen bei Injektionen	**Therapeutisch zweckmäßig bei** schweren Infektionen mit Herpes simplex und Varizellen-Viren (z. B. Herpes genitalis, Gürtelrose) und zur Vorbeugung von Herpes-simplex-Infektionen.
Combivir (D/Ö) Filmtabl. Lamivudin, Zidovudin *Rezeptpflichtig*	Übelkeit, Erbrechen, Bauchschmerzen, auch als Anzeichen einer lebensbedrohlichen Ansäuerung des Blutes (Laktatacidose), schwere Blutbildungsstörungen, Leberschäden, Fieber	**Therapeutisch zweckmäßig zur** Kombinationsbehandlung von HIV-Infektionen bzw. AIDS mit weiteren Wirkstoffen. Kombination antiretroviraler Wirkstoffe.
Epivir (D/Ö) Filmtabl., Lösung Lamivudin *Rezeptpflichtig*	Schwere Blutarmut, Magen-Darm-Störungen	**Therapeutisch zweckmäßig zur** Kombinationsbehandlung von HIV-Infektionen bzw. AIDS. Antiretroviraler Wirkstoff.

Präparat	Wichtigste Nebenwirkungen	Empfehlung
Famvir (D/Ö) Filmtabl. **Famvir Zoster** (D) Filmtabl. Famciclovir *Rezeptpflichtig*	Kopfschmerzen, Müdigkeit, Verwirrtheit, Übelkeit, Hautjucken	**Therapeutisch zweckmäßig bei** schweren Infektionen mit Herpes und Varizellen-Viren (z. B. Herpes genitalis und Zoster = Gürtelrose). Noch relativ wenig erprobt.
Kaletra (D) Lösung, Weichkaps. Lopinavir, Ritonavir *Rezeptpflichtig*	Häufig Magen-Darm-Störungen, Blutbildungsstörungen, Fettstoffwechselstörungen, Hautausschläge, Kopfschmerzen, Schlafstörungen	**Therapeutisch zweckmäßig** Sinnvolle Kombination zur Behandlung von HIV-Infektionen bzw. AIDS. Proteasehemmer.
Rebetol Hartkapseln (D/Ö) Kaps. Ribavirin *Rezeptpflichtig*	Blutschäden (Anämie), Kopfschmerzen, Magenschmerzen, Muskel- und Gelenkschmerzen, grippeähnliche Symptome mit Fieber und Schüttelfrost, Atembeschwerden, psychische Veränderungen	**Möglicherweise zweckmäßig zur** Kombinationsbehandlung mit Interferonen bei Infektionen mit Hepatitis-A und C-Viren.
Relenza (D/Ö) Pulver zur Inhalation Zanamivir *Rezeptpflichtig*	Atembeschwerden mit Bronchospasmen, Kopfschmerzen, Müdigkeit, Übelkeit, Erbrechen	**Abzuraten** Therapeutische Wirksamkeit bei echter Virusgrippe (Influenza) und zur Vorbeugung zweifelhaft. Vorbeugung einer Grippeinfektion durch Impfung ist vorzuziehen. Noch unzureichend erprobt. Vertretbar nur in Notfällen bei starker Gefährdung durch Influenza.
Retrovir (D/Ö) Kaps., Filmtabl., Lösung, Infusionslösung (D) Zidovudin *Rezeptpflichtig*	Schwere Blutarmut, Magen-Darm-Störungen, Muskel- und Gelenkschmerzen, grippeähnliche Symptome mit Fieber und Schüttelfrost, Atembeschwerden, psychische Veränderungen	**Therapeutisch zweckmäßig zur** Kombinationsbehandlung von HIV-Infektionen bzw. AIDS. Antiretroviraler Wirkstoff.
Sustiva (D) Hartkaps., Filmtabl. Efavirenz *Rezeptpflichtig*	Kopfschmerzen, Übelkeit, Magen-Darm-Störungen, Müdigkeit, Allergien, Fieber, Schwindel, psychische Veränderungen	**Therapeutisch zweckmäßig zur** Kombinationsbehandlung von HIV-Infektionen und AIDS. Antiretroviraler Wirkstoff.

Präparat	Wichtigste Nebenwirkungen	Empfehlung
Tamiflu (D/Ö) Hartkaps., Pulver Oseltamivir *Rezeptpflichtig*	Atembeschwerden mit Bronchospasmen, Kopfschmerzen, Müdigkeit, Übelkeit, Erbrechen, Magenschmerzen	**Abzuraten** Therapeutische Wirksamkeit bei echter Virusgrippe (Influenza) und zur Vorbeugung zweifelhaft. Vorbeugung einer Grippeinfektion durch Impfung ist vorzuziehen. Noch unzureichend erprobt. Vertretbar nur in Notfällen bei starker Gefährdung durch Influenza.
Trizivir (D/Ö) Filmtabl. (D) Abacavir, Lamivudin, Zidovudin *Rezeptpflichtig*	Lebensbedrohliche Allergien, Übelkeit, Erbrechen, Durchfall, Kopfschmerzen, Fieber, schwere Leberschäden, Blutschäden, Entzündung der Bauchspeicheldrüse, Nervenschäden, Nierenfunktionsstörungen	**Therapeutisch zweckmäßig zur** Kombinationsbehandlung von HIV-Infektionen bzw. AIDS, wenn vorher die Wirkstoffe in entsprechender Einzeldosierung erfolgreich eingesetzt wurden. Antiretrovirale Wirkstoffe.
Valtrex/ S (D) Filmtabl. Valaciclovir *Rezeptpflichtig*	Kopfschmerzen, Magen-Darm-Störungen, Hautausschläge, Nierenfunktionsstörungen	**Therapeutisch zweckmäßig bei** schweren Infektionen mit Herpes und Varizellen-Viren (z. B. Herpes genitalis und Zoster = Gürtelrose). Noch relativ wenig erprobt.
Videx (D/Ö) Kaps., Pulver Didanosin *Rezeptpflichtig*	Entzündung der Bauchspeicheldrüse, Nervenschäden, Nierenfunktionsstörungen	**Möglicherweise zweckmäßig zur** Kombinationsbehandlung von HIV-Infektionen und AIDS. Antiretroviraler Wirkstoff.
Viramune (D/Ö) Suspension, Tabl. Nevirapin *Rezeptpflichtig*	Häufig Hautreaktionen, Kopfschmerzen, Fieber, schwere Leberschäden, lebensbedrohliche Allergien	**Therapeutisch zweckmäßig zur** Kombinationsbehandlung von HIV-Infektionen bzw. AIDS. Antiretroviraler Wirkstoff.
Virzin (D) Tabl. Aciclovir *Rezeptpflichtig*	Hautausschläge, Nierenfunktionsstörungen, Venenreizungen bei Injektionen	**Therapeutisch zweckmäßig bei** schweren Infektionen mit Herpes simplex und Varizellen-Viren (z. B. Herpes genitalis, Gürtelrose) und zur Vorbeugung von Herpes-simplex-Infektionen.
Zerit (D/Ö) Kaps., Pulver Stavudin *Rezeptpflichtig*	Entzündung der Bauchspeicheldrüse, Nervenschäden, Nierenfunktionsstörungen	**Möglicherweise zweckmäßig zur** Kombinationsbehandlung von HIV-Infektionen bzw. AIDS. Antiretroviraler Wirkstoff.

Präparat	Wichtigste Nebenwirkungen	Empfehlung
Ziagen (D/Ö) Lösung, Filmtabl. Abacavir *Rezeptpflichtig*	Kopfschmerzen, Fieber, schwere Leberschäden, lebensbedrohliche Allergien, Blutschäden, Entzündung der Bauchspeicheldrüse, Nervenschäden, Nierenfunktionsstörungen	**Möglicherweise zweckmäßig zur** Kombinationsbehandlung von HIV-Infektionen bzw. AIDS. Antiretroviraler Wirkstoff.
Zovirax (D/Ö) Filmtabl., Suspension, Trockensubstanz Aciclovir *Rezeptpflichtig*	Hautausschläge, Nierenfunktionsstörungen, Venenreizungen bei Injektionen	**Therapeutisch zweckmäßig bei** schweren Infektionen mit Herpes simplex und Varizellen-Viren (z. B. Herpes genitalis, Gürtelrose) und zur Vorbeugung von Herpes-simplex-Infektionen. Injektionen auch bei Gehirnentzündung.

10.4. Impfstoffe und Mittel zur Stärkung der Immunabwehr

Wenn ein Virus oder eine Bakterie in den menschlichen Körper eindringt, produziert dieser nach einiger Zeit speziell gegen den Eindringling gerichtete Abwehrstoffe, so genannte Antikörper. Diese Antikörper machen den Krankheitserreger unschädlich. Hat der Körper diese Fähigkeit einmal erworben, dann besteht oft für einen längeren Zeitraum (in manchen Fällen sogar lebenslang) die Möglichkeit, schnell und in großen Mengen diesen Abwehrstoff zu produzieren. Falls wieder ein Krankheitserreger derselben Art in den Körper eindringt, wird er sofort von den Antikörpern vernichtet und kann keine Krankheit mehr verursachen. Das nennt man Immunität.

Immunisierung

Der Sinn einer Impfung besteht darin, dass der Körper lernt, Abwehrstoffe zu entwickeln, ohne zu erkranken. Dies geschieht, indem dem Körper ungefährlich gemachte Krankheitserreger (Impfstoffe) zugeführt werden.
Besonders bei Viruserkrankungen, gegen die es keine oder nur schlecht wirkende Medikamente gibt, sind Impfungen oft nützlich. Die meisten Impfungen werden im frühen Kindesalter durchgeführt. Die amtlichen Empfehlungen, wann welche Impfungen sinnvollerwei-

se absolviert werden sollen, unterscheiden sich in Österreich und Deutschland nur geringfügig.

Impfempfehlungen in Deutschland und Österreich

Aufgrund neuer Forschungsergebnisse und sich ändernder Krankheitssituationen im Land ändern sich von Zeit zu Zeit auch die Impfempfehlungen für Kinder und Erwachsene.
Den jeweils gültigen Impfplan können Sie von Ihrem Gesundheitsamt bekommen.

Cholera

Eine Impfung gegen Cholera wird weltweit von keinem einzigen Land mehr vorgeschrieben. Die Weltgesundheitsorganisation (WHO) hat diese Impfung aufgrund der geringen Wirksamkeit aus den internationalen Gesundheitsvorschriften herausgenommen. Selbst in Epidemiezeiten erkranken nur etwa 15 Prozent aller Personen, die sich mit Cholera infiziert haben. Gefährdet sind Menschen in schlechten sozialen und hygienischen Verhältnissen.
Die Impfung bietet keinen sicheren Schutz und ist zudem nur für kurze Zeit (zwei bis drei Monate) wirksam.
Als Nebenwirkungen können Unwohlsein, Fieber, Gewebsverhärtungen und entzündliche Hautrötungen an der Einstichstelle auftreten.

Diphtherie und Tetanus

Eine Impfung schützt nicht gegen die Ausbreitung dieser Krankheiten, sondern nur gegen die Folgen der Giftstoffe dieser Krankheitserreger. Nach der Grundimpfung mit Tetanus- und Diphtherie-Impfstoffen (im 1., 2., 6. und 11. bis 12. Lebensjahr) sollte die Tetanus-Impfung alle 10 Jahre wieder aufgefrischt werden. Jährlich erkranken in Deutschland etwa 15 Personen an Tetanus, die Hälfte dieser Erkrankungen endet tödlich.

Zeckenimpfung (Frühsommer-Meningoencephalitis-FSME)

FSME ist eine Virusinfektion, die Erkrankungen des Gehirns und Rückenmarks verursacht. Hauptüberträger ist der »gemeine Holzbock«, die verbreitetste heimische Zeckenart. In seltenen Fällen kann FSME auch durch den Genuss nichtpasteurisierter Milch von Ziegen und Schafen übertragen werden. Die Gebiete, in denen FSME-befallene Zecken häufig vorkommen, sind meist streng umgrenzt. In Deutsch-

land betrifft dies vor allem Gebiete in den Bundesländern Bayern und Baden-Württemberg, in Österreich die Flußniederungen entlang der Donau sowie Teile von Kärnten, Steiermark und Burgenland. Außerhalb dieser Regionen ist das Risiko gering.
In der Bundesrepublik ist in Gegenden mit FSME-Vorkommen nur etwa jede 600ste Zecke Trägerin des FSME-Virus. In der Donauebene östlich von Wien ist es jedoch jede 30ste bis 40ste Zecke, deshalb ist hier auch das Risiko einer Erkrankung größer.
Mit einer Impfung erreicht man einen Schutz gegen das FSME-Virus von etwa 90 Prozent über mehrere Jahre.
Als *Nebenwirkungen* der Impfung können Fieber, Kopfschmerzen, Unwohlsein, neurologische Komplikationen, wie z. B. Polyneuritis, multiple Sklerose sowie Gewebsverhärtungen und entzündliche Hautrötungen an der Einstichstelle auftreten.

Lyme-Borreliose

Ebenfalls durch Zecken kann die so genannte Lyme-Borreliose übertragen werden, eine bakterielle Infektion. Dagegen gibt es keine Impfmöglichkeit, obwohl Zecken etwa 300-mal öfter Bakterien vom Typ Borrelien tragen als FSME-Viren und das Risiko dieser Erkrankung daher sehr viel höher ist als das Risiko durch FSME. Die Durchseuchung der Zecken mit dem Bakterium, das die Lyme-Borreliose verursacht, ist im Gegensatz zu FSME nicht auf streng umgrenzte Gebiete beschränkt, sondern betrifft alle Regionen Europas. Zur Vorbeugung sollte man den Körper regelmäßig nach Zecken absuchen, diese in Kopfnähe greifen und ohne Druck auf den Hinterleib nach oben herausziehen. *Nicht mit Öl, Lack oder Klebstoff abtöten, weil dies die Erregerübertragung fördert.*
Die Erkrankung verläuft in mehreren Stadien, verläuft meistens leicht und beginnt häufig mit einer scheibchenförmigen Entzündung an der Einstichstelle – Tage oder Wochen nach dem Zeckenbiss. Lyme-Borreliose ist mit Antibiotika gut behandelbar.

Grippe

Die echte Grippe (Influenza) ist durch Viren verursacht.
Das Risiko, an einer echten Grippeinfektion zu sterben, steigt mit zunehmendem Alter. Für folgende Personen wird eine Impfung empfohlen: Menschen über 60 sowie gesundheitlich besonders gefährdete Patienten mit Herzkrankheiten, Asthma, chronischen Nierenkrankheiten und Zuckerkrankheit. Außerdem für Angehörige von grippegefährde-

ten Personen, die im selben Haushalt leben, und für medizinisches Personal, das mit grippegefährdeten Patienten in Kontakt kommt.

Hepatitis

Hepatitis A (Reisehepatitis) wird durch Wasser und Nahrungsmittel übertragen. Deutsche und Österreicher stecken sich meist nicht im eigenen Land an, sondern auf Reisen in Länder, in denen Hepatitis A weit verbreitet ist (Afrika, Asien, Südamerika). Etwa 50.000 Deutsche erkranken jährlich daran.

Gegen *Hepatitis A* gibt es einen wirksamen Impfstoff (*Havrix*). Nach der ersten Impfung gibt es einen Schutz von etwa 70 Prozent, nach der zweiten fast 100, nach der dritten hält der Schutz etwa zehn Jahre.

Gegen *Hepatitis B* (Infektiöse Gelbsucht; meist durch sexuellen Verkehr, verunreinigte Spritzen oder Transfusionen übertragen) steht seit einigen Jahren ein sicherer Impfstoff zur Verfügung (*Engerix*). Geimpft werden sollten alle Personen, die ein erhöhtes Risiko haben, an Hepatitis B zu erkranken: Ärzte, Pflegepersonal, Dialysepatienten etc. Jedes Jahr infizieren sich etwa 50.000 Deutsche mit Hepatitis B. Die Erkrankung dauert im Allgemeinen etwa 12 Wochen und heilt zwar in etwa 85 Prozent aller Fälle folgenlos ab, kann jedoch auch tödlich verlaufen.
Die Impfung verursacht keine ernsthaften Nebenwirkungen. Bei etwa jedem 10. Patienten treten Druckschmerzen an der Einstichstelle auf. Es gibt auch einen kombinierten Impfstoff gegen Hepatitis A und B (*Twinrix*).

Gegen *Hepatitis C* gibt es derzeit keinen Impfstoff. Die Übertragung von Hepatitis C erfolgt meist durch gemeinsame Nadelbenützung bei Drogensüchtigen, durch Tätowierungen und Dialysen, selten durch sexuellen Kontakt. Hepatitis C kann mit Interferonen und antiviralen Mitteln wie dem Wirkstoff Ribavirin behandelt werden. Eine heilende Wirkung wird in etwa 50 Prozent aller Fälle.

Kinderlähmung (Polio)

Seit der routinemäßigen Impfung aller Kinder gegen Polio ist diese Krankheit in den westlichen Industriestaaten praktisch ausgestorben. Das hat dazu geführt, dass die Zahl der Impfungen gegen Kinderlähmung abgenommen hat. Fachleute warnen deshalb vor der Gefahr neuer Kinderlähmungsfälle.

Keuchhusten (Pertussis)

Keuchhusten war früher eine gefährliche Krankheit. Heute verläuft sie meist wesentlich milder. Manche Komplikationen sind durch Antibiotika-Behandlung vermeidbar – jedoch nur dann, wenn gleich am Beginn der Erkrankung behandelt wird; meist wird dieser Zeitpunkt jedoch verpasst.
In den ersten drei Lebensmonaten, in denen Keuchhusten am gefährlichsten ist, darf nicht geimpft werden, und die Impfungen bieten nur kurzfristigen und unsicheren Schutz.
Keuchhustenimpfungen werden sowohl in Deutschland als auch in Österreich für alle Säuglinge und Kleinkinder empfohlen. Wegen der großen Impflücken der letzten Jahre ist die Zahl der Keuchhustenfälle gestiegen.
Die Impfung erfolgt ab dem dritten Monat dreimal im Abstand von 4 bis 8 Wochen und einmal nach ca. einem Jahr.

Masern und Mumps

Vor der Entwicklung von wirksamen Impfstoffen waren Masern und Mumps relativ häufig auftretende Kinderkrankheiten.
Der zweckmäßigste Zeitpunkt für eine Impfung ist im zweiten Lebensjahr, aber nach dem 15. Lebensmonat. Zusätzlich schlägt die deutsche Impfkommission eine zweite Masernimpfung im sechsten Lebensjahr zum Schuleintritt vor.

Als *Nebenwirkungen* können Fieber, Hautausschläge und Druckempfindlichkeit an der Einstichstelle auftreten.

Pneumokokken-Impfung

Atemwegserkrankungen, die durch Bakterien (z. B. Pneumokokken) verursacht werden, sind relativ häufig. Impfstoffe gegen Pneumokokken bieten kaum einen Schutz vor Erkrankungen der Atemwege.
Eine Impfung wird lediglich bei sehr seltenen Krankheiten, wie z. B. Splenektomie (operative Entfernung der Milz) oder Sichelzellanämie (Blutkrankheit), empfohlen. Die Wirksamkeit von Pneumokokken-Impfungen bei älteren Menschen und Alkoholikern ist umstritten. Kleinkinder, Schwangere und Diabetiker sollten auf keinen Fall geimpft werden.
Als *Nebenwirkung* der Impfung können Fieber, Rötung und Empfindlichkeit an der Einstichstelle auftreten.

Röteln

Röteln kann man nur einmal im Leben bekommen. Durch die Erkrankung erwirbt man sich einen lebenslangen Schutz vor einer Wiedererkrankung. Bei Schwangeren können Röteln zu Missbildungen des Embryos führen. Deshalb sollten Mädchen im 13. Lebensjahr, die nicht bereits eine Röteln-Erkrankung gehabt haben, geimpft werden. Innerhalb von drei Monaten nach der Impfung sollte eine Schwangerschaft vermieden werden.
Als *Nebenwirkungen* können Fieber, Hautausschläge, Gewebsverhärtungen und Empfindlichkeit an der Einstichstelle auftreten.

Haemophilus

Seit einigen Jahren gibt es einen wirksamen und risikoarmen Impfstoff (HIB) gegen die so genannten Haemophilus-Bakterien, welche bei Säuglingen und Kleinkindern eine schwere, eitrige Gehirnhautentzündung und lebensbedrohende Kehlkopfentzündungen hervorrufen können. Diese Impfung wird für alle Säuglinge empfohlen.

Tollwut

Die Tollwut-Schutzimpfung wird normalerweise nur dann durchgeführt, wenn eine Person durch ein tollwütiges oder tollwutverdächtiges Tier gebissen wurde oder wenn verletzte Haut mit Speichel des Tieres in Kontakt gekommen ist. In der folgenden Tabelle sind keine Tollwut-Impfstoffe angeführt, weil solche Mittel nur sehr selten gebraucht werden.
Nicht jeder Biss oder jeder Kratzer durch ein tollwütiges Tier führt beim Menschen zur Erkrankung an Tollwut. Das Risiko, zu erkranken, liegt bei 15 bis 20 Prozent. Eine Erkrankung ohne Behandlung endet jedoch ausnahmslos tödlich.
Bei besonders gefährdeten Personen (z. B. Jägern) ist eine vorbeugende Einnahme von Impfstoffen zweckmäßig (z. B. mit *Rabipur* D/Ö).
Als *Nebenwirkung* kann häufig Fieber, Kopfschmerz und Unwohlsein auftreten.

Tuberkulose (BCG)

Anfang 1998 änderte die »Ständige Impfkommission« in Deutschland ihre Empfehlung zur Tuberkuloseimpfung: Wegen des geringen Risi-

kos und wegen der schwerwiegenden unerwünschten Wirkungen wird die Impfung nun nicht mehr generell empfohlen.
Als *Nebenwirkung* einer Impfung können Lymphknotenentzündungen und Entzündungen an der Einstichstelle auftreten.

Typhus und Paratyphus

Diese schweren Fieberkrankheiten werden durch Nahrungsmittel übertragen und treten infolge guter hygienischer Verhältnisse in Europa nur noch selten auf. In Nord- und Zentralafrika besteht ein relativ großes Risiko einer Infektion mit Typhus, in Südostasien und Fernost mit Paratyphus.
Eine Schluckimpfung (*Typhoral L*) bietet nur unsicheren Schutz (Wirksamkeit etwa 60 Prozent). Zuverlässiger sind allgemein gültige Vorsorgeregeln beim Essen und Trinken. Bei gleichzeitiger Einnahme mit Antibiotika (z. B. Malariaprophylaxe) wird die Schluckimpfung unwirksam.

Passive Immunisierung – Immunglobuline

Außer der Möglichkeit, den Körper anzuregen, selbst Abwehrstoffe zu produzieren (Impfung), kann man dem Körper auch fertige Abwehrstoffe (Immunglobuline) zuführen. Diese »passive Immunisierung« bietet jedoch nur kurzfristigen Schutz vor Erkrankungen (höchstens einige Monate). Bei nachgewiesener Ansteckungsmöglichkeit mit manchen Erkrankungen (Masern, Leberentzündung (Hepatitis), Tollwut, Tetanus, Zeckenencephalitis, Diphtherie und Kinderlähmung) kann die sofortige Verwendung wirksamer Immunglobuline den Ausbruch der Erkrankung verhindern. Bestimmte Immunglobuline können eine Rhesussensibilisierung verhindern. Im Übrigen ist der Einsatz von Immunglobulinen nur bei Patienten mit einem nachgewiesenen Immunglobulinmangel (humoraler Immundefekt) sinnvoll. Die Herstellerfirmen werden jedoch nicht müde, diese sehr teuren Präparate immer wieder für die verschiedensten schweren Krankheitsformen anzupreisen. Dabei können diese Präparate, die aus menschlichem Serum gewonnen werden, selbst Viruserkrankungen übertragen (wie alle Blutprodukte) und zu lebensbedrohlichen, allergischen Reaktionen führen.
Immunglobuline werden vor allem bei Patienten verwendet, deren körpereigenes Abwehrsystem krankhaft gestört ist (humorale Immundefekte).

Zunehmend häufiger werden Immunglobuline auch bei schweren bakteriellen Allgemeininfektionen verwendet. Die Fachzeitschrift »arznei-telegramm« beurteilt die Wirkung allerdings als »fraglich«. Die Internationale Vereinigung der Immunologischen Gesellschaften (IUIS) hat gemeinsam mit der Weltgesundheitsorganisation (WHO) eine Erklärung abgegeben, in der die häufige, unnötige Anwendung von Immunglobulinen kritisiert wird.

Mehrfachimpfstoffe

In letzter Zeit ist der Verdacht aufgetaucht, dass die Verwendung von Mehrfachimpfstoffen bei Kindern möglicherweise ein erhöhtes Risiko von plötzlichem Kindstod bewirkt. Dieser Verdacht ist bis jetzt aber noch nicht sicher belegt. Es werden weitere Untersuchungen durchgeführt.

10.4.1. Impfstoffe

Präparat	Wichtigste Nebenwirkungen	Empfehlung
Begrivac (D/Ö) Suspension Influenza-Virus-Antigene Weitere Bestandteile: Hühnereiweiß (Spuren) *Rezeptpflichtig*	Fieber, lokale Reaktionen an der Einstichstelle, sehr selten Nervenschäden	**Therapeutisch zweckmäßig zur** Vorbeugung der echten Virusgrippe bei gefährdeten Personen.
Diphtherie Adsorbat Impfstoff (D/Ö) Suspension Diphtherie-Toxoid *Rezeptpflichtig*	Fieber, lokale Reaktionen an der Einstichstelle	**Therapeutisch zweckmäßig zur** Vorbeugung von Diphtherie bei Kindern und Erwachsenen. Empfehlenswert.
Encepur/ Erwachsene/ Kinder (D/Ö) Suspension zur i.m. Injektion Inaktiviertes FSME Virus Weitere Bestandteile: Neomycin, Gentamycin, Chlortetracyclin *Rezeptpflichtig*	Fieber, lokale Reaktionen an der Einstichstelle, neurologische Komplikationen, Entzündungen von Nerven und Gehirn möglich	**Therapeutisch zweckmäßig zur** Vorbeugung der Frühsommer-Meningoencephalitis (FSME) durch Zeckenbisse. Anwendung nur in Risikogebieten bei gefährdeten Personen (z. B. Jägern, Waldarbeitern) vertretbar.

Präparat	Wichtigste Nebenwirkungen	Empfehlung
Engerix-B Erwachsene (D/Ö) **Engerix-B Kinder** (D/Ö) Suspension Hepatitis-B-Antigen Weitere Bestandteile: Thiomersal *Rezeptpflichtig*	Magen-Darm-Störungen, Fieber, lokale Reaktionen an der Einstichstelle	**Therapeutisch zweckmäßig zur** Vorbeugung von Leberentzündung (Hepatitis B) bei gefährdeten Personen.
Fluad (D/Ö) Suspension Influenza-Virus-Antigene Weitere Bestandteilee: Adjuvans MF59C.1, Kanamycin, Neomycin, Hühnereiweiß (Spuren) *Rezeptpflichtig*	Fieber, lokale Reaktionen an der Einstichstelle, sehr selten Nervenschäden	**Therapeutisch zweckmäßig zur** Vorbeugung der echten Virusgrippe (Influenza) bei gefährdeten Personen.
FSME-IMMUN/ Junior (Ö) Suspension zur i.m. Injektion Inaktiviertes FSME Virus Weitere Bestandteile: Thiomersal, Humanalbumin, Gentamycin, Neomycin *Rezeptpflichtig*	Fieber, lokale Reaktionen an der Einstichstelle, neurologische Komplikationen, Entzündungen von Nerven und Gehirn möglich	**Therapeutisch zweckmäßig zur** Vorbeugung der Frühsommer-Meningoencephalitis (FSME) durch Zeckenbisse nur in Risikogebieten bei gefährdeten Personen (z. B. Jägern, Waldarbeitern).
Grippe-Impfstoff Stada (D) Suspension Hämagglutin von Grippeviren Weitere Bestandteile: Neomycin, Hühnereiweiß (Spuren) *Rezeptpflichtig*	Fieber, lokale Reaktionen an der Einstichstelle, sehr selten Nervenschäden	**Therapeutisch zweckmäßig zur** Vorbeugung der echten Virusgrippe (Influenza) bei gefährdeten Personen.
Havrix /1440 /720 Kinder Hepatitis-A-Impfstoff (D/Ö) Suspension abgeschwächte Hepatitis-A-Viren Weitere Bestandteile: Framycetin *Rezeptpflichtig*	Magen-Darm-Störungen, Fieber, lokale Reaktionen an der Einstichstelle	**Therapeutisch zweckmäßig zur** Vorbeugung von Leberentzündung (Hepatitis A) bei gefährdeten Personen.

Präparat	Wichtigste Nebenwirkungen	Empfehlung
Hexavac (D) Suspension Tetanus-, Pertussis und Diphtherie-Toxoid, Pertussis-Hämagglutinin, Hepatitis-B-Antigen (rekombinant), inaktivierte Polio-Viren, Hämophilus influenzae Polysaccharide *Rezeptpflichtig*	Fieber, lokale Reaktionen an der Einstichstelle, Fieber, Durchfall, anhaltendes Schreien, selten Nervenschäden. Möglicherweise erhöhtes Risiko für plötzlichen Kindstod	**Nur zweckmäßig** wenn aus zwingenden Gründen zusätzlich zur Impfung gegen Diphtherie, Tetanus, Keuchhusten und Kinderlähmung eine gleichzeitige Impfung gegen Hepatitis B und Hämophilusbakterien (lösen z. B. Krupp und Hirnhautentzündung aus) notwendig ist. Sechsfach-Impfstoff.
Infanrix Hexa (D/Ö) Suspension Diphtherie-Toxoid, Tetanus-Toxoid, Pertussis-Antigene, Hepatitis-B-Antigene, Hämophilus infl. Antigene, inaktivierte Polio-Viren *Rezeptpflichtig*	Fieber, lokale Reaktionen an der Einstichstelle, Fieber, Durchfall, anhaltendes Schreien, selten Nervenschäden. Möglicherweise erhöhtes Risiko für plötzlichen Kindstod	**Nur zweckmäßig** wenn aus zwingenden Gründen zusätzlich zur Impfung gegen Diphtherie, Tetanus, Keuchhusten und Kinderlähmung eine gleichzeitige Impfung gegen Hepatitis B und Hämophilusbakterien (lösen z. B. Krupp und Hirnhautentzündung aus) notwendig ist. Sechsfach-Impfstoff.
Influsplit SSW (D) Suspension Influenza-Virus-Antigene (Hämagglutinin) Weitere Bestandteile: Thiomersal, Gentamycin, Hühnereiweiß (Spuren) *Rezeptpflichtig*	Fieber, lokale Reaktionen an der Einstichstelle, sehr selten Nervenschäden	**Therapeutisch zweckmäßig zur** Vorbeugung der echten Virusgrippe (Influenza) bei gefährdeten Personen.
Influvac (D/Ö) Suspension Influenza-Virus-Antigene Weitere Bestandteile: Thiomersal, Cetrimonium, Gentamycin, Hühnereiweiß (Spuren) *Rezeptpflichtig*	Fieber, lokale Reaktionen an der Einstichstelle, sehr selten Nervenschäden	**Therapeutisch zweckmäßig zur** Vorbeugung der echten Virusgrippe (Influenza) bei gefährdeten Personen.
IPV Mérieux (D) Suspension Inaktivierte Polioviren Weitere Bestandteile: Neomycin, Streptomycin, Polymyxin B *Rezeptpflichtig*	Fieber, lokale Reaktionen an der Einstichstelle	**Therapeutisch zweckmäßig zur** Vorbeugung von Kinderlähmung. Empfehlenswert.

Präparat	Wichtigste Nebenwirkungen	Empfehlung
M-M-RVax (D/Ö) Trockensubstanz Abgeschwächte Viren: Masern, Mumps, Röteln Weitere Bestandteile: Humanalbumin, Neomycin *Rezeptpflichtig*	Hautreaktionen (Exantheme), Lymphkotenschwellungen, Gelenk- und Muskelschmerzen, Fieber, lokale Reaktionen an der Einstichstelle, selten Nervenschäden	**Therapeutisch zweckmäßig zur** Vorbeugung von Masern, Mumps und Röteln.
Mencevax ACWY (D/Ö) Trockensubstanz Menigokokken- polysaccharid-Antigen *Rezeptpflichtig*	Fieber, lokale Reaktionen an der Einstichstelle	**Nur zweckmäßig zur** Vorbeugung von bakterieller Hirnhautentzündung durch bestimmte Meningokokken (Untergruppen ACWY), die vorwiegend in tropischen und subtropischen Gebieten vorkommen.
Mutagrip (D) Suspension Inaktivierte Grippeviren Weitere Bestandteile: Neomycin, Hühnereiweiß (Spuren) *Rezeptpflichtig*	Fieber, lokale Reaktionen an der Einstichstelle, sehr selten Nervenschäden	**Therapeutisch zweckmäßig zur** Vorbeugung der echten Virusgrippe (Influenza) bei gefährdeten Personen.
Pneumo 23 Vaccine Mérieux (Ö) Fertigspritze Streptococcus pneumoniae (Pneumokokken) Antigene *Rezeptpflichtig*	Fieber, lokale Reaktionen an der Einstichstelle, Blutschäden, Nervenschäden	**Nur zweckmäßig zur** Vorbeugung von bakteriellen Infektionen mit Pneumokokken (Lungenentzündung) bei verminderter Immunabwehr (z. B. nach Milzentfernung).
Pneumovax 23 (D) Lösung zur Injektion Streptococcus pneumoniae (Pneumokokken) Antigene *Rezeptpflichtig*	Fieber, lokale Reaktionen an der Einstichstelle, Blutschäden, Nervenschäden	**Nur zweckmäßig zur** Vorbeugung von bakteriellen Infektionen mit Pneumokokken (Lungenentzündung) bei verminderter Immunabwehr (z. B. nach Milzentfernung).
Polio Salk (Ö) Suspension Inaktivierte Polioviren Weitere Bestandteile: Neomycin, Streptomycin, Polymyxin B *Rezeptpflichtig*	Fieber, lokale Reaktionen an der Einstichstelle	**Therapeutisch zweckmäßig zur** Vorbeugung von Kinderlähmung. Empfehlenswert.

Präparat	Wichtigste Nebenwirkungen	Empfehlung
Priorix (D/Ö) Trockensubstanz Abgeschwächte Viren: Masern, Mumps, Röteln Weitere Bestandteile: Humanalbumin, Neomycin *Rezeptpflichtig*	Hautreaktionen (Exantheme), Lymphkotenschwellungen, Gelenk- und Muskelschmerzen, Fieber, lokale Reaktionen an der Einstichstelle, selten Nervenschäden	**Therapeutisch zweckmäßig zur** Vorbeugung von Masern, Mumps und Röteln.
Repevax (D/Ö) Suspension Diphtherie-Toxoid, Tetanus-Toxoid, Pertussis-Antigene, inaktivierte Polio-Viren *Rezeptpflichtig*	Sehr häufig Übelkeit, Durchfall, Erbrechen und Fieber. Lokale Reaktionen an der Einstichstelle	**Therapeutisch zweckmäßig zur** Vorbeugung von Diphtherie, Tetanus, Keuchhusten und Kinderlähmung. Empfehlenswert.
Revaxis (D) Suspension Tetanus- und Diphtherie-Toxoid, inaktivierte Polioviren Weitere Bestandteile: Neomycin, Streptomycin, Polymyxin B *Rezeptpflichtig*	Lymphknotenschwellungen, lokale Reaktionen an der Einstichstelle	**Nur zweckmäßig zur** Auffrischimpfung nach Grundimmunisierung gegen Tetanus, Diphtherie und Kinderlähmung. Empfehlenswert.
Röteln-Impfstoff HDC Mérieux (D) Trockensubstanz Abgeschwächte Röteln-Viren Weitere Bestandteile: Neomycin, Humanalbumin *Rezeptpflichtig*	Häufig Lymphknotenschwellungen, Hauterscheinungen (Exantheme), Fieber und Magen-Darm-Störungen	**Therapeutisch zweckmäßig zur** Vorbeugung von Röteln.
Sandovac (Ö) Injektionslösung Inaktivierte Grippeviren Weitere Bestandteile: Cetrimid, Thiomersal, Hühnereiweiß (Spuren) *Rezeptpflichtig*	Fieber, lokale Reaktionen an der Einstichstelle	**Therapeutisch zweckmäßig zur** Vorbeugung der echten Virusgrippe (Influenza) bei gefährdeten Personen.
TD-Impfstoff Mérieux (D) Suspension Tetanus- und Diphtherie-Toxoid *Rezeptpflichtig*	Fieber, lokale Reaktionen an der Einstichstelle	**Therapeutisch zweckmäßig zur** Vorbeugung von Tetanus und Diphtherie. Empfehlenswert.

Präparat	Wichtigste Nebenwirkungen	Empfehlung
TD-Virelon (D) Fertigspritze Tetanus- und Diphtherie-Toxoid *Rezeptpflichtig*	Fieber, lokale Reaktionen an der Einstichstelle	**Therapeutisch zweckmäßig zur** Vorbeugung von Tetanus und Diphtherie. Empfehlenswert.
Td-pur (D/Ö) Fertigspritze Tetanus- und Diphtherie-Toxoid *Rezeptpflichtig*	Fieber, lokale Reaktionen an der Einstichstelle	**Therapeutisch zweckmäßig zur** Vorbeugung von Tetanus und Diphtherie. Empfehlenswert.
Tetanol (D/Ö) Suspension Tetanus-Toxoid *Rezeptpflichtig*	Fieber, lokale Reaktionen an der Einstichstelle	**Therapeutisch zweckmäßig zur** Vorbeugung von Tetanus. Empfehlenswert.
Twinrix Erwachsene/ Kinder (D/Ö) Suspension abgeschwächte Hepatitis-A- und -B-Viren Hilfsstoff: Neomycin *Rezeptpflichtig*	Magen-Darm-Störungen, Fieber, lokale Reaktionen an der Einstichstelle	**Therapeutisch zweckmäßig zur** Vorbeugung von Leberentzündung (Hepatitis A und B) bei gefährdeten Personen.
Typhim Vi (D/Ö) Fertigspritze Salmonella Typhi Antigene *Rezeptpflichtig*	Lokale Reaktionen an der Einstichstelle, Fieber, Magen-Darm-Beschwerden, Muskelschmerzen	**Therapeutisch zweckmäßig zur** Vorbeugung von Typhus (Salmonelleninfektion). Relativ geringe Schutzwirkung.

10.4.2. Immunglobuline

Präparat	Wichtigste Nebenwirkungen	Empfehlung
Beriglobin (D/Ö) Amp. Immun-Globulinlösung vom Menschen mit Hepatitis-A-Antikörpern *Rezeptpflichtig*	Lokale Reaktionen an der Einstichstelle, kurz dauerndes Fieber, Möglichkeit schwerer allergischer Reaktionen (Schock)	**Therapeutisch zweckmäßig** zur kurzfristigen Vorbeugung von Hepatitis A, Masern und bei Immunglobulinmangel.
FSME-Bulin (D/Ö) Durchstechfl. FSME-Immunglobulin vom Menschen *Rezeptpflichtig*	Lokale Reaktionen an der Einstichstelle, kurzzeitiger Temperaturanstieg. Bei Sensibilisierung schwere allergische Reaktionen möglich (Schock)	**Abzuraten** zur passiven Immunisierung. Die Vorbeugung von FSME (Frühsommer-Meningoencephalitis) muss für gefährdete Personen in Risikogebieten durch eine aktive Impfung erfolgen.

Präparat	Wichtigste Nebenwirkungen	Empfehlung
Octagam (D/Ö) Infusionslösung Immun-Globulin G vom Menschen *Rezeptpflichtig*	Kurz dauerndes Fieber, Möglichkeit schwerer allergischer Reaktionen (Schock)	**Therapeutisch zweckmäßig** zur kurzfristigen Vorbeugung von Infektionen bei Immunglobulinmangel.
Partobulin S (D/Ö) Lösung Anti-D-Immunglobulin vom Menschen *Rezeptpflichtig*	Lokale Reaktionen an der Einstichstelle, kurz dauerndes Fieber, Möglichkeit schwerer allergischer Reaktionen (Schock)	**Therapeutisch zweckmäßig zur** Verhinderung einer Rhesusfaktor-Unverträglichkeit bei der Mutter.
Rhesogam (D/Ö) Lösung Anti-D-Immunglobulin vom Menschen *Rezeptpflichtig*	Lokale Reaktionen an der Einstichstelle, kurz dauerndes Fieber, Möglichkeit schwerer allergischer Reaktionen (Schock)	**Therapeutisch zweckmäßig zur** Verhinderung einer Rhesusfaktor-Unverträglichkeit bei der Mutter.
Rhophylac (D/Ö) Fertigspritze Anti-D-Immunglobulin vom Menschen *Rezeptpflichtig*	Lokale Reaktionen an der Einstichstelle, kurz dauerndes Fieber, Möglichkeit schwerer allergischer Reaktionen (Schock)	**Therapeutisch zweckmäßig zur** Verhinderung einer Rhesusfaktor-Unverträglichkeit bei der Mutter.
Tetabulin (Ö) Fertigspritze Tetanus-Antitoxin *Rezeptpflichtig*	Lokale Reaktionen an der Einstichstelle, kurzzeitige Temperaturerhöhung. Bei Sensibilisierung schwere allergische Reaktionen möglich (Schock)	**Therapeutisch zweckmäßig zur** Sofortvorbeugung des Wundstarrkrampfs (Tetanus).
Tetagam N (D) **Tetagam P** (Ö) Lösung Tetanus-Antitoxin vom Menschen *Rezeptpflichtig*	Lokale Reaktionen an der Einstichstelle, kurzzeitige Temperaturerhöhung. Bei Sensibilisierung schwere allergische Reaktionen möglich (Schock)	**Therapeutisch zweckmäßig zur** Sofortvorbeugung des Wundstarrkrampfs (Tetanus).

10.4.3. Sonstige Mittel zur Stärkung der Immunabwehr

Ein intaktes Immunsystem wird mit vielen Gesundheitsgefahren (Infektionen, Gifte, Stress etc.) von allein fertig und sorgt auf unsichtbare Weise dafür, dass wir gesund bleiben. Wenn das Immunsystem noch nicht voll entwickelt (bei Kindern) oder geschwächt (bei alten Menschen) oder beschädigt ist (aufgrund von äußeren oder inneren Belastungen), wird der Körper anfällig für Krankheiten.

Bis hierher herrscht noch weitgehende Übereinstimmung zwischen Schulmedizin und Naturheilkunde bzw. Alternativmedizin.
Während aber in der Schulmedizin der Schwerpunkt auf der gezielten Behandlung der entstandenen Krankheiten liegt, sind die Konzepte der Alternativmedizin vorwiegend auf die Stärkung des Immunsystems ausgerichtet. Das Zauberwort heißt: Immunstimulation. Dahinter steckt die Idee, dass über die Stärkung des Immunsystems der Körper aus eigener Kraft wieder dafür sorgen soll, gesund zu werden und gesund zu bleiben. Was auf den ersten Blick einleuchtend und manchmal durchaus sinnvoll ist, gerät bei manchen Methoden der Alternativmedizin jedoch zur Quacksalberei.
Das menschliche Immunsystem ist ein so kompliziertes Zusammenspiel unterschiedlicher Faktoren und reagiert von Mensch zu Mensch oft so verschieden, dass ein simpler Eingriff wie etwa das Schlucken eines bestimmten Medikaments auch das Gegenteil von dem bewirken kann, was beabsichtigt war.
Unbestritten ist, auch in der Schulmedizin, dass gewisse allgemeine Stärkungsmethoden des Immunsystems sinnvoll sind, etwa Kneipptherapie, Kuren, sportliche Betätigung, Entspannung, ausgewogene Ernährung, so genannter positiver Stress, etc.
Aber auch hier gilt: Die individuelle Dosis ist von Mensch zu Mensch verschieden: Was für den einen gesund ist, schädigt den anderen.
Die Alternativmedizin arbeitet mit »immunstimulierenden Medikamenten«, die das Immunsystem stärken sollen. Häufig haben solche Mittel jedoch beträchtliche Nebenwirkungen und bewirken manchmal das Gegenteil von dem, was beabsichtigt ist: Sie machen krank anstatt gesund.
Ein prominentes Beispiel ist das pflanzliche Mittel *Echinacin*, das aus Sonnenhutkraut hergestellt wird. Als zunehmend häufiger Berichte über lebensbedrohliche Nebenwirkungen von *Echinacin-Injektionen* bekannt wurden – darunter tödlich verlaufene Schockzustände, monströse Zungen- und Mundschwellungen mit Atemnot –, versuchte der Hersteller Madaus eine entsprechende Veröffentlichung der Arzneimittelkommission der Deutschen Ärzteschaft mit juristischen Mitteln zu unterdrücken.
Ende der 90er Jahre wurden *Echinacin Ampullen* endlich vom Markt gezogen. *Echinacin* ist jedoch nach wie vor als Mittel zum Schlucken erhältlich und wird häufig verwendet. Noch in der »Roten Liste 1996«, dem offiziellen Arzneimittelverzeichnis des Bundesverbandes der Pharmazeutischen Industrie, fehlten Angaben über Ne-

benwirkungen. Erst seit kurzem werden entsprechende Hinweise aufgezählt: Überempfindlichkeitsreaktionen, Hautausschlag, Juckreiz, selten Gesichtsschwellung, Atemnot, Schwindel, Blutdruckabfall.
Die Fachzeitschrift »arznei-telegramm« weist außerdem darauf hin, dass nachprüfbare Belege für eine Steigerung von Abwehrkräften fehlen. Schlußfolgerung: »Ein unnötig riskantes Arzneimittel von zweifelhaftem Nutzen«.
Dasselbe gilt für alle anderen Mittel, die Echinacea enthalten (z. B. *Echinacea-ratiopharm, Echinacea Stada, Echinacin, Esberitox mono, Esberitox N, Lymphdiaral, Toxi-Loges*).

Homöopathische Mittel

Die klassische homöopathische Medizin verwendet nur Medikamente, die Einzelstoffe enthalten. Deshalb werden Kombinationsmittel wie *Engystol, Lymphdiaral, Lymphomyosat, Toxi-Loges, Toxi-Loges N* abgelehnt.
Homöopathische Kombinationsmittel haben jedoch einen festen Platz in der anthroposophischen Medizin.
»Insgesamt ist der Nutzen von homöopathischen Mitteln nur schwer feststellbar«, heißt es in einem »Sonderheft Gesundheit« der Stiftung Warentest. Da jedoch kaum unerwünschte Wirkungen auftreten, ist ein Versuch mit solchen Mitteln vertretbar. Voraussetzung dafür ist allerdings – nach den Regeln der Homöopathie – eine entsprechende Untersuchung durch einen homöopathisch ausgebildeten Arzt.

10.4.3. Sonstige Mittel zur Stärkung der Immunabwehr

Präparat	Wichtigste Nebenwirkungen	Empfehlung
Angocin Anti-Infekt N (D) Filmtabl. Kapuzinerkressenkraut, Meerrettichwurzel	Magen-Darm-Störungen	**Naturheilmittel** mit pflanzlichen Inhaltsstoffen. Therapeutische Wirksamkeit bei Infektionen der Harn- und Atemwege zweifelhaft.
Broncho-Vaxom Kinder/ Erwachsene (D/Ö) Kaps. **Broncho-Vaxom Kinder Granulat** (D) Granulat Lyophilisierte Bakterienextrakte *Rezeptpflichtig*	Magen-Darm-Störungen, allergische Reaktionen, Fieber	**Wenig zweckmäßig** Therapeutische Wirksamkeit bei wiederholten Infektionen der Atemwege zweifelhaft.

Präparat	Wichtigste Nebenwirkungen	Empfehlung
Echinacin Capsetten/ Tabletten/ Liquidum/ Saft Madaus (D/Ö) Lutschpastillen, Tabl., Liquidum, Saft, Tropfen (Ö) Presssaft aus Purpursonnenhutkraut (Echinaceae purp.)	Fieber. Hautausschlag, Juckreiz. Schwere allgemeine allergische Reaktionen möglich. Liquidum und Tropfen enthalten Alkohol	**Abzuraten** wegen der möglichen schweren Nebenwirkungen. Naturheilmittel mit pflanzlichen Inhaltsstoffen. Therapeutische Wirksamkeit bei wiederholten Atemwegsinfekten sowie bei Harnwegsinfektionen zweifelhaft.
Echinacea-ratiopharm Liquid (D/Ö) **Echinacea-ratiopharm Liquid alkoholfrei** (D) Liquid, Tropfen (Ö) Presssaft aus Purpursonnenhutkraut (Echinaceae purp.)	Fieber. Hautausschlag, Juckreiz. Schwere allgemeine allergische Reaktionen möglich. Liquid und Tropfen enthalten Alkohol	**Abzuraten** wegen der möglichen schweren Nebenwirkungen. Naturheilmittel mit pflanzlichen Inhaltsstoffen. Therapeutische Wirksamkeit bei wiederholten Atemwegsinfekten sowie bei Harnwegsinfektionen zweifelhaft.
Echinacea Stada/ Classic/ Junior/ Lutschtabletten (D) Lösung, Lutschtabl. Presssaft aus Purpursonnenhutkraut (Echinaceae purp.)	Fieber. Hautausschlag, Juckreiz. Schwere allgemeine allergische Reaktionen möglich. Classic Lösung enthält Alkohol	**Abzuraten** wegen der möglichen schweren Nebenwirkungen. Naturheilmittel mit pflanzlichen Inhaltsstoffen. Therapeutische Wirksamkeit bei wiederholten Atemwegsinfekten sowie bei Harnwegsinfektionen zweifelhaft.
Eleu-Kokk (D) Drag. Lösung, M Lösung Extrakt aus Eleutherococcus-senticosus-Wurzeln (russ. Ginseng)	Durchfälle, Hauterscheinungen, Blutdruckanstieg möglich. Lösung enthält Alkohol	**Naturheilmittel** mit pflanzlichen Inhaltsstoffen. Therapeutische Wirksamkeit zur Steigerung der Widerstandskräfte zweifelhaft.
Engystol/ -N (D/Ö) Tabl., Amp. homöopathische Zubereitungen: Vincetoxicum, Schwefel	Keine wesentlichen bekannt	**Homöopathisches Mittel** Therapeutische Wirksamkeit bei den vom Hersteller angegebenen Anwendungsgebieten (z. B. Erkältungskrankheiten) zweifelhaft. Von der Injektion des Mittels ist abzuraten.

Präparat	Wichtigste Nebenwirkungen	Empfehlung
Esberitox mono Tabletten/ Tropfen (D/Ö) Tabl., Brausetabl., Tropfen Presssaft aus Purpursonnenhutkraut	Fieber. Hautausschlag, Juckreiz. Schwere allgemeine allergische Reaktionen möglich. Tropfen enthalten Alkohol	**Abzuraten** wegen der möglichen schweren Nebenwirkungen. Naturheilmittel mit pflanzlichen Inhaltsstoffen. Therapeutische Wirksamkeit bei wiederholten Atemwegsinfekten sowie Harnwegsinfektionen (Brausetabl.) zweifelhaft.
Esberitox N (D) Lösung, Tabletten Extrakt aus Herb. Thujae, Rad. Baptisiae, Rad. Echinaceae (Purpursonnenhutwurzel)	Fieber. Hautausschlag, Juckreiz. Schwere allgemeine allergische Reaktionen möglich. Lösung enthält Alkohol	**Abzuraten** wegen der möglichen schweren Nebenwirkungen. Naturheilmittel mit pflanzlichen Inhaltsstoffen. Therapeutische Wirksamkeit zur Steigerung der Abwehrkräfte (Immunstimulation) zweifelhaft.
Luivac (D) Tabl. Bakterienlysate	Magen-Darm-Störungen, allergische Reaktionen	**Wenig zweckmäßig** Therapeutische Wirksamkeit bei wiederholten Infektionen der Atemwege zweifelhaft.
Lymphdiaral Basistropfen (D) Tropfen homöopathische Zubereitungen: u. a. Sonnenhutkraut-Urtinktur, Arsen	Fieber. Hautausschlag, Juckreiz. Schwere allgemeine allergische Reaktionen möglich. Tropfen enthalten Alkohol	**Abzuraten** wegen der möglichen schweren Nebenwirkungen. Homöopathisches Mittel. Therapeutische Wirksamkeit bei den vom Hersteller angegebenen Anwendungsgebieten (z. B. Lymphdrüsenerkrankungen) zweifelhaft.
Lymphomyosot (D/Ö) Tabl., Tropfen, Amp. Zahlreiche homöopathische Zubereitungen: u. a. Jod	Störung der Schilddrüsenfunktion. Tropfen enthalten Alkohol. Ampullen: Allergische Reaktionen möglich	**Homöopathisches Mittel** Therapeutische Wirksamkeit bei den vom Hersteller angegebenen Anwendungsgebieten für Tropfen und Ampullen (Neigung zu Ödem und Infektanfälligkeit, Mandelentzündung u. a.) zweifelhaft. Von der Injektion des Mittels ist abzuraten.
Symbioflor I (D/Ö) Tropfen Lebende und tote Darmbakterien (Enterococcus faecalis)	Magen-Darm-Störungen, Kopfschmerzen, Mundtrockenheit	**Wenig zweckmäßig** Therapeutische Wirksamkeit zweifelhaft bei den vom Hersteller angegebenen Anwendungsgebieten (z. B. Regulierung körpereigener Abwehrkräfte, gastrointestinale Störungen, Infekte der oberen Atemwege).

Präparat	Wichtigste Nebenwirkungen	Empfehlung
Symbioflor II (D/Ö) Tropfen Lebende und tote Darmbakterien (Escherichia coli)	Magen-Darm-Störungen. Vorsicht bei bestehenden Erkrankungen im Magen-Darm-Bereich. Nicht bei akuten Entzündungen der Gallenblase oder der Bauchspeicheldrüse verwenden	**Abzuraten** Therapeutische Wirksamkeit zweifelhaft bei den vom Hersteller angegebenen Anwendungsgebieten (z. B. Regulierung der körpereigenen Abwehrkräfte, Magen-Darm-Störungen). Gefahr, dass Antibiotika-Resistenzen übertragen werden.

10.5. Malaria-Mittel

Malaria wird durch den Stich der weiblichen Anophelesmücke übertragen. Die Mücke sticht einen Malaria-Infizierten und nimmt mit seinem Blut die Erreger auf. Diese entwickeln sich in der Mücke fort und wandern in die Speicheldrüsen der Mücke.
Beim nächsten Stich gelangen die Erreger in das Blut des Gestochenen, werden zu seiner Leber transportiert und vermehren sich. Schließlich dringen die Erreger in die roten Blutkörperchen des gestochenen Menschen ein und bringen sie zum Platzen – dadurch wird ein Fieberschub ausgelöst. Dies wiederholt sich in rhythmischen Abständen alle paar Tage. Die Zeit, die zwischen dem Mückenstich und dem Auftreten von Fieber vergeht, kann je nach Art des Malaria-Erregers eine bis vier Wochen dauern.

Allgemeine Vorbeugungsmaßnahmen gegen Malaria

Zur Vorbeugung gegen die in manchen Fällen lebensgefährliche Malaria-Krankheit sollte man folgende Maßnahmen beachten:

– Die meisten Anophelesmücken stechen in der Abenddämmerung oder im Morgengrauen. Besonders in dieser Zeit sollte man sich also in Räumen aufhalten, in die keine Mücken eindringen können.
– Der wichtigste Schutz gegen Anophelesmücken ist ein Moskitonetz, das in vielen Reiseländern zur Standardausrüstung von Hotelzimmern gehört. Wer in Gegenden ohne entsprechende Hotels reist, sollte ein auch bei uns im Handel erhältliches Moskitonetz mitnehmen. Sinnvoll ist es außerdem, Türen und Fenster mit entsprechenden Netzen zu sichern.
– Wer sich abends oder nachts im Freien aufhält, sollte den Mücken möglichst wenig nackte Haut bieten und sich mit einem insektenabweisenden Stoff (Repellent) schützen (z. B. *Autan, Pellit-*

Mücken-Gel etc.). Diese Mittel wirken etwa sechs bis acht Stunden lang.

> Vertrauen Sie nicht auf die Einnahme von Vitamin B oder auf so genannte Mücken-Piepser – es gibt keinen seriösen wissenschaftlichen Nachweis für die Wirksamkeit!

Insektensprays und Elektroverdampfer zum Schutz von Schlaf- und Wohnräumen sind zwar wirksam, haben jedoch zwei Nachteile: Sie können beim Menschen Nebenwirkungen wie Atembeschwerden, Unwohlsein, Übelkeit und Kopfschmerzen verursachen. Und treibgashaltige Sprays schädigen die Umwelt.

Malaria-Vorbeugung durch Medikamente

In Deutschland werden jährlich etwa 1.500 Fälle von Malaria registriert. Tendenz: steigend. Die Krankheit ist immer »importiert«.
Durch die Einnahme von Medikamenten kann man das Risiko einer Malaria-Erkrankung zwar verringern, aber nicht gänzlich ausschalten. Außerdem können bei allen Malaria-Mitteln Nebenwirkungen auftreten, die das Wohlbefinden stark beeinträchtigen oder in seltenen Fällen sogar gefährlich sind. Weil immer häufiger Malaria-Erreger vorkommen, die gegen die eingenommenen Medikamente resistent sind, verändern sich die Empfehlungen zur Vorbeugung (Prophylaxe) ständig. Der Schutz vor Malaria wird damit zunehmend problematischer. Man sollte vor einer Reise auf alle Fälle die neuesten Empfehlungen bei einem Tropeninstitut einholen.

Welches Medikament?

Um zu entscheiden, welche Vorbeugung für Sie am besten ist, müssen Sie folgende Fragen beantworten:

- Ist Ihr Reiseland ein Malariagebiet?
- Wie groß ist das Malariarisiko? Bei der Vorbeugung mit den Medikamenten Chloroquin (Resochin [D/Ö]) oder Mefloquin (Lariam [D/Ö]) ist das Risiko, wegen einer schweren Nebenwirkung das Krankenhaus aufsuchen zu müssen, etwa 1:10.000. Das Risiko können Sie bei Tropeninstituten erfragen. Reisen Sie in ein Gebiet mit einem Malariarisiko kleiner als 1:10.000, können Sie eventuell auf

die medikamentöse Vorbeugung zu verzichten. In diesem Fall sollten Sie jedoch eine Notfallbehandlung mit sich führen.

Wenn Sie eine Vorbeugung mit Medikamenten durchführen, sollten Sie Folgendes beachten:

- Beginnen Sie ein bis zwei Wochen vor der Abreise. Erstens hat damit der Blutspiegel des Medikaments schon bei der Ankunft im Reiseland einen schützenden Pegel erreicht; und außerdem können Sie dadurch noch zu Hause die Verträglichkeit des Mittels testen.
- Halten Sie sich während des Aufenthalts an die Einnahmevorschriften.
- Nehmen Sie das Medikament auch nach der Rückkehr noch vier Wochen lang weiter ein. Wenn sich Malariaerreger in der Leber befinden, schwärmen sie in den kommenden vier Wochen ins Blut aus. Dort kann sie das Medikament unschädlich machen.

Medikamente

Als Standardmedikament für die Malaria-Prophylaxe gilt nach wie vor *Resochin* (D/Ö). Die Einnahme – zwei Tabletten pro Woche für Erwachsene – muss eine Woche vor dem Aufenthalt im malariaverseuchten Gebiet beginnen und noch vier Wochen nach dem Verlassen des Gebiets fortgesetzt werden. Als *Nebenwirkungen* können Magenbeschwerden, Übelkeit, Schwindel und Kopfschmerzen auftreten. Das Medikament wird besser vertragen, wenn man es abends nach dem Essen einnimmt. Die Gefahr von Netzhautschäden besteht hauptsächlich bei lang dauernder, hochdosierter Einnahme von *Resochin*; bei der für die Malaria-Prophylaxe üblichen Dosierung tritt diese Nebenwirkung extrem selten auf.

In Gegenden mit Resistenzen und mittelgroßem Risiko kann *Resochin* mit *Paludrine* (enthält den Wirkstoff Proguanil) kombiniert werden.

In Ländern mit hohem Risiko und *Resochin*-Resistenzen kann zur Vorbeugung das Mittel *Lariam* (enthält den Wirkstoff Mefloquin) eingenommen werden, und zwar in einer Dosierung von einer Tablette pro Woche über maximal acht Wochen. *Lariam* sollte nicht eingenommen werden von Schwangeren, Kindern unter 15 Kilogramm Körpergewicht, Patienten mit Krampfanfällen, psychiatrischen Erkrankungen und Patienten, die gleichzeitig Betablocker oder Kalzium-Antagonisten einnehmen. *Nebenwirkungen* wie Übelkeit, Erbrechen, Benommenheit und Schwindel treten häufig auf. Neuerdings gibt es viele Berichte über schwerwiegende psychische Nebenwirkungen wie Depressionen, Halluzinationen und Panikattacken. Mehr als drei Viertel aller Störwirkungen zeigen sich bereits nach der dritten Tablette. Wer erstmals *Lariam* verwendet, sollte damit etwa zweieinhalb Wochen vor der Reise beginnen, damit beim Auftreten von Problemen noch Zeit bleibt, auf ein anderes Medikament zu wechseln.

Malaria-Behandlung für den Notfall

Wenn Sie auf die vorbeugende Einnahme von Malaria-Medikamenten verzichten, sollten Sie folgende Notfall-Ausrüstung mitnehmen:

- Mala Quick Test. Dieser ist rezeptfrei in Apotheken erhältlich und kostet etwa 35 Euro. Der Test ist neun Monate haltbar und enthält alle notwendigen Materialien, einschließlich Alkoholtupfer zur Hautdesinfektion und Lanzette für die Blutabnahme. Vorsicht: Der Test bietet keine 100-prozentige Sicherheit (die Treffsicherheit liegt zwischen 70 und 100 Prozent). Zum Testen müssen Sie einen Tropfen Blut aus der Fingerkuppe entnehmen und auf eine Testkarte aufbringen. Eine farbige Markierungslinie zeigt an, ob eine Malaria-Infektion vorliegt oder nicht.
- Bei Verdacht auf Malaria haben Sie mehrere Möglichkeiten zur Behandlung: Sie können zwischen den Medikamenten Lariam oder Malorone wählen. Besprechen Sie vor Ihrer Reise mit einem Arzt, was für Sie am günstigsten ist. Schreiben Sie sich genau auf, wie viele Tabletten und in welchem Abstand Sie diese im Notfall einnehmen müssen.
- Wenn Sie mit Malaria infiziert sind, sollten Sie unbedingt und in jedem Fall möglichst rasch einen Arzt/eine Ärztin aufsuchen – auch dann, wenn Sie die Notfall-Behandlung durchführen. Je mehr Zeit zwischen dem ersten Auftreten von Malaria-Anzeichen und einer optimalen Behandlung vergeht, umso geringer wird Ihre Überlebenschance. Malaria ist häufig eine lebensgefährliche Erkrankung!

> Erkundigen Sie sich vor der Reise bei einem Tropeninstitut, welches Malaria-Risiko besteht und welches Medikament Sie zur Prophylaxe anwenden sollen.

Malaria-Anzeichen können sehr vieldeutig sein:

Fieber, Kopf-, Bauch- und Gliederschmerzen, Schweißausbrüche, Durchfall. Suchen Sie unverzüglich einen Arzt auf, wenn Sie unter unerklärlichen Beschwerden dieser Art leiden, und sagen Sie ihm, dass Sie in einem Malaria-Gebiet Urlaub gemacht haben.

Malaria-Vorbeugung durch Homöopathie?

Immer wieder liest man von homöopathischen Medikamenten, die zur Vorbeugung gegen Malaria wirksam sein sollen. Der »Deutsche Zentralverein Homöopathischer Ärzte« und die »Deutsche Homöopathische Union« stellen dazu unmissverständlich fest, dass für Malaria »keine vorbeugenden homöopathischen Medikamente existieren« und zur Vorbeugung außer den üblichen Maßnahmen die anerkannten Malaria-Mittel verwendet werden sollen.

10.5. Malaria-Mittel

Präparat	Wichtigste Nebenwirkungen	Empfehlung
Chlorochin Berlin-Chemie (D) Filmtabl. Chloroquin *Rezeptpflichtig*	Übelkeit, Schwindel	**Therapeutisch zweckmäßig zur** Vorbeugung und Behandlung von Malaria, wenn die Krankheitserreger Chloroquin-empfindlich sind.
Lariam (D/Ö) Tabl. Mefloquin *Rezeptpflichtig*	Schwindel, Übelkeit, Durchfall, Herzrhythmusstörungen, psychotische Reaktionen	**Therapeutisch zweckmäßig zur** Behandlung bei Chloroquin-(Resochin-)resistenten Erregern. Zur Vorbeugung nur in besonderen Fällen verwenden.
Malarone/ Junior (D/Ö) Filmtabl. Atovaquon, Proguanil *Rezeptpflichtig*	Magen-Darm-Beschwerden, Kopfschmerzen, Husten	**Therapeutisch zweckmäßig zur** Behandlung bei unkomplizierter Malaria tropica. Malariamittel der Reserve. Noch relativ wenig erprobt.
Paludrine (D/Ö) Tabl. Proguanil *Rezeptpflichtig*	Magen-Darm-Beschwerden, selten Haarausfall, Hauterscheinungen	**Therapeutisch zweckmäßig zur** Vorbeugung (insbesondere zur Langzeitvorbeugung), bei höherem Risiko nur zusammen mit Chloroquin (z. B. Resochin).
Resochin (D/Ö) Filmtabl., Junior Tabl. (D) Chloroquin *Rezeptpflichtig*	Übelkeit, Schwindel	**Therapeutisch zweckmäßig zur** Vorbeugung und Behandlung von Malaria, wenn die Krankheitserreger Chloroquin-empfindlich sind.

11. Kapitel: **Erkrankungen der Harnwege**

11.1. Mittel gegen Harnwegsinfektionen (siehe auch Kapitel 10. Antibiotika)

Etwa jede zweite Frau – vor allem jüngere Frauen – und jeder achte Mann erkranken im Laufe des Lebens an einem Harnwegsinfekt.

Unkomplizierte Harnwegsinfektionen bei der Frau

Entgegen der landläufigen Meinung entstehen Harnwegsinfektionen (Blasenentzündungen) praktisch nie durch Sitzen auf kalten Bänken oder durch das Tragen von noch feuchten Badeanzügen. Eine experimentelle Untersuchung aus Norwegen legt jedoch den Verdacht nahe, dass kalte Füße die Rückfallhäufigkeit von Harnwegsinfektionen erhöhen.
Bei unkomplizierten Harnwegsinfektionen (Blasenentzündungen) genügt für die Diagnose der Streifentest und die mikroskopische Untersuchung des Mittelstrahlharns. Dabei wird Harn aus dem laufenden Harnstrahl in einem Gefäß aufgefangen.

Behandlung

Heutzutage unterscheidet man nicht mehr zwischen unteren und oberen Harnwegsinfekten. Üblicherweise besteht die Therapie aus der einmaligen Einnahme einer hohen Dosis Trimethoprim (enthalten z. B. in *TMP-ratiopharm*) oder Cotrimoxazol (enthalten z. B. in *Cotrim 960 1Apharma, Cotrim ct, Cotrimhexal forte, Cotrimoxazol AL, Cotrim-ratiopharm, Cotrim Stada, Kepinol*). Damit werden etwa 90 Prozent aller Erkrankungen geheilt. Eine über drei Tage verteilte Einnahme derselben Medikamente ist genauso wirkungsvoll wie die Einmaltherapie. Cotrimoxazol ist ein Kombinationspräparat, bestehend aus Trimethoprim und Sulfamethoxazol.
Eine länger dauernde Behandlung – 7 bis 14 Tage – hat keinerlei Vorteile, verursacht jedoch häufiger unerwünschte Wirkungen wie Ausfluss und Heranbildung resistenter Keime.
Falls Trimethoprim oder Cotrimoxazol nicht verwendet werden können (zum Beispiel von Schwangeren, Zuckerkranken), kommen andere Antibiotika wie Breitspektrum-Penicilline (siehe Tabelle 10.1.2.),

Cephalosporine (siehe Tabelle 10.1.3.), Gyrasehemmer wie Ofloxazin (enthalten z. B. in *Ofloxacin-ratiopharm, Oflohexal, Uro-Tarivid*) oder Ciprofloxacin (enthalten z. B. in *Ciprobay, Ciprobeta, Ciprofloxacin Arcana, Ciprofloxacin-ratiopharm, Ciprofloxacin Stada, Ciprohexal, Ciproxin*) in Betracht. In diesem Fall dauert die Therapie meist länger. Bei Amoxicillin zum Beispiel sieben Tage.
Nitrofurantoin (enthalten z. B. in *Furadantin retard, Nifurantin, Nitrofurantoin retard-ratiopharm, Nitrofurantoin »Agepha«, Nifuretten, Urospasmon, Uro-Tablinen*) gilt wegen der schweren Nebenwirkungen als überholt, wird in Deutschland jedoch immer noch häufig verwendet – etwa 800.000 Packungen pro Jahr. Offenbar halten viele Ärzte nichts von Weiterbildung.

Nierenbeckenentzündungen

Außer bei Schwangeren beginnt die Behandlung üblicherweise mit der Einnahme des Antibiotikums Cotrimoxazol (enthalten z. B. in *Cotrim 960 1Apharma, Cotrim ct, Cotrimhexal forte, Cotrimoxazol AL, Cotrim-ratiopharm, Cotrim Stada, Kepinol*) für die Dauer von 10 bis 14 Tagen. Gleichzeitig sollte ein Antibiogramm angefertigt werden – eine Laboruntersuchung, in der genau festgestellt wird, welches Antibiotikum gegen die Krankheitskeime am besten wirkt. Falls die begonnene Therapie mit Cotrimoxazol nach zwei bis drei Tagen nicht wirkt, muss auf das als wirksam ermittelte Medikament umgestellt werden.

Immer wieder auftretende Harnwegsinfektionen bei Frauen

Bei jeder vierten Frau tritt nach einer Behandlung erneut eine Harnwegsinfektion auf. Diese Rückfälle sind in fast allen Fällen auf erneute Infektion zurückzuführen und nicht auf mangelnde Wirksamkeit der Therapie.
Folgende Faktoren können Rückfälle begünstigen:
- Scheidendiaphragmen
- spermizide Vaginalcremes
- die Verwendung von Intimsprays, desinfizierenden Lösungen und scharfen Seifen
- Ausfluss
- durch Geschlechtsverkehr können Keime in die Harnröhre gedrückt werden. Manchmal hilft es, wenn Frauen, die an häufig wiederkehrenden Harnwegsinfekten leiden, unmittelbar nach dem Geschlechtsverkehr die Blase entleeren.

Bei mehr als drei Rückfällen im Jahr kann eine längere (etwa ein halbes Jahr dauernde), niedrig dosierte Therapie mit Cotrimoxazol (enthalten z. B. in *Cotrim 960 1Apharma, Cotrim ct, Cotrimhexal forte, Cotrimoxazol AL, Cotrim-ratiopharm, Cotrim Stada, Kepinol*) durchgeführt werden.
Bei schweren Harnwegsinfektionen ist meist eine Behandlung im Krankenhaus notwendig.
Methionin (enthalten z. B. in *Acimethin, Methionin AL, Methionin-ratiopharm, Methionin Stada*) wird bei immer wiederkehrenden Harnwegsinfektionen als zusätzliches Medikament zur Wirkungsverbesserung von Antibiotika verwendet.

Harnwegsinfektionen beim Mann

Bei Männern können Harnwegsinfektionen durch verschiedene Krankheitskeime (Chlamydien, Gonokokken etc.), aber auch durch Prostataerkrankungen verursacht sein. Dies sollte in jedem Fall vor Beginn einer Behandlung abgeklärt werden. Je nach Ursache werden unterschiedliche Antibiotika verwendet. Häufig verwendete Medikamente sind Cotrimoxazol (enthalten z. B. in *Cotrim 960 1Apharma, Cotrim ct, Cotrimhexal forte, Cotrimoxazol AL, Cotrim-ratiopharm, Cotrim Stada, Kepinol*) oder Ofloxazin (enthalten z. B. in *Ofloxacin-ratiopharm, Oflohexal, Uro-Tarivid*). Die Therapie mit einer einmalig zu schluckenden Dosis scheint für Männer nicht geeignet zu sein.

Harnröhrenentzündungen, die durch Chlamydien (bakterienähnliche Krankheitskeime) verursacht werden

Chlamydien sind die häufigsten sexuell übertragenen Infektionskeime. Man schätzt, dass etwa jeder zehnte bis zwanzigste sexuell aktive Erwachsene von solchen Keimen befallen ist. Frauen werden bei ungeschütztem Verkehr leichter angesteckt als Männer. Die Infektion verläuft oft schleichend und ohne Beschwerden. Bei Männern kann die Infektion in der Folge schmerzhafte Harnröhrenentzündungen, Ausfluss und Nebenhodenentzündungen verursachen, bei Frauen Entzündungen des Gebärmutterhalses, der Gebärmutterschleimhaut und der Eileiter mit nachfolgender Sterilität.
Die Diagnose erfolgt meist mit Hilfe von Abstrichen.
Die Behandlung besteht üblicherweise in der Einnahme des Antibiotikums Doxycyclin (enthalten z. B. in *Azudoxat, Doxybene, Doxy-*

hexal, Doxy M-ratiopharm, Doxy Stada, Doxy Wolff). Schwangere müssen andere Antibiotika wie z. B. Erythromycin verwenden. Die Therapie dauert sieben bis zehn Tage.

Harnwegsinfektionen bei Kindern

Etwa fünf Prozent aller Mädchen und etwa ein Prozent aller Knaben erkranken während der Kindheit an einer Harnwegsinfektion. Über die Ursache des häufigeren Auftretens bei Mädchen gibt es bei Medizinern widersprüchliche Ansichten. Manchmal zeigt sich ein Harninfekt bei Kindern nur durch Bettnässen.
Eine Behandlung sollte – mit Ausnahme von heftigen akuten Erkrankungen – erst nach sorgfältigen klinischen, Labor- und eventuell Ultraschall-Untersuchungen begonnen werden, um etwa einen Harnstau auszuschließen.
Der häufigste Fehler in der Diagnostik von Harnwegsinfektionen ist die Unterlassung einer notwendigen Harnuntersuchung.

Behandlung

Bei unkomplizierten Harnwegsinfektionen sind Antibiotika wie Cotrimoxazol (enthalten z. B. in *Cotrim 960 1Apharma, Cotrim ct, Cotrimhexal forte, Cotrimoxazol AL, Cotrim-ratiopharm, Cotrim Stada, Kepinol*) oder Breitspektrum-Penicilline (siehe Tabelle 10.1.2.) sinnvoll.

Bakterien im Urin (asymptomatische Bakteriurie)

Normalerweise ist Urin keimfrei. Bei etwa 40 Prozent aller alten Menschen befinden sich jedoch Bakterien im Urin, ohne dass sich daraus irgendwelche Beschwerden ergeben.
Eine Behandlung ist nur in Ausnahmefällen notwendig.

Antibiotika bei Katheterträgern

Der vorbeugende Einsatz von Antibiotika zur Verhinderung von Harnwegsinfektionen bei Katheterträgern ist im Allgemeinen nutzlos.
Im Vordergrund der Maßnahmen sollte die sorgfältige örtliche Pflege stehen.

Pflanzliche und alternativmedizinische Mittel zur Behandlung von Harnwegsinfektionen

Das Trinken größerer Mengen von Flüssigkeit bewirkt eine vermehrte Wasserausscheidung der Niere – eine sinnvolle Maßnahme bei allen

Harnwegsinfektionen, von der man sich jedoch keine Heilung erwarten darf.
Gefährlich kann diese Maßnahme (so genannte »Durchspülungstherapie«) dann werden, wenn dadurch eine notwendige Antibiotikatherapie versäumt wird. Durch Trinken und »Durchspülen« allein kann eine vorhandene Infektionen nicht beseitigt werden.
Statt der angebotenen Nierentees wie *H+S Blasen- und Nierentee, Harntee 400, Sidroga Nieren- und Blasentee* oder *Solubitrat N* können problemlos Tees aus dem Lebensmittelhandel verwendet werden. Diese erfüllen denselben Zweck.
Arzneimittel, die Bärentraubenblätter enthalten (z. B. *Arctuvan, Cystinol, Uvalysat Bürger*), können Übelkeit und Brechreiz verursachen und wirken bei längerer Anwendung stopfend.

11.1. Mittel bei Harnwegsinfektionen (weitere Antibiotika siehe Kapitel 10)

Präparat	Wichtigste Nebenwirkungen	Empfehlung
Arctuvan Bärentraubenblätter (D) Filmtabl. Bärentraubenblätter-Extrakt	Übelkeit, Erbrechen	**Wenig zweckmäßig** Pflanzliches Mittel. Zweifelhafte therapeutische Wirksamkeit bei den vom Hersteller angegebenen Anwendungsgebieten (z. B. Entzündungen der Harnwege). Vertretbar wegen geringer Schädlichkeit, wenn eine notwendige Anwendung antibiotisch wirksamer Substanzen nicht verzögert oder unterlassen wird.
Canephron (D) Tropfen, Drag. Auszug aus H. centaurii, Rad. Levistici, Fol. Rosmarini	Selten allergische Hautreaktionen. Tropfen enthalten Alkohol	**Wenig zweckmäßig** Pflanzliches Mittel. Zweifelhafte therapeutische Wirksamkeit bei den vom Hersteller angegebenen Anwendungsgebieten (z. B. Infektionen und chronische Entzündungen der Harnwege). Vertretbar wegen geringer Schädlichkeit, wenn eine notwendige Anwendung antibiotisch wirksamer Substanzen nicht verzögert oder unterlassen wird.

Präparat	Wichtigste Nebenwirkungen	Empfehlung
Canephron novo (D) Filmtabl. Extrakt aus Birkenblättern, Orthosiphonblättern und Goldrutenkraut	Selten allergische Hautreaktionen	**Wenig zweckmäßig** Pflanzliches Mittel. Zweifelhafte therapeutische Wirksamkeit bei den vom Hersteller angegebenen Anwendungsgebieten (z. B. Durchspülungstherapie). Vertretbar wegen geringer Schädlichkeit, wenn eine notwendige Anwendung antibiotisch wirksamer Substanzen nicht verzögert oder unterlassen wird.
Cystinol akut Dragees (D) Extrakt aus Bärentraubenblättern	Übelkeit, Erbrechen	**Wenig zweckmäßig** Pflanzliches Mittel. Zweifelhafte therapeutische Wirksamkeit bei den vom Hersteller angegebenen Anwendungsgebieten (z. B. Entzündungen der Harnwege). Vertretbar wegen geringer Schädlichkeit, wenn eine notwendige Anwendung antibiotisch wirksamer Substanzen nicht verzögert oder unterlassen wird.
Cystinol long Dragees (D) Extrakt aus Goldrutenkraut	Keine wesentlichen zu erwarten	**Wenig zweckmäßig** Pflanzliches Mittel. Zweifelhafte therapeutische Wirksamkeit bei den vom Hersteller angegebenen Anwendungsgebieten (z. B. Durchspülungstherapie). Vertretbar wegen geringer Schädlichkeit, wenn eine notwendige Anwendung antibiotisch wirksamer Substanzen nicht verzögert oder unterlassen wird.
Cysto-Myacyne N (D) Spüllösung Neomycin *Rezeptpflichtig*	Häufig allergische Erscheinungen, Blasenkrämpfe	**Abzuraten** wegen der Gefahr von Nebenwirkungen und der Entwicklung von resistenten Keimen.
Furadantin retard (D/Ö) Kaps. Nitrofurantoin *Rezeptpflichtig*	Übelkeit, Erbrechen, Lähmungen, schwere Leberschäden, bleibende Lungenschäden (Lungenfibrose)	**Abzuraten** wegen sehr schwerer Nebenwirkungen, besonders bei Langzeittherapie. Antibakteriell wirkender Inhaltsstoff (Nitrofurantoin).

Präparat	Wichtigste Nebenwirkungen	Empfehlung
H+S Blasen- und Nierentee (D) Tee Pfefferminze, Bärentraubenblätter, Schachtelhalm, Birkenblätter, Bohnenhülsen, Süßholzwurzeln	Keine wesentlichen bekannt	**Zweckmäßig wie andere Tees** durch Spüleffekt.
Harntee 400 (D) Teegranulat zahlreiche Pflanzenextrakte	Keine wesentlichen bekannt	**Zweckmäßig wie andere Tees** durch Spüleffekt.
Heumann Blasen- und Nierentee Solubitrat N (D) Tee Zahlreiche Extrakte (z. B. Birkenblätter), Fenchelöl	Keine wesentlichen bekannt	**Zweckmäßig wie andere Tees** durch Spüleffekt.
Monuril (D) Granulat Fosfomycin *Rezeptpflichtig*	Übelkeit, Durchfall, selten allergische Erscheinungen (z. B. Hautausschläge, Juckreiz)	**Therapeutisch zweckmäßig bei** unkomplizierten Harnwegsinfektionen mit Fosfomycin-empfindlichen Krankheitserregern, wenn andere Antibiotika nicht angewendet werden können.
Nifurantin (D) Drag. Nitrofurantoin *Rezeptpflichtig*	Übelkeit, Erbrechen, Lähmungen, schwere Leberschäden, bleibende Lungenschäden (Lungenfibrose)	**Abzuraten** wegen besonders schwerer Nebenwirkungen, besonders bei Langzeittherapie. Antibakteriell wirkender Inhaltsstoff (Nitrofurantoin).
Nifuretten (D) Drag. Nitrofurantoin *Rezeptpflichtig*	Übelkeit, Erbrechen, Lähmungen, schwere Leberschäden, bleibende Lungenschäden (Lungenfibrose)	**Abzuraten** wegen besonders schwerer Nebenwirkungen, besonders bei Langzeittherapie. Antibakteriell wirkender Inhaltsstoff (Nitrofurantoin).
Nitrofurantoin retard-ratiopharm (D) Kaps. **Nitrofurantoin Agepha** (Ö) Tabl. Nitrofurantoin *Rezeptpflichtig*	Übelkeit, Erbrechen, Lähmungen, schwere Leberschäden, bleibende Lungenschäden (Lungenfibrose)	**Abzuraten** wegen besonders schwerer Nebenwirkungen, besonders bei Langzeittherapie. Antibakteriell wirkender Inhaltsstoff (Nitrofurantoin).

Präparat	Wichtigste Nebenwirkungen	Empfehlung
Nitroxolin midi/ -forte (D) Kaps. Nitroxolin *Rezeptpflichtig*	Magen-Darm-Störungen, allergische Erscheinungen (z. B. Hauterscheinungen, Fieber), Blutschäden	**Abzuraten** Therapeutische Wirksamkeit zweifelhaft. Besser wirksame und verträgliche Antibiotika (z. B. Cotrimoxazol) sind vorzuziehen.
Phönix Solidago II/035 B (D) Tropfen Zahlreiche homöopathische Verdünnungen	Keine wesentlichen zu erwarten. Tropfen enthalten Alkohol	**Abzuraten** bei den vom Hersteller angegebenen Indikationen wie z. B. Nephritis, Pyelitis. Homöopathisches Mittel. Die notwendige Anwendung antibiotisch wirksamer Substanzen darf in keinem Fall verzögert oder unterlassen werden.
Sidroga Nieren- und Blasentee (D) Tee Bärentraubenblätter, Schachtelhalm, Birkenblätter, Orthosiphonblätter	Keine wesentlichen bekannt	**Zweckmäßig wie andere Tees** durch Spüleffekt.
Solidago Steiner (D) Extrakt aus echtem Goldrutenkraut	Keine wesentlichen zu erwarten	**Wenig zweckmäßig** Pflanzliches Mittel. Zweifelhafte therapeutische Wirksamkeit bei den vom Hersteller angegebenen Anwendungsgebieten (z. B. Harnwegsentzündungen, Harnsteine). Vertretbar wegen geringer Schädlichkeit, wenn eine notwendige Anwendung antibiotisch wirksamer Substanzen nicht verzögert oder unterlassen wird.
Solidagoren N (D) Tropfen Pflanzenauszüge aus Goldrutenkraut, Gänsefingerkraut, Schachtelhalmkraut	Keine wesentlichen bekannt	**Wenig zweckmäßig** Pflanzliches Mittel. Zweifelhafte therapeutische Wirksamkeit bei den vom Hersteller angegebenen Anwendungsgebieten (z. B. Durchspülungstherapie, Harnsteine). Die notwendige Anwendung antibiotisch wirksamer Substanzen darf hierbei nicht verzögert oder unterlassen werden.

Präparat	Wichtigste Nebenwirkungen	Empfehlung
Solubitrat (Ö) Tee Extrakte aus Orthosiphonblättern, Goldrutenkraut, Birkenblättern und Fenchelöl	Keine wesentlichen zu erwarten	**Zweckmäßig wie andere Tees** durch Spüleffekt.
Uro-Nebacetin N (D) Spüllösung Neomycin *Rezeptpflichtig*	Häufig allergische Erscheinungen, Blasenkrämpfe	**Abzuraten** wegen der Gefahr von Nebenwirkungen und der Entwicklung von resistenten Keimen.
Uropurat (Ö) Tee Bärentraubenblätter u. a. pflanzliche Stoffe	Keine wesentlichen zu erwarten	**Zweckmäßig wie andere Tees** durch Spüleffekt.
Uro-Tablinen (D) Tabl. Nitrofurantoin *Rezeptpflichtig*	Übelkeit, Erbrechen, Lähmungen, schwere Leberschäden, bleibende Lungenschäden (Lungenfibrose)	**Abzuraten** wegen besonders schwerer Nebenwirkungen, besonders bei Langzeittherapie. Antibakteriell wirkender Inhaltsstoff (Nitrofurantoin).
Uro-Tarivid (D) Filmtabl. Ofloxacin *Rezeptpflichtig*	Relativ häufig: Magen-Darm-Störungen, zentralnervöse Störungen (z. B. psychotische Erregungszustände, Schwindel, Kopfschmerzen, Verwirrtheitszustände, Krampfanfälle). Leberschäden, allergische Hautreaktionen (Rötung, Juckreiz), Knorpel- und Sehnenschäden	**Therapeutisch zweckmäßig nur bei** Infektionen mit Ofloxacin-empfindlichen Problemkeimen. Nur vertretbar, wenn andere, besser verträgliche Antibiotika (z. B. Penicilline) nicht angewendet werden können. Darf bei Kindern und Jugendlichen nicht angewendet werden.
Uvalysat Bürger (D) Drag., Lösung Extrakt aus Bärentraubenblättern	Übelkeit, Erbrechen. Lösung enthält Alkohol	**Wenig zweckmäßig** Pflanzliches Mittel. Therapeutische Wirksamkeit zweifelhaft bei den vom Hersteller angegebenen Anwendungsgebieten (entzündliche Erkrankungen der ableitenden Harnwege). Vertretbar wegen geringer Schädlichkeit, wenn eine notwendige Anwendung antibiotisch wirksamer Substanzen nicht verzögert oder unterlassen wird.

Präparat	Wichtigste Nebenwirkungen	Empfehlung
Vollmers präparierter grüner Hafertee N (D) Tee Haferkraut, Brennnesselkraut, Alpenfrauenmantelkraut	Keine wesentlichen zu erwarten	**Zweckmäßig wie andere Tees** durch Spüleffekt.

11.2. Sonstige Harnwegsmittel

Synthetische Mittel gegen Prostataerkrankungen

Jeder zweite Mann über 65 hat eine vergrößerte Prostata. Wenn keine Beschwerden auftreten, ist auch keine Behandlung notwendig. Bei etwa jedem zweiten Mann mit vergrößerter Prostata entwickeln sich jedoch mit der Zeit Blasenentleerungsstörungen.

Bei leichten und mittelschweren Beschwerden sind Mittel wie Terazosin (enthalten in *Flotrin, Uroflo*) oder Alfuzosin (enthalten in *Urion, UroXatral*), Oxybutynin (enthalten z. B. in *Ditropan, Oxybutynin-ratiopharm*, *Spasyt*) oder Tolterodin (enthalten z. B. in *Detrusitol*) zweckmäßig. Vorsicht: Einige dieser Medikamente können die Blutdruckregulation und die Standsicherheit beim Aufstehen beeinflussen.

Eine neue Untersuchung belegt, dass im Gegensatz zu früheren Empfehlungen auch bei nur mäßigen Beschwerden eine frühzeitige operative Entfernung der Prostata langfristig günstiger ist als beobachtendes Abwarten. Bei fortgeschrittener Erkrankung gibt es keine Alternative zu einer Operation.

Der relativ neue Wirkstoff Finasterid (enthalten in *Proscar*) wird von der Berliner Fachpublikation »Arzneimittel-Kursbuch« kritisch beurteilt: »Umstrittenes Therapieprinzip. Bringt für weniger als die Hälfte der Anwender mit gutartiger Prostatavergrößerung mäßige, zum Teil aber auch ausgeprägte Linderung der subjektiv empfundenen Beschwerden. Die Prostatagröße nimmt mitunter ausgeprägt ab. Objektive Messgrößen wie der Harnfluss nehmen nur gering zu oder bleiben unverändert (etwa der Restharn). Wer auf *Proscar* anspricht, lässt sich erst nach drei bis sechs Behandlungsmonaten abschätzen. Ob *Proscar* den Betroffenen langfristig eine Operation erspart, erscheint zweifelhaft. Damit der Effekt erhalten bleibt, müsste das Mittel lebenslang eingenommen werden. Die Langzeitverträglichkeit ist nicht gesichert. Anwender können unter Störung von Libido, Potenz und Ejakulation und an Brustvergrößerung (Gynäkomastie) leiden.«

Pflanzliche Mittel zur Prostatabehandlung

Bei allen pflanzlichen Mitteln – Brennnessel-Extrakten, Kürbiskern, Kürbissamen, Beta-Sitosterin, Pollenextrakt, Sägepalmenfruchtextrakt – ist zweifelhaft, ob sie einen therapeutischen Nutzen haben, der über den Placebo-Effekt hinausgeht. In den USA ist der freie Verkauf aller Pflanzenmittel sogar verboten. Begründung: Nicht bewiesene Wirksamkeit; die Einnahme vermittle den Patienten eine falsche Sicherheit.

Mittel bei Reizblase und Harninkontinenz

Es gibt eine ganze Reihe unterschiedlicher Wirkstoffe, die gegen Reizblase oder Harninkontinenz beworben werden: Atropin (enthalten z. B. in *Dysurgal N*), Flavoxat (enthalten z. B. in *Spasuret*), Oxybutynin (enthalten z. B. in *Ditropan, Oxybutynin-ratiopharm, Spasyt*), Propiverin (enthalten z. B. in *Mictonetten, Mictonorm*), Trospium (enthalten z. B. in *Spasmex, Spasmolyt, Spasmo-Urgenin*). Die therapeutische Wirksamkeit dieser Mittel gilt als zweifelhaft. Ein Therapieversuch ist jedoch vertretbar.

11.2. Sonstige Harnwegsmittel

Präparat	Wichtigste Nebenwirkungen	Empfehlung
Acimethin (D/Ö) Filmtabl. Methionin	Ansäuerung des Blutes. Magen-Darm-Störungen	**Nur zweckmäßig zur** Ansäuerung des Urins zur Vorbeugung von Phosphatsteinen. Nicht geeignet zur Behandlung von Harnwegsinfektionen.
Alna (D/Ö) Retardkaps. Tamsolusin *Rezeptpflichtig*	Blutdruckabfall, Schwindel bei Lageveränderungen des Körpers, Herzrhythmusstörungen, Durchblutungsstörungen der Herzkranzgefäße möglich, häufig Kopfschmerzen, Atemnot, Magen-Darm-Störungen, Hautausschlag	**Möglicherweise zweckmäßig zur** Verbesserung des Urinflusses bei Prostatavergrößerung (Alpha-Blocker).

Präparat	Wichtigste Nebenwirkungen	Empfehlung
Azuprostat Sandoz (D) Kaps. Phytosterol (Beta-Sitosterin)	Keine wesentlichen bekannt	**Wenig zweckmäßig** Zweifelhafte therapeutische Wirksamkeit bei vom Hersteller empfohlenem Anwendungsgebiet (vergrößerte Prostata). Vertretbar wegen geringer Schädlichkeit.
Bazoton N/ uno (D) Kaps., Filmtabl. Brennnesselwurzel-Extrakt (Sapogenin)	Magen-Darm-Störungen möglich	**Wenig zweckmäßig** Pflanzliches Mittel. Zweifelhafte therapeutische Wirksamkeit bei einer Prostatavergrößerung. Vertretbar wegen geringer Schädlichkeit.
Cernilton (D) Kaps. Pollenextrakte	Keine wesentlichen zu erwarten	**Wenig zweckmäßig** Pflanzliches Mittel. Zweifelhafte therapeutische Wirksamkeit bei den vom Hersteller angegebenen Anwendungsgebieten (z. B. Prostataentzündung). Vertretbar wegen geringer Schädlichkeit.
Cysto Fink (D) Kaps. Pflanzenextrakte, u. a. Kürbissamenöl, Bärentraubenblätterextrakt, Hopfenzapfenextrakt	Selten Allergien. Sehstörungen	**Wenig zweckmäßig** Pflanzliches Mittel. Zweifelhafte therapeutische Wirksamkeit bei den vom Hersteller angegebenen Anwendungsgebieten (z. B. Reizblase).
Detrusitol (D/Ö) Filmabl. **Detrusitol retard** (D/Ö) Hartkaps. Tolterodin *Rezeptpflichtig*	Häufig Bauchschmerzen, Magen-Darm-Störungen, Mundtrockenheit, Kopfschmerzen, Schwindel, Müdigkeit, Pulsbeschleunigung, Sehstörungen	**Wenig zweckmäßig** bei Störungen des Wasserlassens (Dysurie). Therapeutische Wirksamkeit des krampflösend (atropinartig) wirkenden Inhaltsstoffs zweifelhaft.
Ditropan (Ö) Tabl. Oxybutynin *Rezeptpflichtig*	Müdigkeit, Mundtrockenheit, Pulsbeschleunigung, Sehstörungen	**Wenig zweckmäßig** bei Störungen des Wasserlassens (Dysurie). Therapeutische Wirksamkeit des krampflösend (atropinartig) wirkenden Inhaltsstoffs zweifelhaft.

Präparat	Wichtigste Nebenwirkungen	Empfehlung
Flotrin (D) Tabl. Terazosin *Rezeptpflichtig*	Blutdruckabfall, Schwindel bei Lageveränderungen des Körpers, Herzrhythmusstörungen, Durchblutungsstörungen der Herzkranzgefäße möglich, häufig Kopfschmerzen, Atemnot, Magen-Darm-Störungen, Hautausschlag	**Möglicherweise zweckmäßig zur** Verbesserung des Urinflusses bei Prostatavergrößerung (Alpha-Blocker).
Granu Fink Kürbiskerne (D) Kerne **Granu Fink Kürbiskern Granulat** (D) Granulat **Granu Fink Kürbiskern Kapseln N** (D) Kaps. Kürbissamen, -öl	Keine wesentlichen zu erwarten	**Wenig zweckmäßig**. Pflanzliches Mittel. Zweifelhafte therapeutische Wirksamkeit bei den vom Hersteller angegebenen Anwendungsgebieten (z. B. zur Stärkung der Blasenfunktion). Vertretbar wegen geringer Schädlichkeit.
Granu Fink Prosta (D) Kaps. Kürbissamen, -öl, Sägepalmenfrüchteextrakt	Keine wesentlichen zu erwarten	**Wenig zweckmäßig**. Pflanzliches Mittel. Zweifelhafte therapeutische Wirksamkeit bei den vom Hersteller angegebenen Anwendungsgebieten (z. B. zur Stärkung der Blasenfunktion). Vertretbar wegen geringer Schädlichkeit.
Harzol (D/Ö) Kaps. Phytosterol (Beta-Sitosterin)	Keine wesentlichen bekannt	**Wenig zweckmäßig** Zweifelhafte therapeutische Wirksamkeit bei vom Hersteller empfohlenem Anwendungsgebiet (vergrößerte Prostata). Vertretbar wegen geringer Schädlichkeit.
Inconturina SR (D) Tropfen Extrakt aus Goldrutenkraut, Gewürzsumachwurzelrinde	Keine wesentlichen bekannt. Tropfen enthalten Alkohol	**Wenig zweckmäßig** Pflanzliches Mittel. Zweifelhafte therapeutische Wirksamkeit bei den vom Hersteller angegebenen Anwendungsgebieten (z. B. Harninkontinenz = Blasenschwäche, Reizblase, Prostataaffektionen). Vertretbar wegen geringer Schädlichkeit.

Präparat	Wichtigste Nebenwirkungen	Empfehlung
Mictonetten (D) Drag. Propiverin *Rezeptpflichtig*	Mundtrockenheit, Sehstörungen, Pulsbeschleunigung	**Wenig zweckmäßig bei** Störungen des Wasserlassens. Therapeutische Wirksamkeit des krampflösend (atropinartig) wirkenden Inhaltsstoffs (Propiverin) zweifelhaft.
Mictonorm (D) Drag. Propiverin *Rezeptpflichtig*	Mundtrockenheit, Sehstörungen, Pulsbeschleunigung	**Wenig zweckmäßig bei** Störungen des Wasserlassens. Therapeutische Wirksamkeit des krampflösend (atropinartig) wirkenden Inhaltsstoffs (Propiverin) zweifelhaft.
Nomon Mono (D) Kaps. Extrakte aus Kürbissamen	Keine wesentlichen zu erwarten	**Wenig zweckmäßig** Pflanzliches Mittel. Zweifelhafte therapeutische Wirksamkeit bei den vom Hersteller angegebenen Anwendungsgebieten (z. B. Reizblase, Störungen beim Wasserlassen bei Prostatavergrößerung). Vertretbar wegen geringer Schädlichkeit.
Omnic (D) Retardkaps. Tamsolusin *Rezeptpflichtig*	Blutdruckabfall, Schwindel bei Lageveränderungen des Körpers, Herzrhythmusstörungen, Durchblutungsstörungen der Herzkranzgefäße möglich, häufig Kopfschmerzen, Atemnot, Magen-Darm-Störungen, Hautausschlag	**Möglicherweise zweckmäßig zur** Verbesserung des Urinflusses bei Prostatavergrößerung (Alpha-Blocker).
Oxybutynin-ratiopharm (D) Tabl. Oxybutynin *Rezeptpflichtig*	Müdigkeit, Mundtrockenheit, Pulsbeschleunigung, Sehstörungen	**Wenig zweckmäßig** bei Störungen des Wasserlassens (Dysurie). Therapeutische Wirksamkeit des krampflösend (atropinartig) wirkenden Inhaltsstoffs zweifelhaft.
Oxymedin (D) Tabl. Oxybutynin *Rezeptpflichtig*	Müdigkeit, Mundtrockenheit, Pulsbeschleunigung, Sehstörungen	**Wenig zweckmäßig** bei Störungen des Wasserlassens (Dysurie). Therapeutische Wirksamkeit des krampflösend (atropinartig) wirkenden Inhaltsstoffs zweifelhaft.

Präparat	Wichtigste Nebenwirkungen	Empfehlung
Proscar (D/Ö) Filmtabl. Finasterid *Rezeptpflichtig*	Libidoverlust, Impotenz, Ejakulationsstörungen, Brustdrüsenschwellung, Allergien	**Wenig zweckmäßig zur** Verbesserung des Urinflusses bei Prostatavergrößerung (Hemmstoff der Bildung des männlichen Sexualhormons).
Prosta Fink Forte (D) Kaps. Kürbissamenextrakt	Keine wesentlichen bekannt	**Wenig zweckmäßig** Pflanzliches Mittel. Zweifelhafte therapeutische Wirksamkeit bei den vom Hersteller angegebenen Anwendungsgebieten (z. B. Prostatavergrößerung und Reizblase). Vertretbar wegen geringer Schädlichkeit.
Prostagutt (Ö) Kaps. Extrakt aus Sägepalmenfrüchten, Brennnesselwurzeln und Pappel *Rezeptpflichtig*	Magen-Darm-Störungen möglich	**Wenig zweckmäßig** Pflanzliches Mittel. Zweifelhafte therapeutische Wirksamkeit bei den vom Hersteller angegebenen Anwendungsgebieten (z. B. Harnentleerungsstörung bei Prostatavergrößerung und Reizblase). Vertretbar wegen geringer Schädlichkeit.
Prostagutt Forte (D) Kaps., Lösung Extrakt aus Sägepalmenfrüchten und Brennnesselwurzeln	Magen-Darm-Störungen möglich. Lösung enthält Alkohol	**Wenig zweckmäßig** Pflanzliches Mittel. Zweifelhafte therapeutische Wirksamkeit bei den vom Hersteller angegebenen Anwendungsgebieten (z. B. Harnentleerungsstörung bei Prostatavergrößerung). Vertretbar wegen geringer Schädlichkeit.
Prostagutt Mono/ UNO (D) Kaps. Extrakt aus Sägepalmenfrüchten	Magen-Darm-Störungen möglich	**Wenig zweckmäßig** Pflanzliches Mittel. Zweifelhafte therapeutische Wirksamkeit bei den vom Hersteller angegebenen Anwendungsgebieten (z. B. Harnentleerungsstörung bei Prostatavergrößerung). Vertretbar wegen geringer Schädlichkeit.

Präparat	Wichtigste Nebenwirkungen	Empfehlung
Prostamed (D) Tabl. Kürbisglobulin, Kürbiskernmehl, Extr. Herb. Solidaginis, Extr. fol. Pop. trem. fld.	Keine wesentlichen bekannt	**Wenig zweckmäßig** Pflanzliches Mittel. Zweifelhafte therapeutische Wirksamkeit bei den vom Hersteller angegebenen Anwendungsgebieten (z. B. Prostatavergrößerung, erschwertes Wasserlassen). Vertretbar wegen geringer Schädlichkeit.
Prostess (D) Kaps. Sägepalmen- früchteextrakt	Magen-Darm-Störungen möglich	**Wenig zweckmäßig** Pflanzliches Mittel. Zweifelhafte therapeutische Wirksamkeit bei den vom Hersteller angegebenen Anwendungsgebieten (z. B. Störungen beim Wasserlassen bei Prostatavergrößerung). Vertretbar wegen geringer Schädlichkeit.
Spasmex (D) Filmtabl., Tabl. Trospium *Rezeptpflichtig*	Mundtrockenheit, Sehstörungen, Pulsbeschleunigung	**Wenig zweckmäßig bei** funktionellen Störungen des Wasserlassens. Therapeutische Wirksamkeit des krampflösend (atropinartig) wirkenden Inhaltsstoffs (Trospium) zweifelhaft.
Spasmo-lyt (D/Ö) Filmtabl., Drag. Trospium *Rezeptpflichtig*	Mundtrockenheit, Sehstörungen, Pulsbeschleunigung	**Wenig zweckmäßig bei** funktionellen Störungen des Wasserlassens. Therapeutische Wirksamkeit des krampflösend (atropinartig) wirkenden Inhaltsstoffs (Trospium) zweifelhaft.
Spasmo Urgenin (Ö) Drag. Trospium, Sägepalmen- fruchtextrakt, Echinacin *Rezeptpflichtig*	Mundtrockenheit, Sehstörungen, Pulsbeschleunigung, Fieber, Hautausschlag, Juckreiz. Schwere Allergien möglich	**Abzuraten** Wenig sinnvolle Kombination von Pflanzenextrakten (u. a. Echinacin) mit krampflösend (atropinartig) wirkendem Inhaltsstoff (Trospium). Therapeutische Wirksamkeit zweifelhaft.
Spasmo Urgenin TC (D) Filmtabl. Trospium *Rezeptpflichtig*	Mundtrockenheit, Sehstörungen, Pulsbeschleunigung	**Wenig zweckmäßig bei** funktionellen Störungen des Wasserlassens. Therapeutische Wirksamkeit des krampflösend (atropinartig) wirkenden Inhaltsstoffs (Trospium) zweifelhaft.

Präparat	Wichtigste Nebenwirkungen	Empfehlung
Spasyt (D) Tabl. Oxybutynin *Rezeptpflichtig*	Müdigkeit, Mundtrockenheit, Pulsbeschleunigung, Sehstörungen	**Wenig zweckmäßig** bei Störungen des Wasserlassens (Dysurie). Therapeutische Wirksamkeit des krampflösend (atropinartig) wirkenden Inhaltsstoffs zweifelhaft.
Tadenan (Ö) Kaps. Extrakt aus Rinde von Prunus africana, Erdnussöl *Rezeptpflichtig*	Magen-Darm-Beschwerden, Schwindel	**Wenig zweckmäßig** Pflanzliches Mittel. Therapeutische Wirksamkeit zweifelhaft bei den vom Hersteller angegebenen Anwendungsgebieten (z. B. Schwierigkeiten des Wasserlassens bei Prostataerkrankung). Vertretbar wegen geringer Schädlichkeit.
Talso N/ -Uno N (D/Ö) Kaps. Sägepalmenfruchtextrakt	Selten Magenbeschwerden	**Wenig zweckmäßig** Pflanzliches Mittel. Therapeutische Wirksamkeit zweifelhaft bei den vom Hersteller angegebenen Anwendungsgebieten (z. B. Schwierigkeiten des Wasserlassens bei Prostataerkrankung). Vertretbar wegen geringer Schädlichkeit.
Uralyt-U (D/Ö) Granulat Kalium-Natrium-hydrogencitrat *Rezeptpflichtig* (Ö)	Wegen des Gehalts an Natrium bzw. Kaliumsalzen sind Störungen bei Hypertonie bzw. Herzerkrankungen möglich	**Therapeutisch zweckmäßig zur** Alkalisierung des Harns z. B. zur Vermeidung von Oxalat-Steinen.
Urgenin (Ö) Tropfen, Tinktur Sägepalmenfruchtextrakt, Echinacin *Rezeptpflichtig*	Fieber. Hautausschlag, Juckreiz. Schwere allgemeine allergische Reaktionen möglich	**Abzuraten** Pflanzliches Mittel. Therapeutische Wirksamkeit zweifelhaft bei den vom Hersteller angegebenen Anwendungsgebieten (z. B. Reizblase, Prostataerkrankung).
Uriduct (D) Tabl. Doxazosin *Rezeptpflichtig*	Blutdruckabfall, Schwindel bei Lageveränderungen des Körpers, Herzrhythmusstörungen, Durchblutungsstörungen der Herzkranzgefäße möglich, häufig Kopfschmerzen, Atemnot, Magen-Darm-Störungen, Hautausschlag	**Möglicherweise zweckmäßig zur** Verbesserung des Urinflusses bei Prostatavergrößerung (Alpha-Blocker, auch als blutdrucksenkendes Mittel verwendet).

Präparat	Wichtigste Nebenwirkungen	Empfehlung
Urion (D) Filmtabl., Retardtabl. Alfuzosin *Rezeptpflichtig*	Blutdruckabfall, Schwindel bei Lageveränderungen des Körpers, Herzrhythmusstörungen, Durchblutungsstörungen der Herzkranzgefäße möglich, häufig Kopfschmerzen, Atemnot, Magen-Darm-Störungen, Hautausschlag	**Möglicherweise zweckmäßig zur** Verbesserung des Urinflusses bei Prostatavergrößerung (Alpha-Blocker).
Urispas (Ö) Drag. Flavoxat *Rezeptpflichtig*	Mundtrockenheit, Sehstörungen, Müdigkeit, Verwirrtheit, selten allergische Reaktionen	**Wenig zweckmäßig bei** Störungen des Wasserlassens. Therapeutische Wirksamkeit des krampflösend (atropinartig) wirkenden Inhaltsstoffs (Flavoxat) zweifelhaft.
Uroflo (Ö) Tabl. Terazosin *Rezeptpflichtig*	Blutdruckabfall, Schwindel bei Lageveränderungen des Körpers, Herzrhythmusstörungen, Durchblutungsstörungen der Herzkranzgefäße möglich, häufig Kopfschmerzen, Atemnot, Magen-Darm-Störungen, Hautausschlag	**Möglicherweise zweckmäßig zur** Verbesserung des Urinflusses bei Prostatavergrößerung (Alpha-Blocker).
UroXatral (D) Filmtabl., Retardtabl. Alfuzosin *Rezeptpflichtig*	Blutdruckabfall, Schwindel bei Lageveränderungen des Körpers, Herzrhythmusstörungen, Durchblutungsstörungen der Herzkranzgefäße möglich, häufig Kopfschmerzen, Atemnot, Magen-Darm-Störungen, Hautausschlag	**Möglicherweise zweckmäßig zur** Verbesserung des Urinflusses bei Prostatavergrößerung (Alpha-Blocker).

12. Kapitel: **Herz, Kreislauf**

Die Todesursache jedes zweiten Deutschen oder Österreichers ist heute eine Herz-Kreislauf-Erkrankung. Um die Jahrhundertwende sah die Statistik ganz anders aus. Damals starben die Menschen vorwiegend an Infektionen. Die häufigsten Todesursachen waren Tuberkulose und Lungenentzündung.

Ursache des geänderten Krankheitsspektrums

Um 1900 betrug die durchschnittliche Lebenserwartung eines Mannes in Deutschland etwa 45 Jahre (in Österreich 39 Jahre), einer Frau 48 Jahre (in Österreich 41 Jahre). Vor allem die Senkung der Säuglingssterblichkeit hat dazu geführt, dass heute die durchschnittliche Lebenserwartung in Deutschland und in Österreich für Männer etwa 75 und für Frauen etwa 81 Jahre beträgt.

Neben sozialpolitischen und hygienischen Maßnahmen waren es sicher auch die Erfolge der Medizin, die den Menschen zu längerem Leben verholfen haben. Viele Krankheiten, die früher unweigerlich den Tod zur Folge hatten, können heute geheilt werden. Akute Infektionen mit tödlichem Ausgang sind heutzutage seltener, chronische Krankheiten – besonders an Herz und Kreislauf – werden aufgrund natürlicher Alterungsprozesse immer häufiger. Heute leidet rund ein Drittel aller über 65-Jährigen an einer oder mehreren Krankheiten, häufig chronisch.

Risikofaktoren für Herz-Kreislauf-Erkrankungen

Ohne auszuruhen schlägt das Herz von der Geburt bis zum Tod durchschnittlich drei Milliarden Mal. Etwa 9.000 Liter Blut werden täglich in die Adern gepumpt. Es ist einleuchtend, wenn Störungen an diesem ohne Pause arbeitenden System mit zunehmendem Alter häufiger auftreten. Auch eine gesunde Lebensführung und die beste medizinische Vorsorge und Behandlung können das nicht verhindern – irgendwann ist der Tod unausweichlich.

In den sechziger und siebziger Jahren des 20. Jahrhunderts gab es große Anstrengungen von Seiten der medizinischen Forschung, Ursachen von Herz-Kreislauf-Erkrankungen aufzuspüren, Vorbeugemaßnahmen zu entwickeln und neue Behandlungsmethoden zu etablieren.

Eine wichtige Rolle spielt dabei das Konzept der »Risikofaktoren«. Mediziner fanden heraus, dass die meisten Herz-Kreislauf-Leiden nicht durch einen, sondern durch mehrere Faktoren verursacht werden – sie werden »Risikofaktoren« genannt.
Rauchen gilt als einer der wichtigsten; außerdem Bluthochdruck, hohe Blutfettwerte, Übergewicht, Bewegungsmangel, beruflicher Stress und einige weitere.
Das Konzept der Mediziner klingt einfach: Wenn man die Ursachen der Erkrankung – die Risikofaktoren – ausschaltet oder verringert, dann muss auch die Zahl der Herz-Kreislauf-Erkrankungen sinken.
In unzähligen Gesundheitskampagnen wurde der Bevölkerung in den vergangenen Jahrzehnten eingehämmert: Bei zu hohem Blutdruck muss der Blutdruck gesenkt werden; bei zu hohen Cholesterinwerten müssen die Cholesterinwerte gesenkt werden; Übergewichtige müssen abnehmen usw.
Die einfachste und von den meisten Medizinern unkritisch propagierte Behandlungsmöglichkeit schien das Pillenschlucken zu sein. Heute herrscht in der seriösen Medizin jedoch Übereinstimmung darüber, dass nichtmedikamentöse Maßnahmen – aufhören zu rauchen, regelmäßige körperliche Aktivität, eine abwechslungsreiche, fettarme Ernährung (so genannte Mittelmeerkost) – in den meisten Fällen das Risiko von Herz-Kreislauf-Erkrankungen viel nachhaltiger senken als Medikamente.

Pharmaindustrie und Risikofaktoren

Mit der Anwendung von Medikamenten bei »Risikofaktoren« und der dramatisch gestiegenen Zahl von Herz-Kreislauf-Krankheiten öffnete sich für die Pharmaindustrie ein riesiger neuer Markt. Die Pharmakonzerne erzielten damit in Deutschland im Jahre 2003 Einnahmen von etwa 4,3 Milliarden Euro.
Dass Medikamente jedoch manchmal mehr Schaden als Nutzen bringen können, hat sich eindrücklich bei der Behandlung des Risikofaktors »hohe Blutfettwerte« (Cholesterinspiegel) gezeigt.

Cholesterinspiegel medikamentös gesenkt – Sterblichkeit erhöht?

Schleichende Gefäßveränderungen, im Volksmund »Arterienverkalkung« genannt, gelten als Ursache zahlreicher Herz-Kreislauf-Leiden. Diese »Verkalkung« kommt durch Einlagerung von Fettstoffen (u. a. Cholesterin) in die Gefäßwände zustande. Wenn weniger Fettstoffe

im Blut vorhanden sind, dann – so überlegten sich die Mediziner – kann auch weniger Fett in die Gefäßwände abgelagert werden.
Die gängigste Antwort der Schulmedizin: Man verschrieb ein Medikament zur Senkung dieser hohen Werte.
Eine große Studie der Weltgesundheitsorganisation (WHO) hat gezeigt, dass durch bestimmte Arzneimittel diese Wirkung – Senkung der Cholesterinwerte – zwar erzielt wurde, aber es zeigte sich auch eine unerwartete »Nebenwirkung«: Die Lebenserwartung der medikamentös behandelten Patienten verringerte sich – durch die Zunahme anderer, medikamentenbedingter Krankheiten – anstatt anzusteigen. »Die Behandlung war erfolgreich, aber der Patient ist tot«, beschrieb die angesehene Fachzeitschrift »The Lancet« sarkastisch dieses Ergebnis.
Bis dahin hatten jedoch schon Zehntausende von Patienten diese Medikamente zur Cholesterinspiegelsenkung geschluckt. Als das Ergebnis der WHO-Studie bekannt wurde, verbot das damalige Bundesgesundheitsamt in West-Berlin einige dieser Medikamente. Kurze Zeit darauf wurde das Verbot jedoch – wegen einiger methodischer Mängel der Studie – wieder aufgehoben. Cholesterin-senkende Substanzen (wie z. B. das nur noch selten verwendete *Clofibrat*) sind wieder zugelassen, allerdings mit einem Hinweis des Herstellers: »Es ist nicht möglich, Voraussagen über die Wirkung bei einzelnen Patienten zu machen.«

Blutdruck medikamentös gesenkt – Sterblichkeit erhöht?

In »Hochdruck-Kampagnen« war der Bevölkerung in den letzten Jahren vor Augen geführt worden, wie gefährlich erhöhter Blutdruck ist. Medikamentöse Behandlung von zu hohem Blutdruck wurde zum Dogma der Medizin. In Kenntnis der Tatsache, dass bereits Menschen mit nur leicht erhöhtem Blutdruck ein erhöhtes Risiko für Herz-Kreislauf-Krankheiten haben, erhoffte man von der medikamentösen Behandlung auch dieser Patienten deutliche Erfolge.
Dass die medikamentöse Behandlung von Bluthochdruck unter Umständen jedoch die Zahl der »schönen« Jahre verringern kann, hat eine umfangreiche amerikanische Studie gezeigt. »Die Ergebnisse der Untersuchung sind ein Schlag ins Gesicht der herrschenden medizinischen Dogmen«, hieß es in einem Kommentar der Zeitschrift der amerikanischen Ärztevereinigung »JAMA«.

Bei der mit Medikamenten behandelten Gruppe war zwar die Zahl der Herz-Todesfälle geringer als bei der Kontrollgruppe, aber gleichzeitig waren mehr Krebserkrankungen beobachtet worden, so dass die Gesamtzahl der Todesfälle sogar höher als bei der Kontrollgruppe war. Resümee der Forscher: »Risikofaktoren wurden erfolgreich gesenkt. Insgesamt zeigte sich jedoch kein Nutzen in Bezug auf Verminderung der Todesraten.«

Ein Teilergebnis beunruhigte die Forscher besonders: Bei Patienten mit Bluthochdruck und zusätzlich vorhandenen EKG-Störungen gab es in der medizinisch intensiv betreuten Gruppe mehr Todesfälle als in der Gruppe mit der gewöhnlichen Hausarztbetreuung. Vorsichtig formulierten die Forscher, dass »die medikamentöse Therapie möglicherweise einen ungünstigen Effekt gehabt habe«.

Die Fachzeitschrift »Internistische Praxis« empfiehlt deshalb heute als erste Maßnahme bei leichter Hypertonie: Raucher sollten aufhören zu rauchen, Übergewichtige sollten vor allem weniger sowie fett- und salzarm essen, außerdem sollte man sich sportlich betätigen.

Zweifel am Nutzen der Behandlung von leichtem Hochdruck mit Medikamenten – besonders bei älteren Menschen – waren schon einige Jahre vorher von Medizinern geäußert worden. Da im Alter bei allen Menschen die Blutgefäße starrer und enger werden, ist möglicherweise ein etwas höherer Blutdruck notwendig, um alle Blutgefäße ausreichend zu durchbluten. Bei schwereren Formen des Bluthochdrucks sind Medikamente nach wie vor unbestritten nützlich. Ihr Einsatz bei nur leicht erhöhtem Blutdruck muss jedoch aufgrund der Untersuchungen der letzten Jahre kritisch überprüft werden. Nicht alle Medikamente sind gleichermaßen von Nutzen; bei manchen überwiegt der Schaden.

12.1. Mittel gegen Bluthochdruck

Der Blutdruck des Menschen ist innerhalb von 24 Stunden großen Schwankungen unterworfen – je nachdem, ob man schläft, sitzt, Sport treibt oder nervös ist. Wie ist es also möglich, von normalem oder erhöhtem Blutdruck zu sprechen?

Der Blutdruck gilt als erhöht, wenn jemand im Tagesdurchschnitt Werte hat, die höher sind als 140/90 mm Hg. Die erste Zahl ist der so genannte systolische Wert. Er wird gemessen, wenn das vom sich zusammenziehenden Herzen ausgeworfene Blut wie eine Welle durch die Adern läuft. Die zweite Zahl ist der so genannte diastolische Wert, wenn das Blut zwischen zwei Wellen ruhig durch die Adern weiterfließt, während das Herz erschlafft und sich wieder mit Blut füllt.

Für die Beurteilung des Bluthochdruck-Risikos wird der systolische wie der diastolische Wert herangezogen werden:
- leichter Hochdruck: systolische Werte 140–159 mm Hg, diastolische Werte von 90–99 mm Hg
- mittelschwerer Hochdruck: systolische Werte 160–179 mm Hg, diastolische Werte von 100–109 mm Hg
- schwerer Hochdruck: systolische Werte von 180 mm Hg und höher, diastolische Werte von 110 mm Hg und höher

Blutdruck – falsche Messergebnisse

Viele Patienten und auch Ärzte glauben, es sei relativ einfach festzustellen, ob jemand an Bluthochdruck leide. Es gibt jedoch zahlreiche Fehlerquellen beim Messen. Zum Beispiel zeigen Geräte mit üblichen Manschetten bei Patienten mit dicken Oberarmen den Blutdruck um 10–15 mm Hg zu hoch an. Nach Schätzungen von Fachleuten haben etwa 25 Prozent aller Personen, die Mittel gegen Bluthochdruck einnehmen, aufgrund falscher Messungen in Wirklichkeit keinen erhöhten Blutdruck.

Üblicherweise erhöht sich der Blutdruck auch dann, wenn die Messung im Sprechzimmer des Arztes vorgenommen wird. Ursache dieser »Sprechzimmer-Hypertonie«, wie sie von Medizinern genannt wird, ist die erhöhte psychische Spannung und Nervosität, die bei fast allen Patienten beim Arztbesuch auftritt.

Blutdruckmessungen, die zu Beginn eines Arztbesuches gemacht werden, führen deshalb regelmäßig zu einem überhöhten Blutdruckwert. Einen »annähernd richtigen« Wert erhält man bei Selbstmessungen, oder wenn der Arzt über einen Zeitraum von 10 Minuten drei bis vier Messungen vornimmt und davon nur der Wert der letzten Messung herangezogen wird.

Wie häufig ist Bluthochdruck?

Es gibt viele Gesellschaften, in denen Bluthochdruck überhaupt nicht auftritt, auch nicht mit zunehmendem Alter. In den industrialisierten Gesellschaften ist er jedoch relativ häufig. Zahlen aus einer deutschen Studie ergaben folgende Häufigkeiten für die Altersgruppe der 30- bis 69-Jährigen: Etwa zwei Drittel der Bevölkerung (60 Prozent der Männer und 74 Prozent der Frauen) haben einen normalen Blutdruck. Etwa 20 Prozent (21 Prozent Männer und 16 Prozent der Frauen) haben einen grenzwertigen Blutdruck. Etwa 15 Prozent der Bevölkerung (18 Prozent der Männer und 11 Prozent der Frauen) haben einen eindeutig hohen Blutdruck.

Ist Bluthochdruck gefährlich?

Es gilt als sicher, dass der Blutdruck, wenn er über längere Zeit erhöht ist, die Lebenserwartung senkt. Erhöhter Blutdruck steigert das Risiko, ein Herz-, Nieren- oder Kreislaufleiden zu bekommen. Als Patient merkt man davon nichts – außer bei sehr hohen Blutdruckwerten oder wenn die Steigerung innerhalb kurzer Zeit vor sich geht. Festgestellt werden kann das nur durch richtige Messungen oder dann, wenn bereits Organschädigungen (Herz, Niere) aufgetreten sind.
Erhöhter Blutdruck sinkt bei vielen Menschen ohne Behandlung (in etwa 30 Prozent der Fälle) wieder auf normale Werte. Das Risiko, dass aus einem unbehandelten, leicht erhöhten Blutdruck mit der Zeit ein schwerer Bluthochdruck wird, wird vor allem von der Pharmaindustrie übertrieben. Dies ist nur bei etwa jedem fünften Patienten der Fall. Deshalb sollte – außer bei stark erhöhten Werten – nicht gleich mit Medikamenten behandelt, sondern zunächst beobachtet und der Blutdruck regelmäßig kontrolliert werden.

Ursachen von Bluthochdruck

In der Fachliteratur werden folgende Ursachen von erhöhtem Blutdruck angeführt:

– Nebenwirkung einer ganzen Reihe von Medikamenten, z. B. manche Grippemittel (*Doregrippin, Trimedil, Wick DayMed Erkältungsgetränk für den Tag*), manche Schnupfenmittel (*Coldargan, Contac 700, Rhinopront, Vibrocil*), manche Schlankheitsmittel (*Adipex, Antidadipositum X-112 T, Mirapront N, Recatol N, Regenon, Tenuate*), Glukokortikoide (siehe Kapitel 7: Entzündungen), die »Pille«, Östrogene und Medikamente zur Hormonersatztherapie (siehe Kapitel 18: Sexualorgane und -hormone) und Antirheumatika
– größere Mengen von Alkohol über einen längeren Zeitraum
– bestimmte Arten von Übergewicht
– körperliche Inaktivität
– dauernder erhöhter beruflicher Stress
– möglicherweise Rauchen
– körperliche Krankheiten (z. B. Nierenleiden oder bestimmte Hormonkrankheiten)

- hoher Gehalt von Blei im Blut
- Vererbung

Selbsthilfe

Heutzutage empfehlen fast alle seriösen Publikationen als erste Maßnahme eine Behandlung ohne Medikamente. Falls nicht wegen der Höhe des Blutdrucks (systolisch höher als 160 mm Hg) eine sofortige medikamentöse Behandlung notwendig ist, sollten zunächst folgende Maßnahmen getroffen werden, wobei man sich zusammen mit dem Arzt überlegen sollte, welche davon am ehesten erfolgreich durchgeführt werden können:

- Übergewicht abbauen
- den Alkoholkonsum einschränken
- mehr Bewegung
- Entspannungstechniken anwenden
- Lebensweise überdenken: für ausreichende Nachtruhe sorgen; wenn möglich Überforderungen beseitigen
- die »Pille« und Östrogenpräparate (siehe Kapitel 18: Sexualorgane und -hormone) absetzen. Eventuell auch alle anderen Medikamente absetzen, die Hochdruck verursachen können
- Rauchen einstellen
- Einschränken des Salzverbrauchs. Dies ist jedoch nur sinnvoll bei salzempfindlichen Menschen – bei etwa jedem zweiten Hochdruckkranken und bei jedem vierten Menschen mit normalem Blutdruck. Ob jemand salzempfindlich ist, kann mit folgendem Experiment festgestellt werden: Ernährung eine Zeit lang auf salzarm umstellen und dann wieder auf salzreich wechseln. Wenn der Blutdruck nach dem Wechsel durchschnittlich um mindestens 5 mm Hg ansteigt, ist man salzempfindlich. Hauptquellen von Salz sind Brot und Fertiggerichte.

Auch wenn Medikamente genommen werden müssen, um den Blutdruck auf normale Werte zu senken, sind zusätzlich nichtmedikamentöse Maßnahmen sinnvoll.

Medikamentöse Behandlung

Mit wenigen Ausnahmen weisen alle seriösen Publikationen der letzten Zeit darauf hin, dass es zweifelhaft ist, ob die medikamentöse Behandlung von leicht erhöhtem Blutdruck (mit diastolischen Werten zwischen 90 und 100 mm Hg) einen Nutzen bringt. Überall wird vor möglichen Risiken gewarnt. Falls durch sorgfältige Messungen wirklich zu hoher Blutdruck festgestellt wird und die anderen Maßnahmen nicht wirken, kann unter sorgfältigem Abwägen der Vor- und Nachteile eine medikamentöse Behandlung begonnen werden. Bei Personen unter 60 mit mildem Bluthochdruck sollte eine Behandlung mit Medikamenten auch davon abhängig gemacht werden, ob weitere Risikofaktoren (Diabetes, koronare Herzkrankheit, zu hoher Cholesterinspiegel) vorliegen.

In letzter Zeit häufen sich Warnungen in Fachzeitschriften, dass die Zahl der Personen steigt, »die aufgrund einer vorschnellen Diagnose Antihypertensiva (= Medikamente gegen Bluthochdruck, d. A.) erhalten, obwohl sie keinen behandlungsbedürftigen Hochdruck haben«.

Es gibt eine Reihe von unterschiedlich wirkenden Substanzen. Dementsprechend machen verschiedene Mediziner auch unterschiedliche Therapievorschläge. Eine gewisse Übereinstimmung findet sich in der Literatur über folgende Maßnahmen: Man geht nach einem »Stufenplan« vor, bis die notwendige Senkung des Blutdrucks erreicht ist.

Die Wahl des Medikaments hängt – außer von verschiedenen persönlichen Vorlieben des Arztes – vom Alter des Patienten, von eventuell vorhandenen anderen Krankheiten und von den möglichen Nebenwirkungen des Medikaments ab.

In dem häufig angewendeten Stufenschema der »Deutschen Liga zur Bekämpfung des hohen Blutdrucks e. V.« kommen neuere Erkenntnisse über Nutzen und Risiken einiger Wirkstoffgruppen – z. B. Kalzium-Antagonisten und ACE-Hemmer – offenbar nicht zum Ausdruck. Im Unterschied zu diesem Schema empfehlen wir folgendes Vorgehen, das weltweit üblich ist:

1. Stufe: Man beginnt die Behandlung entweder mit einem Betablocker oder einem harntreibenden Mittel (Diuretikum). Wenn dies nicht möglich ist – aufgrund bestehender Krankheiten –, ist ein ACE-Hemmer möglicherweise sinnvoll. Nutzen und Risiken einer Langzeittherapie des Bluthochdrucks mit ACE-Hemmern sind derzeit allerdings noch nicht eindeutig geklärt. Bei Kalzium-Antagonisten häufen sich in letzter Zeit Hinweise, dass das Risiko höher ist als der Nutzen. Insbesondere Bluthochdruckpatienten mit Diabetes sollten keine Kalzium-Antagonisten verwenden.

2. Stufe: Wird der Blutdruck mit einem einzigen Medikament der 1. Stufe nicht ausreichend gesenkt, nimmt man noch ein zweites hinzu. Idealerweise kombiniert man ein Diuretikum mit einem Betablocker. Ist dies nicht möglich, kann man auch andere Medikamente mit-

einander kombinieren, z. B. gefäßerweiternde Mittel wie Kalzium-Antagonisten, Prazosin, Methyldopa oder ACE-Hemmer mit einem harntreibenden Mittel oder Kalzium-Antagonisten mit Betablockern. Alpha-Rezeptorenblocker wie z. B. Prazosin (enthalten z. B. in *Polypress*) oder der Wirkstoff Clonidin (enthalten z. B. in *Catapresan*) sind wegen schwerwiegender Nebenwirkungen bei Arzneimittel-Fachleuten umstritten.
3. Stufe: Wenn auch zwei verschiedene Wirkstoffe den Blutdruck nicht ausreichend senken, kombiniert man drei verschiedene Medikamente mit unterschiedlicher Wirkungsweise. Die medikamentöse Behandlung sollte auf allen Stufen immer mit einer niedrigen Dosis beginnen und erst langsam gesteigert werden. Erst wenn der erwünschte Blutdruck erreicht ist, sollte man auf so genannte Kombinationsmedikamente (= Medikamente mit mehreren Wirkstoffen) umsteigen, die den Inhaltsstoffen und der Dosierung der Einzelsubstanzen entsprechen.

Betablocker

Betablocker als Einzelwirkstoffe wie Atenolol (enthalten z. B. in *Atehexal, Atenolol AL, Atenolol von ct, Atenolol-Heumann, Atenolol-ratiopharm, Atenolol-Stada*), Betaxolol (enthalten z. B. in *Kerlone*), Bisoprolol (enthalten z. B. in *Bisobloc, Bisomerck, Bisoprolol Heumann, Bisoprolol von ct, Bisoprolol-ratiopharm, Bisoprolol Sandoz, Bisoprolol Stada, Concor*), Carvedilol (enthalten z. B. in *Dilatrend, Querto*), Celiprolol (enthalten z. B. in *Celipro Lichtenstein, Selectol*), Metoprolol (enthalten z. B. in *Azumetop, Beloc, Meprolol 1AP, Meto AbZ, Meto Henning, Meto Isis, Metobeta, Metodura, Metohexal, Metoprolol AL, Metoprolol Heumann, Metoprolol-ratiopharm, Metoprolol-Stada, Metoprolol von ct, Meto-Tablinen),* Nebivolol (enthalten z. B. in *Nebilet),* Pindolol (enthalten z. B. in *Visken*), Propranolol (enthalten z. B. in *Dociton, Obsidan, Propra-ratiopharm),* Talinolol (enthalten z. B. in *Cordanum*) senken nachweislich die Häufigkeit von Herz-Kreislauf-Erkrankungen und die Sterblichkeit von Hochdruckpatienten. Nach Meinung internationaler Experten gelten sie deshalb bei der Behandlung des Bluthochdrucks als erste Wahl, ebenso wie Thiazid-Diuretika.
Falls ein Betablocker nicht wirkt, hat es wenig Sinn, auf einen anderen umzusteigen, weil alle etwa das gleiche Wirkprinzip haben. Unterschiede bestehen vor allem bei den *Nebenwirkungen*: Relativ häufig sind Schwindel, Benommenheit, Verlangsamung des Pulses. Weniger

häufig sind Atemschwierigkeiten, Verwirrtheitszustände (besonders bei älteren Personen), Depressionen, reduzierte Aufmerksamkeit, Anschwellen der Fußknöchel, Füße oder Beine sowie kalte Hände oder Füße. Betablocker können außerdem die Sexualität einschränken (z. B. Potenzstörungen verursachen). Wer an Asthma, Zuckerkrankheit oder Durchblutungsstörungen der Gliedmaßen leidet, sollte Betablocker nur in speziell begründeten Fällen verwenden. In manchen Fällen ist es sinnvoll, fixe Kombinationen von Betablockern mit anderen Wirkstoffen zu verwenden, zum Beispiel Betablocker + Diuretikum (*Atenolol comp-ratiopharm, Beloc comp, Beloc Zok comp, Bisohexal plus, Bisomerck plus, Bisoprolol comp-ratiopharm, Concor Plus, Metohexal comp, Metoprolol comp-ratiopharm, Tri-Normin*) oder Betablocker + Kalzium-Antagonist (*Belnif, Isoptin RR plus, Nifatenol, Nif-Ten*) oder Betablocker + Diuretikum + gefäßerweiterndes Mittel (*Trepress*).

Diuretika

Thiazid-Diuretika als Einzelwirkstoffe (enthalten z. B. in *Esidrix*; siehe Tabelle 12.2.) oder in fixer Kombination mit anderen Wirkstoffen (z. B. *Beloc comp*, *Beloc Zok comp*, *Teneretic*) sind ähnlich wirkungsvoll wie Betablocker, jedoch wesentlich billiger. Da als Nebenwirkung dieser Substanzen der Kaliumspiegel im Blut absinkt, verordnen die Ärzte häufig zusätzlich zu Thiazid-Diuretika routinemäßig Wirkstoffe, die das Kalium im Organismus zurückhalten. Die routinemäßige Verschreibung von so genannten kaliumsparenden Diuretika ist jedoch nicht sinnvoll und in manchen Fällen (besonders bei älteren Patienten) – wegen der Gefahr von Hyperkaliämie (zu viel Kalium im Blut) – sogar gefährlich. Der Körper hat normalerweise genügend Kalium im Gewebe gespeichert, um den erhöhten Bedarf bei einer Hochdruck-Therapie mit Diuretika zu decken. Kalium kann auch durch eine sinnvolle Ernährung dem Körper zugeführt werden. Viel Kalium ist z. B. in Walnüssen, Bananen oder Vollkornbrot enthalten.

Kalzium-Antagonisten

Folgende Wirkstoffe sind Kalzium-Antagonisten:
– Amlodipin (enthalten z. B. in *Amlodipin Hexal, Amlodipin-ratiopharm, Norvasc*),
– Diltiazem (enthalten z. B. in *Diltahexal, Diltiazem-ratiopharm, Dilzem*),
– Felodipin (enthalten z. B. in *Modip*),

- Lercanidipin (enthalten z. B. in *Carmen*),
- Locidipin (enthalten z. B. in *Motens*),
- Nifedipin (enthalten z. B. in *Adalat, Corinfar, Duranifin, Nifedipat, Nifedipin AL, Nifedipin-Heumann, Nifedipin-ratiopharm, Nifedipin Sandoz, Nifehexal, Nif-Ten 50*),
- Nilvadipin (enthalten z. B. in *Tensan*),
- Nisoldipin (enthalten z. B. in *Baymycard*),
- Nitrendipin (enthalten z. B. in *Bayotensin, Baypress, Nitregamma, Nitren 1AP, Nitrendepat, Nitrendipin beta, Nitrendipin-ratiopharm, Nitrendipin Stada, Nitrepress*),
- Verapamil (enthalten z. B. in *Isoptin, Verabeta, Vera von ct, Verahexal, Veramex, Verapamil AL, Verapamil-ratiopharm, Verapabene*).

Kalzium-Antagonisten gehören in Deutschland zu den am häufigsten verwendeten Mitteln gegen Bluthochdruck. Insgesamt wurden von diesen Wirkstoffen im Jahr 2003 mehr als 23 Millionen Packungen eingenommen. Tendenz: Der Verbrauch ist seit 2000 leicht angestiegen, obwohl der Nutzen dieser Mittel bei Bluthochdruck fragwürdig ist und die Lebenserwartung möglicherweise verringert anstatt gesteigert wird. *Die Fachzeitschrift* »arznei-telegramm« *rät besonders bei Diabetikern von einer Therapie mit Kalzium-Antagonisten dringend ab!*
Solche Mittel sollten zur Behandlung des Bluthochdrucks nur dann verwendet werden, wenn andere Medikamente wie Betablocker oder Diuretika nicht wirken oder aufgrund schon bestehender Krankheit nicht eingenommen werden dürfen (Kontraindikationen).

ACE-Hemmer

In den vergangenen Jahren kam es zu einem richtiggehenden Boom von ACE-Hemmern. 1997 wurden in Deutschland knapp 25 Millionen Packungen davon verbraucht, im Jahr 2000 bereits 28 Millionen. Und immer wieder werden neue Mittel auf den Markt gebracht, obwohl diese sich in Wirkung und Nebenwirkung kaum von den beiden Standard-Präparaten Captopril (enthalten z. B. in *ACE Hemmer-ratiopharm, Acenorm/ Cor, Adocor, Capozide, Captobeta/ -comp, Capto AbZ, Capto comb, Capto von ct, Captogamma, Captohexal/ -comb, Captopril AL, Captropril HCT Stada, Captopril Heumann, Captopril Genericon, Captopril Stada, Debax, Lopirin*) und Enalapril (enthalten z. B. in *CO-renitec, Corvo, Enadura, Enabeta, Ena-*

hexal, Enalapril 1AP, Enalapril AL, Enalapril AZU, Enalapril-ratiopharm, Enalapril Stada, Enalagamma, Pres Plus, Renacor, Renitec, Xanef) unterscheiden.
Zu den neuen ACE-Wirkstoffen zählen Benazepril (enthalten z. B. in *Cibacen, Cibadrex*), Cilazapril (enthalten z. B. in *Dynorm, Dynorm Plus, Inhibace Roche*), Fosinopril (enthalten z. B. in *Fosinorm/-comp, Fositens*), Lisinopril (enthalten z. B. in *Acecomb, Acemin, Acerbon, Acercomp, Lisi Lichtenstein, Lisibeta, Lisigamma, Lisihexal, Lisinopril AL, Lisinopril Azu, Lisinopril von ct, Lisinopril Heumann, Lisinopril-ratiopharm, Lisinopril Stada, Lisi-Puren, Lisodura*), Perindopril (*Coversum, Coversum Cor*), Quinapril (enthalten z. B. in *Accupro, Accuzide*), Ramipril (enthalten z. B. in *Arelix ACE, Delix, Delix plus, Hypren, Ramipril Hexal, Ramipril-ratiopharm, Tritace, Tritazide, Vesdil, Vesdil Plus*), Spirapril (enthalten z. B. in *Quadropril*), Trandolapril (enthalten z. B. in *Tarka*).
Manche Arzneimittel-Fachleute warnen vor einer routinemäßigen Verschreibung von ACE-Hemmern, weil bei diesen Mitteln schwere Nebenwirkungen auftreten können: unstillbarer Reizhusten bei 15–33 Prozent aller Patienten/innen (besonders bei Frauen), Kaliumüberschuss im Körper, Blutbildstörungen und selten lebensbedrohliche Überempfindlichkeitsreaktionen (angioneurotisches Ödem).
ACE-Hemmer können lebensgefährliche Überempfindlichkeitsreaktionen auch auf Bienen- und Wespenstiche hervorrufen!
Bei leichtem Bluthochdruck sind ACE-Hemmer nicht Mittel der ersten Wahl, bei schweren Hochdruckformen ist ihr Nutzen aber unbestritten.

Doxazosin und Prazosin

Die Einnahme von Doxazosin (enthalten z. B. in *Cardular, Diblocin, Doxacor, Doxazomerck, Doxazosin Arcana, Doxazosin AZU, Doxazosin von ct, Doxazosin Genericon, Doxazosin-ratiopharm, Doxazosin Stada*) oder Prazosin (enthalten z. B. in *Polypress*) kann zweckmäßig sein, wenn andere Standardmedikamente zur Behandlung des hohen Blutdrucks versagen. In einer neuen Untersuchung wurde der Nutzen dieser Medikamente jedoch in Zweifel gezogen.
Nach Beginn der Einnahme dieser Medikamente treten häufig (in mehr als zehn Prozent aller Fälle) Schwächezustände und Schwindel auf, besonders bei Lageveränderungen des Körpers (z. B. vom Sitzen zum Stehen). Weniger häufige Nebenwirkungen sind: Brustschmer-

zen, plötzliche Schwächezustände, unregelmäßige Herzschläge, Kurzatmigkeit, Anschwellen der Beine, Gewichtszunahme.

Reserpin

Dieser Wirkstoff ist enthalten in *Brinerdin, Triniton.*
Reserpin ist wegen der möglichen schweren Nebenwirkungen in einigen europäischen Ländern sehr umstritten. Es wird deshalb auch zunehmend seltener verwendet.
Nebenwirkungen: Reserpin wirkt dämpfend und kann schwere Depressionen mit Selbstmordneigungen auslösen. Anzeichen dafür sind unübliche Stimmungsveränderungen, Alpträume oder Schlaflosigkeit gegen Morgen. In solchen Fällen sollte man sofort den Arzt aufsuchen. Außerdem können die Nasenschleimhäute anschwellen, Magen-Darm-Störungen (Durchfall, Übelkeit, Erbrechen), Müdigkeit, Potenzstörungen und Herzrhythmusstörungen auftreten.
Um das Risiko von Nebenwirkungen zu verringern, sollte man Reserpin möglichst niedrig dosieren.

Clonidin

Dieser Wirkstoff ist enthalten z. B. in *Catapresan, Clonidin-ratiopharm* und sollte wegen der häufig auftretenden Nebenwirkungen – Benommenheit, eingeschränktes Reaktionsvermögen, Kopfschmerzen, Verlust von sexuellem Empfinden – nur in Ausnahmefällen verwendet werden. Schon wenn die Einnahme von Clonidin ein- oder zweimal vergessen wird, können schwere Hochdruckkrisen ausgelöst werden.

Dihydralazin und Hydralazin

Diese beiden ähnlichen Wirkstoffe werden meist mit anderen Hochdruckmitteln kombiniert und sind enthalten in *Depressan, Nepresol, Triloc, Triniton.*
Wegen ausgeprägter immunallergischer Nebenwirkungen sollten diese Wirkstoffe nur dann verwendet werden, wenn andere Hochdruckmittel versagen.
Bei Autofahrern oder Personen, deren berufliche Tätigkeit erhöhte Aufmerksamkeit erfordert, kann die Einnahme von (Di)Hydralazin Probleme verursachen, weil als Nebenwirkung Schwindel und Kopfschmerzen auftreten können. Diese Nebenwirkungen treten beson-

ders bei schnellen Lageveränderungen des Körpers (z. B. vom Sitzen zum Stehen) auf.

Angiotensin-II-Antagonisten (Sartane)

Sartane als Einzelwirkstoffe (enthalten z. B. in *Aprovel, Atacand, Blopress, Cosaar, Diovan, Karvea, Lorzaar, Micardis, Olmetec, Provas, Teveten, Votum*) oder in Kombination mit anderen Wirkstoffen (enthalten z. B. in *Atacand plus, Blopress plus, Coaprovel, Codiovan, Karvezide, Lorzaar plus, Micardis plus, Provas comp*) vermindern die Wirkung des körpereigenen, gefäßverengenden Stoffes Angiotensin II. Dadurch erweitern sich die Blutgefäße, sinkt der Blutdruck und das Herz wird entlastet. Angiotensin-II-Antagonisten sind im Vergleich zu den ähnlich wirkenden ACE-Hemmern (z. B. *Captobeta*) weniger erprobt. Über ihren langfristigen Nutzen kann noch keine sichere Empfehlung abgegeben werden, weil die Behandlung gegen Bluthochdruck meist eine Langzeittherapie ist.
Die angesehene Berliner Fachzeitschrift »arznei-telegramm« empfiehlt, diese bis jetzt wenig erprobten Wirkstoffe nur dann zu verwenden, wenn bewährte Hochdruckmittel nicht wirken und ACE-Hemmer nicht vertragen werden.
Als Nebenwirkungen treten häufig Magen-Darm-Störungen, Kopfschmerzen, Schwindel, Müdigkeit und Atemwegsinfektionen auf. In seltenen Fällen können außerdem Leberschäden, Quincke-Ödeme (massive Rötung und Schwellung des Gesichts), Hyperkaliämie (Anzeichen dafür können sein: Unlust, Schwäche, Verwirrtheit, Herzprobleme) und andere Nebenwirkungen auftreten.

Hochdruckbehandlung bei älteren Menschen

Lediglich bei Behandlung mit Betablockern und Diuretika ist nachgewiesen, dass dadurch die Häufigkeit von Herz-Kreislauf-Erkrankungen und die Sterblichkeit gesenkt wird – auch für Patienten über 60 Jahren. Für alle anderen Hochdruck-Medikamente fehlen entsprechende Untersuchungen. Bevor Arzneimittel eingenommen werden, sollten auf alle Fälle die Vor- und Nachteile sorgfältig abgewogen werden.
Eine große Studie hat ergeben, dass der Nutzen einer medikamentösen Therapie von erhöhtem Blutdruck bei Patienten mit einem Alter über 80 Jahren fraglich ist.

Bluthochdruck – lebenslang behandeln?

In einer 1994 veröffentlichten Studie setzten schwedische Ärzte bei durchschnittlich 74-jährigen Menschen mit Bluthochdruck die Medikamente ab und stellten fest, dass der Blutdruck danach bei 60 Prozent aller Patienten normal blieb. Nach drei Jahren waren immer noch 27 Prozent aller Untersuchten im Normbereich und benötigten keine Medikamente.

Empfehlung: Wer schon längere Zeit Medikamente gegen zu hohen Blutdruck einnimmt, sollte abklären, ob der Blutdruck auch ohne Medikamente normal bleibt.

Vorsicht: Medikamente nicht eigenmächtig absetzen, sondern nur in Zusammenarbeit mit dem behandelnden Arzt.

Behandlung von akuten Hochdruckkrisen

Situationen, in denen der Blutdruck sehr rasch und stark ansteigt und verbunden ist mit Kopfschmerzen, Erbrechen, Verwirrtheit, Sehstörungen, Unruhe, Krämpfen, Herzschwäche oder Angina-Pectoris-artigen Schmerzen, zählen zu den medizinischen Notfällen. Unter Umständen ist sogar ein Krankenhausaufenthalt mit einer intensiven medizinischen Behandlung notwendig. Häufig verwendete Medikamente sind so genannte Nitro-Präparate: Glycerolnitrat (enthalten z. B. in *Nitrangin, Nitrolingual*), Urapidil (enthalten z. B. in *Ebrantil*), Dihydralazin (enthalten z. B. in *Nepresol*).

12.1. Mittel gegen Bluthochdruck

Präparat	Wichtigste Nebenwirkungen	Empfehlung
Accupro (D/Ö) Filmtabl. Quinapril *Rezeptpflichtig*	Häufig Husten. Entzündungen der Atemwege (selten lebensbedrohliche Schwellungen mit Atemnot). Magen-Darm-Störungen, Übelkeit, Kopfschmerzen, Schwindel (besonders bei Lagewechsel), Hauterscheinungen (z. B. Ausschlag), Haarausfall. Störungen des Salzhaushaltes (zu viel Kalium im Blut)	**Therapeutisch zweckmäßig nur bei** schwereren Formen des Bluthochdrucks und Herzinsuffizienz (ACE-Hemmer). Der Langzeitnutzen bei leichtem Hochdruck ist nicht nachgewiesen.

Präparat	Wichtigste Nebenwirkungen	Empfehlung
Accuzide (D/Ö) **Accuzide diuplus** (D) **Accuzide forte** (Ö) Filmtabl. Quinapril, Hydrochlorothiazid *Rezeptpflichtig*	Häufig Husten. Entzündungen der Atemwege (selten lebensbedrohliche Anschwellungen mit Atemnot). Magen-Darm-Störungen, Übelkeit, Kopfschmerzen, Schwindel (besonders bei Lagewechsel), Hauterscheinungen (z. B. Ausschlag), Haarausfall. Salz- und Wasserverlust. Vorsicht bei Gicht!	**Therapeutisch zweckmäßig nur bei** schwereren Formen des Bluthochdrucks. Sinnvolle Kombination von ACE-Hemmer (Quinapril) mit Diuretikum (Hydrochlorothiazid).
Acecomb (Ö) Tabl., Mite Tabl., Semi Tabl. Lisinopril, Hydrochlorothiazid *Rezeptpflichtig*	Häufig Husten. Entzündungen der Atemwege (selten lebensbedrohliche Schwellungen mit Atemnot). Magen-Darm-Störungen, Übelkeit, Kopfschmerzen, Schwindel (besonders bei Lagewechsel), Hauterscheinungen (z. B. Ausschlag), Haarausfall. Salz- und Wasserverlust. Vorsicht bei Gicht!	**Therapeutisch zweckmäßig nur bei** schwereren Formen des Bluthochdrucks. Sinnvolle Kombination von ACE-Hemmer (Lisinopril) mit Diuretikum (Hydrochlorothiazid).
ACE Hemmer-ratiopharm (D) Tabl. Captopril *Rezeptpflichtig*	Häufig Husten. Entzündungen der Atemwege (selten lebensbedrohliche Schwellungen mit Atemnot). Magen-Darm-Störungen, Kopfschmerzen, Schwindel, Hauterscheinungen (z. B. Ausschlag), Blutschäden, Geschmacksstörungen, Haarausfall. Störungen des Salzhaushaltes (zu viel Kalium im Blut)	**Therapeutisch zweckmäßig nur bei** schwereren Formen des Bluthochdrucks und Herzinsuffizienz (ACE-Hemmer). Der Langzeitnutzen bei leichtem Hochdruck ist nicht nachgewiesen.
ACE Hemmer-ratiopharm comp. (D) Tabl. Captopril, Hydrochlorothiazid *Rezeptpflichtig*	Häufig Husten. Entzündungen der Atemwege (selten lebensbedrohliche Schwellungen mit Atemnot). Magen-Darm-Störungen, Kopfschmerzen, Schwindel, Hauterscheinungen (z. B. Ausschlag), Blutschäden, Geschmacksstörungen, Haarausfall. Salz- und Wasserverlust. Vorsicht bei Gicht!	**Therapeutisch zweckmäßig nur bei** schwereren Formen des Bluthochdrucks. Sinnvolle Kombination von ACE-Hemmer (Captopril) mit Diuretikum (Hydrochlorothiazid).

Präparat	Wichtigste Nebenwirkungen	Empfehlung
Acemin (Ö) Tabl. Lisinopril *Rezeptpflichtig*	Häufig Husten. Entzündungen der Atemwege (selten lebensbedrohliche Schwellungen mit Atemnot). Magen-Darm-Störungen, Übelkeit, Kopfschmerzen, Schwindel (besonders bei Lagewechsel), Hauterscheinungen (z. B. Ausschlag), Haarausfall. Störungen des Salzhaushaltes (zu viel Kalium im Blut)	**Therapeutisch zweckmäßig nur bei** schwereren Formen des Bluthochdrucks und Herzinsuffizienz (ACE-Hemmer). Der Langzeitnutzen bei leichtem Hochdruck ist nicht nachgewiesen.
Acerbon (D) **Acerbon Cor** (D) Tabl. Lisinopril *Rezeptpflichtig*	Häufig Husten. Entzündungen der Atemwege (selten lebensbedrohliche Schwellungen mit Atemnot). Magen-Darm-Störungen, Übelkeit, Kopfschmerzen, Schwindel (besonders bei Lagewechsel), Hauterscheinungen (z. B. Ausschlag), Haarausfall. Störungen des Salzhaushaltes (zu viel Kalium im Blut)	**Therapeutisch zweckmäßig nur bei** schwereren Formen des Bluthochdrucks und Herzinsuffizienz (ACE-Hemmer). Der Langzeitnutzen bei leichtem Hochdruck ist nicht nachgewiesen.
Acercomp/ -mite (D) Tabl. Lisinopril, Hydrochlorothiazid *Rezeptpflichtig*	Häufig Husten. Entzündungen der Atemwege (selten lebensbedrohliche Anschwellungen mit Atemnot). Magen-Darm-Störungen, Übelkeit, Kopfschmerzen, Schwindel (besonders bei Lagewechsel), Hauterscheinungen (z. B. Ausschlag), Haarausfall. Salz- und Wasserverlust. Vorsicht bei Gicht!	**Therapeutisch zweckmäßig nur bei** schwereren Formen des Bluthochdrucks. Sinnvolle Kombination von ACE-Hemmer (Lisinopril) mit Diuretikum (Hydrochlorothiazid).
Adalat SL (D) **Adalat retard** (D/Ö) **Adalat 2-Phasen/ Eins** (Ö) Kapseln, Retardtabl., Rapidretardtabl. Nifedipin *Rezeptpflichtig*	Kopfdruck, Gesichtsrötung, Beinödeme, Übelkeit, Herzrasen, erhöhtes Herzinfarktrisiko, Magen-Darm-Störungen	**Nur zweckmäßig bei** schwererem Bluthochdruck in Kombination mit anderen bewährten Mitteln (z. B. Diuretika). Therapeutische Wirksamkeit zweifelhaft bei leichtem Bluthochdruck. Kalzium-Antagonist.
Adalat (D) **Adalat T** (Ö) Kaps., Filmtabl. Nifedipin *Rezeptpflichtig*	Kopfdruck, Gesichtsrötung, Beinödeme, Übelkeit, Magen-Darm-Störungen, Herzrasen, schwere Durchblutungsstörungen der Herzkranzgefäße bis zum Herzinfarkt möglich	**Abzuraten** Kapseln und T Filmtabletten sind zur Langzeitbehandlung des Bluthochdrucks nicht geeignet.

Präparat	Wichtigste Nebenwirkungen	Empfehlung
Adocomp (D) Tabl. Captopril, Hydrochlorothiazid *Rezeptpflichtig*	Häufig Husten. Entzündungen der Atemwege (selten lebensbedrohliche Schwellungen mit Atemnot). Magen-Darm-Störungen, Kopfschmerzen, Schwindel, Hauterscheinungen (z. B. Ausschlag), Blutschäden, Geschmacksstörungen, Haarausfall. Salz- und Wasserverlust. Vorsicht bei Gicht!	**Therapeutisch zweckmäßig nur bei** schwereren Formen des Bluthochdrucks. Sinnvolle Kombination von ACE-Hemmer (Captopril) mit Diuretikum (Hydrochlorothiazid).
Adocor (D) Tabl. Captopril *Rezeptpflichtig*	Häufig Husten. Entzündungen der Atemwege (selten lebensbedrohliche Schwellungen mit Atemnot). Magen-Darm-Störungen, Kopfschmerzen, Schwindel, Hauterscheinungen (z. B. Ausschlag), Blutschäden, Geschmacksstörungen, Haarausfall. Störungen des Salzhaushaltes (zu viel Kalium im Blut)	**Therapeutisch zweckmäßig nur bei** schwereren Formen des Bluthochdrucks und Herzinsuffizienz (ACE-Hemmer). Der Langzeitnutzen bei leichtem Hochdruck ist nicht nachgewiesen.
Amlodipin Hexal (D) **Amlodipin Interpharm** (Ö) **Amlodipin-ratiopharm** (D) Tabl. Amlodipin *Rezeptpflichtig*	Kopfdruck, Gesichtsrötung, Beinödeme, Übelkeit, Herzrasen, Magen-Darm-Störungen	**Therapeutisch zweckmäßig bei** Bluthochdruck (Kalzium-Antagonist mit langer Wirkungsdauer).
Andante (D) Retardtabl. Bunazosin *Rezeptpflichtig*	Schwindel bei Lageveränderungen des Körpers, Mattigkeit, Kopfschmerzen, Übelkeit	**Wenig zweckmäßig** Vertretbar nur bei schweren Formen des Bluthochdrucks, wenn andere, besser verträgliche Mittel nicht angewendet werden können. Alpha-Blocker.
Aprovel (D) Tabl. Irbesartan *Rezeptpflichtig*	Magen-Darm-Störungen, Blutdruckabfall bei Lagewechsel des Körpers, Atemnot, Kopfschmerzen, Schlafstörungen, Schwindel, Durchfall, Leberschäden, Muskelschmerzen, Hauterscheinungen (z. B. Ausschlag), Haarausfall. Störungen des Salzhaushaltes (zu viel Kalium im Blut)	**Möglicherweise zweckmäßig bei** Bluthochdruck (AT-Rezeptor Hemmer bzw. Sartan). Vertretbar nur, wenn besser erprobte ACE-Hemmer (z. B. Enalapril) nicht eingesetzt werden können. Noch unzureichende Erprobung bei Langzeitanwendung.

Präparat	Wichtigste Nebenwirkungen	Empfehlung
Arelix ACE (D) Tabl. Ramipril, Piretanid *Rezeptpflichtig*	Häufig Husten. Entzündungen der Atemwege (selten lebensbedrohliche Anschwellungen mit Atemnot). Magen-Darm-Störungen, Übelkeit, Kopfschmerzen, Schwindel (besonders bei Lagewechsel), Hauterscheinungen (z. B. Ausschlag), Haarausfall. Salz- und Wasserverlust. Vorsicht bei Gicht!	**Therapeutisch zweckmäßig nur bei** schwereren Formen des Bluthochdrucks. Sinnvolle Kombination von ACE-Hemmer (Ramipril) mit Diuretikum (Piretanid).
Atacand (D/Ö) Tabl. Candesartan *Rezeptpflichtig*	Magen-Darm-Störungen, Blutdruckabfall bei Lagewechsel des Körpers, Atemnot, Kopfschmerzen, Schlafstörungen, Schwindel, Durchfall, Leberschäden, Muskelschmerzen, Hauterscheinungen (z. B. Ausschlag), Haarausfall. Störungen des Salzhaushaltes (zu viel Kalium im Blut)	**Möglicherweise zweckmäßig bei** Bluthochdruck (AT-Rezeptor Hemmer bzw. Sartan). Vertretbar nur, wenn besser erprobte ACE-Hemmer (z. B. Enalapril) nicht eingesetzt werden können. Noch unzureichende Erprobung bei Langzeitanwendung.
Atacand plus (D/Ö) Tabl., mite Tabl. (Ö) Candesartan, Hydrochlorothiazid *Rezeptpflichtig*	Magen-Darm-Störungen, Blutdruckabfall bei Lagewechsel, Atemnot, Kopfschmerzen, Schlafstörungen, Schwindel, Durchfall, Leberschäden, Muskelschmerzen, Hauterscheinungen (z. B. Ausschlag), Haarausfall. Salz- und Wasserverlust. Vorsicht bei Gicht!	**Möglicherweise zweckmäßig bei** schwereren Formen des Bluthochdrucks. Sinnvolle Kombination von AT-Rezeptor Hemmer (Candesartan) mit Diuretikum (Hydrochlorothiazid). Noch unzureichende Erprobung bei Langzeitanwendung.
Atehexal (D/Ö) Filmtabl. Atenolol *Rezeptpflichtig*	Langsamer Puls, Herzschwäche, Atemnot bei körperlicher Belastung, Einschränkung der Sexualität. Vorsicht bei Asthma, Zuckerkrankheit und Durchblutungsstörungen der Gliedmaßen! Schwere Herzschädigungen bei plötzlichem Absetzen des Medikaments möglich	**Therapeutisch zweckmäßig bei** Bluthochdruck, Angina Pectoris und Herzrhythmusstörungen (Betablocker).

Präparat	Wichtigste Nebenwirkungen	Empfehlung
Atenolol AL (D) **Atenolol Genericon** (Ö) **Atenolol Heumann** (D) **Atenolol-ratiopharm** (D) **Atenolol Stada** (D/Ö) **Atenolol von ct** (D) Filmtabl. Atenolol *Rezeptpflichtig*	Langsamer Puls, Herzschwäche, Atemnot bei körperlicher Belastung, Einschränkung der Sexualität. Vorsicht bei Asthma, Zuckerkrankheit und Durchblutungsstörungen der Glied-maßen! Schwere Herzschädigungen bei plötzlichem Absetzen des Medikaments möglich	**Therapeutisch zweckmäßig bei** Bluthochdruck, Angina Pectoris und Herzrhythmusstörungen (Betablocker).
Atenolol comp.-ratiopharm (D) Filmtabletten, mite-Filmtabletten Atenolol, Chlorthalidon *Rezeptpflichtig*	Störungen des Salzhaushaltes, langsamer Puls, psychische Veränderungen (z. B. Schlafstörungen), Herzschwäche, Atemnot bei körperlicher Belastung, Einschränkung der Sexualität. Vorsicht bei Gicht, Zuckerkrankheit, Asthma, Durchblutungsstörungen der Gliedmaßen! Schwere Herzschädigungen bei plötzlichem Absetzen des Medikaments möglich	**Therapeutisch zweckmäßig** Sinnvolle Kombination von Betablocker (Atenolol) und langwirksamem Diuretikum (Chlorthalidon).
Baymycard RR (D) Manteltabl. Nisoldipin *Rezeptpflichtig*	Kopfdruck, Gesichtsrötung, Beinödeme, Übelkeit, Herzrasen, erhöhtes Herzinfarktrisiko, Magen-Darm-Störungen	**Nur zweckmäßig bei** schwererem Bluthochdruck in Kombination mit anderen bewährten Mitteln (z. B. Diuretika). Therapeutische Wirksamkeit zweifelhaft bei leichtem Bluthochdruck. Kalzium-Antagonist.
Bayotensin (D) Tabl., mite Tabl. Nitrendipin *Rezeptpflichtig*	Kopfschmerzen, Kopfdruck, Gesichtsrötung, Beinödeme, Übelkeit, erhöhtes Herzinfarktrisiko, Herzrasen, Magen-Darm-Störungen	**Nur zweckmäßig bei** schwererem Bluthochdruck in Kombination mit anderen bewährten Mitteln (z. B. Diuretika). Therapeutische Wirksamkeit zweifelhaft bei leichtem Bluthochdruck. Kalzium-Antagonist.
Baypress (Ö) Tabl. Nitrendipin *Rezeptpflichtig*	Kopfschmerzen, Kopfdruck, Gesichtsrötung, Beinödeme, Übelkeit, Herzrasen, erhöhtes Herzinfarktrisiko, Magen-Darm-Störungen	**Nur zweckmäßig bei** schwererem Bluthochdruck in Kombination mit anderen bewährten Mitteln (z. B. Diuretika). Therapeutische Wirksamkeit zweifelhaft bei leichtem Bluthochdruck. Kalzium-Antagonist.

Präparat	Wichtigste Nebenwirkungen	Empfehlung
Belnif (D) Retardkaps. Metoprolol, Nifedipin *Rezeptpflichtig*	Ödeme, langsamer Puls, Herzschwäche, Atemnot bei körperlicher Belastung, Einschränkung der Sexualität. Vorsicht bei Asthma und Zuckerkrankheit! Schwere Herzschädigungen bei plötzlichem Absetzen des Medikaments möglich	**Wenig zweckmäßig** Vertretbar nur bei schwereren Hochdruckformen, wenn gleichzeitig ein Diuretikum angewendet wird. Kombination von Kalzium-Antagonist (Nifedipin) mit Betablocker (Metoprolol).
Beloc (Ö) Tabl. **Beloc-Duriles** (Ö) Retard-Filmtabl. **Beloc-Zok/ mite/ forte** (D) Retardtabl. teilbar Metoprolol *Rezeptpflichtig*	Psychische Veränderungen (z. B. Schlafstörungen), langsamer Puls, Herzschwäche, Atemnot bei körperlicher Belastung, Einschränkung der Sexualität. Vorsicht bei Asthma, Zuckerkrankheit und Durchblutungsstörungen der Gliedmaßen! Schwere Herzschädigungen bei plötzlichem Absetzen des Medikaments möglich	**Therapeutisch zweckmäßig bei** Bluthochdruck, Angina Pectoris Herzrhythmusstörungen. Beloc-Zok ist auch zur Behandlung der Herzinsuffizienz zweckmäßig. Betablocker.
Beloc comp (Ö) **Beloc-Zok comp** (D) Retardtabl. Metoprolol, Hydrochlorothiazid *Rezeptpflichtig*	Störungen des Salzhaushaltes, langsamer Puls, psychische Veränderungen (z. B. Schlafstörungen), Herzschwäche, Atemnot bei körperlicher Belastung, Einschränkung der Sexualität. Vorsicht bei Gicht, Zuckerkrankheit, Asthma, Durchblutungsstörungen der Gliedmaßen! Schwere Herzschädigungen bei plötzlichem Absetzen des Medikaments möglich	**Therapeutisch zweckmäßig** Sinnvolle Kombination von Betablocker (Metoprolol) und Diuretikum (Hydrochlorothiazid).
Benalapril (D) Tabl. Enalapril *Rezeptpflichtig*	Häufig Husten. Entzündungen der Atemwege (selten lebensbedrohliche Schwellungen mit Atemnot). Magen-Darm-Störungen, Übelkeit, Kopfschmerzen, Schwindel (besonders bei Lagewechsel), Hauterscheinungen (z. B. Ausschlag), Haarausfall. Störungen des Salzhaushaltes (zu viel Kalium im Blut)	**Therapeutisch zweckmäßig nur bei** schwereren Formen des Bluthochdrucks und Herzinsuffizienz (ACE-Hemmer). Der Langzeitnutzen bei leichtem Hochdruck ist nicht nachgewiesen.

Präparat	Wichtigste Nebenwirkungen	Empfehlung
Bisobeta (D) Filmtabl. **Bisobloc** (D) Filmtabl. **Biso Hexal** (D) Filmtabl. **Biso Lich** (D) Filmtabl. **Bisomerck** (D) Filmtabl. Bisoprolol *Rezeptpflichtig*	Verminderte Tränenproduktion, langsamer Puls, Herzschwäche, Atemnot bei körperlicher Belastung, Einschränkung der Sexualität. Vorsicht bei Gicht, Asthma, Zuckerkrankheit und Durchblutungsstörungen der Gliedmaßen! Schwere Herzschädigungen bei plötzlichem Absetzen des Medikaments möglich	**Therapeutisch zweckmäßig bei** Bluthochdruck und Angina Pectoris (Betablocker).
Bisoprolol Arcana (Ö) **Bisoprolol Heumann** (D) **Bisoprolol Sandoz** (D) **Bisoprolol Stada** (D) **Bisoprolol-ratiopharm** (D/Ö) **Biso-Puren** (D) Filmtabl. Bisoprolol *Rezeptpflichtig*	Verminderte Tränenproduktion, langsamer Puls, Herzschwäche, Atemnot bei körperlicher Belastung, Einschränkung der Sexualität. Vorsicht bei Gicht, Asthma, Zuckerkrankheit und Durchblutungsstörungen der Gliedmaßen! Schwere Herzschädigungen bei plötzlichem Absetzen des Medikaments möglich	**Therapeutisch zweckmäßig bei** Bluthochdruck und Angina Pectoris (Betablocker).
Biso Hexal plus (D) Filmtabl. **Bisoprolol comp.-ratiopharm** (D) Filmabl. **Bisoprolol-HCT ratiopharm** (Ö) Filmtabl. Bisoprolol, Hydrochlorothiazid *Rezeptpflichtig*	Störungen des Salzhaushaltes, langsamer Puls, psychische Veränderungen (z. B. Schlafstörungen), Herzschwäche, Atemnot bei körperlicher Belastung, Einschränkung der Sexualität. Vorsicht bei Gicht, Zuckerkrankheit, Asthma, Durchblutungsstörungen der Gliedmaßen! Schwere Herzschädigungen bei plötzlichem Absetzen des Medikaments möglich	**Therapeutisch zweckmäßig** Sinnvolle Kombination von Betablocker (Bisoprolol) und Diuretikum (Hydrochlorothiazid).
Blopress (D/Ö) Tabl. Candesartan *Rezeptpflichtig*	Magen-Darm-Störungen, Blutdruckabfall bei Lagewechsel des Körpers, Atemnot, Kopfschmerzen, Schlafstörungen, Schwindel, Durchfall, Leberschäden, Muskelschmerzen, Hauterscheinungen (z. B. Ausschlag), Haarausfall. Störungen des Salzhaushaltes (zu viel Kalium im Blut)	**Möglicherweise zweckmäßig bei** Bluthochdruck (AT-Rezeptor Hemmer bzw. Sartan). Vertretbar nur, wenn besser erprobte ACE-Hemmer (z. B. Enalapril) nicht eingesetzt werden können. Noch unzureichende Erprobung bei Langzeitanwendung.

Präparat	Wichtigste Nebenwirkungen	Empfehlung
Blopress plus (D/Ö) Tabl. Candesartan, Hydrochlorothiazid *Rezeptpflichtig*	Magen-Darm-Störungen, Blutdruckabfall bei Lagewechsel, Atemnot, Kopfschmerzen, Schlafstörungen, Schwindel, Durchfall, Leberschäden, Muskelschmerzen, Hauterscheinungen (z. B. Ausschlag), Haarausfall. Salz- und Wasserverlust. Vorsicht bei Gicht!	**Möglicherweise zweckmäßig bei** schwereren Formen des Bluthochdrucks. Sinnvolle Kombination von AT-Rezeptor Hemmer (Candesartan) mit Diuretikum (Hydrochlorothiazid). Noch unzureichende Erprobung bei Langzeitanwendung.
Brinerdin (Ö) Drag., Mitedrag. Reserpin, Clopamid, Dihydroergocristin *Rezeptpflichtig*	Müdigkeit, Depressionen, Potenzstörungen, Hauterscheinungen (z. B. Juckreiz), Magen-Darm-Störungen, Störungen des Salzhaushaltes. Vorsicht bei Gicht, Zuckerkrankheit und Asthma! Einschränkung des Reaktionsvermögens möglich	**Abzuraten** Die Verwendung dieses Mittels ist überholt. Der Zusatz des zweifelhaft wirksamen Dihydroergocristin zu einer Kombination von Diuretikum (Clopamid) mit einem Hochdruckmittel (Reserpin) ist überflüssig.
Briserin N (D) Drag., Mitedrag. Reserpin, Clopamid *Rezeptpflichtig*	Müdigkeit, Depressionen, Potenzstörungen, Hauterscheinungen (z. B. Juckreiz), Magen-Darm-Störungen, Störungen des Salzhaushaltes. Vorsicht bei Gicht, Zuckerkrankheit und Asthma! Einschränkung des Reaktionsvermögens möglich	**Abzuraten** Die Verwendung dieses Mittels ist überholt. Kombination von Diuretikum (Clopamid) mit einem Hochdruckmittel (Reserpin).
Capozide (D/Ö) Tabl., Mite Tabl., Forte tabl. (Ö) Captopril, Hydrochlorothiazid *Rezeptpflichtig*	Häufig Husten. Entzündungen der Atemwege (selten lebensbedrohliche Schwellungen mit Atemnot). Magen-Darm-Störungen, Kopfschmerzen, Schwindel, Hauterscheinungen (z. B. Ausschlag), Blutschäden, Geschmacksstörungen, Haarausfall. Salz- und Wasserverlust. Vorsicht bei Gicht!	**Therapeutisch zweckmäßig nur bei** schwereren Formen des Bluthochdrucks. Sinnvolle Kombination von ACE-Hemmer (Captopril) mit Diuretikum (Hydrochlorothiazid).

Präparat	Wichtigste Nebenwirkungen	Empfehlung
Capto AbZ (D) **Capto von ct** (D) **Captobeta** (D) **Captogamma** (D) **Captohexal** (D) Tabl. Captopril *Rezeptpflichtig*	Häufig Husten. Entzündungen der Atemwege (selten lebensbedrohliche Schwellungen mit Atemnot). Magen-Darm-Störungen, Kopfschmerzen, Schwindel, Hauterscheinungen (z. B. Ausschlag), Blutschäden, Geschmacksstörungen, Haarausfall. Störungen des Salzhaushaltes (zu viel Kalium im Blut)	**Therapeutisch zweckmäßig nur bei** schwereren Formen des Bluthochdrucks und Herzinsuffizienz (ACE-Hemmer). Der Langzeitnutzen bei leichtem Hochdruck ist nicht nachgewiesen.
Capto comp AbZ (D) **Capto comp von ct** (D) **Captobeta comp** (D) **Captohexal comp** (D/Ö) **Capto-Isis plus** (D) Tabl. Captopril, Hydrochlorothiazid *Rezeptpflichtig*	Häufig Husten. Entzündungen der Atemwege (selten lebensbedrohliche Schwellungen mit Atemnot). Magen-Darm-Störungen, Kopfschmerzen, Schwindel, Hauterscheinungen (z. B. Ausschlag), Blutschäden, Geschmacksstörungen, Haarausfall. Salz- und Wasserverlust. Vorsicht bei Gicht!	**Therapeutisch zweckmäßig nur bei** schwereren Formen des Bluthochdrucks. Sinnvolle Kombination von ACE-Hemmer (Captopril) mit Diuretikum (Hydrochlorothiazid).
Captopril AL (D) **Captopril Genericon** (Ö) **Captopril Stada** (D) Tabl. Captopril *Rezeptpflichtig*	Häufig Husten. Entzündungen der Atemwege (selten lebensbedrohliche Schwellungen mit Atemnot). Magen-Darm-Störungen, Kopfschmerzen, Schwindel, Hauterscheinungen (z. B. Ausschlag), Blutschäden, Geschmacksstörungen, Haarausfall. Störungen des Salzhaushaltes (zu viel Kalium im Blut)	**Therapeutisch zweckmäßig nur bei** schwereren Formen des Bluthochdrucks und Herzinsuffizienz (ACE-Hemmer). Der Langzeitnutzen bei leichtem Hochdruck ist nicht nachgewiesen.
Captopril-HCT Stada (D) Tabl. Captopril, Hydrochlorothiazid *Rezeptpflichtig*	Häufig Husten. Entzündungen der Atemwege (selten lebensbedrohliche Schwellungen mit Atemnot). Magen-Darm-Störungen, Kopfschmerzen, Schwindel, Hauterscheinungen (z. B. Ausschlag), Blutschäden, Geschmacksstörungen, Haarausfall. Salz- und Wasserverlust. Vorsicht bei Gicht!	**Therapeutisch zweckmäßig nur bei** schwereren Formen des Bluthochdrucks. Sinnvolle Kombination von ACE-Hemmer (Captopril) mit Diuretikum (Hydrochlorothiazid).
Cardular PP (D) Tabl. Doxazosin *Rezeptpflichtig*	Schwindel bei Lageveränderungen des Körpers, Mattigkeit, Kopfschmerzen, Übelkeit, Durchblutungsstörungen der Herzkranzgefäße möglich	**Wenig zweckmäßig** Vertretbar nur bei schweren Formen des Bluthochdrucks, wenn andere, besser verträgliche Mittel nicht angewendet werden können. Alpha-Blocker.

Präparat	Wichtigste Nebenwirkungen	Empfehlung
Carmen (D) Filmtabl. Lercanidipin *Rezeptpflichtig*	Kopfschmerzen, Kopfdruck, Gesichtsrötung, Beinödeme, Übelkeit, erhöhtes Herzinfarktrisiko, Herzrasen, Magen-Darm-Störungen	**Möglicherweise zweckmäßig bei** schwererem Bluthochdruck in Kombination mit anderen bewährten Mitteln (z. B. Diuretika). Therapeutische Wirksamkeit zweifelhaft bei leichtem Bluthochdruck. Kalzium-Antagonist, noch relativ wenig erprobt.
Carvedilol Hexal (D) Tabl. Carvedilol *Rezeptpflichtig*	Müdigkeit, Schwindel bei Lagewechsel des Körpers, langsamer Puls, Herzschwäche, Atemnot bei körperlicher Belastung, Einschränkung der Sexualität. Vorsicht bei Asthma und Zuckerkrankheit! Schwere Herzschädigungen bei plötzlichem Absetzen des Medikaments möglich	**Therapeutisch zweckmäßig bei** Bluthochdruck (Betablocker mit zusätzlicher gefäßerweiternder Wirkung eines Alphablockers). Auch zur Behandlung der Herzinsuffizienz geeignet.
Catapresan (D/Ö) Tabl. Clonidin *Rezeptpflichtig*	Häufig Mundtrockenheit, Müdigkeit, langsamer Puls; seltener Verschlimmerung von Depressionen, Potenzstörungen, Magen-Darm-Beschwerden. Vorsicht: Medikament nicht plötzlich absetzen, weil dadurch schwere Hochdruck-Krisen ausgelöst werden können! Einschränkung des Reaktionsvermögens möglich	**Abzuraten** Vertretbar nur, wenn Medikamente mit geringeren Nebenwirkungen nicht ausreichend wirksam sind.
Celipro Lich (D) Filmtabl. Celiprolol *Rezeptpflichtig*	Kopfschmerzen, Schlafstörungen, Müdigkeit, Schwindel bei Lagewechsel, langsamer Puls, Herzschwäche, Atemnot bei körperlicher Belastung, Einschränkung der Sexualität. Vorsicht bei Asthma und Zuckerkrankheit! Schwere Herzschädigungen bei plötzlichem Absetzen des Medikaments möglich	**Therapeutisch zweckmäßig bei** Bluthochdruck und Angina Pectoris. Noch weniger umfangreich erprobt als Standardsubstanzen wie z. B. Atenolol.

Präparat	Wichtigste Nebenwirkungen	Empfehlung
Cibacen (D) Filmtabl. Benazepril *Rezeptpflichtig*	Häufig Husten. Magen-Darm-Störungen, Atemnot, Kopfschmerzen, Schwindel, Hauterscheinungen (z. B. Ausschlag), Blutschäden, Geschmacksstörungen, Haarausfall. Störungen des Salzhaushaltes (zu viel Kalium im Blut)	**Therapeutisch zweckmäßig nur bei** schwereren Formen des Bluthochdrucks (ACE-Hemmer). Der Langzeitnutzen bei leichtem Hochdruck ist nicht nachgewiesen.
Cibadrex (D) Filmtabl. Benazepril, Hydrochlorothiazid *Rezeptpflichtig*	Häufig Husten. Entzündungen der Atemwege (selten lebensbedrohliche Anschwellungen mit Atemnot). Magen-Darm-Störungen, Übelkeit, Kopfschmerzen, Schwindel (besonders bei Lagewechsel), Hauterscheinungen (z. B. Ausschlag), Haarausfall. Salz- und Wasserverlust. Vorsicht bei Gicht!	**Therapeutisch zweckmäßig nur bei** schwereren Formen des Bluthochdrucks. Sinnvolle Kombination von ACE-Hemmer (Benazepril) mit Diuretikum (Hydrochlorothiazid).
Clonidin-ratiopharm/ retard-ratiopharm (D) Kaps., Retardkaps. Clonidin *Rezeptpflichtig*	Häufig Mundtrockenheit, Müdigkeit, langsamer Puls; seltener Verschlimmerung von Depressionen, Potenzstörungen, Magen-Darm-Beschwerden. Vorsicht: Medikament nicht plötzlich absetzen, weil dadurch schwere Hochdruck-Krisen ausgelöst werden können. Einschränkung des Reaktionsvermögens möglich	**Abzuraten** Vertretbar nur, wenn Medikamente mit geringeren Nebenwirkungen nicht ausreichend wirksam sind.
Coaprovel (D) Filmtabl. Irbesartan, Hydrochlorothiazid *Rezeptpflichtig*	Magen-Darm-Störungen, Blutdruckabfall bei Lagewechsel, Atemnot, Kopfschmerzen, Schlafstörungen, Schwindel, Durchfall, Leberschäden, Muskelschmerzen, Hauterscheinungen (z. B. Ausschlag), Haarausfall. Salz- und Wasserverlust. Vorsicht bei Gicht!	**Möglicherweise zweckmäßig bei** schwereren Formen des Bluthochdrucks. Sinnvolle Kombination von AT-Rezeptor Hemmer (Irbesartan) mit Diuretikum (Hydrochlorothiazid). Noch unzureichende Erprobung bei Langzeitanwendung.

Präparat	Wichtigste Nebenwirkungen	Empfehlung
CoDiovan (D/Ö) Filmtabl. Valsartan, Hydrochlorothiazid *Rezeptpflichtig*	Magen-Darm-Störungen, Blutdruckabfall bei Lagewechsel, Atemnot, Kopfschmerzen, Schlafstörungen, Schwindel, Durchfall, Leberschäden, Muskelschmerzen, Hauterscheinungen (z. B. Ausschlag), Haarausfall. Salz- und Wasserverlust. Vorsicht bei Gicht!	**Möglicherweise zweckmäßig bei** schwereren Formen des Bluthochdrucks. Sinnvolle Kombination von AT-Rezeptor Hemmer (Valsartan) mit Diuretikum (Hydrochlorothiazid). Noch unzureichende Erprobung bei Langzeitanwendung.
Concor (D/Ö) **Concor COR** (D/Ö) Filmtabl. Bisoprolol *Rezeptpflichtig*	Verminderte Tränenproduktion, langsamer Puls, Herzschwäche, Atemnot bei körperlicher Belastung, Einschränkung der Sexualität. Vorsicht bei Asthma, Zuckerkrankheit und Durchblutungsstörungen der Gliedmaßen! Schwere Herzschädigungen bei plötzlichem Absetzen des Medikaments möglich	**Therapeutisch zweckmäßig bei** Bluthochdruck und Angina Pectoris (Betablocker). *Concor COR* ist auch bei Herzinsuffizienz therapeutisch zweckmäßig..
Concor plus (D/Ö) Filmtabl. Bisoprolol, Hydrochlorothiazid *Rezeptpflichtig*	Störungen des Salz- und Wasserhaushaltes. Verminderte Tränenproduktion, langsamer Puls, Herzschwäche, Atemnot bei körperlicher Belastung, Einschränkung der Sexualität. Vorsicht bei Gicht, Asthma, Zuckerkrankheit und Durchblutungsstörungen der Gliedmaßen! Schwere Herzschädigungen bei plötzlichem Absetzen des Medikaments möglich	**Therapeutisch zweckmäßig bei** Bluthochdruck. Sinnvolle Kombination von Betablocker (Bisoprolol) und Diuretikum (Hydrochlorothiazid).
Cordanum (D) Filmtabl. Talinolol *Rezeptpflichtig*	Langsamer Puls, Herzschwäche, Atemnot bei körperlicher Belastung, Einschränkung der Sexualität. Vorsicht bei Asthma, Zuckerkrankheit und Durchblutungsstörungen der Gliedmaßen! Schwere Herzschädigungen bei plötzlichem Absetzen des Medikaments möglich	**Therapeutisch zweckmäßig bei** Bluthochdruck, Angina Pectoris und Herzrhythmusstörungen (Betablocker). Noch weniger umfangreich erprobt als Standardsubstanzen wie z. B. Atenolol.

Präparat	Wichtigste Nebenwirkungen	Empfehlung
CO-renitec (Ö) Tabl. Enalapril, Hydrochlorothiazid *Rezeptpflichtig*	Häufig Husten. Entzündungen der Atemwege (selten lebensbedrohliche Anschwellungen mit Atemnot). Magen-Darm-Störungen, Übelkeit, Kopfschmerzen, Schwindel (besonders bei Lagewechsel), Hauterscheinungen (z. B. Ausschlag), Haarausfall. Salz- und Wasserverlust. Vorsicht bei Gicht!	**Therapeutisch zweckmäßig nur bei** schwereren Formen des Bluthochdrucks. Sinnvolle Kombination von ACE-Hemmer (Enalapril) mit Diuretikum (Hydrochlorothiazid).
Corifeo (D) Filmtabl. Lercanidipin *Rezeptpflichtig*	Kopfschmerzen, Kopfdruck, Gesichtsrötung, Beinödeme, Übelkeit, erhöhtes Herzinfarktrisiko, Herzrasen, Magen-Darm-Störungen	**Möglicherweise zweckmäßig bei** schwererem Bluthochdruck in Kombination mit anderen bewährten Mitteln (z. B. Diuretika). Therapeutische Wirksamkeit zweifelhaft bei leichtem Bluthochdruck. Kalzium-Antagonist, noch relativ wenig erprobt.
Corinfar/ retard/ uno (D) Filmtabl., Lösung, Retardtabl. Nifedipin *Rezeptpflichtig*	Kopfdruck, Gesichtsrötung, Beinödeme, Übelkeit, Herzrasen, Magen-Darm-Störungen	**Nur zweckmäßig bei** schwererem Bluthochdruck in Kombination mit anderen bewährten Mitteln (z. B. Diuretika). Therapeutische Wirksamkeit zweifelhaft bei leichtem Bluthochdruck. Filmtabletten und Lösung sind zur Langzeitbehandlung des Bluthochdrucks nicht geeignet. Kalzium-Antagonist.
Corvo (D) Tabl. Enalapril *Rezeptpflichtig*	Häufig Husten. Entzündungen der Atemwege (selten lebensbedrohliche Schwellungen mit Atemnot). Magen-Darm-Störungen, Übelkeit, Kopfschmerzen, Schwindel (besonders bei Lagewechsel), Hauterscheinungen (z. B. Ausschlag), Haarausfall. Störungen des Salzhaushaltes (zu viel Kalium im Blut)	**Therapeutisch zweckmäßig nur bei** schwereren Formen des Bluthochdrucks und Herzinsuffizienz (ACE-Hemmer). Der Langzeitnutzen bei leichtem Hochdruck ist nicht nachgewiesen.

Präparat	Wichtigste Nebenwirkungen	Empfehlung
Cosaar (Ö) Filmtabl. Losartan *Rezeptpflichtig*	Magen-Darm-Störungen, Blutdruckabfall bei Lagewechsel des Körpers, Atemnot, Kopfschmerzen, Schlafstörungen, Schwindel, Durchfall, Leberschäden, Muskelschmerzen, Hauterscheinungen (z. B. Ausschlag), Haarausfall. Störungen des Salzhaushaltes (zu viel Kalium im Blut)	**Möglicherweise zweckmäßig bei** Bluthochdruck (AT-Rezeptor Hemmer bzw. Sartan). Vertretbar nur, wenn besser erprobte ACE-Hemmer (z. B. Enalapril) nicht eingesetzt werden können. Noch unzureichende Erprobung bei Langzeitanwendung.
Cosaar plus (Ö) Filmtabl. Losartan, Hydrochlorothiazid *Rezeptpflichtig*	Magen-Darm-Störungen, Blutdruckabfall bei Lagewechsel, Atemnot, Kopfschmerzen, Schlafstörungen, Schwindel, Durchfall, Leberschäden, Hauterscheinungen (z. B. Ausschlag), Haarausfall. Salz- und Wasserverlust. Vorsicht bei Gicht!	**Möglicherweise zweckmäßig bei** schwereren Formen des Bluthochdrucks. Sinnvolle Kombination von AT-Rezeptor Blocker (Losartan) mit Diuretikum (Hydrochlorothiazid). Noch unzureichende Erprobung bei Langzeitanwendung.
Coversum (Ö) **Coversum Cor** (D) Tabl. Perindopril *Rezeptpflichtig*	Häufig Husten. Entzündungen der Atemwege (selten lebensbedrohliche Schwellungen mit Atemnot). Magen-Darm-Störungen, Übelkeit, Kopfschmerzen, Schwindel (besonders bei Lagewechsel), Hauterscheinungen (z. B. Ausschlag), Haarausfall. Störungen des Salzhaushaltes (zu viel Kalium im Blut)	**Therapeutisch zweckmäßig nur bei** schwereren Formen des Bluthochdrucks und Herzinsuffizienz (ACE-Hemmer). Der Langzeitnutzen bei leichtem Hochdruck ist nicht nachgewiesen.
Coversum Combi (D) Tabl. Perindopril, Indapamid *Rezeptpflichtig*	Häufig Husten. Entzündungen der Atemwege (selten lebensbedrohliche Anschwellungen mit Atemnot). Magen-Darm-Störungen, Übelkeit, Kopfschmerzen, Schwindel (besonders bei Lagewechsel), Hauterscheinungen (z. B. Ausschlag), Haarausfall. Salz- und Wasserverlust. Vorsicht bei Gicht!	**Therapeutisch zweckmäßig nur bei** schwereren Formen des Bluthochdrucks. Sinnvolle Kombination von ACE-Hemmer (Perindopril) mit Diuretikum (Indapamid).
Cynt (D) Filmtabl. Moxonidin *Rezeptpflichtig*	Häufig Kopfschmerzen, Mundtrockenheit, Müdigkeit; seltener Verschlimmerung von Depressionen, Potenzstörungen, Magen-Darm-Beschwerden. Einschränkung des Reaktionsvermögens möglich	**Wenig zweckmäßig** Vertretbar nur, wenn Medikamente mit geringeren Nebenwirkungen nicht ausreichend wirksam sind.

Präparat	Wichtigste Nebenwirkungen	Empfehlung
Debax (Ö) Tabl. Captopril *Rezeptpflichtig*	Häufig Husten. Entzündungen der Atemwege (selten lebensbedrohliche Schwellungen mit Atemnot). Magen-Darm-Störungen, Kopfschmerzen, Schwindel, Hauterscheinungen (z. B. Ausschlag), Blutschäden, Geschmacksstörungen, Haarausfall. Störungen des Salzhaushaltes (zu viel Kalium im Blut)	**Therapeutisch zweckmäßig nur bei** schwereren Formen des Bluthochdrucks (ACE-Hemmer). Der Langzeitnutzen bei leichtem Hochdruck ist nicht nachgewiesen.
Delix/ -protect (D) Tabl. Ramipril *Rezeptpflichtig*	Häufig Husten. Entzündungen der Atemwege (selten lebensbedrohliche Schwellungen mit Atemnot). Magen-Darm-Störungen, Übelkeit, Kopfschmerzen, Schwindel (besonders bei Lagewechsel), Hauterscheinungen (z. B. Ausschlag), Haarausfall. Störungen des Salzhaushaltes (zu viel Kalium im Blut)	**Therapeutisch zweckmäßig nur bei** schwereren Formen des Bluthochdrucks (ACE-Hemmer) und Herzinsuffizienz. Der Langzeitnutzen bei leichtem Hochdruck ist nicht nachgewiesen.
Delix plus (D) Tabl. Ramipril, Hydrochlorothiazid *Rezeptpflichtig*	Häufig Husten. Entzündungen der Atemwege (selten lebensbedrohliche Anschwellungen mit Atemnot). Magen-Darm-Störungen, Übelkeit, Kopfschmerzen, Schwindel (besonders bei Lagewechsel), Hauterscheinungen (z. B. Ausschlag), Haarausfall. Salz- und Wasserverlust. Vorsicht bei Gicht!	**Therapeutisch zweckmäßig nur bei** schwereren Formen des Bluthochdrucks. Sinnvolle Kombination von ACE-Hemmer (Ramipril) mit Diuretikum (Hydrochlorothiazid).
Depressan (D) Tabl. Dihydralazin *Rezeptpflichtig*	Schwindel, besonders bei Lageveränderungen des Körpers, Herzklopfen. Nach langer Anwendung Rheuma-ähnliche Beschwerden	**Therapeutisch zweckmäßig zur** Langzeitanwendung nur in Kombination mit anderen Mitteln wie z. B. Betablockern geeignet.
Diblocin PP (D) Retardtabl. Doxazosin *Rezeptpflichtig*	Schwindel bei Lageveränderungen des Körpers, Mattigkeit, Kopfschmerzen, Übelkeit, Durchblutungsstörungen der Herzkranzgefäße möglich	**Wenig zweckmäßig** Vertretbar nur bei schweren Formen des Bluthochdrucks, wenn andere, besser verträgliche Mittel nicht angewendet werden können (Alpha-Blocker).

Präparat	Wichtigste Nebenwirkungen	Empfehlung
Dilatrend (D/Ö) Tabl. Carvedilol *Rezeptpflichtig*	Müdigkeit, Schwindel bei Lagewechsel des Körpers, langsamer Puls, Herzschwäche, Atemnot bei körperlicher Belastung, Einschränkung der Sexualität. Vorsicht bei Asthma und Zuckerkrankheit! Schwere Herzschädigungen bei plötzlichem Absetzen des Medikaments möglich	**Therapeutisch zweckmäßig bei** Bluthochdruck (Betablocker mit zusätzlicher gefäßerweiternder Wirkung eines Alphablockers). Auch zur Behandlung der Herzinsuffizienz geeignet.
Diltahexal (D) Filmtabl., Retardtabl., Retardkaps. Diltiazem *Rezeptpflichtig*	Gelegentlich Übelkeit, Müdigkeit, Kopfschmerzen, allergische Hauterscheinungen. Selten Magen-Darm-Störungen, Herzrhythmusstörungen. Bei hoher Dosierung Knöchelödeme	**Wenig zweckmäßig bei** Bluthochdruck (Kalzium-Antagonist mit besonderen Wirkungen am Herz). Therapeutisch zweckmäßig bei bestimmten Herzrhythmusstörungen und Angina Pectoris.
Diltiazem Genericon (Ö) **Diltiazem-ratiopharm/ retard-ratiopharm** (D/Ö) Tabl., Retardkaps. Diltiazem *Rezeptpflichtig*	Gelegentlich Übelkeit, Müdigkeit, Kopfschmerzen, allergische Hauterscheinungen. Selten Magen-Darm-Störungen, Herzrhythmusstörungen. Bei hoher Dosierung Knöchelödeme	**Wenig zweckmäßig bei** Bluthochdruck (Kalzium-Antagonist mit besonderen Wirkungen am Herz). Therapeutisch zweckmäßig bei bestimmten Herzrhythmusstörungen und Angina Pectoris.
Dilzem/ retard/ uno (D/Ö) Tabl., Retardtabl., Retardkaps. Diltiazem *Rezeptpflichtig*	Gelegentlich Übelkeit, Müdigkeit, Kopfschmerzen, allergische Hauterscheinungen. Selten Magen-Darm-Störungen, Herzrhythmusstörungen. Bei hoher Dosierung Knöchelödeme	**Wenig zweckmäßig bei** Bluthochdruck (Kalzium-Antagonist mit besonderen Wirkungen am Herz). Therapeutisch zweckmäßig bei bestimmten Herzrhythmusstörungen und Angina Pectoris.
Diovan (D/Ö) Kaps. Valsartan *Rezeptpflichtig*	Magen-Darm-Störungen, Blutdruckabfall bei Lagewechsel des Körpers, Atemnot, Kopfschmerzen, Schlafstörungen, Schwindel, Durchfall, Leberschäden, Muskelschmerzen, Hauterscheinungen (z. B. Ausschlag), Haarausfall. Störungen des Salzhaushaltes (zu viel Kalium im Blut)	**Möglicherweise zweckmäßig bei** Bluthochdruck (AT-Rezeptor Hemmer bzw. Sartan). Vertretbar nur, wenn besser erprobte ACE-Hemmer (z. B. Enalapril) nicht eingesetzt werden können. Noch unzureichende Erprobung bei Langzeitanwendung.

Präparat	Wichtigste Nebenwirkungen	Empfehlung
Dociton/ retard (D) Filmtabl., Retardkaps. Propranolol *Rezeptpflichtig*	Langsamer Puls, Herzschwäche, Atemnot bei körperlicher Belastung, Einschränkung der Sexualität. Vorsicht bei Asthma, Zuckerkrankheit und Durchblutungsstörungen der Gliedmaßen! Schwere Herzschädigungen bei plötzlichem Absetzen des Medikaments möglich	**Therapeutisch zweckmäßig bei** Bluthochdruck, Angina Pectoris und Herzrhythmusstörungen (Betablocker).
Doxacor (D) **Doxazomerck** (D) **Doxazosin Arcana** (Ö) **Doxazosin Genericon** (Ö) **Doxazosin Sandoz** (D) **Doxazosin-ratiopharm** (D/Ö) **Doxazosin Stada** (D) **Doxazosin von ct** (D) Tabletten Doxazosin *Rezeptpflichtig*	Schwindel bei Lageveränderungen des Körpers, Mattigkeit, Kopfschmerzen, Übelkeit, Durchblutungsstörungen der Herzkranzgefäße möglich	**Wenig zweckmäßig** Vertretbar nur bei schweren Formen des Bluthochdrucks, wenn andere, besser verträgliche Mittel nicht angewendet werden können. (Alpha-Blocker).
Duranifin/ retard/ T/ uno (D) Kaps., Lösung, Retardtabl., Filmtabl. Nifedipin *Rezeptpflichtig*	Kopfdruck, Gesichtsrötung, Beinödeme, Übelkeit, Herzrasen, Magen-Darm-Störungen	**Nur zweckmäßig bei** schwererem Bluthochdruck in Kombination mit anderen bewährten Mitteln (z. B. Diuretika). Therapeutische Wirksamkeit zweifelhaft bei leichtem Bluthochdruck. Kalzium-Antagonist. Kapseln und Lösung sind zur Langzeitbehandlung des Bluthochdrucks nicht geeignet. Kalzium-Antagonist.
Duranifin Sali (D) Filmtabl. Nifedipin, Mefrusid *Rezeptpflichtig*	Kopfdruck, Gesichtsrötung, Beinödeme, Übelkeit, Herzrasen, Magen-Darm-Störungen. Salz- und Wasserverlust. Vorsicht bei Gicht!	**Wenig zweckmäßig** Vertretbar bei schwererem Bluthochdruck, wenn andere, besser verträgliche Mittel nicht angewendet werden können. Kombination von zu kurz wirkendem Kalzium-Antagonist (Nifedipin) mit Diuretikum (Mefrusid).

Präparat	Wichtigste Nebenwirkungen	Empfehlung
Dynacil (D) Tabl. Fosinopril *Rezeptpflichtig*	Häufig Husten. Entzündungen der Atemwege (selten lebensbedrohliche Schwellungen mit Atemnot). Magen-Darm-Störungen, Übelkeit, Kopfschmerzen, Schwindel (besonders bei Lagewechsel), Hauterscheinungen (z. B. Ausschlag), Haarausfall. Störungen des Salzhaushaltes (zu viel Kalium im Blut)	**Therapeutisch zweckmäßig nur bei** schwereren Formen des Bluthochdrucks und Herzinsuffizienz (ACE-Hemmer). Der Langzeitnutzen bei leichtem Hochdruck ist nicht nachgewiesen.
Dynorm (D) Filmtabl. Cilazapril *Rezeptpflichtig*	Häufig Husten. Entzündungen der Atemwege (selten lebensbedrohliche Schwellungen mit Atemnot). Magen-Darm-Störungen, Übelkeit, Kopfschmerzen, Schwindel (besonders bei Lagewechsel), Hauterscheinungen (z. B. Ausschlag), Haarausfall. Störungen des Salzhaushaltes (zu viel Kalium im Blut)	**Therapeutisch zweckmäßig nur bei** schwereren Formen des Bluthochdrucks (ACE-Hemmer). Der Langzeitnutzen bei leichtem Hochdruck ist nicht nachgewiesen.
Dynorm Plus (D) Filmtabl. Cilazapril, Hydrochlorothiazid *Rezeptpflichtig*	Häufig Husten. Entzündungen der Atemwege (selten lebensbedrohliche Anschwellungen mit Atemnot). Magen-Darm-Störungen, Übelkeit, Kopfschmerzen, Schwindel (besonders bei Lagewechsel), Hauterscheinungen (z. B. Ausschlag), Haarausfall. Salz- und Wasserverlust. Vorsicht bei Gicht!	**Therapeutisch zweckmäßig nur bei** schwereren Formen des Bluthochdrucks. Sinnvolle Kombination von ACE-Hemmer (Cilazapril) mit Diuretikum (Hydrochlorothiazid).
Ebrantil (D/Ö) Retardkaps., Amp. Urapidil *Rezeptpflichtig*	Schwindel bei Lageveränderungen des Körpers, Mattigkeit, Kopfschmerzen, Übelkeit	**Nur zweckmäßig bei** schweren Formen des Bluthochdrucks, z. B. bei Hochdruckkrisen.
Enadura (D) **Enalagamma** (D) **Enabeta** (D) **Enahexal** (D) Tabl. Enalapril *Rezeptpflichtig*	Häufig Husten. Entzündungen der Atemwege (selten lebensbedrohliche Schwellungen mit Atemnot). Magen-Darm-Störungen, Übelkeit, Kopfschmerzen, Schwindel (besonders bei Lagewechsel), Hauterscheinungen (z. B. Ausschlag), Haarausfall. Störungen des Salzhaushaltes (zu viel Kalium im Blut)	**Therapeutisch zweckmäßig nur bei** schwereren Formen des Bluthochdrucks und Herzinsuffizienz (ACE-Hemmer). Der Langzeitnutzen bei leichtem Hochdruck ist nicht nachgewiesen.

Präparat	Wichtigste Nebenwirkungen	Empfehlung
Enalapril 1A Pharma (Ö) **Enalapril AL** (D) **Enalapril AZU** (D) **Enalapril Genericon** (Ö) **Enalapril Heumann** (D) **Enalapril-ratiopharm** (D/Ö) **Enalapril Sandoz** (D) **Enalapril Stada** (D) **Enalapril von ct** (D) Tabletten Enalapril *Rezeptpflichtig*	Häufig Husten. Entzündungen der Atemwege (selten lebensbedrohliche Schwellungen mit Atemnot). Magen-Darm-Störungen, Übelkeit, Kopfschmerzen, Schwindel (besonders bei Lagewechsel), Hauterscheinungen (z. B. Ausschlag), Haarausfall. Störungen des Salzhaushaltes (zu viel Kalium im Blut)	**Therapeutisch zweckmäßig nur bei** schwereren Formen des Bluthochdrucks und Herzinsuffizienz (ACE-Hemmer). Der Langzeitnutzen bei leichtem Hochdruck ist nicht nachgewiesen.
Enabeta comp (D) **Enahexal comp** (D) Filmtabl. Enalapril, Hydrochlorothiazid *Rezeptpflichtig*	Häufig Husten. Entzündungen der Atemwege (selten lebensbedrohliche Anschwellungen mit Atemnot). Magen-Darm-Störungen, Übelkeit, Kopfschmerzen, Schwindel (besonders bei Lagewechsel), Hauterscheinungen (z. B. Ausschlag), Haarausfall. Salz- und Wasserverlust. Vorsicht bei Gicht!	**Therapeutisch zweckmäßig nur bei** schwereren Formen des Bluthochdrucks. Sinnvolle Kombination von ACE-Hemmer (Enalapril) mit Diuretikum (Hydrochlorothiazid).
Escor (D) Retardkaps. Filmtabl. Nilvadipin *Rezeptpflichtig*	Kopfdruck, Gesichtsrötung, Beinödeme, Übelkeit, Herzrasen, Magen-Darm-Störungen	**Nur zweckmäßig bei** schwererem Bluthochdruck in Kombination mit anderen bewährten Mitteln (z. B. Diuretika). Therapeutische Wirksamkeit zweifelhaft bei leichtem Bluthochdruck. Weniger erprobter Kalzium-Antagonist.
Falicard/ retard/ RR/ uno (D) Filmtabl., Retardtabl. Verapamil *Rezeptpflichtig*	Magen-Darm-Störungen, Übelkeit, Ödeme, Kopfdruck, Störungen des Herzrhythmus, Verstärkung einer Herzschwäche	**Wenig zweckmäßig bei** Bluthochdruck (Kalzium-Antagonist mit besonderen Wirkungen am Herz). Therapeutisch zweckmäßig bei bestimmten Herzrhythmusstörungen und Angina Pectoris.

Präparat	Wichtigste Nebenwirkungen	Empfehlung
Felocor (D) Retardtabl. Fosinopril *Rezeptpflichtig*	Häufig Husten. Entzündungen der Atemwege (selten lebensbedrohliche Schwellungen mit Atemnot). Magen-Darm-Störungen, Übelkeit, Kopfschmerzen, Schwindel (besonders bei Lagewechsel), Hauterscheinungen (z. B. Ausschlag), Haarausfall. Störungen des Salzhaushaltes (zu viel Kalium im Blut)	**Therapeutisch zweckmäßig nur bei** schwereren Formen des Bluthochdrucks und Herzinsuffizienz (ACE-Hemmer). Der Langzeitnutzen bei leichtem Hochdruck ist nicht nachgewiesen.
Felodipin-ratiopharm (D) **Felodipin Sandoz** (D) Tabl. Fosinopril *Rezeptpflichtig*	Häufig Husten. Entzündungen der Atemwege (selten lebensbedrohliche Schwellungen mit Atemnot). Magen-Darm-Störungen, Übelkeit, Kopfschmerzen, Schwindel (besonders bei Lagewechsel), Hauterscheinungen (z. B. Ausschlag), Haarausfall. Störungen des Salzhaushaltes (zu viel Kalium im Blut)	**Therapeutisch zweckmäßig nur bei** schwereren Formen des Bluthochdrucks und Herzinsuffizienz (ACE-Hemmer). Der Langzeitnutzen bei leichtem Hochdruck ist nicht nachgewiesen.
Fosinorm (D) Tabl. Fosinopril *Rezeptpflichtig*	Häufig Husten. Entzündungen der Atemwege (selten lebensbedrohliche Schwellungen mit Atemnot). Magen-Darm-Störungen, Übelkeit, Kopfschmerzen, Schwindel (besonders bei Lagewechsel), Hauterscheinungen (z. B. Ausschlag), Haarausfall. Störungen des Salzhaushaltes (zu viel Kalium im Blut)	**Therapeutisch zweckmäßig nur bei** schwereren Formen des Bluthochdrucks und Herzinsuffizienz (ACE-Hemmer). Der Langzeitnutzen bei leichtem Hochdruck ist nicht nachgewiesen.
Fosinorm comp (D) Tabl. Fosinopril, Hydrochlorothiazid *Rezeptpflichtig*	Häufig Husten. Entzündungen der Atemwege (selten lebensbedrohliche Anschwellungen mit Atemnot). Magen-Darm-Störungen, Übelkeit, Kopfschmerzen, Schwindel (besonders bei Lagewechsel), Hauterscheinungen (z. B. Ausschlag), Haarausfall. Salz- und Wasserverlust. Vorsicht bei Gicht!	**Therapeutisch zweckmäßig nur bei** schwereren Formen des Bluthochdrucks. Sinnvolle Kombination von ACE-Hemmer (Fosinopril) mit Diuretikum (Hydrochlorothiazid).

Präparat	Wichtigste Nebenwirkungen	Empfehlung
Fositens (Ö) Tabl. Fosinopril *Rezeptpflichtig*	Häufig Husten. Entzündungen der Atemwege (selten lebensbedrohliche Schwellungen mit Atemnot). Magen-Darm-Störungen, Übelkeit, Kopfschmerzen, Schwindel (besonders bei Lagewechsel), Hauterscheinungen (z. B. Ausschlag), Haarausfall. Störungen des Salzhaushaltes (zu viel Kalium im Blut)	**Therapeutisch zweckmäßig nur bei** schwereren Formen des Bluthochdrucks und Herzinsuffizienz (ACE-Hemmer). Der Langzeitnutzen bei leichtem Hochdruck ist nicht nachgewiesen.
Haemiton (D) Tabl. Clonidin *Rezeptpflichtig*	Häufig Mundtrockenheit, Müdigkeit, langsamer Puls; seltener Verschlimmerung von Depressionen, Potenzstörungen, Magen-Darm-Beschwerden. Vorsicht: Medikament nicht plötzlich absetzen, weil dadurch schwere Hochdruck-Krisen ausgelöst werden können! Einschränkung des Reaktionsvermögens möglich	**Abzuraten** Vertretbar nur, wenn Medikamente mit geringeren Nebenwirkungen nicht ausreichend wirksam sind.
Hypren (Ö) Kaps. Ramipril *Rezeptpflichtig*	Häufig Husten. Entzündungen der Atemwege (selten lebensbedrohliche Schwellungen mit Atemnot). Magen-Darm-Störungen, Übelkeit, Kopfschmerzen, Schwindel (besonders bei Lagewechsel), Hauterscheinungen (z. B. Ausschlag), Haarausfall. Störungen des Salzhaushaltes (zu viel Kalium im Blut)	**Therapeutisch zweckmäßig nur bei** schwereren Formen des Bluthochdrucks (ACE-Hemmer). Der Langzeitnutzen bei leichtem Hochdruck ist nicht nachgewiesen.
Hypren Plus (Ö) Tabl., Fortetabl. Ramipril, Hydrochlorothiazid *Rezeptpflichtig*	Häufig Husten. Entzündungen der Atemwege (selten lebensbedrohliche Anschwellungen mit Atemnot). Magen-Darm-Störungen, Übelkeit, Kopfschmerzen, Schwindel (besonders bei Lagewechsel), Hauterscheinungen (z. B. Ausschlag), Haarausfall. Salz- und Wasserverlust. Vorsicht bei Gicht!	**Therapeutisch zweckmäßig nur bei** schwereren Formen des Bluthochdrucks. Sinnvolle Kombination von ACE-Hemmer (Ramipril) mit Diuretikum (Hydrochlorothiazid).

Präparat	Wichtigste Nebenwirkungen	Empfehlung
Inderal (Ö) Filmtabl. Propranolol *Rezeptpflichtig*	Langsamer Puls, Herzschwäche, Atemnot bei körperlicher Belastung, Einschränkung der Sexualität. Vorsicht bei Asthma, Zuckerkrankheit und Durchblutungsstörungen der Gliedmaßen! Schwere Herzschädigungen bei plötzlichem Absetzen des Medikaments möglich	**Therapeutisch zweckmäßig bei** Bluthochdruck, Angina Pectoris und Herzrhythmusstörungen (Betablocker).
Inhibace Plus Roche (Ö) Filmtabl. Cilazapril, Hydrochlorothiazid *Rezeptpflichtig*	Häufig Husten. Entzündungen der Atemwege (selten lebensbedrohliche Anschwellungen mit Atemnot). Magen-Darm-Störungen, Übelkeit, Kopfschmerzen, Schwindel (besonders bei Lagewechsel), Hauterscheinungen (z. B. Ausschlag), Haarausfall. Salz- und Wasserverlust. Vorsicht bei Gicht!	**Therapeutisch zweckmäßig nur bei** schwereren Formen des Bluthochdrucks. Sinnvolle Kombination von ACE-Hemmer (Cilazapril) mit Diuretikum (Hydrochlorothiazid).
Inhibace Roche (Ö) Filmtabl. Cilazapril *Rezeptpflichtig*	Häufig Husten. Entzündungen der Atemwege (selten lebensbedrohliche Schwellungen mit Atemnot). Magen-Darm-Störungen, Übelkeit, Kopfschmerzen, Schwindel (besonders bei Lagewechsel), Hauterscheinungen (z. B. Ausschlag), Haarausfall. Störungen des Salzhaushaltes (zu viel Kalium im Blut)	**Therapeutisch zweckmäßig nur bei** schwereren Formen des Bluthochdrucks (ACE-Hemmer). Der Langzeitnutzen bei leichtem Hochdruck ist nicht nachgewiesen.
Isoptin RR (D/Ö) Retardtabl. Verapamil *Rezeptpflichtig*	Magen-Darm-Störungen, Übelkeit, Ödeme, Kopfdruck, Störungen des Herzrhythmus, Verstärkung einer Herzschwäche	**Wenig zweckmäßig bei** Bluthochdruck (Kalzium-Antagonist mit besonderen Wirkungen am Herz). Therapeutisch zweckmäßig bei bestimmten Herzrhythmusstörungen und Angina Pectoris.
Karvea (D/Ö) Tabl. Irbesartan *Rezeptpflichtig*	Magen-Darm-Störungen, Blutdruckabfall bei Lagewechsel des Körpers, Atemnot, Kopfschmerzen, Schlafstörungen, Schwindel, Durchfall, Leberschäden, Muskelschmerzen, Hauterscheinungen (z. B. Ausschlag), Haarausfall. Störungen des Salzhaushaltes (zu viel Kalium im Blut)	**Möglicherweise zweckmäßig bei** Bluthochdruck (AT-Rezeptor Hemmer bzw. Sartan). Vertretbar nur, wenn besser erprobte ACE-Hemmer (z. B. Enalapril) nicht eingesetzt werden können. Noch unzureichende Erprobung bei Langzeitanwendung.

Präparat	Wichtigste Nebenwirkungen	Empfehlung
Karvezide (D/Ö) Tabl. Irbesartan, Hydrochlorothiazid *Rezeptpflichtig*	Magen-Darm-Störungen, Blutdruckabfall bei Lagewechsel, Atemnot, Kopfschmerzen, Schlafstörungen, Schwindel, Durchfall, Leberschäden, Muskelschmerzen, Hauterscheinungen (z. B. Ausschlag), Haarausfall. Salz- und Wasserverlust. Vorsicht bei Gicht!	**Möglicherweise zweckmäßig bei** schwereren Formen des Bluthochdrucks. Sinnvolle Kombination von AT-Rezeptor Hemmer (Irbesartan) mit Diuretikum (Hydrochlorothiazid). Noch unzureichende Erprobung bei Langzeitanwendung.
Kerlone/ mite (D) Lacktabl., Filmtabl. Betaxolol *Rezeptpflichtig*	Langsamer Puls, Herzschwäche, Atemnot bei körperlicher Belastung, Einschränkung der Sexualität. Vorsicht bei Asthma, Zuckerkrankheit und Durchblutungsstörungen der Gliedmaßen! Schwere Herzschädigungen bei plötzlichem Absetzen des Medikaments möglich	**Therapeutisch zweckmäßig bei** Bluthochdruck (Betablocker).
Lisi Lich (D/Ö) **Lisibeta** (D/Ö) **Lisodura** (D/Ö) **Lisigamma** (D/Ö) **Lisihexal** (D/Ö) **Lisi-Puren** (D/Ö) Tabl. Lisinopril *Rezeptpflichtig*	Häufig Husten. Entzündungen der Atemwege (selten lebensbedrohliche Schwellungen mit Atemnot). Magen-Darm-Störungen, Übelkeit, Kopfschmerzen, Schwindel (besonders bei Lagewechsel), Hauterscheinungen (z. B. Ausschlag), Haarausfall. Störungen des Salzhaushaltes (zu viel Kalium im Blut)	**Therapeutisch zweckmäßig nur bei** schwereren Formen des Bluthochdrucks und Herzinsuffizienz (ACE-Hemmer). Der Langzeitnutzen bei leichtem Hochdruck ist nicht nachgewiesen.
Lisinopril AL (D) **Lisinopril Arcana** (Ö) **Lisinopril Genericon** (Ö) **Lisinopril Heumann** (D) **Lisinopril-ratiopharm** (D/Ö) **Lisinopril Sandoz** (D) **Lisinopril Stada** (D) **Lisinopril von ct** (D) Tabl. Lisinopril *Rezeptpflichtig*	Häufig Husten. Entzündungen der Atemwege (selten lebensbedrohliche Schwellungen mit Atemnot). Magen-Darm-Störungen, Übelkeit, Kopfschmerzen, Schwindel (besonders bei Lagewechsel), Hauterscheinungen (z. B. Ausschlag), Haarausfall. Störungen des Salzhaushaltes (zu viel Kalium im Blut)	**Therapeutisch zweckmäßig nur bei** schwereren Formen des Bluthochdrucks und Herzinsuffizienz (ACE-Hemmer). Der Langzeitnutzen bei leichtem Hochdruck ist nicht nachgewiesen.
Lomir/ SRO/ SRO mite (D) Tabl., Retardkaps. Isradipin *Rezeptpflichtig*	Kopfschmerzen, Kopfdruck, Schwindel, Gesichtsrötung, Beinödeme, Übelkeit, Herzrasen, Herzrhythmusstörungen, Magen-Darm-Störungen	**Wenig zweckmäßig bei** Bluthochdruck (Kalzium-Antagonist ohne Vorteile gegenüber Nifedipin, aber mit mehr Nebenwirkungen).

Präparat	Wichtigste Nebenwirkungen	Empfehlung
Lopirin/ Cor (D/Ö) Tabl. Captopril *Rezeptpflichtig*	Häufig Husten. Entzündungen der Atemwege (selten lebensbedrohliche Schwellungen mit Atemnot). Magen-Darm-Störungen, Kopfschmerzen, Schwindel, Hauterscheinungen (z. B. Ausschlag), Blutschäden, Geschmacksstörungen, Haarausfall. Störungen des Salzhaushaltes (zu viel Kalium im Blut)	**Therapeutisch zweckmäßig nur bei** schwereren Formen des Bluthochdrucks und Herzinsuffizienz (ACE-Hemmer). Der Langzeitnutzen bei leichtem Hochdruck ist nicht nachgewiesen.
Lorzaar/ Start (D) Filmtabl. Losartan *Rezeptpflichtig*	Magen-Darm-Störungen, Blutdruckabfall bei Lagewechsel, Atemnot, Kopfschmerzen, Schlafstörungen, Schwindel, Durchfall, Leberschäden, Muskelschmerzen, Hauterscheinungen (z. B. Ausschlag), Haarausfall. Störungen des Salzhaushaltes (zu viel Kalium im Blut)	**Möglicherweise zweckmäßig bei** Bluthochdruck (AT-Rezeptor Hemmer bzw. Sartan). Vertretbar nur, wenn besser erprobte ACE-Hemmer (z. B. Enalapril) nicht eingesetzt werden können. Noch unzureichende Erprobung bei Langzeitanwendung.
Lorzaar plus (D) Filmtabl. Losartan, Hydrochlorothiazid *Rezeptpflichtig*	Magen-Darm-Störungen, Blutdruckabfall bei Lagewechsel, Atemnot, Kopfschmerzen, Schlafstörungen, Schwindel, Durchfall, Leberschäden, Muskelschmerzen, Hauterscheinungen (z. B. Ausschlag), Haarausfall. Salz- und Wasserverlust. Vorsicht bei Gicht!	**Möglicherweise zweckmäßig bei** schwereren Formen des Bluthochdrucks. Sinnvolle Kombination von AT-Rezeptor Hemmer (Losartan) mit Diuretikum (Hydrochlorothiazid). Noch unzureichende Erprobung bei Langzeitanwendung.
Meprolol/ retard (D) **Meto AbZ** (D) **Metobeta/ retard** (D) **Metodura** (D) **Meto-Henning** (D) **Metohexal/ retard** (D/Ö) **Meto Isis** (D) **Meto-Tablinen** (D) Tabl., Retardtabl. Metoprolol *Rezeptpflichtig*	Häufig Magen-Darm-Störungen und Übelkeit, psychische Veränderungen (z. B. Schlafstörungen), langsamer Puls, Herzschwäche, Atemnot bei körperlicher Belastung, Einschränkung der Sexualität. Vorsicht bei Asthma, Zuckerkrankheit und Durchblutungsstörungen der Gliedmaßen! Schwere Herzschädigungen bei plötzlichem Absetzen des Medikaments möglich	**Therapeutisch zweckmäßig bei** Bluthochdruck, Angina Pectoris und Herzrhythmusstörungen (Betablocker).

Präparat	Wichtigste Nebenwirkungen	Empfehlung
Metoprolol 1A Pharma (Ö) **Metoprolol AL** (D) **Metoprolol Genericon** (Ö) **Metoprolol Heumann** (D) **Metoprolol-ratiopharm** (D) **Metoprolol Sandoz** (D) **Metoprolol Stada** (D/Ö) **Metoprolol von ct** (D) Tabl., Retardtabl. Metoprolol *Rezeptpflichtig*	Häufig Magen-Darm-Störungen und Übelkeit, psychische Veränderungen (z. B. Schlafstörungen), langsamer Puls, Herzschwäche, Atemnot bei körperlicher Belastung, Einschränkung der Sexualität. Vorsicht bei Asthma, Zuckerkrankheit und Durchblutungsstörungen der Gliedmaßen! Schwere Herzschädigungen bei plötzlichem Absetzen des Medikaments möglich	**Therapeutisch zweckmäßig bei** Bluthochdruck, Angina Pectoris und Herzrhythmusstörungen (Betablocker).
Metohexal comp (D) **Metoprolol-ratiopharm comp** (D) Tabl. Metoprolol, Hydrochlorothiazid *Rezeptpflichtig*	Häufig Magen-Darm-Störungen und Übelkeit, psychische Veränderungen (z. B. Schlafstörungen), langsamer Puls, Herzschwäche, Atemnot bei körperlicher Belastung, Einschränkung der Sexualität, Salz- und Wasserverlust. Vorsicht bei Asthma, Gicht, Zuckerkrankheit und Durchblutungsstörungen der Gliedmaßen! Schwere Herzschädigungen bei plötzlichem Absetzen des Medikaments möglich	**Therapeutisch zweckmäßig bei** Bluthochdruck. Sinnvolle Kombination von Betablocker (Metoprolol) mit Diuretikum (Hydrochlorothiazid).
Micardis (D/Ö) Tabl. Telmisartan *Rezeptpflichtig*	Magen-Darm-Störungen, Blutdruckabfall bei Lagewechsel des Körpers, Atemnot, Kopfschmerzen, Schlafstörungen, Schwindel, Durchfall, Leberschäden, Muskelschmerzen, Hauterscheinungen (z. B. Ausschlag), Haarausfall. Störungen des Salzhaushaltes (zu viel Kalium im Blut)	**Möglicherweise zweckmäßig bei** Bluthochdruck (AT-Rezeptor Hemmer bzw. Sartan). Vertretbar nur, wenn besser erprobte ACE-Hemmer (z. B. Enalapril) nicht eingesetzt werden können. Noch unzureichende Erprobung bei Langzeitanwendung.
MicardisPlus (D/Ö) Filmtabl. Telmisartan, Hydrochlorothiazid *Rezeptpflichtig*	Magen-Darm-Störungen, Blutdruckabfall bei Lagewechsel, Atemnot, Kopfschmerzen, Schlafstörungen, Schwindel, Durchfall, Leberschäden, Muskelschmerzen, Hauterscheinungen (z. B. Ausschlag), Haarausfall. Salz- und Wasserverlust. Vorsicht bei Gicht!	**Möglicherweise zweckmäßig bei** schwereren Formen des Bluthochdrucks. Sinnvolle Kombination von AT-Rezeptor Hemmer (Telmisartan) mit Diuretikum (Hydrochlorothiazid). Noch unzureichende Erprobung bei Langzeitanwendung.

Präparat	Wichtigste Nebenwirkungen	Empfehlung
Mobloc (D) Retardtabl. Metoprolol, Felodipin *Rezeptpflichtig*	Ödeme, langsamer Puls, Herzschwäche, Atemnot bei körperlicher Belastung, Einschränkung der Sexualität. Vorsicht bei Asthma, Zuckerkrankheit und Durchblutungsstörungen der Gliedmaßen! Schwere Herzschädigungen bei plötzlichem Absetzen des Medikaments möglich	**Wenig zweckmäßig** Vertretbar nur bei schweren Hochdruckformen, wenn gleichzeitig ein Diuretikum angewendet wird. Kombination von problematischem Kalzium-Antagonist (Felodipin) mit Betablocker (Metoprolol).
Modip (D) Retardtabl. Felodipin *Rezeptpflichtig*	Kopfschmerzen, Kopfdruck, Gesichtsrötung, Beinödeme, Übelkeit, Herzrasen, Magen-Darm-Störungen, Herzrhythmusstörungen	**Wenig zweckmäßig bei** Bluthochdruck (Kalzium-Antagonist ohne Vorteile gegenüber Nifedipin, aber mit mehr Nebenwirkungen).
Motens (D) Filmtabl. Lacidipin *Rezeptpflichtig*	Kopfschmerzen, Kopfdruck, Müdigkeit, Gesichtsrötung, Knöchel- und andere Ödeme, Übelkeit, Herzrasen, schwere Durchblutungsstörungen der Herzkranzgefäße bis zum Herzinfarkt möglich. Magen-Darm-Störungen	**Möglicherweise zweckmäßig** bei Bluthochdruck. Weniger erprobter Kalzium-Antagonist ohne Vorteile gegenüber Nifedipin.
Moxonidin Hexal (D) **Moxonidin-ratiopharm** (D) Filmtabl. Moxonidin *Rezeptpflichtig*	Häufig Kopfschmerzen, Mundtrockenheit, Müdigkeit; seltener Verschlimmerung von Depressionen, Potenzstörungen, Magen-Darm-Beschwerden. Einschränkung des Reaktionsvermögens möglich	**Wenig zweckmäßig** Vertretbar nur, wenn Medikamente mit geringeren Nebenwirkungen nicht ausreichend wirksam sind.
Nebilet (D) Tabl. Nebivolol *Rezeptpflichtig*	Müdigkeit, Schwindel bei Lagewechsel des Körpers, langsamer Puls, Herzschwäche, Atemnot bei körperlicher Belastung, Einschränkung der Sexualität. Vorsicht bei Asthma und Zuckerkrankheit! Schwere Herzschädigungen bei plötzlichem Absetzen des Medikaments möglich	**Therapeutisch zweckmäßig bei** Bluthochdruck (Betablocker mit zusätzlicher gefäßerweiternder Wirkung). Für eine Langzeitanwendung noch unzureichend erprobt.

Präparat	Wichtigste Nebenwirkungen	Empfehlung
Nepresol/ forte (D/Ö) Tabl. Dihydralazin *Rezeptpflichtig*	Schwindel, besonders bei Lageveränderungen des Körpers. Herzklopfen, nach langer Anwendung Rheuma-ähnliche Beschwerden	**Therapeutisch zweckmäßig zur** Langzeitanwendung nur in Kombination mit anderen Mitteln wie z. B. Betablockern.
Nifatenol (D) Retardkaps. Atenolol, Nifedipin *Rezeptpflichtig*	Ödeme, langsamer Puls, Herzschwäche, Atemnot bei körperlicher Belastung, Einschränkung der Sexualität. Vorsicht bei Asthma, Zuckerkrankheit und Durchblutungsstörungen der Gliedmaßen! Schwere Herzschädigungen bei plötzlichem Absetzen des Medikaments möglich	**Wenig zweckmäßig** Vertretbar nur bei schweren Hochdruckformen, wenn gleichzeitig ein Diuretikum angewendet wird. Kombination von Kalzium-Antagonist (Nifedipin) mit Betablocker (Metoprolol).
Nifedipin AL (D) Kaps., Retardkaps. **Nifedipin Genericon** (Ö) Kaps., Retardtabl. **Nifedipin-ratiopharm** (D) Kaps., Retardkaps., Retardtabl., Tropfen **Nifedipin Sandoz** (D) Kaps., Retardkaps., Retardtabl. Nifedipin *Rezeptpflichtig*	Kopfdruck, Gesichtsrötung, Beinödeme, Übelkeit, Herzrasen, schwere Durchblutungsstörungen der Herzkranzgefäße bis zum Herzinfarkt möglich. Magen-Darm-Störungen	**Nur zweckmäßig bei** schwererem Bluthochdruck in Kombination mit anderen bewährten Mitteln (z. B. Diuretika). Therapeutische Wirksamkeit zweifelhaft bei leichtem Bluthochdruck. Kalzium-Antagonist. Kapseln und Tropfen sind zur Langzeitbehandlung des Bluthochdrucks nicht geeignet.
Nifehexal/ retard/ uno/ (D/Ö) Kaps., Manteltabl., Retardtabl., Lösung, Filmtabl. (Ö) Nifedipin *Rezeptpflichtig*	Kopfdruck, Gesichtsrötung, Beinödeme, Übelkeit, Herzrasen, schwere Durchblutungsstörungen der Herzkranzgefäße bis zum Herzinfarkt möglich. Magen-Darm-Störungen	**Nur zweckmäßig bei** schwererem Bluthochdruck in Kombination mit anderen bewährten Mitteln (z. B. Diuretika). Therapeutische Wirksamkeit zweifelhaft bei leichtem Bluthochdruck. Kalzium-Antagonist. Kapseln und nicht retardierte Tabletten und Lösung sind zur Langzeitbehandlung des Bluthochdrucks nicht geeignet.

Präparat	Wichtigste Nebenwirkungen	Empfehlung
Nif-Ten (D) **Niften/ mite** (Ö) Retardkaps. Atenolol, Nifedipin *Rezeptpflichtig*	Ödeme, langsamer Puls, Herzschwäche, Atemnot bei körperlicher Belastung, Einschränkung der Sexualität. Vorsicht bei Asthma und Zuckerkrankheit! Schwere Herzschädigungen bei plötzlichem Absetzen des Medikaments möglich	**Wenig zweckmäßig** Vertretbar nur bei schwereren Hochdruckformen, wenn gleichzeitig ein Diuretikum angewendet wird. Kombination von gefäßerweiternd wirkendem Mittel (Nifedipin) mit Betablocker (Atenolol).
Nitregamma (D) Filmtabl. **Nitrendepat** (D) Tabl. **Nitren 1A Pharma** (D) Tabl. Nitrendipin *Rezeptpflichtig*	Kopfschmerzen, Kopfdruck, Gesichtsrötung, Beinödeme, Übelkeit, Herzrasen, Magen-Darm-Störungen	**Nur zweckmäßig bei** schwererem Bluthochdruck in Kombination mit anderen bewährten Mitteln (z. B. Diuretika). Therapeutische Wirksamkeit zweifelhaft bei leichtem Bluthochdruck. Kalzium-Antagonist.
Nitrendipin AL (D) **Nitrendipin beta** (D) **Nitrendipin-ratiopharm** (D) **Nitrendipin Sandoz** (D) **Nitrendipin Stada** (D) **Nitrendipin von ct** (D) Tabl. Nitrendipin *Rezeptpflichtig*	Kopfschmerzen, Kopfdruck, Gesichtsrötung, Beinödeme, Übelkeit, Herzrasen, Magen-Darm-Störungen	**Nur zweckmäßig bei** schwererem Bluthochdruck in Kombination mit anderen bewährten Mitteln (z. B. Diuretika). Therapeutische Wirksamkeit zweifelhaft bei leichtem Bluthochdruck. Kalzium-Antagonist.
Nitrepress (D) Tabl. Nitrendipin *Rezeptpflichtig*	Kopfschmerzen, Kopfdruck, Gesichtsrötung, Beinödeme, Übelkeit, Herzrasen, Magen-Darm-Störungen	**Nur zweckmäßig bei** schwererem Bluthochdruck in Kombination mit anderen bewährten Mitteln (z. B. Diuretika). Therapeutische Wirksamkeit zweifelhaft bei leichtem Bluthochdruck. Kalzium-Antagonist.
Normoxin (Ö) Filmtabl. Moxonidin *Rezeptpflichtig*	Häufig Kopfschmerzen, Mundtrockenheit, Müdigkeit; seltener Verschlimmerung von Depressionen, Potenzstörungen, Magen-Darm-Beschwerden. Einschränkung des Reaktionsvermögens möglich	**Wenig zweckmäßig** Vertretbar nur, wenn Medikamente mit geringeren Nebenwirkungen nicht ausreichend wirksam sind.
Norvasc (D/Ö) Tabl. Amlodipin *Rezeptpflichtig*	Kopfdruck, Gesichtsrötung, Beinödeme, Übelkeit, Herzrasen, Magen-Darm-Störungen	**Therapeutisch zweckmäßig bei** Bluthochdruck (Kalzium-Antagonist mit langer Wirkungsdauer). Für Langzeitanwendung noch unzureichend erprobt.

Präparat	Wichtigste Nebenwirkungen	Empfehlung
Obsidan (D) Tabl. Propranolol *Rezeptpflichtig*	Langsamer Puls, Herzschwäche, Atemnot bei körperlicher Belastung, Einschränkung der Sexualität. Vorsicht bei Asthma, Zuckerkrankheit und Durchblutungsstörungen der Gliedmaßen! Schwere Herzschädigungen bei plötzlichem Absetzen des Medikaments möglich	**Therapeutisch zweckmäßig bei** Bluthochdruck, Angina Pectoris und Herzrhythmusstörungen (Betablocker).
Olmetec (D/Ö) Filmtabl. Olmesartan *Rezeptpflichtig*	Magen-Darm-Störungen, Blutdruckabfall bei Lagewechsel des Körpers, Atemnot, Kopfschmerzen, Schlafstörungen, Schwindel, Durchfall, Leberschäden, Muskelschmerzen, Hauterscheinungen (z. B. Ausschlag), Haarausfall. Störungen des Salzhaushaltes (zu viel Kalium im Blut)	**Möglicherweise zweckmäßig bei** Bluthochdruck (AT-Rezeptor Hemmer bzw. Sartan). Vertretbar nur, wenn besser erprobte ACE-Hemmer (z. B. Enalapril) nicht eingesetzt werden können. Noch unzureichende Erprobung bei Langzeitanwendung.
Physiotens (D) Filmtabl. Moxonidin *Rezeptpflichtig*	Häufig Kopfschmerzen, Mundtrockenheit, Müdigkeit; seltener Verschlimmerung von Depressionen, Potenzstörungen, Magen-Darm-Beschwerden. Einschränkung des Reaktionsvermögens möglich	**Wenig zweckmäßig** Vertretbar nur, wenn Medikamente mit geringeren Nebenwirkungen nicht ausreichend wirksam sind.
Pidilat/ retard (D) Kaps., Retardtabl. Nifedipin *Rezeptpflichtig*	Kopfdruck, Gesichtsrötung, Beinödeme, Übelkeit, Herzrasen, Magen-Darm-Störungen	**Nur zweckmäßig bei** schwererem Bluthochdruck in Kombination mit anderen bewährten Mitteln (z. B. Diuretika). Therapeutische Wirksamkeit zweifelhaft bei leichtem Bluthochdruck. Kapseln sind zur Langzeitbehandlung des Bluthochdrucks nicht geeignet. Kalzium-Antagonist.
Plendil (Ö) Retardfilmtabl. Felodipin *Rezeptpflichtig*	Kopfschmerzen, Kopfdruck, Gesichtsrötung, Beinödeme, Übelkeit, Herzrasen, Magen-Darm-Störungen, Herzrhythmusstörungen	**Wenig zweckmäßig bei** Bluthochdruck (Kalzium-Antagonist ohne Vorteile gegenüber Nifedipin, aber mit mehr Nebenwirkungen).

Präparat	Wichtigste Nebenwirkungen	Empfehlung
Pres (D) Tabl. Enalapril *Rezeptpflichtig*	Häufig Husten. Entzündungen der Atemwege (selten lebensbedrohliche Schwellungen mit Atemnot). Magen-Darm-Störungen, Übelkeit, Kopfschmerzen, Schwindel (besonders bei Lagewechsel), Hauterscheinungen (z. B. Ausschlag), Haarausfall. Störungen des Salzhaushaltes (zu viel Kalium im Blut)	**Therapeutisch zweckmäßig nur bei** schwereren Formen des Bluthochdrucks und Herzinsuffizienz (ACE-Hemmer). Der Langzeitnutzen bei leichtem Hochdruck ist nicht nachgewiesen.
Pres Plus (D) Tabl., Enalapril, Hydrochlorothiazid *Rezeptpflichtig*	Häufig Husten. Entzündungen der Atemwege (selten lebensbedrohliche Anschwellungen mit Atemnot). Magen-Darm-Störungen, Übelkeit, Kopfschmerzen, Schwindel (besonders bei Lagewechsel), Hauterscheinungen (z. B. Ausschlag), Haarausfall. Salz- und Wasserverlust. Vorsicht bei Gicht!	**Therapeutisch zweckmäßig nur bei** schwereren Formen des Bluthochdrucks. Sinnvolle Kombination von ACE-Hemmer (Enalapril) mit Diuretikum (Hydrochlorothiazid).
Procorum/ retard (D/Ö) **Procorum senior** (D) Filmtabl., Retardtabl. Gallopamil *Rezeptpflichtig*	Kopfdruck, Gesichtsrötung, Beinödeme, Übelkeit, Herzrasen, Magen-Darm-Störungen. Verstärkung einer Herzschwäche	**Wenig zweckmäßig bei** Bluthochdruck (Kalzium-Antagonist mit besonderen Wirkungen am Herzen). Therapeutisch zweckmäßig bei bestimmten Herzrhythmusstörungen und Angina Pectoris.
Propra-ratiopharm/ retard-ratiopharm (D) Filmtabl., Retardkaps. Propranolol *Rezeptpflichtig*	Langsamer Puls, Herzschwäche, Atemnot bei körperlicher Belastung, Einschränkung der Sexualität. Vorsicht bei Asthma, Zuckerkrankheit und Durchblutungsstörungen der Gliedmaßen! Schwere Herzschädigungen bei plötzlichem Absetzen des Medikaments möglich	**Therapeutisch zweckmäßig bei** Bluthochdruck, Angina Pectoris und Herzrhythmusstörungen (Betablocker).
Provas (D) Filmtabl. Valsartan *Rezeptpflichtig*	Magen-Darm-Störungen, Blutdruckabfall bei Lagewechsel des Körpers, Atemnot, Kopfschmerzen, Schlafstörungen, Schwindel, Durchfall, Leberschäden, Muskelschmerzen, Hauterscheinungen (z. B. Ausschlag), Haarausfall. Störungen des Salzhaushaltes (zu viel Kalium im Blut)	**Möglicherweise zweckmäßig bei** Bluthochdruck (AT-Rezeptor Hemmer bzw. Sartan). Vertretbar nur, wenn besser erprobte ACE-Hemmer (z. B. Enalapril) nicht eingesetzt werden können. Noch unzureichende Erprobung bei Langzeitanwendung.

Präparat	Wichtigste Nebenwirkungen	Empfehlung
Provas comp (D) Filmtabl. Valsartan, Hydrochlorothiazid *Rezeptpflichtig*	Magen-Darm-Störungen, Blutdruckabfall bei Lagewechsel, Atemnot, Kopfschmerzen, Schlafstörungen, Schwindel, Durchfall, Leberschäden, Muskelschmerzen, Hauterscheinungen (z. B. Ausschlag), Haarausfall. Salz- und Wasserverlust. Vorsicht bei Gicht!	**Möglicherweise zweckmäßig bei** schwereren Formen des Bluthochdrucks. Sinnvolle Kombination von AT-Rezeptor Hemmer (Valsartan) mit Diuretikum (Hydrochlorothiazid). Noch unzureichende Erprobung bei Langzeitanwendung.
Quadropril (D) Tabl. Spirapril *Rezeptpflichtig*	Häufig Husten. Entzündungen der Atemwege (selten lebensbedrohliche Schwellungen mit Atemnot). Magen-Darm-Störungen, Übelkeit, Kopfschmerzen, Schwindel (besonders bei Lagewechsel), Hauterscheinungen (z. B. Ausschlag), Haarausfall. Störungen des Salzhaushaltes (zu viel Kalium im Blut)	**Therapeutisch zweckmäßig nur bei** schwereren Formen des Bluthochdrucks (ACE-Hemmer). Der Langzeitnutzen bei leichtem Hochdruck ist nicht nachgewiesen.
Querto (D) Tabl. Carvedilol *Rezeptpflichtig*	Müdigkeit, Schwindel bei Lagewechsel, langsamer Puls, Herzschwäche, Atemnot bei körperlicher Belastung, Einschränkung der Sexualität. Vorsicht bei Asthma und Zuckerkrankheit! Schwere Herzschädigungen bei plötzlichem Absetzen des Medikaments möglich	**Therapeutisch zweckmäßig bei** Bluthochdruck (Betablocker mit zusätzlicher gefäßerweiternder Wirkung eines Alphablockers). Auch zur Behandlung der Herzinsuffizienz geeignet.
Ramipril-ratiopharm (D) **Ramipril Hexal** (D) Tabl. Ramipril *Rezeptpflichtig*	Häufig Husten. Entzündungen der Atemwege (selten lebensbedrohliche Schwellungen mit Atemnot). Magen-Darm-Störungen, Übelkeit, Kopfschmerzen, Schwindel (besonders bei Lagewechsel), Hauterscheinungen (z. B. Ausschlag), Haarausfall. Störungen des Salzhaushaltes (zu viel Kalium im Blut)	**Therapeutisch zweckmäßig nur bei** schwereren Formen des Bluthochdrucks (ACE-Hemmer). Der Langzeitnutzen bei leichtem Hochdruck ist nicht nachgewiesen.
Ramipril Hexal comp (D) **Ramipril-ratiopharm comp.** (D) Tabl. Ramipril, Hydrochlorothiazid *Rezeptpflichtig*	Häufig Husten, Magen-Darm-Störungen, Atemnot, Kopfschmerzen, Schwindel, Hauterscheinungen (z. B. Ausschlag), Blutschäden, Geschmacksstörungen, Haarausfall, Salz- und Wasserverlust. Vorsicht bei Gicht!	**Therapeutisch zweckmäßig nur bei** schwereren Formen des Bluthochdrucks. Sinnvolle Kombination von ACE-Hemmer (Ramipril) mit Diuretikum (Hydrochlorothiazid).

Präparat	Wichtigste Nebenwirkungen	Empfehlung
Renacor (D) Tabl. Enalapril, Hydrochlorothiazid *Rezeptpflichtig*	Häufig Husten. Entzündungen der Atemwege (selten lebensbedrohliche Anschwellungen mit Atemnot). Magen-Darm-Störungen, Übelkeit, Kopfschmerzen, Schwindel (besonders bei Lagewechsel), Hauterscheinungen (z. B. Ausschlag), Haarausfall. Salz- und Wasserverlust. Vorsicht bei Gicht!	**Therapeutisch zweckmäßig nur bei** schwereren Formen des Bluthochdrucks. Sinnvolle Kombination von ACE-Hemmer (Enalapril) mit Diuretikum (Hydrochlorothiazid).
Renitec (Ö) Tabl. Enalapril *Rezeptpflichtig*	Häufig Husten. Entzündungen der Atemwege (selten lebensbedrohliche Schwellungen mit Atemnot). Magen-Darm-Störungen, Übelkeit, Kopfschmerzen, Schwindel (besonders bei Lagewechsel), Hauterscheinungen (z. B. Ausschlag), Haarausfall. Störungen des Salzhaushaltes (zu viel Kalium im Blut)	**Therapeutisch zweckmäßig nur bei** schwereren Formen des Bluthochdrucks und Herzinsuffizienz (ACE-Hemmer). Der Langzeitnutzen bei leichtem Hochdruck ist nicht nachgewiesen.
Selectol (D/Ö) Filmtabl. Celiprolol *Rezeptpflichtig*	Kopfschmerzen, Schlafstörungen, Müdigkeit, Schwindel bei Lagewechsel, langsamer Puls, Herzschwäche, Atemnot bei körperlicher Belastung, Einschränkung der Sexualität. Vorsicht bei Asthma und Zuckerkrankheit! Schwere Herzschädigungen bei plötzlichem Absetzen des Medikaments möglich	**Therapeutisch zweckmäßig bei** Bluthochdruck. Noch relativ wenig erprobt.
Supressin (Ö) Tabl. Doxazosin *Rezeptpflichtig*	Schwindel bei Lageveränderungen des Körpers, Mattigkeit, Kopfschmerzen, Übelkeit, Durchblutungsstörungen der Herzkranzgefäße möglich	**Vertretbar nur bei** schweren Formen des Bluthochdrucks, wenn andere, besser verträgliche Mittel nicht angewendet werden können. Alpha-Blocker.
Syscor (Ö) Filmtabl. Nisoldipin *Rezeptpflichtig*	Kopfdruck, Gesichtsrötung, Beinödeme, Übelkeit, Herzrasen, erhöhtes Herzinfarktrisiko, Magen-Darm-Störungen	**Nur zweckmäßig bei** schwererem Bluthochdruck in Kombination mit anderen bewährten Mitteln (z. B. Diuretika). Therapeutische Wirksamkeit zweifelhaft bei leichtem Bluthochdruck. Kalzium-Antagonist.

Präparat	Wichtigste Nebenwirkungen	Empfehlung
Tarka (D) Retardkaps. Verapamil, Trandolapril *Rezeptpflichtig*	Magen-Darm-Störungen, Übelkeit, Ödeme, Kopfdruck, Störungen des Herzrhythmus, Verstärkung einer Herzschwäche, häufig Husten, Atemnot, Kopfschmerzen, Schwindel, Hauterscheinungen (z. B. Ausschlag), Blutschäden, Geschmacksstörungen, Haarausfall	**Nur zweckmäßig bei** Bluthochdruck, wenn er mit Verapamil (Kalzium-Antagonist mit besonderen Wirkungen am Herz) und Trandolapril (ACE-Hemmer) als Einzelsubstanzen bereits gut eingestellt ist.
Tenormin (D/Ö) Filmtabl. Atenolol *Rezeptpflichtig*	Langsamer Puls, Herzschwäche, Atemnot bei körperlicher Belastung, Einschränkung der Sexualität. Vorsicht bei Asthma, Zuckerkrankheit und Durchblutungsstörungen der Gliedmaßen! Schwere Herzschädigungen bei plötzlichem Absetzen des Medikaments möglich	**Therapeutisch zweckmäßig bei** Bluthochdruck, Angina Pectoris und Herzrhythmusstörungen (Betablocker).
Tensan retard (Ö) Retardkaps. Nilvadipin *Rezeptpflichtig*	Kopfschmerzen, Kopfdruck, Schwindel, Gesichtsrötung, Beinödeme, Übelkeit, Herzrasen, Magen-Darm-Störungen	**Nur zweckmäßig bei** schwererem Bluthochdruck in Kombination mit anderen bewährten Mitteln (z. B. Diuretika). Therapeutische Wirksamkeit zweifelhaft bei leichtem Bluthochdruck. Kalzium-Antagonist.
Teveten (D/Ö) Filmabl. Eprosartan *Rezeptpflichtig*	Magen-Darm-Störungen, Blutdruckabfall bei Lagewechsel des Körpers, Atemnot, Kopfschmerzen, Schlafstörungen, Schwindel, Durchfall, Leberschäden, Muskelschmerzen, Hauterscheinungen (z. B. Ausschlag), Haarausfall. Störungen des Salzhaushaltes (zu viel Kalium im Blut)	**Möglicherweise zweckmäßig bei** Bluthochdruck (AT-Rezeptor Hemmer bzw. Sartan). Vertretbar nur, wenn besser erprobte ACE-Hemmer (z. B. Enalapril) nicht eingesetzt werden können. Noch unzureichende Erprobung bei Langzeitanwendung.
Triloc (Ö) Filmtabl. Metoprolol, Hydralazin, Hydrochlorothiazid *Rezeptpflichtig*	Langsamer Puls, Herzschwäche, Kopfschmerzen, Müdigkeit, psychische Veränderungen (z. B. Schlafstörungen), Störungen des Salzhaushaltes, Einschränkung der Sexualität. Vorsicht bei Gicht, Zuckerkrankheit und Asthma! Schwere Herzschädigungen bei plötzlichem Absetzen des Medikaments möglich. Selten Leber- und Nervenschäden, Gelenkschmerzen	**Therapeutisch zweckmäßig nur** zur Behandlung schwerer Hochdruckformen. Kombination von Betablocker (Metoprolol), Diuretikum (Hydrochlorothiazid) und gefäßerweiterndem Mittel (Hydralazin).

Präparat	Wichtigste Nebenwirkungen	Empfehlung
Triniton (D) Tabl. Reserpin, Dihydralazin, Hydrochlorothiazid *Rezeptpflichtig*	Müdigkeit, Depression, Potenzstörungen, Störungen des Salzhaushaltes, allergische Hauterscheinungen (z. B. Juckreiz), Magen-Darm-Störungen, Blutschäden. Vorsicht bei Gicht, Zuckerkrankheit und Asthma! Einschränkung des Reaktionsvermögens möglich	**Abzuraten** Die Verwendung dieses Mittels ist überholt. Kombination mit gefäßerweiterndem Inhaltsstoff (Dihydralazin), Diuretikum (Hydrochlorothiazid) und zentral wirkendem Hochdruckmittel (Reserpin).
Tri-Normin (D) Filmtabl. Atenolol, Chlorthalidon, Hydralazin *Rezeptpflichtig*	Langsamer Puls, Herzschwäche, Kopfschmerzen, Müdigkeit, psychische Veränderungen (z. B. Schlafstörungen), Störungen des Salzhaushaltes, Einschränkung der Sexualität. Vorsicht bei Gicht, Zuckerkrankheit und Asthma! Schwere Herzschädigungen bei plötzlichem Absetzen des Medikaments möglich. Selten Leber- und Nervenschäden, Gelenkschmerzen	**Therapeutisch zweckmäßig nur** zur Behandlung schwerer Hochdruckformen. Kombination von Betablocker (Atenolol), Diuretikum (Chlorthalidon) und gefäßerweiterndem Mittel (Hydralazin).
Tritace (Ö) Kaps. Ramipril *Rezeptpflichtig*	Häufig Husten. Entzündungen der Atemwege (selten lebensbedrohliche Schwellungen mit Atemnot). Magen-Darm-Störungen, Übelkeit, Kopfschmerzen, Schwindel (besonders bei Lagewechsel), Hauterscheinungen (z. B. Ausschlag), Haarausfall. Störungen des Salzhaushaltes (zu viel Kalium im Blut)	**Therapeutisch zweckmäßig nur bei** schwereren Formen des Bluthochdrucks (ACE-Hemmer). Der Langzeitnutzen bei leichtem Hochdruck ist nicht nachgewiesen.
Tritazide (Ö) Tabl. Ramipril, Hydrochlorothiazid *Rezeptpflichtig*	Häufig Husten. Entzündungen der Atemwege (selten lebensbedrohliche Anschwellungen mit Atemnot). Magen-Darm-Störungen, Übelkeit, Kopfschmerzen, Schwindel (besonders bei Lagewechsel), Hauterscheinungen (z. B. Ausschlag), Haarausfall. Salz- und Wasserverlust. Vorsicht bei Gicht!	**Therapeutisch zweckmäßig nur bei** schwereren Formen des Bluthochdrucks. Sinnvolle Kombination von ACE-Hemmer (Ramipril) mit Diuretikum (Hydrochlorothiazid).

Präparat	Wichtigste Nebenwirkungen	Empfehlung
Vera von ct (D) Drag., Retardtabl., Filmtabl. **Verabeta** (D) Filmtabl., Retardtabl. **Verahexal** (D) Retardkaps., Filmtabl. **Veramex** (D) Drag., Retardtabl. **Verapabene** (Ö) Filmtabl. Verapamil *Rezeptpflichtig*	Magen-Darm-Störungen, Übelkeit, Ödeme, Kopfdruck, Störungen des Herzrhythmus, Verstärkung einer Herzschwäche	**Wenig zweckmäßig bei** Bluthochdruck (Kalzium-Antagonist mit besonderen Wirkungen am Herz). Therapeutisch zweckmäßig bei bestimmten Herzrhythmusstörungen und Angina Pectoris.
Verapamil AL (D) Drag., Retardtabl. **Verapamil Hennig** (D) Filmtabl., Retardtabl. **Verapamil-ratiopharm** (D) Filmtabl., Retardtabl. Verapamil *Rezeptpflichtig*	Magen-Darm-Störungen, Übelkeit, Ödeme, Kopfdruck, Störungen des Herzrhythmus, Verstärkung einer Herzschwäche	**Wenig zweckmäßig bei** Bluthochdruck (Kalzium-Antagonist mit besonderen Wirkungen am Herz). Therapeutisch zweckmäßig bei bestimmten Herzrhythmusstörungen und Angina Pectoris.
Vesdil/ -protect (D) Tabl. Ramipril *Rezeptpflichtig*	Häufig Husten. Entzündungen der Atemwege (selten lebensbedrohliche Schwellungen mit Atemnot). Magen-Darm-Störungen, Übelkeit, Kopfschmerzen, Schwindel (besonders bei Lagewechsel), Hauterscheinungen (z. B. Ausschlag), Haarausfall. Störungen des Salzhaushaltes (zu viel Kalium im Blut)	**Therapeutisch zweckmäßig nur bei** schwereren Formen des Bluthochdrucks und Herzinsuffizienz (ACE-Hemmer). Der Langzeitnutzen bei leichtem Hochdruck ist nicht nachgewiesen.
Vesdil plus (D) Tabl. Ramipril, Hydrochlorothiazid *Rezeptpflichtig*	Häufig Husten. Entzündungen der Atemwege (selten lebensbedrohliche Anschwellungen mit Atemnot). Magen-Darm-Störungen, Übelkeit, Kopfschmerzen, Schwindel (besonders bei Lagewechsel), Hauterscheinungen (z. B. Ausschlag), Haarausfall. Salz- und Wasserverlust. Vorsicht bei Gicht!	**Therapeutisch zweckmäßig nur bei** schwereren Formen des Bluthochdrucks. Sinnvolle Kombination von ACE-Hemmer (Ramipril) mit Diuretikum (Hydrochlorothiazid).

Präparat	Wichtigste Nebenwirkungen	Empfehlung
Visken/ mite/ retard (D/Ö) Tabl., Retardtabl., Tropfen Pindolol *Rezeptpflichtig*	Langsamer Puls, Herzschwäche, Atemnot bei körperlicher Belastung, Einschränkung der Sexualität. Vorsicht bei Asthma, Zuckerkrankheit und Durchblutungsstörungen der Gliedmaßen! Schwere Herzschädigungen bei plötzlichem Absetzen des Medikaments möglich	**Therapeutisch zweckmäßig bei** Bluthochdruck nur in besonderen Fällen (z. B. Schwangerschaft). Betablocker mit besonderen Eigenschaften (geringere blockierende Wirkung).
Votum (D/Ö) Filmabl. Olmesartan *Rezeptpflichtig*	Magen-Darm-Störungen, Blutdruckabfall bei Lagewechsel des Körpers, Atemnot, Kopfschmerzen, Schlafstörungen, Schwindel, Durchfall, Leberschäden, Muskelschmerzen, Hauterscheinungen (z. B. Ausschlag), Haarausfall. Störungen des Salzhaushaltes (zu viel Kalium im Blut)	**Möglicherweise zweckmäßig bei** Bluthochdruck (AT-Rezeptor Hemmer bzw. Sartan). Vertretbar nur, wenn besser erprobte ACE-Hemmer (z. B. Enalapril) nicht eingesetzt werden können. Noch unzureichende Erprobung bei Langzeitanwendung.
Xanef (D) Tabl. Enalapril *Rezeptpflichtig*	Häufig Husten. Entzündungen der Atemwege (selten lebensbedrohliche Schwellungen mit Atemnot). Magen-Darm-Störungen, Übelkeit, Kopfschmerzen, Schwindel (besonders bei Lagewechsel), Hauterscheinungen (z. B. Ausschlag), Haarausfall. Störungen des Salzhaushaltes (zu viel Kalium im Blut)	**Therapeutisch zweckmäßig nur bei** schwereren Formen des Bluthochdrucks und Herzinsuffizienz (ACE-Hemmer). Der Langzeitnutzen bei leichtem Hochdruck ist nicht nachgewiesen.

12.2. Harntreibende Mittel (Diuretika)

Der Körper des Menschen besteht zu 50 bis 70 Prozent aus Wasser. Jeden Tag nimmt ein Erwachsener durchschnittlich zweieinhalb Liter Wasser zu sich. Bei Herzschwäche (Herzinsuffizienz), Venenschwäche (venöser Insuffizienz) oder wenn der Körper zu viel Flüssigkeit aufnimmt oder zu wenig Wasser ausscheidet, können Ödeme (Flüssigkeitsansammlungen im Gewebe) entstehen. Das kann von Bluthochdruck und Gewichtszunahme begleitet sein.
Diuretika sind Mittel, die die Ausscheidung von Flüssigkeit und Salzen aus dem Körper fördern. Dadurch können sie den Blutdruck senken und eine bestehende Herzschwäche verbessern.

Diuretika – zu häufig verschrieben?

Harntreibende Mittel werden hauptsächlich bei Bluthochdruck (siehe Kapitel 12.1.), Herzschwäche (siehe Kapitel 12.5.) und zur Behandlung von Ödemen verwendet.
Ödeme können durch Störungen von Nieren, Herz und Leber, aber auch durch verschiedene Arzneimittel hervorgerufen werden, z. B. durch fast alle Rheumamittel (siehe Kapitel 3.1.). »Vor der Gefahr der kritiklosen Anwendung von Diuretika«, heißt es in einer Publikation der Arzneimittelkommission der Deutschen Ärzteschaft, »kann nicht eindringlich genug gewarnt werden.«
Grund für die Warnungen: die Gefahr schwerer Nebenwirkungen. Gefährdet sind vor allem ältere Patienten durch einen zu starken Flüssigkeitsverlust, Bluteindickung und Herzrhythmusstörungen. Im Jahr 2003 wurden in Deutschland rund 26 Millionen Packungen harntreibender Mittel verschrieben, in Österreich waren es rund 2 Millionen. Tendenz: steigend.

»Idiopathische Ödeme«

Diese pompöse Diagnose erhalten meist Frauen im gebärfähigen Alter mit Ödemen in Gesicht und Beinen. Idiopathisches Ödem heißt nichts anderes als: Ödeme, deren Ursache unbekannt ist. Einige Ursachen sind jedoch bekannt.
Wer eine Fastendiät einhält und dann plötzlich eine große Mahlzeit zu sich nimmt, entwickelt als Reaktion darauf unter Umständen Ödeme, die aber nach kurzer Zeit von selbst wieder verschwinden.
Von vielen Frauen werden Diuretika auch missbräuchlich als Abmagerungsmittel benutzt. Wenn sie nach längerem Gebrauch plötzlich abgesetzt werden, dann hat sich der Körper schon so auf das Medikament eingespielt, dass als Reaktion darauf verstärkt Ödeme entstehen (so genannter Rebound-Effekt). Häufig wird von Ärzten in solchen Fällen als Therapie wieder ein Diuretikum verschrieben. Daraus entwickelt sich oft ein Teufelskreis, der zu einer jahrelangen, unnötigen Einnahme von Diuretika führt. Die einzig wirksame Maßnahme besteht in der langsamen Verringerung des Diuretikums über einen Zeitraum von drei Wochen und einer kochsalzarmen Ernährung.
Eine wirksame Behandlung von idiopathischen Ödemen umfasst den völligen Verzicht auf die Einnahme von Diuretika und – wie bei jeder Art von Sucht – eine psychotherapeutische Behandlung.

Prämenstruelles Syndrom

Kurz vor der Regel treten bei fast allen Frauen Wasseransammlungen im Gewebe (und damit verbunden ein leichter Gewichtsanstieg von ein bis zwei Kilogramm) auf. In der Fachsprache heißt das prämenstruelles Syndrom. Die Wasseransammlungen äußern sich häufig in einem Spannungsgefühl in der Brust und am Bauch. In diesem Fall sollten Sie jedoch keine Diuretika einnehmen, sondern während dieser Zeit weniger Flüssigkeit zu sich nehmen und salzarm essen.

Behandlung bei Ödemen

Als erste – häufig erfolgreiche – therapeutische Maßnahme gegen Ödeme empfiehlt die Arzneimittelkommission der Deutschen Ärzteschaft die Beseitigung der Ursachen: Behandlung von eventuell vorhandener Herzschwäche (siehe Kapitel 12.5.), bei Eiweißmangel (Hypoproteinämie) Eiweißersatz und das Absetzen von Medikamenten, die Ödeme verursachen können.
Wenn Herzschwäche die Ursache für die Ödeme ist, kann ein wassertreibendes Mittel allein oder in Kombination mit herzwirksamen Mitteln verwendet werden. Unterstützend können außerdem eine Hochlagerung der Beine und salzarme Nahrung wirken.

Medikamente

Die verschiedenen harntreibenden Mittel unterscheiden sich nach Art der Wirkung, Wirkungsstärke und Dauer der Wirkung. Es hängt vom Grundleiden ab, welches Diuretikum und welche Dosis verwendet werden.

Spironolacton

(enthalten z. B. in *Aldactone, Osyrol-Lasix, Spiro comp.-ratiopharm, Spiro von ct, Spiro D Tablinen, Spirohexal, Spironolacton-ratiopharm, Spiro von ct*). Präparate, die diese Substanz enthalten, sollten – so empfiehlt die amerikanische Gesundheitsbehörde – wegen der möglichen Nebenwirkungen (z. B. Schwellungen der Brust bei Männern, Einschränkung des Sexualtriebs, Regelstörungen etc.) nur dann verwendet werden, wenn andere Diuretika nicht verwendet werden können. Vor der lang dauernden Einnahme von Spironolacton-haltigen Medikamenten wird abgeraten. Bei »zu viel« Aldosteron im Blut (Hyperaldosteronismus) ist dies aber nach wie vor notwendig und zweckmäßig.

Furosemid

(enthalten z. B. in *Furo AbZ, Furobeta, Furohexal, Furo von ct, Furorese, Furosemid AL, Furosemid-Heumann, Furosemid-ratiopharm, Furosemid Sandoz, Furosemid-Stada, Lasix, Ödemase, Osyrol-Lasix, Spiro D Tablinen, Spiro comp.-ratiopharm*). Furosemid ist ein stark und kurzzeitig wirkendes Diuretikum. Es wirkt auch dann noch, wenn andere Mittel (z. B. Thiazide) versagen, weil etwa die Nieren nicht mehr ausreichend funktionieren. Dieses stark wirkende Mittel hat viele und zum Teil schwere *Nebenwirkungen*: Kaliumverlust, der sich in folgenden Anzeichen zeigt: trockener Mund, Durstgefühl, unregelmäßige Herzschläge, Stimmungsschwankungen, Muskelkrämpfe oder -schmerzen, Übelkeit, Erbrechen, unübliche Müdigkeit oder Schwäche, flacher Puls. Bei hoher Dosis: Taubheit. Wenn Furosemid-Präparate längere Zeit eingenommen und dann plötzlich abgesetzt werden, können Ödeme entstehen (sog. Rebound-Effekt). Die Diuretika Piretanid (enthalten z. B. in *Arelix*) und Torasemid (enthalten z. B. in *Torasemid-ratiopharm, Torem, Unat*) haben ähnliche Wirkungen und Nebenwirkungen wie Furosemid, sind jedoch weniger erprobt.

Thiazid-Diuretika und ähnliche Wirkstoffe

(enthalten z. B. in *Aquaphor, Dehydro sanol tri, Diuretikum Verla, Diutensat, Dytide H, Esidrex, Esidrix, Fludex, HCT beta, HCT 1AP, Hexal, HCT von ct, HCT-ISIS, Moduretik, Nephral, Triampur comp., Triamteren comp.-ratiopharm, Triamteren HCT AL, Triamteren Genericon, Triarese, Triazid von ct, Tri.-Thiazid Stada, Turfa*). Sie sind die am besten verträglichen Diuretika und deshalb besonders zur Langzeittherapie (z. B. bei Bluthochdruck) geeignet. Zur Verminderung des Kaliumverlustes werden Thiazid-Diuretika häufig kombiniert mit so genannten kaliumsparenden Diuretika (z. B. *Dehydro sanol tri, Diuretikum Verla, Diutensat, Dytide H, Moduretik, Triampur comp., Triamteren comp.-ratiopharm, Triamteren HCT AL, Triazid von ct, Triamteren Genericon, Triarese, Tri.-Thiazid Stada, Turfa*). Kaliummangel, der durch Thiazid-Diuretika verursacht wird, ist jedoch selten schwerwiegend und führt nach Ansicht der Arzneimittelkommission der Deutschen Ärzteschaft normalerweise nicht zu einem klinisch bedeutsamen Kaliummangel im Körper.

Die routinemäßige Verordnung von Kaliumpräparaten ist unnötig und kann sogar (in einem von 100 Fällen) zu einem lebensbedrohlichen oder tödlichen Kaliumüberschuss führen. Auch so genannte »kaliumsparende« Medikamente bergen dieses Risiko, einen Kaliumüberschuss zu verursachen, in sich. Deshalb sollte der behandelnde Arzt in jedem Fall die Serumkaliumspiegel kontrollieren, besonders bei Diabetikern, Alten und Patienten, die gleichzeitig ACE-Hemmer, Angiotensin-II-Antagonisten oder Rheumamittel einnehmen.
Bei Durchfall, Erbrechen, Magersucht und bei der Einnahme bestimmter Medikamente (z. B. herzwirksame Glykoside, siehe Tabelle 12.5.1.) kann der Kaliumspiegel jedoch so weit fallen, dass eine Gesundheitsgefährdung auftritt. In diesem Fall muss der Kaliummangel ausgeglichen werden.
Wichtigste *Nebenwirkung* der Thiazid-Diuretika: Kaliumverlust, der sich in folgenden Anzeichen zeigt: trockener Mund, Durstgefühle, unregelmäßige Herzschläge, Stimmungsschwankungen, Muskelkrämpfe oder -schmerzen, Übelkeit, Erbrechen, unübliche Müdigkeit oder Schwäche, flacher Puls.
Vorsicht ist bei Patienten mit Gicht geboten, weil Thiazide unter Umständen einen Gichtanfall auslösen können. Bei Diabetikern kann die Anwendung zu Problemen mit der Einstellung des Blutzuckers führen.

Naturheilmittel und Arzneimittel der alternativen Heilkunde

Der Boom der alternativen Heilmittel macht auch vor den Flüssigkeits-ausscheidenden Mitteln nicht halt. *Biofax*, ein Medikament mit pflanzlichen Inhaltsstoffen, wird inzwischen so häufig verwendet, dass es den Sprung in unsere Tabelle schaffte.
Allen drei Inhaltsstoffen von *Biofax* (Birkenblätter, Hauhechelwurzel und Bohnenhülsen) wird eine entwässernde Wirkung zugeschrieben. Bei normaler Dosierung sind kaum Nebenwirkungen zu erwarten.

Ödeme in der Schwangerschaft

Ödeme in der Schwangerschaft sind eigentlich eine normale Reaktion des Körpers – sie treten bei vier von fünf Schwangeren auf. Die routinemäßige Verschreibung von Diuretika ist deshalb – warnt die Arzneimittelkommission der Deutschen Ärzteschaft – nicht sinnvoll und setzt Mutter und Kind unnötigen Gefahren aus. Wegen der vermuteten Risiken für das Kind sollten Diuretika während der Schwangerschaft nur in begründeten Ausnahmefällen verwendet werden.

12.2. Harntreibende Mittel (Diuretika)

Präparat	Wichtigste Nebenwirkungen	Empfehlung
Aldactone (D/Ö) Drag., Kaps. Spironolacton *Rezeptpflichtig*	Hormonelle Veränderungen mit Potenz- und Regelstörungen, Vergrößerung der Brustdrüse bei Männern, Stimmveränderungen, Müdigkeit, Störungen des Salzhaushaltes (zu viel Kalium im Blut)	**Therapeutisch zweckmäßig zur** Wasserausschwemmung, wenn das Hormon Aldosteron im Blut erhöht ist (z. B. bei Leberzirrhose) und wenn andere Diuretika versagen.
Aquaphor (D) **Aquaphoril** (Ö) Tabl. Xipamid *Rezeptpflichtig*	Relativ geringe Störungen des Salzhaushaltes (Kochsalz- und Kaliumsalzverlust). Vorsicht bei Gicht und Zuckerkrankheit!	**Therapeutisch zweckmäßig zur** Wasserausschwemmung und bei Bluthochdruck.
Aquaretic (D) Tabl. Amilorid, Hydrochlorothiazid *Rezeptpflichtig*	Störungen des Salzhaushaltes, lebensbedrohliche Kaliumanreicherung bei Nierenschäden möglich. Allergien. Vorsicht bei Gicht und Zuckerkrankheit!	**Therapeutisch zweckmäßig nur bei** Gefährdung durch Kalium- und Magnesiummangel. Kombination von kaliumsparendem (Triamteren) mit anderem Diuretikum (Bemetizid).
Arelix/ mite3-/ 6-Tabletten/ RR 6-Retardkapseln (D/Ö) Tabl., Retardkaps. Piretanid *Rezeptpflichtig*	Störungen des Salzhaushaltes (ausgeprägter Kochsalz- und Kaliumsalzverlust). Vorsicht bei Gicht und Zuckerkrankheit!	**Therapeutisch zweckmäßig** Stark wirkendes Diuretikum (vergleichbar mit Furosemid).
Biofax (D) Kaps. Birkenblätter, Hauhechelwurzel, Bohnenhülsen	Keine wesentlichen bekannt	**Naturheilmittel** mit pflanzlichen Inhaltsstoffen. Milde, entwässernde Wirkung möglich. Vertretbar, wenn eine notwendige Anwendung therapeutisch zweckmäßiger Mittel nicht unterlassen wird. Abzuraten bei dem vom Hersteller angegebenen Anwendungsgebiet »Anregung des Stoffwechsels, bei ernährungsbedingtem Übergewicht«.
Dehydro sanol tri/ mite (D) Drag. Triamteren, Bemetizid *Rezeptpflichtig*	Störungen des Salzhaushaltes, lebensbedrohliche Kaliumanreicherung bei Nierenschäden möglich. Allergien. Vorsicht bei Gicht und Zuckerkrankheit!	**Therapeutisch zweckmäßig nur bei** Gefährdung durch Kalium- und Magnesiummangel. Kombination von kaliumsparendem (Triamteren) mit anderem Diuretikum (Bemetizid).

Präparat	Wichtigste Nebenwirkungen	Empfehlung
Diuretikum Verla (D) Tabl. Triamteren, Hydrochlorothiazid *Rezeptpflichtig*	Störungen des Salzhaushaltes, lebensbedrohliche Kaliumanreicherung bei Nierenschäden möglich. Allergien. Vorsicht bei Gicht und Zuckerkrankheit!	**Therapeutisch zweckmäßig nur bei** Gefährdung durch Kalium- und Magnesiummangel. Kombination von kaliumsparendem (Triamteren) mit anderem Diuretikum (Hydrochlorothiazid).
Dytide H (D/Ö) Tabl. Triamteren, Hydrochlorothiazid *Rezeptpflichtig*	Störungen des Salzhaushaltes, lebensbedrohliche Kaliumanreicherung bei Nierenschäden möglich. Allergien. Vorsicht bei Gicht und Zuckerkrankheit!	**Therapeutisch zweckmäßig nur bei** Gefährdung durch Kalium- und Magnesiummangel. Kombination von kaliumsparendem (Triamteren) mit anderem Diuretikum (Hydrochlorothiazid).
Esidrix (D) **Esidrex** (Ö) Tabl. Hydrochlorothiazid *Rezeptpflichtig*	Relativ geringe Störungen des Salzhaushaltes (Kochsalz- und Kaliumsalzverlust). Vorsicht bei Gicht und Zuckerkrankheit!	**Therapeutisch zweckmäßig bei** Bluthochdruck und zur Wasserausschwemmung. Bewährtes Diuretikum.
Fludex Retard (Ö) Filmtabl. Indapamid *Rezeptpflichtig*	Störungen des Salzhaushaltes. Allergien. Vorsicht bei Gicht und Zuckerkrankheit!	**Therapeutisch zweckmäßig zur** Wasserausschwemmung und bei Bluthochdruck.
Furo AbZ/ long (D) Tabl., Retardkaps. **Furo von ct/ ret. von ct** (D) Tabl., Retardkaps Furosemid *Rezeptpflichtig*	Ausgeprägte Störungen des Salzhaushaltes (z. B. Kochsalz- und Kaliumsalzverlust). Bei Überdosierung Kreislaufbeschwerden und vorübergehende Taubheit. Vorsicht bei Gicht und Zuckerkrankheit!	**Therapeutisch zweckmäßig** Lang bewährtes Präparat für Erkrankungen, bei denen ein stark wirkendes Diuretikum notwendig ist.
Furobeta (D) Tabl. **Furohexal** (Ö) Tabl. **Furorese/ long** (D) Tabl., Retardkapseln Furosemid *Rezeptpflichtig*	Ausgeprägte Störungen des Salzhaushaltes (z. B. Kochsalz- und Kaliumsalzverlust). Bei Überdosierung Kreislaufbeschwerden und vorübergehende Taubheit. Vorsicht bei Gicht und Zuckerkrankheit!	**Therapeutisch zweckmäßig** Lang bewährtes Präparat für Erkrankungen, bei denen ein stark wirkendes Diuretikum notwendig ist.

Präparat	Wichtigste Nebenwirkungen	Empfehlung
Furosemid 1 A Pharma (D/Ö) **Furosemid AL** (D) **Furosemid Heumann** (D) **Furosemid-ratiopharm/ long** (D) **Furosemid Stada/ retard** (D) **Furosemid Sandoz/ Retardkapseln** (D) Tabl., Retardkaps. Furosemid *Rezeptpflichtig*	Ausgeprägte Störungen des Salzhaushaltes (z. B. Kochsalz- und Kaliumsalzverlust). Bei Überdosierung Kreislaufbeschwerden und vorübergehende Taubheit. Vorsicht bei Gicht und Zuckerkrankheit!	**Therapeutisch zweckmäßig** Lang bewährtes Präparat für Erkrankungen, bei denen ein stark wirkendes Diuretikum notwendig ist.
HCT 1 A Pharma (D) **HCT Beta** (D) **HCT Hexal** (D) **HCT von ct** (D) **HCT-ISIS** (D) Tabl. Hydrochlorothiazid *Rezeptpflichtig*	Relativ geringe Störungen des Salzhaushaltes (Kochsalz- und Kaliumsalzverlust). Vorsicht bei Gicht und Zuckerkrankheit!	**Therapeutisch zweckmäßig bei** Bluthochdruck und zur Wasserausschwemmung. Bewährtes Diuretikum.
Lasix/ Tabs/ long (D/Ö) Tabl., Retardkaps., Lösung Furosemid *Rezeptpflichtig*	Ausgeprägte Störungen des Salzhaushaltes (z. B. Kochsalz- und Kaliumsalzverlust). Bei Überdosierung Kreislaufbeschwerden und vorübergehende Taubheit. Vorsicht bei Gicht und Zuckerkrankheit!	**Therapeutisch zweckmäßig** Lang bewährtes Präparat für Erkrankungen, bei denen ein stark wirkendes Diuretikum notwendig ist.
Moduretic (Ö) **Moduretik/ mite** (D) Tabl., Mite-Tabl. Hydrochlorothiazid, Amilorid *Rezeptpflichtig*	Störungen des Salzhaushaltes, lebensbedrohliche Kaliumanreicherung bei Nierenschäden möglich. Allergien. Vorsicht bei Gicht und Zuckerkrankheit!	**Therapeutisch zweckmäßig nur bei** Gefährdung durch Kalium- und Magnesiummangel. Kombination von kaliumsparendem (Triamteren) mit anderem Diuretikum (Hydrochlorothiazid).
Natrilix/ SR (D) Filmtabl., Retardtabl. Indapamid *Rezeptpflichtig*	Störungen des Salzhaushaltes (z. B. Kochsalz- und Kaliumsalzverlust). Allergien. Vorsicht bei Gicht und Zuckerkrankheit!	**Therapeutisch zweckmäßig zur** Wasserausschwemmung und bei Bluthochdruck.
Neotri (D) Filmtabl. Xipamid, Triamteren *Rezeptpflichtig*	Störungen des Salzhaushaltes, lebensbedrohliche Kaliumanreicherung bei Nierenschäden möglich. Allergien. Vorsicht bei Gicht und Zuckerkrankheit!	**Therapeutisch zweckmäßig nur bei** Gefährdung durch Kalium- und Magnesiummangel. Kombination von kaliumsparendem (Triamteren) mit anderem Diuretikum (Hydrochlorothiazid).

Präparat	Wichtigste Nebenwirkungen	Empfehlung
Osyrol-Lasix (D) Kaps. Spironolacton, Furosemid *Rezeptpflichtig*	Hormonelle Veränderungen mit Potenz- und Regelstörungen, Vergrößerung der Brustdrüse bei Männern, Stimmveränderungen, Müdigkeit. Ausgeprägte Störungen des Salzhaushaltes. Bei Überdosierung Kreislaufbeschwerden, Hörschäden. Vorsicht bei Gicht und Zuckerkrankheit!	**Nur zweckmäßig zur** Wasserausschwemmung, wenn das Hormon Aldosteron im Blut erhöht ist (z. B. bei Leberzirrhose). Der therapeutische Nutzen einer routinemäßig angewandten Kombination von kaliumsparendem (Spironolacton) mit stark wirksamem Diuretikum (Furosemid) ist zweifelhaft.
Spiro comp.-ratiopharm/ comp forte (D) Lacktabl. **Spiro-D-Tablinen** (D) Tabl. Spironolacton, Furosemid *Rezeptpflichtig*	Hormonelle Veränderungen mit Potenz- und Regelstörungen, Vergrößerung der Brustdrüse bei Männern, Stimmveränderungen, Müdigkeit, ausgeprägte Störungen des Salzhaushaltes. Bei Überdosierung Kreislaufbeschwerden, Hörschäden. Vorsicht bei Gicht und Zuckerkrankheit!	**Nur zweckmäßig zur** Wasserausschwemmung, wenn das Hormon Aldosteron im Blut erhöht ist (z. B. bei Leberzirrhose). Der therapeutische Nutzen einer routinemäßig angewandten Kombination von kaliumsparendem (Spironolacton) mit stark wirksamem Diuretikum (Furosemid) ist zweifelhaft.
Spiro von ct (D) Tabl. **Spirohexal** (Ö) Tabl. Spironolacton *Rezeptpflichtig*	Hormonelle Veränderungen mit Potenz- und Regelstörungen, Vergrößerung der Brustdrüse bei Männern, Stimmveränderungen, Müdigkeit, Störungen des Salzhaushaltes	**Therapeutisch zweckmäßig zur** Wasserausschwemmung, wenn das Hormon Aldosteron im Blut erhöht ist (z. B. bei Leberzirrhose) und wenn andere Diuretika versagen.
Spironolacton Hexal (D) **Spironolacton-ratiopharm** (D) **Spironolacton Sandoz** (D) **Spironolacton Stada** (D) Tabletten Spironolacton *Rezeptpflichtig*	Hormonelle Veränderungen mit Potenz- und Regelstörungen, Vergrößerung der Brustdrüse bei Männern, Stimmveränderungen, Müdigkeit, Störungen des Salzhaushaltes	**Therapeutisch zweckmäßig zur** Wasserausschwemmung, wenn das Hormon Aldosteron im Blut erhöht ist (z. B. bei Leberzirrhose) und wenn andere Diuretika versagen.
Torasemid AL (D) **Torasemid Stada** (D) Tabl. Torasemid *Rezeptpflichtig*	Ausgeprägte Störungen des Salzhaushaltes (z. B. Kochsalz- und Kaliumsalzverlust). Vorsicht bei Gicht und Zuckerkrankheit!	**Therapeutisch zweckmäßig** Stark wirkendes Diuretikum (vergleichbar mit Furosemid).
Torem/ RR/ Cor (D) Tabl. Torasemid *Rezeptpflichtig*	Ausgeprägte Störungen des Salzhaushaltes (z. B. Kochsalz- und Kaliumsalzverlust). Vorsicht bei Gicht und Zuckerkrankheit!	**Therapeutisch zweckmäßig** Stark wirkendes Diuretikum (vergleichbar mit Furosemid).

Präparat	Wichtigste Nebenwirkungen	Empfehlung
Triampur compositum (D) Tabl. Triamteren, Hydrochlorothiazid *Rezeptpflichtig*	Störungen des Salzhaushaltes, lebensbedrohliche Kaliumanreicherung bei Nierenschäden möglich. Allergien. Vorsicht bei Gicht und Zuckerkrankheit!	**Therapeutisch zweckmäßig nur bei** Gefährdung durch Kalium- und Magnesiummangel. Kombination von kaliumsparendem (Triamteren) mit anderem Diuretikum (Hydrochlorothiazid).
Triamteren comp.-ratiopharm (D) Filmtabl. Triamteren, Hydrochlorothiazid	Störungen des Salzhaushaltes, lebensbedrohliche Kaliumanreicherung bei Nierenschäden möglich. Allergien. Vorsicht bei Gicht und Zuckerkrankheit!	**Therapeutisch zweckmäßig nur bei** Gefährdung durch Kalium- und Magnesiummangel. Kombination von kaliumsparendem (Triamteren) mit anderem Diuretikum (Hydrochlorothiazid).
Triamteren HCT AL (D) Filmtabl. Triamteren, Hydrochlorothiazid *Rezeptpflichtig*	Störungen des Salzhaushaltes, lebensbedrohliche Kaliumanreicherung bei Nierenschäden möglich. Allergien. Vorsicht bei Gicht und Zuckerkrankheit!	**Therapeutisch zweckmäßig nur bei** Gefährdung durch Kalium- und Magnesiummangel. Kombination von kaliumsparendem (Triamteren) mit anderem Diuretikum (Hydrochlorothiazid).
Triamteren Genericon (Ö) **Triamteren HCT-Sandoz** (D) Filmtabl. Triamteren, Hydrochlorothiazid *Rezeptpflichtig*	Störungen des Salzhaushaltes, lebensbedrohliche Kaliumanreicherung bei Nierenschäden möglich. Allergien. Vorsicht bei Gicht und Zuckerkrankheit!	**Therapeutisch zweckmäßig nur bei** Gefährdung durch Kalium- und Magnesiummangel. Kombination von kaliumsparendem (Triamteren) mit anderem Diuretikum (Hydrochlorothiazid).
Triarese (D) Tabl. Triamteren, Hydrochlorothiazid *Rezeptpflichtig*	Störungen des Salzhaushaltes, lebensbedrohliche Kaliumanreicherung bei Nierenschäden möglich. Allergien. Vorsicht bei Gicht und Zuckerkrankheit!	**Therapeutisch zweckmäßig nur bei** Gefährdung durch Kalium- und Magnesiummangel. Kombination von kaliumsparendem (Triamteren) mit anderem Diuretikum (Hydrochlorothiazid).
Triastad HCT (Ö) Filmtabl. Triamteren, Hydrochlorothiazid *Rezeptpflichtig*	Störungen des Salzhaushaltes, lebensbedrohliche Kaliumanreicherung bei Nierenschäden möglich. Allergien. Vorsicht bei Gicht und Zuckerkrankheit!	**Therapeutisch zweckmäßig nur bei** Gefährdung durch Kalium- und Magnesiummangel. Kombination von kaliumsparendem (Triamteren) mit anderem Diuretikum (Hydrochlorothiazid).
Triazid von ct (D) Filmtabl. Triamteren, Hydrochlorothiazid *Rezeptpflichtig*	Störungen des Salzhaushaltes, lebensbedrohliche Kaliumanreicherung bei Nierenschäden möglich. Allergien. Vorsicht bei Gicht und Zuckerkrankheit!	**Therapeutisch zweckmäßig nur bei** Gefährdung durch Kalium- und Magnesiummangel. Kombination von kaliumsparendem (Triamteren) mit anderem Diuretikum (Hydrochlorothiazid).

Präparat	Wichtigste Nebenwirkungen	Empfehlung
Tri.-Thiazid Stada (D) Tabl. Triamteren, Hydrochlorothiazid *Rezeptpflichtig*	Störungen des Salzhaushaltes, lebensbedrohliche Kaliumanreicherung bei Nierenschäden möglich. Allergien. Vorsicht bei Gicht und Zuckerkrankheit!	**Therapeutisch zweckmäßig nur bei** Gefährdung durch Kalium- und Magnesiummangel. Kombination von kaliumsparendem (Triamteren) mit anderem Diuretikum (Hydrochlorothiazid).
Turfa (D) Tabl. Triamteren, Hydrochlorothiazid *Rezeptpflichtig*	Störungen des Salzhaushaltes, lebensbedrohliche Kaliumanreicherung bei Nierenschäden möglich. Allergien. Vorsicht bei Gicht und Zuckerkrankheit!	**Therapeutisch zweckmäßig nur bei** Gefährdung durch Kalium- und Magnesiummangel. Kombination von kaliumsparendem (Triamteren) mit anderem Diuretikum (Hydrochlorothiazid).
Unat/ RR/ Cor (D) Tabl. Torasemid *Rezeptpflichtig*	Ausgeprägte Störungen des Salzhaushaltes (z. B. Kochsalz- und Kaliumsalzverlust). Vorsicht bei Gicht und Zuckerkrankheit!	**Therapeutisch zweckmäßig** Stark wirkendes Diuretikum (vergleichbar mit Furosemid).

12.3. Mittel gegen Angina Pectoris

Das Herz kann seine Leistung nur dann aufrechterhalten, wenn es mit dem Blut genügend Sauerstoff erhält. Sind die Herzkranzgefäße verengt, kann bei körperlicher Anstrengung – wenn der Bedarf besonders groß ist – nicht mehr genügend Sauerstoff zum Herzmuskel transportiert werden. Dadurch entstehen heftige Schmerzen – ein so genannter »Angina-Pectoris-Anfall«. In Wien wurde erhoben, dass fast jede fünfte Person (Mann oder Frau) im Alter von 60 Jahren an solchen Beschwerden leidet. Angina Pectoris kann der Vorbote eines Herzinfarktes durch den plötzlichen Verschluss eines Herzkranzgefäßes sein.
Die Therapie besteht in den meisten Fällen darin, den Sauerstoffbedarf des Herzens zu verringern. Manchmal kann durch eine Ballon-Dilatation (Ausdehnung eines engen Herzkranzgefäßes), Einsetzen von »Stents« oder durch eine Bypass-Operation (operative Verpflanzung von Herzkranzgefäßen) eine Verbesserung der Sauerstoffzufuhr erreicht werden.
Die Ballon-Dilatation ist in Europa inzwischen ein Routineeingriff geworden. In einer großen Untersuchung über die Wirksamkeit dieser Operation hat sich nun allerdings herausgestellt, dass der therapeuti-

sche Nutzen geringer ist als ursprünglich angenommen. Patienten, die nur mit Medikamenten behandelt werden, erleiden seltener einen Herzinfarkt und leben länger als Patienten, bei denen eine Ballon-Dilatation durchgeführt wird. Die neueste Empfehlung lautet also: Ballon-Dilatationen sollten nur bei Patienten mit schweren Angina-Pectoris-Beschwerden durchgeführt werden. Wenn möglich werden heute »Stents« eingesetzt. Das ist ein feines Metallgeflecht, das als Gefäßstütze dient.
Bypass-Operationen sind uneingeschränkt sinnvoll bei Patienten mit einer Verengung der linken Koronararterie und wenn mehrere Koronararterien verengt sind. »Der Enthusiasmus, der seit der Entwicklung der Bypass-Operationen ständig zugenommen hat, wird nach entsprechender Aufklärung der Öffentlichkeit und der im Gesundheitsbereich Tätigen wieder zurückgehen«, heißt es im Bericht einer angesehenen amerikanischen Fachzeitschrift. Wesentlich für eine Vermeidung eines Herzinfarkts ist auch eine Änderung der Lebensweise. Droht ein Herzinfarkt oder ist schon einmal ein Herzinfarkt aufgetreten, so müssen blutverflüssigende Medikamente [z. B. Acetylsalicylsäure (ASS) oder Cumarine (z. B. in *Marcumar*)] eingenommen werden.

»Wundermittel gegen Angina Pectoris«

Gegen Angina Pectoris wurden in den letzten Jahrzehnten viele Präparate ausprobiert und am Beginn als »Wundermittel« gefeiert. Nach einiger Zeit stellte sich jedoch meist heraus, dass sie nicht wirkungsvoller als Placebos (Scheinarzneimittel ohne Wirkstoff) waren.
Interessant ist folgendes Ergebnis: Ganz egal, welches Medikament oder welches chirurgische Verfahren in der Vergangenheit von Medizinern angewandt wurde, bis zu vier von fünf Patienten verspürten eine deutliche Besserung ihres Leidens. Die so genannte »Placebo-Wirkung« gilt deshalb als wichtiger Bestandteil jeder Angina-Pectoris-Therapie.

Behandlung

Im Rahmen der Behandlung der Angina Pectoris sollte – außer der Einnahme von Medikamenten – besonderes Gewicht auf folgende Maßnahmen gelegt werden:
– Verringerung von Übergewicht
– keine schweren Mahlzeiten zu sich nehmen

- aufhören zu rauchen
- Vermeiden von psychischen Stresssituationen, plötzlichen Anstrengungen und plötzlichem starken Temperaturwechsel

Patienten mit so genannter »stabiler Angina« sollten nach einer angemessenen Zeit der Ruhe zunehmend körperlich aktiv sein. Wenn Anfälle mit schweren Angstzuständen verbunden sind, können angstlösende Medikamente (siehe Kapitel 2.2.: Beruhigungsmittel) helfen. Sie sollten jedoch – nach Ansicht der amerikanischen Ärztevereinigung – auf keinen Fall als feste Kombination mit antianginösen Mitteln verordnet werden, sondern nur als Einzelsubstanzen.
Durch eine gezielte Behandlung bei einer »stabilen Angina« bleibt etwa jeder zweite Patient fünf Jahre oder länger symptomfrei. Die Lebenserwartung hängt davon ab, in welchem Ausmaß die Herzarterien geschädigt sind. Heftigkeit und Häufigkeit von Anfällen bieten jedoch keine sicheren Hinweise auf den Schweregrad der Erkrankung.

Angina-Pectoris-Anfälle – durch Medikamente verursacht?

Angina-Pectoris-Anfälle werden auch durch Medikamente verursacht: Die »Hauptschuldigen« sind in dieser Hinsicht manche Kalzium-Antagonisten (z. B. Nicardipin oder Nifedipin), Mittel gegen Herzrhythmusstörungen (z. B. Mexiletin), Mittel gegen Migräne oder Asthmamittel und Schnupfenmittel.

Medikamente

Der Nutzen der ständigen Einnahme von Medikamenten bei Angina Pectoris ist in Medizinerkreisen nicht unumstritten. In einer amerikanischen Untersuchung wurde festgestellt, dass Ruhe und so genannte »symptomatische Behandlung« (z. B. Nitroglycerin in einer akuten Krankheitsphase) bei unstabiler Angina Pectoris genauso wirkungsvoll sind wie die Verwendung von Betablockern, Kalzium-Antagonisten oder der Einsatz von chirurgischen Maßnahmen.
Einzig die Angaben des Patienten über seine Schmerzen geben Aufschluss darüber, ob eine Therapie erfolgreich ist. Die Zahl der Anfälle sinkt auf jeden Fall um die Hälfte – unabhängig davon, welches Medikament ein Patient einnimmt.
Die medikamentöse Behandlung der Angina Pectoris hat zwei Ziele:
- akute Anfälle zu unterbrechen oder zu dämpfen und
- weitere Anfälle zu verhindern.

Mittel zur Unterbrechung oder kurzfristigen Vorbeugung von akuten Anfällen

Nitroglycerin – auch unter der Bezeichnung Glyceroltrinitrat bekannt (z. B. in *Corangin, Nitrangin, Nitrolingual*) – gilt als beste Substanz.

Nitroglycerin wird schon seit etwa 100 Jahren gegen Anfälle verwendet. Zur Verhinderung von Anfällen nehmen viele Patienten Nitroglycerin vor Situationen, in denen aufgrund körperlicher Anstrengungen Anfälle auftreten können: z. B. beim Treppensteigen oder beim Geschlechtsverkehr. Diese vorbeugende Einnahme bietet für etwa 20 bis 30 Minuten Schutz.

Die häufigsten Nebenwirkungen von Nitroglycerin sind Kopfschmerzen. Manchmal treten auch Schwächegefühle, Benommenheit, Hautrötung und in seltenen Fällen extremer Blutdruckabfall auf. Nur der Patient selbst kann bestimmen, wie hoch die benötigte Dosis ist.

Vorsicht: *Durch zu hohe Dosierung können Anfälle in seltenen Fällen sogar verstärkt werden.*

Mittel zur Verhinderung von Anfällen

Zur Verhinderung von Anfällen werden unterschiedliche Substanzen verwendet: Als erste Wahl gelten organische Nitrate (so genannte Langzeitnitrate) und Betablocker.

Organische Nitrate (siehe Tabelle 12.3.):

Die einfachen Präparate mit den Inhaltsstoffen Isosorbiddinitrat (z. B. *Cedocard, ISDN-AL, ISDN von ct, ISDN-ratiopharm, ISDN-Stada, Isoket, Iso Mack, Nitrosorbon, Sorbidilat, Vasorbate*) und Isosorbidmononitrat (enthalten z. B. in *Conpin, Corangin, ISMN AL, ISMN Genericon, ISMN-ratiopharm, ISMN Stada, ISMN von ct, Ismo, Isomonat, Isomonit, Monobeta, Monoclair, Mono Mack, Monostenase*) wirken kürzer als Präparate mit verzögerter Wirkung (so genannte Retard-Formen).

Wichtig: *Bei allen Nitraten kann es – manchmal schon nach ein bis zwei Wochen – zu einer so genannten »Toleranzentwicklung« kommen: Das heißt, die Wirkung des Medikaments lässt nach, so dass immer höhere Dosierungen verwendet werden müssen. Aus diesem Grund sollten Nitrate so eingenommen werden, dass sie nicht ununterbrochen 24 Stunden lang wirken – die Dosierung so wählen, dass es z. B. jede Nacht nitratfreie Intervalle gibt.*

Die *Nebenwirkungen* von Nitraten sind ähnlich wie bei Nitroglycerin: am häufigsten Kopfschmerzen, manchmal Schwächegefühle, Benommenheit, Hautrötung und in seltenen Fällen extremer Blutdruckabfall.
Zu den therapeutisch wirksamen organischen Nitraten zählt auch der Wirkstoff Pentaerithrityltetranitrat/PETN (enthalten z. B. in *Pentalong*).

Betablocker (siehe auch Tabelle 12.3.)
gehören zur Standardbehandlung bei Angina Pectoris. In seltenen Fällen verschlimmert sich die Krankheit durch die Einnahme von Beta-blockern. Die verschiedenen Betablocker (z. B. *Beloc, Cordanum, Dilatrend, Lopresor, Metobeta, Metodura, Metohexal, Metoprolol AL, Meto-Tablinen, Obsidan, Querto, Selectol*) unterscheiden sich in ihrer Wirkung kaum voneinander. Sie werden jedoch unterschiedlich schnell vom Körper ausgeschieden. Davon hängt es auch ab, ob ein Betablocker öfter als einmal täglich eingenommen werden muss.
Nebenwirkungen: Verlangsamter Herzschlag, Benommenheit, Magen-Darm-Störungen (Durchfall, Übelkeit), psychische Störungen (besonders bei älteren Leuten Verwirrtheitszustände, Depressionen), Durchblutungsstörungen an den Gliedmaßen, Atemschwierigkeiten, eingeschränkte Sexualität (z. B. Potenzstörungen).

Vorsicht: *Mit der Einnahme von Betablockern darf man nicht plötzlich aufhören, weil sonst schwere Herzschädigungen auftreten können.*

Kalzium-Antagonisten
(z. B. *Adalat, Azupamil, Baymycard, Cordicant, Corinfar, Corotrend, Diltahexal, Diltiazem AL, Diltiazem Genericon, Diltiazem-ratiopharm, Diltiazem Stada, Dilzem, Duranifin, Durasoptin, Escor, Falicard, Felocor, Isoptin, Nifeclair, Nife von ct, Nifedipat, Nifedipin-AL, Nifedipin-ratiopharm, Nifedipin-Stada, Nifehexal, Nifical, Norvasc, Pidilat, Procorum, Verabeta, Verahexal, Veramex, Vera von ct, Verapamil AL, Verapamil-ratiopharm, Verasal*) gelten als umstrittene Alternative zu den Betablockern. Sie sind nur zweckmäßig bei stabiler Angina Pectoris, wenn Betablocker wegen vorhandener Kontraindikationen nicht verwendet werden können.

Nebenwirkungen: In manchen Fällen kann der Blutdruck abfallen, und damit zusammenhängend können Kopfschmerzen, Verwirrtheit und schneller Herzschlag auftreten. Es gibt seit kurzem Hinweise, dass Kalzium-Antagonisten wie Nifedipin (enthalten z. B. in *Adalat, Aprical* etc.) das Risiko erhöhen, an den Folgen einer koronaren Herzkrankheit zu sterben.

Molsidomin

(enthalten z. B. in *Corvaton, Molsicor, Molsidolat, Molsidomin von ct, Molsidomin Heumann, Molsidomin-ratiopharm, Molsidomin Stada, Molsihexal*). Dieser Wirkstoff sollte nur dann angewendet werden, wenn organische Nitrate nicht ausreichend wirken oder nicht angewendet werden können. Molsidomin kann auch in Kombination mit organischen Nitraten verwendet werden.

Nebenwirkungen: Kopfschmerzen, Übelkeit, allergische Hautreaktionen.

Trapidil

(enthalten in *Rocornal*) steigert die Durchblutung in den gesunden Muskelteilen. Das kommt den Geschädigten jedoch nicht zugute. Das Arzneimittel-Kursbuch 1999/2000 kritisiert bei diesem Mittel die unzureichende Dokumentation über die therapeutische Wirksamkeit. Die Wirkung auf die Anfallshäufigkeit bei Angina Pectoris sei unsicherer als bei den bewährten Mitteln.
Mit Genugtuung nehmen wir zur Kenntnis, dass das Medikament *Persantin* endlich vom Markt verschwunden ist. Seit der ersten Ausgabe von »*Bittere Pillen*« im Jahr 1983 hatten wir dieses Mittel angeprangert.

Transdermale Systeme

(z. B. *Isoket Salbe, Nitroderm-Pflaster, Minitrans-Pflaster*) haben sich nicht bewährt. Sie werden kaum noch verwendet.

12.3. Mittel gegen Angina Pectoris

Präparat	Wichtigste Nebenwirkungen	Empfehlung
Adalat (D/Ö) Kaps., nur D: Manteltabl., Retardtabl., SL-Rapidretardtabl., Filmtabl., nur Ö: Retardfilmtabl., 2-Phasen-Filmtabl. Nifedipin *Rezeptpflichtig*	Magen-Darm-Störungen, Übelkeit, Kopfdruck, Gesichtsrötung, Muskelzittern, Beinödeme	**Nur zweckmäßig zur** Behandlung von Angina Pectoris, wenn therapeutisch zweckmäßige Wirkstoffe wie Betablocker nicht angewendet werden können. Diese Empfehlung gilt nur für den Wirkstoff Nifedipin in retard-Form. Wenig geeignet sind nicht-retardierte Formen. Bei akutem Herzinfarkt oder instabiler Angina Pectoris darf Nifedipin nicht verwendet werden.
Atehexal (D) **Atenolol AL** (D) **Atenolol Genericon** (Ö) **Atenolol Heumann** (D) **Atenolol-ratiopharm** (D) **Atenolol Stada** (D/Ö) **Atenolol von ct** (D) Filmtabl. Atenolol *Rezeptpflichtig*	Langsamer Puls, Verstärkung einer Herzschwäche, Einschränkung der Sexualität. Vorsicht bei Asthma, Zuckerkrankheit und Durchblutungsstörungen der Gliedmaßen! Vorsicht: Medikament nicht plötzlich absetzen, weil sonst schwere Herzschädigungen auftreten können!	**Therapeutisch zweckmäßig zur** Langzeitbehandlung (Betablocker).
Azupamil (D) Drag. Verapamil *Rezeptpflichtig*	Übelkeit, Schwindel, Kopfschmerzen, Magen-Darm-Störungen, Herzrhythmusstörungen	**Nur zweckmäßig zur** Behandlung der Angina Pectoris, wenn therapeutisch zweckmäßige Wirkstoffe wie Betablocker nicht angewendet werden können.
Baymycard (D) Filmtabl. Nisoldipin *Rezeptpflichtig*	Kopfschmerzen, Wärmegefühl, Übelkeit, Schwindel, Müdigkeit, Beinödeme. Herzklopfen und Erhöhung der Pulsfrequenz möglich. Vorsicht bei Herzschwäche und niedrigem Blutdruck – beides kann verstärkt werden!	**Nur zweckmäßig zur** Behandlung von Angina Pectoris, wenn therapeutisch zweckmäßige Wirkstoffe wie Betablocker nicht angewendet werden können. Bei akutem Herzinfarkt oder instabiler Angina Pectoris darf Nisoldipin nicht verwendet werden.

Präparat	Wichtigste Nebenwirkungen	Empfehlung
Bayotensin (D) Lösung, mite-Tabl. Nitrendipin *Rezeptpflichtig*	Kopfschmerzen, Wärmegefühl, Übelkeit, Schwindel, Müdigkeit, Beinödeme. Herzklopfen und Erhöhung der Pulsfrequenz möglich. Vorsicht bei Herzschwäche und niedrigem Blutdruck – beides kann verstärkt werden!	**Nur zweckmäßig zur** Behandlung von Angina Pectoris, wenn therapeutisch zweckmäßige Wirkstoffe wie Betablocker nicht angewendet werden können. Bei akutem Herzinfarkt oder instabiler Angina Pectoris darf Nitrendipin nicht verwendet werden.
Beloc (Ö) **Beloc-Duriles** (Ö) **Beloc-Zok** (D) Retardtabl., Tabl., Amp. Metoprolol *Rezeptpflichtig*	Langsamer Puls, Verstärkung einer Herzschwäche, Einschränkung der Sexualität. Vorsicht bei Asthma, Zuckerkrankheit und Durchblutungsstörungen der Gliedmaßen! Vorsicht: Medikament nicht plötzlich absetzen, weil sonst schwere Herzschädigungen auftreten können!	**Therapeutisch zweckmäßig zur** Langzeitbehandlung (Betablocker). Bei *Beloc-Duriles* und *Beloc-Zok* wird der Wirkstoff vom Körper verzögert aufgenommen.
Bisobloc (D) **Bisomerck** (D) **Bisoprolol Arcana** (Ö) **Bisoprolol Heumann** (D) **Bisoprolol-ratiopharm** (D/Ö) **Bisoprolol Stada** (D) **Bisoprolol von ct** (D) **Biso-Puren** (D) Filmtabl. Bisoprolol *Rezeptpflichtig*	Langsamer Puls, Verstärkung einer Herzschwäche, Einschränkung der Sexualität. Vorsicht bei Asthma, Zuckerkrankheit und Durchblutungsstörungen der Gliedmaßen! Vorsicht: Medikament nicht plötzlich absetzen, weil sonst schwere Herzschädigungen auftreten können!	**Therapeutisch zweckmäßig zur** Langzeitbehandlung (Betablocker).
Cedocard (Ö) Tabl., Retardtabl. Isosorbiddinitrat *Rezeptpflichtig*	Kopfschmerzen, Benommenheit, Übelkeit, Magen-Darm-Störungen, Blutdruckabfall, Herzklopfen. Bei hoher Dosierung Verengung der Herzkranzgefäße	**Therapeutisch zweckmäßig zur** Langzeitbehandlung, nicht bei akutem Anfall. Bei falschem Dosierschema ist ein Wirksamkeitsverlust möglich.

Präparat	Wichtigste Nebenwirkungen	Empfehlung
Concor (D/Ö) Filmtabl. Bisoprolol *Rezeptpflichtig*	Langsamer Puls, Verstärkung einer Herzschwäche, Einschränkung der Sexualität. Vorsicht bei Asthma, Zuckerkrankheit und Durchblutungsstörungen der Gliedmaßen! Vorsicht: Medikament nicht plötzlich absetzen, weil sonst schwere Herzschädigungen auftreten können!	**Therapeutisch zweckmäßig zur** Langzeitbehandlung (Betablocker).
Conpin (D) Tabl., Retardkaps. Isosorbidmononitrat *Rezeptpflichtig*	Kopfschmerzen, Benommenheit, Magen-Darm-Störungen, Blutdruckabfall, Herzklopfen. Bei hoher Dosierung Verengung der Herzkranzgefäße	**Therapeutisch zweckmäßig zur** Langzeitbehandlung (Anfallsprophylaxe), nicht beim akuten Anfall. Bei falschem Dosierschema ist ein Wirksamkeitsverlust möglich.
Corangin (D) Tabl., Retardtabl. Isosorbidmononitrat *Rezeptpflichtig*	Kopfschmerzen, Benommenheit, Magen-Darm-Störungen, Blutdruckabfall, Herzklopfen. Bei hoher Dosierung Verengung der Herzkranzgefäße	**Therapeutisch zweckmäßig zur** Langzeitbehandlung (Anfallsprophylaxe), nicht beim akuten Anfall. Bei falschem Dosierschema ist ein Wirksamkeitsverlust möglich.
Corangin Nitrokapseln (D) **Corangin Nitrospray** (D) Glyceroltrinitrat *Rezeptpflichtig*	Kopfschmerzen, Benommenheit, Übelkeit, Magen-Darm-Störungen, Blutdruckabfall, Herzklopfen. Bei hoher Dosierung Verengung der Herzkranzgefäße	**Therapeutisch zweckmäßig nur bei** akutem Anfall und für die kurzzeitige Vorbeugung (Nitrokapsel zerbeißen!).
Cordicant mite/ retard (D) Kaps., Retardtabl. Nifedipin *Rezeptpflichtig*	Magen-Darm-Störungen, Übelkeit, Kopfdruck, Gesichtsrötung, Muskelzittern, Beinödeme	**Nur zweckmäßig zur** Behandlung von Angina Pectoris, wenn therapeutisch zweckmäßige Wirkstoffe wie Betablocker nicht angewendet werden können. Diese Empfehlung gilt nur für den Wirkstoff Nifedipin in retard-Form. Wenig geeignet sind nicht-retardierte Formen. Bei akutem Herzinfarkt oder instabiler Angina Pectoris darf Nifedipin nicht verwendet werden.

Präparat	Wichtigste Nebenwirkungen	Empfehlung
Corinfar (D) Retardtabl., Tropfen, Uno-Retardtabl. Nifedipin *Rezeptpflichtig*	Kopfschmerzen, gerötetes Gesicht, Wärmegefühl, Übelkeit, Schwindel, Müdigkeit, Beinödeme, Herzklopfen und Erhöhung der Pulsfrequenz möglich	**Nur zweckmäßig zur** Behandlung von Angina Pectoris, wenn therapeutisch zweckmäßige Wirkstoffe wie Betablocker nicht angewendet werden können. Diese Empfehlung gilt nur für den Wirkstoff Nifedipin in retard-Form. Wenig geeignet sind nicht-retardierte Formen. Bei akutem Herzinfarkt oder instabiler Angina Pectoris darf Nifedipin nicht verwendet werden.
Corotrend (D) Kaps., Retardkaps., Retardtabl. Nifedipin *Rezeptpflichtig*	Magen-Darm-Störungen, Übelkeit, Kopfdruck, Gesichtsrötung, Muskelzittern, Beinödeme	**Nur zweckmäßig zur** Behandlung von Angina Pectoris, wenn therapeutisch zweckmäßige Wirkstoffe wie Betablocker nicht angewendet werden können. Diese Empfehlung gilt nur für den Wirkstoff Nifedipin in retard-Form. Wenig geeignet sind nicht-retardierte Formen. Bei akutem Herzinfarkt oder instabiler Angina Pectoris darf Nifedipin nicht verwendet werden.
Corvaton (D) Tabl., Retardtabl., Fortetabl., Injektionslösung Molsidomin *Rezeptpflichtig*	Kopfschmerzen, Übelkeit, allergische Hautreaktionen	**Therapeutisch zweckmäßig, wenn** Nitrate nicht wirksam sind oder nicht vertragen werden.
Dilatrend (D/Ö) Tabl. Carvedilol *Rezeptpflichtig*	Langsamer Puls, Verstärkung einer Herzschwäche, Einschränkung der Sexualität. Vorsicht bei Asthma, Zuckerkrankheit und Durchblutungsstörungen der Gliedmaßen! Vorsicht: Medikament nicht plötzlich absetzen, weil sonst schwere Herzschädigungen auftreten können!	**Therapeutisch zweckmäßig zur** Langzeitbehandlung (Betablocker). Weniger gezielte Wirkung (Selektivität) als andere bewährte Betablocker wie z. B. Atenolol, aber mit gefäßerweiternder Wirkung.

Präparat	Wichtigste Nebenwirkungen	Empfehlung
Diltahexal (D) Filmtabl., Retardtabl., Retardkaps. **Diltiazem AL** (D) **Diltiazem Genericon** (Ö) **Diltiazem-ratiopharm** (D/Ö) **Diltiazem Stada** (D) Filmtabl., Retardkapseln **Dilzem** (D/Ö) Tabl., Retardtabl., Retardkaps., Diltiazem *Rezeptpflichtig*	Gelegentlich Übelkeit, Müdigkeit, Kopfschmerzen, allergische Hauterscheinungen. Selten Magen-Darm-Störungen, Herzrhythmusstörungen. Bei hoher Dosierung Ödeme (Wassereinlagerung im Körpergewebe)	**Nur zweckmäßig zur** Behandlung der Angina Pectoris, wenn therapeutisch zweckmäßige Wirkstoffe wie Betablocker nicht angewendet werden können.
Duranifin (D) Weichkaps., Retardtabl., Uno-Retardtabl., Filmtabl., Lösung Nifedipin *Rezeptpflichtig*	Magen-Darm-Störungen, Übelkeit, Kopfdruck, Gesichtsrötung, Muskelzittern, Beinödeme	**Nur zweckmäßig zur** Behandlung von Angina Pectoris, wenn therapeutisch zweckmäßige Wirkstoffe wie Betablocker nicht angewendet werden können. Diese Empfehlung gilt nur für den Wirkstoff Nifedipin in retard-Form. Wenig geeignet sind nicht-retardierte Formen. Bei akutem Herzinfarkt oder instabiler Angina Pectoris darf Nifedipin nicht verwendet werden.
Durasoptin (D) Filmtabl., Retardkaps. Verapamil *Rezeptpflichtig*	Übelkeit, Schwindel, Kopfschmerzen, Magen-Darm-Störungen, Herzrhythmusstörungen	**Nur zweckmäßig zur** Behandlung der Angina Pectoris, wenn therapeutisch zweckmäßige Wirkstoffe wie Betablocker nicht angewendet werden können.
Escor (D) Retardkaps. Nilvadipin *Rezeptpflichtig*	Magen-Darm-Störungen, Übelkeit, Kopfdruck, Gesichtsrötung, Muskelzittern, Beinödeme	**Nur zweckmäßig zur** Behandlung von Angina Pectoris, wenn therapeutisch zweckmäßige Wirkstoffe wie Betablocker nicht angewendet werden können. Bei akutem Herzinfarkt oder instabiler Angina Pectoris darf Nilvadipin nicht verwendet werden.
Falicard (D) Filmtabl., Retardtabl. Verapamil *Rezeptpflichtig*	Übelkeit, Schwindel, Kopfschmerzen, Magen-Darm-Störungen, Herzrhythmusstörungen	**Nur zweckmäßig zur** Behandlung der Angina Pectoris, wenn therapeutisch zweckmäßige Wirkstoffe wie Betablocker nicht angewendet werden können.

Präparat	Wichtigste Nebenwirkungen	Empfehlung
Felocord (D) Retardkaps. Felodipin *Rezeptpflichtig*	Magen-Darm-Störungen, Übelkeit, Kopfdruck, Gesichtsrötung, Muskelzittern, Beinödeme	**Nur zweckmäßig zur** Behandlung von Angina Pectoris, wenn therapeutisch zweckmäßige Wirkstoffe wie Betablocker nicht angewendet werden können. Bei akutem Herzinfarkt oder instabiler Angina Pectoris darf Felodipin nicht verwendet werden.
ISDN-AL (D) **ISDN von ct** (D) **ISDN Hexal** (D) **ISDN-ratiopharm** (D) **ISDN-Stada** (D) Tabl., Retardkaps. Isosorbiddinitrat *Rezeptpflichtig*	Kopfschmerzen, Benommenheit, Übelkeit, Magen-Darm-Störungen, Blutdruckabfall, Herzklopfen. Bei hoher Dosierung Verengung der Herzkranzgefäße	**Therapeutisch zweckmäßig zur** Langzeitbehandlung (Anfallsprophylaxe), nicht bei akutem Anfall. Bei falschem Dosierschema ist ein Wirksamkeitsverlust möglich.
ISMN AL (D) **ISMN Genericon** (Ö) **ISMN Hexal** (Ö) **ISMN-ratiopharm** (Ö) **ISMN Stada** (D) **ISMN von ct** (D) Tabletten, Retardtabletten, Retardkapseln Isosorbidmononitrat *Rezeptpflichtig*	Kopfschmerzen, Benommenheit, Übelkeit, Magen-Darm-Störungen, Blutdruckabfall, Herzklopfen. Bei hoher Dosierung Verengung der Herzkranzgefäße	**Therapeutisch zweckmäßig zur** Langzeitbehandlung (Anfallsprophylaxe), nicht bei akutem Anfall. Bei falschem Dosierschema ist ein Wirksamkeitsverlust möglich.
Ismo (D) Tabl., Retarddrag. Isosorbidmononitrat *Rezeptpflichtig*	Kopfschmerzen, Benommenheit, Übelkeit, Magen-Darm-Störungen, Blutdruckabfall, Herzklopfen. Bei hoher Dosierung Verengung der Herzkranzgefäße	**Therapeutisch zweckmäßig zur** Langzeitbehandlung (Anfallsprophylaxe), nicht bei akutem Anfall. Bei falschem Dosierschema ist ein Wirksamkeitsverlust möglich.
Isoket (D/Ö) Retardtabl., Salbe nur D: Tabl., Retardkaps., Isosorbiddinitrat *Rezeptpflichtig*	Kopfschmerzen, Benommenheit, Übelkeit, Magen-Darm-Störungen, Blutdruckabfall, Herzklopfen. Bei hoher Dosierung Verengung der Herzkranzgefäße	**Therapeutisch zweckmäßig zur** Langzeitbehandlung (Anfallsprophylaxe), nicht bei akutem Anfall. Bei falschem Dosierschema ist ein Wirksamkeitsverlust möglich.

Präparat	Wichtigste Nebenwirkungen	Empfehlung
Isoket (D) Dosier-Pumpspray Isosorbiddinitrat *Rezeptpflichtig*	Kopfschmerzen, Benommenheit, Übelkeit, Magen-Darm-Störungen, Blutdruckabfall, Herzklopfen. Bei hoher Dosierung Verengung der Herzkranzgefäße	**Therapeutisch zweckmäßig bei** akutem Anfall und für die kurzzeitige Vorbeugung.
Iso Mack (D) **Isomack** (Ö) Retardkaps., Isosorbiddinitrat *Rezeptpflichtig*	Kopfschmerzen, Benommenheit, Übelkeit, Magen-Darm-Störungen, Blutdruckabfall, Herzklopfen. Bei hoher Dosierung Verengung der Herzkranzgefäße	**Therapeutisch zweckmäßig zur** Langzeitbehandlung (Anfallsprophylaxe), nicht bei akutem Anfall. Bei falschem Dosierschema ist ein Wirksamkeitsverlust möglich.
Iso Mack (D) Spray Isosorbiddinitrat *Rezeptpflichtig*	Kopfschmerzen, Benommenheit, Übelkeit, Magen-Darm-Störungen, Blutdruckabfall, Herzklopfen. Bei hoher Dosierung Verengung der Herzkranzgefäße	**Therapeutisch zweckmäßig bei** akutem Anfall und für die kurzzeitige Vorbeugung.
Isomonat (Ö) Tabl., Retard-Drag. Isosorbidmononitrat *Rezeptpflichtig*	Kopfschmerzen, Benommenheit, Übelkeit, Magen-Darm-Störungen, Blutdruckabfall, Herzklopfen. Bei hoher Dosierung Verengung der Herzkranzgefäße	**Therapeutisch zweckmäßig zur** Langzeitbehandlung (Anfallsprophylaxe), nicht beim akutem Anfall. Bei falschem Dosierschema ist ein Wirksamkeitsverlust möglich.
Isomonit (D) Tabl., Retardkaps., Retardtabl. Isosorbidmononitrat *Rezeptpflichtig*	Kopfschmerzen, Benommenheit, Übelkeit, Magen-Darm-Störungen, Blutdruckabfall, Herzklopfen. Bei hoher Dosierung Verengung der Herzkranzgefäße	**Therapeutisch zweckmäßig zur** Langzeitbehandlung (Anfallsprophylaxe), nicht beim akutem Anfall. Bei falschem Dosierschema ist ein Wirksamkeitsverlust möglich.
Isoptin (D/Ö) in D: Retardtabl., Filmtabl., Mitefilmtabl., in Ö: Drag., Retardfilmtabl. Verapamil *Rezeptpflichtig*	Übelkeit, Schwindel, Kopfschmerzen, Magen-Darm-Störungen, Herzrhythmusstörungen	**Nur zweckmäßig zur** Behandlung der Angina Pectoris, wenn therapeutisch zweckmäßige Wirkstoffe wie Betablocker nicht angewendet werden können.

Präparat	Wichtigste Nebenwirkungen	Empfehlung
Lopresor (D) in D: Lacktabl., Mite-Lacktabl., Metoprolol *Rezeptpflichtig*	Langsamer Puls, Verstärkung einer Herzschwäche, Einschränkung der Sexualität. Vorsicht bei Asthma, Zuckerkrankheit und Durchblutungsstörungen der Gliedmaßen! Vorsicht: Medikament nicht plötzlich absetzen, weil sonst schwere Herzschädigungen auftreten können!	**Therapeutisch zweckmäßig zur** Langzeitbehandlung (Betablocker).
Meprolol (D) **Metobeta** (D) **Metodura** (D) **Metohexal** (D) **Metoprolol AL** (D) **Metoprolol Genericon** (Ö) **Metoprolol Heumann** (D) **Metoprolol-ratiopharm** (D) **Metoprolol Stada** (D/Ö) **Metoprolol von ct** (D) **Meto-Tablinen** (D) Tabletten, Retardabl. Metoprolol *Rezeptpflichtig*	Langsamer Puls, Verstärkung einer Herzschwäche, Einschränkung der Sexualität. Vorsicht bei Asthma, Zuckerkrankheit und Durchblutungsstörungen der Gliedmaßen! Vorsicht: Medikament nicht plötzlich absetzen, weil sonst schwere Herzschädigungen auftreten können!	**Therapeutisch zweckmäßig zur** Langzeitbehandlung (Betablocker).
Modip (D) Retardtabl. Felodipin *Rezeptpflichtig*	Magen-Darm-Störungen, Übelkeit, Kopfdruck, Gesichtsrötung, Muskelzittern, Beinödeme	**Nur zweckmäßig zur** Behandlung von Angina Pectoris, wenn therapeutisch zweckmäßige Wirkstoffe wie Betablocker nicht angewendet werden können. Bei akutem Herzinfarkt oder instabiler Angina Pectoris darf Felodipin nicht verwendet werden.
Molsicor (D) Tabl., Retardtabl. Molsidomin *Rezeptpflichtig*	Kopfschmerzen, Übelkeit, allergische Hautreaktionen	**Therapeutisch zweckmäßig, wenn** Nitrate nicht wirksam sind oder nicht vertragen werden.
Molsidolat (Ö) Tabl., Injektionslösung Molsidomin *Rezeptpflichtig*	Kopfschmerzen, Übelkeit, allergische Hautreaktionen	**Therapeutisch zweckmäßig, wenn** Nitrate nicht wirksam sind oder nicht vertragen werden.

Präparat	Wichtigste Nebenwirkungen	Empfehlung
Molsidomin von ct (D) Tabl., Retardtabl. **Molsidomin Heumann** (D) Tabl., Retardtabl. **Molsidomin Stada** (D) Retardtabl. **Molsidomin-ratiopharm** (D) Retardtabl., Tabl. Molsidomin *Rezeptpflichtig*	Kopfschmerzen, Übelkeit, allergische Hautreaktionen	**Therapeutisch zweckmäßig, wenn** Nitrate nicht wirksam sind oder nicht vertragen werden.
Molsihexal (D/Ö) Tabl., Retardtabl. Molsidomin *Rezeptpflichtig*	Kopfschmerzen, Übelkeit, allergische Hautreaktionen	**Therapeutisch zweckmäßig, wenn** Nitrate nicht wirksam sind oder nicht vertragen werden.
Monobeta (D) Tabl., Retardkaps., Retardtabl. Isosorbidmononitrat *Rezeptpflichtig*	Kopfschmerzen, Benommenheit, Übelkeit, Magen-Darm-Störungen, Blutdruckabfall, Herzklopfen. Bei hoher Dosierung Verengung der Herzkranzgefäße	**Therapeutisch zweckmäßig zur** Langzeitbehandlung (Anfallsprophylaxe), nicht bei akutem Anfall. Bei falschem Dosierschema ist ein Wirksamkeitsverlust möglich.
Monoclair (D) Tabl., Retardkaps., Retardtabl. Isosorbidmononitrat *Rezeptpflichtig*	Kopfschmerzen, Benommenheit, Übelkeit, Magen-Darm-Störungen, Blutdruckabfall, Herzklopfen. Bei hoher Dosierung Verengung der Herzkranzgefäße	**Therapeutisch zweckmäßig zur** Langzeitbehandlung (Anfallsprophylaxe), nicht bei akutem Anfall. Bei falschem Dosierschema ist ein Wirksamkeitsverlust möglich.
Monoket (Ö) Retardkaps. Isosorbidmononitrat *Rezeptpflichtig*	Kopfschmerzen, Benommenheit, Übelkeit, Magen-Darm-Störungen, Blutdruckabfall, Herzklopfen. Bei hoher Dosierung Verengung der Herzkranzgefäße	**Therapeutisch zweckmäßig zur** Langzeitbehandlung (Anfallsprophylaxe), nicht bei akutem Anfall. Bei falschem Dosierschema ist ein Wirksamkeitsverlust möglich.
Monolong (D) Tabl., Retardkaps. Isosorbidmononitrat *Rezeptpflichtig*	Kopfschmerzen, Benommenheit, Übelkeit, Magen-Darm-Störungen, Blutdruckabfall, Herzklopfen. Bei hoher Dosierung Verengung der Herzkranzgefäße	**Therapeutisch zweckmäßig zur** Langzeitbehandlung (Anfallsprophylaxe); nicht bei akutem Anfall. Bei falschem Dosierschema ist ein Wirksamkeitsverlust möglich.
Mono Mack (D/Ö) Tabl., Retard Tabl., Tropfen Isosorbidmononitrat *Rezeptpflichtig*	Kopfschmerzen, Benommenheit, Übelkeit, Magen-Darm-Störungen, Blutdruckabfall, Herzklopfen. Bei hoher Dosierung Verengung der Herzkranzgefäße	**Therapeutisch zweckmäßig zur** Langzeitbehandlung (Anfallsprophylaxe), nicht bei akutem Anfall. Bei falschem Dosierschema ist ein Wirksamkeitsverlust möglich.

Präparat	Wichtigste Nebenwirkungen	Empfehlung
Monostenase (D) Tabl., Long-Retardkaps. Isosorbidmononitrat *Rezeptpflichtig*	Kopfschmerzen, Benommenheit, Übelkeit, Magen-Darm-Störungen, Blutdruckabfall, Herzklopfen. Bei hoher Dosierung Verengung der Herzkranzgefäße	**Therapeutisch zweckmäßig zur** Langzeitbehandlung (Anfallsprophylaxe), nicht bei akutem Anfall. Bei falschem Dosierschema ist ein Wirksamkeitsverlust möglich.
Nifeclair (D) **Nife von ct** (D) **Nifedipat** (D) **Nifedipin AL** (D) **Nifedipin-ratiopharm** (D) **Nifedipin Stada** (D) **Nifehexal** (D) **Nifical** (D) Kaps., Retardkaps., teilweise auch Tropfen Nifedipin *Rezeptpflichtig*	Magen-Darm-Störungen, Übelkeit, Kopfdruck, Gesichtsrötung, Muskelzittern, Beinödeme	**Nur zweckmäßig zur** Behandlung von Angina Pectoris, wenn therapeutisch zweckmäßige Wirkstoffe wie Betablocker nicht angewendet werden können. Diese Empfehlung gilt nur für den Wirkstoff Nifedipin in retard-Form. Wenig geeignet sind nicht-retardierte Formen. Bei akutem Herzinfarkt oder instabiler Angina Pectoris darf Nifedipin nicht verwendet werden.
Nitren (D) **Nitrendepat** (D) **Nitrendipin AL** (D) **Nitrendipin beta** (D) **Nitrendipin von ct** (D) **Nitrendipin-ratiopharm** (D) **Nitrendipin-Stada** (D) **Nitregamma** (D) **Nitrepress** (D) Tabl. Nitrendipin *Rezeptpflichtig*	Magen-Darm-Störungen, Übelkeit, Kopfdruck, Gesichtsrötung, Muskelzittern, Beinödeme	**Nur zweckmäßig zur** Behandlung von Angina Pectoris, wenn therapeutisch zweckmäßige Wirkstoffe wie Betablocker nicht angewendet werden können. Bei akutem Herzinfarkt oder instabiler Angina Pectoris darf Nifedipin nicht verwendet werden.
Nitrolingual (D/Ö) Zerbeißkaps., Pumpspray, nur in D: Zerbeiß-Mitekaps., Zerbeiß-Fortekaps. Glyceroltrinitrat (Nitroglycerin) *Rezeptpflichtig*	Kopfschmerzen, Benommenheit, Übelkeit, Magen-Darm-Störungen, Blutdruckabfall, Herzklopfen. Bei hoher Dosierung Verengung der Herzkranzgefäße	**Therapeutisch zweckmäßig zur** Behandlung von akuten Anfällen und für die kurzfristige Vorbeugung.
Nitrolingual (D) Retardkaps. Glyceroltrinitrat (Nitroglycerin) *Rezeptpflichtig*	Kopfschmerzen, Magen-Darm-Störungen	**Möglicherweise zweckmäßig für** Langzeitbehandlung (Anfallsprophylaxe), nicht bei akutem Anfall. Therapeutische Wirksamkeit noch nicht zweifelsfrei belegt.

Präparat	Wichtigste Nebenwirkungen	Empfehlung
Nitrosorbon (D) Tabl., Retardkaps. Isosorbiddinitrat *Rezeptpflichtig*	Kopfschmerzen, Benommenheit, Übelkeit, Magen-Darm-Störungen, Blutdruckabfall, Herzklopfen. Bei hoher Dosierung Verengung der Herzkranzgefäße	**Therapeutisch zweckmäßig zur** Langzeitbehandlung (Anfallsprophylaxe), nicht bei akutem Anfall. Bei falschem Dosierschema ist ein Wirksamkeitsverlust möglich.
Norvasc (D) Tabl. Amlodipin *Rezeptpflichtig*	Magen-Darm-Störungen, Übelkeit, Kopfdruck, Gesichtsrötung, Muskelzittern, Beinödeme	**Nur zweckmäßig zur** Behandlung von Angina Pectoris, wenn therapeutisch zweckmäßige Wirkstoffe wie Betablocker nicht angewendet werden können. Bei akutem Herzinfarkt oder instabiler Angina Pectoris darf Amlodipin nicht verwendet werden.
Pentalong (D) Tabl. Pentaerithrityltetranitrat *Rezeptpflichtig*	Kopfschmerzen, Magen-Darm-Beschwerden, allergische Hauterscheinungen	**Nur zweckmäßig, wenn** andere Medikamente, die ein Nitrat enthalten (z. B. Isosorbiddi- oder -mononitrat, etwa in *Ismo*, *ISDN-ratiopharm*), nicht angewendet werden können.
Pidilat (D) Kaps., Retardtabl., Tropfen Nifedipin *Rezeptpflichtig*	Magen-Darm-Störungen, Übelkeit, Kopfdruck, Gesichtsrötung, Muskelzittern, Beinödeme	**Nur zweckmäßig zur** Behandlung von Angina Pectoris, wenn therapeutisch zweckmäßige Wirkstoffe wie Betablocker nicht angewendet werden können. Diese Empfehlung gilt nur für den Wirkstoff Nifedipin in retard-Form. Wenig geeignet sind nicht-retardierte Formen. Bei akutem Herzinfarkt oder instabiler Angina Pectoris darf Nifedipin nicht verwendet werden.
Procorum (D/Ö) Retardtabl., nur D: Senior Filmtabl. Gallopamil *Rezeptpflichtig*	Übelkeit, Schwindel, Kopfschmerzen, Magen-Darm-Störungen, Herzrhythmusstörungen	**Nur zweckmäßig zur** Behandlung der Angina Pectoris, wenn therapeutisch zweckmäßige Wirkstoffe wie Betablocker nicht angewendet werden können.
Rocornal (D) Kaps. Trapidil *Rezeptpflichtig*	Magen-Darm-Beschwerden, Kopfschmerzen, Schwindel, reversible Erhöhung von Leberwerten. Bei zu schneller Injektion Blutdruckabfall, Herzrasen	**Möglicherweise zweckmäßig** Gefäßerweiterndes Mittel bei der Behandlung einer koronaren Herzkrankheit, wenn zweckmäßige Mittel nicht verwendet werden können. Bisher weniger erprobt.

Präparat	Wichtigste Nebenwirkungen	Empfehlung
Selectol (D/Ö) Tabl. (Ö), Filmtabl. (D) Celiprolol *Rezeptpflichtig*	Langsamer Puls, Verstärkung einer Herzschwäche, Einschränkung der Sexualität. Vorsicht bei Asthma, Zuckerkrankheit und Durchblutungsstörungen der Gliedmaßen! Vorsicht: Medikament nicht plötzlich absetzen, weil sonst schwere Herzschädigungen auftreten können!	**Therapeutisch zweckmäßig zur** Langzeitbehandlung (Betablocker).
Syscor (Ö) Filmtabl. Nisoldipin *Rezeptpflichtig*	Kopfschmerzen, Wärmegefühl, Übelkeit, Schwindel, Müdigkeit, Beinödeme. Herzklopfen und Erhöhung der Pulsfrequenz möglich. Vorsicht bei Herzschwäche und niedrigem Blutdruck – beides kann verstärkt werden. Nicht anwenden bei akutem Herzinfarkt und instabiler Angina Pectoris	**Nur zweckmäßig zur** Behandlung von Angina Pectoris, wenn therapeutisch zweckmäßige Wirkstoffe wie Betablocker nicht angewendet werden können. Bei akutem Herzinfarkt oder instabiler Angina Pectoris darf Nisoldipin nicht verwendet werden.
Tenormin (D/Ö) Filmtabl. Atenolol *Rezeptpflichtig*	Langsamer Puls, Verstärkung einer Herzschwäche, Einschränkung der Sexualität. Vorsicht bei Asthma, Zuckerkrankheit und Durchblutungsstörungen der Gliedmaßen! Vorsicht: Medikament nicht plötzlich absetzen, weil sonst schwere Herzschädigungen auftreten können!	**Therapeutisch zweckmäßig zur** Langzeitbehandlung (Betablocker).
Verabeta (D) Filmtabl., Retardtabl. **Vera von ct** (D) Drag., Filmtabl., Retardtabl. **Verahexal** (D) Filmtabl., Retardkaps., KHK-Retardtabl., RR-Retardtabl. **Veramex** (D) Drag., Retardtabl. **Verapamil AL** (D) Filmtabl., Retardtabl. **Verapamil-ratiopharm** (D) Filmtabl., Retardfilmtabl. Verapamil *Rezeptpflichtig*	Übelkeit, Schwindel, Kopfschmerzen, Magen-Darm-Störungen, Herzrhythmusstörungen	**Nur zweckmäßig zur** Behandlung der Angina Pectoris, wenn therapeutisch zweckmäßige Wirkstoffe wie Betablocker nicht angewendet werden können.

12.4. Durchblutungsfördernde Mittel

In Deutschland ist der Gesamtumsatz der durchblutungsfördernden Mittel in den letzten Jahren stark zurückgegangen. Er lag im Jahr 1997 bei 300 Millionen Euro, im Jahr 2000 bei 230 Millionen Euro und im Jahr 2003 bei 204 Millionen Euro.

Bei anfallsweise auftretenden (funktionell bedingten) Durchblutungsstörungen können solche Mittel unter Umständen kurzfristig sinnvoll sein. In den meisten Fällen handelt es sich jedoch um organisch bedingte (z. B. durch Arteriosklerose = »Gefäßverkalkung«) Durchblutungsstörungen, bei denen solche Mittel in der seriösen medizinischen Fachliteratur fast einhellig als »fragwürdig«, »enttäuschend«, »nutzlos« oder »nicht überzeugend nachgewiesen« bezeichnet werden.

Die Arzneimittelkommission der Deutschen Ärzteschaft ist in ihrer Bewertung solcher Mittel sogar noch schärfer: Oral (= durch den Mund zugeführte) oder i.v. (= in die Vene gespritzt) verabreichte gefäßerweiternde Mittel führen »bei blutdruckneutraler Dosierung zu keiner Mehrdurchblutung«. Und: »Bei höherer Dosierung kommt es ... zu einer *unerwünschten Minderdurchblutung* der durchblutungsgestörten Region ...« Vernichtendes Urteil der Kommission: Die Verabreichung solcher Mittel »ist deshalb bei organischen Durchblutungsstörungen unangebracht«. Das Urteil ihres eigenen Fachgremiums beeindruckt die deutschen Ärzte jedoch kaum: Im Jahr 2003 verschrieben sie immer noch 12 Millionen Packungen (im Jahr 2000 waren es 15 Millionen und im Jahr 1997 mehr als 19 Millionen), fast immer bei organischen Durchblutungsstörungen.

Ursachen der Gefäßverengung in Armen und Beinen

Wenn die Gefäße verengt sind, ist die lebensnotwendige Versorgung des Gewebes mit Sauerstoff gefährdet. Ursachen dafür können sein:

- Abklemmungen von außen (z. B. »eingeschlafene Füße«)
- Verdickung der Gefäßwand (siehe Kapitel 12.7.: Mittel gegen Fettstoffwechselstörungen)
- anfallsweise auftretende Blutgefäßkrämpfe, bei denen die Blutgefäße noch intakt sind (z. B. Raynaud-Syndrom)
- Einengung durch Blutgerinnsel (Thrombosen, Embolien; siehe Kapitel 12.10.)
- Nebenwirkungen von Suchtmitteln und Medikamenten (z. B. Nikotin; Arzneimittel mit gefäßverengender Wirkung).

Behandlung bei »Arterienverkalkung«

In neun von zehn Fällen sind Durchblutungsstörungen der Gliedmaßen (periphere Durchblutungsstörungen) durch »Arterienverkalkung« verursacht.
Aufhören zu rauchen, eine sinnvolle Diät, sich nicht extremer Kälte aussetzen, gezieltes körperliches Training, wenn notwendig Behandlung von Zuckerkrankheit und zu hohem Cholesterinspiegel – dies sind die sinnvollsten Maßnahmen.
Gefäßerweiternde Mittel verursachen nach Meinung der amerikanischen Ärzteschaft bei dieser Erkrankung mehr Schaden als Nutzen. Auch die so genannte »Claudicatio intermittens« (zeitweises Hinken) wird durch gefäßerweiternde Mittel nicht verbessert. Der Claudicatio-Wirkstoff Pentoxifyllin (enthalten z. B. in *Claudicat, Pentomer, Pentoxi Genericon, Pento-Puren, Pentoxifyllin-ratiopharm, Trental*) ist in Deutschland ein häufig verwendetes Mittel (1,3 Millionen verkaufte Packungen im Jahr 2003). Die Fachpublikation »Arzneimittel-Kursbuch« bewertet Pentoxifyllin folgendermaßen: Wirksamkeit »nicht erwiesen« und therapeutischer Nutzen »nicht fassbar«. In Schweden erhielt dieses Mittel wegen des fragwürdigen Nutzens gar keine Zulassung. Die Fachwelt diskutiert mögliche Netzhautblutungen im Zusammenhang mit der Verwendung von Pentoxifyllin.
Auch alle anderen Wirkstoffe, die als durchblutungsfördernd angepriesen werden – Buflomedil (enthalten in *Loftyl*), Cinnarizin (enthalten in *Cinnabene, Cinnarizin forte R.A.N.*), Dihydroergocristin, -cornin, -cryptin (enthalten in *Hydergin, Hydergin-Fas, Hydergin SRO*), Moxaverin (enthalten in *Kollateral*), Naftidrofuryl (enthalten in *Dusodril, Naftilong, Nafti-ratiopharm*), Nimodipin (enthalten in *Nimotop*), Xantinolnikotinat (enthalten in *Complamin*) –, werden von seriösen Fachleuten als fragwürdig bezeichnet. Diese Mittel sind, wenn überhaupt, nur bei anfallsweise auftretenden (funktionell bedingten) Durchblutungsstörungen möglicherweise sinnvoll.
Immerhin sind einige zweifelhafte Mittel seit der letzten Ausgabe von *»Bittere Pillen«* von der Liste der häufig verwendeten Mittel verschwunden (z. B. *Actovegin*, *Sermion*) und werden von uns gar nicht mehr bewertet.
Bei Patienten im fortgeschrittenen Stadium von Arterienverkalkung kommen unter Umständen chirurgische oder angioplastische Maßnahmen in Frage, etwa wie die Erweiterung der Arterien mittels Ballonkatheter.

Ginkgo-Präparate

Arzneimittel, die Extrakte aus den Blättern des Ginkgo-Baumes enthalten (z. B. *Cefavora, Craton, Gingobeta, Gingopret, Ginkgo biloba comp.-Hevert, Ginkgo Duopharm, Gingium, Ginkobil N-ratiopharm, Ginkodilat, Ginkgo Stada, Kaveri, Rökan, Tebonin*), sind in Deutschland Umsatzrenner und sollen gegen Hirnfunktionsstörungen und bei »Claudicatio intermittens« (zeitweises Hinken) nützen. Sowohl die deutsche Fachpublikation »Arzneimittel-Kursbuch« als auch die österreichische Fachzeitschrift »Pharmainformation« stufen die Wirksamkeit von Ginkgo-Extrakten als fragwürdig ein. Wegen des geringen Risikos – als Nebenwirkungen können in seltenen Fällen Kopfschmerzen, allergische Hautreaktionen und Magen-Darm-Beschwerden auftreten – ist die Einnahme vertretbar.

Therapie bei anfallsweise auftretenden Durchblutungsstörungen (funktionell bedingt)

Gefäßkrämpfe treten meist in den Fingern auf. Sie werden blutleer und fühlen sich taub an. Diese Krämpfe sind oft durch psychischen Stress verursacht, können aber auch durch Kälte oder Substanzen wie Betablocker (siehe Kapitel 12.1.: Mittel gegen Bluthochdruck), Ergotamin (siehe Kapitel 1.3.: Kopfschmerz- und Migränemittel), Dihydroergotamin (z. B. in *DET MS, Dihydergot, Ergont*) oder Bromocriptin (z. B. in *Pravidel*) ausgelöst werden.

Anfälle von Gefäßkrämpfen können oft durch Vermeidung von Kälte und psychischem Stress verhindert werden. Beruhigung und Entspannung sind ebenfalls hilfreich.

Bei schweren Fällen, bei denen diese Maßnahmen nichts nützen, können gefäßerweiternde Mittel hilfreich sein. Sie sollten jedoch nur kurzfristig verwendet werden.

Therapie bei Durchblutungsstörungen des Gehirns

Generell gilt, dass

a) alle nichtmedikamentösen Behandlungsformen (aufhören zu rauchen, körperliche Bewegung, Ernährungsumstellung) nach übereinstimmender Meinung fast aller Fachleute Vorrang haben

b) durchblutungsfördernde Mittel, die beim akuten Schlaganfall im Krankenhaus eingesetzt werden können, nicht unbedingt zur Dauerbehandlung in Tablettenform geeignet sind. In vielen Fällen genügt eine »Ausklingphase« von drei bis sechs Monaten

c) eine Dauerbehandlung vor allem mit jenen Mitteln durchgeführt werden soll, für die ein Nutzen für die Anwendung: »Vorbeugung eines weiteren Schlaganfalls« nachgewiesen wurde (z. B. Acetylsalicylsäure, enthalten in *Aspirin* etc.).

Schmerzen bei Durchblutungsstörungen

Bei Schmerzen kann die kurzfristige Einnahme von Mitteln wie Acetylsalicylsäure (z. B. *Aspirin* etc., siehe Kapitel 1.1.: Schmerz- und fiebersenkende Mittel) oder Codein (siehe Kapitel 4.2.: Hustenmittel) sinnvoll sein. Die bei manchen durchblutungsfördernden Mitteln beobachtete Besserung der Krankheitserscheinungen beruht möglicherweise auf einer leichten schmerzlindernden Wirkung dieser Substanzen.

12.4. Durchblutungsfördernde Mittel

Präparat	Wichtigste Nebenwirkungen	Empfehlung
Cefavora (D) Tropfen Urtinkturen von Ginkgoblättern, Mistel, Weissdorn (Crataegus)	Allergische Hautreaktionen möglich. Tropfen enthalten Alkohol	**Homöopathisches Mittel** mit Urtinkturen. Therapeutische Wirksamkeit zweifelhaft. Undefinierte Crataeguszubereitungen sollten nicht verwendet werden.
Cinnabene (Ö) Kaps. Cinnarizin *Rezeptpflichtig*	Müdigkeit, Schwitzen, Schwindel, Verwirrtheitszustände, Depressionen. Bei höheren Dosierungen sind Störungen des normalen Bewegungsablaufs möglich (Parkinsonismus)	**Abzuraten** bei Hirndurchblutungsstörungen und Hirnleistungsstörungen im Alter. Nur bei anfallsweise (funktionell bedingten) auftretenden Durchblutungsstörungen möglicherweise kurzfristig wirksam.
Cinnarizin forte R.A.N. (D) Tabl. Cinnarizin *Rezeptpflichtig*	Müdigkeit, Schwitzen, Schwindel, Verwirrtheitszustände, Depressionen. Bei höheren Dosierungen sind Störungen des normalen Bewegungsablaufs möglich (Parkinsonismus)	**Abzuraten** bei Hirndurchblutungsstörungen und Hirnleistungsstörungen im Alter. Nur bei anfallsweise (funktionell bedingten) auftretenden Durchblutungsstörungen möglicherweise kurzfristig wirksam.
Claudicat (D) Filmtabl., Retardtabl. Pentoxifyllin *Rezeptpflichtig*	Übelkeit, Magen-Darm-Störungen, Hautrötung	**Wenig zweckmäßig** Nur bei anfallsweise (funktionell bedingten) auftretenden Durchblutungsstörungen möglicherweise kurzfristig wirksam.

Präparat	Wichtigste Nebenwirkungen	Empfehlung
Craton (D) Filmtabl., Brausetabl. Trockenextrakt aus Ginkgo-biloba-Blättern	Kopfschmerzen, Magen-Darm-Beschwerden. Allergische Hautreaktionen möglich	**Wenig zweckmäßig** Pflanzliches Mittel. Therapeutische Wirksamkeit zweifelhaft. Vertretbar wegen des geringen Risikos.
Dusodril/ forte/ retard (D/Ö) Kaps., Filmtabl., Drag. Naftidrofuryl *Rezeptpflichtig*	Übelkeit, Magen-Darm-Störungen, Schwindel, Schlafstörungen	**Wenig zweckmäßig** Nur bei anfallsweise (funktionell bedingten) auftretenden Durchblutungsstörungen möglicherweise kurzfristig wirksam.
Gingium (D) Filmtabl., Lösung Trockenextrakt aus Ginkgo-biloba-Blättern	Kopfschmerzen, Magen-Darm-Beschwerden. Allergische Hautreaktionen möglich	**Wenig zweckmäßig** Pflanzliches Mittel. Therapeutische Wirksamkeit zweifelhaft. Vertretbar wegen des geringen Risikos.
Ginkgo biloba comp.-Hevert (D) Tropfen, Amp. Ginkgo biloba D3, Aurum coll. D8	Allergische Hautreaktionen möglich. Bei i.v. Anwendung sind auch schwere allergische Reaktionen nicht auszuschließen. Tropfen enthalten Alkohol	**Wenig zweckmäßig** Homöopathisches Mittel. Therapeutische Wirksamkeit zweifelhaft. Vertretbar wegen des geringen Risikos. Von der Injektion ist abzuraten.
Gingopret (D) Filmtabl. **Gingobeta** (D) Filmtabl., Lösung **Ginkgo Duopharm** (D) Drag. **Ginkgo Stada** (D) Filmtabl., Tropfen **Ginkobil N-ratiopharm** (D) Filmtabl., Tropfen **Ginkodilat** (D) Filmtabl., Tropfen Trockenextrakt aus Ginkgo-biloba-Blättern	Kopfschmerzen, Magen-Darm-Beschwerden. Allergische Hautreaktionen möglich	**Wenig zweckmäßig** Pflanzliches Mittel. Therapeutische Wirksamkeit zweifelhaft. Vertretbar wegen des geringen Risikos.
Hydergin/ forte/ spezial (D/Ö) Tropflösung, Filmtabl., Tabl. Dihydroergocristin, -cornin, -cryptin *Rezeptpflichtig*	Durchblutungsstörungen in den Gliedmaßen. Selten erregende Wirkung mit Einschlafstörungen. Tropfen enthalten Alkohol	**Wenig zweckmäßig** Die therapeutische Wirksamkeit bei Hirnleistungsstörungen und bei Bluthochdruck bei älteren Patienten (so genanntem »Altershochdruck«) ist zweifelhaft.

Präparat	Wichtigste Nebenwirkungen	Empfehlung
Hydergin-Fas (Ö) **Hydergin SRO** (Ö) Filmtabl. Dihydroergocristin, -cornin, -cryptin *Rezeptpflichtig*	Durchblutungsstörungen in den Gliedmaßen. Selten erregende Wirkung mit Einschlafstörungen. Tropfen enthalten Alkohol	**Wenig zweckmäßig** Die therapeutische Wirksamkeit bei Durchblutungsstörungen des Gehirns (zerebrovaskuläre Insuffizienz) und bei so genanntem »Altershochdruck« ist zweifelhaft.
Kaveri (D) Filmtabl., Tropfen Trockenextrakt aus Ginkgo biloba (Ginkgoflavonglykoside)	Kopfschmerzen, Magen-Darm-Beschwerden. Allergische Hautreaktionen möglich. Tropfen enthalten Alkohol	**Wenig zweckmäßig** Pflanzliches Mittel. Therapeutische Wirksamkeit zweifelhaft. Vertretbar wegen des geringen Risikos.
Kollateral/ forte (D) Drag., Amp. Moxaverin	Allergien, Blutdrucksenkung, Kopfschmerzen, Schwindel möglich	**Abzuraten** Therapeutische Wirksamkeit bei Durchblutungsstörungen der Extremitäten, des Gehirns und des Herzens zweifelhaft.
Loftyl (Ö) Amp., Filmtabl., Retardfilmtabl. Buflomedil *Rezeptpflichtig*	Kopfschmerzen, Blutdrucksenkung, Pulsbeschleunigung und zentrale Erregung (besonders bei höherer Dosierung)	**Wenig zweckmäßig** Nur bei anfallsweise (funktionell bedingten) auftretenden Durchblutungsstörungen möglicherweise kurzfristig wirksam.
Nafti-ratiopharm retard (D) Retardkaps. Naftidrofuryl *Rezeptpflichtig*	Übelkeit, Magen-Darm-Störungen, Schwindel, Schlafstörungen	**Wenig zweckmäßig** Nur bei anfallsweise (funktionell bedingten) auftretenden Durchblutungsstörungen möglicherweise kurzfristig wirksam.
Naftilong (D) Retardkaps. Naftidrofuryl *Rezeptpflichtig*	Übelkeit, Magen-Darm-Störungen, Schwindel, Schlafstörungen	**Wenig zweckmäßig** Nur bei anfallsweise (funktionell bedingten) auftretenden Durchblutungsstörungen möglicherweise kurzfristig wirksam.
Natil (D) Kapseln Cyclandelat *Rezeptpflichtig*	Schneller Puls, Schwindel, Kopfschmerzen, Hautausschläge, Übelkeit. Vorsicht bei erhöhtem Augeninnendruck (Glaukom)	**Wenig zweckmäßig bei** den vom Hersteller angegebenen Anwendungsgebieten wie z. B. cerebrale Durchblutungsstörungen. Möglicherweise zweckmäßig zur Vorbeugung von Migräneanfällen. Enthält einen den Kalzium-Antagonisten ähnlichen Wirkstoff.

Präparat	Wichtigste Nebenwirkungen	Empfehlung
Nimotop (D/Ö) Filmtabl. Nimodipin *Rezeptpflichtig*	Übelkeit, Magen-Darm-Beschwerden, Hautrötung und Hitzegefühl, langsamer Puls	**Wenig zweckmäßig bei** den vom Hersteller angegebenen Anwendungsgebieten wie z. B. Hirnleistungsstörungen im Alter. Therapeutische Wirkung zweifelhaft. Enthält Kalzium-Antagonist.
Pentomer (Ö) Retard-Filmtabl. **Pento-Puren** (D) Retardkaps. **Pentoxi Genericon** (Ö) Retard-Filmtabl. Pentoxifyllin *Rezeptpflichtig*	Übelkeit, Magen-Darm-Störungen, Hautrötung	**Wenig zweckmäßig** Nur bei anfallsweise (funktionell bedingten) auftretenden Durchblutungsstörungen möglicherweise kurzfristig wirksam.
Pentoxifyllin-ratiopharm (D) Retardtabl. Pentoxifyllin *Rezeptpflichtig*	Übelkeit, Magen-Darm-Störungen, Hautrötung	**Wenig zweckmäßig** Nur bei anfallsweise (funktionell bedingten) auftretenden Durchblutungsstörungen möglicherweise kurzfristig wirksam.
Rökan/ novo/ plus (D) Filmtabl., Tropfen Trockenextrakt aus Ginkgo-biloba-Blättern	Kopfschmerzen, Magen-Darm-Beschwerden. Allergische Hautreaktionen möglich. Lösung enthält Alkohol	**Wenig zweckmäßig** Pflanzliches Mittel. Therapeutische Wirksamkeit zweifelhaft. Vertretbar wegen des geringen Risikos.
Tebonin/ forte/ intens/ spezial (D) Filmtabl. **Tebonin retard-Dragees** (Ö) Retarddrag. Trockenextrakt aus Ginkgo-biloba-Blättern *Rezeptpflichtig* (Ö)	Kopfschmerzen, Magen-Darm-Beschwerden. Allergische Hautreaktionen möglich. Bei i.v. Anwendung sind schwere allergische Reaktionen nicht auszuschließen	**Wenig zweckmäßig** Pflanzliches Mittel. Therapeutische Wirksamkeit bei Durchblutungsstörungen zweifelhaft. Vertretbar wegen des geringen Risikos.
Trental (D/Ö) Retardtabl., Retarddrag., Filmtabl. (Ö) Pentoxifyllin *Rezeptpflichtig*	Übelkeit, Magen-Darm-Störungen, Hautrötung	**Wenig zweckmäßig** Nur bei anfallsweise (funktionell bedingten) auftretenden Durchblutungsstörungen möglicherweise kurzfristig wirksam.

12.5. Mittel gegen Herzschwäche

Von Herzschwäche (Herzinsuffizienz) spricht man, wenn das Herz nicht mehr genügend Kraft hat, um eine ausreichende Blutzirkulation zu gewährleisten.
Die Ursachen der Herzschwäche können vielfältig sein: Bluthochdruck, Herzmuskelentzündung, Herzinfarkt, akutes rheumatisches Fieber etc.
Bereits vor 200 Jahren hat der englische Arzt William Withering mit Digitalis (Extrakt aus dem Roten Fingerhut) seine Patienten erfolgreich gegen Herzschwäche behandelt. Ärzte hierzulande haben eine spezielle Vorliebe dafür: Digitalis-Mittel werden in Deutschland sehr viel häufiger verschrieben als in den USA.
Langfristig zeichnet sich allerdings eine Änderung der Verschreibungsgewohnheiten ab: Seit 1981 ist die Anzahl der verkauften Digitalis-Mittel drastisch gesunken: Von 39 Millionen Packungen im Jahr 1981 auf 12 Millionen im Jahr 1997, auf 9 Millionen im Jahr 2000 und schließlich auf 6,5 Millionen im Jahr 2003. Dieser Trend wird sich in Zukunft wahrscheinlich fortsetzen, weil sich in einer großen Studie herausgestellt hat, dass der Nutzen solcher Mittel sehr begrenzt ist.

Behandlung der Herzschwäche

Bis vor einigen Jahren galt im deutschen Sprachraum die Behandlung mit einem Digitalis-Präparat als sinnvollste Maßnahme. Fast routinemäßig wurde jedem Patienten, der an Herzschwäche litt, ein Digitalis-Präparat verschrieben.
Bereits 1996 hat eine Untersuchung an 6.800 amerikanischen Patienten mit Herzinsuffizienz die Sinnhaftigkeit dieser Behandlung in Frage gestellt. Es zeigte sich, dass durch die Einnahme von Digitalis-Präparaten die Lebenserwartung nicht steigt. Allerdings kann sich in manchen Fällen – bei Patienten mit fortgeschrittener oder so genannter nicht-ischämischer Herzinsuffizienz – die Lebensqualität verbessern. Lebensqualität bedeutet in diesem Fall: Weniger häufig stationäre Aufnahmen in ein Krankenhaus aufgrund von Herz-Kreislauf-Problemen.
Als Ergebnis der großen amerikanischen Untersuchung haben sich die Empfehlungen zur Behandlung von Herzschwäche geändert. Folgende Maßnahmen gelten nun als sinnvoll:

- Behandlung der zugrunde liegenden Krankheit, falls möglich. Damit beseitigt man die Herzschwäche oft ganz oder zumindest teilweise.
- Körperliche Schonung und salzarme Diät (eine salzarme Diät ist jedoch nur bei salzempfindlichen Personen sinnvoll – siehe Kapitel 12.1.: Mittel gegen Bluthochdruck, Selbsthilfe). Diese beiden Maßnahmen werden nach Ansicht der Arzneimittelkommission der Deutschen Ärzteschaft wahrscheinlich zu wenig genützt.
- Als sinnvollste Medikamente bei Herzinsuffizienz gelten ACE-Hemmer und/oder harntreibende Mittel (Diuretika).
- Digitalis-Medikamente (z. B. *Beta-Acetyldigoxin-ratiopharm, Digimerck, Digitoxin AWD, Digostada, Digotab, Dilanacin, Lanatilin, Novodigal, Stillacor*) kommen dann in Betracht, wenn ACE-Hemmer und Diuretika nicht ausreichend wirksam sind.
- Patienten, die ACE-Hemmer, Diuretika oder ein Digitalis-Mittel einnehmen, sollten dieses nicht eigenmächtig absetzen, weil sich der Gesundheitszustand dadurch erheblich verschlechtern kann.

ACE-Hemmer

Diese Mittel (z. B. *Accupro, ACE-Hemmer-ratiopharm, Acemin, Acerbon/ -Cor, Adocor, Benalapril, Capto AbZ, Captobeta, Captogamma, Captohexal, Capto von ct, Capto-dura, Capto-Isis, Capto-Puren, Capropril AL, Captopril Heumann, Captopril Pfleger, Captopril Stada, Cibacen, Coric, Corvo, Coversum, / -Cor, Debax, Delix, Dymacil, Enabeta, Enadura, Enahexal, Enalagamma, Enalapril AZU, Enalapril Stada, Enalapril von ct, Enalapril-ratiopharm, Fosinorm, Fositens, Hypren, Inhibace Roche, Lisihexal, Lisinopril AZU, Lisinopril Stada, Lisinopril-ratiopharm, Lopirin, Pres, Renitec, Tensiomin, Tensobon, Tensostad, Vesdil, Xanef*) wirken bei allen Schweregraden der chronischen Herzschwäche. Ein Problem bei allen ACE-Hemmern sind die möglichen *Nebenwirkungen:* unstillbarer Reizhusten bei mehr als 10 Prozent aller Patienten, seltener auch Nierenfunktionsstörungen, lebensbedrohlicher Kaliumüberschuss im Körper sowie Blutbildungsstörungen und Leberschäden. Der Beginn einer Behandlung mit solchen Mitteln muss deshalb vorsichtig eingeleitet und vom Arzt sorgfältig überwacht werden. Siehe auch Kapitel 12.1.: Bluthochdruck!

Angiotensin-II-Antagonisten (Sartane)

Für solche Mittel (z. B. Losartan in *Cosaar, Lorzaar*) gibt es bei Herzschwäche bis jetzt keinen Nachweis dafür, dass sie besser wirken als die bewährten ACE-Hemmer. Auch die Sicherheit ist bis jetzt nur unzureichend belegt. Das Berliner »arznei-telegramm« kommt zu dem Schluss, dass diese Mittel bis jetzt nicht empfohlen werden können.

Harntreibende Mittel (Diuretika)

Bei chronischer Herzinsuffizienz sind harntreibende Mittel vom Typ der Thiazide wie etwa *Esidrix* (siehe Kapitel 12.2.) Mittel der ersten Wahl.

Digitalis (herzwirksame Glykoside)

Diese Mittel gelten nicht als erste Wahl bei der Behandlung der Herzschwäche. Patienten, die bisher Digitalis-Präparate eingenommen und damit gute Erfahrungen gemacht haben, sollten diese Mittel allerdings nicht absetzen oder auf andere Medikamente wechseln, außer es gibt stichhaltige medizinische Gründe dafür.
Bei Neueinstellungen gelten jedoch ACE-Hemmer und/oder Diuretika als Mittel erster Wahl.

Digitalis – welches Medikament?

Alpha-Acetyldigoxin (enthalten z. B. in *Lanatilin*), Beta-Acetyldigoxin (enthalten z. B. in *Beta-Acetyldigoxin-ratiopharm, Digostada, Digotab, Novodigal, Stillacor*), Digitoxin (enthalten z. B. in *Digimerck, Digitoxin AWD*) und Digoxin (enthalten z. B. in *Dilanacin*) sind die Standardmedikamente bei der Therapie der Herzschwäche. Alle diese Präparate sind »zweckmäßig, wenn jemand bereits gut auf eines dieser Medikamente eingestellt ist oder wenn bei Neueinstellungen ACE-Hemmer und/oder Diuretika nicht ausreichend wirken«.

Wichtig: *Da jedes Digitalis-Medikament individuell dosiert werden muss, sollte man wegen der Gefahr von Vergiftungen nur dann von einem Medikament auf ein anderes überwechseln, wenn es unbedingt notwendig ist.*

Problem Dosierung bei Digitalis

Die Verwendung von Digitalis-Mitteln ist nicht ungefährlich, weil die Spannweite zwischen einer therapeutisch wirksamen Dosis und einer giftigen Dosis relativ klein ist. Die wirksame Dosierung von Digitalis-Präparaten ist nicht nur von Patient zu Patient verschieden, sondern schwankt auch beim selben Patienten. Sie muss daher individuell festgelegt werden und hängt vom Alter, vom Körpervolumen und eventuell bestehenden Schädigungen verschiedener Organe ab (Leber, Nieren). Digitalis-Präparate zum Schlucken brauchen längere Zeit, um voll wirksam zu werden. Bei Digoxin dauert es etwa eine Woche, bei Digitoxin drei bis vier Wochen, falls nicht zu Beginn der Therapie höhere Dosierungen als bei einer Dauertherapie verabreicht werden. Die richtige Dosierung kann der Arzt nur durch genaue Beobachtung der Patienten feststellen. Häufig wird versucht, die richtige Dosierung durch Messung der Digitalis-Spiegel im Blutplasma zu bestimmen. Mit dieser Methode allein – ohne genaue Beobachtung der Patienten – kann man jedoch Vergiftungen nicht verhindern.

Digitalis-Vergiftungen

Die Angaben über die Häufigkeit von Patienten, die an Vergiftungserscheinungen leiden, schwanken zwischen 1,7 Prozent und 20 Prozent. Anzeichen von Vergiftungen können sein: Herzrhythmusstörungen, Sehstörungen, Erbrechen, Bauchschmerzen, psychische Störungen. Ältere Menschen haben oft andere Vergiftungssymptome als jüngere. Bei ihnen treten häufig Verwirrtheit, Depression und sogar Psychosen, bei jüngeren eher Erbrechen, Übelkeit und zu langsamer Herzrhythmus auf.

Wichtig: *Bei Anzeichen von Vergiftung sollte sofort ein Arzt aufgesucht werden!*

Wechselwirkungen mit anderen Medikamenten

Viele Patienten, vor allem ältere, nehmen außer Digoxin und Digitoxin noch andere Medikamente ein: z. B. Insulin, Magenmittel, Schmerzmittel, harntreibende Mittel (Diuretika), Abführmittel. Dabei kommt es häufig zu unerwünschten Wechselwirkungen. Die Wirksamkeit von Digoxin oder Digitoxin kann dadurch erhöht oder vermindert werden. Arzt und Patient sollten sich deshalb genau über mögliche Wechselwirkungen informieren.

Pflanzliche Mittel

Abzuraten ist von pflanzlichen Kombinationsmitteln wie *Miroton*, weil die Wirksamkeit der Inhaltsstoffe zweifelhaft ist und diese außerdem unzureichend standardisiert sind. Zur Behandlung der Herzschwäche ist dies jedoch unbedingt notwendig.

Mittel für die kleine Herztherapie (»Altersherz«), Tabelle 12.5.2.
»Diese bei uns verbreitete so genannte kleine Herztherapie«, schreibt der Hamburger Pharmakologie-Professor Hasso Scholz in einem Gutachten für die Ortskrankenkassen, »wird vermutlich unter der Vorstellung betrieben, dass sie den Patienten möglicherweise zwar nicht hilft, aber wenigstens auch nicht schadet.«
Die Verordnung dieser Mittel wird von Professor Scholz aus zwei Gründen kritisiert: Erstens sei ihre therapeutische Wirksamkeit zweifelhaft, zweitens sei sie teuer.
Im Licht der massenhaften, unnötigen Verschreibung von Digitalis-Mitteln in den vergangenen Jahrzehnten – eine Studie in Deutschland hat ergeben, dass 45 von 100 Patienten unnötigerweise mit diesen nicht ungefährlichen Mitteln behandelt wurden – sollte man mit den pflanzlichen oder homöopathischen Mitteln für die kleine Herztherapie nicht unnötig scharf ins Gericht gehen. Zwar ist deren Wirksamkeit fragwürdig, andererseits sind keine oder nur leichte Nebenwirkungen zu erwarten. Eine Verwendung von pflanzlichen oder homöopathischen Mitteln für die »kleine Herztherapie« halten wir für vertretbar, wenn damit nicht eine eventuell notwendige Behandlung mit wirksamen Mitteln unterlassen wird. Diese Mittel werden vorzugsweise zur Unterstützung des Herzens eingesetzt. Zur Behandlung einer diagnostizierten Herzinsuffizienz sind sie dagegen ungeeignet.

12.5.1. Mittel gegen Herzschwäche

Präparat	Wichtigste Nebenwirkungen	Empfehlung
Accupro (D/Ö) Filmtabl. Quinalapril *Rezeptpflichtig*	Häufig Husten, Magen-Darm-Störungen, Atemnot, Kopfschmerzen, Schwindel, Hauterscheinungen (z. B. Ausschlag), Blutdruckabfall. Selten Blutschäden, Geschmacksstörungen, Haarausfall	**Therapeutisch zweckmäßig bei** Herzmuskelschwäche (Herzinsuffizienz).

Präparat	Wichtigste Nebenwirkungen	Empfehlung
ACE Hemmer-ratiopharm (D) Tabl. Captopril *Rezeptpflichtig*	Häufig Husten, Magen-Darm-Störungen, Atemnot, Kopfschmerzen, Schwindel, Hauterscheinungen (z. B. Ausschlag), Blutdruckabfall. Selten Blutschäden, Geschmacksstörungen, Haarausfall	**Therapeutisch zweckmäßig bei** Herzmuskelschwäche (Herzinsuffizienz).
Acemin (Ö) Tabl. Lisinopril *Rezeptpflichtig*	Häufig Husten, Magen-Darm-Störungen, Atemnot, Kopfschmerzen, Schwindel, Hauterscheinungen (z. B. Ausschlag), Blutdruckabfall. Selten Blutschäden, Geschmacksstörungen, Haarausfall	**Therapeutisch zweckmäßig bei** Herzmuskelschwäche (Herzinsuffizienz).
Acenorm Cor (D) Tabl. **Adocor** (D) Tabl. Captopril *Rezeptpflichtig*	Häufig Husten, Magen-Darm-Störungen, Atemnot, Kopfschmerzen, Schwindel, Hauterscheinungen (z. B. Ausschlag), Blutdruckabfall. Selten Blutschäden, Geschmacksstörungen, Haarausfall	**Therapeutisch zweckmäßig bei** Herzmuskelschwäche (Herzinsuffizienz).
Acerbon/ -Cor (D) Tabl. Lisinopril *Rezeptpflichtig*	Häufig Husten, Magen-Darm-Störungen, Atemnot, Kopfschmerzen, Schwindel, Hauterscheinungen (z. B. Ausschlag), Blutdruckabfall. Selten Blutschäden, Geschmacksstörungen, Haarausfall	**Therapeutisch zweckmäßig bei** Herzmuskelschwäche (Herzinsuffizienz).
Benalapril (D) Tabl. Enalapril *Rezeptpflichtig*	Häufig Husten, Magen-Darm-Störungen, Atemnot, Kopfschmerzen, Schwindel, Hauterscheinungen (z. B. Ausschlag), Blutdruckabfall. Selten Blutschäden, Geschmacksstörungen, Haarausfall	**Therapeutisch zweckmäßig bei** Herzmuskelschwäche (Herzinsuffizienz).
Beta-Acetyldigoxin-ratiopharm (D) Tabl. Beta-Acetyldigoxin *Rezeptpflichtig*	Bei Überdosierung Farbsehen, Brechreiz, Übelkeit, Herzrhythmusstörungen	**Nur zweckmäßig, wenn** ACE-Hemmer und Diuretika nicht ausreichend wirken. Dosierungs- und Einnahmevorschriften besonders genau beachten. Alte Menschen und Patienten mit Niereninsuffizienz (Nierenschwäche) sollten besser Digitoxin-Präparate (z. B. *Digimerck*) verwenden.

Präparat	Wichtigste Nebenwirkungen	Empfehlung
Capro AbZ (D) **Capro von ct** (D) **Capro-dura** (D) **Capto-Isis** (D) **Capto-Puren** (D) **Captobeta** (D) **Caproflux** (D) **Captogamma** (D) **Captohexal** (D) **Capropril AL** (D) **Captopril Heumann** (D) **Capropril Pfleger** (D) **Capropril Stada** (D) Tabl. Captopril *Rezeptpflichtig*	Häufig Husten, Magen-Darm-Störungen, Atemnot, Kopfschmerzen, Schwindel, Hauterscheinungen (z. B. Ausschlag), Blutdruckabfall. Selten Blutschäden, Geschmacksstörungen, Haarausfall	**Therapeutisch zweckmäßig bei** Herzmuskelschwäche (Herzinsuffizienz).
Cibacen (D) Filmtabl. Benazepril *Rezeptpflichtig*	Häufig Husten, Magen-Darm-Störungen, Atemnot, Kopfschmerzen, Schwindel, Hauterscheinungen (z. B. Ausschlag), Blutdruckabfall. Selten Blutschäden, Geschmacksstörungen, Haarausfall	**Therapeutisch zweckmäßig bei** Herzmuskelschwäche (Herzinsuffizienz).
Concor (D/Ö) Filmtabl. Bisoprolol *Rezeptpflichtig*	Verminderte Tränenproduktion, langsamer Puls, Herzschwäche, Atemnot bei körperlicher Belastung, Einschränkung der Sexualität. Vorsicht bei Asthma, Zuckerkrankheit und Durchblutungsstörungen der Gliedmaßen! Schwere Herzschädigungen bei plötzlichem Absetzen des Medikaments möglich	**Therapeutisch zweckmäßig bei** Herzmuskelschwäche (Herzinsuffizienz). Betablocker.
Coric (D) Tabl., Mite-Tabl., Forte-Tabl. Lisinopril *Rezeptpflichtig*	Häufig Husten, Magen-Darm-Störungen, Atemnot, Kopfschmerzen, Schwindel, Hauterscheinungen (z. B. Ausschlag), Blutdruckabfall. Selten Blutschäden, Geschmacksstörungen, Haarausfall	**Therapeutisch zweckmäßig bei** Herzmuskelschwäche (Herzinsuffizienz).

Präparat	Wichtigste Nebenwirkungen	Empfehlung
Corvo (D) Tabl. Enalapril *Rezeptpflichtig*	Häufig Husten, Magen-Darm-Störungen, Atemnot, Kopfschmerzen, Schwindel, Hauterscheinungen (z. B. Ausschlag), Blutdruckabfall. Selten Blutschäden, Geschmacksstörungen, Haarausfall	**Therapeutisch zweckmäßig bei** Herzmuskelschwäche (Herzinsuffizienz).
Cosaar (Ö) Filmtabl. Losartan *Rezeptpflichtig*	Magen-Darm-Störungen, Blutdruckabfall bei Lagewechsel des Körpers, Atemnot, Kopfschmerzen, Schlafstörungen, Schwindel, Durchfall, Leberschäden, Muskelschmerzen, Hauterscheinungen (z. B. Ausschlag), Haarausfall. Störungen des Salzhaushaltes (zu viel Kalium im Blut)	**Möglicherweise zweckmäßig bei** Bluthochdruck (AT-Rezeptor Hemmer bzw. Sartan). Vertretbar nur, wenn besser erprobte ACE-Hemmer (z. B. Enalapril) nicht eingesetzt werden können. Noch unzureichende Erprobung bei Langzeitanwendung.
Coversum (Ö) **Coversum Cor** (D) Tabl. Perindopril *Rezeptpflichtig*	Häufig Husten, Magen-Darm-Störungen, Atemnot, Kopfschmerzen, Schwindel, Hauterscheinungen (z. B. Ausschlag), Blutdruckabfall. Selten Blutschäden, Geschmacksstörungen, Haarausfall	**Therapeutisch zweckmäßig bei** Herzmuskelschwäche (Herzinsuffizienz).
Debax (Ö) Tabl. Captopril *Rezeptpflichtig*	Häufig Husten, Magen-Darm-Störungen, Atemnot, Kopfschmerzen, Schwindel, Hauterscheinungen (z. B. Ausschlag), Blutdruckabfall. Selten Blutschäden, Geschmacksstörungen, Haarausfall	**Therapeutisch zweckmäßig bei** Herzmuskelschwäche (Herzinsuffizienz).
Delix (D) Tabl. Ramipril *Rezeptpflichtig*	Häufig Husten, Magen-Darm-Störungen, Atemnot, Kopfschmerzen, Schwindel, Hauterscheinungen (z. B. Ausschlag), Blutdruckabfall. Selten Blutschäden, Geschmacksstörungen, Haarausfall	**Therapeutisch zweckmäßig bei** Herzmuskelschwäche (Herzinsuffizienz).

Präparat	Wichtigste Nebenwirkungen	Empfehlung
Digimerck (D/Ö) Tabl., Amp., Digitoxin Amp. zusätzlich: Propylenglykol *Rezeptpflichtig*	Bei Überdosierung Farbsehen, Brechreiz, Übelkeit, Herzrhythmusstörungen	**Nur zweckmäßig, wenn** ACE-Hemmer und Diuretika nicht ausreichend wirken. Auch geeignet für alte Menschen und Patienten mit Niereninsuffizienz (Nierenschwäche). Dosierungs- und Einnahmevorschriften besonders genau beachten.
Digimed (D) Tabl., Digitoxin *Rezeptpflichtig*	Bei Überdosierung Farbsehen, Brechreiz, Übelkeit, Herzrhythmusstörungen	**Nur zweckmäßig, wenn** ACE-Hemmer und Diuretika nicht ausreichend wirken. Auch geeignet für alte Menschen und Patienten mit Niereninsuffizienz (Nierenschwäche). Dosierungs- und Einnahmevorschriften besonders genau beachten.
Digitoxin AWD (D) Tabl. Digitoxin *Rezeptpflichtig*	Bei Überdosierung Farbsehen, Brechreiz, Übelkeit, Herzrhythmusstörungen	**Nur zweckmäßig, wenn** ACE-Hemmer und Diuretika nicht ausreichend wirken. Geeignet für alte Menschen und Patienten mit Niereninsuffizienz (Nierenschwäche). Dosierungs- und Einnahmevorschriften besonders genau beachten.
Digostada (D) Tabl., Mitetabl. Beta-Acetyldigoxin *Rezeptpflichtig*	Bei Überdosierung Farbsehen, Brechreiz, Übelkeit, Herzrhythmusstörungen	**Nur zweckmäßig, wenn** ACE-Hemmer und Diuretika nicht ausreichend wirken. Dosierungs- und Einnahmevorschriften besonders genau beachten. Alte Menschen und Patienten mit Niereninsuffizienz (Nierenschäden) sollten besser Digitoxin-Präparate (z. B. *Digimerck*) verwenden.
Digotab (D) Tabl. Beta-Acetyldigoxin *Rezeptpflichtig*	Bei Überdosierung Farbsehen, Brechreiz, Übelkeit, Herzrhythmusstörungen	**Nur zweckmäßig, wenn** ACE-Hemmer und Diuretika nicht ausreichend wirken. Dosierungs- und Einnahmevorschriften besonders genau beachten. Alte Menschen und Patienten mit Niereninsuffizienz (Nierenschwäche) sollten besser Digitoxin-Präparate (z. B. *Digimerck*) verwenden.

Präparat	Wichtigste Nebenwirkungen	Empfehlung
Dilanacin (D) Tabl. Digoxin *Rezeptpflichtig*	Bei Überdosierung Farbsehen, Brechreiz, Übelkeit, Herzrhythmusstörungen	**Nur zweckmäßig, wenn** ACE-Hemmer und Diuretika nicht ausreichend wirken. Dosierungs- und Einnahmevorschriften besonders genau beachten. Alte Menschen und Patienten mit Niereninsuffizienz (Nierenschwäche) sollten besser Digitoxin-Präparate (z. B. *Digimerck*) verwenden.
Dilatrend (D/Ö) Tabl. Carvedilol *Rezeptpflichtig*	Müdigkeit, Schwindel bei Lagewechsel des Körpers, langsamer Puls, Herzschwäche, Atemnot bei körperlicher Belastung, Einschränkung der Sexualität. Vorsicht bei Asthma und Zuckerkrankheit! Schwere Herzschädigungen bei plötzlichem Absetzen des Medikaments möglich	**Therapeutisch zweckmäßig bei** Herzmuskelschwäche (Herzinsuffizienz). Betablocker.
Dynacil (D) Tabl. Fosinopril *Rezeptpflichtig*	Häufig Husten, Magen-Darm-Störungen, Atemnot, Kopfschmerzen, Schwindel, Hauterscheinungen (z. B. Ausschlag), Blutdruckabfall. Selten Blutschäden, Geschmacksstörungen, Haarausfall	**Therapeutisch zweckmäßig bei** Herzmuskelschwäche (Herzinsuffizienz).
Dynorm (D) Filmtabl. Cilazapril *Rezeptpflichtig*	Häufig Husten, Magen-Darm-Störungen, Atemnot, Kopfschmerzen, Schwindel, Hauterscheinungen (z. B. Ausschlag), Blutdruckabfall. Selten Blutschäden, Geschmacksstörungen, Haarausfall	**Therapeutisch zweckmäßig bei** Herzmuskelschwäche (Herzinsuffizienz).
Enabeta (D) **Enadura** (D) **Enahexal** (D) **Enalagamma** (D) **Enalapril AZU** (D) **Enalapril-ratiopharm** (D/Ö) **Enalapril Stada** (D) **Enalapril von ct** (D) Tabl. Enalapril *Rezeptpflichtig*	Häufig Husten, Magen-Darm-Störungen, Atemnot, Kopfschmerzen, Schwindel, Hauterscheinungen (z. B. Ausschlag), Blutdruckabfall. Selten Blutschäden, Geschmacksstörungen, Haarausfall	**Therapeutisch zweckmäßig bei** Herzmuskelschwäche (Herzinsuffizienz).

Präparat	Wichtigste Nebenwirkungen	Empfehlung
Fosinorm (D) **Fositens** (Ö) Tabl. Fosinopril *Rezeptpflichtig*	Häufig Husten, Magen-Darm-Störungen, Atemnot, Kopfschmerzen, Schwindel, Hauterscheinungen (z. B. Ausschlag), Blutdruckabfall. Selten Blutschäden, Geschmacksstörungen, Haarausfall	**Therapeutisch zweckmäßig bei** Herzmuskelschwäche (Herzinsuffizienz).
galacordin (D) Kaps., Fortetabl. Kalium- und Magnesiumhydrogenaspartat	Durchfall, Müdigkeit, Muskelschwäche	**Therapeutisch zweckmäßig** bei Kalium- und Magnesiummangel, z. B. bei herzstärkenden Mitteln (Glykosiden).
Hypren (Ö) Kaps., Tabl. Ramipril *Rezeptpflichtig*	Häufig Husten, Magen-Darm-Störungen, Atemnot, Kopfschmerzen, Schwindel, Hauterscheinungen (z. B. Ausschlag), Blutdruckabfall. Selten Blutschäden, Geschmacksstörungen, Haarausfall	**Therapeutisch zweckmäßig bei** Herzmuskelschwäche (Herzinsuffizienz).
Inhibace Roche (Ö) Filmtabl. Cilazapril *Rezeptpflichtig*	Häufig Husten, Magen-Darm-Störungen, Atemnot, Kopfschmerzen, Schwindel, Hauterscheinungen (z. B. Ausschlag), Blutdruckabfall. Selten Blutschäden, Geschmacksstörungen, Haarausfall	**Therapeutisch zweckmäßig bei** Herzmuskelschwäche (Herzinsuffizienz).
Lanatilin (Ö) Tabl., Alpha-Acetyldigoxin *Rezeptpflichtig*	Bei Überdosierung Farbsehen, Brechreiz, Übelkeit, Herzrhythmusstörungen	**Nur zweckmäßig, wenn** ACE-Hemmer und Diuretika nicht ausreichend wirken. Dosierungs- und Einnahmevorschriften besonders genau beachten. Alte Menschen und Patienten mit Niereninsuffizienz (Nierenschwäche) sollten besser Digitoxin-Präparate (z. B. *Digimerck*) verwenden.
Lanitop (D/Ö) Tabl., nur D: Mitetabl., E-Tabl., Liquidum, Injektionslösung, nur Ö: Amp.,Tropfen Metildigoxin *Rezeptpflichtig*	Bei Überdosierung Farbsehen, Brechreiz, Übelkeit, Herzrhythmusstörungen. Besonders bei älteren Menschen Verwirrtheitszustände möglich	**Nur zweckmäßig, wenn** ACE-Hemmer und Diuretika nicht ausreichend wirken. Dosierungs- und Einnahmevorschriften besonders genau beachten. Alte Menschen und Patienten mit Niereninsuffizienz (Nierenschwäche) sollten besser Digitoxin-Präparate (z. B. *Digimerck*) verwenden.

Präparat	Wichtigste Nebenwirkungen	Empfehlung
Lisibeta (D) Tabl. **Lisihexal** (D/Ö) Tabl. **Lisigamma** (D) Tabl. **Lisi Lich** (D) Filmtabl. **Lisinopril Arcana** (Ö) Tabl. **Lisinopril AZU** (D) **Lisinopril von ct** (D) Tabl. **Lisinopril Stada** (D) **Lisinopril-ratiopharm** (D/Ö) Tabletten **Lisi-Puren** (D) Tabl. **Lisodura** (D) Tabl. Lisinopril *Rezeptpflichtig*	Häufig Husten, Magen-Darm-Störungen, Atemnot, Kopfschmerzen, Schwindel, Hauterscheinungen (z. B. Ausschlag), Blutdruckabfall. Selten Blutschäden, Geschmacksstörungen, Haarausfall	**Therapeutisch zweckmäßig bei** Herzmuskelschwäche (Herzinsuffizienz).
Lopirin (D/Ö) Tabl. Captopril *Rezeptpflichtig*	Häufig Husten, Magen-Darm-Störungen, Atemnot, Kopfschmerzen, Schwindel, Hauterscheinungen (z. B. Ausschlag), Blutdruckabfall. Selten Blutschäden, Geschmacksstörungen, Haarausfall	**Therapeutisch zweckmäßig bei** Herzmuskelschwäche (Herzinsuffizienz).
Lorzaar (D) Filmtabl. Losartan *Rezeptpflichtig*	Magen-Darm-Störungen, Blutdruckabfall bei Lagewechsel des Körpers, Atemnot, Kopfschmerzen, Schlafstörungen, Schwindel, Durchfall, Leberschäden, Muskelschmerzen, Hauterscheinungen (z. B. Ausschlag), Haarausfall. Störungen des Salzhaushaltes (zu viel Kalium im Blut)	**Nur zweckmäßig bei** Herzmuskelschwäche (Herzinsuffizienz) als Begleittherapie zu anderen Mitteln. Vertretbar nur, wenn die besser erprobten ACE-Hemmer (z. B. Enalapril) nicht eingesetzt werden können. Enthält den Wirkstoff Losartan (AT-Rezeptor Hemmer bzw. Sartan).
Magium K (D) Tabl., Fortetabletten Kalium- und Magnesiumhydrogenaspartat	Durchfall, Müdigkeit, Muskelschwäche	**Therapeutisch zweckmäßig** bei Kalium- und Magnesiummangel, z. B. bei herzstärkenden Mitteln (Glykosiden).
Miroton (D) Drag., Fortedrag., Tropfen Extrakte aus Meerzwiebel, Maiglöckchen, Oleander, Adonis (Digitaloide) N-Fortedrag. und N-Forte Lösung ohne Oleanderextrakt	Überempfindlichkeitsreaktionen. Bei Überdosierung Farbsehen, Brechreiz, Übelkeit, Herzrhythmusstörungen. Enthält Alkohol	**Abzuraten** Die therapeutische Wirksamkeit der Inhaltsstoffe ist zweifelhaft. Zur Behandlung der Herzinsuffizienz (Herzschwäche) sind genaue Dosierungsangaben notwendig. Das ist bei diesem Präparat wegen unzureichender Standardisierung unmöglich.

Präparat	Wichtigste Nebenwirkungen	Empfehlung
Novodigal (D/Ö) Tabl., nur D: Mitetabl. Beta-Acetyldigoxin Amp.: Digoxin, *Rezeptpflichtig*	Bei Überdosierung Farbsehen, Brechreiz, Übelkeit, Herzrhythmusstörungen	**Nur zweckmäßig, wenn** ACE-Hemmer und Diuretika nicht ausreichend wirken. Dosierungs- und Einnahmevorschriften besonders genau beachten. Alte Menschen und Patienten mit Niereninsuffizienz (Nierenschwäche) sollten besser Digitoxin-Präparate (z. B. *Digimerck*) verwenden.
Pres (D) Tabl., Injektionslösung Enalapril *Rezeptpflichtig*	Häufig Husten, Magen-Darm-Störungen, Atemnot, Kopfschmerzen, Schwindel, Hauterscheinungen (z. B. Ausschlag), Blutdruckabfall. Selten Blutschäden, Geschmacksstörungen, Haarausfall	**Therapeutisch zweckmäßig bei** Herzmuskelschwäche (Herzinsuffizienz).
Renitec (Ö) Tabl., Injektionslösung Enalapril *Rezeptpflichtig*	Häufig Husten, Magen-Darm-Störungen, Atemnot, Kopfschmerzen, Schwindel, Hauterscheinungen (z. B. Ausschlag), Blutdruckabfall. Selten Blutschäden, Geschmacksstörungen, Haarausfall	**Therapeutisch zweckmäßig bei** Herzmuskelschwäche (Herzinsuffizienz).
Stillacor (D) Tabl. Beta-Acetyldigoxin *Rezeptpflichtig*	Bei Überdosierung Farbsehen, Brechreiz, Übelkeit, Herzrhythmusstörungen	**Nur zweckmäßig, wenn** ACE-Hemmer und Diuretika nicht ausreichend wirken. Dosierungs- und Einnahmevorschriften besonders genau beachten. Alte Menschen und Patienten mit Niereninsuffizienz (Nierenschwäche) sollten besser Digitoxin-Präparate (z. B. *Digimerck*) verwenden.
Tromcardin (D) Drag., Tabl., Fortetabl. **Trommcardin** (Ö) Filmtabl. Kalium- und Magnesiumhydrogenaspartat *Rezeptpflichtig (Ö)*	Durchfall, Müdigkeit, Muskelschwäche	**Therapeutisch zweckmäßig** bei Kalium- und Magnesiummangel, z. B. bei herzstärkenden Mitteln (Glykosiden).

Präparat	Wichtigste Nebenwirkungen	Empfehlung
Vesdil (D) Tabl. Ramipril *Rezeptpflichtig*	Häufig Husten, Magen-Darm-Störungen, Atemnot, Kopfschmerzen, Schwindel, Hauterscheinungen (z. B. Ausschlag), Blutdruckabfall. Selten Blutschäden, Geschmacksstörungen, Haarausfall	**Therapeutisch zweckmäßig bei** Herzmuskelschwäche (Herzinsuffizienz).
Xanef (D) Tabl. Enalapril *Rezeptpflichtig*	Häufig Husten, Magen-Darm-Störungen, Atemnot, Kopfschmerzen, Schwindel, Hauterscheinungen (z. B. Ausschlag), Blutdruckabfall. Selten Blutschäden, Geschmacksstörungen, Haarausfall	**Therapeutisch zweckmäßig bei** Herzmuskelschwäche (Herzinsuffizienz).

12.5.2. Mittel für die »kleine Herztherapie« (z. B. »Altersherz«)

Präparat	Wichtigste Nebenwirkungen	Empfehlung
Cralonin (D/Ö) Tropfen, Injektionslösung homöopathische Zubereitung aus Weißdorn	Selten Herzklopfen	**Homöopathisches Mittel** Therapeutische Wirksamkeit zweifelhaft. Vertretbar wegen des geringen Risikos.
Crataegan (Ö) Tropfen Weißdornextrakt (Wirkstoffe sind Flavonoide)	Selten Herzklopfen	**Wenig zweckmäßig zur** Behandlung von diagnostizierter Herzschwäche. Vertretbar bei leichten Herzbeschwerden, wenn die Einnahme als wirksam empfunden und eine notwendige Anwendung therapeutisch zweckmäßiger Mittel nicht unterlassen wird.
Crataegutt (D/Ö) Tropfen, nur D: Novo Filmtabl. Weißdornextrakt (stand. auf Procyanidine)	Selten Herzklopfen. Tropfen enthalten Alkohol	**Wenig zweckmäßig zur** Behandlung von diagnostizierter Herzschwäche. Vertretbar bei leichten Herzbeschwerden, wenn die Einnahme als wirksam empfunden und eine notwendige Anwendung therapeutisch zweckmäßiger Mittel nicht unterlassen wird.

Präparat	Wichtigste Nebenwirkungen	Empfehlung
Diacard (D) Mischung Kampfer, pflanzliche Stoffe wie Weißdorn, Baldrian u. a. in homöopathischer Verdünnung	Selten Herzklopfen	**Homöopathisches Mittel** Therapeutische Wirksamkeit zweifelhaft. Vertretbar wegen des geringen Risikos.
Faros (D) Tabl. Trockenextrakt aus Weißdornextrakt	Selten Herzklopfen	**Wenig zweckmäßig zur** Behandlung von diagnostizierter Herzschwäche. Vertretbar bei leichten Herzbeschwerden, wenn die Einnahme als wirksam empfunden und eine notwendige Anwendung therapeutisch zweckmäßiger Mittel nicht unterlassen wird.
Korodin Herz-Kreislauf-Tropfen (D) Tropfen Menthol, Kampfer, Weißdornextrakt	Selten Herzklopfen. Enthält Alkohol	**Wenig zweckmäßig** Nicht sinnvolle Kombination. Sinnvoller ist die Verwendung von Weißdornextrakt alleine.
Kytta-Cor (D) Novo-Tabl., Forte Drag., Tropfen, Weißdornextrakt Tropfen zusätzlich: Ethanol	Selten Herzklopfen. Tropfen enthalten Alkohol	**Wenig zweckmäßig zur** Behandlung von diagnostizierter Herzschwäche. Vertretbar bei leichten Herzbeschwerden, wenn die Einnahme als wirksam empfunden und eine notwendige Anwendung therapeutisch zweckmäßiger Mittel nicht unterlassen wird.
Orthangin (D) Tropfen, Tabl. Weißdornextrakt	Selten Herzklopfen	**Wenig zweckmäßig zur** Behandlung von diagnostizierter Herzschwäche. Vertretbar bei leichten Herzbeschwerden, wenn die Einnahme als wirksam empfunden und eine notwendige Anwendung therapeutisch zweckmäßiger Mittel nicht unterlassen wird.
Protecor (D) Kaps. Weißdornextrakt, Vitamin E, Maiskleberhydrolysat, Magnesium-Komplex	Selten Herzklopfen	**Wenig zweckmäßig** Wenig sinnvolle Kombination. Die Wirksamkeit von Vitamin E und Magnesium bei Herzbeschwerden ist nicht ausreichend gesichert.

Präparat	Wichtigste Nebenwirkungen	Empfehlung
Septacord (D) Drag. Kalium- und Magnesium-hydrogenaspartat, Weißdornextrakt	Bei höheren Dosierungen sind Magen- und Darmstörungen möglich	**Abzuraten** Therapeutische Wirksamkeit von Kalium- und Magnesiumaspartat bei Herzmuskelschwäche ist zweifelhaft. Kombination solcher Mineralstoffe mit pflanzlichen Extrakten ist nicht sinnvoll.
Sidroga Weißdorn-Tee (D/Ö) Tee Weißdornblüten	Keine zu erwarten	**Naturheilmittel** Zur unterstützenden Wirkung, wenn z. B. eine Herztherapie mit Digoxin, Digitoxin, ACE-Hemmern u. a. durchgeführt wird.

12.6. Mittel gegen Herzrhythmusstörungen

Die Pumpbewegungen des Herzens, Herzschläge genannt, werden durch elektrische Impulse ausgelöst. Diese Impulse entstehen »spontan« im Herzen selbst und können von bestimmten, im Blut gelösten Stoffen und vom Nervensystem beeinflusst werden. Bei Erwachsenen schlägt das Herz im Sitzen durchschnittlich 60- bis 80-mal pro Minute. Bei Aufregung oder Anstrengung erhöht sich die Schlagzahl.
Ob der Herzrhythmus gestört ist, wird meist durch ein so genanntes EKG (Elektrokardiogramm) festgestellt. Häufigste Rhythmusstörungen sind so genannte »Extrasystolen« (zusätzliche Herzschläge), die vom Patienten als ein Stolpern des Herzschlages empfunden werden. Fachleute schätzen, dass in Deutschland jedes Jahr etwa 100.000 Menschen an Herzrhythmusstörungen sterben.

Rhythmusstörungen durch Medikamente

Bevor eine Therapie begonnen wird, sollte auf alle Fälle nach möglichen Ursachen der Herzrhythmusstörungen (Arrhythmien) gesucht werden (z. B. Schilddrüsenüberfunktion oder Herzmuskelentzündung).
Relativ häufig treten Rhythmusstörungen aufgrund von Nebenwirkungen verschiedener Medikamente auf.
– Antidepressiva (siehe Kapitel 2.4.: Mittel gegen Depressionen)
– Theophyllin (siehe Kapitel 5.1.: Mittel gegen Bronchitis und Asthma)

- Betablocker (siehe Kapitel 12.1.: Mittel gegen Bluthochdruck)
- Digitalis (siehe Kapitel 12.5.: Mittel gegen Herzschwäche)

Alle gegen Rhythmusstörungen verwendeten Medikamente können selbst Rhythmusstörungen verursachen.

Behandlung

Die zwei australischen Herzspezialisten Emmanuel Manolas und Graeme Homan meinen ironisch: »Ein wichtiges Prinzip in der Behandlung von Rhythmusstörungen besteht darin, dass der Patient behandelt werden sollte und nicht der EKG-Befund.«
Es gibt verschiedene Rhythmusstörungen. Nicht jede muss jedoch behandelt werden. Manche sind »harmlos« und sollten nicht mit »bösartigen« Medikamenten behandelt werden. Sie können auch bei völlig Herzgesunden auftreten. Bei sehr häufigen Extrasystolen oder bei ernsteren Störungen wie »Vorhofflimmern« (wenn der Vorhof des Herzens sehr schnell schlägt) ist aber eine Behandlung notwendig.
Bei Postinfarkt-Patienten sollten Antiarrhythmika zurückhaltend eingesetzt werden. 1993 wurde in der so genannten CAST-Studie in den USA die Wirkung von Antiarrhythmika bei 3.549 Postinfarkt-Patienten mit leichten Rhythmusstörungen untersucht. Dabei zeigte sich, dass eine Behandlung mit Antiarrhythmika nach einem Infarkt die Sterblichkeit sogar erhöht.
Wenn Herzschläge ausfallen, weil der elektrische Impuls zwischen »Vorhof« und »Herzkammer« stecken bleibt, kann man heute auch so genannte Herzschrittmacher chirurgisch einsetzen.

Medikamente

Meistens werden Rhythmusstörungen medikamentös behandelt. Das Problem bei allen Präparaten besteht darin, dass »nicht mit Sicherheit gesagt werden kann, ob ein bestimmtes Medikament bei einer bestimmten Rhythmusstörung im Einzelfall erfolgreich sein wird oder nicht«. Außerdem können alle zur Zeit erhältlichen Arzneimittel schwerwiegende Nebenwirkungen haben, so dass in jedem Fall der therapeutische Nutzen gegenüber dem potenziellen Schaden abzuwägen ist.
Für eine Behandlung von Rhythmusstörungen benötigt der Arzt ein umfangreiches Wissen über die verschiedenen Medikamente. Deshalb ist oft die Zusammenarbeit mit einem Herzspezialisten notwendig.
Das am besten geeignete Medikament muss oft empirisch (d. h. aufgrund von Erfahrungen) herausgefunden werden. Zu den wirksamen

Mitteln zählt die Fachzeitschrift »arznei-telegramm« Betablocker (enthalten z. B. in *Azumetop, Beloc, Cordanum, Cor Sotalol, Dociton, Inderal, Lopresor, Meprolol, Metadura, Meto-Tablinen, Metobeta, Metohexal, Metoprolol AL, Metoprolol Genericon, Metoprolol Heumann, Metoprolol von ct, Metoprolol-ratiopharm, Metoprolol Stada, Obsidan, Sotabeta, Sotacor, Sotahexal, Sotalex, Sotalol-ratiopharm, Tenormin*), Mexiletin (enthalten z. B. in *Mexitil*; dieses Mittel ist in unserer Tabelle nicht enthalten, weil es nur selten verwendet wird), Tocainid (enthalten z. B. in *Xylotocan*; dieses Mittel ist in unserer Tabelle nicht enthalten, weil es nur selten verwendet wird), Propafenon (enthalten z. B. in *Propafenon-ratiopharm, Rytmonorm*), Chinidin (enthalten z. B. in *Chinidin Duriles*) und den Kalzium-Antagonisten Verapamil (enthalten z. B. in *Azupamil, Falicard, Isoptin, Verabeta, Verahexal, Veramex, Verapabene, Verapamil-ratiopharm*). Als weitere Möglichkeit kommen Digitalis-Glykoside (*Digimerck, Digitoxin AWD, Digostada, Digotab, Lanicor, Stillacor*) oder die Wirkstoffe Amiodaron (enthalten z. B. in *Amiohexal, Cordarex*), Propafenon (enthalten z. B. in *Propafenon Genericon, Propafenon-ratiopharm*) oder Flecainid (enthalten z. B. in *Tambocor*) in Frage. Diese Mittel müssen aber zuerst während des Krankenhaus-Aufenthaltes richtig eingestellt werden.

Kombinationspräparate (z. B. *Cordichin*)

Die Fachzeitschrift »arznei-telegramm« bezeichnet alle Kombinationspräparate gegen Herzrhythmusstörungen als »nicht sinnvoll«, sie sollten »nicht angewendet werden«. Unsere Empfehlungen für diese Präparate lautet: abzuraten. Auffallend ist, dass *Cordichin* (enthält den Kalzium-Antagonisten Verapamil und Chinin) im Jahr 2003 immer noch einen Marktanteil von 7 Prozent hatte.

12.6. Mittel gegen Herzrhythmusstörungen

Präparat	Wichtigste Nebenwirkungen	Empfehlung
Amiodaron-ratiopharm (D) **Amiodaron Stada** (D) **Amiohexal** (D) Tabl. Amiodaron *Rezeptpflichtig*	Lungenentzündung, Nervenerkrankungen und Schlafstörungen mit Alpträumen, Sehstörungen, Herzrhythmusstörungen, Blutgerinnungsstörungen, Magen-Darm-Beschwerden und -Schmerzen, Grauverfärbung der Haut, Galle-Leber-Störungen. Wegen des hohen Jodgehaltes (36 %) Schilddrüsenunter- oder -überfunktion möglich, regelmäßige Kontrollen sind daher erforderlich. Sonnenlichtbestrahlung muss vermieden werden	**Therapeutisch zweckmäßig bei** Rhythmusstörungen, die auf andere Therapiemaßnahmen nicht ansprechen. Der Beginn der Therapie sollte nur in der Klinik erfolgen.
Aristocor (Ö) Tabl. Flecainid *Rezeptpflichtig*	Herzrhythmusstörungen unterschiedlichster Art, Schwindel, Sehstörungen (Doppeltsehen), Kopfschmerzen, Übelkeit	**Nur zweckmäßig bei** lebensbedrohlichen Rhythmusstörungen. Das Mittel kann bei Anwendung nach einem Herzinfarkt die Sterblichkeit erhöhen. Der Therapiebeginn sollte im Krankenhaus erfolgen, akutes Linksherzversagen ist möglich. Nicht zur Dauerbehandlung geeignet.
Azumetop (D) Tabl., Retardtabl. Metoprolol *Rezeptpflichtig*	Verstärkung einer Herzschwäche, Einschränkung der Sexualität. Herzrhythmusstörungen. Vorsicht bei Asthma, Zuckerkrankheit und Durchblutungsstörungen der Gliedmaßen. Vorsicht: Medikament nicht plötzlich absetzen, weil sonst schwere Herzschädigungen auftreten können!	**Therapeutisch zweckmäßig** Beta-Rezeptoren-Blocker mit belegter therapeutischer Wirksamkeit.
Azupamil (D) Filmtabl., Retardkaps., Retardtabl. Verapamil *Rezeptpflichtig*	Übelkeit, Schwindel, Kopfschmerzen, Magen-Darm-Störungen, Herzrhythmusstörungen	**Therapeutisch zweckmäßig** Kalzium-Antagonist.

Präparat	Wichtigste Nebenwirkungen	Empfehlung
Beloc (D/Ö) Tabl., Duriles-Retardtabl., nur D: Zok-Retardtabl., Mitetabl. Metoprolol *Rezeptpflichtig*	Verstärkung einer Herzschwäche, Einschränkung der Sexualität. Herzrhythmusstörungen. Vorsicht bei Asthma, Zuckerkrankheit und Durchblutungsstörungen der Gliedmaßen. Vorsicht: Medikament nicht plötzlich absetzen, weil sonst schwere Herzschädigungen auftreten können!	**Therapeutisch zweckmäßig** Beta-Rezeptoren-Blocker mit belegter therapeutischer Wirksamkeit.
Beta-Acetyldigoxin-ratiopharm (D) Tabl. Beta-Acetyldigoxin *Rezeptpflichtig*	Bei Überdosierung Farbsehen, Brechreiz, Übelkeit, Herzrhythmusstörungen	**Therapeutisch zweckmäßig** Alte Menschen und Patienten mit Niereninsuffizienz (Nierenschwäche) sollten besser Digitoxin-Präparate (z. B. *Digimerck*) verwenden.
Cordanum (D) Filmtabl., Injektionslösung Talinolol *Rezeptpflichtig*	Verstärkung einer Herzschwäche, Herzrhythmusstörungen. Einschränkung der Sexualität. Vorsicht bei Asthma, Zuckerkrankheit und Durchblutungsstörungen der Gliedmaßen! Vorsicht: Medikament nicht plötzlich absetzen, weil sonst schwere Herzschädigungen auftreten können!	**Therapeutisch zweckmäßig** Beta-Rezeptoren-Blocker mit belegter therapeutischer Wirksamkeit.
Cordarex (D) Tabl. Amiodaron *Rezeptpflichtig*	Lungenentzündung, Nervenerkrankungen und Schlafstörungen mit Alpträumen, Sehstörungen, Herzrhythmusstörungen, Blutgerinnungsstörungen, Magen-Darm-Beschwerden und -Schmerzen, Grauverfärbung der Haut, Galle-Leber-Störungen. Wegen des hohen Jodgehaltes (36 %) Schilddrüsenunter- oder -überfunktion möglich, regelmäßige Kontrollen sind daher erforderlich. Sonnenlichtbestrahlung muss vermieden werden	**Therapeutisch zweckmäßig bei** Rhythmusstörungen, die auf andere Therapiemaßnahmen nicht ansprechen. Der Beginn der Therapie sollte nur in der Klinik erfolgen.
Cordichin (D) Filmtabl. Verapamil, Chinidin *Rezeptpflichtig*	Übelkeit, Kopfschmerzen, Blutdrucksenkung. Bei Überdosierungen Herzrhythmusstörungen	**Abzuraten** Bei Herzrhythmusstörungen muss individuell dosiert werden. Das ist bei Kombinationspräparaten nicht möglich.

Präparat	Wichtigste Nebenwirkungen	Empfehlung
Cor Sotalol (D) Tabl. Sotalol *Rezeptpflichtig*	Verstärkung einer Herzschwäche, Einschränkung der Sexualität. Herzrhythmusstörungen. Vorsicht bei Asthma, Zuckerkrankheit und Durchblutungsstörungen der Gliedmaßen. Vorsicht: Medikament nicht plötzlich absetzen, weil sonst schwere Herzschädigungen auftreten können!	**Therapeutisch zweckmäßig** Beta-Rezeptoren-Blocker mit belegter therapeutischer Wirksamkeit.
Digotab (D) Tabl., Amp. Digoxin *Rezeptpflichtig*	Bei Überdosierung Farbsehen, Brechreiz, Übelkeit, Herzrhythmusstörungen	**Therapeutisch zweckmäßig** Alte Menschen und Patienten mit Niereninsuffizienz (Nierenschwäche) sollten besser Digitoxin-Präparate (z. B. *Digimerck*) verwenden.
Dociton (D) Filmtabl., Retardkaps. Propranolol *Rezeptpflichtig*	Verstärkung einer Herzschwäche, Herzrhythmusstörungen. Einschränkung der Sexualität. Vorsicht bei Asthma, Zuckerkrankheit und Durchblutungsstörungen der Gliedmaßen. Vorsicht: Medikament nicht plötzlich absetzen, weil sonst schwere Herzschädigungen auftreten können!	**Therapeutisch zweckmäßig** Beta-Rezeptoren-Blocker mit belegter therapeutischer Wirksamkeit.
Falicard (D) Filmtabl., Retardkaps., Retardtabl. Verapamil *Rezeptpflichtig*	Übelkeit, Schwindel, Kopfschmerzen, Magen-Darm-Störungen, Herzrhythmusstörungen	**Therapeutisch zweckmäßig** Kalzium-Antagonist.
Inderal (Ö) Filmtabl., Retardkaps. Propranolol *Rezeptpflichtig*	Verstärkung einer Herzschwäche, Einschränkung der Sexualität. Herzrhythmusstörungen. Vorsicht bei Asthma, Zuckerkrankheit und Durchblutungsstörungen der Gliedmaßen. Vorsicht: Medikament nicht plötzlich absetzen, weil sonst schwere Herzschädigungen auftreten können!	**Therapeutisch zweckmäßig** Beta-Rezeptoren-Blocker mit belegter therapeutischer Wirksamkeit.

Präparat	Wichtigste Nebenwirkungen	Empfehlung
Isoptin (D/Ö) nur D: Mitefilmtabl., Filmtabl., Retardtabl., nur Ö: Drag., Retard-Filmtabl. Verapamil *Rezeptpflichtig*	Übelkeit, Schwindel, Kopfschmerzen, Magen-Darm-Störungen, Herzrhythmusstörungen	**Therapeutisch zweckmäßig** Kalzium-Antagonist.
Itrop (D/Ö) Filmtabl. Ipratropiumbromid *Rezeptpflichtig*	Häufig Mundtrockenheit, Verstopfung, Sehstörungen, Beschwerden beim Wasserlassen. Beeinträchtigung des Reaktionsvermögens, selten Herzrhythmusstörungen	**Möglicherweise zweckmäßig** Unzuverlässige Wirksamkeit des Inhaltsstoffes in Form von Tabletten.
Lopresor (D) Injektionslösg., Mite-Filmtabl., Metoprolol *Rezeptpflichtig*	Verstärkung einer Herzschwäche, Herzrhythmusstörungen. Einschränkung der Sexualität. Vorsicht bei Asthma, Zuckerkrankheit und Durchblutungsstörungen der Gliedmaßen. Vorsicht: Medikament nicht plötzlich absetzen, weil sonst schwere Herzschädigungen auftreten können!	**Therapeutisch zweckmäßig** Beta-Rezeptoren-Blocker mit belegter therapeutischer Wirksamkeit.
Meprolol (D) Tabl., Retardtabl. **Metobeta** (D) Tabl., Retardtabl. **Metodura** (D) Tabl., Retardtabl. **Metohexal** (D) Retardtabl. **Metoprolol AL** (D) Tabl., Retardtabl. **Metoprolol Genericon** (Ö) Tabl., Retardtabl. **Metoprolol Heumann** (D) Tabl., Retardtabl. **Metoprolol-ratiopharm** (D/Ö) Tabl., Retardtabl. **Metoprolol Stada** (D/Ö) Tabl., Retardtabl. **Metoprolol von ct** (D) Tabl., Retardtabl. **Meto-Tablinen** (D) Tabl., Retardtabl. Metoprolol *Rezeptpflichtig*	Verstärkung einer Herzschwäche, Herzrhythmusstörungen. Einschränkung der Sexualität. Vorsicht bei Asthma, Zuckerkrankheit und Durchblutungsstörungen der Gliedmaßen. Vorsicht: Medikament nicht plötzlich absetzen, weil sonst schwere Herzschädigungen auftreten können!	**Therapeutisch zweckmäßig** Beta-Rezeptoren-Blocker mit belegter therapeutischer Wirksamkeit.

Präparat	Wichtigste Nebenwirkungen	Empfehlung
Obsidan (D) Tabl., Injektionslösung Propranolol *Rezeptpflichtig*	Verstärkung einer Herzschwäche, Herzrhythmusstörungen. Einschränkung der Sexualität. Vorsicht bei Asthma, Zuckerkrankheit und Durchblutungsstörungen der Gliedmaßen. Vorsicht: Medikament nicht plötzlich absetzen, weil sonst schwere Herzschädigungen auftreten können!	**Therapeutisch zweckmäßig** Beta-Rezeptoren-Blocker mit belegter therapeutischer Wirksamkeit.
Propafenon Genericon (Ö) **Propafenon-ratiopharm** (D) Filmtabl. Propafenon *Rezeptpflichtig*	Herzrhythmusstörungen (häufig); Leberschäden, Mundtrockenheit, Gefühlsstörungen an der Mundschleimhaut, Kopfschmerzen, Schwindel, Übelkeit, Erbrechen, Verstopfung	**Nur zweckmäßig, wenn** andere Mittel gegen Herzrhythmusstörungen (z. B. Betablocker oder Kalzium-Antagonisten) nicht angewendet werden können. Anwendung nur bei bestimmten Rhythmusstörungen (supraventrikuläre und ventrikuläre Tachycardien). Nicht zur Dauerbehandlung geeignet.
Rythmodul (D) Kaps., Retardtabl. Disopyramid *Rezeptpflichtig*	Harnverhaltung, Mundtrockenheit, Verstopfung, Herzrhythmusstörungen	**Nur zweckmäßig, wenn** andere Mittel gegen Herzrhythmusstörungen (z. B. Betablocker oder Kalzium-Antagonisten) nicht angewendet werden können, oder bei bestimmten Rhythmusstörungen mit schwerwiegenden Symptomen (ventrikulären Tachycardien), wenn diese nach Beurteilung des Arztes lebensbedrohlich sind.
Rytmonorm (D) **Rytmonorma** (Ö) Filmtabl., nur D: Drag. Propafenon *Rezeptpflichtig*	Herzrhythmusstörungen (häufig); Leberschäden, Mundtrockenheit, Gefühlsstörungen an der Mundschleimhaut, Kopfschmerzen, Schwindel, Übelkeit, Erbrechen, Verstopfung	**Nur zweckmäßig, wenn** andere Mittel gegen Herzrhythmusstörungen (z. B. Betablocker oder Kalzium-Antagonisten) nicht angewendet werden können. Anwendung nur bei bestimmten Rhythmusstörungen (supraventrikuläre und ventrikuläre Tachycardien). Nicht zur Dauerbehandlung geeigent.

Präparat	Wichtigste Nebenwirkungen	Empfehlung
Sedacoron (Ö) Tabl. Amiodaron *Rezeptpflichtig*	Lungenentzündung, Nervenerkrankungen und Schlafstörungen mit Alpträumen, Sehstörungen, Herzrhythmusstörungen, Blutgerinnungsstörungen, Magen-Darm-Beschwerden und -Schmerzen, Grauverfärbung der Haut, Galle-Leber-Störungen. Wegen des hohen Jodgehaltes (36 %) Schilddrüsenunter- oder -überfunktion möglich, regelmäßige Kontrollen sind daher erforderlich. Sonnenlichtbestrahlung muss vermieden werden	**Therapeutisch zweckmäßig bei** Rhythmusstörungen, die auf andere Therapiemaßnahmen nicht ansprechen. Der Beginn der Therapie sollte nur in der Klinik erfolgen.
Sotabeta (D) Tabl. **Sotacor** (Ö) Tabl., Amp. Sotalol *Rezeptpflichtig*	Verstärkung einer Herzschwäche, Einschränkung der Sexualität. Herzrhythmusstörungen. Vorsicht bei Asthma, Zuckerkrankheit und Durchblutungsstörungen der Gliedmaßen. Vorsicht: Medikament nicht plötzlich absetzen, weil sonst schwere Herzschädigungen auftreten können!	**Therapeutisch zweckmäßig** Beta-Rezeptoren-Blocker mit belegter therapeutischer Wirksamkeit.
Sotahexal (D/Ö) Tabl. Sotalol *Rezeptpflichtig*	Verstärkung einer Herzschwäche, Einschränkung der Sexualität. Herzrhythmusstörungen. Vorsicht bei Asthma, Zuckerkrankheit und Durchblutungsstörungen der Gliedmaßen. Vorsicht: Medikament nicht plötzlich absetzen, weil sonst schwere Herzschädigungen auftreten können!	**Therapeutisch zweckmäßig** Beta-Rezeptoren-Blocker mit belegter therapeutischer Wirksamkeit.
Sotalex (D) Tabl., Mite-Tabl., Injektionslösung Sotalol *Rezeptpflichtig*	Verstärkung einer Herzschwäche, Einschränkung der Sexualität. Herzrhythmusstörungen. Vorsicht bei Asthma, Zuckerkrankheit und Durchblutungsstörungen der Gliedmaßen. Vorsicht: Medikament nicht plötzlich absetzen, weil sonst schwere Herzschädigungen auftreten können!	**Therapeutisch zweckmäßig** Beta-Rezeptoren-Blocker mit belegter therapeutischer Wirksamkeit.

Präparat	Wichtigste Nebenwirkungen	Empfehlung
Sotalol Arcana (Ö) **Sotalol-ratiopharm** (D) Tabl. Sotalol *Rezeptpflichtig*	Verstärkung einer Herzschwäche, Einschränkung der Sexualität. Herzrhythmusstörungen. Vorsicht bei Asthma, Zuckerkrankheit und Durchblutungsstörungen der Gliedmaßen. Vorsicht: Medikament nicht plötzlich absetzen, weil sonst schwere Herzschädigungen auftreten können!	**Therapeutisch zweckmäßig** Beta-Rezeptoren-Blocker mit belegter therapeutischer Wirksamkeit.
Stillacor (D) Tabl. Beta-Acetyldigoxin *Rezeptpflichtig*	Bei Überdosierung Farbsehen, Brechreiz, Übelkeit, Herzrhythmusstörungen	**Therapeutisch zweckmäßig** Alte Menschen und Patienten mit Niereninsuffizienz (Nierenschwäche) sollten besser Digitoxin-Präparate (z. B. *Digimerck*) verwenden.
Tachmalcor (D) Drag. Detajmiumbitartrat *Rezeptpflichtig*	Magen-Darm-Beschwerden, Schwindel, Müdigkeit, Leberschäden, Herzrhythmusstörungen	**Nur zweckmäßig, wenn** andere Antiarrhythmika nicht angewendet werden können. Nicht zur Dauerbehandlung geeignet.
Tambocor (D) Tabl., Mitetabl. Flecainid *Rezeptpflichtig*	Herzrhythmusstörungen unterschiedlichster Art, Schwindel, Sehstörungen (Doppeltsehen), Kopfschmerzen, Übelkeit	**Nur zweckmäßig bei** lebensbedrohlichen Rhythmusstörungen. Das Mittel kann bei Anwendung nach einem Herzinfarkt die Sterblichkeit erhöhen. Der Therapiebeginn sollte im Krankenhaus erfolgen, akutes Linksherzversagen ist möglich. Nicht zur Dauerbehandlung geeignet.
Tenormin (D/Ö) Filmtabl. Atenolol *Rezeptpflichtig*	Verstärkung einer Herzschwäche, Einschränkung der Sexualität. Herzrhythmusstörungen. Vorsicht bei Asthma, Zuckerkrankheit und Durchblutungsstörungen der Gliedmaßen. Vorsicht: Medikament nicht plötzlich absetzen, weil sonst schwere Herzschädigungen auftreten können!	**Therapeutisch zweckmäßig** Beta-Rezeptoren-Blocker mit belegter therapeutischer Wirksamkeit.

Präparat	Wichtigste Nebenwirkungen	Empfehlung
Verabeta (D) Filmtabl., Retardtabl. **Verahexal** (D) Filmtabl., Retardkaps., KHK Retardtabl., RR Retardtabl. **Veramex** (D) Drag., Retardtabl. **Verapabene** (Ö) Amp., Filmtabl., Retardfilmtabl. **Verapamil-ratiopharm** (D) Filmtabl., Retardtabl. Verapamil *Rezeptpflichtig*	Übelkeit, Schwindel, Kopfschmerzen, Magen-Darm-Störungen, Herzrhythmusstörungen	**Therapeutisch zweckmäßig** Kalzium-Antagonist.

12.7. Mittel gegen Fettstoffwechselstörungen

Je älter ein Mensch wird, um so »verkalkter« werden die Blutgefäße: Sie verlieren an Elastizität, verhärten und verengen sich. Dies kann zu Bluthochdruck, Schlaganfällen, Herzinfarkt und Nierenerkrankungen führen. Um die oft tödlichen Folgen dieser Erkrankungen zu verhindern, wird von der Medizin – etwa seit Beginn der fünfziger Jahre – intensiv versucht, den Prozess der Arterienverkalkung aufzuhalten. Über den genauen Mechanismus der Verkalkung gibt es bis jetzt allerdings nur Vermutungen.
Als Hauptursachen gelten zu hohe Fettstoffspiegel im Blut – diese verursachen allerdings keine Beschwerden. Erhöhte Fettstoffspiegel können nur durch Laboruntersuchungen festgestellt werden.

Fettstoff ist nicht gleich Fettstoff

Was der Arzt als »Cholesterinspiegel« im Labor bestimmt, ist die Summe des Cholesterins in verschiedenen Fettteilchen.
Triglyzeride sind die »klassischen« Fette, die wir mit der Nahrung aufnehmen. Ob viel Triglyzeride im Blut zu Arteriosklerose führen können, ist in der Medizin umstritten. Erhöhte Triglyzeridwerte sind für die Gesundheit weniger gefährlich als erhöhte Cholesterinwerte. Wenn die Werte um mehr als das Zehnfache erhöht sind, besteht jedoch Gefahr für die Bauchspeicheldrüse. Und bei Menschen mit Diabetes gelten erhöhte Triglyzeridwerte als Hinweis auf ein erhöhtes Gefäßrisiko.

Die mit der Nahrung aufgenommenen Fette sind im Blut eigentlich nicht löslich. Darum gibt es einen speziellen Transportmechanismus. Die verschiedenen Fettstoffe (Cholesterin, Triglyzeride, Phospholipide, freie Fettsäuren) »klammern« sich an dafür bestimmte Eiweiße, in der Fachsprache »Lipoproteine« genannt.
Mediziner haben festgestellt, dass es ganz unterschiedliche Lipoproteine gibt, die bei der Arterienverkalkung auch eine ganz unterschiedliche Rolle spielen:

– »Gute« Lipoproteine, die wahrscheinlich einen Schutz gegen die Arteriosklerose bilden, sind die HDL (high density lipoproteins = Lipoproteine mit hoher Dichte). Mehrere Untersuchungen haben gezeigt, dass koronare Herzerkrankungen, wie z. B. Angina Pectoris, um die Hälfte weniger oft auftreten, wenn die HDL-Werte von 30 Milligramm pro Deziliter auf 60 Milligramm pro Deziliter zunehmen.
– »Schlechte«, weil vermutlich blutgefäßschädigende Lipoproteine sind die LDL (low density lipoproteins = Lipoproteine mit niedriger Dichte). Das heißt, hohe LDL-Werte erhöhen die Wahrscheinlichkeit, dass eine Arteriosklerose entsteht. Etwa zwei Drittel aller Fettstoffe im Blut werden in Form der LDL transportiert, während der Anteil der HDL nur etwa 20 bis 25 Prozent ausmacht.

Zu hohe Cholesterinwerte

Wie hoch ein »gesunder« Cholesterinspiegel sein darf, ist unter Experten ebenso umstritten wie die Tatsache, ob eine Senkung des Cholesterinspiegels tatsächlich die Lebenserwartung steigert. In den achtziger und neunziger Jahren gab es in der herrschenden Medizin eine regelrechte Cholesterin-Hysterie. Routinemäßig wurden fast alle Menschen mit hohen Cholesterinwerten mit Medikamenten behandelt, obwohl es keine seriösen Untersuchungen gab, in denen ein Nutzen dieser Behandlung nachgewiesen wurde. Inzwischen mehren sich die Belege, dass eine medikamentöse Behandlung von hohen Cholesterinspiegeln nur in ganz bestimmten Fällen sinnvoll ist.
Aufgrund des derzeitigen Wissensstands in der Medizin rät die Europäische Arteriosklerose-Gesellschaft zur Cholesterinsenkung nur bei Männern im Alter zwischen 45 und 65 Jahren, bei denen außer einem erhöhten Cholesterinwert mindestens ein weiterer Risikofaktor wie Rauchen, Bluthochdruck, Diabetes, erbliche Belastung durch koronare Herzkrankheiten oder ein LDL-HDL-Quotient über 5 vorliegt.
Für eine medikamentöse Cholesterinsenkung bei Frauen generell sowie für ältere Menschen jenseits des 65. Lebensjahres gibt es derzeit

keine rationale Begründung durch Studien. Bei über 65-Jährigen sollte man nicht mit einer medikamentösen Behandlung gegen hohe Cholesterinwerte beginnen. Eine bereits laufende medikamentöse Behandlung gegen hohe Cholesterinwerte sollte nicht über das 70. Lebensjahr hinaus weitergeführt werden.

Vorsicht vor falschen Diagnosen

Um festzustellen, ob der Cholesterinwert wirklich überhöht ist, sollten mindestens drei Blutuntersuchungen im Abstand von einer oder mehreren Wochen stattfinden. In den USA ist festgestellt worden, dass aufgrund ungenauer Messmethoden mehr als die Hälfte aller ermittelten Fettstoffwerte falsch waren. Da es keine entsprechenden Untersuchungen im deutschen Sprachraum gibt, ist nicht bekannt, ob die Situation hier ähnlich ist. Vor einer Cholesterinspiegel-Untersuchung sollte man 12 bis 16 Stunden nichts essen und am Abend vorher keinen Alkohol trinken. Während einer Abmagerungskur, nach Operationen oder im Verlauf schwerer Krankheiten schwankt der Cholesterinspiegel so stark, dass Messungen sinnlos sind.

Cholesterinwerte in der Schwangerschaft

Im letzten Drittel der Schwangerschaft erhöht sich der Cholesterinspiegel im Blutserum normalerweise um 35 Prozent – unabhängig von jeder Diät. Diese Erhöhung ist ein natürlicher körperlicher Vorgang. »Von Medikamenten zur Senkung der Fettstoffwerte während der Schwangerschaft wird abgeraten« – lautet deshalb die Empfehlung im Medikamentenhandbuch der Amerikanischen Ärzteschaft.

Ursachen von erhöhten Cholesterinwerten

Die meisten Störungen sind durch zu Cholesterin-reiche Nahrung (z. B. Eier, fette Milch und Milchprodukte, Fleisch und Wurstwaren) verursacht.

In manchen Fällen kann aber auch eine Unterfunktion der Schilddrüse (Hypothyreose), Blutfarbstoffstörungen (Porphyrie), Lebererkrankungen, die »Pille«, Jugend-Zuckerkrankheit, Alkoholismus etc. schuld sein. Vor Beginn einer Behandlung ist deshalb eine genaue Untersuchung notwendig, die auch Schilddrüsen-, Leber-, Nieren- und Kohlehydrattoleranztests umfasst.

Behandlung ohne Medikamente

Wenn übermäßiger Alkoholkonsum, ein schlecht eingestellter Diabetes, eine Leber- oder Nierenerkrankung die erhöhten Fettstoffwerte verursacht haben, normalisiert sich der Zustand allein durch die Behandlung dieser Krankheiten.
Bei erhöhten Cholesterinwerten, die nicht durch eine Krankheit verursacht sind, besteht die sinnvollste Maßnahme darin, die Ernährungsgewohnheiten zu verändern.
Generell hat sich gezeigt, dass eine so genannte Mittelmeerkost – viel Brot, Gemüse, Obst, eher Fisch anstelle von Fleisch, Olivenöl – sich auf die Lebenserwartung günstig auswirkt. Und zwar auch dann, wenn die Serum-Cholesterinspiegel nicht sinken. Es ist bekannt, dass bei manchen Menschen auch eine rigorose Diät die Fettstoffwerte nicht verringert.

Behandlung mit Medikamenten

Wie umstritten die medikamentöse Behandlung hoher Cholesterinspiegel ist, zeigen die absurden Schwankungen im Medikamentenverbrauch der vergangenen Jahre. Während 1985 in Deutschland noch 3,7 Millionen Packungen von Blutfett senkenden Medikamenten verkauft wurden, waren es 1992 8,7 Millionen Packungen, 1993 5,3 Millionen, 1997 9,1 Millionen, im Jahr 2000 etwa 24 Millionen und im Jahr 2003 17 Millionen Packungen. Solche Schwankungen sollten bei erprobten und nachgewiesenermaßen wirksamen Medikamenten undenkbar sein.
Medikamente können eine Ernährungsumstellung nicht ersetzen. Die Wirkung von Arzneimitteln auf Cholesterinspiegel zeigt sich erst nach Tagen oder Wochen. Wenn nach spätestens drei Monaten die Wirkung nicht messbar ist, sollte der Arzt ein anderes Medikament verordnen.
Die Behandlung hoher Blutfette mit Medikamenten scheint nur sinnvoll zu sein bei schweren Fettstoffwechselstörungen und einer nachgewiesenen Gefäßerkrankung beziehungsweise einem hohen Infarktrisiko, wenn eine Diät alleine nicht zu einer Senkung der Blutfettwerte führt.
Diese Medikamente tun zwar das, was sie sollen: Sie senken die Fettstoffwerte und vermindern in manchen Fällen das Risiko von tödlichen Herzkrankheiten. Ob sich jedoch die Lebenserwartung erhöht, ist umstritten. Denn alle diese Medikamente haben Nebenwirkungen, so dass unter Umständen vermehrt andere Krankheiten auftreten und die günstige Wirkung auf Herz und Kreislauf dadurch aufgehoben wird.

CSE-Hemmer (z. B. Fluvastatin, enthalten in *Cranoc, Locol*; Lovastatin, enthalten in *Mevacor, Mevinacor*; Pravastatin, enthalten in *Mevalotin, Pravachol, Pravasin, Selipran*; Simvastatin, enthalten in *Denan, Simva, Simvabeta, Simvacard, SimvaHexal, Simvastatin ct, Simvastatin-ratiopharm, Simvastatin Stada, Zocor*) senken die Cholesterinwerte im Blut um 20 bis 40 Prozent – durch die Hemmung der Cholesterinbildung in den Zellen und eine damit verbundene schnellere Entfernung bestimmter Fette (Lipoproteine wie LDL) aus dem Blut.
Ob dadurch die Arterienverkalkung (Arteriosklerose) verringert wird, ist umstritten. Bei Patienten mit Herzerkrankungen oder einem erhöhten Risiko wurden positive Wirkungen nachgewiesen. Für Patienten über 65 Jahre ist die Anwendung umstritten, für über 70-Jährige nutzlos. Die notwendige Langzeitverträglichkeit dieser Substanzen über Jahrzehnte ist noch unzureichend belegt.
Als *Nebenwirkungen* können Muskel- und Gelenkbeschwerden, Kopfschmerzen, Schlafstörungen, Leber- und Nierenschäden auftreten. Lebensgefährliche Nebenwirkungen sind möglich, aber auch vermeidbar. Dazu muss die Behandlung mit niedriger Dosierung unter der Kontrolle von Laborwerten beginnen (um sofort eine eventuell beginnende Zerstörung von Leber- und Muskelzellen feststellen zu können). Selten (bei höheren Dosen wahrscheinlich häufiger) treten Schmerzen oder Schwäche und Krämpfe in der Muskulatur von Armen und Beinen auf, die in Einzelfällen bis zur Zerstörung der Muskulatur (Rhabdomyolyse) gehen. Schon bei ersten Anzeichen solcher Beschwerden müssen Sie sich sofort mit Ihrem Arzt/Ihrer Ärztin in Verbindung setzen!

Achtung: Wenn Sie CSE-Hemmer verwenden, sollten Sie wegen der Möglichkeit lebensbedrohlicher Muskelerkrankungen (Rhabdomyolyse) nicht gleichzeitig Fettstoff-senkende Mittel aus der Gruppe der Fibrate (z. B. Bezafibrat in *Befibrat, Bezafibrat-ratiopharm, Cedur, Lipox*, Fenofibrat in *Fenofibrat-ratiopharm, Lipidil, Lipsin, Durafenat*, Gemfibrozil in *Gevilon*) einnehmen.

Bei gleichzeitiger Verwendung der Makrolid-Antibiotika Erythromycin (z. B. *Eryheyxal*) bzw. Clarithromycin (z. B. *Biaxin HP*) oder bei gleichzeitiger Verwendung von Immunsuppressiva wie Ciclosporin (z. B. *Sandimmun*) oder dem Pilzmittel Itraconazol zum Schlucken (enthalten z. B. in *Sempera*) steigt das Risiko lebensbedrohlicher Muskelschäden.

Im Sommer 2001 wurde der *CSE-Hemmer* Cerivastatin (enthalten z. B. in *Lipobay*, vor allem nach der gleichzeitigen Verordnung und Einnahme von Gemfibrozil) vom Hersteller Bayer wegen einer gehäuften Zahl von tödlichen Nebenwirkungen vom Markt gezogen.
Anionenaustauscherharze (z. B. Colestyramin, enthalten in *Quantalan zuckerfrei*) senken die Cholesterinspiegel um bis zu 20 Prozent. Als Nebenwirkungen treten häufig Brechreiz, Blähungen und Verstopfungen, aber auch Kopfschmerzen und Muskelschmerzen auf.
Fibrate (z. B. *Befibrat*, *Bezafibrat Genericon, Bezafibrat-ratiopharm, Bezalip, Cedur, Durafenat, Fenofibrat-ratiopharm, Gevilon, Lipidil, Lipox, Lipsin, Normalip pro*) können zu Leber- und Muskelschädigungen führen und stehen im Verdacht, krebsauslösend zu sein. Sie werden von uns als *wenig zweckmäßig* eingestuft. Zur Behandlung von erhöhten Cholesterinwerten sind andere Mittel – z. B. CSE-Hemmer oder Anionenaustauschharze – vorzuziehen. Fibrate haben jedoch einen Nutzen bei der Behandlung von erhöhten Triglyzeridwerten.

Sedalipid

Da seriöse Belege für einen therapeutischen Nutzen dieses Mittels fehlen, lautet unsere Empfehlung: *abzuraten*.

Fischöl-Präparate (Ameu)

Der Nutzen solcher Mittel ist umstritten. In hoher Dosierung werden Triglyzeridwerte verringert, LDL-Cholesterin nur wenig (manchmal sogar erhöht!), HDL-Cholesterinwerte bleiben unverändert. Als Alternative zu solchen Mitteln empfiehlt die Fachpublikation »Arzneimittel-Kursbuch« eine Diät mit Makrelen und anderen Hochseefischen.

Knoblauch

Knoblauch (enthalten in *Ilja Rogoff forte, Kwai/ -N*) wird seit langem eine leicht cholesterinsenkende Wirkung nachgesagt. Eine von der Lichtwer Pharma (= Hersteller der *Kwai N Knoblauchdragees*) geförderte Doppelblindstudie an 50 Patienten mit mäßig erhöhten Cholesterinspiegeln erbrachte ein enttäuschendes Ergebnis: Im Vergleich zu Placebos (Scheinarzneimittel ohne Wirkstoff) ergibt sich kein Nutzen! Sowohl Blutfette als auch Blutdruck blieben unbeeinflusst. Bisherige Studien hatten eine etwa zehnprozentige Senkung der Gesamtcholesterinspiegel durch Knoblauch behauptet. Fachleute kritisierten je-

doch, dass diesen Ergebnissen wegen erheblicher methodischer Mängel nicht zu trauen ist.
Es gibt damit keinen klinischen Nachweis, dass Knoblauch oder Knoblauchpillen Cholesterin senkend wirken. Auch andere von den Herstellern behauptete Wirkungen sind umstritten: z. B. Vorbeugung altersbedingter Gefäßveränderungen, Blutdrucknormalisierung, Erhaltung der Funktion des Darms und der Atemwege.
Es existieren lediglich einige Hinweise – allerdings keine seriösen wissenschaftlichen Nachweise –, dass die regelmäßige, langfristige Einnahme von frischem Knoblauch Arteriosklerose und deren Folgekrankheiten (z. B. Herzinfarkt) vermindern kann. Ob dies auch für die im Handel erhältlichen Knoblauch-Mittel gilt, ist unbekannt, weil entsprechende Untersuchungen fehlen.
Wer also auf Knoblauchpillen als Mittel gegen das Altwerden setzt, kann nicht sicher sein, ob das nicht hinausgeworfenes Geld ist.
Was die Cholesterinwerte betrifft, gilt derselbe Vorbehalt, der generell bei der Behandlung von erhöhten Cholesterinwerten zu beachten ist: Der allgemeine Nutzen einer Senkung von hohen Cholesterinwerten ist umstritten und nur in ganz spezifischen Fällen – z. B. bei der familiär bedingten Hypercholesterinämie – nachgewiesen.

12.7. Mittel gegen Fettstoffwechselstörungen

Präparat	Wichtigste Nebenwirkungen	Empfehlung
Ameu (D) Kaps. Lachsöl	Keine wesentlichen zu erwarten	**Wenig zweckmäßig als** unterstützendes Mittel bei erhöhten Cholesterinwerten. Sinnvoller ist die Aufnahme von Fischöl über die Ernährung (z. B. Lachs, Makrele).
Befribat (D) Retardfilmtabl., Drag. **Bezafibrat Genericon** (Ö) Drag., Retardfilmtabl **Bezafibrat Arcana** (Ö) **Bezafibrat 1A Pharma** (Ö) Retardfilmtabl. **Bezafibrat-ratiopharm** (D/Ö) Filmtabl., Retardfilmtabl., in Ö nur Retarddrag. Bezafibrat *Rezeptpflichtig*	Übelkeit, Magen-Darm-Störungen, Leberfunktionsstörungen, Muskelschmerzen, Muskelschwäche	**Wenig zweckmäßig zur** Behandlung erhöhter Cholesterinwerte. **Möglicherweise zweckmäßig zur** Behandlung schwerer Hypertriglyzeridämien – oder wenn sowohl Triglyzeride als auch Cholesterin erhöht sind. Erst sinnvoll, wenn eine konsequente Diät keinen Erfolg bringt.

Präparat	Wichtigste Nebenwirkungen	Empfehlung
Bezalip (Ö) Filmtabl., Retardfilmtabl. Bezafibrat *Rezeptpflichtig*	Übelkeit, Magen-Darm-Störungen, Leberfunktionsstörungen, Muskelschmerzen, Muskelschwäche	**Wenig zweckmäßig zur** Behandlung erhöhter Cholesterinwerte. **Möglicherweise zweckmäßig zur** Behandlung schwerer Hypertriglyzeridämien – oder wenn sowohl Triglyzeride als auch Cholesterin erhöht sind. Erst sinnvoll, wenn eine konsequente Diät keinen Erfolg bringt.
Cedur (D) Drag., Retardtabl. Bezafibrat *Rezeptpflichtig*	Übelkeit, Magen-Darm-Störungen, Leberfunktionsstörungen, Muskelschmerzen, Muskelschwäche	**Wenig zweckmäßig zur** Behandlung erhöhter Cholesterinwerte. **Möglicherweise zweckmäßig zur** Behandlung schwerer Hypertriglyzeridämien – oder wenn sowohl Triglyzeride als auch Cholesterin erhöht sind. Erst sinnvoll, wenn eine konsequente Diät keinen Erfolg bringt.
Cil (D) Kaps. Fenofibrat *Rezeptpflichtig*	Übelkeit, Magen-Darm-Störungen, Leberfunktionsstörungen, Muskelschmerzen, Muskelschwäche	**Wenig zweckmäßig zur** Behandlung erhöhter Cholesterinwerte. **Möglicherweise zweckmäßig zur** Behandlung schwerer Hypertriglyzeridämien – oder wenn sowohl Triglyzeride als auch Cholesterin erhöht sind. Erst sinnvoll, wenn eine konsequente Diät keinen Erfolg bringt.
Cranoc (D) Kaps., Retardtabl. Fluvastatin *Rezeptpflichtig*	Schwindel, Augentrockenheit, Durchfall, Blähungen, Verstopfung, Muskelschmerzen, Hautausschlag, Leberreaktionen, Gedächtnisstörungen	**Therapeutisch zweckmäßig bei** schweren Fettstoffwechselstörungen, wenn Diät keine ausreichende Wirkung gezeigt hat.
Denan (D) Filmtabl. Simvastatin *Rezeptpflichtig*	Schwindel, Augentrockenheit, Durchfall, Blähungen, Verstopfung, Muskelschmerzen, Hautausschlag, Leberreaktionen, Gedächtnisstörungen	**Therapeutisch zweckmäßig bei** schweren Fettstoffwechselstörungen, wenn Diät keine ausreichende Wirkung gezeigt hat.

Präparat	Wichtigste Nebenwirkungen	Empfehlung
Duolip (D/Ö) nur D: Tabl., nur Ö: Kaps.. Etofyllinclofibrat *Rezeptpflichtig*	Übelkeit, Magen-Darm-Störungen, Leberfunktionsstörungen	**Wenig zweckmäßig zur** Behandlung erhöhter Cholesterinwerte. **Möglicherweise zweckmäßig zur** Behandlung schwerer Hypertriglyzeridämien – oder wenn sowohl Triglyzeride als auch Cholesterin erhöht sind. Erst sinnvoll, wenn eine konsequente Diät keinen Erfolg bringt.
Durafenat (D) Kaps., Retardkaps. Fenofibrat *Rezeptpflichtig*	Übelkeit, Magen-Darm-Störungen, Leberfunktionsstörungen	**Wenig zweckmäßig zur** Behandlung erhöhter Cholesterinwerte. **Möglicherweise zweckmäßig zur** Behandlung schwerer Hypertriglyzeridämien – oder wenn sowohl Triglyzeride als auch Cholesterin erhöht sind. Erst sinnvoll, wenn eine konsequente Diät keinen Erfolg bringt.
Ezetrol (D) Tabl. Ezetemid *Rezeptpflichtig*	Magen-Darm-Beschwerden, Durchfall, Magenschmerzen, allergische Hautreaktionen, Leberschäden, evtl. Muskelschädigung	**Nur zweckmäßig, wenn** andere therapeutische zweckmäßige Cholesterinsenker nicht vertragen werden oder den Cholesterinwert nicht ausreichend senken.
Fenofibrat-ratiopharm (D) Kaps., Retardkaps. Fenofibrat *Rezeptpflichtig*	Übelkeit, Magen-Darm-Störungen, Leberfunktionsstörungen	**Wenig zweckmäßig zur** Behandlung erhöhter Cholesterinwerte. **Möglicherweise zweckmäßig zur** Behandlung schwerer Hypertriglyzeridämien – oder wenn sowohl Triglyzeride als auch Cholesterin erhöht sind. Erst sinnvoll, wenn eine konsequente Diät keinen Erfolg bringt.
Gevilon (D/Ö) Filmtabl. Gemfibrozil *Rezeptpflichtig*	Magen-Darm-Störungen, vor allem Leib- und Oberbauchschmerzen, Durchfall, Übelkeit. Es kann auch zu Leberfunktionsstörungen kommen	**Möglicherweise zweckmäßig zur** Behandlung erhöhter Cholesterinwerte. **Therapeutisch zweckmäßig zur** Behandlung schwerer Hypertriglyzeridämien – oder wenn sowohl Triglyzeride als auch Cholesterin erhöht sind. Erst sinnvoll, wenn eine konsequente Diät keinen Erfolg bringt.

Präparat	Wichtigste Nebenwirkungen	Empfehlung
Ilja Rogoff forte (D) Drag. Knoblauch-Trockenpulver	Magen-Darm-Störungen sind möglich	**Wenig zweckmäßig zur** unterstützenden Behandlung von leicht erhöhten Cholesterinwerten.
Kwai N/ forte (D) **Kwai** (Ö) Drag. Knoblauch-Trockenpulver	Magen-Darm-Störungen sind möglich	**Wenig zweckmäßig zur** unterstützenden Behandlung von leicht erhöhten Cholesterinwerten.
Lescol (Ö) Kaps. Fluvastatin *Rezeptpflichtig*	Schwindel, Augentrockenheit, Durchfall, Blähungen, Verstopfung, Muskelschmerzen, Hautausschlag, Leberreaktionen	**Therapeutisch zweckmäßig bei** schweren Fettstoffwechselstörungen, wenn Diät keine ausreichende Wirkung gezeigt hat.
Lipidil (D) Kaps. **Lipidil TER** (D) Filmtabl. Fenofibrat *Rezeptpflichtig*	Übelkeit, Magen-Darm-Störungen, Leberfunktionsstörungen	**Wenig zweckmäßig zur** Behandlung erhöhter Cholesterinwerte. **Möglicherweise zweckmäßig zur** Behandlung schwerer Hypertriglyzeridämien – oder wenn sowohl Triglyzeride als auch Cholesterin erhöht sind. Erst sinnvoll, wenn eine konsequente Diät keinen Erfolg bringt.
Lipox (D) Retardtabl. Bezafibrat *Rezeptpflichtig*	Übelkeit, Magen-Darm-Störungen, Leberfunktionsstörungen, Muskelschmerzen, Muskelschwäche	**Wenig zweckmäßig zur** Behandlung erhöhter Cholesterinwerte. **Möglicherweise zweckmäßig zur** Behandlung schwerer Hypertriglyzeridämien – oder wenn sowohl Triglyzeride als auch Cholesterin erhöht sind. Erst sinnvoll, wenn eine konsequente Diät keinen Erfolg bringt.
Lipsin (Ö) Kaps., Retardkaps. Fenofibrat *Rezeptpflichtig*	Übelkeit, Magen-Darm-Störungen, Leberfunktionsstörungen	**Wenig zweckmäßig zur** Behandlung erhöhter Cholesterinwerte. **Möglicherweise zweckmäßig zur** Behandlung schwerer Hypertriglyzeridämien – oder wenn sowohl Triglyzeride als auch Cholesterin erhöht sind. Erst sinnvoll, wenn eine konsequente Diät keinen Erfolg bringt.

Präparat	Wichtigste Nebenwirkungen	Empfehlung
Locol (D) Kaps., Retardtabl. Fluvastatin *Rezeptpflichtig*	Schwindel, Augentrockenheit, Durchfall, Blähungen, Verstopfung, Muskelschmerzen, Hautausschlag, Leberreaktionen, Gedächtnisstörungen	**Therapeutisch zweckmäßig bei** schweren Fettstoffwechselstörungen, wenn Diät keine ausreichende Wirkung gezeigt hat.
Mevacor (Ö) Tabl. Lovastatin *Rezeptpflichtig*	Schwindel, Augentrockenheit, Durchfall, Blähungen, Verstopfung, Muskelschwäche, Hautausschlag, Leberreaktionen, Gedächtnisstörungen	**Therapeutisch zweckmäßig bei** schweren Fettstoffwechselstörungen, wenn Diät keine ausreichende Wirkung gezeigt hat.
Mevalotin (D) Tabl. Pravastatin *Rezeptpflichtig*	Schwindel, Augentrockenheit, Durchfall, Blähungen, Verstopfung, Muskelschmerzen, Hautausschlag, Leberreaktionen, Gedächtnisstörungen	**Therapeutisch zweckmäßig bei** schweren Fettstoffwechselstörungen, wenn Diät keine ausreichende Wirkung gezeigt hat.
Mevinacor (D) Tabl. Lovastatin *Rezeptpflichtig*	Schwindel, Augentrockenheit, Durchfall, Blähungen, Verstopfung, Muskelschwäche, Hautausschlag, Leberreaktionen, Gedächtnisstörungen	**Therapeutisch zweckmäßig bei** schweren Fettstoffwechselstörungen, wenn Diät keine ausreichende Wirkung gezeigt hat.
Normalip pro (D) Kaps. Fenofibrat *Rezeptpflichtig*	Übelkeit, Magen-Darm-Störungen, Leberfunktionsstörungen	**Wenig zweckmäßig zur** Behandlung erhöhter Cholesterinwerte. **Möglicherweise zweckmäßig zur** Behandlung schwerer Hypertriglyzeridämien – oder wenn sowohl Triglyzeride als auch Cholesterin erhöht sind. Erst sinnvoll, wenn eine konsequente Diät keinen Erfolg bringt.
Pravachol (Ö) Tabl. Pravastatin *Rezeptpflichtig*	Schwindel, Augentrockenheit, Durchfall, Blähungen, Verstopfung, Muskelschmerzen, Hautausschlag, Leberreaktionen, Gedächtnisstörungen	**Therapeutisch zweckmäßig bei** schweren Fettstoffwechselstörungen, wenn Diät keine ausreichende Wirkung gezeigt hat.
Pravasin (D) Tabl. Pravastatin *Rezeptpflichtig*	Schwindel, Augentrockenheit, Durchfall, Blähungen, Verstopfung, Muskelschmerzen, Hautausschlag, Leberreaktionen, Gedächtnisstörungen	**Therapeutisch zweckmäßig bei** schweren Fettstoffwechselstörungen, wenn Diät keine ausreichende Wirkung gezeigt hat.

Präparat	Wichtigste Nebenwirkungen	Empfehlung
Quantalan zuckerfrei (D/Ö) Pulver Colestyramin *Rezeptpflichtig*	Gewichtsverlust, Bauchkrämpfe, Durchfall	**Therapeutisch zweckmäßig, wenn** bei schweren Fettstoffwechselstörungen eine genau eingehaltene Diät keinen Erfolg bringt.
Sedalipid (D) Filmtabl. Magnesium-Pyridoxal-5-phosphat glutaminat	Übelkeit, Magen-Darm-Beschwerden	**Abzuraten** Therapeutische Wirksamkeit zweifelhaft.
Selipran (Ö) Tabl. Pravastatin *Rezeptpflichtig*	Schwindel, Augentrockenheit, Durchfall, Blähungen, Verstopfung, Muskelschmerzen, Hautausschlag, Leberreaktionen, Gedächtnisstörungen	**Therapeutisch zweckmäßig bei** schweren Fettstoffwechselstörungen, wenn Diät keine ausreichende Wirkung gezeigt hat.
Simva (D) **Simvabeta** (D) **Simvacard** (D) **Simva Hexal** (D) **Simvastatin von ct** (D) **Simvastatin-ratio-pharm** (D) **Simvastatin Stada** (D) **Simvastatin Genericon** (Ö) Filmtabl. Simvastatin *Rezeptpflichtig*	Schwindel, Augentrockenheit, Durchfall, Blähungen, Verstopfung, Muskelschmerzen, Hautausschlag, Leberreaktionen	**Therapeutisch zweckmäßig bei** schweren Fettstoffwechselstörungen, wenn Diät keine ausreichende Wirkung gezeigt hat.
Sortis (D/Ö) Filmtabl. Atorvastatin *Rezeptpflichtig*	Schwindel, Augentrockenheit, Durchfall, Blähungen, Verstopfung, Muskelschmerzen, Hautausschlag, Leberreaktionen	**Therapeutisch zweckmäßig bei** schweren Fettstoffwechselstörungen, wenn Diät keine ausreichende Wirkung gezeigt hat.
Zocor/ forte /forte XL (D) **Zocord** (Ö) Filmtabl. Simvastatin *Rezeptpflichtig*	Schwindel, Augentrockenheit, Durchfall, Blähungen, Verstopfung, Muskelschmerzen, Hautausschlag, Leberreaktionen, Gedächtnisstörungen	**Therapeutisch zweckmäßig bei** schweren Fettstoffwechselstörungen, wenn Diät keine ausreichende Wirkung gezeigt hat.

12.8. Mittel gegen niedrigen Blutdruck (Hypotonie)

In den angelsächsischen Ländern wird niedriger Blutdruck ironisch als »german disease« bezeichnet, als deutsche Krankheit. Rund 2,5 Millionen Deutsche sollen davon betroffen sein. 1985 wurden in deutschen Apotheken 16 Millionen Packungen Hypotoniemittel verkauft, 1990 10 Millionen, 1997 knapp 7 Millionen, im Jahr 2000 4,6 Millionen und im Jahr 2003 nur noch 3 Millionen. Offenbar zeigt die scharfe Kritik von Fachleuten an der Verschreibung solcher Mittel Wirkung.
Wenn niedriger Blutdruck keine Beschwerden macht, ist er sogar von Vorteil, da Menschen mit niedrigem Blutdruck eine überdurchschnittlich lange Lebenserwartung haben.
Die häufigsten Beschwerden bei niedrigem Blutdruck sind Schwindel und Kollapsneigung morgens beim Aufstehen.
Allgemeine Hinweise auf zu niedrigen Blutdruck können sein: Schweißausbrüche, Kältegefühl, Wetterfühligkeit, Schlafstörungen, morgendliche Antriebsschwäche, eingeschränkte Leistungsfähigkeit, Sehstörungen, Konzentrationsschwäche, Neigung zu Schwindel und Schwarzwerden vor den Augen beim Aufstehen aus dem Sitzen oder Liegen.

Ursachen

Zu niedriger Blutdruck kann verschiedene Ursachen haben:
- Er kann konstitutionell bedingt sein: Große, schlanke Menschen haben leicht niedrigen Blutdruck
- Psychische Belastungen, die mit Erschöpfung und Resignation verbunden sind, können den Blutdruck absenken
- Langes Stehen in der Hitze
- Blut- und/oder Flüssigkeitsverlust (durch Erbrechen, innere Blutungen, Durchfall)
- Verschiedene Herz- und Kreislauferkrankungen
- Längere Bettlägerigkeit
- Infektionskrankheiten
- Nebenwirkung von Medikamenten wie harntreibende Mittel (siehe Kapitel 12.2.), Hochdruckmittel (siehe Kapitel 12.1.), Antidepressiva (siehe Kapitel 2.4.), Neuroleptika (siehe Kapitel 2.5.) und Parkinsonmittel (siehe Kapitel 2.7.).

Behandlung ohne Medikamente

Die Arzneimittelkommission der Deutschen Ärzteschaft empfiehlt als wichtigste therapeutische Maßnahme keine Medikamente, sondern ein intensives *Trainingsprogramm*: Wassertreten, Kneippgüsse, Wechselduschen, Atemgymnastik und regelmäßige sportliche Betätigung. Schwimmen ist eine der besten Sportarten für den Kreislauf.

Sinnvoll sind außerdem folgende Maßnahmen:

- Nehmen Sie sich morgens Zeit beim Aufstehen.
- Eine Tasse Kaffee oder Schwarztee ist ein bewährtes Mittel, um den Blutdruck kurzfristig zu heben.
- Manche Ärzte empfehlen, den niedrigen Blutdruck durch eine salzreiche Nahrung zu erhöhen. Dies ist allerdings nur sinnvoll bei so genannten salzempfindlichen Personen (etwa jeder vierte; siehe dazu Kapitel 12.1.).

Behandlung mit Medikamenten

Der Arzt sollte zunächst nach der Ursache der Beschwerden suchen und eventuell andere Krankheiten (Infektionskrankheiten, Herzerkrankungen usw.) behandeln.
Nur wenn Selbsthilfemaßnahmen nicht ausreichen, sind zusätzlich Medikamente gegen niedrigen Blutdruck für kurze Zeit sinnvoll. Sie können die anderen Maßnahmen keinesfalls ersetzen. Unter Umständen können sie den Zustand sogar verschlechtern.
Vor der Verordnung von Medikamenten sollte der Arzt klären, um welche Art von niedrigem Blutdruck es sich handelt. Hierzu macht er den »Schellong«-Test: Nach einer Zeit des Liegens muss man aufstehen und bekommt Puls und Blutdruck während des ruhigen Stehens gemessen.
Eine Behandlung von niedrigem Blutdruck während der Schwangerschaft ist normalerweise nicht notwendig.

Je nach dem Ergebnis sind folgende Medikamente sinnvoll:

- Wenn der obere und der untere Blutdruckwert abfallen und das Herz nicht schneller schlägt, werden so genannte Sympathomimetika verwendet. Diese Mittel verengen die Blutgefäße in Armen und Beinen. Der Wirkstoff Etilefrin (enthalten z. B. in *Effortil, Etil von ct, Etilefrin AL, Etilefrin-ratiopharm, Thomasin*) ist nur zweckmäßig zur kurzzeitigen Behandlung, nicht jedoch zur Langzeittherapie. Etilefrin wirkt etwa sechs Stunden lang.
- Wenn der obere Blutdruckwert abfällt, gleichzeitig der untere ansteigt und außerdem das Herz schneller schlägt, kann die kurzzeitige Einnahme des Wirkstoffs Dihydroergotamin (DHE, enthalten z. B. in *Dihydergot*) zweckmäßig sein. Wegen der unsicheren Auf-

nahme des Wirkstoffs in den Körper und wegen des geringen Abstands zwischen wirksamer und giftiger Dosis ist die Behandlung mit Dihydroergotamin nicht ungefährlich. Es gibt zahlreiche Berichte über schwere Zwischenfälle (Herzinfarkt, dramatische Gefäßkrämpfe usw.). Im Einzelfall kann es schwierig sein, die richtige, noch nicht giftige Dosis festzulegen.

Die deutsche Transparenz-Kommission beurteilt alle anderen Wirkstoffe, die bei zu niedrigem Blutdruck verwendet werden, als »ohne erkennbaren Nutzen« und rät von ihrer Verwendung ab. Dazu gehören Vitamine, Adenosin, Nikotinsäure, Aminopicolin, Sparteinsulfat, Weißdorn (Crataegus), Melisse und Salicylsäure.
Coffeinpräparate (z. B. *Coffeinum N, Coffeinum purum)* haben dieselbe Wirkung wie Kaffee oder Cola-Getränke.
Warnhinweis: Mittel gegen niedrigen Blutdruck sollten Sie nicht länger als einige Wochen ohne Rücksprache mit Ihrer Ärztin oder Ihrem Arzt einnehmen.

12.8. Mittel gegen niedrigen Blutdruck (Hypotonie)

Präparat	Wichtigste Nebenwirkungen	Empfehlung
Carnigen/ forte (D/Ö) Drag., Tropfen Oxilofrin *Rezeptpflichtig (Ö)*	Magen-Darm-Störungen, Herzklopfen, Unruhe, Schlaflosigkeit. Tropfen enthalten Alkohol	**Abzuraten** wegen der Nebenwirkungen und schneller Gewöhnung. Kurzfristig blutdrucksteigernd wirksam.
Coffeinum N (D) **Coffeinum purum** (D) Tabl. Coffein	Herzklopfen, Unruhe, Schlaflosigkeit. Paradoxe Effekte (Müdigkeit) besonders im Alter möglich	**Zweckmäßig wie** Kaffee, Tee oder Cola-Getränke zur Aktivierung von Psyche und Kreislauf.
Dihydergot (Ö) Tabl., Tropflösung Dihydroergotamin *Rezeptpflichtig*	Übelkeit, Erbrechen, selten Durchblutungsstörungen. Gefahr von koronaren Durchblutungsstörungen bis zum Herzinfarkt	**Nur zweckmäßig zur** kurzzeitigen Behandlung von hypotonen Kreislaufstörungen. Nicht geeignet zur Langzeitbehandlung. Weiteres Anwendungsgebiet: Migräne.
Dihydergot plus (D) Tabl., Lösung Etilefrin, Dihydroergotamin *Rezeptpflichtig*	Herzklopfen, Herzschmerzen, Durchblutungsstörungen, Übelkeit. Gefahr von koronaren Durchblutungsstörungen bis zum Herzinfarkt	**Abzuraten** Wenig sinnvolle Kombination. Relativ großes Risiko von Nebenwirkungen und relativ rasche Gewöhnung.

Präparat	Wichtigste Nebenwirkungen	Empfehlung
Effortil (D/Ö) Depotperlongetten, Lösung, Tabl. Etilefrin *Rezeptpflichtig (Ö)*	Herzklopfen, Herzschmerzen, Unruhe, Schlaflosigkeit, Magen-Darm-Störungen	**Wenig zweckmäßig** Therapeutische Wirksamkeit zweifelhaft, besonders bei verzögerter Wirkstofffreisetzung (Perlongetten). Nur kurzfristig blutdrucksteigernd wirksam.
Effortil plus (D) Retardkaps., Lösung **Effortil comp** (Ö) Depotkapseln Etilefrin, Dihydroergotamin *Rezeptpflichtig*	Herzklopfen, Herzschmerzen, Durchblutungsstörungen, Übelkeit. Gefahr von koronaren Durchblutungsstörungen bis zum Herzinfarkt	**Abzuraten** Wenig sinnvolle Kombination. Relativ großes Risiko von Nebenwirkungen und relativ rasche Gewöhnung. Therapeutische Wirksamkeit zweifelhaft, besonders bei verzögerter Wirkstofffreisetzung (Retard- bzw. Depotkaps.).
Etil von ct (D) Tabl., Tropfen Etilefrin	Herzklopfen, Herzschmerzen, Unruhe, Schlaflosigkeit, Magen-Darm-Störungen	**Wenig zweckmäßig** Therapeutische Wirksamkeit zweifelhaft. Nur kurzfristig blutdrucksteigernd wirksam.
Etilefrin AL (D) Tabl., Tropfen **Etilefrin-ratiopharm** (D) Tropfen Etilefrin	Herzklopfen, Herzschmerzen, Unruhe, Schlaflosigkeit, Magen-Darm-Störungen	**Wenig zweckmäßig** Therapeutische Wirksamkeit zweifelhaft. Nur kurzfristig blutdrucksteigernd wirksam.
Gutron (D/Ö) Tabl., Tropfen, Amp. Midodrin *Rezeptpflichtig (Ö)*	Kältegefühl, Harndrang, Abfall der Herzfrequenz	**Abzuraten** wegen der Nebenwirkungen und schneller Gewöhnung. Nur kurzfristig blutdrucksteigernd wirksam.
Pholedrin-longo-Isis (D) Drag. Pholedrin *Rezeptpflichtig*	Herzklopfen, Herzschmerzen, Schlafstörungen	**Abzuraten** wegen der Nebenwirkungen und schneller Gewöhnung. Therapeutische Wirksamkeit zweifelhaft, besonders bei verzögerter Wirkstofffreisetzung (Dragees).
Thomasin retard/ Tabletten/ Tropfen (D) Retardtabl., Tabl., Tropfen Etilefrin	Herzklopfen, Herzschmerzen, Unruhe, Schlaflosigkeit, Magen-Darm-Störungen. Tropfen enthalten Alkohol	**Wenig zweckmäßig** Therapeutische Wirksamkeit zweifelhaft, besonders bei verzögerter Wirkstofffreisetzung (Retardtabl.). Nur kurzfristig blutdrucksteigernd wirksam.

12.9. Mittel gegen Venenerkrankungen (Krampfadern)

Das Blut fließt nicht allein deshalb zum Herz zurück, weil das Herz pumpt und das Blut ansaugt. Das Zurückfließen des Blutes wird durch einen weiteren Mechanismus unterstützt: Muskelbewegungen drücken die Venen zusammen und schieben so das Blut in Richtung Herz. Um zu verhindern, dass das Blut in die falsche Richtung fließt, sind in allen Venen ventilartige Klappen »eingebaut«. Wenn diese Klappen defekt sind und nicht richtig funktionieren, wird ein Teil des Blutes, das zum Herz fließen soll, in die falsche Richtung gepresst – zu den Venen, die auf der Oberfläche der Muskeln direkt unter der Haut liegen. Weil die Venen im Gegensatz zu den Arterien nur eine relativ dünne Muskelschicht haben, dehnen sie sich aus und schlängeln sich:

So entstehen Krampfadern

Vermutlich spielen bei der Bildung von Krampfadern Erbfaktoren eine wichtige Rolle. Eine große Körperstatur, wenig körperliche Bewegung, Übergewicht und eine überwiegend stehende oder sitzende Haltung tragen zur Entstehung bei.
Mit zunehmendem Alter treten Krampfadern häufiger auf. Frauen leiden öfter darunter als Männer. Durch elastische Strümpfe können die unangenehmen Begleiterscheinungen von Krampfadern gemildert werden. Schwere Krampfadern werden chirurgisch oder durch »Verödung« entfernt. In beiden Fällen besteht keine Gewähr, dass nicht neue Krampfadern entstehen.
Um den Blutstrom zum Herzen zu erleichtern, können Stützstrümpfe oder elastische Bandagen hilfreich sein. Sie sind bei der Behandlung von chronischen Venenleiden unverzichtbar. Allerdings sind sie bei sommerlichen Temperaturen nicht gerade beliebt.
Wichtig: Man sollte sich bei der Anschaffung die richtige Verwendung genau zeigen lassen.
Die schlechten Strömungsbedingungen in den Krampfadern führen häufig zu einer Gerinnung des Blutes in diesen Venen und infolge davon zu Venenentzündungen (Thrombophlebitis). Bei oberflächlichen Venen ist dies relativ harmlos, bei tiefen Venen kann es zu einer lebensbedrohlichen Embolie (Verschleppung der Gerinnsel in die Lunge) kommen. Auf die Haut aufgetragene gerinnungshemmende Wirkstoffe wie Heparin oder Heparinoide sind zur Vermeidung der Gerinnung wirkungslos.

Helfen Medikamente?

Die Pharmaindustrie propagiert unzählige Mittel zur Besserung von Krampfaderleiden. In Deutschland setzten die Konzerne im Jahr 1993 noch 285 Millionen Euro um, 1997 waren es 150 Millionen, im Jahr 2000 waren es 113 Millionen und 2003 nur noch 85 Millionen. Auch die Zahl der verbrauchten Packungen ist gesunken: Von 25 Millionen im Jahr 1991 auf 15 Millionen im Jahr 1997 und schließlich auf 12 Millionen im Jahr 2003.

Viele davon werden als Salben oder Cremes auf die Haut aufgetragen. Der Großteil der Venenmittel enthält Stoffe wie Aescin, Mäusedornextrakt, Weinlaubextrakt, Rosskastanienextrakt, schwarzer Johannisbeersaft, Ginkgo, Rutin, Benzaron, Heparin, Heparinoid oder Hirudin (aus Blutegeln gewonnen).

Eine im anerkannten englischen Fachblatt »Lancet« veröffentlichte Untersuchung zeigte zumindest für Präparate mit Rosskastanienextrakt eine Wirkung, die den Kompressionsbehandlungen vergleichbar war. Allerdings stellte sich heraus, dass die in der Studie zum Vergleich durchgeführte Kompressionsbehandlung nicht fachgerecht war und nicht dem üblichen Standard entsprach. Fazit: Wer sich mit schlechten Beispielen vergleicht, kann leicht zu guten Ergebnissen kommen.

Der subjektive Eindruck der Besserung nach der Nutzung vieler äußerlich aufzutragender Venenmittel beruht wohl auf dem Kühleffekt sowie der Straffung der Haut beim Eintrocknen. Insgesamt gibt es bei vielen Mitteln keine wissenschaftliche Begründung für die Verwendung, so die Arzneimittelkommission der Deutschen Ärzteschaft.

In englischsprachigen Lehrbüchern und Standardwerken werden die zahlreichen Mittel, die in Deutschland und in Österreich im Handel sind, nicht einmal erwähnt.

Selbst im »Merck Manual«, einem von der Pharmaindustrie herausgegebenen, häufig benützten Nachschlagewerk, wird bei der Therapie von Venenleiden keines dieser Mittel erwähnt oder empfohlen.

Und in der industrienahen »Medical Tribune« wird die Meinung vertreten, solche Mittel hätten »allenfalls einen psychologischen Schmiereffekt«.

Nach wie vor gilt: Medikamente, egal ob zum Schmieren oder zum Schlucken, können die Behandlung mit Kompressionsstrümpfen weder ersetzen noch verbessern. Krampfadern verschwinden durch Medikamente nicht!

Präparate zum Auftragen auf die Haut, bei denen relativ häufig Allergien oder Hautreizungen zu erwarten sind, erhalten von uns die Bewertung *abzuraten*.
Präparate zum Auftragen auf die Haut, bei denen mit keiner therapeutischen Wirkung, aber auch nicht mit wesentlichen Nebenwirkungen zu rechnen ist, erhalten die Bewertung *Wenig zweckmäßig*.
Als Nebenwirkungen bei vielen einzunehmenden Venenmitteln treten Magen-Darm-Störungen auf. Von der Einnahme von Diuretika bei Venenleiden zur Abschwellung der Beine ist strikt abzuraten. Ebenso von der Einnahme von Venenmitteln in der Schwangerschaft.

12.9.1. Mittel gegen Venenerkrankungen (Krampfadern) zum Auftragen auf die Haut

Präparat	Wichtigste Nebenwirkungen	Empfehlung
Antistax (D) Creme Extrakt aus roten Weinlaubblättern	Selten Allergien	**Wenig zweckmäßig** Therapeutische Wirksamkeit zweifelhaft. Wegen geringer Schädlichkeit vertretbar.
Exhirud (D/Ö) Salbe, Gel, Spezialsalbe, Spezialgel Hirudin	Selten Allergien	**Wenig zweckmäßig** Therapeutische Wirksamkeit zweifelhaft. Gel kühlt – wegen geringer Schädlichkeit vertretbar.
Hemeran (Ö) Gel, Salbe Heparinoid	Selten Allergien	**Wenig zweckmäßig** Therapeutische Wirksamkeit zweifelhaft. Gel kühlt – wegen geringer Schädlichkeit vertretbar. Enthält heparinähnlichen Wirkstoff (Heparinoid).
Hepa Lichtenstein (D) Gel Heparin	Selten Allergien	**Wenig zweckmäßig** Therapeutische Wirksamkeit zweifelhaft. Gel kühlt – wegen geringer Schädlichkeit vertretbar.
Heparin AL (D) Gel Heparin	Selten Allergien	**Wenig zweckmäßig** Therapeutische Wirksamkeit zweifelhaft. Gel kühlt – wegen geringer Schädlichkeit vertretbar.

Präparat	Wichtigste Nebenwirkungen	Empfehlung
Heparin-ratiopharm Kombi-Gel (D) Gel Heparin, Arnikatinktur, Aescin	Relativ häufig Allergien und Hautreizungen durch Arnika möglich	**Abzuraten** Therapeutische Wirksamkeit zweifelhaft. Wenig sinnvolle Kombination von Heparin mit pflanzlichen Stoffen. Gel kühlt.
Heparin-ratiopharm/ Salbe/ Gel/ Sportgel (D) Salbe Heparin	Selten Allergien	**Wenig zweckmäßig** Therapeutische Wirksamkeit zweifelhaft. Gel kühlt – wegen geringer Schädlichkeit vertretbar.
Hepathromb 30000/ 60000 (D) Creme Heparin	Selten Allergien	**Wenig zweckmäßig** Therapeutische Wirksamkeit zweifelhaft.
Hepathrombin 30000/ 50000 (D) Gel, Salbe Heparin	Selten Allergien	**Wenig zweckmäßig** Therapeutische Wirksamkeit zweifelhaft. Gel kühlt – wegen geringer Schädlichkeit vertretbar.
Hirudoid (D/Ö) Gel, Forte Gel, Salbe, Forte Creme Heparinoid	Selten allergische Hauterscheinungen (z. B. Juckreiz, Rötung, Bläschen)	**Wenig zweckmäßig** Therapeutische Wirksamkeit zweifelhaft. Enthält heparinähnlichen Wirkstoff (Heparinoid). Gel kühlt.
Reparil Gel N (D/Ö) Aescin	Selten Allergien	**Wenig zweckmäßig** Therapeutische Wirksamkeit von Aescin zweifelhaft. Gel kühlt – wegen geringer Schädlichkeit vertretbar.
Thrombareduct (D) Gel, Salbe Heparin	Selten Allergien	**Wenig zweckmäßig** Therapeutische Wirksamkeit zweifelhaft. Gel kühlt – wegen geringer Schädlichkeit vertretbar.
Thrombophob Creme/ Gel (D/Ö) Gel, Creme (D), Salbe (Ö), S-Gel (Ö) Heparin	Selten Allergien	**Wenig zweckmäßig** Therapeutische Wirksamkeit zweifelhaft. Gel kühlt – wegen geringer Schädlichkeit vertretbar.
Thrombocutan (D) Salbe, Ultrasalbe, Gel, Ultragel Heparin	Selten Allergien	**Wenig zweckmäßig** Therapeutische Wirksamkeit zweifelhaft. Gel kühlt – wegen geringer Schädlichkeit vertretbar.

Präparat	Wichtigste Nebenwirkungen	Empfehlung
Venalot mono Liniment (D) Liniment Cumarin Hilfsstoffe: u. a. Parabene	Selten Allergien	**Wenig zweckmäßig** Therapeutische Wirksamkeit des Inhaltsstoffs zweifelhaft.
Venoruton Emulgel (D/Ö) Gel, Salbe (Ö) Heparin	Selten Allergien	**Wenig zweckmäßig** Therapeutische Wirksamkeit zweifelhaft. Gel kühlt – wegen geringer Schädlichkeit vertretbar.
Venostasin (D) Gel Aescin, Heparin, Hydroxyethylsalicylat	Selten Allergien, Hautreizungen	**Abzuraten** Wenig sinnvolle Kombination von Heparin mit Aescin und Hautreizmittel Salicylsäurederivat. Gel kühlt.
Venostasin N – Salbe (D) Salbe Rosskastanienextrakt (Aescin)	Selten Allergien	**Wenig zweckmäßig** Therapeutische Wirksamkeit von Aescin zweifelhaft.
Vetren 30000/ 60000 (D/Ö) Gel, Creme (Ö), Salbe (D), forte Gel (D) Heparin	Selten Allergien	**Wenig zweckmäßig** Therapeutische Wirksamkeit zweifelhaft. Gel kühlt – wegen geringer Schädlichkeit vertretbar.

12.9.2. Mittel gegen Venenerkrankungen (Krampfadern) zum Einnehmen

Präparat	Wichtigste Nebenwirkungen	Empfehlung
Aescusan (D) Filmtabl., Retardtabl. Rosskastanienextrakt (Aescin)	Magen-Darm-Störungen. Selten Allergien. Nicht bei bestehenden Nierenschäden anwenden	**Wenig zweckmäßig** Therapeutische Wirksamkeit zweifelhaft bei Venenerkrankungen. Pflanzenextrakt mit möglicherweise entzündungshemmend und wasserausschwemmend wirkendem Inhaltsstoff (Aescin).
Antistax Venenkapseln/ Venentropfen (D) Kaps., Tropfen Weinlaubextrakt, Aesculin	Magen-Darm-Störungen. Selten Allergien. Nicht bei bestehenden Nierenschäden anwenden. Lösung enthält Alkohol	**Wenig zweckmäßig** Therapeutische Wirksamkeit bei Venenerkrankungen zweifelhaft. Wenig sinnvolle Kombination.

Präparat	Wichtigste Nebenwirkungen	Empfehlung
Dexium (D) **Doxium** (Ö) Tabl., Kaps. Calciumdobesilat *Rezeptpflichtig*	Fieber, Allergien, Hauterscheinungen, Magenschmerzen, Übelkeit, Blutschäden	**Abzuraten** wegen der Gefahr schwerer Nebenwirkungen. Therapeutische Wirksamkeit bei Venenerkrankungen zweifelhaft.
Fagorutin Buchweizen-Tabletten (D) Tabl. Troxerutin, Buchweizenkrautpulver	Magen-Darm-Störungen. Selten Allergien. Hautschäden nach Sonneneinwirkung möglich	**Abzuraten** wegen der Nebenwirkungen. Zweifelhafte Wirksamkeit bei Venenerkrankungen.
Fagorutin Buchweizen-Tee (D) Tee Buchweizenkraut	Selten Lichtüberempfindlichkeit der Haut	**Abzuraten** wegen der Nebenwirkungen. Zweifelhafte Wirksamkeit bei Venenerkrankungen.
Fagorutin Ruscus Kapseln (D) Kaps. Mäusedornextrakt (Ruscogenin)	Magen-Darm-Störungen. Selten allergische Hauterscheinungen (z. B. Juckreiz, Rötung, Bläschen). Nicht in Schwangerschaft und Stillzeit anwenden	**Abzuraten** wegen der Nebenwirkungen.Therapeutische Wirksamkeit bei Venenerkrankungen zweifelhaft.
Phlebodril (D) Kaps. Mäusedornextrakt (Ruscogenin), Trimethylhesperidinchalkon	Magen-Darm-Störungen. Selten allergische Hauterscheinungen (z. B. Juckreiz, Rötung, Bläschen). Nicht in Schwangerschaft und Stillzeit anwenden	**Abzuraten** wegen der Nebenwirkungen. Wenig sinnvolle Kombination. Therapeutische Wirksamkeit bei Venenerkrankungen zweifelhaft.
Troxerutin-ratiopharm (D) Kaps. Troxerutin	Magen-Darm-Störungen. Selten Allergien	**Wenig zweckmäßig** Zweifelhafte Wirksamkeit bei Venenerkrankungen.
Venalot Depot (D) Depotdrag. Cumarin, Troxerutin	Magen-Darm-Störungen. Selten Leberschäden	**Abzuraten** Wenig sinnvolle Kombination von zweifelhaft wirksamem Venenmittel (Troxerutin) mit Cumarin, das die Lymphzirkulation steigern soll. Zweifelhafte therapeutische Wirksamkeit bei Venenerkrankungen.
Venalot novo Depot (D) Retardkaps. Rosskastaniensamenextrakt (Aescin)	Magen-Darm-Störungen. Selten Allergien. Nicht bei bestehenden Nierenschäden anwenden	**Wenig zweckmäßig** Pflanzenextrakt mit möglicherweise entzündungshemmend und wasserausschwemmend wirkendem Inhaltsstoff (Aescin). Therapeutische Wirksamkeit bei Venenerkrankungen zweifelhaft.

Präparat	Wichtigste Nebenwirkungen	Empfehlung
Venen-Tabletten Stada (D) **Venentabs retard-ratiopharm** (D) Retardtabl. Rosskastaniensamenextrakt (Aescin)	Magen-Darm-Störungen. Selten Allergien. Nicht bei bestehenden Nierenschäden anwenden	**Wenig zweckmäßig** Pflanzenextrakt mit möglicherweise entzündungshemmend und wasserausschwemmend wirkendem Inhaltsstoff (Aescin). Therapeutische Wirksamkeit bei Venenerkrankungen zweifelhaft.
Veno SL (D) Kaps. Troxerutin	Magen-Darm-Störungen. Selten Allergien	**Wenig zweckmäßig** Zweifelhafte Wirksamkeit bei Venenerkrankungen.
Venoplant retard S (D) Retardtabl. Rosskastaniensamenextrakt (Aescin)	Magen-Darm-Störungen. Selten Allergien. Nicht bei bestehenden Nierenschäden anwenden	**Wenig zweckmäßig** Pflanzenextrakt mit möglicherweise entzündungshemmend und wasserausschwemmend wirkendem Inhaltsstoff (Aescin). Therapeutische Wirksamkeit bei Venenerkrankungen zweifelhaft.
Venoruton/ Active/ Intens/ Retard/ Tropfen(D/Ö) Tropfen, Kaps., Filmtabl., Brausetabl. Hydroxyethylrutoside	Magen-Darm-Störungen. Selten Allergien. Tropfen enthalten Alkohol	**Wenig zweckmäßig** Zweifelhafte Wirksamkeit von Rutosiden bei Venenerkrankungen.
Venostasin/ retard/ S (D/Ö) Retardkaps. Rosskastaniensamenextrakt (Aescin)	Magen-Darm-Störungen. Selten Allergien. Nicht bei bestehenden Nierenschäden anwenden. Tropfen enthalten Alkohol	**Wenig zweckmäßig** Pflanzenextrakt mit möglicherweise entzündungshemmend und wasserausschwemmend wirkendem Inhaltsstoff (Aescin). Wirksamkeit bei Venenerkrankungen zweifelhaft.
Venotop (Ö) Drag. Dihydroergotamin, Troxerutin *Rezeptpflichtig*	Magen-Darm-Störungen. Selten Allergien	**Wenig zweckmäßig** Wenig sinnvolle Kombination von zweifelhaft wirksamem Venenmittel (Troxerutin) mit Kreislaufmittel (Dihydroergotamin). Zweifelhafte therapeutische Wirksamkeit bei Venenerkrankungen.

12.10. Mittel zur Beeinflussung der Blutgerinnung

Das Blut hat zwei Funktionen zu erfüllen:
1. *Transportfunktion:* Mit dem Blut werden lebensnotwendige Substanzen wie Sauerstoff, Vitamine, Kohlehydrate etc. transportiert. Um diese Funktion erfüllen zu können, muss es dünnflüssig bleiben und darf nicht verdicken.
2. *Blutgerinnung:* Bei Verletzungen soll das Blut die offene Stelle abdichten. Dazu muss es verkleben (siehe *Blutstillende Mittel*).
Zur Erfüllung dieser beiden Aufgaben sind im Blut und im Körpergewebe eine Reihe von Substanzen vorhanden, die über einen sehr komplizierten Mechanismus – eine Art von Stufenplan – wirksam werden. Dieser Mechanismus wird unter bestimmten Umständen (z. B. Operationen, schwere Verletzungen etc.) gestört. Das Blut bildet dann Klumpen (Thromben oder Emboli), die die Gefäße verstopfen. Dies kann zu lebensgefährlichen Situationen wie Schlaganfall, Lungenembolie oder Herzinfarkt führen.
Der gegenteilige Effekt – wenn das Blut nicht mehr gerinnt – kann ebenfalls lebensbedrohlich sein und unstillbare Blutungen verursachen.

Ursachen von Thrombosen

In folgenden Situationen ist das Risiko einer Thrombose erhöht: bei schweren Verletzungen, bei Operationen, Krebs- und Diabetes-Erkrankungen, Herzschwäche, Übergewicht, Krampfadern, Schwangerschaft, Herzinfarkt, Querschnittlähmung, Bettlägerigkeit nach Schlaganfall. Auch Raucher und Patienten mit starker Arterienverkalkung oder Erkrankungen der Herz- und Gehirnarterien sind einem höheren Risiko von Thrombosen ausgesetzt.

Verhinderung von Thrombosen

Zur Verhinderung von Thrombosen werden meist Medikamente verwendet – am häufigsten zur Vorbeugung bei herzinfarktgefährdeten Patienten und bei großen Operationen. Bei jedem dritten Patienten, der älter als 40 Jahre ist und einer großen Operation unterzogen wird, treten Blutgerinnsel in den tief gelegenen Beinvenen auf. Die gerinnungshemmenden Mittel können bereits bestehende Thrombosen nicht auflösen. Dies kann jedoch der körpereigene Stoff Plasmin. Seine Bildung kann durch Arzneimittel angeregt werden (z. B. durch *Urokinase* und *Streptokinase*).

Reisethrombosen

Bei Langzeitflügen sollte man sich zur Vorbeugung von Reisethrombosen viel bewegen: Aufstehen, Herumgehen, mit den Beinen wippen. Sinnvoll ist außerdem das Ausziehen der Schuhe.
Trinken Sie viel – am besten Mineralwasser. Alkohol oder Kaffee sind ungünstig, weil sie entwässernd wirken.
Bei hohem Thromboserisiko ist die Injektion von Heparin über 2–4 Tage, beginnend am Tag des Fluges, oder die Injektion von *Clexane* bzw. *Clivarin* zweckmäßig.

Fachleute unterscheiden zwischen

– Thrombosen, die in Venen auftreten, und
– Thrombosen, die in Arterien entstehen.

Aus Venenthrombosen können sich Stücke losreißen und in die Lunge verschleppt werden (Lungenembolie). Zur Verhinderung von Venenthrombosen werden so genannte »*Antikoagulantien*« (= gerinnungshemmende Substanzen), zur Verhinderung von Arterienthrombosen so genannte »*Thrombozytenaggregationshemmer*« (= Präparate, die die Klebrigkeit der Blutplättchen hemmen) verwendet.

Medikamente zur Verhinderung von Thrombosen

Heparin

ist die wichtigste gerinnungshemmende Substanz. Heparin (enthalten z. B. in *Heparin-Natrium-ratiopharm*) wird hauptsächlich bei akuter Thrombosegefährdung (in der Klinik) verwendet und kann, da es im Magen-Darm-Bereich nicht aufgenommen wird, dem Körper nur über Injektionen oder Infusionen zugeführt werden.
Gefährlichste *Nebenwirkung* von Heparin ist – wie bei allen gerinnungshemmenden Substanzen – die Neigung zu Blutungen. Eine weitere lebensgefährliche Nebenwirkung ist eine sehr starke Verminderung der weißen Blutkörperchen.

Niedermolekulare Heparine

Zu den niedermolekularen Heparinen zählen die Wirkstoffe Certoparin (enthalten z. B. in *Mono Embolerx, Sandoparin*), Dalteparin (enthalten z. B. in *Fragmin/ multidose*), Enoxaparin (enthalten z. B. in *Clexane/ multidose, Lovenax*), Nadroparin (enthalten z. B. in *Fraxiparin / duo/ multi*), Reviparin (enthalten z. B. in *Clivarin/ pen/ multi*) und Tinzaparin (enthalten z. B. in *Innohep/ multi*).

Niedermolekulare Heparine haben im Vergleich zu Heparin ein wesentlich geringeres Risiko der Verminderung der weißen Blutkörperchen und sind deshalb zur Vorbeugung von Thrombosen vorzuziehen.

Cumarinderivate (z. B. *Falithrom, Marcumar*)

Im Jahr 1922 wurde in Nordamerika von einem Viehsterben berichtet, das durch rätselhafte, starke Blutungen verursacht worden war. Nach jahrelanger Forschungsarbeit stellte sich heraus, dass die Tiere verfaulenden Klee gefressen hatten. Der darin enthaltene Wirkstoff Cumarin wurde als Ursache für diese Blutungen identifiziert.

Die volle Wirkung von Cumarin und der heute verwendeten Derivate beginnt erst nach ein bis zwei Tagen.

Wichtigste *Nebenwirkungen* sind Blutungen. Gelegentlich treten auch Übelkeit, Erbrechen, Appetitlosigkeit und Haarausfall auf. Cumarin-Präparate sollten nicht plötzlich, sondern langsam ausschleichend abgesetzt werden.

Bei sorgfältiger Kontrolle der Therapiemaßnahmen ist eine gefährliche Blutung im statistischen Durchschnitt jedoch nur einmal in 23 Jahren Behandlung pro Person zu erwarten. Je länger die Behandlung dauert und je höher die Dosierung ist, umso größer ist auch das Risiko. Bei Fieber, Durchfall, Herzschwäche oder bei der gleichzeitigen Einnahme anderer Medikamente wie *Phenylbutazon* (siehe Kapitel 3.1.: Mittel gegen Rheuma und Arthritis), Acetylsalicylsäure (enthalten z. B. in *Aspirin*, siehe auch Kapitel 1.1.: Schmerz- und fiebersenkende Mittel), Bezafibrat (enthalten z. B. in *Beni-cur, Bezafibrat-ratiopharm, Bezalip, Cedur*) erhöht sich das Risiko von Blutungen ebenfalls.

Thrombozyten-Aggregationshemmer

Acetylsalicylsäure (enthalten z. B. in *Aggrenox, Aspirin, ASS Isis, ASS Stada, Godamed, Herz ASS-ratiopharm, Miniasal, Thrombo-ASS*) gilt als anerkanntes Mittel zur Verhütung eines Re-Infarktes. Die Einnahme von Acetylsalicylsäure nach einem Herzinfarkt senkt das Risiko eines weiteren Infarktes um 20 Prozent. Dafür sind niedrige Dosierungen (100 mg pro Tag) ausreichend.

Der Thrombozyten-Aggregationshemmer Clopidogrel (enthalten z. B. in *Iscover, Plavix*) gilt als Reservemittel, falls Acetylsalicylsäure nicht verwendet werden kann. Bei diesem Mittel besteht neben der Blutungsgefahr das Risiko seltener, aber lebensgefährlicher Nebenwirkungen (schwere Blutschäden und schwere Allergien).

Blutstillung

Blutgerinnungsstörungen, die zu einer verminderten Gerinnungsfähigkeit des Blutes führen, können angeboren sein oder erworben werden – z. B. als Nebenwirkung von Medikamenten wie z. B. *Aspirin*.
Die meisten angeborenen Formen von Gerinnungsstörungen treten nur bei Männern auf.
Eine *verminderte* Gerinnungsfähigkeit des Blutes beruht auf einem Mangel an funktionsfähigen Blutplättchen oder so genannten Gerinnungsfaktoren.

Blutstillende Mittel

Die meisten blutstillenden Mittel werden systemisch angewendet (Infusionen, Tabletten, Injektionen), einige wenige auch örtlich, um oberflächliche Blutungen zu stoppen.
Das wichtigste Mittel zur Normalisierung der Blutgerinnung ist Vitamin K (siehe Kapitel 14.5. Vitamine). Es ist normalerweise in ausreichenden Mengen in der Nahrung enthalten. Es ist sehr unwahrscheinlich, dass jemand – selbst bei sehr einseitiger Ernährung – einen Mangel an Vitamin K entwickelt.

Ein Mangelzustand kann folgende Ursachen haben:
- Nebenwirkungen von Medikamenten (z. B. Cumarin-Präparate)
- schlechte Aufnahme von Vitamin K im Körper wegen Gelbsucht, Fisteln etc.
- länger dauernde intravenöse Ernährung
- länger dauernde orale (über den Mund zugeführte) Antibiotika-Therapie
- akuter Durchfall bei Kleinkindern.

Die Behandlung von Vitamin-K-Mangel besteht in der Einnahme von Vitamin-K-Präparaten (Tabletten). Wegen der hohen Risiken (Überempfindlichkeitsreaktionen, Schock) sollte Vitamin K nur in Ausnahmefällen intravenös gegeben werden.

12.10. Mittel zur Beeinflussung der Blutgerinnung

Präparat	Wichtigste Nebenwirkungen	Empfehlung
Aggrenox (D) Retardkaps. Acetylsalicylsäure (ASS), Dipyridamol	Schwere Durchlutungsstörugen des Herzens möglich. Schwindel, Kopfschmerzen, Magen-Darm-Beschwerden, Hautausschlag. Kann in seltenen Fällen Asthmaanfälle auslösen	**Abzuraten** Wenig sinnvolle Kombination von sehr niedrig dosiertem Thrombocytenaggregationshemmer (ASS, hemmt die Klebrigkeit der Blutplättchen) und gefäßerweiternd wirkendem Mittel (Dipyridamol).
Aspirin 100N/ 300N/ **Aspirin protect 100/ 300** (D/Ö) Tabl. Acetylsalicylsäure (ASS)	Magenbeschwerden. Kann in seltenen Fällen Asthmaanfälle auslösen	**Therapeutisch zweckmäßig zur** Verhinderung der Bildung von Blutgerinnseln u. a. zur Vorbeugung eines Herzinfarkts. Der Inhaltsstoff (ASS) hemmt die Klebrigkeit der Blutplättchen. Möglicherweise zweckmäßig bei bestimmten Durchblutungsstörungen des Gehirns.
ASS AL TAH (D) **ASS-Isis 100** (D) **ASS light 100** (D) **ASS-ratiopharm 100 TAH** (D) **ASS Stada** (D) **ASS 100 von ct TAH** (D) Tabl. Acetylsalicylsäure (ASS)	Magenbeschwerden. Kann in seltenen Fällen Asthmaanfälle auslösen	**Therapeutisch zweckmäßig zur** Verhinderung der Bildung von Blutgerinnseln u. a. zur Vorbeugung eines Herzinfarkts. Der Inhaltsstoff (ASS) hemmt die Klebrigkeit der Blutplättchen. Möglicherweise zweckmäßig bei bestimmten Durchblutungsstörungen des Gehirns.
Clexane/ Multi (D) Injektionslösung, Spritzampulle Enoxaparin *Rezeptpflichtig*	Blutungen. Bei Langzeitanwendung Knochenerweichung, Haarausfall möglich. Sehr selten allergische Erscheinungen	**Therapeutisch zweckmäßig zur** Thrombosevorbeugung. Niedermolekulares Heparin.
Clivarin (D) Fertigspritzen, Pen Reviparin *Rezeptpflichtig*	Blutungen. Bei Langzeitanwendung Knochenerweichung, Haarausfall möglich. Sehr selten allergische Erscheinungen	**Therapeutisch zweckmäßig zur** Thrombosevorbeugung. Niedermolekulares Heparin.
Falithrom (D) Filmtabl. Phenprocoumon *Rezeptpflichtig*	Blutungen, Übelkeit, selten Haarausfall. Vorsicht: häufig Wechselwirkungen mit anderen Arzneimitteln!	**Therapeutisch zweckmäßig** Lang bewährtes Mittel zur Verminderung der Blutgerinnung. Zur lang dauernden Anwendung geeignet.

Präparat	Wichtigste Nebenwirkungen	Empfehlung
Fragmin/ P/ -P forte (D/Ö) Fertigspritzen, Amp. Dalteparin *Rezeptpflichtig*	Blutungen. Bei Langzeitanwendung Knochenerweichung, Haarausfall möglich. Sehr selten allergische Erscheinungen	**Therapeutisch zweckmäßig zur** Thrombosevorbeugung. Niedermolekulares Heparin.
Fraxiparin (D/Ö) Fertigspritzen Nadroparin *Rezeptpflichtig*	Blutungen. Bei Langzeitanwendung Knochenerweichung, Haarausfall möglich. Sehr selten allergische Erscheinungen	**Therapeutisch zweckmäßig zur** Thrombosevorbeugung. Niedermolekulares Heparin.
Fraxodi (D) Fertigspritzen Nadroparin *Rezeptpflichtig*	Blutungen. Bei Langzeitanwendung Knochenerweichung, Haarausfall möglich. Sehr selten allergische Erscheinungen	**Therapeutisch zweckmäßig zur** Thrombosevorbeugung. Niedermolekulares Heparin.
Godamed 100 (D) Tabl. Acetylsalicylsäure (ASS), Glycin	Magenbeschwerden, kann in seltenen Fällen Asthmaanfälle auslösen	**Therapeutisch zweckmäßig zur** Verhinderung der Bildung von Blutgerinnseln u. a. zur Vorbeugung eines Herzinfarkts. Der Inhaltsstoff (ASS) hemmt die Klebrigkeit der Blutplättchen. Möglicherweise zweckmäßig bei bestimmten Durchblutungsstörungen des Gehirns.
Heparin Immuno (Ö) Durchstichflasche, Fertigspritzen Heparin *Rezeptpflichtig*	Blutungen. Bei Langzeitanwendung Knochenerweichung, Haarausfall möglich. Sehr selten allergische Erscheinungen	**Therapeutisch zweckmäßig zur** Hemmung der Blutgerinnung.
Heparin-Natrium-ratiopharm (D) Fertigspritzen, Amp., Injektionslösung Heparin *Rezeptpflichtig*	Blutungen. Bei Langzeitanwendung Knochenerweichung, Haarausfall möglich. Sehr selten allergische Erscheinungen	**Therapeutisch zweckmäßig zur** Hemmung der Blutgerinnung.
Herz ASS-ratiopharm (D) **Herzschutz ASS-ratiopharm** (Ö) Tabl. Acetylsalicylsäure (ASS)	Selten Magenbeschwerden, kann in seltenen Fällen Asthmaanfälle auslösen	**Therapeutisch zweckmäßig zur** Verhinderung der Bildung von Blutgerinnseln u. a. zur Vorbeugung eines Herzinfarkts. Der Inhaltsstoff (ASS) hemmt die Klebrigkeit der Blutplättchen. Möglicherweise zweckmäßig bei bestimmten Durchblutungsstörungen des Gehirns.

Präparat	Wichtigste Nebenwirkungen	Empfehlung
Innohep/ multi (D/Ö) Fertigspritzen, Injektionslösung Tinzaparin *Rezeptpflichtig*	Blutungen. Bei Langzeitanwendung Knochenerweichung, Haarausfall möglich. Sehr selten allergische Erscheinungen	**Therapeutisch zweckmäßig zur** Thrombosevorbeugung. Niedermolekulares Heparin.
Iscover Filmtabletten (D) Tabl. Clopidogrel *Rezeptpflichtig*	Kopfschmerzen, Schwindel, Benommenheit. Blutungen, Magen-Darm-Störungen (z. B. Bauchschmerzen, Übelkeit, Durchfall). Schwere Blutschäden möglich, selten schwere Allergien	**Therapeutisch zweckmäßig zur** Verhinderung der Bildung von Blutgerinnseln, wenn Acetylsalicylsäure nicht angewendet werden kann. Vermindert die Klebrigkeit der Blutplättchen (Thrombozyten). Für langfristige Anwendung noch unzureichend erprobt.
Lovenox (Ö) Amp., Spritzamp., Pen Enoxaparin *Rezeptpflichtig*	Blutungen. Bei Langzeitanwendung Knochenerweichung, Haarausfall möglich. Sehr selten allergische Erscheinungen	**Therapeutisch zweckmäßig zur** Thrombosevorbeugung. Niedermolekulares Heparin.
Marcumar (D) **Marcoumar** (Ö) Tabl. Phenprocoumon *Rezeptpflichtig*	Blutungen, Übelkeit, selten Haarausfall. Vorsicht: häufig Wechselwirkungen mit anderen Arzneimitteln!	**Therapeutisch zweckmäßig** Lang bewährtes Mittel zur Verminderung der Blutgerinnung. Zur lang dauernden Anwendung geeignet.
Miniasal (D) Tabl. Acetylsalicylsäure (ASS)	Sehr selten Magenbeschwerden, kann in seltenen Fällen Asthmaanfälle auslösen	**Therapeutisch zweckmäßig zur** Verhinderung der Bildung von Blutgerinnseln u. a. zur Vorbeugung eines Herzinfarkts. Der Inhaltsstoff (ASS) hemmt die Klebrigkeit der Blutplättchen. Sehr niedrig dosiertes Präparat mit wenig Nebenwirkungen.
Mono-Embolex NM/ Multi (D) Amp., Fertigspritzen, Pen Certoparin *Rezeptpflichtig*	Blutungen. Bei Langzeitanwendung Knochenerweichung, Haarausfall möglich. Sehr selten allergische Erscheinungen	**Therapeutisch zweckmäßig zur** Thrombosevorbeugung. Niedermolekulares Heparin.

Präparat	Wichtigste Nebenwirkungen	Empfehlung
Plavix (D/Ö) Filmtabl. Clopidogrel *Rezeptpflichtig*	Kopfschmerzen, Schwindel, Benommenheit. Blutungen, Magen-Darm-Störungen (z. B. Bauchschmerzen, Übelkeit, Durchfall). Schwere Blutschäden möglich, selten schwere Allergien	**Therapeutisch zweckmäßig zur** Verhinderung der Bildung von Blutgerinnseln, wenn Acetylsalicylsäure nicht angewendet werden kann. Vermindert die Klebrigkeit der Blutplättchen (Thrombozyten). Für langfristige Anwendung noch unzureichend erprobt.
Thrombo ASS 100 (Ö) Tabl. Acetylsalicylsäure (ASS)	Selten Magenbeschwerden, kann in seltenen Fällen Asthmaanfälle auslösen	**Therapeutisch zweckmäßig zur** Verhinderung der Bildung von Blutgerinnseln u. a. zur Vorbeugung eines Herzinfarkts. Der Inhaltsstoff (ASS) hemmt die Klebrigkeit der Blutplättchen. Möglicherweise zweckmäßig bei bestimmten Durchblutungsstörungen des Gehirns.
Wobenzym N (D) Tabl. **Wobenzym** (Ö) Drag. Enzyme aus der Bauchspeicheldrüse, Ananas und Papaya (z. B. Pankreatin, Trypsin, Chymotrypsin, Bromelaine, Papain, Rutosid)	Durchfall, selten Überempfindlichkeitsreaktionen bis zum anaphylaktischen Schock möglich	**Abzuraten** Enthält u. a. eiweißabbauende pflanzliche und tierische Enzyme. Zweifelhafte therapeutische Wirkung bei Venenentzündungen (Thrombophlebitis) und anderen Entzündungen.

13. Kapitel: **Magen, Darm, Verdauung**

Wenige Erkrankungen oder Störungen des körperlichen Empfindens sind so vom persönlichen Verhalten des Menschen abhängig wie die des Verdauungstraktes. Lebensform, psychische Belastung und vor allem die Ernährung haben einen – oft erst nach Jahren sichtbar werdenden – unmittelbaren Einfluss auf die Organe der Verdauung.
Der hohe Verbrauch an Magen- und Darmmitteln zeigt, dass Beschwerden hier meist rasch mit Medikamenten »kuriert« werden. Über die Ursachen von Völlegefühl, Sodbrennen, Magenschmerzen oder Verstopfungen denkt man nicht so gerne nach.
Ein Großteil der angebotenen Medikamente für Magen und Darm sind in der Apotheke rezeptfrei erhältlich. Der Anteil der Selbstmedikation ist in diesem Bereich deshalb sehr groß.

Die Erkrankungen des Verdauungssystems

Störungen des Verdauungssystems sind meist die Folge von Ernährungs- und Trinkgewohnheiten, von psychischer Belastung oder von Infektionen.

- *Erkrankungen des Magens und Zwölffingerdarms:* Dazu zählen Gastritis, das Magengeschwür und andere Beschwerden wie Magenübersäuerung, Völlegefühl, Übelkeit, Erbrechen, Aufstoßen etc.
- *Erkrankungen des Darms:* Durchfall und Verstopfung sind hier die häufigsten Störungen.
- *Erkrankungen der Leber, Gallenwege und Bauchspeicheldrüse:* Dazu zählen die Leberentzündung (Hepatitis), die Leberschrumpfung (Zirrhose), andere Lebererkrankungen mit Symptomen wie Gelbsucht (Ikterus), die Entzündung der Gallenwege, Gallensteine und die Entzündungen der Bauchspeicheldrüse.

Wichtige Erkrankungen sind Magen- oder Darmkrebs, auf deren vielfältige Ursachen hier nicht im Detail eingegangen werden kann. Krankheiten im Verdauungstrakt kommen bei Männern etwa dreimal so häufig vor wie bei Frauen. Als Todesursache sind sie bei den Männern rückläufig, während sie bei den Frauen zunehmen.

Medikamente

Im Jahr 2003 wurden in deutschen Apotheken rund 150 Millionen Packungen an Magen-Darm-Mitteln verkauft. Damit stehen sie nach

den Husten- und Erkältungsmitteln (etwa 250 Millionen verkaufte Packungen) und den Schmerzmitteln (etwa 170 Millionen Packungen) an dritter Stelle der Arzneimittel-Umsatzrenner.
Die Werbung für diese Produkte hat dabei sicher einen entscheidenden Einfluss. »Magenbeschwerden an Sonn- und Feiertagen mit gutem, oft zu gutem Essen … sollten so rasch wie möglich verschwinden.« Abnehmen kann man – wenn man Inseraten glaubt – mit einem Mittel, das »aus Heißhunger kleinen Appetit macht«. Ein Abführmittel »löst sanft, was hart belastet«. Und ein Magenmittel »stoppt Sodbrennen und Magendruck«. In allen zitierten Inseraten werden vom Hersteller weder Inhaltsstoffe noch Nebenwirkungen oder Unverträglichkeiten angegeben.
Viele dieser Arzneimittel gegen Magen-Darm-Beschwerden sind laut Weltgesundheitsorganisation »nicht nur unnütz, sondern sogar gefährlich«.
Die Änderung der Ernährungsgewohnheiten (ballaststoffreiche Nahrung, natürliche Nahrungsmittel und vor allem Zeit zum Essen) und die aktive Auseinandersetzung mit psychischen Problemen, die zu Magenbeschwerden führen, sind oft die wichtigste »Behandlung«.

13.1. Mittel gegen Magen-Darm-Geschwüre, Gastritis und Sodbrennen

Die Ursachen von Magen-Darm-Geschwüren und Gastritis können vielfältig sein:
Neben einer ererbten Bereitschaft, Geschwüre zu entwickeln, ist in etwa 80 Prozent aller Fälle ein Bakterium (Helicobacter pylori) mitverantwortlich. Außerdem können psychische Belastungen, schwere Allgemeinverletzungen, Rauchen, exzessiver Alkoholkonsum, die Nebenwirkungen mancher Medikamente (vor allem Schmerz- und Rheumamittel), chemische Verätzungen, eine gestörte Schleimhautdurchblutung oder der Rückfluss von Gallensaft in den Magen schuld daran sein.
Hinter jedem schlecht heilenden Magengeschwür kann sich unter Umständen auch ein Krebs verbergen – dies muss mit einer endoskopischen Untersuchung abgeklärt werden.

Behandlung von Magen-Darm-Geschwüren und Gastritis

Magen-Darm-Geschwüre sowie Gastritis können spontan heilen. Eine spezielle Diät ist nicht notwendig, da man selbst beobachten kann, bei welchen Nahrungsmitteln Beschwerden entstehen. Auf jeden Fall ist es sinnvoll, häufig kleinere Mahlzeiten zu sich zu nehmen. Rauchen und verschiedene Medikamente (siehe die Angaben über die jeweiligen Nebenwirkungen) sollten gemieden werden. Ein wenig Kaffee oder niedrigprozentiger Alkohol nach einer Mahlzeit schaden nach neuesten Erkenntnissen nicht. Es gibt keinen Beweis, dass Coffein die Entstehung von Magengeschwüren begünstigt.

Welches Mittel bei Magen-Darm-Geschwüren?

Ist eine Infektion mit dem Bakterium Helicobacter pylori die Ursache – dies kann mit Laboruntersuchungen festgestellt werden –, so ist mit einer Kombination von Antibiotika und säurehemmenden Medikamenten eine rasche Heilung und Vorbeugung einer Wiedererkrankung möglich.
Laut Arzneimittelkommission der deutschen Ärzteschaft werden die besten Ergebnisse durch eine Kombination von zwei verschiedenen Antibiotika (z. B. Tetrazyklin oder Amoxicillin oder Clarithromycin und Metronidazol) mit einem *Protonenpumpenhemmer* erzielt.
Die Behandlung mit drei Medikamenten hat den Vorteil einer erhöhten Wirksamkeit, jedoch den Nachteil, dass sehr viele Tabletten geschluckt werden müssen und Nebenwirkungen wie Durchfall, Verdauungsstörungen und Übelkeit sehr häufig sind.
Bei unspezifischen Geschwüren im Verdauungstrakt (peptischen Ulzera) gelten neben H2-Blockern auch Antazida und, wenn diese nicht wirken, Protonenpumpenhemmer und die Wirkstoffe Sucralfat sowie Pirenzepin als zweckmäßig.

Sodbrennen, Völlegefühl, Refluxkrankheit

Viele Menschen leiden regelmäßig an Beschwerden wie Sodbrennen, saurem Aufstoßen oder Völlegefühl. Dies sind charakteristische Merkmale der so genannten »Refluxkrankheit« – die medizinische Bezeichnung dafür, dass der Mageninhalt verstärkt in die Speiseröhre zurückströmt und dabei die Schleimhaut angreift. Üppige Mahlzeiten, Alkohol, Kaffee, Rauchen, Fruchtsäfte, Gewürze, Übergewicht, flaches Liegen in Rückenlage und Pressen fördern die Beschwerden. Oft bessert sich der Zustand spontan. Je nach Schweregrad der Schleimhautschädigung wird die Erkrankung in fünf Stufen eingeteilt.

Nach neuesten Erkenntnissen haben Refluxbeschwerden möglicherweise auch Auswirkungen auf Erkrankungen im Bereich von Hals und Nase. Es gibt Hinweise, dass z. B. Asthma dadurch mitverursacht sein kann.

Behandlung von Sodbrennen, Völlegefühl, Refluxkrankheit

Leichtere Beschwerden bessern sich bereits durch Abnehmen (bei Übergewicht), Schlafen mit leicht erhöhtem Oberkörper, Verzicht auf Rauchen und späte Mahlzeiten. Medikamente, die die Spannung des Speiseröhrenverschlusses (Sphinxters) herabsetzen, sollten vermieden werden: Beruhigungs- und Schlafmittel vom Typus Benzodiazepine (siehe Kapitel 2), Kalzium-Antagonisten (siehe Kapitel 12.1.), Asthmamittel vom Typus Beta-Adrenergika (siehe Kapitel 5.1.), Mittel mit atropinartiger Wirkung (siehe Kapitel 1.4.) und andere.
Zur medikamentösen Behandlung werden Antazida, H2-Blocker, der Wirkstoff Sucralfat, Prokinetika (das sind Mittel, die Bewegungen des Magen-Darm-Traktes beeinflussen; einige davon wirken gleichzeitig auch gegen Übelkeit und Erbrechen) sowie Protonenpumpenblocker verwendet. Wegen möglicher schwerwiegender Nebenwirkungen sollten Protonenpumpenblocker nur in schweren Fällen und nur kurzzeitig verwendet werden.
Die Rückfallsrate nach einer Reflux-Behandlung mit Medikamenten ist sehr hoch – bei vier von fünf Patienten treten dieselben Beschwerden erneut auf. Deshalb ist unter Umständen eine Dauertherapie notwendig. Als Alternative dazu kann, vor allem bei jüngeren Patienten, eine Antireflux-Operation sinnvoll sein.

Antazida (Säurebindende Mittel)

Antazida binden die überschüssige Säure im Magen und sind gegen Übersäuerung des Magens und Magen- oder Zwölffingerdarm-Geschwüre wirksam. Richtig dosiert lindern sie rasch Schmerzen und Völlegefühl und beschleunigen die Abheilung von Geschwüren im Magen-Darm-Bereich.
Sie werden allerdings oft ohne wirklichen Grund verwendet. Der Grund, laut dem Wiener Gastroenterologen Professor Harald Brunner: »Reklame, die Publikum und Ärzte glauben lässt, dass gegen die Magensäure ein ständiger Kampf geführt werden müsse und jedes Unwohlsein nach Abpufferung schreit.« Die Wirkung nach dem Einnehmen hält etwa zwei bis drei Stunden an.

Nebenwirkungen

Wenn Antazida nicht bei jeder Schmerzattacke und nicht über lange Zeiträume hinweg, sondern nur im Bedarfsfall etwa 8 bis 10 Tage eingenommen werden, treten kaum Nebenwirkungen auf. Die meisten Mittel enthalten Magnesium- und Aluminiumverbindungen, die auch schleimhautschützend wirken. Aluminiumverbindungen wirken stopfend und Magnesiumverbindungen abführend. Deshalb ist die feste Kombination solcher Substanzen (z. B. enthalten in *Almag von ct, Alucol, Gelusil Liquid, Maalox, Maaloxan, Magaldrat-ratiopharm, Marax, Riopan, Talcid, Talidat, Tepilta*) durchaus sinnvoll.
Die Aufnahme anderer Arzneien kann durch Antazida behindert werden. Viele Mittel enthalten auch Natriumverbindungen (z. B. *Antacidum Pfizer, Bullrich Salz, Kompensan*). Wenn ein solches Medikament öfter als einmal täglich eingenommen wird, kann die Natriummenge im Körper für Patienten mit hohem Blutdruck, Herz- und Nierenstörungen, Leberschrumpfung oder jene, die salzarme Diät einhalten müssen, gefährlich werden.
Knochenschmerzen, Schwierigkeiten oder Schmerzen beim Harnlassen, dauernder Harndrang, Muskelschmerzen, andauernde Kopfschmerzen oder starkes Herzklopfen können Anzeichen der relativ selten auftretenden schweren Nebenwirkungen von Antazida sein. In solchen Fällen sollte man einen Arzt aufsuchen.

Dimeticon

(enthalten in *Espumisan*) und Simethicon (= aktiviertes Dimeticon, enthalten in *Lefax, Lefaxin, Sab simplex*). Diese Wirkstoffe erhöhen die Oberflächenspannung von Schaumbläschen. Dadurch werden viele kleine Bläschen zu großen Blasen umgewandelt und können leichter als Gas abgehen. Auf diese Art und Weise können Blähungen behandelt werden.

Schleimhautschutzmittel Sucralfat (*Ulcogant*)

Dieses Mittel bildet an der Oberfläche der Magenschleimhaut eine Schicht, die vor aggressiven Faktoren schützt. Es ist gegen Geschwüre ebenso wirksam wie H2-Blocker (z. B. *Cimetag* oder *Ranitic, Ranitidin-ratiopharm, Zantic*)und wird vor allem zur Prophylaxe von Stressulkus in der Intensivmedizin und bei Verbrennungspatienten verwendet. Tabletten und Granulate werden öfter schlechter vertragen als Suspensionen. Das Mittel muss zwei- bis viermal täglich genommen werden.

Nebenwirkungen: Oft Verstopfung, seltener Übelkeit und Erbrechen. Bei Patienten mit Nierenschäden muss man beachten, dass Mittel wie *Ulcogant* die Aluminiumkonzentration erhöhen.

Pirenzepin (*Gastrozepin*)

Der Wirkstoff Pirenzepin (enthalten z. B. in *Gastrozepin*) wird zur Behandlung von Magen-Darm-Geschwüren verwendet, wenn H2-Blocker oder Antazida nicht wirksam sind. Außerdem gilt Pirenzepin als Reservemittel zur Prophylaxe von Stressulkus in der Intensivmedizin, wenn Sucralfat nicht verwendet werden kann.
Nebenwirkungen: Verursacht häufig Mundtrockenheit, Sehstörungen und Müdigkeit. Seltene, aber ernste Begleiterscheinungen können Verwirrtheit, Fieber und beschleunigter Herzschlag sein. In diesen Fällen sollte ein Arzt aufgesucht werden.

Protonenpumpenhemmer

Die Protonenpumpenhemmer Esomeprazol (enthalten z. B. in *Nexium mups*), Lansoprazol (*Agopton*), Omeprazol (z. B. in *Antra Mups, Gastrazid, Losec, Omebeta, Ome-nerton, Omep, Omeprazol AL, Omeprazol AZU, Omeprazol von ct, Omeprazol dura, Omeprazol Heumann, Omeprazol-ratiopharm, Omeprazol Stada, Ome Puren, Ulnox*), Pantoprazol (z. B. in *Pantoloc, Pantozol, Rifun, Zacpac*) und Rabeprazol (enthalten z. B. in *Pariet*) drosseln die Magensäureproduktion fast vollständig. Diese Wirkstoffe werden neuerdings auch für den Dauergebrauch verschrieben, während der Umsatz der bewährten H2-Blocker wie *Cimetag* oder *Neutromed* stark zurückgeht. Die Fachpublikation »Arzneimittel-Kursbuch« kommt nach einer kritischen Bewertung aller Vor- und Nachteile von Protonenpumpenhemmern zu dem Urteil, dass sie bei der Behandlung von Magen-Darm-Geschwürden oder zur Prophylaxe von Stressulkus keine Vorteile gegenüber den H2-Blockern haben.
Nur bei schweren Refluxbeschwerden oder beim so genannten Zollinger-Ellison-Syndrom (eine Erkrankung, die durch Bauchspeicheldrüsen-Tumore verursacht wird) sind sie anderen Medikamenten überlegen.
Wegen möglicher schwerwiegender *Nebenwirkungen* – z. B. Verdacht auf Krebs erregende Wirkung bei Langzeitanwendung – sollten diese Mittel normalerweise nur vier bis acht Wochen verwendet werden, wenn andere Standardmedikamente nicht ausreichend wirksam sind.

Weitere *häufige Nebenwirkungen* sind außerdem Kopfschmerzen, Durchfall und Magen-Darm-Störungen. Außerdem können allergische Reaktionen, Depressionen und in seltenen Fällen auch Impotenz auftreten.

H2-Blocker

H2-Blocker gelten nach wie vor als Standardmedikamente zur Behandlung von Magen-Darm-Geschwüren und werden auch bei Refluxbeschwerden sowie zur Prophylaxe von Stressulkus in der Intensivmedizin verwendet. H2-Blocker wirken schmerzlindernd und fördern die Abheilung von Geschwüren. Allerdings treten nach einer erfolgreichen Behandlung schneller Rückfälle auf, als wenn mit den Wirkstoffen Sucralfat oder Pirenzepin behandelt wird. Besonders hoch ist die Rückfallrate bei Rauchern.
Die Einnahme von H2-Blockern sollte abends erfolgen, weil dann die notwendige Säurebildung während des Tages nur wenig unterdrückt wird.

Die wichtigsten Wirkstoffe sind:

- Cimetidin (enthalten z. B. in *Cimetag, Neutromed*)
- Famotidin (enthalten z. B. in *Fadul, Pepcidual, Ulcusan*)
- Ranitidin (enthalten z. B. in *Azuranit, Rani AbZ, Ranibeta, Ranitic, Ranitidin 1 AP, Ranitidin AL, Ranitidin von ct, Ranitidin-ratiopharm, Ranitidin Stada, Ulsal, Zantac, Zantic*).

Alle diese Medikamente wirken in den üblichen Dosierungen gleich gut, Ranitidin gilt heute jedoch als das Standardmittel.

Nebenwirkungen

Kopfschmerzen, Verwirrung, Halluzinationen, Depressionen und Durchfall können bei all diesen Mitteln ebenso auftreten wie gelegentlich Leberschäden und Störungen des Abwehrsystems, sowie sehr selten Störungen der Blutbildung. Außerdem wird in seltenen Fällen von Impotenz und Einschränkungen der Sexualfunktion berichtet.

Prokinetika (*Gastronerton, MCP-ratiopharm, Motilium, Paspertin, Prepulsid*)

Prokinetika sind Mittel, welche die Magenentleerung beschleunigen. Sie werden bei Refluxbeschwerden und Magenentleerungsstörungen verwendet. Fast alle von ihnen wirken gleichzeitig auch gegen Übel-

keit und Erbrechen und sind deshalb auch Standardmedikamente zur Behandlung solcher Beschwerden.
Verwendet werden meist die Wirkstoffe Metoclopramid (in *Gastronerton, Gastrosil, MCP AL, MCP beta, MCP Hexal, MCP-Isis, MCP Stada, MCP-ratiopharm, MCP von ct, Paspertin*) und Domperidon (in *Motilium*).

Nebenwirkungen

Neben der häufig eintretenden Dämpfung können sehr selten Krampferscheinungen im Hals-Kopf-Schulter-Bereich sowie Blickkrämpfe auftreten, bei Kleinkindern manchmal schon nach einmaliger Verwendung (siehe auch Kapitel 2.7). Dies kann durch die Einnahme von Mitteln wie *Akineton* sofort gestoppt werden.

13.1. Mittel gegen Magen-Darm-Geschwüre und Magenübersäuerung

Präparat	Wichtigste Nebenwirkungen	Empfehlung
Agopton (D/Ö) Kaps. Lansoprazol *Rezeptpflichtig*	Magen-Darm-Störungen, Schwindel, Kopfschmerzen, Hautausschlag. Psychische Veränderungen wie z. B. Depression, Schlafstörungen. Verdacht auf Krebs erregende Wirkung bei Langzeitanwendung	**Therapeutisch zweckmäßig zur** kurzfristigen Behandlung der Refluxkrankheit und bei Geschwüren des Magens und Zwölffingerdarms, wenn andere Mittel versagen. Vertretbar zur vorbeugenden Anwendung bei schwerer erosiver Ösophagitis. Protonenpumpenhemmer.
Alkalan N (D) Pulver Natrium-hydrogencarbonat	Alkalisierung des Blutes und Harns, Aufblähung des Magens	**Abzuraten** Kohlensaures Natron sollte wegen der möglichen Nebenwirkungen nicht mehr angewendet werden.
Almag von ct (D) Aluminiumhydroxid Suspension: zusätzlich Aluminium-, Magnesiumhydroxid Tabletten: zusätzlich Magnesiumtrisilikat	Störungen der Knochenbildung, Verminderung der Aufnahme von anderen Arzneimitteln. Vorsicht bei Nierenschäden! Nierensteinbildung möglich	**Therapeutisch zweckmäßig** Sinnvolle Kombination von stopfenden (Aluminiumhydroxid) und abführend (Magnesiumverbindungen) wirkenden, säurebindenden Mitteln.

Präparat	Wichtigste Nebenwirkungen	Empfehlung
Alucol (Ö) Tabl. Aluminium-, Magnesiumhydroxid	Störungen der Knochenbildung, Verminderung der Aufnahme von anderen Arzneimitteln, Vorsicht bei Nierenschäden!	**Therapeutisch zweckmäßig** Sinnvolle Kombination von stopfenden (Aluminiumhydroxid) und abführend (Magnesiumhydroxid) wirkenden, säurebindenden Mitteln.
Antacidum Pfizer (Ö) Lutschtabl. Dihydroxy-Aluminium- Natriumkarbonat	Verstopfung, Störungen der Knochenbildung, Verminderung der Aufnahme von anderen Arzneimitteln. Vorsicht bei Nierenschäden und Bluthochdruck!	**Therapeutisch zweckmäßig** Säurebindendes Mittel. Nicht geeignet bei kochsalzarmer Diät (enthält Natriumsalz).
Antra Mups (D) Tabl. Omeprazol *Rezeptpflichtig*	Magen-Darm-Störungen, Schwindel, Kopfschmerzen, Hautausschlag. Psychische Veränderungen wie z. B. Depression, Schlafstörungen. Verdacht auf Krebs erregende Wirkung	**Therapeutisch zweckmäßig zur** kurzfristigen Behandlung der Refluxkrankheit und bei Geschwüren des Magens und Zwölffingerdarms, wenn andere Mittel versagen. Vertretbar zur vorbeugenden Anwendung bei schwerer erosiver Ösophagitis (Speiseröhrenentzündung). Protonenpumpenhemmer.
Bullrich Salz (D/Ö) Tabl., Pulver Natrium- hydrogencarbonat	Alkalisierung des Blutes und Harns, Aufblähung des Magens	**Abzuraten** Kohlensaures Natron sollte wegen der möglichen Nebenwirkungen nicht mehr angewendet werden.
Cimetag (Ö) Filmtabl. Cimetidin *Rezeptpflichtig*	Durchfall, Hautausschlag, Störungen der Geschlechtshormone (Gynäkomastie, Impotenz). Verwirrtheit, vor allem bei älteren Personen	**Therapeutisch zweckmäßig zur** Verminderung der Magensäureproduktion (z. B. bei Magen- bzw. Zwölffingerdarmgeschwüren). H2-Blocker.
Fadul (D) Filmtabl. Famotidin *Rezeptpflichtig*	Selten Hautausschlag, Kopfschmerzen, Magen-Darm-Störungen, selten Hormonstörungen, Müdigkeit, Verwirrtheit	**Therapeutisch zweckmäßig zur** Verminderung der Magensäureproduktion (z. B. bei Magen- bzw. Zwölffingerdarmgeschwüren). H2-Blocker.
Gastracid (D) Tabl. Omeprazol *Rezeptpflichtig*	Magen-Darm-Störungen, Schwindel, Kopfschmerzen, Hautausschlag. Psychische Veränderungen wie z. B. Depression, Schlafstörungen. Verdacht auf Krebs erregende Wirkung	**Therapeutisch zweckmäßig zur** kurzfristigen Behandlung der Refluxkrankheit und bei Geschwüren des Magens und Zwölffingerdarms, wenn andere Mittel versagen. Vertretbar zur vorbeugenden Anwendung bei schwerer erosiver Ösophagitis (Speiseröhrenentzündung). Protonenpumpenhemmer.

Präparat	Wichtigste Nebenwirkungen	Empfehlung
Gastrozepin (D/Ö) Tabl. Pirenzepin *Rezeptpflichtig*	Sehstörungen, Mundtrockenheit	**Nur zweckmäßig zur** Verminderung der Magensäureproduktion bei Magen- bzw. Zwölffingerdarmgeschwüren, wenn andere bewährte Mittel, wie z. B. Ranitidin, nicht angewendet werden können. Nur in relativ hoher Dosierung wirksam.
Gelusil Lac/ Liquid (D) Tabl., Pulver, Suspension Aluminiummagnesiumsilicathydrat, Milchpulver (nur in Tabl. und Pulver)	Störungen der Knochenbildung, Verminderung der Aufnahme von anderen Arzneimitteln. Vorsicht bei Nierenschäden! Nierensteinbildung möglich	**Wenig zweckmäßig bei** Magen- bzw. Zwölffingerdarmgeschwüren. Stärker wirksame Mittel sind vorzuziehen. Vertretbar bei Magenreizungen.
Kompensan (D) Tabl., Suspension Aluminium-Natriumcarbonat-dihydroxid	Verstopfung, Störungen der Knochenbildung, Verminderung der Aufnahme von anderen Arzneimitteln. Vorsicht bei Nierenschäden und Bluthochdruck!	**Wenig zweckmäßig bei** Magen- bzw. Zwölffingerdarmgeschwüren. Stärker wirksame Mittel sind vorzuziehen. Vertretbar bei Magenreizungen. Nicht geeignet bei kochsalzarmer Diät (enthält Natriumsalz).
Losec (Ö) Kaps. Omeprazol *Rezeptpflichtig*	Magen-Darm-Störungen, Schwindel, Kopfschmerzen, Hautausschlag. Psychische Veränderungen wie z. B. Depression, Schlafstörungen. Verdacht auf Krebs erregende Wirkung bei Langzeitanwendung	**Therapeutisch zweckmäßig zur** kurzfristigen Behandlung der Refluxkrankheit und bei Geschwüren des Magens und Zwölffingerdarms, wenn andere Mittel versagen. Vertretbar zur vorbeugenden Anwendung bei schwerer erosiver Ösophagitis (Speiseröhrenentzündung). Protonenpumpenhemmer.
Maalox Kautabletten/ Suspension (D/Ö) Suspension, Kautabl. (Ö), Magnesiumhydroxid, Algeldrat (Aluminiumoxid) *Rezeptpflichtig (Ö)*	Störungen der Knochenbildung, Verminderung der Aufnahme von anderen Arzneimitteln. Vorsicht bei Nierenschäden!	**Therapeutisch zweckmäßig** Sinnvolle Kombination von stopfend (Aluminiumoxid) und abführend (Magnesiumhydroxid) wirkenden, säurebindenden Mitteln.
Maaloxan/ forte/ Suspension (D) Kautabl., Suspension Algeldrat (Aluminiumoxid), Magnesiumhydroxid	Störungen der Knochenbildung, Verminderung der Aufnahme von anderen Arzneimitteln. Vorsicht bei Nierenschäden!	**Therapeutisch zweckmäßig** Sinnvolle Kombination von stopfend (Aluminiumoxid) und abführend (Magnesiumhydroxid) wirkenden, säurebindenden Mitteln.

Präparat	Wichtigste Nebenwirkungen	Empfehlung
Magaldrat beta (D) **Magaldrat-ratiopharm** (D) **Magaldrat von ct** (D) Tabl., Suspension Magaldrat	Störungen der Knochenbildung, Verminderung der Aufnahme von anderen Arzneimitteln. Vorsicht bei Nierenschäden! Bei Überdosierung Durchfall möglich	**Therapeutisch zweckmäßig** Säurebindendes Mittel mit Aluminium- und Magnesiumverbindungen.
Marax (D) Tabl., Suspension Magaldrat	Störungen der Knochenbildung, Verminderung der Aufnahme von anderen Arzneimitteln. Vorsicht bei Nierenschäden! Bei Überdosierung Durchfall möglich	**Therapeutisch zweckmäßig** Säurebindendes Mittel mit Aluminium- und Magnesiumverbindungen.
Neutromed (Ö) Filmtabl. Cimetidin *Rezeptpflichtig*	Durchfall, Hautausschlag, Störungen der Geschlechtshormone (Gynäkomastie, Impotenz). Verwirrtheit, vor allem bei älteren Personen	**Therapeutisch zweckmäßig zur** Verminderung der Magensäureproduktion (z. B. bei Magen- bzw. Zwölffingerdarmgeschwüren). H2-Blocker.
Nexium mups magensaftresistente Tabletten (D) Tabl. Esomeprazol *Rezeptpflichtig*	Häufig Kopfschmerzen, Magen-Darm-Störungen. Schwindel, Hautausschlag. Psychische Veränderungen wie z. B. Depression, Schlafstörungen. Verdacht auf Krebs erregende Wirkung bei Langzeitanwendung	**Therapeutisch zweckmäßig zur** kurzfristigen Behandlung der Refluxkrankheit und bei Geschwüren des Magens und Zwölffingerdarms, wenn andere Mittel versagen. Vertretbar zur vorbeugenden Anwendung bei schwerer erosiver Ösophagitis (Speiseröhrenentzündung). Protonenpumpenhemmer.
Omebeta (D) **Ome-nerton** (D) **Omep** (D) **Omeprazol AL** (D) **Omeprazol von ct** (D) **Omeprazol dura** (D) **Omeprazol Heumann** (D) **Omeprazol-ratiopharm** (D) **Omeprazol Stada** (D) **Ome-Puren** (D) Kaps., Tabl. (nur Omebets, Omep, Omeprazol Stada) Omeprazol *Rezeptpflichtig*	Magen-Darm-Störungen, Schwindel, Kopfschmerzen, Hautausschlag. Psychische Veränderungen wie z. B. Depression, Schlafstörungen. Verdacht auf Krebs erregende Wirkung bei Langzeitanwendung	**Therapeutisch zweckmäßig zur** kurzfristigen Behandlung der Refluxkrankheit und bei Geschwüren des Magens und Zwölffingerdarms, wenn andere Mittel versagen. Vertretbar zur vorbeugenden Anwendung bei schwerer erosiver Ösophagitis (Speiseröhrenentzündung). Protonenpumpenhemmer.

Präparat	Wichtigste Nebenwirkungen	Empfehlung
Pantoloc (Ö) Filmtabl. Pantoprazol *Rezeptpflichtig*	Magen-Darm-Störungen, Schwindel, Kopfschmerzen, Hautausschlag. Psychische Veränderungen wie z. B. Depression, Schlafstörungen. Verdacht auf Krebs erregende Wirkung bei Langzeitanwendung	**Therapeutisch zweckmäßig zur** kurzfristigen Behandlung der Refluxkrankheit und bei Geschwüren des Magens und Zwölffingerdarms, wenn andere Mittel versagen. Vertretbar zur vorbeugenden Anwendung bei schwerer erosiver Ösophagitis (Speiseröhrenentzündung). Protonenpumpenhemmer.
Pantozol (D) Tabl. Pantoprazol *Rezeptpflichtig*	Magen-Darm-Störungen, Schwindel, Kopfschmerzen, Hautausschlag. Psychische Veränderungen wie z. B. Depression, Schlafstörungen. Verdacht auf Krebs erregende Wirkung bei Langzeitanwendung	**Therapeutisch zweckmäßig zur** kurzfristigen Behandlung der Refluxkrankheit und bei Geschwüren des Magens und Zwölffingerdarms, wenn andere Mittel versagen. Vertretbar zur vorbeugenden Anwendung bei schwerer erosiver Ösophagitis (Speiseröhrenentzündung). Protonenpumpenhemmer.
Pariet (D) Tabl. Rabeprazol *Rezeptpflichtig*	Häufig Kopfschmerzen, Magen-Darm-Störungen. Schwindel, grippeähnliche Symptome, Hautausschlag. Psychische Veränderungen wie z. B. Depression, Schlafstörungen. Verdacht auf Krebs erregende Wirkung bei Langzeitanwendung	**Therapeutisch zweckmäßig zur** kurzfristigen Behandlung der Refluxkrankheit und bei Geschwüren des Magens und Zwölffingerdarms, wenn andere Mittel versagen. Vertretbar zur vorbeugenden Anwendung bei schwerer erosiver Ösophagitis (Speiseröhrenentzündung). Protonenpumpenhemmer. Weniger erprobt als Standardsubstanzen wie Omeprazol.
Pepciddual (D) Kautabl. Famotidin *Rezeptpflichtig*	Selten Hautausschlag, Kopfschmerzen, Magen-Darm-Störungen, selten Hormonstörungen, Müdigkeit, Verwirrtheit	**Therapeutisch zweckmäßig zur** Verminderung der Magensäureproduktion (z. B. bei Magen- bzw. Zwölffingerdarmgeschwüren). H2-Blocker.

Präparat	Wichtigste Nebenwirkungen	Empfehlung
Rani AbZ (D) **Ranibeta** (D) **Ranitic** (D) **Ranitidin 1A Pharma** (D) **Ranitidin AL** (D) **Ranitidin-ratiopharm** (D) **Ranitidin Sandoz** (D) **Ranitidin Stada** (D) **Ranitidin von ct** (D) Filmtabl., Brausetabl. (nur Ranitidin Sandoz, Ranitidin-ratiopharm) Ranitidin *Rezeptpflichtig* *(Präparate über 75 mg)*	Selten Hautausschlag, Kopfschmerzen, Magen-Darm-Störungen, selten Hormonstörungen, Müdigkeit, Verwirrtheit	**Therapeutisch zweckmäßig zur** Verminderung der Magensäureproduktion (z. B. bei Magen- bzw. Zwölffingerdarmgeschwüren). H2-Blocker.
Rennie (D) Tabl. **Rennie Antacidum Roche** (Ö) Lutschtabl. Magnesiumcarbonat, Calciumcarbonat	Verminderung der Aufnahme anderer Arzneimittel. Vorsicht bei Nierenschäden. Bei lang dauernder Anwendung Störungen der Knochenbildung und Nierensteinbildung möglich	**Therapeutisch zweckmäßig bei** Magenreizungen. Kombination von stopfend und abführend wirkenden Antacida (säurebindenden Mitteln).
Rifun (D) Tabl. Pantoprazol *Rezeptpflichtig*	Magen-Darm-Störungen, Schwindel, Kopfschmerzen, Hautausschlag. Psychische Veränderungen wie z. B. Depression, Schlafstörungen. Verdacht auf Krebs erregende Wirkung bei Langzeitanwendung	**Therapeutisch zweckmäßig zur** kurzfristigen Behandlung der Refluxkrankheit und bei Geschwüren des Magens und Zwölffingerdarms, wenn andere Mittel versagen. Vertretbar zur vorbeugenden Anwendung bei schwerer erosiver Ösophagitis (Speiseröhrenentzündung). Protonenpumpenhemmer.
Riopan Magen Gel/ **Magen Tabletten** (D/Ö) Gel, Kautabl. Magaldrat	Störungen der Knochenbildung, Verminderung der Aufnahme von anderen Arzneimitteln. Vorsicht bei Nierenschäden! Bei Überdosierung Durchfall möglich	**Therapeutisch zweckmäßig** Säurebindendes Mittel mit Aluminium- und Magnesiumverbindungen.
Simagel (D) Tabl. Almasilat	Störungen der Knochenbildung, Verminderung der Aufnahme von anderen Arzneimitteln. Vorsicht bei Nierenschäden! Nierensteinbildung möglich	**Therapeutisch zweckmäßig bei** Magenreizungen. Relativ schwach wirksames säurebindendes Mittel mit Aluminium- und Magnesiumverbindungen.

Präparat	Wichtigste Nebenwirkungen	Empfehlung
Solugastril (D/Ö) Gel, Tabl. Aluminiumhydroxid, Kalziumcarbonat	Störungen der Knochenbildung, Verminderung der Aufnahme von anderen Arzneimitteln. Vorsicht bei Nierenschäden! Nierensteinbildung möglich	**Therapeutisch zweckmäßig** Sinnvolle Kombination von stopfend und abführend wirkenden Antacida (säurebindenden Mitteln).
Talcid/ -forte/ mint (D/Ö) Kautabl., Kaupastillen, Suspension Hydrotalcit	Durchfall, Erbrechen, Verminderung der Aufnahme anderer Arzneimittel. Vorsicht bei Nierenschäden!	**Therapeutisch zweckmäßig** Säurebindendes Mittel mit Aluminium- und Magnesiumverbindungen.
Talidat/ mint (D) Kaupastillen Hydrotalcit	Durchfall, Erbrechen, Verminderung der Aufnahme anderer Arzneimittel. Vorsicht bei Nierenschäden!	**Therapeutisch zweckmäßig** Säurebindendes Mittel mit Aluminium- und Magnesiumverbindungen.
Tepilta (D/Ö) Suspension, Tabl. Oxetacain, Aluminiumhydroxid, Magnesiumcarbonat, Magnesiumhydroxid (nur in Suspension) *Rezeptpflichtig*	Störungen der Knochenbildung, Verminderung der Aufnahme von anderen Arzneimitteln. Vorsicht bei Nierenschäden!	**Abzuraten** Wenig sinnvolle Kombination von säurebindenden Mitteln (Aluminium- und Magnesiumverbindungen) mit lokal wirkendem Betäubungsmittel (Oxetacain).
Ulcogant (D/Ö) Tabl., Granulat, Suspension Sucralfat (Aluminiumverbindung) *Rezeptpflichtig*	Relativ oft Verstopfung, selten Übelkeit, Erbrechen. Vorsicht bei Nierenschäden!	**Therapeutisch zweckmäßig zur** Behandlung von Magen- und Zwölffingerdarmgeschwüren.
Ulcusan (Ö) Filmtabl. Famotidin *Rezeptpflichtig*	Selten Hautausschlag, Kopfschmerzen, Magen-Darm-Störungen, selten Hormonstörungen, Müdigkeit, Verwirrtheit	**Therapeutisch zweckmäßig zur** Verminderung der Magensäureproduktion (z. B. bei Magen- bzw. Zwölffingerdarmgeschwüren). H2-Blocker.
Ulsal (Ö) Filmtabl., lösliche Tabl. Ranitidin *Rezeptpflichtig*	Selten Hautausschlag, Kopfschmerzen, Magen-Darm-Störungen, selten Hormonstörungen, Müdigkeit, Verwirrtheit	**Therapeutisch zweckmäßig zur** Verminderung der Magensäureproduktion (z. B. bei Magen- bzw. Zwölffingerdarmgeschwüren). H2-Blocker.

Präparat	Wichtigste Nebenwirkungen	Empfehlung
Zacpac (D) Tabl., Filmtabl. Pantoprazol *Rezeptpflichtig*	Magen-Darm-Störungen, Schwindel, Kopfschmerzen, Hautausschlag. Psychische Veränderungen wie z. B. Depression, Schlafstörungen. Verdacht auf Krebs erregende Wirkung bei Langzeitanwendung	**Therapeutisch zweckmäßig zur** kurzfristigen Behandlung der Refluxkrankheit und bei Geschwüren des Magens und Zwölffingerdarms, wenn andere Mittel versagen. Vertretbar zur vorbeugenden Anwendung bei schwerer erosiver Ösophagitis (Speiseröhrenentzündung). Protonenpumpenhemmer.
Zantac (Ö) **Zantic** (D) Filmtabl., Brausetabl., lösliche Tabl. (Ö) Ranitidin *Rezeptpflichtig*	Selten Hautausschlag, Kopfschmerzen, Magen-Darm-Störungen, selten Hormonstörungen, Müdigkeit, Verwirrtheit	**Therapeutisch zweckmäßig zur** Verminderung der Magensäureproduktion (z. B. bei Magen- bzw. Zwölffingerdarmgeschwüren). H2-Blocker.

13.2. Abführmittel

»Der Tod liegt im Darm« – solche Werbesprüche suggerieren, dass eine verzögerte Darmentleerung schwere gesundheitliche Schäden hervorrufen kann.

Diese Firmenstrategie lohnt sich immer noch. Der Abführmittelumsatz sinkt zwar – nicht zuletzt dank konsequenter Aufklärungsarbeit –, dennoch wurden in Deutschland im Jahr 2000 immer noch rund 40 Millionen Packungen (in Österreich 3,5 Millionen) verkauft.

Diese hohen Verkaufszahlen lassen vermuten, dass der chronische Missbrauch von Abführmitteln immer noch weit verbreitet ist.

Dazu trägt wohl auch die derzeitige alternativ-medizinische Begeisterung bei, die pflanzliche Arzneimittel meist als harmlos, sanft und nebenwirkungsarm darstellt – eine gefährliche Irreführung.

Die Firma Nattermann bewirbt z. B. ihr Produkt so: »Liquidepur wirkt durch Pflanzenkraft und daher schonend.«

Der Inhaltsstoff – Sennesfrüchte – gilt jedoch bei längerem Gebrauch als potenziell Krebs erregend. Deshalb hat z. B. das Bundesinstitut für Arzneimittel und Medizinprodukte 1996 vor dem erhöhten Krebsrisiko von Sennesfrüchten und ähnlichen pflanzlichen Mitteln gewarnt und darauf hingewiesen, dass man solche Arzneimittel nur einmal oder maximal zwei Wochen lang verwenden sollte. Diese Warnung wurde allerdings nur Fachleuten zur Kenntnis gebracht.

Verstopfung und deren Behandlung

Ursache des schnellen Griffs zu Abführmitteln ist oft die falsche Vorstellung vom »normalen« Stuhlgang. Zwei bis drei tägliche Entleerungen sind jedoch ebenso normal wie zwei in einer Woche. Erst bei weniger als einmal pro Woche kann von behandlungsbedürftiger Verstopfung gesprochen werden.

Die Ursachen dafür können sein:
- Ernährungsfehler (z. B. zu viele Süßigkeiten, zu wenig Ballaststoffe); Bewegungsmangel,
- psychische Faktoren. Psychisches Leid hat oft Verdauungsstörungen und Stress zur Folge,
- organische Erkrankungen (Tumore, Hämorrhoiden, siehe Kapitel 13.8.: Mittel gegen Hämorrhoiden),
- Medikamente (Psychopharmaka, aluminiumhaltige säurebindende Mittel, Schlafmittel, krampflösende Mittel).

Verdauungsstörungen können behoben werden durch:
- *richtige Ernährung*. Schlackenreiche Kost wie Vollkornbrot, faserreiches Gemüse und Obst dehnen die Darmwände und regen so die Darmbewegung an. Weißbrot, Milch- und Süßspeisen, Fleisch- und Wurstwaren lösen den Entleerungsreflex nicht aus, weil sie den Darm kaum füllen. Verschiedene Nahrungsmittel haben eine abführende Wirkung (Pflaumen, Rhabarber). Ein Glas Fruchtsaft am Morgen auf nüchternen Magen regt die Verdauung ebenso an wie Weizenkleie und Leinsamen (dreimal 2–5 g täglich).
- *richtigen Stuhlgang*. Man sollte sich Zeit nehmen und es regelmäßig zur gleichen Zeit versuchen – auch dann, wenn der Stuhlgang vorübergehend ausbleibt.
- *ausreichende körperliche Bewegung*.
- *Aufklärung* über Mechanismus und Rhythmus der Entleerung und eventuell eine Psychotherapie.

Wann Abführmittel?

Kinder sollten überhaupt keine Abführmittel verwenden. Der kurzfristige oder einmalige Einsatz bei Erwachsenen ist nur in wenigen Fällen gerechtfertigt:

- bei schweren Verstopfungen,
- zur Vermeidung von Bauchpressen, z. B. nach einem Herzinfarkt, bei schwerem Bluthochdruck,

- zur Darmentleerung vor chirurgischen Eingriffen oder Röntgenuntersuchungen im Darmbereich,
- bei schmerzhaften Leiden in der Aftergegend.

Der dauernde Gebrauch von stärker wirkenden Abführmitteln ist generell abzulehnen, weil als Nebenwirkung chronische Veränderungen der Darmwände und Darmflora, Darmlähmungen sowie Verschlimmerungen von Hämorrhoiden-Beschwerden auftreten können.

Welches Abführmittel?

Bei leichten Verstopfungen

sollte man es zunächst mit einem Quellmittel versuchen, wobei es unter Umständen einige Tage dauern kann, bis sich eine Wirkung zeigt:
- Leinsamen (in vielen Lebensmittelgeschäften erhältlich, aber auch in Apotheken unter dem Präparatenamen *Linusit Creola*) oder
- Weizenkleie (in Drogeriemärkten oder in Apotheken erhältlich) oder
- indischer Flohsamen bzw. Flohsamenschalen (enthalten z. B. in *Agiocur, Flosa, Metamucil, Mucofalk*).

Bei der Verwendung von Quellmitteln sollte man darauf achten, ausreichend Flüssigkeit zu sich zu nehmen! In diesem Fall sind keine Nebenwirkungen zu erwarten.

Wenn mit Quellmitteln keine ausreichende Wirkung erzielt wird, ist die Verwendung folgender Mittel zweckmäßig:
- Bisacodyl (enthalten in *Bekunis Bisacodyl, Dulcolax, Laxans-ratiopharm, Prepacol Tbl., Pyrilax, Tirgon*). Bisacodyl reizt die Darmwand und ist bei kurzzeitiger Anwendung unbedenklich. Es ist auch für stillende Mütter geeignet.
- Natriumpicosulfat (enthalten in *Agaffin, Agiolax Pico, Dulcolax NP Tropfen, Guttalax, Laxans-ratiopharm Pico, Laxoberal, Regulax Picosulfat*). Natrium Picosulfat ist dem Bisacodyl chemisch und in der Wirkung verwandt.
- Lactulose (enthalten in *Bifiteral, Lactulose 1AP, Lactulose AL, Lactusole Arcana, Lactulose Hexal, Lactulose Neda, Lactulose-ratiopharm, Lactulose Saar, Lactulose Stada, Laevulac-Lactulose*). Als Nebenwirkungen können Übelkeit, Erbrechen und Blähungen auftreten.

Bei schweren Verstopfungen

ist die kurzfristige Verwendung von Mitteln sinnvoll, die Sennesblätter oder Sennesfrüchte in standardisierter Darreichungsform enthalten (z. B. *Agiolax, Alasenn, Bad Heilbrunner Abführtee N, Bekunis, Depuran Dragees, H&S Sennesblättertee, Liquidepur, Midro Abführtabletten, Midro Tee, Ramend, Regulax N, Sennesblättertee Bombastus*). Sennes-Präparate sollten abends nach dem Essen eingenommen und nicht länger als maximal zwei Wochen verwendet werden. Sennesblätter und -früchte enthalten so genannte Anthrachinone, bei denen der Verdacht besteht, dass sie Krebs erregend sind und bei langfristiger Anwendung möglicherweise die Entstehung von Dickdarmkrebs begünstigen. Bei kurzfristiger Anwendung ist dieses Risiko bedeutungslos.

Zur schnellen Darmentleerung

eignen sich der Wirkstoff Glyzerin (z. B. *Babylax, Glycilax, Milax*) oder die Präparate *Clysmol, Klysma 1x, Lecicarbon, Microklist, Practo-Clyss* und *Relaxyl* in Form von Zäpfchen oder Klistieren. Glyzerin-Präparate können auch bei Kindern verwendet werden. Nebenwirkungen sind bei gesundem Enddarm nicht zu erwarten.
Bei starker Verstopfung ist die Verwendung von *Rizinusöl* zweckmäßig. Schneller Wirkungseintritt (zwei bis vier Stunden).

Abzuraten ist von folgenden Mitteln

- *Aloeextrakte* (enthalten z. B. in *Aristochol Konzentrat, Artin, Kräuterlax-A*). Aloe hat eine sehr drastische Wirkung und gilt wegen der schwerwiegenden Nebenwirkungen – Bauchschmerzen und -krämpfe, Hautausschläge; bei Überdosierung Koliken und Nierenentzündung – als überholt. Außerdem besteht der Verdacht, dass Aloe Krebs erregend wirkt.
- *Paraffinöl* (enthalten in *Obstinol M*) wirkt stuhlaufweichend und gilt als überholt. Paraffinöl wird vom Körper aufgenommen und in verschiedenen Körpergeweben eingelagert. In der Folge können geschwulstähnliche Gewebreaktionen auftreten. Wenn Paraffinöl versehentlich in die Luftröhre gelangt, kann dies eine Lungenentzündung verursachen.
- *Phenolphthalein* (enthalten z. B. in *Abführdragees Waldheim*) gilt wegen der vielen möglichen Nebenwirkungen – allergische Reaktionen, Koliken etc. – als überholt und sollte nicht mehr verwendet werden.
- Abzuraten ist außerdem von unstandardisierten pflanzlichen Inhaltsstoffen und unsinnigen oder gefährlichen Kombinationspräparaten.

13.2. Abführmittel

Präparat	Wichtigste Nebenwirkungen	Empfehlung
1 x klysma Sorbit (D) Klistier Sorbitol	Bei gesundem Enddarm keine wesentlichen zu erwarten	**Therapeutisch zweckmäßig zur** raschen Auslösung des Stuhlgangs. Nur kurzfristig anwenden.
Abführtee St. Severin (Ö) Tee Sennesblätter und -früchte (nicht standardisiert), Pfefferminz, Herba millefolii	Gelegentlich Darmkrämpfe, bei Dauergebrauch Salzverlust, harmlose Rotfärbung des Urins und Verfärbung der Dickdarmschleimhaut	**Wenig zweckmäßig** Pflanzliches Mittel. Wenig sinnvolle Kombination von abführend wirkenden Darmreizstoffen (Sennes, Faulbaumrinde). Die Extraktion der Wirksubstanzen aus Teeblättern ist wenig zuverlässig.
Agaffin (Ö) Abführgel, Drag., Tropfen Natriumpicosulfat	Bei längerer Anwendung Salzverlust	**Therapeutisch zweckmäßig nur** zur kurzfristigen Anwendung.
Agiocur (Ö) Granulat Indische Flohsamen und -schalen (Plantago ovata) *Rezeptpflichtig*	Bei ausreichender Flüssigkeitszufuhr keine wesentlichen zu erwarten	**Therapeutisch zweckmäßig als** Füllmittel. Pflanzliches Mittel.
Agiolax (D/Ö) Granulat Indische Flohsamen und -schalen (Plantago ovata), Sennesfrüchte (standardisiert) Hilfsstoff: Paraffin	Gelegentlich Darmkrämpfe, bei Dauergebrauch Salzverlust, harmlose Rotfärbung des Urins und Verfärbung der Dickdarmschleimhaut	**Abzuraten** Kombination von ungefährlichen Quell- und Füllmitteln mit Darmreizstoff (in Sennesfrüchten). Pflanzliches Mittel. Der Hilfsstoff Paraffin sollte aber nicht mehr verwendet werden.
Agiolax Pico (D) Pastillen Natriumpicosulfat	Blähungen, Bauchschmerzen. Bei längerer Anwendung Salzverlust	**Therapeutisch zweckmäßig nur zur** kurzfristigen Anwendung.
Alasenn (D) Granulat Sennesblätter und -früchte (standardisiert), Hilfsstoffe: Paraffin, Rizinusöl und andere Pflanzenextrakte	Gelegentlich Darmkrämpfe, bei Dauergebrauch Salzverlust, harmlose Rotfärbung des Urins und Verfärbung der Dickdarmschleimhaut	**Abzuraten** Wenig sinnvolle Kombination von Darmreizstoff (in Sennespflanze) z. B. mit Rizinusöl und entwässernd wirkenden Pflanzenextrakten. Der Hilfsstoff Paraffin sollte nicht mehr verwendet werden.

Präparat	Wichtigste Nebenwirkungen	Empfehlung
Aristochol Konzentrat (D) Granulat Aloe, Schöllkraut	Bei Überdosierung Magenschmerzen und Schwindel möglich. Bauchkrämpfe. Bei langfristigem Gebrauch Salzverlust. Nierenreizung möglich. Leberschäden durch Schöllkraut	**Abzuraten** Pflanzliches Mittel. Nicht sinnvolle Kombination von abführend wirkenden Darmreizstoffen (Aloe) und Gallenmittel (Schöllkraut). Aloe und Schöllkraut sollten nicht mehr angewendet werden.
Artin (Ö) Drag. Aloeextrakt, Faulbaumextrakt *Rezeptpflichtig*	Darmkrämpfe, bei längerem Gebrauch Salzverlust, Allergien	**Abzuraten** wegen unerwünschter Wirkungen. Aloe sollte wegen ihres Gehalts an darm- und nierenreizenden Stoffen nicht angewendet werden. Pflanzliches Mittel.
Babylax (D) Miniklistier Glycerol	Bei gesundem Enddarm keine wesentlichen zu erwarten	**Therapeutisch zweckmäßig als** mildes Mittel zur Auslösung des Stuhlgangs.
Bad Heilbrunner Abführtee N (D) Tee im Filterbeutel Sennesblätter (standardisiert)	Gelegentlich Darmkrämpfe, bei Dauergebrauch Salzverlust, harmlose Rotfärbung des Urins und Verfärbung der Dickdarmschleimhaut	**Therapeutisch zweckmäßig nur zur** kurzfristigen Anwendung. Die Extraktion der Wirksubstanzen aus Teeblättern ist wenig zuverlässig. Pflanzliches Mittel.
Bekunis (D/Ö) Tee, Drag. Extrakte aus Sennesblättern, -früchten (standardisiert)	Gelegentlich Darmkrämpfe, bei Dauergebrauch Salzverlust, harmlose Rotfärbung des Urins und Verfärbung der Dickdarmschleimhaut	**Therapeutisch zweckmäßig nur zur** kurzfristigen Anwendung. Pflanzliches Mittel.
Bekunis Bisacodyl (D) Drag. Bisacodyl Hilfsstoff: Rizinusöl	Darmkrämpfe, bei Dauergebrauch Salzverlust	**Therapeutisch zweckmäßig nur zur** kurzfristigen Anwendung.
Bekunis-Kräutertee (D/Ö) Tee Sennesfrucht und -blätter (z. T. standardisiert)	Gelegentlich Darmkrämpfe, bei Dauergebrauch Salzverlust, harmlose Rotfärbung des Urins und Verfärbung der Dickdarmschleimhaut	**Therapeutisch zweckmäßig nur** zur kurzfristigen Anwendung. Die Extraktion der Wirksubstanzen aus Teeblättern ist wenig zuverlässig. Pflanzliches Mittel.
Bifiteral (D/Ö) Pulver, Sirup (D) Lactulose	Übelkeit, Erbrechen, Blähungen	**Therapeutisch zweckmäßig bei** chronischer Verstopfung, möglicherweise zweckmäßig bei schwerer Leberstörung.

Präparat	Wichtigste Nebenwirkungen	Empfehlung
Clysmol (Ö) Salinischer Einlauf Natriummono- hydrogenphosphat, Natriumhydrogenphosphat	Bei gesundem Enddarm keine wesentlichen zu erwarten	**Therapeutisch zweckmäßig zur** raschen Auslösung des Stuhlgangs.
Depuran Dragees (D) Kaps. Sennesfrüchteextrakt (standardisiert)	Gelegentlich Darmkrämpfe, bei Dauergebrauch Salzverlust, harmlose Rotfärbung des Urins und Verfärbung der Dickdarmschleimhaut	**Therapeutisch zweckmäßig nur zur** kurzfristigen Anwendung. Pflanzliches Mittel.
Dulcolax (D/Ö) Drag., Zäpfchen Bisacodyl	Darmkrämpfe, bei Dauergebrauch Salzverlust	**Therapeutisch zweckmäßig nur zur** kurzfristigen Anwendung.
Dulcolax NP Tropfen (D) Tropfen Natriumpicosulfat	Blähungen, Bauchschmerzen. Bei längerer Anwendung Salzverlust	**Therapeutisch zweckmäßig nur zur** kurzfristigen Anwendung.
Eucarbon (Ö) Tabl. Sennesblätter (nicht standardisiert), Rhabarberextrakt, Holzkohle, Schwefel, ätherische Öle	Gelegentlich Darmkrämpfe, bei Dauergebrauch Salzverlust, harmlose Rotfärbung des Urins und Verfärbung der Dickdarmschleimhaut	**Wenig zweckmäßig** Wenig sinnvolle Kombination von abführend wirkenden Darmreizstoffen (aus Sennes und Rhabarber) mit stuhlaufweichenden Mitteln (ätherische Öle als »Karminativa«) und zweifelhaft wirksamer Kohle und Schwefel.
Flosa (D) Granulat Indische Flohsamen- schalen (Plantago ovata)	Bei ausreichender Flüssigkeitszufuhr keine wesentlichen zu erwarten	**Therapeutisch zweckmäßig** als Füllmittel. Pflanzliches Mittel.
F.X. Passage (D/Ö) Pulver Magnesiumsulfat Hilfsstoffe: Weinsäure, Zitronensäure, Natriumhydrogencarbonat	Darmkrämpfe, Durchfall. Bei Überdosierung: Müdigkeit, Muskelschwäche, Atmungsverlangsamung, Herzrhythmusstörungen	**Therapeutisch zweckmäßig nur zur** kurzfristigen Anwendung.
Glycilax (D) Zäpfchen Glycerol	Keine wesentlichen zu erwarten	**Therapeutisch zweckmäßig als** mildes Mittel zur Auslösung des Stuhlgangs.
Guttalax (Ö) Tropfen Natriumpicosulfat	Blähungen, Bauchschmerzen. Bei längerer Anwendung Salzverlust	**Therapeutisch zweckmäßig zur** kurzfristigen Anwendung.

Präparat	Wichtigste Nebenwirkungen	Empfehlung
H+S Sennesblättertee (D) Tee Sennesblätter	Gelegentlich Darmkrämpfe, bei Dauergebrauch Salzverlust, harmlose Rotfärbung des Urins und Verfärbung der Dickdarmschleimhaut	**Therapeutisch zweckmäßig nur zur** kurzfristigen Anwendung. Die Extraktion der Wirksubstanzen aus Teeblättern ist wenig zuverlässig. Pflanzliches Mittel.
Isomol (D) Pulver Macrogol, Salze	Bauchschmerzen, selten Allergien	**Therapeutisch zweckmäßig zur** kurzfristigen Anwendung. Stuhlaufweichendes Mittel.
Kräuterlax-A (D) Drag. Aloe (standardisiert)	Nierenreizung möglich	**Abzuraten** Aloe sollte wegen ihres Gehalts an darm- und nierenreizenden Stoffen nicht angewendet werden. Pflanzliches Mittel.
Lactulose 1 A Pharma (D) Sirup **Lactulose AL** (D) Sirup **Lactulose Arcana** (Ö) Lösung **Lactulose Hexal** (D) Sirup **Lactulose Neda** (D) Sirup **Lactulose-ratiopharm** (D) Sirup **Lactulose Saar** (D) Sirup **Lactulose Stada** (D) Sirup, Granulat Lactulose	Übelkeit, Erbrechen, Blähungen. Bei hohen Dosierungen Durchfall möglich	**Therapeutisch zweckmäßig bei** chronischer Verstopfung. Möglicherweise zweckmäßig bei schwerer Leberstörung.
Laevolac-Lactulose Konzentrat (Ö) Orale Lösung Lactulose *Rezeptpflichtig*	Übelkeit, Erbrechen, Blähungen. Bei hohen Dosierungen Durchfall möglich	**Therapeutisch zweckmäßig bei** chronischer Verstopfung. Möglicherweise zweckmäßig bei schwerer Leberstörung.
Laxalpin (Ö) Tee Sennesblätter und Faulbaumrinde (nicht standardisiert), Fenchelfrüchte, Kamille	Gelegentlich Darmkrämpfe, bei Dauergebrauch Salzverlust, harmlose Rotfärbung des Urins und Verfärbung der Dickdarmschleimhaut	**Wenig zweckmäßig** Wenig sinnvolle Kombination von abführend wirkenden Darmreizstoffen (Sennes, Faulbaumrinde) mit zweifelhaft wirksamen anderen Pflanzenbestandteilen. Die Extraktion der Wirksubstanzen aus Teeblättern ist wenig zuverlässig. Pflanzliches Mittel.
Laxans-ratiopharm (D) Tabl., Zäpfchen Bisacodyl	Darmkrämpfe, bei Dauergebrauch Salzverlust	**Therapeutisch zweckmäßig nur zur** kurzfristigen Anwendung.

Präparat	Wichtigste Nebenwirkungen	Empfehlung
Laxans-ratiopharm Pico (D) Tropfen Natriumpicosulfat	Blähungen, Bauchschmerzen. Bei längerer Anwendung Salzverlust	**Therapeutisch zweckmäßig nur zur** kurzfristigen Anwendung.
Laxoberal (D) Tabl., Kaps., Tropfen Natriumpicosulfat	Blähungen, Bauchschmerzen. Bei längerer Anwendung Salzverlust	**Therapeutisch zweckmäßig nur zur** kurzfristigen Anwendung.
Lecicarbon (D/Ö) Zäpfchen Natriumhydrogencarbonat, Natriumhydrogenphosphat	Bei gesundem Enddarm keine wesentlichen zu erwarten	**Therapeutisch zweckmäßig zur** raschen Auslösung einer Darmentleerung.
Liquidepur Abführ-Dosiertabletten (D) Filmtabl. Sennesfrüchte (standardisiert)	Gelegentlich Darmkrämpfe, bei Dauergebrauch Salzverlust, harmlose Rotfärbung des Urins und Verfärbung der Dickdarmschleimhaut	**Therapeutisch zweckmäßig nur zur** kurzfristigen Anwendung. Pflanzliches Mittel.
Liquidepur mit Natriumpicosulfat (D) Abführ-Lösung, Abführtabl., Natriumpicosulfat	Blähungen, Bauchschmerzen. Bei längerer Anwendung Salzverlust	**Therapeutisch zweckmäßig nur zur** kurzfristigen Anwendung.
Metamucil (D) Pulver Indische Flohsamenschalen (Plantago ovata)	Bei ausreichender Flüssigkeitszufuhr keine wesentlichen zu erwarten	**Therapeutisch zweckmäßig als** Füllmittel. Pflanzliches Mittel.
Microklist (D/Ö) Rektallösung Natriumcitrat, Natriumlaurylsulfoacetat, Sorbitol	Bei gesundem Enddarm keine wesentlichen zu erwarten	**Therapeutisch zweckmäßig zur** raschen Auslösung einer Darmentleerung.
Midro Abführtabletten (D) Tabl. Sennesblätter (standardisiert)	Gelegentlich Darmkrämpfe, bei Dauergebrauch Salzverlust, harmlose Rotfärbung des Urins und Verfärbung der Dickdarmschleimhaut	**Therapeutisch zweckmäßig nur zur** kurzfristigen Anwendung. Pflanzliches Mittel.

Präparat	Wichtigste Nebenwirkungen	Empfehlung
Midro Tee (D/Ö) Tee Sennesblätter (standardisiert in D, nicht standardisiert in Ö) Hilfsstoffe: Malvenblüte, Pfefferminzblätter, Süßholz, Kümmel, Erdbeerblätter (D), Rittersporn (Ö)	Gelegentlich Darmkrämpfe, bei Dauergebrauch Salzverlust, harmlose Rotfärbung des Urins und Verfärbung der Dickdarmschleimhaut	**Wenig zweckmäßig** Kombination von Darmreizstoffen (in Sennesblättern) mit anderen Pflanzenbestandteilen. Die Extraktion der Wirksubstanzen aus Teeblättern ist wenig zuverlässig. Pflanzliches Mittel.
Milax (D) Zäpfchen Glycerol	Keine wesentlichen zu erwarten	**Therapeutisch zweckmäßig als** mildes Mittel zur Auslösung des Stuhlgangs.
Movicol (D/Ö) Pulver Macrogol, Salze	Bauchschmerzen, selten Allergien	**Therapeutisch zweckmäßig zur** kurzfristigen Anwendung. Stuhlaufweichendes Mittel.
Mucofalk (D) Granulat Indische Flohsamenschalen (Plantago ovata)	Bei ausreichender Flüssigkeitszufuhr keine wesentlichen zu erwarten	**Therapeutisch zweckmäßig als** Füllmittel. Pflanzliches Mittel.
Neda Früchtewürfel (D/Ö) Sennesfrüchte und -blätter (nicht standardisiert), Hilfsstoffe: Paraffin, Feigen, Tamarinden	Gelegentlich Darmkrämpfe, bei Dauergebrauch Salzverlust, harmlose Rotfärbung des Urins und Verfärbung der Dickdarmschleimhaut	**Abzuraten** Wegen mangelnder Standardisierung der Sennes-Inhaltsstoffe weniger zuverlässig wirksam. Der Hilfsstoff Paraffin sollte nicht mehr verwendet werden.
Obstinol M (D) Emulsion Paraffin	Lungenentzündung, unwillkürlicher Abgang von Stuhl, Krebsgefahr. Bei alten Menschen und Kindern Gefahr durch Verschlucken	**Abzuraten,** da schwere Nebenwirkungen möglich sind.
Practo-clyss (D) Klistier Natriumdihydrogenphosphat, Natriummonohydrogenphosphat	Bei gesundem Enddarm keine wesentlichen zu erwarten	**Therapeutisch zweckmäßig zur** raschen Auslösung des Stuhlgangs.

Präparat	Wichtigste Nebenwirkungen	Empfehlung
Prepacol (D/Ö) Kombipackung mit Lösung und Tabl. Bisacodyl, Natriumdihydrogenphosphat, Natriummonohydrogenphosphat *Rezeptpflichtig (Ö)*	Darmkrämpfe	**Therapeutisch zweckmäßig zur** kurzfristigen Anwendung vor Operationen und Röntgenuntersuchungen.
Pyrilax (D) Drag., Zäpfchen Bisacodyl	Darmkrämpfe, bei Dauergebrauch Salzverlust	**Therapeutisch zweckmäßig nur zur** kurzfristigen Anwendung.
Ramend Abführ-Tabletten (D) Filmtabl. Sennesfrüchteextrakt (standardisiert)	Gelegentlich Darmkrämpfe, bei Dauergebrauch Salzverlust, harmlose Rotfärbung des Urins und Verfärbung der Dickdarmschleimhaut	**Therapeutisch zweckmäßig nur zur** kurzfristigen Anwendung. Pflanzliches Mittel.
Regulax N (D) Würfel Sennesfrüchte (standardisiert), Hilfsstoffe: z. B. Paraffin, Feigenpaste	Gelegentlich Darmkrämpfe, bei Dauergebrauch Salzverlust, harmlose Rotfärbung des Urins und Verfärbung der Dickdarmschleimhaut	**Abzuraten** Wirksames Abführmittel. Der Hilfsstoff Paraffin sollte aber nicht mehr verwendet werden.
Regulax Picosulfat (D) Tropfen Natriumpicosulfat	Blähungen, Bauchschmerzen. Bei längerer Anwendung Salzverlust	**Therapeutisch zweckmäßig nur zur** kurzfristigen Anwendung.
Relaxyl (Ö) Klistier Natriummonohydrogenphosphat, Natriumdihydrogenphosphat *Rezeptpflichtig*	Bei gesundem Enddarm keine wesentlichen zu erwarten	**Therapeutisch zweckmäßig zur** raschen Auslösung einer Darmentleerung.
Sennesblättertee Bombastus (D) Tee Sennesblätter	Gelegentlich Darmkrämpfe, bei Dauergebrauch Salzverlust, harmlose Rotfärbung des Urins und Verfärbung der Dickdarmschleimhaut	**Wenig zweckmäßig** Wegen mangelnder Standardisierung der Sennes-Inhaltsstoffe weniger zuverlässig wirksam.
Tirgon (D) Drag. Bisacodyl	Darmkrämpfe, bei Dauergebrauch Salzverlust	**Therapeutisch zweckmäßig nur zur** kurzfristigen Anwendung.

13.3. Mittel gegen Durchfall

Durchfall ist erst dann als Erkrankung anzusehen, wenn pro Tag eine Stuhlmenge von 250 g überschritten wird. Das einmalige Auftreten von dünnem Stuhl ist weder außergewöhnlich noch sollte es beunruhigen. Erst wenn der Stuhlgang zu oft, zu flüssig und in zu großen Mengen erfolgt, kann man von behandlungsbedürftigem Durchfall sprechen. Über 90 Prozent aller akuten Durchfälle verschwinden von allein innerhalb weniger Tage.
Beimengungen von Schleim, Eiter oder Blut sollten in jedem Fall zum Besuch eines Arztes führen.
Die häufigsten Ursachen von Durchfällen sind Infektionen mit Viren oder Salmonellen-Bakterien. Pro Jahr werden in Deutschland etwa 100. 000 Salmonellen-Erkrankungen gemeldet. Die Zahl der tatsächlichen Fälle wird jedoch auf ein bis zwei Millionen geschätzt.
Salmonellen kommen in verdorbenen Lebensmitteln tierischen Ursprungs vor: Fleisch, Eier, Wurst.
Durchfälle können aber auch andere Ursachen haben, zum Beispiel Infektionen mit den Bakterien Campylobacter oder Echerichia coli sowie Nebenwirkungen von Arzneimitteln (Antibiotika, Herzmittel wie Digitalis, säurebindende Mittel, Krebsmittel etc.) oder psychische Belastungen.
Die Ursache für einen länger dauernden Durchfall kann auch eine organische Krankheit sein. Hier sollte in jedem Fall die Behandlung der Grundkrankheit im Vordergrund stehen.

Behandlung

Die *wichtigste Maßnahme* bei jeder Art von Durchfall ist der Ausgleich des Wasser- und Elektrolytverlustes. Das heißt: Viel Flüssigkeit mit Zucker und Salz in einer ganz bestimmten Mischung trinken (Speisesoda, Kochsalz, Kaliumchlorid und Traubenzucker). Im Notfall, wenn man nichts anderes zur Hand hat, genügt gesüßter Schwarztee oder Cola (das mit abgekochtem Wasser 1:1 verdünnt werden muss) und etwas Salzgebäck.
Es gibt jedoch in Apotheken erhältliche, genau abgestimmte Elektrolyt-Fertigpräparate (*Elotrans, Normolyt, Oralpädon*), die in keimfreier Flüssigkeit aufgelöst werden müssen. Davon sollte man ein bis zwei Liter pro Tag trinken. In den meisten Fällen genügt diese Maßnahme bei Durchfallerkrankungen – gemeinsam mit einer vernünftigen Einschränkung bzw. Umstellung der Nahrungszufuhr (Tee, Zwie-

back, gesalzene Schleimsuppe etc.). Innerhalb weniger Tage klingen die meisten Durchfälle von selbst wieder ab.
Achtung: Die Elektrolytbehandlung beeinflusst den Durchfall als solchen nicht, sondern nur die Folgen des Durchfalls – die mögliche Austrocknung des Körpers und den Verlust der lebenswichtigen Elektrolyte.

Medikamente gegen Durchfall

Medikamente gegen Durchfall sind meist nur dann sinnvoll, wenn der Ausgleich des Salz- und Elektrolytverlustes in Verbindung mit einer Diät (Tee, Zwieback, gesalzene Schleimsuppe etc.) zu keiner Besserung führt.

Stopfmittel

Der Wirkstoff Loperamid (enthalten in *Imodium, Imodium akut/ -plus, Lopedium, Loperamid, von ct, Loperamid AL, Loperamid-ratiopharm, Loperamid Sandoz, Loperhoe*) gilt als zweckmäßiges Stopfmittel, das bei akuten Durchfällen die Darmpassage verzögert. Loperamid *darf nicht verwendet werden*, wenn die Temperatur 38,5°C übersteigt oder wenn der Stuhl Blut oder Schleim enthält oder wenn der Durchfall von Parasiten (Würmer, Protozoen, Arthropoden) verursacht ist. Auch bei Säuglingen und Kleinkindern darf dieses Mittel wegen der Gefahr von Atemdepression nicht verwendet werden! Die Verwendung von Loperamid bei Ruhr oder ähnlichen Infektionen kann zu schweren Gesundheitsproblemen führen, weil die meisten Durchfallmittel die Darmtätigkeit reduzieren und damit zu Darmverschluss führen können. Bei heftigem, länger dauernden Durchfall empfiehlt sich daher eine Untersuchung des Stuhls auf mögliche Infektionsursachen.

Durchfallmittel, die Mikroorganismen enthalten (Hefen, Sporen, Bakterien)

Auch bei den Durchfallmitteln haben sich in den letzten Jahren alternativ-medizinische Behandlungsmethoden ausgebreitet. Deutlich erkennbar ist dies an der zunehmenden Zahl von Medikamenten, die verschiedenste Mikroorganismen enthalten:
- Hefezellen (*Hamadin, Perenterol, Perocur forte, Santax S*)
- milchsäurebildende Bakterien und ihre Stoffwechselprodukte (*Antibiophilus, Hylak N/ -plus, Lacteol, Omniflora, Omniflora N*)
- Colibakterien oder Enterokokken (*Colibiogen »oral«, Colibiogen Kinder, Mutaflor, Omniflora, Pro Symbioflor, Symbioflor 2*)

Hinter der Verwendung all dieser Mittel steht die Annahme, dass die natürliche Darmflora wiederhergestellt wird. Der Nutzen dieser Präparate ist umstritten.
Nebenwirkungen sind normalerweise nicht zu erwarten, außer bei den angeführten Hefepräparaten, die in seltenen Fällen Allergien verursachen können.

Durchfallmittel, die Bakteriengifte binden und inaktivieren sollen

Kohlepräparate (*Carbo Medicinalis, Kohle Compretten, Kohle Hevert*) zählen zu den häufig verwendeten Hausmitteln bei Durchfall. Kohle soll Bakteriengifte binden und inaktivieren – dafür gibt es jedoch keinen seriösen Beleg. Gegen eine Verwendung ist nichts einzuwenden, weil keine Nebenwirkungen zu erwarten sind.
Kaolin und Pektin (*Arobon, Diarrhoesan, Kaoprompt H*) sowie Smektit (*Colina*) sollen ebenfalls Bakteriengifte binden und inaktivieren. Dafür gibt es jedoch, genauso wie für Kohle, keinen seriösen Beleg. Durch die Verwendung solcher Mittel kann sich der Salz- und Wasserverlust erhöhen.

Durchfallmittel, die zusammenziehend (adstringierend) wirken

Die Wirksamkeit von Tannin-haltigen Mitteln wie *Tannacomp* wird von der Fachpublikation »Arzneimittel-Kursbuch« als nicht belegt eingestuft. Tannin kann als Nebenwirkung Magenreizungen verursachen.

Antibiotika

Durchfall wird häufig von Viren oder anderen Organismen (z. B. Amöben) verursacht, gegen die übliche Antibiotika nicht wirken. Bei den meisten Salmonellen-Infektionen und auch z. B. bei Cholera ist der Ausgleich des Salz- und Wasserverlustes die wichtigste Behandlung. Antibiotika sind nur bei ganz bestimmten Durchfallerkrankungen sinnvoll und verursachen als *Nebenwirkung* selbst häufig Durchfall. Von Amöben verursachter Durchfall wird am besten mit Metronidazol (z. B. *Clont, Metronidazol-ratiopharm*) behandelt.

Durchfall bei Kindern

Durchfall bei Kindern ist in den meisten Fällen durch Viren verursacht, manchmal auch durch Bakterien. Häufig kann der Krankheitserreger nicht identifiziert werden. Durch Viren verursachter Durch-

fall tritt erst nach einer Inkubationszeit von ein bis drei Tagen auf, und zwar als ein bis drei Tage dauerndes Erbrechen und wässrigem Durchfall über einen Zeitraum bis zu acht Tagen. Diese Beschwerden sind häufig begleitet von Fieber und Infektionen der oberen Atemwege.
Für junge Säuglinge können solche Erkrankungen schnell lebensbedrohlich werden, weil durch die Erkrankung die Schleimhaut des Darms geschädigt wird und Nährstoffe nur noch in begrenztem Ausmaß aufgenommen werden können.
Die wichtigste Therapie-Maßnahme besteht genauso wie bei Erwachsenen zunächst in der raschen Zufuhr von Wasser und Elektrolyten (z. B. *Normolyt, Oralpädon*).
Bis vor kurzem galt die Empfehlung, mindestens zwölf Stunden lang nichts zu füttern, um den Darm eine Zeitlang ruhig zu stellen und damit eine Heilung des Darms zu ermöglichen. Davon ist man aufgrund neuer Erkenntnisse abgekommen. Die Fütterung sollte möglichst rasch wieder aufgenommen werden – nur durch Ernährung können sich die geschädigten Schleimhautzellen des Darms wieder aufbauen. Längeres Fasten führt zu einer weiteren Schädigung der Darmoberfläche und möglicherweise zu chronischem Durchfall. So genannte »Heilnahrungen« sind nicht notwendig und auch nicht sinnvoll. Gestillte Kinder mit Durchfall sollten – neben der Fütterung mit Elektrolytlösungen (z. B. *Normolyt, Oralpädon*) – weiter gestillt werden.
Bei nicht gestillten Kindern sollte bereits etwa sechs Stunden nach Beginn des Elektrolyt- und Wasserausgleichs mit der Ernährung begonnen werden.
Antibiotika sind nur notwendig, wenn Bakterien im Stuhl nachgewiesen werden. Die bei Erwachsenen beliebten Medikamente zur Hemmung der Darmbewegungen sollten Kindern genauso wenig verordnet werden wie Mittel, die Mikroorganismen enthalten oder zusammenziehend (adstringierend) wirken. Mittel gegen das Erbrechen sind ebenfalls nicht zweckmäßig.

Reisedurchfall

Jahr für Jahr besuchen Millionen Europäer ein Entwicklungsland. Fast jede zweite Person erkrankt an Reisedurchfall, verbunden mit unangenehmen Begleiterscheinungen wie Fieber, Erbrechen und Bauchkrämpfen. Es ist daher anzunehmen, dass ein Großteil der über 20 Millionen Packungen Durchfallmittel, die pro Jahr in Deutschland gekauft werden (in Österreich eine Million Packungen), als Schutz vor Reisedurchfall eingenommen werden.

Die wichtigste vorbeugende Maßnahme gegen Reisedurchfall besteht darin, kein Leitungswasser, keine Eiswürfel, keine offenen Getränke, keine Salate und keine Nahrungsmittel aus dem Straßenverkauf zu sich zu nehmen. Stattdessen nur in Flaschen abgefüllte oder gekochte Getränke, gekochte oder ausreichend erhitzte Speisen sowie Früchte, die geschält werden können, verzehren. Wer diese Ratschläge befolgt, hat ein nur geringes Risiko, einen Durchfall zu erleiden.
Antibiotika zur Vorbeugung sind nur für solche Personen zweckmäßig, die bei Durchfall besonders gefährdet sind: Personen mit aktiven Darmerkrankungen oder Diabetes, ältere Herzkranke oder Patienten, die so genannte Protonenpumpenhemmer einnehmen (siehe Kapitel 13.1.).
Als sinnvolle Medikamente zur Vorbeugung gelten der Gyrasehemmer Ciprofloxazin (enthalten z. B. in *Ciprobay*; siehe Kapitel 10.1.7.), oder Cotrimoxazol (enthalten z. B. in *Cotrim-ratiopharm*; siehe Kapitel 10.1.4.).
Vorbeugende Medikamente sollten vom ersten Reisetag an bis zwei Tage nach der Rückkehr eingenommen werden, jedoch insgesamt nicht länger als drei Wochen, weil sonst das Risiko beträchtlicher Nebenwirkungen besteht.
Schwangere und Kinder sollten keine vorbeugenden Medikamente einnehmen.
Bei länger anhaltenden Temperaturen über 38,5°C, blutigem Durchfall und schweren allgemeinen Krankheitszuständen handelt es sich möglicherweise um eine so genannte invasive bakterielle Erkrankung. In diesem Fall sollte man entweder einen Arzt aufsuchen oder im Notfall ein Antibiotikum vom Typ Cotrimoxazol (z. B. *Cotrim-ratiopharm*), Doxycyclin (z. B. *Doxybene*) oder einen Gyrasehemmer (z. B. *Ciprobay*) einnehmen.

Chronische Durchfälle

treten bei chronischen Entzündungen des Darms auf. Ursache und Entstehung der in Schüben verlaufenden Colitis ulcerosa, die den Dickdarm betrifft und geschwürig verläuft, und des Morbus Crohn, der, vom Dünndarm ausgehend, den ganzen Verdauungstrakt schubweise befallen kann, sind nach wie vor ungeklärt. Zur Behandlung der mäßig bis ausgeprägten Entzündungen eignen sich Sulfasalazin (z. B. in *Azulfidine, Salazopyrin*) und Mesalazin (z. B. in *Claversal, Pentasa, Salofalk*). Diese Mittel werden in Form von Zäpfchen besser vertragen.

Die *Nebenwirkungen* können beträchtlich sein: Häufig allergische Reaktionen wie Hautausschläge und Juckreiz, Kopfschmerzen, Bauchschmerzen und Schwächegefühl. Außerdem kann es in seltenen Fällen zu lebensbedrohlichen Blutschäden, zu Bauchspeicheldrüsenentzündung und Nierenschäden kommen.
Budesonid (enthalten z. B. in *Budenofalk, Entocort*) ist zweckmäßig bei Morbus Crohn.

13.3. Mittel gegen Durchfall

Präparat	Wichtigste Nebenwirkungen	Empfehlung
Antibiophilus (Ö) Beutel, Kaps. Getrocknete Milchsäurebakterien	Keine wesentlichen zu erwarten	**Wenig zweckmäßig bei** den vom Hersteller angegebenen Anwendungsgebieten (Antibiotikaschäden, Mundentzündungen, Parodontose). Therapeutische Wirksamkeit zweifelhaft.
Arobon (Ö) Pulver Johannisbrotmehl (Ceratonia siliqua), Stärkemehl, Kakao	Vermehrter Salz- und Wasserverlust möglich	**Wenig zweckmäßig** Pflanzliches Mittel. Therapeutische Wirksamkeit zweifelhaft. Kombination von Quellmittel (z. B. Pektin in Johannisbrotmehl) mit Stärke und Kakao. Ausreichende Salz- und Wasserzufuhr ist erforderlich.
Azulfidine (D) Filmtabl., Tabl., Zäpfchen Sulfasalazin *Rezeptpflichtig*	Lebensbedrohliche Blutschäden möglich. Allergische Erscheinungen: Hautausschläge, Juckreiz, auch sehr schwere Formen möglich; Leberschäden, Nierenschäden	**Therapeutisch zweckmäßig** bei bestimmten entzündlichen Veränderungen im Magen-Darm-Kanal, wie z. B. Colitis ulcerosa, Morbus Crohn. Klysma und Zäpfchen: zweckmäßig bei bestimmten entzündlichen Veränderungen im Dickdarm.
Budenofalk (D) Hartkapseln Budesonid *Rezeptpflichtig*	Unruhe, Schlaflosigkeit, allergische Reaktionen mit Hauterscheinungen, psychische Veränderungen, verminderte Infektionsabwehr möglich	**Therapeutisch zweckmäßig** bei bestimmten entzündlichen Veränderungen im unteren Magen-Darm-Kanal, wie z. B. Morbus Crohn, zur Schubtherapie.

Präparat	Wichtigste Nebenwirkungen	Empfehlung
Carbo Medicinalis Sanova (Ö) Tabl., Kaps. Medizinische Kohle	Verminderung der Aufnahme anderer Arzneimittel	**Wenig zweckmäßig zur** Behandlung von Durchfall. Adsorptionsmittel z. B. für Giftstoffe. Therapeutische Wirksamkeit bei Durchfall zweifelhaft. Vertretbar wegen geringer Schädlichkeit.
Claversal (D/Ö) Tabl., Zäpfchen, Klysmen, Filmtabl. (Ö), Rektalschaum (D) Mesalazin *Rezeptpflichtig*	Allergische Reaktionen (Hauterscheinungen, Fieber, Bronchospasmen). Blutschäden	**Therapeutisch zweckmäßig bei** bestimmten entzündlichen Veränderungen im Magen-Darm-Kanal, wie z. B. Colitis ulcerosa, Morbus Crohn. Zäpfchen: zweckmäßig bei bestimmten entzündlichen Veränderungen im Dickdarm.
Colibiogen oral/ Kinder (D) Lösung Extrakt aus Escherichia coli (zellfrei)	Keine wesentlichen zu erwarten. Enthält Alkohol	**Wenig zweckmäßig bei** den vom Hersteller angegebenen Anwendungsgebieten (z. B. Enteritis, Colitis, Morbus Crohn). Die therapeutische Wirksamkeit ist zweifelhaft.
Colina (D) Pulver Smektid, Aluminiumhydroxyd, Magnesiumcarbonat	Störungen der Knochenbildung, Verminderung der Aufnahme von anderen Arzneimitteln. Vorsicht bei Nierenschäden!	**Möglicherweise zweckmäßig bei** den vom Hersteller angegebenen Anwendungsgebieten (z. B. funktionelle Störungen im Magen-Darm-Bereich, akute Durchfälle).
Diarrhoesan (D/Ö) Lösung Apfelpektin, Extr. Chamomillae *Rezeptpflichtig (Ö)*	Vermehrter Salz- und Wasserverlust möglich	**Wenig zweckmäßig** Pflanzliches Mittel. Therapeutische Wirksamkeit zweifelhaft. Kombination von Quellmittel (Pektin) mit Kamillenextrakt. Ausreichende Salz- und Wasserzufuhr ist erforderlich.
Elotrans (D) Pulver Glukose, Natriumchlorid, Kaliumchlorid, Natriumcitrat	Keine wesentlichen zu erwarten, aber Vorsicht bei Nierenschäden!	**Therapeutisch zweckmäßig zur** Ergänzung des Salz- und Flüssigkeitsverlustes bei Durchfallerkrankungen.
Entocort Kapseln/ rektal (D/Ö) Kapseln, Klysma Budesonid *Rezeptpflichtig*	Unruhe, Schlaflosigkeit, allergische Reaktionen mit Hauterscheinungen, psychische Veränderungen, verminderte Infektionsabwehr möglich (vorwiegend bei Kapseln zum Einnehmen)	**Therapeutisch zweckmäßig** bei bestimmten entzündlichen Veränderungen im unteren Magen-Darm-Kanal, wie z. B. Morbus Crohn, zur Schubtherapie.

Präparat	Wichtigste Nebenwirkungen	Empfehlung
Hamadin (D) Kaps. Saccharomyces boulardii	Selten Allergien	**Möglicherweise zweckmäßig bei** akuten Durchfallerkrankungen. Wegen geringer Schädlichkeit vertretbar bei chronischen Durchfällen zur Beeinflussung der Darmflora.
Hylak N (D/Ö) Lösung Tropfen (Ö) Stoffwechselprodukte von Lactobacillus helveticus incl. Milchsäure und -zucker (Lactose)	Keine wesentlichen bekannt	**Möglicherweise zweckmäßig bei** akuten Durchfallerkrankungen. Wegen geringer Schädlichkeit vertretbar bei chronischen Durchfällen zur Beeinflussung der Darmflora durch Milchsäure und Milchzucker (Lactose).
Hylak Plus (D) Lösung Stoffwechselprodukte von Lactobacillus helveticus und L. acidophilus, incl. Milchsäure und -zucker (Lactose)	Keine wesentlichen bekannt	**Möglicherweise zweckmäßig bei** akuten Durchfallerkrankungen. Wegen geringer Schädlichkeit vertretbar bei chronischen Durchfällen zur Beeinflussung der Darmflora durch Milchsäure und Milchzucker (Lactose).
Imodium/ N/ Lingual (D/Ö) Kaps., Lösung, Plättchen (D), Saft (Ö) Loperamid *Rezeptpflichtig*	Mundtrockenheit, Verstopfung	**Therapeutisch zweckmäßig nur bei** schweren, akuten Durchfallerkrankungen, wenn eine ausreichende Flüssigkeitszufuhr nicht gewährleistet ist und eine schwere Infektion ausgeschlossen werden kann. In Ausnahmefällen bei chronischen Durchfallerkrankungen vertretbar.
Imodium akut (D) Kaps. Loperamid	Mundtrockenheit, Verstopfung	**Therapeutisch zweckmäßig nur bei** schweren, akuten Durchfallerkrankungen, wenn eine ausreichende Flüssigkeitszufuhr nicht gewährleistet ist und eine schwere Infektion ausgeschlossen werden kann. In Ausnahmefällen bei chronischen Durchfallerkrankungen vertretbar.

Präparat	Wichtigste Nebenwirkungen	Empfehlung
Imodium akut plus (D) Kautabl. Loperamid, Dimeticon	Mundtrockenheit, Verstopfung	**Therapeutisch zweckmäßig nur bei** schweren, akuten Durchfallerkrankungen, wenn eine ausreichende Flüssigkeitszufuhr nicht gewährleistet ist und eine schwere Infektion ausgeschlossen werden kann. In Ausnahmefällen bei chronischen Durchfallerkrankungen vertretbar. Der therapeutische Nutzen vom Entschäumungsmittel Dimeticon ist zweifelhaft.
Kaoprompt H (D) Suspension Kaolin, Pektin	Vermehrter Salz- und Wasserverlust, Verminderung der Aufnahme von Arzneimitteln möglich	**Wenig zweckmäßig** Kombination von Quellmittel (Pektin) mit Adsorptionsmittel (Kaolin). Therapeutische Wirksamkeit zweifelhaft. Ausreichende Salz- und Wasserzufuhr ist erforderlich.
Kohle Compretten (D) Tabl. Medizinische Kohle	Verminderung der Aufnahme anderer Arzneimittel	**Wenig zweckmäßig zur** Behandlung von Durchfall. Adsorptionsmittel z. B. für Giftstoffe. Therapeutische Wirksamkeit bei Durchfall zweifelhaft. Vertretbar wegen geringer Schädlichkeit.
Kohle Hevert (D) Tabl. Medizinische Kohle	Verminderung der Aufnahme anderer Arzneimittel	**Wenig zweckmäßig zur** Behandlung von Durchfall. Adsorptionsmittel z. B. für Giftstoffe. Therapeutische Wirksamkeit bei Durchfall zweifelhaft. Vertretbar wegen geringer Schädlichkeit.
Lacteol (D) Kaps., Pulver Gefriergetrocknete, inaktivierte Milchsäurebakterien (Lactobacillus acidophilus) incl. Milchsäure und -zucker (Lactose)	Keine wesentlichen bekannt	**Möglicherweise zweckmäßig bei** akuten Durchfallerkrankungen. Wegen geringer Schädlichkeit vertretbar bei chronischen Durchfällen zur Beeinflussung der Darmflora durch Milchsäure und Milchzucker (Lactose).

Präparat	Wichtigste Nebenwirkungen	Empfehlung
Lopedium/ Iso/ Lösung/ T (D) Kaps., Brausetabl., Lösung, Tabl. **Loperamid AL** (D) Kaps., Lösung **Loperamid-ratiopharm** (D) Filmtabl., Lösung **Loperamid-ratiopharm akut** (Ö) Filmtabl. **Loperamid Sandoz** (D) Kaps., Lösung **Loperamid Stada** (D) Kaps., Lösung **Loperamid von ct** (D) Kaps., Lösung **Loperhoe** (D) Tabl. Loperamid *Rezeptpflichtig*	Mundtrockenheit, Verstopfung	**Therapeutisch zweckmäßig nur bei** schweren, akuten Durchfallerkrankungen, wenn eine ausreichende Flüssigkeitszufuhr nicht gewährleistet ist und eine schwere Infektion ausgeschlossen werden kann. In Ausnahmefällen bei chronischen Durchfallerkrankungen vertretbar.
Mutaflor (D/Ö) 100 mg/20 mg Kaps., Suspension (D) Escherichia coli (lebensfähig)	Magen-Darm-Störungen (z. B. Blähungen bei Überdosierung). Bei Überempfindlichkeitsreaktionen ist das Präparat abzusetzen	**Abzuraten** Die therapeutische Wirksamkeit bei dem vom Hersteller angegebenen Anwendungsgebiet Diarrhoe (Durchfall) ist umstritten.
Myrrhinil-Intest (D) Drag. Myrrhe, Kaffekohle, Extr. Chamomillae *Rezeptpflichtig (Ö)*	Keine wesentlichen bekannt	**Wenig zweckmäßig** Pflanzliches Mittel. Therapeutische Wirksamkeit zweifelhaft. Kombination von medizinischer Kohle mit entzündungshemmendem Kamillenextrakt und Myrrhe.
Normolyt für Kinder (Ö) Pulver Glukose, Natriumchlorid, Kaliumchlorid, Natriumcitrat *Rezeptpflichtig*	Keine wesentlichen zu erwarten, aber Vorsicht bei Nierenschäden!	**Therapeutisch zweckmäßig zur** Ergänzung des Salz- und Flüssigkeitsverlustes bei Durchfallerkrankungen.
Omniflora (Ö) Kaps. Gefriergetrocknete Reinkulturen von Bakterien (Lactobact. acidophilum, Lactobact. bifidum, Escherichia coli)	Magen-Darm-Störungen (z. B. Blähungen). Allergien. Vorsicht bei bestehenden Erkrankungen im Magen-Darm-Bereich	**Abzuraten** Die therapeutische Wirksamkeit bei akuten Durchfallerkrankungen ist umstritten.

Präparat	Wichtigste Nebenwirkungen	Empfehlung
Omniflora N (D) Kaps. Gefriergetrocknete Reinkulturen von Milchsäurebakterien (Lactobact. gasseri, Lactobact. bifidum)	Keine wesentlichen zu erwarten	**Möglicherweise zweckmäßig bei** akuten Durchfallerkrankungen. Wegen geringer Schädlichkeit vertretbar bei chronischen Durchfällen zur Beeinflussung der Darmflora.
Oralpädon (D) Pulver Glukose, Natriumchlorid, Kaliumchlorid, Natriumhydrogencitrat	Keine wesentlichen zu erwarten, aber Vorsicht bei Nierenschäden!	**Therapeutisch zweckmäßig zur** Ergänzung des Salz- und Flüssigkeitsverlustes bei Durchfallerkrankungen.
Pentofuryl (D) Kaps., Saft Nifuroxazid	Allergische Reaktionen, Bauchschmerzen, Magen-Darm-Störungen	**Abzuraten** Vertretbar nur bei behandlungsbedürftigen Durchfällen, wenn gesichert ist, dass sie durch Nifuroxazid-empfindliche Keime hervorgerufen werden. Unzureichend erprobtes Mittel. Risiko bislang nicht beurteilbar.
Pentasa/ Sachet/ Klysma/ Suppositorien (D/Ö) Retardtabl., Retardgranulat, Zäpfchen, Klysma Mesalazin *Rezeptpflichtig*	Allergische Reaktionen (Hauterscheinungen, Fieber, Bronchospasmen). Blutschäden	**Therapeutisch zweckmäßig bei** bestimmten entzündlichen Veränderungen im Magen-Darm-Kanal wie z. B. Colitis ulcerosa, Morbus Crohn. Zäpfchen, Klysma: zweckmäßig bei bestimmten entzündlichen Veränderungen im Dickdarm.
Perenterol/ forte (D) Kaps., Pulver Saccharomyces boulardii (Trockenhefe)	Selten Allergien	**Möglicherweise zweckmäßig bei** akuten Durchfallerkrankungen. Wegen geringer Schädlichkeit vertretbar bei chronischen Durchfällen zur Beeinflussung der Darmflora.
Perocur forte (D) Kaps. Saccharomyces boulardii (Trockenhefe)	Selten Allergien	**Möglicherweise zweckmäßig bei** akuten Durchfallerkrankungen. Wegen geringer Schädlichkeit vertretbar bei chronischen Durchfällen zur Beeinflussung der Darmflora.

Präparat	Wichtigste Nebenwirkungen	Empfehlung
Pro-Symbioflor (D) Tropfen Autolysat von Darmbakterien (E.Coli und Enterococcus faecalis)	Flatulenz, Bauchschmerzen, selten Allergien	**Wenig zweckmäßig** Wegen geringer Schädlichkeit vertretbar bei Darmbeschwerden. Therapeutische Wirksamkeit zweifelhaft bei dem vom Hersteller angegebenen Anwendungsgebiet (zur Regulierung körpereigener Abwehrkräfte).
Salazopyrin (Ö) Filmtabl., Tabl., Zäpfchen Sulfasalazin *Rezeptpflichtig*	Lebensbedrohliche Blutschäden möglich. Allergische Erscheinungen: Hautausschläge, Juckreiz, auch sehr schwere Formen möglich; Leberschäden, Nierenschäden	**Therapeutisch zweckmäßig bei** bestimmten entzündlichen Veränderungen im Magen-Darm-Kanal, wie z. B. Colitis ulcerosa, Morbus Crohn. Zäpfchen: zweckmäßig bei bestimmten entzündlichen Veränderungen im Dickdarm.
Salofalk (D/Ö) Zäpfchen, Klysma, Tabl. (D), Filmtabl. (Ö) Mesalazin *Rezeptpflichtig*	Allergische Reaktionen (Hauterscheinungen, Fieber, Bronchospasmen). Blutschäden	**Therapeutisch zweckmäßig bei** bestimmten entzündlichen Veränderungen im Magen-Darm-Kanal wie z. B. Colitis ulcerosa, Morbus Crohn. Zäpfchen, Klysma: zweckmäßig bei bestimmten entzündlichen Veränderungen im Dickdarm.
Santax S (D) Kaps. Trockenhefe aus Saccharomyces boulardii	Selten Allergien	**Möglicherweise zweckmäßig bei** akuten Durchfallerkrankungen. Wegen geringer Schädlichkeit vertretbar bei chronischen Durchfällen zur Beeinflussung der Darmflora.
Symbioflor 2 (D/Ö) Tropfen Lebende und tote Bakterien (Escherichia coli)	Magen-Darm-Störungen. Vorsicht bei bestehenden Erkrankungen im Magen-Darm-Bereich!	**Abzuraten** Die therapeutische Wirksamkeit bei Durchfallerkrankungen ist umstritten.

Präparat	Wichtigste Nebenwirkungen	Empfehlung
Tannacomp (D) Filmtabl. Tanninalbuminat, Ethacridinlactat	Magenreizung, selten allergische Erscheinungen	**Abzuraten** Wenig sinnvolle Kombination von zusammenziehend (adstringierend) wirkendem Tannin (Gerbsäureverbindung) mit Desinfektionsmittel (Ethacridinlactat). Therapeutische Wirksamkeit zweifelhaft.
Uzara (D) Drag., Saft, Lösung Extrakt aus Uzarawurzel (standardisiert), Johannisbrotkernmehl (nur Drag.)	Bei Einhaltung der Dosierungsvorschrift keine wesentlichen zu erwarten. Lösung enthält Alkohol. Gefährliche Wechselwirkungen mit herzwirksamen Mitteln möglich	**Wenig zweckmäßig** Enthält Inhaltsstoff, der hemmend auf die Darmbewegungen, aber verengend auf Blutgefäße wirkt.

13.4. Mittel gegen Übelkeit, Schwindel, Erbrechen, Reisekrankheiten

Übelkeit, Schwindel und Erbrechen sind von ihrem Mechanismus und Ursprung her keine eigenen Krankheiten. Sie können durch passive Bewegungen des Körpers (Seekrankheit, Reisekrankheit), durch Erkrankungen (z. B. Migräne), durch Vergiftungen (z. B. verdorbene Nahrungsmittel), aber auch durch Medikamente (z. B. Krebsmittel) hervorgerufen werden. Auch bei Schwangerschaft oder durch Aufenthalt in großen Höhen (Bergkrankheit) können diese Beschwerden auftreten.

Erbrechen kann ein schützender Reflex sein, um unverdauliche oder giftige Stoffe auszuscheiden, bevor größere Mengen davon in den Magen, den Darm und die Blutbahn gelangen. In diesem Fall ist die Unterdrückung des Brechreizes durch Medikamente möglicherweise sogar gefährlich.

Erbrechen ist aber auch oft eine typische Nebenwirkung bestimmter Arzneimittel (z. B. Krebsmittel, Herzglykoside, Alkaloide), bestimmter Behandlungsmethoden (z. B. Strahlentherapie) oder kann eine Folge von Gehirnerkrankungen sein.

Übelkeit und Erbrechen als Nebenwirkung medizinischer Behandlungen

Durch *Strahlentherapie* oder *Krebsmittel* verursachte typische Nebenwirkungen wie Übelkeit und Brechreiz können meist wirksam mit den Wirkstoffen Metoclopramid (enthalten z. B. in *Gastronerton, Gastrosil, MCP-ratiopharm, Paspertin*, siehe auch Kapitel 13.1.: Mittel gegen Magen-Darm-Geschwüre, Gastritis und Sodbrennen) oder Domperidon (enthalten z. B. in *Motilium*) wirksam behandelt werden. Allerdings können diese Mittel selbst wieder schwere Nebenwirkungen verursachen, vor allem Muskelverkrampfungen im Kopf-, Hals- und Schulterbereich. Bei Kindern und jungen Erwachsenen sollten diese Mittel wegen des erhöhten Risikos deshalb nicht oder nur in Ausnahmefällen verwendet werden. Neuerdings wird auch häufig der Wirkstoff Ondansetron (enthalten z. B. in *Zofran*) verwendet, weil er in bestimmten Fällen wirksamer ist als Metoclopramid. Nachteile von Ondansetron: Dieses Mittel kann selbst sehr viele unterschiedliche Nebenwirkungen verursachen und ist extrem teuer – es sollte deshalb nur in der Krebsbehandlung eingesetzt werden. Bei anderen Ursachen von Übelkeit und Erbrechen – z. B. bei Migräne – hat Ondansetron keine Vorteile gegenüber anderen Medikamenten.
Die illegale Rauschdroge Marihuana (siehe Kapitel 20) gilt ebenfalls als wirksames Mittel zur Behandlung von schwerem Erbrechen bei Krebstherapien. In den USA haben sich deshalb namhafte Mediziner für die Verwendung von Marihuana bei Krebstherapien ausgesprochen, und in Australien darf diese Droge bei Bedarf von Ärzten verschrieben werden. In Deutschland und Österreich gibt es diese Möglichkeit noch nicht.

Übelkeit und Erbrechen bei Migräne

Bei Migräneanfällen sind so genannte Antihistaminika – z. B. die Wirkstoffe Dimenhydrinat (enthalten in *Reisegold, Reisetabletten Stada, Reisetabletten-ratiopharm, Superpep, Travel-Gum, Vertigo Vomex, Vertirosan, Vomacur, Vomex A)*, Diphenhydramin *(enthalten in Emesan*) oder Flunarizin (enthalten in *Sibelium*) – meist nicht ausreichend wirksam.
Zweckmäßig sind Mittel zur Beeinflussung der Magenfunktion (so genannte Prokinetika) wie Metoclopramid (enthalten z. B. in *Cerucal, Gastronerton, Gastrosil, MCP AL, MCP beta, MCP Hexal, MCP-Isis, MCP-ratiopharm, MCP Stada, MCP von ct, Paspertin*) oder Dom-

peridon (enthalten z. B. in *Motilium*). Mittel, die den Wirkstoff Cisaprid enthalten (z. B. in Österreich *Prepulsid*), wurden in Deutschland wegen lebensbedrohlicher Nebenwirkungen am Herzen aus dem Handel gezogen.

Schwangerschaftserbrechen

Übelkeit und Erbrechen sind oft erste Anzeichen einer Schwangerschaft. Oft wirken schon Hausmittel wie Essen von trockenem Brot oder gekochte kalte Kartoffeln. Die Einnahme von Arzneimitteln ist nur gerechtfertigt, wenn durch das Erbrechen der Verlust an Mineralsalzen, Magensäure und Wasser zu groß wird. Bei fast allen gegen Erbrechen eingesetzten Arzneimitteln kann der Verdacht nicht ausgeschlossen werden, dass sie möglicherweise den Embryo schädigen.
Erbrechen bei Säuglingen sollte nur in begründeten Fällen behandelt werden. Das Ausspeien von bis zu 20 Milliliter nach dem Trinken ist normal und gilt nicht als behandlungsbedürftig.

Reisekrankheit

Manche Menschen leiden beim Reisen unter Übelkeit, Schwindel und Erbrechen – das sind die Auswirkungen schneller, unkontrollierbarer Bewegungsveränderungen auf das Gleichgewichtsorgan im Ohr.
Eine oft gute Wirkung bei Reisekrankheiten haben Hausmittel wie das In-der-Hand-Halten einer rohen Kartoffel oder das Essen von trockenem Brot oder die Konzentration der Aufmerksamkeit auf die Horizontlinie.
Als Medikamente gegen die Reisekrankheit werden meist so genannte Antihistaminika verwendet, und zwar die Wirkstoffe Cyclizin (enthalten in *Echnatol*), Dimenhydrinat (enthalten in *Reisegold, Reisetabletten Stada, Reisetabletten-ratiopharm, Superpep, Travel-Gum, Vertigo Vomex, Vertirosan, Vomacur, Vomex A)* oder Diphenhydramin (enthalten in *Emesan*).
Alle diese Mittel haben einen dämpfenden Effekt und sollten auf keinen Fall eingenommen werden, wenn man selbst Auto fährt. Der Wirkstoff Cyclizin (enthalten in *Echnatol*) wirkt im Vergleich zu den anderen Wirkstoffen weniger dämpfend, ist jedoch nur in Österreich erhältlich, nicht in Deutschland.
Weitere Nebenwirkungen von Antihistaminika können sein: Störungen des Magen-Darm-Trakts, Kopfschmerzen, Mundtrockenheit, Alpträume, Schwierigkeiten beim Wasserlassen. Bei Kindern kann eine Überdosierung zu Krämpfen führen.

Kombinationspräparate (z. B. *Arlevert, Diligan, Echnatol B6, Vertirosan B6*), welche außer Antihistaminika noch andere Inhaltsstoffe wie Coffein, Cinnarizin, Nikotinsäure, Vitamin B_6 oder Chlortheophyllin enthalten, sind nicht sinnvoll. Coffein soll beispielsweise die schläfrig machende Wirkung der Antihistaminika ausgleichen. Dies gelingt jedoch nur unzureichend, weil der Wirkungseintritt der beiden Inhaltsstoffe zeitlich verschieden ist.

Schwindel (z. B. Ménière'sche Krankheit)

Gleichgewichtsstörungen können entweder durch Störungen des Nervensystems, des Labyrinths im Innenohr oder durch Durchblutungsstörungen verursacht werden. Auch Medikamente (z. B. Aminoglykosid-Antibiotika, Mittel gegen hohen Blutdruck und Neuroleptika) können zu Schwindelzuständen führen.
Die *Ménière'sche Krankheit* geht meist mit Schwindel, Ohrenklingen und Schwerhörigkeit einher und wird von einem Druckanstieg in der Gehörschnecke verursacht.
Zur Behandlung wird der Wirkstoff Betahistin (z. B. *Aequamen, Betahistin-ratiopharm, Betahistin Stada, Betaserc, Betavert, Vasomotal*) verwendet, der sich zur Kurzzeitbehandlung von Schwindelzuständen bewährt hat. Ein Nachweis der Wirksamkeit zur Dauerbehandlung der Ménière'schen Krankheit steht jedoch noch aus.
Schwindelzustände können mit Antihistaminika (z. B. *Echnatol*, siehe auch Kapitel 6.1.: Mittel gegen Allergien) und in bestimmten Fällen mit Diazepam (z. B. *Valium*, siehe auch Kapitel 2.2.: Beruhigungsmittel) behandelt werden.
Sulpirid (enthalten z. B. in *vertigo-neogamma*), ein Neuroleptikum (siehe Kapitel 2.5.), ist wegen der Nebenwirkungen nicht geeignet zur Behandlung der Ménière'schen Krankheit. Es können Zyklusstörungen, Störungen der Milchdrüsen und Brustbildung beim Mann auftreten.
Ein häufig verwendetes Mittel gegen Schwindelzustände ist auch das Homöopathikum *Vertigoheel*. Da gerade bei Schwindelzuständen Placebos (Scheinmedikamente ohne Wirkstoff) oder auch manche Hausmittel häufig eine verblüffende Besserung der Beschwerden bewirken, ist es nicht verwunderlich, dass *Vertigoheel* eine Wirksamkeit gegen Schwindel zugeschrieben wird. Die Belege dafür sind zwar sehr umstritten, aber wenn eine positive Wirkung verspürt wird, ist gegen eine Verwendung nichts einzuwenden. Nebenwirkungen sind nicht zu

erwarten – dies ist vermutlich der wichtigste Grund für die Beliebtheit von *Vertigoheel* und anderen homöopathischen Medikamenten.

13.4. Mittel gegen Übelkeit, Schwindel, Erbrechen, Reisekrankheiten

Präparat	Wichtigste Nebenwirkungen	Empfehlung
Aequamen (D) Tabl., Retardtabl., Fortetabl. Betahistin *Rezeptpflichtig*	Kopfschmerzen, Wiederauftreten von Magengeschwüren möglich	**Wenig zweckmäßig bei** bestimmten Formen von Schwindelzuständen (Ménière'sche Krankheit). Nicht gleichzeitig Antihistaminika einnehmen!
Arlevert (D) Tabl. Dimenhydrinat, Cinnarizin *Rezeptpflichtig*	Müdigkeit, Verwirrtheitszustände, Magen-Darm-Störungen, Kopfschmerzen, Mundtrockenheit, Alpträume, Schwierigkeiten beim Wasserlassen. Bei Kindern kann eine Überdosierung Erregungszustände und Krämpfe auslösen. Blutdruckabfall möglich	**Wenig zweckmäßig** zur Behandlung der Ménière'schen Krankheit, möglicherweise zweckmäßig bei anderen Formen von Schwindel.
Betahistin-ratiopharm (D) Tabl. **Betahistin Stada** (D) Tabl. **Betaserc** (Ö) Tabl., Lösungen **Betavert** (D) Tabl. Betahistin *Rezeptpflichtig*	Kopfschmerzen, Wiederauftreten von Magengeschwüren möglich	**Wenig zweckmäßig bei** bestimmten Formen von Schwindelzuständen (Ménière'sche Krankheit). Nicht gleichzeitig Antihistaminika einnehmen!
Diligan (D) Tabl. Meclozin, Hydroxyzin, *Rezeptpflichtig*	Müdigkeit, Magen-Darm-Störungen, Kopfschmerzen, Mundtrockenheit, Alpträume, Schwierigkeiten beim Wasserlassen. Bei Kindern kann eine Überdosierung Erregungszustände und Krämpfe auslösen	**Abzuraten** Nicht sinnvolle Kombination von zwei beruhigend wirkenden Antihistaminika (Meclozin, Hydroxyzin).
Echnatol (Ö) Drag. Cyclizin *Rezeptpflichtig*	Müdigkeit, Magen-Darm-Störungen, Kopfschmerzen, Mundtrockenheit, Alpträume, Schwierigkeiten beim Wasserlassen. Bei Kindern kann eine Überdosierung Erregungszustände und Krämpfe auslösen	**Therapeutisch zweckmäßig bei** Übelkeit, Erbrechen oder anderen Symptomen von Bewegungskrankheiten. Cyclizin macht im Vergleich zu anderen Inhaltsstoffen relativ wenig schläfrig.

Präparat	Wichtigste Nebenwirkungen	Empfehlung
Echnatol B6 (Ö) Drag. Cyclizin, Vitamin B_6 *Rezeptpflichtig*	Müdigkeit, Magen-Darm-Störungen, Kopfschmerzen, Mundtrockenheit, Alpträume, Schwierigkeiten beim Wasserlassen. Bei Kindern kann eine Überdosierung Erregungszustände und Krämpfe auslösen	**Wenig zweckmäßig** Wenig sinnvolle Kombination von Antihistaminikum (Cyclizin) mit einem Vitamin. Vitamin B_6 trägt in dieser Dosierung wenig zur therapeutischen Wirksamkeit bei und ist daher überflüssig.
Emesan (D) Tabl., Erw.-Zäpfchen, Kinder-Zäpfchen, Säuglings-Zäpfchen Diphenhydramin	Müdigkeit, Magen-Darm-Störungen, Kopfschmerzen, Mundtrockenheit, Alpträume, Schwierigkeiten beim Wasserlassen. Bei Kindern kann eine Überdosierung Erregungszustände und Krämpfe auslösen	**Zweckmäßig bei** Übelkeit und Erbrechen. Macht relativ stark schläfrig.
Gastronerton (D) Kaps., Lösung, Tabl., Amp. Metoclopramid *Rezeptpflichtig*	Müdigkeit, Bewegungsstörungen (Dyskinesien), Hormonstörungen	**Therapeutisch zweckmäßig bei** Übelkeit, Erbrechen und zur Beschleunigung der Entleerung des Magens. Wegen häufigeren Auftretens von Bewegungsstörungen nicht bei Kindern anwenden.
Gastrosil (D/Ö) Amp., Lösung, Retardkaps., Tropfen, nur D: Tabl., Retardkaps. mite, Zäpfchen, akut-Tropfen Metoclopramid *Rezeptpflichtig*	Müdigkeit, Bewegungsstörungen (Dyskinesien), Hormonstörungen	**Therapeutisch zweckmäßig bei** Übelkeit, Erbrechen und zur Beschleunigung der Entleerung des Magens. Wegen häufigeren Auftretens von Bewegungsstörungen nicht bei Kindern anwenden.
MCP AL (D) Tabl., Retardkaps., Tropfen **MCP beta** (D) Tropfen **MCP Hexal** (D) Tabl., Tropfen, Injektionslösung **MCP Isis** (D) Tabl., Tropfen **MCP Stada** (D) Tabletten, Tropfen **MCP von ct** (D) Retardkapseln, Tropfen, Zäpfchen, Injektionslösung **MCP-ratiopharm** (D) Tabl., Tropfen, Retardkaps., Zäpfchen, Amp. Metoclopramid *Rezeptpflichtig*	Müdigkeit, Bewegungsstörungen (Dyskinesien), Hormonstörungen	**Therapeutisch zweckmäßig bei** Übelkeit, Erbrechen und zur Beschleunigung der Entleerung des Magens. Wegen häufigeren Auftretens von Bewegungsstörungen nicht bei Kindern anwenden.

Präparat	Wichtigste Nebenwirkungen	Empfehlung
Motilium (D/Ö) Filmtabl., Tropfen, Suspension, nur Ö: Zäpfchen Domperidon *Rezeptpflichtig*	Bewegungsstörungen (Dyskinesien), Hormonstörungen (erhöhter Prolaktinspiegel), Hitzegefühl im Gesicht	**Therapeutisch zweckmäßig zur** Behandlung von Übelkeit und Erbrechen, auch verursacht durch Chemotherapien bei Krebserkrankungen. Wegen häufigeren Auftretens von Bewegungsstörungen nicht bei Kindern anwenden.
Paspertin (D/Ö) Amp., Filmtabl., Tropfen nur Ö: Injektionslösung Metoclopramid, Zäpfchen zusätzlich: Polidocanol *Rezeptpflichtig*	Müdigkeit, Bewegungsstörungen (Dyskinesien), Hormonstörungen	**Therapeutisch zweckmäßig bei** Übelkeit, Erbrechen und zur Beschleunigung der Entleerung des Magens. Wegen häufigeren Auftretens von Bewegungsstörungen nicht bei Kindern anwenden.
Prepulsid (Ö) Tabl., Suspension Cisaprid *Rezeptpflichtig*	Hormonstörungen (Hyperprolaktinämie), Durchfall, lebensbedrohliche Herzrhythmusstörungen möglich	**Abzuraten** bei Übelkeit, Erbrechen und zur Beschleunigung der Entleerung des Magens – wegen der Nebenwirkungen.
Reisetabletten Stada (D) Reisetabletten Ratiopharm Tabletten Dimenhydrinat	Müdigkeit, Magen-Darm-Störungen, Kopfschmerzen, Mundtrockenheit, Alpträume, Schwierigkeiten beim Wasserlassen. Bei Kindern können durch eine Überdosierung Erregungszustände ausgelöst werden. Blutdruckabfall möglich	**Möglicherweise zweckmäßig** Dimenhydrinat ist ein Wirkstoff, der aus zwei Substanzen zusammengesetzt ist (Diphenhydramin und 8-Chlortheophyllin). Mittel, die nur Diphenhydramin enthalten, sind vorzuziehen. Macht relativ stark schläfrig.
Reisegold (D) Tabs Dimenhydrinat	Müdigkeit, Magen-Darm-Störungen, Kopfschmerzen, Mundtrockenheit, Alpträume, Schwierigkeiten beim Wasserlassen. Bei Kindern kann eine Überdosierung Erregungszustände und Krämpfe auslösen. Blutdruckabfall möglich	**Möglicherweise zweckmäßig** Dimenhydrinat ist ein Wirkstoff, der aus zwei Substanzen zusammengesetzt ist (Diphenhydramin und 8-Chlortheophyllin). Mittel, die nur Diphenhydramin enthalten, sind vorzuziehen. Macht relativ stark schläfrig.
Superpep (D) Tabl., Forte-Kaudrag. Dimenhydrinat	Müdigkeit, Magen-Darm-Störungen, Kopfschmerzen, Mundtrockenheit, Alpträume, Schwierigkeiten beim Wasserlassen. Bei Kindern kann eine Überdosierung Erregungszustände und Krämpfe auslösen. Blutdruckabfall möglich	**Wenig zweckmäßig** Dimenhydrinat ist ein Wirkstoff, der aus zwei Substanzen zusammengesetzt ist (Diphenhydramin und 8-Chlortheophyllin). Mittel, die nur Diphenhydramin enthalten, sind vorzuziehen. Macht relativ stark schläfrig.

Präparat	Wichtigste Nebenwirkungen	Empfehlung
Travel-Gum (Ö) Kaugummi-Drag. Dimenhydrinat, Aspartame, Sorbit, Saccharin, Glucose, Rohrzucker	Müdigkeit, Magen-Darm-Störungen, Kopfschmerzen, Mundtrockenheit, Alpträume, Schwierigkeiten beim Wasserlassen. Bei Kindern kann eine Überdosierung Erregungszustände und Krämpfe auslösen. Blutdruckabfall möglich	**Wenig zweckmäßig** Dimenhydrinat ist in der Wirksamkeit deutlich schlechter als z. B. Cyclizin. Macht relativ stark schläfrig.
Vasomotal (D) Tabl., Tropfen Betahistin *Rezeptpflichtig*	Kopfschmerzen, Wiederauftreten von Magengeschwüren möglich	**Wenig zweckmäßig bei** bestimmten Formen von Schwindelzuständen (Ménière'sche Krankheit). Nicht gleichzeitig Antihistaminika einnehmen!
Vertigoheel (D/Ö) Tropfen, Tabl. nur D: Amp. Cocculus, Conium, Ambra, Petroleum in homöopathischer Verdünnung	Keine wesentlichen zu erwarten. Achtung: Tropfen enthalten Alkohol	**Homöopathisches Mittel** Therapeutische Wirksamkeit zweifelhaft, aber vertretbar, wenn die Einnahme als wirksam empfunden wird.
Vertigo-neogama (D) Tabl., Fortetabletten, Injektionslösung Sulpirid	Einschränkung des Reaktionsvermögens, Zittern, Unruhe, Krämpfe, Impotenz, Regelstörungen, Störungen der Milchdrüsen, Brustbildung beim Mann. Auch: Erregungszustände, Leberschäden	**Abzuraten** Dieses Medikament wird auch zur Behandlung schwerer psychischer Störungen verwendet. Bei Schwindel umstrittener Nutzen. Schwere Nebenwirkungen möglich.
Vertigo Vomex (D) SR-Retardkaps., S-Zäpfchen Dimenhydrinat	Müdigkeit, Magen-Darm-Störungen, Kopfschmerzen, Mundtrockenheit, Alpträume, Schwierigkeiten beim Wasserlassen. Bei Kindern kann eine Überdosierung Erregungszustände und Krämpfe auslösen. Blutdruckabfall möglich	**Möglicherweise zweckmäßig.** Dimenhydrinat ist ein Wirkstoff, der aus zwei Substanzen zusammengesetzt ist (Diphenhydramin und 8-Chlortheophyllin). Mittel, die nur Diphenhydramin enthalten, sind vorzuziehen. Macht relativ stark schläfrig.
Vertirosan (Ö) Amp., Drag., Tropfen, Zäpfchen, Kinderzäpfchen Dimenhydrinat *Rezeptpflichtig*	Müdigkeit, Magen-Darm-Störungen, Kopfschmerzen, Mundtrockenheit, Alpträume, Schwierigkeiten beim Wasserlassen. Bei Kindern kann eine Überdosierung Erregungszustände und Krämpfe auslösen. Blutdruckabfall möglich	**Möglicherweise zweckmäßig**. Dimenhydrinat ist ein Wirkstoff, der aus zwei Substanzen zusammengesetzt ist (Diphenhydramin und 8-Chlortheophyllin). Mittel, die nur Diphenhydramin enthalten, sind vorzuziehen. Macht relativ stark schläfrig.

Präparat	Wichtigste Nebenwirkungen	Empfehlung
Vertirosan B6 (Ö) Manteldrag., Zäpfchen Dimenhydrinat, Vitamin B_6 *Rezeptpflichtig*	Müdigkeit, Magen-Darm-Störungen, Kopfschmerzen, Mundtrockenheit, Alpträume, Schwierigkeiten beim Wasserlassen. Bei Kindern kann eine Überdosierung Erregungszustände und Krämpfe auslösen. Blutdruckabfall möglich	**Wenig zweckmäßig** Wenig sinnvolle Kombination von beruhigend wirkendem Antihistaminikum (Dimenhydrinat) mit Vitamin B_6. Macht relativ stark schläfrig.
Vomacur (D) Filmtabl., Zäpfchen Dimenhydrinat	Müdigkeit, Magen-Darm-Störungen, Kopfschmerzen, Mundtrockenheit, Alpträume, Schwierigkeiten beim Wasserlassen. Bei Kindern kann eine Überdosierung Erregungszustände und Krämpfe auslösen. Blutdruckabfall möglich	**Möglicherweise zweckmäßig.** Dimenhydrinat ist ein Wirkstoff, der aus zwei Substanzen zusammengesetzt ist (Diphenhydramin und 8-Chlortheophyllin). Mittel, die nur Diphenhydramin enthalten, sind vorzuziehen. Macht relativ stark schläfrig.
Vomex A (D) Zäpfchen, Fortezäpfchen für Kinder, Retardkapseln, Drag. N, Depotdrag., Sirup, Amp. Dimenhydrinat	Müdigkeit, Magen-Darm-Störungen, Kopfschmerzen, Mundtrockenheit, Alpträume, Schwierigkeiten beim Wasserlassen. Bei Kindern kann eine Überdosierung Erregungszustände und Krämpfe auslösen. Blutdruckabfall möglich	**Möglicherweise zweckmäßig.** Dimenhydrinat ist ein Wirkstoff, der aus zwei Substanzen zusammengesetzt ist (Diphenhydramin und 8-Chlortheophyllin). Mittel, die nur Diphenhydramin enthalten, sind vorzuziehen. Macht relativ stark schläfrig.
Zofran (D/Ö) Filmtabl., Lösung, Amp. Nur Ö: Suppositorien Ondansetron *Rezeptpflichtig*	Kopfschmerzen, Verstopfung, Herzrhythmusstörungen, Angina Pectoris	**Therapeutisch zweckmäßig zur** Behandlung von Übelkeit und Erbrechen, besonders bei Auslösung durch Zytostatika.

13.5. Mittel gegen sonstige Magen-Darm-Beschwerden

Viele – nach einzelnen Studien bis zur Hälfte der Patienten –, die wegen Magen-Darm-Beschwerden einen Arzt aufsuchen, haben keine eindeutigen organischen Leiden. Falsche Ernährung und psychischer Stress begünstigen das Entstehen solcher Beschwerden. Medikamente helfen in solchen Fällen meist nicht. Eine sinnvolle Behandlung sollte sich auf eine Änderung der Ernährungsgewohnheiten, ausrei-

chende Bewegung und eventuell Entspannungsübungen (z. B. autogenes Training) beschränken.
Gegen Völlegefühl, Blähungen, Verdauungsstörungen oder ganz einfach Appetitlosigkeit wird eine Fülle von Arzneimitteln angepriesen. Meist handelt es sich um problematische Kombinationsmittel aus verschiedensten Stoffen.

Mittel gegen Blähungen

Beschwerden wie Blähungen, Druck- oder Völlegefühl sind oft Zeichen eines vermehrten Gasgehalts im Magen-Darm-Trakt, können aber auch seelische Ursachen haben.
Die meisten dagegen angebotenen Mittel enthalten die Wirkstoffe Dimeticon oder Simethicon (z. B. *Enzym Lefax, Enzym Lefax Forte, Espumisan, Helopanflat, Lefax, Lefaxin, Meteozym, sab simplex*). Diese sollen die Oberflächenspannung herabsetzen und dadurch gasmindernd wirken. Die amerikanische Arzneimittelbehörde bezweifelt den Nutzen dieser Präparate. In klinischen Untersuchungen stellte sich heraus, dass Simethicon (enthalten z. B. in *Enzym Lefax, Helopanflat, Lefax, Lefaxin, Meteozym, sab simplex*) bei Kindern nicht besser wirkt als ein Placebo (= Scheinarzneimittel ohne Wirkstoff). Zur Anwendung vor diagnostischen Maßnahmen sind nur hohe Dosen der entschäumenden Wirkstoffe geeignet.
Andere Präparate enthalten verschiedene Geschmacks- und Geruchsstoffe, pflanzliche Inhaltsstoffe und ätherische Öle mit möglicherweise krampflösender Wirkung – so genannte Karminativa (z. B. *Carminativum-Hetterich N, Carvomin forte, Dreierlei Tropfen, Enteroplant, Gastritol, Gastrovegetalin, Helo-acid, Helopanzym, Montana*).
Bei manchen dieser Mittel handelt es sich im Grunde genommen um Kräuterschnäpse.
Vorsicht: Säuglingen und Kleinkindern sollte man gegen Blähungen keine Tropfen geben, die Alkohol enthalten.
Die verschiedenen *Teemischungen* gegen Verdauungsbeschwerden enthalten meist Fenchel, Salbei, Schafgarbe, Melisse und andere Kräuter – es handelt sich dabei um traditionelle, sinnvolle Hausmittel gegen leichte Verdauungsbeschwerden.
Bei Flaschenkindern, die an Säuglingskoliken leiden, ist ein Verzicht auf Kuhmilch-Eiweiß meist wirksam. Da Proteine der Kuhmilch auch in die Muttermilch übergehen können, lohnt sich ein Verzicht auf Kuh-

milch unter Umständen auch bei stillenden Müttern. Statt der potenziell allergisierenden Sojaprodukte sind hypoallergene Eiweißersatzstoffe vorzuziehen.

Mittel mit Verdauungsenzymen

Den von den Herstellern behaupteten Nutzen von Enzymprodukten bei Magen-Darm-Störungen beschreibt die Arzneimittelkommission der Deutschen Ärzteschaft so:
»Die Häufigkeit der Einnahme von Enzympräparaten steht im umgekehrten Verhältnis zur medizinischen Indikation. Sie werden bei Verdauungsbeschwerden gegeben, obwohl nur bei Enzymmangel der Einsatz gerechtfertigt ist.«
Sie seien nahezu ideale Placebos – wirken nicht, werden vom Körper nicht aufgenommen und haben keine Nebenwirkungen. Es gibt ein einziges sinnvolles Anwendungsgebiet für solche Mittel und auch nur für solche Produkte, die Enzyme der Bauchspeicheldrüse enthalten (z. B. *Kreon, Ozym, Pangrol, Pankreon, Panzytrat*): Beim Ausfall von mehr als achtzig Prozent der von der Bauchspeicheldrüse abgesonderten Verdauungssäfte (z. B. bei chronischer Bauchspeicheldrüsenentzündung). Diese Mittel sind ungeeignet zum Ausgleich für überreiche oder zu fette Mahlzeiten, weil sie notwendige Lipaseaktivität kaum steigern.
Wenn viele Konsumenten dennoch eine Wirkung verspüren, ist das auf den so genannten Placebo-Effekt zurückzuführen – aus vielen Untersuchungen weiß man, dass sich bei etwa jedem zweiten Patienten die Verdauungsbeschwerden durch die Einnahme eines beliebigen Mittels bessern, und zwar auch dann, wenn überhaupt kein Wirkstoff enthalten ist.

13.5. Mittel gegen sonstige Magen-Darm-Beschwerden

Präparat	Wichtigste Nebenwirkungen	Empfehlung
Carminativum-Hetterich N (D) Tropfen Alkoholischer Auszug aus Kamille, Pfefferminze, Kümmel, Fenchel, Pomeranzenschale	Lichtüberempfindlichkeit. Enthält Alkohol	**Wenig zweckmäßig bei** den vom Hersteller angegebenen Anwendungsgebieten (Blähungen, Verstopfung). Enthält Stoffe (ätherische Öle) mit stuhlerweichender Wirkung. Therapeutische Wirksamkeit zweifelhaft.

Präparat	Wichtigste Nebenwirkungen	Empfehlung
Carvomin forte (D) Lösung Alkoholischer Auszug aus Angelikawurzeln, Benediktenkraut, Pfefferminze	Allergien, Lichtüberempfindlichkeit. Enthält Alkohol	**Wenig zweckmäßig bei** den vom Hersteller angegebenen Anwendungsgebieten (z. B. krampfartige Magen-Darm-Beschwerden, Übelkeit, Blähungen). Pflanzliches Mittel. Enthält Bitterstoffe und ätherische Öle mit stuhlerweichender Wirkung. Therapeutische Wirksamkeit zweifelhaft.
Ceolat comp. (Ö) Kautabl. Dimeticon, Metoclopramid *Rezeptpflichtig*	Müdigkeit, Bewegungsstörungen (Dyskinesien), Hormonstörungen	**Abzuraten** bei dem vom Hersteller angegebenen Anwendungsgebiet (Meteorismus). Therapeutische Wirksamkeit zweifelhaft. Wenig sinnvolle Kombination von Entschäumungsmittel (Dimeticon) mit Mittel bei Erbrechen und Magenstörungen (Metoclopramid).
Digestif Rennie (Ö) Tabl. Pankreatin (Lipase, Amylase, Protease), Papayotin, Calciumcarbonat, Magnesiumcarbonat	Vorsicht bei Nierenschäden. Bei Überdosierung Durchfall möglich	**Wenig zweckmäßig bei** den vom Hersteller angegebenen Anwendungsgebieten (Verdauungsstörungen). Kombination von säurebindenden Mitteln mit Verdauungsenzymen.
Dreierlei-Tropfen (D) Tropfen Alkoholischer Auszug aus Baldrian, Minzöl	Müdigkeit. Tropfen enthalten Alkohol	**Wenig zweckmäßig bei** den vom Hersteller angegebenen Anwendungsgebieten (Völlegefühl, Blähungen). Enthält Stoffe (ätherische Öle) mit beruhigender Wirkung. Therapeutische Wirksamkeit zweifelhaft.
Enzym Lefax (D) Kautabl. Pankreatin (Lipase, Amylase, Protease), Simethicon	Allergien möglich	**Wenig zweckmäßig bei** den vom Hersteller angegebenen Anwendungsgebieten (Blähungen, Völlegefühl bei Enzymmangel). Wenig sinnvolle Kombination mit Entschäumungsmittel (Simethicon).
Enzym Lefax Forte Pankreatin Kapseln (D) Kapseln Pankreatin (Lipase, Amylase, Protease)	Allergien möglich. Bei hohen Dosierungen Schleimhautreizungen möglich	**Therapeutisch zweckmäßig zur** ergänzenden Behandlung bei verminderter Funktion der Bauchspeicheldrüse (Substitution bei Pankreasinsuffizienz).

Präparat	Wichtigste Nebenwirkungen	Empfehlung
Enzynorm forte (D/Ö) Drag. Proteinasen (Pepsin), Aminosäuren, Salzsäure	Magen-Darm-Störungen	**Wenig zweckmäßig** Enthält unter anderem eiweißspaltendes Verdauungsenzym (Pepsin), dessen Wirkung für eine normale Verdauung nicht notwendig ist.
Espumisan/ Emulsion/ Perlen (D) Emulsion, Kaps. Simethicon	Keine wesentlichen zu erwarten	**Wenig zweckmäßig bei** den vom Hersteller angegebenen Anwendungsgebieten (Blähungen). Vertretbar zur Verminderung störender Darmgase bei Röntgenuntersuchungen. Therapeutischer Nutzen von Simethicon ist zweifelhaft.
Gastritol Dr. Klein (D) Tropfen Alkoholischer Auszug aus Pflanzen (Johanniskraut, Kamille, Süßholz u. a.)	Lichtüberempfindlichkeit. Problematische Wechselwirkungen mit bestimmten Arzneimitteln wie z. B. Calciumantagonisten. Enthält Alkohol	**Abzuraten** Therapeutische Wirksamkeit zweifelhaft bei den vom Hersteller angegebenen Anwendungsgebieten (Gastritis, Ulcus, Blähungen). Pflanzliches Mittel.
Gastrovegetalin (D) Kaps., Lösung Melissenblätter-trockenextrakt	Keine wesentlichen zu erwarten	**Naturheilmittel** Pflanzliches Mittel. Therapeutische Wirksamkeit zweifelhaft.
Helo-acid (Ö) Drag. Pepsin, Zitronensäure, Weinsäure, Milchsäure	Keine wesentlichen zu erwarten	**Wenig zweckmäßig** Enthält unter anderem eiweißspaltendes Verdauungsenzym (Pepsin), dessen Wirkung für eine normale Verdauung nicht notwendig ist.
Helopanflat (Ö) Drag. Pankreatin (Protease, Amylase, Lipase), Simethicon	Allergien möglich	**Wenig zweckmäßig bei** den vom Hersteller angegebenen Anwendungsgebieten (Blähungen). Wirksamkeit zweifelhaft. Wenig sinnvolle Kombination mit Entschäumungsmittel (Simethicon).

Präparat	Wichtigste Nebenwirkungen	Empfehlung
Helopanzym (Ö) Drag. Pankreatin (Protease, Amylase, Lipase), Pepsin	Allergien möglich	**Wenig zweckmäßig bei** den vom Hersteller angegebenen Anwendungsgebieten (Fermentmangel im Magen und Darm). Zur ergänzenden Behandlung bei verminderter Funktion der Bauchspeicheldrüse (Substitution bei exkretorischer Pankreasinsuffizienz) nicht geeignet. Pepsin ist überflüssig, kann die zugeführten Pankreasenzyme schädigen.
Heumann Magentee Solu-Vetan novo (D) Tee, tassenfertig Trockenextrakt aus Süßholzwurzel und Pfefferminzblättern, Pfefferminzöl	Störungen des Salz- und Wasserhaushaltes. Vorsicht bei Nierenschäden. Nicht in der Schwangerschaft anwenden	**Wenig zweckmäßig bei** den vom Hersteller angegebenen Anwendungsgebieten wie z. B. Magen-Darm-Geschwüren.
H+S Fencheltee (D) **H+S Melissentee** (D) **H+S Pfefferminztee** (D) **H+S Salbeitee** (D) **H+S Schafgarbentee** (D)	Keine wesentlichen zu erwarten	**Naturheilmittel** Vertretbar bei leichten Magen-Darm-Beschwerden.
H+S Magen- und Darmtee mild (D) Tee Kamille, Schafgarbe, Fenchel, Kümmel, Anis	Keine wesentlichen zu erwarten	**Naturheilmittel** Vertretbar bei leichten Magen-Darm-Beschwerden.
Iberogast (D) Tinktur Verschiedene alkoholische Pflanzenauszüge z. B. aus Angelikawurzel, Kümmel, Kamille, Melisse, Pfefferminz, Schöllkraut, Süßholzwurzel	Keine wesentlichen zu erwarten. Enthält Alkohol	**Naturheilmittel** Pflanzliches Mittel. Therapeutische Wirksamkeit bei den vom Hersteller angegebenen Anwendungsgebieten (z. B. Gastritis, Magen-Darm-Krämpfe, Geschwüre) zweifelhaft.
Kreon/ Kapseln/ für Kinder (D/Ö) Kaps., Granulat, Micropellets Pankreatin (Lipase, Protease, Amylase) *Rezeptpflichtig (Ö)*	Allergien möglich. Bei hohen Dosierungen Schleimhautreizungen möglich	**Therapeutisch zweckmäßig zur** ergänzenden Behandlung bei verminderter Funktion der Bauchspeicheldrüse (Substitution bei Pankreasinsuffizienz).

Präparat	Wichtigste Nebenwirkungen	Empfehlung
Lefax Kautabletten/ S Kautabletten/ Liquid (D) Kautabl., Suspension Simethicon	Keine wesentlichen zu erwarten	**Wenig zweckmäßig bei** den vom Hersteller angegebenen Anwendungsgebieten (Blähungen). Vertretbar zur Verminderung störender Darmgase bei Röntgenuntersuchungen. Therapeutischer Nutzen von Simethicon ist zweifelhaft.
Lefaxin (Ö) Kautabl., Tropfen Simethicon, Glukose, Saccharose	Keine wesentlichen zu erwarten	**Wenig zweckmäßig** Vertretbar zur Verminderung störender Darmgase bei Röntgenuntersuchungen. Therapeutischer Nutzen von Simethicon ist zweifelhaft.
Luvos Heilerde (D) Kapseln, Pulver Löß	Verminderung der Aufnahme anderer Arzneimittel	**Wenig zweckmäßig bei** den vom Hersteller angegebenen Anwendungsgebieten (Magen-Darm-Katarrh). Enthält adsorbierende Inhaltsstoffe.
Meteozym (D) Tabl. Pankreatin (Lipase, Amylase, Protease), Simethicon	Allergien möglich. Bei hohen Dosierungen Schleimhautreizungen möglich	**Therapeutisch zweckmäßig zur** ergänzenden Behandlung bei verminderter Funktion der Bauchspeicheldrüse (Substitution bei Pankreasinsuffizienz.). Der therapeutische Nutzen des Entschäumungsmittels Simethicon ist zweifelhaft.
Montana (Ö) Tropfen Alkoholischer Auszug aus z. B. Zimt, Kümmel, Pfefferminze, Hopfen, Pomeranzenschale	Lichtüberempfindlichkeit. Tropfen enthalten Alkohol	**Wenig zweckmäßig bei** Magen-Darm-Erkrankungen.
Ozym (D) Kaps. Pankreatin (Lipase, Amylase, Protease)	Allergien. Bei hohen Dosierungen Schleimhautreizungen möglich	**Therapeutisch zweckmäßig zur** ergänzenden Behandlung bei verminderter Funktion der Bauchspeicheldrüse (Substitution bei Pankreasinsuffizienz).
Pangrol (D) Kaps., Filmtabl. Pankreatin (Lipase, Amylase, Protease)	Allergien. Bei hohen Dosierungen Schleimhautreizungen möglich	**Therapeutisch zweckmäßig zur** ergänzenden Behandlung bei verminderter Funktion der Bauchspeicheldrüse (Substitution bei Pankreasinsuffizienz).

Präparat	Wichtigste Nebenwirkungen	Empfehlung
Pankreon (D) Filmtabl., Forte Filmtabl., Granulat **Pankreon Forte** (Ö) Filmtabl. Pankreatin (Lipase, Protease, Amylase)	Allergien möglich. Bei hohen Dosierungen Schleimhautreizungen möglich	**Therapeutisch zweckmäßig zur** ergänzenden Behandlung bei verminderter Funktion der Bauchspeicheldrüse (Substitution bei Pankreasinsuffizienz).
Panzytrat/ ok (D) Kaps., Mikrotabl. Pankreatin (Lipase, Protease, Amylase)	Bei hohen Dosierungen Schleimhautreizungen möglich	**Therapeutisch zweckmäßig zur** ergänzenden Behandlung bei verminderter Funktion der Bauchspeicheldrüse (Substitution bei Pankreasinsuffizienz).
Paspertase (Ö) Manteldrag. Pankreatin (Lipase Amylase, Protease), Saccharase, Metoclopramid *Rezeptpflichtig*	Bewegungsstörungen (Dyskinesien), Hormonstörungen, Müdigkeit	**Abzuraten** Nicht sinnvolle Kombination von Verdauungsenzymen mit Mittel gegen Erbrechen bzw. Störungen der Magenmotorik (Metoclopramid).
Pepsin-Wein Blücher Schering (D) Süß-Wein Alkohol, Pepsin	Bei Überdosierung Wirkung des Alkohols	**Wenig zweckmäßig** Enthält unter anderem eiweißspaltendes Verdauungsenzym (Pepsin), dessen Wirkung für eine normale Verdauung nicht notwendig ist.
Retterspitz Innerlich (D) Flüssigkeit Citronensäure, Weinsäure, Aluminiumkaliumsulfat, Thymianöl, Orangenöl, Zitronenöl, Hühnerei	Allergien. Vorsicht bei Nierenschäden. Enthält Alkohol	**Wenig zweckmäßig** Therapeutische Wirkung bei den vom Hersteller angegebenen Magenbeschwerden zweifelhaft. Enthält organische Säuren, Aluminiumverbindung sowie ätherische Öle.
sab simplex (D/Ö) Tropfen, Suspension, Kautabl. Simethicon	Keine wesentlichen bekannt	**Wenig zweckmäßig bei** den vom Hersteller angegebenen Anwendungsgebieten (Blähungen). Vertretbar zur Verminderung störender Darmgase bei Röntgenuntersuchungen. Therapeutischer Nutzen von Simethicon ist zweifelhaft.
Salbeitee-Auslese Bombastus (D) Tee Salbeiblätter	Keine wesentlichen zu erwarten	**Naturheilmittel** Vertretbar bei leichten Magen-Darm-Beschwerden.

Präparat	Wichtigste Nebenwirkungen	Empfehlung
Sidroga Fencheltee (D/Ö) **Sidroga Kinder-Fencheltee** (D) **Sidroga Melissentee** (D/Ö) **Sidroga Pfefferminztee** (D/Ö) **Sidroga Salbeitee** (D/Ö) **Sidroga Schafgarbentee** (D/Ö)	Keine wesentlichen zu erwarten	**Naturheilmittel** Vertretbar bei leichten Magen-Darm-Beschwerden.
Sidroga Magen-Darm-Tee (D) Teebeutel Kamille, Pfefferminze, Schafgarbe, Melisse, Malve	Keine wesentlichen zu erwarten	**Naturheilmittel** Vertretbar bei leichten Magen-Darm-Beschwerden.
Sidroga Magentee Neu (D) Teebeutel Kamille, Schafgarbe, Melisse, Krauseminze, Tausendguldenkraut	Keine wesentlichen zu erwarten	**Naturheilmittel** Vertretbar bei leichten Magen-Darm-Beschwerden.

13.6. Lebermittel, Gallenmittel

Die Leber hat als größte Drüse des Körpers mehrere Funktionen:

- *Für die Verdauung:* Sie produziert die Gallenflüssigkeit, die wiederum für die Fettverdauung notwendig ist; die grünliche Flüssigkeit fließt durch den Gallengang, wird in der Gallenblase konzentriert und bei Bedarf in den Darm abgegeben.
- *Für den Blutkreislauf:* Rote und weiße Blutkörperchen werden hier (in der Zeit vor der Geburt) gebildet; alte werden zerstört; Eisen wird gespeichert etc.
- *Für den Stoffwechsel:* Hier wird körpereigenes Eiweiß aufgebaut und Zucker gespeichert. Die Leber ist außerdem das wichtigste Entgiftungsorgan des Körpers.

Aufgrund der zahlreichen Funktionen der Leber können auch ihre Erkrankungen verschiedene Ursachen haben. Besonders häufig sind Vergiftungen der Leber – vor allem durch Alkohol und durch Medikamente.

Unter anderem können folgende Medikamente leberschädigende Wirkungen haben:
Schmerzmittel (Paracetamol), Rheuma-Mittel, die z. B. Phenylbutazon enthalten, Antibiotika (Tetrazykline, Isoniazid), Neuroleptika (Phenothiazine), Mittel gegen Bluthochdruck (Beta-Blocker), Antibaby-Pillen etc.

Erkrankungen der Leber und der Gallenwege

- *Gelbsucht* (Ikterus)
  Die hell- bis dunkelgelbe Färbung der Haut ist keine selbständige Krankheit, sondern zeigt an, dass ein Abbauprodukt des Blutfarbstoffes (Bilirubin) in der Haut abgelagert ist, weil die Leber Bilirubin nur unzureichend ausscheidet.
- *Entzündung der Leber* (Hepatitis; siehe auch Kapitel 10.4.: Impfstoffe und Mittel zur Stärkung der Immunabwehr)
  Sie kann durch Viren, Bakterien, Parasiten und auch Medikamente ausgelöst werden. Oft ist die Ursache unbekannt.
- *Leberschrumpfung* (Zirrhose)
  Hier kommt es zu einer narbigen Veränderung des Gewebes der Leber. Im Laufe der Zeit – oft sind es Jahre – verhärtet die Leber und wird kleiner. Die Leberschrumpfung ist bei Alkoholikern sechs- bis achtmal so häufig wie bei der Durchschnittsbevölkerung.
- *Fettleber*
  Die Ursachen für den erhöhten Fettgehalt der Leber können Alkoholismus, Zuckerkrankheit, Sauerstoffmangel, Medikamente und andere Gifte sein.
- *Gallenblase und Gallenwege*
  Gallensteine in der Gallenblase und die Entzündung der Gallenwege und -blase kommen am häufigsten vor.

Eine Vielzahl von Medikamenten kann Leberschäden hervorrufen. Dazu gehören Antibiotika (z. B. *Tetracycline*), Antidepressiva, Rheuma-Mittel, Mittel gegen Herzrhythmusstörungen und andere Herz-Kreislauf-Mittel (ACE-Hemmer, Diuretika) und Beruhigungsmittel (z. B. *Chloralhydrat*) sowie Schmerzmittel (z. B. *Paracetamol*).

Behandlung von Gallensteinen

Gallenwegsentzündungen sind meist verbunden mit Gallensteinen. Als zweckmäßigste Behandlungsmethoden gelten chirurgische und endoskopische Verfahren. Bestimmte Gallensteine können durch eine

so genannte Stoßwellentherapie (Lithotripsie) zerkleinert werden. Dazu ist keine Operation notwendig. Die zerkleinerten Gallensteinteile werden mit der Gallenflüssigkeit über den Darm ausgeschieden.
Gegen Gallensteine gibt es auch Medikamente, die Steine auflösen können (z. B. *Ursofalk*). Damit kann man sich unter Umständen eine Operation ersparen. Die Behandlung dauert allerdings ein bis zwei Jahre und die Erfolgsrate beträgt nur 30 bis 75 Prozent. Die Verwendung dieser Mittel ist nur bei kleinen und kalkfreien Steinen (bis zu 1 cm Durchmesser) und bei Patienten ohne starke Beschwerden sinnvoll. Nach Ende der Behandlung bilden sich innerhalb von fünf Jahren bei jedem zweiten Patienten erneut Gallensteine.
Patienten mit Leberschäden und Störungen der abführenden Gallenwege dürfen solche Mittel nicht verwenden.
Als *Nebenwirkung* kann bei *Ursofalk* manchmal Durchfall auftreten.

Behandlung von Lebererkrankungen

Die wichtigste Maßnahme bei allen Lebererkrankungen besteht darin, starke körperliche Anstrengungen zu vermeiden und die Leber nicht weiter durch Gifte wie Alkohol und einseitige Ernährung zu belasten. Übergewichtige sollten abnehmen. Da auch Arzneimittel die Leber belasten, sollte man keine Medikamente nehmen, deren Nutzen nicht bewiesen ist.
Für die meisten Lebererkrankungen gibt es keine wirksame medikamentöse Therapie. Ausnahmen sind lediglich Immunmodulatoren wie Interferon (z. B. *Intron A*) bei bestimmten Formen der aggressiven Hepatitis (siehe Kapitel 7. 2.) bei chronischer, virusbedingter Hepatitis. Die häufigsten, dosisabhängigen Nebenwirkungen bei *Intron A* sind grippeähnliche Beschwerden und Gelenkschmerzen. Selten sind Blutveränderungen, Störungen des Sehens und der Bewegungsabläufe, Verwirrtheit, Depression, Schlaflosigkeit, Potenzstörungen.

»Leberschutzpräparate« (siehe Tabelle 13.6.1.)

Gängige »Leberschutzpräparate« enthalten Pflanzenextrakte, Phospholipide, Fettsäuren und Vitamine. Ihre Wirksamkeit gilt als nicht bewiesen. Die Gefahr solcher Mittel liegt darin, dass sie zu dem Irrglauben verleiten, die notwendige *Alkoholabstinenz* nicht einhalten zu müssen.
Die Fachpublikation »Arzneimittel-Kursbuch« weist mit Nachdruck darauf hin, dass bei Lebererkrankungen jede zusätzliche Belastung

der Leber – auch durch Medikamente mit unbewiesener Wirksamkeit – unbedingt vermieden werden sollte.
Langsam scheinen solche Warnungen zu wirken, denn in den letzten Jahren ist die Zahl der verbrauchten Packungen an »Leberschutzmitteln« in Deutschland beträchtlich gesunken: Von 4,3 Millionen Packungen im Jahr 1991 auf rund 2 Millionen im Jahr 1997, auf 1,7 Millionen im Jahr 2000 und schließlich auf 1,6 Millionen im Jahr 2003.

Leber-Gallen-Mittel (siehe Tabelle 13.6.2.)

Die mehr als 100 angebotenen Leber-Gallen-Mittel enthalten meistens Pflanzen oder Pflanzenextrakte, die den Gallenfluss steigern sollen. Diese Wirkung lässt sich jedoch bereits durch Nahrungszufuhr erreichen. Laut Fachpublikation »Arzneimittel-Kursbuch« gilt die Verwendung von Gallenfluss-steigernden Mitteln inwischen als überholt, weil Störungen, die auf einer Hemmung des Gallenflusses beruhen, keinen Krankheitswert haben.

Leber-Gallen-Mittel können eingeteilt werden in:

- *Tees*. Tees bewirken eine vermehrte Ausscheidung von Flüssigkeit. Bei keinem der angebotenen Tees gibt es jedoch einen seriösen Nachweis, dass sich dadurch die Gallensäurekonzentration erhöht. Bei akuten entzündlichen Erkrankungen der Gallenwege sollten Tees nicht verwendet werden.
- *Rein pflanzliche Produkte (Apozema Mariendistel mit Artischocke, Cholagogum N Nattermann, Choleodoron, Florabio naturreiner Heilpflanzensaft Artischocke, Hepar SL forte, Heparstad, spasmo gallo sanol).*
  Ihre Inhaltsstoffe sind meist weder genau chemisch definiert noch ausreichend standardisiert. Um überhaupt eine entsprechende Wirkung auf den Gallenfluss zu erreichen, müsste beispielsweise bei *Hepaticum Medice* 40- bis 100fach höher dosiert werden als vom Hersteller angegeben, und *Cholagogum N Tropfen* müssten flaschenweise getrunken werden.
  Schöllkraut (enthalten z. B. in *Choleodoron, H+S Galle- und Lebertee*) soll leberschädigende Nebenwirkungen wie Hepatitis und akute Gelbsucht auslösen können! Unsere Bewertung: Wenig zweckmäßig für Tees und abzuraten für Kapseln und Tropfen.
- *Chemische Mittel (Cholspasmin, Galle Donau, Unichol)*
  Der Wirkstoff Hymecromon (in *Cholspasmin, Unichol*) regt die Gallensäure-Absonderung an. Der therapeutische Nutzen dieses

Effekts ist umstritten. Fragwürdig ist auch der therapeutische Nutzen des Präparats *Galle Donau.*

- *Tierische Gallensäureextrakte* (Cholecysmon)
  Die Beliebtheit dieses Mittels beruht vermutlich darauf, dass der Inhaltsstoff auch abführend wirkt. Der therapeutische Nutzen von zusätzlich zugeführter Gallensäure ist fragwürdig.

13.6.1. »Leberschutzmittel«

Präparat	Wichtigste Nebenwirkungen	Empfehlung
Apihepar (Ö) Kaps., lösliches Granulat Silymarin *Rezeptpflichtig*	Durchfall und verstärkte Harnausscheidung möglich	**Wenig zweckmäßig** Therapeutische Wirksamkeit als Leberschutzmittel zweifelhaft. Aber: Bei Behandlung der Vergiftung durch Knollenblätterpilze wahrscheinlich wirksam.
Biogelat-Leberschutzkapseln (Ö) Kaps. Mariendistelextrakt (standardisiert auf Silymarin)	Durchfall und verstärkte Harnausscheidung möglich	**Wenig zweckmäßig** Therapeutische Wirksamkeit als Leberschutzmittel zweifelhaft. Aber: Bei Behandlung der Vergiftung durch Knollenblätterpilze wahrscheinlich wirksam.
Hepabesch S (D) Kaps. Mariendistelextrakt (standardisiert auf Silymarin)	Durchfall und verstärkte Harnausscheidung möglich	**Wenig zweckmäßig** Therapeutische Wirksamkeit als Leberschutzmittel zweifelhaft. Aber: Bei Behandlung der Vergiftung durch Knollenblätterpilze wahrscheinlich wirksam.
Hepa-loges (D) Kaps. Mariendistelextrakt (standardisiert auf Silymarin)	Durchfall und verstärkte Harnausscheidung möglich	**Wenig zweckmäßig** Therapeutische Wirksamkeit als Leberschutzmittel zweifelhaft. Aber: Bei Behandlung der Vergiftung durch Knollenblätterpilze wahrscheinlich wirksam.
Hepa-Merz (D/Ö) Granulat, Infusionslösung nur in D: Kautabletten Ornithinaspartat *Rezeptpflichtig (Ö)*	Brechreiz, Magen-und Darmstörungen, Übelkeit	**Nur zweckmäßig bei** Leberversagen zur Senkung des Ammoniakspiegels im Blut. Ob damit die Lebererkrankung selbst gebessert wird, ist allerdings nicht ausreichend nachgewiesen. Mittel mit Lactulose sind vorzuziehen.

Präparat	Wichtigste Nebenwirkungen	Empfehlung
Legalon (D/Ö) Kaps., nur D: Suspension Silymarin standardisiert in Mariendistelfrüchteextrakt *Rezeptpflichtig (Ö)*	Durchfall und verstärkte Harnausscheidung möglich	**Wenig zweckmäßig** Therapeutische Wirksamkeit als Leberschutzmittel zweifelhaft. Aber: Bei Behandlung der Vergiftung durch Knollenblätterpilze wahrscheinlich wirksam.
Phönix Phönohepan (D) Tropfen homöopathische Verdünnungen, Alkohol	Kombination unterschiedlicher homöopathischer Tinkturen. Keine wesentlichen zu erwarten. Enthält Alkohol	**Homöopathisches Mittel** Unübersichtliche Kombination unterschiedlicher homöopathischer Tinkturen. Eine eventuelle Wirkung ist nur individuell feststellbar.
Silymarin von ct (D) **Silymarin AL** (D) **Silymarin Stada** (D) Filmtabl. Mariendistelextrakt (standardisiert auf Silibinin)	Durchfall und verstärkte Harnausscheidung möglich	**Wenig zweckmäßig** Therapeutische Wirksamkeit als Leberschutzmittel zweifelhaft. Aber: Bei Behandlung der Vergiftung durch Knollenblätterpilze wahrscheinlich wirksam.

13.6.2. Leber-Gallen-Mittel

Präparat	Wichtigste Nebenwirkungen	Empfehlung
Apozema Mariendistel mit Artischocke (Ö) Drag., forte-Drag. Extrakte aus Mariendistel und Artischocke	Allergische Reaktionen und schwach abführende Wirkungen können vorkommen	**Wenig zweckmäßig** in dieser Kombination. Artischockenextrakt kann zwar möglicherweise den Gallenfluss anregen, die Wirksamkeit von Mariendistelextrakt als Leberschutzmittel ist aber zweifelhaft.
Cholagogum F Nattermann (D) Kaps., Lösung Extrakte aus Artischockenblätter	Einzelne Fälle von Leberschädigung sind bekannt geworden. Lösung entält Alkohol	**Abzuraten** Zweifelhafter therapeutischer Nutzen.
Cholecysmon (D) Drag. Gallensäurenextrakt vom Rind	In höheren Dosierungen Durchfälle und Magen-Darm-Beschwerden	**Wenig zweckmäßig** Der therapeutische Nutzen von zusätzlich zugeführten Gallensäuren ist zweifelhaft.

Präparat	Wichtigste Nebenwirkungen	Empfehlung
Choleodoron (Ö) Tropfen Extrakte aus Schöllkraut und Kurkuma *Rezeptpflichtig*	Einzelne Fälle von Leberschädigung sind bekannt geworden. Enthält Alkohol	**Abzuraten** Zweifelhafter therapeutischer Nutzen.
Cholspasmin (D) Fortetabl., Amp. Hymecromon	Magen-Darm-Störungen	**Möglicherweise zweckmäßig** Regt die Gallensäure-Absonderung an.
Divalol W (D) Tropfen Kurkumaextrakt, Pfefferminzöl	Keine wesentlichen bekannt	**Wenig zweckmäßig** Zweifelhafter therapeutischer Nutzen, aber wahrscheinlich harmlos.
Florabio naturreiner Heilpflanzensaft Artischocke (D) Saft Presssaft aus Artischocke	Allergische Reaktionen möglich	**Naturheilmittel** Zur Unterstützung bei Verdauungsbeschwerden mit anregender Wirkung auf den Gallenfluss.
Galle Donau (Ö) Drag. p-Tolylmethylcarbinol Nikotinsäureester, Alpha-Naphthylessigsäure	Hautrötungen (»Blutwallungen«)	**Wenig zweckmäßig** Zweifelhafte therapeutische Wirksamkeit der Kombination.
Hepar SL forte (D) Kaps., Tropfen **Heparstad** (D/Ö) Artischockenkapseln, Hartkapseln Artischockenblätterextrakt	Allergien sind möglich. Nicht einnehmen bei einem Verschluss der Gallenwege	**Möglicherweise zweckmäßig als** Mittel zur Steigerung des Gallenflusses, um Verdauungsbeschwerden zu lindern.
H&S Galle- und Lebertee (D) Filterbeutel Pfefferminze, Schöllkraut, javanische Gelbwurz, Kümmel	Einzelne Fälle von Leberschädigung sind bekannt geworden	**Wenig zweckmäßig** Teemischungen aus Pflanzen, die bei Erkrankungen der Gallenwege und der Leber angewendet werden.
Kneipp Galle- und Leber-Tee (Ö) Teemischung Pfefferminzblätter, Kurkumawurzel, Löwenzahnkraut und -wurzel	Keine wesentlichen bekannt	**Naturheilmittel** Teemischungen aus Pflanzen, die bei Erkrankungen der Gallenwege und der Leber angewendet werden.

Präparat	Wichtigste Nebenwirkungen	Empfehlung
Sidroga Leber-Gallen-Tee (D) Filterbeutel Löwenzahn, Pfefferminze, Artischockenextrakt, Schafgarbenkraut	Keine wesentlichen bekannt	**Naturheilmittel** Teemischungen aus Pflanzen, die bei Erkrankungen der Gallenwege und der Leber angewendet werden.
Unichol (Ö) Drag. Hymecromon *Rezeptpflichtig*	Magen-Darm-Störungen	**Möglicherweise zweckmäßig** Regt die Gallensäure-Absonderung an.
Ursofalk (D/Ö) Kaps., Suspension Ursodeoxycholsäure *Rezeptpflichtig*	Manchmal Durchfall	**Therapeutisch zweckmäßig nur zur** Auflösung von Cholesterin-Gallensteinen, die nicht größer als zwei cm im Durchmesser sind. Einnahmedauer ca. ein Jahr.

13.7. Schlankheitsmittel

»Auf leckere Sahnetorten und gutes Essen müssen Sie nicht verzichten«, »Schnell schlank ohne Diät«, »Natürlich schlank ohne Hunger« – mit solchen Werbesprüchen versuchen Pharmafirmen, ihre Schlankheitsmittel an den Mann bzw. an die Frau zu bringen. Jedes Jahr werden neue »Wundermittel« zum Abnehmen angepriesen. Und jedes Jahr folgt kurz darauf die Ernüchterung: Es gibt keine Wundermittel zum Abnehmen! In den vergangenen Jahren mussten zahlreiche Medikamente wegen ihrer Nebenwirkungen wieder vom Markt gezogen werden.

Immerhin scheint die Aufklärungsarbeit über den fragwürdigen Nutzen und die eindeutigen Gefahren von Appetitzüglern in den letzten Jahren Wirkung zu zeigen: 1991 wurden noch 5,5 Millionen Packungen verkauft, im Jahr 2000 nur noch 2,6 Millionen und im Jahr 2003 sogar nur noch 1,2 Millionen.

Das bedeutet allerdings nicht, dass inzwischen weniger schlank machende oder angeblich schlank machende Mittel geschluckt werden: Viele Übergewichtige wenden statt gefährlicher Appetitzügler andere Methoden an, die riskant sind:

– *Harntreibende Mittel* wie *Biofax*. Nach dem Motto: »Weniger Wasser, weniger wiegen«. Diese Werbung ist irreführend, weil Übergewicht immer durch zu viel Fett und nicht durch zu viel Wasser bedingt ist; außer man leidet wirklich unter Ödemen (siehe Kapitel

12.2.). In die Kategorie harntreibende Mittel fallen auch die zahlreichen »Blutreinigungstees«, »Frühjahrskuren« oder »Schlankheitstees«, mit denen Blut und Darm »gereinigt« und überflüssige Pfunde abgebaut werden sollen. Die regelmäßige Verwendung solcher Mittel kann gesundheitsgefährdend sein.

– *Abführmittel:* Meist werden dafür Präparate mit pflanzlichen Inhaltsstoffen wie Aloe und Sennes verwendet (siehe dazu auch Kapitel 13.2.). Die Wirkung ist ähnlich wie bei den harntreibenden Mitteln: Wasserverlust anstatt Fettverlust. Die regelmäßige Verwendung von Abführmitteln kann gesundheitsgefährdend sein.
– *Schilddrüsenmittel:* Die auffallend hohen Verkaufszahlen des Schilddrüsenmedikaments *L-Thyroxin Henning* (7,8 Millionen Packungen im Jahr 2003 in Deutschland; steigende Verbrauchszahlen) legen den Verdacht nahe, dass dieses Mittel auch missbräuchlich als Abmagerungsmittel verwendet wird. Jod-haltige Mittel (z. B. Blasentang in *Fucus 2000*) werden ebenfalls missbräuchlich zur Abmagerung verwendet.
  Die Gefahr bei diesen Schilddrüsenmitteln besteht darin, dass sie Überfunktionen der Schilddrüse verursachen können (siehe Kapitel 17).
– *Enzyme:* Es gibt viele Präparate, die Extrakte aus Früchten wie Ananas, Mango, Papaya oder die darin enthaltenen eiweißspaltenden Enzyme Papain und Bromelain enthalten. Diese Enzyme können die Eiweißverdauung im Magen bestenfalls unterstützen – vorausgesetzt, sie werden nicht bereits im Magen zerstört. Dadurch werden dem Körper Nährstoffe jedoch schneller zugeführt – eine Wirkung, die einer Diät entgegensteht. Die gesundheitlichen Risiken bei der Verwendung von Enzym-haltigen Mitteln ist jedoch gering.

Die Legende vom Idealgewicht

Längst sind sich Fachleute nicht mehr sicher, ob das einst gepriesene »Idealgewicht« wirklich so erstrebenswert und gesundheitlich notwendig ist. Nach einer genauen Überprüfung der Studien über Vorteile des Idealgewichts – vor allem in den USA – wurde für einige Personengruppen mit leichtem Übergewicht sogar eine Verlängerung der Lebenserwartung festgestellt.
Erst bei einem Übergewicht von mehr als 25 Prozent erhöht sich das Risiko, an Zuckerkrankheit, Herz-Kreislauf-Erkrankungen, Erhöhung

des Blutfettgehalts, Gelenkserkrankungen, Gicht, Gallensteinen etc. zu erkranken.

Um festzustellen, ob man übergewichtig ist, muss man den so genannten Body-Mass-Index (B.M.I.) bestimmen:

Dabei wird das Gewicht in Kilogramm dividiert durch die Körpergröße in Meter zum Quadrat.

Ein Beispiel: Ein Mann ist 75 kg schwer und 1,70 m groß. Dann gilt die Formel: 75 dividiert durch 1,70 x 1,70 ist gleich 25,95.

- Ein B.M.I. von 20 bis 25 gilt als Normalgewicht.
- Ein B.M.I. von 25 bis 29,9 gilt als leichtes Übergewicht.
- Ein B.M.I. von 30 bsi 39,9 gilt als mittleres Übergewicht.
- Ein B.M.I. von über 40 gilt als extremes Übergewicht.

Der Mann in unserem Beispiel hat also ein leichtes Übergewicht. Laut Statistik sind in Deutschland etwa 40 Prozent aller Menschen übergewichtig, etwa 1 Prozent sind extrem übergewichtig.

Möglichkeiten der Gewichtsverminderung

Entscheidend für den Wert einer Methode ist der Langzeiterfolg. Deshalb sind Werbeaussagen wie »Zwölf Pfund in einem Monat« völlig irreführend.

Folgende »Abspeck«-Maßnahmen bringen *überhaupt keinen* oder *keinen dauerhaften Erfolg*:
- Appetithemmer
- Sport ohne Diät
- Formuladiäten
- einseitige Modediäten wie etwa Dr. Atkins
- Cremes
- Geistheiler
- Psychoakustik
- Schlankheitsmittel zum Kleben, Riechen oder Hören (z. B. *AcuOne, Atlantis, Dion, Duo-Beauty-Gel, Vital-Schlank-Chip*)
- Bio-Schlank-Chips
- Gewürze und Gewürzpulver (z. B. *Gracia Kautabletten*)
- konjugierte Linolsäure (CLA, z. B. *Beauty Caps*)
- Lapacho-Tee

Bei den meisten angebotenen Methoden der Gewichtsreduktion wird das Ausgangsgewicht im Lauf eines Jahres wieder erreicht. Erfolg ver-

sprechend ist lediglich eine Ernährungsumstellung auf eine vernünftige kalorienreduzierte Mischkost, zum Beispiel nach Weight-Watchers-Programmen, zusammen mit sportlicher Betätigung. Damit verliert man im Durchschnitt dauerhaft 15 Kilogramm Gewicht in 32 Wochen.
Es ist wichtig, sich vor jeder Art der Gewichtsverminderung untersuchen zu lassen: Herz und Kreislauf, Leber- und Nierenfunktion sollten überprüft werden. Auch ist zu bedenken, dass jede Form von verminderter Nahrungsaufnahme – das betrifft fast alle Diäten – auch die Zufuhr von Vitaminen und Spurenelementen verringert. Ein Ausgleich mit vitaminreichen Nahrungsmitteln und/oder die gezielte Behandlung mit einzelnen Vitaminen kann oft notwendig sein.
Viele »Wunderdiäten« (Punkte-Diät, Atkins-Diät etc.) beruhen weniger auf verminderter als auf einseitiger Nahrungsaufnahme (kohlenhydratfrei, eiweißreich etc.). Eine dauerhafte Gewichtsreduktion lässt sich damit schwerlich erreichen. Auch die einseitige Bevorzugung fettreicher tierischer Nahrungsmittel ist nicht risikolos: Es besteht die Gefahr der unzureichenden Versorgung mit anderen lebensnotwendigen Nährstoffen und einer hohen Zufuhr von Cholesterin – was ein zusätzliches Risiko bei Herz-Kreislauf-Erkrankungen bedeutet.
Totales Fasten (Nulldiät) sollte nur im Krankenhaus durchgeführt werden.
Hinweis: In Deutschland bieten alle Verbraucherzentralen das Faltblatt »Betrug bei Diätprodukten« an.
Die beste Diät zielt auf eine Gewichtsverminderung durch Verringerung von schnell verfügbaren Kohlenhydraten. Die Gewichtsabnahme erfolgt langsam, aber anhaltend, um einen Jo-Jo-Effekt zu vermeiden.

Selbsthilfegruppen und Verhaltenstherapie am erfolgreichsten

Selbsthilfegruppen und Verhaltenstherapie zeigen langfristig die besten Resultate. In einem Vergleich dreier Gruppen, wo eine nur Verhaltenstherapie, die zweite nur Medikamente und die dritte eine kombinierte Pharmako-Verhaltenstherapie betrieb, schnitt die Verhaltenstherapie-Gruppe am besten ab. Nach einem Jahr hatten Personen dieser Gruppe nur etwa zehn Prozent des verlorenen Gewichts wieder zugenommen. Die anderen beiden Gruppen jedoch 60–70 Prozent, obwohl sie zu Beginn die größeren Erfolge hatten.

Welche Diät?

Das aus dem Griechischen stammende Wort »diaita« (Diät) bezieht sich nicht nur auf die Ernährung, sondern umfasst die gesamte Lebenseinstellung, sowohl physisch als auch psychisch. In diesem Sinn sollte eine Diät zum Abnehmen nicht nur eine Änderung der Ernährungsgewohnheiten, sondern auch eine vernünftige körperliche Aktivität und das Vermeiden schädlicher Verhaltensweisen (kein exzessiver Alkoholkonsum, Aufgeben oder Einschränken von Rauchen) umfassen.

Empfehlenswerte Schlankheitskonzepte bzw. -bücher:

- Herbert Jost: Wege zum Wunschgewicht, Rowohlt-Taschenbuch. Optimales, leicht verständliches Kombinations-Konzept von Ernährung, Körpertraining und Verhaltensänderung.
- Die Montignac-Methode – essen und dabei abnehmen, Artulen Verlag. Bewährte Methode der Ernährungsumstellung (mediterrane Kost).
- Helga Haseltine/Marlies Klosterfelde-Wentzel: Die neue Brigitte-Diät, Mosaik-Verlag München. Dies ist ein Klassiker: ein reines Diät-Buch, ideal zum Abspecken.

Fertigdiäten (Formuladiäten)

Formuladitäten wie *BioNorm*, *DEM*, *Modifast* oder *Slim Fast* sind Verkaufsschlager. Das Rezept klingt verlockend: Man rührt Pulver in Milch oder Wasser, und schon hat man eine Mahlzeit, die einerseits alle notwendigen Nährstoffe enthält, andererseits schlank macht.

Wer nur diese Pulvernahrung isst und keine zusätzlichen Mahlzeiten zu sich nimmt, macht damit eine radikale Abmagerungskur durch. Sowohl aus psychologischen als auch aus medizinischen Gründen ist dies jedoch abzulehnen, weil dies zum berüchtigten Jo-Jo-Effekt führen kann:

Wenn der Körper sehr schnell an Gewicht verliert, stellt er sich auf eine vermeintliche Hungersnot ein und senkt den so genannten Grundumsatz um bis zu 50 Prozent. Das heißt: Er verwertet die eingenommene Ernährung einfach besser und kommt auch mit weniger Kalorien gut zurecht. Wenn anschließend dann wieder normal gegessen wird, läuft dieser Mechanismus noch eine Zeit lang ungebremst weiter. Die Folge davon ist, dass man vermehrt zunimmt. Dies führt dann oft zu dem Teufelskreis einer erneuten Kur mit Formuladiäten und endet im Extremfall mit Mager- oder Brechsucht.

Jedenfalls bleiben aus Erfahrung 97 Prozent aller eigenständig durchgeführten Diätversuche auf Dauer erfolglos.

Selbst dann, wenn man Formuladiät immer wieder nur kurzzeitig – ein bis drei Tage – verwendet und zwischendurch normal isst, verliert man möglicherweise keine Fettpolster. Denn bei einer Ernährung mit niedriger Kalorienzahl wie bei Fertigdiäten oder Fasten kann es zu einer erhöhten Verbrennung von Stärke und Eiweiß kommen. Dies führt am Beginn zu einer erhöhten Wasserausscheidung und zu Muskelabbau – aber nicht zu Fettabbau. Vor allem bei Normal- und leicht Übergewichtigen kann der Eiweißverlust auch die Funktion von Herz und Leber beeinträchtigen.

Unsere Empfehlung: Formuladiäten können bei extrem Übergewichtigen (B.M.I deutlich über 30) sinnvoll sein – nach vorheriger ärztlicher Untersuchung und unter ständiger Betreuung als Auftakt für eine langfristige Ernährungsumstellung. Der langfristige Nutzen bei leicht Übergewichtigen ist sehr fraglich und außerdem mit gesundheitlichen Risiken verbunden.
Die »Stiftung Warentest« warnt vor der Verwendung von Formuladiäten, die im Direktvertrieb, von Tür zu Tür angeboten werden, weil hier oft unhaltbare Werbeversprechungen abgegeben werden.

Medikamente zur Gewichtsverminderung

Amphetamine, Amphetamin-ähnliche oder von dieser Gruppe abgeleitete Verbindungen – aus denen die meisten Appetitzügler bestehen – wurden schon in den dreißiger Jahren entdeckt, damals jedoch gegen Müdigkeit verordnet. Während des Zweiten Weltkriegs wurden riesige Mengen davon an Soldaten verteilt. Erst später erkannte man, dass diese Mittel einen vermarktbaren Nebeneffekt haben – sie reduzieren das Hungergefühl.
Diese Nebenwirkung ist freilich nicht die einzige: Die Wirkstoffe Amfepramon (enthalten z. B. in *Regenon*) und D-Norpseudoephedrin (enthalten z. B. in *Antiadipositum X-112 S*) können folgende Beschwerden verursachen: Herzklopfen, Herzrhythmusstörungen, Erregungszustände; bei langfristiger Einnahme Psychosen und möglicherweise tödlichen Lungenhochdruck. Man kann von diesen Mitteln abhängig werden und nach Beendigung der Einnahme schwere Entzugserscheinungen bekommen.
Der Wirkstoff Phenylpropanolamin (enthalten z. B. in *Antiadipositum Riemser)* hat ähnliche Nebenwirkungen, seit kurzem besteht sogar der Verdacht, dass es im Zusammenhang mit diesem Wirkstoff zu Schlaganfällen kommen kann.

Ausnahmsweise sind sich sämtliche Wissenschaftler und Lehrbücher bei der Bewertung von Appetitzüglern einig: Sie reduzieren zwar kurzzeitig das Gewicht, nach Beendigung der Therapie wird das Ausgangsgewicht fast immer wieder erreicht. Deshalb warnte das ehemalige Bundesgesundheitsamt auch vor irreführenden Versprechungen in den Medien wie »Sie werden nicht mehr rückfällig«. Aus diesen Gründen und wegen der großen Gesundheitsrisiken dieser Mittel wird von der Einnahme *abgeraten*.

Fettfresser

»Haben Sie sich schon einmal überlegt, warum Meerestiere nie dick werden?« Mit dieser Frage wirbt eine Pharma-Firma für so genannte »Fettfresser« oder »Fettblocker«. Die Antwort: »Weil in ihren Körpern jener Stoff eingelagert ist, der jetzt als Diät-Kapsel in die Apotheken kommt.«

Dieser Stoff ist ein Abkömmling des Chitins aus dem Panzer von Meereskrebsen, der auch als Bindemittel für Kosmetika dient. Er soll das Fett in der Nahrung binden, selbst aber unverdaulich sein und mit Stuhl wieder ausgeschieden werden. Eine überzeugend klingende Sache, nur leider gibt es keine nachvollziehbaren, seriösen Belege dafür. Der Nachweis beschränkt sich auf dubiose Berichte von Frauen, deren Namen zwar bekannt gegeben werden, von denen man aber nicht überprüfen kann, ob sie wirklich existieren.

Die Fachzeitschrift »arznei-telegramm« berichtet, dass auf entsprechende Nachfragen keiner der Anbieter bereit war, schriftliche Auskünfte über entsprechende Studien zu geben.

Aus Tierversuchen weiß man, dass Fettblocker Glucose-, Cholesterin-, Triglyzerid-, Vitamin E- und Mineralstoffwerte absenken. Wegen des unbelegten Nutzens und der möglichen Risiken für Vitaminhaushalt und Knochenstoffwechsel ist von einer Verwendung von »Fettblockern« abzuraten. Sie sind übrigens nur als »Nahrungsergänzung« deklariert und nicht als Arzneimittel zugelassen.

Homöopathische Schlankheitsmittel

Neuerdings werden auch homöopathische Arzneimittel gegen »Fettleibigkeit« beworben, und zwar mit großem Erfolg (z. B. *boxogetten H, Cefamadar, Gracia Novo Schlankheitstropfen*). Bei diesen Mitteln sind zwar keine Nebenwirkungen zu erwarten, wer jedoch glaubt, allein damit Gewicht verlieren zu können, glaubt an Wunder. Wer abnehmen will, muss seine Ernährung langfristig umstellen – an diesem Grundsatz führt leider kein Weg vorbei.

Ballaststoffe (Schlankheitsmittel mit Quelleffekt)

Solche Präparate (z. B. *bioNorm, fdH, Guar Max, Jogur, Matricur, Recatol Algin, Sanhelios Topinambur*) quellen im Magen auf und füllen ihn. Dadurch wird das Hungergefühl kurzfristig etwas eingedämmt. Ohne Umstellung der Essgewohnheiten wird man davon jedoch nicht schlank werden.

Quellmittel können auch gefährlich sein: Wenn Sie vor und während der Einnahme nicht genügend trinken, besteht die Gefahr, dass Ihnen das Mittel im Hals stecken bleibt oder den Darm verschließt. In diesem Fall besteht Lebensgefahr!

Neueste Schlankmacherpillen

Im Sommer 1998 wurden in vielen Zeitschriften zwei neue »Wundermittel« zur Abmagerung gefeiert – noch bevor diese überhaupt erhältlich waren:

– Der Wirkstoff Sibutramin (*Reductil*) soll über das Gehirn die Lust aufs Essen zügeln und gleichzeitig den Kalorienumsatz steigern. *Reductil* ist chemisch verwandt mit dem Antidepressivum *Prozac* (siehe Kapitel 2.4). Wegen der gravierenden Nebenwirkungen – Erhöhung des Blutdrucks und der Herzfrequenz, Kopfschmerzen, Mundtrockenheit, Verstopfung, Schlafstörungen, Übelkeit, Menstruationsstörungen – raten wir von der Verwendung ab. Nach Absetzen von *Reductil* steigt das Gewicht bei den meisten Menschen schnell wieder an (Jo-Jo-Effekt).

Der Wirkstoff Orlistat (*Xenical*) soll im Darm das fettabbauende Enzym Lipase blockieren und dafür sorgen, dass etwa 30 Prozent des Fettes unverdaut wieder ausgeschieden wird. Wer zuviel Fett isst, muss damit rechnen, dass das wortwörtlich »in die Hose« geht. *Nebenwirkungen:* Stuhldrang, flüssige Stühle, Blähungen, ungewollter Stuhlgang, Kopfschmerzen. Wenn überhaupt, sollte *Xenical* nur bei einem B.M.I. von über 30 verwendet werden. Nach dem Absetzen von *Xenical* steigt das Gewicht bei den meisten Menschen schnell wieder an (Jo-Jo-Effekt).

Vorsicht: Bei allen als »Wundermittel« angekündigten Medikamenten ist mit Nebenwirkungen zu rechnen. Lassen Sie die Finger davon, solange nicht ausreichende Untersuchungsergebnisse und Erfahrungsberichte vorliegen. Spielen Sie nicht Versuchskaninchen!

13.7. Schlankheitsmittel

Präparat	Wichtigste Nebenwirkungen	Empfehlung
Antiadipositum Riemser (D) Retardkapseln Phenylpropanolamin, Vit. B_1, Vit. B_6, Vit. C *Rezeptpflichtig*	Herzklopfen, Herzstolpern, Erregung, Bluthochdruck, Risiko der Gewöhnung und Abhängigkeit. Vor kurzem wurde der Verdacht geäußert, dass dieses Medikament lebensgefährliche Nebenwirkungen bis hin hin zum Schlaganfall auslösen kann	**Abzuraten** Zweifelhafter therapeutischer Nutzen. Nicht sinnvolle Kombination mit Vitaminen. Hohes Risiko an Nebenwirkungen.
Antiadipositum X-112 S (D) Tropfen D-Norpseudoephedrin (auch als Cathin bekannt) *Rezeptpflichtig*	Kurzfristig: Herzklopfen, Herzstolpern, Erregung, Abhängigkeit und Sucht. Langfristig: Psychosen, selten Lungenhochdruck (kann tödlich sein)	**Abzuraten** Zweifelhafter therapeutischer Nutzen. Hohes Risiko an Nebenwirkungen.
Cefamadar (D/Ö) Tabl., Tropfen Madar in homöopathischer Verdünnung (D4)	Enthält Alkohol	**Homöopathisches Mittel** Eine Wirksamkeit als Mittel gegen »Fettleibigkeit« ist zweifelhaft, kann aber nur individuell festgestellt werden.
Cellobexon (Ö) Tabl. Methylcellulose, Vitamin B_1, C	Blähungen, Völlegefühl. Die Einnahme derartiger Quellmittel hat mit viel Flüssigkeit zu geschehen	**Abzuraten** Unsinnige Kombination, in welcher ein Grundstoff von Tapetenkleister (Methylcellulose) mit Vitaminen versetzt wurde. Der Magen kann hierdurch allenfalls kurzfristig getäuscht werden.
Gracia Novo Schlankheitstropfen (D) **Gracil Schlankheitstropfen** (Ö) Tropfen Homöopathische Verdünnungen	Keine wesentlichen bekannt	**Abzuraten** Homöopathisches Mittel mit zweifelhafter Wirksamkeit.
Reductil (D/Ö) Kaps. Sibutramin *Rezeptpflichtig*	Erhöhung des Blutdrucks und der Herzfrequenz, Mundtrockenheit, Verstopfung, Schlafstörungen, Übelkeit, Menstruationsstörungen	**Wenig zweckmäßig** Zweifelhafter therapeutischer Nutzen. Allenfalls bei stark übergewichtigen Menschen, wenn Ernährungsumstellungen keinerlei Erfolge gehabt haben. Nur unter sachkündiger ärztlicher Kontrolle. Hohes Risiko an Nebenwirkungen.

Präparat	Wichtigste Nebenwirkungen	Empfehlung
Regenon (D) nur D: Retardkaps., Amfepramon *Rezeptpflichtig*	Kurzfristig: Herzklopfen, Herzstolpern, Erregung, Abhängigkeit und Sucht. Langfristig: Psychosen, selten Lungenhochdruck (kann tödlich sein)	**Abzuraten** Zweifelhafter therapeutischer Nutzen. Hohes Risiko an Nebenwirkungen.
Xenical (D/Ö) Kaps. Orlistat *Rezeptpflichtig*	Flüssige Stühle, Stuhldrang, ungewollter Stuhlabgang, Blähungen, Kopfschmerzen	**Wenig zweckmäßig** Zweifelhaftes Therapieprinzip: Übergewichtige mit einem B.M.I. über 30 sollen durch ungewollten Stuhlabgang bei fettreicher Nahrung dazu gebracht werden, den Fettanteil zu verringern. Zweifelhafter Langzeitnutzen.

13.8. Mittel gegen Hämorrhoiden

An der Übergangszone vom Mastdarm zum After gibt es einen Bereich, der sehr stark von Blutgefäßen durchzogen ist. Bei übermäßiger Vergrößerung dieser Gefäße kann es zu inneren oder äußeren Hämorrhoiden kommen. Als Beschwerden können Juckreiz, Brennen, dumpfes Druckgefühl, Blutungen, Ekzeme, lokale Geschwüre und schleimige Sekretion auftreten.

Ursachen dieses Leidens können sein:

- Chronische Verstopfung und harter Stuhl.
- Abführmittel. Diese beugen Hämorrhoiden nicht vor – im Gegenteil: Sie erzwingen die Entleerung des Darms gegen den noch verschlossenen Anus.
- Mangel an Bewegung, Übergewicht.

Schmerzhafte Blutergüsse durch geplatzte Blutgefäße in der Aftergegend (perianale Hämatome) werden oft mit Hämorrhoiden verwechselt. Sie entstehen hauptsächlich bei Menschen mit sitzender Arbeit (z. B. Fernfahrer) und können durch einen kleinen chirurgischen Eingriff beseitigt werden.
Falls der Arzt innere Hämorrhoiden vermutet, können diese nur mit einem speziellen Untersuchungsgerät (Blond-Proctoskop) nachgewiesen werden. Abtasten alleine genügt nicht. Wenn die üblichen Be-

schwerden wie Juckreiz, Schmerzen beim Stuhlgang und Säubern des Afters von Blutungen begleitet werden, ist wegen der Möglichkeit einer Krebserkrankung eine solche Untersuchung zur Abklärung der Blutungsursache notwendig.

Behandlung

Hygienische Maßnahmen (z. B. Waschen nach dem Stuhlgang) und Stuhlregulierung (Umstellung auf ballaststoffreiche Kost; siehe Verstopfung und deren Behandlung, Kapitel 13.2.) sind die wichtigsten Maßnahmen bei Hämorrhoiden.
Einfache Salben ohne Wirkstoffe und Zusätze (z. B. *Asche Basissalbe, Diprosone Basissalbe, Hexal Basissalbe, Jellin Basissalbe*) lindern meist wirkungsvoll die Beschwerden.
Falls echte Hämorrhoiden höheren Grades vorliegen (man unterscheidet Schweregrade 1 bis 3), ist die einzig sinnvolle Therapie die Verödung der Venen durch Injektionen. Jede Art von Medikamenten kann in diesem Fall höchstens die Beschwerden lindern, eine Heilung ist damit nicht zu erreichen.

Medikamente

Spezielle Medikamente gegen Hämorrhoidenbeschwerden enthalten meist lokal schmerzlindernde, desinfizierende oder entzündungshemmende Wirkstoffe, einzeln oder in Kombination.
Falls bei unkomplizierten, leichten Beschwerden wirkstofffreie Salben nicht helfen, können Medikamente mit lokal schmerzlindernder Wirkung zweckmäßig sein. Zu bevorzugen sind solche mit nur einem Wirkstoff, z. B. *Dolo Posterine N, Haenal, Lido-Posterine.*
Bei oberflächlich blutenden Hämorrhoiden ist *Faktu* ein zweckmäßiges Mittel.
Von Kombinationsmitteln, die Glukokortikoide und andere Wirkstoffe enthalten (z. B. *Delta-Hädensa, Jelliproct, Posterisan corte*), raten wir wegen der möglichen Nebenwirkungen – Hautschäden, verzögerte Wundheilung, verminderte Infektionsabwehr – ab.

13.8. Mittel gegen Hämorrhoiden

Präparat	Wichtigste Nebenwirkungen	Empfehlung
Delta-Hädensa (Ö) Salbe, Zäpfchen Prednisolon, Monochlorcarvacrol, Ammonium-sulfobituminosum, Menthol, in Zäpfchen zusätzlich: Kamille, Pflanzenöle *Rezeptpflichtig*	Hautschäden, verzögerte Wundheilung, verminderte Infektionsabwehr	**Abzuraten** Nicht sinnvolle Kombination eines Glukokortikoids (Prednisolon) mit anderen Wirkstoffen.
DoloPosterine N (D) Zäpfchen, Salbe, Kombipackung Cinchocain *Rezeptpflichtig*	Allergische Erscheinungen, Hautreizungen	**Therapeutisch zweckmäßig zur** kurzfristigen Linderung von schmerzhaften Beschwerden.
Doloproct (D) Creme, Zäpfchen, Fluocinolon, Lidocain *Rezeptpflichtig*	Hautschäden, verzögerte Wundheilung, verminderte Infektionsabwehr	**Abzuraten** Nicht sinnvolle Kombination eines stark wirkenden Glukokortikoids (Fluocinolonacetonid) mit örtlich wirkendem Betäubungsmittel (Lidocain).
Eulatin NN (D) Salbe Hamamelisextrakt, Wismutgallat, Benzocain	Allergische Reaktionen auf der Schleimhaut sind möglich	**Abzuraten** Benzocain kann stark allergisierend wirken, daher ist ein solches lokal betäubendes Mittel nicht zu empfehlen.
Faktu (D) Salbe, Zäpfchen, Kombipackung Polycresulen, Cinchocain *Rezeptpflichtig*	Selten allergische Erscheinungen, schleimhautreizend	**Nur zweckmäßig bei** oberflächlich blutenden Hämorrhoiden. Zur kurzfristigen Linderung von schmerzhaften Beschwerden vertretbar.
Faktu akut (D) Salbe, Zäpfchen Lidocain, Titandioxid, Bufexamac, Wismutgallat	Allergische Erscheinungen	**Wenig zweckmäßig** Zur kurzfristigen Linderung von schmerzhaften Beschwerden vertretbar. Kombination von potenziell allergisierendem Entzündungshemmer (Bufexamac) mit örtlich wirkendem Betäubungsmittel.

Präparat	Wichtigste Nebenwirkungen	Empfehlung
Hädensa (Ö) Salbe, Zäpfchen Menthol, Monochlorcarvacrol, Ammon. sulfobitum., in Zäpfchen zusätzlich: Kamillenöl, Schieferöl	Starke Schleimhautreizungen möglich	**Abzuraten** wegen der möglichen Nebenwirkungen von Menthol.
Hämo-ratiopharm N (D) **Hämoagil plus** (D) Creme, Zäpfchen Bufexamac, Lidocain, Wismutgallat, Titandioxid	Allergische Erscheinungen	**Wenig zweckmäßig** Zur kurzfristigen Linderung von schmerzhaften Beschwerden vertretbar. Kombination von potenziell allergisierendem Entzündungshemmer (Bufexamac) mit örtlich wirkendem Betäubungsmittel.
Haemo-Exhirud (D) Salbe Blutegelwirkstoff-Lösung (Hirudin), Allantoin, Polidocanol	Keine wesentlichen bekannt	**Wenig zweckmäßig** Zur kurzfristigen Linderung von schmerzhaften Beschwerden vertretbar.
Haemo-Exhirud Bufexamac (D) Zäpfchen Bufexamac, Lidocain, Wismutgallat, Titandioxid	Allergische Erscheinungen	**Wenig zweckmäßig** Zur kurzfristigen Linderung von schmerzhaften Beschwerden vertretbar. Kombination von potenziell allergisierendem Entzündungshemmer (Bufexamac) mit örtlich wirkendem Betäubungsmittel.
Haenal (D) Salbe Quinisocain	Allergische Erscheinungen und Reizungen an der Darmschleimhaut	**Therapeutisch zweckmäßig zur** kurzfristigen Linderung von schmerzhaften Beschwerden.
Hametum (D/Ö) Salbe Destillat aus Hamamelis	Keine wesentlichen bekannt	**Wenig zweckmäßig** Zur kurzfristigen Linderung von schmerzhaften Beschwerden vertretbar.
Jelliproct (D) Salbe, Zäpfchen, Kombipackung Fluocinolon, Lidocain *Rezeptpflichtig*	Hautschäden, verzögerte Wundheilung, verminderte Infektionsabwehr	**Abzuraten** Nicht sinnvolle Kombination eines stark wirkenden Glukokortikoids (Fluocinolonacetonid) mit örtlich wirkendem Betäubungsmittel (Lidocain).

Präparat	Wichtigste Nebenwirkungen	Empfehlung
Lido-Posterine (D) Salbe, Zäpfchen Lidocain	Allergische Erscheinungen und Reizungen auf der Darmschleimhaut möglich	**Therapeutisch zweckmäßig zur** kurzfristigen Linderung von schmerzhaften Beschwerden.
Mastu S (D) Salbe, forte-Zäpfchen Bufexamac, Lidocain, Wismutgallat, Titanoxid	Allergische Erscheinungen	**Wenig zweckmäßig** Zur kurzfristigen Linderung von schmerzhaften Beschwerden vertretbar. Kombination von Entzündungshemmer (Bufexamac) mit örtlich wirkendem Betäubungsmittel.
Posterisan (D) Salbe, Zäpfchen, Kombipackung Stoffwechselprodukte von Escherichia coli, Phenol	Allergien. Schleimhautreizungen möglich	**Wenig zweckmäßig** Zweifelhafte therapeutische Wirksamkeit.
Posterisan corte (D) Salbe, Hydrokortison *Rezeptpflichtig*	Eventuell Hautschäden, allergische Reizungen	**Nur zweckmäßig bei** juckenden und entzündeten Hämorrhoiden. Nur über kurze Zeit.
Scheriproct (D/Ö) Salbe, Zäpfchen, nur D: Kombipackung Prednisolon, Cinchocain, *Rezeptpflichtig*	Hautschäden, verzögerte Wundheilung, verminderte Infektionsabwehr	**Abzuraten** Nicht sinnvolle Kombination eines Glukokortikoids (Prednisolon) und örtlich wirkendem Betäubungsmittel (Cinchocain).
Sperti Präparation H (D/Ö) Salbe, Zäpfchen, nur Ö: Cooling-Gel Äthanol, Bierhefe-Dickextrakt, Haifischleberöl, Chlorhexidin	Allergische Erscheinungen	**Wenig zweckmäßig** Zur kurzfristigen Linderung von schmerzhaften Beschwerden vertretbar.

13.9. Wurmmittel

Die Häufigkeit der Infektionen mit Spulwürmern wird auf 30 Prozent, die mit Hakenwürmern auf 25 Prozent der Weltbevölkerung geschätzt. Verbesserte Lebensbedingungen und Hygiene in den Industriestaaten haben die Situation verbessert – einen absoluten Schutz gegen solche Infektionen gibt es jedoch nicht. Immer wieder kommt es auch vor, dass Touristen bei ihrer Rückkehr aus südlichen Ländern mit Würmern infiziert sind.
Oft merken Betroffene lange nichts vom Befall mit Würmern, da vor allem bei den Würmern, die bei uns verbreitet sind, meist nur unspezifische Beschwerden wie Bauchschmerzen, Jucken am After und Blutarmut auftreten. Wer längere Zeit ohne andere Erklärung an derartigen Beschwerden leidet, sollte einen Arzt aufsuchen und eine Stuhluntersuchung durchführen lassen. Die häufigsten Wurmarten sind:
- Fadenwürmer (Spul-*, Maden-*, Peitschen-*, Hakenwurm, Filarien)
- Bandwürmer* (Rinder-*, Schweine-*, Hundebandwurm*)
- Saugwürmer (z. B. Bilharzien)

Die mit * gekennzeichneten kommen auch in Mitteleuropa vor.

Behandlung

Die Beseitigung der Infektionsquelle – des Wurmes – mit Medikamenten ist der wichtigste Bestandteil der Therapie.
Der Wirkstoff Mebendazol (enthalten in *Pantelmin, Vermox*) kann gegen fast alle Wurmarten verwendet werden. Gegen Bandwürmer benötigt man allerdings sehr hohe Dosierungen.

13.9. Wurmmittel

Präparat	Wichtigste Nebenwirkungen	Empfehlung
Combantrin (Ö) Suspension, Kautabletten Pyrantel *Rezeptpflichtig*	Häufig Kopfschmerzen, Magen-Darm-Störungen	**Therapeutisch zweckmäßig** Wirksam gegen Spul-, Maden- und Hakenwürmer.
Helmex (D) Kautabletten, Suspension Pyrantel *Rezeptpflichtig*	Häufig Kopfschmerzen, Magen-Darm-Störungen	**Therapeutisch zweckmäßig** Wirksam gegen Spul-, Maden- und Hakenwürmer.

Präparat	Wichtigste Nebenwirkungen	Empfehlung
Molevac (D/Ö) Drag., Suspension Pyrvinium *Rezeptpflichtig (Ö)*	Magen-Darm-Störungen, Stuhl wird rot gefärbt, nicht auswaschbare Farbveränderung der Wäsche	**Wenig zweckmäßig** Wirksam gegen Madenwürmer. Mittel mit dem Wirkstoff Mebendazol sind vorzuziehen.
Pantelmin (Ö) Tabl. Mebendazol *Rezeptpflichtig*	Magen-Darm-Störungen. Wegen möglicher Auslösung von Missbildungen ist eine sichere Empfängnisverhütung nötig. Nicht in der Schwangerschaft geben	**Therapeutisch zweckmäßig** Wirksam gegen Spul-, Maden-, Peitschen- und Hakenwürmer sowie gegen Bandwürmer und Trichinen.
Pyrcon (D) Suspension Pyrvinium	Magen-Darm-Störungen, Stuhl wird rot gefärbt, nicht auswaschbare Farbveränderung der Wäsche	**Wenig zweckmäßig** Wirksam gegen Madenwürmer. Mittel mit dem Wirkstoff Mebendazol sind vorzuziehen.
Vermox (D) Tabl., Fortetabl. Mebendazol *Rezeptpflichtig*	Magen-Darm-Störungen. Wegen möglicher Auslösung von Missbildungen ist eine sichere Empfängnisverhütung nötig. Nicht in der Schwangerschaft geben	**Therapeutisch zweckmäßig** Wirksam gegen Spul-, Maden-, Peitschen- und Hakenwürmer sowie gegen Bandwürmer und Trichinen.

14. Kapitel: **Mangelerscheinungen**

»Vita« ist ein lateinisches Wort und heißt »Leben«. »Vitamine« sind lebensnotwendige Stoffe für den Körper, genauso wie Mineralien und Spurenelemente. Bei normaler, im europäischen Raum üblicher Ernährung sind sie in ausreichender Menge in den Nahrungsmitteln enthalten. Dennoch zählen Arzneimittel, die diese Stoffe enthalten, zu den profitabelsten »Rennern« im Pharmageschäft. Die ständigen Werbekampagnen der Vitamin-Hersteller haben ihre Wirkung nicht verfehlt. Inzwischen glauben viele Menschen, dass ohne zusätzliche Einnahme von Vitaminpräparaten ihre Gesundheit gefährdet ist. In Mitteleuropa ernährt sich ein Großteil der Bevölkerung jedoch so, dass Vitaminmangel und damit eine Gesundheitsgefährdung nur bei bestimmten Risikogruppen auftritt und sehr selten ist.
Wir haben die Statistiken des deutschen Gesundheitsministeriums über die mittleren täglichen Vitaminmengen, die jeder Bundesbürger durchschnittlich zu sich nimmt, mit den von unabhängigen Wissenschaftlern empfohlenen Tagesdosen verglichen. Demnach konsumieren die Bundesbürger sogar eher zu viel als zu wenig Vitamine. In diesen Berechnungen sind Zubereitungsverluste, die etwa beim Kochen der Nahrungsmittel entstehen können, in der Höhe von 20 bis 25 Prozent bereits berücksichtigt.
Der englische Professor Peter Parish hat festgestellt, dass »es keinen Nachweis dafür gibt, dass ein geringer Vitaminmangel zur Schwächung des Körpers führt oder die Gefahr, eine Erkältung oder andere Infektionen zu bekommen, erhöht«. »Die Botschaft der Pharmaindustrie«, so Parish weiter, »dass, wenn 100 Vitamineinheiten gut sind, 1.000 Einheiten sogar noch viel besser sein müssen«, ist falsch.
Die übliche Werbung von Vitamin- und Mineralstoff-Herstellern zielt meistens gar nicht auf Risikogruppen, sondern auf die mit Vitaminen und Mineralstoffen ohnedies gut versorgte Mittelschicht. In immer wiederkehrenden Kampagnen wird suggeriert, dass das zusätzliche Schlucken solcher Präparate in jedem Fall gut ist, nach dem Motto: Je mehr Vitamine und Mineralstoffe, umso mehr Gesundheit; und das angeblich ohne jedes Risiko von Nebenwirkungen.
Dabei können Überdosierungen von einigen Vitaminen zu Gesundheitsschäden führen. Das gilt vor allem für die Vitamine A und D. Näheres dazu wird in den Kapiteln 14.2. bis 14.5. besprochen. Und die

Einnahme von Beta-Karotin-Präparaten kann bei bestimmten Risikogruppen sogar zu einer erhöhten Sterblichkeit führen.
In Zusammenarbeit mit Medien werden richtige Modetrends erzeugt: In einem Jahr liegt der Schwerpunkt bei Vitamin C, im nächsten vielleicht bei Vitamin E, und ein Jahr später ist es wieder Beta-Carotin, dem eine umfassende gesunderhaltende Wirkung zugeschrieben wird.
Der Großteil der Vitamin- und Mineralstoff-Präparate wird inzwischen nicht mehr in Apotheken verkauft, sondern in Drogeriemärkten und Supermärkten als Nahrungsergänzungsmittel. Mehr und mehr industriell hergestellte Nahrungsmittel werden außerdem mit synthetischen Vitaminen angereichert.

Tagesbedarf an Vitaminen

Über den täglichen Vitaminbedarf gibt die folgende Tabelle Aufschluss.

Empfohlene Tageszufuhr an Vitaminen (in mg):

Vitamin	Säuglinge und Kleinkinder	Kinder	Erwachsene		Schwangere, stillende
			Männer	Frauen	Mütter
A	0,4–0,42	0,4–0,7	1,0	0,8	1,02–1,2
D	0,01*	0,01	0,05–0,10	0,05–0,10	0,01–0,0125
E	3–4	5–7	10–15	10–15	10–15
B_1	0,3–0,5	0,7–1,2	1,2–1,5	1,0–1,1	1,4–1,6
B_2	0,4–0,6	0,8–1,4	1,3–1,7	1,2–1,3	1,5–1,8
B_6	0,3–0,6	0,9–1,6	1,8–2,2	1,8–2,0	2,3–2,6
Nikotinsäure	6–8	9–16	16–18	13–15	15–20
Folsäure	0,03–0,045	0,1–0,3	0,4	0,4	0,5–0,8
B_{12}	0,0005–0,0015	0,002–0,003	0,006	0,006	0,006
C	35	45	75	75	100–125

*: Bei diesen Angaben wird davon ausgegangen, dass der Säugling vorbeugend Vitamin D erhält.

Vitamine in Lebensmitteln

Vitamine sind in fast allen Nahrungsmitteln enthalten. Dabei ist aber zu berücksichtigen, dass bei der Massenproduktion von Lebensmitteln wichtige Nährstoffe häufig fehlen oder bei der Verarbeitung verloren gehen. Der Qualitätsunterschied von »biologischen« und »nichtbiologischen« Nahrungsmitteln kann beträchtlich sein. Da die Menge der enthaltenen Vitamine stark schwankt, kann eine verlässliche

Übersichtstabelle nicht erstellt werden. *Wer aber ausreichend und ausgewogen isst, braucht sich um seinen Vitaminhaushalt keine Sorgen zu machen – egal wie alt er ist* (siehe dazu Kapitel 15: Alter).

Die Ausnahme: Risikogruppen

Ein Vitaminbedarf, der die Einnahme von Medikamenten rechtfertigt, besteht nur bei einigen Risikogruppen. Das sind vor allem *Alkoholiker* und *Personen, die schon länger erkrankt* sind und deren Nahrungsaufnahme durch den Darm gestört ist.
Bei schwangeren und stillenden Frauen ist ebenfalls ein erhöhter Vitaminbedarf zu erwarten. Die routinemäßige Einnahme von Vitaminpräparaten ist bei gesunden, ausreichend ernährten Frauen während der Schwangerschaft aber nicht erforderlich. Bei *Säuglingen und Kleinkindern* kann die Einnahme von Vitamin D zur Rachitis-Vorbeugung wegen des erhöhten Bedarfs zweckmäßig sein.

14.1. Multivitaminpräparate

Das beste »Multivitaminpräparat« ist eine ausgewogene Ernährung. Wenn es aber zu einer Unterversorgung an Vitaminen kommt, ist keine breit gestreute Vitaminzufuhr angebracht, sondern nur eine gezielte Verordnung der fehlenden Stoffe. Das hat vor allem medizinische Gründe: Bei einigen Vitaminen können Überdosierungen zu Gesundheitsschäden führen – z. B. trägt zu viel Vitamin D zur Ablagerung von Kalk in der Niere und in den Gefäßen bei. Zuverlässige Anzeichen eines unterschwelligen Vitaminmangels gibt es nicht.
Die Firma Hoffmann-La Roche verteilte Werbeschriften, in denen zugegeben wird, dass die Anzeichen »eines so genannten subklinischen oder unterschwelligen Vitaminmangels keineswegs typisch für den Mangel an einem bestimmten Vitamin noch für einen Vitaminmangel überhaupt (sind), das heißt, derartige Symptome können durchaus durch völlig andere Erkrankungen verursacht werden«. Wenn also in Wirklichkeit kein Vitaminmangel, sondern eine andere Erkrankung die Ursache der Beschwerden ist, kann die ungezielte Einnahme von Vitaminpräparaten dazu führen, dass die tatsächliche Grundkrankheit kaum oder erst zu spät erkannt wird.
Ein Beispiel: Vitamin B_{12} vermag schon in geringen Mengen das Blutbild so zu verändern, dass eine bestimmte Form von Blutarmut (perniziöse Anämie) oft kaum mehr zu entdecken ist. Für eine vollständige

Heilung der Mangelkrankheit (insbesondere eine Verhinderung der durch Vitamin B_{12} verursachten Schäden im Nervensystem) ist die durch den Mund (oral) eingenommene Menge aber meist unzureichend.
Seriöse Mediziner und Ernährungswissenschaftler halten das Vitamin B_{12} deshalb für einen »unerwünschten Bestandteil in Multivitaminpräparaten«: »Der gesunde Mensch braucht es nicht, und der Perniziosa-Kranke versäumt die wichtige Behandlung.« Trotzdem ist B_{12} in fast allen Multivitaminpräparaten enthalten.
Auch die ungezielte Aufnahme von Folsäure ist problematisch, weil dieses Vitamin die Anzeichen bei der Blutarmut der perniziösen Anämie verschleiern kann, so dass es wegen mangelnder Behandlung zu Schädigungen im Rückenmark kommen kann.
Dazu kommt, dass viele Wirkungen, die die Hersteller ihren Vitaminpräparaten zuschreiben, wissenschaftlich nicht ausreichend belegt sind. So rät etwa der Konzern Merck, sein Multivitaminpräparat *Multibionta forte* schon bei »Nervosität, Gereiztheit und Tagesmüdigkeit« einzunehmen.
Die Fachzeitschrift »tägliche Praxis« bezeichnet solche Beipacktexte und Werbekampagnen als »Unfug«, und der »Arzneimittelbrief« fragt: »Welcher gewissenhafte Arzt wird Präparate einer Firma verordnen wollen, die den traurigen Mut hat, solche Werbung zu treiben?«
Tatsache ist: Bei Menschen ohne Vitaminmangel hat die Zufuhr von Vitaminen keine stärkende Wirkung. Vitamine verbessern auch nicht die Schulleistung von Kindern und führen bei Sportlern mit normaler Ernährung nicht zu einer Leistungssteigerung.
In der Schwangerschaft und in der Stillzeit kann es aber sinnvoll sein, Multivitaminpräparate einzunehmen. *Natabec* und *Pregnavit* sind speziell für diesen Anwendungsbereich geeignet. Die Pharmakologen-Vereinigung der USA (USP) warnt jedoch: Während der Schwangerschaft sollten von Vitamin A nicht mehr als ca. 5.000 IE (Internationale Einheiten) pro Tag und von Vitamin D nicht mehr als 500 IE pro Tag eingenommen werden (siehe dazu auch Kapitel 14.2.: Vitamin-A- und -D-Präparate und Kombinationen). Die Hersteller mancher Multivitaminpräparate empfehlen jedoch oft höhere Dosierungen.
Soweit diese Medikamente speziell als Mittel »gegen Altersbeschwerden« angepriesen werden, findet sich ihre Bewertung im Kapitel 15: Alter.

Einigen Multivitaminpräparaten werden auch so genannte Spurenelemente (z. B. Kupfer, Molybdän) beigemengt (siehe dazu Kapitel 14.6.: Mineralstoffpräparate).
Insgesamt gilt, was die Zeitschrift »tägliche Praxis« so formuliert: »*Ein Vitaminmangel ist heutzutage und hierzulande sehr selten.*«
Schon vor Jahren warnte das ehemalige deutsche Bundesgesundheitsamt vor einem Vitaminmissbrauch und stellte fest: Die Einnahme von Vitaminpräparaten zusätzlich zu einer ausgewogenen Ernährung ist in der Regel überflüssig und kann unter Umständen sogar schaden.
Auch so genannte »Nahrungsergänzungsmittel«, die seit einigen Jahren stark beworben werden, sind nach Ansicht des Bundesinstituts für gesundheitlichen Verbraucherschutz bei ausgewogener Ernährung »völlig überflüssig«.
Heute weiß man, dass für die Wirksamkeit von Vitaminen auch die in natürlichen Lebensmitteln enthaltenen Farb-, Aroma- und Geschmacksstoffe eine wichtige Rolle spielen. Vitamine in Pillenform oder in Nahrungsergänzungsmitteln können deshalb oft nur einen Bruchteil ihrer biologischen Wirksamkeit entfalten und sind Vitaminen in natürlichen Lebensmitteln unterlegen.

Namenswirrwarr

Bei den meisten Vitaminen ist zwar die Kennzeichnung mit Buchstaben gebräuchlich (z. B. Vitamine A, C), viele Pharmafirmen verwenden in den Packungsbeilagen aber nur die Substanznamen. Wir haben deshalb eine Übersichtstabelle über die verschiedenen Bezeichnungen zusammengestellt, die zur leichteren Identifizierung der Inhaltsstoffe eines Medikaments beitragen kann.

Soweit die Kennzeichnung mit Buchstaben auch in der wissenschaftlichen Literatur unüblich ist, wird sie nur in Klammern wiedergegeben.

Vitamin A_1	– Retinol
Provitamin A	– Beta-Karotin
Vitamin B_1	– Thiamin, Aneurin
Vitamin B_2	– Riboflavin
(Vitamin B_5)	– Pantothensäure
Vitamin B_6	– Pyridoxin
(Vitamin B_9)	– Folsäure
Vitamin B_{12}	– Cyanocobalamin, Hydroxycobalamin
Vitamin B_{15}	– Pangaminsäure

Vitamin B_{17}	– Amygdalin
Vitamin C	– Ascorbinsäure
Vitamin D_2	– Ergocalciferol
Vitamin D_3	– Cholecalciferol
Vitamin E	– Tocopherolacetat
(Vitamin F)	– wie Vitamin B_1
(Vitamin G)	– wie Vitamin B_2 oder B_6
Vitamin H	– Biotin
Vitamin H_1	– Para-Aminobenzoesäure (PARA)
Vitamin K1	– Phytomenadion, Phyllochinon
Vitamin K_2	– Menachinon
Vitamin K_3	– Menadion
(Vitamin P)	– Hesperidin, Rutin, Rutosid, Troxerutin
(Vitamin PP)	– Niacin

14.1. Multivitaminpräparate

Präparat	Wichtigste Nebenwirkungen	Empfehlung
BVK Roche plus C (D) Kaps. Vitamin B_1, B_2, B_6, Biotin, Folsäure, Vtamin C	Bei normaler Dosierung keine	**Therapeutisch zweckmäßig nur** bei Vitamin-B-Mangel, der bei Alkoholikern öfters, sonst aber sehr selten auftritt.
Florafit (D) Flüssigkeit zum Einnehmen. Vitamin A, B_1, B_2, B_6, C, D_3, E, Nicotinamid	Bei normaler Dosierung keine	**Wenig zweckmäßig** bei dem vom Hersteller angegebenen Anwendungsgebiet (Besserung des Allgemeinbefindens). Bei Vitaminmangel – sehr selten – ist die gezielte Einnahme eines einzelnen Vitamins oder einer bestimmten Vitamingruppe vorzuziehen. Vitamin E: zweifelhafter therapeutischer Nutzen. Verwendung in der Schwangerschaft ist vertretbar (nicht mehr als 10 ml).

Präparat	Wichtigste Nebenwirkungen	Empfehlung
Merz Spezial Dragees (Ö) Drag. Carotin, Vitamin A, B_1, B_2, B_6, B_{12}, C, D_3, E, Orotsäure, Eisensalze, Pantothenat, Hefeextrakt, Nicotinsäure, Biotin, Hesperidin, Methionin, Kola-Extrakt	Bei normaler Dosierung keine	**Wenig zweckmäßig** bei dem vom Hersteller angegebenen Anwendungsgebiet Vitaminmangel. Von ungezielter Verwendung ist abzuraten. Bei einem Vitaminmangel, der aber sehr selten auftritt, ist die gezielte Einnahme eines einzelnen Vitamins oder einer bestimmten Vitamingruppe vorzuziehen. Verwendung in der Schwangerschaft ist vertretbar (nicht mehr als 3 Drag. pro Tag). Dieses Präparat enthält Inhaltsstoffe mit zweifelhaftem therapeutischem Nutzen (Vitamin E, Pantothenat, Orotsäure, Hesperidin). Die Beimengung von Vitamin B_{12} ist nicht zweckmäßig.
Merz Spezial Dragees N (D) Drag. Carotin, Vitamin A, B_1, B_2, B_6, B_{12}, C, E, Eisen-II-Fumarat, Pantothenat, Nikotinsäure, Folsäure, Biotin, Methionin	Bei normaler Dosierung keine	**Wenig zweckmäßig** bei dem vom Hersteller angegebenen Anwendungsgebiet (Unterstützung der Hautfunktion, Vorbeugung von Mangelschäden an Haaren und Nägeln). Verwendung in der Schwangerschaft ist vertretbar (nicht mehr als 3 Drag. pro Tag). Dieses Präparat enthält Inhaltsstoffe mit zweifelhaftem therapeutischem Nutzen (Vitamin E, Pantothenat). Die Beimengung von Vitamin B_{12} ist nicht zweckmäßig.
Multibionta (Ö) Kaps. Vitamin A, B_1, B_2, B_6, B_{12}, C, D_3, E, Nikotinamid, Panthenol, Biotin, Folsäure	Bei normaler Dosierung keine	**Wenig zweckmäßig** Von ungezielter Verwendung ist abzuraten. Bei einem Vitaminmangel, der aber sehr selten auftritt, ist die gezielte Einnahme eines einzelnen Vitamins oder einer bestimmten Vitamingruppe vorzuziehen. Verwendung während der Schwangerschaft vertretbar (nicht mehr als 2 Kaps. pro Tag). Dieses Präparat enthält Inhaltsstoffe mit zweifelhaftem therapeutischem Nutzen (Panthenol, Vitamin E). Die Beimengung von Vitamin B_{12} ist nicht zweckmäßig.

Präparat	Wichtigste Nebenwirkungen	Empfehlung
Multibionta Tropfen (D) Tropfen Vitamin A, B_1, B_2, B_6, C, D_3, E, Nikotinamid, Dexpanthenol	Bei Dauerverwendung Überdosierungserscheinungen durch Vitamin D möglich (Kalkablagerung in allen Organen, während der Schwangerschaft Gefahr von Missbildungen des Kindes)	**Wenig zweckmäßig** Von ungezielter Verwendung ist abzuraten. Bei einem Vitaminmangel, der aber sehr selten auftritt, ist die gezielte Einnahme eines einzelnen Vitamins oder einer bestimmten Vitamingruppe vorzuziehen. Der Vitamin-D-Gehalt dieses Medikaments ist für die Verwendung bei Schwangeren zu hoch. Dieses Präparat enthält Inhaltsstoffe mit zweifelhaftem therapeutischem Nutzen (Dexpanthenol, Vitamin E).
Multibionta forte N (D) Kaps. Vitamin B_1, B_2, B_6, B_{12}, C, E, Nikotinamid, Dexpanthenol, Biotin	Bei normaler Dosierung keine	**Wenig zweckmäßig** Von ungezielter Verwendung ist abzuraten. Bei einem Vitaminmangel, der aber sehr selten auftritt, ist die gezielte Einnahme eines einzelnen Vitamins oder einer bestimmten Vitamingruppe vorzuziehen. Verwendung während der Schwangerschaft ist vertretbar. Dieses Präparat enthält Inhaltsstoffe mit zweifelhaftem therapeutischem Nutzen (Vitamin E, Dexpanthenol). Die Beimengung von Vitamin B_{12} ist nicht zweckmäßig.
Multibionta plus Mineral (D) Dragees Vitamin A, B_1, B_2, B_6, B_{12}, C, D_3, E, Folsäure, Nikotinamid, Calciumpantothenat, Eisen-II-Fumarat, Eisenpulver, Kupfer-II-Oxid, Mangan-II-Sulfat, Zinkoxid	Bei normaler Dosierung keine	**Wenig zweckmäßig** Von ungezielter Verwendung ist abzuraten. Bei einem Vitaminmangel, der aber sehr selten auftritt, ist die gezielte Einnahme eines einzelnen Vitamins oder einer bestimmten Vitamingruppe vorzuziehen. Verwendung während der Schwangerschaft vertretbar (nicht mehr als 1 Kaps. pro Tag). Dieses Präparat enthält Inhaltsstoffe mit zweifelhaftem therapeutischem Nutzen (Calciumpantothenat, Vitamin E). Die Beimengung von Vitamin B_{12} ist nicht zweckmäßig.

Präparat	Wichtigste Nebenwirkungen	Empfehlung
Multibionta plus Mineralien und Spurenelemente (Ö) Kaps. Vitamin A, B_1, B_2, B_6, B_{12}, C, E, Folsäure, Nikotinamid, Biotin, Panthenol, Eisen-II-Sulfat, Mangan-II-Sulfat, Kupfer-II-Sulfat, Magnesiumoxid, Zinkoxid	Bei normaler Dosierung keine	**Wenig zweckmäßig** Kombinationspräparat mit Spurenelementen und Mineralsalzen. Bei einem Vitaminmangel, der aber selten auftritt, ist die gezielte Einnahme eines einzelnen Vitamins oder einer bestimmten Vitamingruppe vorzuziehen. Einnahme während der Schwangerschaft ist vertretbar (nicht mehr als 2 Kaps. pro Tag). Dieses Präparat enthält Inhaltsstoffe mit zweifelhaftem therapeutischem Nutzen (Vitamin E, Panthenol). Die Beimengung von Vitamin B_{12} ist nicht zweckmäßig.
Multi-Sanostol (D) Saft, Zuckerfrei-Saft Vitamin A, B_1, B_2, B_6, C, D_3, E, Nikotinamid, Panthenol, Kalziumsalze	Bei normaler Dosierung keine	**Wenig zweckmäßig** Von ungezielter Verwendung ist abzuraten. Bei einem Vitaminmangel, der aber sehr selten auftritt, ist die gezielte Einnahme eines einzelnen Vitamins oder einer bestimmten Vitamingruppe vorzuziehen. Verwendung während der Schwangerschaft vertretbar (nicht mehr als 20 ml pro Tag). Dieses Präparat enthält Inhaltsstoffe mit zweifelhaftem therapeutischem Nutzen (Panthenol, Vitamin E).
Multi-Sanosvit mit Eisen (D) Saft Vitamin A, B_1, B_2, B_6, C, D_3, E, Nikotinamid, Panthenol, Eisen (II)gluconat, Kalziumsalze	Bei normaler Dosierung keine	**Wenig zweckmäßig** Von ungezielter Verwendung ist abzuraten. Bei einem Vitaminmangel, der aber sehr selten auftritt, ist die gezielte Einnahme eines einzelnen Vitamins oder einer bestimmten Vitamingruppe vorzuziehen. Verwendung während der Schwangerschaft ist vertretbar (nicht mehr als 20 ml pro Tag). Dieses Präparat enthält Inhaltsstoffe mit zweifelhaftem therapeutischem Nutzen (Vitamin E, Panthenol).

Präparat	Wichtigste Nebenwirkungen	Empfehlung
Pantovit Vital (Ö) Kaps. Vitamin A, B_1, B_2, B_6, B_{12}, C, D_3, Nikotinamid, Pantothenat, Eisen, Magnesiumsalz aber ohne Eisen und Magnesiumsalz	Bei normaler Dosierung keine	**Wenig zweckmäßig** Von ungezielter Verwendung ist abzuraten. Bei einem Vitaminmangel, der aber sehr selten auftritt, ist die gezielte Einnahme eines einzelnen Vitamins oder einer bestimmten Vitamingruppe vorzuziehen. Verwendung während der Schwangerschaft ist vertretbar (nicht mehr als 1 Kaps. pro Tag). Dieses Präparat enthält Inhaltsstoffe mit zweifelhaftem therapeutischem Nutzen (Pantothenat bzw. Rutin, p-Aminobenzoesäure, Cholinchlorid). Die Beimengung von Vitamin B_{12} ist nicht zweckmäßig.
Pantovit Vitamin (Ö) Drag., Elixier Vitamin A, B_1, B_2, B_6, B_{12}, C, D_3, E, Rutin, Nikotinamid, Pantothenat Elixier: zusätzl. Biotin, Inosit, Cholinchlorid p-Aminobenzoesäure	Bei normaler Dosierung keine	**Wenig zweckmäßig** Von ungezielter Verwendung ist abzuraten. Bei einem Vitaminmangel, der aber sehr selten auftritt, ist die gezielte Einnahme eines einzelnen Vitamins oder einer bestimmten Vitamingruppe vorzuziehen. Verwendung während der Schwangerschaft ist vertretbar (nicht mehr als 1 Kapsel bzw. 5 ml pro Tag). Dieses Präparat enthält Inhaltsstoffe mit zweifelhaftem therapeutischem Nutzen (Pantothenat, Rutin, Vitamin E). Die Beimengung von Vitamin B_{12} ist nicht zweckmäßig.
Pharmaton (D) Vitalkapseln N Ginsengwurzeltrockenextrakt, Vitamin A, B_1, B_2, B_6, B_{12}, C, D_2, E, Folsäure Nikotinamid, Calcium- und Eisensalze, Zinkoxid	Bei normaler Dosierung keine	**Wenig zweckmäßig** bei dem vom Hersteller angegebenen Anwendungsgebiet (Stärkung des Allgemeinbefindens). Bei Vitaminmangel – sehr selten – ist die gezielte Einnahme eines einzelnen Vitamins oder einer bestimmten Vitamingruppe vorzuziehen. Ginsengwurzel und Vitamin E: zweifelhafter therapeutischer Nutzen. Verwendung in der Schwangerschaft ist vertretbar (nicht mehr als zwei Kaps. pro Tag).

Präparat	Wichtigste Nebenwirkungen	Empfehlung
Polybion N (D) Tropfen, Drag., forte-Drag, Amp. Vitamin B_1, B_2, B_6, Pantothenol bzw. Pantothenat, Biotin, Nikotinamid, Vitamin B_{12} (zusätzlich nur in Forte-Dragees)	Bei Injektion des Medikaments: sehr selten, aber lebensgefährliche Schockformen. Bei lang dauernder Anwendung Nervenerkrankungen (sensorische Neuropathie) durch Vitamin B_6	**Therapeutisch zweckmäßig nur** bei Vitamin-B-Mangel, der bei Alkoholikern öfters, sonst aber sehr selten auftritt. In anderen vom Hersteller angegebenen Anwendungsbereichen (z. B. Leberparenchymschäden) ist der therapeutische Nutzen zweifelhaft. Enthält Inhaltsstoffe (Pantothenol bzw. Patothenat) mit zweifelhaftem therapeutischem Nutzen. Von einer intravenösen Injektion ist abzuraten. Die Beimengung von Vitamin B_{12} ist nicht zweckmäßig.
Pregnavit ratiopharm (Ö) Kaps. Vitamin A, B_1, B_2, B_6, B_{12}, C, D, E, Folsäure, Nikotinamid, Pantothenat, Eisensalz, Kalziumsalz	Bei normaler Dosierung keine	**Wenig zweckmäßig** Von ungezielter Verwendung ist abzuraten. Bei einem Vitaminmangel, der aber sehr selten auftritt, ist die gezielte Einnahme eines einzelnen Vitamins oder einer bestimmten Vitamingruppe vorzuziehen. In der Schwangerschaft sollte die Dosis von zwei Kapseln pro Tag nicht überschritten werden. Dieses Präparat enthält Inhaltsstoffe mit zweifelhaftem therapeutischem Nutzen (Vitamin E, Pantothenat). Die Beimengung von Vitamin B_{12} ist nicht zweckmäßig.
Rivitin BC (Ö) Amp. Vitamin B_1, B_2, B_6, C, Nikotinamid, Pantothenat, Cystein, Benzoesäure *Rezeptpflichtig*	Bei Injektion sehr selten Auftreten von lebensgefährlichen Schockformen, Herzrhythmusstörungen	**Abzuraten** Es gibt keinen Grund, dieses Vitamin-Kombinationspräparat intravenös oder intramuskulär zu spritzen. Dieses Präparat enthält einen Inhaltsstoff mit zweifelhaftem therapeutischem Nutzen (Pantothenat).

Präparat	Wichtigste Nebenwirkungen	Empfehlung
Sanostol (Ö) Zuckerfrei-Saft, Sirup Vitamin A, B_1, B_2, B_6, B_{12}, C, D_3, E, Nikotinamid, Panthenol	Bei normaler Dosierung keine	**Wenig zweckmäßig** Von ungezielter Verwendung ist abzuraten. Bei einem Vitaminmangel, der aber sehr selten auftritt, ist die gezielte Einnahme eines einzelnen Vitamins oder einer bestimmten Vitamingruppe vorzuziehen. In der Schwangerschaft sollte die Dosis von 1 Teelöffel pro Tag nicht überschritten werden. Dieses Präparat enthält Inhaltsstoffe mit zweifelhaftem therapeutischem Nutzen (Panthenol, Vitamin E). Die Beimengung von Vitamin B_{12} ist nicht zweckmäßig.
Summavit Plus (D) Filmtabl. Vitamin A, B_1, B_2, B_6, B_{12}, C, D_3, E, K, Biotin, Folsäure, Nicotinamid, Pantothenat	Verminderung der Wirkung von Parkinsonmittel (L-Dopa z. B. in *Madopar*) und Mittel zur Hemmung der Blutgerinnung (Phenprocoumon z. B. in *Marcumar*)	**Abzuraten** Bei einem Vitaminmangel, der aber sehr selten auftritt, ist die gezielte Einnahme eines einzelnen Vitamins oder einer bestimmten Vitamingruppe vorzuziehen. Dieses Präparat enthält Inhaltsstoffe mit zweifelhaftem therapeutischem Nutzen (z. B. Panthenat, Vit. E). Die Beimengung von Vit. B_{12} ist nicht zweckmäßig, von Vit. K u. U. sehr gefährlich.
Supradyn Aktiv »Roche« (Ö) Brausetabl., Filmtabl. Vitamin A, B_1, B_2, B_6, B_{12}, C, D_3, E, Pantothenat, Nikotinamid, Kalzium-, Eisen-, Magnesium-, Mangansalze, Biotin, Folsäure, Phosphor, Zink, Kupfer	Bei normaler Dosierung keine	**Wenig zweckmäßig** Von ungezielter Verwendung ist abzuraten. Bei einem Vitaminmangel, der aber sehr selten auftritt, ist die gezielte Einnahme eines Vitamins oder einer Vitamingruppe vorzuziehen. Verwendung während der Schwangerschaft ist vertretbar (1 Tablette pro Tag). Inhaltsstoffe mit zweifelhaftem therapeutischem Nutzen sind Pantothenat und Vitamin E. Die Beimengung von Vitamin B_{12} ist nicht zweckmäßig.

Präparat	Wichtigste Nebenwirkungen	Empfehlung
Supradyn »Roche« (Ö) Kindersaft Vitamin A, B_1, B_2, B_6, C, D_3, E, Nikotinamid, Biotin, Panthenol	Bei normaler Dosierung keine	**Wenig zweckmäßig** Von ungezielter Verwendung ist abzuraten. Bei einem Vitaminmangel, der aber sehr selten auftritt, ist die gezielte Einnahme eines Vitamins oder einer Vitamingruppe vorzuziehen. Inhaltsstoffe von zweifelhaftem therapeutischem Nutzen sind Vitamin E und Panthenol.
Vita-Gerin-Geistlich N (D) Kaps. Vitamin A, B_1, B_2, B_6, B_{12}, C, E, Nikotinamid, Calcium- und Eisensalze, Deanolorotat (DMAE), Magnesiumorotat, Cholin	Kopfschmerzen, Schlaflosigkeit. Bei Überdosierung Nebenwirkungen durch Vitamin A möglich (z. B. Erbrechen, Leberschäden), in der Schwangerschaft Gefahr von Missbildungen des Kindes. Verminderung der Wirkung des Parkinsonmittels L-Dopa	**Wenig zweckmäßig** bei dem vom Hersteller angegebenen Anwendungsgebiet (Besserung des Allgemeinbefindens). Von solcher ungezielten Verwendung ist abzuraten. Der Vitamin-A-Gehalt dieses Präparats ist hoch, während der Schwangerschaft nicht mehr als 1 Tabl. pro Tag einnehmen. Inhaltsstoffe von zweifelhaftem therapeutischem Nutzen sind Deanol (soll anregend wirken), Cholin und Vitamin E. Die Beimengung von Vitamin B_{12} ist nicht zweckmäßig.

14.2. Vitamin-A- und -D-Präparate und Kombinationen

Vitamin A_1 (Retinol) und Provitamin A (Beta-Karotin)

Vitamin A_1 stärkt die Fähigkeit des Auges, in der Dämmerung zu sehen. Außerdem spielt es beim Wachstum vor und nach der Geburt und bei der Fortpflanzung eine Rolle. Vitamin A_1 (Retinol) ist in der Leber, im Reis, in Eiern, Fisch und Milchprodukten enthalten, es kann jedoch auch im Darm aus Provitamin A (Beta-Karotin) produziert werden. Provitamin A findet sich in Möhren, Blattgemüse, Tomaten, Kohl, einigen Obstsorten wie Mandarinen, in Butter und Eiern. Im Körper wird ein Vitamin-A-Vorrat angelegt.

Bei einem Vitamin-A-Mangel kann es zu Nachtblindheit, Augenentzündungen, Wachstums- und Entwicklungsstörungen, Nierensteinen, Erkrankungen der Atemwege, Störungen der Samenbildung und des Knochenstoffwechsels und zu Geschmacks- und Geruchsstörungen

kommen. Vitamin-A-Mangel tritt beispielsweise auf, wenn die Fettaufnahme durch Erkrankungen des Darms gestört ist oder schwangere bzw. stillende Frauen zu wenig Nahrungsmittel zu sich nehmen, die Vitamin A enthalten.
Zu große Mengen an Vitamin A (Überdosierung) können Erbrechen, Appetitlosigkeit, Hautabschuppungen, Lebervergrößerungen und Schwellungen von Lymphdrüsen und Gelenken verursachen.
Bei empfindlichen Menschen können Überdosierungserscheinungen nach lang dauernder Verwendung schon bei Dosierungen von 10.000 IE (internationale Einheiten) pro Tag auftreten, sonst aber erst ab 100.000 IE pro Tag. *Oleovit* Kapseln enthalten die hohe Dosis von 50.000 IE, *Arcavit-A* Kaudragees 30.000 IE und *Avitol* Dragees 25.000. Diese Präparate sind daher nur zur kurzzeitigen Verwendung bei einem eindeutig festgestellten Vitaminmangel geeignet.
Zu viel Vitamin A in der Schwangerschaft kann schädlich für das Kind sein (Missbildungen: z. B. im Bereich der Niere, vermindertes Wachstum). Schwangere sollten daher nicht mehr als ca. 5.000 IE (das entspricht ca. 1.000 Mikrogramm Retinol) pro Tag zu sich nehmen. Sie sollten auch auf den Verzehr von Leber verzichten, da eine Mahlzeit bis zu 100.000 IE enthalten kann. Eine zu große Vitamin-A-Menge in der Stillzeit wirkt möglicherweise giftig (toxisch) auf das Kind.
Die Arzneimittelkommission der Deutschen Ärzteschaft warnt wegen der möglichen Überdosierungserscheinungen vor allem Eltern, sich durch Werbesprüche wie » ... damit das Kind gesund bleibt und gut wächst« nicht verleiten zu lassen, den Kindern unkritisch Vitamin-A-haltige Präparate zu verabreichen.
Auch bei den Erwachsenen wird Vitamin A, wie die meisten Vitamine, von den Pharmafirmen als Wundermittel beworben und von vielen Ärzten für und gegen unzählige Beschwerden eingesetzt.
Dagegen hat die Pharmakologen-Vereinigung der USA, die »United States Pharmacopeial Convention« (USPC), eine Liste von Erkrankungen zusammengestellt, bei denen der Nutzen einer Behandlung mit Vitamin A – trotz gegenteiliger Behauptungen der Pharmafirmen – *nicht bewiesen* ist: Dazu zählen Augenprobleme, trockene oder fettige Haut, Nierensteine, Schilddrüsenüberfunktion, Blutarmut (Anämie), Sonnenbrand, Lungenkrankheiten, Taubheit, Knochen- und Gelenkentzündung (Osteoarthritis), entzündliche Darmkrankheiten und Störungen des Nervensystems.
In einer großen amerikanischen Studie an 22.000 US-Ärzten, die über zwölf Jahre mit Vitamin A behandelt wurden, hat sich gezeigt, dass da-

durch die Zahl der Krebserkrankungen oder Herz-Kreislauf-Leiden nicht gesenkt wurde.
Nach dem derzeitigen Kenntnisstand *erhöht* (!) sich bei Rauchern durch die Einnahme von Vitamin A oder Beta-Karotin und/oder Vitamin E das Risiko, an Lungenkrebs zu erkranken und zu sterben.

Deshalb lautet unsere Empfehlung: Raucher sollten keine Vitamin-A- oder Beta-Karotin-Präparate einnehmen!

Über die Anwendung von Vitamin-A-Säure-Präparaten bei Hauterkrankungen (Akne, Schuppenflechte) siehe Kapitel 8: Haut.

Vitamin D (D_2=Ergocalciferol, D_3=Cholecalciferol)

Vitamin D spielt eine wichtige Rolle im Kalzium- und Phosphathaushalt des Körpers und ist vor allem für die Bildung und Stabilität des Skeletts wichtig. Im Sommer wird durch Sonnenbestrahlung genügend Vitamin D aus Vorstufen in der Haut gebildet und ein Vorrat aufgebaut. Nach sonnenarmen Sommern ist der Vorrat für Kleinkinder, schwangere und stillende Frauen und alte Menschen zu klein. Vor allem Säuglinge und Kleinkinder müssen genügend Vitamin D zu sich nehmen. Vitamin D und seine Vorstufen kommen vor allem in Lebertran und Hefe sowie in Milchprodukten und Eiern vor. Der Margarine wird es manchmal zugesetzt.
Ein Mangel an Vitamin D führt zum klassischen Krankheitsbild der Rachitis: zuerst Appetitlosigkeit und Reizbarkeit, dann mangelnde Verknöcherung des Skeletts, Knochenverkrümmungen, Auftreibungen an den Gelenken, Schäden an den Zähnen.
Bei zu viel Vitamin D kann es zu gefährlichen Symptomen kommen: Erbrechen, Appetitmangel, Magen- und Darmstörungen, Kalkablagerungen in den Gefäßen und in der Niere.
Die Pharmakologen-Vereinigung der USA (USPC) warnt: Auch bei einer Behandlung mit Vitamin-D-Präparaten sollte wegen der Vergiftungsgefahr nie mehr als die empfohlene Tagesmenge eingenommen werden. Bei Überdosierung in der Schwangerschaft können Missbildungen wie Herzfehler und Störungen der Nebenschilddrüse beim Kind auftreten. Schwangere sollten daher von Vitamin D_3 nicht mehr als 500 IE (Internationale Einheiten) pro Tag zu sich nehmen. Auch in der Stillzeit ist Vorsicht geboten: Wenn die Mutter zu viel Vitamin D einnimmt, bekommt auch der Säugling über die Milch zu viel Vitamin D – und als Folge einen erhöhten Blut-Kalziumspiegel.

Der Nutzen einer Vitamin-D-Behandlung bei Hauttuberkulose (Lupus vulgaris), rheumatischen Gelenkentzündungen und Schuppenflechte sowie zur Vorbeugung von Kurzsichtigkeit oder Nervosität ist – trotz gegenteiliger Behauptungen von Pharmafirmen – *nicht bewiesen.*

14.2. Vitamin-A- und -D-Präparate und Kombinationen

Präparat	Wichtigste Nebenwirkungen	Empfehlung
Arcavit A/E (Ö) Kaudrag. Vitamin A, E *Rezeptpflichtig*	Bei längerer Anwendung Gefahr von Nebenwirkungen durch Überdosierung: Erbrechen, Appetitlosigkeit, Hautschuppung, Lebervergrößerung, Gelenk- und Lymphdrüsenschwellungen. Bei Schwangeren Fehlbildungen beim Embryo möglich	**Abzuraten** Therapeutische Wirksamkeit bei »höherem Alter« etc. (vom Hersteller angegebene Anwendungsgebiete) zweifelhaft. Nur vertretbar zur kurz dauernden Anwendung bei nachgewiesenem Vitamin-A-Mangel (sehr selten). Zweifelhafte therapeutische Wirkung von Vit. E.
Avitol (Ö) Drag. Vitamin A *Rezeptpflichtig*	Bei längerer Verwendung Gefahr von Nebenwirkungen durch Überdosierung: Erbrechen, Appetitlosigkeit, Hautschuppung, Lebervergrößerung, Gelenk- und Lymphdrüsenschwellungen. Bei Schwangeren Fehlbildungen beim Embryo möglich	**Therapeutisch zweckmäßig** zur kurz dauernden Behandlung von nachgewiesenem Vitamin-A-Mangel, der aber sehr selten auftritt.
Bondiol (D) Kaps. Alfacalcidol *Rezeptpflichtig*	Bei Überdosierung von Vitamin D: Appetitmangel, Erbrechen, Magen-Darm-Störungen, Kalkablagerungen in Gefäßen und Niere. In der Schwangerschaft Fehlbildungen beim Embryo möglich	**Therapeutisch zweckmäßig zur** Vorbeugung und Behandlung von Rachitis und Osteoporose. Enthält eine Vorstufe von Vitamin D (Alfacalcidol). Vorsicht: Nicht mehrere Medikamente mit Vitamin D gleichzeitig einnehmen! Dosierungsvorschriften genau beachten.
Dedrei (D) Drag. Vitamin D_3 *Rezeptpflichtig*	Bei Überdosierung von Vitamin D: Appetitmangel, Erbrechen, Magen-Darm-Störungen, Kalkablagerung in den Gefäßen und Niere. In der Schwangerschaft Fehlbildungen beim Embryo möglich	**Therapeutisch zweckmäßig zur** Vorbeugung und Behandlung von Rachitis. Vorsicht: Nicht mehrere Medikamente, die Vitamin D enthalten, gleichzeitig einnehmen! Dosierungsvorschriften genau beachten.

Präparat	Wichtigste Nebenwirkungen	Empfehlung
D-Fluoretten (D) Tabl. Vitamin D_3, Fluorid	Bei Überdosierung von Vitamin D: Appetitmangel, Erbrechen, Magen-Darm-Störungen, Kalkablagerung in Gefäßen und Niere. Bei Überdosierung von Fluor: Schädigung der Zähne	**Abzuraten** Mittel zur Kariesvorbeugung (Fluoride) sollten nur bei nachgewiesenem Fluormangel und nicht in fixer Kombination mit Mitteln zur Rachitisvorbeugung (Vitamin D) verwendet werden. Keinesfalls mehrere Präparate gleichzeitig einnehmen, die Vitamin D oder Fluor enthalten!
Doss (D) Kaps. Alfacalcidol *Rezeptpflichtig*	Bei Überdosierung von Vitamin D: Appetitmangel, Erbrechen, Magen-Darm-Störungen, Kalkablagerungen in Gefäßen und Niere. In der Schwangerschaft Fehlbildungen beim Embryo möglich	**Therapeutisch zweckmäßig zur** Vorbeugung und Behandlung von Rachitis und Osteoporose. Enthält eine Vorstufe von Vitamin D (Alfacalcidol). Vorsicht: Nicht mehrere Medikamente mit Vitamin D gleichzeitig einnehmen! Dosierungsvorschriften genau beachten.
EinsAlpha (D) Kaps., Tropfen Alfacalcidol *Rezeptpflichtig*	Bei Überdosierung von Vitamin D: Appetitmangel, Erbrechen, Magen-Darm-Störungen, Kalkablagerungen in Gefäßen und Niere. In der Schwangerschaft Fehlbildungen beim Embryo möglich	**Therapeutisch zweckmäßig zur** Vorbeugung und Behandlung von Rachitis und Osteoporose. Enthält eine Vorstufe von Vitamin D (Alfacalcidol). Vorsicht: Nicht mehrere Medikamente mit Vitamin D gleichzeitig einnehmen! Dosierungsvorschriften genau beachten.
Fluor-Vigantoletten (D) Tabl. Vitamin D_3, Fluorid	Bei Überdosierung von Vitamin D: Appetitmangel, Erbrechen, Magen-Darm-Störungen, Kalkablagerung in Gefäßen und Niere. Bei Überdosierung von Fluor: Schädigung der Zähne	**Abzuraten** Mittel zur Kariesvorbeugung (Fluoride) sollten nur bei nachgewiesenem Fluormangel und nicht in fixer Kombination mit Mitteln zur Rachitisvorbeugung (Vitamin D) verwendet werden. Keinesfalls mehrere Präparate gleichzeitig einnehmen, die Vitamin D oder Fluor enthalten!
Gelovital Lebertrankapseln Pohl (D) Kaps. Lebertran	Bei normaler Dosierung keine	**Wenig zweckmäßig** Zweifelhafte therapeutische Wirksamkeit bei den vom Hersteller angegebenen Anwendungsbereichen (z. B. Arteriosklerose, Stärkung und Kräftigung). Enthält u. a. die Vitamine A und D in variabler Menge. Die Anwendung von Vitaminen ist nur bei Vitaminmangel sinnvoll.

Präparat	Wichtigste Nebenwirkungen	Empfehlung
Laevovit D_3 (Ö) Tabl. Vitamin D_3 *Rezeptpflichtig*	Bei Überdosierung von Vitamin D: Appetitmangel, Erbrechen, Magen-Darm-Störungen, Kalkablagerung in Gefäßen und Niere. In der Schwangerschaft Fehlbildungen beim Embryo möglich	**Therapeutisch zweckmäßig nur zur** Vorbeugung und Behandlung von Rachitis. Vorsicht: Nicht mehrere Medikamente, die Vitamin D enthalten, gleichzeitig einnehmen! Dosierungsvorschriften besonders genau beachten.
Oleovit A (Ö) Kaps., Tropfen Vitamin A *Rezeptpflichtig*	Bei längerer Verwendung Gefahr von Nebenwirkungen durch Überdosierung: Erbrechen, Appetitlosigkeit, Hautschuppung, Lebervergrößerung, Gelenk- und Lymphdrüsenschwellungen. Bei Schwangeren Fehlbildungen beim Embryo möglich	**Therapeutisch zweckmäßig nur zur** kurz dauernden Behandlung von Vitamin-A-Mangel, der aber sehr selten auftritt.
Oleovit A + D (Ö) Kaps., Tropfen Vitamin A, D_3 *Rezeptpflichtig*	Gefahr von Nebenwirkungen durch Überdosierung. Vitamin A: Erbrechen, Appetitlosigkeit, Hautschuppung, Lebervergrößerung, Gelenk- und Lymphdrüsenschwellungen. Vitamin D: Magen-Darm-Störungen, Kalkablagerungen in Gefäßen und in der Niere. In der Schwangerschaft kann Überdosierung von Vitamin A und D zu Fehlbildungen führen	**Therapeutisch zweckmäßig nur zur** Vorbeugung und Behandlung von Rachitis. Die Kombination mit Vitamin A ist bei Kleinkindern vertretbar, falls Hinweise auf einen Vitamin-A-Mangel vorliegen. Höchstens eine Kapsel pro Tag einnehmen.
Oleovit D_3 (Ö) Tropfen Vitamin D_3 *Rezeptpflichtig*	Bei Überdosierung von Vitamin D: Appetitmangel, Erbrechen, Magen-Darm-Störungen, Kalkablagerungen in Gefäßen und Niere. In der Schwangerschaft Fehlbildungen beim Embryo möglich	**Therapeutisch zweckmäßig nur zur** Vorbeugung und Behandlung von Rachitis. Vorsicht: Nicht mehrere Medikamente, die Vitamin D enthalten, gleichzeitig einnehmen! Dosierungsvorschriften besonders genau beachten.
Ospur D_3 (D) Tabl. Colecalciferol (Vitamin D_3) *Rezeptpflichtig*	Bei Überdosierung von Vitamin D: Appetitmangel, Erbrechen, Magen-Darm-Störungen, Kalkablagerungen in Gefäßen und Niere. In der Schwangerschaft Fehlbildungen beim Embryo möglich	**Therapeutisch zweckmäßig zur** Vorbeugung und Behandlung von Rachitis und Osteoporose. Vorsicht: Nicht mehrere Medikamente, die Vitamin D enthalten, gleichzeitig einnehmen! Dosierungsvorschriften genau beachten.

Präparat	Wichtigste Nebenwirkungen	Empfehlung
Rocaltrol (D/Ö) Kaps. Calcitriol (aktive Form von Vitamin D_3) *Rezeptpflichtig*	Bei Überdosierung von Vitamin D: Appetitmangel, Erbrechen, Magen-Darm-Störungen, Kalkablagerungen in Gefäßen und Niere. In der Schwangerschaft Fehlbildungen beim Embryo möglich	**Therapeutisch zweckmäßig zur** Vorbeugung und Behandlung von Rachitis und Osteoporose. Vorsicht: Nicht mehrere Medikamente, die Vitamin D enthalten, gleichzeitig einnehmen! Dosierungsvorschriften genau beachten.
Vigantol (D) Oel, Ampullen Colecalciferol (Vitamin D_3) *Rezeptpflichtig*	Bei Überdosierung von Vitamin D: Appetitmangel, Erbrechen, Magen-Darm-Störungen, Kalkablagerungen in Gefäßen und Niere. In der Schwangerschaft Fehlbildungen beim Embryo möglich	**Therapeutisch zweckmäßig zur** Vorbeugung (nur Oel) und Behandlung von Rachitis und Osteoporose. Vorsicht: Nicht mehrere Medikamente, die Vitamin D enthalten, gleichzeitig einnehmen! Dosierungsvorschriften genau beachten.
Vigantoletten (D/Ö) Tabl. Colecalciferol (Vitamin D_3) *Rezeptpflichtig (Ö)*	Bei Überdosierung von Vitamin D: Appetitmangel, Erbrechen, Magen-Darm-Störungen, Kalkablagerung in den Gefäßen und Niere. In der Schwangerschaft Fehlbildungen beim Embryo möglich	**Therapeutisch zweckmäßig nur zur** Vorbeugung und Behandlung von Rachitis und Osteoporose. Vorsicht: Nicht mehrere Medikamente, die Vitamin D enthalten, gleichzeitig einnehmen! Dosierungsvorschriften genau beachten.
Vitamin D3-Hevert (D) Tabl. Colecalciferol (Vitamin D_3) *Rezeptpflichtig (Ö)*	Bei Überdosierung von Vitamin D: Appetitmangel, Erbrechen, Magen-Darm-Störungen, Kalkablagerung in den Gefäßen und Niere. In der Schwangerschaft Fehlbildungen beim Embryo möglich	**Therapeutisch zweckmäßig nur zur** Vorbeugung und Behandlung von Rachitis und Osteoporose. Vorsicht: Nicht mehrere Medikamente, die Vitamin D enthalten, gleichzeitig einnehmen! Dosierungsvorschriften genau beachten.
Zymafluor D (D/Ö) Tabl. Vitamin D_3, Fluorid	Bei Überdosierung von Vitamin D: Appetitmangel, Erbrechen, Magen-Darm-Störungen, Kalkablagerung in den Gefäßen und in der Niere. Bei Überdosierung von Fluor: Schädigung der Zähne	**Abzuraten** Mittel zur Kariesvorbeugung (Fluoride) sollten nur bei nachgewiesenem Fluormangel und nicht in fester Kombination mit Mitteln zur Rachitisvorbeugung (Vitamin D) verwendet werden. Keinesfalls mehrere Präparate gleichzeitig einnehmen, die Vitamin D oder Fluor enthalten!

14.3. Vitamin-B-Präparate

Vitamin B_1 (Thiamin, Aneurin)

ist für den Stoffwechsel von Zucker und anderen Kohlehydraten wichtig. Es ist vor allem in der Schale von Reiskörnern, Brot, frischen Erbsen, Bohnen und Fleisch enthalten. Da sich der Körper keinen Vitamin-B_1-Vorrat anlegt, ist die tägliche Aufnahme dieses Vitamins mit der Nahrung notwendig. Überschüssiges Vitamin B_1 wird mit dem Harn ausgeschieden.
Ein Vitamin-B_1-Mangel kann vor allem bei Alkoholikern auftreten. Es kann dabei zu Muskelschwäche, niedrigem Blutdruck, Herzversagen, niedriger Körpertemperatur, Ödemen (z. B. »geschwollene Beine«), Appetitlosigkeit und zu einem seltsamen Gefühl in Armen und Beinen kommen (»als ob einem Ameisen über die Haut laufen würden«). Schwerer Vitamin-B_1-Mangel führt zur gefürchteten Beri-Beri-Krankheit, die vor allem in ostasiatischen Ländern auftritt, wo geschälter Reis das fast ausschließliche Volksnahrungsmittel ist.
Bei der Injektion von Vitamin-B_1-Präparaten kann es zu einem allergischen Schock mit Schweißausbruch, Blutdruckabfall und Atmungsstörungen kommen. Dieser Schock kann auch zum Tod führen.
Der Nutzen einer Behandlung mit Vitamin-B_1-Präparaten bei bestimmten Hautentzündungen (Dermatitis), bei lang dauerndem (chronischen) Durchfall, Multipler Sklerose, bei bestimmten Nervenentzündungen (Neuritis), bei Dickdarmentzündungen mit Geschwüren, zur Appetitanregung oder als Mittel zur Insektenvertreibung ist – trotz gegenteiliger Behauptungen der Pharmafirmen – *nicht bewiesen*.

Vitamin B_2 (Riboflavin)

spielt im Stoffwechsel eine wichtige Rolle und ist erforderlich für die Sehfähigkeit. Auch von diesem Vitamin kann der Körper keinen Vorrat aufbauen, so dass eine regelmäßige Aufnahme mit der Nahrung notwendig ist.
Vitamin B_2 kommt in Hefe, Fleisch, Fisch, Milch, Eiern und Leber vor. Kinder, die sehr wenig oder keine Milch trinken, haben manchmal einen Vitamin-B_2-Mangel, der aber bei ausgewogener Ernährung selten ist. Bei Vitamin-B_2-Mangel können Entzündungen der Mundecken, Halsschmerzen und Hautabschuppungen auftreten.
Zu große Mengen Vitamin B_2 (Überdosierung) können den Harn gelb verfärben. Der Nutzen einer Behandlung mit Vitamin-B_2-Präparaten

bei Akne, Fußbrennen, Migräne und Muskelkrämpfen ist – trotz gegenteiliger Behauptungen von Pharmafirmen – nicht bewiesen.

Vitamin B_6 (Pyridoxin)

spielt bei vielen Stoffwechselvorgängen eine wichtige Rolle. Einen Vitamin-B_6-Vorrat kann der Körper nicht aufbauen, weshalb eine regelmäßige Aufnahme über die Nahrung notwendig ist. Vitamin B_6 ist reichlich in Kartoffeln, Linsen, Nüssen, Avocados, Getreide (Vollkornbrot), Fleisch und Bananen enthalten. Der Vitamin-B_6-Bedarf erhöht sich durch die Einnahme von Empfängnisverhütungsmitteln, ist aber bei normaler Ernährung gedeckt. Bei der Behandlung von Tuberkulose mit Isoniazid (z. B. *Neoteben, Isoprodian*) nimmt der Bedarf zu, und eine zusätzliche Vitamineinnahme ist zweckmäßig.
Unter Vitamin-B_6-Mangel leiden oft Alkoholiker. Auch wer nur Dosengemüse isst, kann an Mangelerscheinungen erkranken (Hautabschuppung um Nase, Mund und Augen, Nervenentzündungen und Müdigkeit).
Bei Einnahme von »Megadosen« – das ist die tausendfache oder noch größere als die empfohlene Menge – kann es zu Nervenerkrankungen und Vergiftungen kommen.
Der Nutzen einer Behandlung mit Vitamin-B_6-Präparaten ist bei Akne und anderen Hautkrankheiten, bei Nervenleiden, Alkoholvergiftung, Asthma, Hämorrhoiden, Nierensteinen, Migräne, Strahlenschäden, Spannungszuständen vor der Menstruation und zur Anregung der Milchabsonderung bei stillenden Müttern bzw. zur Appetitanregung – trotz gegenteiliger Behauptungen der Pharmafirmen – *nicht bewiesen*.

Folsäure

ist kein Vitamin B, wird jedoch häufig Vitamin-B-Präparaten beigemischt. Folsäure ist für ein normales Zellenwachstum und eine normale Zellteilung erforderlich. Der Körper legt von diesem Vitamin einen Vorrat an.
Folsäure ist reichlich in Leber und in frischem Gemüse enthalten, wobei langes Kochen einen großen Teil der Folsäure zerstören kann. Zu einem Folsäuremangel kommt es bei normaler Ernährung selten. Jedoch können Alkoholiker, Personen mit Darmerkrankungen, schwangere und stillende Frauen sowie Epileptiker, die mit Phenytoin (z. B. in *Epanutin*, *Phenhydan*, *Zentropil*) behandelt werden, unter einer durch Folsäuremangel bedingten Blutarmut leiden. Auch orale Emp-

fängnisverhütungsmittel (die »Pille«) erhöhen den Folsäurebedarf. Der normale Tagesbedarf an Folsäure beträgt 0,4 mg, der durch eine abwechslungsreiche Mischkost üblicherweise gedeckt wird.
Durch zusätzliche Einnahme von täglich 0,4 mg Folsäure einen Monat vor der Empfängnis bis zum dritten Schwangerschaftsmonat kann das Risiko von Neuralrohrdefekten (Fehlbildung des Nervensystems) bei Neugeborenen (1 : 1.000) um 50 bis 70 Prozent gesenkt werden. Relativ viel Folsäure ist enthalten in Vollkornbrot, Sojabohnen, Spinat, Tomaten, Fenchel, Grünkohl, Spargel und Schweineleber.
Frauen, die schon einmal mit einem Kind mit Neuralrohrdefekten schwanger waren, haben ein erhöhtes Risiko und sollten einen Monat vor der Empfängnis bis zum dritten Schwangerschaftsmonat täglich 4 mg Folsäure einnehmen. Dies senkt das Risiko erneuter Neuralrohrdefekte laut Statistik um 70 Prozent.
Bei Blutarmut darf Folsäure nur verwendet werden, wenn der Patient keine perniziöse Anämie hat, die nur durch Vitamin B_{12} (siehe unten) geheilt werden kann. Folsäure bessert bei dieser Erkrankung zwar die Blutarmut, verhindert aber nicht Nervenschäden. Eine ungezielte, lang dauernde Verwendung von Folsäure (auch in Form von Multivitaminpräparaten) ist daher – wenn keine klare Notwendigkeit vorliegt – unzweckmäßig und kann unter Umständen gefährlich sein. Auch nach Ansicht der Arzneimittelkommission der Deutschen Ärzteschaft sollte Folsäure nur bei Folsäuremangel eingenommen werden.

Vitamin B_{12} (Cyanocobalamin, Hydroxycobalamin)

spielt eine wichtige Rolle bei der Bildung der roten Blutkörperchen. Von diesem Vitamin legt der Körper einen großen Vorrat an, der oftmals für viele Jahre ausreicht.
Vitamin B_{12}, das täglich nur in minimalen Mengen benötigt wird, findet sich reichlich in Milch, Leber und Fleisch.
Bei strengen Vegetariern kann es im Laufe der Zeit zu einem Vitamin-B_{12}-Mangel kommen, wenn sie keine Milch trinken und keine Eier essen. Wenn sich schwangere Frauen streng vegetarisch ernähren, kann der Vitamin-B_{12}-Mangel beim Kind zu Fehlbildungen des Gehirns führen. Auch bei Säuglingen von stillenden Müttern, die sich streng vegetarisch ernähren, können Mangelerscheinungen auftreten.
Ein Vitamin-B_{12}-Mangel kann außerdem die Folge einer Erkrankung des Magen-Darm-Kanals oder einer Magenoperation sein.

Manche Menschen sind nicht in der Lage, den Stoff zu produzieren (»intrinsic factor«), der für die Aufnahme von Vitamin B_{12} aus der Nahrung erforderlich ist.
In all diesen Fällen sind Vitamin-B_{12}-Injektionen vertretbar bzw. notwendig. Als Vitamin-B_{12}-Mangelerscheinungen können eine bestimmte Form von Blutarmut (perniziöse Anämie) und Nervenschäden auftreten. Vorsicht ist bei der Einnahme von Multivitaminpräparaten geboten, die Vitamin B_{12} enthalten. Die darin übliche Menge dieses Vitamins verdeckt eine bestimmte Form der Blutarmut, die perniziöse Anämie, ist aber zu gering, um sie zu behandeln und Nervenschäden zu verhindern. Dasselbe gilt bei der Folsäure. In sehr seltenen Fällen kann es bei der Injektion von Vitamin-B_{12}-Präparaten zu Hautausschlägen, Juckreiz, Fieber und Schock kommen. Manche Hersteller empfehlen Vitamin-B_{12}-Präparate zur Behandlung von Krankheiten, ohne dass es einen Beleg für die Wirksamkeit dafür gibt: Zum Beispiel bei Hepatitis (virale Leberentzündung), Altwerden (siehe Kapitel 15: Alter), Allergien, Sehschwäche, Wachstumsverzögerungen, Appetitmangel, Müdigkeit, Geistesstörungen, Multipler Sklerose und Unfruchtbarkeit.

Vitamin B_{15} (Pangaminsäure)

Der Pangaminsäure werden die unterschiedlichsten positiven Eigenschaften zugeschrieben. Es ist jedoch nicht erwiesen, dass Pangaminsäure wirklich ein Vitamin ist. Die angesehene Zeitschrift der amerikanischen Ärztevereinigung, »JAMA«, überschrieb einen Leitartikel: »Vitamin B_{15} – was auch immer es ist, es hilft nicht« und sprach den Verdacht aus, dass dieses so genannte Vitamin Krebs auslösen kann.

Amygdalin (Vitamin B_{17})

Schon seit einem halben Jahrhundert macht das Gerücht die Runde, dass Amygdalin gegen Krebs wirksam sein soll.
Amygdalin wurde unter dem Namen *Laetrile*, Vitamin B_{17} und als Aprikosenkerne verkauft. Kontrollierte Studien brachten keinen Nachweis für die Heilwirkung bei Krebs. *Laetrile* ist laut US-Gesundheitsbehörde (FDA) gefährlich, weil es tödliche Vergiftungen verursachen kann.

14.3. Vitamin-B-Präparate und Kombinationen

Präparat	Wichtigste Nebenwirkungen	Empfehlung
B_{12} Steigerwald (D) Amp. Vitamin B_{12}	In sehr seltenen Fällen Akne sowie allergische Erscheinungen (Juckreiz, Ausschläge)	**Therapeutisch zweckmäßig nur** bei Vitamin-B_{12}-Mangel, insbesondere bei einer bestimmten Form von Blutarmut (perniziöse Anämie).
Beneuran comp. (Ö) Tabl. Vitamin B_1, B_6, B_{12}, Folsäure *Rezeptpflichtig*	In sehr seltenen Fällen Akne sowie allergische Erscheinungen (Juckreiz, Ausschläge). Bei lang dauernder Anwendung Nervenerkrankungen (sensorische Neuropathie) durch Vitamin B_6 möglich	**Therapeutisch zweckmäßig nur** bei Vitamin-B-Mangel, der bei Alkoholikern öfters, sonst aber sehr selten auftritt. Die Beimengung von Vitamin B_{12} ist nicht zweckmäßig.
Betabion (D) Tabl., Amp. Vitamin B_1 *Rezeptpflichtig*	In sehr seltenen Fällen allergische Erscheinungen (Juckreiz, Ausschläge), bei Injektionen auch bis zum Schock möglich	**Therapeutisch zweckmäßig nur** bei Vitamin-B-Mangel, der bei Alkoholikern öfters, sonst aber selten auftritt.
B-Komplex forte-Hevert (D) Tabl. Vitamin B_1, B_6, B_{12}	Bei lang dauernder Anwendung Nervenerkrankungen (sensorische Neuropathie) durch Vitamin B_6 möglich	**Therapeutisch zweckmäßig nur** bei Vitamin-B-Mangel, der bei Alkoholikern öfters, sonst aber sehr selten auftritt. In anderen vom Hersteller angegebenen Anwendungsbereichen ist der therapeutische Nutzen zweifelhaft. Die Beimengung von Vitamin B_{12} ist nicht zweckmäßig.
Cytobion (D) Drag., Amp. Vitamin B_{12}	In sehr seltenen Fällen Akne, allergische Erscheinungen (Juckreiz, Ausschläge)	**Therapeutisch zweckmäßig nur** bei Vitamin-B_{12}-Mangel, insbesondere bei einer bestimmten Form von Blutarmut (perniziöse Anämie).
Hepavit (Ö) Amp. Vitamin B_{12}, Benzylalkohol *Rezeptpflichtig*	In sehr seltenen Fällen Akne, allergische Erscheinungen (Juckreiz, Ausschläge)	**Therapeutisch zweckmäßig nur** bei Vitamin-B_{12}-Mangel, insbesondere bei bestimmter Form von Blutarmut (perniziöse Anämie). In anderen vom Hersteller angegebenen Anwendungsbereichen ist der therapeutische Nutzen zweifelhaft.

Präparat	Wichtigste Nebenwirkungen	Empfehlung
Levurinetten (Ö) Tabl. Medizinische Trockenhefe, Vitamin B_1, B_2, Nikotinamid	Keine wesentlichen bekannt	**Wenig zweckmäßig** Der Gehalt an Vitamin B ist zu niedrig, um eine sinnvolle Behandlung durchzuführen.
Medivitan N (D) Doppelamp., Fertigspritzen Vitamin B_6, B_{12}, Folsäure, Lidocain	Bei lang dauernder Anwendung Nervenerkrankungen (sensorische Neuropathie) durch Vitamin B_6. Störungen der Herzfunktion, Schwindel, Zittern und allergische Reaktionen durch Lidocain möglich	**Therapeutisch zweckmäßig nur** bei Vitamin-B-Mangel, der bei Alkoholikern öfters, sonst aber selten auftritt.
Medyn (D) Filmtabl. Vitamin B_6, B_{12}, Folsäure	Bei lang dauernder Anwendung Nervenerkrankungen (sensorische Neuropathie) durch Vitamin B_6	**Therapeutisch zweckmäßig nur** bei Vitamin-B-Mangel, der bei Alkoholikern öfters, sonst aber sehr selten auftritt. In anderen vom Hersteller angegebenen Anwendungsbereichen (Vorbeugung eines zu hohen Homocysteinspiegels) ist der therapeutische Nutzen zweifelhaft. Die Beimengung von Vitamin B_{12} ist nicht zweckmäßig.
Milgamma (D) Drag., NA-Kaps. Vitamin B_1, B_6	In sehr seltenen Fällen allergische Erscheinungen (Juckreiz, Ausschläge). Bei lang dauernder Anwendung Nervenerkrankungen (sensorische Neuropathie) durch Vitamin B_6	**Therapeutisch zweckmäßig nur** bei Vitamin-B-Mangel, der bei Alkoholikern öfters, sonst aber sehr selten auftritt.
Milgamma N (D) Amp. Vitamin B_1, B_6, B_{12}, Benzylalkohol, Lidocain	Bei lang dauernder Anwendung Nervenerkrankungen (sensorische Neuropathie) durch Vitamin B_6. Bei Injektion sehr selten, dann aber lebensgefährliche Schockformen möglich	**Therapeutisch zweckmäßig nur** bei medikamentöser Therapie mit Isoniazid (Tuberkulosemittel) und angeborenem Vitamin-B_6-Mangel. In anderen vom Hersteller angegebenen Anwendungsbereichen ist der therapeutische Nutzen zweifelhaft. Hoch dosiertes Präparat.

Präparat	Wichtigste Nebenwirkungen	Empfehlung
Multivit B (Ö) Amp., Forte-Amp., Vitamin B_1, B_2, B_6, Nikotinamid, Pantothensäure *Rezeptpflichtig*	Bei lang dauernder Anwendung Nervenerkrankungen durch Vitamin B_6. Bei Injektion sehr selten, dann aber lebensgefährliche Schockformen möglich	**Therapeutisch zweckmäßig nur** bei Vitamin-B-Mangel, der bei Alkoholikern öfters, sonst aber sehr selten auftritt. In anderen vom Hersteller angegebenen Anwendungsbereichen ist der therapeutische Nutzen zweifelhaft. Enthält Inhaltsstoff (Pantothensäure) mit zweifelhaftem therapeutischem Nutzen. Von einer intravenösen Injektion ist abzuraten.
Multivit B (Ö) Fortedrag. Vitamin B_1, B_2, B_6, Nikotinamid, Pantothensäure	In sehr seltenen Fällen allergische Erscheinungen (Juckreiz, Ausschläge). Bei lang dauernder Anwendung Nervenerkrankungen (sensorische Neuropathie) durch Vitamin B_6	**Therapeutisch zweckmäßig nur** bei Vitamin-B-Mangel, der bei Alkoholikern öfters, sonst aber sehr selten auftritt. In anderen vom Hersteller angegebenen Anwendungsbereichen ist der Therapienutzen zweifelhaft. Enthält Inhaltsstoff (Pantothensäure) mit zweifelhaftem therapeutischem Nutzen.
Neuro Stada/ -uno (D) Tabl., Filmtabl. Vitamin B_1, B_6	In sehr seltenen Fällen allergische Erscheinungen (Juckreiz, Ausschläge). Bei lang dauernder Anwendung Nervenerkrankungen (sensorische Neuropathie) durch Vitamin B_6	**Therapeutisch zweckmäßig nur** bei Vitamin-B-Mangel, der bei Alkoholikern öfters, sonst aber sehr selten auftritt.
Neurobion N (D/Ö) Forte-Drag.; Drag. (D), Amp. Vitamin B_1, B_6 nur in Ö: Amp. plus Vitamin B_{12}, Benzylalkohol *in Ö: Rezeptpflichtig*	Bei lang dauernder Anwendung Nervenerkrankungen (sensorische Neuropathie) durch Vitamin B_6. Bei Injektion des Medikaments: sehr selten, dann aber lebensgefährliche Schockformen möglich	**Therapeutisch zweckmäßig nur** bei Vitamin-B-Mangel, der bei Alkoholikern öfters, sonst aber sehr selten auftritt. In anderen vom Hersteller angegebenen Anwendungsbereichen (u. a. Nervenschmerzen und -entzündungen) ist der therapeutische Nutzen zweifelhaft.
Neuro-Lichtenstein injekt M (D) Ampullen Vitamin B_1, B_6	Bei lang dauernder Anwendung Nervenerkrankungen (sensorische Neuropathie) durch Vitamin B_6. Bei Injektion des Medikaments sind sehr selten, aber lebensgefährliche Schockformen möglich	**Therapeutisch zweckmäßig nur** bei Vitamin-B-Mangel, der bei Alkoholikern öfters, sonst aber sehr selten auftritt. Von einer intravenösen Injektion ist abzuraten. Nicht in Schwangerschaft und Stillzeit anwenden. Hoch dosiertes Präparat.

Präparat	Wichtigste Nebenwirkungen	Empfehlung
Neuro-Lichtenstein N (D) Dragees Vitamin B_1, B_6	In sehr seltenen Fällen allergische Erscheinungen (Juckreiz, Ausschläge). Bei lang dauernder Anwendung Nervenerkrankungen (sensorische Neuropathie) durch Vitamin B_6	**Therapeutisch zweckmäßig nur** bei Vitamin-B-Mangel, der bei Alkoholikern öfters, sonst aber sehr selten auftritt.
Neuro-ratiopharm (D) Filmtabl. Vitamin B_1, B_6, B_{12}	In sehr seltenen Fällen allergische Erscheinungen (Juckreiz, Ausschläge). Bei lang dauernder Anwendung Nervenerkrankungen (sensorische Neuropathie) durch Vitamin B_6	**Therapeutisch zweckmäßig nur** bei Vitamin-B-Mangel, der bei Alkoholikern öfters, sonst aber sehr selten auftritt. Die Beimengung von Vitamin B_{12} ist nicht zweckmäßig.
Neurotrat S forte (D) Filmtabl. Vitamin B_1, B_6	In sehr seltenen Fällen allergische Erscheinungen (Juckreiz, Ausschläge). Bei lang dauernder Anwendung Nervenerkrankungen (sensorische Neuropathie) durch Vitamin B_6	**Therapeutisch zweckmäßig nur** bei Vitamin-B-Mangel, der bei Alkoholikern öfters, sonst aber sehr selten auftritt.
Pronerv (Ö) Kaps., Ampullen Vitamin B_1, B_6, B_{12} *Rezeptpflichtig*	Bei lang dauernder Anwendung Nervenerkrankungen (sensorische Neuropathie) durch Vitamin B_6. Bei Injektion des Medikaments sehr selten, aber lebensgefährliche Schockformen möglich	**Therapeutisch zweckmäßig nur** bei Vitamin-B-Mangel, der bei Alkoholikern öfters, sonst aber sehr selten auftritt. In anderen vom Hersteller angegebenen Anwendungsbereichen ist der therapeutische Nutzen zweifelhaft. Von einer intravenösen Injektion ist abzuraten. Die Beimengung von Vitamin B_{12} in Kapseln ist nicht zweckmäßig.
Vitamin B_{12} Jenapharm (D) **Vitamin B_{12} Lichtenstein** (D) **Vitamin B_{12} Lannacher** (Ö) **Vitamin B_{12}-ratiopharm** (D) Ampullen Vitamin B_{12} *Rezeptpflichtig*	In sehr seltenen Fällen allergische Erscheinungen (Juckreiz, Ausschläge)	**Therapeutisch zweckmäßig nur** bei Vitamin-B_{12}-Mangel, insbesondere bei bestimmter Form von Blutarmut (perniziöse Anämie).

14.4. Vitamin-C-Präparate (Ascorbinsäure)

Vitamin C spielt eine bedeutsame Rolle bei vielen Stoffwechselreaktionen und ist wichtig für die Bildung des Bindegewebes, des Knorpels, der Knochen und der Zähne.
Lang dauernder Vitamin-C-Mangel kann unter anderem folgende Probleme verursachen: schlechte Wundheilung, Blutungen, Zahnfleischwucherungen, schlechte Bindegewebebildung und schließlich Skorbut. Der Körper legt keinen größeren Vitamin-C-Vorrat an. Deswegen ist eine regelmäßige Zufuhr von Vitamin C erforderlich.
Vitamin C kommt in ausreichenden Mengen in frischem Obst (Orangen, Äpfel, Zitronen) und Gemüse (Tomaten, Paprika, Kohl, Kartoffeln) vor. Bei langem Erwärmen des Essens wird Vitamin C zerstört. Fertignahrung enthält wenig Vitamin C, doch *schon eine Orange (Apfelsine) pro Tag deckt den täglichen Vitamin-C-Bedarf*. Im Allgemeinen wird durch das Essen genügend Vitamin C aufgenommen. Während der Schwangerschaft, beim Stillen, aber auch bei längeren Krankheiten kann der Bedarf an Vitamin C erhöht sein. Die Vitaminzufuhr bei einer normalen Ernährung reicht normalerweise auch für diesen Bedarf. Das Essen von mehr Vitamin-C-haltigem Obst ist aber in solchen Fällen sicherlich sinnvoll.
Vitamin C wird, wie die meisten Vitamine, von den Pharmafirmen als Wundermittel beworben. Es soll für und gegen unzählige Beschwerden wirksam sein.
Es *hat aber keinen Sinn, mehr als den Tagesbedarf an Vitamin C (40–150 Milligramm) zu sich zu nehmen*. Es gibt keinen seriösen Beweis dafür, dass größere Mengen von Vitamin C die Gefahr einer Erkältung oder Grippe verringern oder den Ablauf beeinflussen. Trotzdem greifen viele Menschen bei den ersten Anzeichen von Schnupfen oder Erkältung zu Vitamin-C-Präparaten. Es ist auch nicht nachgewiesen, dass Vitamin C bei einer Blasenentzündung hilft.
Die Pharmakologen-Vereinigung der USA hat eine Liste von Erkrankungen zusammengestellt, bei denen der Nutzen einer Behandlung mit Vitamin-C-Präparaten – trotz gegenteiliger Behauptungen der Pharmafirmen – *nicht bewiesen* ist: Dazu zählen neben der bereits erwähnten *Vorbeugung von Erkältungen* die Behandlung von Zahnfleischentzündungen, Zahnkaries, Blutarmut, Akne, Unfruchtbarkeit, Altern, Arterienverkalkung, Magengeschwüren, Tuberkulose, Ruhr, Kollagenstörungen, Knochenbrüchen, Hautgeschwüren, Heufieber,

Medikamentenvergiftung sowie die Vorbeugung von Krebs und Gefäßthrombosen.
Für Mittel, die hohe Mengen (z. B. 1000 mg) an Vitamin C enthalten, gibt es daher keine überzeugende Existenzberechtigung. *Ein Großteil der aufgenommenen Vitaminmenge wird umgehend im Harn wieder ausgeschieden.* Zudem kann die Einnahme von zu viel Vitamin C Tests zur Erkennung der Zuckerkrankheit verfälschen und so unter Umständen zu Fehldiagnosen führen.
Bei Menschen, die unter Stoffwechselstörungen leiden, kann ein Überschuss an Vitamin C zu Durchfall, Erbrechen, Hautausschlägen, Nierensteinen und verstärktem Wasserlassen führen.
Nach längerer Einnahme hoher Dosen kann es nach plötzlichem Absetzen zu Skorbut-ähnlichen Erscheinungen (z. B. Zahnfleischschwellungen, Blutungen) kommen. Solche Symptome können auch bei Neugeborenen auftreten, deren Mütter in der Schwangerschaft länger große Mengen Vitamin C eingenommen haben.

14.4. Vitamin-C-Präparate (Ascorbinsäure)

Präparat	Wichtigste Nebenwirkungen	Empfehlung
Additiva Vitamin C (D) Brausetabl. 1000 mg Vitamin C	Bei starker Überdosierung Durchfälle und Gefahr von Nierensteinen	**Therapeutisch zweckmäßig nur** bei Vitamin-C-Mangel, der aber sehr selten auftritt. Therapeutische Wirksamkeit bei Erkältungs- und Infektionskrankheiten zweifelhaft. Von längerer Einnahme der Brausetablette ist abzuraten, da sie mindestens 7-mal mehr als den erforderlichen Tagesbedarf enthält.
Ascorbinsäure Imo (D) Pulver Vitamin C	Bei starker Überdosierung Durchfälle und Gefahr von Nierensteinen	**Therapeutisch zweckmäßig nur** bei Vitamin-C-Mangel, der aber sehr selten auftritt. Therapeutische Wirksamkeit bei Erkältungs- und Infektionskrankheiten zweifelhaft.

Präparat	Wichtigste Nebenwirkungen	Empfehlung
Ascorvit 200 mg/ 500 mg (D) Drag. Vitamin C	Bei starker Überdosierung Durchfälle und Gefahr von Nierensteinen	**Therapeutisch zweckmäßig nur** bei Vitamin-C-Mangel, der aber sehr selten auftritt. Therapeutische Wirksamkeit bei Erkältungs- und Infektionskrankheiten zweifelhaft. Injektion nur zweckmäßig, wenn durch Ernährung oder Einnahme von Vitamin-C-Präparaten ein Mangel nicht behoben werden kann.
Caelo Vitamin C (D) Pulver Vitamin C	Bei starker Überdosierung Durchfälle und Gefahr von Nierensteinen	**Therapeutisch zweckmäßig nur** bei Vitamin-C-Mangel, der aber sehr selten auftritt. Therapeutische Wirksamkeit bei Erkältungs- und Infektionskrankheiten zweifelhaft.
Cebion (D/Ö) Brausetabl. 1000 mg nur D: C50/ -C200/ -C500 Tabl. nur Ö: Granulat Vitamin C	Bei starker Überdosierung Durchfälle und Gefahr von Nierensteinen	**Therapeutisch zweckmäßig nur** bei Vitamin-C-Mangel, der aber sehr selten auftritt. Therapeutische Wirksamkeit bei Erkältungs- und Infektionskrankheiten zweifelhaft. Von längerer Einnahme der Brausetablette und der C500 Tabl. ist abzuraten, da sie mindestens 7-mal bzw. 3-mal mehr als den erforderlichen Tagesbedarf enthält.
Ce-Limo (Ö) **Ce-Limo Orange** (Ö) Brausetabl. Vitamin C	Bei starker Überdosierung Durchfälle und Gefahr von Nierensteinen	**Therapeutisch zweckmäßig nur** bei Vitamin-C-Mangel, der aber sehr selten auftritt. Therapeutische Wirksamkeit bei Erkältungs- und Infektionskrankheiten zweifelhaft. Von längerer Einnahme der Brausetablette ist abzuraten, da sie mindestens 7-mal mehr als den erforderlichen Tagesbedarf enthält.

Präparat	Wichtigste Nebenwirkungen	Empfehlung
Cetebe Vitamin C Retard 500 (D/Ö) Kaps. Vitamin C	Bei starker Überdosierung Durchfälle und Gefahr von Nierensteinen	**Therapeutisch zweckmäßig nur** bei Vitamin-C-Mangel, der aber sehr selten auftritt. Therapeutische Wirksamkeit bei Erkältungs- und Infektionskrankheiten zweifelhaft. Von längerer Einnahme ist abzuraten, da eine einzige Tablette mindestens 3-mal mehr als den erforderlichen Tagesbedarf enthält.
Cevitol (Ö) Amp. Vitamin C *Rezeptpflichtig*	Bei starker Überdosierung Durchfälle und Gefahr von Nierensteinen	**Nur zweckmäßig in** Ausnahmefällen, wenn durch Ernährung oder Einnahme von Vitamin-C-Präparaten ein Mangel nicht behoben werden kann.
Cevitol (Ö) Kautabl. Vitamin C, Süßstoff	Bei starker Überdosierung Durchfälle und Gefahr von Nierensteinen	**Therapeutisch zweckmäßig nur** bei Vitamin-C-Mangel, der aber sehr selten auftritt. Therapeutische Wirksamkeit bei Erkältungs- und Infektionskrankheiten zweifelhaft. Von längerer Einnahme ist abzuraten, da eine einzige Tablette (Einzeldosis) mindestens 3-mal mehr als den erforderlichen Tagesbedarf enthält.
C-Vit (Ö) Brausetabl., Fortissimum-Tabl. Vitamin C	Bei starker Überdosierung Durchfälle und Gefahr von Nierensteinen	**Therapeutisch zweckmäßig nur** bei Vitamin-C-Mangel, der aber sehr selten auftritt. Therapeutische Wirksamkeit bei Erkältungs- und Infektionskrankheiten zweifelhaft. Von längerer Einnahme der Brausetablette ist abzuraten, da sie mindestens 7-mal mehr als den erforderlichen Tagesbedarf enthält.
Hermes Cevitt (D) Brausetabl. 1000 mg Vitamin C	Bei starker Überdosierung Durchfälle und Gefahr von Nierensteinen	**Therapeutisch zweckmäßig nur** bei Vitamin-C-Mangel, der aber sehr selten auftritt. Therapeutische Wirksamkeit bei Erkältungs- und Infektionskrankheiten zweifelhaft. Von längerer Einnahme der Brausetablette ist abzuraten, da sie mindestens 7-mal mehr als den erforderlichen Tagesbedarf enthält.

Präparat	Wichtigste Nebenwirkungen	Empfehlung
Iroviton-Irocovit-C (Ö) Drag., Granulat, Brausetabl. Vitamin C	Bei starker Überdosierung Durchfälle und Gefahr von Nierensteinen	**Therapeutisch zweckmäßig nur** bei Vitamin-C-Mangel, der aber sehr selten auftritt. Therapeutische Wirksamkeit bei Erkältungs- und Infektionskrankheiten zweifelhaft. Von längerer Einnahme von Granulat und Brausetabl. ist abzuraten, da eine Einzeldosis mindestens 7-mal mehr als den erforderlichen Tagesbedarf enthält.
Redoxon Roche (Ö) Brausetabl. Vitamin C	Bei starker Überdosierung Durchfälle und Gefahr von Nierensteinen	**Therapeutisch zweckmäßig nur** bei Vitamin-C-Mangel, der aber sehr selten auftritt. Therapeutische Wirksamkeit bei Erkältungs- und Infektionskrankheiten zweifelhaft. Von längerer Einnahme ist abzuraten, da eine einzige Tablette 7-mal mehr als den erforderlichen Tagesbedarf enthält.
Soma Vitamin C (D) Brausetabl., Pulver Vitamin C	Bei starker Überdosierung Durchfälle und Gefahr von Nierensteinen	**Therapeutisch zweckmäßig nur** bei Vitamin-C-Mangel, der aber sehr selten auftritt.
Vitamin C-Injektopas (D) Injektionslösung Vitamin C	Bei starker Überdosierung Durchfälle und Gefahr von Nierensteinen	**Nur zweckmäßig** in Ausnahmefällen, wenn durch Ernährung oder Einnahme von Vitamin-C-Präparaten ein Mangel nicht behoben werden kann.
Xitix (D) Lutschtabl. *Nahrungsergänzungsmittel mit* Vitamin C	Bei starker Überdosierung Durchfälle und Gefahr von Nierensteinen	**Therapeutisch zweckmäßig nur** bei Vitamin-C-Mangel, der aber sehr selten auftritt. Therapeutische Wirksamkeit bei Erkältungs- und Infektionskrankheiten zweifelhaft. Von längerer Einnahme ist abzuraten, da eine einzige Tablette ca. 3-mal mehr als den erforderlichen Tagesbedarf enthält.

14.5. Vitamin-E und andere Vitamin-Präparate

Vitamin E (Tocopherol)

gilt als wichtiges Antioxydans (verhindert die Anlagerung von Sauerstoff) und festigt die Zellwände der roten Blutkörperchen bzw. dürfte bei der Blutbildung eine Rolle spielen.
Es kommt in vielen Nahrungsmitteln in ausreichenden Mengen vor – hauptsächlich in grünem Gemüse, Eiern, Margarine aus Pflanzenölen und in Weizenkeimlingen.
Jahrelang liefen in fast allen Illustrierten aufwendige Werbekampagnen für Medikamente, die – oft als einzigen Inhaltsstoff – Vitamin E enthalten (siehe Tabelle). Raffiniert formuliert, wurde dabei immer Vitamin E mit »Leistungssteigerung« in Verbindung gebracht. Vor allem sportlich aktive Leute und ältere Menschen (Werbespruch: »Das Aktiv-Vitamin für die 2. Lebenshälfte«) wurden gezielt angesprochen.
Was dem Verbraucher weisgemacht wird, glauben Pharmafirmen nicht einmal selbst. Die Firma Hoffmann-La Roche – weltweit führend in der Vitamin-Herstellung – teilte vor Jahren schon auf internen Kongressen mit, dass »der so oft zitierte leistungssteigernde Effekt von Vitamin E *nicht bestätigt* werden kann«. Und weiter: Wissenschaftliche »Versuche in dieser Richtung fehlen, ebenso Doppelblindstudien«. Doppelblindstudien wären Untersuchungen, die seriöse Auskünfte über die Wirksamkeit eines Arzneimittels geben könnten.
Auch die Pharmakologen-Vereinigung der USA (USP) hat sich eingehend mit den Vitamin-E-Präparaten beschäftigt. Ergebnis: Eine endlos lange Liste von Erkrankungen, bei denen der Nutzen einer Behandlung mit Vitamin-E-Präparaten – trotz gegenteiliger Behauptungen von Pharmafirmen – *nicht bewiesen* ist.
Die Verwendung von Vitamin E ist bei weitem nicht so ungefährlich, wie es die Hersteller glauben machen wollen: Wissenschaftlich seriöse Untersuchungen in den USA haben gezeigt, dass schon bei der Einnahme von 400 bis 800 Internationalen Einheiten (IE) von Vitamin E pro Tag schwerwiegende Nebenwirkungen wie Entzündungen der Venenwände (Thrombophlebitis) auftreten können.
Es gibt in der Fachliteratur außerdem Berichte über Leberschädigungen durch hoch dosierte Gabe von Vitamin E bei Patienten auf Intensivstationen.

Vitamin E und Krebsprävention:

Aufgrund epidemiologischer Studien wurde immer wieder behauptet, dass Vitamin E das Auftreten von Krebs verhindere. Überzeugende neue Studien, urteilte das angesehene Fachblatt »New England Journal of Medicine«, konnten diese Vermutung aber nicht bestätigen. So wurde in einer Studie an 89.000 Frauen das Brustkrebsrisiko durch Vitamin-E-Einnahme nicht verringert. Bei 29.000 Rauchern verhinderte die Vitamineinnahme das Auftreten von Lungenkrebs nicht, die Gesamtsterberate in der Vitamin-E-Gruppe war sogar um zwei Prozent höher.

Es gibt derzeit nur drei vertretbare Anwendungsgebiete von Vitamin E:
1. Bei Frühgeburten kann durch den Einsatz von Vitamin E möglicherweise das Auftreten von Blutungen und Augenschäden verhindert werden.
2. Bei einer seltenen Form einer Stoffwechselstörung (Abetalipoproteinämie) kann die Verwendung von Vitamin E Symptome an der Haut und am Auge positiv beeinflussen.
3. Nach einer operativen Entfernung des Darms.

Vitamin H (Biotin)

Biotin spielt beim Stoffwechsel eine wichtige Rolle. Ein Biotinmangel ist praktisch unmöglich, da dieses Vitamin in sehr vielen pflanzlichen und tierischen Nahrungsmitteln enthalten ist. Nur nach Entfernung des Dünndarms, extremer Fehlernährung oder Ernährung durch Infusionen sind Mangelerscheinungen wie z. B. Entzündungen der Haut und der Zunge möglich. Manche Hersteller vermarkten Biotin mit der Werbeaussage »neue Kraft für Haare und Nägel«. Es gibt bis jetzt aber keinen seriösen Beleg, dass die Einnahme von Biotin schönere oder gesündere Haare und Nägel bewirkt.

»Vitamin H_1« (Para-Aminobenzoesäure)

ist in einer Reihe von Vitaminpräparaten enthalten. Es erfüllt aber im Körper keine sinnvolle Funktion und kann deshalb nicht als »Vitamin« bezeichnet werden. Einige Mittel enthalten Procain (z. B. *Gero-H3-Aslan, K. H. 3*), einen Stoff, der vom Körper in Vitamin H_1 umgewandelt wird. Der Nutzen dieser Mittel wird im Kapitel 15: Alter besprochen.

Vitamin K (Phytomenadion, Phyllochinon = K_1, Menachinon = K_2, Menadion = K_3)

ist wichtig für die Produktion jener Stoffe, die die Blutgerinnung beeinflussen. Der Bedarf des Körpers an diesem Vitamin ist nicht genau bekannt, dürfte aber sehr gering sein. Ein Mangel kommt unter normalen Umständen nicht vor. Ziemlich viel Vitamin K_1 befindet sich in frischem Gemüse, Obst und Eigelb. Mittel zur Hemmung der Blutgerinnung, die eingenommen werden (z. B. mit dem Wirkstoff Phenprocoumon in *Marcumar*), hemmen die Wirkung von Vitamin K und dadurch die Bildung von Gerinnungsfaktoren. Patienten, die solche Medikamente einnehmen müssen, dürfen auf keinen Fall Vitaminpräparate mit Vitamin K einnehmen, auch keine Multivitaminpräparate. Die Einnahme von Vitamin K ist auch am Ende der Schwangerschaft und beim Kind nach der Geburt vertretbar, um einen Mangel beim Neugeborenen und damit Blutungen zu verhindern.

Pantothensäure (Pantothenat, Panthenol, Dexpanthenol)

spielt im Stoffwechsel eine wichtige Rolle. Soweit bekannt, kommen in Mitteleuropa Mangelerkrankungen nicht vor, weil Pantothensäure praktisch in allen Nahrungsmitteln enthalten ist. Pantothensäure-Präparate sind darum nicht notwendig. Pantothensäure-Präparate werden trotzdem von Pharmafirmen als Mittel zur Behandlung verschiedenster Beschwerden (z. B. zur Verhinderung der Graufärbung der Haare, zur Verhinderung von Gelenkentzündungen (Arthritis), zur Verhinderung von Geburtsschäden, von Atemwegserkrankungen und zur örtlichen Behandlung von Juckreiz) angeboten. Zu Unrecht, wie unter anderem die Pharmakologen-Vereinigung der USA feststellt. Aus Panthenol/Dexpanthenol entsteht im Körper Pantothensäure.

Nikotinsäure, Nikotinamid (= Vitamin PP)

spielt ebenfalls im Stoffwechsel eine wichtige Rolle. Die Nikotinsäure und ein Stoff, aus dem sie im Körper hergestellt werden kann – die Aminosäure Tryptophan –, sind in ausreichender Menge in der Nahrung enthalten (hauptsächlich in Rindfleisch, Milch und Eiern, auch in Leber, Fisch, Getreide, Bohnen, Erbsen, Gemüse). Mangelerscheinungen können bei Störungen der Nahrungsaufnahme im Darm und bei Alkoholikern, denen es zumeist auch an anderen Vitaminen mangelt, auftreten.

Bei einem Mangel an Nikotinsäure wird die Haut rau, es kommt zu Schleimhautenzündungen und Störungen im Nervensystem (Pellagra). Wenn zu große Nikotinsäuremengen aufgenommen werden, erweitern sich die Blutgefäße (Erröten), und der Blutzuckerspiegel steigt.

Vitamin P (Rutosid)

Bei Rutosid ist nicht nachgewiesen, dass seine Einnahme irgendeinen Nutzen hat. Trotzdem wird es einer Vielzahl von Präparaten beigemischt.

Stärkungsmittel

In vielen Stärkungsmitteln sind auch Vitamine enthalten. Weil sie aber bevorzugt von älteren Menschen verwendet und häufig als Mittel »gegen Altersbeschwerden« angepriesen werden, findet sich die Empfehlung zu den einzelnen Medikamenten im Kapitel 15: Alter. Was dort über den Nutzen der Medikamente ausgesagt wird, gilt sinngemäß für alle Altersgruppen.

14.5. Vitamin-E und andere Vitamin-Präparate

Präparat	Wichtigste Nebenwirkungen	Empfehlung
Bepanthen Roche (D) Lutschtabl. Dexpanthenol	Keine zu erwarten	**Wenig zweckmäßig** Zweifelhafte therapeutische Wirksamkeit. Bei normaler Ernährung treten keine Mangelzustände auf. Zweifelhafte therapeutische Wirksamkeit bei vom Hersteller angegebenen Anwendungsbereichen (Schleimhautschäden).
Bio-H-Tin (D/Ö) Tabl. **Biotin Hermes** (D) Tabl. **Biotin-ratiopharm** (D) **Deacura** (D) Tabl. Biotin	Keine zu erwarten	**Nur zweckmäßig bei** Biotin-Mangel, der durch Nahrung nicht verhindert werden kann. Bei normaler Ernährung treten keine Mangelzustände auf.

Präparat	Wichtigste Nebenwirkungen	Empfehlung
Ephynal vital (D/Ö) nur D: Weichkapseln (670 mg) nur Ö: Kaps., Kaudrag. Vitamin E	Magen-Darm-Störungen, Muskelschwäche. Bei hoher Dosierung (bereits ab 400 mg bzw. 600 IE pro Tag) Entzündungen der Venenwände (Thrombophlebitis) und Schilddrüsenhormonmangel. Bei lang dauernder Anwendung Brustschwellung und Sehstörungen möglich	**Wenig zweckmäßig** Zweifelhafte therapeutische Wirksamkeit. Bei Abetalipoproteinämie (seltene Stoffwechselstörung) vertretbar.
Eusovit 600 nat. (D) Kaps. 600 IE Vitamin E	Magen-Darm-Störungen, Muskelschwäche. Bei hoher Dosierung (bereits ab 400 mg bzw. 600 IE pro Tag) Entzündungen der Venenwände (Thrombophlebitis) und Schilddrüsenhormonmangel. Bei lang dauernder Anwendung Brustschwellung und Sehstörungen möglich	**Wenig zweckmäßig** Zweifelhafte therapeutische Wirksamkeit. Bei Abetalipoproteinämie (seltene Stoffwechselstörung) vertretbar.
E-Vitamin-ratiopharm 400/ 600 (D) Kaps. (400 und 600 mg) Vitamin E	Magen-Darm-Störungen, Muskelschwäche. Bei hoher Dosierung (bereits ab 400 mg bzw. 600 IE pro Tag) Entzündungen der Venenwände (Thrombophlebitis) und Schilddrüsenhormonmangel. Bei lang dauernder Anwendung Brustschwellung und Sehstörungen möglich	**Wenig zweckmäßig** Zweifelhafte therapeutische Wirksamkeit. Bei Abetalipoproteinämie (seltene Stoffwechselstörung) vertretbar.
Gabunat 5mg/ forte 10mg (D) Hartkapseln, Tabl. Biotin	Keine zu erwarten	**Nur zweckmäßig bei** Biotin-Mangel, der durch Nahrung nicht verhindert werden kann. Bei normaler Ernährung treten keine Mangelzustände auf.
Klosterfrau Vitamin E 800 (D) Kaps. (800 IE) Vitamin E	Magen-Darm-Störungen, Muskelschwäche. Bei hoher Dosierung (bereits ab 400 mg bzw. 600 IE pro Tag) Entzündungen der Venenwände (Thrombophlebitis) und Schilddrüsenhormonmangel. Bei lang dauernder Anwendung Brustschwellung und Sehstörungen möglich	**Wenig zweckmäßig** Zweifelhafte therapeutische Wirksamkeit. Bei Abetalipoproteinämie (seltene Stoffwechselstörung) vertretbar.

Präparat	Wichtigste Nebenwirkungen	Empfehlung
Malton E (D) Kaps.(400 IE) Vitamin E	Magen-Darm-Störungen, Muskelschwäche. Bei hoher Dosierung (bereits ab 400 mg bzw. 600 IE pro Tag) Entzündungen der Venenwände (Thrombophlebitis) und Schilddrüsenhormonmangel. Bei lang dauernder Anwendung Brustschwellung und Sehstörungen möglich	**Wenig zweckmäßig** Zweifelhafte therapeutische Wirksamkeit. Bei Abetalipoproteinämie (seltene Stoffwechselstörung) vertretbar.
Optovit/ -forte/ fortissimum 500/ -select 1000 I.E. (D) Kaps. (100, 200, 500, 1000 IE) Vitamin E	Magen-Darm-Störungen, Muskelschwäche. Bei hoher Dosierung (bereits ab 400 mg bzw. 600 IE pro Tag) Entzündungen der Venenwände (Thrombophlebitis) und Schilddrüsenhormonmangel. Bei lang dauernder Anwendung Brustschwellung und Sehstörungen möglich	**Wenig zweckmäßig** Zweifelhafte therapeutische Wirksamkeit. Bei Frühgeburten und bei Abetalipoproteinämie (seltene Stoffwechselstörung) vertretbar.
Panthenol Jenapharm (D) Tabl., Injektionslösung Dexpanthenol	Keine wesentlichen bekannt	**Wenig zweckmäßig** Zweifelhafte therapeutische Wirksamkeit. Bei normaler Ernährung treten keine Mangelzustände auf. Zweifelhafte therapeutische Wirksamkeit bei vom Hersteller angegebenen Anwendungsbereichen (z. B. Halsentzündung, Parästhesien, Burning-feet-Syndrom).
Spondyvit (D) Kaps. (400 mg) Vitamin E	Magen-Darm-Störungen, Muskelschwäche. Bei hoher Dosierung (bereits ab 400 mg bzw. 600 IE pro Tag) Entzündungen der Venenwände (Thrombophlebitis) und Schilddrüsenhormonmangel. Bei lang dauernder Anwendung Brustschwellung und Sehstörungen möglich	**Wenig zweckmäßig** Zweifelhafte therapeutische Wirksamkeit. Bei Abetalipoproteinämie (seltene Stoffwechselstörung) vertretbar.
Togasan Vitamin E 400 I.E./ -600 I.E. forte (D) Weichkaps. (400, 600 IE) Vitamin E	Magen-Darm-Störungen, Muskelschwäche. Bei hoher Dosierung (bereits ab 400 mg bzw. 600 IE pro Tag) Entzündungen der Venenwände (Thrombophlebitis) und Schilddrüsenhormonmangel. Bei lang dauernder Anwendung Brustschwellung und Sehstörungen möglich	**Wenig zweckmäßig** Zweifelhafte therapeutische Wirksamkeit. Bei Abetalipoproteinämie (seltene Stoffwechselstörung) vertretbar.

Präparat	Wichtigste Nebenwirkungen	Empfehlung
Vit. E Stada (D/Ö) Kaps. (500 IE) in Ö: Lutschtabl. Vitamin E	Magen-Darm-Störungen, Muskelschwäche. Bei hoher Dosierung (bereits ab 400 mg bzw. 600 IE pro Tag) Entzündungen der Venenwände (Thrombophlebitis) und Schilddrüsenhormonmangel. Bei lang dauernder Anwendung Brustschwellung und Sehstörungen möglich.	**Wenig zweckmäßig** Zweifelhafte therapeutische Wirksamkeit. Bei Abetalipoproteinämie (seltene Stoffwechselstörung) vertretbar.

14.6. Mineralstoffpräparate

Kalzium (Kalziumsalz)

spielt eine wichtige Rolle im Körper. Kalzium ist unter anderem für den Knochenaufbau, die Herz-, Nerven- und Muskeltätigkeit, die Blutgerinnung und den Transport von Stoffen in und aus den Körperzellen von Bedeutung. Der tägliche Kalziumbedarf wird je nach Alter auf 0,4 bis 1,5 Gramm geschätzt. Besonders viel (1,5 Gramm) benötigen Jugendliche, Schwangere, stillende Mütter und Frauen in den Wechseljahren sowie Menschen über 65 Jahren.

Kalzium ist vor allem in der Milch (pro Liter 1,1 bis 1,3 Gramm), in Milchprodukten und in manchem Gemüse enthalten.

Zu einem Kalziummangel kann es durch schwere Nierenstörungen oder durch mangelnde Aufnahme von Kalzium bei Darmkrankheiten, Alkoholismus bzw. bei Änderungen des Vitamin-D-Stoffwechsels (z. B. durch gewisse Medikamente) kommen. Im Fall eines starken Kalziummangels können sogar Krampfzustände und epilepsieartige Anfälle (Tetanie) auftreten, die mit einer sofortigen Kalziumgluconat-Injektion behandelt werden sollten.

Ein Kalziummangel entsteht jedoch vor allem, wenn über die Nahrung zu wenig Kalzium oder Vitamin D aufgenommen wird. Ist Letzteres der Fall, so kommt es bei Säuglingen und Kleinkindern zur Rachitis (»Englische Krankheit«), für die eine verzögerte Zahnbildung, weiche Knochen, Verformung des Brustkorbs, ein großer Kopf, Auftreibungen auf den Rippen, verdickte Knochenenden und ein vorspringendes Brustbein typisch sind.

Um einen Kalziummangel zu beheben oder eine kalziumarme Diät auszugleichen, ist die Einnahme von Kalzium-Tabletten sinnvoll. In der Fachzeitschrift »tägliche Praxis« beklagen sich allerdings Ärzte darü-

ber, in welchen Mengen vor allem Frauen mit funktionellen (psychisch bedingten) Beschwerden Kalziumpräparate konsumieren. Ein etwaiger Vitamin-D-Mangel ist durch die Einnahme einer geringen Menge von Vitamin D behebbar.
Kalziummangel in der Nahrung kann auch zu einem Schwund von Knochenmasse – zur so genannten »Osteoporose« – beitragen.

Magnesium

Die Einnahme von Magnesiumpräparaten ist nur bei entsprechendem Mangelzustand zweckmäßig. Ein Magnesiummangel kann bei Alkoholikern auftreten und die Folge einseitiger Ernährung sein. Auch entwässernd wirkende Medikamente (Diuretika) können einen Magnesiummangel bewirken. In schweren Fällen kann es zu Zittern und Krämpfen kommen. Ein Magnesiumüberschuss (z. B. bei Magnesiumeinnahme durch Nierenkranke) kann bis zu Lähmung und Bewusstlosigkeit führen.
In den letzten Jahren ist die Verschreibung von Magnesium zur Mode geworden – Magnesium soll angeblich gegen Arteriosklerose, psychosomatische Beschwerden, vegetative Dystonie, Stress, Durchblutungsstörungen, Lärmempfindlichkeit, Alkoholmissbrauch, Thrombosen und viele andere Beschwerden helfen. Dafür gibt es jedoch keine seriösen Belege.
Sinnvoll ist Magnesium jedoch bei bestimmten Herzrhythmusstörungen, bei bestimmten Krampfzuständen in der Schwangerschaft, bei vorzeitigen Wehen und möglicherweise zur Akutbehandlung eines Herzinfarktes. Dabei muss jedoch Magnesium in großen Mengen gespritzt werden.
Zur blutdrucksenkenden Behandlung eignen sich Magnesiumtabletten nicht. Es gibt auch keinen sicheren Beleg für die Wirksamkeit gegen Muskelkrämpfe (chronisches Tetanie-Syndrom). Ebenso fehlen ausreichend Nachweise für den Nutzen bei Zuckerkrankheit und zur Vorbeugung bestimmter Nierensteine.

Kalium

Kaliumpräparate (z. B. *Kalinor*, *Kalioral*) sind sinnvoll bei Kaliummangel. Dieser kann als Folge der Einnahme bestimmter harntreibender Mittel (siehe Kapitel 12.2.: Harntreibende Mittel [Diuretika]) und bei lang andauerndem Gebrauch von Abführmitteln (siehe dazu auch Kapitel 13.2.: Abführmittel) entstehen. Es treten dann Störungen der

Herzfunktion (z. B. zusätzliche Herzschläge) auf. Wenn Diuretika nicht abgesetzt werden oder ein Kaliummangel auf andere Ursachen zurückzuführen ist, kann die Einnahme von Kaliumpräparaten zweckmäßig sein.
Die Fachzeitschrift »American Journal of Medicine« warnt in einem Leitartikel jedoch eindringlich vor der »Kalium-Besessenheit«, die sich im Zusammenhang mit der Einnahme von harntreibenden Mitteln ausgebreitet habe (Genaueres dazu siehe Kapitel 12.2.: Harntreibende Mittel [Diuretika]).

Spurenelemente (Zink, Kupfer, Kobalt, Molybdän, Selen)

Spurenelemente wie Zink, Kupfer, Kobalt, Molybdän und Selen sind in ausreichender Menge in der Nahrung von Mitteleuropäern enthalten, und Mangelerscheinungen treten nur bei seltenen Erkrankungen auf. So heißt es z. B. in einem amerikanischen Standardwerk über Kupfer: Es gibt keinen Beweis, dass Kupfer zusätzlich zu einer normalen Nahrung gegeben werden sollte, weder vorbeugend noch therapeutisch.
Folgen und Behandlung eines Eisenmangels werden im Kapitel 14.7.: Mittel gegen Blutarmut besprochen.

14.6. Mineralstoffpräparate

Präparat	Wichtigste Nebenwirkungen	Empfehlung
anabol-loges (D) Kaps. Vitamin E (55 mg), Magnesiumsalz (9 mg), Kalium, Polykieselsäure (Terra Siliciae), Johanniskrautextrakt (4 mg)	Bei normaler Dosierung keine	**Abzuraten** Absurde Mischung von Vitamin E, Mineralsalzen und antidepressiv wirkendem Pflanzenextrakt. Zweifelhafte Wirksamkeit bei den vom Hersteller angegebenen Anwendungsgebieten wie Osteoporose, Klimakterium, Durchblutungsstörung und Leistungsabfall.
Biolectra Calcium (Ö) Brausetabl. Kalziumcarbonat	Bei normaler Dosierung keine	**Nur zweckmäßig bei** Kalziummangel wie z. B. bei Alkoholikern und einseitiger Ernährung.

Präparat	Wichtigste Nebenwirkungen	Empfehlung
Biolectra Magnesium forte (D/Ö) Brausetabl., Magnesiumoxid	Bei Überdosierung z. B. bei Patienten mit Nierenschäden: Muskelschwäche, Lähmungen und Störungen der Herzfunktion	**Nur zweckmäßig bei** Magnesiummangel, z. B. bei Alkoholikern, einseitiger Ernährung und Einnahme von bestimmten Medikamenten wie z. B. Diuretika.
Biolectra Zink (D) Brausetabl. Zinksulfat	Kopfschmerzen, Übelkeit, metallischer Geschmack	**Nur zweckmäßig bei** Zinkmangel, der aber bei normaler Ernährung kaum auftritt.
Biomagnesin (D) Lutschtabl. Magnesiumsalze, Zitronensäure	Bei Überdosierung z. B. bei Patienten mit Nierenschäden: Muskelschwäche, Lähmungen und Herzfunktionsstörungen	**Nur zweckmäßig bei** Magnesiummangel, z. B. bei Alkoholikern, einseitiger Ernährung und Einnahme von bestimmten Medikamenten wie z. B. Diuretika.
Calcigen D (D) Brausetabl., Kautabl. Kalziumsalze, Vitamin D_3	Bei Überdosierung Appetitmangel, Erbrechen, Magen-Darm-Störungen, Kalkablagerung in Gefäßen und Niere	**Nur zweckmäßig zur** Vorbeugung und Behandlung von Rachitis und Osteoporose. Vorsicht: Nicht mehrere Medikamente, die Vitamin D enthalten, gleichzeitig einnehmen!
Calcilac KT (D) Kautabl. Kalziumsalze, Vitamin D_3	Bei Überdosierung Appetitmangel, Erbrechen, Magen-Darm-Störungen, Kalkablagerung in Gefäßen und Niere	**Nur zweckmäßig zur** Vorbeugung und Behandlung von Rachitis und Osteoporose. Vorsicht: Nicht mehrere Medikamente, die Vitamin D enthalten, gleichzeitig einnehmen!
Calcipot C (Ö) Tabl. Vitamin C, Rutin, Kalziumsalze	Bei normaler Dosierung keine	**Wenig zweckmäßig** Wenig sinnvolle Kombination von Kalziumsalzen mit Vitamin C und Rutin, dessen therapeutischer Nutzen zweifelhaft ist.
Calcipot Kautabletten (D) Tabl. Kalziumcarbonat	Bei normaler Dosierung keine	**Nur zweckmäßig bei** Kalziummangel wie z. B. bei Alkoholikern und einseitiger Ernährung.

Präparat	Wichtigste Nebenwirkungen	Empfehlung
Calcimagon-D_3 (D) Kautabl. **Calcimed D_3 Hermes** (D) Brausetabl., Kautabl. **Calcipot D_3** (Ö) Tabl. **Calcium D_3 Rat** (D) Brausetabl. **Calcium D_3 Stada** (D) Kautabl. **Calcium-D-Sandoz** (D) Brausetabl. **Calcium Dura Vit D_3** (D) Kalziumsalze, Vitamin D_3	Bei Überdosierung Appetitmangel, Erbrechen, Magen-Darm-Störungen, Kalkablagerung in Gefäßen und Niere	**Nur zweckmäßig zur** Vorbeugung und Behandlung von Rachitis und Osteoporose. Vorsicht: Nicht gleichzeitig mehrere Medikamente einnehmen, die Vitamin D enthalten!
Calcium-Sandoz 10% (D/Ö) Amp. Kalziumgluconat, Kalziumlactobionat *Rezeptpflichtig (Ö)*	Bei Injektion in eine Vene (intravenös): Kreislaufkollaps möglich. Bei Überdosierung Herzfunktionsstörungen	**Nur zweckmäßig bei** akutem Kalziummangel (z. B. Tetanie).
Calcium dura (D) Brausetabl., Filmtabl. **Calcium Hexal** (D) Brausetabl. **Calcium-Sandoz** (D/Ö) Forte-Brausetabl., Fortissimum-Brausetabl., **Calcium Verla** (D) Brausetabl., Filmtabl. Kalziumsalze	Bei normaler Dosierung keine	**Nur zweckmäßig bei** Kalziummangel, der aber selten auftritt. Zur Osteoporosebehandlung sind Medikamente vorzuziehen, die auch Vitamin D enthalten (z. B. *Calcilac KT*).
Calcivit D (D) Kautabl., Brausetabl., forte Brausetabl. Kalziumsalze, Vitamin D_3	Bei Überdosierung Appetitmangel, Erbrechen, Magen-Darm-Störungen, Kalkablagerung in Gefäßen und Niere	**Nur zweckmäßig zur** Vorbeugung und Behandlung von Rachitis und Osteoporose. Vorsicht: Nicht mehrere Medikamente, die Vitamin D enthalten, gleichzeitig einnehmen!
Cal C Vita (D/Ö) Brausetabl., Kalziumsalze, Vitamin B_6, C, D_2 Zitronensäure	Bei normaler Dosierung keine	**Abzuraten** Wenig sinnvolle Kombination von einigen Vitaminen mit Kalzium. Bei einem Vitaminmangel, der aber sehr selten auftritt, ist die gezielte Einnahme von Kalzium oder einzelnen Vitaminen bzw. einer bestimmten Vitamingruppe vorzuziehen.

Präparat	Wichtigste Nebenwirkungen	Empfehlung
Cefasel (D) Tabl., Lösung, Trinkampullen, Injektionslösung Natriumselenit *Rezeptpflichtig (außer Tabl. 50 µg)*	Bei normaler Dosierung keine	**Nur zweckmäßig bei** Selenmangel, der aber bei normaler Ernährung kaum auftritt.
Ce-Limo Calcium (Ö) Brausetabl. Vitamin C, Kalzium	Bei starker Überdosierung Durchfälle und Gefahr von Nierensteinen	**Abzuraten** Wenig sinnvolle Kombination von Kalziumsalzen mit Vitamin C. Mancher vom Hersteller angegebener Nutzen, etwa bei »Frühjahrsmüdigkeit«, ist zweifelhaft.
Curazink (D) Kapseln Zinkhistidinat	Kopfschmerzen, Übelkeit, metallischer Geschmack	**Nur zweckmäßig bei** Zinkmangel, der aber bei normaler Ernährung kaum auftritt.
Frubiase Calcium forte (D) Trinkamp. Kalziumsalze, Vitamin D_2 *Rezeptpflichtig*	Bei Überdosierung Appetitmangel, Erbrechen, Magen-Darm-Störungen, Kalkablagerung in Gefäßen und Niere	**Nur zweckmäßig zur** Vorbeugung und Behandlung von Rachitis und Osteoporose. Vorsicht: Nicht gleichzeitig mehrere Medikamente einnehmen, die Vitamin D enthalten!
Frubiase Calcium T (D) Trinkamp. Kalziumsalze	Bei normaler Dosierung keine	**Nur zweckmäßig bei** Kalziummangel, der aber selten auftritt. Zur Osteoporosebehandlung sind Medikamente vorzuziehen, die auch Vit. D enthalten (z. B. *Calcilac KT*).
Ideos (D/Ö) Kautabl. Kalziumsalz, Vitamin D_3 *Rezeptpflichtig (Ö)*	Bei Überdosierung Appetitmangel, Erbrechen, Magen-Darm-Störungen, Kalkablagerung in Gefäßen und Niere	**Nur zweckmäßig zur** Vorbeugung und Behandlung von Rachitis und Osteoporose. Vorsicht: Nicht gleichzeitig mehrere Medikamente einnehmen, die Vitamin D enthalten!
Kalinor (D) Brausetabl. Kaliumsalze	Erbrechen, Durchfälle. Bei Überdosierung: Schwäche, Herzfunktionsstörungen	**Nur zweckmäßig bei** Kaliummangel, der durch Medikamente, z. B. harntreibende Mittel, ausgelöst werden kann (siehe Kapitel 12.2.: Harntreibende Mittel).
Kalinor retard P (D) Retardkaps. Kaliumsalze in Retardform	Erbrechen, Durchfälle. Bei Überdosierung: Schwäche, Herzfunktionsstörungen. Gefahr von Magengeschwüren, Darmdurchbrüchen	**Abzuraten** Kaliumsalze in Retard-Form können schwere Nebenwirkungen im Magen-Darm-Kanal auslösen.

Präparat	Wichtigste Nebenwirkungen	Empfehlung
Kalioral (Ö) Pulver Kaliumsalze, Zitronensäure *Rezeptpflichtig*	Erbrechen, Durchfälle. Bei Überdosierung: Schwäche, Herzfunktionsstörungen	**Nur zweckmäßig bei** Kaliummangel, der durch Medikamente, z. B. harntreibende Mittel, ausgelöst werden kann (siehe Kapitel 12.2.: Harntreibende Mittel).
Kalitrans (D) Brausetabl. Kaliumsalze, Zitronensäure	Erbrechen, Durchfälle. Bei Überdosierung: Schwäche, Herzfunktionsstörungen	**Nur zweckmäßig bei** Kaliummangel, der durch gewisse Medikamente, z. B. harntreibende Mittel, ausgelöst werden kann (siehe Kapitel 12.2.: Harntreibende Mittel).
Kalium-Duriles (D) Retardtabl. Kaliumchlorid	Erbrechen, Durchfälle. Bei Überdosierung: Schwäche, Herzfunktionsstörungen. Gefahr von Magengeschwüren, Darmdurchbrüchen	**Abzuraten** Kaliumsalze in Retard-Form können schwere Nebenwirkungen im Magen-Darm-Kanal auslösen.
KCl-retard Zyma (D/Ö) Retarddrag. Kaliumsalze *Rezeptpflichtig (Ö)*	Erbrechen, Durchfälle. Bei Überdosierung: Schwäche, Herzfunktionsstörungen. Gefahr von Magengeschwüren, Darmdurchbrüchen	**Abzuraten** Kaliumsalze in Retard-Form können schwere Nebenwirkungen im Magen-Darm-Kanal auslösen.
Macalvit (D/Ö) Brausetabl. Vitamin C, Kalziumsalze	Bei starker Überdosierung Durchfälle und Gefahr von Nierensteinen	**Abzuraten** Wenig sinnvolle Kombination von Kalziumsalzen mit Vitamin C. Vom Hersteller angegebener therapeutische Nutzen, z. B. bei »Erkältungskrankheiten« und »geistigen Anstrengungen«, ist zweifelhaft.
Magnerot (D) Granulat, Kautabl., Classic-Tabl., N-Magnesiumtabletten Magnesiumsalze	Durch Überdosierung z. B. bei Patienten mit Nierenschäden: Muskelschwäche, Lähmungen und Störungen der Herzfunktion	**Nur zweckmäßig bei** Magnesiummangel, z. B. bei Alkoholikern, einseitiger Ernährung und Einnahme von bestimmten Medikamenten wie z. B. Diuretika. In einigen vom Hersteller für Classic-Tabletten angegebenen Anwendungsgebieten, wie z. B. Arteriosklerose, ist der therapeutische Nutzen zweifelhaft.

Präparat	Wichtigste Nebenwirkungen	Empfehlung
Magnesiocard (D) Filmtabl., Brausetabl., Granulat Magnesiumaspartat	Durchfall, Müdigkeit, Muskelschwäche	**Nur zweckmäßig bei** Magnesiummangel, der bei Alkoholikern und einseitiger Ernährung, ansonsten aber selten auftritt.
Magnesium-Diasporal (D/Ö) Granulat, Lutschtabl., Amp., Forte-Injektionslösung Magnesiumsalz *Rezeptpflichtig (Ö):* Präparate zum Injizieren	Durch Überdosierung z. B. bei Patienten mit Nierenschäden: Muskelschwäche, Lähmungen und Störungen der Herzfunktion	**Nur zweckmäßig bei** Magnesiummangel, z. B. bei Alkoholikern, einseitiger Ernährung und Einnahme von bestimmten Medikamenten wie z. B. Diuretika. Injektionen zweckmäßig bei bestimmten Herzrhythmusstörungen und Eklampsie.
Magnesium+E-ratiopharm (D/Ö) Kaps. Magnesiumoxid, Vitamin E	Durch Überdosierung z. B. bei Patienten mit Nierenschäden: Muskelschwäche, Lähmungen und Störungen der Herzfunktion	**Abzuraten** Nicht sinnvolle Kombination von Magnesium mit Vitamin E. Bei dem vom Hersteller angegebenen Anwendungsgebiet »Leistungssteigerung« ist die Wirkung nicht belegt.
Magnesium gluconicum-LH (Ö) Tabl. **Magnesium Jenapharm** (D) Tabl. **Magnesium-Optopan** (D) Kaps. **Magnesium-ratiopharm** (D) Kautabl. Magnesiumsalze	Durch Überdosierung z. B. bei Patienten mit Nierenschäden: Muskelschwäche, Lähmungen und Störungen der Herzfunktion	**Nur zweckmäßig bei** Magnesiummangel, z. B. bei Alkoholikern, einseitiger Ernährung und Einnahme von bestimmten Medikamenten wie z. B. Diuretika.
Magnesium Sandoz (D) Brausetabl. Magnesiumaspartat	Durch Überdosierung z. B. bei Patienten mit Nierenschäden: Muskelschwäche, Lähmungen und Störungen der Herzfunktion	**Nur zweckmäßig bei** Magnesiummangel, z. B. bei Alkoholikern, einseitiger Ernährung und Einnahme von bestimmten Medikamenten wie z. B. Diuretika.
Magnesium Verla (D/Ö) N-Drag., N-Konzentrat, Brausetabl., Filmtabl., Granulat, Injektionslösung Magnesiumsalze Nur Injektionslösung: *Rezeptpflichtig* (Ö)	Durch Überdosierung z. B. bei Patienten mit Nierenschäden: Muskelschwäche, Lähmungen und Störungen der Herzfunktion	**Nur zweckmäßig bei** Magnesiummangel, z. B. bei Alkoholikern, einseitiger Ernährung und Einnahme von bestimmten Medikamenten wie z. B. Diuretika.

Präparat	Wichtigste Nebenwirkungen	Empfehlung
Magnesium von ct (D) Filmtabl. Magnesium-hydrogenaspartat	Durch Überdosierung z. B. bei Patienten mit Nierenschäden: Muskelschwäche, Lähmungen und Störungen der Herzfunktion	**Nur zweckmäßig bei** Magnesiummangel, z. B. bei Alkoholikern, einseitiger Ernährung und Einnahme von bestimmten Medikamenten wie z. B. Diuretika.
Magnetrans forte (D) Kaps. Magnesiumoxid	Durch Überdosierung z. B. bei Patienten mit Nierenschäden: Muskelschwäche, Lähmungen und Störungen der Herzfunktion	**Nur zweckmäßig bei** Magnesiummangel, z. B. bei Alkoholikern, einseitiger Ernährung und Einnahme von bestimmten Medikamenten wie z. B. Diuretika.
magno sanol (D) Kaps. Magnesiumoxid	Durch Überdosierung z. B. bei Patienten mit Nierenschäden: Muskelschwäche, Lähmungen und Störungen der Herzfunktion	**Nur zweckmäßig bei** Magnesiummangel, z. B. bei Alkoholikern, einseitiger Ernährung und Einnahme von bestimmten Medikamenten wie z. B. Diuretika.
Mg 5-Granulat (D) Trinkgranulat **Mg 5-Sulfat-Amp.** (D) Sulfat-Amp. zur Infusion **Mg 5-Longoral** (D/Ö) Granulat, Kautabl. **Mg-nor** (D) Kautabl. Magnesiumsalz	Durch Überdosierung z. B. bei Patienten mit Nierenschäden: Muskelschwäche, Lähmungen und Störungen der Herzfunktion	**Nur zweckmäßig bei** Magnesiummangel, z. B. bei Alkoholikern, einseitiger Ernährung und Einnahme von bestimmten Medikamenten wie z. B. Diuretika. Injektionen zweckmäßig bei bestimmten Herzrhythmusstörungen und Eklampsie.
Neukönigsförder Mineraltabletten (D) Kalium, Kalzium, Magnesium, Phosphat, Eisen, Zink, Mangan, Kobalt, Kupfer	Bei Langzeitverwendung sind negative Effekte nicht auszuschließen	**Abzuraten** Komplexe Mischung von Salzen, Metallen und Spurenelementen. Es gibt keinen Beleg für einen therapeutischen Nutzen.
Phosetamin (D) Filmtabl. Organische Kalium-, Magnesium- und Kalziumphosphate	Bei Überdosierung: Muskelschwäche, Lähmungen und Herzfunktionsstörungen	**Abzuraten** Nicht sinnvolle Kombination von Kalzium, Kalium und Magnesiumsalzen. Bei den vom Hersteller angegebenen Anwendungsgebieten, wie z. B. vegetative Dystonie und psychosomatisches Syndrom, ist die Wirkung nicht belegt.

Präparat	Wichtigste Nebenwirkungen	Empfehlung
Rekawan (D/Ö) Kaps., Filmtabl., Granulat Kaliumsalz *Rezeptpflichtig (Ö)*	Erbrechen, Durchfälle. Bei Überdosierung: Schwäche, Herzfunktionsstörungen	**Nur zweckmäßig bei** Kaliummangel, der z. B. durch harntreibende Medikamente ausgelöst werden kann (siehe Kapitel 12.2.: Harntreibende Mittel).
Selenase (D/Ö) **Selenase T** (D) Trinkamp., Tabl., Amp. Selen *Rezeptpflichtig (nicht rezeptpflichtig in D: Selenase 50)*	Bei normaler Dosierung keine	**Nur zweckmäßig bei** Selenmangel, der aber bei normaler Ernährung kaum auftritt.
Unizink (D) Filmtabl., Injektionslösung **Zinkamin-Falk** (D) Kaps. **Zink beta** (D) Brausetabl. **Zinkorot** (D) Tabl. **Zinkorotat 20/ POS** (D/Ö) Tabl. **Zink-ratiopharm** (D) Brausetabl. **Zink-Sandoz** (D) Brausetabl. Zinksalz *Rezeptpflichtig (nur Injektionslösung)*	Kopfschmerzen, Übelkeit, metallischer Geschmack	**Nur zweckmäßig bei** Zinkmangel, der aber bei normaler Ernährung kaum auftritt. Die Wirkung der *Unizink* Injektionslösung bei Prostatitis, Prostatavergrößerung und Leberzirrhose ist nicht belegt.
Zentramin Bastian N (D) Tabl., Amp. Magnesium-, Kalzium-, Kaliumsalze	Bei Überdosierung Muskelschwäche, Lähmungen, Herzfunktionsstörungen	**Abzuraten** Wenig sinnvolle Kombination von Magnesium-, Kalzium- und Kaliumsalzen. Die therapeutische Wirksamkeit bei vom Hersteller angegebenen Anwendungsgebieten, wie z. B. »psychosomatische Beschwerden«, ist zweifelhaft.
Zymafluor (D/Ö) Lutschtabl., Tabl. Natriumfluorid	Selten Allergien. Zahnschäden bei Überdosierung von Fluor möglich	**Therapeutisch zweckmäßig zur** Vorbeugung gegen Karies. Der Wirkstoff Natriumfluorid sollte aber nur bei nachgewiesenem Fluormangel angewendet werden.

14.7. Mittel gegen Osteoporose (Knochenschwund)

Osteoporose ist eine altersabhängige Verminderung der Knochendichte und Stabilität. Sie betrifft Frauen und Männer und ist von vererbbaren Anlagen mitbestimmt. Ihre direkte Ursache ist unbekannt. Geschlechtshormone und Kalziumstoffwechsel sind wahrscheinlich beteiligt. Geschlechtshormone schützen vor Knochenabbau. Deshalb können Frauen nach dem Wechsel innerhalb weniger Jahre so viel Knochenmasse verlieren, dass sie akut durch Knochenbrüche am Schenkelhals oder an der Wirbelsäule gefährdet sind. Außerdem kommt es bei Osteoporose häufig zu erheblichen Knochenschmerzen. Etwa jede dritte Frau über 60 Jahre ist betroffen. Wahrscheinlich begünstigt der rasche Abfall der weiblichen Sexualhormone die Entwicklung des Knochenschwunds.

Auch Männer sind osteoporosegefährdet, wenn der Sexualhormonspiegel sinkt. Dies wird besonders deutlich, wenn die Wirkung ihrer Geschlechtshormone z. B. durch Medikamente gegen Prostatakrebs ausgeschaltet wird. Solche »sekundäre Osteoporose« tritt auch nach Behandlung mit kortisonähnlichen Medikamenten (Glukokortikoiden), bei krankhaften Störungen des Kalziumstoffwechsels, bei Schilddrüsenüberfunktion und nach Entfernung der Eierstöcke auch bei jungen Frauen auf.

Vorbeugen kann man einer Osteoporose durch ausreichend Bewegung (regelmäßiges Krafttraining nach Kieser oder Walking) und eine kalziumreiche Ernährung (z. B. 100 Gramm Hartkäse oder ein Liter Milch täglich decken den Bedarf). Auch die Einwirkung von Sonnenlicht ist wichtig, weil erst dadurch ein aktives Vitamin D gebildet wird, das den Knochenstoffwechsel beeinflusst.

Notwendiger Bestandteil jeder Osteoporose-Therapie ist die ausreichende Zufuhr von Kalzium und Vitamin D. Falls dies nicht durch die Ernährung geschieht, müssen zusätzlich Kalzium- bzw. Vitamin-D-Präparate eingenommen werden (siehe dazu Kapitel 14.6.). Mit Kalzium allein kann jedoch bei bereits bestehender Osteoporose keine Zunahme der Knochenmasse erreicht werden. Kombinationspräparate mit Kalzium und Vitamin D sind z. B. *Ossofortin* und *Osspulvit*. Siehe auch Kapitel 14.2 (Vitamin-A- und -D-Präparate) und Kapitel 14.6 (Mineralstoffpräparate).

Osteoporose-gefährdete Frauen werden sehr oft mit weiblichen Sexualhormonen (Östrogenen) behandelt (siehe auch Kapitel 18.3.). Frauen, deren Gebärmutter entfernt wurde, können ein Medikament

einnehmen, das nur Östrogene enthält (z. B. *Climarest, Presomen* usw.). Die anderen Frauen sollten zusätzlich ein Gestagen einnehmen, um das Risiko, an Gebärmutterkrebs zu erkranken, zu verringern (z. B. *Kliogest, Presomen comp.* usw. siehe Kapitel 18.3. und Tabelle 18.3.). Der Nutzen der vorbeugenden Hormontherapie ist aber heftig umstritten.
Die Einnahme von weiblichen Sexualhormonen (Östrogen allein oder in Kombination mit Gestagenen) erhöht das Risiko von Brustkrebs sowie schweren Blutgerinnungsstörungen (Thrombosen und Embolien). Letzteres ist besonders bei Raucherinnen sehr gefährlich. Wahrscheinlich haben Östrogene entgegen immer wieder vorgebrachten Behauptungen keine vorbeugende Wirkung gegen Herz-Kreislauferkrankungen. Sicher ist, dass einmal abgebauter Knochen durch Hormone nicht wieder aufgebaut wird. Bestenfalls kann die Osteoporoseentwicklung verzögert werden. Ob dies aber z. B. die Knochenbruchgefahr vermindert, ist immer noch ungeklärt. Die Einnahme von weiblichen Sexualhormonen zur Prävention der Osteoporose ist nach dem derzeitigen Stand der medizinischen Wissenschaft nicht vertretbar.
Der Wirkstoff Calcitonin (z. B. in *Calcihexal, Calcitonin Novartis, Calcitonin-ratiopharm, Karil*) eignet sich möglicherweise für Frauen, die keine Östrogene einnehmen wollen oder können. Die Wirksamkeit dieser Mittel zum Knochenaufbau und zur Verhinderung von Knochenbrüchen ist jedoch unzureichend und zeitlich begrenzt: Weniger als 50 Prozent aller Patientinnen profitieren nach sechs Monaten von der Behandlung. Calcitonin lindert nicht nur bei Osteoporose, sondern auch bei Knochenmetastasen bösartiger Tumoren den Knochenschmerz.
Fluoride (z. B. Natriumfluorid in *Ossin*) bewirken ebenfalls eine Knochenneubildung und werden bei geringer bis mäßiger Osteoporose verwendet. Fluoride können bei zu hohen Dosierungen den gegenteiligen Effekt haben und zu einem gehäuften Auftreten von Knochenbrüchen führen. Bei jeder dritten Patientin treten als Nebenwirkung nach einem halben bis einem Jahr rheumatische Beschwerden auf. Außerdem wirken Fluoride bei etwa einem Drittel aller Patientinnen überhaupt nicht. Die Behandlung mit Fluoriden ist deshalb umstritten.
Zwei relativ neue Wirkstoffee bewirken ebenfalls ein Knochenwachstum: Etidronat (enthalten z. B. in *Didronel*) und Alendronat (enthalten z. B. in *Fosamax*). Beide sind mit einer natürlich im Körper vorkommenden Substanz verwandt, die den Knochenstoffwechsel beeinflusst. Sowohl Alendronat als auch Etidronat werden in den Knochen

eingelagert und bewirken eine Stabilisierung und Zunahme der Knochensubstanz. Es dauert mehrere Wochen, bis diese Medikamente wirken. Nach etwa 3 Monaten kann eine Erhöhung der Knochendichte festgestellt werden.

14.7. Mittel gegen Osteoporose (Knochenschwund)

Präparat	Wichtigste Nebenwirkungen	Empfehlung
Actonel (D) Tabl. Risedronsäure *Rezeptpflichtig*	Häufig Übelkeit und Erbrechen, Bauchschmerzen, allergische Hauterscheinungen, Gelenkschmerzen, Störungen der Nierenfunktion	**Möglicherweise zweckmäßig zur** Behandlung der Osteoporose bei stark gefährdeten Patienten und bei Morbus Paget. Zweckmäßig zur Vorbeugung bei Langzeittherapie mit Kortisonen.
Calcihexal (D) Amp. **Calcitonin Novartis** (Ö) Amp., Nasenspray **Calcitonin-ratiopharm** (D) Amp. **Calcitonin von ct** (D) Nasenspray Calcitonin *Rezeptpflichtig*	Übelkeit, Erbrechen, Schwindel, Gesichtsrötung. Schwere Schockreaktionen insbesondere bei wiederholter Anwendung möglich	**Therapeutisch zweckmäßig bei** schweren Knochenschmerzen, z. B. bei Osteoporose, Paget-Krankheit und Knochenmetastasen. Der nur kurzfristig anhaltende schmerzhemmende Effekt muss sorgfältig gegen die möglichen schweren Nebenwirkungen abgewogen werden.
Didronel (D/Ö) Tabl. Etidronsäure *Rezeptpflichtig*	Häufig Magen-Darm-Störungen, Übelkeit und Erbrechen, Knochenschmerzen, allergische Hauterscheinungen, Störungen der Nierenfunktion. Selten schwere Blutschäden und schwere Allergien	**Möglicherweise zweckmäßig zur** Behandlung der Osteoporose bei stark gefährdeten Patienten und bei Morbus Paget. Zweckmäßig zur Vorbeugung bei Langzeittherapie mit Kortisonen.
Fosamax (D/Ö) Tabl. Alendronat *Rezeptpflichtig*	Häufig Magen-Darm-Störungen, Bauchschmerzen, Übelkeit und Erbrechen, Gelenk- und Knochenschmerzen, allergische Hauterscheinungen, Störungen der Nierenfunktion. Schluckbeschwerden, Geschwür der Speiseröhre	**Möglicherweise zweckmäßig zur** Behandlung der Osteoporose bei stark gefährdeten Patienten. Zweckmäßig zur Vorbeugung bei Langzeittherapie mit Kortisonen.

Präparat	Wichtigste Nebenwirkungen	Empfehlung
Karil (D) Amp., Nasenspray Calcitonin *Rezeptpflichtig*	Übelkeit, Erbrechen, Schwindel, Gesichtsrötung. Schwere Schockreaktionen insbesondere bei wiederholter Anwendung möglich	**Therapeutisch zweckmäßig bei** schweren Knochenschmerzen, z. B. bei Osteoporose, Paget-Krankheit und Knochenmetastasen. Der nur kurzfristig anhaltende schmerzhemmende Effekt muss sorgfältig gegen die möglichen schweren Nebenwirkungen abgewogen werden.
Ossin (D) Retarddrag. Natriumfluorid *Rezeptpflichtig*	Bei längerer Verwendung häufig Glieder- und Gelenkschmerzen	**Abzuraten** Der Nutzen der Einnahme zur Vorbeugung und Behandlung der Osteoporose (Schwund des festen Knochengewebes) ist umstritten.
Ostac (D) Kaps., Filmtabl., Amp. Clodronsäure *Rezeptpflichtig*	Häufig Magen-Darm-Störungen, Übelkeit und Erbrechen, Knochenschmerzen, selten allergische Hauterscheinungen, schwere Störungen der Nierenfunktion möglich. Selten schwere Blutschäden und schwere Allergien	**Therapeutisch zweckmäßig zur** Behandlung von tumorbedingten Knochenauflösungen (Osteolyse) und Hypercalcämie (zu viel Kalzium im Blut).
Ossofortin D/ forte (D) Brausetabl., Kautabl. Kalziumcarbonat, Vitamin D_3	Bei Überdosierung von Vitamin D: Appetitmangel, Erbrechen, Magen-Darm-Störungen, Kalkablagerungen in den Gefäßen und in der Niere. Bei längerer Anwendung Nierensteinbildung möglich	**Therapeutisch zweckmäßig zur** Vorbeugung und Behandlung der Osteoporose (Schwund des festen Knochengewebes). Vorsicht: Nicht mehrere Medikamente, die Vitamin D enthalten, gleichzeitig einnehmen! Dosierungsvorschriften besonders genau beachten.
Osspulvit D_3 (D) Brausetabl. Kalziumcarbonat, Vitamin D_3	Bei Überdosierung von Vitamin D: Appetitmangel, Erbrechen, Magen-Darm-Störungen, Kalkablagerungen in den Gefäßen und in der Niere. Bei längerer Anwendung Nierensteinbildung möglich	**Therapeutisch zweckmäßig zur** Vorbeugung und Behandlung von Osteoporose und Rachitis. Vorsicht: Nicht mehrere Medikamente, die Vitamin D enthalten, gleichzeitig einnehmen! Dosierungsvorschriften besonders genau beachten.
Osteoplus (D) Brausetabl. Kalziumcarbonat, Vitamin D_3	Bei Überdosierung von Vitamin D: Appetitmangel, Erbrechen, Magen-Darm-Störungen, Kalkablagerungen in den Gefäßen und in der Niere. Bei längerer Anwendung Nierensteinbildung möglich	**Therapeutisch zweckmäßig zur** Vorbeugung und Behandlung von Osteoporose und Rachitis. Vorsicht: Nicht mehrere Medikamente, die Vitamin D enthalten, gleichzeitig einnehmen! Dosierungsvorschriften besonders genau beachten.

Präparat	Wichtigste Nebenwirkungen	Empfehlung
Sandocal-D AZU (D) Brausegranulat, Forte-Brausegranulat Kalziumsalz, Vitamin D_3	Bei Überdosierung von Vitamin D: Appetitmangel, Erbrechen, Magen-Darm-Störungen, Kalkablagerung in Gefäßen und Niere. Bei längerer Anwendung Nierensteinbildung möglich	**Nur zweckmäßig zur** Vorbeugung und Behandlung von Osteoporose und Rachitis. Vorsicht: Nicht mehrere Medikamente, die Vitamin D enthalten, gleichzeitig einnehmen! Dosierungsvorschriften besonders genau beachten.
Tridin (D) Kautabl., forte Kautabl. Kalziumsalze, Natriumfluorophosphat *Rezeptpflichtig*	Bei längerer Verwendung häufig Glieder- und Gelenkschmerzen	**Abzuraten** Der Nutzen der Einnahme von Fluor zur Vorbeugung und Behandlung der Osteoporose (Schwund des festen Knochengewebes) ist umstritten.

14.8. Mittel gegen Blutarmut

Blutarmut ist in den meisten Fällen durch Eisenmangel, seltener durch Folsäure- oder Vitamin-B_{12}-Mangel verursacht. In den Industrieländern leiden etwa drei Prozent der Kinder und zehn Prozent der Frauen unter Eisenmangel.
Eisen ist eine lebensnotwendige Substanz. Im Körper eines erwachsenen Mannes befindet sich etwa 50 mg Eisen pro Kilogramm Körpergewicht, im Körper von Frauen etwa 35 mg. 60 bis 70 Prozent des im Körper enthaltenen Eisens ist im roten Blutfarbstoff gebunden. Der Rest wird hauptsächlich in den Muskeln, der Leber, Milz und im Knochenmark gespeichert. Normalerweise wird der Eisenbedarf des Menschen aus der Nahrung gedeckt. Eisen aus tierischer Nahrung wird vom Körper 10- bis 20-mal besser aufgenommen als Eisen aus pflanzlicher Nahrung. Gute »Eisenlieferanten« sind Fleisch, Fisch und Leber. Viele Erwachsene haben heute noch einen Abscheu vor Spinatgemüse, weil sie – wegen des angeblich hohen Eisengehaltes – als Kinder dazu gezwungen wurden, Spinat zu essen. Sinnloserweise, denn Spinat enthält wenig Eisen. Außerdem kann der Eisengehalt im Spinat wegen seiner besonderen chemischen Form vom Körper kaum verwertet werden.
Die Auswirkungen von Eisenmangel sind: Rückgang der Leistungsfähigkeit, innere Unruhe, blasse Gesichts- und Schleimhautfarbe, Kopfschmerzen, Zungenbrennen, Haarausfall.
Auch zu viel Eisen im Blut kann schwerwiegende Auswirkungen auf die Gesundheit haben. Vergiftungen mit Eisentabletten sind vor allem

bei Kleinkindern beobachtet worden. Die Einnahme von mehr als zwei Gramm Eisen kann tödlich sein.

Ursache von Eisenmangel

Die häufigste Ursache von Eisenmangel ist schwerer Blutverlust aufgrund von Blutungen im Magen-Darm-Kanal, zu starker Regelblutung, Bandwürmern etc.
Blutverlust kann auch durch verschiedene Medikamente verursacht werden, z. B.:

- Salicylate (alle ASS-haltigen Schmerz- und Grippemittel, siehe Kapitel 1.1. und 4.1.),
- Rheumamittel mit Wirkstoffen wie Indometacin, Phenylbutazon und Oxyphenbutazon (siehe Kapitel 3.1.),
- Steroide (z. B. Sexualhormone – siehe Kapitel 18.3.: Mittel gegen Beschwerden in den Wechseljahren; Glukokortikoide – siehe Kapitel 7.1),
- verschiedene Krebsmittel.

Eisenmangel, der durch schlechte Ernährung oder mangelnde Aufnahme von Eisen im Körper verursacht wird, entwickelt sich nur langsam und ist oft erst nach Jahren erkennbar.

Muss jeder Eisenmangel behandelt werden?

Der Körper verfügt über einen besonderen Mechanismus, um Eisenverlust oder erhöhten Eisenbedarf auszugleichen. Bei einem normalen Eisenspiegel im Blut nimmt der Körper etwa 10 Prozent des in der Nahrung enthaltenen Eisens auf. Bei Eisenmangel wird etwa doppelt so viel aufgenommen. Manche Mediziner geben noch wesentlich höhere Zahlen an: 40 bis 80 Prozent. Der gesunde Körper stellt damit selbst das Gleichgewicht wieder her. Nicht jeder Eisenmangel ist deshalb behandlungsbedürftig. »Blässe, Schwäche und andere subjektive Symptome« – heißt es in einem Ratschlag der Arzneimittelkommission der Deutschen Ärzteschaft – »sind keine Indikation für Vitamin- oder Eisentherapie.« Aber nach größeren Blutverlusten oder bei älteren Menschen, die ihre Essgewohnheiten nur schwer umstellen und die häufiger an Eisenmangel leiden, kann eine vorübergehende Einnahme von Eisenpräparaten sinnvoll sein. Auch der scheinbare Eisenmangel in der Schwangerschaft ist nicht behandlungsbedürftig. Hierbei handelt es sich nur um eine ganz normale Veränderung der Blutwerte.

Behandlung

Die Therapie hat zwei Ziele:

1. Beseitigung der Ursache des Eisenmangels (z. B. Beseitigung der Blutung)
2. Wiederauffüllung des Eisenbestandes in Blut- und Körpergewebe.

Bei Einnahme von Eisentabletten dauert es etwa zwei Monate, bis die Blutwerte wieder normalisiert sind. Die Wiederauffüllung der Eisenspeicher im Gewebe dauert mindestens sechs Monate.

Welches Medikament?

Am besten geeignet sind Präparate mit »zweiwertigen« Eisensalzen (Eisen II), die durch den Mund (oral) eingenommen werden (Kapseln, Dragees).

Präparate mit »dreiwertigen« Eisensalzen (Eisen III) sind »bei der oralen Eisentherapie praktisch wirkungslos«. Sie werden deshalb in fast allen Ländern nicht mehr hergestellt und propagiert. Deutschland bildet eine unrühmliche Ausnahme, obwohl seit den dreißiger Jahren bekannt ist, dass oral eingenommene Eisen-III-Präparate ungeeignet sind. Dafür können diese Produkte die Behandlungsdauer gegenüber Eisen-II-Präparaten verzehn- und die Kosten gar verzwanzigfachen (!). »Eine sinnvolle Behandlung ist damit nicht möglich«, heißt es in der Fachpublikation »Arzneimittel-Kursbuch«.

Eine Veröffentlichung der Arzneimittelkommission der Deutschen Ärzteschaft weist darauf hin, dass *Kombinationen von Eisen mit Vitaminen* und anderen Metallen »überflüssig und meist teurer« sind als die einfachen Präparate.

Kombinationspräparate von Eisen und Folsäure können unter Umständen problematisch sein, weil bei einer bestimmten Form von Blutarmut – bei der so genannten »perniziösen Anämie« – diese zwar gebessert wird, nicht jedoch die Nervenschäden verhindert werden. Die »perniziöse Anämie« kann nur durch Vitamin B_{12} geheilt werden. Und bei dem sehr selten auftretenden Folsäuremangel sollte man gezielt Folsäurepräparate (siehe Kapitel 14.3.: Vitamin-B-Präparate) einnehmen. Das häufig verwendete Kombinationspräparat *Plastulen N* enthält relativ viel Eisen, bezogen auf die Folsäure. Deshalb ist dieses Mittel auch nicht gut verträglich.

Vielfach wird behauptet, die Beimengung von *Vitamin C* zu Eisenpräparaten verbessere die Aufnahmefähigkeit im Körper. Die Fachzeitschrift »arznei-telegramm« weist darauf hin, dass die Bioverfügbar-

keit – das ist das Ausmaß, in dem ein Stoff vom Körper aufgenommen und verfügbar gemacht wird – von Eisen durch Vitamin C nicht gesteigert werden kann.
Im Gegensatz zu Werbebehauptungen von Pharmafirmen verbessern auch andere Zusätze wie *Bernsteinsäure, Fructose, Serin, Histidin, Fumarsäure, Milchsäure, Vitamine, Spurenelemente* und *Asparaginsäure* die Aufnahme von Eisen im Körper nicht, schreibt die Arzneimittelkommission der deutschen Ärzteschaft.

Nebenwirkungen

Angaben über die Häufigkeit von Nebenwirkungen schwanken in der Literatur zwischen 4 Prozent und 50 Prozent.
Alle Eisenpräparate können Magen-Darm-Störungen verursachen: Übelkeit, Erbrechen, Darmkrämpfe, Durchfall, Verstopfung. Schwarzer Stuhl ist normal. Bei der gleichzeitigen Einnahme von Eisen mit Mahlzeiten wird 2–8-mal weniger Eisen vom Körper aufgenommen als bei nüchternem Magen. Eisenpräparate sollten deshalb vor den Mahlzeiten eingenommen werden. Wenn Nebenwirkungen auftreten, sollte die Therapie nicht abgebrochen, sondern die notwendige Tagesdosis von etwa 100–200 mg Eisen auf möglichst viele kleine Einzeldosen verteilt werden.
Die Injektion von Eisen sollte wegen der Gefahr schwerer Nebenwirkungen (Schock mit tödlichem Ausgang) nur in begründeten Ausnahmefällen durchgeführt werden.
Vorsicht: *Bei länger dauernder Einnahme von Eisen in hoher Dosierung kann es zu einer gefährlichen Anreicherung in Leber, Niere, Herz und anderen Organen kommen (so genannte »Überladungs-Hämosiderose«)*. Deshalb sollte die Notwendigkeit der Weiterbehandlung regelmäßig überprüft werden.
Vorsicht: *Eisenpräparate in Form von Sirup oder Tropfen (z. B. Ferro Sanol, Ferrum Hausmann) können die Zähne auf Dauer schwärzen.*

Wechselwirkungen mit anderen Medikamenten

Eisen, das zusammen mit Medikamenten zur Neutralisierung der Magensäure eingenommen wird (siehe Kapitel 13.1.: Mittel gegen Magen-Darm-Geschwüre, Gastritis und Sodbrennen), bleibt wirkungslos. Wenn Eisen zusammen mit dem Antibiotikum Tetrazyklin (siehe Kapitel 10.1.5.: Tetrazykline) eingenommen wird, verringert sich die

Wirksamkeit beider Medikamente. Eisenpräparate können den Stuhl schwarz färben und bei Stuhluntersuchungen auf Blut fälschlicherweise zu einem positiven Ergebnis führen.

Eisenbehandlung in der Schwangerschaft

Schwangere Frauen haben – besonders im letzten Drittel vor der Geburt – meist einen niedrigen Eisenspiegel im Blut. Die meisten Mediziner empfehlen deshalb die routinemäßige Einnahme von Eisentabletten während dieser Zeit. Der Nutzen dieser Maßnahme ist jetzt durch verschiedene Untersuchungen in Zweifel gezogen worden. Aus der Abnahme der Konzentration des roten Blutfarbstoffes (Hämoglobin), der roten Blutkörperchen (Erythrozyten) und des Hämatokrits (Verhältnis zwischen festem und flüssigem Bestandteil des Blutes) kann nicht ohne weiteres auf einen Eisenmangel geschlossen werden.
Die beiden Wissenschaftlerinnen Elina Hemminki und Barbara Starfield überprüften alle seriösen Studien über den Nutzen der Eisentherapie in der Schwangerschaft. Ergebnis: Keine einzige Studie erbrachte den Nachweis irgendeiner Verbesserung der Gesundheit – weder für die Mütter noch für die Babys. Nach Ansicht eines anerkannten deutschsprachigen Lehrbuches kann der Eisenbedarf während einer Schwangerschaft »normalerweise unschwer aus den Körperdepots und der Nahrung gedeckt werden«.
Es ist deshalb nicht sinnvoll, allen Schwangeren automatisch Eisenmedikamente zu verschreiben.

14.8. Mittel gegen Blutarmut

Präparat	Wichtigste Nebenwirkungen	Empfehlung
Aranesp (D/Ö) Injektionslösung Darbepoetin *Rezeptpflichtig*	Am häufigsten dosisabhängiger Blutdruckanstieg bis zur Blutdruckkrise. Grippeähnliche Symptome wie Kopfschmerzen, Gelenkschmerzen, Benommenheit, Müdigkeit, vor allem zu Beginn der Behandlung	**Therapeutisch zweckmäßig nur** bei Patienten mit schwerer Blutarmut, die durch Nierenversagen verursacht wurde (z. B. Dialysepatienten). Auch sinnvoll bei Krebspatienten mit Blutarmut, z. B. nach Behandlung mit platinhaltigen Chemotherapeutika.

Präparat	Wichtigste Nebenwirkungen	Empfehlung
Biolectra Eisen (D) Brausetabl. Eisen II, Vitamin B_{12}, Vitamin C, Folsäure	Übelkeit, Durchfall, Verstopfung, Schwarzfärbung des Stuhls und der Zähne, Appetitverlust	**Abzuraten** Nicht sinnvolle Kombination von Eisen mit Folsäure und Vitamin B_{12}. Ob Vitamin C die Aufnahme von Eisen im Körper verbessert, ist zweifelhaft. Eine perniziöse Anämie (bestimmte Form der Blutarmut) muss ausgeschlossen werden oder zusätzlich mit Injektionen von Vitamin B_{12} behandelt werden.
Eisendragees-ratiopharm (D) Drag. Eisen II	Übelkeit, Durchfall, Verstopfung, Schwarzfärbung des Stuhls, Appetitverlust	**Therapeutisch zweckmäßig, wenn** Eisenmangel nachgewiesen ist.
Eryfer (D) Kaps. Eisen II Hilfsstoff: Vitamin C	Übelkeit, Durchfall, Verstopfung, Schwarzfärbung des Stuhls, Appetitverlust	**Therapeutisch zweckmäßig, wenn** Eisenmangel nachgewiesen ist. Ob Vitamin C die Aufnahme von Eisen im Körper verbessert, ist zweifelhaft.
Eryfer comp. (D) Kaps. Eisen II, Vitamin B_{12}, Folsäure	Übelkeit, Durchfall, Verstopfung, Schwarzfärbung des Stuhls, Appetitverlust	**Abzuraten** Nicht sinnvolle Kombination von Eisen, Folsäure und Vitamin B_{12} Eine perniziöse Anämie (bestimmte Form der Blutarmut) muss ausgeschlossen werden oder zusätzlich mit Injektionen von Vitamin B_{12} behandelt werden.
Erypo (D/Ö) Injektionslösung Erythropoietin *Rezeptpflichtig*	Am häufigsten dosisabhängiger Blutdruckanstieg bis zur Blutdruckkrise. Grippeähnliche Symptome wie Kopfschmerzen, Gelenkschmerzen, Benommenheit, Müdigkeit, vor allem zu Beginn der Behandlung	**Therapeutisch zweckmäßig nur** bei Patienten mit schwerer Blutarmut, die durch Nierenversagen verursacht wurde (z. B. Dialysepatienten). Auch sinnvoll bei Krebspatienten mit Blutarmut, z. B. nach Behandlung mit platinhaltigen Chemotherapeutika.
Ferretab (Ö) Kaps. Eisen II, Vitamin C *Rezeptpflichtig*	Übelkeit, Durchfall, Verstopfung, Schwarzfärbung des Stuhls, Appetitverlust	**Therapeutisch zweckmäßig,** wenn Eisenmangel nachgewiesen ist. Ob Vitamin C die Aufnahme von Eisen im Körper verbessert, ist zweifelhaft.

Präparat	Wichtigste Nebenwirkungen	Empfehlung
Ferretab comp. (Ö) Kaps. Eisen II, Folsäure *Rezeptpflichtig*	Übelkeit, Durchfall, Verstopfung, Schwarzfärbung des Stuhls, Appetitverlust	**Therapeutisch zweckmäßig nur** bei gleichzeitig bestehendem Eisen- und Folsäuremangel. Eine perniziöse Anämie (bestimmte Form der Blutarmut) muss ausgeschlossen werden oder zusätzlich mit Injektionen von Vitamin B_{12} behandelt werden.
Ferrlecit (D) Injektionslösung Natrium-Eisen(III)-gluconat-Komplex Konservierungsstoff: Benzylalkohol *Rezeptpflichtig*	Häufig: Venenentzündung, Fieber, Gelenk- und Muskelschmerzen. Gelegentlich: Lymphknotenschwellung, Übelkeit, Erbrechen, Blutdruckabfall. Selten: Herzrhythmusstörungen, Krämpfe. Möglichkeit lebensbedrohlicher Schockformen	**Nur zweckmäßig in** seltenen begründeten Ausnahmefällen. Die Injektion ist sehr riskant.
Ferrlecit 2 (D) Drag. Eisen II Hilfsstoff: u. a. Bernsteinsäure	Übelkeit, Durchfall, Verstopfung, Schwarzfärbung des Stuhls, Appetitverlust	**Therapeutisch zweckmäßig, wenn** Eisenmangel nachgewiesen ist. Ob Bernsteinsäure die Aufnahme von Eisen im Körper verbessert, ist zweifelhaft.
Ferro-Gradumet (Ö) Filmtabl. Eisen II *Rezeptpflichtig*	Übelkeit, Durchfall, Verstopfung, Schwarzfärbung des Stuhls, Appetitverlust	**Abzuraten** Eisenpräparate mit verzögerter Freisetzung des Eisens können gefährlicher sein als einfache Eisenpräparate.
Ferro-Folsan (D) Drag. Eisen II, Folsäure	Übelkeit, Durchfall, Verstopfung, Schwarzfärbung des Stuhls, Appetitverlust	**Therapeutisch zweckmäßig nur** bei gleichzeitig bestehendem Eisen- und Folsäuremangel. Eine perniziöse Anämie (bestimmte Form der Blutarmut) muss ausgeschlossen werden oder zusätzlich mit Injektionen von Vitamin B_{12} behandelt werden.
Ferro Sanol (D) Drag., Tropfen Eisen II	Übelkeit, Durchfall, Verstopfung, Schwarzfärbung des Stuhls, Appetitverlust, Schwarzfärbung der Zähne (nur Tropfen), Tropfen enthalten Alkohol	**Therapeutisch zweckmäßig, wenn** Eisenmangel nachgewiesen ist.

Präparat	Wichtigste Nebenwirkungen	Empfehlung
Ferro Sanol-duodenal/ mite (D) Kaps. Eisen II Hilfsstoffe: Methacrylat u. a.	Übelkeit, Durchfall, Verstopfung, Schwarzfärbung des Stuhls, Appetitverlust	**Abzuraten** Eisenpräparate mit verzögerter Freisetzung des Eisens können gefährlicher sein als einfache Eisenpräparate.
Ferrum Hausmann (D/Ö) Tropflösung, Sirup (D) Eisen-III-Dextrin Konservierungsmittel: Parabene *Rezeptpflichtig (Ö)*	Übelkeit, Durchfall, Verstopfung, Schwarzfärbung des Stuhls, Appetitverlust, Schwarzfärbung der Zähne (nur Tropfen), Tropfen enthalten Alkohol	**Wenig zweckmäßig** Eisen-III-Präparate werden vom Körper schlechter aufgenommen als Zubereitungen mit Eisen II-Salzen.
Ferrum Hausmann Retardkapseln (D/Ö) Retardkaps. Eisen-II-fumarat *Rezeptpflichtig (Ö)*	Übelkeit, Durchfall, Verstopfung, Schwarzfärbung des Stuhls, Appetitverlust	**Abzuraten** Eisenpräparate mit verzögerter Freisetzung des Eisens können gefährlicher sein als einfache Eisenpräparate.
Floradix Kräuterblut mit Eisen (D) Saft Eisen-II-gluconat, Vitamin B_1, B_2, B_6, B_{12} Hilfsstoffe: u. a. zahlreiche Pflanzenextrakte	Übelkeit, Durchfall, Verstopfung, Schwarzfärbung des Stuhls, Schwarzfärbung der Zähne, in Einzelfällen allergische Reaktionen der Haut und der Atemwege	**Abzuraten** Nicht sinnvolle Kombination von Eisen-II-Salzen mit Vitaminen, Pflanzenextrakten u. a.
Folcur (D) Tabl. Folsäure	Sehr selten allergische Reaktionen (Ausschlag, Juckreiz)	**Therapeutisch zweckmäßig nur** bei festgestelltem Folsäuremangel und zur Einnahme in der Schwangerschaft, um schweren Fehlbildungen (Neuralrohrdefekten) des Kindes vorzubeugen. Eine perniziöse Anämie (bestimmte Form der Blutarmut) muss ausgeschlossen werden oder zusätzlich mit Injektionen von Vitamin B_{12} behandelt werden.

Präparat	Wichtigste Nebenwirkungen	Empfehlung
Folsan (D/Ö) Tabl., Amp. (Ö) Folsäure *Rezeptpflichtig (Ö)*	Sehr selten allergische Reaktionen (Ausschlag, Juckreiz)	**Therapeutisch zweckmäßig nur** bei festgestelltem Folsäuremangel und zur Einnahme in der Schwangerschaft, um schweren Fehlbildungen (Neuralrohrdefekten) des Kindes vorzubeugen. Eine perniziöse Anämie (bestimmte Form der Blutarmut) muss ausgeschlossen werden oder zusätzlich mit Injektionen von Vitamin B_{12} behandelt werden.
Folsäure Hevert (D) **Folsäure-ratiopharm** (D) **Folsäure Stada** (D) Tabl. Folsäure	Sehr selten allergische Reaktionen (Ausschlag, Juckreiz)	**Therapeutisch zweckmäßig nur** bei festgestelltem Folsäuremangel und zur Einnahme in der Schwangerschaft, um schweren Fehlbildungen (Neuralrohrdefekten) des Kindes vorzubeugen. Eine perniziöse Anämie (bestimmte Form der Blutarmut) muss ausgeschlossen werden oder zusätzlich mit Injektionen von Vitamin B_{12} behandelt werden.
Haemoprotect (D) Kaps. Eisen II	Übelkeit, Durchfall, Verstopfung, Schwarzfärbung des Stuhls, Appetitverlust	**Therapeutisch zweckmäßig, wenn** Eisenmangel nachgewiesen ist.
Hepavit (Ö) Amp. Cyanocobalamin (Vitamin B_{12}), Konservierungsstoff: Benzylalkohol *Rezeptpflichtig*	Sehr selten allergische Reaktionen (Juckreiz, Ausschläge, Schockformen)	**Therapeutisch zweckmäßig nur** bei gesichertem Vitamin-B_{12}-Mangel, insbesondere bei perniziöser Anämie (bestimmte Form der Blutarmut).
Lafol (D) Kaps. Folsäure	Sehr selten allergische Reaktionen (Ausschlag, Juckreiz)	**Therapeutisch zweckmäßig nur** bei festgestelltem Folsäuremangel und zur Einnahme in der Schwangerschaft, um schweren Fehlbildungen (Neuralrohrdefekten) des Kindes vorzubeugen. Eine perniziöse Anämie (bestimmte Form der Blutarmut) muss ausgeschlossen werden oder zusätzlich mit Injektionen von Vitamin B_{12} behandelt werden.

Präparat	Wichtigste Nebenwirkungen	Empfehlung
Lösferron (D/Ö) Brausetabl., forte-Brausetabl. (Ö) Eisen II, Vitamin C *Rezeptpflichtig (Ö)*	Übelkeit, Durchfall, Verstopfung, Schwarzfärbung des Stuhls, Schwarzfärbung der Zähne, Appetitverlust	**Therapeutisch zweckmäßig, wenn** Eisenmangel nachgewiesen ist. Ob Vitamin C die Aufnahme im Körper verbessert, ist zweifelhaft.
Neo Recormon (D/Ö) Injektionslösung Erythropoietin *Rezeptpflichtig*	Am häufigsten dosisabhängiger Blutdruckanstieg bis zur Blutdruckkrise. Grippeähnliche Symptome wie Kopfschmerzen, Gelenkschmerzen, Benommenheit, Müdigkeit, vor allem zu Beginn der Behandlung	**Therapeutisch zweckmäßig nur** bei Patienten mit schwerer Blutarmut, die durch Nierenversagen verursacht wurde (z. B. Dialysepatienten). Auch sinnvoll bei Krebspatienten mit Blutarmut, z. B. nach Behandlung mit platinhaltigen Chemotherapeutika.
Plastulen N (D) Kaps. Eisen II, Folsäure	Übelkeit, Durchfall, Verstopfung, Schwarzfärbung des Stuhls, Appetitverlust	**Therapeutisch zweckmäßig nur** bei gleichzeitig bestehendem Eisen- und Folsäuremangel. Eine perniziöse Anämie (bestimmte Form der Blutarmut) muss ausgeschlossen werden oder zusätzlich mit Injektionen von Vitamin B_{12} behandelt werden.
Tardyferon-Fol (D/Ö) Drag. (D), Depot-Drag. (Ö) Eisen II, Folsäure Hilfsstoff: Mucoproteose zur Retardierung *Rezeptpflichtig (Ö)*	Übelkeit, Durchfall, Verstopfung, Schwarzfärbung des Stuhls, Appetitverlust	**Abzuraten** Eisenpräparate mit verzögerter Freisetzung des Eisens können gefährlicher sein als einfache Eisenpräparate. Eine perniziöse Anämie (bestimmte Form der Blutarmut) muss ausgeschlossen werden oder zusätzlich mit Injektionen von Vitamin B_{12} behandelt werden.
Vitaferro (D) Kaps. Eisen II	Übelkeit, Durchfall, Verstopfung, Schwarzfärbung des Stuhls, Appetitverlust	**Therapeutisch zweckmäßig, wenn** Eisenmangel nachgewiesen ist.
Vitamin B_{12} Jenapharm (D) Injektionslösung **Vitamin-B_{12}-ratiopharm N** (D) Injektionslösung **Vitamin B_{12} Lannacher** (Ö) Injektionslösung Cyanocobalamin (Vitamin B_{12}) *Rezeptpflichtig (Ö)*	Sehr selten allergische Reaktionen (Juckreiz, Ausschläge, Schockformen)	**Therapeutisch zweckmäßig nur** bei gesichertem Vitamin-B_{12}-Mangel, insbesondere bei perniziöser Anämie (bestimmte Form der Blutarmut).

15. Kapitel: **Alter**

In manchen entlegenen Kulturen wird Alter noch mit Weisheit gleichgesetzt. In entwickelten Industriestaaten wie Deutschland und Österreich haben Altwerden und Altsein oft einen negativen Beigeschmack – alte Menschen gelten als Last für Verwandte, für Renten- und Pensionsversicherungen und für das medizinische Versorgungssystem.
Der Anteil der älteren Menschen an der Gesamtbevölkerung nimmt in Deutschland und Österreich ständig zu. Waren 1970 noch 13,2 Prozent der Deutschen über 65 Jahre alt und 1999 16 Prozent, so werden es im Jahr 2010 20 Prozent und 2030 bereits knapp 30 Prozent sein.
Das »Altwerden« ist im Arbeitsleben eindeutig festgelegt: Zwischen 60 und 65 Jahren erreicht man »die Altersgrenze«, geht in Rente oder Pension. In der Medizin gibt es jedoch keine allgemein anerkannte und brauchbare Definition des biologischen Alterns. Auch die Ursachen des Altwerdens sind nicht geklärt. Man geht davon aus, dass die Gewebezellen schließlich absterben. Umstritten ist freilich, ob die Alterungsphase der Zellen durch Erbfaktoren vorbestimmt ist oder erst durch »Fehler« im Organismus eingeleitet wird, die durch äußere oder innere Einflüsse hervorgerufen werden können. Organe wie das Gehirn, die Nieren oder das Herz altern möglicherweise sehr viel schneller als solche Gewebe, bei denen zerstörte Zellen bis ins hohe Alter ergänzt und wiederhergestellt werden (z. B. Knochenmark und Darm). Die Todesursache eines Menschen ist immer eine Veränderung des Organismus – hauptsächlich Herz- und Arterienverkalkungen, die Schlaganfälle und Herzinfarkte auslösen können. Krankheiten wie Krebs verhindern auch, dass der Mensch so alt wird, wie er nach Ansicht vieler Wissenschaftler werden könnte: 120 Jahre.

Der Traum von Unsterblichkeit

Den Wunsch der Menschen, das Alter aufhalten zu können oder alt zu werden ohne zu altern, macht sich die pharmazeutische Industrie zunutze.
K. H. 3, ein jahrzehntelang beliebtes Geriatrikum, wurde unter anderem mit dem Foto eines rüstigen 70-jährigen Seglers beworben, an den sich eine Blondine schmiegt. Das Mittel soll angeblich ein Heilmittel »gegen das Altern« sein. Andere Firmen werben vielleicht nicht so dreist, unterschwellig vermitteln sie aber dasselbe.

Dass nur noch wenige alte Menschen solcher Blabla-Werbung auf den Leim gehen, zeigt sich an Verkaufszahlen. Im Jahr 1983 waren in Apotheken noch 15 Millionen Packungen an Stärkungsmitteln und Mitteln gegen Altersbeschwerden verkauft worden, im Jahr 2000 waren es nur noch 7 Millionen und 2003 nur noch 3,6 Millionen. Und das trotz der stark gestiegenen Zahl an alten Menschen.

15.1. Mittel gegen das Altern

In der »Roten Liste«, einem Medikamentenverzeichnis von Pharmaherstellern in Deutschland, sind unter dem Stichwort »Geriatrika« (so nennt die Fachwelt Arzneimittel »gegen Altersbeschwerden«) nur noch 10 Präparate angeführt. Ebenfalls dazuzählen muss man aber noch die meisten Stärkungsmittel (so genannte Tonika wie etwa *Aktivanad*), so genannte Antidementiva (z. B. Präparate, die Ginkgo enthalten) und viele Vitaminpräparate, die angeblich besonders im Alter auftretende Mangelerscheinungen beheben sollen.
Hinzu kommen zahlreiche Mittel, die von Firmen angepriesen werden, aber nicht in der »Roten Liste« enthalten sind.
So beliebt die vielen »Wundermittel« gegen das Älterwerden sind, so vernichtend ist das Urteil der seriösen Medizin. In den für Vertragsärzte und Krankenkassen verbindlichen »Arzneimittel-Richtlinien« wird die Ablehnung der Kassen, für diese Präparate zu zahlen, damit begründet, dass sie »entweder keine Arzneimittel« oder »für die Erzielung des Heilerfolges nicht notwendig oder unwirtschaftlich sind«. Den Behauptungen der Hersteller, dass durch Medikamente der Prozess des Altwerdens verlangsamt oder bereits bestehende Veränderungen sogar zurückgebildet werden könnten, halten Fachleute entgegen, dass es bislang keine seriösen Beweise dafür gibt.
In weit verbreiteten Lehrbüchern wird eine deutliche Sprache verwendet, wie sie sonst in der wissenschaftlichen Literatur kaum zu finden ist. Im Standardwerk der deutschen Professoren Fülgraff und Palm (»Pharmakotherapie«) heißt es: »Die suggestiven und naiven Angaben zur Indikation (Anwendungsgebiet – d. A.) werden unterstützt durch phantasievolle Präparatenamen und ungemein hohe Preise; beides suggeriert eine Wirksamkeit, die in keinem Fall erwiesen und höchstwahrscheinlich nicht vorhanden ist.« Unmissverständlich urteilt auch die Arzneimittelkommission der Deutschen Ärzteschaft: »Geriatrika, d. h. Medikamente, die den Alterungsvorgang

bremsen können, gibt es nicht.« Einen bestimmten Nutzen können sie dennoch haben. Wer an die Heilwirkung der Geriatrika glaubt, fühlt sich nach der Einnahme unter Umständen tatsächlich besser als vorher. Die Wirkung beruht dann aber auf einem Placebo-Effekt, der auch mit Pillen ohne Inhaltsstoff erreicht werden kann.

Das Wundermittel Procain

Geroaslan-H3, K. H. 3 und *Vita-Gerin-Geistlich* enthalten Procain oder ein Spaltprodukt von Procain. Als Mittel zur örtlichen Betäubung altbekannt, wurde Procain vor 30 Jahren von der rumänischen Ärztin Ana Aslan erstmals als Geriatrikum eingesetzt. Es soll angeblich Gelenkentzündungen, Verkalkungen, Angina Pectoris und anderen Herzkrankheiten vorbeugen, Taubheit, Impotenz und Depressionen bessern und den Haarwuchs fördern, das Ergrauen der Haare rückgängig machen und die Haut glätten und straffen. Ein amerikanisches Forscherteam hat diese »Untersuchungen« bereits im Jahr 1977 unter die Lupe genommen. 285 Publikationen und Bücher, die sich mit der Procain-Behandlung bei über 100.000 Patienten in einem Zeitraum von 25 Jahren befassten, wurden geprüft. Das Team kam zu dem Schluss, dass es »abgesehen von einem möglichen antidepressiven Effekt keine überzeugenden Beweise gibt, dass Procain irgendeinen Wert in der Behandlung von Erkrankungen alter Patienten hat«. In einer neueren Arbeit wird auch der mögliche antidepressive Effekt verneint. Im weit verbreiteten Lehrbuch »Allgemeine und spezielle Pharmakologie und Toxikologie« belegte der Berliner Professor Helmut Coper zudem, dass Procain »in der als Geriatrikum empfohlenen oralen (durch den Mund aufgenommenen) Dosis nie eine wirksame Konzentration im Organismus erreichen kann«. Wirkungen, wenn auch unerwünschter Art, sind jedoch schon beobachtet worden, wenn Procain gespritzt wird. Neben dem zu erwartenden örtlichen Taubheitsgefühl können in seltenen Fällen Überempfindlichkeitsreaktionen, verbunden mit Gefäßerweiterungen, Blutdruckabfall, Krämpfen und Atembeschwerden ausgelöst werden.

Die Legende vom Vitaminmangel im Alter

Die Annahme, dass das Altern auf einen Vitaminmangel zurückzuführen ist und dementsprechend mit Vitaminen »behandelt« werden könne, ist falsch. *Einen alterstypischen Vitaminmangel gibt es nicht.* »Bei alten Menschen, die selbständig im eigenen Haushalt leben«, erklärt der Berliner Altersforscher Helmut Coper, »ist ein verminderter Vitamingehalt im Blut nicht nachzuweisen. Lediglich bei Bewohnern von Alten- und Pflegeheimen lassen sich gelegentlich bei Fehlernährungen oder Malabsorption (schlechte Aufnahme von Nahrungsbestandteilen) ... geringere Vitamin-Konzentrationen feststellen.« Fachleute raten daher: »Vernünftiger als eine unkritische Gabe von Vitaminen wäre es, die Fehl- oder Mangelernährung zu beseitigen.« Medikamente, die viele Vitamine enthalten, werden trotzdem gerne von den Herstellern als »Mittel gegen Altersbeschwerden« bezeichnet, zum Beispiel *Geriatric Pharmaton.*

»Nach den derzeitigen Kenntnissen«, so Professor Coper, müsse die Verabreichung dieser Präparate »als Placebotherapie«, also als Behandlung mit einem Scheinarzneimittel angesehen werden. Und: »Zur Versorgung des alten Menschen mit Spurenelementen gilt prinzipiell das Gleiche.«

Bestimmte Vitaminmangelerscheinungen können im Alter jedoch gehäuft auftreten – z. B. Vitamin-D- und Folsäure-Mangel. Die Einnahme von entsprechenden Medikamenten ist jedoch nur dann notwendig und sinnvoll, wenn vom Arzt tatsächlich ein Mangel festgestellt wird. Das routinemäßige Schlucken von Vitaminpräparaten im Alter ist unnötig, denn bei normaler Ernährung tritt Vitaminmangel hierzulande kaum auf.

Stärkungsmittel – Allheilmittel gegen das Altern?

Viele allgemeine Stärkungsmittel, oft auch »Tonika« genannt, werden ebenfalls gegen klassische Altersbeschwerden angepriesen. Dementsprechend werden sie hauptsächlich von älteren Menschen eingenommen.

Keiner der in den Tonika enthaltenen Inhaltsstoffe vermag jedoch den Alterungsprozess zu beeinflussen. Auch andere Wirkungen, die die Hersteller den Tonika zuschreiben – etwa eine allgemeine Kräftigung bei Erschöpfungszuständen und in der Rekonvaleszenz –, beruhen vielfach auf Suggestion. Ganz abgesehen davon, dass es bei Erschöpfungszuständen nicht zweckmäßig ist, Schläfrigkeit und Müdigkeit durch anregende Mittel zu beseitigen, weil dann normale Erholungsvorgänge beeinträchtigt werden. Die »stärkende« Wirkung dieser Mittel ist oft nicht erwiesen oder äußerst gering, weil wirksame Inhaltsstoffe fast nur in minimalen Mengen enthalten sind.

Der ehemalige Direktor des »Bureau of Drugs« der amerikanischen Zulassungsbehörde FDA (Food and Drug Administration), J. R. Crout, meint: »Es gibt eine Unzahl an irrational, ohne Rücksicht auf therapeutische Prinzipien zusammengesetzten, lediglich kommerziellen Gesichtspunkten gehorchenden, bestenfalls betrügerischen, schlechtestenfalls gefährlichen Kombinationsmitteln oder bizarren Tonika.« Wenn Stärkungsmittel tatsächlich »beleben«, ist diese Wirkung auf banale Inhaltsstoffe zurückzuführen: z. B. auf Coffein, das unter anderem in *Aktivanad-N* und *Leaton* enthalten ist.

Ginseng

Einer der beliebtesten Inhaltsstoffe in den Tonika ist die angebliche »Wunderwurzel« Ginseng (etwa in *Geriatric Pharmaton*). Die angesehene Fachzeitschrift »The Medical Letter« kommt zu dem Schluss, dass »es keinen überzeugenden Nachweis gibt, dass Ginseng irgendeinen positiven Effekt hervorruft«. Wohl aber sind eine Reihe von unerwünschten Wirkungen bekannt geworden: Bluthochdruck, Hautausschläge, Nervosität, Ödeme (Flüssigkeitsansammlungen) und Durchfall. Die Einnahme sehr großer Mengen an Ginseng kann Depressionen verursachen.

Alkohol

Viele Tonika beziehen ihre »anregende« Wirkung auch aus dem Inhaltsstoff Alkohol (in *Aktivanad N, Buerlecithin flüssig, Leaton Vitamin Tonikum*). Wegen des hohen Alkoholgehalts (79 Volumenprozent! Als 62,63 g !/100ml verschleiert!) wird das »Naturheilmittel« *Klosterfrau Melissengeist* in der »Roten Liste«, dem offiziellen Medikamentenverzeichnis der Pharmaindustrie in Deutschland, unter »Hypnotika/Sedativa« eingereiht – also bei den Schlaf- und Beruhigungsmitteln.
In der Fachzeitschrift »tägliche Praxis« wird *Klosterfrau Melissengeist* als ein »Medikament« beschrieben, das von heimlichen Alkoholikern gerne verwendet wird und »durch das man in einen chronischen Alkoholismus abgleiten kann«. Berichtet wird auch von Alkoholschädigungen am Embryo, die dadurch entstanden sind, dass Frauen während der Schwangerschaft dieses Mittel gutgläubig wegen »nervöser Beschwerden« zu sich genommen hatten. Die Berliner Fachzeitschrift »arznei-telegramm« bezeichnet *Klosterfrau Melissengeist* als »Deutschlands teuersten Kräuterschnaps«.

Lecithin

Ein weiterer, häufig in Stärkungsmitteln verwendeter Inhaltsstoff ist Lecithin (z. B. in *Buerlecithin, Geriatric Pharmaton, Vita Buerlecithin*). Ein therapeutischer Nutzen von Lecithin ist bislang jedoch nie überzeugend nachgewiesen worden.

Andere Inhaltsstoffe

Eine Beimengung von Eisen III (z. B. in *Biovital aktiv flüssig*) ist nach Ansicht zahlreicher Fachleute wertlos und abzulehnen. Siehe dazu Kapitel 14.7.: Mittel gegen Blutarmut.
Tonika, die Vitamine und Mineralien enthalten (z. B. *Biovital aktiv, Geriatric Pharmaton, Gerigoa*), sind ebenfalls nicht sinnvoll. Wenn ein entsprechender Mangel besteht, so muss er gezielt behandelt werden (siehe dazu Kapitel 14.: Mangelerscheinungen).
Für Propolis, Pollen, Weißdornextrakt, Herzgespannkraut, Hagebuttenextrakt, Leberextrakt und andere Inhaltsstoffe, die als »Hausmittel« gegen das Altern gelten, gibt es bis jetzt keinen seriösen Beleg für eine Wirksamkeit gegen allgemeine Altersbeschwerden.

Verbot der Frischzellen-Therapie

Zehntausende von Deutschen hatten sich im Verlauf der letzten 30 Jahre von geschäftstüchtigen Ärzten und Privatklinikbesitzern einreden lassen, durch Injektion von Frisch- oder Trockenzellen könne der Prozess des Alterns aufgehalten oder verlangsamt werden – ein über die Suggestivwirkung hinausgehender Nutzen konnte jedoch nie nachgewiesen werden. 1996 wurde diese lebensgefährliche Behandlungsmethode endlich verboten.

Sexualhormone im Alter

Die Theorie, dass Altern eine Folge der Keimdrüsenrückbildung sei und deshalb durch die Zufuhr von Hormonen wie etwa Melatonin oder DHEA aufgehalten werden könne, ist zwar längst widerlegt, taucht jedoch immer wieder in unterschiedlichen Varianten in den Medien auf. Seriöse Beweise dafür fehlen jedoch. Erfahrungen über die Langzeitverträglichkeit fehlen.
Beide Hormone erhielten von den Arzneimittel-Behörden in Österreich und Deutschland wegen den Nebenwirkungsrisiken keine Zulassung. Manche Hersteller versuchen deshalb, diese Einschränkungen über Direktvertrieb oder über das Internet zu umgehen.

Weil eine chemische Vorstufe des DHEA in der Yamswurzel enthalten ist, wird ein entsprechender Extrakt über Bio-Versandhäuser nicht als Arzneimittel, sondern als Nahrungsmittel vertrieben.
Über die Verwendung von Sexualhormonen (Östrogenen) zur Verhütung bzw. Behandlung von Knochengewebemangel (Osteoporose) siehe Kapitel 14.6.: Mineralstoffpräparate. Auf die Bedeutung des Einsatzes von männlichen bzw. weiblichen Sexualhormonen zur Steigerung der sexuellen Leistungsfähigkeit und in den Wechseljahren wird in anderen Buchkapiteln eingegangen (siehe Kapitel 18: Sexualorgane und -hormone).

Mittel gegen »Verkalkung« (Demenz, Arteriosklerose)

Mit dem Alter nehmen Anzeichen und Leiden zu, die auf eine verminderte Leistungsfähigkeit des Gehirns schließen lassen. Dazu gehören schnelle geistige Erschöpfbarkeit, Schwindel und Gangunsicherheit, Gedächtnisstörungen, Störungen des Schlaf-Wach-Rhythmus, Verwirrtheit und depressive Reaktionen. Mediziner bezeichnen dies als Demenz, Laien sprechen von »Verkalkung«. Etwa jeder vierte 80-Jährige ist davon betroffen.
Die Ursache dieses Prozesses ist medizinisch noch ungeklärt. Im Gegensatz zum weit verbreiteten Glauben, diese Störungen seien einfach altersbedingt, bestehen offenbar zwischen dem feststellbaren Absterben von Zellen und dem Alter eines Menschen genauso wenig Zusammenhänge wie zwischen dem Ausmaß des Absterbens der Zellen und dem Leistungsabfall.
Soziale Zusammenhänge spielen jedoch sicher eine wichtige Rolle. Der New Yorker Professor Louis Lasagna schreibt in einem Vorwort zu einem Buch über die mögliche medikamentöse Behandlung dieser Störungen: »Ich habe das beunruhigende Gefühl, dass viele der alten Leute weder senil noch verblödet sind, sondern zu einem Großteil einfach alt und verlassen von der Familie, von Freunden und der Gesellschaft … Mit Medikamenten erreicht man oft nicht viel, während durch menschliche Kontakte tatsächlich geholfen werden kann. Liebe, Zuneigung und Pflege erreichen wahrscheinlich mehr, als wir denken.«
Was landläufig als »Verkalkung« bezeichnet wird, ist nur in 15 Prozent der Fälle tatsächlich auf eine Verkalkung im Gehirn zurückzuführen. Bei 70 Prozent der Fälle ist eine besondere Degenerationskrankheit mit Großhirnschwund die Ursache. Für die restlichen 15 Prozent sind andere Nervenerkrankungen und Alkoholmissbrauch verantwortlich.

Eine Unmenge von Arzneimitteln, die zur Linderung altersbedingter Beschwerden angeboten werden, sollen die Hirndurchblutung bzw. den Stoffwechsel im Gehirn verbessern. Dabei handelt es sich vor allem um gefäßerweiternde und den Blutstrom regulierende Mittel (siehe Kapitel 12.4.: Durchblutungsfördernde Mittel) und die Psyche anregende Medikamente mit dem Wirkstoff Piracetam (siehe Kapitel 2.3. Sonstige Psychopharmaka).

Ihr Wert als »Geriatrika« ist sehr umstritten: Der Abbau von Hirnleistungen kann nicht mit einer verminderten Durchblutung des Gehirns erklärt werden, da es keine altersbedingte Abnahme der Hirndurchblutung gibt. Darum kann eine verminderte Durchblutung nur die Folge von krankhaften Veränderungen der Hirngefäße oder des Herz-Kreislauf-Systems sein. Die Steigerung der Durchblutung kann dann nur durch die Behandlung der Grundkrankheit behandelt werden, eine Anwendung von Mitteln zur Steigerung der Hirndurchblutung ist wertlos. »Arzneisubstanzen, die eine signifikante und lang anhaltende Verbesserung der Durchblutung in mangeldurchbluteten Gehirnabschnitten zu erzielen vermögen, stehen nicht zur Verfügung«, urteilt die Berliner Fachzeitschrift »arznei-telegramm«.

In einem Leitartikel (»Kann die Hirndurchblutung medikamentös verbessert werden?«) kommt die »Schweizerische Medizinische Wochenschrift« zu dem Schluss: »Die meisten so genannten gefäßerweiternden Substanzen haben sich am Hirnkreislauf als unwirksam oder sogar als durchblutungssenkende Pharmaka erwiesen.« Auf die Gefahr, dass diese Mittel bei Kranken mit Mangeldurchblutung im Gehirn sogar eine weitere *Verschlechterung* der Gehirndurchblutung zur Folge haben können, weisen mehrere Fachleute hin. Die gefäßerweiternden Mittel wirken dann nicht an den verkalkten, sondern an den ohnehin intakten Gefäßen und lassen damit noch mehr Blut durch die gesunden Adern fließen.

Alzheimer-Mittel

Etwa 500.000 Deutsche leiden unter Alzheimer-Demenz – der rätselhaften Krankheit des Vergessens. Das Risiko steigt mit zunehmendem Alter. Das Endstadium bedeutet geistiger Verfall und vollkommene Hilflosigkeit. Jeder achte 80-Jährige soll davon betroffen sein. Meist verordnen die Ärzte so genannte Nootropika (z. B. *Nootrop, Nootropil, Normabrain, Piracetam-ratiopharm, Piracetam* von ct; siehe auch Kapitel 2.3. Sonstige Psychopharmaka). Dadurch können in

manchen Fällen einzelne Beschwerden gelindert werden, aber eine wirksame Behandlung existiert bis jetzt leider nicht.
Neuerdings werden zur Behandlung auch so genannte Cholinesterasehemmer verwendet – z. B. die Wirkstoffe Donezepil (enthalten in *Aricept*), Galantamin (enthalten in *Remenyl*), Rivastigmin (enthalten in *Exelon*) oder der Wirkstoff Memantin (enthalten in *Axura, Ebixa*).
In einer großen industrieunabhängigen Untersuchung konnte keine überzeugende positive Wirkung von Donezepil (enthalten in *Aricept*) und Memantin (enthalten in *Axura, Ebixa)* auf die Lebensqualität nachgewiesen werden. In klinischen Studien zeigte sich, dass mit diesem Medikament die Alzheimer-Demenz höchstens kurzfristig (6–12 Monate) und geringfügig aufgehalten werden kann. Ein Langzeitnutzen ist bisher nicht ausreichend belegt. Für die anderen Cholinesterasehemmer Galantamin (enthalten in *Remenyl*), Rivastigmin (enthalten in *Exelon*) gibt es bis jetzt keinen Beleg dafür, dass ihr Nutzen höher ist als der von Donezepil. Zahlreiche, teilweise schwerwiegende Nebenwirkungen – Kopfschmerzen, Übelkeit, Erbrechen, Hautausschläge, Leberveränderungen – sprechen gegen eine routinemäßige Verschreibung. Unsere Empfehlung lautet daher: Möglicherweise zweckmäßig.

Knoblauch gegen das Altern?

Knoblauch (lateinischer Fachname: Allium sativum) ist ein althergebrachtes Hausmittel gegen eine Reihe von Krankheiten. Wer reichlich Knoblauch isst, soll, so heißt es, besonders lange leben.
Positive Effekte von Knoblauch konnten bisher jedoch nur in Studien belegt werden, die nicht den üblichen wissenschaftlichen Kriterien entsprechen und schwere methodische Mängel haben. Die untersuchten Patienten nahmen meist frischen Knoblauch oder große Mengen öliger Extrakte zu sich. Wegen des verpönten Knoblauchgeruchs bevorzugen die Verbraucher in der Praxis aber geruchlose Kapseln oder Dragees. Die enthalten jedoch viel weniger Knoblauch, als in den Studien eingesetzt wurde, die zu positiven Ergebnissen führten.
In einer neuen Studie, an der 50 Patienten teilnahmen, führte das Schlucken von Knoblauchpulver nicht zu der erhofften Senkung von hohen Cholesterin- und Blutdruckwerten (siehe auch Kapitel 12.7).
Wir empfehlen: Falls Sie auf Knoblauch gegen das Altern schwören, sollten Sie frische Knoblauchzehen verwenden – es ist ein gutes, vor

allem in der südländischen Küche häufig verwendetes Gewürz. Zwei bis vier kleine Knoblauchzehen pro Tag sind ausreichend. Knoblauch schadet nicht, auch wenn er in größeren Mengen verzehrt wird.

Potenzmittel

Yohimbin, ein Extrakt aus der Rinde des westafrikanischen Yohimbe-Baumes, gilt als potenzstärkendes Mittel (enthalten z. B. in *Yohimbin Spiegel*). In Afrika wird diese Droge traditionell als Halluzinogen geraucht. In einigen kontrollierten Untersuchungen hat sich herausgestellt, dass die Wirkung dieses Mittels sehr unsicher ist.
Nebenwirkungen: Yohimbin kann den Puls beschleunigen, den Blutdruck sowohl senken als auch steigern, Schwindel, Übelkeit, Kopfschmerzen, Schüttelfrost, Händezittern und Muskelkrämpfe verursachen.
Zu anderen Potenzmitteln (z. B. *Viagra*) siehe Kapitel 18.8.: Männliche Sexualhormone und Potenzmittel.

Mittel gegen Haarausfall

Als Mittel gegen Haarausfall werden vor allem die Wirkstoffe Minoxidil (enthalten z. B. in *Regaine*), *Finasterin* (Propecia) und ein Extrakt aus Hirsefrüchten (z. B. *Priorin*) angepriesen. Zu Nutzen und Risiken dieser Mittel siehe das Stichwort »Haarausfall« im Kapitel 8.2.

15.1. Stärkungsmittel und Mittel gegen Altersbeschwerden

Präparat	Wichtigste Nebenwirkungen	Empfehlung
Aagard Propolis (D) Kaps. Propolis (Kittharz im Bienenstock)	Allergien gegen Propolis, möglicherweise bei Pollenallergikern	**Abzuraten** Soll die allgemeinen Abwehrkräfte stärken. Wirksamkeit zweifelhaft.
Aktivanad N (D) **Aktivanad-flüssig** (Ö) Saft, Lösung Leberextrakt (Rinderleber), Hefeextrakt, Hagebuttenextrakt, Coffein, Benzoesäure, Alkohol	Schlafstörungen. Vorsicht: Enthält Alkohol!	**Abzuraten** Nicht sinnvolles Kombinationspräparat. Die therapeutische Wirksamkeit von vitaminhaltigen Leberextrakten ist zweifelhaft.

Präparat	Wichtigste Nebenwirkungen	Empfehlung
Aktivanad N (D) Drag. Vitamin B_1, B_2, C, Nicotinamid, Coffein	Schlafstörungen	**Abzuraten** Nicht sinnvolles Kombinationspräparat von anregend wirkendem Coffein mit Vitaminen. Bei einem Vitaminmangel, der aber sehr selten auftritt, ist die gezielte Einnahme eines einzelnen Vitamins oder einer bestimmten Vitamingruppe vorzuziehen. Der Coffeinzusatz soll laut Hersteller gegen niedrigen Blutdruck wirken.
Aricept (D/Ö) Filmtabl. Donepezil *Rezeptpflichtig*	Appetitlosigkeit, Durchfall, Erbrechen, Übelkeit, Magen-Darm-Beschwerden, schwere Leberschäden, Muskelkrämpfe, Kopfschmerzen, evtl. Müdigkeit. Es können sich Bläschen auf der Haut bilden. Schwindel, Halluzinationen und verlangsamter Herzschlag sind möglich	**Möglicherweise zweckmäßig** In einer großen industrieunabhängigen Untersuchung konnte keine überzeugende positive Wirkung auf die Lebensqualität nachgewiesen werden. In klinischen Studien zeigte sich, dass mit diesem Medikament die Alzheimer-Demenz höchstens kurzfristig (6–12 Monate) und geringfügig aufgehalten werden kann. Ein Langzeitnutzen ist bisher nicht ausreichend belegt.
Axura (D/Ö) Filmtabl., Tropfen Memantin *Rezeptpflichtig*	Verwirrtheit, Blasenentzündung, Halluzinationen, Schwindel, Muskelverspannungen	**Möglicherweise zweckmäßig** In einer großen industrieunabhängigen Untersuchung konnte keine überzeugende positive Wirkung auf die Lebensqualität nachgewiesen werden. In klinischen Studien zeigte sich, dass mit diesem Medikament die Alzheimer-Demenz höchstens kurzfristig (6–12 Monate) und geringfügig aufgehalten werden kann. Ein Langzeitnutzen ist bisher nicht ausreichend belegt.
Biovital aktiv (D) Flüssigkeit Weißdornextrakt, Vitamin B_1, B_2, B_6, C, Eisen II, Nicotinamid, Coffein	Übelkeit, Durchfall, Verstopfung, Schwarzfärbung von Stuhl und Zähnen, Schlafstörungen	**Abzuraten** Nicht sinnvolles Kombinationspräparat von anregend wirkendem Coffein und Vitaminen, gemischt mit einem Pflanzenextrakt und Eisen. Zur Behebung von Vitamin- und Eisenmangelzuständen ist die gezielte Einnahme des entsprechenden Vitamins oder eines Eisenpräparats vorzuziehen.

Präparat	Wichtigste Nebenwirkungen	Empfehlung
Biovital aktiv (D) Drag. Eisen-II-Salze, Vitamin A, B_1, B_2, B_6, B_{12}, C, Nicotinamid, Folsäure, Extrakte aus Weißdorn und Herzgespannkraut	Übelkeit, Durchfall, Verstopfung, Schwarzfärbung des Stuhls, Schwarzfärbung der Zähne	**Abzuraten** Nicht sinnvolle Kombination von Eisensalzen (auch III-wertigem Eisen!) mit Folsäure und anderen Vitaminen. Die therapeutische Wirksamkeit dieser »Schrotschuss-Vitaminbehandlung« ist zweifelhaft. Folsäure erschwert das Erkennen einer bestimmten Form von Blutarmut (perniziöse Anämie). Die Beimengung von Eisen III ist therapeutisch wertlos und abzulehnen.
Biovital classic (D) Flüssigkeit Eisen-III-Salz, Vitamin B_1, B_2, B_6, B_{12}, C, Nicotinamid, Extrakte aus Weißdorn und Herzgespannkraut	Übelkeit, Durchfall, Verstopfung, Schwarzfärbung des Stuhls, Schwarzfärbung der Zähne. Vorsicht: enthält Alkohol!	**Abzuraten** Nicht sinnvolle Kombination von vielen Vitaminen (»Schrotschusstherapie«) mit pflanzlichen Extrakten und einem therapeutisch unzweckmäßigen Eisen-III-Salz.
Buerlecithin (D/Ö) Granulat, in Ö Dragees Buerlecithin compact (D/Ö) Faszikel Sojalecithin	Keine wesentlichen bekannt	**Wenig zweckmäßig** Die therapeutische Wirksamkeit ist bei den vom Hersteller angegebenen Anwendungsgebieten (z. B. Nachlassen der körperlichen und geistigen Spannkraft, Gedächtnisschwäche) zweifelhaft. Möglicherweise nützlich zur Unterstützung einer Verbesserung der Konzentration.
Buerlecithin (D) **Buerlecithin-flüssig** (Ö) Tonikum Ö: Reinlecithin, Zucker, Alkohol, Kaliumsorbat D: Sojalecithin, Alkohol	Vorsicht: enthält Alkohol!	**Wenig zweckmäßig** Die therapeutische Wirksamkeit ist bei den vom Hersteller angegebenen Anwendungsgebieten (z. B. Leistungsabfall, Stress) zweifelhaft. Möglicherweise nützlich zur Unterstützung einer Verbesserung der Konzentration.

Präparat	Wichtigste Nebenwirkungen	Empfehlung
Doppelherz-Energie-Tonikum S (D) Flüssigkeit Vitamin B_2, B_6, B_{12}, Nicotinamid, Honig, Invertzucker, Tinktur aus Baldrianwurzel , Hopfenzapfen, Weißdornbeeren	In sehr hohen Dosierungen Blutdruckabfall und Herzrhythmusstörungen. Vorsicht: enthält Alkohol!	**Abzuraten** Nicht sinnvolles Kombinationspräparat von beruhigenden und herzstärkenden Pflanzentinkturen mit Vitaminen. Zweifelhafter Nutzen. Bei einem Vitaminmangel, der aber sehr selten auftritt, ist die gezielte Einnahme einzelner Vitamine vorzuziehen.
Doppelherz Aktiv Tonikum alkohol- und zuckerfrei (Ö) Tonikum Extrakte aus Hopfenzapfen, Weißdornblüten, Melissenblättern	In sehr hohen Dosierungen Blutdruckabfall und Herzrhythmusstörungen	**Wenig zweckmäßig** Kombination von herzstärkenden mit beruhigend wirkenden pflanzlichen Extrakten. Der Nutzen bei Rekonvaleszenz oder bei leichten Herz-/Kreislaufbeschwerden ist zweifelhaft.
Ebixa (D/Ö) Filmtabl., Tropfen Memantin *Rezeptpflichtig*	Verwirrtheit, Blasenentzündung, Halluzinationen, Schwindel, Muskelverspannungen	**Möglicherweise zweckmäßig** In einer großen industrieunabhängigen Untersuchung konnte keine überzeugende positive Wirkung auf die Lebensqualität nachgewiesen werden. In klinischen Studien zeigte sich, dass mit diesem Medikament die Alzheimer-Demenz höchstens kurzfristig (6–12 Monate) und geringfügig aufgehalten werden kann. Ein Langzeitnutzen ist bisher nicht ausreichend belegt.
Exelon (D/Ö) Hartkaps., Tropfen Rivastigmin *Rezeptpflichtig*	Appetitlosigkeit, Durchfall, Erbrechen, Übelkeit, Magen-Darm-Beschwerden, Schwitzen Kopfschmerzen, evtl. Müdigkeit. Es können sich Bläschen auf der Haut bilden. Schwindel, Halluzinationen und verlangsamter Herzschlag sind möglich, evtl. Angina-Pectoris-Anfälle	**Möglicherweise zweckmäßig** In einer großen industrieunabhängigen Untersuchung konnte keine überzeugende positive Wirkung auf die Lebensqualität nachgewiesen werden. In klinischen Studien zeigte sich, dass mit diesem Medikament die Alzheimer-Demenz höchstens kurzfristig (6–12 Monate) und geringfügig aufgehalten werden kann. Ein Langzeitnutzen ist bisher nicht ausreichend belegt.

Präparat	Wichtigste Nebenwirkungen	Empfehlung
Geriatric Pharmaton (D) Drag., Tonikum Extrakte aus Ginseng, Weißdorn und Johanniskraut, Vitamin B_2, B_6, Nikotinamid; Drag. zusätzlich Vitamin B_1, E, Calciumpanthotenat Tonikum zusätzlich Dexpanthenol	Allergische Hautreizungen bei starker Sonneneinstrahlung, Blutdruckanstieg, Nervosität, Durchfall. Achtung: Tonikum enthält Alkohol!	**Abzuraten** Nicht sinnvolles Kombinationspräparat aus herzstärkenden, antidepressiven und leistungsfördernden Pflanzenextrakten mit Vitaminen. Bei einem Vitaminmangel, der aber sehr selten auftritt, ist die gezielte Einnahme eines einzelnen Vitamins oder einer bestimmten Vitamingruppe vorzuziehen.
Geriatric Pharmaton (Ö) Kaps. Ginsengextrakt, Vitamin A, B_1, B_2, B_6, B_{12}, C, D_3, E, Nikotinamid, Biotin, Folsäure, Rutin, Eisen-II, Kalzium, Selen, Kupfer, Mangan, Zink, Lecithin, Magnesium	Kopfschmerzen, Schlaflosigkeit	**Abzuraten** als Mittel gegen Altersbeschwerden. Bei einem Vitaminmangel, der aber sehr selten auftritt, ist die gezielte Einnahme eines einzelnen Vitamins oder einer bestimmten Vitamingruppe vorzuziehen. Dieses Präparat enthält Inhaltsstoffe mit zweifelhafter therapeutischer Wirksamkeit (Ginsengextrakt, Rutin).
Geroaslan-H3 (Ö) Drag. Procain, Benzoesäure, Kaliumbisulfit	Selten allergische Reaktionen	**Abzuraten** Wirksamkeit gegen Altersbeschwerden zweifelhaft. In jahrelangen klinisch-kontrollierten Studien keine Wirksamkeit feststellbar.
Ginsana (D/Ö) Kaps., Tonikum Ginsengextrakt Tonikum enthält Alkohol	Bluthochdruck, Hautausschläge, Nervosität, Ödeme (Flüssigkeitsansammlungen) möglich. In sehr hoher Dosierung depressive Zustände möglich. Achtung: Tonikum enthält Alkohol!	**Wenig zweckmäßig** Therapeutischer Nutzen als Stärkungsmittel nicht ausreichend nachgewiesen. Nur in Tierversuchen wurde eine leistungssteigernde Wirkung beobachtet.
Glutamin Verla (D) Tabl. Glutaminsäure	Magen-Darm-Störungen sind möglich	**Wenig zweckmäßig** Eine leistungssteigernde Wirkung mit diesem als »Gehirnnahrung« bezeichneten Inhaltsstoff ist nicht ausreichend nachgewiesen. Deshalb ist auch die Einnahme von Glutaminsäure bei Schulkindern überflüssig.

Präparat	Wichtigste Nebenwirkungen	Empfehlung
K. H. 3 (D) **K. H. 3 Geriatricum** (Ö) Kaps. Procain, Hämatoporphyrin; D zusätzlich: basisches Magnesium-carbonat, Kaliumchlorid, Magnesiumhydrogen-phosphat, Natrium-monohydrogenphosphat	Laut einer Studie von Prof. M. Hall hat *K. H. 3* ein »Übermaß an Nebenwirkungen«, z. B. Migräne. In seltenen Fällen schwere, unter Umständen lebensbedrohliche Störungen des Immunsystems (Lupus erythematodes) möglich. Außerdem: Unruhe	**Abzuraten** Therapeutische Wirksamkeit in zahlreichen vom Hersteller angegebenen Anwendungsgebieten (etwa »Schwerhörigkeit, Kreislaufschwäche, verminderte Gefäßelastizität, zerebrale Mangeldurchblutung«, in Österreich sogar ganz allgemein »Geriatrie«) ist bislang wissenschaftlich nicht zweifelsfrei und ausreichend abgesichert worden. Laut einer Studie von Prof. Hall hatte *K. H. 3* bei der überwiegenden Zahl der untersuchten Alterungserscheinungen keine positive Wirkung. Lediglich drei Merkmale zeigten eine Verbesserung.
Klosterfrau aktiv (D) Kaps. Knoblauch-Ölmazerat, Johanniskraut- und Weizenkeimölmazerat, Vitamine A, E	Knoblauch kann in höheren Dosierungen gewebsirritierend wirken	**Wenig zweckmäßig zur** Behandlung von Vitamin-Mangelerscheinungen. Die therapeutische Wirksamkeit von Knoblauch-Ölmazerat bleibt zweifelhaft.
Leaton Vitamin-Tonikum (Ö) Saft für Erwachsene Vitamin A, B_1, B_2, B_6, B_{12}, C, D_2, E, Panthenol, Nikotinamid, Coffein, Alkohol	Möglicherweise Schlafstörungen durch Coffein. Vorsicht: enthält Alkohol!	**Abzuraten** Multivitaminpräparat. Bei Vitaminmangel, der aber nur selten auftritt, ist die gezielte Einnahme eines einzelnen Vitamins oder einer bestimmten Vitamingruppe vorzuziehen. Dieses Präparat enthält Inhaltsstoffe mit zweifelhaftem therapeutischem Nutzen (Vitamin E, Panthenol).
Nootrop (D) **Nootropil** (Ö) Granulat, Filmtabl., Lösung, Infusionslösung Piracetam *Rezeptpflichtig*	Ängstlichkeit, Schlaflosigkeit, Nervosität, verstärktes Schwitzen, verstärkte Depression, Magenschmerzen, Übelkeit	**Möglicherweise zweckmäßig zur** Behandlung von Hirnleistungsstörungen im Alter.
Normabrain (D) Filmtabl., Kaps., Lösung, Granulat, Infusionslösung Piracetam *Rezeptpflichtig*	Ängstlichkeit, Schlaflosigkeit, Nervosität, verstärktes Schwitzen, verstärkte Depression, Magenschmerzen, Übelkeit	**Möglicherweise zweckmäßig zur** Behandlung von Hirnleistungsstörungen im Alter.

Präparat	Wichtigste Nebenwirkungen	Empfehlung
Pharmaton Vitalkapseln (D) Kaps. Ginsengextrakt, Deanolhydrogentartrat, Vitamin A, B_1, B_2, B_6, B_{12}, C, D_2, Calciumpanthotenat, Nikotinamid, Biotin, Folsäure, Rutosid, Eisen-II, Kalzium, Kupfer, Mangan, Zink, Magnesium, Phosphor, Jod, Fluor, Cholin, Linolsäure, Linolensäure	Kopfschmerzen, Schlaflosigkeit	**Abzuraten** als Mittel gegen Altersbeschwerden. Bei einem Vitaminmangel, der aber sehr selten auftritt, ist die gezielte Einnahme eines einzelnen Vitamins oder einer bestimmten Vitamingruppe vorzuziehen. Dieses Präparat enthält Inhaltsstoffe mit zweifelhafter therapeutischer Wirksamkeit (Ginsengextrakt, Rutosid).
Piracebral (D) Filmtabl., Lösung Piracetam *Rezeptpflichtig*	Ängstlichkeit, Schlaflosigkeit, Nervosität, verstärktes Schwitzen, verstärkte Depression, Magenschmerzen, Übelkeit	**Wenig zweckmäßig zur** Behandlung von Hirnleistungsstörungen im Alter.
Piracetam neuraxpharm (D) Filmtabl., Lösung, Infusionslösung **Piracetam-ratiopharm** (D) Kaps., Filmtabl., Lösung, Injektionslösung Piracetam *Rezeptpflichtig*	Ängstlichkeit, Schlaflosigkeit, Nervosität, verstärktes Schwitzen, verstärkte Depression, Magenschmerzen, Übelkeit	**Wenig zweckmäßig zur** Behandlung von Hirnleistungsstörungen im Alter.
Priorin (D/Ö) Kaps. Hirseextrakt, Calciumpantothenat, L-Cystein	Keine wesentlichen zu erwarten	**Wenig zweckmäßig** Wirksamkeit bei den vom Hersteller angegebenen Anwendungsgebieten, wie z. B. Haarausfall, zweifelhaft. Vertretbar wegen geringer Schädlichkeit.
Reminyl (D/Ö) Filmtabl., Lösung Galantamin *Rezeptpflichtig*	Appetitlosigkeit, u. U. mit Gewichtsabnahme, Durchfall, Erbrechen, Übelkeit, Magen-Darm-Beschwerden, Kopfschmerzen, evtl. Müdigkeit. Es können sich Bläschen auf der Haut bilden. Schwindel, Halluzinationen und verlangsamter Herzschlag sind möglich	**Möglicherweise zweckmäßig** In einer großen industrieunabhängigen Untersuchung konnte keine überzeugende positive Wirkung auf die Lebensqualität nachgewiesen werden. In klinischen Studien zeigte sich, dass mit diesem Medikament die Alzheimer-Demenz höchstens kurzfristig (6–12 Monate) und geringfügig aufgehalten werden kann. Ein Langzeitnutzen ist bisher nicht ausreichend belegt.

Präparat	Wichtigste Nebenwirkungen	Empfehlung
Revivona (Ö) Kaps. Vitamine A, B_1, B_2, B_6, B_{12}, C, D_2, E, Biotin, Dexpanthenol, Folsäure, Nicotinamid	Keine wesentlichen bekannt	**Wenig zweckmäßig als** Mittel gegen Altersbeschwerden. Bei einem Vitaminmangel, der aber sehr selten ist, ist die gezielte Einnahme eines einzelnen Vitamins oder einer bestimmten Vitamingruppe vorzuziehen. Dieses Präparat enthält Inhaltsstoffe mit zweifelhafter therapeutischer Wirksamkeit (Vitamin E, Dexpanthenol, Biotin).
Sangenor (Ö) Trinkamp. Mono-Arginin-Aspartat	Keine wesentlichen bekannt, allergische Reaktionen auf die Konservierungsmittel (Parabene) möglich	**Abzuraten** Für die vom Hersteller angegebenen Anwendungsbereiche wie Erschöpfung, Ermüdbarkeit und Nachlassen der Konzentrationsfähigkeit im Alter ist eine Wirksamkeit nicht belegt. In Deutschland vom ehemaligen Bundesgesundheitsamt negativ bewertet.
Vigodana N (D) Kaps. Vit. E, Magnesium, Hämatoporphyrin	Bei hoher Dosierung Magen-Darm-Beschwerden (u. a. Durchfall wegen Magnesium)	**Abzuraten** Für die vom Hersteller angegebenen Anwendungsbereiche wie Erschöpfung, Ermüdbarkeit und Nachlassen der Konzentrationsfähigkeit im Alter ist eine Wirksamkeit nicht belegt.
Vita Buerlecithin (D) Tonikum Sojalecithin, Vitamin B_2, B_6, B_{12}, Nicotinamid, Natriumpantothenat	Vorsicht: enthält Alkohol!	**Wenig zweckmäßig zur** Behandlung von Vitaminmangelzuständen. Für Lecithin gibt es zumindest Hinweise auf eine Verbesserung der Konzentrations- und Merkfähigkeit. Für die vom Hersteller angegebenen Anwendungsbereiche (Leistungsabfall, Stress, Vorbeugung gegen Gefäßverkalkung, Nervosität u. a.) ist die Wirksamkeit nicht belegt.

Präparat	Wichtigste Nebenwirkungen	Empfehlung
Vita Buerlecithin (D) Drag. Sojalecithin, Vitamin B_1, B_2, B_6, E, Calcium-Pantothenat	Keine wesentlichen bekannt	**Wenig zweckmäßig zur** Behandlung von Vitaminmangelzuständen. Für Lecithin gibt es zumindest Hinweise auf eine Verbesserung der Konzentrations- und Merkfähigkeit. Für die vom Hersteller angegebenen Anwendungsbereiche (Leistungsabfall, Stress, Vorbeugung gegen Gefäßverkalkung, Nervosität u. a.) ist die Wirksamkeit nicht belegt.
Vita-Gerin-Geistlich (D/Ö) Kaps. Dimethylamino-äthanolorotat (= Deanol-Orotat), Magnesiumorotat, Vitamine A, B_1, B_2, B_6, C, Nikotinamid, Vitamin E, Eisen II, Cholin, Calciumhydrogenphosphat, in Ö zusätzlich: Vit. B_{12}, Panthenol, Calcium-Magnesium-Inosithexaphosphat, Kupfer, Adenosin *Rezeptpflichtig* (Ö)	Kopfschmerzen, Schlaflosigkeit	**Abzuraten** als Mittel gegen Altersbeschwerden. Bei einem Vitaminmangel, der auch im Alter sehr selten auftritt, ist die gezielte Einnahme eines einzelnen Vitamins oder einer bestimmten Vitamingruppe vorzuziehen. Die therapeutische Wirksamkeit mancher Inhaltsstoffe (z. B. Magnesiumorotrat, Vitamin E, Panthenol) ist zweifelhaft. Dimethylaminoäthanol ist ein Spaltprodukt des Procain – siehe dazu z. B. das Medikament *K. H. 3.*
Vitasprint B_{12} (D) Trinkfläschchen, Kaps. Glutamin, Phosphoserin, Vitamin B_{12}	Keine wesentlichen bekannt	**Abzuraten** Die Verwendung von Vitamin B_{12} ist nur bei einer bestimmten Form von Blutarmut (perniziöse Anämie) zweckmäßig. Hierfür erscheint dieses völlig überdosierte Kombinationspräparat aber ungeeignet.

15.2. Medikamente im Alter

Altern ist keine Krankheit. Wohl aber bringt es oft Krankheiten mit sich. Und die müssen gezielt behandelt werden, oft auch mit Medikamenten. Häufig zeigt es sich dann, dass eine konsequente Behandlung der tatsächlichen Krankheit die allgemeinen und diffusen »Altersbeschwerden« zum Verschwinden bringt.

Der Reflex, halt etwas zu verschreiben, wenn ein älterer Patient über Beschwerden klagt, ist leider weit verbreitet. Doch gerade in der Ge-

riatrie (Medizin im Alter) ist es wichtig, durch eine sorgfältige Untersuchung das Grundübel der Beschwerden ausfindig zu machen und gezielt zu behandeln.
Eine Ultraschall-Untersuchung des Herzens in einer Spezialambulanz kann etwa darüber entscheiden, ob der Patient wirklich ein herzstärkendes Medikament braucht. Dadurch kann verhindert werden, dass einem alten Menschen ein wichtiges Medikament vorenthalten wird oder dass er unnötigerweise ein Medikament mit Neben- und Wechselwirkungen einnehmen muss.
So sind beispielsweise Schlaflosigkeit und nächtliche Unruhe, aber auch Gedächtnisstörungen und Verwirrtheit nicht selten auf Hirndurchblutungsstörungen zurückzuführen, die durch eine verminderte Leistung des Herzmuskels verursacht werden. Wird die Pumpleistung durch eine regelmäßige und genau dosierte Einnahme von Herzmitteln gesteigert, kann es wieder zu einer völlig normalen Hirndurchblutung kommen. Schlafmittel würden in diesem Fall nur eine kurzfristige Linderung mit sich bringen. Längst ist bekannt, dass es auch Medikamente gibt, die, wenn man sie weglässt, die Hirntätigkeit steigern: z. B. Beruhigungsmittel und Psychopharmaka, die vor allem alten Menschen viel zu häufig verordnet werden. Zudem kann die Verwendung von Medikamenten dazu führen, dass z. B. durch Schmerzmittel die Grundkrankheiten bloß verdeckt und dann nicht mehr rechtzeitig behandelt werden können.
Und oft sind es nicht Medikamente, welche die Beschwerden tatsächlich beheben: Soziale Kontakte oder Tanzen übertreffen jedes *Nootropikum* (angeblich gehirnleistungssteigerndes Medikament). 1 1/2 Liter Flüssigkeit pro Tag sind oft besser als jedes durchblutungsfördernde Mittel.

Mit besonderer Vorsicht

Da im Alter naturgemäß mehr chronische Erkrankungen (z. B. Herzleiden) auftreten, ist für viele ältere Menschen die dauerhafte Einnahme von Medikamenten notwendig.
Der Berliner Pharmakologe Helmut Kewitz hat über die Arzneimittelbehandlung bei älteren Menschen folgenden Ratschlag gegeben: »Die erste Aufgabe bei Arzneiverordnungen in der Geriatrie lautet, das Entbehrliche wegzulassen und die Verschreibung auf das unbedingt Notwendige zu beschränken. Entbehrlich sind vor allem die Arzneimittel, deren therapeutische Wirksamkeit nicht nachgewiesen ist, ins-

besondere dann, wenn mit ihrer Anwendung ein Risiko verbunden ist.«

Pillenflut im Alter

Leider sieht die Wirklichkeit anders aus. Mehr als die Hälfte der über 65-Jährigen nimmt in Deutschland regelmäßig vier bis sechs verschiedene Medikamente ein: hauptsächlich Mittel gegen Durchblutungsstörungen, Mittel gegen Angina Pectoris, blutgerinnungshemmende Mittel, Rheumamittel und Mittel gegen Zuckerkrankheit. Dazu kommen die zahlreichen, nicht verschreibungspflichtigen Präparate, wie z. B. Abführmittel, Schmerzmittel und Vitamine.

Vor allem den Ärzten und den Krankenkassen müsste zu denken geben, dass in Großbritannien die älteren Menschen vergleichsweise viel weniger Medikamente zu sich nehmen.

Nebenwirkungen

Ältere Menschen nehmen nicht nur viel mehr Medikamente zu sich, sie leiden auch viel mehr darunter. Die Arzneimittelkommission der Deutschen Ärzteschaft hat festgestellt, dass bei *alten Menschen Nebenwirkungen siebenmal häufiger auftreten als bei jungen.*

Wenn die Leistung der Nieren im Alter zurückgeht, was häufig der Fall ist, bleiben Arzneistoffe, die durch die Nieren ausgeschieden werden (wie Digoxin, Aminoglykosid-Antibiotika, Sulfonamide, Kalium), unter Umständen doppelt so lange im Körper. Hauptursache für die häufiger auftretenden Nebenwirkungen bei älteren Menschen sind jedoch nicht solche organischen Gründe, sondern:

1. die oft ungenauen oder unzureichenden Diagnosen durch die Ärzte.
2. die unkritische Einschätzung der Notwendigkeit einer Behandlung mit Medikamenten.
3. die exzessiven Verschreibungen, die mit einer Tendenz verbunden sind, immer wiederholt zu werden, anstatt dass der Patient neuerlich untersucht wird.

Paradoxe Erscheinungen

Obwohl die Wirkung der Arzneimittel grundsätzlich vom Lebensalter unabhängig ist, also qualitativ gleich bleibt, kann es bei älteren Menschen häufig zu paradoxen Reaktionen kommen: Beruhigungsmittel und Tranquilizer können statt Beruhigung Verwirrungszustände, Unruhe, Ängstlichkeit und Depressionen auslösen, Schlafmittel können eine starke Erregung hervorrufen. Das hat mit der unterschiedlichen Medikamenten-Empfindlichkeit älterer Menschen zu tun. In einigen Fällen ist sie vermindert, häufig jedoch deutlich erhöht.

Wechselwirkungen

Durch die gleichzeitige Verwendung mehrerer Präparate kann es zu bedrohlichen Arzneimittel-Wechselwirkungen kommen. »Die dabei auftretenden Nebenwirkungen«, stellt das englische »Royal College of Physicians« fest, »können zu einer reduzierten Bereitschaft, Medikamente einzunehmen, führen. Das wiederum kann verschiedene Folgen haben und den Arzt bei der Behandlung verwirren.«
Wechselwirkungen können besonders im Zusammenhang mit folgenden Medikamenten-Gruppen auftreten: blutgerinnungshemmende Mittel, Mittel gegen Depressionen, Krampfmittel, blutdrucksenkende Mittel, Tabletten gegen Zuckerkrankheit, Herzglykoside, Krebsmittel.

16. Kapitel: **Zuckerkrankheit**

Von Zuckerkrankheit (Diabetes mellitus) spricht man, wenn das Hormon Insulin fehlt oder nur unzureichend wirkt und dadurch der Blutzuckerspiegel erhöht ist. Zuckerkrankheit ist heute doppelt so häufig wie noch vor 25 Jahren: Etwa vier Millionen Deutsche sind davon betroffen. Das Risiko, an Diabetes zu erkranken, erhöht sich mit dem Alter: Von den 70-Jährigen ist mindestens jeder zehnte zuckerkrank.

Es gibt zwei verschiedene Formen von Zuckerkrankheit

Die Jugendzuckerkrankheit (Diabetes-Typ 1)

Sie tritt vorwiegend vor dem 30. Lebensjahr auf. Beim Diabetes Typ 1 sind die insulinbildenden Teile der Bauchspeicheldrüse zerstört. Die Folge ist ein fast totaler Insulinmangel. Die Ursache für Diabetes Typ 1 ist bis jetzt nicht genau bekannt.

Die Alterszuckerkrankheit (Diabetes-Typ 2)

kann in fast jedem Lebensalter auftreten, die meisten Erkrankungen beginnen jedoch nach dem 40. Lebensjahr. Bei dieser weit häufigeren Art des Diabetes spielt die Vererbung eine noch wichtigere Rolle. Bei bestimmten Menschen ist die Kapazität der Bauchspeicheldrüse eingeschränkt – was noch nicht bedeutet, dass sie von vornherein zu wenig Insulin produziert. Das passiert erst, wenn weitere Einflüsse dazukommen – Alter, bestimmte Formen von Stress, Bewegungsmangel und vor allem Übergewicht. Übergewicht ist die häufigste Ursache von Diabetes Typ 2. Rund 80 Prozent dieser Kranken sind übergewichtig. Die Insulinproduktion der Bauchspeicheldrüse – die bei Normalgewicht vielleicht noch genügt hätte – kann den gesteigerten Bedarf nicht mehr decken. Im Unterschied zum Diabetes Typ 1 wird jedoch zumindest am Anfang noch ziemlich viel Insulin produziert.

Was passiert bei Insulinmangel?

Normalerweise beträgt der Blutzuckerwert am Morgen vor dem Essen (nüchtern) nicht über 110 und steigt auch nach einer Mahlzeit nicht auf über 160 mg/dl an.
Das Insulin – ein Hormon, das in der Bauchspeicheldrüse gebildet wird – ist notwendig für die Einschleusung des Zuckers in Körperzellen. Insulin bildet sich nach Bedarf und hält den Zuckerspiegel im Blut

konstant. Wenn diese Regulierung nicht funktioniert, steigt der Zucker im Blut über die kritische Höhe an. Von Zuckerkrankheit spricht man bei Nüchternwerten über 120 mg/dl und bei Werten zwei Stunden nach dem Essen von über 200 mg/dl. Die Zuckerkrankheit spürt man nur bei akutem Beginn und hohen Blutzuckerwerten von > 200 mg/dl. Sie äußert sich dann in starkem Durst, häufigem Wasserlassen, trockener Haut und Schleimhaut. Die Auswirkungen können beträchtlich sein:

– Ab einer gewissen Schwelle von etwa 160–200 mg/dl können die Nieren den Harn nicht mehr zuckerfrei halten – Zucker wird im Harn ausgeschieden. Mit dem Zucker werden dann große Mengen Wasser ausgeschieden. Der un- oder schlechtbehandelte Diabetiker muss oft auf die Toilette und hat großen Durst.
– Oft kommt es durch rasche Blutzuckeranstiege zu vorübergehenden Sehstörungen.
– Fett- und Eiweißspeicher in den Muskeln werden abgebaut – man fühlt sich müde, abgespannt, kann auch an Gewicht verlieren.
– Die Abwehrkraft des Körpers wird geschwächt, Erkältungen, Hautinfektionen, Pilzbefall der Schleimhäute werden häufiger.
– Bei vermehrtem Fettabbau entstehen auch Aceton und Acetessigsäure. Das kann zu einer Übersäuerung des Blutes führen, die lebensgefährlich wird, wenn nicht rechtzeitig Insulin zugeführt wird. Das diabetische Koma (ein Stadium, in dem aus Müdigkeit Bewusstlosigkeit wird) kann tödlich enden.
– Schon eine geringe Erhöhung des Blutzuckers über einen längeren Zeitraum kann Nerven und Blutgefäße schädigen und zu folgenden Krankheitsbildern führen:

Veränderungen der Netzhaut der Augen, Herzinfarkt, Schlaganfall, Nierenschäden, Brand an Zehen und Füßen. Auch Verdauungsstörungen, gestörte Tätigkeit der Schweißdrüsen und Sexualstörungen sind möglich. Die Störung der sensiblen Nerven kann zu Kribbeln, Taubheitsgefühlen, aber auch zu Schmerzen vor allem in den Beinen führen.

Behandlung

Zuckerkrankheit ist bis jetzt nicht heilbar. Es ist jedoch oft möglich, die Einstellung des Stoffwechsels so zu beeinflussen, dass die Behinderungen des Tagesablaufes auf ein erträgliches Maß reduziert werden. Auch die Lebenserwartung muss bei guter Einstellung nicht geringer sein als bei Nichtdiabetikern. Die Behandlung des Jugenddi-

abetes (Typ 1) beruht auf der täglich mehrfachen subkutanen Injektion von Insulin.
Bei Altersdiabetikern (Typ 2) ist sich die Fachwelt einig, dass die primäre Behandlung dieser Erkrankung darin besteht, eine Diät einzuhalten – vor allem zur Normalisierung des Gewichts – und die körperliche Aktivität zu steigern. Mit diesen nichtmedikamentösen Maßnahmen allein kann bei sehr vielen Altersdiabetikern in den ersten Jahren der Erkrankung ein fast normaler Blutzuckerwert erreicht werden. Später wird häufig eine zusätzliche Behandlung mit Insulin oder Tabletten erforderlich.

Diät

Wenn der Körper mit dem zugeführten Zucker nicht mehr richtig umgehen kann, muss die Zuckerzufuhr reguliert werden.
Dabei geht es nicht nur um den offensichtlichen Zucker. Darüber hinaus werden auch alle Kohlenhydrate im Körper in Zucker umgewandelt, und auf diese bezieht sich die Berechnung der Diabetes-Diäten. Es geht darum, die zugeführte Menge zu kontrollieren und zu dosieren. Sie muss den Möglichkeiten des Zuckerabbaus im Blut – sei es durch doch noch vorhandenes eigenes Insulin, sei es durch die Dosierung der Injektionen – angepasst sein, so dass der Blutzuckerspiegel die Obergrenzen möglichst nie überschreitet.
Dabei kommt es darauf an, ob Zuckerkranke übergewichtig sind oder nicht. Wer zu viel wiegt, muss schlicht und einfach eine Abmagerungsdiät einhalten. Es kommt oft vor, dass nach einer Gewichtsabnahme der Blutzuckerspiegel wieder normal ist. Die Bauchspeicheldrüse hat nur das Zuviel an Nahrung und den Mehrbedarf durch Übergewicht nicht verkraftet.
Normalgewichtige kontrollieren ihre Kohlenhydratzufuhr mit Hilfe von so genannten Austauschtabellen, die sie bei ihrem Arzt, in Krankenhäusern, Ambulanzen oder auch im Buchhandel besorgen können. Sie helfen, die Kohlenhydrate als Teil der Mahlzeiten abzuschätzen. Nach einigen Wochen strikter Einhaltung der Diät sollten die Stoffwechseluntersuchungen wiederholt werden. Dazu gehört neben den Blutzuckerwerten besonders der HbA1c-Wert, ein Laborwert, der die Schwankungen des Blutzuckers über die letzten zwei bis drei Monate mit einbezieht und als eine Zahl ausdrückt.
Wenn sich der Stoffwechsel noch immer nicht normalisiert hat, mag jetzt die Entscheidung für ein Medikament fallen.

Entweder wird Insulin gespritzt, also dem Körper von außen zugeführt. Wichtig sind dabei genaue Kontrollen und eine gute Einschulung. Die Spritztechnik ist leicht zu erlernen. Mehrere Insulingaben am Tag sind einer einmaligen Gabe vorzuziehen.

Achtung: Wer Insulin spritzt, muss auch den Blut- und Harnzucker selbst kontrollieren lernen. Es gibt dazu Streifentests, die eine Kontrolle zu Hause ohne weiteres möglich machen.

Oder es werden Tabletten eingenommen. Tabletten können dem Körper kein Insulin zuführen. Sie sollen die Bauchspeicheldrüse anregen, mehr Insulin zu produzieren (Sulfonylharnstoffe). Oder sie sollen die Insulinempfindlichkeit des Körpers steigern (z. B. Metformin und Glitazone). Andere Tabletten sollen über eine Hemmung der Kohlenhydratverdauung wirken (Acarbose). Die Wirksamkeit und Sicherheit dieser Tabletten ist in Langzeitstudien nur für den Sulfonylharnstoff Glibenclamid und – bei Übergewichtigen – als Monotherapie auch für das Metformin bewiesen. Für Patienten, die zusätzlich eine koronare Herzkrankheit haben, und für alle anderen Diabetes-Tabletten gilt dies nicht.

Achtung: Auch wenn Sie Tabletten gegen die Zuckerkrankheit einnehmen, müssen Sie in ärztlicher Kontrolle bleiben und Ihren Stoffwechsel regelmäßig selbst kontrollieren (z. B. mit Urinzuckerstreifentests).

Aktive Mitarbeit des Diabetikers notwendig

Aufhören zu rauchen und bei Übergewicht abnehmen sind zwei der wichtigsten Maßnahmen für Menschen, die an Diabetes leiden.
Ziel jeder Diabetes-Behandlung ist das Erreichen von Blutzuckerwerten unter 160–180 mg/dl. Dieses Ziel ist allerdings ohne die aktive Mitarbeit des Betroffenen selbst nicht zu erreichen, da der Blutzucker vielen unterschiedlichen Einflüssen unterliegt: Kohlehydrataufnahme, Stress, Krankheit, körperliche Aktivität und der Genuss von Alkohol sind die wichtigsten. Damit der Blutzucker wirklich im gewünschten Bereich bleibt, muss der Diabetiker wissen, wie er diese Einflüsse mit seiner Behandlung abstimmen kann.

Diabetikerschulung

Zur Behandlung von Diabetes gehört unbedingt eine Schulung, bei der Zuckerkranke lernen, ihre Ernährung mit der Behandlung abzustim-

men, den Zuckergehalt von Harn oder Blut selbst zu kontrollieren, mit blutzuckersenkenden Tabletten richtig umzugehen, wenn notwendig Insulin zu spritzen und Diabetes-bedingte Beschwerden und Folgeschäden (Erblinden, Nierenversagen, Neuropathie) zu vermeiden. Derartige Schulungen sind unverzichtbarer Teil jeglicher Therapie, sowohl im Krankenhaus wie auch in der Arztpraxis. Die entsprechenden Kosten werden von den Krankenkassen übernommen.
Mittlerweile werden in Deutschland und in Österreich Therapie- und Schulungsprogramme für alle Formen des Diabetes flächendeckend in Krankenhäusern, Ambulanzen, Tageskliniken und Arztpraxen angeboten.

Diabetische Neuropathie

Die diabetische Nervenschädigung macht sich zunächst in Taubheits- und Kribbelgefühlen in den Füßen bemerkbar. Später kommt es zum Verlust der Sensibilität und der Schmerzempfindung.
Spätstadien der diabetischen Neuropathie sind oft sehr schmerzhaft. Durch eine verbesserte Blutzuckereinstellung können sie sich möglicherweise sogar zurückbilden. Durch eine Behandlung können jedoch meistens nur Beschwerden gemildert werden, zum Beispiel durch Carbamazepin (enthalten z. B. in *Tegretal*). Der häufig verwendete Wirkstoff Liponsäure (enthalten z. B. in *Alpha-Lipon-AL, Alpha-Lipogamma, Alpha-Liponsäure Sandoz, Alpha-Liponsäure von ct, Alpha-Lipon Stada, Alpha-Vibolex HRK, Biomo-Lipon, Liponsäure-ratiopharm, Neurium, Thioctacid*) scheint keinen über die Placebowirkung (= Arzneimittel ohne Wirkstoff) hinausgehenden Nutzen zu haben. Egal, welche Therapie angewendet wird – seien es Einreibungen oder Akupunktur oder Infusionen oder irgendwelche Pillen –, bei mehr als der Hälfte aller Patienten mit diabetischer Neuropathie bessern sich die Beschwerden. Es handelt sich in diesem Fall um eine klassische Placebowirkung.
Wichtig bei diabetischer Neuropathie ist eine sorgfältige Fußpflege, das Tragen druckentlastender Schutzschuhe und eventuelle Wundbehandlung.
Das Endstadium der diabetischen Neuropathie kann zu Fuß- und Beinamputationen führen.

16.1. Tabletten gegen Zuckerkrankheit und deren Folgeerscheinungen

Blutzuckersenkende Tabletten können nur wirken, wenn die Bauchspeicheldrüse noch imstande ist, Insulin zu produzieren. »Diätsünden« können durch die Tabletten nicht ausgeglichen werden.
Tabletten gegen Zuckerkrankheit sind laut amerikanischer Ärztevereinigung nur bei einer Minderheit von Altersdiabetikern sinnvoll. Und zwar dann, wenn

- bei Übergewichtigen durch eine Diät mindestens 3 bis 5 Kilogramm abgenommen oder das Normalgewicht erreicht wurde,
- eine adäquate Diät zur Einstellung des Blutzuckerspiegels nicht ausreicht und noch eine Restmenge Insulin produziert wird,
- alte Menschen nicht in der Lage sind, sich selbst Insulin-Injektionen geben zu können.

Bei vollständigem Insulinmangel muss ohnehin Insulin gespritzt werden. Die Gruppe, bei der die Diät nicht mehr reicht und Insulin noch nicht nötig ist, macht höchstens ein Drittel der Altersdiabetiker aus. In Deutschland ist es jedoch so, dass die überwiegende Anzahl der Altersdiabetiker mit derartigen Tabletten »versorgt« wird.
Industrieinterne Statistiken zeigen, dass die Deutschen im Durchschnitt fünfmal häufiger Tabletten gegen Zuckerkrankheit verordnet bekommen als die Briten und etwa doppelt so häufig wie die Schweizer. Das kann nur bedeuten, dass Tabletten gegen die Zuckerkrankheit in Österreich und in Deutschland »in der überwiegenden Mehrzahl der Fälle unsachgemäß eingesetzt werden«.
Es gibt fünf Gruppen von Tabletten:

1. Sulfonylharnstoffe

Enthalten in *Amaryl, Diamicron, Duraglucon N, Euglucon N, Euglucon Roche, Glib AbZ, Glibenbeta, Gliben von ct, Glibenclamid AL, Glibenclamid Basics, Glibenclamid Genericon, Glibenclamid Heumann, Glibenclamid R.A.N., Glibenclamid-ratiopharm, Glibenclamid Sandoz, Glibendoc, Glibenhexal, Gliben Lich, Gliben Puren, Glib-ratiopharm, Glimidstada, Glucobene, Glucovital, Maninil.*
Diese Substanzen regen die körpereigene Insulinproduktion an, wirken also nur dann, wenn die Bauchspeicheldrüse noch Insulin produziert. Allerdings nicht immer: Bei jedem fünften Patienten wirken sie

von Anfang an überhaupt nicht, bei mindestens jedem zweiten setzt die Wirkung später aus.
Darin unterscheiden sich die einzelnen Produkte kaum. Es ist deshalb sinnlos, bei fehlender Wirkung ein anderes Medikament auszuprobieren. Unterschiede liegen im unterschiedlich schnellen Wirkungseintritt. Es gibt schnell wirkende, langsam wirkende und verzögert wirkende Mittel, wobei es im Prinzip keine Rolle spielt, wofür man sich entscheidet. Wichtig ist in jedem Fall die Beachtung des richtigen Abstands zwischen Einnahme der Tabletten und Nahrungsaufnahme. Tabletten mit schneller Wirkstofffreisetzung können unmittelbar vor dem Frühstück eingenommen werden, während Tabletten mit verzögerter Freisetzung 20 bis 30 Minuten vor dem Frühstück eingenommen werden müssen.

Komplikationen

Am gravierendsten ist die Unterzuckerungsreaktion (Hypoglykämie, Symptome siehe Kapitel 16.2.: Insuline). Sie kann verursacht werden durch ein Zuviel an Tabletten, durch die gleichzeitige Einnahme anderer Medikamente (z. B. Sulfonamide, Butazolidin u. ä.), mangelnde Zufuhr von Kohlenhydraten, außergewöhnliche körperliche Aktivität oder Genuß von »harten« Getränken.

Zur Vorbeugung solcher Zwischenfälle wird daher empfohlen:
- Behandlungsbeginn mit niedrigen Dosierungen, da Unterzuckerungsreaktionen vor allem zu Beginn der Therapie vorkommen,
- bei Nüchternwerten unter 120 mg/dl soll unter ärztlicher Aufsicht versucht werden, die Tabletten abzusetzen,
- bei eingeschränkter Nierenfunktion soll die Dosis reduziert werden.

Allergische Reaktionen können sich durch Übelkeit, Erbrechen, Störung des Blutbildes, der Schilddrüsenfunktion, der Leber und durch Metallgeschmack im Mund äußern. Vorsicht bei Alkohol! Während der Schwangerschaft dürfen Sulfonylharnstoffe nicht verwendet werden.
Achtung: Der Diabetes-Fachmann Professor Michael Berger aus Düsseldorf warnt davor, Sulfonylharnstoff-Mittel an Patienten zu verschreiben, die an einer koronaren Herzkrankheit leiden. Dies betrifft in Deutschland etwa jeden zweiten Diabetiker! Verschiedene Untersuchungen haben darauf hingewiesen, dass die Sterblichkeit von Patienten, die solche Tabletten einnehmen, gegenüber Patienten, die Insulin verwenden, erhöht ist. Offenbar wirken sich Sulfonylharnstoffe bei koronarer Herzkrankheit negativ auf die Herzmuskeldurchblutung aus.

2. Metformin

Enthalten in *Diabesin, Diabetase, Diabetex, Glucobon Biomo, Glucophage, Mediabet, Meglucon, Mescorit, Met, Metfogamma, Metform Abz, Metformin 1A Pharma, Metformin AL, Metformin Arcana, Metformin Basics, Metformin Germania, Metformin Merck, Metformin-ratiopharm, Metformin Sandoz, Metformin Tyrol Pharma, Metformin Stada, Metformin von ct, Siofor.*

Der Wirkstoff Metformin steigert nicht die Insulinproduktion der Bauchspeicheldrüse, sondern verzögert die Glukoseresorption und erhöht die Insulinempfindlichkeit. Metformin soll laut Arzneimittelkommission der Deutschen Ärzteschaft unter »strenger Beachtung der Kontraindikationen und unter fortlaufender Überwachung« verwendet werden. Schon Übelkeit, Erbrechen und Durchfall können erste Anzeichen einer zwar seltenen, aber lebensbedrohlichen Nebenwirkung sein – der Milchsäureüberladung des Blutes.

Unter Monotherapie mit Metformin können bei übergewichtigen Typ-2-Diabetikern günstige Ergebnisse erzielt werden. Die Kombination von Metformin mit Sulfonylharnstoffen hat in einer großen Studie zu einer erhöhten Sterblichkeit geführt.

Achtung: Viele Patienten, die dringend Insulin brauchen würden, erhalten von manchen Ärzten nur Metformin verschrieben. Dies kann schwerwiegende gesundheitliche Folgen haben.

3. Glitazone (Rosiglitazon z. B. in *Avandia* und Pioglitazon z. B. in *Actos*)

Die Glitazone steigern nicht die Insulinproduktion der Bauchspeicheldrüse, sondern erhöhen die Insulinempfindlichkeit von Fett- und Muskelzellen.

Der Hersteller von Avandia preist das Medikament als »sehr gut verträglich« an. Die Fachpublikation »Arzneimittel-Kursbuch« kommt zum gegenteiligen Urteil: »Ein bedenkliches Arzneimittel«. Als Nebenwirkungen können auftreten: Lebensbedrohliche Herzschwäche, Ödeme (Wasseransammlungen im Gewebe), Gewichtszunahme, mögliche Leber- und Augenschäden. Außerdem fehlen Langzeiterfahrungen mit diesem Mittel. Unsere Bewertung: abzuraten.

4. Acarbose (*Glucobay*) und **Miglitol** (*Diastabol*)

Glucobay, ein in Deutschland auffallend häufig verschriebenes Mittel (1,3 Millionen Packungen im Jahr 2000; 1,1 Millionen im Jahr 2003),

hat laut Fachzeitschrift »arznei-telegramm« nicht einmal als Begleittherapie eine Berechtigung. Das Verspeisen eines Müslis hat dieselbe Wirkung – eine Verlangsamung der Zuckerabgabe aus dem Darm ins Blut. Der Nutzen ist zweifelhaft, und außerdem treten als Nebenwirkung sehr häufig – bei bis zur Hälfte aller Patienten – Magen-Darm-Störungen auf. Unsere eindeutige Empfehlung: abzuraten.
Diastabol hat eine ähnliche Wirkung wie *Glucobay*. Die Fachpublikation »Arzneimittel-Kursbuch« schreibt: Mäßiger Nutzen, fehlende Langzeiterfahrung. Wir bewerten Diastabol deshalb genauso negativ wie *Glucobay*.

5. Glitinide (Nateniglid z. B. in *Starlix* und Repaniglid z. B. in *Novoform*)

Diese neuen Mittel steigern die Insulinausscheidung aus der Bauchspeicheldrüse sehr schnell nach der Einnahme. Sie haben ein hohes Risiko für eine gefährliche Unterzuckerreaktion. Diese Wirkstoffe dürfen von Patienten mit koronarer Herzkrankheit nicht verwendet werden. Es gibt bis jetzt keine Langzeituntersuchungen in Bezug auf Wirksamkeit und Sicherheit. Es ist nur zur gleichzeitigen Behandlung mit Metformin zugelassen. Unsere Bewertung: abzuraten. Vertretbar nur in begründeten Ausnahmefällen als Zusatztherapie, wenn Metformin als Einzelsubstanz nicht ausreichend wirkt.

16.1. Tabletten gegen Zuckerkrankheit

Präparat	Wichtigste Nebenwirkungen	Empfehlung
Actos (D/Ö) Tabl. Pioglitazon *Rezeptpflichtig*	Leberschädigungen möglich. Gewichtszunahme, Herzschwäche, Anstieg des Gesamtcholesterins. Blutarmut möglich	**Abzuraten** Der Nutzen dieses Mittels, das zusätzlich zu Sulfonylharnstoffen (z. B. Glibenclamid) oder Metformin verwendet wird, ist zweifelhaft. Ungünstiges Nutzen-Risiko-Verhältnis.
Alpha-Lipon AL (D) Filmtabl. Alpha-Liponsäure	Allergische Reaktionen. Nach zu schneller Injektion Atembeschwerden. In Einzelfällen wurde über Krämpfe, Doppeltsehen, Blutungsneigung und Schockreaktionen berichtet. Es kann zu einem Absinken des Blutzuckerspiegels kommen	**Abzuraten** Zweifelhafte therapeutische Wirksamkeit bei diabetischen Neuropathien.

Präparat	Wichtigste Nebenwirkungen	Empfehlung
Amaryl (D/Ö) Tabl. Glimepirid *Rezeptpflichtig*	Akut: Unterzuckerung (kann auch durch gleichzeitige Einnahme anderer Medikamente ausgelöst werden). Bei Patienten mit Typ-2-Diabetes, die an einer Durchblutungsstörung am Herzen (Angina Pectoris) leiden, sollte Glimepirid – wie andere Sulfonylharnstoffe auch – nicht eingesetzt werden. Bei Auftreten eines Herzinfarkts sollte eine Umstellung auf Insulin erfolgen	**Nur zweckmäßig, wenn** bei Typ-2-Diabetikern (Altersdiabetes) durch Bewegung, Gewichtsreduktion und konsequente Diät keine ausreichende Wirkung auf den Blutzuckerspiegel erreicht wird und noch eine Restinsulinproduktion vorhanden ist
Avandia (D) Filmtabl. Rosiglitazon *Rezeptpflichtig*	Leberschädigungen möglich. Gewichtszunahme, Herzschwäche, Anstieg des Gesamtcholesterins. Blutarmut möglich	**Abzuraten** Der Nutzen dieses Mittels, das zusätzlich zu Sulfonylharnstoffen (z. B. Glibenclamid) oder Metformin verwendet wird, ist zweifelhaft. Ungünstiges Nutzen-Risiko-Verhältnis.
Bismo-Lipon (D) Filmtabl., Infusionslösung Alpha-Liponsäure	Allergische Reaktionen. Nach zu schneller Injektion Atembeschwerden. In Einzelfällen wurde über Krämpfe, Doppeltsehen, Blutungsneigung und Schockreaktionen berichtet. Es kann zu einem Absinken des Blutzuckerspiegels kommen	**Abzuraten** Zweifelhafte therapeutische Wirksamkeit bei diabetischen Neuropathien.
Diabesin (D) **Diabetase** (D) Filmtabl. Metformin *Rezeptpflichtig*	Akut: Übelkeit, Magenschmerzen, Erbrechen. Kann zu Milchsäure-Überzuckerung des Blutes führen, die tödlich enden kann	**Nur zweckmäßig bei** Typ-2-Diabetikern mit erheblichem Übergewicht, bei denen Diät alleine nicht ausreicht, bei denen aber noch körpereigenes Insulin produziert wird. Nur unter ständiger Kontrolle der Nierenfunktion und nicht bei Patienten über 65 Jahren anwenden. Patienten, die Insulin brauchen würden, erhalten oft nur Metformin-Präparate verschrieben.

Präparat	Wichtigste Nebenwirkungen	Empfehlung
Diabetex (Ö) Filmtabl. Metformin *Rezeptpflichtig*	Akut: Übelkeit, Magenschmerzen, Erbrechen. Kann zu Milchsäure-Überzuckerung des Blutes führen, die tödlich enden kann	**Nur zweckmäßig bei** Typ-2-Diabetikern mit erheblichem Übergewicht, bei denen Diät alleine nicht ausreicht, bei denen aber noch körpereigenes Insulin produziert wird. Nur unter ständiger Kontrolle der Nierenfunktion und nicht bei Patienten über 65 Jahren anwenden. Patienten, die Insulin brauchen würden, erhalten oft nur Metformin-Präparate verschrieben.
Diamicron (Ö) Tabl. Gliclazid *Rezeptpflichtig*	Akut: Unterzuckerung (kann auch durch gleichzeitige Einnahme anderer Medikamente ausgelöst werden). Bei Patienten mit Typ-2-Diabetes, die an einer Durchblutungsstörung am Herzen (Angina Pectoris) leiden, sollten Mittel mit Sulfonylharnstoffen wie Gliclazid nicht eingesetzt werden. Bei Auftreten eines Herzinfarkts sollte eine Umstellung auf Insulin erfolgen	**Möglicherweise zweckmäßig bei** Typ-2-Diabetikern (Altersdiabetes), wenn durch Bewegung, Gewichtsreduktion und konsequente Diät keine ausreichende Wirkung auf den Blutzuckerspiegel erreicht wird und noch eine Restinsulinproduktion vorhanden ist. Für Gliclazid existieren keine Langzeitstudien in Bezug auf Wirksamkeit und Sicherheit.
Diastabol (D/Ö) Tabl. Miglitol *Rezeptpflichtig*	Häufig Blähungen, Darmgeräusche, Durchfall, Gewichtsabnahme, auch Magen-Darm-Schmerzen, Hautausschläge	**Abzuraten** Wenig sinnvolles Therapieprinzip. Durch das Mittel wird eine Enzymmangelkrankheit mit Störung der Verdauung von Mehrfachzuckern (Kohlehydraten wie z.B. Stärke) ausgelöst und dadurch die Aufnahme von Traubenzucker (Glucose) ins Blut verlangsamt. Die Auswirkungen bei Langzeitanwendung sind unzureichend erprobt.

Präparat	Wichtigste Nebenwirkungen	Empfehlung
Euglucon N / Semi-Euglucon N (D) Tabl. Glibenclamid *Rezeptpflichtig*	Akut: Unterzuckerung (kann auch durch gleichzeitige Einnahme anderer Medikamente ausgelöst werden). Bei Patienten mit Typ-2-Diabetes, die an einer Durchblutungsstörung am Herzen (Angina Pectoris) leiden, sollten Mittel mit Sulfonylharnstoffen wie Glibenclamid nicht eingesetzt werden. Bei Auftreten eines Herzinfarkts sollte eine Umstellung auf Insulin erfolgen	**Nur zweckmäßig, wenn bei** Typ-2-Diabetikern (Altersdiabetes) durch Bewegung, Gewichtsreduktion und konsequente Diät keine ausreichende Wirkung auf den Blutzuckerspiegel erreicht wird und noch eine Restinsulinproduktion vorhanden ist.
Euglucon Roche (Ö) Tabl. Glibenclamid *Rezeptpflichtig*	Akut: Unterzuckerung (kann auch durch gleichzeitige Einnahme anderer Medikamente ausgelöst werden). Bei Patienten mit Typ-2-Diabetes, die an einer Durchblutungsstörung am Herzen (Angina Pectoris) leiden, sollten Mittel mit Sulfonylharnstoffen wie Glibenclamid nicht eingesetzt werden. Bei Auftreten eines Herzinfarkts sollte eine Umstellung auf Insulin erfolgen	**Nur zweckmäßig, wenn bei** Typ-2-Diabetikern (Altersdiabetes) durch Bewegung, Gewichtsreduktion und konsequente Diät keine ausreichende Wirkung auf den Blutzuckerspiegel erreicht wird und noch eine Restinsulinproduktion vorhanden ist.
Glib Abz (D) Tabl. **Gliben CT** (D) Tabl. **Glibenclamid AL** (D) Tabl. **Glibenclamid Heumann** (D) Tabl. **Glibenclamid Genericon** (Ö) Tabl. **Glibenhexal** (D) Tabl. Glibenclamid *Rezeptpflichtig*	Akut: Unterzuckerung (kann auch durch gleichzeitige Einnahme anderer Medikamente ausgelöst werden). Bei Patienten mit Typ-2-Diabetes, die an einer Durchblutungsstörung am Herzen (Angina Pectoris) leiden, sollten Mittel mit Sulfonylharnstoffen wie Glibenclamid nicht eingesetzt werden. Bei Auftreten eines Herzinfarkts sollte eine Umstellung auf Insulin erfolgen	**Nur zweckmäßig, wenn bei** Typ-2-Diabetikern (Altersdiabetes) durch Bewegung, Gewichtsreduktion und konsequente Diät keine ausreichende Wirkung auf den Blutzuckerspiegel erreicht wird und noch eine Restinsulinproduktion vorhanden ist.

Präparat	Wichtigste Nebenwirkungen	Empfehlung
Glucobay (D/Ö) Tabl. Acarbose *Rezeptpflichtig*	Häufig Blähungen, Darmgeräusche, Durchfall, Gewichtsabnahme, auch Magen-Darm-Schmerzen, Leberschäden	**Abzuraten** Wenig sinnvolles Therapieprinzip. Durch das Mittel wird eine Enzymmangelkrankheit mit Störung der Verdauung von Mehrfachzuckern (Kohlehydraten wie z.B. Stärke) ausgelöst und dadurch die Aufnahme von Traubenzucker (Glucose) ins Blut verlangsamt. Die Auswirkungen bei Langzeitanwendung sind unzureichend erprobt.
Glucobene (Ö) Tabl. Glibenclamid *Rezeptpflichtig*	Akut: Unterzuckerung (kann auch durch gleichzeitige Einnahme anderer Medikamente ausgelöst werden). Bei Patienten mit Typ-2-Diabetes, die an einer Durchblutungsstörung am Herzen (Angina Pectoris) leiden, sollten Mittel mit Sulfonylharnstoffen wie Glibenclamid nicht eingesetzt werden. Bei Auftreten eines Herzinfarkts sollte eine Umstellung auf Insulin erfolgen	**Nur zweckmäßig, wenn bei** Typ-2-Diabetikern (Altersdiabetes) durch Bewegung, Gewichtsreduktion und konsequente Diät keine ausreichende Wirkung auf den Blutzuckerspiegel erreicht wird und noch eine Restinsulinproduktion vorhanden ist.
Glucobon Biomo (D) Tabl. Metformin *Rezeptpflichtig*	Akut: Übelkeit, Magenschmerzen, Erbrechen. Kann zu Milchsäure-Überzuckerung des Blutes führen, die tödlich enden kann	**Nur zweckmäßig bei** Typ-2-Diabetikern mit erheblichem Übergewicht, bei denen Diät alleine nicht ausreicht, bei denen aber noch körpereigenes Insulin produziert wird. Nur unter ständiger Kontrolle der Nierenfunktion und nicht bei Patienten über 65 Jahren anwenden. Patienten, die Insulin brauchen würden, erhalten oft nur Metformin-Präparate verschrieben.

Präparat	Wichtigste Nebenwirkungen	Empfehlung
Glucophage (D/Ö) Filmtabl. Metformin *Rezeptpflichtig*	Akut: Übelkeit, Magenschmerzen, Erbrechen. Kann zu Milchsäure-Überzuckerung des Blutes führen, die tödlich enden kann	**Nur zweckmäßig bei** Typ-2-Diabetikern mit erheblichem Übergewicht, bei denen Diät alleine nicht ausreicht, bei denen aber noch körpereigenes Insulin produziert wird. Nur unter ständiger Kontrolle der Nierenfunktion und nicht bei Patienten über 65 Jahren anwenden. Patienten, die Insulin brauchen würden, erhalten oft nur Metformin-Präparate verschrieben.
Liponsäure-ratiopharm (D) Filmtabl., Infusionslösung Alpha-Liponsäure	Allergische Reaktionen. Nach zu schneller Injektion Atembeschwerden. In Einzelfällen wurde über Krämpfe, Doppeltsehen, Blutungsneigung und Schockreaktionen berichtet. Es kann zu einem Absinken des Blutzuckerspiegels kommen	**Abzuraten** Zweifelhafte therapeutische Wirksamkeit bei diabetischen Neuropathien.
Maninil (D) Tabl. Glibenclamid *Rezeptpflichtig*	Akut: Unterzuckerung (kann auch durch gleichzeitige Einnahme anderer Medikamente ausgelöst werden). Bei Patienten mit Typ-2-Diabetes, die an einer Durchblutungsstörung am Herzen (Angina Pectoris) leiden, sollten Mittel mit Sulfonylharnstoffen wie Glibenclamid nicht eingesetzt werden. Bei Auftreten eines Herzinfarkts sollte eine Umstellung auf Insulin erfolgen	**Nur zweckmäßig, wenn bei** Typ-2-Diabetikern (Altersdiabetes) durch Bewegung, Gewichtsreduktion und konsequente Diät keine ausreichende Wirkung auf den Blutzuckerspiegel erreicht wird und noch eine Restinsulinproduktion vorhanden ist.
Mediabet (D) Filmtabl. Metformin *Rezeptpflichtig*	Akut: Übelkeit, Magenschmerzen, Erbrechen. Kann zu Milchsäure-Überzuckerung des Blutes führen, die tödlich enden kann	**Nur zweckmäßig bei** Typ-2-Diabetikern mit erheblichem Übergewicht, bei denen Diät alleine nicht ausreicht, bei denen aber noch körpereigenes Insulin produziert wird. Nur unter ständiger Kontrolle der Nierenfunktion und nicht bei Patienten über 65 Jahren anwenden. Patienten, die Insulin brauchen würden, erhalten oft nur Metformin-Präparate verschrieben.

Präparat	Wichtigste Nebenwirkungen	Empfehlung
Meglucon (D/Ö) Filmtabl. Metformin *Rezeptpflichtig*	Akut: Übelkeit, Magenschmerzen, Erbrechen. Kann zu Milchsäure-Überzuckerung des Blutes führen, die tödlich enden kann	**Nur zweckmäßig bei** Typ-2-Diabetikern mit erheblichem Übergewicht, bei denen Diät alleine nicht ausreicht, bei denen aber noch körpereigenes Insulin produziert wird. Nur unter ständiger Kontrolle der Nierenfunktion und nicht bei Patienten über 65 Jahren anwenden. Patienten, die Insulin brauchen würden, erhalten oft nur Metformin- Präparate verschrieben.
Mescorit (D) Filmtabl. Metformin *Rezeptpflichtig*	Akut: Übelkeit, Magenschmerzen, Erbrechen. Kann zu Milchsäure-Überzuckerung des Blutes führen, die tödlich enden kann	**Nur zweckmäßig bei** Typ-2-Diabetikern mit erheblichem Übergewicht, bei denen Diät alleine nicht ausreicht, bei denen aber noch körpereigenes Insulin produziert wird. Nur unter ständiger Kontrolle der Nierenfunktion und nicht bei Patienten über 65 Jahren anwenden. Patienten, die Insulin brauchen würden, erhalten oft nur Metformin-Präparate verschrieben.
Met (D) **Metfogamma** (D) **Metform Abz** (D) **Metformin 1A Pharma** (D/Ö) **Metformin AL** (D) **Metformin Arcana** (Ö) **Metformin Basics** (D) **Metformin von ct** (D) **Metformin-ratiopharm** (D/Ö) **Metformin Sandoz** (D) **Metformin Stada** (D) Filmtabl. Metformin *Rezeptpflichtig*	Akut: Übelkeit, Magenschmerzen, Erbrechen. Kann zu Milchsäure-Überzuckerung des Blutes führen, die tödlich enden kann	**Nur zweckmäßig bei** Typ-2-Diabetikern mit erheblichem Übergewicht, bei denen Diät alleine nicht ausreicht, bei denen aber noch körpereigenes Insulin produziert wird. Nur unter ständiger Kontrolle der Nierenfunktion und nicht bei Patienten über 65 Jahren anwenden. Patienten, die Insulin brauchen würden, erhalten oft nur Metformin-Präparate verschrieben.

Präparat	Wichtigste Nebenwirkungen	Empfehlung
Neurium (D) Filmtabl., Injektionslösung Alpha-Liponsäure	Allergische Reaktionen. Nach zu schneller Injektion Atembeschwerden. In Einzelfällen wurde über Krämpfe, Doppeltsehen, Blutungsneigung und Schockreaktionen berichtet. Es kann zu einem Absinken des Blutzuckerspiegels kommen	**Abzuraten** Zweifelhafte therapeutische Wirksamkeit bei diabetischen Neuropathien.
Novonorm (D/Ö) Tabl. Repaglinid *Rezeptpflichtig*	Häufig Atemwegs- und Harnwegsinfektionen, häufig Unterzucker, Kopfschmerzen, Gelenkschmerzen, Brechreiz und Durchfall. Es wurden im Zusammenhang mit der Einnahme Angina Pectoris, Herzrhythmusstörungen und Herzinfarkte beobachtet	**Abzuraten** Vertretbar für Typ-2-Diabetiker mit einer Restinsulinproduktion nur in begründeten Ausnahmefällen und als Zusatztherapie, wenn Metformin als Einzelsubstanz nicht ausreichend wirkt. Der therapeutische Nutzen ist noch nicht zu bestimmen. Daher sind ähnlich wirkende Stoffe wie z. B. Glibenclamid vorzuziehen.
Siofor (D) Filmtabl. Metformin *Rezeptpflichtig*	Akut: Übelkeit, Magenschmerzen, Erbrechen. Kann zu Milchsäure-Überzuckerung des Blutes führen, die tödlich enden kann	**Nur zweckmäßig bei** Typ-2-Diabetikern mit erheblichem Übergewicht, bei denen Diät alleine nicht ausreicht, bei denen aber noch körpereigenes Insulin produziert wird. Nur unter ständiger Kontrolle der Nierenfunktion und nicht bei Patienten über 65 Jahren anwenden. Patienten, die Insulin brauchen würden, erhalten oft nur Metformin-Präparate verschrieben.
Starlix (D) Filmtabl. Nateglinid *Rezeptpflichtig*	Häufig Atemwegsinfektionen, häufig Unterzucker, Müdigkeit, Kopfschmerzen, Gelenkschmerzen, Brechreiz und Durchfall	**Abzuraten** Vertretbar für Typ-2-Diabetiker mit einer Restinsulinproduktion als Zusatztherapie, wenn Metformin als Einzelsubstanz nicht ausreichend wirkt. Relativ schwach wirksam. Der therapeutische Nutzen ist noch nicht zu bestimmen. Ähnlich wirkende Stoffe wie z.B. Glibenclamid sind vorzuziehen.

Präparat	Wichtigste Nebenwirkungen	Empfehlung
Thioctacid (D/Ö) Filmtabl., Injektionslösung **Tioctan** (Ö) Injektionslösung Alpha-Liponsäure *Rezeptpflichtig in Ö*	Allergische Reaktionen. Nach zu schneller Injektion Atembeschwerden. In Einzelfällen wurde über Krämpfe, Doppeltsehen, Blutungsneigung und Schockreaktionen berichtet. Es kann zu einem Absinken des Blutzuckerspiegels kommen	**Abzuraten** Zweifelhafte therapeutische Wirksamkeit bei diabetischen Neuropathien.
Thiogamma (D) Kaps., Filmtabl., Infusionslösung Alpha-Liponsäure	Allergische Reaktionen. Nach zu schneller Injektion Atembeschwerden. In Einzelfällen wurde über Krämpfe, Doppeltsehen, Blutungsneigung und Schockreaktionen berichtet. Es kann zu einem Absinken des Blutzuckerspiegels kommen	**Abzuraten** Zweifelhafte therapeutische Wirksamkeit bei diabetischen Neuropathien.
Tromlipon (D) Filmtabl., Infusionslösung Alpha-Liponsäure	Allergische Reaktionen. Nach zu schneller Injektion Atembeschwerden. In Einzelfällen wurde über Krämpfe, Doppeltsehen, Blutungsneigung und Schockreaktionen berichtet. Es kann zu einem Absinken des Blutzuckerspiegels kommen	**Abzuraten** Zweifelhafte therapeutische Wirksamkeit bei diabetischen Neuropathien.

16.2. Insuline

Insuline sind bei allen Jugenddiabetikern (Typ 1) lebensnotwendig, bei Altersdiabetikern (Typ 2) jedoch erst dann, wenn konsequente Ernährungsumstellung (und eventuell Tabletten) nicht ausreicht, um den Blutzuckerspiegel befriedigend einzustellen. Etwa ein Drittel aller Diabetiker müssen Insuline spritzen.
Auch hier ist die genaue Abstimmung von körperlicher Aktivität und Nahrungsaufnahme mit der Dosierung des Medikaments Voraussetzung für den Erfolg.

Welches Insulin?

Prinzipiell kann man mit den meisten Präparaten gut eingestellt sein, ein oftmaliger Wechsel ist meist nicht sinnvoll. Bei einer Neueinstellung sind jedoch folgende Kriterien zu beachten:

- Humaninsulin und hochgereinigtes Schweine-Insulin wirken ähnlich gut. In Bezug auf Qualität sind heutzutage alle Humaninsuline vergleich- und austauschbar. Humaninsulin ist für kurzfristige Behandlungen während der Schwangerschaft oder bei Insulin-Allergien vorzuziehen. Es besteht für gut eingestellte Benützer von Schweine-Insulinen kein Grund, auf die neuen, gentechnisch hergestellten Humaninsuline umzusteigen.
  Weil die Firmen verschiedene Konservierungsmittel verwenden, sollten grundsätzlich nur Insuline der gleichen Firma gemischt werden. Sowohl bei tierischem Insulin als auch bei gentechnisch hergestelltem (z. B. Humaninsulin) können in sehr seltenen Fällen allergische Reaktionen auftreten – unter Umständen sogar lebensbedrohliche wie z. B. Schockzustand.
- Typ-1-Diabetiker benötigen nur ein Normalinsulin und ein Verzögerungsinsulin, aus denen sie selbst die nötigen Mischungen herstellen können – unter Berechnung des Kalorien- und Insulinbedarfs und unter Berücksichtigung von Blutzucker, Tageszeit und körperlicher Belastung.
  Die intensivierte Insulinbehandlung mit Blutzuckerselbstkontrolle hat gegenüber der konventionellen Behandlung den Vorteil, dass sich dadurch das Risiko von Diabetes-Spätschäden auf ein Drittel oder Viertel absenken lässt. Ein Verzögerungsinsulin ist z. B. *Insulin Protaphan HM*, ein Normalinsulin ist z. B. *Insulin Actrapid HM.*
- Typ-2-Diabetiker benötigen normalerweise morgens und abends eine Kombination von ca. einem Drittel Normalinsulin und zwei Dritteln Verzögerungsinsulin. Abends genügt oft ein Verzögerungsinsulin allein. Mischinsuline sind z. B. *Insulin Actraphane HM, Insuman Comb.*
- Normalinsuline und NPH-Verzögerungsinsuline sind stabil mischbar.
- Kunstinsuline (z. B. Insulin Lispro, enthalten in *Humalog*; Insulin Aspart, enthalten in *Novo rapid*) sollen gegenüber den herkömmlichen Insulin-Präparaten den Vorteil haben, dass sie rascher in den Körper aufgenommen werden und deshalb kein zeitlicher Abstand zwischen Spritzen und Essen eingehalten werden muss. Bisherige

Untersuchungsergebnisse lassen jedoch keinen klinisch relevanten Vorteil gegenüber den herkömmlichen Humaninsulinen erkennen, schreibt die Fachzeitschrift »arznei-telegramm« und kritisiert, dass sich einige Vorstandsmitglieder der Deutschen Diabetes Gesellschaft als Werbetrommler für den Humalog-Hersteller einspannen lassen.

– Gegen das neue Verzögerungskunstinsulin Insulin Glargine (enthalten z. B. in *Lantus*) äußern Fachleute erhebliche Sicherheitsbedenken. Es gibt bis jetzt keinen Nachweis, dass es den herkömmlichen NPH-Verzögerungsinsulinen überlegen ist.

Eine gründliche Patienten/innen-Schulung zur Einstellung des Blutzuckers ist wichtiger als eine raschere Insulin-Aufnahme in den Körper.

Unterzuckerungsreaktionen

Bei außergewöhnlicher körperlicher Aktivität, mangelnder Einnahme von Kohlenhydraten, zu hohen Dosen von Insulin oder auch von Tabletten kann es zu Unterzuckerungsreaktionen kommen. Besonders gefährlich sind solche Reaktionen in der Nacht, weil sie dann unbemerkt ablaufen und zu schweren Hirnleistungsstörungen führen können. Symptome dafür sind: Heißhunger, Schwitzen, Zittern, Sehstörungen, Herzklopfen, Verwirrtheit bis zu krampfartigen Muskelzuckungen und Bewusstlosigkeit. Alkohol kann das Auftreten solcher Reaktionen begünstigen.
Bei leichten Unterzuckerungen können Traubenzucker, Milch, Obstsäfte oder Obst helfen. Bei Unterzuckerungsreaktionen mit Bewusstlosigkeit gilt: Eingeschulte Angehörige können ein blutzuckersteigerndes Medikament (Glukagon) injizieren. Ein Arzt sollte verständigt werden.

Injektionshilfen (Pens)

Die meisten Diabetikerinnen und Diabetiker verwenden heutzutage Injektionshilfen (Pens). Fachleute bemängeln, dass es bei diesen Injektionshilfen noch keine Norm gibt, sondern jeder Hersteller eigene Geräte anbietet, die sich technisch und in der Handhabung unterscheiden.

Insulinpumpen

Eine Insulinpumpe ist kleiner als eine Zigarettenschachtel und wird außen am Körper getragen. Von dort wird das Insulin über einen dün-

nen Schlauch zur Nadel geleitet, die im Fettgewebe des Bauches steckt. Die Pumpe gibt selbstständig in kurzen Abständen jene Insulinmenge ab, die der Körper braucht.
Die Fachpublikation »Arzneimittel-Kursbuch« stuft die subkutane Insulinpumpen-Therapie mit Normalinsulin als sicherste und wirkungsvollste Methode der intensiven Insulinbehandlung ein. Der Vorteil besteht vor allem in einer stabileren Stoffwechseleinstellung und einer größeren Flexibilität der Ernährung und des Tagesablaufs.

Andere Medikamente beeinflussen den Blutzucker

Der Blutzucker kann ansteigen durch: Glukokortikoide, die »Pille«, manche entzündungshemmende Mittel, Medikamente mit Schilddrüsenhormonen und zuckerhaltige Medikamente (z. B. Hustensaft).
Der Blutzucker kann absinken durch: Medikamente zur Senkung der Blutgerinnung, bestimmte blutdrucksenkende Mittel und Salicylate wie z. B. *Aspirin.*
Diabetikerinnen sollten sich vor einer geplanten Schwangerschaft genau beraten lassen.

16.2. Insuline

Präparat	Wichtigste Nebenwirkungen	Empfehlung
Actrapid (D) Injektionslösung Humaninsulin Hilfsstoff: Zinkchlorid Konservierungsmittel: m-Cresol *Rezeptpflichtig*	Unterzuckerung (Insulinschock) bei Überdosierung	**Therapeutisch zweckmäßig** »Normalinsulin«, empfehlenswert für insulinpflichtige Diabetikerinnen und Diabetiker.
Actraphane/ Penfill/ Novolet/ Innolet (D) Injektionssuspension Humaninsulin, Isophan-Insulin Hilfsstoffe: Protaminsulfat, Zinkchlorid Konservierungsmittel: m-Cresol, Phenol *Rezeptpflichtig*	Unterzuckerung (Insulinschock) bei Überdosierung	**Therapeutisch zweckmäßig** »Mischinsulin«, empfehlenswert für insulinpflichtige Diabetikerinnen und Diabetiker.

Präparat	Wichtigste Nebenwirkungen	Empfehlung
Berlinsulin H Basal (D) Injektionssuspension Humaninsulin als Protamin-Kristallsuspension (zur Verzögerung) Hilfsstoff: Protamin Konservierungsmittel: m-Cresol, Phenol *Rezeptpflichtig*	Unterzuckerung (Insulinschock) bei Überdosierung	**Therapeutisch zweckmäßig** »Verzögerungsinsulin«, empfehlenswert für insulinpflichtige Diabetikerinnen und Diabetiker.
Berlinsulin H/ 20/80/ 30/70 (D) Injektionssuspension Humaninsulin, Humaninsulin als Protamin-Kristallsuspension (zur Verzögerung) Hilfsstoff: Protamin Konservierungsmittel: m-Cresol, Phenol *Rezeptpflichtig*	Unterzuckerung (Insulinschock) bei Überdosierung	**Therapeutisch zweckmäßig** »Mischinsulin«, empfehlenswert für insulinpflichtige Diabetikerinnen und Diabetiker.
Humalog (D/Ö) Injektionslösung Lisproinsulin Konservierungsmittel: m-Cresol *Rezeptpflichtig*	Unterzuckerung (Insulinschock) bei Überdosierung	**Möglicherweise zweckmäßig** »Normalinsulin«, gentechnologisch hergestelltes Insulin-Analog. Nutzen und Risiken sind derzeit noch nicht abschließend zu beurteilen.
Humalog Mix 25 (D) Injektionssuspension Lisproinsulin, Lisproinsulin als Protamin-Kristallsuspension (zur Verzögerung) Hilfsstoff: Protamin Konservierungsmittel: m-Cresol, Phenol *Rezeptpflichtig*	Unterzuckerung (Insulinschock) bei Überdosierung	**Möglicherweise zweckmäßig** Gentechnologisch hergestelltes Insulin-Analog als Normalinsulin plus »Verzögerungsinsulin« (= Mischinsulin). Nutzen und Risiken sind derzeit noch nicht abschließend zu beurteilen.
Huminsulin Basal (D) Injektionssuspension Humaninsulin Hilfsstoff: Protaminsulfat Konservierungsmittel: m-Cresol, Phenol *Rezeptpflichtig*	Unterzuckerung (Insulinschock) bei Überdosierung	**Therapeutisch zweckmäßig** »Verzögerungsinsulin«, empfehlenswert für insulinpflichtige Diabetikerinnen und Diabetiker.

Präparat	Wichtigste Nebenwirkungen	Empfehlung
Huminsulin »Lilly« Basal (Ö) Injektionssuspension Humaninsulin Hilfsstoff: Protaminsulfat Konservierungsmittel: m-Cresol *Rezeptpflichtig*	Unterzuckerung (Insulinschock) bei Überdosierung	**Therapeutisch zweckmäßig** »Verzögerungsinsulin«, empfehlenswert für insulinpflichtige Diabetikerinnen und Diabetiker.
Huminsulin »Lilly« Normal (Ö) Injektionslösung Humaninsulin, Konservierungsmittel: m-Cresol *Rezeptpflichtig*	Unterzuckerung (Insulinschock) bei Überdosierung	**Therapeutisch zweckmäßig** »Normalinsulin«, empfehlenswert für insulinpflichtige Diabetikerinnen und Diabetiker.
Huminsulin »Lilly« Profil (Ö) II, III für Patronen, Fertigspritzen Humaninsulin, Humaninsulin-Protamin-Kristallsuspension Hilfsstoff: Protaminsulfat Konservierungsmittel: m-Cresol, Phenol *Rezeptpflichtig*	Unterzuckerung (Insulinschock) bei Überdosierung	**Therapeutisch zweckmäßig** »Mischinsulin«, empfehlenswert für insulinpflichtige Diabetikerinnen und Diabetiker.
Huminsulin Normal (D) Injektionslösung Humaninsulin Konservierungsmittel: m-Cresol *Rezeptpflichtig*	Unterzuckerung (Insulinschock) bei Überdosierung	**Therapeutisch zweckmäßig** »Normalinsulin«, empfehlenswert für insulinpflichtige Diabetikerinnen und Diabetiker.
Huminsulin Profil/ II/ III (D) Suspension Humaninsulin, Humaninsulin-Protamin-Kristallsuspension Hilfsstoff: Protaminsulfat Konservierungsmittel: m-Cresol, Phenol *Rezeptpflichtig*	Unterzuckerung (Insulinschock) bei Überdosierung	**Therapeutisch zweckmäßig** »Mischinsulin«, empfehlenswert für insulinpflichtige Diabetikerinnen und Diabetiker.

Präparat	Wichtigste Nebenwirkungen	Empfehlung
Insulin Actraphane HM (D) 10/90, 20/80, 30/70, 40/60, 50/50 Injektionssuspension Humaninsulin Hilfsstoffe: Protaminsulfat, Zinkchlorid Konservierungsmittel: m-Cresol, Phenol *Rezeptpflichtig*	Unterzuckerung (Insulinschock) bei Überdosierung	**Therapeutisch zweckmäßig** »Mischinsulin«, empfehlenswert für insulinpflichtige Diabetikerinnen und Diabetiker.
Insulin Actrapid HM (D) Injektionslösung Humaninsulin, Hilfsstoff: Zinkchlorid Konservierungsmittel: m-Cresol *Rezeptpflichtig*	Unterzuckerung (Insulinschock) bei Überdosierung	**Therapeutisch zweckmäßig** »Normalinsulin«, empfehlenswert für insulinpflichtige Diabetikerinnen und Diabetiker.
Insulin »Novo Nordisk« Actrapid HM (Ö) Injektionslösung Humaninsulin, Konservierungsmittel: m-Cresol *Rezeptpflichtig*	Unterzuckerung (Insulinschock) bei Überdosierung	**Therapeutisch zweckmäßig** »Normalinsulin«, empfehlenswert für insulinpflichtige Diabetikerinnen und Diabetiker.
Insulin »Novo Nordisk« Insulatard HM (Ö) Injektionssuspension Humaninsulin Hilfsstoff: Protamin Konservierungsmittel: m-Cresol, Phenol *Rezeptpflichtig*	Unterzuckerung (Insulinschock) bei Überdosierung	**Therapeutisch zweckmäßig** »Verzögerungsinsulin«, empfehlenswert für insulinpflichtige Diabetikerinnen und Diabetiker.
Insulin »Novo Nordisk« Mixtard HM (Ö) 10/90, 20/80, 30/70, 40/60, 50/50 Injektionssuspension Humaninsulin Hilfsstoff: Protamin Konservierungsmittel: m-Cresol, Phenol *Rezeptpflichtig*	Unterzuckerung (Insulinschock) bei Überdosierung	**Therapeutisch zweckmäßig** »Mischinsulin«, empfehlenswert für insulinpflichtige Diabetikerinnen und Diabetiker.

Präparat	Wichtigste Nebenwirkungen	Empfehlung
Insulin Protaphan HM (D) Injektionssuspension Humaninsulin Hilfsstoffe: Protaminsulfat, Zinkchlorid Konservierungsmittel: m-Cresol, Phenol *Rezeptpflichtig*	Unterzuckerung (Insulinschock) bei Überdosierung	**Therapeutisch zweckmäßig** »Verzögerungsinsulin«, empfehlenswert für insulinpflichtige Diabetikerinnen und Diabetiker.
Insuman Basal (D/Ö) Injektionssuspension Humaninsulin Hilfsstoffe: Protamin, Zinkchlorid Konservierungsmittel: m-Cresol, in D zus. Phenol *Rezeptpflichtig*	Unterzuckerung (Insulinschock) bei Überdosierung	**Therapeutisch zweckmäßig** »Verzögerungsinsulin«, empfehlenswert für insulinpflichtige Diabetikerinnen und Diabetiker.
Insuman Comb (D/Ö) Typ 15, 25, 50 Injektionssuspension Humaninsulin Hilfsstoffe: Protamin, Zinkchlorid Konservierungsmittel: m-Cresol, in D zus.: Phenol *Rezeptpflichtig*	Unterzuckerung (Insulinschock) bei Überdosierung	**Therapeutisch zweckmäßig** »Mischinsulin«, empfehlenswert für insulinpflichtige Diabetikerinnen und Diabetiker.
Insuman Infusat (D/Ö) Infusionslösung Humaninsulin Hilfsstoffe: Zinkchlorid, Trometamol Konservierungsmittel: Phenol *Rezeptpflichtig*	Unterzuckerung (Insulinschock) bei Überdosierung	**Therapeutisch zweckmäßig** »Normalinsulin«, empfehlenswert für insulinpflichtige Diabetikerinnen und Diabetiker.
Insuman Rapid (D/Ö) Injektionslösung Humaninsulin Konservierungsmittel: m-Cresol *Rezeptpflichtig*	Unterzuckerung (Insulinschock) bei Überdosierung	**Therapeutisch zweckmäßig** »Normalinsulin«, empfehlenswert für insulinpflichtige Diabetikerinnen und Diabetiker.

Präparat	Wichtigste Nebenwirkungen	Empfehlung
Lantus (D) Injektionslösung Insulinglargin Hilfsstoff: Zinkchlorid Konservierungsmittel: m-Cresol *Rezeptpflichtig*	Unterzuckerung (Insulinschock) bei Überdosierung. Kopfschmerzen, Reaktionen an der Injektionsstelle. Ein kanzerogenes Risiko wird diskutiert und ist noch nicht völlig ausgeräumt. Weitere Studien sind erforderlich	**Möglicherweise zweckmäßig** für insulinpflichtige Diabetikerinnen und Diabetiker. Gentechnologisch hergestelltes Insulin-Analog (Verzögerunsgsinsulin). Die Vor- und Nachteile der »Kunstinsuline« (Analoginsuline) wie Insulinglargin gegenüber den lange bewährten Humaninsulinen sind bezüglich des Langzeitnutzens noch immer nicht ausreichend geklärt.
Novo Rapid (D/Ö) Injektionslösung Insulinaspart Hilfsstoff: Zinkchlorid Konservierungsmittel: m-Cresol, Phenol *Rezeptpflichtig*	Unterzuckerung (Insulinschock) bei Überdosierung	**Möglicherweise zweckmäßig** Gentechnologisch hergestelltes Insulin-Analog (Normalinsulin). Die Vor- und Nachteile der »Kunstinsuline« (Analoginsuline) wie Insulinaspart gegenüber den lange bewährten Humaninsulinen sind bezüglich des Langzeitnutzens noch immer nicht ausreichend geklärt.
Protaphan (D) Injektionslösung, Innolatinjektor, Penfill Humaninsulin, Protaminsulfat *Rezeptpflichtig*	Unterzuckerung (Insulinschock) bei Überdosierung	**Therapeutisch zweckmäßig** »Mischinsulin«, empfehlenswert für insulinpflichtige Diabetikerinnen und Diabetiker.

17. Kapitel: **Schilddrüse**

Die Schilddrüse reguliert die Stoffwechselvorgänge des Körpers, indem ihre Hormone die Oxidationsprozesse (= Sauerstoffaufnahme) der Zellen im ganzen Körper beeinflussen. Ein großer Teil des Enzym- und Hormonhaushaltes und der Eiweiß-, Fett- und Kohlenhydratstoffwechsel werden von den Schilddrüsenhormonen geregelt und im Gleichgewicht gehalten. Sie sind auch für Knochenwachstum und Reifevorgänge unentbehrlich.
Für die Bildung von Schilddrüsenhormonen ist Jod notwendig. Um die Jahrhundertwende waren Störungen der Schilddrüse mit ihren Folgen (Kropf, Kretinismus bei Kindern) in den Gebirgsländern weit verbreitet. Auch heutzutage sind Schilddrüsenkrankheiten relativ häufig. Deutschland gilt als Jodmangelgebiet. Messungen haben ergeben, dass die Deutschen durch die Ernährung nur etwa 30 bis 50 Prozent der empfohlenen Tagesmenge an Jod zu sich nehmen. Die Folge davon ist, dass sehr viele Menschen einen Kropf haben – man schätzt, dass mehr als zehn Millionen Deutsche behandlungsbedürftig sind. Die hauptsächlich durch Jodmangel verursachten Krankheiten konnten in Ländern wie Österreich und der Schweiz durch die Beimengung von Jod in Nahrungsmitteln (Speisesalz) deutlich eingedämmt werden.
Zu viel Jod kann der Schilddrüse ebenfalls schaden und zu einer Überproduktion von Hormonen führen. Es gilt auch als gesichert, dass psychische Spannungen zur Schilddrüsenstörung führen können.

Es gibt drei Krankheitsformen:
- Kropf ohne Störung der Funktion der Schilddrüse
- Schilddrüsenunterfunktion
- Schilddrüsenüberfunktion

Achtung: Schilddrüsenhormone werden manchmal zur Behandlung von Übergewicht missbraucht. Diese »Schlankheitstherapie« ist sehr riskant. Es können schwere, unter Umständen lebensbedrohliche Störeffekte auftreten, vor allem dann, wenn gleichzeitig Appetithemmer eingenommen werden.

Einfacher Kropf (Struma)

Der Kropf ohne Funktionsstörung der Schilddrüse ist die häufigste Form der Schilddrüsenerkrankungen. Als Ursache gelten Jodmangel oder die Störung der Hormonbildung. Das Erkrankungsrisiko steigt,

wenn das Trinkwasser sehr viel Nitrat enthält, bei Rauchern und bei Menschen, die viel Blumenkohl oder Rettich essen.
Ein Kropf kann auch das Ergebnis der Behandlung mit Medikamenten sein. Chemotherapeutika (Sulfonamide), Tabletten gegen Zuckerkrankheit und bestimmte schmerz- und entzündungshemmende Mittel (z. B. Metamizol, Propyphenazon, Phenazon) können die Bindung von Jodid hemmen.
Die vorbeugende Einnahme von Jod (z. B. als jodiertes Salz oder Jodtabletten) ist in Gegenden mit ausgeprägtem Jodmangel unbedingt erforderlich. Dadurch könnten viele Kropfoperationen in Deutschland unterbleiben.

Behandlung

In den letzten Jahren hat sich die Therapie des Kropfes gewandelt. Heutzutage erfolgt die Behandlung üblicherweise mit Jod (z. B. *Jodetten, Jodid, Jodid-ratiopharm*). Wird Jod nicht regelmäßig eingenommen oder sogar abgesetzt, vergrößert sich der Kropf rasch wieder.
Nur bei ganz bestimmten Formen des Kropfes – bei so genannten Knotenstrumen oder älteren derben Strumen – ist eine Behandlung mit L-Thyroxin (= Levothyroxin, enthalten z. B. in *Berlthyrox, Eferox, Euthyrox, L-Thyroxin Henning*, *L-Thyrox Hexal*) sinnvoll.
Medikamente, die den Wirkstoff L-T3 (Liothyronin) enthalten (z. B. *Combithyrex, Novothyral, Prothyrid, Thyreotom*), gelten als überholt, weil es zu überhöhten Hormonkonzentrationen im Blut und damit zu schweren Nebenwirkungen kommen kann.
Kombinationen von Jod und L-Thyroxin (z. B. *Eferox Jod, Jodthyrox, L-Thyrox, Thyreocomb N, Thyronajod Henning*) können bei manchen Erkrankungen sinnvoll sein.
Die Einnahme von Schilddrüsenhormonen erhöht – vor allem bei zu hohen Dosierungen – das Risiko von Herzkrankheiten.

Schilddrüsenunterfunktion

Sie kann in jedem Alter auftreten. Wenn die Funktion schon nach der Geburt gestört ist, kommt es zum Kretinismus (Wachstumsstörungen, Intelligenzmangel).
Bei Erwachsenen tritt meist ein Kropf auf. Sprödes Haar, spröde Haut, verdickte Fingernägel und langsame Sprechweise, Herzrhythmusstörungen, Müdigkeit sind weitere Erscheinungen bei einer solchen Störung.

Häufig ist die Schilddrüsenunterfunktion das Ergebnis der Behandlung einer Überfunktion mit Medikamenten oder die Folge einer abgelaufenen Entzündung (Thyreoiditis). Auch viele andere Arzneimittel, vor allem bestimmte Antidepressiva (Lithiumsalze), können zu Funktionsstörungen führen.
Die vorsichtige Behandlung mit Schilddrüsenhormonen (*Berlthyrox, Eferox, Euthyrox, L-Thyroxin Henning*) ist bei einer Unterfunktion erfolgreich.

Schilddrüsenüberfunktion (z. B. die Basedow'sche Krankheit)

Laut einer amerikanischen Statistik leiden 20 von 100.000 Einwohnern an der Basedow'schen Krankheit. Magerkeit, Nervosität, erhöhte Herzfrequenz und Verdauungsstörungen sind die häufigsten Symptome der Überfunktion der Schilddrüse. Oft fallen das Hervortreten der Augen, weite Pupillen, weit offene Lider auf. Auch bei dieser Störung schwillt die Schilddrüse an – gefährlich ist dabei hauptsächlich die Belastung von Herz und Kreislauf.
Die Ursachen sind vielfältig und nicht genau erforscht. Zu einem kleineren Teil werden jodhaltige Medikamente dafür verantwortlich gemacht. Die hohe Rückfallquote der einmal Erkrankten wird in einer Studie auf besonders jodhaltige Nahrungsmittel zurückgeführt. Patienten mit Schilddrüsenüberfunktion dürfen vor allem kein jodiertes Speisesalz verwenden. In Ländern, in denen kaum nicht-jodiertes Salz angeboten wird, muss daher auf Titro-Salz (aus der Apotheke) oder auf pflanzliche »Salzmischungen« (aus Reformhäusern) ausgewichen werden.

Behandlung

Zur Hemmung der Hormonproduktion der Schilddrüse gibt es drei Möglichkeiten: Medikamente, Strahlentherapie und Operationen.
1. Die schnellste Möglichkeit, um das Übermaß an Schilddrüsenhormonen loszuwerden, ist eine Operation. Wegen der möglichen, schwerwiegenden Nachwirkungen sollte man sich vom behandelnden Arzt genau aufklären lassen und Nutzen und Risiken sorgfältig abwägen.
2. Mit einer Strahlenbehandlung – dabei wird ein radioaktives, jodhaltiges Medikament geschluckt und in der Schilddrüse gespeichert – kann etwa die Hälfte aller Schilddrüsenüberfunktionen gestoppt werden. Diese Behandlung ist weniger riskant als eine Operation und erfolgreicher als eine Behandlung mit Schilddrüsenmedikamenten. Bis jetzt gibt es keine Hinweise darauf, dass durch eine solche Behandlung das Krebsrisiko erhöht wird.

3. Mit Medikamenten wird die Schilddrüse daran gehindert, übermäßig viele Hormone zu produzieren. Als zweckmäßigstes Mittel gilt Thiamazol (enthalten z. B. in *Favistan, Methizol SD 5, Thiamazol Henning, Thiamazol Hexal*). Die Wirkung ist erst nach zwei bis drei Wochen merkbar. Nach rund eineinhalb Jahren zeigt sich bei etwa 30 bis 50 Prozent aller Patienten eine Rückbildung der Überfunktion. Als *Nebenwirkungen* können häufig immunallergische Erkrankungen wie Fieber, grippeähnliche Beschwerden und Blutbildungsstörungen auftreten. Deshalb ist eine regelmäßige Kontrolle des Blutbildes notwendig.

Carbimazol (enthalten z. B. in *Carbimazol Henning*) ist eine chemische Vorstufe von Thiamazol und wird im Körper vollständig zu Thiamazol umgewandelt. Es hat also dieselben Wirkungen und Nebenwirkungen.

Jod (*Jodid, Jodid-ratiopharm*) in hohen Dosen wirkt vorübergehend hemmend auf die Schilddrüsenüberfunktion, bei längerer Einnahme muss aber mit einer Verschlimmerung der Krankheit gerechnet werden. Deshalb ist Jod in hohen Dosen nur zur kurzfristigen Anwendung, z.B. zur Vorbereitung einer Schilddrüsenoperation geeignet. In niedriger Dosierung ist Jod zur Vorbeugung gegen Kropf auch langfristig sinnvoll.

17.1. Mittel zur Beeinflussung der Schilddrüsenfunktion

Präparat	Wichtigste Nebenwirkungen	Empfehlung
Berlthyrox (D) Tabl. Levothyroxin *Rezeptpflichtig*	Bei Überdosierung Herzschmerzen, Herzklopfen, Steigerung der Herzfrequenz, Zittern, Unruhe, Schlafstörungen, Psychosen, Durchfall, Gewichtsverlust, Menstruationsstörungen. Bei Patienten mit Durchblutungsstörungen am Herzen: Auslösung von Angina Pectoris und Herzinfarkt	**Therapeutisch zweckmäßig zur** Behandlung von Kropf und Schilddrüsenunterfunktion und als Ersatz von Schilddrüsenhormon, z. B. nach Schilddrüsenoperation.
Carbimazol Henning (D) Tabl., Filmtabl. Carbimazol *Rezeptpflichtig*	Vor allem in den ersten zwei Monaten: Hautausschlag, Kopfschmerzen, Schwindel, Magen-Darm-Störungen. Bei etwa einem Prozent der Patienten Blutschäden. Auch Knochenmarkschäden und Haarausfall möglich. Nach dem Absetzen: verstärkte Schilddrüsenüberfunktion möglich	**Therapeutisch zweckmäßig bei** Schilddrüsenüberfunktion. Hemmt die Bildung von Schilddrüsenhormonen.

Präparat	Wichtigste Nebenwirkungen	Empfehlung
Combithyrex (Ö) Fortetabl., Mitetabl. Levothyroxin, Liothyronin *Rezeptpflichtig*	Bei Überdosierung Herzschmerzen, Herzklopfen, Steigerung der Herzfrequenz, Zittern, Unruhe, Schlafstörungen, Psychosen, Durchfall, Gewichtsverlust, Menstruationsstörungen. Bei Patienten mit Durchblutungsstörungen am Herzen: Auslösung von Angina Pectoris und Herzinfarkt	**Wenig zweckmäßig** Die Kombination hat keine Vorteile im Vergleich zu den Einzelsubstanzen, jedoch den Nachteil, dass zu hohe Konzentrationen des Schilddrüsenhormons Liothyronin im Blut auftreten können und damit Nebenwirkungen häufiger sind.
Eferox (D) Tabl. Levothyroxin *Rezeptpflichtig*	Bei Überdosierung Herzschmerzen, Herzklopfen, Steigerung der Herzfrequenz, Zittern, Unruhe, Schlafstörungen, Psychosen, Durchfall, Gewichtsverlust, Menstruationsstörungen. Bei Patienten mit Durchblutungsstörungen am Herzen: Auslösung von Angina Pectoris und Herzinfarkt	**Therapeutisch zweckmäßig zur** Behandlung von Kropf und Schilddrüsenunterfunktion und als Ersatz von Schilddrüsenhormon, z. B. nach Schilddrüsenoperation.
Euthyrox (D/Ö) Tabl. Levothyroxin *Rezeptpflichtig*	Bei Überdosierung Herzschmerzen, Herzklopfen, Steigerung der Herzfrequenz, Zittern, Unruhe, Schlafstörungen, Psychosen, Durchfall, Gewichtsverlust, Menstruationsstörungen. Bei Patienten mit Durchblutungsstörungen am Herzen: Auslösung von Angina Pectoris und Herzinfarkt	**Therapeutisch zweckmäßig zur** Behandlung von Kropf und Schilddrüsenunterfunktion und als Ersatz von Schilddrüsenhormon, z. B. nach Schilddrüsenoperation.
Favistan (D/Ö) Injektionslösung, Tabl. Thiamazol *Rezeptpflichtig*	Vor allem in den ersten zwei Monaten: Hautausschlag, Kopfschmerzen, Schwindel, Magen-Darm-Störungen. Bei etwa einem Prozent der Patienten Blutschäden. Auch Knochenmarkschäden und Haarausfall möglich. Nach dem Absetzen: verstärkte Schilddrüsenüberfunktion möglich	**Therapeutisch zweckmäßig bei** Schilddrüsenüberfunktion. Hemmt die Bildung von Schilddrüsenhormonen.

Präparat	Wichtigste Nebenwirkungen	Empfehlung
Jodetten (D) Tabl., Depot Tabletten Kaliumjodid	Bei Überdosierung muss mit einer Überfunktion der Schilddrüse gerechnet werden	**Therapeutisch zweckmäßig zur** Vorbeugung und Behandlung von Schilddrüsenvergrößerung bei Jodmangel. Bei Jodfehlverwertung nicht wirksam.
Jodid (D/Ö) **Jodid-ratiopharm** (D) Tabl. Kaliumjodid	Bei Überdosierung muss mit einer Überfunktion der Schilddrüse gerechnet werden	**Therapeutisch zweckmäßig zur** Vorbeugung und Behandlung von Schilddrüsenvergrößerung bei Jodmangel. Bei Jodfehlverwertung nicht wirksam.
Jodthyrox (D/Ö) Tabl. Levothyroxin, Kaliumjodid *Rezeptpflichtig*	Bei Überdosierung Herzschmerzen, Herzklopfen, Steigerung der Herzfrequenz, Zittern, Unruhe, Schlafstörungen, Psychosen, Durchfall, Gewichtsverlust, Menstruationsstörungen. Bei Patienten mit Durchblutungsstörungen am Herzen: Auslösung von Angina Pectoris und Herzinfarkt	**Therapeutisch zweckmäßig** zur Behandlung von Schilddrüsenvergrößerung (euthyreote Struma), wenn Jodid alleine nicht ausreichend wirksam ist. Nach einer Übergangstherapie von 1–2 Jahren sollte nur noch Jodid alleine gegeben werden.
L-Thyroxin Henning (D/ Ö) Tabl., nur D: Testtabl., Ampullen Levothyroxin *Rezeptpflichtig*	Bei Überdosierung Herzschmerzen, Herzklopfen, Steigerung der Herzfrequenz, Zittern, Unruhe, Schlafstörungen, Psychosen, Durchfall, Gewichtsverlust, Menstruationsstörungen. Bei Patienten mit Durchblutungsstörungen am Herzen: Auslösung von Angina Pectoris und Herzinfarkt	**Therapeutisch zweckmäßig zur** Behandlung von Kropf und Schilddrüsenunterfunktion und als Ersatz von Schilddrüsenhormon, z. B. nach Schilddrüsenoperation.
L-Thyrox Jod (D) Tabl. Levothyroxin, Kaliumjodid *Rezeptpflichtig*	Bei Überdosierung Herzschmerzen, Herzklopfen, Steigerung der Herzfrequenz, Zittern, Unruhe, Schlafstörungen, Psychosen, Durchfall, Gewichtsverlust, Menstruationsstörungen. Bei Patienten mit Durchblutungsstörungen am Herzen: Auslösung von Angina Pectoris und Herzinfarkt	**Therapeutisch zweckmäßig** zur Behandlung von Schilddrüsenvergrößerung (euthyreote Struma), wenn Jodid alleine nicht ausreichend wirksam ist. Nach einer Übergangstherapie von 1–2 Jahren sollte nur noch Jodid alleine gegeben werden.

Präparat	Wichtigste Nebenwirkungen	Empfehlung
Methizol SD 5 (D) Tabl. Thiamazol *Rezeptpflichtig*	Vor allem in den ersten zwei Monaten: Hautausschlag, Kopfschmerzen, Schwindel, Magen-Darm-Störungen. Bei etwa einem Prozent der Patienten Blutschäden. Auch Knochenmarkschäden und Haarausfall möglich. Nach dem Absetzen: verstärkte Schilddrüsenüberfunktion möglich	**Therapeutisch zweckmäßig bei** Schilddrüsenüberfunktion. Hemmt die Bildung von Schilddrüsenhormonen.
Novothyral (D/Ö) Tabl., Levothyroxin, Liothyronin *Rezeptpflichtig*	Bei Überdosierung Herzschmerzen, Herzklopfen, Steigerung der Herzfrequenz, Zittern, Unruhe, Schlafstörungen, Psychosen, Durchfall, Gewichtsverlust, Menstruationsstörungen. Bei Patienten mit Durchblutungsstörungen am Herzen: Auslösung von Angina Pectoris und Herzinfarkt	**Wenig zweckmäßig** Die Kombination hat keine Vorteile im Vergleich zu den Einzelsubstanzen, jedoch den Nachteil, dass zu hohe Konzentrationen von Liothyronin im Blut auftreten können und damit Nebenwirkungen häufiger sind.
Prothyrid (D/Ö) Tabl., Levothyroxin, Liothyronin *Rezeptpflichtig*	Bei Überdosierung Herzschmerzen, Herzklopfen, Steigerung der Herzfrequenz, Zittern, Unruhe, Schlafstörungen, Psychosen, Durchfall, Gewichtsverlust, Menstruationsstörungen. Bei Patienten mit Durchblutungsstörungen am Herzen: Auslösung von Angina Pectoris und Herzinfarkt	**Wenig zweckmäßig** Die Kombination hat keine Vorteile im Vergleich zu den Einzelsubstanzen, jedoch den Nachteil, dass zu hohe Konzentrationen von Liothyronin im Blut auftreten können und damit Nebenwirkungen häufiger sind.
Thiamazol Henning (D) Filmtabl., Injektionslösung **Thiamazol Hexal** (D) Tabl. Thiamazol *Rezeptpflichtig*	Vor allem in den ersten zwei Monaten: Hautausschlag, Kopfschmerzen, Schwindel, Magen-Darm-Störungen. Bei etwa einem Prozent der Patienten Blutschäden. Auch Knochenmarkschäden und Haarausfall möglich. Nach dem Absetzen: verstärkte Schilddrüsenüberfunktion möglich	**Therapeutisch zweckmäßig bei** Schilddrüsenüberfunktion. Hemmt die Bildung von Schilddrüsenhormonen.

Präparat	Wichtigste Nebenwirkungen	Empfehlung
Thyreocomb N (D) Tabl. Levothyroxin, Kaliumjodid *Rezeptpflichtig*	Bei Überdosierung Herzschmerzen, Herzklopfen, Steigerung der Herzfrequenz, Zittern, Unruhe, Schlafstörungen, Psychosen, Durchfall, Gewichtsverlust, Menstruationsstörungen. Bei Patienten mit Durchblutungsstörungen am Herzen: Auslösung von Angina Pectoris und Herzinfarkt	**Therapeutisch zweckmäßig** zur Behandlung von Schilddrüsenvergrößerung (euthyreote Struma), wenn Jodid alleine nicht ausreichend wirksam ist. Nach einer Übergangstherapie von 1–2 Jahren sollte nur noch Jodid alleine gegeben werden.
Thyreotom (D) Tabl., Fortetabl. Levothyroxin, Liothyronin *Rezeptpflichtig*	Bei Überdosierung Herzschmerzen, Herzklopfen, Steigerung der Herzfrequenz, Zittern, Unruhe, Schlafstörungen, Psychosen, Durchfall, Gewichtsverlust, Menstruationsstörungen. Bei Patienten mit Durchblutungsstörungen am Herzen: Auslösung von Angina Pectoris und Herzinfarkt	**Wenig zweckmäßig** Die Kombination hat keine Vorteile im Vergleich zu den Einzelsubstanzen, jedoch den Nachteil, dass zu hohe Konzentrationen des Schilddrüsenhormons Liothyronin im Blut auftreten können und damit Nebenwirkungen häufiger sind.
Thyrex (Ö) Tabl. Levothyroxin *Rezeptpflichtig*	Bei Überdosierung Herzschmerzen, Herzklopfen, Steigerung der Herzfrequenz, Zittern, Unruhe, Schlafstörungen, Psychosen, Durchfall, Gewichtsverlust, Menstruationsstörungen. Bei Patienten mit Durchblutungsstörungen am Herzen: Auslösung von Angina Pectoris und Herzinfarkt	**Therapeutisch zweckmäßig zur** Behandlung von Kropf und Schilddrüsenunterfunktion und als Ersatz von Schilddrüsenhormon, z. B. nach Schilddrüsenoperation.
Thyronajod 50/ -75/ -100/ -125 Henning (D) Tabl. Levothyroxin, Kaliumjodid *Rezeptpflichtig*	Bei Überdosierung Herzschmerzen, Herzklopfen, Steigerung der Herzfrequenz, Zittern, Unruhe, Schlafstörungen, Psychosen, Durchfall, Gewichtsverlust, Menstruationsstörungen. Bei Patienten mit Durchblutungsstörungen am Herzen: Auslösung von Angina Pectoris und Herzinfarkt	**Therapeutisch zweckmäßig** zur Behandlung von Schilddrüsenvergrößerung (euthyreote Struma), wenn Jodid alleine nicht ausreichend wirksam ist. Nach einer Übergangstherapie von 1–2 Jahren sollte nur noch Jodid alleine gegeben werden. Vorteilhaft wegen variabler Dosierungsmöglichkeit von Levothyroxin.

18. Kapitel: **Sexualorgane und -hormone**

18.1. Empfängnisverhütungsmittel

Grundsätzlich gilt: *Das optimale Empfängnisverhütungsmittel gibt es nicht.* Deshalb müssen sich die Partner unter Abwägung der empfängnisverhütenden Sicherheit, der gesundheitlichen Risiken und der individuell unterschiedlich stark empfundenen Nachteile für das für sie günstigste Mittel entscheiden.
Das einzige Empfängnisverhütungsmittel, das gleichzeitig auch einen sehr guten Schutz gegen sexuell übertragbare Krankheiten bietet, ist das Kondom. Es verhindert nicht nur eine Ansteckung durch HIV, sondern schützt auch vor Chlamydien, die zu den am häufigsten sexuell übertragenen Bakterien gehören und bei Frauen und Männern zur Unfruchtbarkeit führen können.

Die Sicherheit

Der Erfolg aller Verhütungsmethoden ist in jedem Fall von der genauen Einhaltung der Regeln jeder Methode durch die Partner abhängig.
Doch auch bei genauester Beachtung aller Anwendungsvorschriften unterscheiden sich die einzelnen Verhütungsmethoden in ihrem Sicherheitsgrad.
Als allgemeines Maß für den Sicherheitsgrad gilt der so genannte Pearl-Index (P. I.), der die Zahl der ungewollten Schwangerschaften pro »100 Frauenjahre« angibt. Es handelt sich dabei um eine statistische Berechnung, wie oft es im Verlauf von 1.200 Menstruationszyklen trotz genauer Anwendung einer bestimmten Verhütungsmethode zu einer ungewollten Schwangerschaft kommt.
Zuverlässigkeit von empfängnisverhütenden Methoden, bei korrekter Anwendung:

Sterilisation der Frau	0,04
Sterilisation des Mannes	0,15
Pille	0,2–0,3
Minipille	1,0
IUP (Kupferspirale)	1–2
Kondom	2 *
Diaphragma in Komb. mit spermientötender Substanz	2 *
spermientötende Substanz (Nonoxinol)	6–10 *

»einfaches« Diaphragma	4–7
Minicomputer »Persona«	6
Temperaturmethode	9
Schleimstrukturmessung	1–20
Coitus interruptus (»Rückzieher«)	15–35

* Bei diesen Methoden passieren häufig Fehler in der Anwendung. Deshalb liegt die reale Versagerquote (und damit das Risiko) oft sehr viel höher.

Coitus interruptus (»Aufpassen«, »Rückzieher«)

Bei dieser Methode muss der Mann seinen Penis so rechtzeitig aus der Scheide ziehen, dass der Samenerguss außerhalb erfolgt. Dies ist eine sehr unsichere Methode der Verhütung und kann psychisch sehr belastend sein, weil man eben ständig »aufpassen« muss und nicht entspannt ist.

Temperaturmessung und Schleimstrukturmethode

Mittels Kombination dieser beiden Methoden läßt sich ein Pearl-Index von 3 erreichen. Durch Messen und Aufzeichnen der Körpertemperatur über mehrere Zyklen kann man den Zeitpunkt des Eisprungs ungefähr ermitteln. Die Temperatur wird immer in der Früh vor dem Aufstehen zur selben Zeit gemessen und in ein Kurvenblatt eingetragen. Dazu sind ein regelmäßiger Schlafrhythmus und Genauigkeit beim Messen notwendig – in Mund, Scheide oder Enddarm. Schon kleine »Störfaktoren« wie nächtliches Aufstehen, weniger als sechs Stunden Schlaf, leichtes Fieber oder die Einnahme bestimmter Medikamente (z. B. Schmerzmittel, Rheumamittel) können die Temperaturkurve verfälschen und so Missdeutungen zulassen.
Zur leichteren Handhabung und genaueren Übersicht sind inzwischen auch computergestützte Temperaturmessungs-Geräte erhältlich.
Die Schleimstrukturmethode ist eine Form der Selbstuntersuchung. An der Beschaffenheit (insbesondere der Spinnbarkeit) des Vaginalschleims lassen sich fruchtbare Tage erkennen.

Diaphragma (Scheidenpessar)

Das Diaphragma besteht aus einer gewölbten Gummischeibe, in deren Rand ein elastischer Ring eingelassen ist. Vor dem Geschlechtsverkehr wird es eingeführt und frühestens sechs, längstens zwölf Stunden später wieder entfernt. Es schließt die Scheide vor der Gebärmutter ab und verhindert weitgehend das Aufsteigen der Spermien.

Relativ sicher ist das Diaphragma nur, wenn es zusammen mit einer spermienabtötenden Creme verwendet wird. Bei wiederholtem Verkehr muss die Creme erneut eingeführt werden.
Das Diaphragma ist für jene Frauen günstig, die sowohl die Pille als auch die Kupferspirale nicht vertragen.
Wichtig: *Das Diaphragma muss die passende Größe haben.* Darum ist eine Anpassung durch erfahrene Gynäkologen/innen oder in einer Pro-Familia-Beratungsstelle notwendig. Bei manchen Frauen kann das Diaphragma die Anfälligkeit für Blasenkatarrh erhöhen.

Spermienabtötende Substanz (Vaginalzäpfchen, -tabletten, -salben, -cremes)

Ein spermienabtötendes Mittel ist der Wirkstoff Nonoxinol-9 (z. B. *Contraceptivum E, Patentex oval N, Patentex Gel*), der vor dem Geschlechtsverkehr in die Scheide eingeführt werden muss. Die volle Wirkung tritt etwa 15 Minuten später ein und hält ungefähr eine Stunde an.
Nonoxinol-9 bietet einen guten Schutz, wenn es – besonders in Kombination mit Diaphragma oder Präservativ – korrekt verwendet wird. Allerdings kann das Latex duch Nonoxinol porös werden.
Als Nebenwirkung können lokale Reizungen auftreten, die sich als unangenehmes Brennen und Wärmegefühl bemerkbar machen. Bei häufiger Verwendung kann die Vaginalflora geschädigt werden. Manche Frauen reagieren auch mit Allergien.

Präservative (Kondome, »Pariser«)

Präservative sind bislang das einzige Verhütungsmittel (mit Ausnahme der Sterilisierung), bei dem der Mann einen Großteil der Verantwortung übernehmen kann. Seit der Zunahme der Aids-Erkrankungen ist weltweit auch wieder bewusst geworden, dass Präservative außerdem einen optimalen Schutz gegen die Übertragung von Infektionen durch HIV, Chlamydien, Gonokokken, Trichomonaden, Pilze, Herpes, Hepatitis B und andere Erreger bieten.
Für Männer und Frauen mit einer Latex-Allergie sind Kondome nicht geeignet.

Vorsicht: Die gleichzeitige Verwendung fetthaltiger Gleitmittel und von Nonoxinol mindert den Schutzeffekt.

Die Spirale (Intrauterin-Pessar, IUP)

In Deutschland wird diese Art der Empfängnisverhütung von etwa einer Million Frauen angewendet. Die Spirale wird vom Frauenarzt während der Menstruation in die Gebärmutter eingesetzt. Zunächst muss halbjährlich, später seltener kontrolliert werden, ob die Spirale noch richtig sitzt.

Mit der Spirale wird die Ei-Einnistung verhindert, der genaue Wirkungsmechanismus ist jedoch nicht bekannt. Wahrscheinlich verhindert die Spirale die Einnistung durch Auslösen einer unspezifischen Infektion als Folge des Fremdkörperreizes. Dieser Reiz hemmt zudem die Beweglichkeit der Eileiter, weshalb die befruchtete Eizelle bei der Wanderung durch die Eileiter gehindert wird. Die Kupferionen hemmen die Beweglichkeit der Spermien und schädigen die Befruchtungsfähigkeit.

Bei etwa 10 Prozent der Frauen muss die Spirale wegen zu starker Blutungen oder zu starker Schmerzen wieder entfernt werden, meistens innerhalb der ersten drei Monate und während der Menstruation. Manche Frauen haben kurz nach dem Einsetzen der Spirale krampfartige Schmerzen ähnlich wie bei einer Menstruation. Diese Beschwerden vergehen meist nach einigen Stunden.

Nebenwirkungen der Spirale sind bei manchen Frauen schmerzhafte, verstärkte oder verlängerte Menstruationen und Zwischenblutungen. Gefährliche Nebenwirkungen sind Entzündungen im Gebärmutter- bzw. Eileiterbereich, denn sie können zum Verschluss der Eileiter führen.

Eine spätere Schwangerschaft ist dann nur noch schwer oder nicht mehr möglich. Aus diesem Grund gilt die Verwendung der Spirale für Frauen, die später unbedingt Kinder haben möchten, als problematisch.

Durch die Spirale soll es auch 5- bis 10-mal häufiger zu Eileiterschwangerschaften kommen als bei Frauen, die sie nicht verwenden.

Es wird empfohlen, die Spirale *mindestens* fünf Jahre lang ohne Wechsel zu tragen. Ein vorzeitiger Wechsel ist nur bei einem Verdacht auf Verlagerung (Verschwinden des Fadens, die falsche Lage ist im Ultraschall eindeutig sichtbar) oder bei schweren Blutungsstörungen und Schmerzen gerechtfertigt.

Jedes Wechseln führt immer wieder zu erhöhter Unsicherheit und Entzündungsgefahr. Ärzte, die ein häufiges Wechseln propagieren, missachten ihre Sorgfaltspflicht gegenüber der Frau.

Nach Abwägung aller Vor- und Nachteile dieser Verhütungsmethode kommt die Berliner Fachzeitschrift »arznei-telegramm« zu dem Schluss: »Die Spirale bleibt eine nützliche und wirksame Methode der Empfängnisverhütung für Frauen mit abgeschlossener Familienplanung, vor allem wenn keine Kinder mehr gewünscht werden und eine Sterilisation nicht geplant ist. Besonders Frauen über 30 Jahren ist die Spirale zu empfehlen, denn dann steigen sowohl die mit dem Gebrauch von hormonalen Verhütungsmitteln verbundenen Risiken als auch die empfängnisverhütende Zuverlässigkeit der Spirale.«
Achtung: Die Spirale darf nicht eingesetzt werden bei Frauen, die an akuten Infektionen der Geschlechtsorgane leiden!

Spiralen als Empfängnisverhütung danach

Wird eine Spirale innerhalb von fünf Tagen nach dem letzten Geschlechtsverkehr eingesetzt, so wird dadurch das Einnisten eines eventuell befruchteten Eies verhindert. Diese Methode ist zuverlässiger wirksam als die »Pille danach«.

Die »Pille«

Siehe dazu das Kapitel 18.1.2.

Sterilisation

Die operative Unfruchtbarmachung gehört zu den sichersten Verhütungsmethoden. Sie kann sowohl beim Mann als auch bei der Frau nur mit hohem Aufwand und nicht immer rückgängig gemacht werden. Deshalb ist eine sorgfältige Beratung und gut überlegte Entscheidung notwendig. Viele Kliniken führen eine Sterilisation bei einer Frau mit Kindern nicht vor dem 30. Lebensjahr und bei einer Frau ohne Kinder nicht vor dem 35. Lebensjahr durch. Aus medizinischen oder besonderen persönlichen Gründen können Sterilisationen jedoch auch bei jüngeren Frauen vorgenommen werden.
Eine Sterilisation hat keine negativen Auswirkungen auf das sexuelle Verlangen oder die sexuelle Erlebnisfähigkeit.
Beim Mann ist die Sterilisation mit weniger operativen Risiken verbunden als bei der Frau.

18.1.1. Empfängnisverhütungsmittel zur örtlichen Anwendung

Präparat	Wichtigste Nebenwirkungen	Empfehlung
A-Gen 53 (D/Ö) Vaginalzäpfchen in D: Cellulose-tri-schwefelsäureester, Nonoxinol in Ö: Polysaccharid-polyschwefelsäureester	Örtliche Reizungen (Wärmegefühl, Brennen). Selten Allergien	**Zweckmäßig** Ausreichend sicher nur, wenn gleichzeitig mechanische Verhütungsmethoden (z. B. Diaphragma, Präservativ) angewendet werden.
Contraceptivum E (D) Vaginalzäpfchen Nonoxinol, Milchsäure	Örtliche Reizungen (Wärmegefühl, Brennen). Selten Allergien	**Zweckmäßig** Ausreichend sicher nur, wenn gleichzeitig mechanische Verhütungsmethoden (z. B. Diaphragma, Präservativ) angewendet werden.
Patentex-gel (D) Vaginalgel Nonoxinol	Örtliche Reizungen (Wärmegefühl, Brennen). Selten Allergien	**Zweckmäßig** Ausreichend sicher nur, wenn gleichzeitig mechanische Verhütungsmethoden (z. B. Diaphragma, Präservativ) angewendet werden.
Patentex oval (D/Ö) Schaum-ovolum Nonoxinol	Örtliche Reizungen (Wärmegefühl, Brennen). Selten Allergien	**Zweckmäßig** Ausreichend sicher nur, wenn gleichzeitig mechanische Verhütungsmethoden (z. B. Diaphragma, Präservativ) angewendet werden.

18.1.2. Die »Pille« (Empfängnisverhütung durch Hormone)

Mit der »Pille« (bzw. ihren verschiedenen Formen) werden dem Körper zusätzlich künstliche Sexualhormone (Gestagene bzw. Östrogene) zugeführt. Dadurch wird ein Eisprung verhindert. Die Schleimhaut des Gebärmutterhalses und der Gebärmutter wird zudem so verändert, dass die Spermien nicht in die Gebärmutter wandern können bzw. die Ei-Einnistung erschwert ist.

Kombinations-, Sequential- und Phasenpräparate (Stufenpräparate)

unterscheiden sich voneinander in der Zusammensetzung und in der Höhe der darin enthaltenen Hormondosen. Bei einigen dieser Präpa-

rate scheint es häufiger zu ungewollten Schwangerschaften zu kommen.
In *Einphasenpräparaten (Kombinationspräparaten)* wird eine stets gleich bleibende Kombination von Östrogen- und Gestagen-Bestandteilen 21 Tage lang verwendet. Sie gelten als die zuverlässigsten Präparate.
In *Zweiphasenpräparaten* ist in der ersten Phase zunächst nur Östrogen (oder auch zusäztlich eine geringe Dosis Gestagen) und in der zweiten Phase dann zusätzlich eine höhere Dosis Gestagen enthalten. Damit diese »Pillen« sicher sind, müssen sie relativ hohe Östrogen-Dosen enthalten.
Dreiphasenpräparate enthalten eine Kombination von Östrogenen und Gestagenen, deren Dosierung während der drei Phasen unterschiedlich ist.
Bei Phasenpräparaten ist es wichtig, dass die *Reihenfolge der Einnahme genau eingehalten* wird.
In der angesehenen Fachpublikation »Arzneimittel-Kursbuch« wird betont, dass die »Pille« – von besonderen Ausnahmen abgesehen – nicht mehr als 30 bis 35 Mikrogramm (= 0,03 bis 0,035 mg) Östrogen enthalten sollte. Höher dosierte Präparate sollten speziellen Situationen vorbehalten sein. *Grundsätzlich gilt, dass zuerst niedrig dosierte Phasen- oder Kombinationspräparate versucht werden sollten.*
Wenn es notwendig ist – z. B. bei anhaltenden Zwischenblutungen –, kann zu »Pillen« gewechselt werden, die eine etwas höhere Dosis der gleichen Wirkstoffgruppe enthalten. Dies sollte aber erst nach einer drei Zyklen dauernden Anpassungsphase erfolgen, denn am Anfang der Pilleneinnahme sind Zwischenblutungen besonders bei niedrig dosierten Präparaten häufig.
Sogenannte »Mikropillen« mit relativ niedrigem Östrogengehalt, die die Gestagene Desogestrel (z. B. *Biviol, Cerazette, Lamuna, Lovelle, Marvelon, Mercilon, Novial, Oviol*) oder Gestoden (z. B. *Femovan, Meliane, Minulet, Triodena*) enthalten, haben gegenüber den älteren Präparaten kein niedigeres sondern wahrscheinlich sogar ein erhöhtes Risiko von Venenthrombosen und Lungenembolien.
Die Verwendung von »Pillen« mit einem gegen männliche Geschlechtshormone gerichteten Anteil (z. B. *Diane/ -mite*) ist nur dann gerechtfertigt, wenn so genannte »Androgenisierungserscheinungen« behandelt werden müssen – etwa bei schwerer Akne oder männlichem Haarwuchs (siehe dazu Kapitel 8: Haut).

Die gleichzeitige Einnahme der »Pille« und anderer Medikamente kann die empfängnisverhütende Sicherheit verhindern. Besonders beeinträchtigend können Medikamente wirken, die Phenobarbital enthalten (bestimmte Schlafmittel, siehe Kapitel 1.3., 2.1., 2.2.), aber auch Johanniskraut, manche Rheumamittel (z. B. Phenylbutazon, siehe Kapitel 3.1.), Antibiotika (z. B. Rifampicin, siehe Kapitel 10.1) und Mittel gegen Epilepsie (z. B. Epanutin, Epilan, Zentropil).
Früher wurde empfohlen, die »Pille« nach ein bis zwei Jahren kurzzeitig abzusetzen, auch wenn sie gut vertragen wurde. Eine solche »Pillenpause« ist nach heutigem Wissensstand aber nicht notwendig.

Minipille

Diese »Pille« (z. B. *Cerazette*) enthält sehr geringe Gestagen-Hormonmengen. Die Minipille muss jeden Tag – auch während der Menstruation – eingenommen werden. Sie hemmt den Eisprung nicht, sondern verdichtet den Schleim des Gebärmutterhalses derart, dass die Samenfäden nicht mehr hindurchtreten können. Sie ist weniger sicher, es kommt leicht zu länger dauernden Schmierblutungen, aber auch zu Gewichtszunahme durch Wassereinlagerungen im Gewebe.

Die Dreimonatsspritze (z. B. Depot-Clinovir)

Hierbei handelt es sich um eine Injektion, die etwa vierteljährlich wiederholt werden muss. Sie enthält große Mengen eines Langzeit-Gestagens. Eine Empfängnis wird dadurch zuverlässig verhütet. Fast immer treten als unerwünschte Wirkung unregelmäßige Blutungen oder Dauerblutungen auf. Der Menstruationsrhythmus ist völlig aufgehoben. Nach dem Absetzen kann eine längere Periode der Unfruchtbarkeit eintreten.
Als *Nebenwirkungen* treten häufig Gewichtszunahme, Verminderung des sexuellen Begehrens, Kopfschmerzen, Schwindel, Übelkeit und Stimmungsveränderungen auf.
Die Dreimonatsspritze sollte nur bei Frauen angewendet werden, die eine Schwangerschaftsverhütung benötigen, aber weder in der Lage sind, die »Pille« regelmäßig und zuverlässig einzunehmen, noch ein anderes Verhütungsmittel vertragen.

Die »Pille danach«

Sie bewirkt ein vorzeitiges Ausstoßen der Gebärmutterschleimhaut und verhindert so die Einnistung. Dabei handelt es sich um die einma-

lige beziehungsweise kurzzeitige Verwendung des Gestagen-Hormons Levonorgestrel (z. B. *Duofem, Vikela*).
Die erste Tablette *Duofem* bzw. *Vikela* wenn möglich innerhalb von 12 Stunden bis spätestens 72 Stunden nach einem ungeschützten Geschlechtsverkehr schlucken, gefolgt von einer weiteren Tablette 12 bis 24 Stunden nach der ersten Tablette. Dadurch kann eine Schwangerschaft in etwa 97 bis 98 Prozent aller Fälle verhütet werden. In manchen Veröffentlichungen werden jedoch auch niedrigere Prozentzahlen angegeben.
Nebenwirkungen: Häufig Übelkeit und Erbrechen, außerdem Brustspannungen, Kopfschmerzen und irreguläre Blutungen. Bei Versagen der Methode ist eine Schädigung des Embryos nicht ausgeschlossen, jedoch unwahrscheinlich. Eine mehrmalige Anwendung innerhalb eines kürzeren Zeitraumes kann wegen der hohen Hormondosen nicht empfohlen werden.
Das Einsetzen einer Kupferspirale innerhalb von fünf Tagen nach dem Geschlechtsverkehr verhütet eine Schwangerschaft zuverlässiger als die »Pille danach«.

»Abtreibungspille« (Mifeproston / RU486, enthalten in Mifegyne)

Mifegyne kann bis zum 49. Tag nach der letzten Regelblutung angewendet werden.
In Deutschland müssen sich Frauen vor einer Anwendung bei einer zugelassenen Beratungsstellen beraten lassen, in Österreich besteht keine Verpflichtung dazu.
In Deutschland wird *Mifegyne* vom Hersteller nur direkt an Krankenhäuser und Arztpraxen geliefert, die berechtigt sind, Schwangerschaftsabbrüche durchzuführen.
Für einen Abbruch mit Hilfe von Mifegyne sind drei Arzttermine notwenig. Zunächst wird *Mifegyne* eingenommen. Zwei Tage später unter ärztlicher Kontrolle ein Prostaglandin-Präparat. Dadurch kommt es in den meisten Fällen innerhalb von vier Stunden zur Fehlgeburt. Zur Kontrolle des vollständigen Aborts ist etwa 10 bis 14 Tage später ein dritter Arztbesuch vorgesehen.
In etwa drei Prozent aller Fälle ist eine nachträgliche Ausschabung (Kurettage) notwendig.
Nebenwirkungen: Bis zu zehn Tage anhaltende Blutungen, schmerzhafte Gebärmutterkontraktionen, Übelkeit, Erbrechen, Durchfall, Schwindel und Müdigkeit.

Frauen über 35, starke Raucherinnen und Frauen mit erhöhtem Risiko von Herz-Kreislauf-Erkrankungen dürfen *Mifegyne* nicht anwenden. Für diese Frauen ist die Absaugemethode günstiger.

Die Risiken der »Pille«

Die »Pille« wird in Deutschland zunehmend häufiger verwendet: 1991 wurden 20 Millionen Packungen gekauft, 1997 25 Millionen und im Jahr 2003 27 Millionen. Etwa jede vierte Frau im gebärfähigen Alter verwendet die »Pille« als Verhütungsmittel. Die möglichen Nebenwirkungen sollten deshalb besonders ernst genommen werden. Auch wenn manche Nebenwirkungen selten auftreten, sind davon aufgrund der häufigen Einnahme der »Pille« eine große Anzahl von Frauen betroffen. Frauen, welche die »Pille« einnehmen, erkranken häufiger an Herz- und Gefäßerkrankungen (Bluthochdruck) und zeigen Neigung zu Blutgerinnseln, Herzinfarkt und Schlaganfall.
Das »Pillen-Risiko« wird noch vervielfacht, wenn gleichzeitig andere Risikofaktoren vorliegen – z. B. wenn Frauen rauchen, übergewichtig oder über 35 Jahre alt sind. Weitere schwerwiegende unerwünschte Wirkungen können Leberschädigungen sein. Besonders gefährdet sind Frauen, die schon einmal eine Schwangerschaftsgelbsucht hatten. Außerdem können Migräne, Übelkeit, Nervosität, Müdigkeit, Akne, Haarausfall, Niedergeschlagenheit, depressive Verstimmungen, Brustschmerzen, Gewichtszunahme, Verminderung der Lust und Zwischenblutungen auftreten. Zudem leiden Frauen, welche die Pille einnehmen, häufiger an Pilzerkrankungen der Scheide.
Durch die Pille scheint sich das Risiko zu vermindern, an Gebärmutter- oder Eierstockkrebs zu erkranken. Das Risiko, an einem Gebärmutterhalskrebs zu erkranken, gilt jedoch als erhöht. In verschiedenen, sich widersprechenden Studien wird auch ein erhöhtes, bisher jedoch nicht bewiesenes Brustkrebsrisiko diskutiert. Bei Einnahme der Minipille kann es zu Zysten an den Eierstöcken kommen, die sich jedoch nach einem Absetzen des Präparats wieder zurückbilden.

Auf keinen Fall sollte die »Pille« genommen werden:
- in der Schwangerschaft
- bei Gefäßerkrankungen (Thrombosen, Embolien)
- nach Herzinfarkt
- nach Schlaganfall
- bei Bluthochdruck
- bei schwerer Zuckerkrankheit

- von starken Raucherinnen (mehr als zehn Zigaretten pro Tag) über 35 Jahren
- bei bestimmten Krebserkrankungen
- bei bestimmten Lebererkrankungen (z. B. nach Schwangerschaftsgelbsucht)
- von Frauen über 45 Jahren

Nur mit Vorbehalten und unter besonders sorgfältiger Kontrolle sollte die »Pille« genommen werden:
- von Frauen über 35 Jahren
- von Raucherinnen
- bei ausgeprägten Krampfadern
- bei Epilepsie
- bei leichten Formen der Zuckerkrankheit
- von sehr jungen Mädchen, deren Wachstum noch nicht abgeschlossen ist
- bei Migräne

Sofort abgesetzt werden muss die »Pille«,
- wenn Blutgerinnsel auftreten
- wenn der Blutdruck stark ansteigt
- wenn Sehstörungen auftreten
- bei Schwangerschaft
- vier Wochen vor Operationen
- bei Gelbsucht
- bei schweren Durchblutungsstörungen (z. B. Angina Pectoris, Herzinfarkt)
- bei schweren Migräneanfällen

Auch nach dem Absetzen kann es noch zu einigen Problemen kommen: So kann es bei manchen Frauen längere Zeit dauern, bis der normale Rhythmus der Regel wieder einsetzt. Eine bereits 1986 in Großbritannien veröffentlichte Studie an 17.000 Frauen ergab überdies, dass 18 Prozent der Frauen zwischen 25 und 34 Jahren damit rechnen müssen, nach dem Absetzen der »Pille« vier Jahre lang unfruchtbar zu bleiben – gegenüber 11 Prozent jener Frauen, die andere Mittel zur Empfängnisverhütung angewendet haben.
Grundsätzlich sollten bei jeder Frau, welche die »Pille« nimmt, regelmäßig Kontrolluntersuchungen der Leber- und Nierenfunktion, des

Blutdrucks, des Blutzuckers und gynäkologische Vorsorge-Untersuchungen (mit Zellabstrichen) durchgeführt werden.

18.1.2. Die »Pille« (Empfängnisverhütung durch Hormone)

Präparat	Wichtigste Nebenwirkungen	Empfehlung
Belara (D) Filmtabl. Ethinylestradiol, Chlormadinonacetat *Rezeptpflichtig*	Erhöhtes Thromboserisiko (Blutgerinnsel), Leberschäden, Bluthochdruck, Depressionen, Übelkeit, Kopfschmerzen	**Abzuraten** zur Empfängnisverhütung. Anwendung vertretbar, wenn zur Therapie (z. B. bei schwerer Akne) eine antiandrogene (gegen die Wirkung des männlichen Geschlechtshormons gerichtete) Wirkung erforderlich ist. Einphasenpräparat.
Biviol (D) Filmtabl. Desogestrel, Ethinylestradiol *Rezeptpflichtig*	Erhöhtes Thromboserisiko (Blutgerinnsel), Leberschäden, Bluthochdruck, Depressionen, Übelkeit, Kopfschmerzen	**Abzuraten** wegen erhöhtem Thromboserisiko. Präparat der »Dritten Generation« mit problematischem Gestagen (Desogestrel). Zweiphasenpräparat.
Cerazette (D) Filmtabl. Desogestrel *Rezeptpflichtig*	Erhöhtes Thromboserisiko (Blutgerinnsel), Leberschäden, Bluthochdruck, Depressionen, verminderte Libido, Übelkeit, Kopfschmerzen, Akne, Haarausfall	**Abzuraten** Minipille (Einstoffpräparat) mit problematischem Gestagen (Desogestrel).
Cilest (D) **Cileste** (Ö) Tabl. Norgestimat, Ethinylestradiol *Rezeptpflichtig*	Thromboserisiko (Blutgerinnsel), Leberschäden, Bluthochdruck, Depressionen, Übelkeit, Kopfschmerzen	**Zweckmäßig** Einphasenpräparat mit relativ niedrigem Östrogenanteil. Enthält weniger erprobtes Gestagen (Norgestimat).
Conceplan M (D) Tabl. Norethisteron, Ethinylestradiol *Rezeptpflichtig*	Thromboserisiko (Blutgerinnsel), Leberschäden, Bluthochdruck, Depressionen, Übelkeit, Kopfschmerzen	**Zweckmäßig** Einphasenpräparat mit relativ niedrigem Östrogenanteil.
Depot-Clinovir (D) Fertigspritze Medroxyprogesteronacetat *Rezeptpflichtig*	Thromboserisiko (Blutgerinnsel), Leberschäden, Bluthochdruck, verminderte Libido, Übelkeit, Kopfschmerzen, Akne, Haarausfall. Schmerzen an der Injektionsstelle	**Nur zweckmäßig zur** längerfristigen Verhütung (3 Monate), wenn Präparate zum Einnehmen nicht angewendet werden können.

Präparat	Wichtigste Nebenwirkungen	Empfehlung
Desmin (D) Tabl. Desogestrel, Ethinylestradiol *Rezeptpflichtig*	Erhöhtes Thromboserisiko (Blutgerinnsel), Leberschäden, Bluthochdruck, Depressionen, Übelkeit, Kopfschmerzen	**Abzuraten** wegen erhöhtem Thromboserisiko. Präparat der »Dritten Generation« mit problematischem Gestagen (Desogestrel). Einphasenpräparat mit niedrigem Östrogenanteil.
Diane mite (Ö) Drag. Cyproteronacetat, Ethinylestradiol *Rezeptpflichtig*	Stark erhöhtes Thromboserisiko (Blutgerinnsel), schwere Leberschäden, Bluthochdruck, Müdigkeit, Depressionen, Übelkeit, Kopfschmerzen	**Abzuraten** zur Empfängnisverhütung. Anwendung vertretbar, wenn zur Therapie (z. B. bei schwerer Akne) eine antiandrogene (gegen die Wirkung des männlichen Geschlechtshormons gerichtete) Wirkung erforderlich ist. Einphasenpräparat.
Duofem (D) Tabl. Levonorgestrel *Rezeptpflichtig*	Häufig Übelkeit, Kopfschmerzen, Müdigkeit, Schmerzen im Unterbauch	**Nur zweckmäßig** als Notfallverhütungsmittel innerhalb von 72 Stunden nach ungeschütztem Geschlechtsverkehr.
Eve 20 (D) Tabl. Norethisteron, Ethinylestradiol *Rezeptpflichtig*	Thromboserisiko (Blutgerinnsel), Leberschäden, Bluthochdruck, Depressionen, Übelkeit, Kopfschmerzen	**Zweckmäßig** Einphasenpräparat mit niedrigem Östrogenanteil.
Femigoa (D) Drag. Levonorgestrel, Ethinylestradiol *Rezeptpflichtig*	Thromboserisiko (Blutgerinnsel), Leberschäden, Bluthochdruck, Depressionen, Übelkeit, Kopfschmerzen	**Zweckmäßig** Einphasenpräparat mit relativ niedrigem Östrogenanteil.
Femovan (D) Drag. Gestoden, Ethinylestradiol *Rezeptpflichtig*	Erhöhtes Thromboserisiko (Blutgerinnsel), Leberschäden, Bluthochdruck, Depressionen, Übelkeit, Kopfschmerzen	**Abzuraten** wegen erhöhtem Thromboserisiko. Präparat der »Dritten Generation« mit problematischem Gestagen (Gestoden). Einphasenpräparat mit relativ niedrigem Östrogenanteil.
Femranette mikro (D) Drag. Levonorgestrel, Ethinylestradiol *Rezeptpflichtig*	Thromboserisiko (Blutgerinnsel), Leberschäden, Bluthochdruck, Depressionen, Übelkeit, Kopfschmerzen	**Zweckmäßig** Einphasenpräparat mit relativ niedrigem Östrogenanteil.

Präparat	Wichtigste Nebenwirkungen	Empfehlung
Gravistat (D) Drag. Levonorgestrel, Ethinylestradiol *Rezeptpflichtig*	Erhöhtes Thromboserisiko (Blutgerinnsel), Leberschäden, Bluthochdruck, Depressionen, Übelkeit, Kopfschmerzen	**Nur zweckmäßig, wenn** aus therapeutischen Gründen ein relativ hoher Östrogenanteil erforderlich ist. Einphasenpräparat.
Lamuna (D) Tabl. Desogestrel, Ethinylestradiol *Rezeptpflichtig*	Erhöhtes Thromboserisiko (Blutgerinnsel), Leberschäden, Bluthochdruck, Depressionen, Übelkeit, Kopfschmerzen	**Abzuraten** wegen erhöhtem Thromboserisiko. Präparat der »Dritten Generation« mit problematischem Gestagen (Desogestrel). Einphasenpräparat mit niedrigem Östrogenanteil.
Leios (D) Drag. Levonorgestrel, Ethinylestradiol *Rezeptpflichtig*	Thromboserisiko (Blutgerinnsel), Leberschäden, Bluthochdruck, Depressionen, Übelkeit, Kopfschmerzen	**Zweckmäßig** Einphasenpräparat mit niedrigem Östrogenanteil.
Lovelle (D) Tabl. Desogestrel, Ethinylestradiol *Rezeptpflichtig*	Erhöhtes Thromboserisiko (Blutgerinnsel), Leberschäden, Bluthochdruck, Depressionen, Übelkeit, Kopfschmerzen	**Abzuraten** wegen erhöhtem Thromboserisiko. Präparat der »Dritten Generation« mit problematischem Gestagen (Desogestrel). Einphasenpräparat mit niedrigem Östrogenanteil.
Lyn-ratiopharm-Sequenz (D) Kaps. Lynestrenol, Ethinylestradiol *Rezeptpflichtig*	Erhöhtes Thromboserisiko (Blutgerinnsel), Leberschäden, Bluthochdruck, Depressionen, Übelkeit, Kopfschmerzen	**Nur zweckmäßig, wenn** aus therapeutischen Gründen ein höherer Östrogenanteil notwendig ist. Zweiphasenpräparat mit relativ hohem Östrogenanteil.
Marvelon (D/Ö) Filmtabl. Desogestrel, Ethinylestradiol *Rezeptpflichtig*	Erhöhtes Thromboserisiko (Blutgerinnsel), Leberschäden, Bluthochdruck, Depressionen, Übelkeit, Kopfschmerzen	**Abzuraten** wegen erhöhtem Thromboserisiko. Präparat der »Dritten Generation« mit problematischem Gestagen (Desogestrel). Einphasenpräparat mit relativ niedrigem Östrogenanteil.
Meliane (Ö) Drag. Gestoden, Ethinylestradiol *Rezeptpflichtig*	Erhöhtes Thromboserisiko (Blutgerinnsel), Leberschäden, Bluthochdruck, Depressionen, Übelkeit, Kopfschmerzen	**Abzuraten** wegen erhöhtem Thromboserisiko. Präparat der »Dritten Generation« mit problematischem Gestagen (Gestoden). Einphasenpräparat mit niedrigem Östrogenanteil.

Präparat	Wichtigste Nebenwirkungen	Empfehlung
Mercilon (Ö) Filmtabl. Desogestrel, Ethinylestradiol *Rezeptpflichtig*	Erhöhtes Thromboserisiko (Blutgerinnsel), Leberschäden, Bluthochdruck, Depressionen, Übelkeit, Kopfschmerzen	**Abzuraten** wegen erhöhtem Thromboserisiko. Präparat der »Dritten Generation« mit problematischem Gestagen (Desogestrel). Einphasenpräparat mit niedrigem Östrogenanteil.
Microgynon (D/Ö) Drag. Levonorgestrel, Ethinylestradiol *Rezeptpflichtig*	Thromboserisiko (Blutgerinnsel), Leberschäden, Bluthochdruck, Depressionen, Übelkeit, Kopfschmerzen	**Zweckmäßig** Einphasenpräparat mit relativ niedrigem Östrogenanteil.
Minisiston (D) Drag. Levonorgestrel, Ethinylestradiol *Rezeptpflichtig*	Thromboserisiko (Blutgerinnsel), Leberschäden, Bluthochdruck, Depressionen, Übelkeit, Kopfschmerzen	**Zweckmäßig** Einphasenpräparat mit relativ niedrigem Östrogenanteil.
Minulet (D/Ö) Drag. Gestoden, Ethinylestradiol *Rezeptpflichtig*	Erhöhtes Thromboserisiko (Blutgerinnsel), Leberschäden, Bluthochdruck, Depressionen, Übelkeit, Kopfschmerzen	**Abzuraten** wegen erhöhtem Thromboserisiko. Präparat der »Dritten Generation« mit problematischem Gestagen (Gestoden). Einphasenpräparat mit relativ niedrigem Östrogenanteil.
Miranova (D) Drag. Levonorgestrel, Ethinylestradiol *Rezeptpflichtig*	Thromboserisiko (Blutgerinnsel), Leberschäden, Bluthochdruck, Depressionen, Übelkeit, Kopfschmerzen	**Zweckmäßig** Einphasenpräparat mit relativ niedrigem Östrogenanteil.
Mono Step (D) Drag. Levonorgestrel, Ethinylestradiol *Rezeptpflichtig*	Thromboserisiko (Blutgerinnsel), Leberschäden, Bluthochdruck, Depressionen, Übelkeit, Kopfschmerzen	**Zweckmäßig** Einphasenpräparat mit relativ niedrigem Östrogenanteil.
Neo-Eunomin (D) Filmtabl. Ethinylestradiol, Chlormadinonacetat *Rezeptpflichtig*	Erhöhtes Thromboserisiko (Blutgerinnsel), Leberschäden, Bluthochdruck, Depressionen, Übelkeit, Kopfschmerzen	**Abzuraten** zur Empfängnisverhütung. Anwendung vertretbar, wenn zur Therapie (z. B. bei schwerer Akne) eine antiandrogene (gegen die Wirkung des männlichen Geschlechtshormons gerichtete) Wirkung erforderlich ist. Zweiphasenpräparat.

Präparat	Wichtigste Nebenwirkungen	Empfehlung
Nora-ratiopharm (D) Filmtabl. Norethisteron Ethinylestradiol *Rezeptpflichtig*	Thromboserisiko (Blutgerinnsel), Leberschäden, Bluthochdruck, Depressionen, Übelkeit, Kopfschmerzen	**Zweckmäßig** Einphasenpräparat mit relativ niedrigem Östrogenanteil.
Nova Step (D) Drag. Levonorgestrel, Ethinylestradiol *Rezeptpflichtig*	Thromboserisiko (Blutgerinnsel), Leberschäden, Bluthochdruck, Depressionen, Übelkeit, Kopfschmerzen	**Zweckmäßig** Dreiphasenpräparat mit relativ niedrigem Östrogen- und Gestagenanteil. Die Sicherheit der Wirkung ist nur bei sorgfältiger Beachtung der Einnahmevorschriften gewährleistet.
Novial (D) Drag. Desogestrel, Ethinylestradiol *Rezeptpflichtig*	Erhöhtes Thromboserisiko (Blutgerinnsel), Leberschäden, Bluthochdruck, Depressionen, Übelkeit, Kopfschmerzen	**Abzuraten** wegen erhöhtem Thromboserisiko. Präparat der »Dritten Generation« mit problematischem Gestagen (Desogestrel). Dreiphasenpräparat mit relativ niedrigem Östrogen- und Gestagenanteil. Die Sicherheit der Wirkung ist nur bei sorgfältiger Beachtung der Einnahmevorschriften gewährleistet.
NuvaRing Vaginalring (D/Ö) Vaginalring Etonogestrel, Ethinylestradiol *Rezeptpflichtig*	Erhöhtes Thromboserisiko (Blutgerinnsel), Leberschäden, Bluthochdruck, Depressionen, Übelkeit, Kopfschmerzen	**Möglicherweise zweckmäßig** wenn Präparate zum Einnehmen nicht zuverlässig angewendet werden können. Enthält einen mit dem problematischen Gestagen Desogestrel verwandten Wirkstoff. Risko noch nicht ausreichend beurteilbar.
Oviol (D) Tabl. Desogestrel, Ethinylestradiol *Rezeptpflichtig*	Erhöhtes Thromboserisiko (Blutgerinnsel), Leberschäden, Bluthochdruck, Depressionen, Übelkeit, Kopfschmerzen	**Abzuraten** wegen erhöhtem Thromboserisiko. Präparat der »Dritten Generation« mit problematischem Gestagen (Desogestrel). Zweiphasenpräparat mit relativ hohem Östrogenanteil.

Präparat	Wichtigste Nebenwirkungen	Empfehlung
Ovosiston (D) Drag. Mestranol, Chlormadinonacetat *Rezeptpflichtig*	Erhöhtes Thromboserisiko (Blutgerinnsel), Leberschäden, Bluthochdruck, Depressionen, Übelkeit, Kopfschmerzen	**Abzuraten** zur Empfängnisverhütung. Anwendung vertretbar, wenn zur Therapie (z. B. bei schwerer Akne) eine antiandrogene (gegen die Wirkung des männlichen Geschlechtshormons gerichtete) Wirkung erforderlich ist. Einphasenpräparat.
Peribelle (D) Filmtabl. Drospirenon, Ethinylestradiol *Rezeptpflichtig*	Erhöhtes Thromboserisiko (Blutgerinnsel), Leberschäden, Bluthochdruck, Depressionen, Übelkeit, Kopfschmerzen. Vorsicht z. B. bei blutdrucksenkenden Mitteln wie ACE-Hemmern: Gefährliche Kaliumanreicherung im Blut möglich	**Abzuraten** Thrombosegefahr und andere Risiken noch unzureichend untersucht. Präparat mit relativ neuem, möglicherweise problematischen Gestagen (Drospiren). Einphasenpräparat mit niedrigem Östrogenanteil.
Pramino (D) Tabl. Norgestimat, Ethinylestradiol *Rezeptpflichtig*	Thromboserisiko (Blutgerinnsel), Leberschäden, Bluthochdruck, Depressionen, Übelkeit, Kopfschmerzen	**Zweckmäßig** Dreiphasenpräparat mit relativ niedrigem Östrogen- und Gestagenanteil. Die Sicherheit der Wirkung ist nur bei sorgfältiger Beachtung der Einnahmevorschriften gewährleistet. Weniger erprobtes Gestagen (Norgestimat).
Synphasec (D) Tabl. Norethisteron, Ethinylestradiol *Rezeptpflichtig*	Thromboserisiko (Blutgerinnsel), Leberschäden, Bluthochdruck, Depressionen, Übelkeit, Kopfschmerzen	**Zweckmäßig** Dreiphasenpräparat mit relativ niedrigem Östrogen- und Gestagenanteil. Die Sicherheit der Wirkung ist nur bei sorgfältiger Beachtung der Einnahmevorschriften gewährleistet.
Triette (D) Drag. Levonorgestrel, Ethinylestradiol *Rezeptpflichtig*	Thromboserisiko (Blutgerinnsel), Leberschäden, Bluthochdruck, Depressionen, Übelkeit, Kopfschmerzen	**Zweckmäßig** Dreiphasenpräparat mit relativ niedrigem Östrogen- und Gestagenanteil. Die Sicherheit der Wirkung ist nur bei sorgfältiger Beachtung der Einnahmevorschriften gewährleistet.

Präparat	Wichtigste Nebenwirkungen	Empfehlung
Trigoa (D) Drag. Levonorgestrel, Ethinylestradiol *Rezeptpflichtig*	Thromboserisiko (Blutgerinnsel), Leberschäden, Bluthochdruck, Depressionen, Übelkeit, Kopfschmerzen	**Zweckmäßig** Dreiphasenpräparat mit relativ niedrigem Östrogen- und Gestagenanteil. Die Sicherheit der Wirkung ist nur bei sorgfältiger Beachtung der Einnahmevorschriften gewährleistet.
Trigynon (Ö) Drag. Levonorgestrel, Ethinylestradiol *Rezeptpflichtig*	Thromboserisiko (Blutgerinnsel), Leberschäden, Bluthochdruck, Depressionen, Übelkeit, Kopfschmerzen	**Zweckmäßig** Dreiphasenpräparat mit relativ niedrigem Östrogen- und Gestagenanteil. Die Sicherheit der Wirkung ist nur bei sorgfältiger Beachtung der Einnahmevorschriften gewährleistet.
Trinordiol (D/Ö) Drag. Levonorgestrel, Ethinylestradiol *Rezeptpflichtig*	Thromboserisiko (Blutgerinnsel), Leberschäden, Bluthochdruck, Depressionen, Übelkeit, Kopfschmerzen	**Zweckmäßig** Dreiphasenpräparat mit relativ niedrigem Östrogen- und Gestagenanteil. Die Sicherheit der Wirkung ist nur bei sorgfältiger Beachtung der Einnahmevorschriften gewährleistet.
Triodena (Ö) Drag. Gestoden, Ethinylestradiol *Rezeptpflichtig*	Erhöhtes Thromboserisiko (Blutgerinnsel), Leberschäden, Bluthochdruck, Depressionen, Übelkeit, Kopfschmerzen	**Abzuraten** wegen erhöhtem Thromboserisiko. Präparat der »Dritten Generation« mit problematischem Gestagen (Gestoden). Dreiphasenpräparat mit relativ niedrigem Östrogen- und Gestagenanteil. Die Sicherheit der Wirkung ist nur bei sorgfältiger Beachtung der Einnahmevorschriften gewährleistet.
Triquilar (D) Drag. Levonorgestrel, Ethinylestradiol *Rezeptpflichtig*	Thromboserisiko (Blutgerinnsel), Leberschäden, Bluthochdruck, Depressionen, Übelkeit, Kopfschmerzen	**Zweckmäßig** Dreiphasenpräparat mit relativ niedrigem Östrogen- und Gestagenanteil. Die Sicherheit der Wirkung ist nur bei sorgfältiger Beachtung der Einnahmevorschriften gewährleistet.
Trisiston (D) Drag. Levonorgestrel, Ethinylestradiol *Rezeptpflichtig*	Thromboserisiko (Blutgerinnsel), Leberschäden, Bluthochdruck, Depressionen, Übelkeit, Kopfschmerzen	**Zweckmäßig** Dreiphasenpräparat mit relativ niedrigem Östrogen- und Gestagenanteil. Die Sicherheit der Wirkung ist nur bei sorgfältiger Beachtung der Einnahmevorschriften gewährleistet.

Präparat	Wichtigste Nebenwirkungen	Empfehlung
TriStep (D) Drag. Levonorgestrel, Ethinylestradiol *Rezeptpflichtig*	Thromboserisiko (Blutgerinnsel), Leberschäden, Bluthochdruck, Depressionen, Übelkeit, Kopfschmerzen	**Zweckmäßig** Dreiphasenpräparat mit relativ niedrigem Östrogen- und Gestagenanteil. Die Sicherheit der Wirkung ist nur bei sorgfältiger Beachtung der Einnahmevorschriften gewährleistet.
Valette (D) Drag. Dienogest, Ethinylestradiol *Rezeptpflichtig*	Thromboserisiko (Blutgerinnsel), Leberschäden, Bluthochdruck, Depressionen, Übelkeit, Kopfschmerzen	**Möglicherweise zweckmäßig zur** Empfängnisverhütung. Anwendung vertretbar, wenn zur Therapie (z. B. bei Akne) eine schwache antiandrogene (gegen die Wirkung des männlichen Geschlechtshormons gerichtete) Wirkung erforderlich ist. Einphasenpräparat. Noch relativ wenig erprobt.
Vikela (Ö) Tabl. Levonorgestrel *Rezeptpflichtig*	Häufig Übelkeit, Kopfschmerzen, Müdigkeit, Schmerzen im Unterbauch	**Nur zweckmäßig** als Notfallverhütungsmittel innerhalb von 72 h nach ungeschütztem Geschlechtsverkehr.
Yasmin (D/Ö) Filmtabl. Drospirenon, Ethinylestradiol *Rezeptpflichtig*	Erhöhtes Thromboserisiko (Blutgerinnsel), Leberschäden, Bluthochdruck, Depressionen, Übelkeit, Kopfschmerzen. Vorsicht z. B. bei blutdrucksenkenden Mitteln wie ACE-Hemmern: Gefährliche Kaliumanreicherung im Blut möglich	**Abzuraten** Thrombosegefahr und andere Risiken noch unzureichend untersucht. Präparat mit relativ neuem, möglicherweise problematischem Gestagen (Drospiren). Einphasenpräparat mit niedrigem Östrogenanteil.

18.2. Mittel gegen Zyklusstörungen und -beschwerden

Schmerzhafte Regelblutung (Dysmenorrhoe) ist die häufigste Beschwerde, wegen der Frauen einen Gynäkologen aufsuchen.
Ein gestörter Zyklus kann sich außerdem bemerkbar machen durch das Fehlen oder seltene Auftreten der Regelblutung sowie durch sehr starke oder sehr lange Blutungen.
Alle diese Störungen können psychische, organische oder hormonelle Ursachen haben.

Erschwerte und schmerzhafte Monatsblutungen (Dysmenorrhoe)

Für viele, besonders junge Frauen ist eine Regelblutung mit mehr oder weniger starken Schmerzen verbunden. Wenn bewährte Hausmittel wie Tees, Bauchmassage und Wärmflasche keine Linderung bringen, können schmerzstillende Mittel sinnvoll sein (siehe dazu Kapitel 1.1.: Schmerz- und fiebersenkende Mittel). Als wirksam und zweckmäßig gelten Ibuprofen (enthalten z. B. in *Dismenol N*) und Naproxen (enthalten z. B. in *Dysmenalgit*).

Acetylsalicylsäure (enthalten z. B. in *Aspirin*) scheint bei Dysmenorrhoe kaum zu wirken.

Vor einer Behandlung mit Medikamenten müssen organische und seelische Ursachen der schmerzhaften Monatsblutung ausgeschlossen werden. Schmerzmittel sind insbesondere sinnvoll, wenn die schmerzhaften Monatsblutungen von Jugend an bestehen. Schmerzen, die erst später erstmals auftreten, sind oft organisch bedingt.

Die Verordnung der »Pille« kann ebenfalls sinnvoll sein und dazu führen, dass die Regelblutung weniger beschwerlich verläuft.

Magnesium wird von den Herstellern gegen alles und jedes empfohlen, obwohl es für die meisten Anwendungsgebiete keine seriösen Belege dafür gibt (siehe Kapitel 14.6). Bei Dysmenorrhoe gibt es jedoch eine Untersuchung, die den Nutzen belegt.

Abzuraten ist von der Verwendung von Präparaten, die Mönchspfeffer enthalten (z. B. *Agnolyt, Agnucaston, Agnumens, Mastodynon*), weil sie schwere Hauterscheinungen verursachen können und weil nicht ausgeschlossen werden kann, dass während der Schwangerschaft die Entwicklung des Fötus gestört wird.

Fehlende oder seltene Regelblutung

kann ihre Ursache in einem Mangel der Steuerungshormone haben. Die Gründe sind sehr häufig seelischer Natur – eine psychotherapeutische Abklärung wäre deshalb vor einer Behandlung sinnvoll. Häufig wird zur Einnahme der »Pille« geraten. Dies ist eine vordergründige Behandlung, da nicht die Ursache, sondern nur das Symptom behandelt wird.

Andererseits wird nicht selten eine Behandlung mit Hormonkombinationen (ähnlich der »Pille«) versucht. Diese Therapie beruht auf der umstrittenen Annahme, dass durch plötzliches Absetzen der Hormonpräparate die Steuerungshormone wieder produziert werden, und sollte nur dann angewendet werden, wenn eindeutig nachgewiesen

ist, dass der Körper von sich aus zu wenig Sexualhormone produziert, oder bei sehr jungen Frauen mit Hormonschwäche.
Eine fehlende Regelblutung kann ihre Ursache auch in einer Störung der Hormonproduktion der Eierstöcke haben. Eine solche Störung ist nicht heilbar. Bei Frauen unter 45 Jahren kann eine »Hormonergänzungsbehandlung« sinnvoll sein. Vor Beginn einer Hormonbehandlung sollte man zweimal einen Schwangerschaftstest im Abstand von acht Tagen durchführen.

Sehr starke oder sehr lange Blutungen oder Zwischenblutungen

Sie sollten auf keinen Fall sofort mit Hormonen behandelt werden. Sie sind meist organisch verursacht, z. B. durch Unverträglichkeiten beim Tragen einer Spirale, durch Entzündungen im Gebärmutterbereich, durch gutartige Muskelknoten oder Gewächse, durch blutgerinnungshemmende Medikamente und anderes. Deshalb sollte auf alle Fälle zunächst die Ursache abgeklärt werden.

Prämenstruelles Syndrom (PMS)

Viele Frauen leiden an unterschiedlichsten Beschwerden vor dem Auftreten der Regelblutung – Kreuzschmerzen, Migräne, Brustspannen, geschwollene Beine, Stimmungsschwankungen. Man nennt dies prämenstruelles Syndrom (PMS). Bei etwa fünf Prozent der Frauen sind diese Beschwerden so ausgeprägt, dass sie behandlungsbedürftig sind.
Als Ursache der zahlreichen, sehr unterschiedlichen Beschwerden vermuten psychosomatisch orientierte Ärzte seelische Ursachen. Wahrscheinlich spielen auch Blutspiegelschwankungen der Hormone eine Rolle.
In zahlreichen Untersuchungen haben sich Placebos (= Arzneimittel ohne Wirkstoffe) als beste Medikamente für die Behandlung herausgestellt. Sie sind bei mindestens jeder zweiten Frau gut wirksam. Ein zusätzlicher Vorteil: Es sind kaum Nebenwirkungen zu erwarten.
Für homöopathische Mittel, von denen manche Kritiker behaupten, dass sie nichts anderes sind als Placebos, gilt in Bezug auf Wirksamkeit und Nebenwirkungen dasselbe.
Für alle anderen Mittel, die ebenfalls zur Behandlung des prämenstruellen Syndroms angewendet werden – Hormone, Diuretika, Vitamin B_6, Psychopharmaka und andere –, gibt es keinen Wirksamkeitsnachweis. Sinnvoll ist die Auseinandersetzung mit der eigenen Weiblichkeit.

18.2. Mittel gegen Zyklusstörungen und -beschwerden

Präparat	Wichtigste Nebenwirkungen	Empfehlung
Agnolyt (D) Tropfen, Kaps. Extrakt aus Keuschlammfrüchten (Fruct. Agni casti bzw. Mönchspfeffer)	Selten Hautjucken und Exanthem. Nicht versehentlich in der Schwangerschaft anwenden! Tropfen enthalten Alkohol	**Abzuraten** bei den vom Hersteller angegebenen Anwendungsgebieten (z. B. prämenstruelles Syndrom, Zyklusstörungen). Pflanzliches Mittel.
Agnucaston (D/Ö) Filmtabl., Lösung Extrakt aus Keuschlammfrüchten (Fruct. Agni casti bzw. Mönchspfeffer)	Selten Hautjucken und Exanthem. Nicht versehentlich in der Schwangerschaft anwenden! Lösung enthält Alkohol	**Abzuraten** bei den vom Hersteller angegebenen Anwendungsgebieten (z. B. prämenstruelles Syndrom, Zyklusstörungen). Pflanzliches Mittel.
Agnumens (Ö) Tropfen Extrakt aus Keuschlammfrüchten (Fruct. Agni casti bzw. Mönchspfeffer) *Rezeptpflichtig*	Selten Hautjucken und Exanthem. Nicht versehentlich in der Schwangerschaft anwenden! Tropfen enthalten Alkohol	**Abzuraten** bei den vom Hersteller angegebenen Anwendungsgebieten (z. B. prämenstruelles Syndrom, Zyklusstörungen). Pflanzliches Mittel.
Chlormadinon Jenapharm (D) Tabl. Chlormadinon *Rezeptpflichtig*	Wassereinlagerung im Gewebe (Ödeme), Übelkeit, Erbrechen, Kopfschmerzen, Depressionen, erhöhtes Thromboserisiko	**Therapeutisch zweckmäßig bei** Zuständen, die eine Anwendung von gestagenen Hormonen erfordern (z. B. bestimmte Zyklusstörungen).
Clinofem (D) Tabl. Medroxyprogesteron *Rezeptpflichtig*	Wassereinlagerung im Gewebe (Ödeme), Übelkeit, Erbrechen, Kopfschmerzen, Depressionen, erhöhtes Thromboserisiko, vermännlichende Wirkung möglich	**Therapeutisch zweckmäßig bei** Zuständen, die eine Anwendung von gestagenen Hormonen erfordern (z. B. bestimmte Zyklusstörungen).
Colpron (Ö) Tabl. Medrogeston *Rezeptpflichtig*	Wassereinlagerung im Gewebe (Ödeme), Übelkeit, Erbrechen, Kopfschmerzen, Depressionen, erhöhtes Thromboserisiko, vermännlichende Wirkung möglich	**Therapeutisch zweckmäßig bei** Zuständen, die eine Anwendung von gestagenen Hormonen erfordern (z. B. bestimmte Zyklusstörungen).
Dismenol N (D/Ö) Filmtabl. Ibuprofen	Kopfschmerzen, Magen-Darm-Störungen, zentralnervöse Störungen wie z. B. Schwindel	**Therapeutisch zweckmäßig bei** schmerzhaften Menstruationsbeschwerden.

Präparat	Wichtigste Nebenwirkungen	Empfehlung
Duphaston (D/Ö) Tabl. Dydrogesteron *Rezeptpflichtig*	Wassereinlagerung im Gewebe (Ödeme), Übelkeit, Erbrechen, Kopfschmerzen, Depressionen, erhöhtes Thromboserisiko	**Therapeutisch zweckmäßig bei** Zuständen, die eine Anwendung von gestagenen Hormonen erfordern (z. B. bestimmte Zyklusstörungen).
Dysmenalgit (D) Tabl. Naproxen *Rezeptpflichtig*	Kopfschmerzen, Magen-Darm-Störungen, zentralnervöse Störungen wie z. B. Schwindel	**Therapeutisch zweckmäßig bei** schmerzhaften Menstruationsbeschwerden.
Gestakadin (D) Tabl. Norethisteron *Rezeptpflichtig*	Wassereinlagerung im Gewebe (Ödeme), Übelkeit, Erbrechen, Depressionen, Kopfschmerzen, erhöhtes Thromboserisiko, vermännlichende Wirkung möglich	**Therapeutisch zweckmäßig bei** Zuständen, die eine Anwendung von gestagenen Hormonen erfordern (z. B. bestimmte Zyklusstörungen).
Mastodynon (D) Tropfen, Tabl. Urtinktur aus Keuschlammfrüchten (Fruct. Agni casti bzw. Mönchspfeffer), homöopathische Verdünnungen aus Caulophyllum thalictroides, Cyclamen, Ignatia, Iris, Lilium tigrinum	Selten Hautjucken und Exanthem. Nicht versehentlich in der Schwangerschaft anwenden! Enthält Alkohol	**Abzuraten** Homöopathisches Mittel. Therapeutische Wirksamkeit zweifelhaft bei den vom Hersteller angegebenen Anwendungsgebieten (z. B. Zyklusstörungen).
Norethisteron Jenapharm (D) Tabl. Norethisteron *Rezeptpflichtig*	Wassereinlagerung im Gewebe (Ödeme), Übelkeit, Erbrechen, Depressionen, Kopfschmerzen, erhöhtes Thromboserisiko	**Therapeutisch zweckmäßig bei** Zuständen, die eine Anwendung von gestagenen Hormonen erfordern (z. B. bestimmte Zyklusstörungen).
Orgametril (D/Ö) Tabl. Lynestrenol *Rezeptpflichtig*	Wassereinlagerung im Gewebe (Ödeme), Übelkeit, Erbrechen, Depressionen, Kopfschmerzen, erhöhtes Thromboserisiko, vermännlichende Wirkung möglich	**Therapeutisch zweckmäßig bei** Zuständen, die eine Anwendung von gestagenen Hormonen erfordern (z. B. bestimmte Zyklusstörungen).
Primolut Nor (D/Ö) Tabl. Norethisteron *Rezeptpflichtig*	Wassereinlagerung im Gewebe (Ödeme), Übelkeit, Erbrechen, Depressionen, Kopfschmerzen, erhöhtes Thromboserisiko, vermännlichende Wirkung möglich	**Therapeutisch zweckmäßig bei** Zuständen, die eine Anwendung von gestagenen Hormonen erfordern (z. B. bestimmte Zyklusstörungen).

Präparat	Wichtigste Nebenwirkungen	Empfehlung
Primosiston (Ö) Tabl. Norethisteron, Ethinylestradiol *Rezeptpflichtig*	Thromboserisiko (Blutgerinnsel), Leberschäden, Bluthochdruck, Depressionen	**Therapeutisch zweckmäßig bei** bestimmten Zyklusstörungen und zur Menstruationsverlegung. Kombination von Gestagen und niedrig dosiertem Östrogen. Nicht zur Empfängnisverhütung geeignet.
Prodafem (Ö) Tabl. Medroxyprogesteron *Rezeptpflichtig*	Wassereinlagerung im Gewebe (Ödeme), Übelkeit, Erbrechen, Kopfschmerzen, Depressionen, erhöhtes Thromboserisiko, vermännlichende Wirkung möglich	**Therapeutisch zweckmäßig bei** Zuständen, die eine Anwendung von gestagenen Hormonen erfordern (z. B. bestimmte Zyklusstörungen).
Progestogel (D) Gel Progesteron *Rezeptpflichtig*	Hautreizungen möglich	**Wenig zweckmäßig bei** dem vom Hersteller angegebenen Anwendungsgebiet Mastodynie (zyklusbedingte schmerzende Brustschwellung). Gel kühlt.
Sovel (D) Filmtabl. Norethisteron *Rezeptpflichtig*	Wassereinlagerung im Gewebe (Ödeme), Übelkeit, Erbrechen, Depressionen, Kopfschmerzen, erhöhtes Thromboserisiko, vermännlichende Wirkung möglich	**Therapeutisch zweckmäßig bei** Zuständen, die eine Anwendung von gestagenen Hormonen erfordern (z. B. bestimmte Zyklusstörungen).
Utrogest (D) **Utrogestan** (Ö) Kaps. Progesteron *Rezeptpflichtig*	Wassereinlagerung im Gewebe (Ödeme), Übelkeit, Erbrechen, Kopfschmerzen, Depressionen, erhöhtes Thromboserisiko, vermännlichende Wirkung möglich	**Therapeutisch zweckmäßig bei** Zuständen, die eine Anwendung von gestagenen Hormonen erfordern (z. B. bestimmte Zyklusstörungen).

18.3. Mittel gegen Beschwerden in den Wechseljahren (Klimakterium)

Im vierten und fünften Lebensjahrzehnt beginnt der menschliche Körper, weniger Sexualhormone zu produzieren. Diese Hormonverminderung ist eine natürliche Entwicklung und führt nicht zwangsläufig zu Störungen des Wohlbefindens. Auch sind Wechseljahres-Beschwerden bei Frauen nicht allein hormonbedingt. Viele der Beschwerden können auch seelische Ursachen haben. In einer Gesellschaft, die in vielen Bereichen »älter werden« mit »weniger wert sein« gleichsetzt, ist es nur zu verständlich, dass in den Wechseljahren psychische Probleme auftreten können.

Hormon-Substitution

Frauen leben im Durchschnitt sechs bis acht Jahre länger als Männer, und zwar auch dann, wenn sie durch Haushaltsführung und berufliche Tätigkeit mehrfach belastet sind. Manche Wissenschaftler erklären dies mit dem weiblichen Geschlechtshormon Östrogen: Es beschleunigt die Zellteilung und sorgt dafür, dass die Blutgefäße elastisch bleiben und nicht so bald »verkalken«. Das bedeutet weniger Herzinfarkte und weniger Schlaganfälle. Östrogen soll außerdem osteoporotische Prozesse aufhalten und damit das Risiko von Knochenbrüchen verringern.
Wenn Frauen in die Wechseljahre kommen, verringert der Körper die Östrogenproduktion. Eine Folge davon sind die so genannten Wechseljahres-Beschwerden: Hitzewallungen, Unruhezustände und eine Reihe von anderen Unannehmlichkeiten; aber auch ein gewisses Risiko für Knochenschwund (Osteoporose).
Es liegt daher nahe, durch Einnahme von Östrogenen diese Beschwerden zu verringern oder sogar gänzlich zum Verschwinden zu bringen. Dies trifft für die Behandlung von akuten Wechseljahresbeschwerden auch tatsächlich zu.
Für die Unterdrückung von so genannten »vegetativen Beschwerden« – vorwiegend Befindlichkeitsstörungen – durch Hormone gibt es folgende Möglichkeiten: Medikamente mit Östrogenen als einzigem Wirkstoff und Kombinationsmedikamente mit Östrogenen und Gestagenen.

Medikamente mit Östrogenen

Es stehen drei verschiedene Östrogenvarianten zur Verfügung:
Konjugierte Östrogene aus Stutenharn (z. B. *Climarest, Climopax mono, Östrofeminal, Presomen*), konjugierte Östrogene aus Pflanzen (veresterte Östrogene wie z. B. *Femavit* und *Transannon*), normale Östrogene (z. B. *Cutanum, Dermestril, Estraderm TTS, Estradiol Jenapharm, Estradot, Estramon, Estrifam, Estrofem, Fem 7, Fem Seven, Gynokadin, Klimapur, Menorest, Ovestin, Progynova, Tradelia*) und komplexe Östrogen-Mischungen in Pflanzenextrakten (z. B. *Cimicifuga AL, Cimicifuga-ratiopharm, Cimicifuga Stada,Cefakliman mono, Cimisan, Klimadynon, Remifemin-plus*).

Alle östrogenhaltigen Medikamente können die Wechseljahresbeschwerden mindern. Je stärker ihre Wirkung ist, desto mehr Nebenwirkungen sind zu erwarten. In den ersten zwei Jahren ist die Throm-

bosegefahr stark erhöht, besonders bei Raucherinnen. Außerdem ist das Risiko für Herzinfarkte und Schlaganfälle in diesem Zeitraum wesentlich größer. Lange Zeit wurde von der Pharmaindustrie und vielen Gynäkologen fälschlicherweise das Gegenteil behauptet!
Neue Studien belegen eindeutig ein *erhöhtes* Risiko für Herz-Kreislauf-Erkrankungen incl. Schlaganfällen und Herzinfarkten. Schon eine Anfang 2001 veröffentlichte Studie (HERS) hatte nachgewiesen, dass durch die Einnahme von Hormonen nach den Wechseljahren das Risiko von Herz-Kreislauf-Erkrankungen *nicht* sinkt, sondern in der ersten Einnahmezeit sogar steigt. Dieselbe Studie widerlegte auch schon die Behauptung, dass Hormone nach den Wechseljahren vor Schlaganfällen schützen.
Deshalb ist eine kurzzeitige Therapie mit Östrogenen auch bei starken Beschwerden nach dem derzeitigen Stand der medizinischen Wissenschaft nicht mehr zu vertreten. Bei veresterten Östrogenen scheint das Risiko hingegen deutlich geringer zu sein. Auch bei pflanzlichen Mitteln ist das möglicherweise der Fall. Um eindeutige Empfehlungen treffen zu können, sind jedoch weitere Untersuchungen notwendig.
Nach der Diskussion über die Risiken der Hormontherapie werden zunehmend häufiger »milde Östrogene« pflanzlicher Herkunft angeboten. Dabei handelt es sich meist um Phytoöstrogene aus Soja, die als Nahrungsergänzungsmittel und nicht als geprüfte Arzneimittel verkauft werden. Man kann sie im Supermarkt erhalten, man kann aber auch extrem teure Präparate, die nicht besser sind als die im Supermarkt erhältlichen, bei Ärzten angeboten bekommen.
Medikamente, die Östrogene enthalten, bringen ein deutlich erhöhtes Risiko mit sich, Gebärmutter-Schleimhautkrebs zu verursachen. Deshalb sollten reine Östrogenpräparate höchstens kurzfristig (wenige Monate) angewendet werden oder nur Frauen verschrieben werden, deren Gebärmutter entfernt ist. Mit zunehmender Dauer der Behandlung (nach etwa 4 Jahren) steigt auch das Risiko, an Brustkrebs zu erkranken. Die Empfehlungen, wie lange eine solche Behandlung deshalb dauern darf, variieren. Die meisten Experten empfehlen, reine Östrogenpräparate nicht länger als fünf Jahre einzunehmen.
Nach Absetzen der Hormone kann es wieder zu den alten Beschwerden kommen. Viele Frauen werden dadurch zu einer Fortsetzung der Hormoneinnahme mit ihren Medikamenten verleitet. Helfen könnten unter Umständen wesentlich niedriger dosierte Hormonpräparate oder auch Östrogene pflanzlicher Herkunft, die nur kurzfristig eingenommen werden, um die Östrogen-Entzugserscheinungen zu mildern.

Östrogenpräparate tierischen Ursprungs (konjugierte Östrogene aus Stutenharn) sind heute überholt. Östrogene können problemlos aus pflanzlichen Vorprodukten hergestellt werden und sind möglicherweise sogar besser verträglich (veresterte Östrogen wie z. B. *Femavit* und *Transannon)*.

Kombinationspräparate mit Östrogen und Gestagenen

(z. B. *Activelle, Climodien, Climopax, Cyclacur, Cyclo-Menorette, Cyclo Östrogynal, Cyclo Progynova, Estracomb TTS, Indivina, Klimonorm, Kliogest, Lafamme, Mericomb, Merigest, Oestrofeminal, Östronara, Presomen comp., Sisare, Trisequens*). Östrogene bewirken eine beschleunigte Teilung von Zellen mit Östrogenrezeptoren, die dazu führen kann, dass sich auch Krebszellen schneller vermehren. Östrogentherapien bringen deshalb ein erhöhtes Risiko mit sich, an bestimmten Krebsarten zu erkranken.

Frauen im gebärfähigen Alter, die Östrogene zum Beispiel in Form der »Pille« zu sich nehmen, sind davon kaum betroffen. Das Risiko erhöht sich jedoch bei Frauen in den Wechseljahren und danach und zeigt sich nicht nur beim Gebärmutterschleimhaut-Krebs, sondern auch beim Brustkrebs. Die bislang übliche zusätzliche Anwendung von Gestagenen zu Östrogenen in Kombinationspräparaten hat aber *keinen* mindernden Einfluss auf das erhöhte Brustkrebsrisiko und ist deshalb abzulehnen, weil die Gestagene das durch Östrogene erhöhte Thrombose- und Embolierisiko noch weiter erhöhen. Bislang unbestritten ist der günstige Effekt der Gestagene auf das durch die Therapie mit Östrogenen erhöhte Risiko von Gebärmutterschleimhaut-Krebs. Neuere Studien liegen aber dazu nicht vor.

Darmkrebs und möglicherweise auch Lungenkrebs bei Raucherinnen treten weniger häufig auf.

Kombinationspräparate vermindern zwar die Wechseljahresbeschwerden deutlich, aber sie gefährden die Patientinnen in den ersten Monaten und Jahren durch lebensbedrohliche Kreislauferkrankungen und Blutgerinnungsstörungen. Werden sie länger eingenommen, erhöht sich das Brustkrebsrisiko, andererseits ist das Darmkrebsrisiko möglicherweise vermindert. Wir raten deshalb von der Verwendung solcher Mittel ab.

Auch die immer wieder behauptete Wirkung der Hormone auf den Verlauf der Osteoporose ist zweifelhaft. Sicher ist, dass einmal abgebauter Knochen durch Hormone nicht wieder aufgebaut wird. Bestenfalls

kann die Osteoporoseentwicklung verzögert werden. Ob dies aber z. B. die Knochenbruchgefahr vermindert, ist immer noch ungeklärt. Die Osteoporosegefahr ist offensichtlich von Erbfaktoren bestimmt.
Der Nutzen von Hormonen bei der Osteoporosebehandlung ist sehr gering, das Risiko von Nebenwirkungen aber groß. Außerdem stehen wirksamere Medikamente als Hormone zur Verfügung (siehe Kapitel 14.7.). Aus Untersuchungen gilt es außerdem als gesichert, dass regelmäßige körperliche Betätigung in Form von Krafttraining nach Kieser oder Walking Herz-Kreislauf-Krankheiten und Knochenschwund (Osteoporose) günstig beeinflussen können.

Pflanzliche Mittel

Vorsicht: *Frauen mit hormonabhängigen Tumoren sollten keine Mittel einnehmen, die den Traubensilberkerzenextrakt Cimicifuga enthalten (z. B. Cefakliman mono, Cimisan, Klimadynon, Remifemin-plus) – diese Präparate haben östrogenartige Wirkungen. Dies gilt auch für die zahlreichen Präparate aus Soja, die im freien Markt als Nahrungsergänzungsmittel angeboten werden*

Homöopathische Mittel

Für die häufig verwendeten homöopathischen Mittel gegen Klimakteriumsbeschwerden *Feminon N* (siehe Tabelle 18.2.) oder *Klimaktoplant H* gibt es keine überzeugenden Belege für einen therapeutischen Nutzen.

18.3. Mittel gegen Beschwerden in den Wechseljahren (Klimakterium)

Präparat	Wichtigste Nebenwirkungen	Empfehlung
Activelle (D/Ö) Filmtabl. Estradiol, Norethisteron *Rezeptpflichtig*	Übelkeit, Schmerzen und Spannungen der Brüste, Schmerzen in den Beinen (Präparat sofort absetzen!), Blutungen durch Vermehrung der Zellen der Gebärmutterschleimhaut, Leberschäden, Gallenblasenerkrankungen. Bei Langzeittherapie erhöhtes Risiko für Thrombose, Herzinfarkt, Schlaganfall und Krebs	**Abzuraten** Vertretbar nur zur zeitlich eng begrenzten Behandlung starker Beschwerden in den Wechseljahren. Kombinationspräparat. Nicht zur Empfängnisverhütung geeignet.

Präparat	Wichtigste Nebenwirkungen	Empfehlung
Angeliq (D) Filmtabl. Drospirenon, Estradiol *Rezeptpflichtig*	Erhöhtes Thromboserisiko (Blutgerinnsel), Leberschäden, Bluthochdruck, Depressionen, Übelkeit, Kopfschmerzen. Vorsicht z. B. bei blutdrucksenkenden Mitteln wie ACE-Hemmern. Gefährliche Kaliumanreicherung im Blut möglich.	**Abzuraten** Vertretbar nur zur zeitlich eng begrenzten Behandlung starker Beschwerden in den Wechseljahren. Thrombosegefahr und andere Risiken noch unzureichend untersucht. Präparat mit relativ neuem, möglicherweise problematischem Gestagen (Drospirenon). Kombinationspräparat. Nicht zur Empfängnisverhütung geeignet. Noch relativ wenig erprobt.
Cefakliman (D) Tabl. Lachesis D12, Cimicifuga (Traubensilberkerze) D5, Sepia D5, Lilium tigrinum D 5	Keine wesentlichen zu erwarten	**Homöopathisches Mittel** Therapeutische Wirkung zweifelhaft. Vertretbar wegen geringer Schädlichkeit bei dem vom Hersteller angegebenen Anwendungsgebiet (z. B. klimakterische Ausfallserscheinungen).
Cefakliman mono (D) Kaps., Lösung Extrakt aus Cimicifugawurzeln (Traubensilberkerze)	Magen-Darm-Beschwerden. Lösung enthält Alkohol	**Wenig zweckmäßig bei** den vom Hersteller angegebenen Anwendungsgebieten (z. B. klimakterische Beschwerden). Pflanzliches Mittel mit östrogenartiger Wirkung.
Cefakliman N (D) Mischung, Lösung Lachesis D8, Sanguinaria D D3, Cimicifuga (Traubensilberkerze) und Hypericum Urtinktur	Keine wesentlichen zu erwarten. Lösung enthält Alkohol	**Homöopathisches Mittel** Therapeutische Wirkung bei den vom Hersteller angegebenen Anwendungsgebieten (z. B. Wechseljahrsbeschwerden) zweifelhaft. Vertretbar wegen geringer Schädlichkeit.
Cimicifuga Al (D) **Cimicifuga-ratiopharm** (D) **Cimicifuga Stada** (D) Filmtabl. Extrakt aus Cimicifugawurzeln (Traubensilberkerze)	Magen-Darm-Beschwerden	**Wenig zweckmäßig bei** den vom Hersteller angegebenen Anwendungsgebieten (z. B. klimakterische Beschwerden). Pflanzliches Mittel mit östrogenartiger Wirkung.
Cimisan (D) Filmtabl. Extrakt aus Cimicifugawurzeln (Traubensilberkerze)	Magen-Darm-Beschwerden	**Wenig zweckmäßig bei** den vom Hersteller angegebenen Anwendungsgebieten (z. B. klimakterische Beschwerden). Pflanzliches Mittel mit östrogenartiger Wirkung.

Präparat	Wichtigste Nebenwirkungen	Empfehlung
Climarest (D) Drag. Konjugierte Östrogene *Rezeptpflichtig*	Übelkeit, Schmerzen und Spannungen der Brüste, Schmerzen in den Beinen (Präparat sofort absetzen!), Blutungen durch Vermehrung der Zellen der Gebärmutterschleimhaut, Leberschäden, Gallenblasenerkrankungen. Bei Langzeittherapie erhöhtes Risiko für Thrombose, Herzinfarkt, Schlaganfall und Krebs	**Abzuraten** Vertretbar nur zur zeitlich eng begrenzten Behandlung starker Beschwerden in den Wechseljahren. Östrogenpräparate tierischen Ursprungs (aus Stutenharn) sind heute überholt.
Climen (D/Ö) Drag. Estradiol, Cyproteron *Rezeptpflichtig*	Übelkeit, Schmerzen und Spannungen der Brüste, Schmerzen in den Beinen (Präparat sofort absetzen!), Blutungen durch Vermehrung der Zellen der Gebärmutterschleimhaut, Leberschäden, Gallenblasenerkrankungen. Bei Langzeittherapie erhöhtes Risiko für Thrombose, Herzinfarkt, Schlaganfall und Krebs	**Abzuraten** Vertretbar nur zur zeitlich eng begrenzten Behandlung starker Beschwerden in den Wechseljahren. Kombinationspräparat. Nicht zur Empfängnisverhütung geeignet. Erhöhtes Nebenwirkungsrisiko durch Gestagen mit antiandrogener Wirkung (Cyproteron). Zweiphasenpräparat. Nicht zur Empfängnisverhütung geeignet.
Climodien (D) Drag. Estradiol, Dienogest *Rezeptpflichtig*	Übelkeit, Schmerzen und Spannungen der Brüste, Schmerzen in den Beinen (Präparat sofort absetzen!), Blutungen durch Vermehrung der Zellen der Gebärmutterschleimhaut, Leberschäden, Gallenblasenerkrankungen. Bei Langzeittherapie erhöhtes Risiko für Thrombose, Herzinfarkt, Schlaganfall und Krebs	**Abzuraten** Vertretbar nur zur zeitlich eng begrenzten Behandlung starker Beschwerden in den Wechseljahren, wenn zur Therapie eine schwache antiandrogene (gegen die Wirkung des männlichen Geschlechtshormons gerichtete) Wirkung erforderlich ist. Kombinationspräparat. Nicht zur Empfängnisverhütung geeignet. Noch relativ wenig erprobt.
Climopax (D) Drag. Konjugierte Östrogene, Medroxyprogesteron *Rezeptpflichtig*	Übelkeit, Schmerzen und Spannungen der Brüste, Schmerzen in den Beinen (Präparat sofort absetzen!), Blutungen durch Vermehrung der Zellen der Gebärmutterschleimhaut, Leberschäden, Gallenblasenerkrankungen. Bei Langzeittherapie erhöhtes Risiko für Thrombose, Herzinfarkt, Schlaganfall und Krebs	**Abzuraten** Vertretbar nur zur zeitlich eng begrenzten Behandlung starker Beschwerden in den Wechseljahren. Kombinationspräparat. Nicht zur Empfängnisverhütung geeignet. Kombinationspräparat. Östrogenpräparate tierischen Ursprungs (aus Stutenharn) sind heute überholt.

Präparat	Wichtigste Nebenwirkungen	Empfehlung
Climopax mono (D) Drag. Konjugierte Östrogene *Rezeptpflichtig*	Übelkeit, Schmerzen und Spannungen der Brüste, Schmerzen in den Beinen (Präparat sofort absetzen!), Blutungen durch Vermehrung der Zellen der Gebärmutterschleimhaut, Leberschäden, Gallenblasenerkrankungen. Bei Langzeittherapie erhöhtes Risiko für Thrombose, Herzinfarkt, Schlaganfall und Krebs	**Abzuraten** Vertretbar nur zur zeitlich eng begrenzten Behandlung starker Beschwerden in den Wechseljahren mit reinem Östrogen. Östrogenpräparate tierischen Ursprungs (aus Stutenharn) sind heute überholt.
Cutanum (D) Matrixpflaster Estradiol *Rezeptpflichtig*	Häufig Pflasterallergie. Übelkeit, Schmerzen und Spannungen der Brüste, Schmerzen in den Beinen (Präparat sofort absetzen!), Blutungen durch Vermehrung der Zellen der Gebärmutterschleimhaut, Leberschäden, Gallenblasenerkrankungen. Bei Langzeittherapie erhöhtes Risiko für Thrombose, Herzinfarkt, Schlaganfall und Krebs	**Abzuraten** Vertretbar nur zur zeitlich eng begrenzten Behandlung starker Beschwerden in den Wechseljahren mit reinem Östrogen. Die Risiken bei Einnahme des Wirkstoffes sind besser bekannt.
Cyclacur (Ö) Drag. Estradiol, Norgestrel *Rezeptpflichtig*	Übelkeit, Schmerzen und Spannungen der Brüste, Schmerzen in den Beinen (Präparat sofort absetzen!), Blutungen durch Vermehrung der Zellen der Gebärmutterschleimhaut, Leberschäden, Gallenblasenerkrankungen. Bei Langzeittherapie erhöhtes Risiko für Thrombose, Herzinfarkt, Schlaganfall und Krebs	**Abzuraten** Vertretbar nur zur zeitlich eng begrenzten Behandlung starker Beschwerden in den Wechseljahren. Zweiphasenpräparat. Nicht zur Empfängnisverhütung geeignet.
Cyclo-Menorette (D) Drag. Estradiol, Estriol, Levonorgestrel *Rezeptpflichtig*	Übelkeit, Schmerzen und Spannungen der Brüste, Schmerzen in den Beinen (Präparat sofort absetzen!), Blutungen durch Vermehrung der Zellen der Gebärmutterschleimhaut, Leberschäden, Gallenblasenerkrankungen. Bei Langzeittherapie erhöhtes Risiko für Thrombose, Herzinfarkt, Schlaganfall und Krebs	**Abzuraten** Vertretbar nur zur zeitlich eng begrenzten Behandlung starker Beschwerden in den Wechseljahren. Zweiphasenpräparat. Nicht zur Empfängnisverhütung geeignet.

Präparat	Wichtigste Nebenwirkungen	Empfehlung
Cyclo Östrogynal (D) Drag. Estradiol, Estriol, Levonorgestrel *Rezeptpflichtig*	Übelkeit, Schmerzen und Spannungen der Brüste, Schmerzen in den Beinen (Präparat sofort absetzen!), Blutungen durch Vermehrung der Zellen der Gebärmutterschleimhaut, Leberschäden, Gallenblasenerkrankungen. Bei Langzeittherapie erhöhtes Risiko für Thrombose, Herzinfarkt, Schlaganfall und Krebs	**Abzuraten** Vertretbar nur zur zeitlich eng begrenzten Behandlung starker Beschwerden in den Wechseljahren. Kombinationspräparat. Nicht zur Empfängnisverhütung geeignet.
Cyclo Progynova (D) Drag. Estradiol, Norgestrel *Rezeptpflichtig*	Übelkeit, Schmerzen und Spannungen der Brüste, Schmerzen in den Beinen (Präparat sofort absetzen!), Blutungen durch Vermehrung der Zellen der Gebärmutterschleimhaut, Leberschäden, Gallenblasenerkrankungen. Bei Langzeittherapie erhöhtes Risiko für Thrombose, Herzinfarkt, Schlaganfall und Krebs	**Abzuraten** Vertretbar nur zur zeitlich eng begrenzten Behandlung starker Beschwerden in den Wechseljahren. Zweiphasenpräparat. Nicht zur Empfängnisverhütung geeignet.
Dermestril (D) Transdermales Pflaster Estradiol *Rezeptpflichtig*	Häufig Pflasterallergie. Übelkeit, Schmerzen und Spannungen der Brüste, Schmerzen in den Beinen (Präparat sofort absetzen!), Blutungen durch Vermehrung der Zellen der Gebärmutterschleimhaut, Leberschäden, Gallenblasenerkrankungen. Bei Langzeittherapie erhöhtes Risiko für Thrombose, Herzinfarkt, Schlaganfall und Krebs	**Abzuraten** Vertretbar nur zur zeitlich eng begrenzten Behandlung starker Beschwerden in den Wechseljahren mit reinem Östrog. Die Risiken bei Einnahme des Wirkstoffes sind besser bekannt.
Estracomb TTS (D/Ö) Membranpflaster Estradiol, Norethisteron *Rezeptpflichtig*	Häufig Pflasterallergie. Übelkeit, Schmerzen und Spannungen der Brüste, Schmerzen in den Beinen (Präparat sofort absetzen!), Blutungen durch Vermehrung der Zellen der Gebärmutterschleimhaut, Leberschäden, Gallenblasenerkrankungen. Bei Langzeittherapie erhöhtes Risiko für Thrombose, Herzinfarkt, Schlaganfall und Krebs	**Abzuraten** Vertretbar nur zur zeitlich eng begrenzten Behandlung starker Beschwerden in den Wechseljahren. Kombinationspräparat. Die Risiken bei Einnahme der Wirkstoffe sind besser bekannt.

Präparat	Wichtigste Nebenwirkungen	Empfehlung
Estraderm TTS (D/Ö) Membranpflaster (D) Depotpflaster (Ö) **Estraderm MX** (Ö) Matrixpflaster Estradiol *Rezeptpflichtig*	Häufig Pflasterallergie. Übelkeit, Schmerzen und Spannungen der Brüste, Schmerzen in den Beinen (Präparat sofort absetzen!), Blutungen durch Vermehrung der Zellen der Gebärmutterschleimhaut, Leberschäden, Gallenblasenerkrankungen. Bei Langzeittherapie erhöhtes Risiko für Thrombose, Herzinfarkt, Schlaganfall und Krebs	**Abzuraten** Vertretbar nur zur zeitlich eng begrenzten Behandlung starker Beschwerden in den Wechseljahren mit reinem Östrogen. Die Risiken bei Einnahme des Wirkstoffes sind besser bekannt.
Estradiol Jenapharm (D) Tabl. Estradiol *Rezeptpflichtig*	Übelkeit, Schmerzen und Spannungen der Brüste, Schmerzen in den Beinen (Präparat sofort absetzen!), Blutungen durch Vermehrung der Zellen der Gebärmutterschleimhaut, Leberschäden, Gallenblasenerkrankungen. Bei Langzeittherapie erhöhtes Risiko für Thrombose, Herzinfarkt, Schlaganfall und Krebs	**Abzuraten** Vertretbar nur zur zeitlich eng begrenzten Behandlung starker Beschwerden in den Wechseljahren mit Östrogen.
Estradot (D/Ö) Transdermales Pflaster (D) Matrixpflaster (Ö) Estradiol *Rezeptpflichtig*	Häufig Pflasterallergie. Übelkeit, Schmerzen und Spannungen der Brüste, Schmerzen in den Beinen (Präparat sofort absetzen!), Blutungen durch Vermehrung der Zellen der Gebärmutterschleimhaut, Leberschäden, Gallenblasenerkrankungen. Bei Langzeittherapie erhöhtes Risiko für Thrombose, Herzinfarkt, Schlaganfall und Krebs	**Abzuraten** Vertretbar nur zur zeitlich eng begrenzten Behandlung starker Beschwerden in den Wechseljahren mit reinem Östrogen. Die Risiken bei Einnahme des Wirkstoffes sind besser bekannt.
Estragest TTS (D) Membranpflaster Estradiol, Norethisteron *Rezeptpflichtig*	Häufig Pflasterallergie. Übelkeit, Schmerzen und Spannungen der Brüste, Schmerzen in den Beinen (Präparat sofort absetzen!), Blutungen durch Vermehrung der Zellen der Gebärmutterschleimhaut, Leberschäden, Gallenblasenerkrankungen. Bei Langzeittherapie erhöhtes Risiko für Thrombose, Herzinfarkt, Schlaganfall und Krebs	**Abzuraten** Vertretbar nur zur zeitlich eng begrenzten Behandlung starker Beschwerden in den Wechseljahren. Kombinationspräparat. Die Risiken bei Einnahme der Wirkstoffe sind besser bekannt.

Präparat	Wichtigste Nebenwirkungen	Empfehlung
Estramon TTS (D/Ö) Membranpflaster Estradiol *Rezeptpflichtig*	Häufig Pflasterallergie. Übelkeit, Schmerzen und Spannungen der Brüste, Schmerzen in den Beinen (Präparat sofort absetzen!), Blutungen durch Vermehrung der Zellen der Gebärmutterschleimhaut, Leberschäden, Gallenblasenerkrankungen. Bei Langzeittherapie erhöhtes Risiko für Thrombose, Herzinfarkt, Schlaganfall und Krebs	**Abzuraten** Vertretbar nur zur zeitlich eng begrenzten Behandlung starker Beschwerden in den Wechseljahren mit reinem Östrogen. Die Risiken bei Einnahme des Wirkstoffes sind besser bekannt.
Estrifam (D) Filmtabl. Estradiol *Rezeptpflichtig*	Übelkeit, Schmerzen und Spannungen der Brüste, Schmerzen in den Beinen (Präparat sofort absetzen!), Blutungen durch Vermehrung der Zellen der Gebärmutterschleimhaut, Leberschäden, Gallenblasenerkrankungen. Bei Langzeittherapie erhöhtes Risiko für Thrombose, Herzinfarkt, Schlaganfall und Krebs	**Abzuraten** Vertretbar nur zur zeitlich eng begrenzten Behandlung starker Beschwerden in den Wechseljahren mit reinem Östrogen.
Estrofem (Ö) Filmtabl. Estradiol *Rezeptpflichtig*	Übelkeit, Schmerzen und Spannungen der Brüste, Schmerzen in den Beinen (Präparat sofort absetzen!), Blutungen durch Vermehrung der Zellen der Gebärmutterschleimhaut, Leberschäden, Gallenblasenerkrankungen. Bei Langzeittherapie erhöhtes Risiko für Thrombose, Herzinfarkt, Schlaganfall und Krebs	**Abzuraten** Vertretbar nur zur zeitlich eng begrenzten Behandlung starker Beschwerden in den Wechseljahren mit reinem Östrogen.
Fem 7 (D) **FemSeven** (Ö) Membranpflaster Estradiol *Rezeptpflichtig*	Übelkeit, Schmerzen und Spannungen der Brüste, Schmerzen in den Beinen (Präparat sofort absetzen!), Blutungen durch Vermehrung der Zellen der Gebärmutterschleimhaut, Leberschäden, Gallenblasenerkrankungen. Bei Langzeittherapie erhöhtes Risiko für Thrombose, Herzinfarkt, Schlaganfall und Krebs	**Abzuraten** Vertretbar nur zur zeitlich eng begrenzten Behandlung starker Beschwerden in den Wechseljahren mit reinem Östrogen. Die Risiken bei Einnahme des Wirkstoffes sind besser bekannt.

Präparat	Wichtigste Nebenwirkungen	Empfehlung
Femavit (D) Drag. Konjugierte Östrogene (veresterte Östrogene aus Pflanzen) *Rezeptpflichtig*	Übelkeit, Schmerzen und Spannungen der Brüste, Schmerzen in den Beinen (Präparat sofort absetzen!), Blutungen durch Vermehrung der Zellen der Gebärmutterschleimhaut, Leberschäden, Gallenblasenerkrankungen. Bei Langzeittherapie erhöhtes Risiko für Thrombose, Herzinfarkt, Schlaganfall und Krebs	**Wenig zweckmäßig** Vertretbar zur zeitlich eng begrenzten Behandlung starker Beschwerden in den Wechseljahren. **Zweckmäßig zur** Hormonergänzung nach Entfernung der Eierstöcke. Östrogenpräparat pflanzlichen Ursprungs.
Femoston (D/Ö) Filmtabl. Estradiol, Dydrogeston *Rezeptpflichtig*	Übelkeit, Schmerzen und Spannungen der Brüste, Schmerzen in den Beinen (Präparat sofort absetzen!), Blutungen durch Vermehrung der Zellen der Gebärmutterschleimhaut, Leberschäden, Gallenblasenerkrankungen. Bei Langzeittherapie erhöhtes Risiko für Thrombose, Herzinfarkt, Schlaganfall und Krebs	**Abzuraten** Vertretbar nur zur zeitlich eng begrenzten Behandlung starker Beschwerden in den Wechseljahren. Zweiphasenpräparat. Nicht zur Empfängnisverhütung geeignet.
Femoston conti (D) Filmtabl. Estradiol, Dydrogeston *Rezeptpflichtig*	Übelkeit, Schmerzen und Spannungen der Brüste, Schmerzen in den Beinen (Präparat sofort absetzen!), Blutungen durch Vermehrung der Zellen der Gebärmutterschleimhaut, Leberschäden, Gallenblasenerkrankungen. Bei Langzeittherapie erhöhtes Risiko für Thrombose, Herzinfarkt, Schlaganfall und Krebs	**Abzuraten** Vertretbar nur zur zeitlich eng begrenzten Behandlung starker Beschwerden in den Wechseljahren. Kombinationspräparat. Nicht zur Empfängnisverhütung geeignet.
Gynodian depot (D/Ö) Injektionslösung Estradiolvalerat, Prasteronenantat *Rezeptpflichtig*	Erhöhtes Thromboserisiko (Blutgerinnsel), Leberschäden, Bluthochdruck, Depressionen, Schmerzen an der Injektionsstelle	**Abzuraten** Gestagen-Östrogen-Kombinationspräparat mit Langzeitwirkung. Beim Auftreten von gefährlichen Nebenwirkungen (z. B. Thrombose) wirkt der schädigende Inhaltsstoff trotz Abbruch der Behandlung weiter (Depoteffekt).

Präparat	Wichtigste Nebenwirkungen	Empfehlung
Gynokadin (D) Tabl. Estradiol *Rezeptpflichtig*	Übelkeit, Schmerzen und Spannungen der Brüste, Schmerzen in den Beinen (Präparat sofort absetzen!), Blutungen durch Vermehrung der Zellen der Gebärmutterschleimhaut, Leberschäden, Gallenblasenerkrankungen. Bei Langzeittherapie erhöhtes Risiko für Thrombose, Herzinfarkt, Schlaganfall und Krebs	**Abzuraten** Vertretbar nur zur zeitlich eng begrenzten Behandlung starker Beschwerden in den Wechseljahren mit reinem Östrogen.
Indivina (D) Filmtabl. Estradiol, Medroxyprogesteron *Rezeptpflichtig*	Übelkeit, Schmerzen und Spannungen der Brüste, Schmerzen in den Beinen (Präparat sofort absetzen!), Blutungen durch Vermehrung der Zellen der Gebärmutterschleimhaut, Leberschäden, Gallenblasenerkrankungen. Bei Langzeittherapie erhöhtes Risiko für Thrombose, Herzinfarkt, Schlaganfall und Krebs	**Abzuraten** Vertretbar nur zur zeitlich eng begrenzten Behandlung starker Beschwerden in den Wechseljahren. Kombinationspräparat. Nicht zur Empfängnisverhütung geeignet.
Klimadynon (D/Ö) Filmtabl., Tropfen (D) Extrakt aus Cimicifugawurzeln (Traubensilberkerze)	Magen-Darm-Beschwerden. Tropfen enthalten Alkohol	**Wenig zweckmäßig bei** den vom Hersteller angegebenen Anwendungsgebieten (z. B. klimakterische Beschwerden). Pflanzliches Mittel mit östrogenartiger Wirkung.
Klimaktoplant H (D/Ö) Tabl. Homöopathische Verdünnung von Cimicifuga, Sepia, Ignatia, Sanguinaria	Keine wesentlichen zu erwarten	**Homöopathisches Mittel** Therapeutische Wirkung bei den vom Hersteller angegebenen Anwendungsgebieten (z. B. klimakterische Beschwerden) zweifelhaft.
Klimapur (Ö) Filmtabl. Estradiol *Rezeptpflichtig*	Übelkeit, Schmerzen und Spannungen der Brüste, Schmerzen in den Beinen (Präparat sofort absetzen!), Blutungen durch Vermehrung der Zellen der Gebärmutterschleimhaut, Leberschäden, Gallenblasenerkrankungen. Bei Langzeittherapie erhöhtes Risiko für Thrombose, Herzinfarkt, Schlaganfall und Krebs	**Abzuraten** Vertretbar nur zur zeitlich eng begrenzten Behandlung starker Beschwerden in den Wechseljahren mit reinem Östrogen.

Präparat	Wichtigste Nebenwirkungen	Empfehlung
Klimonorm (D) Drag. Estradiol, Levonorgestrel *Rezeptpflichtig*	Übelkeit, Schmerzen und Spannungen der Brüste, Schmerzen in den Beinen (Präparat sofort absetzen!), Blutungen durch Vermehrung der Zellen der Gebärmutterschleimhaut, Leberschäden, Gallenblasenerkrankungen. Bei Langzeittherapie erhöhtes Risiko für Thrombose, Herzinfarkt, Schlaganfall und Krebs	**Abzuraten** Vertretbar nur zur zeitlich eng begrenzten Behandlung starker Beschwerden in den Wechseljahren. Zweiphasenpräparat. Nicht zur Empfängnisverhütung geeignet.
Kliogest (D/Ö) Filmtabl. Estradiol, Norethisteron *Rezeptpflichtig*	Übelkeit, Schmerzen und Spannungen der Brüste, Schmerzen in den Beinen (Präparat sofort absetzen!), Blutungen durch Vermehrung der Zellen der Gebärmutterschleimhaut, Leberschäden, Gallenblasenerkrankungen. Bei Langzeittherapie erhöhtes Risiko für Thrombose, Herzinfarkt, Schlaganfall und Krebs	**Abzuraten** Vertretbar nur zur zeitlich eng begrenzten Behandlung starker Beschwerden in den Wechseljahren. Kombinationspräparat. Nicht zur Empfängnisverhütung geeignet.
Lafamme (D) Filmtabl. Estradiol, Dienogest *Rezeptpflichtig*	Übelkeit, Schmerzen und Spannungen der Brüste, Schmerzen in den Beinen (Präparat sofort absetzen!), Blutungen durch Vermehrung der Zellen der Gebärmutterschleimhaut, Leberschäden, Gallenblasenerkrankungen. Bei Langzeittherapie erhöhtes Risiko für Thrombose, Herzinfarkt, Schlaganfall und Krebs	**Abzuraten** Vertretbar nur zur zeitlich eng begrenzten Behandlung starker Beschwerden in den Wechseljahren, wenn zur Therapie eine schwache antiandrogene (gegen die Wirkung des männlichen Geschlechtshormons gerichtete) Wirkung erforderlich ist. Kombinationspräparat. Nicht zur Empfängnisverhütung geeignet. Noch relativ wenig erprobt.
Liviella (D) Tabl. Tibolon *Rezeptpflichtig*	Übelkeit, Schmerzen und Spannungen der Brüste, Kopfschmerzen, Depressionen, Gewichtszunahme, erhöhtes Thromboserisiko, Leberschäden, Gebärmutterblutungen, Schmerzen in den Beinen (Präparat absetzen!). Häufig Hautausschlag. Bei Langzeittherapie erhöhtes Risiko für Thrombose, Herzinfarkt, Schlaganfall und Krebs nicht auszuschließen. Zahlreiche Wechselwirkungen mit anderen Medikamenten	**Abzuraten** auch zur zeitlich begrenzten Behandlung starker Beschwerden während der Wechseljahre. Unzuverlässige Wirkung. Neues Mittel mit komplexen Hormonwirkungen, auch mit einer erheblichen Zunahme des Körpergewichts. Langzeitverträglichkeit noch unzureichend erprobt.

Präparat	Wichtigste Nebenwirkungen	Empfehlung
Menorest (D/Ö) Transdermales Pflaster Estradiol *Rezeptpflichtig*	Häufig Pflasterallergie. Übelkeit, Schmerzen und Spannungen der Brüste, Schmerzen in den Beinen (Präparat sofort absetzen!), Blutungen durch Vermehrung der Zellen der Gebärmutterschleimhaut, Leberschäden, Gallenblasenerkrankungen. Bei Langzeittherapie erhöhtes Risiko für Thrombose, Herzinfarkt, Schlaganfall und Krebs	**Abzuraten** Vertretbar nur zur zeitlich eng begrenzten Behandlung starker Beschwerden in den Wechseljahren mit reinem Östrogen. Die Risiken bei Einnahme des Wirkstoffes sind besser bekannt.
Mericomb (D/Ö) Filmtabl. Estradiol, Norethisteron *Rezeptpflichtig*	Übelkeit, Schmerzen und Spannungen der Brüste, Schmerzen in den Beinen (Präparat sofort absetzen!), Blutungen durch Vermehrung der Zellen der Gebärmutterschleimhaut, Leberschäden, Gallenblasenerkrankungen. Bei Langzeittherapie erhöhtes Risiko für Thrombose, Herzinfarkt, Schlaganfall und Krebs	**Abzuraten** Vertretbar nur zur zeitlich begrenzten Hormonergänzung (Substitution) während der Wechseljahre. Zweiphasenpräparat. Nicht zur Empfängnisverhütung geeignet.
Merigest (D/Ö) Filmtabl. Estradiol, Norethisteron *Rezeptpflichtig*	Übelkeit, Schmerzen und Spannungen der Brüste, Schmerzen in den Beinen (Präparat sofort absetzen!), Blutungen durch Vermehrung der Zellen der Gebärmutterschleimhaut, Leberschäden, Gallenblasenerkrankungen. Bei Langzeittherapie erhöhtes Risiko für Thrombose, Herzinfarkt, Schlaganfall und Krebs	**Abzuraten** Vertretbar nur zur zeitlich begrenzten Hormonergänzung (Substitution) während der Wechseljahre. Einphasenpräparat. Nicht zur Empfängnisverhütung geeignet.
Merimono (D) Filmtabl. Estradiol *Rezeptpflichtig*	Übelkeit, Schmerzen und Spannungen der Brüste, Schmerzen in den Beinen (Präparat sofort absetzen!), Blutungen durch Vermehrung der Zellen der Gebärmutterschleimhaut, Leberschäden, Gallenblasenerkrankungen. Bei Langzeittherapie erhöhtes Risiko für Thrombose, Herzinfarkt, Schlaganfall und Krebs	**Abzuraten** Vertretbar nur zur zeitlich eng begrenzten Behandlung starker Beschwerden in den Wechseljahren mit reinem Östrogen.

Präparat	Wichtigste Nebenwirkungen	Empfehlung
Oestrofeminal (Ö) Kaps. Konjugierte, wasserlösliche, natürliche Östrogene *Rezeptpflichtig*	Übelkeit, Schmerzen und Spannungen der Brüste, Schmerzen in den Beinen (Präparat sofort absetzen!), Blutungen durch Vermehrung der Zellen der Gebärmutterschleimhaut, Leberschäden, Gallenblasenerkrankungen. Bei Langzeittherapie erhöhtes Risiko für Thrombose, Herzinfarkt, Schlaganfall und Krebs	**Abzuraten** Vertretbar nur zur zeitlich eng begrenzten Behandlung starker Beschwerden in den Wechseljahren. Östrogenpräparate tierischen Ursprungs (aus Stutenharn) sind heute überholt.
Östronara (D/Ö) Drag. Estradiol, Levonorgestrel *Rezeptpflichtig*	Übelkeit, Schmerzen und Spannungen der Brüste, Schmerzen in den Beinen (Präparat sofort absetzen!), Blutungen durch Vermehrung der Zellen der Gebärmutterschleimhaut, Leberschäden, Gallenblasenerkrankungen. Bei Langzeittherapie erhöhtes Risiko für Thrombose, Herzinfarkt, Schlaganfall und Krebs	**Abzuraten** Vertretbar nur zur zeitlich eng begrenzten Behandlung starker Beschwerden in den Wechseljahren. Zweiphasenpräparat. Nicht zur Empfängnisverhütung geeignet.
Ovestin (D/Ö) Tabl. Estriol *Rezeptpflichtig*	Übelkeit, Schmerzen und Spannungen der Brüste, Schmerzen in den Beinen (Präparat sofort absetzen!), Blutungen durch Vermehrung der Zellen der Gebärmutterschleimhaut, Leberschäden, Gallenblasenerkrankungen. Bei Langzeittherapie erhöhtes Risiko für Thrombose, Herzinfarkt, Schlaganfall und Krebs	**Abzuraten** Vertretbar nur zur zeitlich eng begrenzten Behandlung starker Beschwerden in den Wechseljahren mit reinem Östrogen.
Presomen (D) Überzogene Tabl. Natürliche konjugierte Östrogene *Rezeptpflichtig*	Übelkeit, Schmerzen und Spannungen der Brüste, Schmerzen in den Beinen (Präparat sofort absetzen!), Blutungen durch Vermehrung der Zellen der Gebärmutterschleimhaut, Leberschäden, Gallenblasenerkrankungen. Bei Langzeittherapie erhöhtes Risiko für Thrombose, Herzinfarkt, Schlaganfall und Krebs	**Abzuraten** Vertretbar nur zur zeitlich eng begrenzten Behandlung starker Beschwerden in den Wechseljahren. Östrogenpräparate tierischen Ursprungs (aus Stutenharn) sind heute überholt.

Präparat	Wichtigste Nebenwirkungen	Empfehlung
Presomen compositum (D) Überzogene Tabl. Konjugierte Östrogene, Medrogeston *Rezeptpflichtig*	Übelkeit, Schmerzen und Spannungen der Brüste, Schmerzen in den Beinen (Präparat sofort absetzen!), Blutungen durch Vermehrung der Zellen der Gebärmutterschleimhaut, Leberschäden, Gallenblasenerkrankungen. Bei Langzeittherapie erhöhtes Risiko für Thrombose, Herzinfarkt, Schlaganfall und Krebs	**Abzuraten** Vertretbar nur zur zeitlich eng begrenzten Behandlung starker Beschwerden in den Wechseljahren. Zweiphasenpräparat. Nicht zur Empfängnisverhütung geeignet. Kombinationspräparat. Östrogenpräparate tierischen Ursprungs (aus Stutenharn) sind heute überholt.
Progynova/ mite (D/Ö) Drag., Tropfen (D) Estradiol *Rezeptpflichtig*	Übelkeit, Schmerzen und Spannungen der Brüste, Schmerzen in den Beinen (Präparat sofort absetzen!), Blutungen durch Vermehrung der Zellen der Gebärmutterschleimhaut, Leberschäden, Gallenblasenerkrankungen. Bei Langzeittherapie erhöhtes Risiko für Thrombose, Herzinfarkt, Schlaganfall und Krebs. Tropfen enthalten Alkohol	**Abzuraten** Vertretbar nur zur zeitlich eng begrenzten Behandlung starker Beschwerden in den Wechseljahren mit reinem Östrogen.
Remifemin (D/Ö) Tabl., Lösung Extrakt aus Cimicifugawurzeln (Traubensilberkerze)	Magen-Darm-Beschwerden	**Wenig zweckmäßig bei** den vom Hersteller angegebenen Anwendungsgebieten (z. B. klimakterische Beschwerden). Pflanzliches Mittel mit östrogenartiger Wirkung.
Remifemin Plus (D) Drag. Extrakt aus Cimicifugawurzeln (Traubensilberkerze), Hypericin (Johanniskraut)	Magen-Darm-Beschwerden. Problematische Wechselwirkungen mit anderen Arzneimitteln (z. B. Calciumantagonisten). Lichtüberempfindlichkeit	**Wenig zweckmäßig** Wenig sinnvolle Kombination von pflanzlichen Mitteln mit östrogenartiger (Traubensilberkerze) und beruhigender (Johanniskraut) Wirkung. Therapeutische Wirksamkeit bei klimakterischen Beschwerden zweifelhaft.

Präparat	Wichtigste Nebenwirkungen	Empfehlung
Sisare (D) Tabl. Estradiol, Medroxyprogesteron *Rezeptpflichtig*	Übelkeit, Schmerzen und Spannungen der Brüste, Schmerzen in den Beinen (Präparat sofort absetzen!), Blutungen durch Vermehrung der Zellen der Gebärmutterschleimhaut, Leberschäden, Gallenblasenerkrankungen. Bei Langzeittherapie erhöhtes Risiko für Thrombose, Herzinfarkt, Schlaganfall und Krebs. Tropfen enthalten Alkohol	**Abzuraten** Vertretbar nur zur zeitlich eng begrenzten Behandlung starker Beschwerden in den Wechseljahren. Zweiphasenpräparat. Nicht zur Empfängnisverhütung geeignet.
Tradelia (D/Ö) Transdermales Pflaster Estradiol *Rezeptpflichtig*	Häufig Pflasterallergie. Übelkeit, Schmerzen und Spannungen der Brüste, Schmerzen in den Beinen (Präparat sofort absetzen!), Blutungen durch Vermehrung der Zellen der Gebärmutterschleimhaut, Leberschäden, Gallenblasenerkrankungen. Bei Langzeittherapie erhöhtes Risiko für Thrombose, Herzinfarkt, Schlaganfall und Krebs	**Abzuraten** Vertretbar nur zur zeitlich eng begrenzten Behandlung starker Beschwerden in den Wechseljahren mit reinem Östrogen. Die Risiken bei Einnahme des Wirkstoffes sind besser bekannt.
Transannon (D) Drag. Konjugierte Östrogene (veresterte Östrogene aus Pflanzen) *Rezeptpflichtig*	Übelkeit, Schmerzen und Spannungen der Brüste, Schmerzen in den Beinen (Präparat sofort absetzen!), Blutungen durch Vermehrung der Zellen der Gebärmutterschleimhaut, Leberschäden, Gallenblasenerkrankungen. Bei Langzeittherapie erhöhtes Risiko für Thrombose, Herzinfarkt, Schlaganfall und Krebs	**Wenig zweckmäßig** Vertretbar zur zeitlich eng begrenzten Behandlung starker Beschwerden in den Wechseljahren. **Zweckmäßig zur** Hormonergänzung nach Entfernung der Eierstöcke. Östrogenpräparat pflanzlichen Ursprungs.
Trisequens (D/Ö) Filmtabl., Forte-Filmtabl. Estradiol, Norethisteron *Rezeptpflichtig*	Übelkeit, Schmerzen und Spannungen der Brüste, Schmerzen in den Beinen (Präparat sofort absetzen!), Blutungen durch Vermehrung der Zellen der Gebärmutterschleimhaut, Leberschäden, Gallenblasenerkrankungen. Bei Langzeittherapie erhöhtes Risiko für Thrombose, Herzinfarkt, Schlaganfall und Krebs	**Abzuraten** Vertretbar nur zur zeitlich eng begrenzten Behandlung starker Beschwerden in den Wechseljahren. Dreiphasenpräparat. Nicht zur Empfängnisverhütung geeignet.

18.4. Mittel gegen Unfruchtbarkeit

Etwa jedes siebte Paar hat Probleme mit der Fruchtbarkeit. Im Durchschnitt sind Männer und Frauen im selben Ausmaß daran beteiligt. Von Unfruchtbarkeit spricht man erst dann, wenn trotz regelmäßigem, ungeschütztem Geschlechtsverkehr nach einem Jahr keine Schwangerschaft eintritt. Die Ursachen können bei einem der Partner allein oder bei beiden gemeinsam liegen. Seelische Ursachen, wie z. B. Stress oder unbewusste Konflikte, sind häufig. Ohne jede psychotherapeutische oder medizinische Behandlung wird etwa jede dritte Frau eines bis dahin unfruchtbaren Paares innerhalb eines Zeitraumes von sieben Jahren letztlich doch schwanger. Psychotherapie scheint in manchen Fällen erfolgreich zu sein. Bevor bei einer Frau gravierende medizinische Maßnahmen (etwa Hormontherapie oder eine Operation) veranlasst werden, sollten auf jeden Fall die männlichen Samenzellen untersucht werden.

Mittel gegen weibliche Unfruchtbarkeit

Eine Behandlung sollte immer erst nach einer genauen Untersuchung durch einen speziell geschulten Frauenarzt erfolgen. Ein Psychotherapeut sollte unbedingt an der Beratung beteiligt sein. Der ungezielte oder unbegründete Einsatz von Medikamenten kann nicht nur schädlich sein, sondern täuscht auch angeblich »hohe« Erfolgsquoten vor. Die ersten Schritte auf der Suche nach den Gründen für die Unfruchtbarkeit sollten bei der Frau die genaue Beobachtung des Menstruationszyklus mit Messung der Basaltemperatur (siehe dazu Kapitel 18.1.) und die Untersuchung des Gebärmutterhalsschleims sein. Erst dann sollten die Eileiter und die Gebärmutterschleimhaut untersucht werden, denn diese Untersuchungen sind aufwendig, belastend und können in seltenen Fällen irreparable Schäden hinterlassen.
Die häufigste Ursache für Unfruchtbarkeit bei Frauen sind Infektionen mit Chlamydien. Dieses Bakterium wird durch Geschlechtsverkehr übertragen. Es verursacht meist keinerlei Beschwerden, kann jedoch bei beiden Geschlechtern zur Unfruchtbarkeit führen. Den einzigen Schutz dagegen bietet die konsequente Verwendung von Kondomen oder die rechtzeitige Behandlung der Infektion mit einem Antibiotikum (siehe Kapitel 18.7.: Mittel gegen Entzündungen und Infektionen der Sexualorgane).
Bei etwa jeder siebten unfruchtbaren Frau ist die Ursache für ihre Unfruchtbarkeit das *Ausbleiben des Eisprungs*. Man kann in diesem

Fall versuchen, durch bestimmte »Steuerungshormone« oder Medikamente (z. B. *Clomifen*) einen Eisprung auszulösen. 35 Prozent der Frauen werden danach schwanger. Eine solche Behandlung muss sorgfältig durchgeführt und überwacht werden. Etwa jede sechste erfolgreich behandelte Frau verliert das Kind in den ersten Monaten. Häufig kommt es zu Mehrlingsschwangerschaften. Bei etwa 10 bis 15 Prozent der Frauen vergrößern sich die Eierstöcke durch Zysten. Deshalb sind regelmäßige Ultraschallkontrollen notwendig. Es besteht außerdem der Verdacht, dass Clomifen Missbildungen des Embryos (besonders am Rückenmark) hervorrufen kann.
Andere Medikamente enthalten gonadotrope Wirkstoffe wie Follitropin (z. B. in *Gonal F*) und Menotropin (z. B. in *Monegon*). Sie werden heute häufig angewendet zur Produktion von Eizellen für In-vitro-Fertilisationen! Ein anderer Grund für Unfruchtbarkeit kann ein Mangel an Gelbkörperhormon (Progesteron) sein. Durch ein Gelbkörperhormon-Präparat lässt sich das fehlende Hormon »ersetzen«.
Ist der Gebärmutterhalsschleim für Spermien undurchlässig, kann man versuchen, mit einer künstlichen Befruchtung (Insemination) die Schranke zu umgehen oder mit Östrogenen den Schleim durchlässig zu machen.
Manchmal ist eine Unfruchtbarkeit durch Ablagerung von Gebärmutterschleimhautgewebe im Eileiter (Endometriose) verursacht. Dann ist unter Umständen die Behandlung mit einem Medikament (Danazol, enthalten z. B. in *Winobanin*) möglich. Dieses drosselt die Steuerungshormone und bringt die Schleimhaut zum Einschrumpfen. Eine solche Behandlung ist langwierig und kann beträchtliche Nebenwirkungen hervorrufen (z. B. Wechseljahres-Beschwerden).
Bei einigen Frauen kommt es wegen erhöhter Blutspiegel männlicher Hormone zur Unfruchtbarkeit. Meist ist auch der Zyklus gestört, und Akne und verstärkter Haarwuchs treten auf. Mittel, die die männlichen Hormone blockieren (Antiandrogene), sind hilfreich (z. B. Androcur, enthalten z. B. in *Diane 35*). Wenn sie abgesetzt werden, kann sich danach die Fruchtbarkeit normalisieren.

Mittel gegen männliche Unfruchtbarkeit

Die Ursachen für männliche Unfruchtbarkeit können sehr verschieden sein: Krampfadern am Hoden drosseln durch Überwärmung die Spermienproduktion. Stress, Rauchen und unbewusste seelische Konflikte reduzieren diese ebenfalls. Sexuell übertragbare Infektionen,

vor allem von Prostata und Nebenhoden, können die Samenleiter verkleben. Hormon- und Chromosomenstörungen sind selten. Unfruchtbarkeit zeigt sich unter anderem in einer Störung der Samenzahl, der Samenflüssigkeit oder der Samenbeweglichkeit.
Die erfolgreiche Behandlung von Unfruchtbarkeit ist meist nur dann möglich, wenn die genaue Ursache herausgefunden werden kann. Dafür ist zunächst einmal – nach einer mindestens fünftägigen Karenz – die Untersuchung des Ejakulats notwendig. Nach WHO-Klassifikation gilt ein Anteil von bis zu 70 Prozent auffälligen Spermien noch als normal.
Bei etwa jedem zweiten unfruchtbaren Mann kann keine bestimmte Ursache gefunden werden. Bei bestehender Nebenhodenentzündung wird meist eine Zeit lang mit einem Antibiotikum behandelt.
Die Zahl und die Beweglichkeit der Spermien soll durch eine drei- bis sechswöchige Einnahme von Diclofenac (enthalten z. B. in *Voltaren*) oder Acetylsalicylsäure (enthalten z. B. in *Aspirin*) erhöht werden.
Bei Gonadotropinmangel helfen Mittel, die Choriongonadotropin enthalten (z. B. *Choragon, Pregnesin, Pregnyl*).
Prinzipiell sollte die Behandlung der Unfruchtbarkeit – der männlichen ebenso wie der weiblichen – *nur von erfahrenen Fachärzten/innen* durchgeführt werden.

18.4. Mittel gegen Unfruchtbarkeit

Präparat	Wichtigste Nebenwirkungen	Empfehlung
Choragon (D) Trockensubstanz und Lösungsmittel Choriongonadotropin (hCG) *Rezeptpflichtig*	Kopfschmerzen, Müdigkeit, Wassereinlagerung, erhebliche Vergrößerung der Eierstöcke. Die Wahrscheinlichkeit einer Mehrlingsschwangerschaft wird wesentlich erhöht	**Zweckmäßig zur** Auslösung eines Eisprungs.
Clomhexal (D) **Clomifen-ratiopharm** (D) **Clomiphen-Arcana** (Ö) Tabl. Clomifen *Rezeptpflichtig*	Sehstörungen, Übelkeit, Hitzewallungen, erhebliche Vergrößerung der Eierstöcke. Die Wahrscheinlichkeit einer Mehrlingsschwangerschaft wird wesentlich erhöht	**Zweckmäßig zur** Auslösung des Eisprungs.

Präparat	Wichtigste Nebenwirkungen	Empfehlung
Gonal F (D/Ö) Trockensubstanz und Lösungsmittel Follitropin alfa (r-hFSH) *Rezeptpflichtig*	Bei Frauen: Kopfschmerzen, Müdigkeit, Wassereinlagerung, erhebliche Vergrößerung der Eierstöcke. Die Wahrscheinlichkeit einer Mehrlingsschwangerschaft ist wesentlich erhöht. Schwerste Gerinnungsstörungen (Thromboembolien) sind möglich. Bei Männern: Vergrößerung der Brustdrüse, Akne	**Nur zweckmäßig zur** Anregung der Ausbildung von Eizellen bei Versagen von Clomiphen. Wird auch zur Gewinnung von Eizellen zur künstlichen Befruchtung eingesetzt (»Superovulation«). **Wenig zweckmäßig bei** Infertilität des Mannes (Gabe nur zusammen mit einer Choriongonadotropin(hCG)-Behandlung).
Menogon HP (D) Trockensubstanz und Lösungsmittel Menotropin *Rezeptpflichtig*	Kopfschmerzen, Müdigkeit, Wassereinlagerung, erhebliche Vergrößerung der Eierstöcke. Schwerste Gerinnungsstörungen (Thromboembolien) sind möglich. Die Wahrscheinlichkeit einer Mehrlingsschwangerschaft wird wesentlich erhöht. Bei Männern: Vergrößerung der Brustdrüse, Akne	**Zweckmäßig zur** Auslösung eines Eisprungs in Kombination mit Choriongonadotropin (hCG). Wird auch zur Gewinnung von Eizellen zur künstlichen Befruchtung eingesetzt (»Superovulation«). **Wenig zweckmäßig bei** Infertilität des Mannes (Kombination mit Choriongonadotropin (hCG) notwendig).
Predalon (D) Trockensubstanz und Lösungsmittel Choriongonadotropin (hCG) *Rezeptpflichtig*	Kopfschmerzen, Müdigkeit, Wassereinlagerung, erhebliche Vergrößerung der Eierstöcke. Die Wahrscheinlichkeit einer Mehrlingsschwangerschaft wird wesentlich erhöht	**Zweckmäßig zur** Auslösung eines Eisprungs.
Pregnyl (Ö) Amp. Choriongonadotropin *Rezeptpflichtig*	Kopfschmerzen, Müdigkeit, Wassereinlagerung, erhebliche Vergrößerung der Eierstöcke. Die Wahrscheinlichkeit einer Mehrlingsschwangerschaft wird wesentlich erhöht	**Zweckmäßig zur** Auslösung eines Eisprungs.
Puregon (D/Ö) Injektionslösung. Follitropin beta *Rezeptpflichtig*	Bei Frauen: Kopfschmerzen, Müdigkeit, Wassereinlagerung, erhebliche Vergrößerung der Eierstöcke. Die Wahrscheinlichkeit einer Mehrlingsschwangerschaft ist wesentlich erhöht. Schwerste Gerinnungsstörungen (Thromboembolien) sind möglich. Bei Männern: Vergrößerung der Brustdrüse, Akne	**Nur zweckmäßig zur** Anregung der Ausbildung von Eizellen bei Versagen von Clomiphen. Wird auch zur Gewinnung von Eizellen zur künstlichen Befruchtung eingesetzt (»Superovulation«). **Wenig zweckmäßig bei** Infertilität des Mannes (Gabe nur zusammen mit einer Choriongonadotropin(hCG)-Behandlung).

18.5. Mittel gegen drohende Frühgeburt (Wehenhemmer)

Wenn die Gefahr besteht, ein Kind vor der 26. Schwangerschaftwoche durch eine Fehlgeburt zu verlieren (Abort), ist Bettruhe die wichtigste Maßnahme – in 80 Prozent aller Fälle erfolgreich. Die zusätzliche Verwendung von Hormonen wie etwa dem Wirkstoff Progesteron ist sehr umstritten.

Mittel gegen drohende Frühgeburt (Wehenhemmer)

Wehenhemmer werden in den letzten Jahren immer häufiger eingesetzt, um eine drohende Frühgeburt so lange hinauszuzögern, bis wenigstens die Lungen des Ungeborenen gereift sind. Dies ist ab der 36. Schwangerschaftswoche der Fall. Die wichtigste Maßnahme bei drohender Frühgeburt ist ebenso wie bei drohender Fehlgeburt Bettruhe und Entspannung. In Deutschland wird vorwiegend das Medikament Fenoterol (enthalten z. B. in *Partusisten*) verwendet, in Österreich Hexoprenalin (*Gynipral*) – oft sogar wochen- und monatelang. In anderen Ländern ist man von dieser Art der Behandlung längst abgekommen – da werden solche Wehenhemmer höchstens in Ausnahmefällen und nur kurzfristig angewendet (einige Stunden oder Tage). Wenn man mit dieser Therapie aufhört, werden sofort Wehen ausgelöst.

Diese Behandlung ist nicht ungefährlich für die Mutter: Sowohl Fenoterol (*Partusisten*) als auch Hexoprenalin (*Gynipral*) können als Nebenwirkung Unruhe, Zittern, Herzklopfen, dramatische Angstzustände, Übelkeit, Kopfschmerzen, Schwindel und in seltenen Fällen sogar Lungenödeme mit tödlichem Ausgang verursachen.

Beim Kind kann die Verwendung von Wehenhemmern Entwicklungsstörungen verursachen, die oft erst nach Jahren ausgeglichen werden. Umstritten ist insbesondere die Verwendung dieser Mittel in Tablettenform. Die Wirkung ist aufgrund wechselnder Aufnahme in den Körper unterschiedlich stark und deshalb unsicher. Wenn wenig aufgenommen wird, hat *Partusisten* keine Wirkung auf die Gebärmutter. Ist die Wirkung zu stark, kann es zu Nebenwirkungen wie Unruhe, Herzklopfen, Schwitzen, Übelkeit und Blutdruckabfall kommen.

Wehenhemmer werden vorwiegend eingesetzt, um dem Kind Zeit für die vorgeburtliche Lungenreifung zu gewähren und damit schwerwiegende Atemprobleme nach der Geburt zu vermeiden. Es gibt inzwischen eine bewährte medikamentöse Alternative zur Verwendung von

Wehenhemmern: so genannte *Surfactant-Mittel*, die bei Frühgeborenen die Lungenreifung beschleunigen.

18.5. Mittel gegen drohende Frühgeburt (Wehenhemmer)

Präparat	Wichtigste Nebenwirkungen	Empfehlung
Gynipral (Ö) Amp. Hexoprenalin *Rezeptpflichtig*	Unruhe, Zittern, Herzklopfen, Angstzustände, Übelkeit, Kopfschmerzen, Schwindel, Lungenödem (Flüssigkeitsansammlung in der Lunge) möglich	**Wenig zweckmäßig** wegen unzuverlässiger Wirkung und erheblichem Risiko für Mutter und Kind. Vertretbar nur zur kurzzeitigen Ruhigstellung der Gebärmutter in Notfallsituationen.
Gynipral (Ö) Tabl. Hexoprenalin *Rezeptpflichtig*	Unruhe, Zittern, Herzklopfen, Angstzustände, Übelkeit, Kopfschmerzen, Schwindel, Lungenödem (Flüssigkeitsansammlung in der Lunge) möglich	**Abzuraten** Vertretbar nur zur Vermeidung von Entzugserscheinungen nach vorangegangener Infusionsbehandlung mit Gyniparal.
Partusisten (D) Infusionslösungs-konzentrat Fenoterol *Rezeptpflichtig*	Unruhe, Zittern, Herzklopfen, Angstzustände, Übelkeit, Kopfschmerzen, Schwindel, Lungenödem (Flüssigkeitsansammlung in der Lunge) möglich	**Wenig zweckmäßig** wegen unzuverlässiger Wirkung und erheblichem Risiko für Mutter und Kind. Vertretbar nur zur kurzzeitigen Ruhigstellung der Gebärmutter in Notfallsituationen. Enthält das Asthmamittel Fenoterol.
Partusisten (D) Tabl. Fenoterol *Rezeptpflichtig*	Unruhe, Zittern, Herzklopfen, Angstzustände, Übelkeit, Kopfschmerzen, Schwindel, Lungenödem (Flüssigkeitsansammlung in der Lunge) möglich	**Abzuraten** Vertretbar nur zur Vermeidung von Entzugserscheinungen nach vorangegangener Infusionsbehandlung mit Partusisten. Enthält das Asthmamittel Fenoterol.

18.6. Mittel vor und nach der Entbindung

In diesem Kapitel werden wehenfördernde Mittel, Medikamente zur Geburtsschmerzerleichterung sowie Medikamente zur Bekämpfung von übermäßigem Blutverlust nach der Entbindung und zum Abstillen besprochen.

Wehenfördernde Mittel

Gegenwärtig wird zur medikamentösen Wehenförderung während der Entbindung hauptsächlich Oxytocin (z. B. in *Syntocinon*) eingesetzt. Es handelt sich dabei um ein Hormon, das bei einer spontanen Geburt vom Körper selbst produziert wird. Durch den Einsatz dieses Mittels können bei einem Geburtsstillstand oftmals Kaiserschnitte oder andere Eingriffe vermieden werden. Die richtige Dosierung ist von entscheidender Bedeutung. Wenn die Mutter nur geringfügig zu viel *Syntocinon* erhält, kann das Kind durch zu starke Wehen einen Sauerstoffmangel erleiden. Darum muss die Herzaktion des Ungeborenen vom Arzt fortlaufend genau kontrolliert werden. Lehrbücher enthalten eine weitere eindringliche Warnung: *Wenn die Geburt bereits begonnen hat, soll Syntocinon nicht mehr zur Beschleunigung einer normal verlaufenden Geburt eingesetzt werden.*
Die Wehentätigkeit kann am Geburtstermin auch angeregt werden durch Reiben oder Saugen der Brustwarzen.
Seit kurzem stehen wehenauslösende Prostaglandine auch in Form von Vaginaltabletten bzw. -gel zur Verfügung (z. B. *Prostin E2*). Der Nachteil solcher Mittel: Sie können nicht so genau dosiert werden und können deshalb vor allem im Anfangsstadium manchmal zu heftigen und unregelmäßigen, aber nicht ausreichend langen Wehen führen.
Bei der Übertragung von mehr als zehn Tagen über den errechneten Termin hingegen können wehenfördernde Mittel zum »Anstoßen« der Wehen hilfreich sein. Diese Medikamente werden auch zur Einleitung eines Schwangerschaftsabbruches in Kombination mit RU 489 oder jenseits der 12. Schwangerschaftswoche verwendet.

Entbindungsschmerzen

Zur Linderung von Entbindungsschmerzen kann der Schwangeren ein örtliches Betäubungsmittel in die Rückenmarksflüssigkeit gespritzt werden, um dort die Schmerzleitungsbahnen zu blockieren. Die Medizin bezeichnet dies als Periduralanästhesie.
Wenn diese sehr wirksame Methode zu hoch dosiert wird, kann es unter Umständen zu einer Wehenhemmung kommen. Dann wiederum sind wehenfördernde Mittel notwendig, und der Stress für Mutter und Kind kann sich erhöhen.
Zur Linderung von Geburtsschmerzen werden bisweilen starke Schmerzmittel (siehe Kapitel 1.2.) verwendet. Wegen der möglichen schweren Nebenwirkungen dieser morphinähnlich wirkenden Mittel

(z. B. Unterdrückung der Atmung beim Neugeborenen) sollten sie jedoch nur in begründeten Ausnahmefällen eingesetzt werden.
Vor allem von der Verwendung von morphinähnlich wirkenden Mitteln mit langer Wirkungsdauer (etwa Methadon, z. B. in *Heptadon*) ist unbedingt abzuraten und in der Geburtshilfe auch unüblich.

Nachgeburt

Nach einer Geburt oder einem späten Schwangerschaftsabbruch müssen sich die gedehnten Muskeln der Gebärmutter wieder zusammenziehen und den Mutterkuchen ausstoßen. Dieser Vorgang wird nach der Geburt durch das Saugen des Kindes an der Mutterbrust unterstützt. Nach komplizierten Geburten unter Vollnarkose müssen fast immer Medikamente eingesetzt werden. Zweckmäßig sind vor allem die Wirkstoffe Oxytocin (enthalten z. B. in *Oxytocin Hexal, Syntocinon*) und Methylergometrin (enthalten z. B. in *Methergin*). *Oxytocin Hexal* und *Syntocinon* haben den Vorteil, dass sie während der Stillzeit die Milchbildung anregen, während *Methergin* die Milchbildung einschränkt und Nebenwirkungen beim Säugling (z. B. Durchfall, Erbrechen) verursachen kann, weil es über die Muttermilch ausgeschieden wird. *Methergin* hat dafür den Vorteil, dass die Wirkung schneller eintritt und länger hält als bei *Oxytocin Hexal* oder *Syntocinon*. *Methergin* kann unmittelbar nach der Geburt bevorzugt verwendet werden. Als Unterstützung zur Rückbildung der Gebärmutter während der Stillzeit ist *Methergin* aber ungeeignet.

Milchbildungsfördernde Mittel

Die wichtigste Maßnahme zur Milchbildung ist das häufige Anlegen und Saugen des Babys an der Brust. Ein weit verbreitetes Hausmittel ist das Trinken von Milchbildungstee, der meist Kümmel, Fenchel und Anis enthält. Dazu kommen noch – je nach Vorliebe und ideologischer Ausrichtung der zahlreichen Stillratgeber – unzählige weitere pflanzliche Inhaltsstoffe, die angeblich ebenfalls milchbildend wirken: Basilikum, Majoran, Dill, Melisse, Kreuzblume, Eisenkraut, Zinnkraut, Isländisch Moos und viele andere.
Inzwischen gibt es auch industriell hergestellte Fertigmischungen wie den *Milchbildungstee* von Weleda, der Anis, Brennnessel, Fenchel und Kümmel enthält. Überzeugende Belege für einen Nutzen gibt es zwar nicht, aber wegen der kaum zu erwartenden Nebenwirkungen ist gegen den Gebrauch nichts einzuwenden.

Mittel zum Abstillen

Als Mittel zum Abstillen wird häufig Bromocriptin eingesetzt (als *Bromocriptin-ratiopharm, Bromocriptin von ct, Kirim oder Pravidel* in Deutschland, als *Parlodel* in Österreich im Handel). Dieser Wirkstoff hemmt die Ausschüttung des Milchbildungshormons Prolaktin. Nach Absetzen dieses Präparats kommt es jedoch häufig neuerlich zu Milchbildung. Außerdem können in seltenen Fällen schwerwiegende Nebenwirkungen auftreten: Krampfanfälle, Psychosen, Herzinfarkt. In den USA wurden mehrere Todesfälle bekannt, und Bromocriptin darf dort nicht mehr zum Abstillen verwendet werden.
Die Beraterkommission der US-amerikanischen Zulassungsbehörde FDA kam zu dem Schluss, dass zum Abstillen das Hochbinden der Brust vollkommen ausreicht, sowie – falls bei Spannen der Brüste nötig – die Einnahme eines einfachen Schmerzmittels (siehe Kapitel 1.1). Innerhalb einer Woche hört dann bei 90 Prozent der Frauen die Milchbildung auf. Allerdings darf das Baby dann überhaupt nicht mehr angelegt werden. Die Fachpublikation »Arzneimittel-Kursbuch« kommentiert: »Das Handeln der US-amerikanischen Behörde sollte für das deutsche Bundesgesundheitsamt Anlass sein, wegen fehlenden Nutzens und offensichtlicher Risiken auch in Deutschland die Zulassungen bei den entsprechenden Arzneimitteln zu widerrufen.«

18.6. Mittel vor und nach der Entbindung

Präparat	Wichtigste Nebenwirkungen	Empfehlung
Bromocriptin von ct (D) **Bromocriptin-ratiopharm** (D) Tabl. Bromocriptin *Rezeptpflichtig*	Kopfschmerzen, Schwindel, Übelkeit, Erbrechen, Bewegungsstörungen, Unruhe, Blutdrucksenkung, Herzrhythmusstörungen (Synkopen), schwere Durchblutungsstörungen, Schlaganfall. Psychosen können ausgelöst werden	**Abzuraten** zum Abstillen wegen der Nebenwirkungen. Zweckmäßig zur Behandlung von Krankheiten mit Hyperprolaktinämie (z. B. bestimmte Zyklusstörungen) und Morbus Parkinson.
Dostinex (D/Ö) Tabl. Cabergolin *Rezeptpflichtig*	Kopfschmerzen, Schwindel, Übelkeit, Erbrechen, Unruhe, Blutdrucksenkung, Herzrhythmusstörungen (Synkopen), schwere Durchblutungsstörungen. Psychosen können ausgelöst werden	**Abzuraten** zum Abstillen wegen der Nebenwirkungen. Zweckmäßig zur Behandlung von Krankheiten mit Hyperprolaktinämie (z. B. bestimmte Zyklusstörungen) und Morbus Parkinson.

Präparat	Wichtigste Nebenwirkungen	Empfehlung
Kirim gyn (D) Tabl. Bromocriptin *Rezeptpflichtig*	Kopfschmerzen, Schwindel, Übelkeit, Erbrechen, Bewegungsstörungen, Unruhe, Blutdrucksenkung, Herzrhythmusstörungen (Synkopen), schwere Durchblutungsstörungen, Schlaganfall. Psychosen können ausgelöst werden	**Abzuraten** zum Abstillen wegen der Nebenwirkungen. Zweckmäßig zur Behandlung von Krankheiten mit Hyperprolaktinämie (z. B. bestimmte Zyklusstörungen) und Morbus Parkinson.
Liserdol (D/Ö) Filmtabl. Metergolin *Rezeptpflichtig*	Kopfschmerzen, Schwindel, Übelkeit, Erbrechen, Bewegungsstörungen, Unruhe, Blutdrucksenkung, Herzrhythmusstörungen (Synkopen), schwere Durchblutungsstörungen, Schlaganfall. Psychosen können ausgelöst werden	**Abzuraten** zum Abstillen wegen der Nebenwirkungen. Zweckmäßig zur Behandlung von Krankheiten mit Hyperprolaktinämie (z. B. bestimmte Zyklusstörungen).
Methergin (D/Ö) Amp., Drag., Tropflösung Methylergometrin *Rezeptpflichtig*	Übelkeit, Erbrechen, Hemmung der Milchbildung (Laktation)	**Therapeutisch zweckmäßig zur** Blutstillung und Verkleinerung (Kontraktion) der Gebärmutter nach der Geburt.
Milchbildungstee Weleda (D) Tee Anis, Brennnessel, Fenchel, Kümmel	Keine wesentlichen zu erwarten	**Naturheilmittel** Wirksamkeit bei verminderter Milchbildung zweifelhaft. Anwendung vertretbar (vermehrte Flüssigkeitszufuhr sinnvoll).
Milchbildungsöl Weleda (D) Öl Extrakte: Arnika, Birkenblätter, Ringelblumen Öle: Kümmel, Lavendel, Rosmarin	Allergische Hautreaktionen	**Naturheilmittel** Wirksamkeit bei verminderter Milchbildung zweifelhaft.
Oxytocin Hexal (D) Injektionslösung Oxytocin *Rezeptpflichtig*	Kopfschmerzen, Übelkeit, Blutdruckabfall	**Therapeutisch zweckmäßig zur** Geburtseinleitung, zur nachgeburtlichen Uteruskontraktion und Verbesserung der Milchabgabe.

Präparat	Wichtigste Nebenwirkungen	Empfehlung
Parlodel (Ö) Tabl. Bromocriptin *Rezeptpflichtig*	Kopfschmerzen, Schwindel, Übelkeit, Erbrechen, Bewegungsstörungen, Unruhe, Blutdrucksenkung, Herzrhythmusstörungen (Synkopen), schwere Durchblutungsstörungen, Schlaganfall. Psychosen können ausgelöst werden	**Abzuraten** zum Abstillen wegen der Nebenwirkungen. Zweckmäßig zur Behandlung von Krankheiten mit Hyperprolaktinämie (z. B. bestimmte Zyklusstörungen) und Morbus Parkinson.
Pravidel (D) Tabl. Bromocriptin *Rezeptpflichtig*	Kopfschmerzen, Schwindel, Übelkeit, Erbrechen, Bewegungsstörungen, Unruhe, Blutdrucksenkung, Herzrhythmusstörungen (Synkopen), schwere Durchblutungsstörungen, Schlaganfall. Psychosen können ausgelöst werden	**Abzuraten** zum Abstillen wegen der Nebenwirkungen. Zweckmäßig zur Behandlung von Krankheiten mit Hyperprolaktinämie (z. B. bestimmte Zyklusstörungen) und Morbus Parkinson.
Prostin E2 (Ö) Vaginaltabl., Konzentrat zur Infusionsherstellung Dinoproston *Rezeptpflichtig*	Fieber, Kopfschmerzen, Übelkeit, Erbrechen, übermäßig verstärkte Wehen	**Möglicherweise zweckmäßig zur** Geburtseinleitung.
Syntocinon (D/Ö) Injektionslösung Oxytocin *Rezeptpflichtig*	Kopfschmerzen, Übelkeit, Blutdruckabfall	**Therapeutisch zweckmäßig zur** Geburtseinleitung und zur nachgeburtlichen Uteruskontraktion.
Syntocinon Spray (D/Ö) Oxytocin *Rezeptpflichtig*	Kopfschmerzen, Übelkeit	**Therapeutisch zweckmäßig zur** Verbesserung der Milchabgabe.

18.7. Mittel gegen Entzündungen und Infektionen der Sexualorgane

Die häufigsten sexuell übertragenen Krankheiten in Industrieländern wie Deutschland und Österreich sind Infektionen durch Chlamydien- und Gardnerella-vaginalis-Bakterien, durch Herpes-Viren, durch das Humanpapillom Virus (verursacht Warzen), durch Hefepilze und durch Trichomonaden. Die Zahl der Syphilis- und Tripper-Erkrankungen geht

hingegen seit den achtziger Jahren ständig zurück. HIV und Hepatitis B und C können ebenfalls sexuell übertragen werden.
Einige dieser Krankheiten sind, wenn sie unbehandelt bleiben – z. B. Syphilis (Lues), Tripper (Gonorrhoe), Hepatitis und Chlamydien-Infektionen –, mit chronischen Folgen verbunden.
Die meisten der oben aufgezählten sexuell übertragenen Infektionen können bei beiden Geschlechtern Entzündungserscheinungen wie Brennen, Jucken und Ausfluss verursachen. Wer an solchen Beschwerden leidet, sollte unbedingt einen Arzt aufsuchen, um die genaue Ursache abklären zu lassen. Problematisch an vielen sexuell übertragenen Krankheiten ist, dass sie oft keine oder kaum auffallende, sich nur langsam entwickelnde Beschwerden verursachen.
Achtung: Auch dann, wenn nach einer Infektion keinerlei Beschwerden auftreten, kann man andere Personen damit anstecken. Dies betrifft vor allem Herpes-Infektionen, aber auch solche mit Chlamydien, HIV, HPV (Warzen), Syphilis, Tripper, Trichomonaden.

Ausfluss bei der Frau

Von Ausfluss spricht man, wenn die Absonderungen der Scheide vermehrt und/oder verändert auftreten. Nicht jeder Ausfluss muss behandelt werden.

Ausfluss kann verursacht sein durch:

- Infektionen und Entzündungen mit unterschiedlichen Krankheitserregern wie Pilzen oder Bakterien
- Schleimhautveränderungen (z. B. Ektopie oder Krebs am Muttermund)
- Veränderungen im Hormonhaushalt (z. B. durch die »Pille«, durch eine Schwangerschaft, durch Eintreten der Wechseljahre)
- psychische Belastungen
- falsch verstandene Hygiene (z. B. Scheidenspülungen)
- Irritationen der Scheidenflora durch Sex mit einem neuen Partner. Möglicherweise sind Immunfaktoren für diese Art von Ausfluss verantwortlich.

Da man allein aufgrund der Beschaffenheit des Ausflusses (Farbe, Konsistenz, Geruch, Menge) nicht selbst feststellen kann, was den Ausfluss verursacht hat, sollte man sich in jedem Fall von einer Ärztin oder einem Arzt untersuchen lassen. Erst wenn die Ursache des Ausflusses bekannt ist, kann wirksam behandelt werden.

In der Schwangerschaft erhöht bakteriell verursachter Ausfluss das Risiko einer Frühgeburt.
Bei hormonell bedingtem Ausfluss und bei bestimmten entzündlichen Veränderungen der Scheidenhaut sind hormonhaltige Cremes und Ovula zweckmäßig (z. B. *Estriol, Estriol Ovolum Jenapharm, Gynoflor, Linoladiol Estradiol, Linoladiol N, Oekolp, Oestro-Gynaedon, Ortho-Gynest, Ovestin*).

Ausfluss beim Mann

Ausfluss aus dem Penis ist immer ein Anzeichen einer Erkrankung und sollte auf jeden Fall vom Arzt untersucht und entsprechend behandelt werden. Die Ursache ist meist eine Infektion mit Gonokokken (Tripper), Chlamydien oder Trichomonaden.

Bakterielle Infektionen

Bakterielle Infektionen sind meist durch Chlamydien oder durch den Krankheitserreger Gardnerella vaginalis verursacht.
Chlamydien-Infektionen verlaufen bei Frauen ohne besondere Beschwerden und schleichend. Sie bleiben deshalb häufig unentdeckt. Für die Diagnoseerstellung ist ein Abstrich notwendig.
Bei Männern verursacht die Infektion häufig Harnröhrenentzündungen mit schmerzhaftem Wasserlassen, Ausfluss und akuten Nebenhodenentzündungen.
Frauen werden bei ungeschütztem Geschlechtsverkehr leichter angesteckt als Männer. Die Folgeschäden einer unentdeckten Infektion sind gravierend – etwa zehn Prozent aller Infizierten wird unfruchtbar. Eine mit Chlamydien akut infizierte Frau kann außerdem bei der Geburt ihr Baby anstecken.
Die wirksamste Behandlung von Chlamydien-Infektionen geschieht durch das Einnehmen des Antibiotikums Doxycyclin (enthalten z. B. in *Doxy-Wolff*; siehe Kapitel 10.1.5) oder Erythromycin (enthalten z. B. in *Erythrocin*; siehe Kapitel 10.1.6.). Erythromycin ist auch für Schwangere und Stillende geeignet. Die Medikamente müssen mindestens sieben bis zehn Tage lang geschluckt werden, bei chronischen Infektionen drei Wochen.
Seit kurzem gibt es eine einfache Art der Behandlung mit dem Makrolid-Antibiotikum Azithromycin (enthalten z. B. in *Zithromax*; siehe Kapitel 10.1.6). Es muss nur ein einziges Mal eingenommen werden und wirkt genauso gut wie die oben erwähnten Antibiotika.

Gardnerella-vaginalis-Infektionen verursachen bei der Frau dünngrauen bis cremig-weißen Ausfluss, meist mit fischähnlichem Geruch. Am wirksamsten hilft das Antibiotikum Metronidazol (enthalten z. B. in *Arilin, Clont, Metronidazolratiopharm, Trichex, Vagimid*). Metronidazol wird auch zur Behandlung von Trichomonaden verwendet. Der Nachteil dieses Wirkstoffes, wenn er geschluckt wird: Häufig auftretende Nebenwirkungen wie Magen-Darm-Störungen.
Besser verträglich und ebenfalls wirksam ist die Verwendung von Metronidazol in Form von Vaginalzäpfchen, -tabletten oder -kapseln (z. B. *Arilin, Clont, Trichex, Vagimid*) oder von Clindamycin (z. B. *Clindahexal*, siehe Kapitel 10.1.6.).
Antibiotikabehandlungen schädigen die Milchsäurebakterien der Scheide und damit die natürliche Abwehr. Pilzinfektionen sind oft die Folge. Zur Vorbeugung werden oft Milchsäurezäpfchen (z. B. *Döderlein Med, Vagiflor, Vagisan*) oder das Einführen von Joghurt in die Scheide empfohlen. Der Nutzen dieser Maßnahme ist umstritten. In einem gesunden Scheidenmilieu erfolgt die Besiedelung der Scheidenschleimhaut mit Milchsäurebakterien von selbst. Und unter ungeeigneten Bedingungen ist auch eine künstliche Besiedelung nicht möglich.

Pilzinfektionen

Auch bei gesunden Frauen befinden sich Pilze in der Scheide – allerdings in so geringer Zahl, dass dadurch kein Ausfluss oder andere Beschwerden entstehen. Pilzinfektionen sind meist durch Hefepilze vom Typ Candida verursacht und treten meist bei Frauen im gebärfähigen Alter auf, selten jedoch vor erstmaligem Auftreten der Regel. Dies ist ein deutlicher Hinweis auf die Hormonabhängigkeit der Abwehrkraft der Scheide. Schwangerschaft, Behandlung mit Breitspektrumantibiotika, Verwendung einer hochdosierten »Pille«, Diabetes oder eine HIV-Infektion begünstigen das Auftreten einer Pilzinfektion ebenso wie Scheidenspülungen. Auch psychische Dauerbelastung kann zur Infektionsneigung beitragen.
Anzeichen einer Pilzinfektion kann Juckreiz an Schamlippen, Scheidenöffnung und Scheide sein, in etwa zwei Drittel aller Fälle begleitet von cremig-weißem Ausfluss. Die Diagnose kann meist durch mikroskopische Untersuchung des Scheidensekrets gestellt werden.
Pilzinfektionen werden meist örtlich mit einer Salbe, Creme oder mit Vaginaltabletten behandelt (z. B. *Antifungol, Biofanal, Canesten*

Gyn, Canifug, Clotrimazol AL, Fenizolan, Fungizid-ratiopharm, Gyno-Pevaryl, Gyno Travogen, Inimur Myko, KadeFungin, Mykofungin, Mykohaug C). Bei häufig wiederauftretenden Infektionen kommt die Einnahme von Tabletten in Frage (z. B. *Fungata*). Die verschiedenen Produkte unterscheiden sich kaum in ihrer Wirksamkeit. Eine Heilung wird in etwa 85 bis 90 Prozent aller Fälle erreicht. Unterschiede bestehen jedoch bei der notwendigen Dauer der Anwendung. Bei mäßigen Krankheitszeichen und bei erstmaligem oder seltenem Pilzbefall genügt fast immer eine Einmaldosis, ansonsten dauert die Therapie drei bis sieben Tage.
Pilzinfektionen des Mannes werden ebenfalls mit Cremes, Salben oder Tabletten behandelt (siehe auch Kapitel 8.6.: Pilzmittel). Zur Vermeidung von Rückfällen (Rezidiv) wird eine Paarbehandlung generell empfohlen, unabhängig davon, ob eine Pilzinfektion beim Mann Beschwerden hervorgerufen hat oder nicht.

Trichomonaden

Trichomonaden-Infektionen werden fast ausschließlich beim Geschlechtsverkehr übertragen. In Ausnahmefällen kann die Übertragung auch durch nasse Handtücher oder Badewasser in Thermalbädern (z. B. Whirlpools) erfolgen. Männer bemerken eine Trichomonaden-Infektion oft gar nicht, sie verläuft häufig »symptomlos«. Bei Frauen kommt es vielfach zu einem gelblichen, übel riechenden Ausfluss.
Die Behandlung erfolgt mit ein bis zwei Tabletten Metronidazol, z. B. *Arilin, Clont, Trichex, Vagimid*. Medikamente mit dem Wirkstoff Tinidazol (z. B. *Simplotan*) sollten nur verwendet werden, wenn Trichomonaden auf eine Behandlung mit Metronidazol nicht ansprechen. Eine nur ein oder zwei Tage dauernde »Stoßbehandlung« scheint gegenüber der herkömmlichen, sechs Tage lang dauernden Einnahme der Tabletten genauso wirksam zu sein. Partnerbehandlung ist unumgänglich.

Wichtig: *Auch wenn einer der Partner völlig beschwerdefrei ist, sollten beide unbedingt gleichzeitig die Medikamente einnehmen. Sonst besteht die Gefahr einer neuerlichen Infektion.*

Der Wirkstoff Nifuratel hat bei lokaler Anwendung (z. B. in *Inimur*) eine unsichere Wirkung. Andere Mittel sind deshalb vorzuziehen.
Der Wirkstoff Metronidazol darf im ersten Drittel der Schwangerschaft wegen der Gefahr von Missbildungen beim Embryo nicht verwendet werden. Vertretbar ist lediglich die Verwendung von Vaginal-

zäpfchen mit dem Wirkstoff Clotrimazol (z. B. in *Antifungol, Canifug*). Damit wird in den meisten Fällen zwar keine Heilung erreicht, aber eine Linderung der Beschwerden.

Tripper

Tripper macht sich bei Frauen meist, aber nicht immer, nach zwei bis vier Tagen durch eitrigen Ausfluss bemerkbar. Bei Männern treten etwa drei Tage nach der Infektion brennende Schmerzen beim Wasserlassen und dann eitriger Ausfluss aus dem Penis auf. Ursache ist das Bakterium Neisseria gonorrhoeae, das durch Geschlechtsverkehr übertragen wird. Bei oralem Sex verursachen die Bakterien Rachenentzündungen.
Chronische Gonorrhoe kann sowohl beim Mann als auch bei der Frau zu Unfruchtbarkeit führen.
Zur Behandlung von Tripper muss normalerweise Penicillin geschluckt werden (siehe Kapitel 10.1.1.).

Syphilis

Syphilis war bis Anfang des 20. Jahrhunderts die klassische Geschlechtskrankheit, die den ganzen Körper befallen kann. Seit es wirksame Behandlungsmöglichkeiten gibt, hat diese Infektionskrankheit an Bedeutung verloren.
Syphilis verläuft in mehreren Phasen, in denen jeweils typische Beschwerden auftreten. Zwei bis vier Wochen nach der Infektion erscheint direkt an der Infektionsstelle ein schmerzloses, derbes, braunrotes Geschwür, das oft unbemerkt bleibt und nach etwa sechs Wochen wieder verschwindet.
Bleibt Syphilis unbehandelt, können die Spätfolgen zum Tod führen. Die Behandlung erfolgt durch Antibiotika wie Penicillin oder Tetrazyklin oder Erythromycin.

Herpes genitalis

Diese Krankheit wird verursacht durch Herpes-simplex-Viren vom Typ I oder II. Nach der Erstinfektion ruhen sie im Körper und werden erneut aktiv, wenn die Immunabwehr gestört oder geschwächt ist, z. B. durch Fieber, Verletzungen, Krankheiten, Operationen, Sonnenbestrahlung, Menstruation oder Nebenwirkung von Medikamenten. Bei den meisten Menschen werden die überall vorkommenden Viren

vom körpereigenen Immunsystem jedoch so wirksam in Schach gehalten, dass es nie zu Anzeichen einer Erkrankung kommt.
Typische Krankheits-Anzeichen sind Rötungen und schmerzhaft juckende Schwellungen im Genital- und Afterbereich, verbunden mit Bläschenbildung. Häufig sind die Lymphknoten angeschwollen. Man fühlt sich ganz allgemein krank und hat eventuell Fieber.

Achtung: Man kann auch dann von Herpes angesteckt worden sein, wenn keine akuten Krankheitsanzeichen vorhanden sind!

Behandelt wird im Frühstadium mit Aciclovir-Creme (enthalten z. B. in *Zovirax*). Der therapeutische Nutzen einer Behandlung im späteren Stadium ist umstritten. Siehe auch Kapitel 8.5.: Mittel zur Wundbehandlung und gegen Hautinfektionen. Es entwickeln sich häufig Resistenzen – das Mittel wird dann unwirksam.

Humanpapillomvirus (HPV, Feigwarzen)

Die Infektion bei Männern und Frauen verursacht kleine, weiche, rosafarbene Warzen im Genital- und Analbereich, die manchmal jucken. In der Schwangerschaft oder bei chronischem Ausfluss können sie sich rascher verbreiten.
Eine Untergruppe der HPV-Viren kann die Entstehung von Gebärmutterhals-Krebs begünstigen.
Feigwarzen können durch Betupfen mit Podophyllin oder Podophyllotoxin (z. B. *Condylox*) zum Verschwinden gebracht werden. Hiermit sollten nur kleinere Hautbereiche behandelt werden.
Die Warzen können außerdem durch flüssigen Stickstoff oder Laserstrahlen zerstört oder chirurgisch entfernt werden.
Sexualpartner sollten ebenfalls auf Feigwarzen untersucht und nach drei Monaten kontrolliert werden.

HIV (AIDS)

Siehe dazu Kapitel 10.3.: Virusmittel.

Hepatitis B und Hepatitis C

Siehe dazu Kapitel 10.4.: Impfstoffe und Mittel zur Stärkung der Immunabwehr und Virusmittel sowie 13.6.: Lebermittel, Gallenmittel.

18.7. Mittel gegen Entzündungen und Infektionen der Sexualorgane

Präparat	Wichtigste Nebenwirkungen	Empfehlung
Antifungol (D) Vaginaltabl., Vaginalcreme, Kombipackung Clotrimazol *Rezeptpflichtig*	Gelegentlich örtliche Überempfindlichkeitsreaktionen oder Brennen	**Therapeutisch zweckmäßig bei** Infektionen der Scheide mit Bakterien, Pilzen und Hefepilzen (z. B. Soor).
Arilin/ rapid Vaginalzäpfchen/ Vaginalzäpfchen (D) Filmtabl., Vaginalzäpfchen, Kombipackung Metronidazol *Rezeptpflichtig*	Magen-Darm-Störungen, bei höheren Dosierungen Bewegungsstörungen. Vorsicht: Während der Behandlung keinen Alkohol einnehmen, da es zu Unverträglichkeitserscheinungen (Kopfschmerzen, Hitzegefühl) kommen kann!	**Therapeutisch zweckmäßig bei** Infektionen mit Metronidazolempfindlichen Erregern (z. B. Bakterien, Trichomonaden). Bei Vaginalzäpfchen sind weniger Nebenwirkungen zu erwarten.
Betaisodona (D/Ö) Lösung, Vaginalgel, Vaginalzäpfchen Povidon-Jod *Rezeptpflichtig (Ö)*	Schleimhautreizungen, allergische Erscheinungen. Bei Aufnahme von Jod in den Körper Schilddrüsenstörungen möglich	**Abzuraten** Starkes Desinfektionsmittel mit erheblichen Nebenwirkungen. Bei spezifischen Infektionen z. B. mit Trichomonaden oder Soor ist eine gezielte Therapie mit entsprechenden Mitteln vorzuziehen.
Biofanal (D) Vaginaltabl., Kombipackung Nystatin	Selten Überempfindlichkeitsreaktionen (Allergien)	**Therapeutisch zweckmäßig nur bei** Soor (Infektion mit dem Hefepilz Candida albicans).
Canesten (Ö) Vaginaltabl. Clotrimazol *Rezeptpflichtig*	Gelegentlich örtliche Überempfindlichkeitsreaktionen oder Brennen	**Therapeutisch zweckmäßig bei** Infektionen der Scheide mit Bakterien, Pilzen und Hefepilzen (z. B. Soor).
Canesten Gyn (D) 1/ 3/ 6 Tagetherapie Vaginaltabl., Vaginalcreme Kombipackung Clotrimazol *Rezeptpflichtig (nur 6 Tage-Therapie)*	Gelegentlich örtliche Überempfindlichkeitsreaktionen oder Brennen	**Therapeutisch zweckmäßig bei** Infektionen der Scheide mit Bakterien, Pilzen und Hefepilzen (z. B. Soor).

Präparat	Wichtigste Nebenwirkungen	Empfehlung
Canifug (D) Vaginalzäpfchen, Vaginalcreme, Kombipackung Clotrimazol *Rezeptpflichtig (nur höher dosierte Präparate)*	Gelegentlich örtliche Überempfindlichkeitsreaktionen oder Brennen	**Therapeutisch zweckmäßig bei** Infektionen der Scheide mit Bakterien, Pilzen und Hefepilzen (z. B. Soor).
Clont (D) Filmtabl., Vaginaltabl. Metronidazol *Rezeptpflichtig*	Magen-Darm-Störungen, Übelkeit, Erbrechen, Appetitverlust Selten: Blutschäden, psychische Störungen, Überempfindlichkeitsreaktionen (z. B. Hautausschläge). Infektion mit Soor-Hefen (Candida). Vorsicht: Keinen Alkohol einnehmen, da es zu Unverträglichkeitserscheinungen (Kopfschmerzen, Hitzegefühl) kommen kann!	**Therapeutisch zweckmäßig bei** Infektionen mit Metronidazol-empfindlichen Erregern (z. B. Bakterien, Trichomonaden). Bei Vaginaltabletten sind weniger Nebenwirkungen zu erwarten.
Clotrimazol AL (D) Vaginaltabl., Vaginalcreme, Kombipackung Clotrimazol *Rezeptpflichtig (nur höher dosierte Präparate)*	Gelegentlich örtliche Überempfindlichkeitsreaktionen oder Brennen	**Therapeutisch zweckmäßig bei** Infektionen der Scheide mit Bakterien, Pilzen und Hefepilzen (z. B. Soor).
Dalacin (D) Vaginalcreme Clindamycin Hilfstoff: Propylenglycol *Rezeptpflichtig*	Lokale Reizungen und Entzündungen, auch durch Propylenglycol. Infektion mit Soor-Hefen (Candida). Kopfschmerzen, Schwindel möglich	**Therapeutisch zweckmäßig bei** Infektionen mit Clindamycin-empfindlichen Erregern (z. B. Bakterien wie Gardnerella vaginalis).
Döderlein Med (D/Ö) Vaginalkapseln Gefriergetrocknete Kulturen von Milchsäurebakterien (Lactobacillus gasseri)	Keine wesentlichen zu erwarten	**Möglicherweise zweckmäßig bei** unspezifischen Reizzuständen.
Estriol (D) Ovulua, Salbe Estriol *Rezeptpflichtig*	Allergische Hautreaktionen. Allgemeinwirkungen weiblicher Sexualhormone (z. B. Übelkeit, Schmerzen und Spannungen der Brüste)	**Therapeutisch zweckmäßig bei** Hormonmangelstörungen. Enthält örtlich wirksames Sexualhormon (Estriol). Nicht zweckmäßig bei bakteriell bedingtem Ausfluss.

Präparat	Wichtigste Nebenwirkungen	Empfehlung
Estriol-Ovulum Jenapharm (D) Vaginal-Ovulua Estriol *Rezeptpflichtig*	Allergische Hautreaktionen. Allgemeinwirkungen weiblicher Sexualhormone (z. B. Übelkeit, Schmerzen und Spannungen der Brüste)	**Therapeutisch zweckmäßig bei** Hormonmangelstörungen. Enthält örtlich wirksames Sexualhormon (Estriol). Nicht zweckmäßig bei bakteriell bedingtem Ausfluss.
Estriolsalbe (D) Salbe Estriol *Rezeptpflichtig*	Allergische Hautreaktionen. Allgemeinwirkungen weiblicher Sexualhormone (z. B. Übelkeit, Schmerzen und Spannungen der Brüste)	**Therapeutisch zweckmäßig bei** Hormonmangelstörungen. Enthält örtlich wirksames Sexualhormon (Estriol). Nicht zweckmäßig bei bakteriell bedingtem Ausfluss.
Fenizolan (D) Vaginalovula Fenticonazol *Rezeptpflichtig*	Gelegentlich örtliche Überempfindlichkeitsreaktionen oder Brennen	**Therapeutisch zweckmäßig bei** Pilzinfektionen der Scheide. Noch relativ wenig erprobt.
Fluconazol ratiopharm (D/Ö) Kaps. **Fluconazol Stada** (D) Kaps. Fluconazol *Rezeptpflichtig*	Häufig Übelkeit, Kopfschmerzen, Schmerzen im Bauchraum, Erbrechen und Durchfall, Hautausschläge (bei Bläschenbildung oder ähnlichen Erscheinungen das Mittel sofort absetzen). Häufig Leberschäden	**Therapeutisch zweckmäßig bei** Pilzinfektionen der Scheide, wenn die örtliche Anwendung, z. B. von Clotrimazol nicht ausreichend wirkt.
Fluomycin N (D) Vaginaltabl. Dequaliniumchlorid *Rezeptpflichtig*	Schleimhautreizungen, allergische Reaktionen	**Wenig zweckmäßig** Enthält mildes Desinfektionsmittel (Dequalinium). Vertretbar nur bei nicht-entzündlichem Ausfluss. Bei spezifischen Infektionen z. B. mit Trichomonaden oder Soor ist eine gezielte Therapie mit entsprechenden Mitteln vorzuziehen.
Fungata (D/Ö) Kaps. Fluconazol *Rezeptpflichtig*	Häufig Übelkeit, Kopfschmerzen, Schmerzen im Bauchraum, Erbrechen und Durchfall, Hautausschläge (bei Bläschenbildung oder ähnlichen Erscheinungen das Mittel sofort absetzen). Häufig Leberschäden	**Therapeutisch zweckmäßig bei** Pilzinfektionen der Scheide, wenn die örtliche Anwendung, z. B. von Clotrimazol nicht ausreichend wirkt.
Fungizid-ratiopharm (D) Vaginaltabl., Vaginalcreme, Kombipackung Clotrimazol *Rezeptpflichtig*	Gelegentlich örtliche Überempfindlichkeitsreaktionen oder Brennen	**Therapeutisch zweckmäßig bei** Infektionen der Scheide mit Bakterien, Pilzen und Hefen (z. B. Soor).

Präparat	Wichtigste Nebenwirkungen	Empfehlung
Gynoflor (D/Ö) Vaginaltabl. Estriol, Milchsäurebakterien *Rezeptpflichtig*	Allergische Hautreaktionen. Allgemeinwirkungen weiblicher Sexualhormone (z. B. Übelkeit, Schmerzen und Spannungen der Brüste)	**Therapeutisch zweckmäßig bei** Hormonmangelstörungen. Enthält örtlich wirksames Sexualhormon (Estriol). Der Zusatz von Milchsäurebakterien ist therapeutisch zweifelhaft aber weitgehend harmlos.
Gyno-Pevaryl (D/Ö) Creme, Ovula, Kombipackung Econazol *Rezeptpflichtig*	Selten Überempfindlichkeitsreaktionen, Brennen	**Therapeutisch zweckmäßig bei** Pilzinfektionen der Scheide.
Gyno Travogen (Ö) Ovula Isoconazol *Rezeptpflichtig*	Selten Überempfindlichkeitsreaktionen, Brennen	**Therapeutisch zweckmäßig bei** Pilzinfektionen der Scheide.
Inimur (D) Salbe, Vaginalstäbchen, Kombipackung Nifuratel *Rezeptpflichtig*	Allergische Erscheinungen. Hautreizungen bei örtlicher Anwendung. Bei gleichzeitiger Einnahme von Alkohol Unverträglichkeit, Magen-Darm-Störungen	**Wenig zweckmäßig zur** lokalen Behandlung bei Infektionen mit Trichomonaden. Mittel wie z. B. Clont (mit Wirkstoff Metronidazol) sind vorzuziehen.
Inimur Myko (D) Vaginalcreme, Vaginalzäpfchen Ciclopirox *Rezeptpflichtig*	Gelegentlich örtliche Überempfindlichkeitsreaktionen oder Brennen	**Therapeutisch zweckmäßig bei** Infektionen der Scheide mit Bakterien, Pilzen und Hefepilzen (z. B. Soor).
Kade-Fungin (D) Vaginaltabl., Vaginalcreme, Kombipackung Clotrimazol *Rezeptpflichtig*	Gelegentlich örtliche Überempfindlichkeitsreaktionen oder Brennen	**Therapeutisch zweckmäßig bei** Infektionen der Scheide mit Bakterien, Pilzen und Hefepilzen (z. B. Soor).
Linoladiol-H N (D) Creme Estradiol, Prednisolon *Rezeptpflichtig*	Allergische Hautreaktionen. Allgemeinwirkungen weiblicher Sexualhormone (z. B. Übelkeit, Schmerzen und Spannungen der Brüste)	**Therapeutisch zweckmäßig bei** entzündlichen Veränderungen infolge von Hormonmangelstörungen. Nur zur kurzfristigen Anwendung. Enthält örtlich wirksames Sexualhormon (Estradiol) und kortisonähnlich wirkenden Inhaltsstoff (Prednisolon). Nicht zweckmäßig bei Akne und Unterschenkelgeschwüren (vom Hersteller angegebene Anwendungsgebiete).

Präparat	Wichtigste Nebenwirkungen	Empfehlung
Linoladiol N (D) Creme **Linoladiol Estradiol -Emulsion** (Ö) Öl-in-Wasser-Emulsion Estradiol *Rezeptpflichtig*	Allergische Hautreaktionen. Allgemeinwirkungen weiblicher Sexualhormone (z. B. Übelkeit, Schmerzen und Spannungen der Brüste)	**Therapeutisch zweckmäßig bei** Hormonmangelstörungen. Enthält örtlich wirksames Sexualhormon (Estradiol). Nicht zweckmäßig bei bakteriell bedingtem Ausfluss.
Metronidazol AL (D) Tabl. **Metronidazol Arcana** (Ö) Kaps., Filmtabl. **Metronidazol-ratiopharm** (D) Tabl. **Metronidazol Sandoz** (D) Tabl. Metronidazol *Rezeptpflichtig*	Magen-Darm-Störungen, Übelkeit, Erbrechen, Appetitverlust Selten: Blutschäden, psychische Störungen, Überempfindlichkeitsreaktionen (z. B. Hautausschläge). Infektion mit Soor-Hefen (Candida). Vorsicht: Keinen Alkohol einnehmen, da es zu Unverträglichkeitserscheinungen (Kopfschmerzen, Hitzegefühl) kommen kann!	**Therapeutisch zweckmäßig bei** Infektionen mit Metronidazol-empfindlichen Erregern (z. B. anaerobe Bakterien und Trichomonaden).
Mykofungin (D) Vaginaltabl., Vaginalcreme, Kombipackung Clotrimazol *Rezeptpflichtig*	Gelegentlich örtliche Überempfindlichkeitsreaktionen oder Brennen	**Therapeutisch zweckmäßig bei** Infektionen der Scheide mit Bakterien, Pilzen und Hefepilzen (z. B. Soor).
Mykohaug (D) Vaginaltabl., Vaginalcreme Clotrimazol *Rezeptpflichtig*	Gelegentlich örtliche Überempfindlichkeitsreaktionen oder Brennen	**Therapeutisch zweckmäßig bei** Infektionen der Scheide mit Bakterien, Pilzen und Hefepilzen (z. B. Soor).
Oekolp/ Forte (D) Vaginalzäpfchen, Ovula, Vaginalcreme, Kombipackung Estriol *Rezeptpflichtig*	Allgemeinwirkungen weiblicher Sexualhormone (z. B. Übelkeit, Schmerzen und Spannungen der Brüste)	**Therapeutisch zweckmäßig bei** Hormonmangelstörungen. Enthält örtlich wirksames Sexualhormon (Estriol). Nicht zweckmäßig bei bakteriell bedingtem Ausfluss.
Oestro-Gynaedron M (D) Vaginalcreme Estriol *Rezeptpflichtig*	Allgemeinwirkungen weiblicher Sexualhormone (z. B. Übelkeit, Schmerzen und Spannungen der Brüste)	**Therapeutisch zweckmäßig bei** Hormonmangelstörungen. Enthält örtlich wirksames Sexualhormon (Estriol). Nicht zweckmäßig bei bakteriell bedingtem Ausfluss.

Präparat	Wichtigste Nebenwirkungen	Empfehlung
Ortho-Gynest (D/Ö) Vaginalcreme, Ovula Estriol *Rezeptpflichtig*	Allgemeinwirkungen weiblicher Sexualhormone (z. B. Übelkeit, Schmerzen und Spannungen der Brüste)	**Therapeutisch zweckmäßig bei** Hormonmangelstörungen. Enthält örtlich wirksames Sexualhormon (Estriol). Nicht zweckmäßig bei bakteriell bedingtem Ausfluss.
Ovestin/ Ovula/ Creme (D/Ö) Ovula, Creme Estriol *Rezeptpflichtig*	Allgemeinwirkungen weiblicher Sexualhormone (z. B. Übelkeit, Schmerzen und Spannungen der Brüste)	**Therapeutisch zweckmäßig bei** Hormonmangelstörungen. Enthält örtlich wirksames Sexualhormon (Estriol). Nicht zweckmäßig bei bakteriell bedingtem Ausfluss.
Simplotan (D) Filmtabl. Tinidazol *Rezeptpflichtig*	Magen-Darm-Störungen, bei höheren Dosierungen Bewegungsstörungen. Vorsicht: Während der Behandlung keinen Alkohol einnehmen, da es zu Unverträglichkeitserscheinungen (Kopfschmerzen, Hitzegefühl) kommen kann!	**Therapeutisch zweckmäßig bei** Infektionen mit Trichomonaden.
Sobelin (D) Vaginalcreme Clindamycin Hilfstoff: Propylenglcol *Rezeptpflichtig*	Lokale Reizungen und Entzündungen, auch durch Propylenglycol. Infektion mit Soor-Pilzen. Kopfschmerzen, Schwindel möglich	**Therapeutisch zweckmäßig bei** Infektionen mit Clindamycin-empfindlichen Erregern (z. B. Bakterien wie Gardnerella vaginalis).
Tantum Rosa (Ö) Lösung Benzalkonium, Benzydamin *Rezeptpflichtig*	Schleimhautreizungen, Allergien	**Wenig zweckmäßig** Enthält u. a. mildes Desinfektionsmittel (Benzalkonium). Vertretbar nur bei nicht-entzündlichem Ausfluss. Bei spezifischen Infektionen z. B. mit Trichomonaden oder Soor ist eine gezielte Therapie mit entsprechenden Mitteln vorzuziehen.
Trichex (Ö) Filmtabl., Vaginalkaps. Metronidazol *Rezeptpflichtig*	Magen-Darm-Störungen, Übelkeit, Erbrechen, Appetitverlust. Selten: Blutschäden, psychische Störungen, Überempfindlichkeitsreaktionen (z. B. Hautausschläge). Infektion mit Soor-Hefen (Candida). Vorsicht: Keinen Alkohol einnehmen, da es zu Unverträglichkeitserscheinungen (Kopfschmerzen, Hitzegefühl) kommen kann!	**Therapeutisch zweckmäßig bei** Infektionen mit Metronidazol-empfindlichen Erregern (z. B. Bakterien, Trichomonaden). Bei Vaginalkapseln sind weniger Nebenwirkungen zu erwarten.

Präparat	Wichtigste Nebenwirkungen	Empfehlung
Vagi-C (D) Vaginaltabl. Ascorbinsäure	Keine wesentlichen zu erwarten	**Möglicherweise zweckmäßig bei** unspezifischen Reizzuständen. Enthält Vitamin C.
Vagicillin (D) Vaginalzäpfchen Neomycin *Rezeptpflichtig*	Relativ häufig allergische Reaktionen z. B. Brennen. Bei lang dauernder Anwendung Nieren- und Gehörschäden möglich (z. B. Taubheit)	**Abzuraten** Die Anwendung des Antibiotikums Neomycin auf Haut und Schleimhäuten ist wegen der möglichen schweren Nebenwirkungen nicht mehr vertretbar.
Vagiflor (D) Vaginalzäpfchen Gefriergetrocknete Kulturen von Milchsäurebakterien (Lactobacillus acidophilus)	Keine wesentlichen zu erwarten	**Möglicherweise zweckmäßig bei** unspezifischen Reizzuständen.
Vagi-Hex (D) Vaginaltabl. Hexetidin	Schleimhautreizungen (Brennen, Juckreiz), allergische Reaktionen	**Wenig zweckmäßig** Enthält mildes Desinfektionsmittel (Hexetidin). Vertretbar nur bei nicht-entzündlichem Ausfluss. Bei spezifischen Infektionen z. B. mit Trichomonaden oder Soor ist eine gezielte Therapie mit entsprechenden Mitteln vorzuziehen.
Vagimid (D) Tabl. Metronidazol *Rezeptpflichtig*	Magen-Darm-Störungen, Übelkeit, Erbrechen, Appetitverlust Selten: Blutschäden, psychische Störungen, Überempfindlichkeitsreaktionen (z. B. Hautausschläge). Infektion mit Soor-Hefen (Candida). Vorsicht: Keinen Alkohol einnehmen, da es zu Unverträglichkeitserscheinungen (Kopfschmerzen, Hitzegefühl) kommen kann!	**Therapeutisch zweckmäßig bei** Infektionen mit Metronidazol-empfindlichen Erregern (z. B. Bakterien, Trichomonaden).
Vagisan (D) Vaginalzäpfchen Milchsäure	Keine wesentlichen zu erwarten	**Möglicherweise zweckmäßig bei** unspezifischen Reizzuständen.

18.8. Männliche Sexualhormone und Potenzmittel

18.8.1. Androgene (z. B. Testosteron)

Testosteron ist ein männliches Sexualhormon, das sowohl der männliche als auch der weibliche Körper herstellt. Es ist für die männlichen Geschlechtsmerkmale verantwortlich und führt bei Frauen, wenn es künstlich in hinreichenden Mengen zugeführt wird, zu einer »Vermännlichung« (tiefe Stimme, Klitoriswachstum, verstärkter Haarwuchs und Akne). Diese Störungen sind unter Umständen nicht rückgängig zu machen.
Eine Behandlung mit männlichen Sexualhormonen ist dann sinnvoll, wenn ein nachgewiesener Mangel an diesen Hormonen besteht. Ein Mangel kann Störungen wie eine Unterfunktion der Keimdrüsen, ein Ausbleiben der männlichen Geschlechtsmerkmale und der Pubertät verursachen. Ob zusätzlich eingenommene Sexualhormone die Libido erhöhen, ist mehr als fraglich.
Eine Behandlung der Impotenz mit Sexualhormonen ist in fast allen Fällen sinnlos, weil Impotenz nur selten auf einen Hormonmangel zurückzuführen ist.
Impotenz ist häufig durch psychische Probleme verursacht, hat jedoch auch etwas mit Alterungsprozessen zu tun. Weitere Ursachen können sein: Unterfunktion der Schilddrüse, Zuckerkrankheit, Nebenwirkung von Medikamenten. Als »Hauptschuldige« gelten Diuretika (vor allem der Wirkstoff Furosemid, siehe Kapitel 12.2.), Beta-Blocker (siehe Kapitel 12.1.), aber auch Mittel gegen Magengeschwüre (z. B. *Cimetag, Neutromed*), gegen Psychosen (z. B. *Atosil, Dapotum, Melleril, Haldol, Buronil*; siehe Kapitel 2.5.), gegen Depressionen (z. B. *Anafranil, Limbitrol, Saroten, Seroxat, Tofranil*; siehe Kapitel 2.4.) und gegen Krebs können die Potenz beeinträchtigen.
In der Frauenheilkunde werden männliche Sexualhormone (oft in Kombination mit weiblichen Sexualhormonen) bei bestimmten Krebserkrankungen sehr selten eingesetzt. Nebenwirkungen der verschiedenen Präparate treten häufig auf und sind teilweise schwerwiegend. Einige neuere Untersuchungen berichten von Leberkrebserkrankungen bei länger dauernder Anwendung von gewissen Androgenen.
Männliche Hormone bei Zyklusstörungen oder in den Wechseljahren anzuwenden, ist nicht sinnvoll.

18.8.1. Androgene

Präparat	Wichtigste Nebenwirkungen	Empfehlung
Andriol (D/Ö) Kaps. Testosteronundecanoat *Rezeptpflichtig*	Häufig psychische Störungen wie z. B. Depressionen. Gelegentlich Wasseransammlung im Gewebe. Leberschäden möglich. Beschleunigtes Prostatawachstum. Hemmung der Spermienbildung	**Wenig zweckmäßig** Vertretbar nur bei nachgewiesenem Mangel an männlichem Sexualhormon, aber nicht bei Fruchtbarkeits- und Potenzstörungen. Unsichere Wirkung.
Androtop Gel (D) Gel im Beutel Testosteron *Rezeptpflichtig*	Häufig Hautreaktionen an der Anwendungsstelle auf der Haut, psychische Störungen wie z. B. Depressionen. Schlafstörungen. Leberschäden und Entwicklung von Lebertumoren möglich. Beschleunigtes Prostatawachstum	**Wenig zweckmäßig** Vertretbar nur bei nachgewiesenem Mangel an männlichem Sexualhormon, aber nicht bei Fruchtbarkeits- und Potenzstörungen. Als Gel wegen unsicherer Aufnahme durch die Haut unzuverlässig wirksam.
Testosteron-Depot Jenapharm (D) Injektionslösung **Testoviron-Depot** (D/Ö) Injektionslösung Testosteronenantat *Rezeptpflichtig*	Häufig psychische Störungen wie z. B. Depressionen. Leberschäden möglich. Gelegentlich Wasseransammlung im Gewebe. Beim Mann: Hemmung der Spermienbildung. Beschleunigtes Prostatawachstum. Vergrößerung der Brustdrüse. Bei der Frau: Akne, Stimmvertiefung, verstärkter Haarwuchs (unter Umständen bleibend). Schmerzen und Infektionen an der Injektionsstelle	**Therapeutisch zweckmäßig beim** Mann nur bei Mangel an männlichem Sexualhormon, aber nicht bei Fruchtbarkeits- und Potenzstörungen. Bei der Frau nur bei bestimmten Krebsformen.
Testogel (D/Ö) Gel im Beutel Testosteron *Rezeptpflichtig*	Häufig Hautreaktionen an der Anwendungsstelle auf der Haut, psychische Störungen wie z. B. Depressionen. Schlafstörungen. Leberschäden und Entwicklung von Lebertumoren möglich. Beschleunigtes Prostatawachstum	**Wenig zweckmäßig** Vertretbar nur bei nachgewiesenem Mangel an männlichem Sexualhormon, aber nicht bei Fruchtbarkeits- und Potenzstörungen. Als Gel wegen unsicherer Aufnahme durch die Haut unzuverlässig wirksam.

18.8.2. Anabolika (Mittel mit aufbauender Stoffwechselbilanz)

Anabolika sind Hormonpräparate, deren Wirksubstanzen den männlichen Hormonen ähnlich sind. Ihre Verwendung gilt als überholt, weil es keinen gesicherten Nachweis über einen Nutzen gibt, auch nicht bei Osteoporose, Knochenmarksschäden, Krebs und anderen von den Herstellern angegebenen Anwendungsgebieten. Ende 1997 wurde das Anabolikum Nandrolon (*Deca-Durabolin*) von der französischen Arzneimittelbehörde wegen des ungünstigen Nutzen-Risiko-Verhältnisses verboten. Unsere Bewertung dieser Mittel hat sich deshalb verändert. *Von einer Verwendung ist nun ausnahmslos abzuraten. Weil sie generell nur noch selten verwendet werden, drucken wir keine Tabelle mehr ab.*

Viele junge Männer und Frauen verwenden Anabolika in der Hoffnung, ihre sportlichen Leistungen zu erhöhen. Vor allem bei Kraftsportarten (Gewichtheben, Schwimmen, Leichtathlethik usw.), aber auch im Bereich des Bodybuildings werden Anabolika eingenommen. Anabolika bewirken zwar eine Vergrößerung der Muskeln, eine Stärkung ist jedoch nicht bewiesen.

Anabolika haben zahlreiche, zum Teil schwerwiegende Nebenwirkungen. Von Bedeutung ist vor allem die mögliche, nicht mehr korrigierbare Schädigung der Fruchtbarkeit und der Stimme bei Frauen. Außerdem gelten sie als Krebs erregend und schwer leberschädigend. Hochdosierter Missbrauch im Sport verursacht bei etwa jedem vierten Anwender schwere psychische Störungen wie paranoide Wahnvorstellungen und Depressionen.

18.8.3. Potenzmittel

Viagra (Wirkstoff Sildenafil)

Die Medienhysterie hat dazu geführt, dass *Viagra* inzwischen den Status einer Lifestyle-Droge erlangt hat.

Ausgelöst wurde der Trubel im Mai 1998 durch die Veröffentlichung der bisher größten Untersuchung über den Nutzen dieses Medikaments in der angesehenen Fachzeitschrift »New England Journal of Medicine«. In der Einleitung des Berichts heißt es: »Die anhaltende Unfähigkeit, eine Erektion zu erreichen oder aufrechtzuerhalten, dürfte 30 Millionen Männer in den USA betreffen. Die Störung ist altersabhängig und betrifft 39 Prozent der 40-Jährigen und 67 Prozent der 70-Jährigen.«

Die Untersuchung umfasste mehrere Gruppen, Zeiträume und Dosierungen. Das Alter der Patienten betrug zwischen 57 und 60 Jahren. Alle Männer befanden sich in einer stabilen Partnerschaft, manche von ihnen litten nur an leichten Erektionsstörungen. Diabetiker mit einer schlechten Einstellung und Männer mit Alkohol- oder Drogenmissbrauch wurden nicht in die Untersuchung aufgenommen. Zur Kontrolle der Wirksamkeit umfasste die Untersuchung auch Männer, die ein Medikament erhielten, von dem sie glaubten, dass es sich um Viagra handelt. In Wirklichkeit handelte es sich um ein Arzneimittel ohne Wirkstoff (= Placebo).

Ergebnisse:

– Placebos wirkten in 22 Prozent aller Versuche – also bei jedem fünften Versuch. Mit anderen Worten: Placebos haben bei Potenzstörungen eine beträchtliche Wirkung.
– *Viagra* war in 69 Prozent aller Versuche erfolgreich – also bei zwei von drei Versuchen. Mit anderen Worten: Im Durchschnitt versagte das Mittel bei jedem dritten Versuch.

Fachleute weisen darauf hin, dass unter normalen Bedingungen – wenn *Viagra* also nicht in einer klinischen Untersuchung angewendet wird, bei der bestimmte Patientengruppen ausgeschlossen werden – mit einer Erfolgsrate von wahrscheinlich 30 bis 40 Prozent zu rechnen ist. Das klingt immer noch bemerkenswert.

Viagra bewirkt ohne sexuelle Anregung keine Erektion! Es regt auch nicht den sexuellen Appetit an, ist also kein Aphrodisiakum. Die Wirkung von Viagra tritt etwa eine Stunde nach Einnahme auf und kann bis zu vier Stunden lang anhalten.

Nebenwirkungen

Viagra kann lebensbedrohlichen Blutdruckabfall mit Todesfolge verursachen, wenn gleichzeitig Medikamente mit Nitraten oder Molsidomin (z. B. *Nitrolingual*, *Corvarton* u. a., siehe Kapitel 12.3.) zur Behandlung von Angina Pectoris eingenommen werden. Mehr als tausend Todesfälle im Zusammenhang mit der Einnahme von Viagra sind dokumentiert. Die Fachzeitschrift »arznei-telegramm« rechnet aufgrund der bekannt gewordenen Fälle mit einem Toten pro 500 Verordnungen – ein sehr hohes Nebenwirkungsrisiko.
Relativ häufig treten nach der Einnahme von *Viagra* Kopfschmerzen, Hitzewallungen, Verdauungsstörungen, schnupfenartige Beschwerden und Sehstörungen auf. Die Beeinträchtigung des Sehvermögens

kann beträchtlich sein: Etwa jeder zweite Verwender von *Viagra*, der mehr als 100 mg des Inhaltsstoffes einnimmt, muss mit Schleiersehen und stundenlang anhaltenden Farbwahrnehmungsstörungen rechnen. In Tierversuchen wurde als Nebenwirkung auch Erblinden festgestellt. Eine unangenehme Nebenwirkung sind die manchmal auftretenden, schmerzhaften Dauererektionen über mehrere Stunden.
So wie bei jedem neuen Medikament kann man davon ausgehen, dass bei *Viagra* in der nächsten Zeit noch weitere, möglicherweise gravierende Nebenwirkungen entdeckt werden.

Hände weg von Viagra, wenn

man an schweren Herz- oder Leberproblemen leidet. Ebenfalls nicht verwenden sollte man das Mittel, wenn man vor kurzem einen Schlaganfall oder Herzinfarkt erlitten hat oder in besonderem Maß an niedrigem Blutdruck leidet. Ohne ärztliche Rücksprache kann die Einnahme lebensgefährlich sein.

Levitra (Wirkstoff Vardenafil)

Dieses Mittel wirkt ähnlich wie Viagra und hat nach Einschätzung von Fachleuten ähnliche Nebenwirkungen und ähnliche Risiken. Die Wirkung beginnt nach etwa einer halben Stunde und hält etwa 4–5 Stunden lang an.
Weil Levitra noch nicht so lange auf dem Markt ist wie Viagra, sind Nebenwirkungen und Risiken noch nicht so gut dokumentiert.

Cialis (Wirkstoff Tadalafil)

Cialis stammt aus einer ähnlichen Wirkstoffgruppe wie Viagra und wird vom Hersteller damit beworben, dass die Wirkung 24 Stunden lang anhält. Es gilt deshalb als »Wochenendpille«. Die Marketingbehauptung des Herstellers, Cialis sei »besonders gut verträglich«, ist falsch. Nebenwirkungen und Risiken sind bis jetzt nur unzureichend dokumentiert. Es gibt auch bei Cialis Berichte in der Fachliteratur über lebensbedrohliche Herz-Kreislauf-Zwischenfälle.
Die extrem lange Wirkdauer wird von Fachleuten als hohes Risiko bezeichnet.

Apomorphin-Hydrochlorid (Uprima)

In den USA hat der Hersteller Anfang 2000 den Zulassungsantrag einstweilen wieder zurückgezogen, weil die Verbraucherorganisation Public Citizen das Risiko des Medikaments als größer einstuft als den

Nutzen. *Uprima* ist ein Medikament, das man unter der Zunge zerschmelzen lässt. Von dort wird er ins Blut aufgenommen und wirkt nach 20 Minuten anregend auf das Lustzentrum im Gehirn.
Eine kontrollierte Studie an 569 Männern hat folgende Ergebnisse erbracht:
Die Einnahme des Medikaments führt bei etwa jedem zweiten Mann mit leichter oder mittelschwerer Erektionsstörung zum Erfolg. Im Vergleich dazu sind allerdings auch Placebos (Scheinarzneimittel ohne Wirkstoff) bei jedem dritten Mann erfolgreich.
Nebenwirkungen: Bei niedriger Dosierung leiden etwa 30 Prozent der Männer an Übelkeit, bei höherer Dosierung 49 Prozent. Bis zu zehn Prozent der Männer verwenden das Mittel wegen der Nebenwirkungen nicht mehr. Häufig fällt der Blutdruck ab und es kann Schwindel, Schwitzen oder Müdigkeit auftreten. Durch Alkoholgenuss erhöht sich das Risiko von Nebenwirkungen.
Bis jetzt gibt es keinen Wirksamkeitsvergleich mit Sildanefil (*Viagra*).

Alprostadil (Caverject)

Diesen Wirkstoff spritzt man sich etwa 15–30 Minuten vor dem Geschlechtsverkehr selbst in die Penis-Schwellkörper. Das bewirkt eine etwa einstündige Erektion – unabhängig davon, ob man sexuell erregt ist oder nicht. Die genaue Handhabung des Mittels muss man in der Arztpraxis lernen. Als Nebenwirkung treten relativ häufig leichte Schmerzen im Penis auf. Gelegentlich kann es zu einer mehrere Stunden andauernden Erektion kommen. Wenn dies länger als vier Stunden dauert, benötigt man ärztliche Hilfe.
Eine etwas weniger unangenehme Anwendungsform ist das Einbringen des Wirkstoffs Alprostadil in Form von kleinen Kügelchen drei Zentimter tief in die Harnröhre mit Hilfe eines speziellen Geräts. Diese Anwendungsform ist in Deutschland allerdings nicht zugelassen (aber zum Beispiel in den USA unter dem Namen *Alibra*; oder als Gel zum Einschmieren des Penis unter dem Namen *Alprox-TD*). Ein Nachteil dieser Methode ist, dass sie nicht ganz so sicher wirkt wie eine Injektion.

Yohimbin

Der Extrakt aus der Rinde des westafrikanischen Yohimbe-Baumes gilt als Aphrodisiakum, also als sexuell anregendes Mittel. Mehrere Arzneimittel (z. B. *Yohimbin »Spiegel«*) enthalten das aus dem Yohimbe-Baum isolierte Alkaloid Yohimbin. In vier kontrollierten Stu-

dien wurde für diesen Inhaltsstoff eine sexuell anregende Wirkung nachgewiesen, die beträchtlich höher lag als die von Placebos. Die neueste Studie kommt jedoch zu dem Ergebnis, dass sich kein Unterschied gegenüber Placebos nachweisen lässt. Die amerikanische Urologengesellschaft spricht sich daher gegen den Gebrauch solcher Mittel aus.
Als *Nebenwirkung* kann *Yohimbin* zentrale Erregung, Reizbarkeit, Muskelzittern und eine Herzfrequenzsteigerung verursachen. Außerdem kann die Wasserausscheidung durch die Nieren gehemmt werden. In seltenen Fällen können Übelkeit, Schwindel, Kopfschmerzen und Muskelkrämpfe auftreten.
Yohimbin wurde noch im Jahr 1991 im Arzneimittelverzeichnis der Deutschen Pharmaindustrie als blutdrucksenkendes Mittel geführt.

18.8.3. Potenzmittel

Präparat	Wichtigste Nebenwirkungen	Empfehlung
Caverject (D/Ö) **Caverject Dual** (Ö) Trockensubstanz zur Injektion, Ampullen Alprostadil *Rezeptpflichtig*	Leichte Schmerzen im Penis. Gelegentlich über mehrere Stunden andauernde Erektion	**Möglicherweise zweckmäßig** bei Erektionsstörungen. Den Wirkstoff spritzt man sich selbst in die Penisschwellkörper. Das bewirkt eine etwa einstündige Erektion.
Cialis (D) Filmtabl. Tadalafil *Rezeptpflichtig*	Häufig Kopfschmerzen, Gesichtsrötung, Magenbeschwerden, verändertes Sehvermögen. Schmerzhafte Dauererektionen über mehrere Stunden möglich. Wenn gleichzeitig Nitropräparate (siehe Kap. 12.3.) eingenommen werden, können lebensgefährliche Wechselwirkungen auftreten	**Möglicherweise zweckmäßig bei** bestimmten Erektionsproblemen im Zusammenhang mit anderen Erkrankungen, z. B. durch Diabetes verursachte Durchblutungsstörungen, Querschnittslähmungen, Funktionsstörungen nach Prostataoperationen, die zuvor von einem Facharzt festgestellt wurden.
Levitra(D) Filmtabl. Vardenafil *Rezeptpflichtig*	Häufig Kopfschmerzen, Gesichtsrötung, Magenbeschwerden, verändertes Sehvermögen. Schmerzhafte Dauererektionen über mehrere Stunden möglich. Wenn gleichzeitig Nitropräparate (siehe Kap. 12.3.) eingenommen werden, können lebensgefährliche Wechselwirkungen auftreten	**Möglicherweise zweckmäßig bei** bestimmten Erektionsproblemen im Zusammenhang mit anderen Erkrankungen, z. B. durch Diabetes verursachte Durchblutungsstörungen, Querschnittslähmungen, Funktionsstörungen nach Prostataoperationen, die zuvor von einem Facharzt festgestellt wurden.

Präparat	Wichtigste Nebenwirkungen	Empfehlung
Uprima (D/Ö) Sublingualtabletten Apomorphin *Rezeptpflichtig*	Übelkeit (bei 2–4 mg bei jedem dritten Patienten, bei 6 mg bei jedem zweiten Patienten), Erbrechen, Schwindel, Schwitzen, Müdigkeit, Kopfschmerzen. Mundschleimhautschädigung durch die Sublingualtablette möglich	**Wenig zweckmäßig** Die Nutzen-Risiko-Abwägung dieses Potenzmittels fällt nach unserer Meinung negativ aus. Relativ häufig Nebenwirkungen. Das Mittel wirkt zwar erektionsfördernd, die Dosierung muss jedoch häufig gesteigert werden – das verstärkt jedoch die Nebenwirkungen.
Viagra (D/Ö) Filmtabl. Sildenafil *Rezeptpflichtig*	Häufig Kopfschmerzen, Gesichtsrötung, Magenbeschwerden, verändertes Sehvermögen. Schmerzhafte Dauererektionen über mehrere Stunden möglich. Wenn gleichzeitig Nitropräparate (siehe Kap. 12.3.) eingenommen werden, können lebensgefährliche Wechselwirkungen auftreten	**Möglicherweise zweckmäßig bei** bestimmten Erektionsproblemen im Zusammenhang mit anderen Erkrankungen, z. B. durch Diabetes verursachte Durchblutungsstörungen, Querschnittslähmungen, Funktionsstörungen nach Prostataoperationen, die zuvor von einem Facharzt festgestellt wurden.
Yohimbin »Spiegel« (D) Tabl. Yohimbin *Rezeptpflichtig*	Zittern, Erregungs- oder Angstzustände. Die Einnahme von Yohimbin muss bei Leber- und Nierenerkrankungen vermieden werden	**Wenig zweckmäßig** Umstrittene therapeutische Wirksamkeit bei Impotenz, möglicherweise Wirkungen in höheren Dosierungen spürbar. Nur unter ärztlicher Kontrolle anwenden.

19. Kapitel **Krebs**

Trotz aller Forschungsanstrengungen, trotz aller Fortschritte in der Medizin: Krebs ist eine Krankheit, die Angst und Schrecken auslöst. In Deutschland erkranken daran jedes Jahr etwa 340.000 Menschen (in Österreich etwa 35.000). Die Männer sind in erster Linie von Lungenkrebs (29.000 Neuerkrankungen pro Jahr), Prostatakarzinom (28.000) und Darmkrebs (24.000) bedroht, die Frauen von Brustkrebs (46.000 Neuerkrankungen), Darmkrebs (28.000) und Tumoren der Geschlechtsorgane (26.000). Wie hoch das Krebsrisiko beispielsweise für Frauen ist, zeigt folgende Zahl: Jede zehnte Frau erkrankt im Laufe ihres Lebens an Brustkrebs.

Und nach wie vor bedeutet die Diagnose Krebs in der Mehrzahl aller Fälle, dass es keine Möglichkeit auf Heilung gibt. Die moderne Medizin kann aber das Lebensende hinauszögern, und sie kann Beschwerden wirkungsvoll erleichtern. Vielen Betroffenen gelingt es dadurch, jahrelang ein nahezu unbeschwertes Leben zu führen.

In Deutschland sterben jährlich rund 220.000 Menschen an Krebs (in Österreich etwa 19.000).

Der international angesehene Krebsspezialist Dieter Kurt Hossfeld, Leiter der Hämatologie und Onkologie am Universitätskrankenhaus in Hamburg, zog in einem Interview im »Spiegel« eine ernüchternde Bilanz über jahrzehntelange Forschungstätigkeit und Betreuung von Krebskranken:

»Der Krebs ist unbesiegbar. Der Krebs ist ein Phänomen des Lebens. Es ist kein Durchbruch gelungen bei den ganz großen Killern: Dem Lungenkarzimom, dem Brustkrebs, den Karzinomen des Magen-Darm Kanals und der Prostata.«

Bei der Behandlung von Krebserkrankungen gibt es aber bedeutsame Teilerfolge. Zum Beispiel die Heilungsmöglichkeiten von Leukämie bei Kindern, von Hodenkrebs und Non-Hodgkin-Erkrankungen bei Erwachsenen. Auch die früh erkannten und operierten Fälle von Brustkrebs sind mehrheitlich heilbar.

Krebs kann alle Zonen und Organe des Körpers befallen, das Wort ist eine Sammelbezeichnung für eine Reihe von verschiedenen Arten bösartiger Zellenwucherungen. Dazu gehören unter anderem:

- *Karzinome* – bösartige Geschwülste der Haut, der Schleimhäute und des Drüsengewebes;

- *Sarkome* – bösartige Erkrankungen des Bindegewebes und der Knochen;
- *Leukämie* – der Blutkrebs; eine Krankheit, bei der die Produktion der weißen Blutkörperchen gestört ist;
- *bösartige Lymphome* – eine Erkrankung des Lymphsystems, hauptsächlich der Lymphdrüsen;
- *Myelome* – bösartige Wucherungen von Plasmazellen. Sie sind für die Produktion von Eiweißmolekülen verantwortlich, die der Abwehr dienen.

Jede Zelle des Körpers ist für bestimmte Aufgaben programmiert. Zur Krebszelle entwickelt sie sich, wenn ihre Steuerzentrale defekt wird. Jederzeit und lebenslang können sich Körperzellen krebsartig verändern. Normalerweise werden sie jedoch durch das Abwehrsystem rechtzeitig aufgespürt und vernichtet. »Übersieht« das Immunsystem eine Krebszelle, kann sie zu wuchern beginnen. Es kann Jahre, sogar Jahrzehnte dauern, bis ein Tumor entsteht. Ist diese Zellvermehrung bösartig, dringt sie infiltrierend in das Nachbargewebe ein und zerstört es. Auf dem Weg des Blutes und der Lymphe verbreiten sich Krebszellen und können in anderen Organen Tochtergeschwülste (Metastasen) bilden. Bei sieben Prozent der Tumoren findet man zwar Metastasen, nicht aber den Ursprungsherd.
Jedes Alter bringt verschiedene Krebsrisiken mit sich: Im frühen Kindesalter überwiegen Leukämie, Krebs des Zentralnervensystems und Lymphome, bei Kindern und Jugendlichen ist Knochenkrebs häufig, bei Männern zwischen 20 und 32 Hodenkrebs. Vor dem 30. Lebensjahr entstehen häufig Tumoren der blutbildenden und lymphatischen Organe, später Tumoren der Atmungsorgane, Magenkrebs und die der weiblichen Brustdrüsen und Geschlechtsorgane. Zwischen dem 60. und 80. Lebensjahr treten Karzinome der Prostata, des Magens und Dickdarms gehäuft auf.
Lungenkrebs ist die häufigste Krebstodesursache der Männer zwischen 35 und 40. Jedoch: Mit steigendem Zigarettenkonsum steigen auch Lungenkrebserkrankungen bei Frauen. Dass Magenkrebs zurückgeht, aber Dickdarmkrebs in Europa immer häufiger ist, wird den veränderten Essgewohnheiten zugeschrieben.

Krebsursachen

Unübersehbar ist die Zahl der Publikationen und widersprüchlichen Behauptungen auf dem Gebiet der Krebserkrankungen. Seit Jahren versucht man, die entscheidende Ursache für Krebserkrankungen zu finden. Doch bis jetzt sind letzte Zusammenhänge nicht geklärt. In jedem Fall müssen mehrere Faktoren zusammenkommen, damit aus einem Zellirrtum eine Krebsgeschwulst wird:

- körpereigene Faktoren: angeborene Disposition, z. B. Krankheiten mit Schäden der Erbinformation oder Störung körpereigener Enzyme; geschwächtes Abwehrsystem
- Infektionen durch Mikroorganismen wie Viren, Bakterien, Parasiten
- chronisch-entzündliche Krankheiten
- UV- und Röntgenstrahlen
- chemische Substanzen, die über die Ernährung oder durch Einatmen oder durch direkten Hautkontakt in den Körper gelangen. Bedeutsame Krebsursachen sind etwa das Rauchen oder gepökelte, geräucherte und gegrillte Nahrungsmittel
- Medikamente wie etwa Östrogen und andere
- mechanische Dauerreizung
- psychosozialer Stress. Die oftmals behauptete »Krebspersönlichkeit« gibt es jedoch nicht.

Bis jetzt sind mehr als 1000 verschiedene Substanzen bekannt, die Krebs fördern können, viele davon werden in der industriellen Produktion verwendet.

Krebsvorbeugung

Glaubte man einige Zeit lang, dass Chemikalien und Industriestoffe das »Startsignal« geben, so gilt heute mehr denn je, dass nur das Zusammenwirken mehrerer Bedingungen zum Ausbrechen einer Krebserkrankung führt. Warum der eine an Krebs erkrankt, der andere jedoch nicht, ist nach wie vor ungeklärt. Ein Mittel oder einen Schutz gegen alle Krebsarten kann es daher nicht geben.

Das größte aktuelle Krebsrisiko ist das Rauchen und Passivrauchen (siehe auch Kapitel 20.: Sucht). Regelmäßiger starker Alkoholkonsum verstärkt diese Gefahr noch. Würde ab sofort niemand mehr rauchen, würde sich in dreißig Jahren die Zahl der Krebstoten halbieren.

Zahllos sind inzwischen Veröffentlichungen zum Thema Krebsdiät – tatsächlich gibt es jedoch keine Diät, die nachweislich dem Krebs vorbeugt oder einen Tumor zum Verschwinden bringen kann. Als Gemüse, das *möglicherweise* der Entwicklung von Magen- und Darmkrebs, vielleicht auch von Lungenkrebs, entgegenwirkt, gelten Blumenkohl

(Karfiol), Broccoli, Rosenkohl (Kohlsprossen), Weißkohl (Kraut), Kohl und Chinakohl.
Langzeitstudien, die an einer großen Zahl von Patienten durchgeführt wurden, haben gezeigt, dass die zusätzliche Einnahme von Vitamin C oder Vitamin E keinerlei vorbeugende Wirkung auf die Entstehung von Krebs hat. Frauen mit einem Vitamin-A-Mangel haben ein geringfügig erhöhtes Risiko, dass sich Brustkrebs entwickelt. Nur bei diesen Frauen reduziert die Einnahme von Vitamin-A-Präparaten das erhöhte Risiko.
Vorsicht: Bei Rauchern erhöht (!) sich das Risiko, an Krebs zu erkranken, wenn sie Beta-Carotin-Präparate (Vitamin A) einnehmen. Daher ist von der Einnahme unbedingt abzuraten.
Weil ein Mangel an den Spurenelementen Magnesium, Eisen, Kupfer, Zink und Selen das Immunsystem schwächt, sollten sie ausreichend zur Verfügung stehen. Eine normale, abwechslungsreiche Ernährung stellt das Angebot üblicherweise sicher.

Früherkennung

Je früher Krebs erkannt wird, desto größer ist die Chance der Heilung. Die WHO ist zur Ansicht gekommen, dass flächendeckende, regelmäßige Untersuchungen bestimmter Bevölkerungsgruppen besonders wirkungsvoll sind bei Brustkrebs (regelmäßige Selbstuntersuchung und vor allem ab dem Alter von 50 Mammographie), Gebärmutterhalskrebs (einmal jährlich PAP-Abstrich), Tumoren der Mundhöhle (jährliche Kontrolle durch den Zahnarzt) und Melanom (= Hautkrebs; regelmäßige Selbstkontrolle und Kontrolle durch den Partner und Hautarzt). Kritiker weisen darauf hin, dass die Krebsvorsorge in Deutschland unzureichend sei. Den bisherigen Maßnahmen fehle der Wirksamkeitsnachweis. Als Beispiel wird die Sterblichkeit durch Brustkrebs und Prostatakarzinom angeführt:
Seit Einführung der Vorsorgeuntersuchungen in Deutschland sind beide Krebsformen nicht etwa gesunken, sondern gestiegen, und zwar um etwa 20 Prozent bei Brustkrebs und um etwa 17 Prozent beim Prostatakarzinom. Die Krankenkassen bieten zwar – nach dem Alter gestaffelt – kostenlose Untersuchungen zur Krebs-Früherkennung an. Doch nur ein kleiner Teil der Berechtigten nutzt dieses Angebot. Auch die einfache und risikolose Selbstuntersuchung der weiblichen Brust oder des Hodens ist nicht weit verbreitet: Zu groß ist die Angst vor einer Krebsdiagnose. Gerade diese Angst verhindert jedoch eine frühe Erkennung – und die bietet die größte Überlebenschance.

Behandlung

Je kleiner ein Tumor bei seiner Entdeckung, desto größer die Aussicht auf Heilung. Hat der Tumor einen Durchmesser von etwa einem Zentimeter erreicht, so hat er wahrscheinlich bereits Metastasen gesetzt. Diese wachsen unterschiedlich rasch. Manche Tumoren und Metastasen beeinträchtigen über Jahre das Befinden kaum, andere vergrößern sich extrem schnell. *Prinzipiell gilt: Ein früh erkannter Krebs sollte – wenn er operiert werden kann – so rasch wie möglich entfernt werden. Je erfahrener der Chirurg ist, umso besser sind die Heilungschancen.* Bei manchen Tumoren wird vor der Operation eine Strahlenbehandlung beziehungsweise eine Chemotherapie durchgeführt. Häufig ist nach der Operation eine Chemotherapie notwendig. Einige wenige Tumoren, vor allem die der primären und sekundären Geschlechtsorgane, sind in ihrem Wachstum hormonabhängig und können mit Hormonmitteln wirksam behandelt werden.

Die Entscheidung über die Wahl der Therapie hängt von der Zelluntersuchung ab: Eine internationale Dokumentation macht Aussagen über die statistische Chance der jeweiligen Behandlung möglich. Der individuelle Krankheitsverlauf kann jedoch extrem davon abweichen. Manche Krebserkrankungen kommen spontan zum Stillstand, und in ganz seltenen Fällen bilden sich Tumore zurück, ohne dass dies auf eine Behandlung zurückgeführt werden kann. Eine sichere Prognose gibt es also nicht.

Je länger man nach der Behandlung krebsfrei bleibt, desto geringer wird die Gefahr eines Rückfalls. Chronische Krebsformen mit Metastasen verlaufen in langen Phasen ohne Beschwerden, abwechselnd mit Zeiten, in denen behandelt werden muss – nach dem Grundsatz: So wenig wie möglich, so viel wie unbedingt nötig. Bei rasch wachsenden Tumoren sind die Heilungschancen gering.

Für die Behandlung mit schulmedizinischen Methoden hat die Arzneimittelkommission der Deutschen Ärzteschaft folgende Prinzipien aufgestellt:

- Ist durch Operation oder Bestrahlung keine Heilung mehr möglich, sollten unnötige Belastungen oder Verstümmelungen unterbleiben.
- Jeder Arzt in der Praxis wie auch im Krankenhaus ist bei der Ermittlung und Durchführung eines Behandlungsplans auf die Kooperation mit Spezialärzten in einem in der Krebsbehandlung erfahrenen Krankenhaus angewiesen, nicht nur, um dem Patienten bessere Überlebenschancen zu bieten, sondern auch, um ihn vor unbegrün-

deter, die Lebensqualität und Lebensdauer beeinträchtigender therapeutischer Aktivität zu schützen. Viele Studien belegen: Am erfolgreichsten ist die Behandlung in einem Tumorzentrum.

- Da im Krebsbereich nur wenige Therapieansätze eine ausreichende Sicherheit für eine Heilung versprechen, kommt gerade hier dem dokumentierten Therapie- oder Heilversuch eine wichtige Rolle zu.
- Eine Behandlung bei weitgehend beschwerdefreien Patienten ohne Heilungschancen »verbietet sich«.

Basis für jede erfolgreiche Krebsbehandlung muss die Aufklärung des Patienten über die Erkrankung und die geplante Behandlungsmethode sein. Gerade bei einer Erkrankung, bei deren Behandlung es um Leben oder Tod oder nur Lebensverlängerung geht, muss der Patient ausführlich aufgeklärt und in Entscheidungen einbezogen werden.

Medikamente zur Behandlung von Krebs

Zur Krebsbehandlung werden unterschiedliche Medikamente verwendet: Zytostatika, Hormone, Antihormone, Interferone, Alternativmedikamente. Ziel jeder Krebsbehandlung wäre es, nur die Krebszellen auszurotten. Davon sind alle vorhandenen Medikamente »weit entfernt«. Für die Chemotherapie verwendeten Zytostatika beispielsweise greifen alle Zellen an, die sich schnell teilen – also neben den Zellen der Krebswucherungen auch das blutbildende System, die Schleimhäute, die Keimzellen. Sie schädigen das Immunsystem, das Knochenmark, die Schleimhäute, den Magen-Darm-Trakt, einige die Haarwurzeln, Leber, Blase, Herz etc.
Zytostatika können nur bei einigen seltenen Krebsformen (z. B. bei manchen Blutkrebsarten, Lymphkrebs, Hodgkin-Erkrankungen, Leukämie, Sarkomen und Hodenkrebs etc.) zur Heilung führen. Bei fortgeschrittenen Organtumoren können sie das Leben meist nicht verlängern, aber erleichtern.

Nebenwirkungen der Chemotherapie

Viele Patienten fürchten sich vor den Nebenwirkungen einer Chemotherapie: Übelkeit, Brechreiz, Haarausfall, schmerzhafte Erkrankungen der Magen- und Darmschleimhaut.
Die meisten dieser oft gravierenden Beschwerden können dank neu entwickelter, wirksamer Medikamente auf ein erträgliches Maß verringert werden.
Trotzdem stellt sich in jedem einzelnen Fall immer die Frage nach dem Sinn der Therapie: Wie groß ist die Chance, damit das Leben zu verlängern? Wird die Lebensqualität durch die Nebenwirkungen unter Umständen so stark beeinträchtigt, dass der Nutzen der Behandlung fragwürdig wird?
Diese Fragen können nur von einem erfahrenen Arzt in einem ausführlichen, offenen Gespräch mit dem Patienten und dessen Angehörigen entschieden werden. Krebsmedikamente und Krebsbehandlung gehören in die Hände von Krebsspezialisten (Onkologen).
Die einzelnen Präparate haben zum Teil verschiedene Wirkungsschwerpunkte. Welches wann eingesetzt wird, muss von Fall zu Fall entschieden werden. Um verschiedene Angriffspunkte im Zellzyklus zu nutzen, werden verschiedene Zytostatika miteinander kombiniert nach Schemata, deren Wirksamkeit und Verträglichkeit auf klinischen Erfahrungen beruhen. Es ist daher sinnvoll, die Krebsbehandlung in einer onkologischen Abteilung einer Klinik durchführen zu lassen.
Der niedergelassene Arzt bzw. Hausarzt sollte diese Behandlung in Abstimmung mit der Klinik begleiten.
Tumorzellschädigende Medikamente (Zytostatika) sollten nur von spezialisierten Ärzten angewendet werden. Sie sind deshalb in der folgenden Tabelle nicht angeführt.

Psychotherapie, Entspannungsmethoden, Rehabilitation

In vielen Fällen hilft eine unterstützende psychotherapeutische Behandlung, die körperlichen Beschwerden (z. B. Erbrechen) und seelischen Belastungen (Angst und Depressionen) einer Krebsbehandlung zu lindern. Es ist weniger bedeutend, welcher Therapierichtung ein Betreuer angehört, als dass er den Krebskranken kontinuierlich in einer vertrauensvollen Beziehung begleitet. Diese Funktion kann auch der Hausarzt übernehmen, weil er in den meisten Fällen auch Sterbende bis zu ihrem Ende begleitet. Wichtig ist, dass Angehörige in

die Information mit einbezogen werden. Auch Gespräche in Selbsthilfegruppen sind sinnvoll und können entlasten.
Mit Verhaltenstraining und Entspannungsmethoden können die Nebenwirkungen von Chemotherapie verringert werden.
Während es in Deutschland bereits mehr als 20 Rehabilitationszentren für Krebskranke gibt, die auf Krankenkassenkosten Nachsorgekuren anbieten, existiert in Österreich noch keine vergleichbare Einrichtung.

Schmerzbehandlung

Bei jedem zweiten Krebskranken treten früh Schmerzen auf, jeder dritte unheilbar Erkrankte muss schwere chronische Schmerzen ertragen. Die Weltgesundheitsorganisation hat einen Stufenplan für die Schmerzbehandlung bei Krebs erstellt:

- Am Anfang stehen einfache Schmerzmittel wie *ASS* (Acetylsalicylsäure) und *Paracetamol* (siehe Kapitel 1.1.) oder schmerzlindernde Mittel, wie sie gegen Rheuma eingesetzt werden, mit den Wirkstoffen *Diclofenac* und *Indometacin* (siehe Kapitel 3.1.)
- Helfen diese Mittel nicht mehr, werden zusätzlich *Opioide* (siehe Kapitel 1.2.) eingesetzt. Die schwächste Substanz dieser Gruppe ist *Codein*, die nächststärkere *Tramadol*. Beide Wirkstoffe können mit Antirheumatika erfolgreich kombiniert werden.
- Ist mit dieser Kombination keine Schmerzfreiheit mehr zu erreichen, muss auf stärkere Opiate übergegangen werden. Mittel der ersten Wahl ist das *Morphin*. Opiate können nicht nur als Injektionen und Infusionen verabreicht werden, sondern auch als Tropfen, Tabletten, Dragees und Zäpfchen. Das macht Krebskranke unabhängiger: Sie können sich selbst versorgen, wenn die Lebensumstände es erlauben.

Alle Schmerzmittel sollten so hoch dosiert werden, dass der Schmerz unterdrückt wird, und rechtzeitig gegeben werden, bevor er wieder auftritt. Leider verordnen Ärzte in Deutschland und in Österreich immer noch viel zu selten und zu wenig *Morphin*. Dies liegt einerseits am komplizierten System der Verschreibung von Betäubungs- bzw. Suchtmittelrezepten und andererseits an der weit verbreiteten Annahme, die Patienten könnten süchtig werden. Doch das hat sich für Krebspatienten mit chronischen Schmerzen als unbegründet erwiesen. Zudem ist dies bei einer so schwerwiegenden Erkrankung kein Grund, dem Patienten das wirksamste Mittel vorzuenthalten. In fast allen Fällen können Krebsschmerzen erfolgreich gelindert werden.

Alternative und ergänzende Krebsbehandlungen

Das Gefühl der Aussichtslosigkeit und die oft sterile Atmosphäre der Krebsstationen führt vier von fünf Krebskranken zu »alternativen« Therapeuten.

Viele Patienten lassen sich gleichzeitig sowohl konventionell als auch »alternativ« behandeln, ohne die Therapeuten davon zu unterrichten. Alternative Verfahren werden häufig als »begleitende Behandlung« angeboten, die das Immunsystem stärken, die Lebensqualität erhöhen und die Nebenwirkungen der Strahlen- und Chemotherapie lindern sollen. Ob sie das tatsächlich tun, ist in vielen Fällen umstritten. Gerade im Alternativbereich tummeln sich viele skrupellose Geschäftemacher, die die Verzweiflung von Patienten ausnützen und ihnen das Blaue vom Himmel herunter versprechen: »Sanfte Therapie ohne Risiko«, »ganzheitliche Sicht des Krankseins« und natürlich »ein Sieg über den Krebs«. Das alles gegen hohes Honorar.

Unkonventionelle Theorien erklären meist, Krebs habe psychische Ursachen und könne durch Lebensumstellung, durch Stärkung der Selbstheilungsprozesse und der »Immunabwehr« wirksam bekämpft werden. Diese Erklärungen sind zwar falsch, wirken jedoch auf viele Laien sehr überzeugend und kommen dem Wunsch entgegen, selbst aktiv etwas gegen den Krebs tun zu können. Leider gehen die Hoffnungen nur selten auf. Bis jetzt kann keine einzige der unkonventionellen Behandlungsmethoden Erfolgsraten wie etwa jene der konventionellen Behandlung bei Krebs im Kindesalter oder bei Hodenkrebs verbuchen.

Als notwendige Bedingung für jede Art von Therapie oder Medikament – egal ob konventionell oder alternativmedizinisch – muss gelten, dass der Nutzen nachgewiesen ist. Dieser Nachweis fehlt für die meisten »alternativen« Methoden und Krebsmittel, denn für ihre gesetzliche Zulassung gelten in Deutschland Ausnahmebedingungen: In den meisten Fällen liegen kaum Daten über Wirkprinzipien, Dosierungsgrundlagen, Verteilung im Körper, Entgiftung, Toxizität und Wechselwirkung mit anderen Arzneien vor. Das hat eine wissenschaftliche Überprüfung von 85 »alternativen Krebsmitteln« ergeben. Kein einziges konnte außerdem den unzweifelhaften Nachweis erbringen, das Tumorwachstum zu hemmen. Und keine einzige unkonventionelle Behandlungsmethode kann nachweislich das Leben verlängern.

In jedem Fall sollte man sich hüten vor Medikamenten, die als »Wundermittel« angepriesen werden. Solche Mittel hat es nie gegeben und wird es zumindest in absehbarer Zeit nicht geben.

Mistelpräparate

Mistelpräparate wurden von der anthroposophisch orientierten Medizin entwickelt. Zwei davon – *Iscador M* und *Iscador P* – führen die Liste der meistverwendeten Krebsmittel an. Trotz jahrzehntelanger Verwendung gibt es bis jetzt aber keinen Nachweis, dass ihre Verwendung bei Krebskranken lebensverlängernd wirkt oder die Neigung zur Bildung von Metastasen herabsetzt. Auch eine relativ neue deutsche Studie an über 10.000 Krebspatienten, die im Mai 2001 veröffentlicht wurde, bietet keinen Beleg dafür, dass Mistelextrakt besser wirkt als Placebo.
Weil die Gefahr besteht, dass durch die Anregung der Immunabwehr auch das Tumorwachstum angeregt wird, und wegen der möglichen *Nebenwirkungen* – entzündliche Reaktionen, Fieber, Schüttelfrost, Atemnot, lebensbedrohliche allergische Schockreaktionen – lehnen sowohl die American Cancer Society als auch die Schweizer Gesellschaft für Onkologie Mistelinjektionen ab.

Immunstärkende oder immunmodulierende Krebsmittel

Viele alternative Krebsmittel werden zur »Stärkung des Immunsystems« angeboten (siehe auch Kapitel 10.4.3.). Bei solchen Mitteln besteht die Gefahr, dass sie unter Umständen das Tumorwachstum anregen. Die Nebenwirkungen können beträchtlich sein.

Enzympräparate

In der Hitliste der meistverwendeten Krebsmittel findet sich auch das Enzympräparat *Wobe Mugos E*. Die Schweizer Gesellschaft für Onkologie rät von diesem Mittel ab, weil es keinen nachgewiesenen Nutzen hat. Aufgrund eines Gerichtsurteils sind die Krankenkassen in Deutschland nicht verpflichtet, die Kosten für *Wobe Mugos E Tabletten* zu übernehmen.

Auto-Vaccine

Umstritten sind auch Krebstherapien mit so genannten Auto-Vaccinen. Dies sind »Impfungen«, die aus dem Blut von Patienten hergestellt werden. Seriöse Belege für eine Wirksamkeit fehlen. Diese Art der Behandlung ist sehr teuer.

Biologische Krebsabwehr

Manche Verfahren »zur biologischen Krebsabwehr« sind in ihrer Wirksamkeit zwar umstritten – z. B. die Sauerstoff-Mehrschritt-Therapie nach Ardenne, Homöopathie, Neuraltherapie zur »Ausschaltung von Störfeldern«, verschiedene Diäten mit Spurenelementen und Vitaminen, Erdstrahlabschirmung u.a.m. –, ihre Anwendung ist aber nur mit einem geringen Risiko verbunden, solange nicht die Anwendung einer nachweislich wirksamen Behandlung unterlassen wird.
Verfahren wie die Totalkrebskur nach Breuss, Fiebertherapie, Ozontherapie, HOT (Hämatogene Oxydationstherapie), Thymustherapie (THX), IAT (Immuno-Augmentative Therapie) sind jedoch gefährlich. Die Ozontherapie hat bereits einige Dutzend Todesopfer gefordert.

19.1. Mittel zur Behandlung von Krebserkrankungen

Präparat	Wichtigste Nebenwirkungen	Empfehlung
Androcur (D/Ö) Tabl., Depot Injektionslösung Cyproteronacetat *Rezeptpflichtig*	Kopfschmerzen, Salz- und Wassereinlagerung, Übelkeit, Erbrechen, Thrombosen	**Therapeutisch zweckmäßig zur** Behandlung des Prostatakarzinoms. Hemmstoff der männlichen Sexualhormone (Antiandrogen).
Arimidex (D) Filmtabl. Anastrozol *Rezeptpflichtig*	Magen-Darm-Störungen, Kopfschmerzen, Gelenkschmerzen, Hautausschlag, Hitzewallungen, Leberschäden	**Therapeutisch zweckmäßig zur** Behandlung des Mammakarzinoms. Hemmstoff (Aromatasehemmstoff) der Bildung der weiblichen Sexualhormone (Östrogene).
Casodex (D/Ö) Filmtabl. Bicalutamid *Rezeptpflichtig*	Übelkeit, Erbrechen, Vergrößerung der Brustdrüse, Leberschäden, Blutschäden, Hitzewallungen, Libidoverlust, Impotenz	**Therapeutisch zweckmäßig zur** Behandlung des Prostatakarzinoms. Hemmstoff der männlichen Sexualhormone (Antiandrogen).
Enantone Monats-Depot/ -Gyn Monats-Depot (D/Ö) Retardmikrokaps. zur Injektion Leuprorelin *Rezeptpflichtig*	Beim Mann: Libidoverlust, Impotenz, Kreislaufstörungen, Schwellung der Brustdrüsen. Bei der Frau: Libidoverlust, Depressionen, Kopfschmerzen, Kreislaufstörungen, Hitzewallungen, Stopp der Regelblutung, Schmierblutungen	**Therapeutisch zweckmäßig zur** Behandlung von Krebserkrankungen (z. B. Prostatakarzinom, Mammakarzinom) und zur Behandlung von Endometriose. Mittel zur Hemmung der Sexualhormonbildung (LH-Releasinghormon Analogon).

Präparat	Wichtigste Nebenwirkungen	Empfehlung
Erypo (D/Ö) Injektionslösung Epoetin alfa *Rezeptpflichtig*	Grippeähnliche Symptome mit Fieber, Schüttelfrost, Müdigkeit, Muskelschmerzen. Blutdruckanstieg, auch sehr schwere lebensbedrohliche Formen (hypertensive Krisen) möglich, erhöhte Thrombosegefahr	**Therapeutisch zweckmäßig zur** Behandlung bestimmter sehr schwerer Blutmangelzustände (Anämien) z. B. bei Nierenerkrankungen und bei Tumorerkrankungen.
Flutamid-ratiopharm (D) **Flutamid Arcana** (Ö) **Flutamid Ebewe** (Ö) Filmtabl. Flutamid *Rezeptpflichtig*	Übelkeit, Erbrechen, Vergrößerung der Brustdrüse, Leberschäden, Blutschäden, Ödeme, Libidoverlust, Impotenz	**Therapeutisch zweckmäßig zur** Behandlung des Prostatakarzinoms. Hemmstoff der männlichen Sexualhormone (Antiandrogen).
Helixor-A/ -M/ -P (D/Ö) Injektionslösung A: Tannenmistelextrakt M: Apfelbaummistelextrakt P: Kiefernmistelextrakt *Rezeptpflichtig (Ö)*	Fieber, Schmerzen an der Injektionsstelle, Aktivierung von Entzündungen (z. B. Tuberkolose), Lymphknotenschwellungen, allergische Reaktionen	**Wenig zweckmäßig** Pflanzliches Mittel. Vertretbar wegen relativ geringer Schädlichkeit, wenn die Behandlung mit therapeutisch zweckmäßigen und notwendigen anderen Mitteln nicht verzögert oder unterlassen wird.
Iscador M/ -P/ -Q (D/Ö) Injektionslösung M: Apfelbaummistelextrakt P: Kiefernmistelextrakt (D) Q: Eichenmistelextrakt *Rezeptpflichtig (Ö)*	Fieber, Schmerzen an der Injektionsstelle, Aktivierung von Entzündungen (z. B. Tuberkulose), Lymphknotenschwellungen, allergische Reaktionen	**Wenig zweckmäßig** Pflanzliches Mittel. Vertretbar wegen relativ geringer Schädlichkeit, wenn die Behandlung mit therapeutisch zweckmäßigen und notwendigen anderen Mitteln nicht verzögert oder unterlassen wird.
Lektinol (D) Injektionslösung Mistelextrakt	Fieber, Schmerzen an der Injektionsstelle, Aktivierung von Entzündungen (z. B. Tuberkulose), Lymphknotenschwellungen, allergische Reaktionen	**Wenig zweckmäßig** Pflanzliches Mittel. Vertretbar wegen relativ geringer Schädlichkeit, wenn die Behandlung mit therapeutisch zweckmäßigen und notwendigen anderen Mitteln nicht verzögert oder unterlassen wird.
Neupogen (D/Ö) Injektionslösung Filgrastim (r-met HUG-CSF) *Rezeptpflichtig*	Knochen- und Muskelschmerzen, Gefäßschäden, allergische Reaktionen, Lungenschäden	**Möglicherweise zweckmäßig zur** Beschleunigung der Bildung neuer weißer Blutzellen (Granulocyten) z. B. bei Chemotherapie von Krebserkrankungen.

Präparat	Wichtigste Nebenwirkungen	Empfehlung
Profact/ nasal/ Depot (D) Spray, Injektionslösung, Implantate Buserelin *Rezeptpflichtig*	Libidoverlust, Impotenz, Hitzewallungen, Kreislaufstörungen, Schwellung der Brustdrüsen, Hautausschläge	**Therapeutisch zweckmäßig zur** Behandlung des Prostatakarzinoms. Mittel zur Hemmung der Sexualhormonbildung (LH-Releasing-Hormon Analogon).
Roferon A (D/Ö) Injektionslösung Interferon alfa-2a *Rezeptpflichtig*	Fieber, Schüttelfrost, Müdigkeit, Muskelschmerzen. Magen-Darm-Störungen (z. B. Übelkeit, Erbrechen, Blutungen und Wiederauftreten von Geschwüren). Störungen der Hirnfunktion (z. B. Verwirrtheit, Depressionen, Schlafstörungen, Anfälle). Schilddrüsenfunktionsstörungen, Herz-Kreislauf-Störungen (z. B. Herzrhythmusstörungen)	**Therapeutisch zweckmäßig bei** bestimmten Krebserkrankungen in Kombination mit anderen Wirkstoffen in erprobten Therapieschemata. Therapeutisch zweckmäßig zur Behandlung der chronischen Leberentzündung (Hepatitis).
Suprefact (Ö) Spray, Injektionslösung, Implantate Buserelin *Rezeptpflichtig*	Libidoverlust, Impotenz, Hitzewallungen, Kreislaufstörungen, Schwellung der Brustdrüsen, Hautausschläge	**Therapeutisch zweckmäßig zur** Behandlung des Prostatakarzinoms. Mittel zur Hemmung der Sexualhormonbildung (LH-Releasinghormon Analogon).
Tamoxifen AL (Ö) Tabl. **Tamoxifen Arcana** (Ö) Tabl. **Tamoxifen beta** (D) Tabl. **Tamoxifen Ebewe** (Ö) Tabl. **Tamoxifen Hexal** (D) Filmtabl. **Tamoxifen-ratiopharm** (D/Ö) Tabl. Tamoxifen *Rezeptpflichtig*	Übelkeit, Erbrechen, Störung der Bildung der Blutzellen, Wasserretention, vaginale Blutungen	**Therapeutisch zweckmäßig zur** Behandlung des Mammakarzinoms. Hemmstoff der weiblichen Sexualhormone (Antiöstrogen).
Trenantone (D/Ö) Injektionslösung mit Retardmikrokaps. Leuprorelin *Rezeptpflichtig*	Libidoverlust, Impotenz, Hitzewallungen, Kreislaufstörungen, Schwellung der Brustdrüsen, Hautausschläge	**Therapeutisch zweckmäßig zur** Behandlung des Prostatakarzinoms. Mittel zur Hemmung der Sexualhormonbildung (LH-Releasinghormon Antagonist).

Präparat	Wichtigste Nebenwirkungen	Empfehlung
Wobe-Mugos-Dragees (Ö) Drag. Proteasen (Trypsin), Papain, Pisum sativum, Lens esculenta, Thymusextrakt vom Kalb *Rezeptpflichtig*	Selten allergische Reaktionen. Blutgerinnungsstörungen möglich	**Wenig zweckmäßig** Therapeutische Wirksamkeit bei Krebserkrankungen zweifelhaft. Vertretbar wegen relativ geringer Schädlichkeit, wenn die Behandlung mit therapeutisch zweckmäßigen und notwendigen anderen Mitteln nicht verzögert oder unterlassen wird.
Wobe Mugos E Tabl. (D) Tabl. Papain, Trypsin, Chymotrypsin	Selten allergische Reaktionen. Blutgerinnungsstörungen möglich	**Wenig zweckmäßig** Therapeutische Wirksamkeit bei Krebserkrankungen zweifelhaft. Vertretbar wegen relativ geringer Schädlichkeit, wenn die Behandlung mit therapeutisch zweckmäßigen und notwendigen anderen Mitteln nicht verzögert oder unterlassen wird.
Zoladex (D) **Zoladex Depot** (Ö) Implantate Goserelin *Rezeptpflichtig*	Beim Mann: Libidoverlust, Impotenz, Kreislaufstörungen, Schwellung der Brustdrüsen. Bei der Frau: Libidoverlust, Depressionen, Kopfschmerzen, Kreislaufstörungen, Hitzewallungen, Stopp der Regelblutung, Schmierblutungen	**Therapeutisch zweckmäßig zur** Behandlung von Krebserkrankungen (z. B. Prostatakarzinom, Mammakarzinom in der Prämenopause). Mittel zur Hemmung der Sexualhormonbildung.

20. Kapitel: **Suchtmittel**

High-Sein, Geil-Sein, Erfolg-Haben. Suchtmittel sind ein wichtiger Teil unserer Kultur. Sie helfen, das Leben erträglicher oder vergnüglicher zu machen. Die meisten Menschen bewegen sich im Rahmen der Legalität und beschränken sich auf Alkohol oder Medikamente oder Nikotin. Eine beträchtliche Zahl von Konsumenten verwendet jedoch illegale Drogen wie Marihuana oder Haschisch oder Ecstasy oder auch Härteres wie Heroin oder Kokain.
Egal, ob es sich um legale oder illegale Drogen handelt: Alle sind auf die eine oder andere Weise verführerisch und verheißen Glücksgefühle. Fast alle bergen aber auch das Risiko in sich, die Gesundheit zu schädigen, die einen mehr, die anderen weniger. Manche legalen Drogen haben ein größeres soziales und gesundheitliches Gefährdungspotenzial als manche illegalen. Ob Energy-Drinks wie Red Bull (Reklamespruch: »Verleiht Flügel«) oder Flying Horse nicht ebenfalls Suchtqualitäten haben, ist bei manchen Fachleuten schon eine Streitfrage.
Auffallend ist die gegenseitige Verachtung der Süchtigen: Die Trinker spötteln über die Kiffer, die Kiffer machen Witze über die Alkis, und für Fixer gelten alle anderen sowieso als Spießer.
In diesem Kapitel soll es nicht um eine moralische Bewertung des Drogenkonsums gehen, sondern lediglich um präzise Informationen über Nutzen und Risiken. Die Abwägung, ob man Drogen nimmt und welche Drogen, trifft ohnedies jeder und jede für sich. Unbestritten ist natürlich, dass manche Menschen in Verhältnissen aufwachsen, wo sie kaum eine Wahl haben und schon von klein auf mit Suchtmitteln vertraut sind.
Im Folgenden werden nur die wichtigsten Suchtmittel beschrieben. Es gibt jedoch zahlreiche andere, vor allem im Bereich der so genannten Designerdrogen (z. B. PCP, Angel Dust, China White, MPPP u. a.).

Alkohol

Alkohol ist in unseren Breitengraden das am häufigsten verwendete Suchtmittel. Die Deutschen gelten in dieser Hinsicht als unangefochtene Weltmeister. Die Zahl der behandlungsbedürftigen Alkoholiker in Deutschland wird auf drei Millionen geschätzt (in Österreich auf 250.000), Männer sind sechs- bis siebenmal häufiger davon betroffen als Frauen. Das Nachrichtenmagazin »Der Spiegel« berichtet, dass im Durchschnitt jeden Tag 110 Deutsche an tödlicher Alkoholvergiftung sterben.

Nach einer österreichischen Untersuchung hatten zehn Prozent aller Elfjährigen schon einen Alkoholrausch und trinken regelmäßig Alkohol.

Wirkung

Alkoholgenuss ist allgemein akzeptiert, häufig sogar erwünscht. Der Genuss von Alkohol versetzt in einen Zustand entspannter Euphorie. Regelmäßiger, aber mäßiger Genuss von Alkohol – nicht mehr als täglich ein Bier oder ein Glas Wein oder ein harter Drink – ist gesund für das Herz und erhöht im Vergleich zu Abstinenzlern die Lebenserwartung. Dies fanden Mediziner der American Cancer Society, der WHO und der englischen Oxford University bei einer Langzeituntersuchung an 490.000 amerikanischen Testpersonen heraus.

Nebenwirkungen

Gleichgewichtsstörungen, Sprachstörungen, Konzentrationsstörungen, Aggressivität, zunehmende soziale Probleme, Persönlichkeitsveränderungen, Stimmungsschwankungen, Eifersucht, Halluzinationen, Depressionen.

Magen-Darm-Beschwerden, Schlafstörungen, Zittrigkeit, Reizbarkeit, Nervenstörungen, Schädigung der Gehirnfunktion, Potenzverlust, Hautveränderungen, epileptische Anfälle, Bauchspeicheldrüsen- und Leberschäden.

Die Suchtgefahr ist sehr hoch. Von Alkohol kann man sowohl körperlich als auch psychisch abhängig werden. Starker und chronischer Alkoholkonsum birgt eine hohe Gefahr sozialschädigenden Verhaltens in sich (aggressives Verhalten, »Alkohol am Steuer«).

Bei Absetzen nach Dauerkonsum schwere Entzugserscheinungen.

Bei Frauen führt Alkoholmissbrauch doppelt so schnell zu Folgeschäden wie bei Männern. Das hat biologische Ursachen.

Behandlung

Egal ob zur Entwöhnung Pillen, Psychotherapie oder zwangsweise Abstinenz angewendet werden – die Erfolge sind mager, die Rückfallquote liegt bei 80 Prozent.

Zur Unterstützung der Alkoholentwöhnung nach erfolgtem körperlichen Entzug wird in Deutschland meist Acamprosat (enthalten in *Campral*), seltener Disulfiram (enthalten in *Antabus*) verwendet, in Österreich Acamprosat (enthalten in *Campral*), Naltron (enthalten in *Revia*) oder Cyanamid (enthalten in *Colme*). Diese Mittel sollten nur

im Rahmen eines umfassenden Behandlungskonzepts verwendet werden, das soziale und psychotherapeutische Maßnahmen umfasst.
Der Nutzen von *Antabus* ist umstritten. In kontrollierten Untersuchungen scheint es nicht wirksamer zu sein als ein Placebo (= Scheinmedikament ohne Wirkstoff), kann jedoch außer Müdigkeit sowie unangenehmem Mund- und Körpergeruch auch gravierende Nebenwirkungen verursachen: Hepatitis, Sehnerventzündungen, periphere Neuropathie und anderes. Wer *Antabus* nimmt und Alkohol trinkt, muss mit lebensbedrohlichen Reaktionen rechnen.
Das Mittel Acamprosat (*Campral*) soll das Verlangen nach Alkohol dämpfen. Bis jetzt existieren noch zu wenig Erfahrungen damit, um eindeutige Empfehlungen abzugeben. Einige Untersuchungen deuten darauf hin, dass es möglicherweise zweckmäßig ist. Als *Nebenwirkungen* können unter anderem Magen-Darm-Beschwerden, Übelkeit, Erbrechen, Impotenz, Missempfindungen, Hautausschläge und weitere Beschwerden auftreten.

Rauchen

Jeder weiß, dass Rauchen die Gesundheit schädigt. Dieses Wissen wirkt jedoch kaum abschreckend. Viele haben dabei ein schlechtes Gewissen. Aus Umfragen weiß man, dass etwa zwei Drittel aller Raucher aufhören wollen. Die Hälfte davon – also ein Drittel – hat das bereits einmal erfolglos versucht.
Zwölf Prozent aller Kinder und Jugendlichen sind bereits starke Raucher.
Gewohnheitsmäßiges Rauchen entsteht durch regelmäßige Koppelung an bestimmte Situationen und durch die unmittelbar einsetzende Wirkung von Nikotin in Gehirn und Körper.

Wirkung

Rauchen ist ein Vergnügen. Rauchen ist kommunikativ. Rauchen entspannt und verschafft das Gefühl von Leistungssteigerung. Rauchen bringt dem Staat viel Geld in Form von Steuern. Rauchen verkürzt die Lebenserwartung und erspart damit der Rentenversicherung Geld.

Nebenwirkungen

Rauchen stumpft Geschmacks- und Geruchsnerven ab. Tabakrauch hinterläßt einen typischen, anhaltenden Geruch in Räumen und an der Kleidung. Rauch belästigt Nichtraucher. Rauchen verursacht chronische Bronchitis, Magengeschwüre, Lungenkrebs, aber auch verschiedene Herzkrankheiten. Je höher die Zahl der Zigaretten, umso größer ist das Gesundheitsrisiko. Passivrauchen hat in etwas geringerem Ausmaß dieselben Auswirkungen.

Behandlung

Manche Raucher schaffen es, aufzuhören, ohne irgendwelche Hilfsmittel oder Programme oder Tricks anzuwenden.

Wem dazu die Kraft fehlt, der sollte ein Entwöhnungsprogramm anwenden. Häufig verwendete Programme sind:

- *Der 5-Tage-Plan* des Deutschen Vereins für Gesundheitspflege (DVG) oder
- *Nichtrauchen in 10 Wochen* der Bundeszentrale für gesundheitliche Aufklärung in Köln.

Die Erfolgsquote solcher Kurse liegt bei etwa 30 Prozent.
Die Chancen, erfolgreich aufzuhören, steigen durch Verwendung von Hilfsmitteln wie Nikotinpflastern, -kaugummi und Ähnlichem.
Wichtig ist, dass man analysiert, in welchen Situationen man raucht. Dann kann man versuchen, diese Situationen zu vermeiden oder zu ändern.
Wer aufhört zu rauchen, verringert sofort sein Gesundheitsrisiko. Erfolgt der Verzicht vor dem 35. Lebensjahr, hat er nahezu dieselbe Lebenserwartung wie ein Nichtraucher.
Als *Raucher-Entwöhnungsmittel* werden hauptsächlich *Nicotinell Kaugummis* und *Pflaster* sowie *Nicorette Kaugummis* verwendet.
Die alleinige Verwendung solcher Hilfsmittel – ohne begleitende, verhaltenstherapeutische Maßnahmen – bringt meist keinen Erfolg.
Nebenwirkungen und Gefahren: Neue Studien haben ergeben, dass bei der Verwendung von Nikotin-haltigen Entwöhnungsmitteln kaum Nebenwirkungen zu erwarten sind. Bei Schwangeren besteht ein theoretisches Risiko, dass das Ungeborene geschädigt werden könnte, es gibt jedoch keine Erfahrungen damit.
Achtung: Die Empfehlung für Raucher, regelmäßig Vitamin-A-Präparate zu schlucken, um damit die gesundheitsschädigende Wirkung des Rauchens abzumildern, ist eine Irreführung! Diese »Behandlung« hat die gegenteilige Wirkung. Raucher, die Beta-Carotin-Kapseln schlucken, verkürzen ihre Lebenserwartung.

Medikamente

Einer der Experten von »*Bittere Pillen*«, Professor Jörg Remien von der Universität München, stellte anhand von repräsentativen Daten des Bundesverbandes der Innungskrankenkassen fest, dass mindestens 1,4 Millionen Deutsche medikamentensüchtig sind. Besonders gefährdet sind die über 60-Jährigen: In diesem Alter ist jede 10. Frau und jeder 15. Mann medikamentensüchtig.

Am häufigsten ist Medikamentensucht durch Benzodiazepine verursacht, die in zahlreichen Schlaf- und Beruhigungsmitteln enthalten sind (siehe Kapitel 2.1. und 2.2.). Aber auch Abführmitttel, Schnupfenmittel, Appetitzügler und viele Schmerzmittel können süchtig machen. Es handelt sich dabei um Kombinationspräparate, die unter anderem auch Coffein oder Codein enthalten: *Adolorin, Aspirin forte, Azur, Azur comp., Copyrkal, Dolomo TN, Dolviran N, Doppel Spalt compact, Duan, Eudorlin Schmerz, Gelonida, HA-Tabl N, Melabon K, Nedolon P, Neuralgin, Neuranidal, Novo Petrin, Octadon P, Optalidon N, Paracetamol comp. Stada, Prontopyrin Plus, Quadronal Ass comp., Quadronal comp. gegen Kopfschmerzen, ratiopyrin, Saridon, Spalt plus Coffein, Talvosilen, Thomapyrin, Titralgan, Titretta, Togal Kopfschmerzbrause, Vivimed mit Coffein.*

Detaillierte Informationen über Ausmaß und Ursachen von Medikamentensucht finden sich in einem Beitrag des »Bittere Pillen«-Experten Dr. Gerd Glaeske im *Jahrbuch Sucht 99*, herausgegeben von der Deutschen Hauptstelle gegen die Suchtgefahren (Postfach 13 69, D-59003 Hamm).

Wirkung

Medikamentensucht ist sehr unauffällig und wird häufig erst dann als Problem gesehen, wenn jemand abrupt mit der Einnahme aufhört und massive Entzugserscheinungen auftreten.

Nebenwirkungen

Wer Medikamente vom Typ der Benzodiazepine verwendet (siehe Kapitel 2.1. und 2.2.), kann schon nach sechs Wochen abhängig sein. Beim Absetzen treten dann verstärkt genau jene Beschwerden auf, gegen die das Medikament ursprünglich eingenommen wurde – also Schlaflosigkeit oder Angstzustände.

Die logische Folge ist der neuerliche Griff zu diesem Medikament. Damit entsteht ein Teufelskreis, dem nur mit professioneller Hilfe zu entkommen ist.
Bei Dauereinnahme von Benzodiazepinen steigt die Unfallgefahr – sowohl im Straßenverkehr als auch zu Hause. Im schlimmsten Fall kann der ständige Gebrauch von Benzodiazepinen zu Verwahrlosung führen.
Bei Schmerzmitteln, die Codein oder Coffein enthalten, besteht die Gefahr, dass dies zu einem Dauergebrauch führt und die Schmerzen chronisch werden.
Lang dauernder Schmerzmittelgebrauch kann zu irreparablen Nierenschäden führen.
Der lang andauernde Gebrauch von Abführmitteln kann Nerven, Kreislauf und Nieren schwer schädigen und die Verdauung beeinträchtigen.
Dauergebrauch von Schnupfenmitteln kann die Nasenschleimhaut schädigen.

Behandlung

Süchtig machende Medikamente dürfen nur langsam und nur mit ärztlicher Betreuung abgesetzt werden. Unter Umständen ist sogar eine stationäre Behandlung mit psychotherapeutischer Begleitung notwendig.

Aufputschmittel (Amphetamine und Amphetaminabkömmlinge)

Diese Mittel (enthalten z. B. in *AN 1, Captagon, Ritalin, Tradon*) werden häufig missbräuchlich verwendet – zur Steigerung der Leistungsfähigkeit. In Drogenkreisen heißen solche Mittel »Speed«, »Anten«, »Pep Pills«, »Footballs«. Sie wirken ähnlich wie das Hormon Adrenalin, das vom Körper in Gefahrensituationen ausgeschüttet wird, um die Kraftreserven aufzustacheln. Während des Zweiten Weltkriegs enthielt die Fliegerschokolade Amphetamin, um den Bomberpiloten Mut zu machen.

Wirkung

Schlaf- und Appetitlosigkeit, übersteigerter Antrieb.

Nebenwirkungen

Eine typische Wirkung von Aufputschmitteln ist Rededrang und aggressives Verhalten. Häufige Nebenwirkungen sind Schwitzen, Konzentrationsmangel, Herzrhythmusstörungen und Angina-Pectoris-Beschwerden. Manchmal treten auch Halluzinationen, Panikzustände, akute Herzinsuffizienz und schizophrene Psychosen auf. Bei ständigem Gebrauch von »Speed« verträgt der Körper die Nahrung immer schlechter und wird sehr anfällig für Infektionen aller Art.

Behandlung

Ein Entzug von Aufputschmitteln sollte nur langsam und unter ärztlicher Begleitung durchgeführt werden, weil gravierende Nebenwirkungen auftreten können.

Kokain

Kokain wird aus den Blättern des Koka-Strauches gewonnen und war Ende des 19. Jahrhunderts als Mittel gegen Durchfall, Husten und Katarrh frei in Apotheken erhältlich. Heute gilt Kokain als Droge der »besseren Kreise« und trägt aufgrund seines Aussehens den Spitznamen »Schnee«. Es wird meist über die Nase eingesogen, seltener in Wasser aufgelöst und gespritzt. Am gefährlichsten ist das Rauchen von Kokain als Crack.
Kokain verursacht zwar keine körperliche, aber eine sehr starke psychische Abhängigkeit. Die angenehme Erinnerung an den letzten Genuss bewirkt eine Fortsetzung der Einnahme.
Kokain bewirkt eine Weitstellung der Pupillen.

Wirkung

Kokain verursacht für etwa 20 bis 60 Minuten Antriebssteigerung, Erregungszustand, Euphorie und Enthemmung. Hunger und Mangelgefühle verschwinden, es überwiegt ein Zustand von Glück.

Nebenwirkungen

Rededrang, Selbstüberschätzung, Kribbelgefühle mit starkem Juckreiz, Angstzustände, schwere Depressionen, Verfolgungswahn. Wer Kokain mit anderen zusammen unter unsterilen Bedingungen spritzt, läuft Gefahr, sich mit HIV oder Hepatitis zu infizieren.
Nach Abklingen der Wirkung häufig Katerstimmung. Dies führt meist dazu, dass Kokain-Abhängige ihre Tagesration steigern.
Als Folge der Appetithemmung können Unterernährung und Mangelkrankheiten auftreten. Kokain verursacht relativ häufig Herzinfarkte, die allerdings meist ohne schwere Komplikationen verlaufen.
Kokain-Abhängige neigen zu antisozialem Verhalten.

Beim Absetzen können Suizid- und Aggressionsneigungen, Delirien und Psychosen auftreten.
Nach langem Missbrauch Schäden an der Nasenschleimhaut, völliger körperlicher Verfall, Leberschäden, Herzschwäche, Atemstörungen.

Behandlung

Nur unter ärztlicher Aufsicht.

Crack

Crack ist eine kristallisierte Form von Kokain + Backpulver und wird üblicherweise mit Wasserpfeifen geraucht. *Wirkungen* und *Nebenwirkungen* sind wie bei Kokain. Alles passiert jedoch viel schneller, und die Wirkungsdauer ist kürzer. Es ist ein Fünf-Minuten-Rausch mit dem Gefühl der totalen Omnipotenz und noch stärkerer Enthemmung als Kokain. Sehr viel schnellere Suchtentwicklung als bei anderen Kokainzubereitungen.
Crack war bis vor kurzem eine sehr häufig verwendete Droge in Amerika, die zu einem massiven Ansteigen von Gewaltdelikten und zum sozialen Niedergang vieler Wohnviertel führte.

Cannabis (Haschisch, Marihuana)

Der Gebrauch von Cannabis ist weit verbreitet, vor allem in Intellektuellenkreisen. Das Hanfkraut wird oft als »Einstiegsdroge« angeschuldigt – in Fachkreisen ist dies jedoch umstritten. Mehrere große Untersuchungen – unter anderem eine im Auftrag der französischen Regierung oder eine im Auftrag der WHO – kamen zu dem Schluss, dass Cannabis eine relativ harmlose Droge ist, weit weniger gefährlich als etwa Alkohol.
Haschisch ist die Bezeichnung für das Harz oder das Öl der Cannabis-Pflanze, Marihuana für Blüten, Blätter und Samen.
Spitznamen sind Shit, Kiff, Gras, Hasch, Lady Jane.
Cannabis wird meist geraucht, und zwar in Form von handgerollten, konisch geformten »Joints«. Es kann jedoch auch in Kuchen mitgebacken oder in Form von Tee getrunken werden.
Wer mehr als 0,5 bis 30 Gramm – je nach Bundesland ist die erlaubte Menge verschieden – Marihuana oder Haschisch besitzt, macht sich strafbar.

Wirkung

Übersteigerte Stimmung, auch halluzinogene Wirkung möglich. Cannabis macht nicht nur high, es wirkt auch gegen chronische Schmerzen, Übelkeit, Erbrechen, Schlaflosigkeit und Migräne. Es wird deshalb in manchen Ländern auch als begleitende Therapie bei Krebs- und AIDS-Patienten verwendet. In Österreich und Deutschland ist dies jedoch verboten. Seit kurzem ist jedoch der synthetisch hergestellte Cannabis-Wirkstoff – das Tetrahydrocannabiol (THC) – als Arzneimittel zugelassen. Es ist in Deutschland zwar nicht erhältlich, kann jedoch aus den USA importiert werden (Markenname *Marinol*).

Kontaktadresse:

Arbeitsgemeinschaft Cannabis als Medizin, Maybachstraße 14, 50670 Köln, Tel. 0221/912 30 33, Fax 0221/130 25 79

Nebenwirkungen

Cannabis verursacht häufig läppisches Verhalten und manchmal einen raschen Wechsel von Stimmungen. Während des Rausches treten Konzentrations- und Aufmerksamkeitsstörungen, gerötete Augen und weite Pupillen auf, sowie verlangsamter Gedankengang, herabgesetzte Kritikfähigkeit (erhöhte Unfallgefahr beim Autofahren). Cannabis-Rauchen erhöht das Lungenkrebsrisiko.

MDMA (Ecstasy, XTC, Fantasy, E)

Es handelt sich dabei um einen synthetisierten Wirkstoff der Muskatnuss, der Ende der siebziger Jahre in den USA als Hilfsmittel in psychotherapeutischen Gruppen verwendet und dann von der Jugendkultur als Partydroge entdeckt wurde. Die amerikanischen Behörden stellten es deshalb 1985 unter das Betäubungsmittelgesetz. Seit einigen Jahren werden diese illegalen Designerdrogen bei uns meist während Musikveranstaltungen verwendet (Clubbings, Ravings, Partys). Etwa 500.000 Deutsche, vorwiegend Jugendliche, verwenden diese Droge. Sie gilt als LSD der neunziger Jahre, mit Amphetamin-ähnlicher Wirkung und halluzinogenen Eigenschaften.
MDMA wird in Form von Tabletten oder Kapseln verkauft. Es verursacht weite Pupillen und starken Durst. Die geschäftstüchtigen Hersteller mischen den Drogen häufig aufputschende Mittel bei (»speed«; es handelt sich dabei meist um die Wirkstoffe Coffein oder Ephedrin) – dies kann gefährlich für die Gesundheit sein. Manche Dealer verkau-

fen auch *Pfeil-Zahnschmerz-Tabletten* (Inhaltsstoff Ibuprofen) als Ecstasy, wegen der äußeren Ähnlichkeit. Oft ist in den als Ecstasy verkauften Tabletten auch nur Traubenzucker enthalten.
MDMA führt nicht zu körperlicher Abhängigkeit. Psychisch labile Personen können jedoch psychisch abhängig werden.

Wirkung

Gesteigerter Antrieb, gesteigertes Kommunikationsbedürfnis und euphorische Stimmungslage, Schlaf- und Appetitlosigkeit. MDMA verursacht nicht selten ekstatische Glücks- und Liebesgefühle, hat aber keine aphrodisierende Wirkung.
In den USA wurden 1992 die psychischen Effekte von MDMA genauer untersucht. Versuchspersonen waren 20 Psychiater. Die meistgenannte positive Wirkung waren größere Offenheit sowie weniger Angst und Abwehr in zwischenmenschlichen Kontakten.

Nebenwirkungen

Redezwang, Selbstüberschätzung. Gefahr von Überhitzung und Herz-Kreislauf-Versagen, besonders bei Diabetikern. Bei Wochenend-Konsumenten ist die Gefahr von Persönlichkeitsveränderungen gering. Bei Überdosierung können schwere Verwirrtheitszustände, bei Vielschluckern Selbstmordabsichten, Gehirnschäden und Muskelkrämpfe auftreten. Zahlreiche Todesfälle sind bekannt. Bei häufigem Gebrauch lässt die erwünschte Wirkung nach, die Gefahren nehmen jedoch zu.

Heroin

Heroin ist ein Opiat. Der Grundstoff sind die Fruchtkapseln des Schlafmohns. Noch Anfang des 20. Jahrhunderts wurde Heroin vom Pharmakonzern Bayer als legales Hustenmittel verkauft – mit dem Hinweis, dass es nicht suchterregend sei.
Heroin gehört zu den »harten« Drogen. Es kann injiziert, geraucht oder geschnupft werden. Die Wirkung eines »Schusses« hält etwa vier Stunden an. Dann treten bei Süchtigen quälende körperliche Entzugserscheinungen mit Zittern, Schmerzen und Krämpfen auf.
Heroinsüchtige sind meist durch die zahlreichen Einstichstellen an Armen und Beinen erkennbar. Wer unter Heroin »steht«, hat stark verengte Pupillen.

Wirkung

Euphorie, Aufhebung der Schmerzempfindung. Unmittelbar nach der Injektion kommt es zu einem »Flash« – einem Gefühl, das von Fixern als Orgasmus des gesamten Körpers und Geistes beschrieben wird.

Nebenwirkungen

Sehr schnelle psychische und körperliche Abhängigkeit. Gefahr von Hepatitis und HIV-Infektion, falls Spritzen von mehreren Personen verwendet werden. Bereits nach kurzer Zeit körperliche und soziale Verwahrlosung, als Folge davon Blutvergiftungen und Geschwüre. Beschaffungskriminalität ist häufig.
Bei Überdosierung Tod durch Atemlähmung und Kreislaufschock.

Behandlung

Der Großteil der Heroinsüchtigen ist nicht bereit zu einer drogenfreien Therapie. Häufig wird per Gerichtsurteil ein stationär kontrollierter Entzug angeordnet. Eine Entwöhnung dauert mehrere Monate. Hohe Rückfallquote von mindestens 70 Prozent.
Die Ersatzdroge Methadon – ein Opiat – verhilft manchen Süchtigen unter ärztlicher Aufsicht wieder zu einem halbwegs normalen Leben. Es unterdrückt mindestens 24 Stunden lang zuverlässig die Erscheinungen des Entzugs, bietet aber keinen Ersatz für das Glücksgefühl von Heroin. Viele Süchtige nehmen deshalb zusätzlich andere Drogen, meistens Kokain, aber auch Beruhigungs- oder Aufputschmittel. Ohne psychosoziale Unterstützung bleibt die Behandlung mit Methadon meist erfolglos.
In manchen Fällen wird auch Codein als Ersatz verwendet, weil es gesetzlich nicht so streng kontrolliert wird wie Methadon. Der Nachteil ist allerdings, dass es mehrmals täglich eingenommen werden muss.

LSD

Die Hippie-Droge mit stark halluzinogener Wirkung (»auf trip sein«) war in den sechziger und siebziger Jahren weit verbreitet und ist in letzter Zeit wieder häufiger in Gebrauch. LSD ist eine verbotene Droge. Sie verursacht keine körperliche Abhängigkeit. Psychisch labile Personen können jedoch psychisch abhängig werden. Bei dafür empfänglichen Personen können Psychosen ausgelöst werden.

Wirkung

Man wird in eine Traumwelt versetzt. Alle Sinneseindrücke werden um ein Vielfaches gesteigert. Empfindungen von Ort und Zeit werden verzerrt. Man »hört« Farben und »sieht« Geräusche. Die Stimmung ist wechselhaft. Phasen von glückhaften Rauschzuständen können mit Horrorerlebnissen abwechseln.

Nebenwirkungen

Es besteht die Gefahr von »bad trips« mit psychotischen Zuständen und Gewaltausbrüchen.
Bei häufigem Gebrauch Desinteresse an der Umwelt mit Neigung zu asozialem Verhalten und Beschaffungskriminalität.
Noch Wochen und Monate nach der Einnahme von LSD sind so genannte »flashbacks« möglich – plötzliches Auftreten von Erlebnissen und Stimmungen wie im Rausch. Gefahr von Erbgutschädigung.

Behandlung

Zu Behandlung eines »bad trips« werden Beruhigungsmittel vom Typ der Benzodiazepine verwendet (siehe Kapitel 2.2.).
Die psychische Abhängigkeit kann mit Hilfe von Psychotherapie behandelt werden.

20.1. Mittel gegen Nikotin- und Alkoholabhängigkeit

Präparat	Wichtigste Nebenwirkungen	Empfehlung
Antabus (Ö) lösliche Tabl. **Antabus Dispergetten** (D) Tabl. Disulfiram *Rezeptpflichtig*	Unangenehmer Geschmack, Magen-Darm-Störungen, Körpergeruch, Kopfschmerz, Impotenz, manchmal allergische Hautreaktionen. Vorsicht: Bei vorgeschädigten Patienten kann Alkoholkonsum zu Atemdepressionen, Herz-Kreislauf-Kollaps, Herzarrhythmien, Krämpfen und in seltenen Fällen zu Herzversagen führen!	**Wenig zweckmäßig** Vertretbar nur zur Behandlung von Alkoholismus, wenn der Patient auch psychotherapeutisch betreut wird.
Campral (D/Ö) Tabl. Acamprosat *Rezeptpflichtig*	Magen-Darm-Störungen, Hauterscheinungen. Verwirrtheit und Schlafstörungen möglich	**Möglicherweise zweckmäßig zur** Behandlung von Alkoholabhängigkeit.

Präparat	Wichtigste Nebenwirkungen	Empfehlung
Nicorette (D/Ö) Pflaster, Kaugummi Nikotin	Reizung von Schleimhäuten im Mund, Magen und Darm, Herzschmerzen, Kopfschmerzen	**Möglicherweise zweckmäßig als** unterstützende Maßnahme bei einer Entwöhnungsbehandlung von Rauchern.
Nicotinell (D/Ö) Pflaster, Kaugummi Nikotin	Pflasterallergien, Reizung von Schleimhäuten im Mund, Magen und Darm, Herzschmerzen bis zum Herzinfarkt, Kopfschmerzen	**Zweckmäßig nur, wenn** bei der Entwöhnungsbehandlung von Rauchern das Rauchen wirklich eingestellt wird, sonst lebensbedrohliche Nebenwirkungen möglich.
NiQuitin (D/Ö) Pflaster Nikotin	Pflasterallergien, Reizung von Schleimhäuten im Mund, Magen und Darm, Herzschmerzen bis zum Herzinfarkt, Kopfschmerzen	**Zweckmäßig nur, wenn** bei der Entwöhnungsbehandlung von Rauchern das Rauchen wirklich eingestellt wird, sonst lebensbedrohliche Nebenwirkungen möglich.
Zyban (D/Ö) Retardtabl. Bupropion *Rezeptpflichtig*	Häufig Fieber, trockener Mund, Magen-Darm-Störungen, Hautausschläge, Schwitzen, allergische Erscheinungen, bedrohliche Krampfanfälle. Gefährliche Wechselwirkungen mit anderen Medikamenten möglich	**Abzuraten** Vertretbar nur, wenn alle anderen Raucher-Entwöhnungsmethoden versagt haben und eine Zusatztherapie zur Motivationsverstärkung durchgeführt wird. Enthält ein amphetaminartiges Psychopharmakon (Antidepressivum).

21. Kapitel: **Medikamente während der Schwangerschaft und Stillzeit**

Im Laufe einer Schwangerschaft nimmt eine Frau durchschnittlich drei bis acht verschiedene Medikamente ein – teils ärztlich verordnet, teils als Selbstmedikation. Diese Menge unterscheidet sich nur wenig vom Arzneimittelverbrauch nichtschwangerer Frauen.
Die Hälfte aller Schwangeren nimmt im ersten, besonders risikoreichen Schwangerschaftsdrittel von sich aus Medikamente ein, die nicht verordnet wurden.
Früher glaubte man, dass sich der Embryo gut geschützt vor äußerlichen Einflüssen in der Gebärmutter entwickelt. Erst in den vierziger Jahren konnte aufgrund von Tierversuchen ein Zusammenhang zwischen Umwelteinflüssen und dem Auftreten von Missbildungen bei den Nachkommen hergestellt werden. Zu einer der größten Pharma-Katastrophen führte in den sechziger Jahren die Einführung des Beruhigungsmittels »Contergan«, das nach Einnahme von nur einer Tablette zwischem dem 21. und 40. Schwangerschaftstag die bekannten Gliedmaßenfehlbildungen bei den Nachkommen verursachte. Nicht nur Missbildungen, sondern auch spätere Krebserkrankungen der Kinder können Folge einer Schädigung des Embryos durch Arzneimittel sein: Zwischen 1960 und 1970 wurden in den USA und in Europa Tausende Schwangere wegen drohender Fehlgeburten mit dem künstlich hergestellten Sexualhormon Diethylstilbestrol behandelt. Jahre später wurde bei den heranwachsenden Töchtern dieser Frauen eine unerwartete Häufung von Scheidenkarzinomen beobachtet – einer Erkrankung, die sonst in dieser Altersgruppe so gut wie nie auftritt.
Die »Contergan«-Tragödie führte nicht zuletzt zur Anerkennung der Teratologie (Lehre von Missbildungen, die durch äußere Einflüsse hervorgerufen werden). Heute, 40 Jahre danach, lässt sich das Risiko arzneimittelbedingter Schädigungen besser eingrenzen und mit einer gewissen Wahrscheinlichkeit auch schon vor der Marktzulassung abschätzen: Es wurden seither keine Medikamente gefunden, die durch ihr Missbildungspotenzial derart überraschten wie »Contergan«. Die fruchtschädigende Wirkung der Retinoide (Aknemittel wie *Aknenormin, Isotrex Gel, Isotret Hexal, Retin A)* war bereits vor ihrer Marktzulassung aus dem Tierversuch bekannt. Die Gesamtrate der auftre-

tenden Missbildungen bei Neugeborenen ist seit Jahrzehnten gleich geblieben, obwohl die Anzahl der im Handel befindlichen Medikamente sprunghaft angestiegen ist.
Aber: Weiterhin existieren für die meisten gebräuchlichen Arzneimittel nicht genügend Daten, um eine wirklich differenzierte Risikoabschätzung zu ermöglichen, da klinische Prüfungen an Schwangeren aus ethischen Gründen natürlich nicht durchgeführt werden können und somit nur Einzelfallberichte und klinische Erfahrungen herangezogen werden können. Ergebnisse aus Tierversuchen sind nicht ohne weiteres auf den Menschen übertragbar. Obwohl es bei den allermeisten Medikamenten keinen Hinweis gibt, dass sie das Ungeborene schädigen, bedeutet dies leider trotzdem keine hundertprozentige Sicherheit!

Wie schädigt ein Medikament?

Der Mutterkuchen (Plazenta), über den das ungeborene Kind mit mütterlichem Blut versorgt wird, übt zwar eine gewisse Filterfunktion aus, ist aber für die meisten Medikamente – abhängig von der Größe ihrer Moleküle – gut passierbar. Von der Mutter eingenommene Medikamente erreichen daher meistens auch das Kind – in seinem Blut können 20 bis 80 Prozent der mütterlichen Medikamentenkonzentrationen gemessen werden. Ebenso erfolgt ein Übertritt der im mütterlichen Kreislauf befindlichen Arzneimittel in die Muttermilch in verschieden großem Ausmaß.

Wann schädigt ein Medikament?

In den ersten zwei Wochen nach der Befruchtung gilt das »Alles-oder-Nichts-Gesetz«: Entweder können geschädigte Zellen ersetzt oder völlig repariert werden, oder der Schaden ist so groß, dass die befruchtete Eizelle mit der nächsten Regelblutung abgeht.
Im Laufe der folgenden »Embryonalperiode« (3. bis 8. Schwangerschaftswoche) und der »frühen Fetalperiode« (9. bis 12. Schwangerschaftswoche) werden die inneren Organe, Gliedmaßen und das Gesicht angelegt. In dieser Zeit, dem ersten Schwangerschaftsdrittel (-trimenon), ist der Embryo besonders empfindlich gegenüber schädigenden äußerlichen Einflüssen. In diesem Zeitraum werden die meisten Missbildungen ausgelöst. Missbildungen der Körpergestalt können praktisch nur in den ersten 12 bis 16 Wochen, schwere Gehirn-, Herz- und Skelettmissbildungen nur in den ersten 8 bis 10 Wochen entstehen. Da sich viele Frauen erst im zweiten Monat nach Aus-

bleiben der Regelblutung auf eine mögliche Schwangerschaft untersuchen lassen, besteht die Gefahr, dass auch in Unkenntnis Medikamente eingenommen werden, die den Embryo schädigen können. Im zweiten und dritten Schwangerschaftsdrittel nimmt die Empfindlichkeit gegenüber Missbildungen ab. Die bereits angelegten Organe werden in ihren Funktionen weiter ausgebildet, verschiedene Gewebe differenziert. Bestimmte Medikamente können in dieser Phase den Verlauf von Schwangerschaft und Geburt ungünstig beeinflussen (z. B. Blutungsgefahr während der Geburt durch Acetylsalicylsäure), Störungen von Organfunktionen (z. B. Nierenversagen beim Neugeborenen durch ACE-Hemmer) oder des Wachstums, sowie Suchterkrankungen mit Entzugssymptomen beim Neugeborenen (z. B. Benzodiazepine, Opiate) verursachen.
Eine gewisse Rolle kann auch die zugeführte Menge des Arzneistoffs spielen: Eine sehr niedrige Dosis eines bestimmten Medikaments kann ohne Folgen bleiben, während bei Überschreiten einer gewissen »Schwellendosis« desselben Medikaments beim Ungeborenen Missbildungen auftreten.

Beipackzettel – wenig hilfreich

Eine große Anzahl der Arzneimittel, die oft während der Schwangerschaft eingenommen werden, sind rezeptfrei erhältlich (Schmerzmittel, manche Schlaf- und Beruhigungsmittel, Abführmittel, Vitamine, Mittel gegen Übelkeit). Die Hinweise auf den Beipackzetteln bzw. Gebrauchsinformationen enthalten meist Floskeln wie: »in der Schwangerschaft nur bei strenger Indikationsstellung«, »bei Schwangeren nur nach sorgfältiger Nutzen-Risiko-Abwägung«, »während der Schwangerschaft, besonders in den ersten drei Monaten, sollen Arzneimittel sehr zurückhaltend angewendet werden«. Diese Aussagen geben keine Information über das Ausmaß der Gefährlichkeit. Sie sind weder für die schwangere Frau noch für ihren behandelnden Arzt hilfreich oder nützlich und schützen höchstens die Herstellerfirma vor eventuellen Rechtsansprüchen.

Medikamente in der Schwangerschaft?

Schwangere sollten vor einer Medikamenteneinnahme auf jeden Fall folgende Regeln beherzigen:

- Besonders während der Schwangerschaft ist jede nicht unbedingt nötige Arzneimitteleinnahme zu vermeiden. Mittel mit zweifelhaftem therapeutischen Nutzen oder Mittel gegen relativ geringfügige

Beschwerden, bei denen auch nichtmedikamentöse Behandlungsmethoden angewendet werden können, sind überflüssig. Grundsätzlich sollte jede Medikamenteneinnnahme oder -anwendung während der Schwangerschaft vorher mit dem behandelnden Arzt oder der behandelnden Ärztin besprochen werden.
- Nur Medikamente einnehmen, die schon seit langem auf dem Markt und bewährt sind und als unbedenklich in der Schwangerschaft gelten.
- Medikamente mit nur einem Wirkstoff wählen. Mischpräparate sind in ihrem Risiko schwerer einschätzbar.
- Die Dosis des Medikaments so niedrig wie möglich halten.
- So genannte »Naturheilmittel« – Tees und Mittel mit pflanzlichen oder homöopathischen Inhaltsstoffen – sind nicht automatisch ungefährlich und für Schwangere unbedenklich! Es fehlen meist gesicherte Daten über ihre Wirkung auf das Ungeborene, die therapeutische Wirksamkeit ist oft zweifelhaft und umstritten. Außerdem enthalten viele »Naturheilmittel« beträchtliche Mengen Alkohol als Lösungsmittel. Homöopathika werden immer häufiger in der Schwangerschaft und zur Geburt eingesetzt. Ihre Auswahl sollte nicht per »Mundpropaganda«, sondern nach individueller Verordnung durch eine ausgebildete Homöopathin oder einen ausgebildeten Homöopathen erfolgen.

Öfters tritt der Fall ein, dass eine Frau noch in Unkenntnis ihrer Frühschwangerschaft ein Medikament einnimmt und danach Sorgen oder Ängste vor einer möglichen Schädigung des Kindes auftauchen. Es ist sinnvoll, sich an den behandelnden Arzt oder die behandelnde Ärztin bzw. eine spezialisierte Beratungsstelle zu wenden.

In Deutschland:
Beratungsstelle für Embryonaltoxikologie
Embyonaltoxikologie, Haus 10 B, Spandauer Damm 130, 14050 Berlin; Tel: 030/30308-111; Montag–Freitag von 9–16 Uhr; E-Mail-Beratung (mail@embryotox.de) nur, wenn Sie vorher einen Beratungsbogen ausfüllen. Diesen können Sie herunterladen unter
www.embryotox.de/docs/beratung.pdf

In Österreich:
Reproduktionstoxikologische Beratung an der Abteilung für Pränatale Diagnostik und Therapie der Universitätsfrauenklinik Wien, Währinger Gürtel 18-20, A-1090 Wien; Beratung nur am Donnerstag ab 16 Uhr nach telefonischer Anmeldung 01/40400-2996

Allein die versehentliche Einnahme eines »zu vermeidenden« oder »kontraindizierten« Medikaments rechtfertigt noch nicht den Abbruch einer gewünschten Schwangerschaft.
Eine Arzneimitteltherapie bei gravierenden Erkrankungen ist auch in der Schwangerschaft zwingend erforderlich, z. B. bei Zuckerkrankheit, Asthma, Bluthochdruck, Epilepsie, schweren Infektionen. Bei Frauen mit bekannten chronischen Erkrankungen wie Zuckerkrankheit sollte idealerweise bereits bei Planung einer Schwangerschaft die medikamentöse Therapie auf Medikamente, die sich für Schwangere am besten eignen, umgestellt werden (z. B. von Tabletten gegen Zuckerkrankheit auf Insulin). Auf keinen Fall darf eine für die Mutter unbedingt notwendige Behandlung wegen einer Schwangerschaft gänzlich abgesetzt werden, da auch unbehandelte krankhafte Zustände der Mutter beim Ungeborenen Schädigungen hervorrufen können: Bei zu hohen und stark schwankenden Blutzuckerspiegeln steigt das Missbildungsrisiko, ebenso bei häufigen epileptischen Anfällen während der Schwangerschaft; häufige Asthmaanfälle gefährden die Sauerstoffversorgung und führen möglicherweise zu Hirnschäden beim Kind. Das Unterlassen einer Behandlung kann somit ein größeres Risiko bedeuten als die Behandlung mit Arzneimitteln.

Medikamente während der Stillzeit?

Stillen ist die beste Ernährung für den Säugling. Eine medikamentöse Therapie der Mutter sollte nicht unkritisch als Begründung für Nichtstillen oder Abstillen gelten, sofern unnötige Arzneimitteleinnahmen vermieden und in der Stillzeit erprobte Präparate verwendet werden. Die meisten Medikamente erreichen in der Muttermilch Konzentrationen, die ungefährlich für das Kind sind. Bei wiederholter oder regelmäßiger Einnahme können beim Säugling jedoch Beschwerden auftreten. In manchen Fällen kann eine Stillpause hilfreich sein (z. B. Medikamenteneinnahme unmittelbar nach der letzten abendlichen Stillmahlzeit), um so die höchsten Arzneimittelkonzentrationen zu umgehen. Nur wenn so eine Beeinflussung des Säuglings nicht vermieden und die Medikamenteneinnahme durch die Mutter absolut unumgänglich ist, ist die Ernährung des Säuglings mit zubereiteter Nahrung günstiger.

Tabelle 21.1 nach:

Arzneimittel-Kursbuch 2004/2005; Austria Codex 2003/2004; Rote Liste 2004; Schaefer/Spielmann/Vetter: Arzneiverordnung in Schwangerschaft und Stillzeit, Urban & Fischer Verlag 2001

Hinweise zur Benutzung der Tabelle 21.1:

Die Tabelle enthält dieselbe Kapiteleinteilung und -nummerierung wie der Hauptteil der »Bitteren Pillen« und dient der groben Orientierung bei der Auswahl eines Medikaments für ein bestimmtes Anwendungsgebiet. Sie ersetzt keinesfalls ein beratendes ärztliches Gespräch.

Für alle Präparate geben wir in der rechten Spalte eine »Empfehlung« für die Verwendung in Schwangerschaft und Stillzeit ab. Diese lautet im Prinzip entweder »Therapeutisch zweckmäßig« oder »Abzuraten«.

Die mittlere Spalte »Wirkstoff (Präparate)« enthält bei allen als »therapeutisch zweckmäßig« eingestuften Mitteln zusätzliche Informationen über die möglichen Risiken oder Einschränkungen, und zwar in Form von jeweils fünf + bzw. -.

Das erste + bzw. - steht für: erstes Drittel der Schwangerschaft.
Das zweite + bzw. - steht für: zweites Drittel der Schwangerschaft.
Das dritte + bzw. - steht für: drittes Drittel der Schwangerschaft.
Das vierte + bzw. - steht für die Geburtsphase.
Das fünfte + bzw. - steht für die Stillzeit.
+ bedeutet: Die Einnahme des Mittels ist in dieser Phase nach derzeitigem Wissensstand unbedenklich.
(+) bedeutet: In dieser Phase sind möglicherweise bestimmte Vorsichtsmaßregeln zu beachten.
- bedeutet: In dieser Phase sollte dieses Mittel nicht verwendet werden.

Ein Beispiel:

Kapitel	Wirkstoff/Präparate	Empfehlung
1. Schmerzen **1.1. Schmerz- und fiebersenkende Mittel**	Acetylsalicylsäure + + - - +	**Nur zweckmäßig** in Einzeldosen als Schmerz- und fiebersenkendes Mittel im 1. und 2. Schwangerschaftsdrittel und in der Stillzeit, Paracetamol ist vorzuziehen.

+ + - - + bedeutet:

Die Einnahme von Acetylsalicylsäure ist in Einzeldosen als schmerz- und fiebersenkendes Mittel im ersten und zweiten Schwangerschaftsdrittel sowie in der Stillzeit unbedenklich, sollte jedoch im dritten Schwangerschaftsdrittel und in der Geburtsphase vermieden werden.

21.1. Arzneimittel während der Schwangerschaft und Stillzeit

Kapitel	Wirkstoff (Präparate)	Empfehlung
1. Schmerzen **1.1. Schmerz- und fiebersenkende Mittel**	Paracetamol (z. B. enthalten in *Ben-u-ron, Contac, Doloreduct* und zahlreichen weiteren Medikamenten + + + + +	**Therapeutisch zweckmäßig als** schmerz- und fiebersenkendes Mittel in Schwangerschaft und Stillzeit. Keine schädigenden Wirkungen auf das Ungeborene oder den Säugling bekannt, lange erprobtes Mittel.
	Acetylsalicylsäure (1000 bis 4000 mg/Tag) (z. B. enthalten in *Acesal, Aspirin, ASS-ratiopharm* und zahlreichen weiteren Medikamenten) + + - - +	**Nur zweckmäßig** in Einzeldosen als Schmerz- und fiebersenkendes Mittel im 1. und 2. Schwangerschaftsdrittel und in der Stillzeit. Paracetamol ist vorzuziehen. **Abzuraten** ist von der hoch dosierten Einnahme (1000 bis 4000 mg pro Tag) im letzten Schwangerschaftsdrittel, da es zu einem vorzeitigen Verschluß des Botallischen Gangs (Blutgefäß beim Ungeborenen), zu Hirnblutungen bei Frühgeborenen und erhöhter Blutungsneigung bei der Geburt führen kann.
	Metamizol (z. B. enthalten in *Analgin, Berlosin, Inalgon neu, Novalgin, Novaminsulfon-ratiopharm*) Propyphenazon (z. B. enthalten in *Adolorin, Novo Petrin, Optalidon N, Saridon*)	**Abzuraten** ist von der Einnahme von Präparaten, die Metamizol oder Propyphenazon enthalten, weil die Gefahr schwerer Nebenwirkungen besteht (Blutbildschädigung, Schock). In Schwangerschaft und Stillzeit sollte erst recht auf deren Einnahme verzichtet werden. Eine schädigende Wirkung auf das Ungeborene ist nicht nachgewiesen, eine versehentliche oder trotz Schwangerschaft erfolgte Einnahme erfordert daher keine weiteren Maßnahmen.
	Codein (z. B. enthalten in *Dolviran N, Gelonida* und weiteren Medikamenten) - (+) - - -	**Abzuraten** im 1. Drittel wegen des geringfügig erhöhten Risikos von Fehlbildungen wie Gaumen- und Lippenspalten. Im 3. Drittel, während der Geburt und Stillzeit sollte Codein

Kapitel	Wirkstoff (Präparate)	Empfehlung
		nicht verwendet werden, weil es beim Kind die Atmung verlangsamt. Bei länger dauernder Anwendung Suchtgefahr für Mutter und Kind.
1.2. Starke Schmerzmittel	Pethidin (z. B. enthalten in *Alodan, Dolantin*) - - - + -	**Nur zweckmäßig** in Einzeldosen während der Geburt und unter genauer Überwachung, da es zu Atmungsproblemen und Benommenheit beim Neugeborenen führen kann. **Abzuraten** bei Frühgeburten und als Dauertherapie.
	Tramadol (z. B. in *Amadol, Trama AbZ* und zahlreichen weiteren Medikamenten)	**Abzuraten** wegen des Verdachts auf krebserregende und erbzellverändernde Wirkung. Bei Anwendung während der Geburt Verlangsamung der Atmung beim Säugling.
	Morphin (enthalten z. B. in *Morphin Merck, Morphin-ratiopharm* und zahlreichen weiteren Medikamenten) (+) (+) (+) (+) (+)	**Therapeutisch zweckmäßig nur** nach strenger Abwägung von Nutzen und Risiken. Möglicherweise erhöhtes Risiko von Leistenbrüchen beim Kind. Bei regelmäßiger Anwendung in der Schwangerschaft Entzugssymptome beim Neugeborenen.
1.3. Kopfschmerz- und Migränemittel	Paracetamol (z. B. enthalten in *Ben-u-ron, Contac, Doloreduct* und zahlreichen weiteren Medikamenten + + + + +	**Therapeutisch zweckmäßig** als schmerz- und fiebersenkendes Mittel in Schwangerschaft und Stillzeit. Keine schädigenden Wirkungen auf das Ungeborene oder den Säugling bekannt. Lange erprobtes Mittel.
	Metoclopramid (z. B. enthalten in *Migränerton, Paspertin*) - + + + -	**Therapeutisch zweckmäßig** gegen Übelkeit und Erbrechen z. B. im Rahmen eines Migräneanfalls. Schädigende Wirkungen im 1. Drittel sind nicht bekannt, wegen mangelnder Erfahrungen ist von einer Einnahme aber abzuraten, ebenso in der Stillzeit.

Kapitel	Wirkstoff (Präparate)	Empfehlung
	Metoprolol (z. B. enthalten in *Beloc, Beloc Zok*) + + + + +	**Möglicherweise zweckmäßig** zur Vorbeugung von Migräneanfällen. Lange erprobtes Mittel. Keine fruchtschädigende Wirkung bekannt.
	Triptane: Almotriptan (z. B. enthalten in *Almogran* Frovatriptan (z. B. enthalten in *Allegro* Naratriptan (z.B. enthalten in *Antimigrin, Naramig* Rizatriptan (z. B. enthalten in *Maxalt* Sumatriptan (z. B. enthalten in *Imigran* Zolmitriptan (z. B. enthalten in *Asco Top, Zomig*) - - - - (+)	**Abzuraten** in der Schwangerschaft wegen mangelnder Erfahrungen. Wenn diese Medikamente in der Stillzeit verwendet werden, sollten Sie bis 24 Stunden nach der Einnahme nicht stillen.
1.4. Krampflösende Mittel	Butylscopolamin (z. B. enthalten in *Buscopan*) - + + + -	**Wenig zweckmäßig** als Filmtabletten oder Zäpfchen, weil der Wirkstoff in diesen Darreichungsformen nur unzuverlässig in den Körper aufgenommen wird. Keine fruchtschädigende Wirkung bekannt. Injektion kann Auswirkungen auf den Puls des Ungeborenen haben, daher Tabletten und Zäpfchen bevorzugen.
1.5. Mittel zur örtlichen Betäubung (Nervenblockade, Infiltration)	Procain (z. B. enthalten in *Novanaest purum, Procain Steigerwald*) und Lidocain (z. B. enthalten in *Xyloneural*) + + + + +	**Therapeutisch zweckmäßig** zur örtlichen Betäubung und Infiltration bei Rheuma- und Muskelschmerzen (z. B. Ischias). Keine fruchtschädigende Wirkung bekannt.
	Bupivacain (z. B. enthalten in *Carbostesin*) + + + + +	**Therapeutisch zweckmäßig** zur örtlichen Betäubung, Infiltration bei Rheuma- und Muskelschmerzen (z. B. Ischias) und zur Periduralanästhesie (»Kreuzstich«) während der Geburt. Keine fruchtschädigende Wirkung bekannt.

Kapitel	Wirkstoff (Präparate)	Empfehlung
2. Psyche, Nervensystem **2.1. Schlafmittel**	**Benzodiazepine:** Brotizolam (z. B. enthalten in *Lendormin*) Lormetazepam (z. B. enthalten in *Noctamid*) Temazepam (z. B. enthalten in *Planum, Remestan, temazep*) (+) (+) (+) (+) -	**Möglicherweise zweckmäßig** als vereinzelte Einnahmen, wenn nichtmedikamentöse Behandlungen versagen. Dauertherapie kann Entzugssymptome beim Neugeborenen auslösen. Suchtgefahr für Mutter und Kind!
	Baldrianwurzelextrakt (z. B. enthalten in *Baldrian Dispert, Valdispert*) (+) + + + +	**Therapeutisch zweckmäßig** als leichtes Beruhigungs- und Einschlafmittel. Keine fruchtschädigende Wirkung bekannt.
	Diphenhydramin (z. B. enthalten in *Betadorm D, Dolestan, Dormutil N, Halbmond, Noctor, Sedopretten, Vivinox Sleep*) + + + + -	**Therapeutisch zweckmäßig** bei Ein- und Durchschlafstörungen. Keine fruchtschädigende Wirkung bekannt. Geht in die Muttermilch über, daher höchstens Einzelgaben in der Stillzeit.
	Zolpidem (z. B. enthalten in *Bikalm, Ivadal, Stilnox*) Zopiclon (z. B. enthalten in *Ximovan*)	**Abzuraten,** da es sich um neu entwickelte Mittel handelt und noch zu wenige Erfahrungen über die Anwendung am Menschen in der Schwangerschaft und Stillzeit vorliegen.
	Chloralhydrat (z. B. enthalten in *Chloraldurat*) - - - - -	**Abzuraten** während der Schwangerschaft und Stillzeit wegen potenzieller Risiken.
2.2. Beruhigungsmittel (Tranquilizer)	**Benzodiazepine:** Alprazolam (enthalten z. B. in *Tafil*) Bromazepam (enthalten z. B. in *Bromazanil*) Clobazam (enthalten z. B. in *Frisium*) Chlordiazepoxid (enthalten z. B. in *Radepur*) Clorazepat (enthalten z. B. in *Tranxilium*) Diazepam (enthalten z. B. in *Diazepam Desitin*) Lorazepam (enthalten z. B. in *Lorazepam-neuraxpharm*)	**Möglicherweise zweckmäßig** als vereinzelte Einnahmen, wenn nichtmedikamentöse Behandlungen versagen. Im 1. Drittel wegen potenzieller Risiken besser nicht verwenden. Dauertherapie kann Entzugssymptome beim Neugeborenen auslösen. Suchtgefahr für Mutter und Kind!

Kapitel	Wirkstoff (Präparate)	Empfehlung
	Oxazepam (enthalten z. B. in *Adumbran*) Nordazepam (enthalten z. B. in *Tranxilium N*) Prazepam (enthalten z.B. in *Demetrin*) - (+) (+) (+) -	
	Baldrianwurzelextrakt (z. B. enthalten in *Baldrian Dispert, Valdispert*) (+) + + + +	**Therapeutisch zweckmäßig** als leichtes Beruhigungsmittel. Keine fruchtschädigende Wirkung bekannt.
2.3. Sonstige Psychopharmaka	siehe Tabelle 2.3.	**Abzuraten** Für die Anwendung der Präparate in Kapitel 2.3. gibt es in der Schwangerschaft und Stillzeit im Allgemeinen keine Notwendigkeit.
2.4. Mittel gegen Depressionen	**Trizyklische Antidepressiva:** Amitriptylin (z. B. enthalten in *Amineurin, Amitriptylin neuraxpharm, Equilibrin, Novoprotect, Saroten, Tryptizol*) Clomipramin (z. B. enthalten in *Anafranil*) Doxepin (z. B. enthalten in *Aponal, Doxepin dura, -ratiopharm, Sinquan, Sinequan*) - + + - -	**Therapeutisch zweckmäßig** zur Behandlung von schweren Depressionen. Keine fruchtschädigenden Wirkungen nachgewiesen, jedoch kann Entzugssymptomatik beim Neugeborenen auftreten – deshalb 2–3 Wochen vor der Geburt ausschleichend absetzen. Der Arzneistoff geht in die Muttermilch über und kann Nebenwirkungen beim Säugling hervorrufen.
	Serotonin-Wiederaufnahme-Hemmer (SSRI): Citalopram (z. B. enthalten in *Cipramil*) Fluoxetin (z. B. enthalten in *Fluctin, Fluctine*) Paroxetin (z. B. enthalten in *Seroxat*) Sertralin ((z. B. enthalten in *Gladem*) - + + - -	**Therapeutisch zweckmäßig** nur nach strenger Abwägung von Nutzen und Risiken. Wegen mangelnder Erfahrungen können keine sicheren Aussagen zu den Risiken während der Schwangerschaft getroffen werden. Während der Stillzeit nicht verwenden oder nicht stillen.
	Lithiumsalze (z. B. enthalten in *Hypnorex retard, Quilonum retard*)	**Abzuraten,** weil ein erhöhtes Risiko für Herzfehler und Frühgeburten besteht. Es kann jedoch in manchen Fällen sinnvoll sein, die Lithiumeinnahme

Kapitel	Wirkstoff (Präparate)	Empfehlung
		zur Vorbeugung manischer Schübe oder bei schwersten Depressionen trotzdem in der Schwangerschaft fortzusetzen. Dabei sollten möglichst niedrige Blutspiegel beibehalten und das Mittel vor der Geburt abgesetzt werden.
	Johanniskraut (z. B. enthalten in *Esbericum, Felis*) (+) (+) (+) (+) (+)	**Therapeutisch zweckmäßig bei** leichten Verstimmungen. Wegen mangelnder Erfahrungen sollten diese Medikamente nicht leichtfertig eingenommen werden.
2.5. Mittel gegen Psychosen (Neuroleptika)	**Neuroleptika** (alle Präparate, die in Kapitel 2.5. bewertet sind)	**Abzuraten,** da die Wirkstoffe das Ungeborene erreichen und Bewegungsstörungen, Apathie oder Entzugserscheinungen nach der Geburt verursachen können. Ein Missbildungsrisiko ist nicht bewiesen. In manchen Fällen kann es trotzdem sinnvoll sein, Neuroleptika in der Schwangerschaft zu verwenden – zu bevorzugen sind lange bewährte Mittel (z. B. enthalten in Dapotum, Levopromazin neuraxpharm, Lyogen, Melleril, Neurocil, Psyquil).
2.6. Mittel gegen Epilepsie	**Benzodiazepine:** Clonazepam (z. B. enthalten in *Rivotril*) Diazepam (z. B. enthalten in *Diazepam Desitin*) (+) + + (+) -	**Möglicherweise zweckmäßig** Es besteht generell ein erhöhtes Missbildungsrisiko bei Kindern epileptischer Mütter, das sowohl auf das Anfallsleiden als auch die Einnahme gängiger Medikamente gegen Epilepsie zurückzuführen ist. Das größte Risiko haben jedoch unbehandelte Epileptikerinnen mit häufigen Anfällen. Eine fruchtschädigende Wirkung von Benzodiazepinen konnte nicht bestätigt werden. Einnahme möglicherweise zweckmäßig. Dauertherapie kann Entzugserscheinungen beim Neugeborenen verursachen.

Kapitel	Wirkstoff (Präparate)	Empfehlung
	Carbamazepin (z. B. enthalten in *Carbabeta, Carbamezepin-neuraxpharm, Carbamazepin-ratiopharm, Finlepsin, Neurotop, Tegretal, Tegretol, Timonil, Timox*) Phenytoin (z. B. enthalten in *Phenhydan, Zentropil*) Primidon (z. B. enthalten in *Liskantin, Mylepsinum, Mysoline*) Valproinsäure (z. B. enthalten in *Convulex, Ergenyl, Orfiril*)	**Möglicherweise zweckmäßig** Es besteht generell ein erhöhtes Missbildungsrisiko bei Kindern epileptischer Mütter, das sowohl auf das Anfallsleiden als auch die Medikamenteneinnahme zurückzuführen ist. Das größte Risiko haben Kinder unbehandelter Epileptikerinnen. Einnahme möglicherweise zweckmäßig bei schweren epileptischen Anfallsleiden in der Schwangerschaft. Einnahme von nur einem Medikament ist anzustreben.
2.7. Mittel gegen die Parkinson'sche Krankheit	siehe Tabelle 2.7.	**Abzuraten** Für die Anwendung der Präparate, die in Kapitel 2.7. bewertet sind, gibt es in der Schwangerschaft und Stillzeit im Allgemeinen keine Notwendigkeit, sie sind daher zu vermeiden.
2.8. Muskellockernde Mittel	siehe Tabelle 2.8.	**Abzuraten** Für die Anwendung der Präparate, die in Tabelle 2.8. bewertet sind, gibt es in der Schwangerschaft und Stillzeit im Allgemeinen keine Notwendigkeit, sie sind daher zu vermeiden.
3. Gelenke **3.1. Mittel gegen Rheuma und Arthrosen**	Ibuprofen (z. B. enthalten in *Anco, Brufen, Dolgit* und zahlreichen weiteren Medikamenten + + - - + Indometacin (z. B. enthalten in *Indocid, Indomet-ratiopharm*), Acemetacin (z. B. enthalten in *Rantudil*) + + - - - Naproxen (z. B. enthalten in *Proxen*) + + - - - Diclofenac (z. B. enthalten in *Allvoran, Diclac, Diclo AbZ* und zahlreichen weiteren Medikamenten)	**Therapeutisch zweckmäßig** zur Behandlung von Schmerzen aufgrund entzündlicher oder rheumatischer Erkrankungen im 1. und 2. Schwangerschaftsdrittel. In der Stillzeit ist Ibuprofen am geeignetsten, es tritt in geringsten Mengen in die Muttermilch über, Nebenwirkungen beim Säugling wurden nicht beobachtet. **Abzuraten** im letzten Schwangerschaftsdrittel und während der Geburt, da es zu einem vorzeitigen Verschluss des Botallischen Gangs (Blutgefäß beim Ungeborenen), zu Wehenhemmung und erhöhter Blutungs-

Kapitel	Wirkstoff (Präparate)	Empfehlung
	Aceclofenac (z. B. enthalte nin *Beofenac*) Ketoprofen (z. B. enthalten in *Gabrilen*) Meloxicam (z. B. enthalten in *Mobec*) + + - - -	neigung führen kann. Medikament tritt in die Muttermilch über.
	Lornoxicam (z. B. enthalten in *Telos*) - - - - -	**Abzuraten** während der Schwangerschaft und Stillzeit.
3.2. Gichtmittel	Ibuprofen (z. B. enthalten in *Anco, Brufen, Dolgit* und zahlreichen weiteren Medikamenten) + + - - +	**Therapeutisch zweckmäßig** zur Behandlung von Schmerzen aufgrund entzündlicher oder rheumatischer Erkrankungen sowie eines (seltenen) akuten Gichtanfalls im 1. und 2. Schwangerschaftsdrittel. Ibuprofen tritt in geringsten Mengen in die Muttermilch über, Nebenwirkungen beim Säugling wurden nicht beobachtet. **Abzuraten** im letzten Schwangerschaftsdrittel und während der Geburt, da es zu einem vorzeitigen Verschluss des Botallischen Gangs (Blutgefäß beim Ungeborenen), zu Wehenhemmung und erhöhter Blutungsneigung führen kann.
	Allopurinol (enthalten z. B. in *Allobeta, Allo Abz, Allo von ct*) (+) (+) (+) (+) -	**Therapeutisch zweckmäßig nur** in Ausnahmefällen, nach strenger Abwägung von Nutzen und Risiken.
3.3. Einreibemittel bei Muskel- und Gelenkschmerzen	**Nichtsteroidale Antirheumatika äußerlich** (NSAR äußerlich, z. B. enthalten in *Arthrex Cellugel, Diclac, Diclobene, Diclofenac Heumann, Diclofenac-ratiopharm, Dolgit, Elmetacin, Felden-top, Ibu-top, Indocid, Indo Top-ratiopharm, Profenid, Rheumon, Voltaren Emulgel*) + + (+) (+) +	**Möglicherweise zweckmäßig** als schmerz- und entzündungshemmende Mittel bei äußerlicher Anwendung. Langfristige und großflächige Anwendung insbesondere im letzten Drittel vermeiden, da sonst schädigende Wirkungen wie beim Schlucken dieser Wirkstoffe möglich (siehe Kapitel 3.1.).

Kapitel	Wirkstoff (Präparate)	Empfehlung
	Salicylsäure äußerlich (z. B. enthalten in *Dolo-Arthrosenex, Phardol mono, Zuk Schmerzgel*) + + + + +	**Therapeutisch zweckmäßig** als entzündungshemmendes Mittel. Bei kleinflächiger äußerlicher Anwendung in Schwangerschaft und Stillzeit unbedenklich.
	Kampfer äußerlich (z. B. enthalten in *Camphoderm, Klosterfrau Franzbranntwein*) + + + + +	**Wenig zweckmäßig** Erzeugt ein Wärmegefühl nach Einreiben in die Haut; schwach durchblutungsfördernd. Wirkstoff in Schwangerschaft und Stillzeit unbedenklich, keine fruchtschädigenden Wirkungen bekannt.
4. Grippe, Erkältung **4.1. Grippemittel**	Paracetamol (z. B. enthalten in *Ben-u-ron, Contac, Doloreduct* und zahlreichen weiteren Medikamenten + + + + +	**Therapeutisch zweckmäßig** als schmerz- und fiebersenkendes Mittel in Schwangerschaft und Stillzeit. Keine schädigenden Wirkungen auf das Ungeborene oder den Säugling bekannt, lange erprobtes Mittel.
4.2. Hustenmittel	Acetylcystein (z. B. enthalten in *ACC, Acemuc, Aeromuc, Azubronchin, Bromuc, Cimexyl, Fluimucil, NAC 1A Pharma, NAC AbZ, NAC AL, NAC-ratiopharm, NAC Stada/-akut, NAC von ct*) Ambroxol (z. B. enthalten in *Ambroxol AL, Ambroxol-ratiopharm, Mucosolvan*) Bromhexin (z. B. enthalten in *Bisolvon, Bromhexin BC*) + + + + +	**Therapeutisch zweckmäßig** als schleimverflüssigende Mittel. Diese können in Schwangerschaft und Stillzeit ohne Einschränkungen verwendet werden. Keine Hinweise auf fruchtschädigende Wirkungen.
	Codein bzw. Dihydrocodein (z. B. enthalten in *Codeinum phosph. Compretten, Codipront mono, Paracodin, Remedacen, Tryasol Codein*) - (+) - - -	**Abzuraten** im 1. Drittel wegen des geringfügig erhöhten Risikos von Fehlbildungen wie Gaumen- und Lippenspalten. Im 3. Drittel, während der Geburt und Stillzeit sollte Codein nicht verwendet werden, weil es beim Kind die Atmung verlangsamt. Bei länger dauernder Anwendung Suchtgefahr für Mutter und Kind.

Kapitel	Wirkstoff (Präparate)	Empfehlung
	Efeublätterextrakt (z. B. enthalten in *Hedelix, Prospan, Sinuc*) Thymianextrakt (z. B. enthalten in *Aspecton N, Bronchicum Pastillen, Bronchicum Thymian, Bronchipret, Scottopect, Soledum-Hustensaft und -tropfen, Thymipin N, Tussamag N*) + + + + +	**Therapeutisch zweckmäßig** als schleimverflüssigende Mittel. Diese können in Schwangerschaft und Stillzeit ohne Bedenken angewendet werden, keine schädigenden Auswirkungen bekannt.
4.3. Schnupfenmittel	Kochsalzlösung (z. B. enthalten in *Emser-Nasensalbe und -Nasenspray, Rhinomer*) + + + + +	**Therapeutisch zweckmäßig** gegen Austrocknung der Nasenschleimhaut bei erkältungsbedingtem Schnupfen. Einsatz in Schwangerschaft und Stillzeit völlig unbedenklich.
	Glukokortikoide als Nasensprays: Beclomethason (z. B. enthalten in *Beclomet nasal*) Budesonid (z. B. enthalten in *Pulmicort, Rhinocortol*) + + + + +	**Therapeutisch zweckmäßig nur** bei nachgewiesenem allergischen Schnupfen und wenn eine Behandlung mit glukokortikoidhaltigen Präparaten unumgänglich ist. Die lokale Anwendung als Nasenspray in der Stillperiode ist vertretbar.
	Cromoglicinsäure (z. B. enthalten in *Cromohexal, Cromo-ratiopharm, Lomusol, Vividrin gegen Heuschnupfen*) + + + + +	**Therapeutisch zweckmäßig** zur vorbeugenden Behandlung eines nachgewiesenen allergischen Schnupfens. Keine fruchtschädigende Wirkung bekannt. Anwendung während der Stillzeit ist unbedenklich.
	Gefäßverengend wirkende Nasentropfen, -gele und -sprays (z. B. *Coldan, Ellatun N, Ellatun 1/2, Gelonasal, Imidin N, Nasan, Nasengel, -tropfen, -spray AL oder -ratiopharm, Nasic, Nasivin, Olynth, Otriven, Otrivin, Rhinex, Rhinospray bei Schnupfen, Schnupfen endrine, Snup, Stas, Xylo von ct*)	**Abzuraten** weil diese Medikamente in den Blutkreislauf übertreten können. Nur in Ausnahmefällen ist eine kurzfristige Verwendung vertretbar.

Kapitel	Wirkstoff (Präparate)	Empfehlung
4.4. Einreibe- und Inhalationsmittel	**Mit ätherischen Ölen** (Eukalyptus, Kampfer, Kiefernnadelöl, Menthol) **Zur äußerlichen Anwendung bzw. zur Inhalation** (z. B. *Babix, Bronchoforton, Eucabal, PeCe, Piniment, Pinimenthol, Pulmotin, Sanopinwern, Scottopect, Transpulmin, Wick Vapo Rub*)	**Abzuraten** Therapeutischer Nutzen äußerst zweifelhaft, allenfalls ist eine schleimlösende Wirkung in den Bronchien möglich, die jedoch mit zweckmäßigeren Mitteln (siehe Kapitel 4.2.) zu erzielen ist. Die Anwendung ist daher – insbesondere in Schwangerschaft und Stillzeit – nicht zweckmäßig. Eine versehentliche oder trotzdem erfolgte Anwendung ist jedoch unbedenklich.
4.5. Mittel gegen Halsschmerzen und Beschwerden in Mund und Rachen	**Desinfektionsmittel** (z. B. enthalten in *Chlorhexamed, Corsodyl, Dobendan, Dolo-, Dobendan, Doreperol N, Dorithricin, Frubienzym, Frubilurgyl, Hexoral, Lemocin, Mundisal, Neo Angin, Tantum Verde, Tonsillol, Wick Sulagil*)	**Abzuraten** Die meisten der in Kapitel 4.5. bewerteten Präparate für dieses Anwendungsgebiet, die verschiedene Desinfektionsmittel, zum Teil in Kombination mit Antibiotika, enthalten, sind in ihrem therapeutischen Nutzen äußerst zweifelhaft und deren Anwendung – besonders in Schwangerschaft und Stillzeit – nicht zweckmäßig. Eine versehentliche oder trotzdem erfolgte Anwendung ist jedoch unbedenklich und erfordert keine weiteren Maßnahmen.
	Polyvidon-Jod (z. B. enthalten in *Betaisodona Mund-Antiseptikum*)	**Abzuraten** ist von der Anwendung zur lokalen Desinfektion von Haut und Schleimhäuten (z. B. regelmäßige Mundspülungen) in Schwangerschaft und Stillzeit, da das im Präparat enthaltene Jod auf das Kind übertreten kann und Funktionsstörungen der kindlichen Schilddrüse verursachen kann.
5.1. Bronchitis, Asthma	**Betasympathomimetika zur Inhalation:** Fenoterol (z. B. enthalten in *Berodual, Berotec, Ditec*) Salbutamol (z. B. enthalten in *Apsomol, Broncho Spray, Sabulhexal, Salbulair, Salbutamol-ratiopharm, Salbutamol Stada,*	**Therapeutisch zweckmäßig** zur Inhalation bei Asthma. Ältere und lange erprobten Präparate sind vorzuziehen. Im letzten Schwangerschaftsdrittel und während der Geburt ist die wehenhemmende Wirkung dieser Arzneimittel zu berücksichtigen. Bei

Kapitel	Wirkstoff (Präparate)	Empfehlung
	Sultanol, Ventide) Terbutalin (z. B. enthalten in *Aerodur Turbohaler, Bricanyl*) + + (+) (+) +	Inhalation ist der Übergang des Mittels in die Muttermilch äußerst gering.
	Glukokortikoide zur Inhalation *Atmadisc, Becotide, Budecort, Budenosid-ratiopharm, Budes, Budiair, Flixotide, Flutide, Junik, Miflonide, Novopulmon, Pulmicort, Pulmilide, Ventolair* + + + + +	**Therapeutisch zweckmäßig** zur Inhalation, in schweren Fällen auch als Medikament zum Schlucken (siehe Kapitel 7.) bei Asthma. Es konnte keine fruchtschädigende Wirkung nachgewiesen werden. Die Inhalation eines der Präparate in der Stillzeit ist vertretbar.
	Theophyllin (z. B. enthalten in *Aerobin, Aerodyne, Afonilum, Bronchoretard, Euphyllin, Euphylong, Solosin, Theo von ct, Theophyllin AL retard, Theophyllin retard-ratiopharm, Theophyllin Stada retard, Theospirex, Tromphyllin retard, Unilair, Uniphyllin*) + + + + (+)	**Therapeutisch zweckmäßig** zur oralen Einnahme bei Asthma, wenn andere bronchienerweiternde Mittel zur Inhalation nicht ausreichen oder zur Infusion beim akuten Asthmaanfall. Es wurden keine fruchtschädigenden Wirkungen nachgewiesen. Anwendung in der Stillzeit in mäßiger Dosierung vertretbar. Falls beim Säugling Unruhe oder Herzrasen auftreten, sollte abgestellt werden.
	Cromoglicin (z. B. enthalten in *Cromohexal, DNCG Stada, Intal*) und Nedocromil (enthalten z. B. in *Tilade*)) + + + + +	**Therapeutisch zweckmäßig** zur vorbeugenden Anwendung bei Asthma. Es ist keine fruchtschädigende Wirkung bekannt. Die Substanz geht nur in geringsten Mengen in die Muttermilch über, sodass Stillen während des Anwendungszeitraums unbedenklich ist.
6. Allergien	**Antihistaminika:** Cetirizin (enthalten z. B. in *Cetalerg, Cetirizin AZU, Cetirizin Beta, Cetirizin Genericon, Cetirizin Hexal, Cetirizin Sandoz, Cetirizin Stada, Cetirizin-ratiopharm, Reactine, Zyrtec*) Clemastin (z. B. enthalten in *Tavegil*) Dimetinden (z. B. enthalten in *Fenistil*)	**Möglicherweise zweckmäßig** zur Behandlung leichter bis mittelschwerer allergischer Erscheinungen (Juckreiz, Schleimhautschwellung, Heuschnupfen). Schwache und unzuverlässige Wirkung bei oraler Einnahme. Cetirizin sollte wegen mangelnder Erfahrungen während der Schwangerschaft und Stillzeit nicht verwendet werden. Loratadin und Mizolastin wegen

Kapitel	Wirkstoff (Präparate)	Empfehlung
	Loratadin (enthalten z. B. in *Clarityn, Lisino*) Mizolastin (enthalten z. B. in *Zolim*) Pheniramin (z. B. enthalten in *Avil*)	mangelnder Erfahrungen nicht im 1. Drittel und in der Stillzeit. Die Verwendung der lange erprobten Mittel Clemastin, Dimetinden und Pheniramin ist in der Schwangerschaft vertretbar. Keine fruchtschädigende Wirkung bekannt. Die Wirkstoffe gehen in die Muttermilch über, auf Symptome wie Unruhe oder Benommenheit beim Säugling sollte geachtet werden.
7. Entzündungen und Immunreaktionen **7.1. Kortisone und Immunsuppressiva**	**Glukokortikoide zur oralen Einnahme oder Injektion:** Prednisolon (z. B. enthalten in *Aprednislon, Decortin H* und zahlreiche weitere Medikamente) Prednison (z. B. enthalten in *Decortin, Rectodelt*) Methylprednisolon (z. B. enthalten in *Solu-Medrol, Urbason*) Dexamethason (z. B. enthalten in *Dexa-Allvoran, Dexabene* und zahlreiche weitere Medikamente) + + + + (+)	**Therapeutisch zweckmäßig** bei oraler Einnahme und Injektion nur bei schwerem Asthma und Autoimmunerkrankungen, wenn alle anderen Behandlungsansätze versagt haben. Keine fruchtschädigende Wirkung bei Anwendung in der Schwangerschaft nachgewiesen. Bei langfristiger hoch dosierter Behandlung Wachstumsverzögerung und Nebennierenrindenschwäche beim Fetus bzw. Neugeborenen möglich. **Therapeutisch zweckmäßig** zur Förderung der Lungenreifung beim Ungeborenen, wenn eine Frühgeburt droht. Das Stillen unter einer regelmäßigen Einnahme von Glukokortikoiden bis zu einer Tagesdosis von 80 mg ist vertretbar, ebenso unter gelegentlichen hohen Einzelgaben.
7.2. Immunmodulatoren	Interferon (z. B. enthalten in *Avonex, Betaferon* und weiteren Medikamenten)	**Abzuraten** wegen mangelnder Erfahrungen in der Schwangerschaft. In der Stillzeit nicht verwenden oder nicht stillen.
8. Haut und Haar **8.1. Mittel gegen entzündliche und/oder allergische Hauterkrankungen**	**Glukokortikoide zum Auftragen auf die Haut** (z. B. enthalten in *Advantan, Alfason, Alpicort* und zahlreiche weitere Medikamente) + + + + +	**Therapeutisch zweckmäßig** zur kurzfristigen Anwendung auf kleiner Behandlungsfläche auch in der Schwangerschaft und Stillzeit. Bei langfristiger und großflächiger Anwendung kann der Wirk-

Kapitel	Wirkstoff (Präparate)	Empfehlung
		stoff auf das Ungeborene bzw. den Säugling übergehen und dieselben Auswirkungen haben wie bei oraler Einnahme (siehe Kapitel 7.).
	Bufexamac zum Auftragen auf die Haut (z. B. enthalten in *Bufexamac-ratiopharm, Duradermal, Malipuran, Parfenac*) + + + + +	**Möglicherweise zweckmäßig** bei leichten entzündlichen Hauterkrankungen. Wegen zu geringer klinischer Erfahrungen soll die Anwendung in Schwangerschaft und Stillzeit kurzfristig und kleinflächig bleiben, ein Übergang des Wirkstoffs auf das Kind ist bei äußerlicher Anwendung nicht zu erwarten.
	Antihistaminika zum Auftragen auf die Haut (z. B. enthalten in *Dermodrin, Fenistil, Histaxin, Soventol, Systral, Tavegil*)	**Abzuraten** Zweifelhafter therapeutischer Nutzen. Die Anwendung ist daher – insbesondere in Schwangerschaft und Stillzeit – nicht zweckmäßig. Eine versehentliche oder trotzdem erfolgte Anwendung ist unbedenklich und erfordert keine weiteren Maßnahmen.
8.2. Mittel gegen Kopfschuppen **8.3. Mittel gegen Hühneraugen und Warzen**	**Salicylsäurelösungen zum Auftragen auf die Haut** (z. B. enthalten in *Lygal Kopfsalbe N, Clabin N, Guttaplast*) + + + + +	**Therapeutisch zweckmäßig** zum Ablösen von Schuppen und zum Erweichen von Hornmaterial (Warzen, Hühneraugen). Bei kleinflächiger äußerlicher Anwendung in Schwangerschaft und Stillzeit unbedenklich. Nicht im Brustbereich anwenden.
8.4. Aknemittel	Benzoylperoxid zum Auftragen auf die Haut (z. B. enthalten in *Aknefug-oxid, Benzaknen, Cordes BPO, PanOxyl, Sanoxit*) + + + + +	**Therapeutisch zweckmäßig** zur Behandlung von Akne, falls dies in der Schwangerschaft und Stillzeit überhaupt nötig ist. Bei äußerlicher Anwendung unbedenklich.
	Vitamin A hochdosiert (über 25.000 IE pro Tag) **und synthetische Abkömmlinge des Vitamin A** Retinoide (z. B. enthalten in *Aknenormin, Isotret Hexal*)	**Abzuraten** Sowohl Einnahme als auch äußerliche Anwendung sind in der Schwangerschaft unbedingt zu vermeiden, da die Wirkstoffe ausgeprägte Missbildungen beim Un-

Kapitel	Wirkstoff (Präparate)	Empfehlung
		geborenen verursachen. Von deren Anwendung wird sogar bei allen gebärfähigen Frauen abgeraten, da bis zu zwei Jahre nach Absetzen der Mittel Missbildungsgefahr weiterbesteht.
	Sexualhormone und deren Hemmstoffe (z. B. enthalten in *Diane, Gestamestrol N*)	**Abzuraten** Einnahme in der Schwangerschaft unbedingt vermeiden. Ein Missbildungspotenzial ist nicht bewiesen, es könnten jedoch unerwünschte Hormonwirkungen am Ungeborenen auftreten. Eine versehentliche oder trotzdem erfolgte Einnahme erfordert engmaschigere Ultraschallkontrollen.
8.5. Mittel zur Wundbehandlung und gegen Hautinfektionen	**Alkohol äußerlich** (z. B. enthalten in Alkohol 70 Prozent, Isopropylalkohol 70 Prozent) + + + + +	**Therapeutisch zweckmäßig** zur Desinfektion der Haut, in Schwangerschaft und Stillzeit bei äußerlicher Anwendung unbedenklich.
	Mittel gegen Herpes bzw. Fieberblasen Aciclovir zur äußerlichen Anwendung (Salben, Cremes) (z. B. enthalten in *Acic, Aciclobeta, Aciclostad, Aciclovir AL, Aciclovir 1A Pharma, Aciclovir Heumann, Aciclovir-ratiopharm, Zovirax*) + + + + +	**Therapeutisch zweckmäßig** zur äußerlichen Behandlung von Herpesinfektionen der Haut bzw. Schleimhaut. Kurzfristige und kleinflächige Anwendung in Schwangerschaft und Stillzeit vertretbar, da nur geringste Mengen aufgenommen werden.
	Antibiotika zur äußerlichen Anwendung (Salben, Cremes, Gaze) (z. B. enthalten in *Baneocin, Flammazine, Fucidine, Ichthoseptal, Leukase, Nebacetin, Refobacin, Sulmycin, Tyrosur*)	**Abzuraten** Zweifelhafter therapeutischer Nutzen. Ihre Anwendung ist daher – insbesondere in Schwangerschaft und Stillzeit – nicht zweckmäßig. Eine versehentliche oder trotzdem erfolgte Anwendung ist jedoch unbedenklich und erfordert keine weiteren Maßnahmen. Vertretbar ist lediglich die Verwendung von Fucidine und Tyrosur.

Kapitel	Wirkstoff (Präparate)	Empfehlung
	Polyvidon-Jod zur äußerlichen Anwendung (Lösungen, z. B. enthalten in *Betaisodona, Braunovidon, Freka-cid, Mercuchrom Jod, Polysept, PVP-Jod-ratiopharm*)	**Abzuraten** von der längerfristigen oder großflächigen Anwendung in Schwangerschaft und Stillzeit, da das im Präparat enthaltene Jod auf das Ungeborene bzw. den Säugling übertreten kann und Funktionsstörungen der kindlichen Schilddrüse verursachen kann.
8.6. Pilzmittel zur äußerlichen Anwendung (Salben, Cremes)	Nystatin (z. B. enthalten in *Candio-Hermal, Mycostatin, Mykoderm Salbe, Mykundex, Nystaderm, Nystatin Lederle*) Clotrimazol (z. B. enthalten in *Antifungol, Antifungol Heilpaste, Canesten, Canifug, Cloderm, Clotrimazol AL, von ct, Cutistad, Gilt, Myko Cordes, Mykohaug C*) Miconazol (z. B. enthalten in *Daktar, Daktarin, Infectosoor, Itracol, Micotar, Mycoderm*) + + + + +	**Therapeutisch zweckmäßig** bei bestimmten, nachgewiesenen Pilzinfektionen. Diese Wirkstoffe gehen bei äußerlicher Anwendung praktisch nicht in den Blutkreislauf über. Eine schädigende Wirkung auf das Ungeborene oder den Säugling ist bei Anwendung in Schwangerschaft und Stillzeit nicht bekannt.
	Pilzmittel zum Einnehmen (Tabletten, z. B. *Fungata, Lamisil, Sempera, Sporanox*)	**Abzuraten** außer bei bedrohlichen Infektionen (nicht bei Nagelpilz!). In Tierversuchen wurden Missbildungen beobachtet, für die Anwendung am Menschen in der Schwangerschaft liegen nur wenige Erfahrungen vor.
8.7. Mittel gegen Krätzmilben und Läuse	siehe Tabelle 8.7.	**Abzuraten** ist von der Anwendung der in Kapitel 8.7. bewerteten Präparate in Schwangerschaft und Stillzeit aufgrund mangelnder Erfahrung. Kopflausbefall mit Essigwasser und mechanischer Entfernung (Auskämmen, Haarschnitt) behandeln.
8.8. Sonstige Hautmittel	**Insektenabschreckende Mittel mit Diethyltoluamid zum Auftragen auf die Haut** (z. B. enthalten in *Autan*)	**Abzuraten** ist von der ausgiebigen großflächigen Anwendung von insektenabschreckenden Mitteln auf der Haut, da ein Zusammenhang mit aufgetretenen Missbildungen nicht auszuschließen ist.

Kapitel	Wirkstoff (Präparate)	Empfehlung
9. Augen, Ohren	siehe Tabellen 9.1. und 9.2.	**Therapeutisch zweckmäßig** sind Augen- oder Ohrenmittel, die lange erprobte Antibiotika oder Glukokortikoide enthalten, sowie lange erprobte Mittel gegen den Grünen Star.
	Phenylephrin als Augentropfen (z. B. enthalten in *Visadron*) Tetryzolin (z. B. enthalten in *Berberil N, Berberil EDO, Ophtalmin N, Ophtalmin sine, Yxin*)	**Abzuraten** da diese Mittel in den Kreislauf übertreten und wegen ihrer gefäßverengenden Wirkung zu einer verminderten Blut- und Sauerstoffversorgung des Ungeborenen führen können.
	Tränenersatzmittel (siehe Tabelle 9.2.) + + + + +	**Therapeutisch zweckmäßig.** Es gibt keine Hinweise auf Risiken in der Schwangerschaft und Stillzeit.
10. Infektionen 10.1.1. und 10.1.2. Penicilline	z. B. *Arcasin, Baycllin* und alle weiteren therapeutisch zweckmäßigen Medikamente der Tabelle 10.1.1. sowie *Amoclav, Amoxi* und alle weiteren therapeutisch zweckmäßigen Medikamente der Tabelle 10.1.2. + + + + +	**Therapeutisch zweckmäßig** Penicilline können in der gesamten Schwangerschaft und Stillzeit bei entsprechender Notwendigkeit ohne Bedenken eingesetzt werden. Der Wirkstoff geht auf das Kind über, es wurden aber keine schädigenden Wirkungen beobachtet.
10.1.3. Cephalosporine	z. B. *Biocef, Cephoral* und alle weiteren therapeutisch zweckmäßigen Medikamente der Tabelle 10.1.3. + + + + +	**Therapeutisch zweckmäßig** Cephalosporine können in der gesamten Schwangerschaft und Stillzeit bei entsprechender Notwendigkeit ohne Bedenken eingesetzt werden. Der Wirkstoff geht auf das Ungeborene über, es wurden aber keine fruchtschädigenden Wirkungen beobachtet.
10.1.4. Trimethoprim-Sulfonamid-Kombinationen	z. B. *Bactoreduct, Cotrim von ct* und alle weiteren therapeutisch zweckmäßigen Medikamente der Tabelle 10.1.4. (+) (+) - - +	**Therapeutisch zweckmäßig, wenn** besser verträgliche und risikoärmere Antibiotika nicht eingesetzt werden können. Ein erhöhtes Fehlbildungsrisiko ist theoretisch möglich, jedoch bisher nicht nachgewiesen. Bei hoch dosierter Gabe zusätzlich Folsäure einnehmen.

Kapitel	Wirkstoff (Präparate)	Empfehlung
		Nicht im letzten Schwangerschaftsdrittel anwenden wegen erhöhten Risikos einer verstärkten Neugeborenengelbsucht. Stillen während der Behandlung ist vertretbar.
10.1.5. Tetrazykline	z. B. *Azudoxat, Doxy/Komb* und alle weiteren therapeutisch zweckmäßigen Medikamente der Tabelle 10.1.5.	**Abzuraten** Einnahme nach der 16. Schwangerschaftswoche und in der Stillzeit unbedingt vermeiden! Davor können sie bei unbedingter Behandlungsnotwendigkeit und mangelnden Alternativen verwendet werden. Erhöhtes Missbildungsrisiko (Zahndefekte, Knochenwachstumsstörungen).
10.1.6. Makrolide	Erythromycin (z. B. enthalten in *Eryhexal, Erythrocin, Erythromycin-ratiopharm, -Wolff, Paediathrocin*) + + + + +	**Therapeutisch zweckmäßig,** wenn Penicilline nicht verwendet werden können (z. B. wegen Allergie) oder bei Toxoplasmose in der Schwangerschaft. Keine fruchtschädigenden Wirkungen nachgewiesen. Stillen ist vertretbar.
	Clindamycin (z. B. enthalten in *Clindahxal, Clin Sanoria*) Infectomycin (z. B. enthalten in *Monomycin*) Clarithromycin (z. B. enthalten in *Klacid*) Roxythromycin (z. B. enthalten in *Roxygrün, Rulid*) Azithromycin (z. B. enthalten in *Zithromax*)	**Abzuraten** Alle diese Mittel sollten in der Schwangerschaft und Stillzeit nicht verwendet werden – mit einer Ausnahme: Die Verwendung von Roxythromycin ist während der Stillzeit vertretbar.
10.1.7. Gyrasehemmer	z. B. *Avalox, Ciprobay* und alle weiteren therapeutisch zweckmäßigen Medikamente der Tabelle 10.1.7.	**Abzuraten,** da besser erprobte Mittel zur Verfügung stehen.
10.1.8. Aminoglykoside und Metronidazol	Aminoglykoside (z. B. enthalten in *Gernebcin, Refobacin, Tobrasix*)	**Abzuraten** von der Anwendung in Schwangerschaft und Stillzeit, da Gehörschäden bei den Kindern auftreten können.

Kapitel	Wirkstoff (Präparate)	Empfehlung
	Metronidazol (z. B. enthalten in *Anaerobex, Clont, Metronidazol-ratiopharm*)	**Abzuraten** im ersten Drittel der Schwangerschaft. Vertretbar im zweiten und dritten Drittel, wenn es keine andere Behandlungsmöglichkeit gibt. Während der Stillzeit ist nur eine einmalige Dosis vertretbar – dann sollte aber das Stillen für 2–3 Tage unterbrochen werden.
10.2. Tuberkulosemittel	siehe Tabelle 10.2.	**Therapeutisch zweckmäßig nur** in seltenen Fällen. Verschreibung sollte ausschließlich von spezialisierten Fachabteilungen erfolgen.
10.3. Virusmittel	siehe Tabelle 10.3.	**Therapeutisch zweckmäßig nur** bei lebensbedrohlichen Zuständen (Blutvergiftung durch Viren, HIV-Infektion). Verschreibung sollte ausschließlich von spezialisierten Fachabteilungen erfolgen.
10.4.1. Impfstoffe **10.4.2. Immunglobuline**	siehe Tabellen 10.4.1. und 10.4.2.	**Routineimpfungen** sollten vor der Schwangerschaft durchgeführt werden. Bei keinem gängigen Impfstoff sind fruchtschädigende Eigenschaften bekannt. Dennoch sollten Impfungen, insbesondere im ersten Drittel, nur in dringenden Fällen (Tollwut, Tetanus) durchgeführt werden. **Abzuraten** ist von Rötelnimpfungen kurz vor und während der Schwangerschaft. Das Risiko eines Röteln-Missbildungssyndroms nach einer trotzdem erfolgten Impfung ist jedoch um ein Vielfaches geringer als durch eine Rötelnerkrankung der Mutter während der Schwangerschaft.
10.4.3. Sonstige Mittel zur Stärkung der Immunabwehr	siehe Tabelle 10.4.3.	**Abzuraten** Die meisten der in Kapitel 10.4.3. bewerteten Präparate sind in ihrem therapeutischen Nutzen zweifelhaft, und es liegen keine ausreichenden Erfahrungen über die Anwendung in der Schwangerschaft und Stillzeit vor.

Kapitel	Wirkstoff (Präparate)	Empfehlung
10.5. Malariamittel	Chloroquin (z. B. enthalten in *Chloroquin Berlin Chemie, Resochin*) + + + + +	**Therapeutisch zweckmäßig** in allen Stadien der Schwangerschaft und Stillzeit. Keine fruchtschädigende Wirkung nachgewiesen.
	Proguanil (z. B. enthalten in *Paludrine*) + + + + +	**Therapeutisch zweckmäßig** insbesondere in Kombination mit Chloroquin in Regionen mit Erregern, die gegen Chloroquin alleine resistent sind. Kann in allen Stadien der Schwangerschaft und Stillzeit eingesetzt werden. Keine fruchtschädigende Wirkung bekannt.
	Mefloquin (z. B. enthalten in *Lariam*)	**Abzuraten** während der Schwangerschaft. Während der Stillzeit nicht verwenden oder nicht stillen.
11. Erkrankungen der Harnwege **11.1. Antibiotika und Chemotherapeutika gegen Harnwegsinfektionen**	Tees und pflanzliche Mittel, siehe Tabelle 11.1. + + + + +	**Möglicherweise zweckmäßig** Verwendung vertretbar. Keine Risiken in Schwangerschaft und Stillzeit bekannt.
	Fosfaomycin (z. B.enthalten in *Monuril*) und Ofloxazin (z. B. enthalten in *Uro-Tarivid*)	**Abzuraten** während der Schwangerschaft und Stillzeit, da besser erprobte Medikamente zur Verfügung stehen.
11.2. Sonstige Harnwegsmittel	Bärentraubenblätter (z. B. enthalten in *Cysto Fink*)	**Abzuraten** da unzureichende Erfahrungen vorliegen und der therapeutische Nutzen dieses Mittels äußerst zweifelhaft ist.
	Methionin (z. B. enthalten in *Acimethin*)	**Therapeutisch zweckmäßig** Keine Risiken in Schwangerschaft und Stillzeit bekannt.
	Kalium-Natriumhydrogencitrat (z. B. enthalten in *Uralyt-U*)	**Therapeutisch zweckmäßig** Keine Risiken in Schwangerschaft und Stillzeit bekannt.

Kapitel	Wirkstoff (Präparate)	Empfehlung
12. Herz, Kreislauf **12.1. Mittel gegen Bluthochdruck**	**Betablocker** (z. B. enthalten in *Atehexal, Atenolol AL, Atenolol Genericum, Atenolol-Heumann* und zahlreichen weiteren Medikamenten der Tabelle 12.1.) + + (+) (+) (+)	**Therapeutisch zweckmäßig** Keine fruchtschädigende Wirkung bekannt. Bei Einnahme eines Betablockers bis zur Geburt können beim Neugeborenen zu langsamer Puls, niedriger Blutdruck, niederer Blutzucker und Atmungsprobleme auftreten. Dasselbe gilt für gestillte Säuglinge.
	Dihydralazin (z. B. enthalten in *Depressan, Nepresol*) - + + + -	**Therapeutisch zweckmäßig** zur Behandlung von akuten Hochdruckkrisen im zweiten und dritten Drittel der Schwangerschaft. Im ersten Drittel und während der Stillzeit nicht verwenden.
	ACE-Hemmer (z. B. enthalten in *Accupro, Accuzide, Acecomb* und zahlreichen weiteren Medikamenten der Tabelle 12.1.)	**Abzuraten** in der gesamten Schwangerschaft. Eine fruchtschädigende Wirkung in der Frühschwangerschaft ist nicht bekannt. In der späteren Schwangerschaft kann es zu niedrigem Blutdruck und Nierenversagen beim Neugeborenen und Fruchtwassermangel kommen. Die Einnahme von lange bewährten ACE-Hemmern (= Wirkstoffe Captopril, Enalapril) während der Stillzeit ist unter genauer Beobachtung des Säuglings vertretbar.
	Kalzium-Antagonisten (z. B. enthalten in in *Adalat, Amlodipin Hexal* und zahlreichen weiteren Medikamenten der Tabelle 12.1.)	**Abzuraten** während der Schwangerschaft und Stillzeit. Nur in Ausnahmefällen bei schwerem Bluthochdruck im zweiten und dritten Drittel der Schwangerschaft vertretbar.
	Angiotensin-II-Antagonisten (= Sartane, enthalten z. B. in *Aprovel, Atacand, Blopress* und zahlreichen weiteren Medikamenten der Tabelle 12.1.)	**Abzuraten** während der Schwangerschaft und Stillzeit, wegen mangelnder Erfahrungen.

Kapitel	Wirkstoff (Präparate)	Empfehlung
12.2. Harntreibende Mittel (Diuretika)	siehe Tabelle 12.2.	**Abzuraten** Solche Mittel sollten nur in Ausnahmefällen bei Herz- oder Nierenversagen angewendet werden. Eine versehentliche oder trotzdem erfolgte Einnahme ist relativ unbedenklich. Keine fruchtschädigende Wirkung bekannt.
12.3. Mittel gegen Angina Pectoris	**Nitrate** Mononitrat, Dinitrat, Nitroglycerin, Glyceroltrinitrat (z. B. enthalten in *Cedocard, Conpin, Corangin* und zahlreichen weiteren Medikamenten der Tabelle 12.3.) + + + + -	**Therapeutisch zweckmäßig** zur Langzeitbehandlung oder für akuten Anfall. Eine schädigende Wirkung auf das Ungeborene ist bisher nicht beobachtet worden. Die vorliegenden Daten über das Stillen unter der Behandlung sind noch unzureichend.
12.4. Durchblutungsfördernde Mittel	Pentoxifyllin (z. B. enthalten in *Pento-Puren, Pentoxifyllin ratiopharm, Trental*) Naftidrofuryl (z. B. enthalten in *Dusodril, Naftilong, Nafti-ratiopharm*)	**Abzuraten** Diese Präparate sind in ihrem therapeutischen Nutzen äußerst zweifelhaft und eine Anwendung insbesondere in Schwangerschaft und Stillzeit nicht zweckmäßig.
	Ginkgo biloba-Extrakte (z. B. enthalten in *Cefavora, Craton, Gingobeta* und zahlreichen weiteren Medikamenten der Tabelle 12.4.)	**Abzuraten** Eine versehentliche oder trotzdem erfolgte Einnahme ist jedoch unbedenklich.
12.5. Mittel gegen Herzschwäche	**Digitalisglykoside** (z. B. enthalten in *Beta-Acetyldigoxin-ratiopharm, Digimerck, Digitoxin AWD, Digostada, Digotab, Lanatilin, Lanitop, Novodigal, Stillacor*) + + + + +	**Therapeutisch zweckmäßig** Häufigere Blutspiegelkontrollen sind wegen des veränderten Stoffwechsels in der Schwangerschaft anzuraten. Keine nachteiligen Wirkungen auf das Ungeborene bekannt, Stillen während der Behandlung ist vertretbar.
	ACE-Hemmer (z. B. enthalten in *ACE-Hemmer-ratiopharm, Acenorm/-Cor, Adocor* und zahlreichen weiteren Medikamenten der Tabelle 12.5.1.)	**Abzuraten** Eine fruchtschädigende Wirkung in der Frühschwangerschaft ist nicht bekannt. In der späteren Schwangerschaft kann es zu Blutniederdruck und Nierenversagen beim Neugeborenen und Fruchtwassermangel kommen.

Kapitel	Wirkstoff (Präparate)	Empfehlung
		Die Einnahme von lange bewährten ACE- Hemmern (= Wirkstoffe Captopril, Enalapril) während der Stillzeit ist unter genauer Beobachtung des Säuglings vertretbar.
12.6. Mittel gegen Herzrhythmusstörungen	**Betablocker** (z. B. enthalten in *Azumetop, Beloc, Cordanum* und zahlreichen weiteren Medikamenten der Tabelle 12.6.) + + (+) (+) (+)	**Therapeutisch zweckmäßig** Keine fruchtschädigende Wirkung bekannt. Bei Einnahme eines Betablockers bis zur Geburt können beim Neugeborenen zu langsamer Puls, niederer Blutdruck, niederer Blutzucker und Atmungsprobleme auftreten. Dasselbe gilt für gestillte Säuglinge.
	Digitalisglykoside (z. B. enthalten in *Beta-Acetyldigoxin-ratiopharm, Digimerck, Digitoxin AWD, Digostada* und weiteren Medikamenten der Tabelle 12.6.) + + + + +	**Therapeutisch zweckmäßig** Häufigere Blutspiegelkontrollen sind wegen des veränderten Stoffwechsels in der Schwangerschaft anzuraten. Es sind keine nachteiligen Wirkungen auf das Ungeborene bekannt, Stillen während der Behandlung ist vertretbar.
	Propafenon (z. B. enthalten in *Propafenon AL, Propafenon Hexal* und zahlreichen weiteren Medikamenten der Tabelle 12.6.) + + + + -	**Therapeutisch zweckmäßig** Bisher sind keine nachteiligen Wirkungen auf das Ungeborene bekannt. Hinsichtlich Stillzeit liegen zu wenige Daten vor.
	Amiodaron (z. B. enthalten in *Amiohexal, Amiodaron AL, Amiodaron beta* und zahlreichen weiteren Medikamenten der Tabelle 12.6.)	**Abzuraten** in Schwangerschaft und Stillzeit, da beim Ungeborenen bzw. Säugling Herzrhythmusstörungen und Schilddrüsenfunktionsstörungen auftreten können.
12.7. Mittel gegen Fettstoffwechselstörungen	siehe Tabelle 12.7.1.	**Abzuraten** in Schwangerschaft und Stillzeit, da die Unbedenklichkeit dieser Mittel nicht erwiesen und der therapeutische Nutzen umstritten sind. Eine eventuelle lebensverlängernde Wirkung von Mitteln zur Senkung der Blutfette wird durch eine mehrmonatige Behandlungspause nicht beeinträchtigt.

Kapitel	Wirkstoff (Präparate)	Empfehlung
12.8. Mittel gegen niedrigen Blutdruck	Dihydroergotamin zur oralen Einnahme (z. B. enthalten in *Dihydergot*) Etilefrin zur oralen Einnahme (z. B. enthalten in *Effortil, Etilefrin AL, Thomasin*)	**Abzuraten** Niedriger Blutdruck in der Schwangerschaft muß nicht behandelt werden.
12.9. Mittel gegen Venenerkrankungen	siehe Tabelle 12.9.1.	**Abzuraten** Die meisten der in Kapitel 12.9. bewerteten Präparate sind in ihrem therapeutischen Nutzen äußerst zweifelhaft und deren Anwendung daher in Schwangerschaft und Stillzeit nicht zweckmäßig.
12.10. Mittel zur Beeinflussung der Blutgerinnung	Heparin niedermolekular (zur Injektion unter die Haut) (z. B. enthalten in *Clexane, Clivarin, Fragmin, Fraxiparin, Fraxodi, Lovenox, Mono-Embolex*) + + + (+) +	**Therapeutisch zweckmäßig** zur Thrombosevorbeugung in der Schwangerschaft und Stillzeit. Heparin gelangt nicht durch den Mutterkuchen und auch nicht in die Muttermilch.
	Acetylsalicylsäure niedrig dosiert (50–150 mg/Tag) (z. B. enthalten in *Aspirin, ASS light, ASS-Iris, ASS-ratiopharm, Godamed, Herz ASS, Miniasal, Thrombo-Ass*) + + + + +	**Therapeutisch zweckmäßig** zur Thrombosevorbeugung. Die niedrig dosierte (»low dose«) Behandlung ist im Gegensatz zur Einnahme als Schmerzmittel in hoher Dosierung (siehe Kap 1.1.) in allen Stadien der Schwangerschaft und Stillzeit unbedenklich.
	Cumarine (z. B. enthalten in *Falithrom, Marcoumar*)	**Abzuraten** in der gesamten Schwangerschaft und Stillzeit. Schon bei Planung einer Schwangerschaft sollte auf Heparin oder niedrig dosierte Acetylsalicylsäure umgestellt werden, da Cumarine bei Einnahme nach der 6. Schwangerschaftswoche ausgeprägte Missbildungen beim Embryo verursachen können bzw. das Blutungsrisiko erhöhen.
	Clopidogrel (z. B. enthalten in *Iscover, Plavix*)	**Abzuraten** in der Schwangerschaft und Stillzeit wegen mangelnder Erfahrungen.

Kapitel	Wirkstoff (Präparate)	Empfehlung
13. Magen, Darm, Verdauung **13.1. Mittel gegen Magen-Darm-Geschwüre, Gastritis und Sodbrennen**	**Magnesium- und Aluminiumverbindungen** (= Magaldrat z. B. enthalten in *Almag von ct, Alucol, Gelusil Liquid, Maalox, Maaloxan, Magaldrat-ratiopharm, Marax, Riopan, Talcid, Talidat, Tepilta*) Sucralfat (z. B. enthalten in *Ulcogant*) + + + + +	**Therapeutisch zweckmäßig** in allen Stadien der Schwangerschaft und Stillzeit. Keine nachteilige Wirkung auf den Säugling bekannt. Magaldrat gelangt im Vergleich zu anderen säurebindenden Mitteln weniger, Sucralfat praktisch gar nicht in den Blutkreislauf.
	H2-Antagonisten: Cimetidin (z. B. enthalten in *Cimetag, Neutromed*) Ranitidin (z. B. enthalten in *Azuranit, Rani AbZ, Ranibeta, Ranitic, Ranitidin 1 AP, Ranitidin AL,Ranitidin von ct, Ranitidin-ratiopharm, Ranitidin Stada, Ulsal, Zantac, Zantic*) (+) (+) (+) (+) -	**Therapeutisch zweckmäßig** In der Schwangerschaft nur bei dringender Behandlungsnotwendigkeit verwenden. Keine fruchtschädigende Wirkung bekannt, Arzneistoff erreicht das Ungeborene.
	Protonenpumpenhemmer: Esomeprazol (enthalten z. B. in *Nexium mups*) Lansoprazol (enthalten z. B. in *Agopton*) Omeprazol (enthalten z. B. in *Antra Mups, Gastrazid, Losec, Omebeta, Ome-nerton, Omep, Omeprazol AL, Omeprazol AZU, Omeprazol von ct, Omeprazol dura, Omeprazol Heumann, Omeprazol- ratiopharm, Omeprazol Stada, Ome Puren, Ulnox*) Pantoprazol (enthalten z. B. in *Pantoloc, Pantozol, Rifun, Zacpac*) Rabeprazol (enthalten z. B. in *Pariet*)	**Therapeutisch zweckmäßig** während der Schwangerschaft und Stillzeit nur nach strenger Abwägung von Nutzen und Risiken, wegen mangelnder Erfahrungen.
13.2. Abführmittel	**Quell- und Füllstoffe** (z. B. Leinsamen, Weizenkleie) + + + + +	**Therapeutisch zweckmäßig** in allen Stadien der Schwangerschaft und Stillzeit. Keine nachteiligen Wirkungen auf das Ungeborene oder den Säugling bekannt.

Kapitel	Wirkstoff (Präparate)	Empfehlung
	Lactulose (z. B. enthalten in *Bifiteral, Lactulose AAP, Lactulose Al* und zahlreiche weitere Medikamente der Tabelle 13.2.) + + + + +	**Therapeutisch zweckmäßig** in allen Stadien der Schwangerschaft und Stillzeit. Keine nachteiligen Wirkungen auf das Ungeborene oder den Säugling bekannt.
	Bisacodyl (z. B. enthalten in *Bekunis Bisacodyl, Dulcolax, Laxans-ratiopharm* und weitere Medikamente der Tabelle 13.2.) + + + + -	**Therapeutisch zweckmäßig** zur kurzfristigen Anwendung in allen Stadien der Schwangerschaft, wenn Füllstoffe und Lactulose nicht ausreichend wirksam sind. Keine nachteiligen Wirkungen auf das Ungeborene bekannt. Nicht in der Stillzeit anwenden.
	Pflanzliche Abführmittel wie Sennesblätter und -früchte, Faulbaumrinde, Aloe, Rizinusöl (z. B. enthalten in *Abführtee St. Serezin, Agiolax, Alasenn, Artin, Bad Heilbrunner Abführtee N, Bekunis, Depuran, Eucarbon, H&S Sennesblättertee, Kräuterlax A, Laxalpin, Liquidepur, Midro, Neda, Ramend, Regulax N, Sennesblättertee Bombastus*)	**Abzuraten** ist von der Anwendung als Abführmittel in der Schwangerschaft, da Sennesblätter und -früchte, Faulbaumrinde und Aloe Darmreizstoffe enthalten und eine wehenauslösende Wirkung nicht ausgeschlossen werden kann. Die Anwendung von Rizinusöl in Einzelgaben zur »natürlichen« Geburtseinleitung bei Terminüberschreitung ist vertretbar.
	Paraffinöl (z. B. enthalten in Obstinol M)	**Abzuraten** wegen gefährlicher Nebenwirkungen. Das Mittel hemmt die Aufnahme fettlöslicher Vitamine in den Blutkreislauf und kann die Entwicklung des Ungeborenen beeinträchtigen.
13.3. Mittel gegen Durchfall	Loperamid (z. B. enthalten in Imodium, *Lopedium, Loperamid AL, -ratiopharm, -Sandoz, - von ct, Loperhoe*) (+) + + + +	**Therapeutisch zweckmäßig** Kann in Schwangerschaft und Stillzeit kurzfristig angewendet werden, wenn Diät und Flüssigkeitszufuhr nicht ausreichend sind.
	Elektrolyt-Fertigpräparate (z. B. *Elotrans, Milupa, Normolyt, Oralpädon*)	**Therapeutisch zweckmäßig** und unbedingt notwendig, um den Flüssigkeits- und Elektrolytverlust auszugleichen.

Kapitel	Wirkstoff (Präparate)	Empfehlung
13.4. Mittel gegen Übelkeit, Schwindel, Erbrechen und Reisekrankheiten	Dimenhydrinat (z. B. enthalten in *Reisetabeletten Stada, Superpep, Travel-Gum, Vertigo-Vomex, Vertirosan, Vomacur, Vomex A*) + + - + -	**Möglicherweise zweckmäßig** Anwendung in den ersten beiden Schwangerschaftsdritteln akzeptabel, im letzten Drittel wegen möglicher Wehenauslösung vermeiden. Keine fruchtschädigende Wirkung bekannt. Hinsichtlich Stillzeit liegen zu wenige Daten vor.
	Metoclopramid (z. B. enthalten in *Cerucal, Gastronerton, MCP AL, -beta, -Hexal, -Isis, -ratiopharm, - Stada, von ct, Paspertin*) - + + + -	**Therapeutisch zweckmäßig** bei Übelkeit und Erbrechen in der Schwangerschaft und Stillzeit, falls Medikamente notwendig sind. Schädigende Wirkungen im 1. Drittel sind nicht bekannt, wegen mangelnder Erfahrungen ist von einer Einnahme aber abzuraten, ebenso in der Stillzeit.
13.5. Mittel gegen sonstige Magen-Darm-Beschwerden	Dimeticon und Simeticon (z. B. enthalten in *Espumisan, Lefax, Lefaxin, SAB simplex*) + + + + +	**Möglicherweise zweckmäßig** Mittel gelangt praktisch nicht in den Blutkreislauf. Einsatz in Schwangerschaft und Stillzeit unbedenklich. Therapeutischer Nutzen des Mittels zweifelhaft.
	Kümmel, Pfefferminz, Anis, Fenchel (z. B. enthalten in *H&S Fenchelmischung-Tee, -Magen-Darm-Tee mild, -Pfefferminztee, Sidroga-Pfefferminztee*) + + + + +	**Therapeutisch zweckmäßig,** wenn subjektiv Linderung bei Blähungen verspürt wird. In allen Stadien der Schwangerschaft und Stillzeit unbedenklich.
13.6. Lebermittel, Gallenmittel	siehe Tabellen 13.6.1. und 13.6.2.	**Abzuraten** Die meisten Präparate in Kapitel 13.6. sind in ihrem therapeutischen Nutzen äußerst zweifelhaft, deren Anwendung daher nicht zweckmäßig und insbesondere in Schwangerschaft und Stillzeit zu vermeiden.
13.7. Schlankheitsmittel	siehe Tabelle 13.7.	**Abzuraten** Einnahme in der Schwangerschaft und Stillzeit unbedingt vermeiden, ebenso wie andere Maßnahmen zur Gewichtsreduktion (Diäten). Schädigende Wirkungen auf das Ungeborene oder den Säugling sind möglich.

Kapitel	Wirkstoff (Präparate)	Empfehlung
13.8. Mittel gegen Hämorrhoiden	**Kombinationspräparate zur äußerlichen Anwendung** (Salben, Zäpfchen) **mit örtlichen Betäubungsmitteln, Glukokortikoiden und/ oder Desinfektionsmitteln:** (z. B. *Dolo Posterine N, Haemo-Exhirud Bufexamac, Lido-Posterine*) + + + + +	**Möglicherweise zweckmäßig** Zum Teil zweifelhafte therapeutische Wirksamkeit – nichtmedikamentösen Therapien sollte zunächst der Vorzug gegeben werden. Bei Anwendung in Schwangerschaft und Stillzeit sind keine nachteiligen Wirkungen auf das Ungeborene oder den Säugling zu erwarten.
13.9. Wurmmittel	Mebendazol (z. B. enthalten in *Pantelmin, Vermox*) (+) + + + +	**Therapeutisch zweckmäßig** Verwendung bei behandlungsbedürftigen Wurmerkrankungen in Schwangerschaft und Stillzeit vertretbar.
	Pyrantel (z.B. enthalten in *Combantrin, Helmex*)	**Abzuraten** wegen mangelnder Erfahrungen in der Schwangerschaft. Bei Verwendung während der Stillzeit Stillpause einlegen.
14. Mangelerscheinungen 14.1. Multivitaminpräparate	siehe Tabelle 14.1.	Eine unkritische und »vorbeugende« Einnahme von Multivitaminpräparaten durch gesunde Schwangere ist von zweifelhaftem therapeutischen Nutzen, da im Allgemeinen die Vitaminzufuhr durch die Nahrung ausreicht. Bei einem (seltenen) Vitaminmangel ist die gezielte Einnahme des betreffenden Vitamins sinnvoller. Präparate, die mehr als 5000 IE Vitamin A pro Tagesdosis oder mehr als 500 IE Vitamin D pro Tagesdosis enthalten, sind in der Schwangerschaft unbedingt zu vermeiden, da hohe Dosen dieser Vitamine Schädigungen bzw. Missbildungen des Ungeborenen verursachen können.
14.2. Vitamin-A- und D-Präparate	Vitamin-A-Präparate (z. B. *Arcavit A/E, Avitol, Oleovit A*)	**Abzuraten** ist von der Einnahme von mehr als 5.000 IE Vitamin A pro Tag, da Vitamin A in hohen Dosen (über 25.000 IE pro Tag) Missbildungen

Kapitel	Wirkstoff (Präparate)	Empfehlung
		beim Ungeborenen verursacht. Im Allgemeinen ist die Vitaminversorgung der Schwangeren durch die Nahrung gewährleistet.
	Vitamin-D-Präparate (z. B. *Bondiol, D-Fluoretten, Doss, Fluor-Vigantoletten, Laevovit D3, Oleovit D3, Ospur D3, Rocaltrol, Vigantoletten, Vitamin D3*)	**Abzuraten** ist von der Einnahme von mehr als 500 IE Vitamin D pro Tag, da Schädigungen des Ungeborenen durch zu hohen Kalziumspiegel die Folge sein können. Im Allgemeinen ist die Vitaminversorgung der Schwangeren durch die Nahrung gewährleistet.
14.3. Vitamin-B-Präparate **14.4. Vitamin-C-Präparate** **14.5. Vitamin-E-Präparate**	siehe Tabelle 14.3. bis 14.5.	**Abzuraten** Die Einnahme dieser Vitaminpräparate ist in der Schwangerschaft bei ausgewogener Ernährung im Allgemeinen überflüssig.
14.6. Mineralstoffe	Kalzium (z. B. enthalten in *Biolectra Calcium, Calcimagon, Calcimed D3 Hermes, Calcipot, Calcium dura, -Hexal, -Sandoz, -Verla, Frubiase Calcium T*) + + + + +	**Therapeutisch zweckmäßig** bei Kalziummangel oder erhöhtem Kalziumbedarf. In der Schwangerschaft wird die zusätzliche Einnahme von 500 mg Kalzium pro Tag empfohlen (entspricht ca. 1 Liter Milch).
14.7. Mittel gegen Osteoporose	siehe Tabelle 14.7.	**Abzuraten** Diese Medikamente werden normalerweise erst in den Wechseljahren (Klimakterium) verwendet.
14.8. Mittel gegen Blutarmut	Eisen (II) zur oralen Einnahme (z. B. enthalten in *Eisendragees-ratiopharm, Eryfer, Ferretab, Ferrlecit 2, Ferro Sanol, Lösferron, Vitaferro*) + + + + +	**Therapeutisch zweckmäßig,** wenn ein Eisenmangel nachgewiesen wurde. Auch in der Schwangerschaft soll Eisen nicht »vorbeugend«, sondern erst ab einem Hämoglobin-Wert unter 10 Prozent eingenommen werden.
	Folsäure (z. B. enthalten in *Folcur, Folsan, Folsäure -biosyn* und zahlreichen weiteren Medikamenten der Tabelle 14.8.) + + + + +	**Therapeutisch zweckmäßig** bei nachgewiesenem Folsäuremangel, sowie bei Planung einer Schwangerschaft und in der Frühschwangerschaft zur Verhütung von Neuralrohrdefekten.

Kapitel	Wirkstoff (Präparate)	Empfehlung
15. Mittel gegen das Altern	siehe Tabelle 15.1.	**Abzuraten** Für die Anwendung gibt es in der Schwangerschaft und Stillzeit keine Notwendigkeit – sie sind daher zu vermeiden.
16. Zuckerkrankheit 16.1. Tabletten gegen Zuckerkrankheit	(alle in Kapitel 16.1. bewerteten Präparate)	**Abzuraten** in der Schwangerschaft und Stillzeit. Lediglich Insulin ist für diesen Anwendungsbereich zweckmäßig. Eine fruchtschädigende Wirkung dieser Arzneistoffe ist nicht nachgewiesen, jedoch können häufige Blutzuckerschwankungen, wie sie unter Tabletteneinnahme häufiger vorkommen als unter Insulin, das Ungeborene schädigen.
16.2. Insuline	(alle in Kapitel 16.2. bewerteten Insuline) + + + + +	**Therapeutisch zweckmäßig,** egal ob die Zuckerkrankheit schon vor der Schwangerschaft bestand oder erst währenddessen neu auftrat. Keine nachteiligen Wirkungen von Insulin auf das Ungeborene oder den Säugling bekannt.
17. Schilddrüse	Jod (z. B. enthalten in *Jodetten, Joid-Merck, Jodid-ratiopharm*) + + + + +	**Therapeutisch zweckmäßig,** wenn der in der Schwangerschaft erhöhte Jodbedarf (0,3 mg pro Tag) nicht mit der Nahrung (Jodsalz, Seefisch) abgedeckt werden kann.
	L-Thyroxin (= Levothyroxin, enthalten z. B. in *Berlthyrox, Eferox, Euthyrox, L Thyroxin Henning, L Thyrox Hexal*) + + + + +	**Therapeutisch zweckmäßig** zur Behandlung einer Schilddrüsenunterfunktion. Keine nachteiligen Wirkungen auf das Ungeborene oder den Säugling bekannt.
	Thyreostatika: Carbimazol (z. B. enthalten in *Carbimazol Henning*) + + + + - Thiamazol (z. B. enthalten in *Favistan, Methizol SD 5, Thiamazol Henning, Thiamazol Hexal*) + + + + -	**Therapeutisch zweckmäßig** bei Schilddrüsenüberfunktion. Weiterbehandlung in der Schwangerschaft mit der niedrigstmöglichen Dosis sinnvoll, da unbehandelte Überfunktion schädigende Wirkungen auf das Ungeborene haben kann. Keine fruchtschädigende Wirkung der Arzneistoffe

Kapitel	Wirkstoff (Präparate)	Empfehlung
		nachgewiesen. In der Stillzeit nicht verwenden oder nicht stillen.
18. Sexualorgane und -hormone 18.1.1. Empfängnisverhütungsmittel zur örtlichen Anwendung	Nonoxinol 9 (z. B. enthalten in *A-Gen 53, Ortho-Gel, Patentex Gel, Patentex oval*)	Bei einer Schwangerschaft, die trotz Anwendung eines Nonoxinol-haltigen Empfängnisverhütungsmittels eingetreten ist, sind durch das Mittel keine schädigenden Wirkungen auf das Ungeborene zu erwarten.
18.1.2. »Die Pille«	siehe Tabelle 18.1.2.	**Abzuraten** Wer eine Schwangerschaft plant, sollte mindestens drei Monate vorher keine »Pille« mehr verwenden. In der Stillzeit sollte man als Verhütungsmittel nicht die »Pille« verwenden, weil die Inhaltsstoffe in die Muttermilch übertreten können. Eine versehentliche Einnahme in der Frühschwangerschaft gilt als unbedenklich.
18.2. Mittel gegen Zyklusstörungen	siehe Tabelle 18.2.	Für hormonhaltige Mittel gegen Zyklusstörungen gelten dieselben Vorsichtsmaßnahmen wie bei der »Pille«.
18.3. Mittel gegen Wechseljahresbeschwerden	siehe Tabelle 18.3.	Es gibt während der Schwangerschaft kein Anwendungsgebiet für Präparate, die weibliche Geschlechtshormone (Östrogene und Gestagene) enthalten. Deren Einnahme ist zu vermeiden. Ebenso ist von der Einnahme in der Stillzeit abzuraten.
18.7. Mittel gegen Entzündungen und Infektionen der Sexualorgane	**Pilzmittel zur äußerlichen Anwendung als Scheidenzäpfchen und Creme/Salbe:** Nystatin (z. B. enthalten in *Biofanal*) Clotrimazol (z. B. enthalten in *Antifungol, Canesten, Canifug, Clotrimazol AL, Fungizid-ratiopharm, Kade-Fungin, Mykohaug*) + + + + +	**Therapeutisch zweckmäßig** Die beiden lange erprobten Wirkstoffe gehen bei äußerlicher Anwendung praktisch nicht in den Blutkreislauf über. Eine schädigende Wirkung auf das Ungeborene oder den Säugling wurde bei Anwendung in Schwangerschaft und Stillzeit nicht beobachtet.

Kapitel	Wirkstoff (Präparate)	Empfehlung
	Metronidazol zum Schlucken (z. B. enthalten in *Clont, Metronidazol-ratiopharm, Trichex, Vagimid*) - (+) (+) (+) -	**Therapeutisch zweckmäßig nur** bei unbedingter Behandlungsnotwendigkeit im 2. und 3. Drittel. Orale einmalige Einnahme ist gegenüber einer längeren lokalen Behandlung mit Scheidenzäpfchen zu bevorzugen. Keine fruchtschädigende Wirkung beim Menschen bekannt.
	Estriol (z. B. enthalten in *Estriol, Gynoflor, Oekolp forte, Ortho Gynest, Ovestin*) und Estradiol (z. B. enthalten in *Linoladiol N, Linoladiol Estradiol Emulsion*)	**Abzuraten** während der Schwangerschaft. Wenn solche Mittel versehentlich in der Frühschwangerschaft verwendet werden, besteht jedoch kein Grund, die Schwangerschaft abzubrechen. Die Verwendung während der Stillzeit ist vertretbar, es kann jedoch zu einer Verringerung der Milchproduktion kommen (bis zu 40 %).
18.8. Androgene und Anabolika	(alle in Kapitel 18.8. bewerteten Präparate)	**Abzuraten** in der Schwangerschaft und Stillzeit. Risiko von Hormonwirkungen (Vermännlichung) auf das Ungeborene bzw. den Säugling.
19. Krebs	siehe Tabelle 19.1.	Die Behandlung mit solchen Medikamenten ist ausschließlich spezialisierten Fachabteilungen vorbehalten.
20. Suchtmittel	**Alkohol**	**Abzuraten** Regelmäßiger Konsum von ca. 15 g Alkohol pro Tag (weniger als 0,2 l Wein oder weniger als 0,5 l Bier) kann bereits zur Schädigung des Kindes führen (Wachstumsstörungen, Missbildungen des Gesichts und der Gliedmaßen bis zu bleibenden Intelligenzdefekten). Auch in der Stillzeit ist regelmäßiger oder exzessiver Alkoholkonsum zu vermeiden. Gelegentlicher geringer Alkoholgenuss ist sowohl in Schwangerschaft als auch Stillzeit unbedenklich.

Kapitel	Wirkstoff (Präparate)	Empfehlung
	Coffein (z. B. enthalten in Bohnenkaffee, Schwarztee, Kakao, Cola-Getränken)	Die regelmäßige Zufuhr großer Coffeinmengen (mehr als 600 mg pro Tag, entsprechend etwa 6 Tassen Bohnenkaffee oder mehr) kann zu erniedrigtem Geburtsgewicht und erhöhtem Risiko einer Fehl- oder Frühgeburt führen. In der Stillzeit Übererregbarkeit des Säuglings möglich.
	Rauchen (Nikotin)	**Abzuraten** während der gesamten Schwangerschaft und Stillzeit – Gefahr von schlechterer Durchblutung des Mutterkuchens, Mangelversorgung und -entwicklung des Kindes, niedrigerem Geburtsgewicht und erhöhtem Risiko einer Fehl- oder Frühgeburt oder eines »plötzlichen Kindstods«.
	Marihuana/Haschisch/ Cannabis	**Abzuraten** Häufiger oder regelmäßiger Konsum führt zur Verlangsamung des kindlichen Herzschlags, erhöhter Säuglingssterblichkeit und Entwicklungsverzögerung.
	Amphetamine/Ecstasy/Speed	**Abzuraten** Häufiger oder regelmäßiger Konsum in der Schwangerschaft und Stillzeit kann zu Durchblutungsstörungen und Entwicklungsverzögerung des Kindes führen.
	Opiate (Heroin, Codein, Morphine)	**Abzuraten** Bei regelmäßigem Konsum/Sucht tritt beim Neugeborenen ein Entzugssyndrom mit Atemnot, Zittern, Erregbarkeit, Krämpfen auf. Erniedrigtes Geburtsgewicht, erhöhtes Risiko für Fehl- oder Frühgeburt, erhöhte Säuglingssterblichkeit.

22. Kapitel: **Naturheilkunde und Alternativmedizin**

Heutzutage ist es nicht mehr so sehr der Teufel, den die Menschen fürchten, sondern das Waldsterben, die Umweltverschmutzung, die Globalisierung, die Gentechnologie oder generell alles Neue. Diese kollektiven Ängste, die sich besonders im deutschen Sprachraum auszubreiten scheinen, sichern Scharlatanen, selbst ernannten Zukunftspropheten und Geistheilern regen Zulauf.

Viele Menschen richten ihr Leben nach dem Mondkalender ein, trinken den eigenen Urin, glauben an fliegende Untertassen und schwören auf Medizinkonzepte exotischer Kulturen.

Das ist sicher auch Ausdruck der Unzufriedenheit mit der High-Tech-Medizin, mit der Arroganz und Unfähigkeit mancher Vertreter der ärztlichen Zunft und der mangelnden Zuwendung, die viele Patienten im Medizinbetrieb erfahren. Mit Überraschung müssen wir nach Analyse unserer Daten jedoch feststellen, dass kaum eine Marktverschiebung von konventionellen Arzneimitteln in Richtung zu Naturheilmitteln und Medikamenten der Alternativmedizin passiert ist. Nach wie vor vertraut ein Großteil der Patienten auf konventionelle Medikamente. Arzneimittel der Naturheilkunde und Alternativmedizin werden allerdings oft zusätzlich eingenommen, nach dem Motto: Doppelt genäht hält besser.

Ein typisches Beispiel dafür ist die Behandlung der Depressionen. Der Verbrauch an synthetisch hergestellten Antidepressiva ist in Deutschland im Lauf der vergangenen 15 Jahre relativ konstant geblieben: rund 13 Millionen Packungen pro Jahr. Zusätzlich werden neuerdings aber auch rezeptfreie Johanniskraut-Präparate gegen Depressionen geschluckt, und zwar rund 8 Millionen Packungen im Jahr 2000. Seither ist der Verbrauch pflanzlicher Depressionsmittel aber rapid zurückgegangen, auf 3,3 Millionen Packungen im Jahr 2003. Die Ursache dafür liegt in erster Linie wohl darin, dass deren Wirkung nicht allzu überzeugend ist.

Bezogen auf die Gesamtzahl aller verkauften Medikamenten-Packungen in Deutschland – rund 1.600 Millionen Packungen im Jahr 2003 – lässt sich Folgendes sagen:

Der Anteil der Naturheilmittel und alternativen Arzneimittel (inklusive der homöopathischen Medikamente) am Gesamtmarkt beträgt nur etwa 20 Prozent. Diese Mittel verkaufen sich gut bei Beschwerden, bei denen auch die konventionelle Heilkunde keine überzeugend wirksamen Behandlungsmethoden und Medikamente zur Verfügung hat und wo Placebo-Effekte eine große Rolle spielen.

Kaum von Bedeutung sind Naturheilmittel und alternative Arzneimittel bei der Behandlung folgender Krankheiten oder Beschwerden: Schmerzen, Psychosen, Epilepsie, Parkinson, Muskelverkrampfung, Akne, Hautpilzerkrankungen, Ohrenkrankheiten, schwere Infektionen, Bluthochdruck, Angina Pectoris, Herzrhythmusstörungen, niedriger Blutdruck, Thrombosen, Blutungen, Magengeschwüre, Übelkeit, Wurmbefall, Unfruchtbarkeit, Zuckerkrankheit, Schilddrüsenerkrankungen. Auch zur Empfängnisverhütung oder zur Impfung werden fast ausnahmslos konventionelle Arzneimittel verwendet.

Was sich als *Naturheilkunde* oder *Alternativmedizin* bezeichnet, ist oft nur ein neues Mäntelchen für eine altbekannte Sache. Früher nannte man es »Kneippen« oder »Hausmittel« – das klingt muffig und veraltet. »Natur pur«, »Arzneimittel aus der Apotheke Gottes« oder »sanfte Medizin« – das lässt sich wesentlich besser verkaufen. Unterstützt wird die Vermarktung meist durch Erfahrungsberichte einzelner Patienten. Die Wirksamkeit oder der Nutzen eines Mittels lässt sich damit allerdings nicht begründen. Denn ob die Heilung im Einzelfall tatsächlich auf die Wirkung des verwendeten Mittels zurückzuführen ist oder auf andere Ursachen – z. B. den Placebo-Effekt oder die Tatsache, dass viele Beschwerden und Krankheiten von alleine wieder verschwinden –, kann auch der beste Arzt oder der beste Heilpraktiker nicht feststellen. Dazu bedarf es vergleichender Untersuchungen an ganzen Gruppen von Patienten.

Genauso wie bei den synthetisch hergestellten Mitteln geht es letztlich auch bei den Naturheilmitteln und alternativen Medikamenten um eine Bewertung von Nutzen und Risiko. Auch Naturheilmittel können beträchtliche Nebenwirkungen haben. Manche von ihnen galten jahrzehntelang als harmlos und sind nun heftig umstritten oder wurden sogar verboten. Zum Beispiel das Pflanzenmittel Kava-Kava, das tödliche Leberschäden verursachen kann. Manche Risiken liegen eben nicht offen auf dem Tisch, sondern können nur durch systematische Untersuchungen und Kontrollen festgestellt werden. Das gilt sowohl für synthetisch hergestellte Mittel als auch für Naturheilmittel.

Sinnvolle Naturheilmittel waren immer schon wichtiger Bestandteil der konventionellen Medizin. Wir haben den Eindruck, hier wird von

manchen Seiten gern ein Gegensatz konstruiert, den es oft gar nicht gibt.
Zweifellos ist der Einsatz mancher Hausmittel oder Naturheilmittel vor allem bei harmlosen Erkrankungen oft sinnvoller als jener von synthetisch hergestellten Arzneimitteln. Im Einzelnen wird in den entsprechenden Buchkapiteln darauf eingegangen (z. B. Kapitel 4: Grippe, Erkältung).

Sinnvolle Naturheilverfahren

Die Kneipptherapie enthält alle wesentlichen, sinnvollen Naturheilverfahren, die den Organismus kräftigen und die Selbstheilungskräfte anregen: Die Anwendung von warmem und kaltem Wasser, Bewegung, Pflanzenmittel, vernünftige Ernährung und Entspannung.
Die physikalische Therapie hat die Behandlungsmöglichkeiten durch Elektrotherapie, Ultraschall, Lichtwellen und Massagen erweitert, die Chirotherapie um verschiedene Muskelmanipulationen und Mobilisierungstechniken.

Alternativmedizin (biologische Medizin, alternative Heilkunde, Komplementärmedizin)

Alternativmedizin ist die Bezeichnung für eine Reihe sehr unterschiedlicher medizinischer Konzepte und Behandlungsweisen, die meist eines verbindet: Die Gegnerschaft zur wissenschaftlich begründeten Medizin und die Ablehnung von etablierten Standards zur Überprüfung von Wirksamkeit und Nebenwirkungen von Therapien und Medikamenten.
Auch manche Vertreter der Naturheilkunde nehmen für sich in Anspruch, »Alternativmedizin« anzubieten und damit in Opposition oder gar Feindschaft zur Schulmedizin zu stehen.
Die Stiftung Warentest ließ die derzeit gängigen alternativmedizinischen Verfahren auf ihren Nutzen und ihre Risiken überprüfen (Krista Federspiel und Vera Herbst, Die Andere Medizin, herausgegeben von der Stiftung Warentest, Ausgabe 1996).

Als sehr umstritten in Bezug auf einen Nutzen gelten:

Angewandte Kinesiologie, Aromatherapie, Autologe Arzneitherapie, Ayurveda, Bach-Blütentherapie, Baunscheidverfahren, Biochemie nach Schüssler, Bioresonanztherapie und verwandte Verfahren, Blutwäsche, Chelattherapie, Darmentgiftung, Eigenblutinjektionen, Eigen-

urinbehandlung, Elektroakupunktur nach Voll und verwandte Verfahren, Enzymtherapie, Fiebertherapie, Fußreflexzonenmassagen, Hildegard-Medizin, HOT, Hydrocolontherapie, Krebsdiäten, konservative Magnetbehandlung, Nosoden, Organotherapie, Orthomolekulare Medizin, Ozontherapie, Sauerstoffbehandlungen, Softlaserbehandlung, Spagyrik, Symbioselenkung, Traditionelle chinesische Medizin.
Manche dieser Behandlungsmethoden bergen außerdem erhebliche Risiken für Patienten. Wer sich auf alternativmedizinische Diagnoseverfahren verlässt – z. B. die Irisdiagnostik –, muss damit rechnen, eine falsche Diagnose zu erhalten und damit auch falsch behandelt zu werden. Der derzeit allein verantwortliche Autor dieser Ausgabe von »*Bittere Pillen*«, Hans Weiss, ließ sich gemeinsam mit einer Kollegin – Krista Federspiel – für eine Reportage der Zeitschrift »Stern« von verschiedenen Alternativmedizinern und Heilpraktikern in Deutschland untersuchen. Dabei wurden unterschiedliche alternative Diagnoseverfahren angewendet: Irisdiagnostik, Bioresonanzverfahren, Kinesiologie, Auraskopie und anderes.
Das Ergebnis: Obwohl sich die beiden Test-Patienten vollkommen gesund fühlten und sich dies auch nach sorgfältigen Untersuchungen durch Schulmediziner bestätigte, wurden sie von allen Alternativmedizinern als krank eingestuft. Die Diagnosen waren jedoch alle verschieden und reichten von Nieren- oder Leberschäden über schwere Allergien und Gehirnerkrankung bis zum Krebsverdacht. Als Therapie verschrieben die alternativen Heiler jede Menge Medikamente.
Unsere Schlussfolgerung: Alternativen Diagnoseverfahren ist nicht zu trauen.

Erfahrungen mit Naturheilmitteln

Naturheilmittel sind Arzneimittel pflanzlichen, tierischen und anorganischen Ursprungs. *Phytotherapeutika* bestehen aus Stoffen und Zubereitungen von Stoffen, die Pflanzen, Pflanzenteile und Pflanzenbestandteile in bearbeitetem oder unbearbeitetem Zustand enthalten.
Für die Zulassung von *Naturheilmitteln* werden vom Gesetzgeber nicht dieselben strengen Beweise gefordert, wie sie für synthetisch hergestellte Mittel gelten. Für Naturheilmittel sind meist keine Wirksamkeitsnachweise notwendig und die Dokumentationen über Risiken und Nebenwirkungen sind häufig sehr mangelhaft. Meist liegen nur einzelne Erfahrungsberichte vor anstelle systematischer Untersuchungen.

Die Verwendung von Naturheilmitteln ist von Land zu Land verschieden. Sie beruht auf den traditionellen, oftmals jahrhundertealten Erfahrungen der Heilkunde, die auch als »Volksmedizin« bezeichnet wird.
Auch die wissenschaftliche Medizin, die so genannte »Schulmedizin«, setzt Naturheilmittel in manchen Bereichen als wesentlichen Bestandteil ihrer »rationalen« Arzneimittelbehandlung ein. Klassische Beispiele sind z. B. die Wirkstoffe Morphin zur Linderung sehr schwerer Schmerzen, Digitalisglykoside als Mittel gegen Herzschwäche (z. B. enthalten im Medikament *Digimerck*), Schweine-Insulin (diese Insuline wurden inzwischen abgelöst von gentechnisch hergestelltem Insulin), Penicillin, Reserpin als Mittel gegen Bluthochdruck (enthalten z. B. in den Medikamenten *Brinerdin*, *Briserin N*, *Modenol*). Auch Antibiotika stammen ursprünglich zum größten Teil aus der Natur.
Hauptsächlich werden Naturheilmittel aber bei Störungen des »Allgemeinbefindens« angewendet. Aus Pflanzen oder Pflanzenteilen werden Tees, Tinkturen, Abkochungen und andere Zubereitungen hergestellt und bei bestimmten Krankheitsbereichen mit Erfolg eingesetzt – etwa Baldrian bei Unruhe, Kamille bei entzündlichen Erkrankungen des Magen-Darm-Kanals, Tees aus Thymiankraut oder Spitzwegerichkraut bei Husten und Holunderblüten als schweißtreibendes Mittel bei Erkältungskrankheiten. Soweit es sich – wie bei den angeführten Beispielen – um die Umsetzung von altem, seit langem erprobten Erfahrungswissen handelt, ist die Verwendung von Naturheilmitteln zweifellos angebracht.
Solche Naturheilmittel sind in der Apotheke auch in speziellen Zubereitungen erhältlich, deren Qualität kontrolliert wird. Das Deutsche wie auch das Österreichische Arznei-Buch (DAB bzw. ÖAB) enthalten dazu genaue Bestimmungen. In der Apotheke sollte gefragt werden, ob die verkauften Mittel den Anforderungen des Arzneibuches entsprechen.

Natur in Pillen

Pharmafirmen haben längst entdeckt, dass mit Naturheilmittel viel Geld zu machen ist. So ist etwa unter dem Dach der etablierten Pharmafirma Nattermann die »Firma Paracelsus« ansässig, die sich ausschließlich dem Vertrieb von Naturheilmitteln in historisch aufgemachter Verpackung widmet. Auch der Weltkonzern Aventis (früher

Hoechst) mischt mit seinen Tochterfirmen Cassella-Med bzw. Soledum mit, wenn es um die Vermarktung von Natur in Pillenform geht. Eine industrielle Produktionsweise kann vorteilhaft sein, weil dadurch eine bessere Kontrolle des Anbaus der Pflanzen und einwandfreie hygienische Verhältnisse bei der Bearbeitung möglich werden. Möglicherweise ist es bei den Pillen so wie bei den Eiern: Immer wieder stellen Konsumentenschutz-Organisationen fest, dass es sich bei den auf freien Bauernmärkten angebotenen Eiern von Freilandhühnern (»glücklichen Hühnern«) häufig um Eier aus industrieller Massentierhaltung handelt. Bei den in großen Lebensmittelketten angebotenen Freilandeiern hingegen handelt es sich meist tatsächlich um solche.

Doch gibt es das überhaupt – Natur in Pillen?

Eins und Eins ist Drei

In manchen Fällen werden Pflanzenmittel anhand von »*Leitsubstanzen*« standardisiert. Die Leitsubstanz ist der Inhaltsstoff, der für das untersuchte Naturheilmittel charakteristisch ist. Er muss in ausreichender Menge enthalten und analytisch leicht bestimmbar sein. Der Umweg über das Messen von Leitsubstanzen soll gewährleisten, dass eine bestimmte Naturheilmittel-Zubereitung *in gleich bleibender Qualität* angeboten werden kann.
Wie wichtig das ist, zeigt sich daran, dass bestimmte Pflanzenmengen bei weitem nicht immer dieselbe Wirkstoffmenge beinhalten. So wurde in Sennesfrüchten ein Sennosidgehalt von 1,3 bis 6 Prozent festgestellt, der Gehalt an ätherischem Öl schwankte in Fenchel zwischen 1,3 und 7,2 Prozent und in Pfefferminze zwischen 0,4 und 3,8 Prozent. Diese großen Unterschiede treten nicht nur bei wild wachsenden Pflanzen, sondern auch bei einem systematischen Anbau auf. Sie sind auf genetische Unterschiede (Abarten) der Pflanzen, auf unterschiedliche Bodenbeschaffenheit, Klima, Lichtverhältnisse, Düngung und Schädlingsbefall zurückzuführen. Auch die Wahl des Erntezeitpunktes wie auch die Behandlung nach der Ernte (Waschen, Trocknen, Zerkleinern, Lagern) haben oft einen entscheidenden Einfluss. So können Naturheilmittel in Pillenform trotz gleicher Bezeichnung außerordentlich schwankende Wirkstoffkonzentrationen enthalten – wie eben auch Tees und Aufgüsse. Bei nicht-standardisierten Mistelpräparaten kann der Anteil des wirksamen Lectins bis zum Tausendfachen schwanken!

Wirksamkeit zweifelhaft?

Die Verwendung von Naturheilmitteln beruht auf der Beobachtungsgabe aufmerksamer Ärzte und Laien – also auf Erfahrungswissen – und ist bisher nur in wenigen Fällen wissenschaftlich untermauert worden.

Wenn schon ein eindeutiger Wirkungsnachweis nach heute akzeptierten Standards vielfach nicht erbracht wurde, so muss zumindest der Nachweis der Ungefährlichkeit gefordert werden. Untersuchungen über mögliche Erbschäden, bösartige Geschwülste (Krebs) und eventuelle Missbildung bei Kindern gibt es aber nur selten.

Unsinnige Mischungen

Obwohl es schon schwierig ist, die Wirkstoffe einer einzelnen Pflanze zu bestimmen und eine Standardisierung vorzunehmen, kombinieren viele Hersteller möglichst viele verschiedene Pflanzenextrakte in einem Präparat, ganz nach dem Motto: »Viel hilft viel«. *Harntee Stada 400* enthält z. B. sechs verschiedene Extrakte.

Seriöse Naturheilkundler lehnen solche Mischungen ab, weil Wirkmechanismen und Risiken nicht mehr kontrollierbar sind.

Nicht sinnvoll ist auch die Vermengung von Naturheilmitteln mit homöopathischen Potenzen bzw. Verdünnungen. Es gilt hier genauso das Prinzip »entweder Pflanzenheilkunde – oder Homöopathie«. Siehe dazu auch Kapitel 23: Homöopathie und Anthroposophie.

Gefälschte Naturheilmittel

Manche Hersteller von »*Naturheilmitteln*« scheuen nicht davor zurück, der »*Natur*« auf die Sprünge zu helfen, indem sie heimlich synthetische Wirkstoffe beimischen. Bekannt wurde dies etwa bei den neuerdings so beliebten Grapefruchtkern-Extrakten, denen antibiotische Eigenschaften zugeschrieben werden. Sie werden als Nahrungsergänzungsmittel und Kosmetika vor allem in Reformhäusern, Apotheken, Naturprodukt-Läden und im Versandhandel angeboten. Als Arzneimittel sind sie in Deutschland nicht zugelassen.

Mehrere Untersuchungen haben ergeben, dass solchen Präparaten häufig Benzethoniumchlorid beigemischt ist – und zwar in Konzentrationen von teilweise mehr als 10 Prozent!

Benzethonium ist ein desinfizierend wirkender, synthetischer Stoff, der in kosmetischen Mitteln nur bis zu einer Konzentration von maximal 0,1 Prozent verwendet werden darf, aber keinesfalls als »Natur-

heilmittel« zum Schlucken. Dieser Wirkstoff kann an Augen, Haut und Schleimhäuten allergische Reaktionen verursachen.
Die antibiotische Wirkung von Grapefruchtkern-Extrakten ist in Wirklichkeit wahrscheinlich auf das beigemischte Benzethoniumchlorid zurückzuführen.
Riskant sind vor allem importierte Mittel. Sie enthalten häufig nicht deklarierte Bestandteile, die zu ernsten Schäden führen können – etwa Arsen, Blei, Quecksilber und andere Schwermetalle, aber auch Kortison.
In Belgien erlitten 100 Frauen schwere Nierenschäden, weil sie tibetischen Schlankheitsmitteln vertrauten. Einige starben, viele von ihnen sind nun auf ständige Dialyse angewiesen.
In der Fachliteratur gibt es auch mehrere Berichte über akutes Nierenversagen durch die Verwendung von traditionellen chinesischen Kräutern.

Unterschätzte und verschwiegene Nebenwirkungen

Die Werbung der Hersteller hat dazu geführt, dass heute viele Menschen glauben, Naturheilmittel seien selbstverständlich sanft und harmlos. Das ist ein unter Umständen gefährlicher Irrtum!
Obschon genaue Untersuchungen über die Auswirkungen von Naturheilmitteln selten durchgeführt werden, konnten doch in vielen Bereichen Nebenwirkungen beobachtet werden. Einige Beispiele:
– Die bis vor kurzem sehr beliebten *Echinacin*-Injektionen zur Steigerung der Abwehrkräfte galten als so harmlos, dass sie rezeptfrei erhältlich waren. Mit der Zeit stellte sich heraus, dass als Nebenwirkung zahlreiche lebensbedrohliche immunallergische Reaktionen auftraten. 1996 wurden diese Mittel – sie enthielten Extrakte aus dem Purpursonnenhutkraut (= Echinacea) – endlich vom Markt gezogen. Echinacea-Präparate in Form von Tropfen und Tabletten dürfen aber nach wie vor verwendet werden (z. B. *Echinacea-ratiopharm, Echinacea Stada, Esberitox mono, Esberitox N, Lymphozil*), obwohl der Nutzen zweifelhaft ist und es zahlreiche Verdachtsmeldungen über Nebenwirkungen gibt. Eine entsprechende Veröffentlichung im »Deutschen Ärzteblatt«, die vorab den Herstellern zuging, wollte die Firma Madaus durch Klageandrohung verhindern. Noch 1996 führte die Firma keinerlei Nebenwirkungen für Echinacin-Präparate an, die geschluckt wurden. Erst jetzt wird auf die Möglichkeit von Überempfindlichkeitsreaktionen hingewiesen.

- Dass pflanzliche Abführmittel mit Sennesfrüchten, Aloe, Faulbaumrinde, Rhabarberwurzeln und Kreuzdornbeeren bei länger dauernder Einnahme möglicherweise ein erhöhtes Krebsrisiko mit sich bringen, wissen nur Eingeweihte – in den Packungsbeilagen wird dies verschwiegen. Und erst seit kurzem wird darauf hingewiesen, dass Kinder solche Mittel nicht nehmen dürfen.
- Dass die bei Husten so beliebten ätherischen Öle (enthalten z. B. in *Wick Vapurub Erkältungssalbe*) vor allem bei Kindern häufig Hautausschläge verursachen, hat sich offenbar immer noch nicht herumgesprochen.
- Das Einreiben von mentholhaltigen Extrakten um Mund und Nase kann bei Säuglingen und Kleinkindern zu Atemstillstand führen.
- Teebaumöl kann kontaktallergische Ekzeme verursachen.

Kriterien für die Beurteilung von Naturheilmitteln

Die Empfehlung für die einzelnen Naturheilmittel findet sich in den Kapiteln über die jeweiligen Krankheitsbereiche, in denen die Hersteller dem Mittel heilende Wirkungen zuschreiben.
Die Kriterien für die Beurteilung ergeben sich aus den in diesem Kapitel dargestellten Zusammenhängen.

Als Naturheilmittel

werden von uns Präparate ausgezeichnet, wenn sie folgende Eigenschaften aufweisen:

- Es dürfen nur pflanzliche Inhaltsstoffe enthalten sein.
- Es sind keine nennenswerten Nebenwirkungen zu erwarten.
- die therapeutische Wirksamkeit ist zwar nicht zweifelsfrei nachgewiesen, es gibt jedoch ein relativ gesichertes Erfahrungswissen, dass die Anwendung sinnvoll sein kann, wenn der Patient dadurch eine positive Wirkung verspürt.
- Es wird vom Hersteller kein Anwendungsgebiet genannt, bei dem nach dem heutigen Stand der Medizin ein therapeutisch wirksames Medikament zwingend vorgeschrieben ist.

Bei schweren Erkrankungen sind Arzneimittel, deren Wirksamkeit wissenschaftlich bewiesen ist, den Naturheilmitteln ohne gesicherte Wirksamkeit vorzuziehen.

Als wenig zweckmäßig

werden Naturheilmittel dann eingestuft, wenn sie eine Kombination pflanzlicher, tierischer oder anorganischer Inhaltsstoffe mit unterschiedlichen Wirkspektren enthalten oder in Verbindung mit homöopathischen Potenzen angeboten werden.

Abgeraten

wird von Naturheilmitteln immer dann, wenn sie eine Kombination von pflanzlichen, tierischen oder anorganischen und künstlich hergestellten (chemisch-synthetisierten) Wirkstoffen enthalten. Abgeraten wird auch, wenn die Erkenntnisse über Nebenwirkungen von Naturheilmitteln so schwerwiegend sind, dass sie nach einer Abwägung des Nutzen-Risiko-Verhältnisses als nicht mehr vertretbar erscheinen. Naturheilmittel sind in vielen Bereichen eine wichtige Alternative zu den künstlich hergestellten Arzneimitteln. Dass trotzdem relativ viele Mittel negativ eingestuft werden mussten, liegt daran, dass die marktgängigen Präparate oft nicht auf dem gesicherten Erfahrungswissen der Naturheilkunde beruhen. Naturheilmittel, die diesen Namen auch verdienen, sind selten.
Achtung: Die Bezeichnung *Naturheilmittel* erhalten in »*Bittere Pillen*« nur jene Präparate, die von uns positiv bewertet werden. Eine große Zahl von Präparaten, die ebenfalls die Bezeichnung *Naturheilmittel* in Anspruch nehmen, von uns jedoch als »wenig zweckmäßig« oder gar »abzuraten« eingestuft werden, sind in »*Bittere Pillen*« meist nicht extra als *Naturheilmittel* ausgewiesen.

23. Kapitel: **Homöopathie und Anthroposophie**

Homöopathie und Anthroposophie erlebten in den vergangenen Jahren einen regelrechten Boom. Bereits 75 Prozent der niedergelassenen Ärzte in Deutschland verschreiben zumindest gelegentlich homöopathische Mittel. Was sowohl die Homöopathie als auch die Anthroposophie so anziehend für viele Patienten macht, ist der Ruf, »sanft« und »risikolos« zu sein und Medikamente zu verwenden, die keine oder nur geringfügige Nebenwirkungen haben. Häufig lassen sich Patienten gleichzeitig von unterschiedlichen Medizinsystemen behandeln und schlucken sowohl konventionelle als auch homöopathische bzw. anthroposophische Medikamente. Anthroposophische Medizin wird von vielen Menschen gleichgesetzt mit Homöopathie, weil beide Medizinsysteme Arzneimittel verwenden, die stark verdünnt sind. Bei der Anthroposophie handelt es sich jedoch um ein von der Homöopathie vollkommen verschiedenes medizinisches und weltanschauliches Konzept.

Wie viele Packungen homöopathischer oder anthroposophischer Heilmittel tatsächlich verkauft werden, weiß man nicht, weil dieser Markt teilweise im Verborgenen blüht und viele Apotheker und Kleinfirmen solche Arzneimittel selbst herstellen. Branchenkenner schätzen, dass homöopathische Mittel drei bis vier Prozent Anteil am gesamten Arzneimittelmarkt haben – bezogen auf die Gesamtzahl aller verkauften Packungen.

Bei den ärztlichen Verordnungen ist der Anteil homöopathischer Mittel geringer: Seit Jahren unverändert beträgt ihr Anteil in Deutschland etwa ein Prozent. Es sind vor allem die Kinderärzte, die homöopathische Mittel verordnen. In Österreich beträgt der Anteil der homöopathischen Verordnungen bei Kindern und Jugendlichen im Alter zwischen 0–17 Jahren nur 2 Prozent der gesamten Verordnungen (Zahlen laut IMS Health, April 1999 bis März 2000; neuere Zahlen stehen uns nicht zur Verfügung).

Außer Ärzten verordnen oder verteilen auch Heilpraktiker (12.000 in Deutschland), Hebammen und andere in der medizinischen Versorgung Tätige homöopathische Mittel.

Im Gegensatz zu der weit verbreiteten Ansicht, dass homöopathische Behandlungen meist bei chronischen Beschwerden angewendet werden und wirksam seien, zeigt sich anhand der Verkaufszahlen, dass

Homöopathie in erster Linie bei akuten, kurzfristigen, zur Selbstheilung neigenden Erkrankungen angewendet wird: Erkältung, Grippe, Schnupfen, Husten und Ähnlichem.

Wie funktioniert Homöopathie?

Homöopathie ist eine eigene, in sich geschlossene medizinische Lehre, die Körper und Geist als Einheit sieht.
Die Homöopathie geht davon aus, dass jedem Menschen eine ganz bestimmte, eigene »Lebenskraft« innewohnt. Krankheit entsteht dann, wenn die »Lebenskraft« durch äußere Faktoren wie Bakterien, Viren oder Umwelteinflüsse gestört wird.
Gesund wird man nicht durch Behandlung einzelner Symptome oder Organe, sondern dadurch, dass die »verstimmte Lebenskraft« durch eine homöopathische Arznei wieder »reguliert« wird.
Die Schwierigkeit liegt darin, die richtige Arznei herauszufinden. Seriöse Homöopathen gehen dabei nach folgenden Prinzipien vor:
Zunächst wird eine genaue Diagnose gestellt. Dies geschieht unter Zuhilfenahme aller verfügbaren technischen und physikalischen Hilfsmittel, also EEG, EKG, Röntgen, Laboruntersuchungen usw.
Erst nach einer exakten Diagnose, betont der Ehrenvorsitzende des Deutschen Zentralvereins homöopathischer Ärzte, Dr. Karl-Heinz Gebhardt, kann ein Homöopath entscheiden, welche Behandlungsweise infrage kommt: z. B. eine ursächliche Behandlung (mit anderen Worten: eine schulmedizinische Therapie), eine Operation oder eben die Homöopathie.
Die wichtigsten ärztlichen Vertreter der Homöopathie sehen diese Lehre damit keineswegs als eine, die allumfassend in jedem Fall angewendet werden soll. Das gilt nicht für Heilpraktiker, die entsprechend ihrer Orientierung entscheiden.
Fällt die Entscheidung zugunsten einer homöopathischen Behandlung, »so beginnt die eigentliche Arbeit erst«, schreibt Dr. Gebhardt. Und zwar mit einer genauen Befragung der oder des Kranken. Dieses erste Gespräch dauert normalerweise etwa 45 bis 60 Minuten.

Die Deutsche Homöopathie-Union zählt beispielhaft auf, was in Erfahrung gebracht werden muss:
– Wie ist die körperliche und seelische Verfassung des Patienten?
– Von welcher Art sind etwaige Schmerzen und Beschwerden und wo treten sie auf?

- Wie sehen die Umstände der Schmerzen oder Beschwerden aus? Durch welche Einflüsse – z. B. Wärme, Kälte, Nässe, Berührung, Bewegung, Ruhe – werden sie gebessert oder verschlimmert?
- Sind bestimmte »Leitsymptome« vorhanden – wie z. B. Furcht, große Unruhe, heftiger Durst, hohe Temperatur, bestimmter Puls, Angst, »brennender Charakter« und regelmäßige Wiederkehr aller Beschwerden?
- Bestehen außer den augenblicklichen Beschwerden bestimmte Anfälligkeiten wie etwa Migräne, Rachenkatarrh, Magenleiden, Stuhlverstopfung, Periodenstörung usw.?

Gemüts- und Geistessymptome stuft der Verbandsvorsitzende Gebhardt als »besonders hochrangig« ein. Auch ein bereits erfolgter »Arzneimissbrauch« soll besonders berücksichtigt werden.
Aus der Fülle der Symptome ergeben sich Grundzüge von Verhalten und Charakter des Patienten. In Kombination mit den Krankheitssymptomen wird das angeblich passende Medikament bestimmt, das die »Lebenskraft« wiederherstellen soll.
Homöopathen halten sich dabei an bestimmte Regeln, die auf Dr. Samuel Hahnemann (1755–1843), den Begründer der Homöopathie, zurückgehen. Dieser probierte an sich und einer Gruppe von Ärzten die Wirkung bestimmter Pflanzen, Mineralien und tierische Produkte aus. Er stellte fest, dass diese Stoffe bei gesunden Menschen Anzeichen (Symptome) hervorrufen, die oft den Anzeichen von Krankheiten gleichen.
Damit begründete er einen der zentralen Lehrsätze der Homöopathie: »Ähnliches wird mit Ähnlichem geheilt« (Similia similibus curantur).
Bei der Behandlung der Bronchitis bedeutet dies z. B., dass die Symptome dieser Erkrankung nicht mit einem geeigneten Wirkstoff *unterdrückt*, sondern *verstärkt* werden. Auf diese Weise soll die Selbstheilungskraft des Körpers angeregt und die »Lebenskraft« wiederhergestellt werden.
Kontrollen und vergleichende Versuche in den letzten Jahren haben allerdings ergeben, dass Zweifel an den angegebenen Wirkungen der verschiedenen Substanzen angebracht sind. So hat z. B. die Wiederholung des berühmten Chinarinden-Versuchs, mit dem Hahnemann das Behandlungsprinzip der Ähnlichkeit (= Simile-Prinzip) begründete, ein negatives Ergebnis gebracht:
In einer Vorlesung an der Universität Gießen schluckte der Pharmakologe Professor Ernst Habermann genau jene Menge an pulverisierter

Chinarinde, die auch von Hahnemann in seinem Selbstversuch eingenommen wurde.
Entgegen der Erwartung – Hahnemann hatte als Reaktion eine Änderung der Befindlichkeit und das Auftreten von »Fieber« beschrieben – veränderte sich die Befindlichkeit nicht. Auch die Körpertemperatur und der Puls blieben konstant.
»Fieber« hatte zur Zeit Hahnemanns allerdings eine andere Bedeutung als heute. Damals wurde mit Fieber nicht ein Temperaturanstieg bezeichnet, sondern ein beschleunigter Puls.
So oder so: Bei der Wiederholung von Hahnemanns berühmtem Experiment zeigte sich, dass durch Einnahme von Chinin kein »Fieber« entsteht, weder im Sinne des 18. noch des 20. Jahrhunderts.
Professor Habermanns Schlussfolgerung: Die Grundlage der Homöopathie – das Simile-Prinzip – beruht offenbar auf einem Irrtum.

Anwendungsgebiete der Homöopathie

Die Homöopathie nimmt für sich in Anspruch, verschiedenste Krankheiten erfolgreich behandeln zu können. Es handelt sich vor allem um Befindlichkeitsstörungen, chronische Funktionsstörungen, entzündliche und degenerative Prozesse sämtlicher Gewebe, Allergien und Abwehrschwäche. Bei manchen Infektionskrankheiten wie etwa Gehirnhautentzündung, Diphtherie und Tuberkulose sind laut »Deutscher Homöopathie-Union« konventionelle medizinische Behandlungsmethoden vorzuziehen.

Wer ist ein Homöopath?

Der langjährige Präsident der weltweit tätigen »Gesellschaft zur Förderung der Homöopathie«, der Grieche George Vithoulkas, betont, dass »üblicherweise ein Arzt *drei Jahre intensive nachuniversitäre Ausbildung benötigt*, bevor er einiges Vertrauen in seine homöopathischen Fähigkeiten haben kann«.
Die Praxis sieht ganz anders aus. In Deutschland genügt Ärzten schon die Absolvierung eines ein bis drei Monate dauernden Kurses, um sich – behördlich dazu berechtigt – in der Praxis als homöopathisch kompetent ausweisen zu dürfen. In Österreich gibt es ein ärztliches Diplom für Homöopathie, das die Ärztekammer Mitgliedern verleiht, die eine Ausbildung bei einer der zwei homöopathischen Fachgesellschaften nachweisen können. Von den etwa 33.000 Ärzten in Österreich besitzt derzeit etwa jeder hundertste ein solches Diplom.

Homöopathisch tätig sind auch viele Nicht-Ärzte – z. B. Heilpraktiker, Hebammen, Krankenpflegepersonal. In der Praxis reduziert sich Homöopathie allerdings häufig auf das Kaufen einer homöopathischen Arznei in der Apotheke (»Geben Sie mir bitte etwas Homöopathisches!«) beziehungsweise das bloße Empfehlen oder Weitergeben homöopathischer Arzneien (»Diese Kügelchen haben mir geholfen, die kann ich sehr empfehlen!«). Mit klassischer Homöopathie im Sinne Hahnemanns hat das nichts zu tun.

Achtung: Die Homöopathie gibt es inzwischen nicht mehr. Allein in Deutschland existieren mehr als ein Dutzend verschiedene homöopathische Schulen, die sich teilweise heftig bekämpfen. Dementsprechend gibt es auch unterschiedliche Auffassungen darüber, was in der Praxis eine richtige homöopathische Behandlung ist.

Welches Mittel?

Voraussetzung einer erfolgreichen homöopathischen Behandlung ist, dass das Krankheitsbild »in seiner Individualität« genau bestimmt und die Arznei mit dem passenden »Arzneibild« ausgewählt wird. Wegen dieser speziellen Zuordnungen ist es Herstellern homöopathischer Mittel sowohl in Deutschland als auch in Österreich gesetzlich untersagt, in den Beipacktexten Angaben über die Anwendungsgebiete der Mittel zu machen.

Die Arzneistoffe

Zur Herstellung homöopathischer Mittel werden pflanzliche, tierische und mineralische Stoffe, aber auch Produkte der chemischen Industrie verwendet.
Die homöopathischen Mittel sind als Pulver, Tabletten, Flüssigkeiten (Dilutionen, Injektionslösungen, Verdünnungen, Verschüttelungen), Zäpfchen und als Globuli (Streukügelchen) erhältlich. Es gibt auch homöopathische Salben zum Auftragen oder Einreiben auf der Haut.

Das Potenzieren

Samuel Hahnemann stellte fest, dass in starker Dosis verabreichte Arzneien häufig zunächst zu einer Verschlechterung der Krankheit führen können, und nannte das »Erstverschlimmerung«.
Um diesen unerwünschten Effekt zu vermeiden, verringerte Hahnemann die Arzneidosis. Zur Verdünnung vermischte er einen Teil eines flüssigen Arzneistoffs mit 99 Teilen Alkohol mittels zehn kräftiger

Schüttelschläge in Richtung des Herzens. Feste Stoffe verrieb Hahnemann mit Milchzucker in einem Mörser, jeweils eine Stunde lang.
Heute wird in Deutschland und Österreich meistens im Verhältnis 1:10 verdünnt. Dazu wird 1 Teil Ursubstanz mit 9 Teilen Lösungsmittel verschüttelt. Das ergibt die Verdünnung D1. D2 entspricht einer Verdünnung von 1:100, D3 von 1:1.000 usw. Bis D6 spricht man von Tiefpotenzen, bis D12 von mittleren Potenzen, darüber von Hochpotenzen. Geschüttelt wird heute maschinell.
Ab etwa D23 sind von einer Substanz nur mehr einzelne oder gar keine Moleküle zu finden.
Homöopathen sind davon überzeugt, dass durch das Schütteln bzw. Verreiben besondere, verborgene medizinische Kräfte frei werden. Deshalb wird das Verdünnen als »Dynamisieren« oder als »Potenzieren« bezeichnet. Welche »Kräfte« das allerdings sein sollen, ist ungeklärt.
Homöopathische Arzneimittel mit rezeptpflichtigen Inhaltsstoffen müssen bis D3 wie andere Arzneimittel auch Nutzen und Risiken belegen und brauchen eine Zulassung vom Bundesinstitut für Arzneimittel und Medizinprodukte.
Ab D4 müssen homöopathische Mittel nur noch registriert werden. Anstelle eines Beipackzettels tragen sie den Aufdruck:
»Registriertes homöopathisches Arzneimittel, daher ohne Angabe einer therapeutischen Indikation.«
Darüber hinaus gibt es zahlreiche homöopathische Mittel, die weder registriert sind noch irgendeinen Qualitätsnachweis oder gar einen Nutzen belegen müssen. Der Hersteller braucht lediglich anzugeben, dass er von dieser Arznei nicht mehr als 1.000 Packungen pro Jahr herstellt.

Die homöopathische Dosis

Wie oft soll bei welchem Krankheitsbild verdünnt bzw. »potenziert« werden?
Zu dieser Frage finden sich in der Fachliteratur unterschiedliche Angaben. Die weit verbreitete »Homöopathische Arzneimittellehre« von Fellenberg-Ziegler enthält detaillierte Richtlinien: »Im Allgemeinen gilt als Regel, dass bei den mineralischen und metallischen Mitteln mit wenigen Ausnahmen die höheren Potenzen (etwa D10) die wirksameren und bewährteren sind. Bei den Mitteln aus dem Tier- und Pflanzenreich sind die tiefen Potenzen (z. B. bei Kampfer und Moschus) oft

einzig wirksam.« »Am mildesten«, so die »Homöopathische Arzneimittellehre« weiter, »scheinen die mittleren Potenzen (D6 bis D10) zu wirken, die daher auch immer beliebter werden.« Auch akute Krankheiten erfordern demnach mittlere und niedere (D1 bis D5), chronische Leiden höhere Potenzen (D12 und höher), weil diese laut Fellenberg-Ziegler »im Allgemeinen tiefer wirken und ihre Wirkung meistens länger anhält«.
Ganz anders argumentiert die »Deutsche Homöopathie-Union« (DHU) in ihrem »Homöopathischen Repetitorium«. Da wird die Dosierungsfrage als »besonders schwieriges Kapitel der Homöopathie« eingestuft und betont, »dass es in der Homöopathie bekanntlich keine bindende Regel für die anzuwendende Potenzhöhe gibt«.
In der Praxis wird im Verlauf der Behandlung einer Krankheit das homöopathische Mittel oft in unterschiedlichen Dosierungen verordnet.

Der Heilungsvorgang

Ein allgemeiner Grundsatz in der Homöopathie lautet, dass nach Eintritt der Besserung im Befinden des Kranken das homöopathische Mittel abzusetzen ist. Homöopathen sind überzeugt, dass beim Heilungsvorgang die zuletzt aufgetretenen Krankheitszeichen normalerweise zuerst und die ältesten erst zum Schluss verschwinden. Der Regel von Hering zufolge, einem Schüler Hahnemanns, beginnt die Heilung bei den lebenswichtigen Organen und schreitet dann bis zur Haut fort (von innen nach außen, von den seelischen über die emotionellen zu den körperlichen Zentren).

Homöopathische Mischpräparate?

Homöopathische Lehrbücher nehmen dazu eindeutig Stellung: »Das Zusammenmischen zweier oder gar mehrerer Arzneistoffe ist unbedingt verwerflich und stets als eine Verletzung des Wesens der Homöopathie zu betrachten, und zwar deshalb, weil jeder Arzneistoff seine ihm allein eigentümlichen, von jedem anderen abweichenden Wirkungen hat, und nur einfache und unvermischte Arzneistoffe an Gesunden geprüft und in ihren wahren Wirkungen bekannt sind … Der Gebrauch von so genannten Komplexmitteln, in denen bis 20 und noch mehr Mittel gemischt sind, entspricht nicht den homöopathischen Anschauungen und gefährdet das Ansehen der Homöopathie.«
Diese eindeutigen homöopathischen Grundsätze hindern Firmen nicht, Mischpräparate (Komplexmittel) herzustellen und anzubieten.

Zu den bekanntesten zählen die Präparate *Meditonsin H* und *Vertigoheel*. In »Hagers Handbuch der pharmazeutischen Praxis« werden der »Zeitmangel« und »die geringe Kenntnis der Arzneibilder«, die homöopathisch tätige Ärzte oft haben, als Gründe für diese Entwicklung genannt.
Homöopathen mit praktischer Erfahrung halten dem entgegen, dass man sich nur in der »Hoch-Homöopathie«, bei lange dauernden, schwierigen, von vielen Faktoren abhängigen Krankheiten auf ein einzelnes Mittel beschränken könne. Daneben gäbe es aber auch noch eine »Homöopathie der bewährten Indikationen«, wo die Verwendung von Mischpräparaten berechtigt sei, z. B. bei Angina, Nasennebenhöhlen-Entzündungen (Sinusitis), Rückenschmerzen, Fieber bei Kindern, Migräne, Bronchitis.
Alle im Buch *»Bittere Pillen«* erfassten homöopathischen Heilmittel sind Mischpräparate – z. B. *Euphorbium, Meditonsin H, Monopax, Toxi Loges, Traumeel S, Vertigoheel* und viele andere. Die Empfehlungen zu diesen Mitteln finden sich in diesem Buch bei der Besprechung des jeweiligen Krankheitsbereichs, den die Hersteller hauptsächlich als Anwendungsbereich nennen.

Empfehlungen zu den homöopathischen Mitteln

Ein Präparat wurde als *homöopathisches Mittel* eingestuft, wenn es
- nur Inhaltsstoffe in homöopathischer Verdünnung enthält und
- vom Hersteller kein Anwendungsgebiet genannt wird, bei dem nach dem heutigen Stand der Medizin ein therapeutisch wirksames Medikament zwingend vorgeschrieben ist. Unserer Ansicht nach sollen bei ernsthaften Erkrankungen Medikamente, deren Wirksamkeit unzweifelhaft bewiesen wurde, vorgezogen werden. Dieser Nachweis fehlt bisher bei homöopathischen Mitteln.

Falls das Mittel nicht nur Inhaltsstoffe in homöopathischen Potenzen, sondern auch andere *pflanzliche* oder sogar künstlich hergestellte (chemisch synthetisierte) Wirkstoffe enthält, wurde es als *wenig zweckmäßig* bzw. als *abzuraten* eingestuft.

Kritik an der Homöopathie

Homöopathische Heilverfahren werden von konventionell orientierten Medizinern mit unterschiedlicher Heftigkeit abgelehnt. Die Kritik konzentriert sich auf den Nachweis der Wirksamkeit der homöopathi-

schen Mittel, den die wissenschaftliche Medizin für nicht erbracht hält.
Der Ehrenvorsitzende des Zentralvereins hömöopathischer Ärzte, Dr. Karl-Heinz Gebhardt, vergleicht die Probleme, die homöopathische Mittel mit dem Wirksamkeitsnachweis haben, mit dem »guten Wort«, von dem jedermann weiß, dass es »sehr wohltun, ja heilen kann«. So wie das »gute Wort« eine hochgradige Individualisierung erfordere, so sei es auch bei den homöopathischen Mitteln. Gebhardt: »Jeder Mensch benötigt ein anderes, in streng individueller Dosierung und zur rechten Zeit. Eine Doppelblindstudie (als Wirksamkeitsnachweis – Anm. d. A.) scheidet daher aus. Es bleibt nur der intraindividuelle Vergleich. Und selbst dieser könnte jederzeit angezweifelt werden, denn natürlich wäre vielleicht gerade eben eine spontane Besserung eingetreten, die nur zufällig zeitlich mit dem guten Wort zusammenfiel.«
Nicht zuletzt aufgrund derartiger Argumentationen bezeichnen Kritiker die Homöopathie als »Placebo-Behandlung«, also als Behandlung mit Scheinarzneimitteln.
Heftig kritisiert wird auch die angeblich besondere Heilkraft der vielfach verdünnten (= hoch potenzierten) homöopathischen Mittel. Im Jahr 1988 wurde in der angesehenen Zeitschrift »Nature« vom Wissenschaftler Jaques Benveniste das Ergebnis eines Experiments veröffentlicht, das einen Beweis für die Wirkung des homöopathischen Prinzips der Verdünnung darstellen sollte.
Er verdünnte eine homöopathische Ursubstanz so stark, dass im Arzneimittel gar kein Wirkstoffmolekül mehr vorhanden war – trotzdem konnte er eine Wirkung zeigen.
Homöopathen galt dieses Experiment als erster handfester Beweis für die von ihnen aufgestellte Theorie, dass die Verdünnungen »Informationen« übertragen würden und auf diesem Weg ihre Wirkung entfalten. Leider stellte sich kurze Zeit später heraus, dass Benvenistes Vorgangsweise unseriös gewesen war: Er hatte die Daten verfälscht.
1993 wurde dasselbe Experiment mit Unterstützung homöopathischer Arzneifirmen und homöopathischer Forschungseinrichtungen wiederholt. Das Ergebnis war eindeutig negativ.
Inzwischen wurden unter aktiver Beteiligung von Homöopathen mehrere so genannte Doppelblindstudien über die Wirksamkeit homöopathischer Behandlungen veröffentlicht: etwa bei Migräne, bei chronischen Kopfschmerzen, bei Rheuma, bei kindlichen Infekten, bei Schwellung und Schmerzen nach Operationen. Ergebnis: Bis jetzt gibt

es keinen sicheren Beweis dafür, dass homöopathische Medikamente wirksamer sind als Placebos – also Scheinmedikamente ohne Wirkstoff. In manchen Fällen, z. B. bei Migräne, waren Placebos sogar wirksamer als homöopathische Medikamente.

Die Schärfe des abschließenden Urteils der Kritiker der Homöopathie ist dementsprechend:

– Die Homöopathie sei weder eine Wissenschaft noch eine Kunst, sondern eine Weltanschauung.
– Sie arbeite mit Magie. Das Ähnlichkeitsprinzip sei dem heute noch verbreiteten Analogiezauber verwandt.
– Etwaige therapeutische Erfolge seien auf Placebo-Effekte zurückzuführen.

Es liege an der Homöopathie, zu beweisen, dass diese Vorwürfe zu Unrecht bestehen. Auf jeden Fall sei auffällig, dass die Erfolge der Homöopathie bei jenen Erkrankungen am größten sind, bei denen Placebo-Effekte bei rund der Hälfte der Patienten nachgewiesen sind (z. B. bei Schlaflosigkeit, Verstopfung, Angina Pectoris). In anderen Krankheitsgebieten – wie z. B. Infektionen und Leukämien –, bei denen wirksame Arzneimittel zur Verfügung stehen, haben homöopathische Methoden bisher nichts bewirkt.

Vorzüge der Homöopathie

Auch die schärfsten Kritiker erkennen an, dass ein Arzt, der die Homöopathie seriös betreibt, sich ausführlicher mit dem Patienten und dessen Lebensumständen beschäftigt als ein durchschnittlicher Schulmediziner. Die eingehende Betreuung eines Patienten ist in vielen Fällen schon der entscheidende Schritt zur Besserung, aber in den meisten Arztpraxen, wo die 3-Minuten-Medizin dominiert, alles andere als selbstverständlich.

Dieser »Vorteil« der homöopathischen Heilmethode geht jedoch verloren, wenn Ärzte, einem Trend folgend, zwar homöopathische Heilmittel verordnen, sich jedoch keine Zeit für eine genaue Untersuchung und ein ausführliches Patientengespräch nehmen.

Positiv wird im Regelfall auch gewertet, dass homöopathische Mittel, wenn sie schon nicht verlässlich helfen, so doch auch nicht schaden können. Es ist wohl kein Zufall, dass homöopathische Mittel hauptsächlich von Kinderärzten und in der Geburtshilfe verwendet werden.

Nebenwirkungen von homöopathischen Arzneimitteln

Es ist allerdings ein Irrtum, zu glauben, dass homöopathische Mittel keine Nebenwirkungen haben können. Auch Placebos (Scheinarzneimittel ohne jeden Wirkstoff) können gravierende Nebenwirkungen verursachen (Impotenz, Schlaflosigkeit, Bluthochdruck und anderes) – dies ist durch viele Untersuchungen belegt.
Die Gefahr von Nebenwirkungen besteht hauptsächlich bei homöopathischen Arzneimitteln, die niedrig potenziert sind (bis etwa D12). Denn die Homöopathie verwendet Gifte wie Quecksilber, Blei, Arsen, Kadmium und andere, die bei lang dauernder Verwendung den Körper chronisch vergiften können. In der Homöopathie werden außerdem immer noch Pflanzen oder Pflanzenextrakte verwendet, die wegen ihres erbgutschädigenden oder Krebs erregenden Potentials in der Schulmedizin längst verboten sind (z. B. Aristolochia).
Eine Gefahr besteht auch für Menschen, die auf bestimmte Stoffe allergisch sind. Dies gilt für Homöopathika bis zu einer Verdünnung von etwa D8.
Gefährlich kann es dann werden, wenn Krankheiten, die mit lebenswichtigen, konventionellen Arzneimitteln erfolgreich und relativ sicher bekämpft oder verhindert werden können, nur mit homöopathischen Mitteln behandelt werden – z. B. Scharlach ohne Penicillin zu behandeln oder zur Vorbeugung von Malaria ein homöopathisches Mittel zu verwenden. Wer sich an einen solchen Ratschlag hält, geht ein hohes Risiko ein, an Malaria zu erkranken.
Andererseits werden konventionelle Medikamente oft unnötig verwendet – das bedeutet auch unnötige Nebenwirkungen.

Anthroposophie

Wie eng die Auswahl und der Einsatz von Heilmitteln mit der Lebenseinstellung verknüpft sind, wird bei den Anthroposophen deutlich, die sich häufig, wenn auch keineswegs ausschließlich, homöopathischer Mittel bedienen. Die konventionelle Medizin ist bei Anthroposophen nicht verpönt, sondern gilt als die Basis therapeutischen Handelns. Die Anthroposophen sind Anhänger einer von Rudolf Steiner zu Anfang dieses Jahrhunderts begründeten, allumfassenden Weltanschauungslehre, die sich ziemlich wolkig anhört. Da ist z. B. vom »Ätherleib« und vom »Astralleib« die Rede. Anthroposophen finden ihre Arzneimittel, so wie die Homöopathen, durch ein »inneres Durchschauen der in der Natur wirkenden Kräfte«. Allerdings ist der An-

spruch noch weitgehender. Aus der anthroposophischen Geisteswissenschaft soll sich ein neues »Menschenbild« ergeben, das zu einer Erweiterung der Medizin führt.
Nach Auffassung der Anthroposophen werden durch eine Behandlung keine biochemisch-stofflichen Vorgänge im Menschen beeinflusst, sondern wie in der Homöopathie innere Kräfte und Prozesse. Stoffliches ist nebensächlich, daher wird auch oft die Verwendung hoher Potenzen als sinnvoll angesehen.
In der anthroposophischen Medizin werden auch Tiere oder Teile von Tieren zu Heilmitteln verarbeitet, etwa Ameisen, Bienen, Wespen, Kreuz- und Vogelspinnen, das Horn des Edelhirsches, Maulwurfsfelle, Analdrüsen des Stinktieres, Organe von Rindern und Schafen, Drüsensekrete von Kröten und anderes. Bei der Herstellung sollen übersinnliche Kräfte und kosmisch-irdische Rhythmen einbezogen werden.
Laut anthroposophischer Auffassung enthält beispielsweise das geröstete Skelett des Badeschwammes »astralische Kräfte«, womit ein »krampfhaftes falsches Einwirken des Astralleibes im Halsbereich« korrigiert werden kann.
Für Außenstehende klingt das alles ziemlich bizarr.
Ein typisches Arzneimittel der Anthroposophen ist die Mistel. Ihr werden immunstimulierende Wirkungen zugesprochen.
Es gibt im deutschen Sprachraum mehrere Firmen, die anthroposophische Arzneimittel herstellen. Die bekanntesten sind Weleda in Schwäbisch Gmünd und Arlesheim sowie die Firma Wala in Eckwäldern. Sie vertreiben 8.000 Präparate, die meisten davon sind im Homöopathischen Arzneibuch aufgelistet.

Krebsbehandlung in der anthroposophischen Medizin

Am Beispiel des Krebsmittels Iscador wird der Gegensatz zur Schulmedizin besonders deutlich. Während die herkömmlichen Behandlungsarten auf dem Grundsatz aufbauen, dass Krebs eine zelluläre Erkrankung ist, begreifen die Anthroposophen die bösartige Geschwulst als eine Erkrankung des Gesamtorganismus. Zwischen der Entstehung von Krebs und dem Zusammenbruch des Gleichgewichts innerhalb der Leib-Seele-Gliederung sehen die Anhänger Rudolf Steiners einen klaren Zusammenhang. Folgerichtig werden Krebskranke umfassend persönlich betreut. Unter anderem erhalten sie *Iscador* – einen Mistelextrakt (siehe dazu auch Kapitel 19: Krebs). Es gibt zwar keinen Nachweis, dass Krebs damit geheilt werden kann und eine Verwendung lebensverlängernd wirkt, aber einige Hinweise, dass Mistel-

präparate den Allgemeinzustand verbessern und die eventuelle Neigung zur Bildung von Metastasen herabsetzen können.
Es besteht allerdings auch das Risiko, dass durch die Anregung der Immunabwehr das Tumorwachstum angeregt wird.
Zahlreiche Krebsspezialisten warnen davor, bei einer Krebserkrankung lediglich auf die Wirkung von Mistelpräparaten zu vertrauen und deshalb andere nachweislich wirksame Behandlungsmethoden nicht anzuwenden.

Am häufigsten verwendete homöopathische Mittel in Deutschland (2003) – Anzahl der in Apotheken verkauften Packungen:

Biochemie Dr. Schüßler	diverse Anwendungen	4.600.000
Meditonsin H	4.1. Grippemittel	3.032.000
Wala Heilmittel	diverse Anwendungen	1.500.000
Euphorbium comp.	4.3. Schnupfenmittel	1.014.000
Contramutan	4.1. Grippemittel	1.006.000
Vertigoheel	13.4. Mittel gegen Schwindel	985.000
Traumeel S	3.1. Rheumamittel	800.000
Traumeel S Salbe	3.1. Rheumamittel	700.000
Oligoplexe	diverse Anwendungen	600.000
Regenaplex	diverse Anwendungen	584.000
Viburcol	4.1. Grippemittel	552.000
Sinusitis Hevert	4.3. Schnupfenmittel	510.000
Metavirulent	4.1. Grippemittel	500.000
Otovowen	9.2. Ohrenmittel	482.000
Monapax	4.2. Hustenmittel	397.000
Toxi Loges	10.4. Stärkung der Immunabwehr	362.000
Lymphomyosat	10.4. Stärkung der Immunabwehr	314.000
Tonsiotren H	4.3. Schnupfenmittel	296.000
Similiaplexe	diverse Anwendungen	281.000
Gripp-Heel	4.1. Grippemittel	261.000
Homaccorde	diverse Anwendungen	231.000
Ginkgo biloba comp.	12.4. Durchblutungsmittel	213.000

Die Zahl dieser häufig verwendeten homöopathischen Mittel ist von 2000 bis 2003 nur geringfügig angestiegen: Von rund 18 auf rund 19 Millionen Packungen.

Hauptsächlich verwendete Fachliteratur

ABDA-Datenbank Windows (Cdinfo-Drugs) der Deutschen Apotheker mbH, Eschborn, 03/2000

Arzneimittelkommission der Deutschen Ärzteschaft (Hrsg.), Arzneiverordnungen, 20. Aufl., Köln 2002

Arzneimittel-Kursbuch, 14. Ausgabe, 2004/05, Berlin 1999

Arzneiverordnungs-Report 2004, Hrsg. Schwabe, U. und Paffrath, D., Berlin, Heidelberg, New York 2004

Austria Codex Fachinformation 2003/2004, Österreichische Apotheker Verlags-Gesellschaft, Wien 2003

British Medical Association, New Guide to Medicines & Drugs, ed. Henry, John A., 5th ed., London 2001

Clinical Pharmacology 2000, USA:

Fachinfo – Fachinformationsverzeichnis Deutschland , CD-Version, Ausgabe 2004, Aulendorf 2001

Federspiel, K. und Herbst, V., Die Andere Medizin, Nutzen und Risiken sanfter Heilmethoden, Stiftung Warentest, Berlin 1996

Hänsel, R., Sticher, O., Steinegger, E., Pharmakognosie, Phytopharmazie, Berlin 2003

Handbuch der unerwünschten Arzneimittelwirkungen. Hrsg Müller-Oerlinghausen, B., Lasek, R., Düppenbecker, H., Munter, K.h., Jena 1999

Heilmittelverzeichnis, herausgegen vom Hauptverband der österreichischen Sozialversicherungsträger, gültig ab 1.7.2004

Länger R., Kubelka W., Phytokodex, Pflanzliche Arzneispezialitäten in Österreich 2001/2002, Gablitz 2001

Margolis Simeon (Hrsg.), The Johns Hopkins Complete Home Encyclopedia of Drugs, New York 1998

Martindale, The Extra Pharmacopoeia, 31. Aufl., London 1996

Pschyrembel, Wörterbuch Naturheilkunde und alternative Heilverfahren, 2. Aufl. Berlin 1999

Rote Liste 2004 – Arzneimittelverzeichnis für Deutschland, Aulendorf 2004

Silverman M. Harold, The Pill Book, 9th ed., New York 2000

Weiss, Hans und Schmiederer, Ernst, Asoziale Marktwirtschaft, Köln 2004

Worst Pills, Best Pills, A Consumer´s Guide to avoiding Drug-Induced Death or Illness, Public Citizen´s Health Research Group, New York 1999

Zeitschriften und Internet-Datenbanken

arznei-telegramm, Berlin (www.arzneitelegramm.de); British Medical Journal (www.bmj.com); Clinical Pharmacology (www.cp.gsm.com), Der Arzneimittelbrief, Berlin (http://www.der-arzneimittelbrief.de/); Deutsches Ärzteblatt (www.aerzteblatt.de); Drug and Therapeutics Bulletin, London (http://www.dtb.org.uk/dtb/index.html); Journal of the American Medical Association (http://jama.ama-assn.org/); Münchner Medizinische Wochenschrift (www.mmw.de); New England Journal of Medicine (http:// content.nejm.org); The Lancet (http:// www.thelancet.com)

Abkürzungsverzeichnis

(D)	Dieses Medikament ist in Deutschland erhältlich.
(Ö)	Dieses Medikament ist in Österreich erhältlich.
(D/Ö)	Dieses Medikament ist in Deutschland und Österreich erhältlich.

Amp.	Ampullen
A-O-N-Tropfen	Augen-Ohren-Nasen-Tropfen
ASS	Acetylsalicylsäure
Depotamp.	Depotampullen
Dep. Spritzamp.	Depot Spritzampullen
Doppelamp.	Doppelampullen
Dosier-Aer.	Dosier Aerosol
Drag.	Dragees
FDA	Food and Drug Administration
Filmdrag.	Filmdragees
Filmtabl.	Filmtabletten
Forteamp.	Forteampullen
Fortedrag.	Fortedragees
Fortekaps.	Fortekapseln
Fortetabl.	Fortetabletten
Halstabl.	Halstabletten
Inh. Lsg.	Inhalationslösung
Injektionsfl.	Injektionsflaschen
Juniortabl.	Juniortabletten
Kap.	Kapitel
Kaps.	Kapseln
Kindertabl.	Kindertabletten
Kristallsusp.	Kristallsuspension
Liqu.	Liquidum (Flüssigkeit)
Lsg.	Lösung
Lutschtabl.	Lutschtabletten
Manteldrag.	Manteldragees
Manteltabl.	Manteltabletten
Mediz. Kopfwaschcreme	Medizinische Kopfwaschcreme
Mitekaps.	Mitekapseln
Mitetabl.	Mitetabletten

Mono-Amp.	Mono-Ampullen
Oblatenkaps.	Oblatenkapseln
Pastillen o. Menth.	Pastillen ohne Menthol
Retarddrag.	Retarddragees
Retardkaps.	Retardkapseln
Retardtabl.	Retardtabletten
Saft konzentr.	Saft konzentriert
Sirup f. Kdr.	Sirup für Kinder
Stufendrag.	Stufendragees
Susp.	Suspension
Susp. f. Kdr.	Suspension für Kinder
Tabl.	Tabletten
Tabs	Tabletten zum Auflösen
Tee tassenf.	Tee tassenfertig
TF-Tee-Pulver	Tassenfertiges Tee-Pulver
Tinktur fbl.	Tinktur farblos
Trockenamp.	Trockenampullen
TS	Trockensaft
Zäpfchen f. Erw.	Zäpfchen für Erwachsene

Medikamenten- und Wirkstoffregister, Stichwortverzeichnis

Die Autoren

Alleinverantwortlicher Autor dieser Ausgabe von *Bittere Pillen 2005–2007* ist Hans Weiss.

HANS WEISS, Dr. phil., 1950 in Hittisau/Westösterreich geboren. Studium von Psychologie, Philosophie und Medizinsoziologie in Innsbruck, Wien, Cambridge und London.

Freier Journalist und Buchautor in Wien. Mehr als ein Dutzend Buchveröffentlichungen mit einer Gesamtauflage von vier Millionen und zahlreichen Übersetzungen, als Autor oder Co-Autor, z. B. *Gesunde Geschäfte – Die Praktiken der Pharma-Industrie* (1981, 1982); *Kursbuch Gesundheit* (1990, Neuausgaben 1996, 2001); *Kriminelle Geschichten – Ermittlungen über die Justiz* (1987); *Kulissen des Abschieds, Roman* (1999, Ullstein-Verlag, Berlin); *Schwarzbuch Markenfirmen – Die Machenschaften der Weltkonzerne* (2001, 2003, Deuticke-Verlag, Wien); 3 *x täglich.- kritische Gebrauchsinformationen zu 11.000 Arzneimitteln* (2003). *Asoziale Marktwirtschaft - Insider aus Politik und Wirtschaft enthüllen, wie die Konzerne den Staat ausplündern* (2004, Kiepenheuer & Witsch, Köln)

Fernsehpreis der österreichischen Volksbildung für den ORF-Dokumentarfilm »Irre Welt – Psychiatrie 81« (1982); Bruno-Kreisky-Anerkennungspreis für das Buch »Asoziale Marktwirtschaft« (2005).

Websites: www.markenfirmen.com sowie www.asoziale-marktwirtschaft.com

HANS-PETER MARTIN, Dr. jur., Jg. 1957, geboren in Bregenz/Österreich. Stipendiat nach Kalifornien. Studium der Rechts- und Politikwissenschaften in Wien. Ab 1986 Redakteur beim deutschen Nachrichtenmagazin *»Der Spiegel«*, bis 1999 u. a. als Korrespondent in Südamerika, Prag und Wien, tätig. Seit Juli 1999 parteifreies Mitglied des Europäischen Parlaments, Mitglied des Budgetkontroll-Komittes und Koordinator. Wiedergewählt im Juni 2004.

Veröffentlichungen: *Nachtschicht* (1979), *Gesunde Geschäfte* (Mitautor; 1981), *Kursbuch Gesundheit* (Mitautor; 1990, Neuausgabe 2001), *Die Globalisierungsfalle – Der Angriff auf Demokratie und Wohlstand* (gemeinsam mit Harald Schumann, 1996. Übersetzungen in 27 Sprachen), *Der Kanzler wohnt im Swimmingpool* (Mitautor; Hrsg. von Doris Schröder-Köpf, Ingke Brodersen; 2001); *Wollen täten's schon dürfen* (Herausgeber, 2003, Deuticke-Verlag, Wien).

Mitarbeiter des BBC World Service, weltweite Vortragsreisen, TV-Dokumentationen, Dr. Karl-Renner-Preis für Publizistik (1980), Bruno-Kreisky-Preis für das politische Buch (1997), Co-Mitglied des Club of Rome, Gründer der Europäischen Transparenz-Initiative (*www.eti.info*).

Hans Weiss / Ernst Schmiederer
Asoziale Marktwirtschaft

Insider aus Politik und Wirtschaft enthüllen, wie die Konzerne den Staat ausplündern
Gebunden

Die hoch bezahlten Berater nennen es »Steueroptimierung«: internationale Großkonzerne wie Telekom, Porsche, E.ON oder Siemens zahlen trotz immenser Gewinne kaum noch Steuern – und bereichern sich zusätzlich an Milliardensubventionen des Staates. Während die Multis mit üppigen Zuschüssen bedient werden, wird die gesellschaftliche Infrastruktur – Schulen, Universitäten, Krankenhäuser, Polizei, Straßen usw. – im Wesentlichen von Lohnabhängigen und vom Mittelstand finanziert. In diesem Buch kommen hochrangige Insider zu Wort, die ungeschminkt erzählen, wie die Welt hinter den dick gepolsterten Türen aussieht.

»Ein politisches Buch. Akribisch recherchiert. Flott geschrieben.« *Falter, Wien*

»Die Autoren berichten Details über Steuergeschenke und Subventionen für Konzerne, über die Macht der Lobbyisten und die Willfährigkeit der Politiker.«
Süddeutsche Zeitung